JN367065

혜택 3 독끝 GSAT 무료 수강권 스타트팩 제공!

독끝 GSAT 교재
인기 강의를 무료로 지원합니다.

인기강좌
30일 제공

수포자를 위한
기초수학 포함

배수제한 없이
무제한 수강

혜택 ❸ 받으러 가기

GSAT 시험을 준비하는 모든 분들에게
조건없이 무료로 배포합니다.

혜택 4 독끝 GSAT 무료스터디 제공!

독학이 힘든 분을 위해,
학습 동기부여 + 공부자극 스터디를 지원합니다.

1일차	2일차	3일차	4일차	5일차
수리	수리	추리	추리	추리
응용수리 자료해석	자료해석	조건추리	도형도식	언어논리

※ 스터디 제공 커리는 제공사 사정에 따라 변경될 수 있습니다.

혜택 ❹ 받으러 가기

**GSAT 5일 속성 스터디,
지금 바로 참여하세요!**

독학으로 끝내는 시리즈

독끝 삼성직무적성검사 GSAT

통합 기본서 수리·추리

최신기출유형 + 예상문제 + 모의고사

문항편 1

독끝

CONSTRUCTION & FEATURES

구성 및 활용

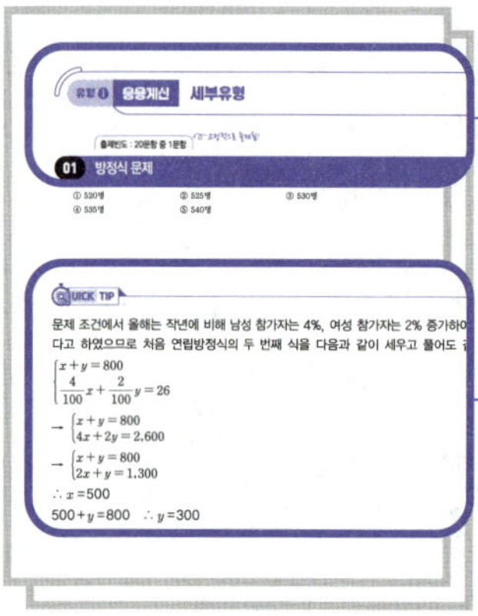

1 최신 출제경향 분석 & 세부유형 파악

- GSAT에서 고정적으로 출제되는 7개 유형(수리논리 2개 유형, 추리 5개 유형)의 출제경향을 파악하여 학습 방향을 설정합니다.
- 7개 유형에서 한 단계 더 파고들어간 세부유형이 어떻게 출제되는지 살펴보고, 각 유형별로 빠르게 푸는 Quick Tip을 확인합니다.
- 반드시 출제되는 세부유형은 더욱 꼼꼼히!

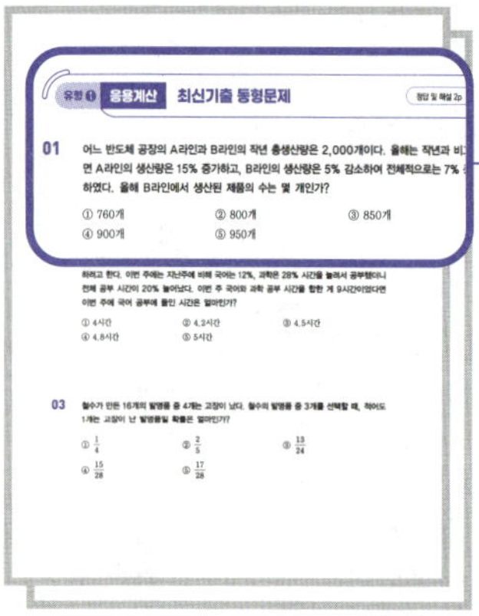

2 최신기출 동형문제 & 출제예상문제

- 최신기출과 동일한 유형의 문제를 풀면서 각 유형을 빠르게 푸는 방법을 연습합니다.
- GSAT의 모든 유형을 완벽히 정복할 수 있도록 엄선된 연습문제를 제공합니다.

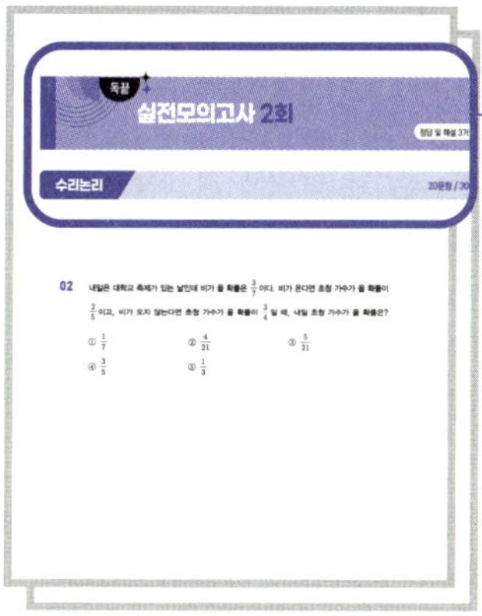

3 실전모의고사 5회

- 교재 안에 수록된 실전모의고사 2회를 풀면서 실전 연습을 할 수 있도록 구성하였습니다.
- 실전 감각을 극대화할 수 있도록 모의고사 3회를 온라인으로 추가 제공합니다.

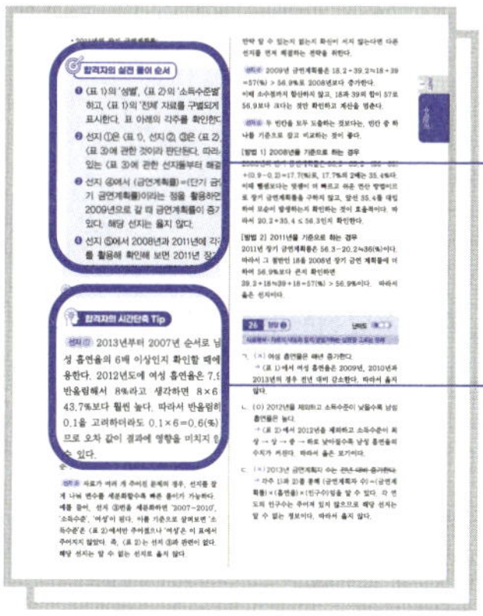

4 합격자의 실전 풀이 순서 & 시간단축 Tip

- 기출유형을 빠르게 해결하는 최적화된 실전 풀이 순서를 제시합니다.
- SKY 출신 인적성 고인물 10인이 실제 시험장에서 활용하는 시간단축 테크닉을 제공합니다.

독끝 GUIDE

공기업 길잡이의 이야기

GSAT 입문자들이 꼭 읽어야 할 공부법

안녕하세요. 아마 이 책을 보시는 분들 중에는 GSAT에 이제 막 입문하신 분들이 많으실 것이라 생각합니다. 저 역시 GSAT 공부 초기에는 어떻게 공부하는 게 좋을지 고민하며 수많은 합격자들의 합격 수기를 읽어보고, 시중에 판매 중인 모든 교재를 구매해 풀어보기도 했습니다. 그 과정에서 많은 시행착오와 시간 낭비가 있었지만, 결국 안정적으로 고득점을 받을 수 있는 공부법을 찾게 되었습니다.

이 교재를 보시는 다른 수험생분들은 저와 같은 시행착오 없이, 빠르고 효율적인 공부 방법을 익히셨으면 하는 바람으로 이 교재를 제작했습니다. 평소 수학에 자신이 없거나, 오랫동안 수학 공부를 하지 않아 "내가 GSAT을 잘 풀 수 있을까?" 라는 걱정이 앞설 텐데, GSAT은 누구나 꾸준히 공부하면 극복할 수 있는 수준이므로 전혀 걱정하실 필요 없습니다.

실력을 높일 수 있는 "마음가짐" 갖추기

❶ GSAT는 올바른 방법으로 공부하면 분명 실력이 늘어난다는 확신을 가지세요.

"역시나 실력이 안 오르겠지" 같은 걱정은 이 문제집에 수록된 문제를 모두 풀어본 뒤에 하셔도 늦지 않습니다.

❷ 이 교재에 수록된 문제들을 무난히 풀 수 있다면 GSAT 시험 문제도 어렵지 않게 해결할 수 있습니다.

스스로 자신감을 가지고 문제를 풀어나가세요.

❸ 실력을 높이려면 기존 풀이 방법을 과감히 버리고 새로운 방식에 적응하세요.

오랫동안 습관처럼 사용해 오던 풀이 방법을 바꾸는 건 쉽지 않고 귀찮은 일일 수 있습니다. 그러나 그 잘못된 습관 때문에 실력이 늘지 않았음을 인지하고, 시간이 오래 걸리더라도 해설지에서 권장하는 풀이 방법을 익히는 노력이 필요합니다. 이때 익힌다는 것은 단순히 외우는 것이 아니라, 시험장에서 무의식적으로 바로 사용할 수 있을 정도로 연습하는 것입니다.

GSAT 시험의 특징

❶ GSAT는 기출유형이 반복 출제된다.

GSAT는 토익처럼 출제되는 문제 유형이 '정해져' 있습니다. 즉, 이전 시험과 동일한 유형들이 반복적으로 출제됩니다. 따라서 문제 유형에 익숙하지 않은 초기에는 점수가 오르지 않고 어렵게 느껴질 수 있지만, 기출 문제를 반복해서 풀다 보면 자연스럽게 점수가 올라갑니다. 처음부터 너무 걱정하지 않으셔도 됩니다.

❷ 영역별 과락이 존재한다.

GSAT는 두 개의 영역(수리논리, 추리)으로 구성되며, 각 영역에서 일정 점수 이하를 받으면 과락으로 불합격 처리됩니다. 따라서 특정 영역만 치중하여 공부하기 보다는 두 영역을 골고루 학습해야 합니다.

영역	문항 수	시간
수리논리	20문항	30분
추리	30문항	30분

GSAT 합격자가 알려주는 필승 공부법

"공부순서는 어떻게 하는 게 좋나요?"라는 질문에 대한 수많은 합격 수기의 답변을 보면 대부분의 경우 **기본서 공부 ➡ 유튜브 등 강의 듣기 ➡ 모의고사 반복** 순으로 공부 방법이 비슷합니다. 하지만 많은 수험생이 유튜브 강의를 찾아 보며 답답함을 느낀 이유는 공부하던 기본서가 기본서 역할을 제대로 하지 못했기 때문입니다. 해설이 부실해서 틀린 문제를 제대로 이해하지 못하거나, 원했던 것은 "이 문제를 합격자들이 어떻게 빨리 풀었는지"인데 해설지에는 단순히 원론적인 풀이만 적혀 있어 답답했던 경험이 있으셨을 겁니다.

이 교재는 이런 문제를 해결하기 위해 제작되었습니다. 시중의 다른 문제집보다 해설이 5~10배 더 자세하며, 단순히 원론적인 풀이가 아니라 GSAT 합격자들이 문제를 어떤 사고 과정을 통해 풀었는지 아주 자세히 서술했습니다. 따라서 해설이 부실해 문제가 이해되지 않는 일은 거의 없으리라 생각합니다. 모든 문항에는 합격자들의 실전 풀이 방법이 작성되어 있습니다. 문제를 기계적으로 풀지 말고, 틀린 문제와 맞은 문제 모두 내 풀이 방식과 합격자의 풀이 방식을 비교하는 과정을 반드시 거치시길 바랍니다. 구체적인 공부 방법 순서는 아래와 같습니다.

❶ 기본서 1회독하기

- **타이머 사용 금지**: 1회독을 할 때는 문제 풀 때 시간을 재지 마세요. 이 단계에서는 GSAT에 어떤 유형의 문제가 출제되는지 파악하는 것이 목표입니다. 문제를 편하게 풀면서 출제 유형에 익숙해지세요.
- **풀이 방식 비교**: 틀린 문제는 물론, 맞힌 문제도 해설지에 있는 합격자들의 풀이 방법과 내 풀이 방법을 비교해 보세요. 더 효율적인 풀이 방식을 익히고 기존 풀이가 비효율적이라면 과감히 버리세요.

❷ 기본서 2회독하기

2회독을 할 때는 어느 정도 유형 파악도 끝나고, 기본적인 풀이 방법에 대해서는 익숙한 상태일 것입니다. 지금부터는 실제 시험처럼 30초, 1분 혹은 2분으로 타이머를 재면서 문제를 풀면 됩니다. 이때, 확실하게 맞힌 문제는 생략하고 애매하게 맞힌 문제나 틀린 문제만 오답 정리를 하시면 됩니다.

❸ 실전모의고사 풀기

파트3의 실전모의고사 2회를 비롯하여 구매인증만 하면 바로 응시할 수 있는 무료 온라인 모의고사 3회를 적극 활용하여 실전 감각을 익히시길 바랍니다.

실전모의고사 권장 풀이 방법

1. 시간을 재며 문제를 풀이하세요.
2. 교재를 독서대 위에 올려놓고 풀이하세요.
3. GSAT 문제풀이 용지를 인쇄해서 실제 시험처럼 작성하세요.
4. 해설편의 실전모의고사 1회, 2회 시작 부분의 취약 유형 분석표에 채점 결과를 기록하고 부족한 부분을 보완하세요.

공기업 길잡이의 이야기

❹ 본인에게 맞는 문제 풀이 순서 정하기

GSAT는 결국 시간 싸움입니다. 제한된 시간 안에 최대한 많은 문제를 풀고 맞히는 시험이기 때문입니다. 따라서 지신에게 유리한 유형을 먼지 확실히 풀고, 어렵거나 자신이 약한 유형은 마지막에 푸는 전략이 효과적입니다. 물론 처음에는 본인이 어떤 유형에 강하고 약한지를 잘 모를 수 있습니다. 최소한 기본서를 2회독한 후 실전모의고사를 통해 이를 스스로 터득해야 합니다.

❺ 모르겠으면 건너뛰기

매 순간 이 문제를 풀고 넘어갈지, 아니면 버릴지를 빠르게 결정해야 합니다. 특히 풀이 시간이 오래 걸리는 조건추리 파트에서는 이러한 빠른 결단이 중요합니다. 이러한 감각은 처음에는 부족할 수 있지만, 반복적으로 문제를 풀다 보면 어느 순간 문제만 읽어도 자연스럽게 감을 잡게 됩니다.

❻ 컨디션 관리하기

시험 시간과 동일한 시간대에 가장 맑은 정신을 유지할 수 있도록 생활 리듬을 조절하세요. 최소한 2주 전부터는 좋은 컨디션을 유지하기 위해 수면 시간과 카페인 섭취 등을 조절하며 규칙적인 생활을 하시는 것이 좋습니다.

❼ 필기시험에서 멘탈 잡기

제가 경험한 필기시험 난이도는 크게 두 가지로 나뉩니다.

'어렵거나', '더 어렵거나'

필기시험은 어느 하나 쉽게 출제되는 경우가 없었습니다. 시험장에서 문제를 풀다 보면 시간이 부족한데 풀어야 할 문제가 너무 많이 남아 감당하기 어려울 때도 있었습니다. 보통 이런 상황에서는 "아, 이번 필기시험 망했구나!"라는 생각으로 멘탈이 무너지기 쉽습니다. 하지만 자신에게 어려운 시험은 다른 사람들에게도 어렵습니다. 만약 본인이 열심히 준비해 왔다면, 시험 난이도가 높을수록 더 유리해질 가능성이 있습니다. 따라서 "내가 이렇게 어렵고 시간이 부족하다고 느낀다면, 다른 사람들도 분명히 똑같이 어려워할 것이다"라고 생각하며, 중간에 포기하지 않고 끝까지 집중력을 유지하는 것이 좋습니다.

독끝

CONTENTS

차례

독끝

PART 1

수리논리

기출유형 파헤치기

유형 ❶ 응용계산

유형 ❷ 자료해석

출제예상문제

시험정보

- 문항 수 : 20문항
- 풀이시간 : 30분

시험유형 및 비중 (2024년 하반기 기준)

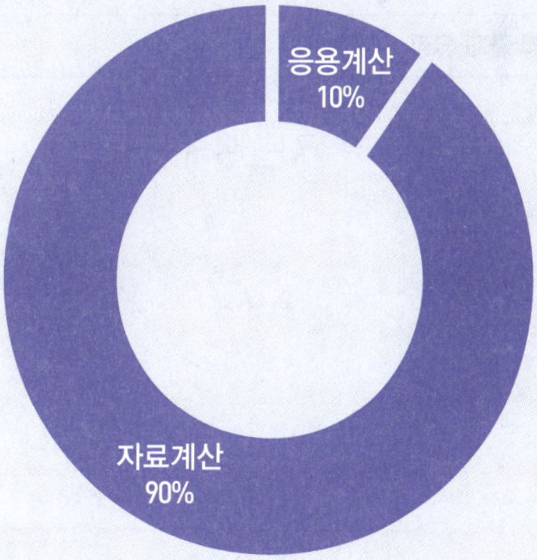

독끝

기출유형 파헤치기

유형 ❶ 응용계산 최신 출제경향 분석

유형 특징

❶ 제시된 조건과 숫자를 활용하여 식을 세운 뒤, 답을 계산하는 방식의 유형이다.

❷ 전체 수리논리 영역 20문항 중 2문항이 출제되며, 문항당 80초 이내에 푸는 것이 권장된다.

세부 출제 유형

응용계산은 다음 두 가지 유형으로 나뉘어 출제된다.

❶ 방정식 문제

❷ 경우의 수·확률 문제

최신 기출 경향

1. 응용계산 유형은 출제 비중은 낮지만 매 시험마다 빠짐없이 출제되고 있으며, 두 가지 세부 출제 유형이 한 문항씩 출제된다.
2. 수학적 이론과 공식 적용을 요구하는 문제가 주로 나오며, 간단한 계산으로 해결이 가능하도록 문제의 난이도는 낮게 설정되는 편이다.

합격 전략

1. GSAT에 자주 등장하는 방정식 활용법과 경우의 수 및 확률 계산 공식을 확실히 익혀야 한다.
2. 여러 조건을 바탕으로 식을 세워 문제를 풀어야 하는 경우가 많으므로, 식을 작성할 때 필요한 조건을 빠뜨리지 않도록 주의하며 정확하고 빠른 풀이를 연습한다.

유형 ❶ 응용계산 세부유형

출제빈도 : 20문항 중 1문항

고정적으로 출제됨!

01 방정식 문제

작년 취업박람회 참가자 수는 800명이었다. 올해는 작년에 비해 많은 사람들이 참가하여 남성 참가자는 4%, 여성 참가자는 2%만큼 작년보다 증가하였다. 전체 참가자 수가 작년보다 총 26명 증가하였다고 할 때, 올해의 남성 참가자 수는?

① 520명 ② 525명 ③ 530명

④ 535명 ⑤ 540명

정답 및 해설 정답 ①

작년 취업박람회에 참가했던 남성과 여성의 수를 각각 x명, y명이라 하면 작년 취업박람회 참가자 수가 총 800명이므로

$x+y=800$ …… ㉠

한편, 올해는 작년에 비해 남성 참가자는 4%, 여성 참가자는 2% 증가하여 전체 참가자 수가 26명 증가하였으므로

(올해의 남성 참가자) $=\left(1+\frac{4}{100}\right)x$(명)

(올해의 여성 참가자) $=\left(1+\frac{2}{100}\right)y$(명)

총 참가자 수는 800+26=826(명)이므로

$\left(1+\frac{4}{100}\right)x+\left(1+\frac{2}{100}\right)y=826$ …… ㉡

㉠, ㉡을 연립방정식을 세워 풀면

$$\begin{cases} x+y=800 \\ \left(1+\frac{4}{100}\right)x+\left(1+\frac{2}{100}\right)y=826 \end{cases}$$

$$\rightarrow \begin{cases} x+y=800 \\ 100x+4x+100y+2y=82,600 \end{cases}$$

$$\rightarrow \begin{cases} x+y=800 \\ 4x+2y=82,600-(100x+100y)=82,600-80,000=2,600 \end{cases}$$

$$\rightarrow \begin{cases} x+y=800 \\ 2x+y=1,300 \end{cases}$$

$\therefore x=500$

$500+y=800 \quad \therefore y=300$

구하는 것은 올해의 남성 참가자 수이므로

(작년 남성 참가자 수)×(1+4%)=500×1.04=520(명)

QUICK TIP

문제 조건에서 올해는 작년에 비해 남성 참가자는 4%, 여성 참가자는 2% 증가하여 전체 참가자 수가 26명 증가하였다고 하였으므로 처음 연립방정식의 두 번째 식을 다음과 같이 세우고 풀어도 같은 결과를 도출해낼 수 있다.

$$\begin{cases} x+y=800 \\ \frac{4}{100}x+\frac{2}{100}y=26 \end{cases}$$

$$\rightarrow \begin{cases} x+y=800 \\ 4x+2y=2,600 \end{cases}$$

$$\rightarrow \begin{cases} x+y=800 \\ 2x+y=1,300 \end{cases}$$

$\therefore x=500$

$500+y=800 \quad \therefore y=300$

따라서 올해의 남성 참가자 수는

$\left(1+\frac{4}{100}\right)x=1.04\times500=520$(명)

출제빈도 : 20문항 중 1문항 고정적으로 출제됨!

02 경우의 수 · 확률 문제

야구 경기에서 어떤 선수가 한 타석에서 안타를 칠 확률은 20%로 일정하다. 5번의 타석 중 3번은 안타를 치고, 2번은 삼진을 당할 확률은? (단, 안타를 치지 못하는 타석에서는 반드시 삼진을 당한다.)

① $\frac{2^4}{5^5}$ ② $\frac{2^5}{5^5}$ ③ $\frac{3 \times 2^5}{5^5}$

④ $\frac{2^4}{5^4}$ ⑤ $\frac{2^5}{5^4}$

정답 ⑤

서로 다른 n개에서 순서를 생각하지 않고 r개를 선택하는 조합의 수 ${}_n\mathrm{C}_r=\frac{n!}{r!(n-r)!}$ (단, $0<r\le n$), 독립시행의 확률에 관한 문제이다.

우선 5번의 타석 중 안타가 3번 나오는 경우의 수를 구해준다. 서로 다른 5개의 타석 중 순서와 관계없이 안타에 해당하는 3개의 타석을 뽑는다고 생각하는 것과 동일하므로 조합을 이용하여 계산하면 다음과 같다.

$${}_5\mathrm{C}_3=\frac{5!}{3!\times 2!}=10$$

위에서 5번의 타석 중 안타가 3번 나오는 타석을 배열하는 경우의 수를 구했으니, 이제는 각 경우당 확률을 구해준다. 한 타석에서 안타를 칠 확률은 다른 타석의 확률에 영향을 받지 않으므로 독립적이며 안타의 확률이 0.2, 즉 $\frac{1}{5}$이므로 삼진을 당하는 확률은 $1-\frac{1}{5}=\frac{4}{5}$이다.

따라서 안타 3번, 삼진 2번일 확률을 구해보면 안타와 삼진 모두 독립적인 사건이므로

$$\left(\frac{1}{5}\right)^3\times\left(\frac{4}{5}\right)^2=\frac{4^2}{5^5}=\frac{2^4}{5^5}$$

따라서 이 선수가 5번의 타석 중 3번은 안타를 치고, 2번은 삼진을 당할 확률은

$${}_5\mathrm{C}_3\times\left(\frac{1}{5}\right)^3\times\left(\frac{4}{5}\right)^2=10\times\frac{2^4}{5^5}=\frac{2^5}{5^4}$$

QUICK TIP

전체 사건이 발생할 확률 1에서 사건 A가 발생하지 않을 확률을 뺀 여사건의 확률에 따라 안타를 칠 확률이 $\frac{1}{5}$이므로 삼진을 당할 확률은 $1-\frac{1}{5}=\frac{4}{5}$임을 알아야 한다.

또한, 5번의 타석 중 안타를 치는 경우를 ○, 삼진을 당하는 경우를 ×라 하면 ○ 3개, × 2개를 나열하는 방법의 수로 구할 수도 있다. 즉, 같은 것을 포함하는 중복순열 $\frac{n!}{p!q!\cdots r!}$ (단, $p+q+\cdots+r=n$)을 이용하여 $\frac{5!}{3!\times 2!}$을 바로 구할 수 있다.

즉, $\frac{5!}{3!\times 2!}\times\left(\frac{1}{5}\right)^3\times\left(\frac{4}{5}\right)^2=10\times\frac{2^4}{5^5}=\frac{2^5}{5^4}$

유형 ❶ 응용계산 최신기출 동형문제

정답 및 해설 2p

01 어느 반도체 공장의 A라인과 B라인의 작년 총생산량은 2,000개이다. 올해는 작년과 비교하면 A라인의 생산량은 15% 증가하고, B라인의 생산량은 5% 감소하여 전체적으로는 7% 증가하였다. 올해 B라인에서 생산된 제품의 수는 몇 개인가?

① 760개 ② 800개 ③ 850개
④ 900개 ⑤ 950개

02 철수는 수능시험을 위해 공부를 하고 있는데 국어와 과학이 약해서 이 두 과목에만 시간을 투자하려고 한다. 이번 주에는 지난주에 비해 국어는 12%, 과학은 28% 시간을 늘려서 공부했더니 전체 공부 시간이 20% 늘어났다. 이번 주 국어와 과학 공부 시간을 합한 게 9시간이었다면 이번 주에 국어 공부에 들인 시간은 얼마인가?

① 4시간 ② 4.2시간 ③ 4.5시간
④ 4.8시간 ⑤ 5시간

03 철수가 만든 16개의 발명품 중 4개는 고장이 났다. 철수의 발명품 중 3개를 선택할 때, 적어도 1개는 고장이 난 발명품일 확률은 얼마인가?

① $\frac{1}{4}$ ② $\frac{2}{5}$ ③ $\frac{13}{24}$
④ $\frac{15}{28}$ ⑤ $\frac{17}{28}$

04

어떤 상자 안에 흰 초콜릿 4개, 검은 초콜릿 6개가 들어있다. 연속해서 5개의 초콜릿을 뽑았을 때 흰 초콜릿 3개, 검은 초콜릿 2개가 나올 확률은? (단, 꺼낸 초콜릿은 다시 집어넣지 않는다.)

① $\frac{1}{7}$　　② $\frac{4}{21}$　　③ $\frac{5}{21}$

④ $\frac{2}{7}$　　⑤ $\frac{1}{3}$

05

설문조사에 참여한 남자 A, B, C, D 4명, 여자 E, F, G, H, I 5명에게 추첨을 통해 커피 기프티콘을 증정한다고 한다. 이 중에서 남자 2명, 여자 3명을 이벤트 당첨자로 뽑을 때, 남자 C, 여자 G가 기프티콘 추첨에 당첨되는 경우의 수는?

① 6가지　　② 12가지　　③ 15가지

④ 18가지　　⑤ 20가지

유형 ❷ 자료해석 최신 출제경향 분석

유형 특징

❶ 주어진 자료를 분석한 내용의 진위를 판단하거나, 자료를 활용해 특정한 값을 계산하는 방식의 유형이다.

❷ 전체 수리논리 영역 20문항 중 18문항이 출제되며, 문항당 90초 이내에 푸는 것이 권장된다.

세부 출제 유형

자료해석은 다음 세 가지 유형으로 나뉘어 출제된다.

❶ 자료의 내용과 일치 / 불일치하는 설명을 고르는 문제

❷ 자료의 특정한 값을 추론하는 문제

❸ 제시된 자료를 다른 형태의 자료로 변환하는 문제

최신 기출 경향

❶ 자료해석 유형의 출제 비중이 응용계산 유형보다 훨씬 높게 나타난다.

❷ **자료의 내용과 일치/불일치하는 설명을 고르는 문제**가 가장 많이 출제되며, **특정 값을 추론하는 문제와 자료를 변환하는 문제**는 상대적으로 비중이 낮으나 꾸준히 출제되고 있다.

❸ 일치/불일치 문제는 수치가 나누어 떨어지도록 깔끔하게 출제되는 경향이 있지만, 선택지 중 계산이 필요한 항목이 자주 등장하고, 자료에 주어진 주석을 활용하거나 비율 계산을 요구하는 문제가 많아 난이도가 높았다.

❹ 특정 값을 추론하는 문제는 규칙이나 패턴을 쉽게 파악할 수 있도록 출제되며, 공식의 미지수를 찾는 방식이 주로 출제되어 난이도가 낮았다.

❺ 최근 시험에서는 반도체 · 낸드플래시 · 디램 등 현업의 소재를 중심으로 한 다양한 자료가 출제되었다.

합격 전략

❶ 다양한 주제의 자료를 빠르게 분석하고 정확하게 이해하기 위해 자료 해석의 기초 이론을 반드시 학습한다.

❷ 교재의 해설에 수록된 "합격자의 시간단축 Tip"을 활용하여 복잡한 계산 문제를 신속하게 해결하는 연습을 한다.

❸ 일치/불일치 문제의 경우, 계산이 필요 없는 순위 비교, 대소 판단, 증감 추이 확인 등을 우선적으로 검토해 풀이 시간을 절약하고, 변화량, 증감률, 비중, 평균 등 기본 공식을 반드시 암기한다.

❹ 특정 값을 추론하는 문제는 출제 빈도가 높은 **수열의 합 공식**을 암기해 풀이 시간을 단축한다.

❺ 자료를 다른 형태로 변환하는 문제는 선택지에 제시된 그래프나 도표의 구성 요소를 먼저 파악하고, 주어진 자료에서 관련 값을 찾아 대소 비교와 증감 추이를 빠르게 판단하는 연습을 반복한다.

출제빈도 : 20문항 중 15문항

01 자료의 내용과 일치/불일치하는 설명을 고르는 문제

다음 〈표〉와 〈그림〉은 2016~2024년 A국의 디램 및 낸드의 수출입액과 영업이익률에 관한 자료이다. 이에 대한 설명으로 옳지 않은 것은?

〈표〉 디램 및 낸드 수출액과 수입액

(단위: 조 원)

구분 \ 연도		2016	2017	2018	2019	2020	2021	2022	2023	2024
디램	수출액	138	161	167	165	178	192	203	202	216
	수입액	21	23	29	31	30	30	33	34	33
낸드	수출액	41	44	45	45	49	52	54	54	62
	수입액	8	10	11	15	15	17	15	14	11

〈그림〉 디램 및 낸드 영업이익률 추이

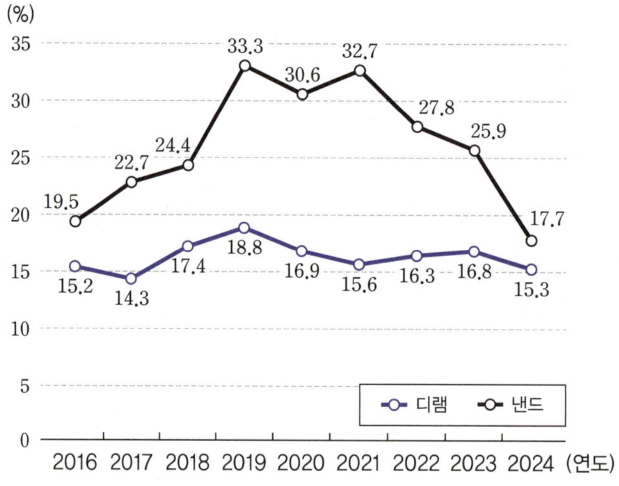

① 수입액은 디램이 낸드보다 매년 많다.

② 영업이익률은 낸드가 디램보다 매년 높다.

③ 2016년 대비 2024년 수출액 증가율은 디램이 낸드보다 높다.

④ 디램 수출액과 낸드 수출액의 차이가 가장 큰 해에는 디램 영업이익률과 낸드 영업이익률의 차이도 가장 크다.

⑤ 2022~2024년 동안 디램 수입액과 낸드 수입액의 차이는 매년 증가한다.

정답 및 해설 정답 ④

① (○) 수입액은 디램이 낸드보다 매년 많다.

→ 〈표〉에서 디램의 수입액과 낸드의 수입액을 비교해보면 2016년부터 2024년까지 모두 디램의 수입액이 낸드의 수입액보다 많다. 따라서 맞는 선지이다.

② (○) 영업이익률은 낸드가 디램보다 매년 높다.

→ 〈그림〉에서 디램의 영업이익률과 낸드의 영업이익률을 비교해보면 2016년부터 2024년까지 모두 낸드의 영업이익률이 디램의 영업이익률보다 높다. 따라서 맞는 선지이다.

③ (○) 2016년 대비 2024년 수출액 증가율은 디램이 낸드보다 높다.

→ 2016년 대비 2024년 수출액 증가율은 $\frac{(2024\text{년 수출액})-(2016\text{년 수출액})}{(2016\text{년 수출액})}$으로 구할 수 있다.

〈표〉에서 디램의 2016년과 2024년 수출액을 이용하여 디램의 수출액 증가율을 구하면

$\frac{216-138}{138}=\frac{78}{138}\fallingdotseq 0.57$

〈표〉에서 낸드의 2016년과 2024년 수출액을 이용하여 낸드의 수출액 증가율을 구하면

$\frac{62-41}{41}=\frac{21}{41}\fallingdotseq 0.51$이다.

따라서 2016년 대비 2024년의 수출액 증가율은 디램이 낸드보다 높다.

④ (×) 디램 수출액과 낸드 수출액의 차이가 가장 큰 해에는 디램 영업이익률과 낸드 영업이익률의 차이도 가장 크다.

→ 매년 디램 수출액과 낸드 수출액의 차이는

2016년 : 97조 원	2019년 : 120조 원	2022년 : 149조 원
2017년 : 117조 원	2020년 : 129조 원	2023년 : 148조 원
2018년 : 122조 원	2021년 : 140조 원	2024년 : 154조 원

2016년이 디램 수출액과 낸드 수출액의 차이가 가장 크다.

한편, 디램 영업이익률과 낸드 영업이익률의 차이는

2016년 : 4.3%p	2019년 : 14.5%p	2022년 : 11.5%p
2017년 : 8.4%p	2020년 : 13.7%p	2023년 : 9.1%p
2018년 : 7%p	2021년 : 17.1%p	2024년 : 2.4%p

2021년의 차이가 가장 크다.

두 연도가 일치하지 않으므로 선택지의 내용은 옳지 않은 설명이다.

⑤ (○) 2022 ~ 2024년 동안 디램 수입액과 낸드 수입액의 차이는 매년 증가한다.

→ 〈표〉에서 세 연도의 디램 수입액과 낸드 수입액의 차이를 구해보면 2022년은 33－15＝18조 원, 2023년은 34－14＝20조 원, 2024년은 33－11＝22조 원이다.

따라서 2022 ~ 2024년 동안 디램 수입액과 낸드 수입액의 차이는 매년 증가한다.

QUICK TIP

TIP ❶ 일일이 확인하기보다는 경향성을 통해 처리하는 것이 좋다.

TIP ❷ 그림의 시각적 효과를 활용하는 것이 좋다.

출제빈도 : 20문항 중 2문항

02 자료의 특정한 값을 추론하는 문제

다음은 '갑'회사의 강사 A~E의 시급과 수강생 만족도에 관한 자료이다. 〈표〉와 〈조건〉을 따를 때 2025년 시급이 가장 높은 강사와 낮은 강사의 시급 차이는?

〈표〉 강사의 시급 및 수강생 만족도

(단위: 원, 점)

강사 \ 연도, 구분	2023		2024	
	시급	수강생 만족도	시급	수강생 만족도
A	50,000	4.6	55,000	4.1
B	45,000	3.5	45,000	4.2
C	52,000	4.2	54,600	4.8
D	54,000	4.9	59,400	4.4
E	48,000	3.2	(　　)	3.5

• 조건 •

당해 연도 시급 대비 다음 연도 시급의 인상률은 당해 연도 수강생 만족도에 따라 아래와 같이 결정됨. 단, 강사가 받을 수 있는 시급은 최대 60,000원임

수강생 만족도	인상률
4.5점 이상	10 % 인상
4.0점 이상 4.5점 미만	5 % 인상
3.0점 이상 4.0점 미만	동결
3.0점 미만	5 % 인하

① 12,000원　　② 12,750원　　③ 14,370원
④ 15,120원　　⑤ 17,370원

(정답 ②)

2025년 시급은 〈조건〉에 따라 당해 연도 시급 대비 다음 연도 시급의 인상률을 반영하여 구할 수 있다. 따라서 2025년 시급 인상률은 2024년의 수강생 만족도에 의해 결정된다. 이를 바탕으로 〈표〉와 〈조건〉에 따라 2025년 각 강사의 시급을 구하면 다음과 같다.

강사 \ 구분 \ 연도	2023년		2024년		2025년
	시급	수강생 만족도	시급	수강생 만족도	시급
A	50,000	4.6	55,000	4.1	전년 대비 5% 인상 → 57,750
B	45,000	3.5	45,000	4.2	전년 대비 5% 인상 → 47,250
C	52,000	4.2	54,600	4.8	전년 대비 10% 인상 → 60,000 (60,060)
D	54,000	4.9	59,400	4.4	전년 대비 5% 인상 → 60,000 (62,370)
E	48,000	3.2	48,000	3.5	동결 → 48,000

수강생 만족도에 따른 2025년 시급을 구해보면, 위의 표와 같다. 먼저 가장 시급이 높은 사람을 찾아본다. 이때, 〈조건〉에 시급의 상한선이 60,000으로 정해져 있는 것을 잘 확인해야 한다. 이를 고려하지 않고 C와 D의 2025년 시급을 구하면 각각 60,060원, 62,370원으로 D가 더 많은 시급을 받는다. 하지만 〈조건〉 단서에 따라 강사가 받을 수 있는 최대 시급은 60,000원이므로 실제로는 강사 C나 강사 D나 2025년에 똑같이 60,000원의 시급을 받게 된다. 따라서 시급의 상한액을 고려하지 아니하면 답이 달라지게 되며, 54,600원×1.1, 59,400×1.05와 같은 불필요한 복잡한 계산을 하게 되어 시간을 낭비할 수 있다.

다음으로 가장 낮은 시급은 B와 E를 비교해 주어야 한다. B는 45,000원에서 5%가 인상되어 47,250원이고, E는 2024년과 2025년 모두 동결이므로 그대로 48,000원이다.
따라서 가장 높은 강사와 가장 낮은 강사의 시급 차이는 60,000−47,250=12,750원이다.

QUICK TIP

TIP ① D의 경우 수강생 만족도가 4.4로 전년 대비 시급이 5% 인상된다. 그런데 문제 〈조건〉 단서에 의해 강사가 받을 수 있는 시급은 최대 60,000원이므로 D의 시급이 62,370원이라고 굳이 구하지 않아도 된다.
조건이 제시된 경우, 답을 도출하는 데 있어서 조건이 활용될 가능성이 높으므로 60,000원을 넘을만한 강사가 있는지 여부부터 확인하면 비교적 쉽게 도출할 수 있다. D의 경우 2024년에 시급이 59,400원으로 60,000원까지 600원만 남아있는 상태에서 만족도가 높아 2025년에 5%가 인상되므로 구체적 계산 없이도 조건이 없을 때, 2025년 시급이 60,000원보다 커진다는 것을 알 수 있다.

TIP ② 2025년 시급이 가장 낮은 해를 찾기 위해 먼저 기준을 정한다. 2025년 시급이 낮기 위해선 2024년 기존 시급이 낮거나 증가율이 낮아야 한다. 증가율은 최대 10% 정도인 반면, B와 E의 2024년 시급은 40,000대로 다른 연도보다 시급이 월등히 낮기 때문에 이들 중 하나를 기준으로 삼는다. 다음으로 실제 기준으로 정한 B나 E의 2025년 시급이 증가율이 10%라 할지라도 그 값은 나머지 A, C, D의 2024년 시급보다도 작다는 것을 '확인'한다. 다음으로 B와 E 간의 대소를 비교한다.

출제빈도 : 20문항 중 1문항 고정적으로 출제됨!

03 제시된 자료를 다른 형태의 자료로 변환하는 문제

다음 〈표〉는 2024년 1월 전국 4개 도시에 각각 위치한 '갑'회사의 공장(A~D)별 실제 가동시간과 가능 가동시간에 관한 자료이다. 이에 근거하여 각 공장의 실가동률을 바르게 나타낸 것을 고르시오.

〈표〉 공장별 실제 가동시간 및 가능 가동시간

(단위: 시간)

구분 \ 공장	A	B	C	D
실제 가동시간	300	150	250	300
가능 가동시간	400	200	300	500

※ 실가동률(%) = $\frac{\text{실제 가동시간}}{\text{가능 가동시간}} \times 100$

①
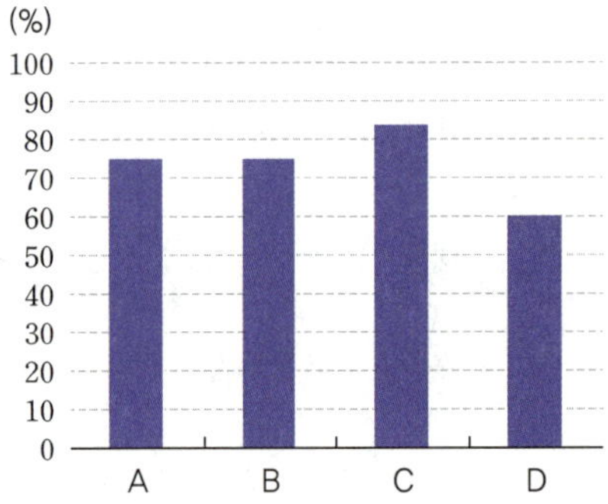

②
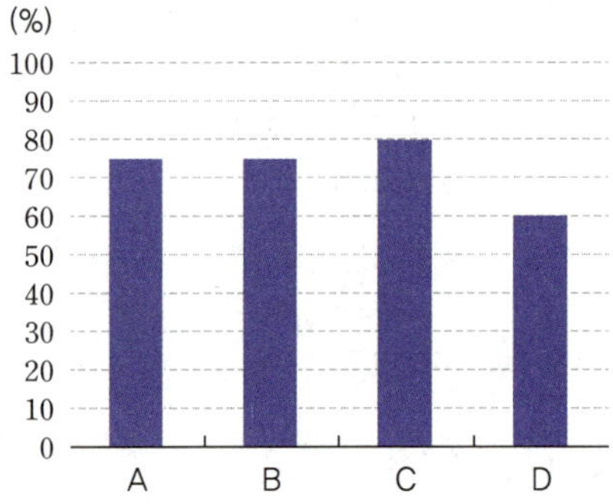

③
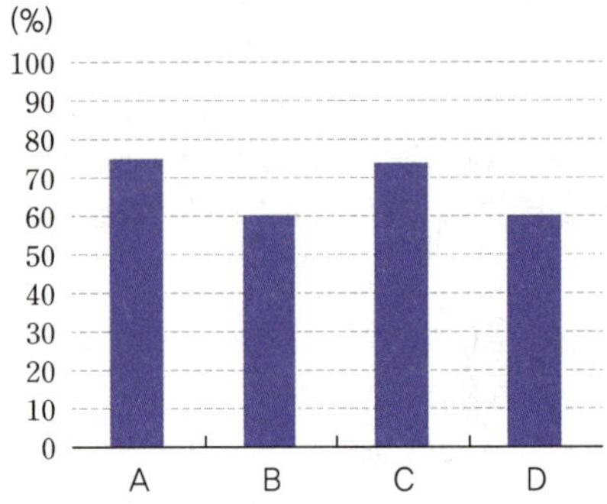

④
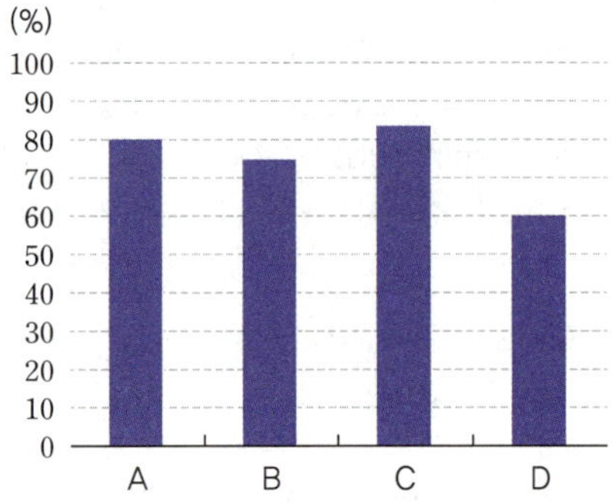

⑤
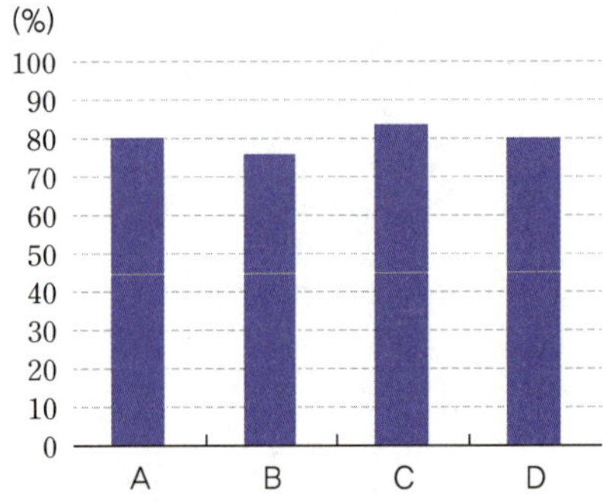

정답 및 해설 정답 ①

문제 각주에 주어진 공식을 이용하여 각 공장의 가동률을 구하면 다음과 같다.

공장 / 구분	A	B	C	D
가동률	$\frac{300}{400}\times 100 = 75\%$	$\frac{150}{200}\times 100 = 75\%$	$\frac{250}{300}\times 100 = 83.3\%$	$\frac{300}{500}\times 100 = 60\%$

QUICK TIP

TIP ❶ A와 B의 경우 A의 분자, 분모가 B의 분자, 분모보다 각각 2배이다. 따라서 둘의 실가동률은 동일하다. 이를 이용하면 선지 ③, ④, ⑤를 소거할 수 있다. 이처럼 각각의 공장의 실가동률을 구체적으로 계산해 선지의 그림과 비교하기보다 공장 간의 관계를 이용하면 오히려 쉽게 답을 구할 수 있다.

TIP ❷ 남은 선지 ①, ②는 C의 경우에서만 차이가 난다. 이때 C의 실가동률이 얼마인지 구체적으로 구하기보다는 선지 간 차이를 이용해서 푼다. ①은 80%가 넘게 표현되어 있는 반면 ②는 정확히 80%이다. 따라서 문제에서 C가 80%를 넘는지 확인하면 된다.

TIP ❸ C의 가동률이 얼마인지 구체적으로 구하기보다는 단위 표시선을 활용한다. C의 실가동률을 분수로 나타내면 $\frac{5}{6}$이다. 이는 83.33…%로 10% 단위선에 맞춰지지 않는다. 따라서 80%에 정확히 막대 그래프가 위치한 선지 ②는 틀렸으므로 선지 ①을 답으로 고를 수 있다.

정답 및 해설 6p

01 다음 〈표〉는 2024년 '갑'시 5개 구 주민의 돼지고기 소비량에 관한 자료이다. 변동계수가 3번째로 큰 구와 4번째로 큰 구를 바르게 나열한 것은?

〈표〉 5개 구 주민의 돼지고기 소비량 통계

(단위: kg)

구분	평균(1인당 소비량)	표준편차
A	20.0	5.0
B	10.0	4.0
C	30.0	6.0
D	12.0	4.0
E	16.0	8.0

※ 변동계수 $= \frac{\text{표준편차}}{\text{평균}} \times 100$

	3번째	4번째
①	B	A
②	B	C
③	B	E
④	D	A
⑤	D	C

02 다음 〈표〉와 〈그림〉은 2021~2025년 S기업 정규직 및 비정규직 근로자 현황에 관한 자료이다. 이에 대한 설명으로 옳지 않은 것은?

〈표〉 정규직 및 비정규직 근로자 현황

(단위: 명)

구분 \ 연도	2021	2022	2023	2024	2025
정규직 근로자	621,313	622,424	621,823	634,051	637,654
비정규직 근로자	280,958	284,273	287,220	289,837	296,193

〈그림〉 정규직 및 비정규직 근로자 중 여성 비율

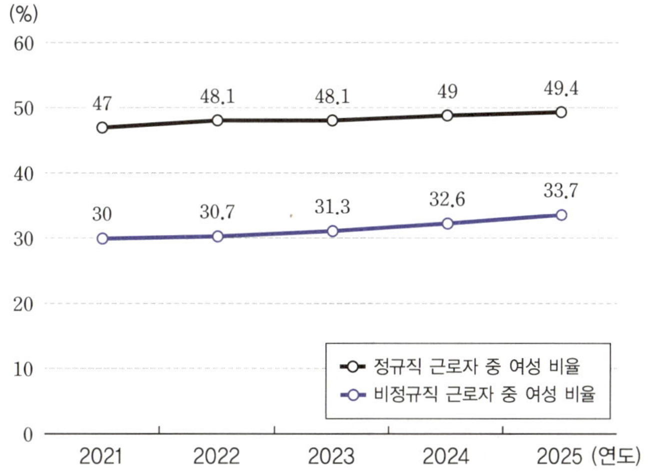

① 매년 S기업의 정규직 여성 근로자 수는 비정규직 여성 근로자 수의 3배 이상이다.
② S기업의 비정규직 여성 근로자 수는 매년 증가하였다.
③ 매년 S기업의 정규직 여성 근로자 수는 비정규직 근로자 수보다 많다.
④ S기업의 정규직 남성 근로자 수는 2023년이 2022년보다 적다.
⑤ 정규직 근로자 중 여성 비율과 비정규직 근로자 중 여성 비율의 차이는 매년 감소한다.

03 다음 〈표〉와 〈그림〉은 2023년 테니스 선수 A~E의 연봉과 연봉의 전년 대비 증가율에 대한 자료이다. 2022년 테니스 선수 A~E의 연봉으로 옳게 짝지어지지 않은 것은?

〈표〉 2023년 테니스 선수 A~E의 연봉

(단위: 억 원)

테니스 선수	2023년 연봉
A	15
B	25
C	24
D	30
E	24

〈그림〉 2023년 테니스 선수 A~E 연봉의 전년 대비 증가율

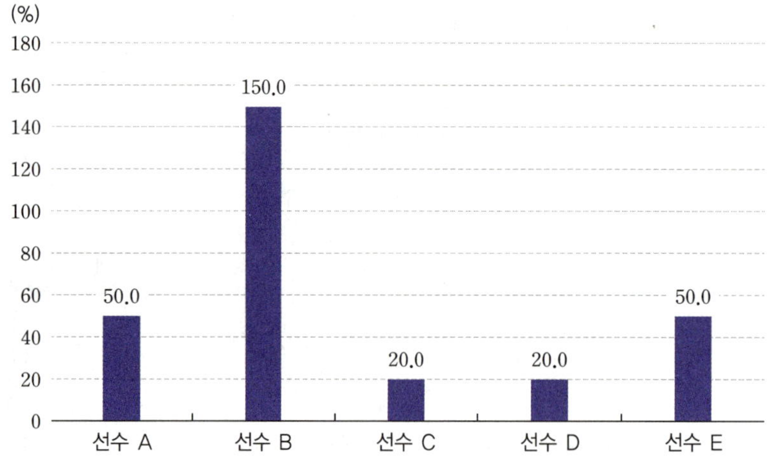

① A – 10억 원
② B – 10억 원
③ C – 15억 원
④ D – 25억 원
⑤ E – 16억 원

04 다음 〈표〉는 과목 등급 산정기준과 과목별 이수단위 및 민수의 과목별 석차에 대한 자료이다. 〈표〉와 〈평균등급 산출 공식〉에 따라 산정한 민수의 4개 과목 평균등급을 M이라 할 때, M의 범위로 옳은 것은?

〈표 1〉 과목 등급 산정기준

등급	과목석차 백분율
1	0 % 초과 4 % 이하
2	4 % 초과 11 % 이하
3	11 % 초과 23 % 이하
4	23 % 초과 40 % 이하
5	40 % 초과 60 % 이하
6	60 % 초과 77 % 이하
7	77 % 초과 89 % 이하
8	89 % 초과 96 % 이하
9	96 % 초과 100 % 이하

※ 과목석차 백분율(%) = $\frac{\text{과목석차}}{\text{과목이수인원}} \times 100$

〈표 2〉 과목별 이수단위 및 민수의 과목별 석차

구분 과목	이수단위(단위)	석차(등)	이수인원(명)
국어	3	270	300
영어	3	44	300
수학	2	27	300
과학	3	165	300

평균등급 산출 공식

$$\text{평균등급} = \frac{(\text{과목별 등급} \times \text{과목별 이수단위})\text{의 합}}{\text{과목별 이수단위의 합}}$$

① $3 \leq M < 4$

② $4 \leq M < 5$

③ $5 \leq M < 6$

④ $6 \leq M < 7$

⑤ $7 \leq M < 8$

05 다음 〈그림〉은 '갑'매장 6개 제품 전체의 온라인과 현장 판매건수의 제품별 구성비에 관한 자료이다. 〈그림〉과 〈조건〉을 근거로 B와 D에 해당하는 제품을 바르게 나열한 것은?

〈그림 1〉 온라인 판매건수의 제품별 구성비

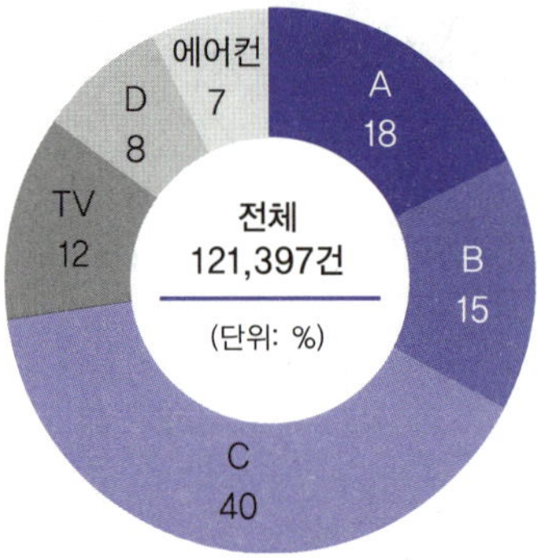

※ 제품은 에어컨, TV, 냉장고, 세탁기, 건조기, 스마트폰으로만 구성됨

〈그림 2〉 현장 판매건수의 제품별 구성비

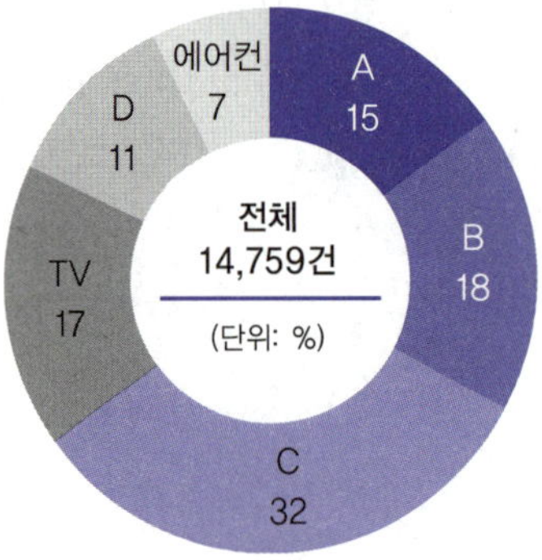

조건

- 현장 판매건수는 스마트폰이 건조기의 2배 이상이다.
- 냉장고와 세탁기의 온라인 판매건수는 각각 2만 건 이하이다.
- 제품을 온라인 판매건수와 현장 판매건수가 큰 값부터 순서대로 각각 나열할 때, 순서가 동일한 제품은 에어컨, 냉장고, 스마트폰이다.

	B	D
①	건조기	냉장고
②	건조기	세탁기
③	냉장고	세탁기
④	세탁기	냉장고
⑤	스마트폰	냉장고

독끝

출제예상문제

유형 ① 응용계산

정답 및 해설 14p

01 철수가 입사한 회사의 직원은 작년에 총 50명이었다. 올해는 작년보다 남성이 10%, 여성이 30% 증가하여 총 61명이 되었다. 퇴사한 직원은 없다고 할 때 올해 입사한 직원 중 남성은 몇 명인가?

① 1명 ② 2명 ③ 3명 ④ 4명 ⑤ 5명

02 KAAVISNC라는 알파벳을 배열하려고 한다. K와 C의 위치는 고정되어 있고, 나머지 알파벳을 자유롭게 움직여서 만들 수 있는 알파벳 배열의 종류는 몇 가지인가?

① 360가지 ② 372가지 ③ 380가지
④ 390가지 ⑤ 395가지

03 어느 음식점의 작년 총 직원 수는 500명이었다. 올해는 작년에 비해 여자 직원이 10% 늘고, 남자 직원은 15% 줄어서 전체적으로는 2% 줄어들었다고 한다. 올해의 남자 직원 수는?

① 200명 ② 202명 ③ 204명
④ 206명 ⑤ 208명

04 작년 A고등학교 신입생 수는 1,050명이고 올해는 작년에 비해 신입생 수가 13명 감소했다고 한다. 작년에 비해 올해 남자 신입생 수는 4% 증가했고, 여자 신입생 수는 6% 감소했다고 할 때, 작년 여자 신입생 수는?

① 550명 ② 560명 ③ 565명
④ 570명 ⑤ 575명

05 테이블 위에는 1~10까지의 자연수가 적힌 카드 10장이 있다. 이 중 중복을 허락하여 카드 3개를 뽑아 더했을 때, 홀수일 확률은?

① $\frac{3}{25}$ ② $\frac{5}{12}$ ③ $\frac{1}{5}$ ④ $\frac{7}{25}$ ⑤ $\frac{1}{2}$

06 친구 A, B, C, D, E, F가 함께 밥을 먹으러 가서 원형 식탁에 앉으려고 한다. 이때, A와 B가 이웃하지 않고 앉을 수 있는 경우의 수는 얼마인가?

① 36가지 ② 72가지 ③ 144가지
④ 288가지 ⑤ 576가지

07 철수는 장사를 하기 위해 원가가 1,000원인 볼펜과 원가가 500원인 지우개를 합하여 총 200개를 구입했다. 볼펜은 20%, 지우개는 30%의 이익을 붙여 정가를 정하고 두 제품을 모두 판매하면 37,500원의 이익이 생긴다고 할 때, 구입한 볼펜의 개수는 몇 개인가?

① 50개 ② 100개 ③ 150개
④ 200개 ⑤ 250개

08 작년에 동아리에 가입한 회원 수는 총 90명이었다. 올해 가입한 동아리 회원 수는 작년에 비하여 남성은 5% 감소하고 여성은 10% 증가하여 작년보다 전체 3명이 증가했다. 올해 가입한 여성의 수는?

① 40명 ② 45명 ③ 50명
④ 55명 ⑤ 60명

09 신입사원 12명이 가장 좋아하는 음식을 조사한 결과 피자, 라면, 치킨이 차지하는 비율이 1 : 7 : 4였다. 신입사원 3명을 임의로 선택할 때, 좋아하는 음식이 모두 다를 확률은?

① $\frac{1}{11}$ ② $\frac{6}{55}$ ③ $\frac{7}{55}$ ④ $\frac{8}{55}$ ⑤ $\frac{9}{55}$

10 노란 사탕 5개와 파란 사탕 5개가 들어 있는 주머니에서 한 번에 2개의 사탕을 꺼낼 때, 적어도 1개는 파란 사탕을 꺼낼 확률은?

① $\frac{5}{9}$ ② $\frac{2}{3}$ ③ $\frac{7}{9}$ ④ $\frac{8}{9}$ ⑤ $\frac{7}{10}$

11 오늘 놀이공원의 어린이 방문자 수는 어제보다 15% 감소하였고, 성인 방문자 수는 20% 증가하였다. 어제 전체 방문자 수는 75명이었으며, 오늘은 어제보다 1명이 증가하였다고 한다. 어제 이 놀이공원의 어린이 방문자 수와 성인 방문자 수의 비를 구하면?

① 1 : 2 ② 3 : 4 ③ 8 : 7
④ 8 : 9 ⑤ 4 : 3

12 P공단의 전체 직원은 1,000명인데 이 중 80%는 도보로, 20%는 자전거를 이용해 출근을 한다. 또한 P공단의 전체 직원들은 샌드위치나 음료수 중에서 반드시 하나만 사서 출근을 한다. 도보로 출근하는 직원 중 200명이 샌드위치를 사서 출근하고, 자전거를 이용하는 직원 중 150명이 음료수를 사서 출근했다고 한다. P공단의 전체 직원 중 임의로 선택한 한 명이 샌드위치를 사서 출근했을 때, 이 직원이 자전거를 이용하여 출근했을 확률은?

① $\frac{3}{25}$ ② $\frac{1}{5}$ ③ $\frac{7}{25}$ ④ $\frac{9}{25}$ ⑤ $\frac{11}{25}$

13 어느 지역의 올해 버스와 지하철의 이용자 수는 작년에 비해 버스 이용자 수는 10% 감소하고, 지하철 이용자 수는 40% 증가했다. 작년 버스와 지하철의 총 이용자 수는 2,000명이고, 올해는 작년보다 500명이 증가했다고 할 때, 작년의 지하철 이용자 수는?

① 1,000명 ② 1,400명 ③ 1,500명
④ 1,600명 ⑤ 1,650명

14 어느 주머니 안에는 흰 구슬 4개, 노란 구슬 2개, 빨간 구슬 2개, 파란 구슬 2개가 들어있다. 이 주머니에서 임의로 4개의 구슬을 꺼낼 때, 구슬의 색깔이 모두 다를 확률은?

① $\frac{3}{100}$ ② $\frac{2}{35}$ ③ $\frac{12}{105}$ ④ $\frac{4}{35}$ ⑤ $\frac{16}{105}$

15 사무실 청소를 완료하는 데 철수 혼자서 하면 총 3시간이 걸린다. 철수와 영미가 함께 사무실 청소를 1시간 동안 하다가, 영미가 몸이 아파 쉬러 간 후 철수 혼자 30분을 더 일하여 청소를 마무리했다. 만약 영미 혼자 사무실 청소를 한다면, 완료하는 데 걸리는 시간은?

① 1시간 ② 1시간 30분 ③ 2시간
④ 2시간 30분 ⑤ 3시간

16 동아리에서 100명의 회원들이 MT를 떠났다. 일정 중 붕어빵과 호떡을 판매하는 가게에서 붕어빵을 구입한 사람은 44명, 호떡을 구입한 사람은 47명이었다. 둘 다 구매하지 않은 인원이 모두 구매한 사람의 2배였다면, 100명 중 붕어빵만 구입한 회원은 몇 명인가?

① 33명 ② 34명 ③ 35명
④ 36명 ⑤ 37명

17 길이가 120m인 기차 A는 일정한 속력으로 길이가 x m인 다리를 완전히 통과하는 데 1분 20초가 걸린다. 그리고 기차 A보다 1.5배 빠르고 길이가 80m인 기차 B는 일정한 속력으로 같은 다리를 완전히 통과하는 데 40초가 걸린다. 기차 B의 속력을 y m/초라고 할 때, $x-y$의 값은?

① 35 ② 36 ③ 37
④ 40 ⑤ 56

18 철수는 서로 다른 10개의 피규어를 포장박스에 넣어 구분하려고 한다. 포장박스는 총 4개가 있으며, 각 포장박스에는 최대 3개의 피규어를 넣을 수 있다고 한다. 이때 보관하는 방법의 수는 총 몇 가지인가? (단, 각 포장박스끼리는 규격이 동일하여 서로 구분할 수 없다.)

① 6,000가지 ② 9,100가지 ③ 9,500가지
④ 9,700가지 ⑤ 9,900가지

19 공장을 운영하는 A, B 두 회사의 재고 물량 중 전자제품이 차지하는 비율은 각각 3%, 8%이다. 두 회사의 전체 재고 물량의 합은 155,000개이며 이 중 전자제품은 7,650개일 때, B회사의 전자제품 물량은?

① 4,700개 ② 4,800개 ③ 4,850개
④ 4,900개 ⑤ 4,950개

20 ○○기업의 직원들이 대회의실 행사 준비를 하고 있다. A직원이 혼자 준비하면 90분이 걸리고, A, B직원이 함께 준비하면 1시간이 걸리며, B, C직원이 함께 준비하면 72분이 걸린다. A, B, C직원이 모두 함께 대회의실 행사 준비를 끝마치는 데 걸리는 시간은?

① 36분 ② 40분 ③ 45분
④ 60분 ⑤ 72분

21 ○○공단의 사원 A, B, C, D, E, F 여섯 사람이 일렬로 줄을 설 때, 양 끝에 A, F가 서게 될 확률은?

① $\frac{1}{10}$ ② $\frac{1}{15}$ ③ $\frac{1}{30}$ ④ $\frac{1}{50}$ ⑤ $\frac{1}{60}$

22 숫자 0, 2, 4, 6, 8이 적힌 5장의 카드에서 2장을 뽑아 두 자리 정수를 만든다고 할 때 그 수가 3의 배수일 확률은?

① $\frac{3}{7}$ ② $\frac{5}{12}$ ③ $\frac{6}{19}$ ④ $\frac{5}{16}$ ⑤ $\frac{3}{8}$

23 8%의 농도인 소금물 400g이 있다. 이 소금물을 조금 퍼내고, 퍼낸 소금물만큼의 순수한 물을 부은 후 2%의 소금물을 섞어 6%의 소금물 520g을 만들었다. 처음에 퍼낸 소금물의 양은 몇 g인가?

① 30g ② 33g ③ 35g
④ 38g ⑤ 40g

24 어느 테니스 대회는 총 12개의 팀이 상대 팀과 각각 한 번씩 경기하는 리그 형식으로 예선을 치른 후, 상위 6개 팀이 토너먼트 형식으로 본선을 치른다. 예선 티켓값이 한 경기당 2만 원, 본선 티켓값이 한 경기당 4만 원이라고 할 때, 모든 경기를 한 번씩 보려면 티켓을 사는 데 드는 총비용은 얼마인가?

① 136만 원　② 140만 원　③ 144만 원
④ 148만 원　⑤ 152만 원

25 a부터 g까지 순서대로 알파벳 카드가 총 7장 들어있는 노란 상자에서 영희가 카드 2장을 뽑는다. 이때, 모음이 적힌 카드를 적어도 하나 이상 뽑을 확률은? (단, 한 번 꺼낸 카드는 다시 넣지 않는다.)

① $\frac{6}{17}$　② $\frac{6}{31}$　③ $\frac{1}{26}$　④ $\frac{5}{12}$　⑤ $\frac{11}{21}$

01 다음 〈표〉는 2014~2018년 A기업의 직군별 사원 수 현황에 대한 자료이다. 영업직 사원이 전년 대비 감소한 해에 사무직 사원이 A기업 사원 수에서 차지하는 비중은 얼마인가?

〈표〉 2014 ~ 2018년 A기업의 직군별 사원 수 현황

(단위: 명)

연도 \ 직군	영업직	생산직	사무직
2018	169	103	68
2017	174	121	68
2016	137	107	77
2015	136	93	84
2014	134	107	85

※ 사원은 영업직, 생산직, 사무직으로만 구분됨

① 15% ② 20% ③ 30%
④ 35% ⑤ 50%

02 다음 〈그림〉은 A국의 2012~2017년 태양광 산업 분야 투자액 및 투자건수에 관한 자료이다. 이에 대한 설명으로 옳지 않은 것은?

〈그림〉 태양광 산업 분야 투자액 및 투자건수

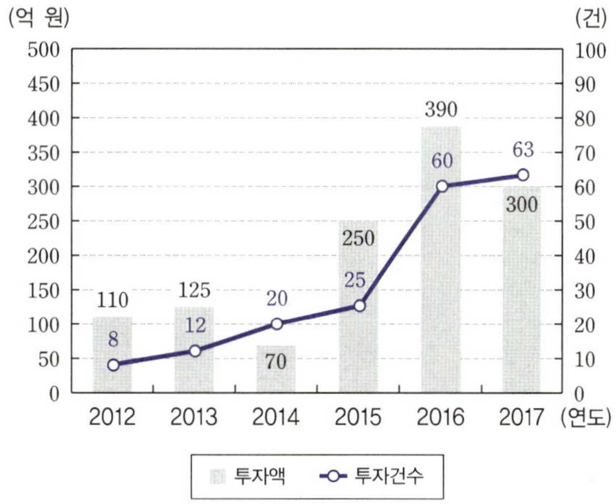

① 2013~2017년 동안 투자액의 전년 대비 증가율은 2016년이 가장 높다.
② 2013~2017년 동안 투자건수의 전년 대비 증가율은 2017년이 가장 낮다.
③ 2012년과 2015년 투자건수의 합은 2017년 투자건수보다 작다.
④ 투자액이 가장 큰 연도는 2016년이다.
⑤ 투자건수는 매년 증가하였다.

03

다음 〈표〉는 2020년부터 2024년까지 정부지원 직업훈련 현황에 대한 자료이다. 실업자와 재직자의 훈련지원금 차이가 두 번째로 작은 해에 실업자의 훈련인원당 훈련지원금은 얼마인가? (단, 소수점 둘째 자리에서 반올림한다.)

〈표〉 연도별 정부지원 직업훈련 현황

(단위: 명, 만 원)

구분 \ 연도		2020	2021	2022	2023	2024
훈련 인원	실업자	102	117	113	153	304
	재직자	2,914	3,576	4,007	4,949	4,243
	계	3,016	3,693	4,120	5,102	4,547
훈련 지원금	실업자	3,236	3,638	3,402	4,659	4,362
	재직자	3,361	4,075	4,741	5,597	4,669
	계	6,597	7,713	8,143	10,256	9,031

① 1.1만 원 ② 11.1만 원 ③ 14.3만 원
④ 143만 원 ⑤ 30.1만 원

04

다음 〈그림〉은 2015~2018년 사용자별 사물인터넷 관련 지출액에 관한 자료이다. 이에 대한 설명으로 옳지 않은 것은?

〈그림〉 사물인터넷 관련 지출액

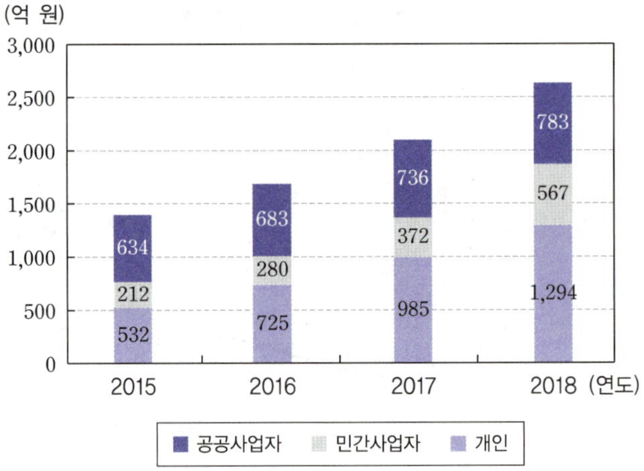

※ 사용자는 공공사업자, 민간사업자, 개인으로만 구성됨

① 2016~2018년 동안 '공공사업자' 지출액의 전년 대비 증가폭이 가장 큰 해는 2017년이다.
② 2018년 사용자별 지출액의 전년 대비 증가율은 '개인'이 가장 높다.
③ 2016~2018년 동안 사용자별 지출액의 전년 대비 증가율은 매년 '공공사업자'가 가장 낮다.
④ '공공사업자'와 '민간사업자'의 지출액 합은 매년 '개인'의 지출액보다 크다.
⑤ 2018년 모든 사용자의 지출액 합은 2015년 대비 80% 이상 증가하였다.

05

다음 〈표〉는 '갑'국의 2018~2023년 연도별 산업 신기술검증 현황에 대한 자료이다. 이에 대한 설명으로 옳은 것은?

〈표〉 산업 신기술검증 연간건수 및 연간비용

(단위: 건, 천만 원)

구분		2018	2019	2020	2021	2022	2023
서류검증	건수	755	691	( )	767	725	812
	비용	54	( )	57	41	102	68
현장검증	건수	576	650	630	691	( )	760
	비용	824	1,074	1,091	( )	2,546	1,609
전체	건수	1,331	1,341	1,395	1,458	1,577	1,572
	비용	878	1,134	1,148	1,745	2,648	( )

※ 신기술검증은 서류검증과 현장검증으로만 구분됨

① 산업 신기술검증 전체비용은 매년 증가하였다.
② 서류검증 건수는 매년 현장검증 건수보다 많다.
③ 서류검증 건당 비용은 2018년에 가장 크다.
④ 전년에 비해 현장검증 비용이 감소한 연도는 2개이다.
⑤ 전년에 비해 현장검증 건수가 감소한 해에는 전년에 비해 서류검증 건수가 증가하였다.

06

다음 〈그림〉은 '갑'기업의 성별 평균 연봉 자료이다. 남성 직원과 여성 직원의 평균 연봉의 차이가 두 번째로 작은 해에 여성 직원의 4년 전 대비 평균 연봉의 증가율은? (단, 소수점 둘째 자리에서 반올림한다.)

〈그림〉 1998 ~ 2018년 '갑'기업의 성별 평균 연봉

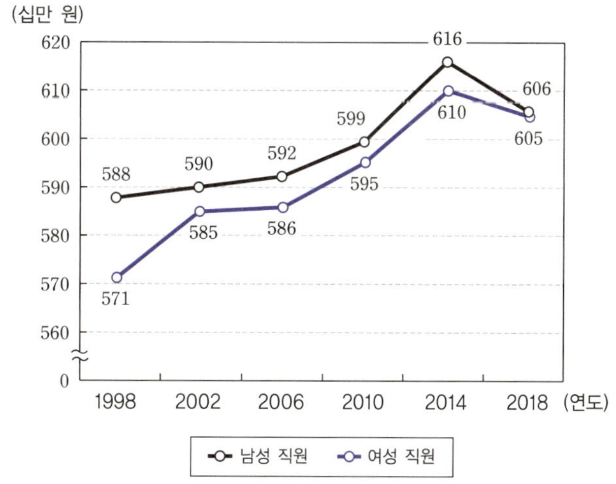

※ 평균 연봉은 소수점 아래 첫째 자리에서 반올림한 값임

① 1.5%
② 2%
③ 3.5%
④ 4%
⑤ 9%

07 다음 〈표〉는 2005~2012년 A기업의 콘텐츠 유형별 매출액에 관한 자료이다. 제시된 기간 중 음원 매출액이 두 번째로 작은 해에 전체 콘텐츠 유형별 매출액에서 게임 매출액이 차지하는 비중은? (단, 소수점 둘째 자리에서 반올림한다.)

〈표〉 2005~2012년 A기업의 콘텐츠 유형별 매출액

(단위: 백만 원)

콘텐츠 유형 / 연도	게임	음원	영화	SNS	전체
2005	235	108	371	30	744
2006	144	175	355	45	719
2007	178	186	391	42	797
2008	269	184	508	59	1,020
2009	485	199	758	58	1,500
2010	470	302	1,031	308	2,111
2011	603	411	1,148	104	2,266
2012	689	419	1,510	341	2,959

① 6.3% ② 20.0% ③ 24.4%
④ 31.6% ⑤ 49.4%

08 다음 〈표〉는 2022년 A~E국의 연구개발 세액감면 현황에 관한 자료이다. 이에 대한 〈보기〉의 설명 중 옳은 것만을 모두 고르면?

〈표〉 2022년 A~E국의 연구개발 세액감면 현황

(단위: 백만 달러, %)

구분 / 국가	연구개발 세액감면액	GDP 대비 연구개발 세액감면액 비율	연구개발 총지출액 대비 연구개발 세액감면액 비율
A	3,613	0.20	4.97
B	12,567	0.07	2.85
C	2,104	0.13	8.15
D	4,316	0.16	10.62
E	6,547	0.13	4.14

보기

ㄱ. GDP는 C국이 E국보다 크다.
ㄴ. 연구개발 총지출액이 가장 큰 국가는 B국이다.
ㄷ. GDP 대비 연구개발 총지출액 비율은 A국이 B국보다 높다.

① ㄱ ② ㄴ ③ ㄷ
④ ㄴ, ㄷ ⑤ ㄱ, ㄴ, ㄷ

09 **다음 〈표〉는 2004~2011년 'K'지역 산업재해 건수 및 근로자 수 현황에 대한 자료이다. 이에 대한 설명 중 옳지 않은 것은?**

〈표 1〉 유형별 산업재해 현황

(단위: 건)

유형 \ 연도	2004	2005	2006	2007	2008	2009	2010	2011
끼임	32	61	159	294	341	391	438	465
떨어짐	11	15	46	72	78	80	85	89
부딪힘	8	29	52	102	115	135	156	175
맞음	12	17	43	94	102	124	143	153
화재·폭발	0	0	8	17	23	28	41	50
전체	63	122	308	579	659	758	863	932

〈표 2〉 지역별 산업재해 현황

(단위: 건)

지역 \ 연도	2004	2005	2006	2007	2008	2009	2010	2011
부산	1	4	5	15	15	18	21	25
인천	6	7	13	25	29	36	40	43
울산	1	3	10	15	15	16	18	20
경기	2	5	12	23	24	24	29	32
강원	7	15	21	39	47	58	71	82
충북	0	0	5	7	8	12	16	17
충남	4	10	27	49	50	63	74	82
전북	5	9	25	38	41	41	41	44
전남	20	32	99	184	215	236	258	271
경북	7	15	37	69	73	78	87	91
경남	8	16	33	76	100	134	163	177
제주	2	6	21	39	42	42	45	48
전체	63	122	308	579	659	758	863	932

〈표 3〉 'K'지역 근로자 현황

(단위: 명)

구분 \ 연도	2004	2005	2006	2007	2008	2009	2010	2011
근로자	5,107	10,765	24,805	44,061	50,728	56,100	60,902	63,860

① 'K'지역 근로자 수는 매년 증가하였다.

② 2005년 전체 산업재해 중 전남지역 산업재해가 차지하는 비율은 30% 이상이다.

③ 충북지역을 제외하고, 2004년 대비 2011년 산업재해 증가율이 가장 낮은 지역은 인천이다.

④ 2006년 이후 각 유형에서 산업재해 건수는 매년 증가하였다.

⑤ 산업재해가 많은 지역부터 나열하면, 충남지역의 순위는 2009년과 2010년이 동일하다.

10 다음 〈표〉는 2017~2019년 '갑'대학의 장학금 유형(A~E)별 지급 현황에 관한 자료이다. 이에 대한 〈보기〉의 설명 중 옳은 것만을 고르면?

〈표〉 2017~2019년 '갑'대학의 장학금 유형별 지급 현황

(단위: 명, 백만 원)

학기		장학금 유형 / 구분	A	B	C	D	E
2017년	1학기	장학생 수	112	22	66	543	2,004
		장학금 총액	404	78	230	963	2,181
	2학기	장학생 수	106	26	70	542	1,963
		장학금 총액	379	91	230	969	2,118
2018년	1학기	장학생 수	108	21	79	555	1,888
		장학금 총액	391	74	273	989	2,025
	2학기	장학생 수	112	20	103	687	2,060
		장학금 총액	404	70	355	1,216	2,243
2019년	1학기	장학생 수	110	20	137	749	2,188
		장학금 총액	398	70	481	1,330	2,379
	2학기	장학생 수	104	20	122	584	1,767
		장학금 총액	372	70	419	1,039	1,904

※ '갑'대학의 학기는 매년 1학기와 2학기만 존재함

보기

ㄱ. 2017~2019년 동안 매학기 장학생 수가 증가하는 장학금 유형은 1개이다.

ㄴ. 2018년 1학기에 비해 2018년 2학기에 장학생 수와 장학금 총액이 모두 증가한 장학금 유형은 4개이다.

ㄷ. 2019년 2학기 장학생 1인당 장학금이 가장 많은 장학금 유형은 B이다.

ㄹ. E 장학금 유형에서 장학생 수와 장학금 총액이 가장 많은 학기는 2019년 1학기이다.

① ㄱ, ㄴ　② ㄱ, ㄷ　③ ㄴ, ㄷ

④ ㄴ, ㄹ　⑤ ㄷ, ㄹ

11 다음 〈표〉는 2014~2018년 '갑'국의 범죄 피의자 처리 현황에 대한 자료이다. 이에 대한 설명으로 옳은 것은?

〈표〉 범죄 피의자 처리 현황

(단위: 명)

구분 / 연도	처리	처리 결과		기소 유형	
		기소	불기소	정식재판기소	약식재판기소
2014	33,654	14,205	( )	( )	12,239
2015	26,397	10,962	15,435	1,972	( )
2016	28,593	12,287	( )	( )	10,050
2017	31,096	12,057	19,039	2,619	( )
2018	38,152	( )	( )	3,513	10,750

※ 1) 모든 범죄 피의자는 당해년도에 처리됨
2) 범죄 피의자에 대한 처리 결과는 기소와 불기소로만 구분되며, 기소 유형은 정식재판기소와 약식재판기소로만 구분됨
3) $기소율(\%) = \frac{기소\ 인원}{처리\ 인원} \times 100$

① 2015년 이후 처리 인원이 전년대비 증가한 연도에는 기소 인원도 전년대비 증가한다.
② 2018년 기소 인원과 기소율은 2014년보다 모두 증가하였다.
③ 2017년 불기소 인원은 2018년보다 많다.
④ 2014년 불기소 인원은 정식재판기소 인원의 10배 이상이다.
⑤ 처리 인원 중 정식재판기소 인원과 약식재판기소 인원의 합이 차지하는 비율은 매년 50% 미만이다.

12 다음 〈표〉는 하진이의 10월 모바일 쇼핑 구매내역이다. 하진이가 주문한 상품 중 할인율이 두 번째로 높은 상품의 할인율은 얼마인가? (단, 소수점 둘째 자리에서 반올림한다.)

〈표〉 10월 모바일 쇼핑 구매내역

(단위: 원, 포인트)

상품	주문금액	할인금액		결제금액	
요가용품세트	45,400	즉시할인 쿠폰할인	4,540 4,860	신용카드 +포인트	32,700 3,300 = 36,000
가을스웨터	57,200	즉시할인 쿠폰할인	600 7,970	신용카드 +포인트	48,370 260 = 48,630
샴푸	38,800	즉시할인 쿠폰할인	0 3,000	신용카드 +포인트	34,300 1,500 = 35,800
보온병	9,200	즉시할인 쿠폰할인	1,840 0	신용카드 +포인트	7,290 70 = 7,360
전체	150,600		22,810		127,790

※ 1) 결제금액(원) = 주문금액 − 할인금액

2) 할인율(%) = $\frac{\text{할인금액}}{\text{주문금액}} \times 100$

3) 1포인트는 결제금액 1원에 해당함

① 7.7% ② 15.0% ③ 15.1%

④ 20.0% ⑤ 20.7%

13 다음 〈그림〉은 2012~2015년 '갑'지역의 유연근무제 시행 현황에 관한 자료이다. 이에 대한 설명으로 옳은 것은?

〈그림〉 유연근무제 시행기업 수 및 참여직원 수

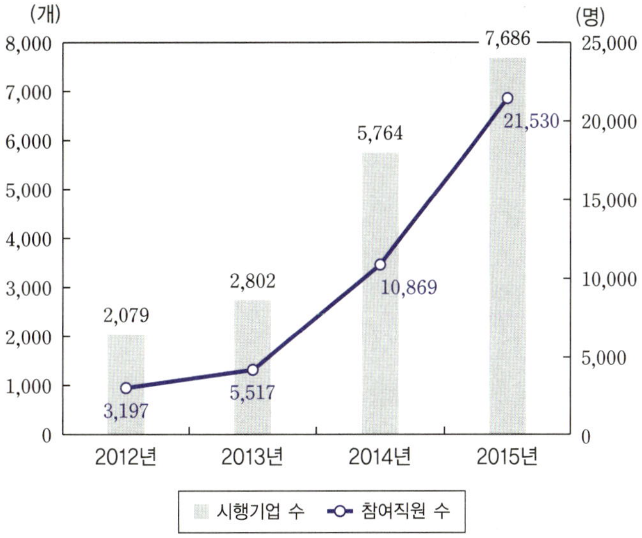

① 2013년 이후 전년보다 참여직원 수가 가장 많이 증가한 해와 시행기업 수가 가장 많이 증가한 해는 동일하다.

② 2015년 유연근무제 참여직원 수는 2012년의 7배 이상이다.

③ 시행기업당 참여직원 수가 가장 많은 해는 2015년이다.

④ 2013년 대비 2015년 시행기업 수의 증가율은 참여직원 수의 증가율보다 높다.

⑤ 2012~2015년 참여직원 수 연간 증가인원의 평균은 6,000명 이하이다.

14 다음 〈표〉는 A기업의 2016년 경기도 10개 시의 스마트 제품 판매건수 현황에 대한 자료이다. 이에 대한 설명으로 옳은 것은?

〈표〉 경기도 10개 시의 유형별 스마트 제품 판매건수 현황

(단위: 백 건)

유형 / 시	이어폰	스마트폰	워치	태블릿	합
용인시	64	36	16	4	120
여주시	24	32	11	3	70
고양시	16	35	11	7	69
안성시	13	42	13	0	68
남양주시	18	34	11	4	67
파주시	14	28	9	12	63
성남시	36	17	3	3	59
화성시	14	26	9	0	49
수원시	14	24	8	2	48
양주시	11	19	9	0	39
전체	224	293	100	35	( )

※ 스마트 제품 유형은 이어폰, 스마트폰, 워치, 태블릿으로만 구성됨

① '태블릿'을 판매한 시는 6개이다.

② 유형별 전체 판매건수가 가장 많은 액세서리는 '이어폰'이다.

③ 파주시의 유형별 스마트 제품 판매건수의 합은 전체 스마트 제품 판매건수 합의 10% 이하이다.

④ '워치'의 판매건수가 가장 많은 시는 안성시이다.

⑤ '이어폰'의 시별 판매건수 순위는 '워치'와 동일하다.

15 다음 〈표〉는 2014~2018년 '갑'국의 예산 및 세수 실적과 2018년 세수항목별 세수 실적에 관한 자료이다. 이에 대한 설명으로 옳지 않은 것은?

〈표 1〉 2014~2018년 '갑'국의 예산 및 세수 실적

(단위: 십억 원)

구분 / 연도	예산액	징수결정액	수납액	불납결손액
2014	175,000	200,000	180,000	7,000
2015	195,000	210,000	190,000	8,000
2016	200,000	200,000	190,000	1,000
2017	205,000	220,000	195,000	3,000
2018	202,900	237,020	207,900	2,320

〈표 2〉 2018년 '갑'국의 세수항목별 세수 실적

(단위: 십억 원)

구분 / 세수항목	예산액	징수결정액	수납액	불납결손액
전체 세수	202,900	237,020	207,900	2,320
내국세	180,000	213,000	185,000	2,300
교통·에너지·환경세	13,900	14,200	14,100	10
교육세	5,200	5,000	4,800	3
농어촌특별세	2,500	3,000	2,600	1
종합부동산세	1,300	1,820	1,400	6

※ 1) 미수납액 = 징수결정액 − 수납액 − 불납결손액

2) 수납비율(%) = $\frac{\text{수납액}}{\text{예산액}} \times 100$

① 미수납액이 가장 많은 연도는 2018년이다.

② 수납비율이 가장 높은 연도는 2014년이다.

③ 2018년 내국세 미수납액은 전체 세수 미수납액의 95% 이상을 차지한다.

④ 2018년 세수항목 중 수납비율이 가장 높은 항목은 종합부동산세이다.

⑤ 2018년 교통·에너지·환경세 미수납액은 교육세 미수납액보다 많다.

16 다음 〈표〉는 2010~2014년 A회사의 계열사별 영업이익 현황에 관한 자료이다. 이에 대한 설명으로 옳지 않은 것은?

〈표〉 A회사 계열사별 영업이익 현황

(단위: 억 원)

계열사 / 연도	A전자	A중공업	A호텔	전체
2010	527	(　)	23	924
2011	(　)	486	35	1,149
2012	751	626	39	(　)
2013	828	804	51	1,683
2014	905	865	(　)	1,824
합계	3,639	3,155	202	(　)

※ 계열사는 A전자, A중공업, A호텔로만 구성됨

① 2012년 전체 영업이익 중 A전자의 영업이익이 50% 이상이다.

② 2011년 A전자의 영업이익은 2013년 A중공업의 영업이익보다 적다.

③ A호텔의 영업이익은 매년 증가하였다.

④ 2014년 A중공업의 영업이익은 2010년과 2011년 A중공업의 영업이익의 합보다 많다.

⑤ 2014년 전체 영업이익은 2012년 전체 영업이익의 1.5배 이상이다.

17 다음 〈표〉는 '갑'국의 주택보급률 및 주거공간 현황에 대한 자료이다. 이에 대한 〈보기〉의 설명 중 옳은 것만을 모두 고르면?

〈표〉 '갑'국의 주택보급률 및 주거공간 현황

연도	가구수 (천 가구)	주택보급률 (%)	주거공간	
			가구당(m^2/가구)	1인당(m^2/인)
2000	10,000	70.0	58.0	14.0
2001	11,000	80.0	70.0	17.0
2002	12,000	90.0	80.0	20.0
2003	12,500	100.0	90.0	23.0
2004	13,000	120.0	95.0	26.0

※ 1) 주택보급률(%) $= \frac{\text{주택수}}{\text{가구수}} \times 100$

2) 가구당 주거공간(m^2/가구) $= \frac{\text{주거공간 총면적}}{\text{가구수}}$

3) 1인당 주거공간(m^2/인) $= \frac{\text{주거공간 총면적}}{\text{인구수}}$

보기

ㄱ. 주택수는 매년 증가하였다.
ㄴ. 2003년 주택을 두 채 이상 소유한 가구수는 2002년보다 증가하였다.
ㄷ. 2001~2004년 동안 1인당 주거공간의 전년 대비 증가율이 가장 큰 해는 2001년이다.
ㄹ. 2004년 주거공간 총면적은 2000년 주거공간 총면적의 2배 이상이다.

① ㄱ, ㄴ
② ㄱ, ㄷ
③ ㄴ, ㄹ
④ ㄱ, ㄷ, ㄹ
⑤ ㄴ, ㄷ, ㄹ

18 다음 〈표〉는 2012~2018년 '갑'국의 지가변동률에 대한 자료이다. 이에 대한 〈보기〉의 설명 중 옳은 것만을 모두 고르면?

〈표〉 연도별 지가변동률

(단위: %)

연도 \ 지역	수도권	비수도권
2012	0.37	1.47
2013	1.20	1.30
2014	2.68	2.06
2015	1.90	2.77
2016	2.99	2.97
2017	4.31	3.97
2018	6.11	3.64

보기

ㄱ. 비수도권의 지가변동률은 매년 상승하였다.
ㄴ. 비수도권의 지가변동률이 수도권의 지가변동률보다 높은 연도는 3개이다.
ㄷ. 전년 대비 지가변동률 차이가 가장 큰 연도는 수도권과 비수도권이 동일하다.

① ㄱ　② ㄴ　③ ㄱ, ㄷ
④ ㄴ, ㄷ　⑤ ㄱ, ㄴ, ㄷ

19 다음 〈표〉는 2006~2010년 '갑'기업 연구개발비에 관한 자료이다. 이에 대한 설명으로 옳은 것은?

〈표〉 연도별 연구개발비

구분 \ 연도	2006	2007	2008	2009	2010
연구개발비(십억 원)	27,346	31,301	34,498	37,929	43,855
전년 대비 증가율(%)	13.2	14.5	10.2	9.9	15.6
외부지원 비중(%)	24.3	26.1	26.8	28.7	28.0
연구원 만명당 연구개발비(백만 원)	5,662	6,460	7,097	7,781	8,452

※ 연구개발비=자체부담 연구개발비 + 외부지원 연구개발비

① 연구개발비의 외부지원 비중은 매년 증가하였다.
② 2007년~2010년 동안 전년에 비해 연구원 만 명당 연구개발비가 가장 많이 증가한 해는 2010년이다.
③ 2009년에 비해 2010년 '갑'기업 연구원의 수는 증가하였다.
④ 2007년~2010년 동안 전년 대비 연구개발비 증가액이 가장 작은 해는 2009년이다.
⑤ 2007년~2010년 동안 연구개발비의 전년 대비 증가율이 가장 작은 해와 연구개발비의 자체부담 비중이 가장 큰 해는 같다.

20 다음 〈표〉와 〈그림〉은 A~E 공장의 출하량, 폐기량, 생산량 및 불량률을 나타낸 자료이다. 이에 대한 〈보기〉의 설명 중 옳은 것만을 모두 고르면?

〈표〉 출하량, 폐기량 및 생산량

(단위: 천 개)

구분 \ 공장	A	B	C	D	E
출하량	38.9	34.7	49.3	( )	62.4
내수량	( )	8.6	10.8	22.9	24.6
수출량	23.0	26.1	( )	29.1	37.8
폐기량	8.8	9.9	6.7	1.1	5.1
생산량	47.7	( )	56.0	53.1	( )

※ 1) 출하량(천 개) = 내수량 + 수출량
 2) 생산량(천 개) = 출하량 + 폐기량

〈그림〉 불량률

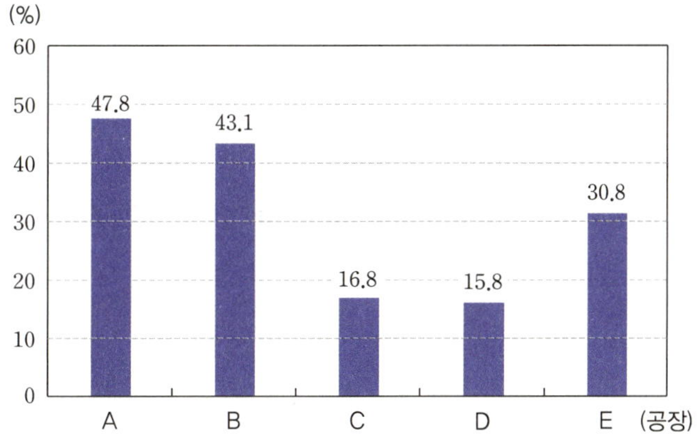

보기

ㄱ. 생산량이 가장 높은 공장의 수출량이 가장 높다.
ㄴ. 불량률이 가장 낮은 공장의 출하량이 두 번째로 높다.
ㄷ. 내수량이 가장 높은 공장의 불량률이 가장 높다.
ㄹ. 생산량이 가장 낮은 공장은 B이다.

① ㄱ, ㄴ ② ㄱ, ㄷ ③ ㄴ, ㄷ
④ ㄴ, ㄹ ⑤ ㄷ, ㄹ

[21~22] 다음 〈표〉는 2015년 9개 국가의 일반폐기물 재활용률에 관한 자료이다. 각 물음에 답하시오.

〈표〉 2015년 국가별 일반폐기물 재활용률

구분 / 국가	광재 재활용률(%)			오니류 재활용률(%)	광재와 오니류 재활용률 차이(%p)
		2005년 대비 증감(%p)	전년 대비 증감(%p)		
벨기에	55.3	−0.20	−0.28	40.5	14.8
일본	32.2	4.49	0.26	26.8	5.4
그리스	39.0	−2.00	−1.27	38.1	0.9
포르투갈	42.1	5.26	0.86	30.7	11.4
한국	21.9	4.59	0.19	19.6	2.3
캐나다	31.6	−0.23	0.05	18.8	12.8
멕시코	19.7	4.98	0.20	19.7	0.0
스페인	39.6	0.59	−1.16	33.8	5.8
덴마크	36.4	−2.36	0.21	26.0	10.4

21 다음 중 〈보기〉의 설명 중 옳은 것만을 고른 것은?

보기

ㄱ. 2015년 광재와 오니류의 재활용률 차이가 덴마크보다 큰 국가는 캐나다, 벨기에, 포르투갈이다.
ㄴ. 2015년 광재 재활용률이 전년 대비 감소한 국가는 벨기에, 그리스, 스페인이다.
ㄷ. 스페인의 2015년 광재 재활용률은 그리스의 2014년 광재 재활용률보다 높다.
ㄹ. 2005년 대비 2014년 광재 재활용률이 가장 큰 폭으로 증가한 국가는 벨기에이다.

① ㄱ, ㄴ ② ㄱ, ㄷ ③ ㄴ, ㄷ
④ ㄴ, ㄹ ⑤ ㄷ, ㄹ

22 다음 중 〈표〉에 대한 설명으로 옳지 않은 것을 고르시오.

① 2015년 광재 재활용률이 2014년에 비해 증가한 국가가 감소한 국가보다 많다.
② 벨기에의 2014년 광재 재활용률은 일본의 2014년 광재 재활용률보다 높다.
③ 2014년 한국의 광재 재활용률은 2005년에 비해 감소했다.
④ 2015년 광재 재활용률과 오니류 재활용률이 동일한 국가가 존재한다.
⑤ 2015년 광재와 오니류의 재활용률 차이 크기 상위 2개국 모두 광재 재활용률이 2005년 대비 감소했다.

[23~24] 다음 〈그림〉은 A기업의 2012~2017년 반도체 산업 분야 투자액 및 투자건수에 관한 자료이다. 각 물음에 답하시오.

〈그림〉 반도체 산업 분야 투자액 및 투자건수

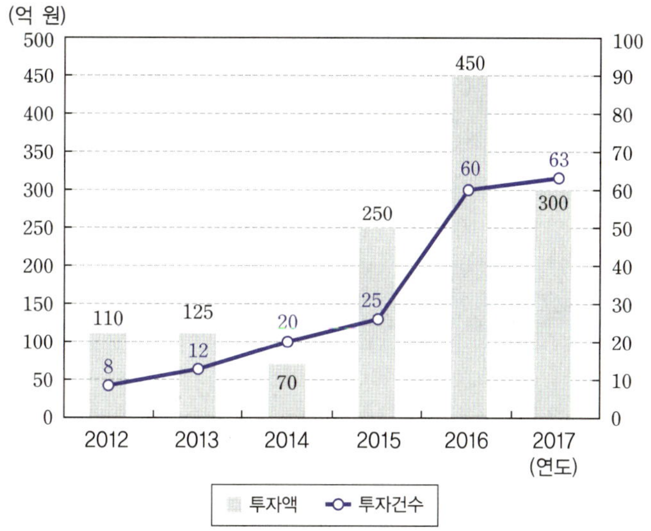

23 다음 중 자료에 대한 설명으로 옳지 않은 것은?

① 2013~2017년 동안 투자액의 전년 대비 증가율은 2015년이 가장 높다.
② 2013~2017년 동안 투자건수의 전년 대비 증가율은 2017년이 가장 낮다.
③ 2012년과 2015년 투자건수의 합은 2017년 투자건수보다 작다.
④ 투자액이 가장 적은 연도는 2012년이다.
⑤ 투자건수는 매년 증가하였다.

24 투자건수당 투자액이 가장 높은 연도와 가장 낮은 연도의 투자액의 차이는?

① 8억 원　② 12억 원　③ 40억 원
④ 55억 원　⑤ 180억 원

[25~26] 다음 〈표〉는 2007~2013년 동안 '갑'국의 흡연율 및 금연계획률에 관한 자료이다. 각 물음에 답하시오.

〈표 1〉 성별 흡연율

(단위: %)

성별 \ 연도	2007	2008	2009	2010	2011	2012	2013
남성	45.0	47.7	46.9	48.3	47.3	43.7	42.1
여성	5.3	7.4	7.1	6.3	6.8	7.9	6.1
전체	20.6	23.5	23.7	24.6	25.2	24.9	24.1

〈표 2〉 소득수준별 남성 흡연율

(단위: %)

소득수준 \ 연도	2007	2008	2009	2010	2011	2012	2013
최상	38.9	39.9	38.7	43.5	44.1	40.8	36.6
상	44.9	46.4	46.4	45.8	44.9	38.6	41.3
중	45.2	49.6	50.9	48.3	46.6	45.4	43.1
하	50.9	55.3	51.2	54.2	53.9	48.2	47.5

〈표 3〉 금연계획률

(단위: %)

구분 \ 연도	2007	2008	2009	2010	2011	2012	2013
금연계획률	59.8	56.9	( )	( )	56.3	55.2	56.5
단기 금연계획률	19.4	( )	18.2	20.8	20.2	19.6	19.3
장기 금연계획률	40.4	39.2	39.2	32.7	( )	35.6	37.2

※ 1) 흡연율(%) $= \frac{\text{흡연자 수}}{\text{인구수}} \times 100$

2) 금연계획률(%) $= \frac{\text{금연계획자 수}}{\text{흡연자 수}} \times 100$

= 단기 금연계획률 + 장기 금연계획률

25 다음 중 자료에 대한 설명으로 옳은 것은?

① 매년 남성 흡연율은 여성 흡연율의 6배 이상이다.
② 매년 소득수준이 높을수록 남성 흡연율은 낮다.
③ 2007~2010년 동안 매년 소득수준이 높을수록 여성 흡연자 수는 적다.
④ 2008~2010년 동안 매년 금연계획률은 전년 대비 감소한다.
⑤ 2011년의 장기 금연계획률은 2008년의 단기 금연계획률의 두 배 이상이다.

26 다음 〈보기〉 중 자료에 대한 설명으로 옳지 않은 것만을 모두 고른 것은?

보기

ㄱ. 여성 흡연율은 매년 증가한다.
ㄴ. 2012년을 제외하고 소득수준이 낮을수록 남성 흡연율은 높다.
ㄷ. 2013년 금연계획자 수는 전년 대비 증가한다.

① ㄱ
② ㄴ
③ ㄱ, ㄷ
④ ㄴ, ㄷ
⑤ ㄱ, ㄴ, ㄷ

[27~28] 다음 〈표〉는 조선시대 A지역 인구 및 사노비 비율에 대한 자료이다. 각 물음에 답하시오.

〈표〉 A지역 인구 및 사노비 비율

구분 조사연도	인구(명)	인구 중 사노비 비율(%)			
		솔거노비	외거노비	도망노비	전체
1720	2,228	18.5	10.0	11.5	40.0
1735	3,143	13.8	6.8	12.8	33.4
1762	3,380	11.5	8.5	11.7	31.7
1774	3,189	14.0	8.8	12.0	34.8
1783	3,056	14.9	6.7	9.3	30.9
1795	2,359	18.2	4.3	6.5	29.0

※ 1) 사노비는 솔거노비, 외거노비, 도망노비로만 구분됨
2) 비율은 소수점 둘째 자리에서 반올림한 값임

27 자료에 대한 설명 중 옳지 않은 것을 고르면?

① A지역 사노비 중 외거노비의 수가 매 조사연도마다 가장 낮다.
② A지역 솔거노비의 수는 1720년이 1774년보다 많다.
③ 1762년 A지역 외거노비의 수는 직전 조사연도 대비 증가한다.
④ A지역 사노비 중 솔거노비가 차지하는 비율이 가장 높은 조사연도는 1795년이다.
⑤ A지역 사노비 중 외거노비가 차지하는 비율은 1774년이 1720년보다 높다.

28 자료에 대한 〈보기〉의 설명 중 옳은 것만을 모두 고르면?

보기

ㄱ. A지역 인구 중 도망노비를 제외한 사노비가 차지하는 비율은 조사연도 중 1720년이 가장 높다.
ㄴ. A지역 사노비 수는 1774년이 1720년보다 많다.
ㄷ. A지역 사노비 중 외거노비가 차지하는 비율은 1720년이 1762년보다 높다.
ㄹ. A지역 인구 중 솔거노비가 차지하는 비율은 매 조사연도마다 낮아진다.

① ㄱ, ㄴ　② ㄱ, ㄷ　③ ㄷ, ㄹ
④ ㄱ, ㄴ, ㄹ　⑤ ㄴ, ㄷ, ㄹ

[29~30] 다음 〈표〉는 2008~2013년 '갑'기업 반도체 생산액과 부가가치 현황에 대한 자료이다. 각 물음에 답하시오.

〈표 1〉 반도체 생산액 현황

(단위: 10억 원, %)

구분 \ 연도		2008	2009	2010	2011	2012	2013
반도체 생산액		39,663	42,995	43,523	43,214	46,357	46,648
분야별 비중	메모리	23.6	20.2	15.6	18.5	17.5	18.3
	비메모리	28.0	27.7	29.4	30.1	31.7	32.1
	CMOS	34.3	38.3	40.2	34.7	34.6	34.8

※ 1) 분야별 비중은 반도체 생산액 대비 해당 분야의 생산액 비중임
2) 메모리, 비메모리, CMOS는 반도체의 일부 분야임

〈표 2〉 반도체 부가가치 현황

(단위: 10억 원, %)

구분 \ 연도		2008	2009	2010	2011	2012	2013
반도체 부가가치		22,587	23,540	24,872	26,721	27,359	27,376
GDP 대비 비중	수출	2.1	2.1	2.0	2.1	2.0	2.0
	수입	0.1	0.1	0.2	0.1	0.2	0.2

※ 1) GDP 대비 비중은 GDP 대비 해당 분야의 부가가치 비중임
2) 반도체 부가가치는 수출과 수입 분야로만 구성됨

29 다음 중 자료에 대한 〈보기〉의 설명 중 옳은 것만을 모두 고르면?

보기

ㄱ. 반도체 생산액이 전년보다 작은 해에는 반도체 부가가치도 전년보다 작다.
ㄴ. 비메모리 생산액은 매년 증가한다.
ㄷ. 매년 메모리 생산액은 CMOS 생산액의 50% 이상이다.
ㄹ. 매년 수출 부가가치는 반도체 부가가치의 90% 이상이다.

① ㄱ, ㄴ ② ㄱ, ㄷ ③ ㄴ, ㄷ
④ ㄴ, ㄹ ⑤ ㄷ, ㄹ

30 2011년 반도체 생산액의 전년 대비 증감률은? (단, 소수점 둘째 자리에서 반올림한다.)

① −10% ② −7% ③ −0.7%
④ 7% ⑤ 10%

[31~32] 다음 〈그림〉은 옥외광고 시장 규모 및 구성비에 대한 자료이다. 각 물음에 답하시오.

〈그림 1〉 옥외광고 시장 규모 추이

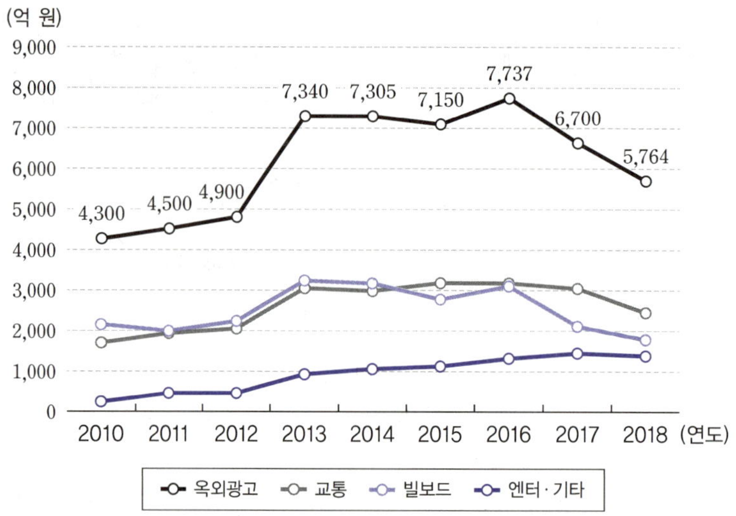

※ 옥외광고는 교통, 빌보드, 엔터·기타의 3개 분야로 구성됨

〈그림 2〉 2018년 옥외광고 3개 분야 및 세부분야 시장 구성비

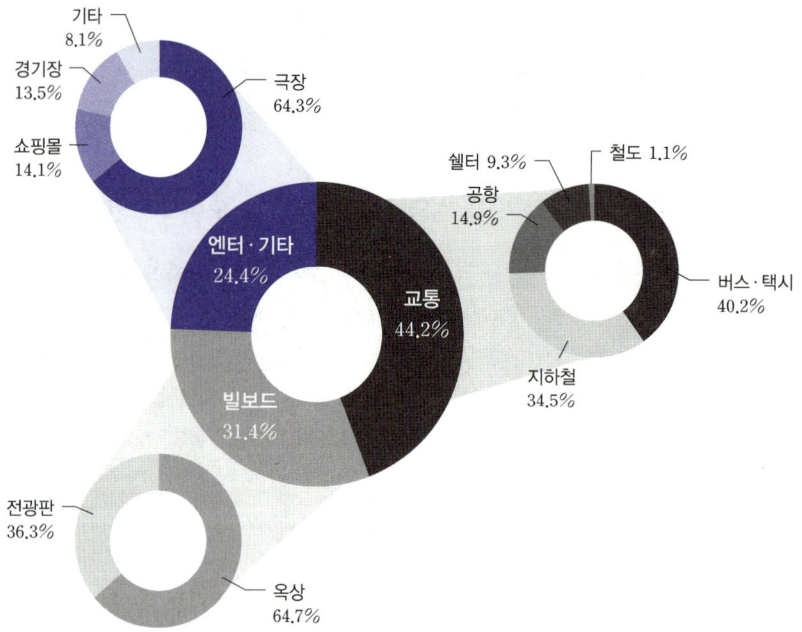

31 자료를 바탕으로 작성한 〈보고서〉의 내용 중 옳은 것만을 모두 고르면?

보고서

2010년부터 2018년까지의 옥외광고 시장 규모 추이를 살펴보면, 2010년 4,300억 원 규모였던 옥외광고 시장은 2016년 7,737억 원 규모까지 성장하였다. ㉠ 2018년 옥외광고 시장 규모는 2016년에 비해 30% 이상 감소하였다. 2018년 옥외광고 시장 규모를 분야별로 살펴보면, ㉡ 2018년 '교통' 분야 시장 규모는 2,500억 원 이상으로 옥외광고 시장에서 가장 큰 비중을 차지하고 있다. ㉢ 2018년 옥외광고 세부분야별 시장 규모는 '옥상'이 가장 크고, 그다음으로 '버스·택시', '극장', '지하철' 순이다. ㉣ 2018년 '엔터·기타' 분야의 시장 규모를 살펴보면 '극장', '쇼핑몰', '경기장'을 제외한 시장 규모는 120억 원 이상이다.

① ㄱ, ㄷ ② ㄴ, ㄷ ③ ㄴ, ㄹ
④ ㄱ, ㄴ, ㄹ ⑤ ㄱ, ㄷ, ㄹ

32 다음 〈보기〉 중 자료에 대한 설명으로 옳지 않은 것만을 모두 고르면?

보기

ㄱ. 2016년 옥외광고 시장 규모의 전년 대비 증가율은 10% 이상이다.
ㄴ. 2011년 이후 옥외광고 시장 규모의 전년 대비 증가율이 가장 높은 해는 2013년이다.
ㄷ. 2018년 '빌보드' 분야 시장 규모는 '버스·택시'와 '지하철'의 시장 규모의 합보다 크다.
ㄹ. 2019년 옥외광고 시장 규모가 4,960억 원이라면 2019년 옥외광고 시장 규모의 전년 대비 감소액은 2018년 옥외광고 시장 규모의 전년 대비 감소액보다 적다.

① ㄱ, ㄴ ② ㄱ, ㄷ ③ ㄴ, ㄷ
④ ㄴ, ㄹ ⑤ ㄷ, ㄹ

[33~34] 다음 〈표〉와 〈그림〉은 A지역 2016년 주요 버섯의 도·소매가와 주요 버섯 소매가의 전년 동분기 대비 등락액을 나타낸 자료이다. 각 물음에 답하시오.

〈표〉 2016년 주요 버섯의 도·소매가

(단위: 원/kg)

버섯종류	구분 \ 분기	1분기	2분기	3분기	4분기
느타리	도매	5,779	6,752	7,505	7,088
	소매	9,393	9,237	10,007	10,027
새송이	도매	4,235	4,201	4,231	4,423
	소매	5,233	5,267	5,357	5,363
팽이	도매	1,886	1,727	1,798	2,116
	소매	3,136	3,080	3,080	3,516

〈그림〉 2016년 주요 버섯 소매가의 전년 동분기 대비 등락액

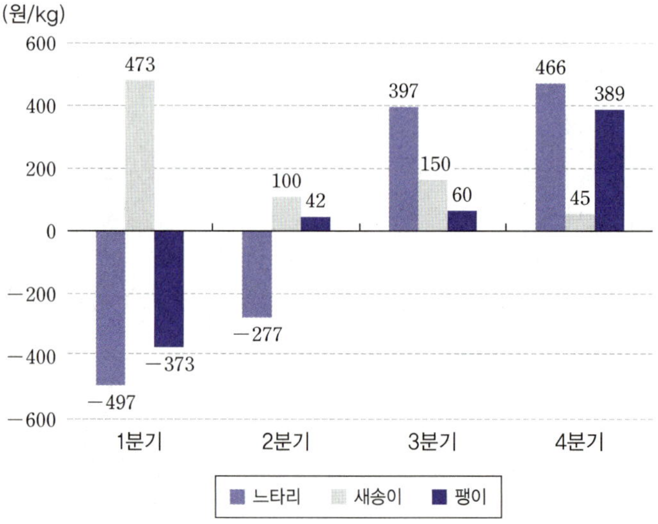

33 자료에 대한 〈보기〉의 설명 중 옳은 것만을 모두 고르면?

보기

ㄱ. 2016년 매분기 '느타리' 1kg의 도매가는 '팽이' 3kg의 도매가보다 높다.
ㄴ. 2015년 매분기 '팽이'의 소매가는 3,000원/kg 이상이다.
ㄷ. 2016년 1분기 '새송이'의 소매가는 2015년 4분기에 비해 상승했다.
ㄹ. 2016년 매분기 '느타리'의 소매가는 도매가의 1.5배 미만이다.

① ㄱ, ㄴ
② ㄱ, ㄷ
③ ㄴ, ㄷ
④ ㄴ, ㄹ
⑤ ㄷ, ㄹ

34 2017년 3분기 느타리 소매가가 전년 동분기 대비 20% 증가한다면 2015년 3분기 대비 2017년 3분기 느타리 소매가의 증가율은? (단, 소수점 둘째 자리에서 반올림한다.)

① 10%
② 15%
③ 20%
④ 25%
⑤ 30%

[35~36] 다음 〈표〉와 〈그림〉은 '갑'기업의 유아휴직 신청건수에 대한 자료이다. 각 물음에 답하시오.

〈표〉 연도별 육아휴직 신청건수 현황

(단위: 건)

구분 \ 연도	2006	2007	2008	2009	2010
전체	231	240	220	214	213
남성	25	31	25	26	30

〈그림〉 2010년 육아휴직 신청건수의 월별 구성비

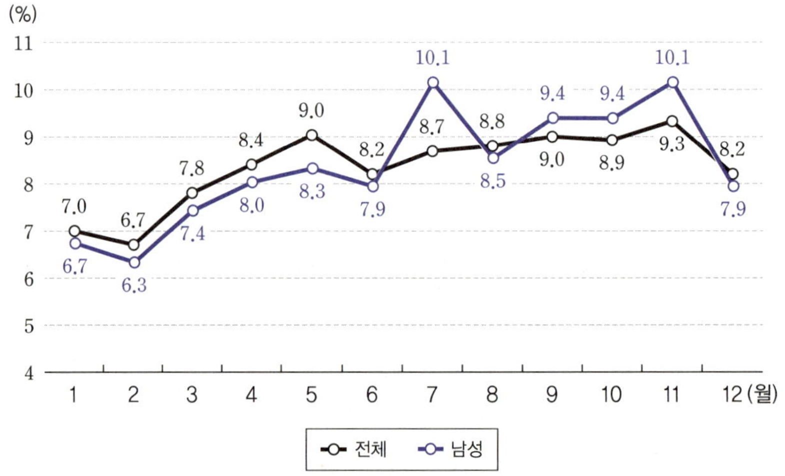

※ 전체(남성)육아휴직 신청건수의 월별 구성비(%) = $\frac{\text{해당월 전체(남성)육아휴직 신청건수}}{\text{해당연도 전체(남성)육아휴직 신청건수}} \times 100$

35 자료에 대한 설명 중 옳지 않은 것을 고르시오.

① 2008년 이후 남성 육아휴직 신청건수는 매년 증가한다.
② 2010년 9월과 10월의 남성 육아휴직 신청건수는 같다.
③ 전체 육아휴직 신청건수 대비 남성 육아휴직 신청건수의 비율은 2008년이 2006년보다 높다.
④ 2010년 육아휴직 신청건수의 월별 구성비는 전체가 남성에 비해 매월 높다.
⑤ 2010년 12월 전체 육아휴직 신청건수와 남성 육아휴직 신청건수는 각각 전월 대비 감소한다.

36 자료에 대한 〈보기〉의 설명 중 옳은 것만을 모두 고르면?

보기

ㄱ. 2008년 이후 전체 육아휴직 신청건수는 매년 감소하였다.
ㄴ. 2010년 남성 육아휴직 신청건수는 2006년 대비 30% 이상 증가하였다.
ㄷ. 전체 육아휴직 신청건수 중 남성 육아휴직 신청건수의 비중은 2010년에 가장 높았다.
ㄹ. 2010년 남성의 분기별 육아휴직 신청건수는 3사분기(7, 8, 9월)에 가장 많았다.

① ㄱ, ㄹ ② ㄴ, ㄷ ③ ㄴ, ㄹ
④ ㄱ, ㄴ, ㄷ ⑤ ㄱ, ㄷ, ㄹ

[37~38] 다음 〈표〉는 2012~2016년 조세심판원의 연도별 사건처리 건수에 관한 자료이다.

〈표〉 조세심판원의 연도별 사건처리 건수

(단위: 건)

구분	연도	2012	2013	2014	2015	2016
처리 대상 건수	전년이월 건수	1,800	( )	2,270	2,080	2,260
	당년접수 건수	6,400	7,800	8,530	8,320	5,790
	소계	8,200	( )	10,800	10,400	8,050
처리 건수	취하 건수	80	140	160	200	160
	각하 건수	350	300	480	460	500
	기각 건수	4,200	5,080	6,200	5,580	4,300
	재조사 건수	30	0	460	600	300
	인용 건수	1,750	1,800	1,420	1,300	1,340
	소계	6,410	7,320	8,720	8,140	6,600

※ 1) 당해 연도 전년이월 건수 = 전년도 처리대상 건수 − 전년도 처리 건수

2) $\text{처리율(\%)} = \frac{\text{처리 건수}}{\text{처리대상 건수}} \times 100$

3) $\text{인용률(\%)} = \frac{\text{인용 건수}}{\text{각하 건수} + \text{기각 건수} + \text{인용 건수}} \times 100$

37 자료에 대한 〈보기〉의 설명 중 옳은 것만을 모두 고르면?

보기

ㄱ. 처리대상 건수가 가장 적은 연도의 처리율은 75% 이상이다.
ㄴ. 2013~2016년 동안 취하 건수와 기각 건수의 전년 대비 증감방향은 동일하다.
ㄷ. 2013년 처리율은 80% 이상이다.
ㄹ. 인용률은 2012년이 2014년보다 높다.

① ㄱ, ㄴ ② ㄱ, ㄹ ③ ㄴ, ㄷ
④ ㄱ, ㄷ, ㄹ ⑤ ㄴ, ㄷ, ㄹ

38 자료에 대한 설명 중 옳지 않은 것을 고르시오.

① 2014년 처리율은 인용률의 4배 미만이다.
② 인용률은 2016년이 2015년보다 높다.
③ 처리율은 2016년이 2012년보다 높다.
④ 인용 건수 대비 각하 건수는 2016년이 2013년의 2배 이상이다.
⑤ 처리대상 건수에서 전년 이월 건수가 차지하는 비율은 2013년이 2012년보다 낮다.

[39~40] 다음 〈그림〉은 2012년 1~4월 동안 월별 학교폭력 신고에 대한 자료이다.

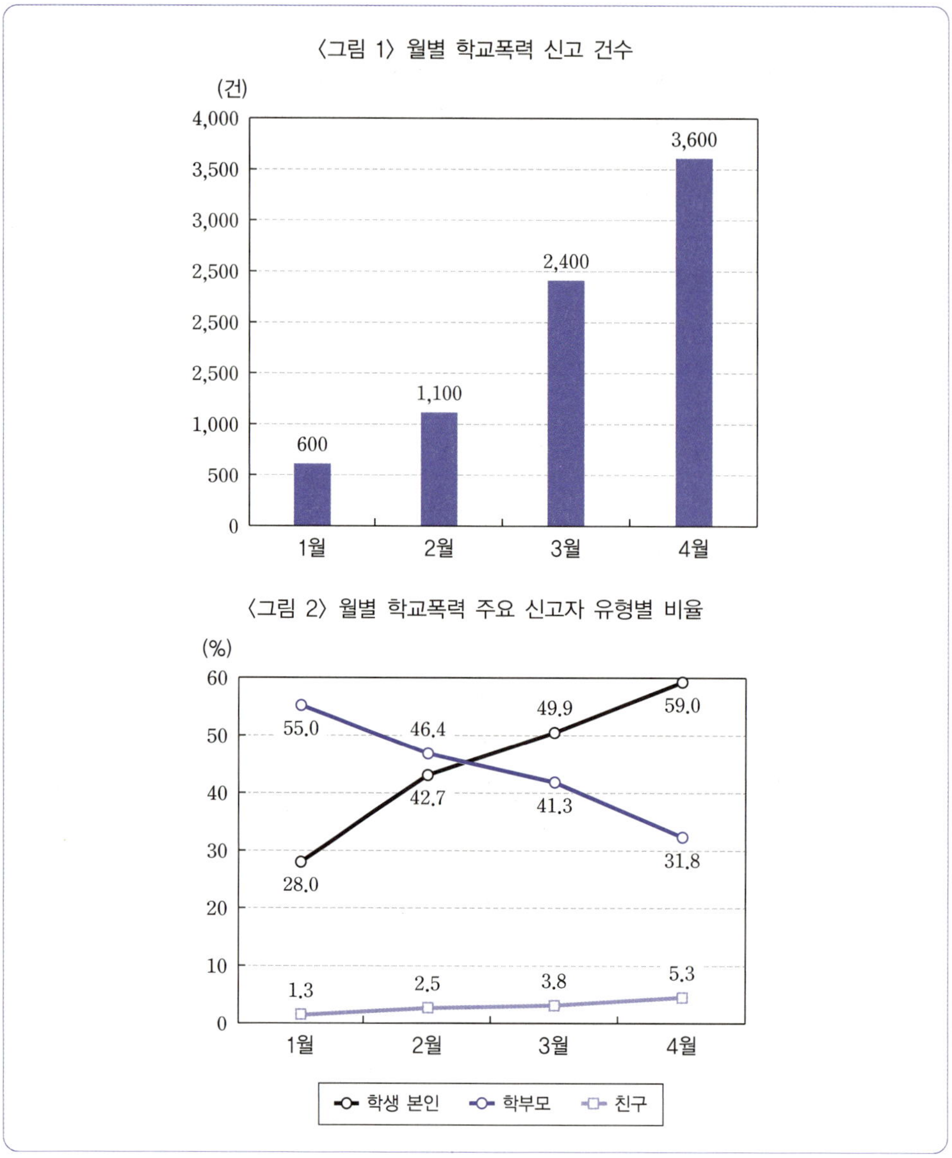

39 다음 중 자료에 대한 설명으로 옳은 것은?

① 1월에 학부모의 학교폭력 신고 건수는 학생 본인의 학교폭력 신고 건수의 2배 이상이다.
② 학부모의 학교폭력 신고 건수는 매월 감소하였다.
③ 2~4월 중에서 전월 대비 학교폭력 신고 건수 증가율이 가장 높은 달은 3월이다.
④ 학생 본인의 학교폭력 신고 건수는 1월이 4월의 10% 이상이다.
⑤ 학교폭력 발생 건수는 매월 증가하였다.

40 자료에 대한 〈보기〉의 설명 중 옳은 것만을 모두 고르면?

보기

ㄱ. 학부모의 학교폭력 신고 건수는 4월이 3월보다 많다.
ㄴ. 2월에 친구의 학교폭력 신고 건수는 전월 대비 감소한다.
ㄷ. 3월에 학교폭력 주요 신고자 유형별 비율의 전월대비 증가율이 가장 높은 신고자 유형은 친구이다.
ㄹ. 친구의 학교폭력 신고 건수는 4월이 1월의 30배 이상이다.

① ㄱ, ㄷ ② ㄱ, ㄹ ③ ㄴ, ㄷ
④ ㄱ, ㄷ, ㄹ ⑤ ㄴ, ㄷ, ㄹ

41 다음은 '갑', '을'공장에 있는 폐기물의 양을 측정한 결과이다. 폐기물의 양은 각각 일정한 규칙으로 변화한다. 8회차 때 '갑', '을'공장에 있는 폐기물 양의 차이를 고르시오.

〈표〉 회차별 폐기물 양 측정 결과

(단위: 톤)

구분	1회차	2회차	3회차	4회차	5회차
'갑'공장	2,550	2,540	2,520	2,480	2,400
'을'공장	2,030	2,010	1,970	1,910	1,830

① 90톤 ② 190톤 ③ 310톤
④ 510톤 ⑤ 640톤

42 다음은 A기업의 연도별 온라인과 오프라인 마케팅 비용을 나타낸 자료이다. 분야별 마케팅 비용은 각각 일정한 규칙으로 변화한다. 온라인과 오프라인 마케팅 비용의 합이 처음으로 350억 원 이상이 되는 해의 온라인 마케팅 비용을 고르시오.

〈표〉 분야별 마케팅 비용

(단위: 억 원)

구분	2020년	2021년	2022년	2023년	2024년
온라인	86	104	122	140	158
오프라인	78	81	84	87	90

① 102억 원 ② 105억 원 ③ 230억 원
④ 248억 원 ⑤ 284억 원

43 다음은 연도별 기계조립업과 수송장비업의 석유 소비량을 나타낸 자료이다. 산업별 석유 소비량은 각각 일정한 규칙으로 변화한다. 기계조립업의 소비량이 처음으로 수송장비업의 소비량의 3배 이상이 되는 연도에 수송장비업의 석유 소비량은?

〈표〉 산업별 석유 소비량

(단위: 천 배럴)

구분	2016년	2017년	2018년	2019년	2020년	2021년
기계조립업	25	28	34	46	70	118
수송장비업	30	32	35	40	48	61

① 82천 배럴 ② 116천 배럴 ③ 171천 배럴
④ 214천 배럴 ⑤ 406천 배럴

44 다음은 C연구소의 연도별 연구비 및 연구비 비율을 나타낸 자료이다. 자료를 보고 A, B에 해당하는 값으로 가장 타당한 것을 고르시오.

〈표〉 연도별 연구비 및 연구비 비율

구분	2021년	2022년	2023년	2024년
연구비(억 원)	300	285	420	195
연구비 비율(%)	22	21	30	15

※ $(\text{연구비 비율})(\%) = \left(\frac{(\text{연구비})}{A} + B\right) \times 100$

	(A)	(B)
①	1,500	0.002
②	1,500	0.02
③	2,000	0.002
④	2,000	0.02
⑤	2,500	0.05

45 다음은 분기별 외래 요양급여비용을 나타낸 자료이다. 자료를 보고 A, B에 해당하는 값으로 가장 타당한 것을 고르시오.

〈표〉 외래 요양급여비용

구분	1분기	2분기	3분기	4분기
청구비용(만 원)	350	750	250	150
내원일수(일)	50	10	30	20
요양급여비용(만 원)	6,650	4,650	3,750	2,350

※ (요양급여비용) = {(내원일수) + A}^{2} + B × (청구비용) (단, A > 0)

	(A)	(B)
①	10	4
②	10	5
③	20	4
④	20	5
⑤	30	4

46 다음은 지역별 Z스마트폰 점유율을 나타낸 자료이다. 자료를 보고 빈칸에 해당하는 값으로 가장 타당한 것을 고르시오.

〈표〉 가구수 및 Z스마트폰 개통대수에 따른 Z스마트폰 점유율

구분	'갑'지역	'을'지역	'병'지역	'정'지역
가구수(가구)	(㉠)	1,900	2,900	1,000
Z스마트폰 개통 대수(대)	1,920	1,000	2,750	2,730
Z스마트폰 점유율(%)	40	20	50	(㉡)

※ Z스마트폰 점유율(%) = $\frac{\text{A} \times (\text{Z스마트폰 개통 대수})}{(\text{가구수}) + \text{B}} \times 100$

	㉠	㉡
①	1,200	60
②	1,200	50
③	1,500	60
④	1,500	50
⑤	1,500	40

47 다음 〈표〉는 2008~2018년 '갑'국의 황산화물 배출권 거래 현황에 대한 자료이다. 〈표〉를 이용하여 작성한 그래프로 옳지 않은 것은?

〈표〉 2008~2018년 '갑'국의 황산화물 배출권 거래 현황

(단위: 건, kg, 원/kg)

연도	전체		무상거래		유상거래				
	거래건수	거래량	거래건수	거래량	거래건수	거래량	거래가격		
							최고	최저	평균
2008	10	115,894	3	42,500	7	73,394	1,000	30	319
2009	8	241,004	4	121,624	4	119,380	500	60	96
2010	32	1,712,694	9	192,639	23	1,520,055	500	50	58
2011	25	1,568,065	6	28,300	19	1,539,765	400	10	53
2012	32	1,401,374	7	30,910	25	1,370,464	400	30	92
2013	59	2,901,457	5	31,500	54	2,869,957	600	60	180
2014	22	547,500	1	2,000	21	545,500	500	65	269
2015	12	66,200	5	22,000	7	44,200	450	100	140
2016	10	89,500	3	12,000	7	77,500	500	150	197
2017	20	150,966	5	38,100	15	112,866	160	100	124
2018	28	143,324	3	5,524	25	137,800	250	74	140

① 2010~2013년 연도별 전체 거래의 건당 거래량

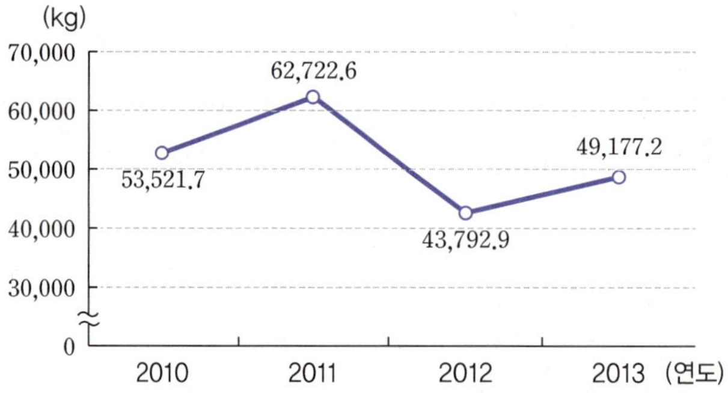

② 2009~2013년 유상거래 최고 가격과 최저 가격

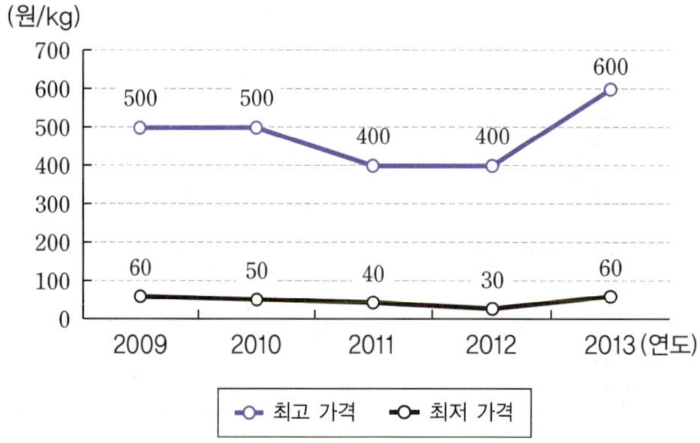

③ 2013~2017년 유상거래 평균 가격

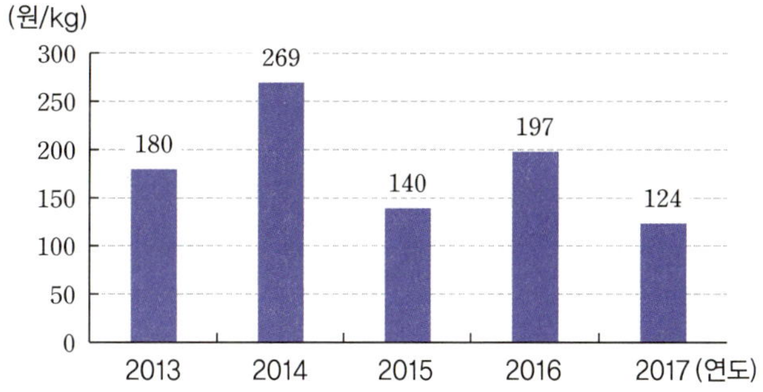

④ 2008년 전체 거래량 구성비

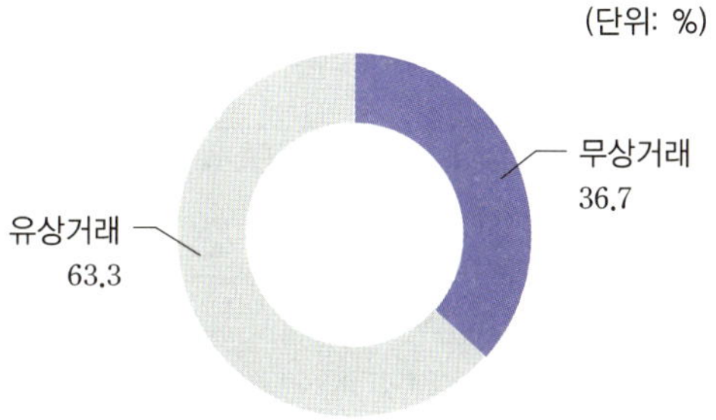

⑤ 2010~2013년 무상거래 건수와 유상거래 건수

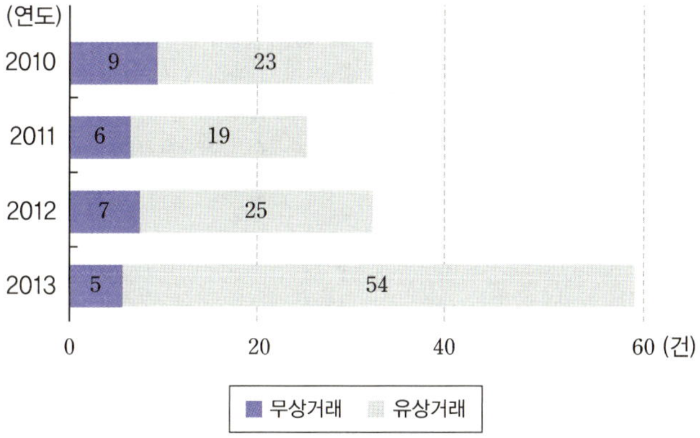

48 다음 〈표〉는 2012~2017년 '갑'국의 화재발생 현황에 대한 자료이다. 이를 이용하여 작성한 그래프로 옳지 않은 것은?

〈표〉 '갑'국의 화재발생 현황

(단위: 건, 명)

구분 연도	화재발생 건수	인명피해자 수	구조활동 건수
2012	43,249	2,222	427,735
2013	40,932	2,184	400,089
2014	42,135	2,180	451,050
2015	44,435	2,093	479,786
2016	43,413	2,024	609,211
2017	44,178	2,197	655,485
평균	43,057	2,150	503,893

① 화재발생 건수

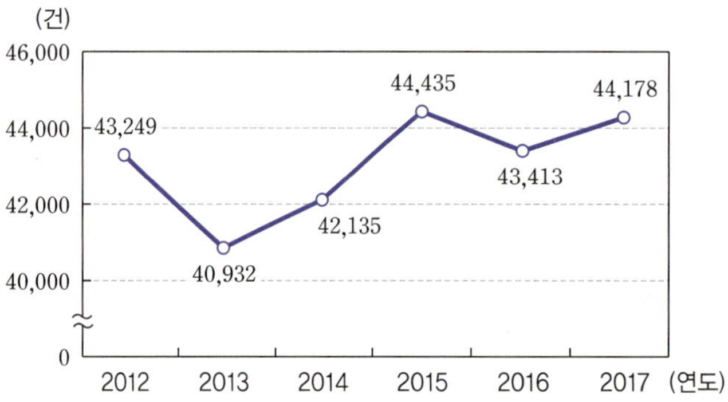

② 인명피해자 수 편차의 절댓값

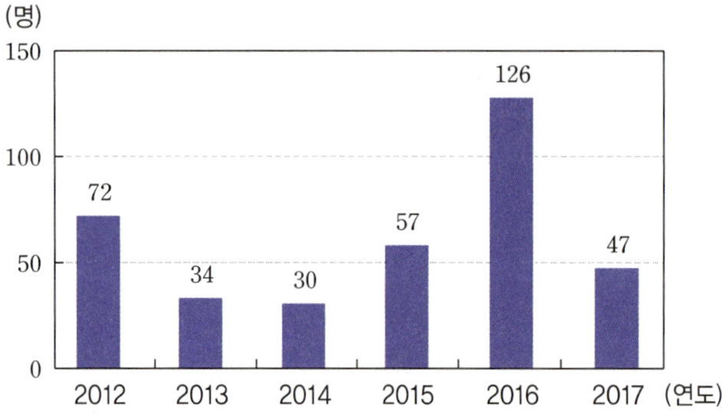

※ 인명피해자 수 편차는 해당연도 인명피해자 수에서 평균 인명피해자 수를 뺀 값임

③ 구조활동 건수의 전년 대비 증가량

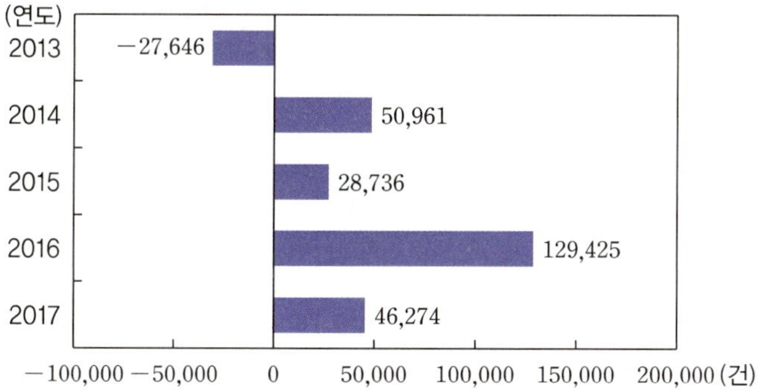

④ 화재발생 건수 대비 인명피해자 수 비율

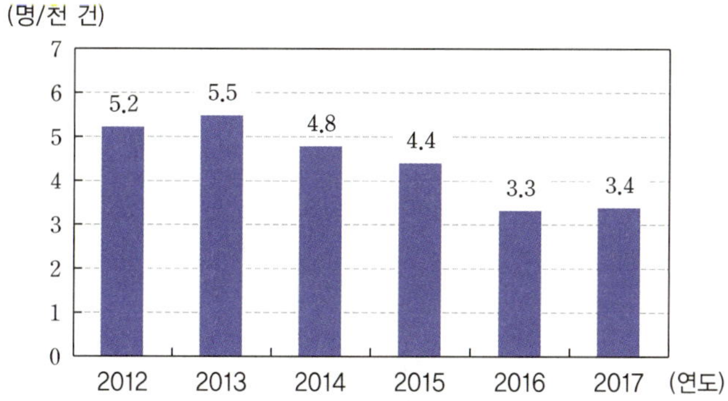

⑤ 화재발생 건수의 전년 대비 증가율

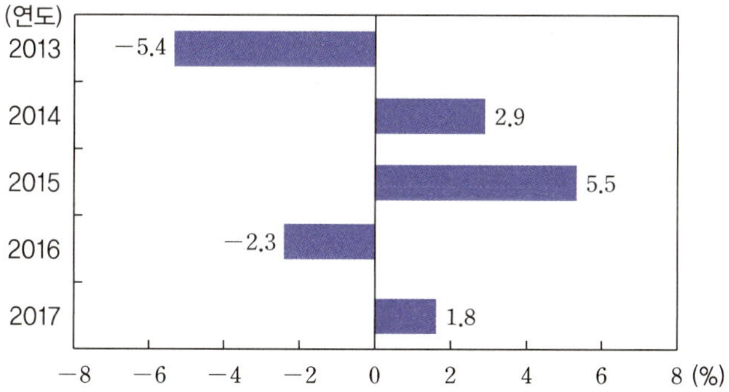

49 다음 〈표〉는 2009~2014년 건설공사 공종별 수주액 현황을 나타낸 것이다. 이를 이용하여 작성한 그래프로 옳지 않은 것은?

〈표〉 건설공사 공종별 수주액 현황

(단위: 조 원, %)

구분 연도	전체	전년 대비 증감률	토목	전년 대비 증감률	건축	전년 대비 증감률	주거용	비주거용
2009	118.7	−1.1	54.1	31.2	64.6	−18.1	39.1	25.5
2010	103.2	−13.1	41.4	−23.5	61.8	−4.3	31.6	30.2
2011	110.7	7.3	38.8	−6.3	71.9	16.3	38.7	33.2
2012	99.8	−9.8	34.0	−12.4	65.8	−8.5	34.3	31.5
2013	90.4	−9.4	29.9	−12.1	60.5	−8.1	29.3	31.2
2014	107.4	18.8	32.7	9.4	74.7	23.5	41.1	33.6

① 건축 공종의 수주액

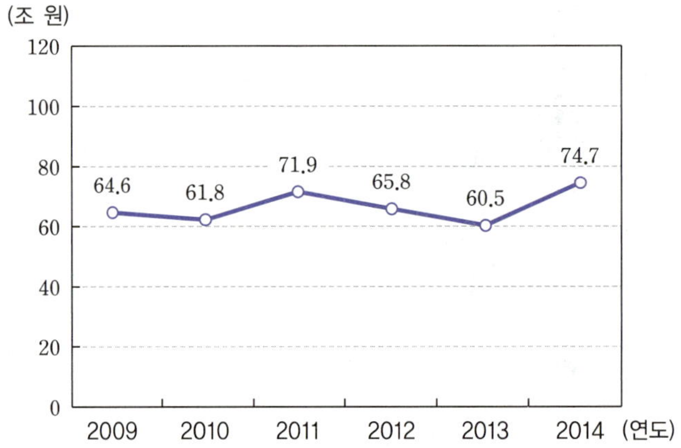

② 토목 공종의 수주액 및 전년 대비 증감률

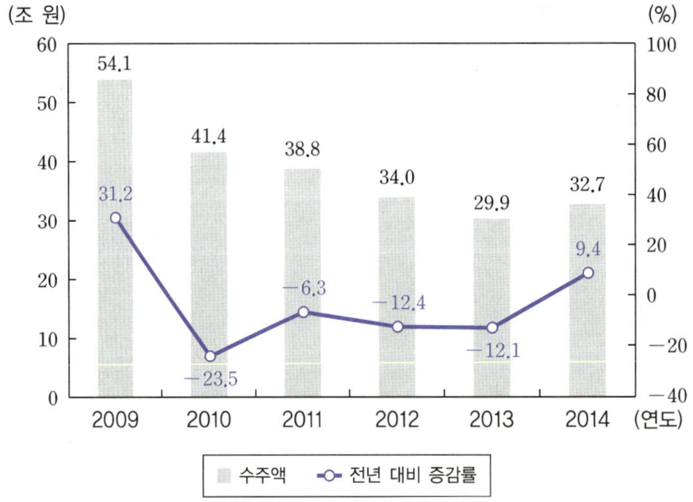

③ 건설공사 전체 수주액의 공종별 구성비

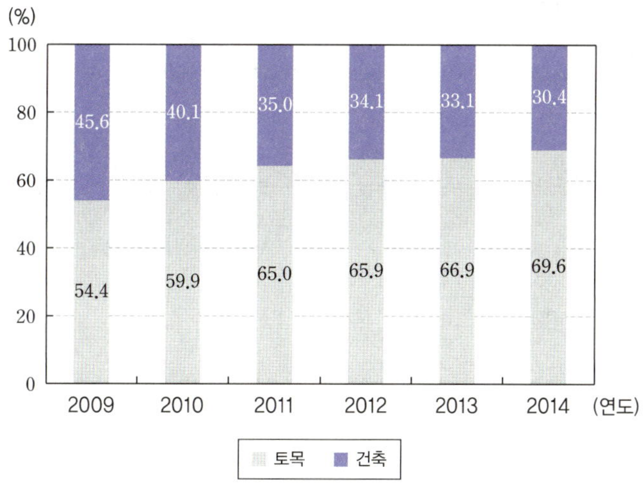

④ 건축 공종 중 주거용 및 비주거용 수주액

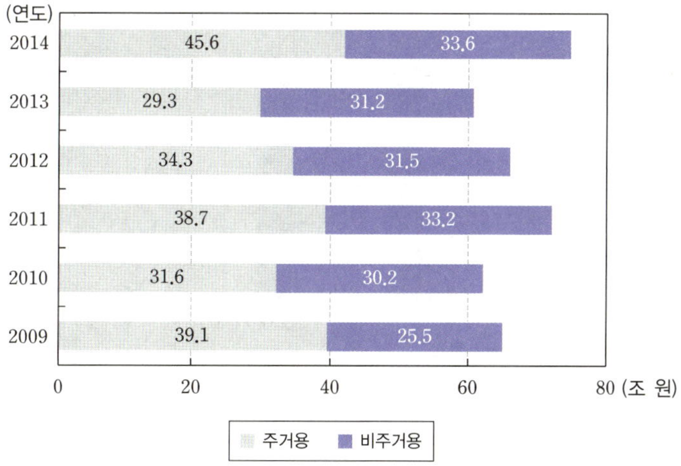

⑤ 건설공사 전체 및 건축 공종 수주액의 전년 대비 증감률

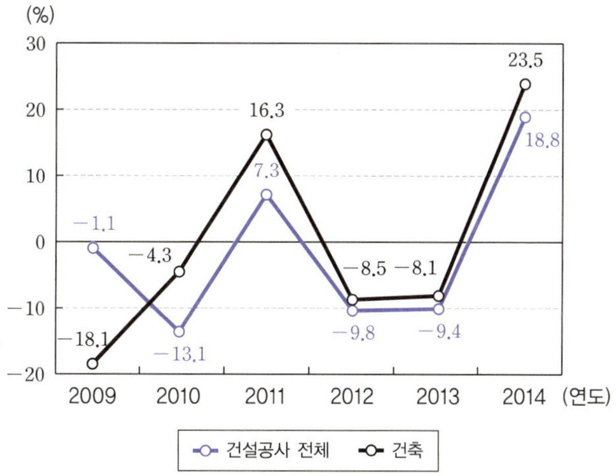

50 다음 〈표〉는 2013~2016년 기관별 R&D 과제 건수와 비율에 관한 자료이다. 〈표〉를 이용하여 작성한 그래프로 옳지 않은 것은?

〈표〉 2013~2016년 기관별 R&D 과제 건수와 비율

(단위: 건, %)

연도 / 구분 / 기관	2013		2014		2015		2016	
	과제 건수	비율	과제 건수	비율	과제 건수	비율	과제 건수	비율
기업	31	13.5	80	9.4	93	7.6	91	8.5
대학	47	20.4	423	49.7	626	51.4	526	49.3
정부	141	61.3	330	38.8	486	39.9	419	39.2
기타	11	4.8	18	2.1	13	1.1	32	3.0
전체	230	100.0	851	100.0	1,218	100.0	1,068	100.0

① 연도별 기업 및 대학 R&D 과제 건수

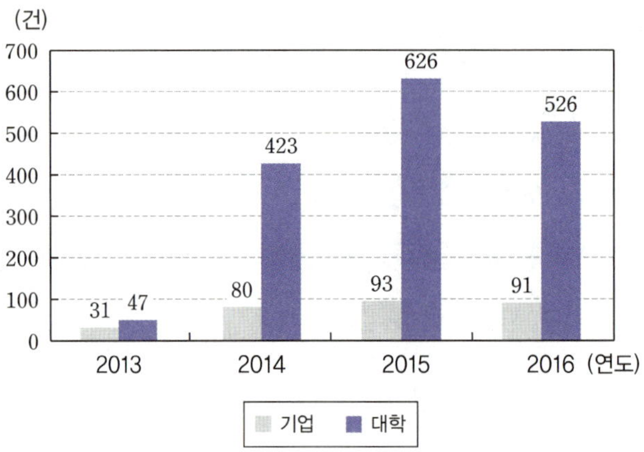

② 연도별 정부 및 전체 R&D 과제 건수

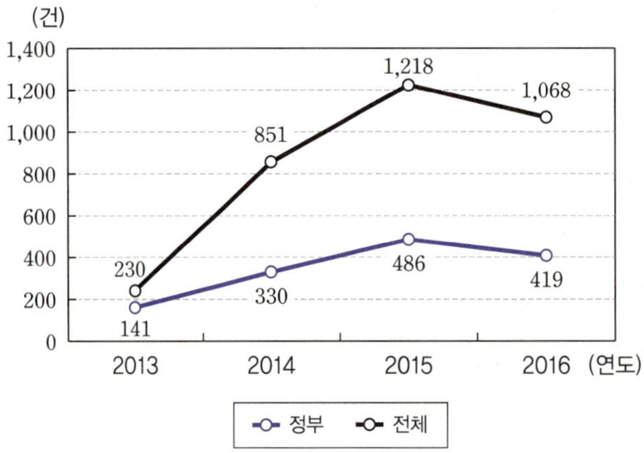

③ 2016년 기관별 R&D 과제 건수 구성비

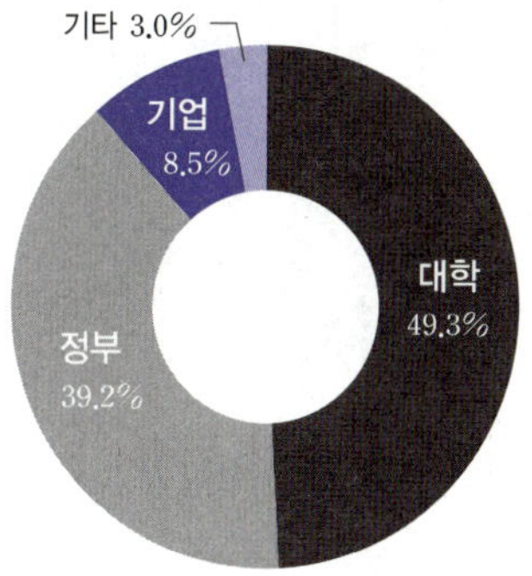

④ 전체 R&D 과제 건수의 전년 대비 증감률 (2014~2016년)

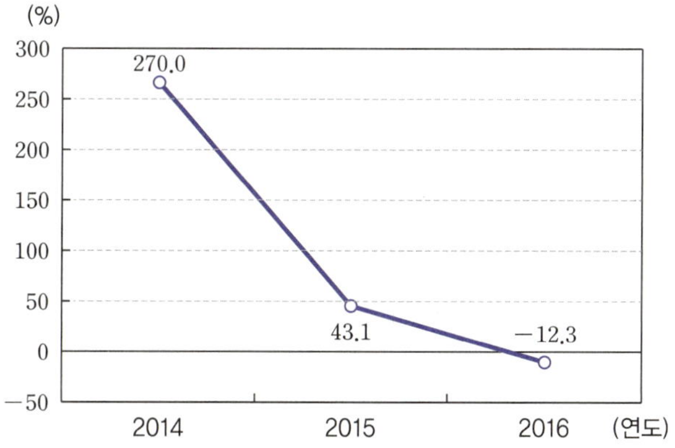

⑤ 연도별 기업 및 정부 R&D 과제 건수의 전년 대비 증가율 (2014~2016년)

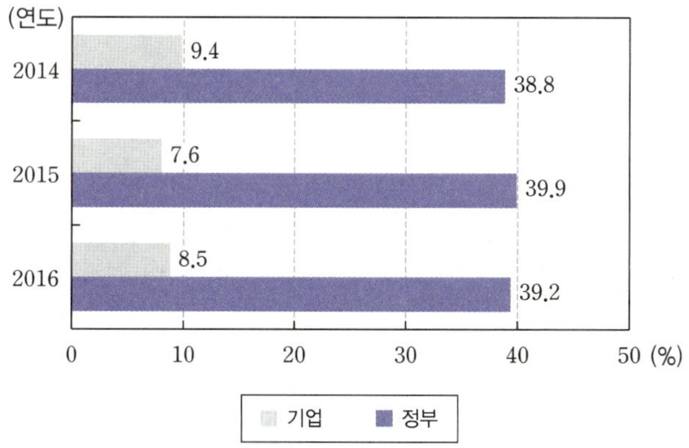

독끝

PART 2

추리

기출유형 파헤치기

출제예상문제

시험정보

- 문항 수 : 30문항
- 풀이시간 : 30분

시험유형 및 비중 (2024년 하반기 기준)

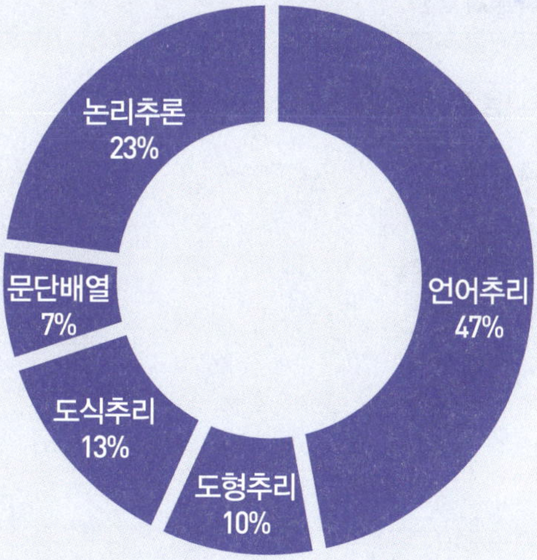

독끝

기출유형 파헤치기

유형 ❶ 언어추리 최신 출제경향 분석

유형 특징

❶ 주어진 조건을 바탕으로 전제 또는 결론을 도출하거나, 가능한 상황을 추리하는 유형이다.

❷ 전체 추리 영역 30문항 중 14문항이 출제되며, 문항당 70초 이내에 푸는 것이 권장된다.

세부 출제 유형

언어추리는 다음 두 가지 유형으로 나뉘어 출제된다.

❶ 명제추리 문제

❷ 조건추리 문제

최신 기출 경향

❶ 언어추리는 추리 영역 중 가장 높은 비중을 차지하며, 그중에서도 조건추리 문제가 명제추리 문제보다 더 높은 비율로 출제되는 경향이 있다.

❷ 명제추리 문제는 삼단논법을 활용하여 문제를 해결하도록 출제되었으며, 조건추리 문제는 주어진 조건을 통해 참과 거짓을 판별하는 유형이 주로 출제되었다.

합격 전략

❶ 명제추리 문제를 대비하기 위해서는 기본적인 논리 이론과 삼단논법의 원리를 반드시 익혀야 한다.

❷ 조건추리 문제는 주어진 조건을 표나 간단한 키워드로 정리한 뒤, 이를 통해 결론이 옳은지 빠르게 판단하는 연습이 필요하다. 고려해야 할 조건이나 경우의 수를 빠짐없이 확인하여 풀이 속도와 정확도를 높이는 것도 중요하다.

출제빈도 : 30문항 중 3문항 고정적으로 출제됨!

01 명제추리 문제

제시된 2개의 전제를 통해 도출되는 결론으로 옳은 것은?

[전제1] 뮤지컬을 좋아하는 모든 사람은 예술을 좋아한다.
[전제2] 뮤지컬을 좋아하는 어떤 사람은 영화를 좋아한다.
[결 론] (   )

① 영화를 좋아하는 모든 사람은 뮤지컬을 좋아한다.
② 예술을 좋아하는 모든 사람은 영화를 좋아한다.
③ 영화를 좋아하는 어떤 사람은 예술을 좋아하지 않는다.
④ 예술을 좋아하는 어떤 사람은 뮤지컬과 영화를 모두 좋아한다.
⑤ 뮤지컬과 영화를 좋아하는 모든 사람은 예술을 좋아하지 않는다.

정답 및 해설 정답 ④

주어진 두 전제를 벤 다이어그램으로 표현해 보면 다음과 같다.

- [전제1]: 뮤지컬을 좋아하는 모든 사람은 예외 없이 예술을 좋아하므로, 뮤지컬을 좋아하는 사람의 그룹은 예술을 좋아하는 사람의 그룹 안에 포함된다. 즉, 뮤지컬을 좋아하는 것은 예술을 좋아하는 것의 충분 조건이다.

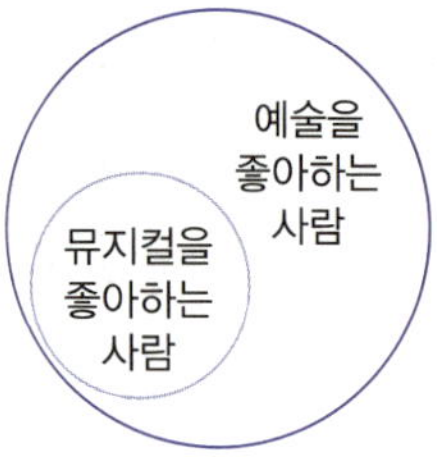

- [전제2]: 뮤지컬을 좋아하는 어떤 사람은 영화를 좋아한다. 즉, 뮤지컬을 좋아한다고 해서 반드시 영화를 좋아하는 것은 아니며, 다만 둘 간의 교집합이 존재한다는 사실만 확실히 알 수 있다. 따라서 아래 그림과 같다.

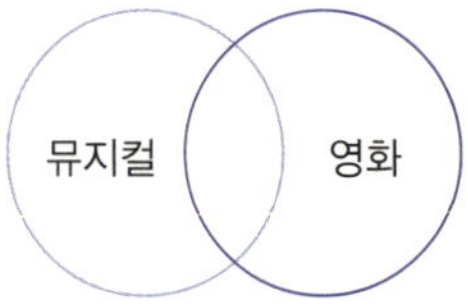

'예술'=A, '뮤지컬'=B, '영화'=C라 하고, 두 전제를 나타내는 벤 다이어그램을 합하면 다음 그림과 같다.

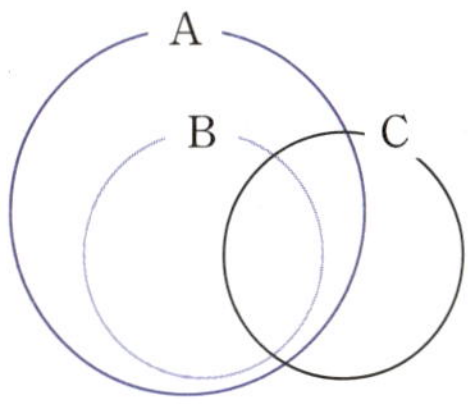

[전제1]은 $B \subset A$임을 의미하며, [전제2]는 $B \cap C \neq \phi$, 즉 $B \cap C$가 존재함을 의미한다.
따라서 두 전제에 따라 확정 지을 수 있는 사실은 $\exists C$이다.

① (×) 영화를 좋아하는 모든 사람은 ~~뮤지컬을 좋아한다~~.
→ $C \subset B$인지 여부를 묻고 있다. 주어진 전제만으로는 $C \subset B$인지 알 수 없다.

② (×) 예술을 좋아하는 모든 사람은 ~~영화를 좋아한다~~.
→ $A \subset C$인지 여부를 묻고 있다. 주어진 전제만으로는 $A \subset C$인지 알 수 없다.

③ (×) 영화를 좋아하는 어떤 사람은 ~~예술을 좋아하지 않는다~~.
→ $C-A \neq \phi$, 즉 $C-A$가 존재하는지를 묻고 있다. 주어진 전제만으로는 $C-A \neq \phi$인지 알 수 없다.

④ (○) 예술을 좋아하는 어떤 사람은 뮤지컬과 영화를 모두 좋아한다.
→ $A \cap B \cap C \neq \phi$, 즉 $A \cap B \cap C$가 존재하는지를 묻고 있다. [전제1]의 $B \subset A$에서 $A \cap B = B$이므로 $A \cap B \cap C = B \cap C$이다. [전제2]에서 $B \cap C \neq \phi$이므로 선지 ④는 옳다.

⑤ (×) 뮤지컬과 영화를 좋아하는 모든 사람은 ~~예술을 좋아하지 않는다~~.
→ $B \cap C$에 존재하는 어느 원소도 A에 포함되지 않음을 의미한다. (배반사건) 즉, $(B \cap C) \cap A = \phi$임을 묻고 있다. 선지 ④에서 $A \cap B \cap C = B \cap C \neq \phi$이므로 선지 ⑤는 반드시 틀린 선지이다.

QUICK TIP

TIP ❶ 선지별로 어떤 반례를 찾아야 하는지 파악하는 것이 가장 중요하다. '모든'과 같은 전칭명제를 부정하기 위해서는 단 하나의 반례라도 성립하는지 확인하면 되지만, '어떤'과 같은 특칭명제를 부정하기 위해서는 그 어떠한 반례도 성립하지 않는다는 것을 확인해야 한다.
이는 거꾸로 말하면 전칭명제는 하나의 성립하는 예시가 있다고 하더라도 증명되었다고 할 수 없는 반면, 특칭명제는 단 하나의 예시만으로도 충분히 증명이 가능하다는 의미이다.
정리하면, '모든'과 같은 전칭명제가 반드시 옳은지 판단하기 위해서는 해당 명제에 반례가 존재하는지 살펴 판단하는 것이 쉽고, '어떤'과 같은 특칭명제가 반드시 옳은지 판단하기 위해서는 해당 명제에 해당하는 예시가 있는지 살피는 것이 쉽다.

TIP ❷ 주어진 전제에 의거할 때 우리가 알 수 있는 사실은 ① 뮤지컬을 좋아하는데 예술을 좋아하지 않는 사람은 없다는 사실과 ② 뮤지컬을 좋아하는 사람 중 영화를 좋아하는 사람이 있다는 사실뿐이다. 그러나 위의 표시된 각 카테고리마다 해당하는 예시가 존재할 수 있다는 정도만 인지하고 문제에 접근해도 충분하다.
* 해설과 같이 벤 다이어그램을 모두 정확히 그려야 할 필요는 없다. 벤 다이어그램은 보다 복잡한 문제에서 그려서 문제를 파악하는 용으로 사용하는 것이 좋지, 모든 문제에 벤 다이어그램을 그려야 하는 것은 아니다.

TIP ❸ [전제1]에서 뮤지컬을 좋아하는 사람 모두는 예술을 좋아한다는 것을 알 수 있고, 이를 [전제2]에도 적용한다. 그러면 [전제1]과 [전제2]를 통해 뮤지컬과 예술을 좋아하는 사람, 뮤지컬과 영화를 좋아하는 사람, 예술과 영화를 좋아하는 사람이 존재한다는 걸 파악할 수 있다.
예술을 좋아하는 사람 안에 뮤지컬을 좋아하는 사람 전체가 포함되어 있으므로, 뮤지컬과 영화를 동시에 좋아하는 사람도 예술을 좋아하는 사람 안에 들어간다. 뮤지컬을 좋아하는 사람에는 뮤지컬만 좋아하는 사람이 아니라 뮤지컬 외에 다른 것들도 함께 좋아하는 사람이 당연히 포함된다.

출제빈도 : 30문항 중 11문항

02 조건추리 문제

한 패션쇼에서는 빨강, 주황, 노랑, 초록, 파랑, 남색, 보라 옷을 입은 7명의 모델이 아래의 〈조건〉에 따른 순서로 쇼에 서야 한다고 한다. 다음 중 옳지 않은 것은?

조건

㉠ 빨강 옷을 입은 모델과 주황 옷을 입은 모델 사이에는 3명의 모델이 서야 한다. 이때, 빨강 옷을 입은 모델은 주황 옷을 입은 모델보다 먼저 쇼에 선다.
㉡ 노랑 옷을 입은 모델은 세 번째로 쇼에 선다.
㉢ 파랑 옷을 입은 모델은 네 번째 또는 다섯 번째로 쇼에 선다.
㉣ 파랑 옷을 입은 모델은 초록 옷을 입은 모델보다 먼저 쇼에 선다.
㉤ 남색 옷을 입은 모델은 보라 옷을 입은 모델보다 먼저 쇼에 선다.
㉥ 보라 옷을 입은 모델은 마지막으로 쇼에 설 수 없다.

① 초록 옷을 입은 모델은 마지막 순서이다.
② 남색 옷을 입은 모델은 첫 번째 또는 두 번째 순서이다.
③ 노랑 옷을 입은 모델은 남색 옷을 입은 모델 바로 다음 순서가 아니다.
④ 파랑 옷을 입은 모델은 남색 옷을 입은 모델 바로 다음 순서가 아니다.
⑤ 빨강 옷을 입은 모델은 보라 옷을 입은 모델 바로 다음 순서가 아니다.

정답 및 해설 정답 ③

본 문제는 순서(1~7번째) 및 입은 옷의 색상(빨강~보라)이라는 2개 그룹 간에 일대일 대응관계가 존재한다. 즉, 대응표를 사용하여 시각적으로 풀이가 가능한 대응관계 유형이다. 순서를 가로축, 색상을 세로축으로 두어 대응표를 그리고, 대응표에 〈조건〉에서 제공하는 정보들을 정리하며 문제를 풀어 보자.

(1) 〈조건〉에서 직접 제공하는 정보들

〈조건〉 ㉠에 의하면 빨강 옷을 입은 모델은 4, 5, 6, 7번째에 설 수 없으며, 주황 옷을 입은 모델은 1, 2, 3, 4번째에 설 수 없다.

〈조건〉 ㉡에 의하면 노랑 옷을 입은 모델은 3번째로 순서가 확정된다. 이로부터 다른 모델들이 3번째에 설 수 없는 것은 당연하다.

〈조건〉 ㉢에 의하면 파랑 옷을 입은 모델은 4 또는 5번째로 서며, ㉣에 의하면 초록 옷을 입은 모델은 1, 2, 3, 4번째에 설 수 없다.

〈조건〉 ㉤과 ㉥에 의하면 보라 옷을 입은 모델은 7번째에, 남색 옷을 입은 모델은 6, 7번째에 설 수 없다.

(2) 〈조건〉으로부터 추론할 수 있는 정보들

〈조건〉 ㉠에 의하면 주황 옷을 입은 모델이 마지막으로 쇼에 설 경우 빨강 옷을 입은 모델이 세 번째로 쇼에 서게 되는데, 〈조건〉 ㉡에 따라 노랑 옷을 입은 모델이 세 번째로 쇼에 서므로 주황 옷을 입은 모델은 마지막으로 쇼에 서지 않는다.

또한, 〈조건〉 ㉣, ㉤에 의하면 파랑 옷을 입은 모델과 남색 옷을 입은 모델은 각각 마지막으로 쇼에 서지 않으며 〈조건〉 ㉥에 따라 보라 옷을 입은 모델도 마지막으로 쇼에 서지 않는다. 따라서 마지막으로 쇼에 서는 모델은 초록 옷을 입은 모델이다. 여기까지 대응표에 정리하면 아래와 같다.

구분	1	2	3	4	5	6	7
빨강			×	×	×	×	×
주황	×	×	×	×			×
노랑	×	×	○	×	×	×	×
초록	×	×	×	×	×	×	○
파랑	×	×	×			×	×
남색			×			×	×
보라	×		×				×

여기서 추후 풀이의 기준이 될 모델을 결정하여야 한다. 가능한 경우의 수가 2가지뿐인 빨강, 주황, 남색 옷을 입은 모델이 기준으로 고려될 수 있다. 이 중에서 주황 옷을 입은 모델은 〈보기〉 ㉠에 따라 빨강 옷을 입은 모델의 순서가 결정되면 자동으로 결정되므로, 빨강 옷을 입은 모델을 기준으로 풀이를 이어가도록 하자.

(3)-1 빨강 옷을 입은 모델이 첫 번째로 쇼에 서는 경우

〈조건〉 ㉠에 따라 주황 옷을 입은 모델은 다섯 번째로 쇼에 선다. 주황 옷을 입은 모델이 다섯 번째로 쇼에 서므로 〈조건〉 ㉢에 따라 파랑 옷을 입은 모델은 네 번째로 쇼에 선다. 이때, 〈조건〉 ㉤에 따라 남색 옷을 입은 모델이 보라 옷을 입은 모델보다 먼저 쇼에 서므로 남색 옷을 입은 모델과 보라 옷을 입은 모델은 각각 두 번째와 여섯 번째로 쇼에 선다. 이 경우 옷의 색깔에 따른 패션쇼의 순서는 (빨강 – 남색 – 노랑 – 파랑 – 주황 – 보라 – 초록)이다.

구분	1	2	3	4	5	6	7
빨강	○	×	×	×	×	×	×
주황	×	×	×	×	○	×	×
노랑	×	×	○	×	×	×	×
초록	×	×	×	×	×	×	○
파랑	×	×	×	○	×	×	×
남색	×	○	×	×	×	×	×
보라	×	×	×	×	×	○	×

(3)-2 빨강 옷을 입은 모델이 두 번째로 쇼에 서는 경우

〈조건〉 ㉠에 따라 주황 옷을 입은 모델은 여섯 번째로 쇼에 선다. 〈조건〉 ㉢에 따라 파랑 옷을 입은 모델은 네 번째 또는 다섯 번째로 쇼에 서는데, 이때, 〈조건〉 ㉤에 따라 남색 옷을 입은 모델이 보라 옷을 입은 모델보다 먼저 쇼에 서므로 남색 옷을 입은 모델은 반드시 첫 번째로 쇼에 선다. 이 경우 옷의 색깔에 따른 패션쇼의 순서는 (남색 – 빨강 – 노랑 – 파랑 – 보라 – 주황 – 초록)

구분	1	2	3	4	5	6	7
빨강	×	○	×	×	×	×	×
주황	×	×	×	×	×	○	×
노랑	×	×	○	×	×	×	×
초록	×	×	×	×	×	×	○
파랑	×	×	×	○	×	×	×
남색	○	×	×	×	×	×	×
보라	×	×	×	×	○	×	×

또는 (남색 – 빨강 – 노랑 – 보라 – 파랑 – 주황 – 초록)이다.

구분	1	2	3	4	5	6	7
빨강	×	○	×	×	×	×	×
주황	×	×	×	×	×	○	×
노랑	×	×	○	×	×	×	×
초록	×	×	×	×	×	×	○
파랑	×	×	×	×	○	×	×
남색	○	×	×	○	×	×	×
보라	×	×	×	×	○	×	×

① (○) 초록 옷을 입은 모델은 마지막 순서이다.
→ 패션쇼로 가능한 세 가지 경우 중에서 초록 옷을 입은 모델은 항상 마지막 순서이다.

② (○) 남색 옷을 입은 모델은 첫 번째 또는 두 번째 순서이다.
→ 패션쇼로 가능한 세 가지 경우 중에서 남색 옷을 입은 모델은 첫 번째 또는 두 번째 순서이다.

③ (×) 노랑 옷을 입은 모델은 남색 옷을 입은 모델 바로 ~~다음 순서가 아니다~~.
→ 패션쇼로 가능한 세 가지 경우 중에서 빨강 – 남색 – 노랑 – 파랑 – 주황 – 보라 – 초록의 순서로 패션쇼가 진행될 경우 노랑 옷을 입은 모델은 남색 옷을 입은 모델 바로 다음 순서이다.

④ (○) 파랑 옷을 입은 모델은 남색 옷을 입은 모델 바로 다음 순서가 아니다.
→ 패션쇼로 가능한 세 가지 경우 중에서 남색 옷을 입은 모델 바로 다음 순서로 파랑 옷을 입은 모델이 쇼에 서는 경우는 없다.

⑤ (○) 빨강 옷을 입은 모델은 보라 옷을 입은 모델 바로 다음 순서가 아니다.
→ 패션쇼로 가능한 세 가지 경우 중에서 보라 옷을 입은 모델 바로 다음 순서로 빨강 옷을 입은 모델이 쇼에 서는 경우는 없다.

QUICK TIP

TIP ❶ 이 문제에서는 해설의 첫 번째 경우인 '빨강이 첫 번째 순서에 올 경우'에서 바로 선지 ③이 옳지 않은 것임을 알 수 있다. 따라서 실전에서는 '빨강이 두 번째 순서에 올 경우'를 확인하지 않고 넘어가야 할 것이다.

TIP ❷ 이런 문제를 풀 땐 기준점을 무엇으로 잡을지를 우선 생각해야 한다. 위 문제의 경우에는 빨강과 주황 사이에 3명의 모델이 있다고 주어졌기 때문에 빨강을 (ⅰ) 첫 번째에 두는지 (ⅱ) 두 번째에 두는지를 기준으로 잡고 문제를 풀어야 한다. 이와 같이 경우의 수가 가장 작은 것으로 기준점을 골라야 효율적인 풀이가 된다.

TIP ❸ 가장 확정되는 조건을 기준으로 풀어간다.

(1) 조건 ㉡과 ㉥이 제일 확실하므로 이를 먼저 적고 간다. 표에 표현하면 다음과 같다. 실전에서는 실선을 긋지 않고 숫자 밑에 차례대로 적으면 된다.

1	2	3	4	5	6	7
		노랑				보라×

(2) 그다음으로 쉽게 파악할 수 있는 정보는 조건 ㉢이다. 파랑 옷이 네 번째일 때, 다섯 번째 순서일 때를 기준으로 구해본다. 이 조건을 사용하기로 결정한 후에, 동시에 활용할 수 있는 조건이 무엇인지를 확인해 본다. 가장 큰 조건인 ㉠을 고려하고, 그다음 조건 ㉣, ㉤의 순서대로 충족하는지 확인한다.

(2)-1 파랑이 네 번째인 경우

1	2	3	4	5	6	7
		노랑	파랑			보라×

조건 ㉠에 따라 빨강과 주황 사이에 3명의 모델이 있어야 하므로, 빨강은 첫 번째 또는 두 번째 순서만 가능하다.

① 빨강이 첫 번째 순서인 경우: 보라는 마지막 순서가 될 수 없고, 남색이 보라색보다 먼저 와야 된다. 순서를 표로 정리하면 아래와 같다.

1	2	3	4	5	6	7
빨강	남색	노랑	파랑	주황	보라	초록

이 순서를 통해서 보기 ③이 정답임을 바로 알 수 있다. 하나의 경우를 먼저 구해서 선지를 소거하는 방식을 사용할 수 있다.

② 빨강이 두 번째 순서인 경우: 조건 ㉤을 추가로 적용해 순서가 정해진다.

1	2	3	4	5	6	7
남색	빨강	노랑	파랑	보라	주황	초록

(2)-2 파랑이 다섯 번째인 경우

1	2	3	4	5	6	7
		노랑		파랑		보라×

조건 ㉠에 따라 빨강과 주황 사이에 3명의 모델이 있어야 하므로, 빨강은 두 번째 순서만 가능하다.

1	2	3	4	5	6	7
	빨강	노랑		파랑	주황	보라×

보라는 남색보다 뒷 순서이고, 마지막 순서도 아니므로 보라의 위치는 네 번째로 정해지고 이에 맞춰 남색은 첫 번째, 초록은 일곱 번째가 된다.

1	2	3	4	5	6	7
남색	빨강	노랑	보라	파랑	주황	초록

최신기출 동형문제

정답 및 해설 93p

01 다음 결론이 반드시 참이 되게 하는 전제를 고르시오.

[전제1] – (   )
[전제2] – 결혼을 한 모든 직원은 A대학을 졸업하지 않았다.
[결 론] – 따라서 결혼을 한 직원 중에 K회사 인턴을 했던 직원은 없다.

① K회사 인턴을 했던 직원 중에 A대학을 졸업하지 않은 직원도 있다.
② K회사 인턴을 했던 어떤 직원은 A대학을 졸업했다.
③ K회사 인턴을 했던 모든 직원은 A대학을 졸업했다.
④ K회사 인턴을 하지 않았던 어떤 직원은 A대학을 졸업했다.
⑤ A대학을 졸업한 어떤 직원은 결혼을 하지 않았다.

02 다음 결론이 반드시 참이 되게 하는 전제를 고르시오.

[전제1] – 모든 학생은 책 읽기를 좋아한다.
[전제2] – (   )
[결 론] – 모든 학생은 책을 가지고 있다.

① 책을 가지고 있는 모든 사람은 책 읽기를 좋아한다.
② 책을 가지고 있는 어떤 사람은 책 읽기를 좋아한다.
③ 책 읽기를 좋아하는 모든 사람은 책을 가지고 있다.
④ 책 읽기를 좋아하지 않는 어떤 사람은 책을 가지고 있다.
⑤ 책 읽기를 좋아하는 어떤 사람은 책을 가지고 있다.

03 ○○부대 간부인 A, B, C, D, E는 월요일에서 금요일까지 일정한 규칙에 따라 당직근무를 한다. 하루에 한 사람만 당직을 서며, A~E 모두가 한 번씩 당직을 선다. 아래에 제시된 조건을 모두 고려하였을 때, 반드시 옳은 것은?

조건

- A는 월요일과 금요일에는 당직을 설 수 없다.
- B는 월요일이나 수요일에 당직을 서야 한다.
- C는 월요일과 화요일에는 당직을 설 수 없다.
- D는 반드시 금요일에 당직을 서야 한다.
- E는 수요일이나 금요일에 당직을 서야 한다.

① B는 수요일에 당직을 선다.
② A는 화요일에 당직을 선다.
③ C는 금요일에 당직을 선다.
④ C는 목요일에 당직을 설 수 없다.
⑤ B는 월요일에 당직을 설 수 없다.

04 **갑, 을, 병. 정, 무는 수학, 과학, 역사 중 하나를 골라 공부하려고 한다. 다음 조건을 모두 고려하였을 때, 항상 거짓인 것을 고르시오.**

보기

- 과학은 최대 2명, 역사는 최대 1명만 선택할 수 있다.
- 을과 정은 같은 과목을 공부한다.
- 병과 무는 다른 과목을 공부한다.
- 수학, 과학, 역사 모두 최소 1명씩은 선택한다.
- 무는 수학을 공부한다.
- 갑과 을은 다른 과목을 공부한다.

① 갑과 무는 같은 과목을 공부한다.
② 정과 무는 수학을 공부한다.
③ 갑이 과학을 공부하면, 수학을 공부하는 사람은 2명이다.
④ 병이 역사를 공부하면, 과학을 공부하는 사람은 1명이다.
⑤ 가능한 경우의 수는 총 3가지이다.

05 수학교육과 4학년 동기 A~E 5명은 이번에 임용고시를 함께 치르고 방금 결과를 확인하였다. 5명 중 2명은 임용고시에 합격하였고 나머지 3명은 불합격하였으며, 이들 중 3명은 항상 참을 말했고 2명은 항상 거짓을 말했다. 다음 〈대화〉를 바탕으로 할 때, 임용고시에 합격한 사람을 모두 고른 것은?

대화

- A: C는 임용고시에 합격하지 못했어.
- B: 나는 임용고시에 불합격했어. E는 임용고시에 합격했어.
- C: 나는 임용고시에 합격했어. A는 임용고시에 불합격했어.
- D: 나는 임용고시에 합격하지 못했어. A도 임용고시에 합격하지 못했어.
- E: D는 임용고시에 불합격했어.

① A, D
② B, C
③ B, E
④ C, D
⑤ D, E

유형 ❷ 도형추리 최신 출제경향 분석

유형 특징

❶ 3×3 박스 안의 도형들이 변화하는 규칙을 파악하여 빈칸에 들어갈 도형을 유추하는 유형이다.

❷ 전체 추리 영역 30문항 중 3문항이 출제되며, 문항당 35~40초 내에 푸는 것이 권장된다.

세부 출제 유형

도형추리는 다음 한 가지 유형이 출제된다.

❶ 박스형 문제

최신 기출 경향

❶ 추리 영역에서 출제 비중이 낮은 편이지만 큰 변화 없이 꾸준히 출제되고 있으므로 반드시 학습해야 하는 유형이다.

❷ 간혹 복잡한 규칙을 사용한 높은 난도의 문제가 출제되긴 하지만, 대부분은 간단한 규칙을 사용하여 쉽게 출제된다.

합격 전략

❶ 외부 도형과 내부 도형이 서로 다른 규칙을 가지고 변화하는 경우가 많으므로 이를 유의한다.

❷ 규칙이 가로 방향(→) 또는 세로 방향(↓)으로 적용될 수 있다는 점에 유의하며 규칙을 찾는다.

❸ 단순히 한 쪽 방향으로 적용되는 규칙뿐만 아니라, 도형 2개를 이용하여 새로운 도형을 만들어내는 규칙도 나올 수 있음에 유의한다.

유형 ❷ 도형추리 **세부유형**

출제빈도 : 30문항 중 3문항 ← 고정적으로 출제됨!

01 박스형 문제

다음 도형에 적용된 규칙을 찾아 '?'에 해당하는 도형을 고르시오.

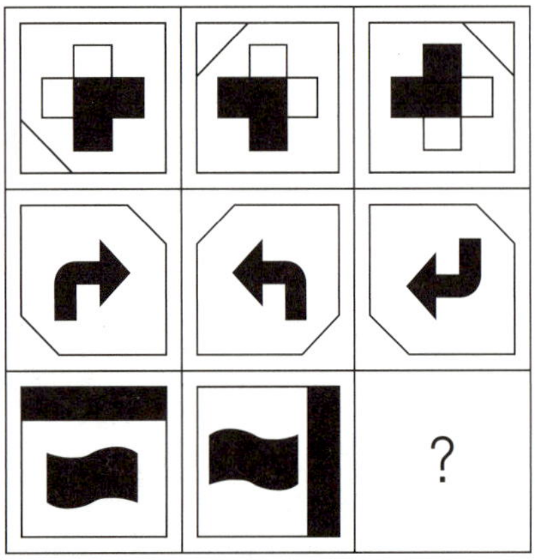

①

②

③

④

⑤

정답 및 해설 (정답 ③)

각 행에서 다음 열에 제시된 도형의 규칙을 살펴보자.

(i) 첫 번째 행

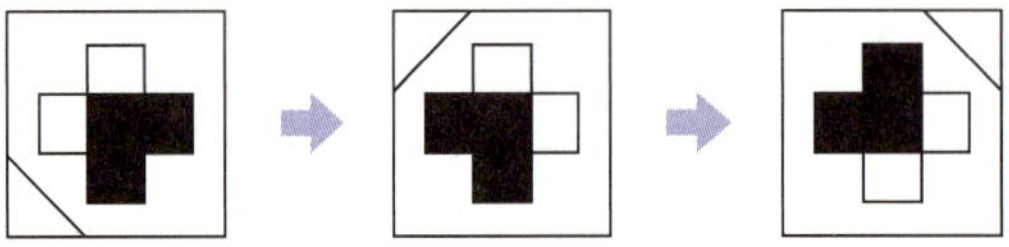

[I] [II] [III]

(ii) 두 번째 행

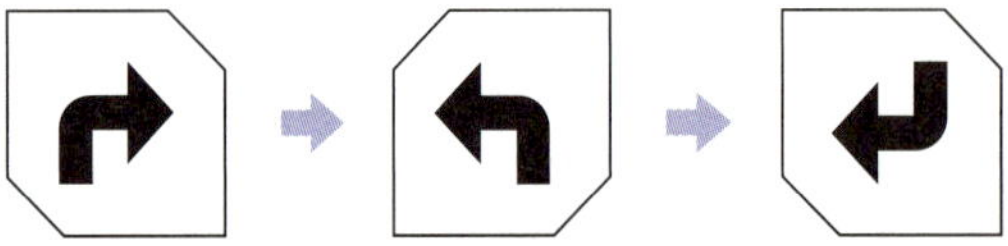

[I] [II] [III]

외부 도형은 각 단계마다 시계방향으로 90° 회전한 형태이다. 그리고 내부 도형은 [II]단계에서 좌우 대칭을 한 후, [III]단계에서 상하 대칭을 한 형태이다. 위에서 유추한 규칙에 따라 세 번째 행의 도형을 추리해 보자.

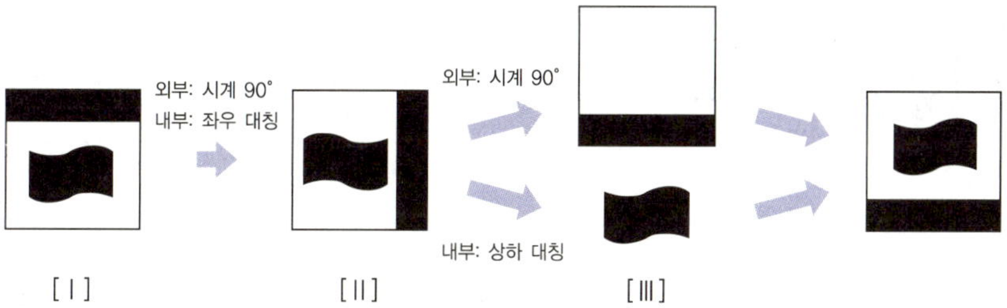

따라서 세 번째 행의 [III]단계 그림은 ③과 같다.

QUICK TIP

각 행마다 반복되는 규칙을 파악한 후, 간단하게 적용할 수 있는지를 확인한다. 첫 번째 열을 [I]단계, 두 번째 열을 [II]단계, 세 번째 열을 [III]단계라 두고, 단계 사이마다 반복되는 규칙을 파악한다.

이 문제에서는 외부 도형과 내부 도형은 서로 다른 규칙을 갖는다. 외부 도형은 각 단계마다 시계 방향으로 90° 회전하므로 [III]단계 도형은 [I]단계 도형을 180° 회전한 형태와 같다.

한편 내부 도형의 변환 규칙은 두 번째 행에서 좀 더 쉽게 찾을 수 있다. [II]단계 도형은 [I]단계 도형을 좌우 대칭한 것과 같고, [III]단계 도형은 [II]단계 도형을 상하 대칭한 것과 같다. (좌우 대칭이나 상하 대칭을 한 경우에는 아무리 회전시켜도 나올 수 없는 도형이 등장할 수 있다. [II]단계와 [III]단계 도형은 직전 단계의 도형을 아무리 회전시켜도 나오지 않으므로, 좌우 대칭 또는 상하 대칭이 적용된 것이라는 생각을 할 수 있다.) 그런데 [I]단계 도형과 [III]단계 도형을 비교해 보면 180° 회전한 것과 같다.

이 규칙에 따라 세 번째 행의 [I]단계 도형에서 [III]단계 도형을 바로 유추해 보면 외부 도형과 내부 도형 모두 180° 회전한 것과 같다.

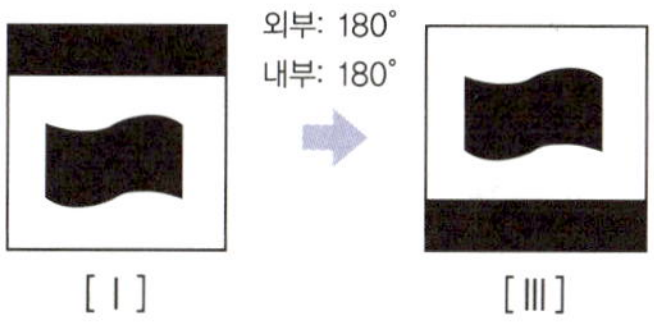

따라서 ③이 정답임을 알 수 있다.

유형 ❷ 도형추리 최신기출 동형문제

정답 및 해설 100p

[01~03] 다음 도형에 적용된 규칙을 찾아 '?'에 해당하는 도형을 고르시오.

01

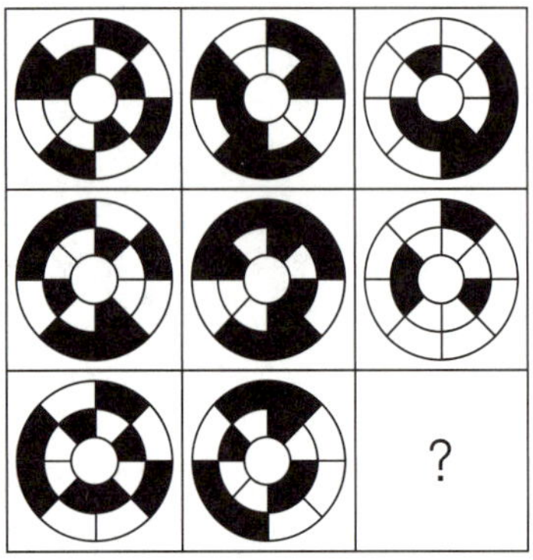

① 
② 
③ 
④ 
⑤ 

02

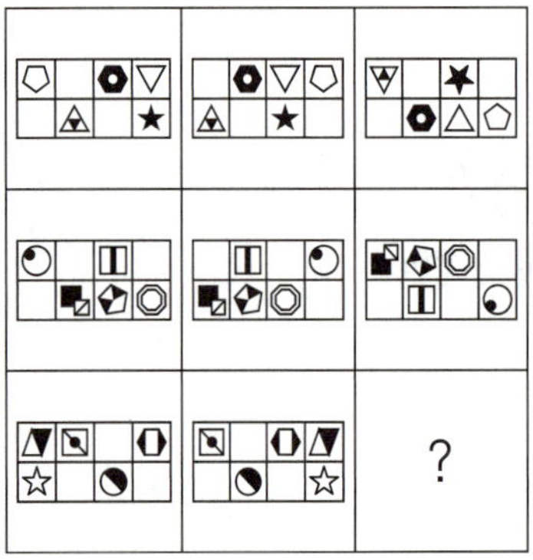

① 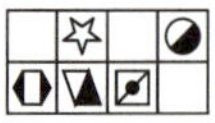
② 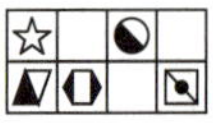
③ 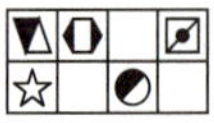
④ 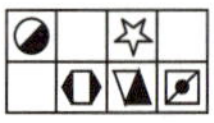
⑤ 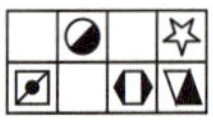

03

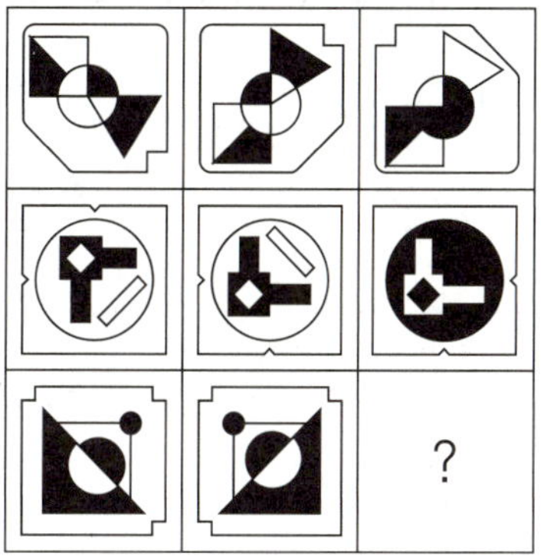

①  ②  ③ 

④  ⑤ 

유형 ❸ 도식추리 최신 출제경향 분석

유형 특징

❶ 특정 기호에 적용된 문자, 숫자의 변환 규칙을 찾아서 물음표에 해당하는 문자나 숫자를 찾는 유형이다.

❷ 전체 추리 영역 30문항 중 4문항이 출제되며, 문항당 50초 이내에 푸는 것이 권장된다.

세부 출제 유형

도식추리는 다음 한 가지 유형이 출제된다.

❶ 특정 기호의 규칙을 적용했을 때 나오는 문자나 숫자를 고르는 문제

최신 기출 경향

❶ 도식추리 유형은 전체 추리 영역에서 출제 비중이 낮은 편이지만 매 시험에 꾸준히 출제되고 있다.

❷ 최근 시험에서는 알파벳과 숫자로만 구성된 문제가 출제되었다.

❸ 숫자 및 문자 순서에 따라 특정 위치의 숫자(문자)를 이전 순서 또는 다음 순서에 오는 숫자(문자)로 변환시키거나 자리를 서로 바꾸는 규칙이 출제되었다.

❹ 4문항 중 2문항은 순방향, 2문항은 역방향으로 출제되고 있다. 순방향과 역방향 모두 기호를 2개 활용하는 문제와 기호를 3개 활용하는 문제가 하나씩 출제되었다.

합격 전략

❶ 알파벳을 수치화해서 외우는 것이 시간 단축에 효과적이나, 외우지 못 할 경우 알파벳의 순서를 잘 파악할 수 있게 시험 시작 후 적는 것도 좋은 방법이다.

A	B	C	D	E	F	G	H	I	J	K	L	M
1	2	3	4	5	6	7	8	9	10	11	12	13
N	O	P	Q	R	S	T	U	V	W	X	Y	Z
14	15	16	17	18	19	20	21	22	23	24	25	26

❷ 제시된 기호가 나타내는 규칙은 문자나 숫자의 변화 없이 자리 이동만 하거나, 문자나 숫자가 규칙적으로 변화하는 경우로 출제된다. 규칙을 숫자로 간략하게 표시해 풀이하는 연습을 하면 편하다. 문제에서 많이 나오는 규칙은 크게 두 가지이다.

(1) 자리 이동 규칙

- 문자나 숫자의 변화 없이 자리만 이동하는 경우를 말한다.
- 문자, 숫자의 위치를 순서대로 1, 2, 3, 4로 표기해 각 숫자들이 어떻게 이동하는지 확인하여 규칙을 파악한다.

예 ● 기호가 나타내는 규칙

A	S	7	L	→	●	→	S	A	L	7
1	2	3	4				2	1	4	3

→ 규칙을 적용하기 전 숫자의 위치를 차례로 (1234)라고 하면, 규칙 적용 후 (2143)이 된다.

(2) 연산 규칙

- 문자나 숫자가 나타내는 값이 규칙적으로 변화하는 경우를 말한다.
- 알파벳의 경우 몇 번째 순서인지 숫자로 표기해보고 규칙 적용 전과 후, 값의 변화가 어떻게 되는지 확인하여 규칙을 파악한다.

예 ■ 기호가 나타내는 규칙

E	S	W	5	→	■	→	F	T	V	4
5	19	23	5				6	20	22	4
							+1	+1	−1	−1

→ 첫 번째 값은 다음 값으로, 두 번째 값도 다음 값으로, 세 번째 값은 그 전 값으로, 네 번째 값도 그 전의 값으로 변한다. 즉, 각 값의 변화를 연산 기호를 이용하여 파악하면 (+1, +1, −1, −1)이 된다.

❸ 최대한 많은 문제를 풀어보면서 제시된 기호에 적용되어 있는 변환 규칙이 무엇인지 빠르게 파악하는 연습을 한다.

풀이 시간 단축 Tip

❶ 규칙 적용 전·후 배열 위에 순서를 나타내는 숫자를 작성하여 규칙 파악 시간을 단축할 수 있다.

❷ 제시된 선지를 먼저 확인하여 전체 배열에 규칙을 적용하지 않고, 특정 문자, 혹은 숫자에만 규칙을 적용하여 시간을 단축할 수 있다.

❸ 연산 규칙이 연달아 적용될 때는 연산 규칙을 합쳐 한 번에 적용하면 시간을 단축할 수 있다.

출제빈도 : 30문항 중 4문항 ← 고정적으로 출제됨!

01 특정 기호의 규칙을 적용했을 때 나오는 문자나 숫자를 고르는 문제

[01~04] 다음 각 기호가 문자, 숫자의 배열을 바꾸는 규칙을 나타낸다고 할 때, 각 문제의 '?'에 해당하는 것을 고르시오.

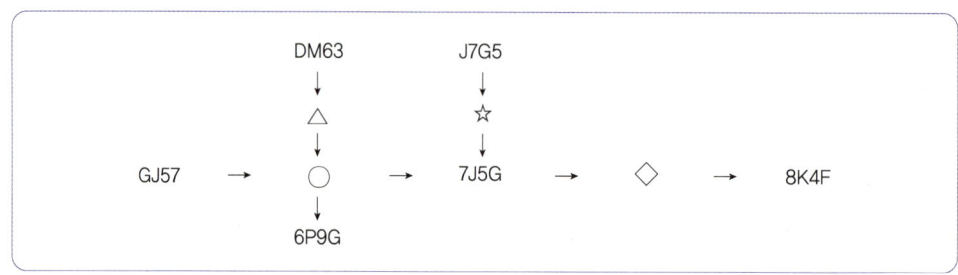

DM63 → △ → ○ → 6P9G

J7G5 → ☆ → 7J5G

GJ57 → ○ → 7J5G → ◇ → 8K4F

01

6543 → ◇ → ☆ → ?

① 6723 ② 4455 ③ 6879 ④ 4657 ⑤ 5467

정답 및 해설 (정답 ①)

각 기호의 규칙을 차례로 적용하여 답을 구한다.

- ◇: 연산 규칙 (+1, +1, −1, −1)
- ☆: 자리 이동 규칙 (1234) → (2143)

		(+1, +1, −1, −1)				(2143)		
6543	→	◇	→	7632	→	☆	→	6723

따라서 정답은 ①이다.

QUICK TIP

TIP ① 문제에 제시된 자리 이동 규칙은 ☆: (2143)이고, 연산 규칙은 ◇: (+1, +1, −1, −1)이다. 적용되는 자리 이동 규칙과 연산 규칙 모두 첫 번째와 두 번째 자리끼리, 그리고 세 번째와 네 번째 자리끼리만 영향을 주므로 (첫 번째, 두 번째) or (세 번째, 네 번째)로 묶어서 계산하여 시간을 절약한다.

(1) 첫 번째, 두 번째 자리만 계산

		(+1, +1, −1, −1)				(2143)		
65□□	→	◇	→	76□□	→	☆	→	67□□

(2) 세 번째, 네 번째 자리만 계산

		(+1, +1, −1, −1)				(2143)		
□□43	→	◇	→	□□32	→	☆	→	□□23

따라서 정답은 ①이다.

TIP ② 선지에 제시된 숫자의 종류는 ④, ⑤를 제외하고 모두 다르다. 따라서 6543에 연산 규칙 ◇: (+1, +1, −1, −1)을 적용한 후 숫자 종류를 확인하면 답을 찾을 수 있거나, 가능한 선지의 수를 줄일 수 있다.

6 5 4 3 → (+1, +1, -1, -1) → 7 6 3 2

이때, 선지의 문자열 중 숫자 7, 6, 3, 2만으로 이루어진 것은 ①뿐이므로, 정답은 ①이다. 문제를 풀 때 선지를 먼저 확인하여 규칙 적용을 최소화하도록 한다.

TIP ③ 선지에서 두 번째에 오는 숫자가 모두 다른 것을 확인할 수 있다.

① 6**7**23 ② 4**4**55 ③ 6**8**79 ④ 4**6**57 ⑤ 5**4**67

따라서 ◇와 ☆의 규칙 적용 이후 두 번째에 어떤 숫자가 오는지 확인하면 정답을 도출해낼 수 있다. 이때, 자리 이동 규칙 ☆은 첫 번째 숫자와 두 번째 숫자의 위치를 서로 바꾸는 규칙이므로 첫 번째, 두 번째 자리만 계산해도 된다.

		(+1, +1, −1, −1)				(2143)		
65□□	→	◇	→	76□□	→	☆	→	67□□

즉, 두 번째에 오는 숫자가 7이고, 이에 해당하는 선지는 ①뿐이다. 따라서 정답은 ①이다. 만약 선지에서 특정 자리가 모두 다르다면 이를 이용하여 해결할 수도 있다.

02

VORB → △ → ☆ → ○ → ?

① YURE ② UYER ③ QWAP ④ PWAQ ⑤ OSYL

정답 및 해설 (정답 ②)

각 기호의 규칙을 차례로 적용하여 답을 구한다.

- △: 연산 규칙 (+3, +3, +3, +3)
- ☆: 자리 이동 규칙 (1234) → (2143)
- ○: 자리 이동 규칙 (1234) → (4231)

	(+3, +3, +3, +3)		(2143)		(4231)	
VORB →	△	→ YRUE →	☆	→ RYEU →	○	→ UYER

따라서 정답은 ②다.

QUICK TIP

TIP ① ☆과 ○는 자리 이동 규칙으로, 규칙을 적용해도 문자에 변화가 없다. 즉, 연산 규칙인 △: (+3, +3, +3, +3)을 먼저 적용 후 나온 문자가 없는 선지를 제거한다.

					(+3, +3, +3, +3)					
V	O	R	B	→	△	→	Y	R	U	E
22	15	18	2				25	18	21	5

연산 규칙을 적용한 후 나온 문자는 Y, R, U, E다. Y, R, U, E가 없는 ③, ④, ⑤는 정답이 아니므로 제거한다. 그 후 자리 이동 규칙을 제시된 순서대로 적용해 답을 도출한다. 이때, 첫 번째 자리 이동 규칙 ☆을 적용한 후, 다시 각 자리에 1, 2, 3, 4를 새로 매긴 후, 두 번째 자리 이동 규칙 ○를 적용해야 함에 유의한다.

		(2143)			(4231)		
YRUE	→	☆	→	RYEU	→ ○	→	UYER

따라서 정답은 ②이다.

TIP ② 선지를 살펴보면 네 번째 문자의 종류가 모두 다름을 확인할 수 있다.

① YUR**E** ② UYE**R** ③ QWA**P** ④ PWA**Q** ⑤ OSY**L**

즉, VORB에 연산 규칙 △을 적용한 YRUE에 자리 이동 규칙을 적용한 후 네 번째 문자 종류만 확인하면 답을 찾을 수 있다. 이때, 네 번째 문자를 기준으로 역으로 자리 이동 규칙을 적용하는 과정이 필요하다. ○ 규칙 적용 후 네 번째 자리에 오는 값은 ○ 규칙 적용 전의 첫 번째 자리에 오는 값이다. 그리고 ☆ 규칙 적용 후 첫 번째 자리에 오는 값은 ☆ 규칙 적용 전의 두 번째 값이다. 즉, YRUE에서 두 번째 자리에 있는 R은 자리 이동 규칙 ☆, ○을 모두 적용하면 네 번째 자리로 이동한다. 이를 도식화하면 다음과 같다.

		(2143)			(4231)		
□R□□	→	☆	→	R□□□	→ ○	→	□□□R

따라서 정답은 네 번째 자리의 문자가 R인 ②이다.

03

? → ○ → △ → WE8X

① KC3R ② GB2O ③ WD7X ④ ZH1A ⑤ UB5T

정답 및 해설 (정답 ⑤)

각 기호의 규칙을 차례로 적용하여 답을 구한다.

- ○: 자리 이동 규칙 (1234) → (4231)
- △: 연산 규칙 (+3, +3, +3, +3)

해당 문제에서 구해야 하는 것은 두 가지 규칙을 적용하기 전의 문자·숫자 배열이다.

		(4231)				(+3, +3, +3, +3)		
?	→	○	→		→	△	→	WE8X

즉, 두 가지 규칙을 적용 후 도출된 WE8X에 규칙을 역방향으로 적용해 풀어야 한다.

		(−3, −3, −3, −3)				(4231) → (1234)		
WE8X	→	△(역)	→	TB5U	→	○(역)	→	UB5T

따라서 정답은 ⑤이다.

QUICK TIP

TIP ① 다섯 개의 선지 중 숫자의 위치는 세 번째로 모두 같다.

① KC3R ② GB2O ③ WD7X ④ ZH1A ⑤ UB5T

그리고 다섯 개의 선지에 나오는 세 번째 자리의 숫자가 모두 다르다. 적용되는 자리 이동 규칙 ○를 살펴보면 숫자가 있는 세 번째 자리의 위치는 변하지 않는다. (문자가 있는 두 번째 자리의 위치도 변하지 않지만, 선지 중 ②, ⑤의 두 번째 자리에 있는 문자가 서로 같으므로 두 번째 자리의 문자보다 세 번째 자리의 숫자로 답을 찾는 것이 적합하다.) 즉, 세 번째의 숫자는 그대로 동일하므로 5가 있어야 한다.

		(4231)		
?	→	○	→	TB5U

따라서 정답은 세 번째 자리에 5가 있는 ⑤다.

TIP ② 선지에 있는 숫자와 문자의 종류가 모두 다름을 확인할 수 있다. 따라서 숫자와 문자의 위치와는 관계없이 어떤 문자와 숫자로 이루어져 있는지 확인하여 정답을 유추하도록 하자. ○는 자리 이동 규칙이므로 연산 규칙인 △가 적용되기 이전만 확인하면 된다.

					(+3, +3, +3, +3)					
T	B	5	U	→	△	→	W	E	8	X

따라서 선지 중 유일하게 T, B, 5, U로 이루어진 선지 ⑤가 정답이다.

04

? → ◇ → △ → ☆ → 8FO7

① I64R ② B45M ③ K21S ④ P41A ⑤ P43C

정답 및 해설

(정답 ②)

각 기호의 규칙을 차례로 적용하여 답을 구한다.

- ◇: 연산 규칙 (+1, +1, −1, −1)
- △: 연산 규칙 (+3, +3, +3, +3)
- ☆: 자리 이동 규칙 (1234) → (2143)

해당 문제에서 구해야 하는 것은 세 가지 규칙을 적용하기 전의 문자·숫자 배열이다.

		(+1, +1, −1, −1)				(+3, +3, +3, +3)				(2143)		
?	→	◇	→		→	△	→		→	☆	→	8FO7

즉, 세 가지 규칙을 적용 후 도출된 8FO7에 규칙을 역방향으로 적용해 풀어야 한다.

		(2143) → (1234)				(−3, −3, −3, −3)				(−1, −1, +1, +1)		
8FO7	→	☆(역)	→	F87O	→	△(역)	→	C54L	→	◇(역)	→	B45M

따라서 정답은 ②다.

QUICK TIP

연산 규칙이 연달아서 적용되는 경우 제시된 연산 규칙을 먼저 한 번에 계산한다. 연산 규칙인 △: (+3, +3, +3, +3), ◇: (+1, +1, −1, −1)을 한 번에 적용하면 △◇: (+4, +4, +2, +2)이다.
이때, 다섯 개의 선지 모두 두 번째, 세 번째 순서에 숫자가 있지만 종류는 모두 다르다. 따라서 8FO7 중 숫자에만 자리 이동 규칙인 ☆을 역방향으로 적용한 다음, 연산 규칙을 역방향으로 적용해도 답을 찾을 수 있다.

8	□	□	7	→	(2143) → (1234)	→	□	8	7	□
2	1	4	3		☆(역)		1	2	3	4
□	8	7	□	→	(−4, −4, −2, −2)	→	□	4	5	□
					△◇(역)					

따라서 정답은 두 번째 순서와 세 번째 순서의 숫자가 각각 4, 5인 ②다. 이렇게 연산 규칙이 연달아 적용될 때에는 연산 규칙을 합쳐서 적용할 수 있다. 연달아 적용되는 것이 아닐 때는 바로 합쳐서 사용할 수 없음에 주의한다.

유형 ❸ 도식추리 최신기출 동형문제

정답 및 해설 103p

[01~04] 다음 각 기호가 문자, 숫자의 배열을 바꾸는 규칙을 나타낸다고 할 때, 각 문제의 '?'에 해당하는 것을 고르시오.

		ERJK		SV4H				
		↓		↓				
8LQ5	→	◐	→	☆	→	▲	→	4K7P
		↓		↓				
		DQIJ		VSH4	→	◇	→	XRJ3

01

C74O → ☆ → ◇ → ?

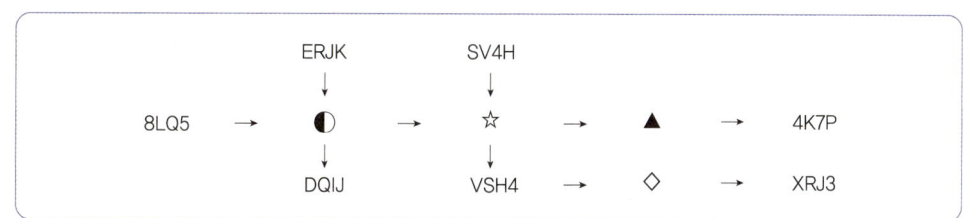

① 8DP5 ② 9BQ3 ③ 9DP5 ④ 8BN3 ⑤ 3DQ9

02

ENFM → ◐ → ▲ → ☆ → ?

① OFGN ② FGNO ③ MDEL ④ LMDE ⑤ DELM

03

? → ◇ → ◐ → 7WN6

① 6PV9 ② 4WL6 ③ 6VM5 ④ 6YM8 ⑤ 9VP6

04

? → ▲ → ◐ → ◇ → U632

① 61R4 ② 71S5 ③ 82U6 ④ 66X4 ⑤ 82T4

유형 ④ 문단배열 최신 출제경향 분석

유형 특징

❶ 4개의 문단을 순서대로 배열하는 문제 유형이다.

❷ 전체 추리 영역 30문항 중 2문항이 출제되며, 문항당 45초 이내에 푸는 것이 권장된다.

세부 출제 유형

문단배열은 다음 한 가지 유형이 출제된다.

❶ 제시된 문단을 논리적 흐름에 따라 배열하는 문제

최신 기출 경향

❶ 최근 시험에서는 2~3줄로 구성된 짧은 문장이 4개 주어지며, 이를 논리적인 흐름에 따라 적절한 순서로 정렬하는 문제가 출제되었다.

❷ 접속어나 시간 흐름과 같은 단서를 활용해 문단의 순서를 쉽게 파악할 수 있어 난이도가 비교적 낮은 편이다.

합격 전략

❶ 선지를 먼저 검토하여 첫 번째 문단에 해당하는 내용을 정확히 파악하고 빠르게 답을 찾는 연습을 한다.

❷ 문단의 앞부분에 접속어나 지시어가 포함되어 있다면, 바로 앞 문장과 연결될 수 있는 문단을 역추적하는 방식으로 풀이한다.

❸ 지문이 시간의 흐름에 따라 전개되는 경우, 지문 내용의 시간적 흐름을 이해하며 문단 간의 순서를 유추해 답을 찾는 연습을 한다.

유형 ④ 문단배열 세부유형

출제빈도 : 30문항 중 2문항 고정적으로 출제됨!

01 제시된 문단을 논리적 흐름에 따라 배열하는 문제

다음 문단을 논리적 순서대로 알맞게 배열한 것을 고르시오.

(가) 녹음이 끝난 후에는 각 트랙을 결합하는 믹싱 과정이 필요하다. 이 과정에서는 녹음된 모든 트랙의 음량, 음색, 공간감을 조절하여 하나의 조화로운 곡으로 완성한다. 믹싱 과정은 곡의 완성도를 높이는 중요한 단계이다.
(나) 음악 제작은 여러 단계로 이루어진다. 먼저 곡을 작곡하고 편곡하는 과정이 있으며, 그 후에 각 악기와 보컬을 개별적으로 녹음하는 단계가 이어진다. 이렇게 녹음된 트랙들을 결합하여 하나의 완성된 곡을 만들어 낸다.
(다) 믹싱 과정에서는 여러 가지 한계점이 존재한다. 그 중 하나는 여러 트랙의 소리가 겹쳐지면서 원하지 않는 잡음이 발생하는 것이다. 이를 극복하기 위해서는 고급 EQ 기술과 필터링을 사용하여 음향을 최적화해야 한다.
(라) 곡을 녹음하기 전에 먼저 악보를 준비하고, 각 악기와 보컬의 역할을 분담하는 작업이 필요하다. 이는 곡의 전체적인 구조와 흐름을 계획하는 중요한 과정이다. 이 과정이 끝나면 개별 트랙을 녹음하는 단계로 넘어간다.

① (가) – (나) – (라) – (다)
② (나) – (가) – (라) – (다)
③ (나) – (라) – (가) – (다)
④ (다) – (가) – (나) – (라)
⑤ (다) – (나) – (가) – (라)

정답 및 해설 정답 ③

(1) (가)~(라)의 중심 내용을 정리하면, (가)는 녹음이 끝난 후 믹싱 과정의 개념 정의, (나)는 음악 제작의 전체적인 과정, (다)는 믹싱 과정의 한계점 및 해결 방안, (라)는 녹음 전 준비 과정이라고 볼 수 있다. (가)~(라)를 글의 흐름에 적절하게 배열하면 다음과 같다.
(2) (나)에서는 음악 제작의 전체적인 과정을 개괄적으로 설명한다. 나머지 문단들은 녹음 과정을 구체화한 소재를 다루고 있으므로 (나)가 글의 맨 앞에 오는 것이 적절하다.
(3) (라)의 서두에서 녹음 전에 준비해야 할 것들에 대해 언급하고 있으므로, 음악의 전체적인 제작 과정을 설명한 (나) 뒤에 (라)가 이어지는 것이 적절하다. 또한, (라)에서는 이 과정이 끝나면 개별 트랙을 녹음하는 단계로 넘어간다고 언급한다. (가)에서는 녹음이 끝난 후에 믹싱 과정이 필요하다고 서술하고 있으므로, (라)가 (가)보다 먼저 제시되어야 한다.
(4) (다)에서는 믹싱 과정의 한계점과 해결 방안에 대해 논의한다. 이는 믹싱 과정이 무엇인지에 대한 설명이 우선

제시되어야 한다. 따라서 녹음이 끝난 후 진행되는 믹싱 과정에 대해 언급하는 (가)가 먼저 제시되어야 한다. 따라서 (나) – (라) – (가) – (다) 순이 적절하다.

합격자의 실전 풀이 순서

1. **발문 제대로 읽기 및 문제 유형 파악**

   항상 발문을 먼저 제대로 읽자. 본 문제의 경우 문단의 순서를 정하는 문제 유형이다. 이때 문단의 순서를 알 수 있는 가장 결정적인 단서는 문단의 맨 첫 문장과 마지막 문장이다. 맨 첫 문장과 맨 마지막 문장에서 문단 앞에 왔었을 소재, 문단 뒤에 올 내용 등을 추측하기 쉽기 때문이다.

   우선 각 문단 첫 문장을 읽어보며 처음에 올 만한 문단을 찾아본다. 그리고 순서를 하나씩 확정할 때마다 선지로 내려가 정답이 있는지를 확인하면 좋다. 해당 제시문의 경우 (나) – (라)로 시작하는 선지가 하나밖에 없으므로 정답의 후보를 빨리 체크할 수 있는데, 혹시나 불안하다면 첫 문장과 마지막 문장을 중심으로 순서가 맞는지를 빠르게 훑어서 마무리하자.

   또한, 해당 유형은 선지를 활용하여 처음에 올 문단을 예상하는 방식으로 시간을 단축할 수도 있다. 이후의 순서를 정할 때도 선지에서 제시하고 있는 순서를 검토하여 이를 선지 판단에 참고할 수 있다.

2. **제시문 독해 및 선지 판단**

   (1) 우선 각 문단의 첫 문장을 읽어보는데 (가), (라)는 녹음에 관한 이야기로 시작하고, (나)는 음악 제작에 관한 이야기, (라)는 믹싱 과정의 한계점에 관한 이야기로 시작한다. 그럼 (나)를 먼저 읽어보는 게 좋다. 대부분의 글쓰기 특징상 첫 문단의 내용은 더 넓은 범위의 이야기로 시작해서 점점 좁은 범위로 좁혀가며 말하고자 하는 바를 제시하는 것이 일반적이기 때문에 '음악 제작'이라는 더 넓은 범위의 이야기에서 '녹음'이라는 좁은 범위로 글을 전개할 것이라 예상할 수 있기 때문이다.

   (2) 예상대로 (나)의 내용이 '음악 제작'에 관한 내용으로 시작하여 '녹음'이라는 내용으로 범위를 좁혀 글이 전개되므로 첫 문단임을 확신할 수 있다.

   (3) 그다음 (라)의 경우 녹음하기 '전'을 첫 문장에서 언급함을 확인할 수 있다. (가)는 녹음이 끝난 '후'를 이야기하므로 (라)가 (가)보다 먼저 나와야 함을 알 수 있다. (다)의 믹싱 과정에 관한 이야기는 (나)에서 전혀 나오고 있지 않다. 따라서 (라)와 (다) 중에서 (라)가 (나) 뒤에 오는 것이 자연스럽다.

   (4) (다)에선 한계점을 이야기하는데, 보통 한계를 이야기하기 위해선 관련된 내용이 그 앞에 나와야 한다. (가)에서 믹싱 과정을 처음으로 설명하고 있으므로, (가)가 (다) 앞으로 와야 한다. 특히 (가)의 경우 녹음이 끝난 후 시작되는 믹싱 과정에 관해 언급하고 있으므로, 녹음하기 전에 대해 언급하는 (라)의 다음 순서임을 알 수 있다. 결론적으로, 정답의 순서는 (나) – (라) – (가) – (다)이다.

   (5) 선지를 활용하는 방식도 소개한다. 먼저 선지를 활용하여 첫 문단의 후보를 확인한다. 이 문제의 경우 첫 문단이 (나)인 선지가 두 개, (다)인 선지가 두 개, (가)인 선지가 하나이므로 (나)와 (다) 중 하나가 처음에 올 확률이 높다. 따라서 (나)와 (다)를 먼저 읽는다.

   (나)는 음악 과정의 전체적인 단계를 설명한다. (다)는 믹싱 과정의 한계점으로 시작하여, 해결 방안을 제시한다. 따라서 둘을 비교해 봤을 때 (나)가 제일 먼저 오는 것이 자연스럽다. 특히, (나) – (라)로 시작하는 선지가 ③ 하나이므로 (나), (라)만 파악하고 바로 정답을 구할 수 있다.

   나머지 문단도 (가) – (다)의 순서로 읽어보고 자연스러운지 확인한다.

QUICK TIP

TIP ① 문단 순서 판단 문제의 접근법

문단의 순서를 판단하는 문제는 우선 첫 문장과 마지막 문장이 주요 근거가 되며 이들 안에 순서를 판단할 수 있는 결정적 요소들이 몇 개 있다. 이들을 대표적으로 몇 개 나열하면 다음과 같다.

(1) 첫 문단은 일반적으로 '넓은 범위'의 이야기에서 시작해서 '좁은 범위'의 이야기로 좁혀간다. 예를 들어, 제시문에서는 '음악 제작 과정' 이야기로 시작해서 상대적으로 좁은 범위인 '녹음' 이야기로 좁혀감을 알 수 있다. 이를 통해 첫 문단을 결정할 때 첫 문장의 내용이 비교적 넓은 범위를 가진 것을 선택하면 정답일 확률이 매우 높다.
혹은 본 문제처럼 일정 소재에 대한 설명이 아니더라도, 문제 의식 및 소재 촉발 배경 등이 첫 문단에 나올 수 있다.

(2) 접속사에 주의하자. 접속사는 앞 문장과 뒤 문장 사이에 들어가 이들의 연결을 매끄럽게 해주는 역할을 하므로 이들을 통해 앞과 뒤 문장에 어떤 내용이 들어갈지 잘 파악할 수 있다. 예를 들어, '그러나'라는 접속사가 있다면 앞의 내용을 뒤집어 주는 접속사이기 때문에 이 접속사 앞과 뒤의 문장은 정반대여야 함을 알 수 있다. 접속사를 살펴보면 글의 구조를 빠르게 파악할 수 있으므로, 접속사를 적극적으로 활용하면 풀이 시간을 줄일 수 있다.

(3) 대명사에 주의하자. 해당 문제에는 결정적 근거로 등장하지 않지만, 기본적으로 대명사는 앞에 이미 나온 것을 다시 한번 가리키는 것이다. 첫 문장에 이러한 대명사가 있다면 바로 앞 내용에 이에 대응하는 말이 분명히 있을 것이므로 이를 통해 순서 판단이 가능하다.

(4) 앞 문단의 후반부 내용과 연관성 정도를 통해 다음 문단을 판단할 수 있다. 제시문을 예로 들어 말하자면, 앞 문단 후반부가 '믹싱 과정'에 관해 이야기했다면 다음 문단의 시작은 이와 밀접한 이야기로 시작할 가능성이 매우 크다.

(5) 사례에 주의하자. 보통 실생활 적용 사례, 해결 사례 등은 그 전에 설명이 있어야 나올 수 있다. 사례가 제시된 문단이 먼저 나오면, 그 사례가 어떤 것에 관한 내용인지 설명해 줄 문단이 앞에 있을 가능성이 매우 크다.

(6) 제시문의 내용을 확인하자. 레시피나 매뉴얼을 다루는 경우 논리적인 순서가 있을 수밖에 없다. 제시문도 (나)에서 음악 제작의 '단계'를 제시하고 있다. 따라서 이 단계(작곡 – 편곡 – 녹음 – 믹싱)에 맞게끔 나머지 문단이 전개될 것으로 예측할 수 있다. 제시문의 구조를 도식화하면 다음과 같다.

글의 구조

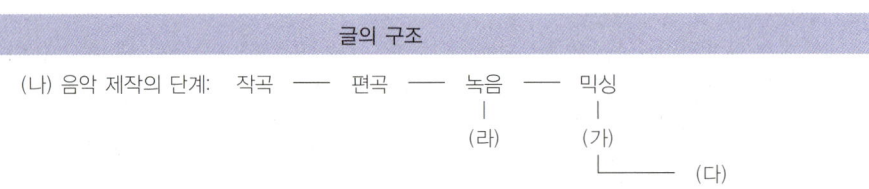

(7) 주어진 문단 간의 논리적 순서를 고려해 배열하도록 한다. (라)에서는 '이 과정이 끝나면 개별 트랙을 녹음하는 단계로 넘어간다.'고 하며, (가)에서는 '녹음이 끝난 후에는 각 트랙을 결합하는 믹싱 과정이 필요하다'고 한다. '녹음 단계'를 기준으로 (라)는 앞쪽에, (가)는 뒤쪽에 존재함을 알 수 있다. (가)~(라) 중에서 녹음 단계에 대해서 직접적으로 언급하는 문단은 없더라도, 주어진 문단 간의 논리적 순서를 고려하여 알맞게 배열하면 된다.

TIP 2 선지의 적극적 활용 1

문단의 순서를 정하는 문제는 선지에서 이미 주어진 문단의 순서 중 타당한 것을 골라야 한다. 본 문제의 경우 그리 어렵지 않은 문제에 해당하지만, 난도가 높은 순서 결정 유형의 경우 선지에서 주어진 문단의 순서를 참고하는 것이 효과적이다. 예컨대 선지에서 첫 번째 순서로 나올 수 있는 문단으로 (가)와 (나) 그리고 (다)를 제시하고 있으므로 해당 세 문단만을 비교하여 선지 소거가 가능하다. 또한, 해당 문제처럼 두 번째 순서도 겹치지 않는 경우 두 개의 문단만 보고도 답을 빠르게 내릴 수 있으니, 뒤에 올 문단 판단이 끝날 때마다 선지로 내려가 보자. 혹시 답을 선택하고도 불안한 느낌이 든다면 TIP 1에 있는 기준을 통해 선택한 정답 순서대로 빠르게 훑어서 맞는지 확인하자.

TIP 3 선지의 적극적 활용 2

첫 번째 선지를 파악하기 어려운 경우 선지 간의 대략적인 전후 상관관계를 파악해 선지에서 소거하도록 한다. 예를 들어 문제에서도 (라)는 녹음하기 '전'을 (가)는 녹음하기 끝난 '후'를 이야기하므로 (가)가 (라) 뒤에 나와야 함을 알 수 있다. 본 문제는 (라)–(가) 순서에 어긋나는 선지만 지워도 답을 빠르게 내릴 수 있다.

최신기출 동형문제

정답 및 해설 106p

01 **다음 문단을 논리적 순서대로 알맞게 배열한 것을 고르시오.**

(가) 한편 태양광 발전 기술은 에너지 생산, 환경 보호 등 다양한 분야에 적용되고 있다. 예를 들어, 에너지 생산 분야에서는 태양광 패널을 이용하여 전기를 생산하고, 이를 통해 화석 연료 사용을 줄여 환경 보호에 기여할 수 있다. 또한, 건물의 옥상이나 외벽에 태양광 패널을 설치하여 자체적으로 전기를 생산하는 시스템이 도입되고 있다.

(나) 태양광 발전에는 여러 종류가 있다. 첫 번째로는 단결정 실리콘 태양광 패널이 있으며, 이는 높은 효율을 자랑하지만 제조 비용이 상대적으로 높다. 두 번째로는 다결정 실리콘 태양광 패널이 있는데, 이는 제조 비용이 낮지만 효율이 다소 떨어진다.

(다) 사람들은 친환경적인 에너지 생산을 통한 지구 온난화 문제 해결을 비롯한 다양한 이유로 태양광 발전을 사용한다. 태양광 발전은 재생 가능한 에너지 원천으로, 지속 가능한 발전을 가능하게 한다.

(라) 단결정 패널은 제한된 공간에서 더 많은 전력을 생산하는 게 필요할 때 사용한다. 반면에 다결정 패널은 비용 효율이 좋아 초기 설치 비용을 절감할 수 있어 대규모 설치에 적합하다.

① (다) – (나) – (가) – (라)
② (다) – (나) – (라) – (가)
③ (다) – (라) – (나) – (가)
④ (라) – (나) – (가) – (다)
⑤ (라) – (다) – (나) – (가)

02 다음 문단을 논리적 순서대로 알맞게 배열한 것을 고르시오.

(가) 전기차의 배터리가 충전되기까지의 과정은 복잡하다. 먼저, 충전기를 전원에 연결하고, 전원을 켜면 전류가 배터리로 흐르게 된다. 이때 배터리 내 부의 화학 반응을 통해 전기 에너지가 저장된다.

(나) 한편 전기차의 배터리는 사용되는 화합물에 따라 성능이 달라진다. 예를 들어, 리튬 코발트 산화물(LiCoO2)은 높은 에너지 밀도를 제공하지만, 안전성에서 다소 떨어질 수 있다. 반면, 리튬 철 인산염(LiFePO4)은 에너지 밀도는 낮지만 안정성과 수명이 더 길다.

(다) 즉, 배터리 내부의 리튬 이온의 이동으로 에너지를 저장하는 것이다. 충전 시 리튬 이온이 음극에서 양극으로 이동하며, 방전 시에는 반대로 양극에서 음극으로 이동하면서 전류를 발생시킨다.

(라) 전기차의 배터리는 기본적으로 양극, 음극, 전해질로 구성되어 있다. 양극과 음극은 각각 리튬 이온을 저장하고 방출하는 역할을 하며, 전해질은 이온의 이동을 돕는다. 이러한 구조를 활용해 배터리는 전기 에너지를 충전하여 저장하고, 전기차에 공급할 수 있다.

① (가) – (다) – (라) – (나)
② (가) – (라) – (다) – (나)
③ (라) – (가) – (나) – (다)
④ (라) – (가) – (다) – (나)
⑤ (라) – (다) – (가) – (나)

03 다음 문단을 논리적 순서대로 알맞게 배열한 것을 고르시오.

(가) 이처럼 적절한 운동은 심폐기능 강화, 근육량 증가 등의 효과를 가지므로 장기적인 건강에 이롭다는 것이 학계의 정설이다. 그러나 과도한 운동은 근육 손상이나 피로 누적을 일으킬 수 있다. 이는 일시적인 현상으로, 적절한 휴식을 취하면 대체로 며칠 내에 회복되는 것으로 알려져 있다.

(나) 운동은 신체의 건강을 유지하고 증진하기 위해 중요한 활동이다. 이는 주로 달리기, 수영, 요가 등 다양한 형태로 나타나며, 규칙적인 운동은 심장 건강을 개선하고 체력을 증가시키는 데 도움이 된다.

(다) 반면에 무산소 운동은 짧고 강한 운동으로, 근육의 힘과 크기를 증가시키며 신진대사를 촉진하는 효과가 있다. 웨이트 리프팅이나 스프린트가 무산소 운동에 해당한다. 이와 같은 운동은 체력을 빠르게 향상시키고 근육량을 증가시키는 데 효과적이다.

(라) 운동은 크게 유산소 운동과 무산소 운동으로 분류되며, 운동 방법에 따른 특징이 다르다. 먼저, 유산소 운동은 긴 시간 동안 지속적으로 할 수 있는 운동으로, 심장과 폐의 기능을 강화하고 체중 감량에 효과적이다. 대표적인 예로는 달리기, 수영, 자전거 타기 등이 있다.

① (나) – (다) – (라) – (가)
② (나) – (라) – (가) – (다)
③ (나) – (라) – (다) – (가)
④ (라) – (나) – (가) – (다)
⑤ (라) – (다) – (가) – (나)

04 다음 문단을 논리적 순서대로 알맞게 배열한 것을 고르시오.

(가) 한편, 전자책을 사용한다고 해서 눈의 피로가 심해질 것을 걱정할 수 있지만, 전자책 리더기는 눈부심을 최소화하도록 설계되어 있다. 전자책 리더기는 종이책의 느낌을 살리면서도 화면의 밝기를 조절할 수 있어 다양한 환경에서 독서가 가능하다. 또한, 폰트 크기를 조절할 수 있어 시력이 좋지 않은 사람들에게도 유용하다는 장점이 있다.

(나) 이러한 문제를 해결하기 위해 최근에는 다양한 전자책 리더기가 출시되고 있다. 종이책은 나무를 원료로 한 종이와 인쇄 잉크를 사용하여 제작되며, 생산 과정에서 많은 자원과 에너지를 소비한다. 이와 달리 전자책은 디지털 파일 형식으로 제작되어 이러한 자원 소비를 최소화할 수 있다.

(다) 즉, 전자책 리더기는 디지털 파일 형식을 활용해 수천 권의 책을 하나의 기기에 저장할 수 있어 공간 절약과 휴대성이 뛰어나 독서량이 많은 사람들에게 특히 유용하다. 전자 잉크 기술을 사용하여 종이책과 유사한 독서 경험을 제공할 수 있기 때문이다.

(라) 최근 종이책의 생산과 유통에서 발생하는 환경 문제와 비용 상승 문제 등이 이슈가 되고 있다. 특히 종이책은 생산 과정에서 많은 나무를 사용하고, 유통 과정에서의 물류 비용이 높아 환경과 경제에 부담을 줄 수 있다.

① (가) – (나) – (다) – (라)
② (가) – (라) – (나) – (다)
③ (라) – (나) – (가) – (다)
④ (라) – (나) – (다) – (가)
⑤ (라) – (다) – (나) – (가)

유형 ❺ 논리추론 최신 출제경향 분석

유형 특징

❶ 제시된 지문을 기반으로 내용을 추론해 진위를 파악하거나, 논점에 관련된 주장과 근거를 이해하는 문제 유형이다.

❷ 전체 추리 영역 30문항 중 7문항이 출제되며, 문항당 60초 이내에 푸는 것이 권장된다.

세부 출제 유형

논리추론은 다음 두 가지 유형으로 나뉘어 출제된다.

❶ 논리적 판단 문제

❷ 주장에 대한 반박 문제

최신 기출 경향

❶ 논리추론 유형은 추리 영역에서 두 번째로 높은 비중을 차지하며, 논리적 판단 문제가 주장에 대한 반박 문제보다 상대적으로 더 많이 출제된다.

❷ 글의 내용이 다소 복잡하고 기본 상식을 요구하는 경우가 많지만, 제시되는 글이 짧고 명확하여 정답을 찾는 난이도가 높지 않은 편이다.

합격 전략

❶ 논리적 판단 문제는 글이 전체적으로 논리적 흐름과 경로를 통해 연결되어 있으므로, 글의 분명한 흐름뿐만 아니라 숨겨진 정보를 파악하여 전체적으로 추론하는 연습이 중요하다.

❷ 논리적 판단 문제는 주로 2개 이상의 문장을 종합적으로 이해하고 추론하는 방식으로 구성되므로, 각 문장이 말하고자 하는 핵심을 정확히 파악하는 것이 관건이다. 이와 더불어 제시된 선택지를 분석해 문제 풀이 시간을 단축하는 연습이 필요하다.

❸ 주장에 대한 반박 문제는 주장과 근거를 명확히 구분한 후, 주장의 반대 방향을 유추하는 과정에서 근거의 허점이나 반박 가능성을 탐색한다. 이때 선택지에 필수적으로 나타나는 찬성 또는 반대 입장이 없는 진술은 제외하고, 상반된 진술을 비교하여 풀이 시간을 절약하는 것이 중요하다.

유형 ⑤ 논리추론 세부유형

출제빈도 : 30문항 중 4~5문항

01 논리적 판단 문제

다음 글의 내용이 모두 참일 때 반드시 거짓인 것을 고르시오.

최근 의료 기술이 빠르게 발전하면서 환자의 치료 효과를 극대화하고, 질병 예방 및 조기 진단을 가능하게 하는 다양한 첨단 의료 기술이 주목받고 있다. 대표적으로 '유전자 기반 치료', 'AI 진단 시스템', 그리고 '원격 로봇 수술'이 있다. 유전자 기반 치료는 환자의 유전자 정보를 분석하여 특정 유전 질환을 조기에 예측하고, 이를 맞춤형 치료법으로 대응하는 방식이다. AI 진단 시스템은 대량의 의료 데이터를 분석하여 질병을 조기에 탐지하고, 의료진이 보다 정확한 진단을 내릴 수 있도록 돕는 역할을 한다. 원격 로봇 수술은 정밀한 로봇 팔과 AI 기술을 결합하여 의료진이 직접 환자와 동일한 공간에 있지 않더라도 정밀한 외과 수술을 수행할 수 있도록 한다.

그러나 이러한 첨단 의료 기술이 모든 의료 문제를 해결할 수 있는 것은 아니다. 기술의 적용 범위와 환자 개인별 반응 차이 등이 치료 효과에 영향을 미칠 수 있으며, 특정 치료법이 모든 질병에 적용될 수는 없다. 또한, AI 진단 시스템이 오진을 내릴 가능성이 있으며, 원격 로봇 수술은 네트워크 지연 문제로 인해 긴급한 상황에서 즉각적인 대응이 어려울 수도 있다. 더불어 유전자 치료법은 높은 연구 비용과 윤리적 논란으로 인해 모든 환자에게 쉽게 적용되기 어려운 현실적인 한계가 있다. 이에 따라 비용 절감과 의료 효율성을 동시에 확보할 수 있는 혁신적인 의료 기술 개발이 지속적으로 이루어지고 있으며, 완전한 AI 기반 의료 시스템과 인간-기계 협력형 진료 방식이 궁극적인 목표로 설정되고 있다.

① 유전자 기반 치료는 개인의 유전자 데이터를 분석해 특정 유전적 질환을 조기에 감지하고, 개별화된 치료 전략을 수립할 수 있다.
② AI 진단 시스템은 질병의 조기 발견을 가능하게 하며, 의료진이 적절한 치료 계획을 세우는 데 기여한다.
③ 원격 로봇 수술은 의료진과 환자의 물리적 거리의 제약을 줄일 수 있다.
④ 유전자 치료법은 연구 비용이 덜 들고 누구나 쉽게 접근할 수 있다.
⑤ 원격 로봇 수술은 네트워크 인프라가 구축된 선진국의 전유물이다.

① 유전자 기반 치료는 개인의 유전자 데이터를 분석해 특정 유전적 질환을 조기에 감지하고, 개별화된 치료 전략을 수립할 수 있다.
→ (○) "유전자 기반 치료는 환자의 유전자 정보를 분석하여 특정 유전 질환을 조기에 예측하고, 이를 맞춤형 치료법으로 대응하는 방식이다."를 통해 알 수 있는 내용이다. 참인 선택지이다.

② AI 진단 시스템은 질병의 조기 발견을 가능하게 하며, 의료진이 적절한 치료 계획을 세우는 데 기여한다.
→ (○) "AI 진단 시스템은 대량의 의료 데이터를 분석하여 질병을 조기에 탐지하고, 의료진이 보다 정확한 진단을 내릴 수 있도록 돕는 역할을 한다."를 통해 알 수 있다. 참인 선택지이다.

③ 원격 로봇 수술은 의료진과 환자의 물리적 거리의 제약을 줄일 수 있다.
→ (○) "원격 로봇 수술은 정밀한 로봇 팔과 AI 기술을 결합하여 의료진이 직접 환자와 동일한 공간에 있지 않더라도 정밀한 외과 수술을 수행할 수 있도록 한다."를 통해 의료진과 환자가 떨어져 있어도 수술이 가능함을 알 수 있다. 참인 선택지이다.

④ 유전자 치료법은 연구 비용이 덜 들고 누구나 쉽게 접근할 수 있다.
→ (×) "더불어 유전자 치료법은 높은 연구 비용과 윤리적 논란으로 인해 모든 환자에게 쉽게 적용되기 어려운 현실적인 한계가 있다."를 통해 유전자 치료법은 연구 비용이 높고, 누구나 쉽게 접근할 수 없다는 것을 파악할 수 있다. 본문과 정반대인 내용으로, 거짓인 선택지이다.

⑤ 원격 로봇 수술은 네트워크 인프라가 구축된 선진국의 전유물이다.
→ (△) "~ 원격 로봇 수술은 네트워크 지연 문제로 인해 긴급한 상황에서 즉각적인 대응이 어려울 수도 있다."에서 원격 로봇 수술을 위해선 원활한 네트워크가 필요함을 알 수 있다. 그러나 이것만으로는 원격 로봇 수술이 선진국의 전유물인지는 알 수 없다. 문제에서는 '반드시' 거짓인 것을 고르라고 하였으므로 정답이 될 수 없다.

합격자의 실전 풀이 순서

1. 선지를 훑으며 대략적 주제를 파악한다.

"반드시 거짓인 것"을 묻는 문제는 선지를 먼저 보는 것을 추천한다. 정답을 제외한 나머지가 글의 내용과 일치하므로 선지의 키워드를 인지하며 지문을 읽는다면 빠른 독해가 가능하기 때문이다. 선지를 훑어 '유전자 기반 치료', 'AI 진단 시스템', '원격 로봇 수술'이 주요 주제로 나올 것을 예상한다.

2. 각 선지의 키워드 설정 후 발췌독한다.

선지의 단어 중 가장 생소하거나 특이한 단어를 키워드로 삼아 키워드가 있는 문단을 탐색한다. 특이한 단어의 경우 지문에서 그대로 나오거나 조금의 변형을 거쳐 나오므로 찾기 용이하기 때문이다. 선지 ①은 '유전자 데이터', 선지 ②는 '조기 발견', 선지 ③은 '거리 제약', 선지 ④는 '연구 비용', 선지 ⑤는 '네트워크'를 키워드로 들 수 있다.

3. 정답을 판단한다.

본 문제의 경우 선지의 변형 정도가 크지 않고, 한 개의 선지에 하나의 문장이 대응되어 발췌독하기 용이하다. ④ 선택지가 '연구 비용' 키워드를 두고 본문과 반대되는 내용(높은 연구 비용 → 낮은 연구 비용)을 제시했음을 알 수 있다.

QUICK TIP

TIP ① 내용을 외우지 않는다.

발췌독하지 않고 먼저 글을 읽을 경우, 문단의 전체적인 소재를 파악하고, 각 문단의 핵심 주제를 파악하고자 하는 통독의 형식으로 글을 읽어야 한다. 물론 선택지는 세부적인 내용을 묻지만, 그렇다고 해서 모든 정보를 일일이 기억하며 내려간다면 오히려 시간이 더 오래 걸리는 역효과가 발생할 수 있다. 긴장한 상황에서 모든 정보를 기억하고 내려가기는 어려우며, 세부적인 정보에 집중했다가는 전체적인 내용 파악이 어려워지기 때문이다. 따라서 글을 읽을 때는 세부 내용을 기억하려고 애쓰는 것이 아니라, 전체를 조망하는 방식으로 글을 읽어 내려가는 것이 좋다. 또한,

문단의 핵심 주요 소재나 단어에만 표시를 하며 읽어가는 것이 선지 정오답 판별에 도움이 된다.

TIP ❷ 키워드 뽑는 방법

발췌독하기 위해서는 생소한 키워드를 뽑아야 한다. 일반적인 단어를 키워드로 삼으면 지문에서 자주 등장하기 때문에 효율적인 발췌독을 하기 어렵다. 보통 키워드를 뽑을 때 맨 앞에 있는 주어를 선정하지만, 비효율적인 경우가 많다. 모든 선지의 주어가 같은 경우도 있고, 주어보다 서술어나 목적어가 더 생소할 때가 많기 때문이다. 키워드를 뽑는 목적은 지문을 빠르게 발췌독하는 것임을 기억하자.

TIP ❸ 열린 선지에 주목한다.

열린 선지란 '~한다', '~가 아니다'와 같이 단정적인 내용이 아닌 '~할 수 있다', '~중 하나이다'처럼 명제 자체가 옳을 가능성이 높은 선지를 말한다. 이런 선지는 비교적 옳은 가능성이 높기 때문에 옳을 수 있다는 가능성에 초점을 맞추고 발췌독하면 효율적인 경우가 많다.

TIP ❹ 발문을 먼저 읽고 정확히 표시한다.

문제에서 물어보는 것이 '거짓인 것'인지 '참인 것'인지 먼저 정확히 파악하고 눈에 띄는 곳에 표시한다. 문제의 길이가 짧을수록 이런 부분에서 실수가 발생하기 쉽다.

출제빈도 : 30문항 중 1~2문항

02 주장에 대한 반박 문제

다음 주장에 대한 반박으로 가장 타당한 것을 고르시오.

온라인 학습은 현대 교육에서 매우 중요한 기술로 자리 잡고 있다. 인터넷을 통해 제공되는 온라인 학습은 학생들이 물리적 제약 없이 언제 어디서나 학습할 수 있게 한다. 이러한 유연성 덕분에 학생들은 자신만의 학습 속도에 맞추어 효율적으로 공부할 수 있으며, 더 많은 학습 기회를 얻을 수 있다. 온라인 학습을 통해 학생들은 최대한의 학습 잠재력을 발휘할 수 있다는 장점만 취할 수 있다.

① 온라인 학습이 보편화되기 위해서는 모든 학생들에게 안정적인 인터넷 연결과 적절한 디지털 기기가 제공되어야 한다.

② 온라인 학습은 시간과 장소의 유연성을 제공하지만, 학생들의 자기 관리 능력이 부족할 경우 학습 효과가 떨어질 수 있다.

③ 온라인 학습은 많은 자료를 활용할 수 있지만, 정보의 신뢰성과 정확성을 보장하기 어렵다.

④ 온라인 학습의 유연성은 좋지만, 기술적 문제나 시스템 오류로 인해 학습이 중단될 수 있다.

⑤ 온라인 학습은 시간과 장소의 제약을 없앤다.

정답 및 해설 정답 ②

① 온라인 학습이 보편화되기 위해서는 모든 학생에게 안정적인 인터넷 연결과 적절한 디지털 기기가 제공되어야 한다.

→ (×) 해당 선지는 온라인 학습의 장점을 실현하는 데 필요한 요건을 제시하고 있다. 온라인 학습의 장점을 제시하는 본문의 내용을 반박하는 내용으로는 볼 수 없다.

② 온라인 학습은 시간과 장소의 유연성을 제공하지만, 학생들의 자기 관리 능력이 부족할 경우 학습 효과가 떨어질 수 있다.

→ (○) 제시문에서는 학생들은 유연성을 발휘할 수 있는 온라인 학습을 통해 학습 잠재력을 최대한 발휘할 수 있는 장점만 취할 수 있다고 주장한다. 해당 선지는 온라인 학생들이 자기 관리 능력이 부족할 경우, 온라인 학습이 유연성을 제공하더라도 학습 효과가 떨어진다는 점을 주장하며 제시문의 내용을 전면적으로 반박한다. 따라서 주장에 대한 반박으로 가장 타당하다고 볼 수 있다.

③ 온라인 학습은 많은 자료를 활용할 수 있지만, 정보의 신뢰성과 정확성을 보장하기 어렵다.

→ (×) 해당 선지는 온라인 학습 정보의 신뢰성, 정확성에 대한 문제를 지적하고 있다. 온라인 학습에 대한 부정적인 측면을 이야기하는 것은 맞지만, 본문의 주장에 대해 반박하는 것으로는 볼 수 없다. 제시문은 온라인 학습의 '유연성'을 근거로 학생들이 최대한의 학습 잠재력을 발휘할 수 있다고 주장하고 있기 때문이다. 최종적인 주장인 학습 잠재력 발휘, 그 근거인 유연성 둘 중 어느 것도 반박할 수 없는 선지이다.

④ 온라인 학습의 유연성은 좋지만, 기술적 문제나 시스템 오류로 인해 학습이 중단될 수 있다.

→ (×) 만약 제시문에서 온라인 학습이 항상 아무런 문제 없이 이용 가능하다는 내용이 나왔다면 해당 선지가 반박될 수 있다. 하지만, 본 제시문에선 온라인 학습은 유연성이 존재해 학생들이 물리적 제약 없이 학습할 수 있다는 내용만 있다. 따라서 적절한 반박이 될 수 없다.

⑤ 온라인 학습은 시간과 장소의 제약을 없앤다.
→ (×) 온라인 학습에 대한 특징을 설명한 선지로써, 주장을 반박하는 선지가 아니라 주장의 내용에 부합하는 선지이다.

합격자의 실전 풀이 순서

논지파악 유형은 지문을 제시한 후, 지문의 핵심 주장·내용을 선지에서 고르도록 하는 문제들을 말한다. 문제 구조에 따라 곧바로 식별 가능한 문제가 있는 반면, 곧바로 유형을 식별하기 까다로운 경우도 있다. 함께 유형의 특성을 살펴보자.

0. 유형 식별하기

- 발문
  - 다음 글의 논지 / 주장 / 견해 …와 부합하는 / 적합한 것은?
  - 다음 주장 / 논쟁 …에 대한 분석 / 설명 / 추론 …으로 옳은 것은?
- 지문
  - 주관적인 주장이 포함된 글
  - 일반적인 비문학 유형에 비해 정보량이 적은 대신 포괄적인 문장들이 제시

1. 문제 구조 파악하기

먼저 발문을 확인한다.

다음 주장에 대한 반박으로 가장 타당한 것을 고르시오.

본 문제는 발문만으로 구조를 파악할 수 있다. 지문의 주장을 정확히 파악한 뒤, 선지에서 그에 대한 유효한 반박을 찾는 문제이다.
논증에 대한 반박은 여러 유형이 존재할 수 있다. 크게 1) 전제에서 결론을 끌어내는 논리에 대한 반박, 2) 결론에 대한 반박으로 나뉜다. 따라서 선지를 볼 때도 해당 선지가 전제와 결론 중 어느 쪽을 반박하고 있는지 주의해야 한다.
예를 들어 'A이면 B이다'라는 주장이 있을 때, 1) A에서 B로 도출되는 과정에서의 반박, 혹은 2) A를 했음에도 B가 나오지 않음과 같은 내용이 나올 수 있다. 문제의 경우 '온라인 학습을 한다면 학생들은 최대한 학습 잠재력을 발휘할 수 있다는 장점만 취할 수 있다.'가 이 글의 주장인데, 이 글에 대해 반박을 하려면 1) 온라인 학습의 유연성에 대한 이점, 2) 온라인 학습을 했음에도 학생들의 학습 잠재력을 높이지 못함에 대한 반박이 있어야 할 것이다. 해당 반박의 입장을 대화 형식으로 표현한다면 "너 말대로 했는데 결론이 다른데?"가 된다. 만약 주장에 대한 반박이 유효하지 않다면 선지를 읽어도 제시문의 입장에선 "너의 입장은 알겠어. 그래서?"가 된다.
본 문제에서는 지문이 주장하는 바를 명확히 파악하고 5개의 선지 중에서 유효한 반박을 찾아내야 한다. 이와 같은 유형에서 반박의 대상인 '주장'은 필연적으로 지문의 핵심 논지가 된다. 핵심 논지 하나를 빨리 파악하는 것이 오히려 선지 판단 시간 감소 및 정확도 증가를 야기할 것이다.

2. 지문 이해하기

논지파악 유형에서는 무조건 지문을 먼저 읽고 이해한다. 지문의 논리 구조와 문제의식에 집중하여 읽어야 한다. 본 문제는 구체적인 '논증'을 요구하는 만큼, 전제와 결론이 각각 무엇인지 스스로 질문하며 읽자.
이를 본 문제에 적용해 보자. 지문은 둘째 문장에서부터 셋째 문장까지 유연성과 효율성을 근거로 온라인 학습의 장점을 제시한다. 그리고 마지막 문장에서 이러한 온라인 학습의 특징으로 학생들은 학습 잠재력을 최대한 발휘할 수 있는 장점'만' 취할 수 있다고 주장한다. 글쓴이의 핵심 주장이 마지막 문장이라고 볼 수 있다. 따라서 가장 타당한 반박은 둘째 문장부터 셋째 문장까지의 근거를 정확하게 반박하거나, 핵심 주장인 마지막 문장을 반박하거나 혹은 근거와 주장 간의 연결고리를 반박하는 것이다.

3. 선지 고르기

마지막 단계에서는 정답, 즉 지문의 주장에 대해 적절히 반박한 선지를 고른다. 적절한 반박이란 양립 불가능한 내용, 상충하는 내용, 지문에서 제시한 원칙에 대한 반례 등을 들 수 있겠다. 이때 양립 불가능, 상충하는 내용이라고 해서 적절성이 보장되는 것은 아니다. 적절하다 함은 논리성을 갖춘 내용이어야 한다. 이 논리성은 주로 지문의 논리를 빌린 선지에서 드러난다. 논점을 일탈한 선지는 정답이 되지 않는다.

이때 또 주의해야 할 점은 선입견을 사용하지 않는 것이다. 예를 들어 본 문제 선지 ④의 경우 온라인 학습의 전형적인 단점이기 때문에 반박이라고 선택하기 쉽다. 하지만, 제시문에서 유연성이 곧, 언제나 오류 없이 사용할 수 있는 것이라고 주장한 것은 아니므로 유효한 반박이라고 볼 수 없다.

QUICK TIP

TIP ❶ 지문의 핵심을 파악하자.

글을 읽을 때 핵심 주장을 먼저 찾고, 주장과 근거를 구별하는 것이 필요하다. 해당 지문은 유연성을 근거로 하여 온라인 학습을 통해 학생들은 최대한의 학습 잠재력을 발휘할 수 있는 장점만 얻을 수 있다는 것이 핵심 주장이다. 그렇다면 선지에서의 반박 역시 핵심 주장과 근거에 대해서 이루어져야 한다. 선지에서 유연성과 학습 잠재력(학습 효과)을 건드리고 있는 것은 ②뿐이다.

TIP ❷ 판단이 어렵다면 선지의 내용과 글쓴이의 주장이 상충하는지를 확인한다.

핵심 파악이 어렵다면 선지의 내용과 글쓴이의 주장이 둘 다 참이라고 가정했을 때, 양립이 가능한지를 파악한다. 이때 양립이 불가하면 반박이며 양립이 가능하면 글쓴이가 찬성하거나 글쓴이의 주장과 무관한 문장이 된다.

예를 들어 ③의 경우 '온라인 학습에서의 정보 신뢰성과 정확성' 문제를 제기하고 있다. 하지만 글쓴이의 주장은 '온라인 학습의 유연성과 효율성'을 이야기하고 있으므로 두 주장 다 참이라 하더라도 모순점이 발생하지는 않는다. 온라인 학습의 유연성과 효율성이 높지만, 정보 신뢰성과 정확성은 낮을 수 있기 때문이다.

TIP ❸ 판단이 어렵다면 역으로 질문해 보자.

선지를 읽으면서 이 반박이 타당하다면 지문에 어떠한 내용이 있어야 할지 고민해 보는 것이다. 예를 들어 ③이 타당하다면 '온라인에서 양질의 정보를 획득할 수 있다.'라는 주장이 있어야 하고 ④이 타당하다면 '온라인 학습은 중단 문제없이 지속 가능하다.'라는 주장이 있어야 할 것이다. 그러나 그러한 내용은 지문에 없다. 한편 ②는 '학습효과가 좋다.'라는 주장이 지문에 있으므로 타당한 반박이 된다.

TIP ❹ 제시된 주장이 전부임을 명심하자.

우리는 '제시된 주장'에 대한 반박으로 가장 타당한 것을 골라야 한다. 그러나 문제를 풀다 보면 생각이 많아져 '제시문의 입장에서 동의할 것으로 예측되는 주장'에 대한 반박을 두고 헷갈린다. 제시문 외의 내용에 대해서는 감히 판단하지 않도록 한다.

예를 들어 온라인 학습을 긍정하는 글쓴이로서는 온라인 학습이 많은 자료를 활용할 수 있다는 데 동의할 수 있다. 그리고 이 사실은 심지어 주장이 아니라 누구나 동의할 수 있는 사실인 것처럼 보이기도 한다. 그러나 글쓴이는 '자료' 관련된 이야기를 일절 꺼내지 않았음을 명심하자. 따라서 '제시된 주장'에 대한 반박이 될 수 없다.

TIP ❺ '가장' 타당한 것을 고르자.

여러 선지 중에 헷갈린다면 '가장' 타당한 것을 골라야 한다는 사실을 떠올리자. 선지 간 차이를 중심으로 비교하며, 선지 중 어떤 선지가 가장 글쓴이의 핵심 주장을 지지하거나 반박하는지 살펴본다. 예를 들어, 본 문제에서 ②, ④를 남겨두고 고민할 수 있다. 둘 다 온라인 학습의 유연성을 언급하며 부정적인 점을 언급했기 때문이다. 이때 두 선지는 공통으로 언급되는 유연성 부분을 제하면 '부족한 학습 효과' vs '학습 중단'의 차이가 있다. 하지만 ②는 글쓴이의 핵심 주장 결론 요소인 '학습 잠재력' 부분을 언급한 것에 비해, ④는 '기술적 문제 및 시스템 오류'를 이야기하고 있다. 그러므로 주장의 핵심적인 부분을 반박한 내용은 ②가 될 것이다.

출제빈도 : 30문항 중 1문항

03 〈보기〉에 대한 추론을 하는 문제

다음 글을 바탕으로 아래 〈보기〉를 이해한 내용 중 적절한 것을 고르시오.

종자와 농약을 생산하는 대기업들은 자신들이 유전자 기술로 조작한 종자가 농약을 현저히 적게 사용해도 되기 때문에 농부들이 더 많은 이윤을 낼 수 있다고 주장하였다. 그러나 미국에서 유전자 변형 작물을 재배한 16년(1996년~2011년) 동안의 농약 사용량을 살펴보면, 이 주장은 사실이 아님을 알 수 있다.

유전자 변형 작물은 해충에 훨씬 더 잘 견디는 장점이 있다. 유전자 변형 작물이 해충을 막기 위해 자체적으로 독소를 만들어내기 때문이다. 독소를 함유한 유전자 변형 작물을 재배하였더니 일반 작물 재배와 비교할 때, 16년 동안 살충제 소비를 약 56,000톤 줄일 수 있었다. 그런데 제초제의 경우는 달랐다. 처음 4~5년 동안에는 제초제의 사용이 감소하였다. 그렇지만 전체 재배 기간을 고려하면 일반 작물 재배와 비교할 때 약 239,000톤이 더 소비되었다. 늘어난 제초제의 양에서 줄어든 살충제의 양을 빼면 일반 작물 재배와 비교하여 농약 사용량이 재배 기간 16년 동안 183,000톤 증가했다.

보기

M사의 제초제인 글리포세이트에 내성을 가진 유전자 변형 작물을 재배하기 시작한 농부들은 그 제초제를 매년 반복해서 사용했다. 이로 인해 그 지역에서는 글리포세이트에 대해 내성을 가진 잡초가 생겨났다. 이와 같이 제초제에 내성을 가진 잡초를 슈퍼잡초라고 부른다. 유전자 변형 작물을 재배하는 농지는 대부분 이러한 슈퍼잡초로 인해 어려움을 겪게 되었다. 슈퍼잡초를 제거하기 위해서는 제초제를 더 자주 사용하거나 여러 제초제를 섞어서 사용하거나 아니면 새로 개발된 제초제를 사용해야 한다. 이로 인해 농부들은 더 많은 비용을 지불할 수밖에 없었다.

① 유전자 변형 작물을 재배하는 지역에서는 모든 종류의 농약 사용이 증가했다.
② 유전자 변형 작물을 도입한 해부터 그 작물을 재배하는 지역에 슈퍼잡초가 나타났다.
③ 유전자 변형 작물을 도입한 후 일반 작물 재배의 경우에도 살충제의 사용이 증가했다.
④ 유전자 변형 작물 재배로 슈퍼잡초가 발생한 지역에서는 작물 생산 비용이 증가했다.
⑤ 유전자 변형 작물을 재배하는 지역과 일반 작물을 재배하는 지역에서 슈퍼잡초의 발생 정도가 비슷했다.

정답 및 해설 정답 ④

① 유전자 변형 작물을 재배하는 지역에서는 모든 종류의 농약 사용이 증가했다.
→ (×) 독소를 함유한 유전자 변형 작물을 재배함으로써 살충제 소비는 줄었지만, 제초제의 소비량은 더 늘었다. 늘어난 제초제의 양에서 줄어든 살충제의 양을 빼면 농약 사용의 증감 정도를 알 수 있다고 했으므로 제초제와 살충제가 농약의 종류임을 추론할 수 있다. 이때 살충제 소비는 줄었지만, 제초제의 소비량이 늘었으므로 모든 종류의 농약 사용이 증가했다는 설명은 옳지 않다.

② 유전자 변형 작물을 도입한 해부터 그 작물을 재배하는 지역에 슈퍼잡초가 나타났다.
→ (×) 유전자 변형 작물을 재배하는 과정에서 제초제를 반복해서 사용한 결과, 그 지역에는 제초제에 내성을 가진 잡초인 슈퍼잡초가 생겨났다. 또한, 처음 4~5년 동안 제초제 사용이 감소했으나 그 후 재배기간까지 고려하면 전체적으로는 그렇지 않았다는 점을 보아 적어도 도입한 해부터 슈퍼잡초가 나타났다고는 할 수 없다.

③ 유전자 변형 작물을 도입한 후 일반 작물 재배의 경우에도 살충제의 사용이 증가했다.
→ (×) 일반 작물 재배와 관련한 내용은 2문단에 등장한다. 그러나 여기서 일반 작물 재배 시 살충제 소비량은 유전자 변형 작물 재배 시 살충제 소비량과 비교하는 개념으로 제시되었을 뿐 일반 작물 재배와 관련한 다른 정보는 언급되지 않았다. 따라서 해당 제시문에는 일반 작물 재배 시 살충제의 사용 증감에 대한 설명은 제시되어 있지 않으므로 해당 선지의 내용은 알 수 없다.

④ 유전자 변형 작물 재배로 슈퍼잡초가 발생한 지역에서는 작물 생산 비용이 증가했다.
→ (○) 유전자 변형 작물을 재배하는 농지는 슈퍼잡초로 인해 어려움을 겪게 되었다. 슈퍼잡초를 제거하기 위해서는 제초제를 더 자주 사용하거나 여러 제초제를 섞어서 사용하거나 아니면 새로 개발된 제초제를 사용해야 함으로써 농부들은 더 많은 비용을 지불할 수밖에 없었다. 이를 통해 작물 생산 비용이 증가했음을 추론할 수 있다.

⑤ 유전자 변형 작물을 재배하는 지역과 일반 작물을 재배하는 지역에서 슈퍼잡초의 발생 정도가 비슷했다.
→ (×) 제초제에 내성을 가진 유전자 변형 작물을 재배하면서 슈퍼잡초가 생겨났다. 그러나 일반 작물을 재배하는 지역에서 슈퍼잡초의 발생 여부에 대해서는 언급하지 않으므로 발생 정도가 비슷하다는 추론은 할 수 없다.

PART 2 추리

합격자의 실전 풀이 순서

1. 발문 읽기 및 문제 유형 파악

본 문제는 주어진 글을 바탕으로 〈보기〉를 이해했는지 묻는 문제이다. 하지만, 〈보기〉로 구분된 것만 다를 뿐 추론할 수 있는 것, 알 수 있는 것, 항상 참 또는 거짓을 찾는 문제 등과 글의 구성과 풀이 방식은 거의 동일하다. 따라서 해당 유형은 제시문 내용과 부합하거나 그로부터 추론 가능한 선지가 정답이 되며, 제시문 내용과 상충하거나 그로부터 추론할 수 없는 선지가 오답이 된다. 또한, 추론할 수 있는 것은 제시문 내용과 같은 방향의 선지를 고르는 문제이니 발문에 ○ 표시를 해두고 풀면 추론할 수 없는 것을 고르는 실수를 크게 줄일 수 있다.
본 문제와 같은 정보 확인 유형을 푸는 방법으로는 두 가지가 있다.

(1) 제시문 먼저 읽기
첫 번째로는 처음부터 제시문을 읽어 선지 확인을 위해 제시문을 다시 읽는 시간을 단축하는 방법이다. 이 방법의 경우 제시문을 읽는 과정에서 선지에 나올 만한 내용을 주의 깊게 읽고, 복잡한 제시문의 내용을 어느 정도 이해한 후 선지를 읽어야 한다. 이 방법을 사용하면서 시간을 단축하고 싶다면, 문단별로 나누어 한 문단을 꼼꼼히 읽고 그 문단에 상응하는 선지부터 판단하는 방법을 응용할 수 있다. 다만, 첫 번째 방법의 경우 제시문의 내용을 잊어버리면 다시 제시문을 읽게 되어 시간이 낭비되기 때문에 매우 긴 제시문이 있는 문제에는 적합하지 않다. 또한, 문단별로 선지를 확인하는 방식은 문단 간의 정보를 결합해야 하는 선지에는 취약하다는 한계가 있다.
제시문을 읽을 때는 문단별 중심 내용에 밑줄을 긋고, 끊어 읽기 등을 활용해 가며 제시문의 구조를 파악하는 것이 필요하다. 연습할 때 본인이 중심 내용이라고 그은 문장이 선지에 활용이 되는지 확인해 보고, 그렇지 않다면 왜 선지에 활용이 되지 않았는지, 주의 깊게 봐야 할 내용이 어떤 것이었는지를 스스로 깨닫는 과정이 많은 도움이 된다.

(2) 선지 먼저 읽기
두 번째로는 선지를 읽고 선지에서 필요한 내용을 제시문에서 찾아가는 방법이 있다. 제시문 내에서 선지와 일치하는 내용을 찾는 단순 일치 부합 문제나 제시문이 매우 긴 경우 또는 제시문의 구조가 깔끔할 때 효과적이다. 그러나 두 번째 방법은 능숙하지 않은 사람이 시험장에서 시도한다면 성공률이 낮다는 한계가 있다. 또한, 제시문에 없는 내용으로 오선지가 구성된 경우, 결국 제시문을 다 읽게 되고, 읽고도 찝찝함이 남아 있을 수 있는 단점이 존재한다.
두 번째 방법을 택한다면 다양한 제시문을 첫 번째 방법처럼 꼼꼼히 분석하여 익숙해지는 과정이 필요하다. 다양한 제시문을 접하고 글의 구조를 이해하게 되면 선지만 보고도 관련 내용의 위치를 빠르게 파악할 수 있어 두 번째 방식을 효과적으로 활용할 수 있다.

적합한 방법은 개인마다 다를 수 있다. 두 방법을 모두 시도해 보고, 자신에게 맞는 방법을 찾으면 된다. 예를 들어 기본적으로는 첫 번째 방법을 활용하되, 병렬형과 같이 제시문의 구조를 언뜻 봐서도 한눈에 파악할 수 있는 특수한 경우에 두 번째 방법을 활용하는 방법이 있다.

2. 실전 제시문 독해

(1) 제시문을 먼저 읽는 풀이의 경우

본 문제는 〈보기〉 이해 문제이지만, 앞서 설명했듯 알 수 있는 것을 묻는 문제와 다름이 없다. 따라서 선지 중 4개가 알 수 없는 내용을 포함하는 것으로 볼 수 있다. 알 수 없는 것은 제시문과 무관한 것도 포함하므로 선지를 먼저 읽는 것이 비효율적일 수 있다. 대부분이 제시문과 다르거나 무관한 내용의 선지이므로, 선지를 먼저 읽는다고 해서 제시문을 이해하는 데 도움이 되지 않기 때문이다. 또한, 구조가 복잡하지 않고, 내용도 그리 어렵지 않으므로 '제시문 먼저 읽기' 방식으로 푸는 것이 좋다.

먼저, 1문단에서는 '그러나'로 시작하는 문장에서 본 제시문의 주제문이 제시되어 있다. 이처럼 글의 전환을 의미하는 접속어 '그러나' 뒤에 중요한 문장이 나온다는 사실에 유의하며 제시문을 읽을 필요가 있다. 또한, 여기에서 비문학에서 자주 나오는 구조인 '주장-글쓴이의 반박'의 구조를 확인할 수 있다.

다음으로 2문단과 〈보기〉는 '시간의 흐름에 따른 변화'의 구조로 되어있다. 특히 2문단에서는 '일반 재배 작물'에 비교해 '유전자 재배 작물'이 어떤 특성을 가졌는지 주목해야 한다. 2문단의 '그런데'로 시작하는 문장을 전후로 '일반 재배 작물'과 '유전자 재배 작물'의 비교 기준이 살충제에서 제초제로 변화하므로 해당 문장의 앞에 빗금을 그어 내용을 구분할 필요가 있다. 〈보기〉는 제초제를 반복하여 사용한 결과로 등장한 슈퍼잡초에 관한 내용인데, 그 내용이 어렵지 않아 이해하기 쉽다.

다른 선지를 판단하는 과정에서도 쉽게 진행할 수 있다. ①번과 ②번 선지는 각각 '모든 종류의', '도입한 해부터'라는 일부분의 내용이 틀려 오선지에 해당한다. ③번과 ⑤번 선지는 제시문에서 알 수 없는 선지에 해당하였다. ④번 선지는 〈보기〉의 마지막 문장으로부터 추론할 수 있으므로 옳은 선지이다.

(2) 선지를 먼저 읽는 경우

선지의 키워드를 확인하며 읽는다.

① 유전자 변형 작물, 모든 종류, 농약 사용 증가
② 유전자 변형 작물, 도입한 해, 슈퍼잡초
③ 유전자 변형 작물, 도입한 후, 일반 작물, 살충제 사용 증가
④ 유전자 변형 작물, 슈퍼잡초, 작물 생산 비용 증가
⑤ 유전자 변형 작물, 일반 작물, 슈퍼잡초 발생 정도 비슷

유전자 변형 작물과 그에 따른 농약 및 살충제 사용량, 슈퍼잡초 발생 정도, 그리고 일반 작물 재배의 경우와 비교하여 어떠한지를 파악하며 읽어야 할 것이다. 이후 제시문 독해 및 접근 방식은 다음과 같다.

- [1문단] 유전자 변형 작물에 대한 통념을 제시하고, 그에 반하는 내용으로 글이 전개될 것임을 보여준다.
- [2문단] 유전자 변형 작물에 대한 '살충제' 소비는 감소했지만, '제초제' 소비는 재배 초기에만 감소하고 전체적으로는 증가했다고 설명한다. '그런데' 앞의 문장을 봤을 때 농약의 일종인 '살충제' 사용은 증가했다고 볼 수 없으므로 ①은 옳지 않다. 마지막 문장을 보면 제초제와 살충제를 통칭하여 '농약'이라고 함을 알 수 있다. 농약 사용량은 일반 작물보다 유전자 변형 작물이 더 많다. 일반 작물의 경우 살충제 사용이 증가했는지는 알 수 없으므로 ③은 옳지 않을 것이다. 다만 이하 관련 내용이 제시될 수 있으므로 바로 소거하지는 않는다. 참고로 선지에서 구체적인 수치를 묻고 있지는 않으므로 몇 톤이 증감했는지까지 읽을 필요는 없다. 〈보기〉 제초제에 내성을 가진 '슈퍼잡초'에 대해 설명한다. 슈퍼잡초를 제거하기 위해 제초제를 더 사용해야 하므로 결국 농부들이 더 많은 '비용'을 지불하게 되었다고 설명한다. 따라서 정답은 ④이다.

실전에서는 정답을 도출하고 넘어가면 된다. 오답의 근거를 찾아보자면, 일반 작물의 살충제 사용 관련 내용은 등장하지 않으므로 ③은 옳지 않다. 슈퍼잡초를 설명하는 〈보기〉에서는 일반 작물에 관한 내용은 등장하지 않았으므로 ⑤는 무관하며, 〈보기〉에서 시기를 짐작할 수 있는 문장은 첫 번째와 두 번째 문장 정도지만 ②를 옳다고 판단할 근거는 없다.

QUICK TIP

TIP ❶ 제시문에 자주 나오는 구조를 파악하자.

비문학에서 자주 나오는 구조에 주목하자. 예를 들어 특정 이슈에 대한 글쓴이의 반박, 특정 소재에 대한 특징이나 설명, 여러 소재에 대한 비교 등이 있다.

해당 제시문의 경우 '주장-글쓴이의 반박'과 '시간의 흐름에 따른 변화'의 구조로 되어있다. '주장-반박'의 구조에서는 주장과 반박을 뒤바꿔 자주 오답을 구성하고 '시간의 흐름에 따른 변화'에서는 시간이 지나며 생기는 차이점과 변화를 자주 묻는다. 선지로 나올 만한 부분은 미리 파악하여 선지 판단 시간을 줄일 수 있다.

TIP ❷ 대비되는 대상의 공통점과 차이점을 파악하자.

서로 다른 두 대상 간 공통점과 차이점을 미리 잘 파악하며 읽자. 해당 지문에서는 '일반 재배 작물'과 '유전자 재배 작물'과 같은 서로 다른 두 대상이 등장한다. 공통점과 차이점을 미리 파악하여 선지 판단 시간을 줄이자. 또한, 농약의 일종으로 '살충제'와 '제초제'가 제시되고, 증가 방향도 각기 달리 제시되므로, 주목해서 읽을 필요가 있다. 특히 본 유형의 경우 〈보기〉에 사례나 비교 대상이 들어가는 경우가 많으므로 이를 주의하는 것이 좋다.

TIP ❸ 근거 없는 선지에 대한 대비

제시문으로부터 추론하는 문제의 오답 선지는 글과 상충하는 내용뿐만 아니라 '근거 없음' 또한 존재한다. 따라서 해당 글을 가지고는 알 수 없는 선지가 존재한다면 '알 수 없는 내용'으로 오답 처리하고 다른 선지를 검토하는 것이 좋다. 제시문에서 근거를 찾으려고 시간을 낭비하거나, 과잉추론을 하지 않도록 유의한다.

TIP ❹ '모든'과 같은 극단적인 표현에 주의하자.

이 문제의 선지 ①번의 '모든'과 같은 표현은 큰 힌트가 된다. 주로 나오는 표현으로는 '모든', '항상', '일관된' 등이 있다. 하나라도 예외가 있으면 옳지 않은 선지가 되므로 소거가 쉽다. 다만 정답인 경우도 있으므로 이러한 표현이 나오는 경우 주의 깊게 살펴보도록 하자.

TIP ❺ 〈보기〉의 중요성을 명심하자.

〈보기〉의 내용은 앞서 말한 것처럼 제시문의 또 다른 문단에 불과하다. 그러나 발문을 보면 '다음 글을 바탕으로 아래 〈보기〉를 이해한 것으로 적절한 것을 고르시오.'로 결국은 〈보기〉를 이해하는 것이 문제의 핵심임을 알 수 있다. 따라서 정답 선지에는 〈보기〉 내용이 들어갈 확률이 높다. 특히, 〈보기〉에서 처음 등장하고 있는 핵심 개념인 슈퍼잡초가 언급되는 선지 ②, ④, ⑤번 중 하나가 정답 선지일 가능성이 크다. 이 선지들을 먼저 확인해도 좋다.

TIP ❻ 기호를 사용하자.

지문에는 '살충제와 제초제'라는 유사한 단어가 등장하고 있다. 이에 살충제와 제초제에 관한 내용을 동그라미와 세모 같은 기호로 구분함으로써 실수를 방지할 수 있다. 두 개의 대상이 주 소재가 되는 경우, 두 소재의 특징 등을 교차하여 오답을 만들기가 쉽다. 문제에서도 오답 선지에서도 살충제에 관한 내용과 제초제에 관한 내용을 혼합하고 있음을 알 수 있다. 하지만 너무 지나친 표기는 글의 가독성을 떨어뜨리므로 적당히 기호를 사용하는 것이 좋다.

최신기출 동형문제

정답 및 해설 117p

01 다음 글의 내용과 부합하지 않는 것은?

우리나라 헌법상 정부는 대통령과 행정부로 구성된다. 행정부에는 국무총리, 행정각부, 감사원 등이 있으며, 이들은 모두 대통령 소속하에 있다. 이외에도 행정부에는 국무회의와 각종 대통령 자문기관들이 있다.

우리나라 국무회의는 정부의 중요 정책에 대한 최고 심의기관으로, 그 설치를 헌법에서 규정하고 있다. 미국 대통령제의 각료회의는 헌법에 규정이 없는 편의상의 기구라는 점에서, 영국 의원내각제의 내각은 의결기관이라는 점에서 우리나라의 국무회의는 이들과 법적 성격이 다르다.

대통령이 국무회의 심의 결과에 구속되지 않는다는 점에서 국무회의는 자문기관과 큰 차이가 없다. 그러나 일반 대통령 자문기관들은 대통령이 임의적으로 요청하는 사항에 응하여 자문을 개진하는 것과 달리 국무회의는 심의 사항이 헌법에 명시되어 있으며 해당 심의는 필수적이라는 점에서 단순한 자문기관도 아니다.

행정각부의 장은 대통령, 국무총리와 함께 국무회의를 구성하는 국무위원임과 동시에 대통령이 결정한 정책을 집행하는 행정관청이다. 그러나 행정각부의 장이 국무위원으로서 갖는 지위와 행정관청으로서 갖는 지위는 구별된다. 국무위원으로서 행정각부의 장은 대통령, 국무총리와 법적으로 동등한 지위를 갖지만, 행정관청으로서 행정각부의 장은 대통령은 물론 상급행정관청인 국무총리의 지휘와 감독에 따라야 한다.

① 감사원은 대통령 소속하에 있는 기관이다.
② 국무회의는 의결기관도 단순 자문기관도 아닌 심의기관이다.
③ 국무회의 심의 결과는 대통령을 구속한다는 점에서 국가의사를 표시한다.
④ 우리나라 헌법은 국무회의에서 반드시 심의하여야 할 사항을 규정하고 있다.
⑤ 국무총리와 행정각부의 장은 국무회의 심의 석상에서는 국무위원으로서 법적으로 동등한 지위를 갖는다.

02 다음 글의 내용과 부합하는 것은?

최근 반도체 제조 공정에서 고해상도 회로 패턴을 형성하기 위해 식각 공정(Etching Process)의 정밀도가 중요해지고 있다. 식각 공정은 웨이퍼 표면의 특정 부분을 선택적으로 제거하여 원하는 패턴을 형성하는 과정이다. 이때 웨이퍼 표면의 패턴 밀도가 높을수록 식각 공정의 정밀도가 더욱 요구되며, 불균일한 식각은 회로 성능 저하와 연결될 수 있다. 식각 공정에서 사용되는 식각제의 농도와 식각 시간이 중요한 역할을 하며, 식각제 농도가 높을수록 더 깊은 식각이 가능하지만, 과도하게 높은 농도는 패턴의 경계를 불규칙하게 만들 가능성이 있다. 또한, 적절한 식각 속도를 유지하지 않으면 회로의 일부가 과도하게 손상될 위험이 있다. 식각 공정 중에는 식각 깊이와 측면 손상이 최소화되도록 보호막(Layer Masking)을 적용하여 패턴의 형태가 유지되도록 해야 한다. 보호막의 밀도가 높을수록 패턴 경계가 더 선명하게 유지될 수 있지만, 밀도가 높아지면 보호막 제거 시 시간이 더 많이 소요된다. 특히, 높은 정밀도를 요하는 공정일수록 보호막의 균일한 두께가 중요하다. 또한, 식각 공정에서 발생하는 침식 현상은 공정 조건에 따라 달라지며, 불필요한 침식을 방지하기 위해 적절한 선택비를 갖춘 식각제를 사용하는 것이 중요하다.

① 식각제 농도가 낮을수록 식각 깊이가 깊어진다.
② 웨이퍼 표면의 패턴 밀도가 낮을수록 식각 공정의 정밀도가 더욱 요구된다
③ 식각 속도가 높을수록 식각 깊이가 줄어든다.
④ 보호막 밀도가 낮을수록 패턴 경계가 선명해진다.
⑤ 보호막 밀도가 높아지면 보호막 제거에 시간이 더 소요될 수 있다.

03 다음 글의 주장에 대한 반박으로 가장 적절한 것은?

인공지능(AI)은 의료 분야에서 인간의 삶의 질을 크게 향상시킬 수 있는 혁신적인 기술로 주목받고 있다. AI는 방대한 의료 데이터를 분석하여 의사들이 놓칠 수 있는 세부적인 패턴을 발견하고, 이를 바탕으로 정확한 진단과 예측을 제공할 수 있다. 예를 들어, AI는 환자의 의료 기록, 유전자 정보, 생활 습관 데이터를 종합적으로 분석하여 질병을 조기에 발견하고, 환자에게 최적화된 맞춤형 치료 계획을 세우는 데 도움을 준다. 특히 암과 같은 질병의 경우, AI는 영상 데이터를 분석해 초기 종양을 빠르게 찾아내어 생존율을 높이는 데 기여하고 있다. 또한, AI 기반의 예측 모델은 질병이 어떻게 진행될지 예측함으로써 예방적 치료가 가능하게 하여 의료비 절감에도 효과적이다. 이러한 AI 기술의 발전은 의료 현장에서의 효율성을 크게 높여주고 있으며, 의료진이 반복적이고 시간이 많이 소요되는 작업에서 벗어나 보다 고차원적인 진료와 연구에 집중할 수 있게 한다. AI의 보조를 통해 더 많은 환자에게 양질의 의료 서비스를 제공할 수 있게 되어 의료 접근성도 향상되고 있다. 결과적으로, AI는 의료 시스템 전반에 걸쳐 혁신을 가져오고 있으며, 이러한 발전은 앞으로도 확대되어야 한다.

① AI 기술을 의료 현장에 적용하기 위해서는 상당한 비용이 소요되며, 모든 병원에서 도입하기 어렵다.
② AI 기술 데이터의 편향으로 인해 모든 환자에게 동일한 효과를 보장할 수는 없다.
③ AI의 진단은 정확하지만, 예외적인 케이스에서는 의사의 판단이 여전히 필수적이다.
④ 일부 환자들은 AI의 기계적 진단에 불안감을 느낄 수 있다.
⑤ 의료 분야에서 AI 기술의 무분별한 확산은 개인의 생체 정보 침해와 같은 윤리적 문제를 일으킬 수 있다는 점을 간과하고 있다.

04 다음 글을 토대로 〈편지〉에 포함된 주장들을 논박하는 진술로 적절한 것은?

윤리학에서 말하는 '의무 이상의 행동'이란 도덕이 요구하는 범위를 넘어 특별히 선한 행위를 하는 것을 말한다. 예를 들어 누군가를 구하기 위해 자신의 목숨을 걸고 폭풍우 치는 바다에 뛰어드는 것은 도덕이 요구하는 것 이상의 행동이다. 의무 이상의 행동은, 행하면 당연히 칭찬을 받지만 하지 않아도 도덕적으로 비난을 받지는 않는다. 그에 비해 의무적으로 해야 하는 일은 도덕이 요구하는 범위 내에 있는 행동으로서, 이를 행하는 경우에는 칭찬을 받을 수도 있고 그렇지 않을 수도 있지만, 만약 하지 않는다면 도덕적으로 비난을 받는다. 가령 연못에 빠진 아이를 어렵지 않게 구할 수 있을 때는 누구라도 마땅히 구해야 하며 만약 그 아이를 보고도 구하지 않는다면 도덕적으로 비난받을 일이 된다. 의무적으로 해야 하는 일과 의무 이상의 행동 사이에 차이가 있다는 것은 분명하다.

편지

김희생 일병의 유가족께

우리 군 당국은 십여 명의 동료들을 구하기 위해 수류탄을 덮쳐 자신의 목숨을 잃은 김희생 일병에게 훈장을 추서하지 않기로 결정했습니다. 과거에는 그런 행위에 훈장을 내리기도 했으나, 본 위원회는 그런 행위를 군인의 임무에 대한 예외적 헌신을 요구하는 행위로 간주하는 것이 잘못된 판단이라는 결론을 내렸습니다. 모든 군인은 언제나 부대 전체의 이익을 위해 행동할 의무가 있습니다. 따라서 군 당국이 김희생 일병에게 훈장을 수여하는 것은 김희생 일병의 행동을 의무를 넘어선 행동으로 판정하는 것에 해당하며, 결과적으로는 병사들에게 경우에 따라선 부대 전체의 이익을 위해 행동하지 않아도 된다고 암시하는 것과 같게 됩니다. 이것은 명백히 잘못된 암시입니다.

군 포상심의위원회 위원장 김원칙 대령

① 의무적으로 해야 하는 행동에 대한 칭찬은 반드시 필요하다.

② 희생 병사와 그 가족에게 보상을 해 주는 것은 의무 이상의 행동이다.

③ 군의 일관적인 작전 수행을 위해서 병사는 의무의 도덕적 범위에 대한 관행에서 벗어나선 안 된다.

④ 부대 전체의 이익을 위해 자신의 모든 것을 헌신하지 않는 병사는 누구라도 도덕적으로 비난받아야 한다.

⑤ 김 일병의 행동과 동일한 행동을 할 수 있었지만 하지 않았던 동료들 중 그 누구도 도덕적으로 비난받지 않았다.

독끝

출제예상문제

유형 ① 언어추리

정답 및 해설 128p

01 다음 결론이 반드시 참이 되게 하는 전제를 고르시오.

[전제1] 영화를 보지 않는 모든 사람은 팝콘을 먹지 않는다.
[전제2] (   )
[결 론] 팝콘을 먹는 모든 사람은 음료수를 마신다.

① 음료수를 마시지 않는 어떤 사람은 영화를 본다.
② 음료수를 마시는 모든 사람은 영화를 보지 않는다.
③ 영화를 보는 어떤 사람은 음료수를 마신다.
④ 음료수를 마시는 모든 사람은 영화를 본다.
⑤ 영화를 보는 모든 사람은 음료수를 마신다.

02 다음 결론이 반드시 참이 되게 하는 전제를 고르시오.

[전제1] (   )
[전제2] 어떤 독서동호회 학생은 문과이다.
[결 론] 문과인 어떤 독서동호회 학생은 독서를 좋아한다.

① 모든 독서동호회 학생은 독서를 좋아한다.
② 어떤 독서동호회 학생은 독서를 좋아한다.
③ 모든 독서동호회 학생은 문과이다.
④ 모든 독서를 좋아하는 학생은 독서동호회 학생이다.
⑤ 모든 독서동호회 학생은 국어국문학과에 지원 예정이다.

03 다음 결론이 반드시 참이 되게 하는 전제를 고르시오.

[전제1] 악기를 연주하는 모든 사람은 음악을 즐긴다.
[전제2] (   )
[결 론] 노래를 배우지 않는 모든 사람은 음악을 즐긴다.

① 노래를 배우지 않는 어떤 사람은 악기를 연주한다.
② 악기를 연주하는 모든 사람은 노래를 배운다.
③ 악기를 연주하는 어떤 사람은 노래를 배운다.
④ 노래를 배우지 않는 모든 사람은 악기를 연주한다.
⑤ 노래를 배우는 어떤 사람은 악기를 연주한다.

04 다음 전제를 읽고 반드시 참인 결론을 고르시오.

[전제1] 운동을 잘하는 모든 사람은 체력이 좋다.
[전제2] 유연성이 좋은 모든 사람은 운동을 잘한다.
[결 론] (   )

① 체력이 좋은 모든 사람은 유연성이 좋다.
② 유연성이 좋은 모든 사람은 체력이 좋지 않다.
③ 체력이 좋지 않은 어떤 사람은 유연성이 좋다.
④ 유연성이 좋지 않은 모든 사람은 체력이 좋다.
⑤ 체력이 좋지 않은 모든 사람은 유연성이 좋지 않다.

05 다음 전제를 읽고 반드시 참인 결론을 고르시오.

[전제1] 요리를 배우는 모든 사람은 재료 손질을 배운다.
[전제2] 재료 손질을 배우는 모든 사람은 양념 조합을 배운다.
[결 론] (   )

① 양념 조합을 배우지 않는 모든 사람은 요리를 배우지 않는다.
② 재료 손질을 배우는 모든 사람은 양념 조합을 배운다.
③ 재료 손질을 배우지 않는 어떤 사람은 양념 조합을 배운다.
④ 양념 조합을 배우는 모든 사람은 재료 손질을 배운다.
⑤ 양념 조합을 배우는 어떤 사람은 재료 손질을 배우지 않는다.

06 다음 전제를 읽고 반드시 참인 결론을 고르시오.

[전제1] 프로젝트 관리를 하는 모든 사람은 팀 협업을 한다.
[전제2] 팀 협업을 하는 모든 사람은 보고서를 작성한다.
[결 론] ( )

① 프로젝트 관리를 하는 모든 사람은 보고서를 작성한다.
② 프로젝트 관리를 하는 어떤 사람은 보고서를 작성하지 않는다.
③ 프로젝트 관리를 하지 않는 어떤 사람은 보고서를 작성한다.
④ 보고서를 작성하는 모든 사람은 프로젝트 관리를 한다.
⑤ 보고서를 작성하지 않는 어떤 사람은 프로젝트 관리를 한다.

07 다음 전제를 읽고 반드시 참인 결론을 고르시오.

[전제1] 책을 좋아하는 모든 사람은 도서관에 간다.
[전제2] 온라인 강의를 듣는 모든 사람은 도서관에 가지 않는다.
[결 론] ( )

① 책을 좋아하는 어떤 사람은 온라인 강의를 듣지 않는다.
② 책을 좋아하지 않는 어떤 사람은 온라인 강의를 듣는다.
③ 온라인 강의를 듣는 모든 사람은 책을 좋아한다.
④ 책을 좋아하는 모든 사람은 온라인 강의를 듣지 않는다.
⑤ 책을 좋아하지 않는 모든 사람은 온라인 강의를 듣지 않는다.

08 다음 전제를 읽고 반드시 참인 결론을 고르시오.

[전제1] 그림 그리기를 좋아하는 어떤 사람은 창의적이다.
[전제2] 음악을 잘하지 못하는 모든 사람은 창의적이지 않다.
[결 론] ( )

① 음악을 잘하는 모든 사람은 그림 그리기를 좋아한다.
② 창의적인 모든 사람은 그림 그리기를 좋아한다.
③ 그림 그리기를 좋아하는 모든 사람은 음악을 잘하지 못한다.
④ 그림 그리기를 좋아하는 어떤 사람은 음악을 잘한다.
⑤ 음악을 잘하지 못하는 모든 사람은 그림 그리기를 좋아하지 않는다.

09 다음 〈규칙〉에 근거할 때, 〈보기〉에서 옳은 것을 모두 고르면?

규칙

- 9장의 카드에는 1부터 9까지의 숫자 중 각각 다른 하나의 숫자가 적혀 있다.
- 9장의 카드 중 4장을 동시에 사용하여 네 자리 수를 만든다.
- 천의 자리에 있는 숫자와 백의 자리에 있는 숫자를 곱한 값이 십의 자리 숫자와 일의 자리 숫자가 된다. 예를 들어 '7856'은 가능하지만 '7865'는 불가능하다.

보기

ㄱ. 만들 수 있는 가장 큰 수에서 가장 작은 수를 뺀 값은 7158이다.
ㄴ. 천의 자리가 5이거나 일의 자리가 5인 네 자리 수는 만들 수 없다.
ㄷ. 천의 자리에 9를 넣을 때 만들 수 있는 네 자리 수의 개수는 천의 자리에 다른 어떤 수를 넣을 때 보다 많다.
ㄹ. 숫자 1이 적힌 카드가 한 장 추가되어도 만들 수 있는 네 자리 수의 총 개수에는 변화가 없다.
ㅁ. 숫자 9가 적힌 카드가 한 장 추가되어도 만들 수 있는 네 자리 수의 총 개수에는 변화가 없다.

① ㄱ, ㄴ, ㄷ　② ㄱ, ㄴ, ㄹ　③ ㄱ, ㄷ, ㅁ
④ ㄱ, ㄹ, ㅁ　⑤ ㄴ, ㄷ, ㅁ

10 ○○기업은 이번에 새로 지은 5층짜리 신사옥 건물로 이사하려고 한다. ○○기업에는 경영지원, 연구개발, 영업마케팅, 기술/설비, 소프트웨어, 디자인 6개의 부서가 있으며, 이들 부서의 위치를 〈조건〉에 따라 배치하려고 한다. 이때, 발생할 수 없는 경우는?

조건

㉠ 각 층에는 최대 2개 부서를 배치할 수 있다.
㉡ 경영지원 부서는 연구개발 부서나 소프트웨어 부서와 같은 층에 배치할 수 없다.
㉢ 연구개발 부서는 반드시 1층 또는 2층에 배치해야 한다.
㉣ 기술/설비 부서는 다른 부서와 같은 층에 배치할 수 없다.
㉤ 기술/설비 부서가 위치한 층의 바로 위층에는 어떠한 부서도 위치하지 않는다.
㉥ 영업마케팅 부서는 다른 부서와 함께 배치해야 하며, 연구개발 부서가 위치한 층의 바로 위층에 배치해야 한다.

① 연구개발 부서와 소프트웨어 부서는 다른 부서와 같은 층에 배치된다.
② 기술/설비 부서와 디자인 부서는 다른 부서와 같은 층에 배치되지 않는다.
③ 경영지원 부서와 디자인 부서는 다른 부서와 같은 층에 배치된다.
④ 기술/설비 부서와 소프트웨어 부서는 다른 부서와 같은 층에 배치되지 않는다.
⑤ 경영지원 부서와 연구개발 부서는 다른 부서와 같은 층에 배치되지 않는다.

11 ○○기업의 축구 동호회의 회원은 총 42명이며, 모든 회원은 공격을 좋아하는 팀, 또는 수비를 좋아하는 팀 중 하나에 속해 있다. 각 팀은 능력과 경력에 따라 프로경기부, 아마추어부로 나뉜다. 〈조건〉을 모두 고려하였을 때, 수비를 좋아하는 팀의 프로경기부 회원 수로 가능한 것은?

조건

- 모든 부에는 1명 이상의 회원이 있다.
- 공격을 좋아하는 팀은 프로경기부와 아마추어부의 회원 수가 같고, 수비를 좋아하는 팀은 아마추어부가 프로경기부보다 회원 수가 더 많다.
- 수비를 좋아하는 팀의 프로경기부 회원 수는 공격을 좋아하는 팀의 프로경기부 회원 수의 절반 이하이다.
- 수비를 좋아하는 팀의 아마추어부 회원 수는 공격을 좋아하는 팀의 아마추어부 회원 수와 같다.

① 6명　② 7명　③ 8명
④ 9명　⑤ 10명

12 A~E 5명의 학생 중 수학시험 점수가 가장 낮은 학생과 두 번째로 낮은 학생은 내일 재시험을 보기로 했다. 이들의 진술 중 점수가 가장 높은 학생의 진술만이 참이고 나머지 학생들의 진술은 모두 거짓이라고 할 때, 내일 재시험을 볼 두 학생은 누구인가? (단, 이 시험에서 동점자는 없다.)

- A: 나는 C보다 점수가 낮다.
- B: A의 점수가 가장 낮다.
- C: B는 나보다 점수가 낮다.
- D: A는 점수가 가장 높다.
- E: D는 C보다 점수가 낮다.

① A, B　② B, C　③ C, D
④ D, E　⑤ E, A

13 다음으로부터 추론한 것으로 항상 옳은 것은?

갑, 을, 병, 정은 각자 하나 이상의 운동 동호회에 속해 있으며, 이에 대해서 다음의 사실이 알려져 있다.

- 갑은 축구, 병은 농구, 정은 탁구 동호회에 각각 속해 있다.
- 을은 야구 동호회에 속해 있지 않다.
- 갑이 속해 있는 동호회에는 을도 속해 있다.
- 갑과 병은 같은 동호회에 속해 있지 않다.
- 갑, 을, 병, 정 각각은 두 가지 이상의 운동 동호회에 속해 있다.
- 갑, 을, 병, 정은 축구, 농구, 야구, 탁구 동호회 외의 운동 동호회에 속해 있지 않다.

① 을은 축구 동호회에 속해 있지 않다.
② 을과 병이 공통으로 속해 있는 동호회가 있다.
③ 병은 속해 있지 않지만, 정이 속해 있는 동호회가 있다.
④ 3명이 공통으로 속해 있는 동호회는 없다.
⑤ 3개의 운동 동호회에 속해 있는 사람은 없다.

14 하나, 두리, 세라, 네로의 네 사람은 각각 자동차, 오토바이, 자전거, 전동킥보드의 이동수단 4종 중 2개씩 보유하고 있다. 다음 〈조건〉을 바탕으로 항상 옳지 않은 것을 고르면?

조건

- 하나와 두리가 동시에 보유한 이동수단은 없다.
- 전동킥보드는 1명이 보유하고 있다.
- 세라가 보유한 이동수단 중 한 가지를 하나가 보유하고 있다.
- 네로가 보유한 이동수단은 모두 하나가 보유하고 있다.
- 두리는 자전거를 보유하고 있지 않다.

① 세라는 전동킥보드를 보유하고 있다.
② 세라는 자동차를 보유하고 있다.
③ 두리는 오토바이를 보유하고 있다.
④ 하나는 자전거를 보유하고 있다.
⑤ 네로가 보유하고 있는 이동수단을 세라가 보유하고 있다.

15 다음 〈표〉의 승합차 자리와 〈조건〉을 고려할 때, 인원 중 빈자리 바로 옆자리에 앉을 수 있는 사람은?

〈표〉 승합차 자리

첫째 줄			
둘째 줄			
셋째 줄			

조건

- 승객은 가은, 나연, 다희, 리정, 미연, 보라, 서연 총 일곱 명이다.
- 서로 같은 줄에 있는 자리끼리만 바로 옆자리일 수 있다.
- 보라의 자리는 셋째 줄에 있다.
- 다희의 자리는 리정의 바로 옆자리이며 또한 빈자리 바로 옆이기도 하다.
- 리정의 자리는 가은의 자리 바로 뒷자리다.
- 미연이나 서연은 누구도 가은의 바로 옆자리에 앉지 않았다.
- 미연과 서연은 같은 줄의 자리에 앉아 있다.

① 나연 ② 리정 ③ 미연
④ 보라 ⑤ 서연

16 다음의 상담 순서에 따라 A, B, C, D, E, F가 대학 입시 상담을 하게 된다. 이때, 두 번째 순서에 상담할 수 있는 학생을 모두 고르면?

한 번에 오직 한 명의 학생만 상담을 할 수 있고, 이들은 각각 한 번만 상담하게 된다. 상담 순서는 다음의 규칙을 따라 정해진다.
- A는 B 다음의 어느 순서에 상담한다.
- D는 C 다음의 어느 순서에 상담한다.
- E는 C보다 먼저 상담하며 E와 C 사이에는 두 명의 학생이 상담한다.
- B는 첫 번째 또는 세 번째 순서에 상담한다.

① E ② F ③ A, F
④ E, F ⑤ A, E, F

17 어떤 기획부서에서 다음 주부터 매주 1회씩 총 5주 동안 2명씩 짝지어 다음 〈조건〉과 같이 시장조사를 나가기로 하였을 때, 옳은 것을 고르면? (단, 각 직원들은 시장조사를 반드시 한 번씩만 나간다.)

조건

- 이 기획부서에는 인턴(A, B, C), 사원(D, E, F), 대리(G, H), 차장(I), 부장(J)이 있다.
- 인턴은 반드시 대리 이상 직급의 직원과 함께 시장조사를 나가야 한다.
- 차장은 B와 함께 첫 번째 주에 시장조사를 나갔다.
- J는 마지막 주에 시장조사를 나가지 않는다.
- 두 번째 주에는 인턴이 시장조사를 나가지 않고, G가 시장조사를 나간다.
- 세 번째 주에는 F가 시장조사를 나간다.
- A는 H와 함께 시장조사를 나간다.
- D는 G와 함께 시장조사를 나가지 않는다.

① 마지막 주에 대리와 사원이 함께 시장조사를 나간다.
② 사원은 모두 다른 주에 시장조사를 나간다.
③ 네 번째 주에 C와 J가 함께 시장조사를 나간다.
④ E는 세 번째 주에 시장조사를 나간다.
⑤ H는 D와 함께 시장조사를 나간다.

18 함께 골프를 치고 있는 A~H는 이번 홀에서 골프채의 종류인 드라이버, 우드, 아이언 중 하나를 골라 치기로 했다. 골프를 치는 순서와 각자 택할 골프채를 다음 주어진 〈조건〉에 따라 정한다고 할 때, 옳지 않은 것은?

조건

- 드라이버와 우드는 세 명이 선택했고, 아이언은 두 명이 선택했다.
- 드라이버를 선택한 사람 바로 다음에 우드를 선택한 사람이 골프를 친다.
- 우드를 선택한 사람은 연속해서 칠 수 없다.
- 아이언을 선택한 사람은 연속해서 친다.
- B는 아이언을 선택했다.
- G와 H는 드라이버를 선택하지 않았고, G 바로 다음으로 H가 친다.
- E는 드라이버를 선택했고, A보다 늦게 골프를 친다.
- 여섯 번째로 골프를 치는 사람은 C이다.
- D는 B 바로 다음으로 골프를 친다.

① D는 다섯 번째로 친다.
② H는 아이언을 선택했다.
③ 가장 마지막으로 치는 사람은 E이다.
④ F는 우드를 선택했다.
⑤ A 바로 다음에 G가 친다.

19 A, B, C, D, E는 같은 반 학생들이다. 이들이 어떤 순서로 학교에 등교했는지 알아보기 위해 그들과 같은 반인 다른 친구들에게 물어보았다. 모든 진술이 참이라고 할 때, 네 번째로 등교한 학생은?

- 갑: B가 D보다 먼저 등교했다면, C가 E보다 먼저 등교했을 것이다.
- 을: A는 B와 E(또는 E와 B) 사이에 등교했다.
- 병: C는 A와 D(또는 D와 A) 사이에 등교했다.
- 정: D가 가장 마지막에 등교하지는 않았다.
- 무: A와 C는 연이어 등교하지 않았다.

① A ② B ③ C
④ D ⑤ E

20 어떤 채용박람회에서는 한 코너에 다음 그림과 같이 하나의 복도를 사이에 두고 8개의 부스를 배치하려고 한다. 8개의 부스 중 4개는 공공기관으로 한국전력공사, 도로교통공단, 한국교육과정평가원, 한국주택금융공사가 있다. 나머지 4개는 사기업으로 ○○은행, ○○건설, ○○식품, ○○자동차이다. 아래의 〈배치 계획〉에 따라 부스의 위치를 결정할 때 옳지 않은 것은?

배치 계획

(가) D부스는 ○○자동차로 내정되어 있다.
(나) 한국교육과정평가원 부스와 도로교통공단 부스는 복도를 기준으로 같은 쪽에 위치한다.
(다) ○○자동차 부스와 ○○식품 부스는 복도를 기준으로 같은 쪽에 위치한다.
(라) 도로교통공단 부스의 정면에는 ○○식품이 위치한다.
(마) 모든 공공기관 부스의 정면 및 양옆에는 공공기관 부스가 위치할 수 없다.

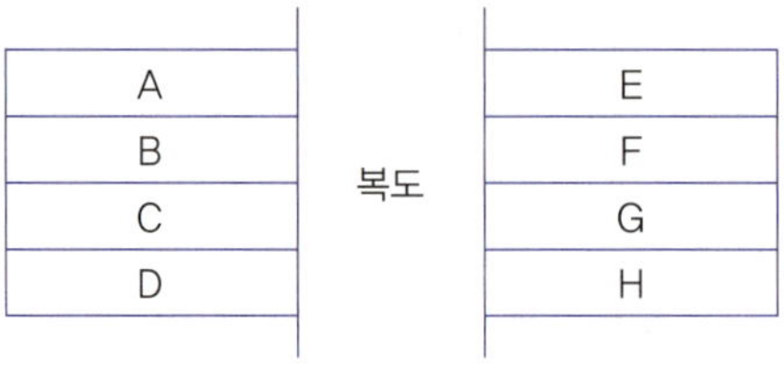

① ○○건설 부스와 한국교육과정평가원 부스는 복도를 기준으로 같은 쪽에 위치한다.
② ○○은행 부스와 한국주택금융공사 부스는 복도를 기준으로 같은 쪽에 위치한다.
③ ○○식품 부스 옆에는 한국주택금융공사 부스가 위치한다.
④ ○○은행 부스 옆에는 도로교통공단 부스가 위치한다.
⑤ 한국전력공사 부스 옆에는 ○○식품 부스가 위치한다.

21 A, B, C, D 4명은 각자 다른 색의 붓을 들고 각 1면씩 4면의 기둥에 서로 다른 색을 칠하려고 한다. 이들이 칠한 위치와 색이 다음의 〈조건〉과 같다고 할 때, 옳은 것은?

조건

㉠ 4명이 각각 칠한 색은 빨간색, 노란색, 초록색, 파란색 중 하나로 모두 다르다.
㉡ A, B는 여자이고 C, D는 남자이다.
㉢ A가 칠한 면의 바로 왼쪽 면을 칠한 사람은 노란색을 칠했다.
㉣ B가 칠한 면의 바로 왼쪽 면을 칠한 사람은 파란색을 칠하지 않았다.
㉤ C가 칠한 면의 반대쪽 면을 칠한 사람은 빨간색을 칠했다.
㉥ D가 칠한 면의 반대쪽 면을 칠한 사람은 초록색을 칠하지 않았다.
㉦ 초록색을 칠한 사람과 파란색을 칠한 사람 중 한 명은 여자이고 다른 한 명은 남자이다.

① A는 초록색을 칠했다.
② B는 파란색을 칠했다.
③ C는 노란색을 칠했다.
④ D의 바로 왼쪽 면을 칠한 사람은 B이다.
⑤ A의 바로 왼쪽 면을 칠한 사람은 C이다.

22 민수, 지훈, 예진 3명은 직사각형 모양의 6인용 탁자에 앉아있다. 다음 조건을 모두 고려하였을 때, 항상 거짓인 것을 고르시오.

• 지훈과 예진은 바로 옆으로 이웃한 자리에 앉아있다.
• 민수가 앉은 자리의 바로 옆자리는 비어 있다.
• 서로 정면으로 마주 보고 앉아있는 사람은 없다.

① 민수는 자리 A에 앉아있다.
② 지훈은 자리 C에 앉아있다.
③ 민수가 자리 C에 앉아있으면, 지훈은 자리 A에 앉아있지 않다.
④ 민수가 자리 D에 앉아있으면, 예진은 자리 B에 앉아있다.
⑤ 예진이 자리 D에 앉아있으면, 민수는 자리 B에 앉아있다.

23 다음 글을 근거로 판단할 때, 비밀번호의 둘째 자리 숫자와 넷째 자리 숫자의 합은?

A는 친구의 자전거를 빌려 타기로 했다. 친구의 자전거는 다이얼을 돌려 다섯 자리의 비밀번호를 맞춰야 열리는 자물쇠로 잠겨 있다. 각 다이얼은 0~9 중 하나가 표시된다. 자물쇠에 현재 표시된 숫자는 첫째 자리부터 순서대로 3 − 6 − 4 − 4 − 9이다. 친구는 비밀번호에 대해 다음과 같은 힌트를 주었다.

- 비밀번호는 모두 다른 숫자로 구성되어 있다.
- 자물쇠에 현재 표시된 모든 숫자는 비밀번호에 쓰이지 않는다.
- 현재 짝수가 표시된 자리에는 홀수가, 현재 홀수가 표시된 자리에는 짝수가 온다. 단, 0은 짝수로 간주한다.
- 비밀번호를 구성하는 숫자 중 가장 큰 숫자가 첫째 자리에 오고, 가장 작은 숫자가 다섯째 자리에 온다.
- 비밀번호 둘째 자리 숫자는 현재 둘째 자리에 표시된 숫자보다 크다.
- 서로 인접한 두 숫자의 차이는 5보다 작다.

① 7　② 8　③ 10
④ 12　⑤ 13

24 A~H 8명은 카페에 도착하여 각자 음료를 시키고 다음 〈조건〉에 따라 원형테이블에 둘러앉았다. 다음 중 〈조건〉에 따르면 옳지 않은 것은? (단, 〈조건〉의 방향은 테이블에 앉은 사람을 기준으로 한다.)

조건

- 음료가 나온 순서대로 시계방향으로 앉았다.
- G의 음료는 세 번째로 나왔다.
- C와 D는 이웃해서 앉았다.
- B의 오른쪽에는 D가 앉았다.
- A의 양옆에는 F, G가 앉았다.
- G의 왼쪽에는 H가 앉았다.
- G의 맞은편에는 C 또는 D가 앉았다.
- B의 음료는 E보다 늦게 나왔다.

① F의 맞은편에는 E가 앉았다.
② H와 E는 이웃하여 앉았다.
③ B의 음료가 가장 마지막에 나왔다.
④ C의 맞은편에는 F가 앉았다.
⑤ F의 음료가 가장 먼저 나왔다.

25 다음 글을 읽고 추론한 내용 중 항상 옳지 않은 것은?

같은 부대에서 근무하는 7명의 대원들(A~G)은 비상사태 시 서로 다음과 같은 방법으로만 연락한다.

- 바로 아래 직급의 대원으로부터 연락을 받으면 자신의 바로 위 직급의 대원 한 명에게만 연락한다.
- 바로 위 직급의 대원으로부터 연락을 받으면 자신과 같은 직급의 모든 대원들에게 연락한다.
- 같은 직급의 대원으로부터 연락을 받으면 자신과 같은 직급의 다른 대원 한 명에게만 연락한다.

직급 및 연락 상황과 관련하여 알려진 사실은 아래와 같다.

- B는 D보다 직급이 한 등급 높다.
- D가 B에게 연락하자 B는 A에게만 연락했다.
- G가 C에게 연락하자 C는 B에게만 연락했다.
- C가 F에게 연락하자 F는 D와 E에게 연락했다.

① C가 G의 바로 아래 직급일 때, D가 E에게 연락하면 E는 F에게만 연락한다.
② C와 G가 같은 직급일 때, E가 C에게 연락하면 C는 A에게만 연락한다.
③ C가 G의 바로 아래 직급일 때, F가 B에게 연락하면 B는 G에게만 연락한다.
④ C와 G가 같은 직급일 때, A가 B에게 연락하면 B는 C에게만 연락한다.
⑤ C가 G의 바로 아래 직급일 때, A가 C에게 연락하면 C는 B에게만 연락한다.

26 같은 부서에 일하는 직원 A, B, C, D, E는 이번 주부터 5주 동안 한 주에 한 명씩 여름휴가를 쓰기로 하였다. 아래의 〈규칙〉을 모두 고려하여 쉬는 순서를 정할 때, 항상 옳은 것은?

규칙

(1) D는 E 바로 앞이나 바로 뒤의 순서에서 쉬지 않는다.
(2) A는 D보다 정확히 2주 전에 쉰다.

① A가 세 번째로 쉬면 C는 네 번째로 쉬어야 한다.
② B가 네 번째로 쉬면 A는 세 번째로 쉬어야 한다.
③ C가 세 번째로 쉬면 E는 첫 번째로 쉬어야 한다.
④ D가 세 번째로 쉬면 B는 두 번째로 쉬어야 한다.
⑤ E가 두 번째로 쉬면 B는 첫 번째로 쉬어야 한다.

27 ○○기업에 새로 입사한 수영, 하늘, 재호, 경석 4명은 각각 김씨, 박씨, 최씨, 이씨 중 서로 다른 하나의 성을 가졌다. 출근 첫날 도착한 순서가 다음의 〈조건〉과 같다고 할 때, 회사에 두 번째, 세 번째로 도착한 사람을 순서대로 나열한 것은?

조건

㉠ 4명 중에 회사에 동시에 도착한 사람은 없다.
㉡ 회사에 가장 먼저 도착한 사람의 성은 최씨가 아니다.
㉢ 경석이 도착한 바로 다음에 재호가 도착했다.
㉣ 하늘은 수영 바로 다음에 도착했지만, 4명 중 이씨 성을 가진 사람보다 먼저 도착했다.
㉤ 김씨 성을 가진 사람이 최씨 성을 가진 사람보다 나중에 도착했다.
㉥ 최씨 성을 가진 사람과 이씨 성을 가진 사람은 연달아 도착하지 않았다.

① 최하늘, 김경석
② 박수영, 이재호
③ 김하늘, 이경석
④ 최경석, 박재호
⑤ 김수영, 박하늘

28 어떤 수업에서 조모임을 하기 위해 9명의 학생을 세 명씩 나누어 '가', '나', '다' 총 세 조를 만들고자 한다. 그런데 9명의 학생 중 4명(A, B, C, D)은 행정학과이고, 나머지 5명(E, F, G, H, I)은 경제학과이다. 다음의 〈조건〉을 바탕으로 조가 구성될 때, 만일 C와 E가 '나' 조에 속한다면 '가' 조에 속해야 할 학생들은?

조건

- 각 조에는 적어도 한 명의 행정학과 학생이 포함되어야 한다.
- A는 반드시 두 명의 경제학과 학생과 같은 팀에 속해야 한다.
- F는 반드시 '다' 조에 속해야 한다.
- H는 반드시 '가' 조에 속해야 한다.
- A, D, G 중 누구도 F와 같은 조에 속해서는 안 된다.

① A, D, H
② A, G, H
③ A, H, I
④ D, G, H
⑤ D, H, I

29

한 사내식당에서는 직원들이 기호에 따라 선택해서 식사할 수 있도록 식단을 〈메뉴〉와 같이 다섯 종류로 나누어, 매일 각 종류마다 메뉴 1개씩 5개의 메뉴를 제공하고 있다. 〈조건〉에 따라 월요일부터 금요일까지 식단표를 짠다고 할 때, 반드시 참인 것은?

메뉴

- 한식: 비빔밥, 된장찌개, 김치찌개, 설렁탕, 육개장
- 양식: 파스타, 피자, 스테이크, 리조또, 햄버거
- 일식: 우동, 소바, 초밥, 라멘, 하이라이스
- 중식: 자장면, 짬뽕, 잡채덮밥, 마파두부덮밥, 자장볶음밥
- 그 외: 쌀국수, 나시고랭, 똠양꿍, 인도커리, 브리또

조건

㉠ 하루에 모든 종류의 메뉴가 하나씩 들어가야 하며, 한 번 나온 메뉴는 다시 나오지 않는다.
㉡ 김치찌개는 월요일, 스테이크는 화요일, 우동은 수요일에 나와야 한다.
㉢ 파스타가 나오는 날에는 소바도 나오고 파스타가 나오는 바로 다음 날에 피자가 나온다.
㉣ 비빔밥이 나오는 날에 리조또도 나온다.
㉤ 햄버거는 쌀국수와 함께 나오며, 자장면이 나오는 전날 혹은 바로 다음 날에 나온다.
㉥ 똠양꿍은 하이라이스가 나오는 바로 다음 날에 나온다.

① 비빔밥은 우동과 함께 나온다.
② 쌀국수는 하이라이스와 함께 나온다.
③ 스테이크는 나시고랭과 함께 나온다.
④ 하이라이스는 자장면과 함께 나온다.
⑤ 똠양꿍은 파스타와 함께 나온다.

30

어느 고등학교 테니스부는 가은, 나연, 다솜, 라니, 마진, 바훈, 사란, 아윤 8명의 부원을 중간 테스트 성적 순위에 따라 1등과 8등은 A팀, 2등과 7등은 B팀, 3등과 6등은 C팀, 4등과 5등은 D팀에 배정하였다. 배정된 팀은 다음 〈조건〉을 모두 만족할 때, 바훈과 같은 팀인 부원은?

조건

- 나연과 다솜은 같은 팀이고, 나연이 다솜보다 순위가 높다.
- 마진은 3등이고, 다솜은 꼴찌가 아니다.
- 라니는 B팀에 배정되었다.
- 아윤은 A팀이 아니고, 라니보다 순위가 높다.
- 사란은 아윤보다 순위가 높고, 가은도 아윤보다 순위가 높다.
- 가은은 라니와 같은 팀이 아니다.

① 가은
② 라니
③ 마진
④ 사란
⑤ 아윤

31 A~F 6명이 먹을 점심으로 햄버거집 메뉴를 주문 받기로 하였다. 주문 목록이 다음의 〈조건〉과 같을 때, 주문 목록이 동일할 수 있는 사람의 조합으로 옳은 것은?

조건

㉠ 햄버거를 주문한 사람은 5명이고 치즈스틱을 주문한 사람은 1명이다.
㉡ 콜라는 3명이 주문했으며, 주문한 사람 중에 D는 없다.
㉢ 감자튀김은 B, D, F만 주문하였다.
㉣ E와 F는 콜라와 치킨 4조각을 주문하였다.
㉤ 6명이 각각 주문한 메뉴는 3가지 이하이며, D는 2가지만 주문하였다.
㉥ 햄버거집 메뉴는 햄버거, 치즈스틱, 콜라, 감자튀김, 치킨 4조각으로 구성되어 있다.

① A와 B ② B와 D ③ C와 F
④ D와 F ⑤ E와 F

32 A~F 6명이 회의실에서 업무회의를 끝내고 각자의 팀 사무실에 가기 위해 다 함께 복도를 걸어가고 있다. 다음 그림과 같이 팀 사무실이 나란히 위치해 있고 6명이 소속된 팀 위치 정보가 다음의 〈조건〉과 같을 때, 항상 참인 것은? (단, A~F가 속한 회사에는 개발팀, 영업팀, 총무팀, 회계팀, 마케팅팀, 생산팀만이 존재하며, A~F의 걸음 속도는 동일하다.)

회의실	개발팀	영업팀	총무팀	회계팀	마케팅팀	생산팀

복도

조건

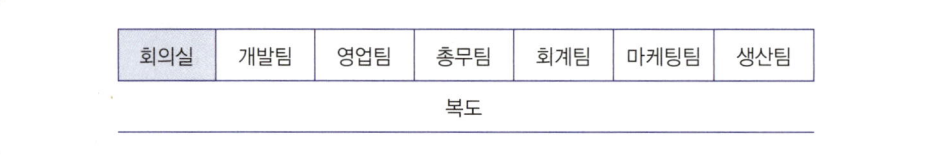

㉠ A, B, C, D, E, F는 서로 다른 팀에 소속되어 있다.
㉡ D가 팀 사무실에 도착한 이후에 두 명이 사무실에 도착했다.
㉢ C는 영업팀 또는 회계팀 또는 생산팀이다.
㉣ A와 F는 연달아서 사무실에 도착했다.
㉤ C는 F보다 먼저 사무실에 도착했다.

① B는 총무팀이다.
② C가 두 번째로 사무실에 도착했다.
③ F는 생산팀이다.
④ E가 가장 나중에 도착할 수 있다.
⑤ A가 가장 먼저 도착할 수 있다.

33 **다음 글을 근거로 판단할 때, 김과장이 단식을 시작한 첫 주 월요일부터 일요일까지 한 끼만 먹은 요일(끼니때)은?**

김과장은 건강상의 이유로 간헐적 단식을 시작하기로 했다. 김과장이 선택한 간헐적 단식 방법은 월요일부터 일요일까지 일주일 중에 2일을 선택하여 아침 혹은 저녁 한 끼 식사만 하는 것이다. 단, 단식을 하는 날 전후로 각각 최소 2일간은 정상적으로 세 끼 식사를 하고, 업무상의 식사 약속을 고려하여 단식일과 방법을 유동적으로 결정하기로 했다. 또한 단식을 하는 날 이외에는 항상 세 끼 식사를 한다.
간헐적 단식 2주째인 김과장은 그동안 단식을 했던 날짜를 기록해두기 위해 아래와 같이 최근 식사와 관련된 기억을 떠올렸다.
- 2주차 월요일에는 단식을 했다.
- 지난주에 먹은 아침식사 횟수와 저녁식사 횟수가 같다.
- 지난주 월요일, 수요일, 금요일에는 조찬회의에 참석하여 아침식사를 했다.
- 지난주 목요일에는 업무약속이 있어서 점심식사를 했다.

① 월요일(저녁), 목요일(저녁)
② 화요일(아침), 금요일(아침)
③ 화요일(아침), 금요일(저녁)
④ 화요일(저녁), 금요일(아침)
⑤ 화요일(저녁), 토요일(아침)

34 **철수는 내일 있을 행사의 최종 점검을 위해 하루 동안 가, 나, 다, 라, 마, 바, 사 7개 구역을 점검하려고 한다. 7개 구역은 모두 흡연구역 또는 식사구역 중 하나이고, 점검은 한 번에 한 구역만 실시하며, 점검을 끝낸 구역은 중복해서 점검하지 않는다. 철수가 아래와 같은 조건에 따라 점검을 하고, '마' 구역이 세 번째로 점검을 받았다면, 다음 중 반드시 흡연구역인 곳은?**

조건

ㄱ. 식사구역을 2회 이상 연속해서 점검하지 않는다.
ㄴ. '바' 구역을 점검한 후에 '나' 구역과 '라' 구역을 점검한다.
ㄷ. '사' 구역은 '다' 구역보다 먼저 점검 받는다.
ㄹ. '가' 구역은 여섯 번째로 점검 받는다.
ㅁ. '바' 구역보다 먼저 점검하는 구역 중 두 곳은 식사구역이다.

① 가
② 나
③ 다
④ 라
⑤ 마

35 ○○기업에서는 이번에 신규 프로젝트를 기획하면서 A~I 9명의 직원들에게 3명씩 세 개의 팀으로 나누어 TF팀을 구성하라고 하였다. 세 개의 팀을 아래 〈조건〉에 따라 구성할 때, 다음 중 가능한 팀 구성은?

조건

㉠ 직원 A, B, C는 해외영업부, D, E, F는 연구개발부, G, H, I는 생산관리부 소속이다.
㉡ 모든 팀은 3명으로 구성되어 있다.
㉢ 1팀에는 A를 포함한 해외영업부 직원 2명이 포함되어야 한다.
㉣ A와 I는 같은 팀에 배치해야 한다.
㉤ H가 속한 팀은 모두 다른 부서 직원들로 구성되어야 한다.

	1팀	2팀	3팀
①	A, B, E	D, G, I	C, F, H
②	A, B, I	C, D, G	E, F, H
③	A, C, I	B, F, H	D, E, G
④	B, C, H	D, E, F	A, G, I
⑤	B, E, H	A, C, I	D, F, G

36 ○○회사 직원 A~F 6명의 입사 시기는 A, B, C, D, E, F 순이며, 이들의 전공은 경영학, 행정학, 통계학, 건축학, 토목공학, 도시공학으로 각자 다르다. 각 직원의 전공에 대해 다음 〈조건〉과 같은 정보가 제시되었다고 할 때, 〈보기〉에서 반드시 참인 진술만을 모두 고른 것은?

조건

- A의 전공은 도시공학이 아니다.
- B의 전공은 건축학도, 토목공학도 아니다.
- D의 전공은 토목공학이 아니다.
- 건축학, 토목공학, 도시공학을 전공한 직원은 모두 직원 E보다 입사시기가 빠르다.
- 도시공학을 전공한 직원은 토목공학을 전공한 직원보다 입사시기가 빠르다.

보기

ㄱ. 건축학을 전공한 직원은 경영학을 전공한 직원보다 입사시기가 빠르다.
ㄴ. A, E, F 중 누군가는 경영학을 전공하였다.
ㄷ. C, D는 도시공학을 전공하지 않았다.

① ㄱ　　② ㄴ　　③ ㄷ
④ ㄱ, ㄴ　　⑤ ㄴ, ㄷ

37 ○○리조트 1층에서는 돌림판 경품행사가 진행중이다. 이 돌림판은 4분할로 되어 있으며 각 분할에는 2장의 상품권이 경품으로 들어있다. 조식식사권 4장과 수영장입장권 4장을 다음의 〈조건〉을 반영하여 돌림판에 분배할 때, 항상 옳은 것은?

조건

㉠ 돌림판의 각 분할의 색은 모두 다르며, 흰색, 검정색, 빨간색, 파란색 중 하나이다.
㉡ 조식식사권과 수영장입장권은 각각 1인용 2매와 2인용 2매로 구성되어 있다.
㉢ 흰색 분할에는 수영장입장권이 경품으로 들어있지 않다.
㉣ 검정색과 빨간색 분할에는 2인용 상품권이 경품으로 들어있지 않다.
㉤ 검정색과 빨간색 분할의 경품 구성은 동일하다.

① 흰색 분할에는 1인용 상품권이 경품으로 들어있다.
② 파란색 분할에는 1인용 상품권이 경품으로 들어있다.
③ 검정색 분할에는 조식식사권이 경품으로 들어있지 않다.
④ 빨간색 분할에는 수영장입장권이 경품으로 들어있지 않다.
⑤ 파란색 분할에는 수영장입장권이 경품으로 들어있다.

38 다음 〈상황〉에 근거할 때, 갑~정이 신은 신발로 옳게 짝지어진 것은?

상황

아침에 갑, 을, 병, 정은 모두 다른 신발을 신었다. 이들이 신은 신발의 색과 종류에 대한 정보는 다음과 같다.

- 그들이 신은 신발의 색은 갈색, 흰색, 검은색, 빨간색 중 하나였다. 모두 다른 색의 신발을 신었다.
- 을의 신발은 운동화였고, 그녀의 신발 색은 갈색이나 흰색이 아니었다.
- 로퍼는 흰색이 아니다.
- 슬리퍼는 빨간색이다.
- 갑은 로퍼나 슬리퍼를 신지 않는다.
- 병의 신발은 갈색이 아니다.

	로퍼	운동화	구두	슬리퍼
①	정	을	갑	병
②	정	을	병	갑
③	병	을	갑	정
④	갑	을	병	정
⑤	갑	을	정	병

39 ○○기업의 기획부, R&D부, 생산품질부, 영업마케팅부, 디자인부, 경영지원부 6개의 부서는 이번에 6층 건물의 신사옥으로 이전하면서 부서별로 서로 다른 층에 배정되었다. 다음 〈조건〉을 바탕으로 기획부의 바로 아래층에 배정된 부서를 고르면?

조건

- 디자인부는 기획부보다 아래층에 배정되었다.
- 경영지원부는 1층에 배정되었다.
- 영업마케팅부는 생산품질부와 한 층 차이다.
- R&D부 바로 위층에는 영업마케팅부가 배정되었다.
- 기획부는 생산품질부보다 아래층에 배정되었다.

① 생산품질부
② 영업마케팅부
③ 디자인부
④ 경영지원부
⑤ R&D부

40 ○○체육센터에서는 경기가 열리기 전 4일 동안 A~G 7개 팀의 연습을 위해 훈련실을 개방하고 훈련일정을 다음 〈조건〉과 같이 짠다고 한다. 마지막 날에 훈련하는 팀을 모두 나열한 것은?

조건

㉠ 각 팀의 훈련은 1회씩만 하며, 훈련 일정은 서로 겹치지 않게 한다.
㉡ 훈련은 오전과 오후로 나누어 하루에 최대 2팀이 훈련할 수 있다.
㉢ F팀의 훈련과 G팀의 훈련은 같은 날에 한다.
㉣ B팀의 훈련은 A팀보다 나중에 하고, C팀, D팀, E팀보다는 먼저 한다.
㉤ F팀보다 E팀이 훈련을 먼저 한다.
㉥ G팀의 훈련이 마지막 날에 있다면, A팀의 훈련은 두 번째 날에 있다.
㉦ 두 번째 날에는 1회의 훈련만 있다.

① B, C
② C, D
③ C, E
④ D, E
⑤ F, G

41 다음으로부터 바르게 추론한 것은?

> 새로 건축된 상가 건물에는 101호, 102호, 201호, 202호 총 네 개의 빈 호수에 상점이 들어설 예정이다. 입점 후보자는 갑, 을, 병, 정, 무 다섯 명이며, 이 중 네 명만이 입점 가능하다. 이들은 심사 결과를 기다리며 다음과 같은 대화를 나누었다.
> - 갑: "을이 101호에 입점하고 병은 입점하지 못할 것이다."
> - 을: "병이 201호에 입점하고 정은 102호에 입점할 것이다."
> - 병: "정은 202호가 아닌 다른 호수에 입점할 것이다."
> - 정: "무가 202호에 입점할 것이다."
> - 무: "을의 말은 거짓일 것이다."
>
> 이후 심사 결과와 대화 내용을 비교해 보니 이 중 한 명은 거짓만을 진술하였고, 나머지는 진실만을 진술하였음이 드러났다.

① 갑은 101호에 입점한다.
② 을은 202호에 입점한다.
③ 병은 입점하지 못한다.
④ 정은 102호에 입점한다.
⑤ 무는 201호에 입점한다.

42 주차단속 중인 경찰은 차량 5대 중 한 대가 불법주차 중인 것을 확인하였다. 각 차량주가 아래의 〈대화〉와 같이 해명을 하였는데, 2명은 거짓을 말하였고 3명은 참을 말하였다. 이때, 다음 중 불법주차 중인 차량을 고르면?

대화

- A차량주: E차량은 불법주차 차량이 아니다.
- B차량주: 불법주차를 한 차주는 거짓을 말하고 있다.
- C차량주: D차량은 불법주차 차량이 아니다.
- D차량주: B차량은 불법주차 차량이다.
- E차량주: A차량은 불법주차 차량이다.

① A차량
② B차량
③ C차량
④ D차량
⑤ E차량

43 A~F 6명 중 3명은 여자, 3명은 남자이다. 남녀 각 한 명씩 2명은 대기업, 2명은 중소기업, 2명은 스타트업에 근무 중이며, 여자는 진실만을 말하고 남자는 거짓만을 말한다고 한다. 이때 6명의 〈진술〉이 다음과 같다면, 중소기업에 다니는 남자는 누구인가? (단, 직원 수와 기업 규모는 비례하며 대기업, 중소기업, 스타트업 순으로 기업 규모가 크다.)

진술

- A: D는 남자이다.
- B: C는 여자이다.
- C: 내가 근무하는 회사의 직원 수는 A가 근무하는 회사의 직원 수와 같다.
- D: F가 근무하는 회사의 직원 수는 B가 근무하는 회사의 직원 수와 같다.
- E: B가 근무하는 회사는 중소기업이다.
- F: C가 근무하는 회사는 중소기업이다.

① A ② B ③ C
④ D ⑤ E

44 A의 자전거를 같은 아파트에 사는 갑, 을, 병, 정, 무 중 1명이 몰래 훔쳐 갔다. 이 5명 모두 누가 범인인지를 알고 있으며, 경찰서에서 다음과 같이 진술했다. 이들 중 단 1명만이 진실을 말한 것으로 밝혀졌을 때, 자전거를 훔쳐 간 사람은 누구인가?

- 갑: 을이 자전거를 훔쳤다.
- 을: 정이 자전거를 훔쳤다.
- 병: 나는 자전거를 훔치지 않았다.
- 정: 을은 거짓말을 하고 있다.
- 무: 갑이 자전거를 훔쳤다.

① 갑 ② 을 ③ 병
④ 정 ⑤ 무

45 같은 대학교 출신인 수현, 지혜, 석준, 하나, 민지 5명의 사원 중 2명은 인문대학을, 나머지 3명은 공과대학을 졸업하였다. 이 중 공과대학을 졸업한 3명은 각각 화학공학과, 기계공학과, 융합생명공학과를 전공하였다. 이들 5명의 사원에 대해 A~E 각각이 말한 2개의 진술 중 하나는 참이고 다른 하나는 거짓이라고 할 때, 다음 중 공과대학을 졸업한 3명의 이름과 학과를 바르게 연결한 것은?

- A: 수현은 인문대학을 졸업하였다. 지혜와 석준은 기계공학과를 전공하였다.
- B: 지혜는 기계공학과를 전공하였다. 석준 또는 하나는 인문대학을 졸업하였다.
- C: 석준은 융합생명공학과를 전공하였다. 수현 또는 민지는 화학공학과를 전공하였다.
- D: 하나는 인문대학을 졸업하였다. 지혜 또는 민지는 인문대학을 졸업하였다.
- E: 민지는 융합생명공학과를 전공하였다. 수현 또는 지혜는 기계공학과를 전공하였다.

	화학공학과	기계공학과	융합생명공학과
①	수현	석준	하나
②	지혜	하나	민지
③	석준	수현	지혜
④	하나	지혜	석준
⑤	민지	석준	수현

유형 ❷ 도형추리

정답 및 해설 181p

[01~20] 다음 도형에 적용된 규칙을 찾아 '?'에 해당하는 도형을 고르시오.

01

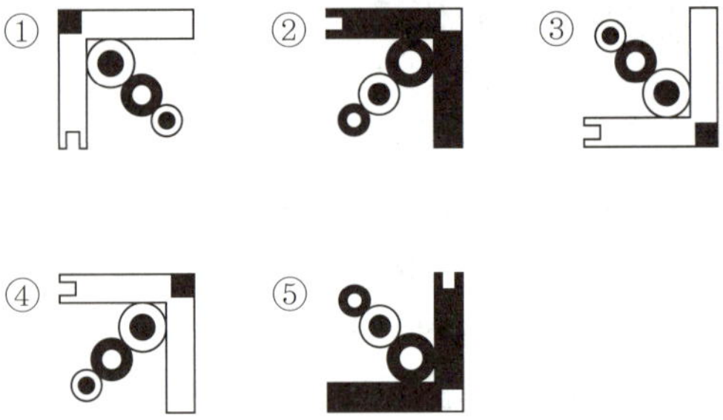

02

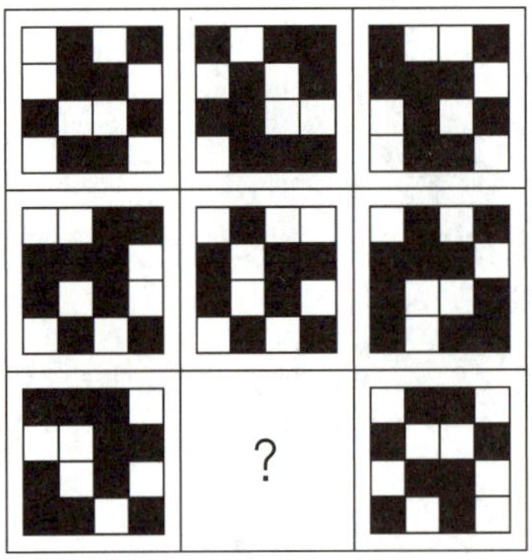

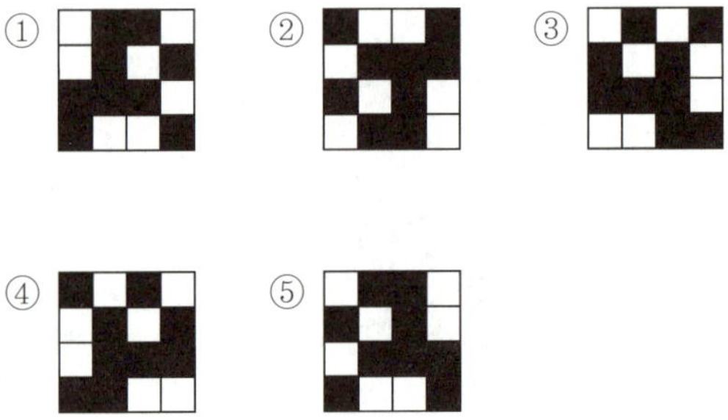

03

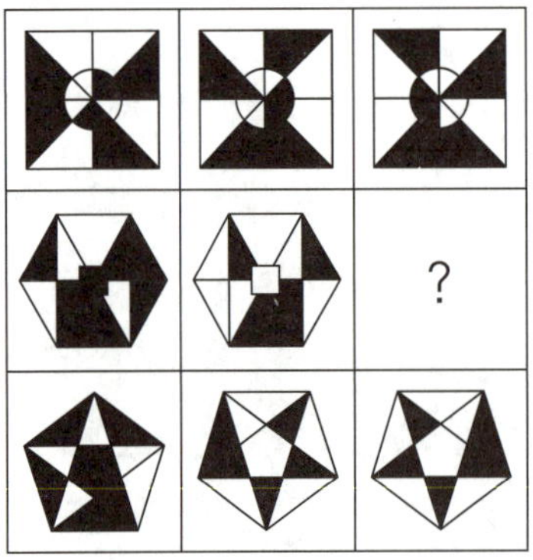

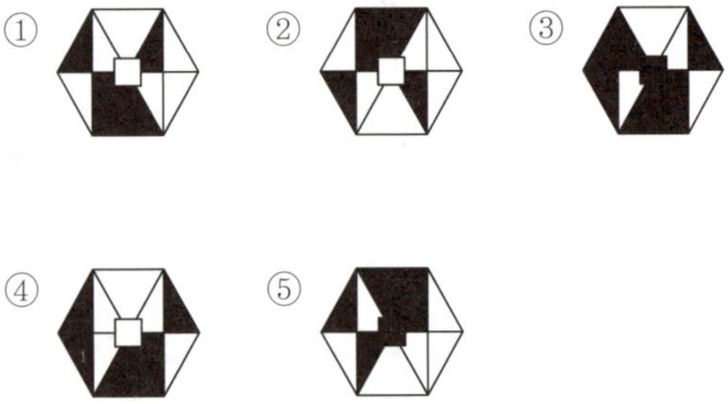

04

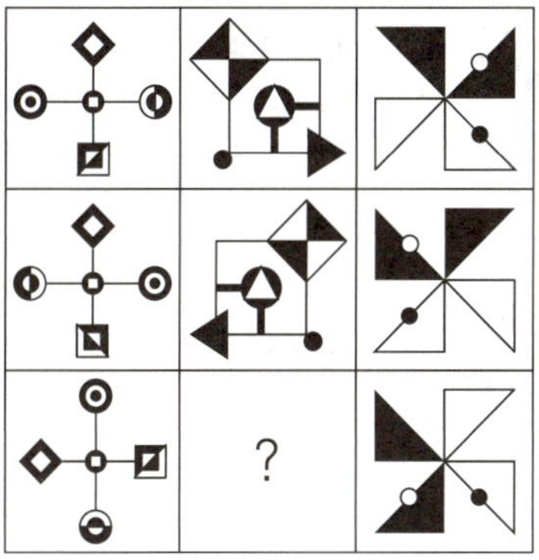

①

②

③

④
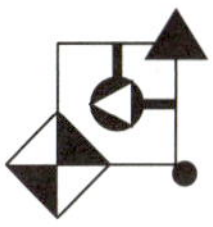

⑤

05

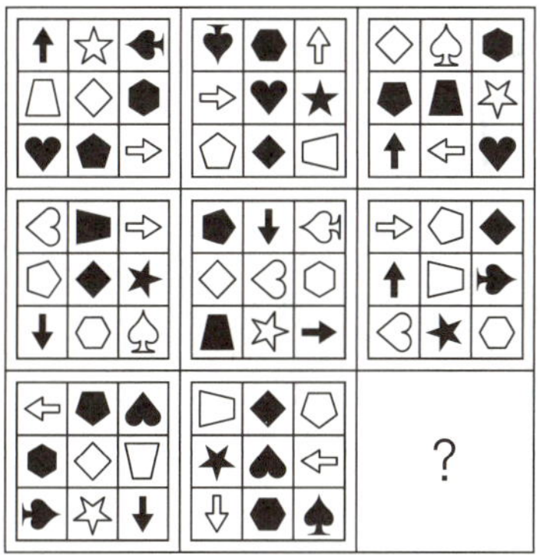

①
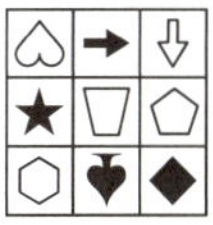

②
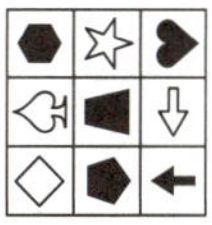

③
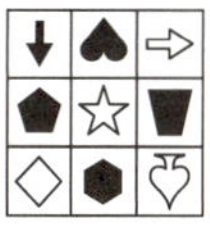

④
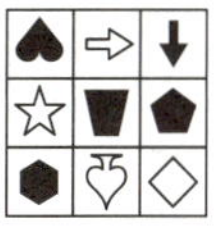

⑤
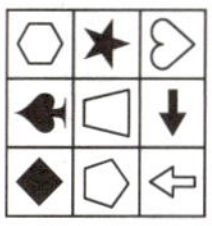

06

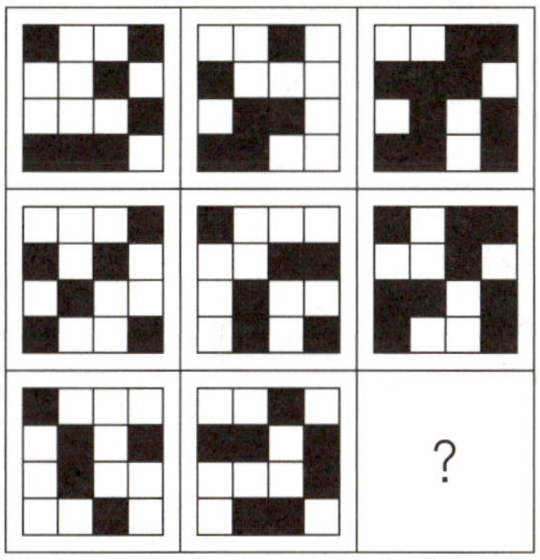

①

②

③

④

⑤

07

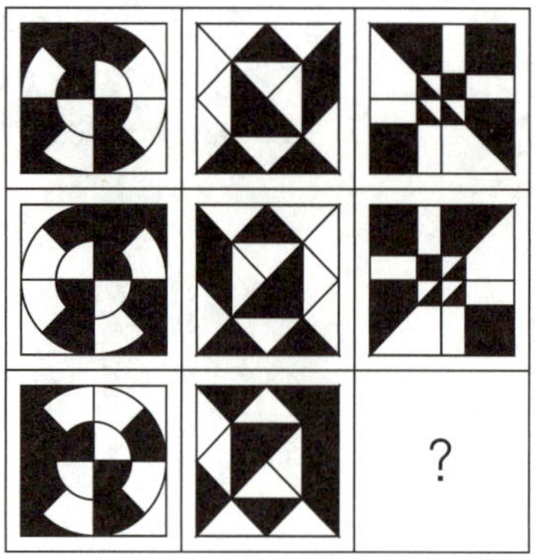

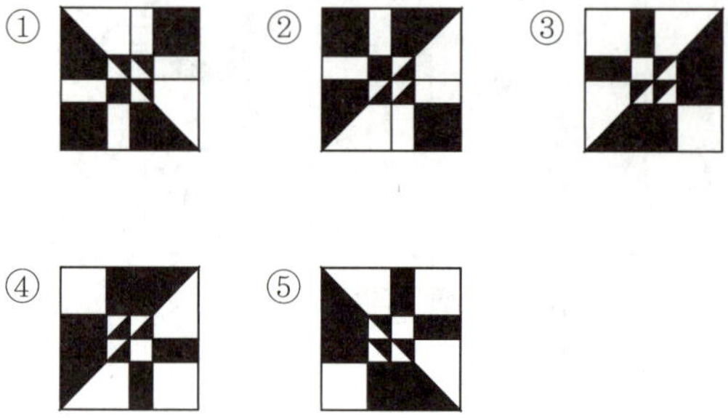

08

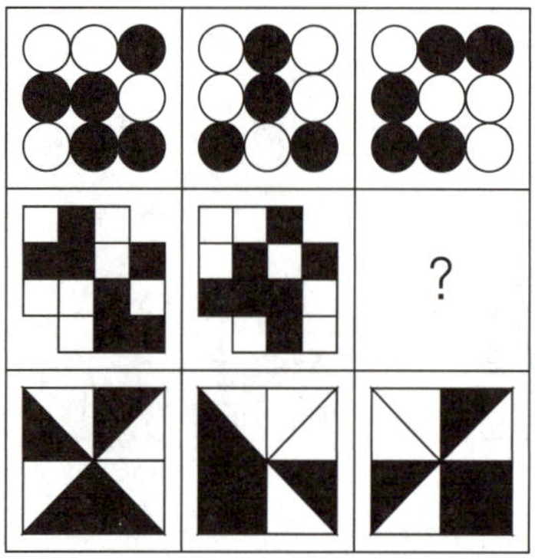

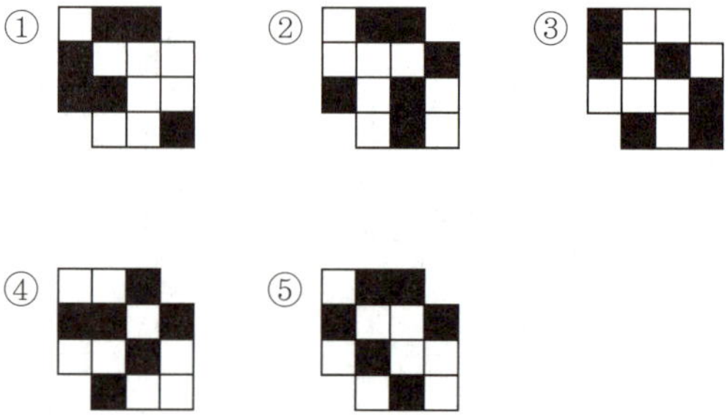

09

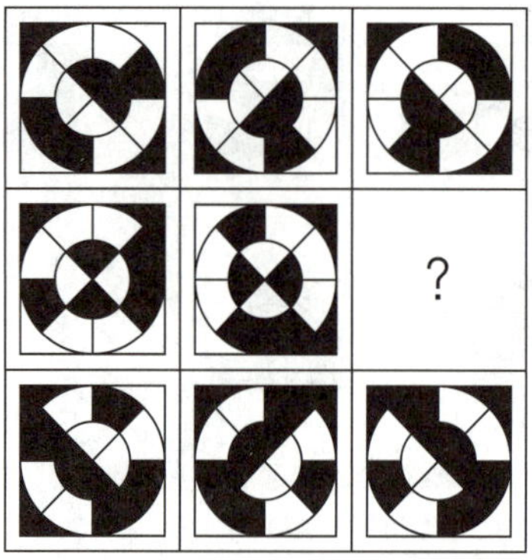

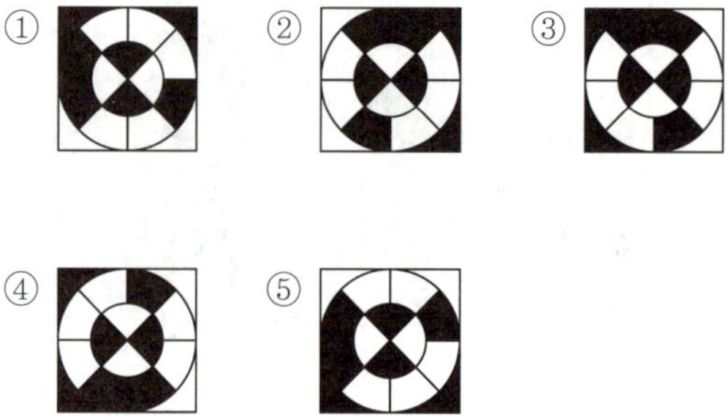

10

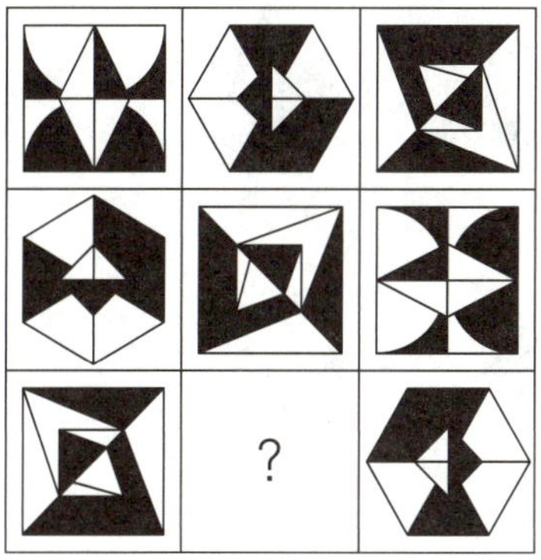

① 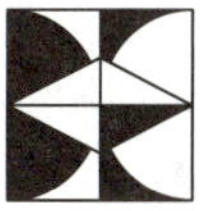
② 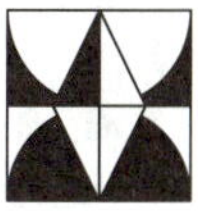
③ 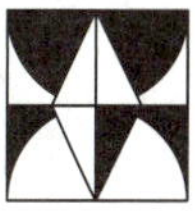
④ 
⑤ 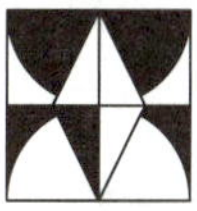

11

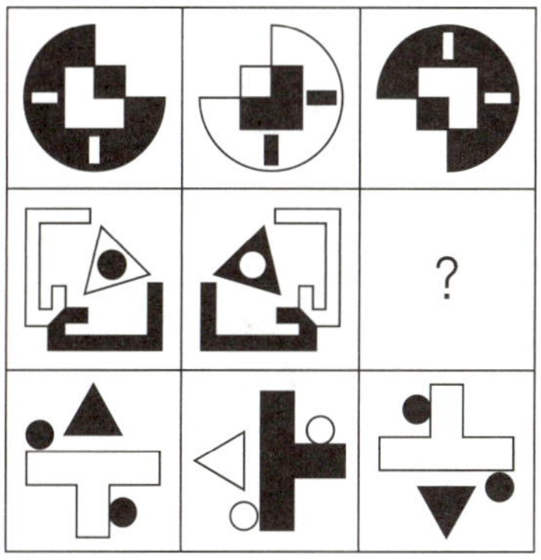

① 
② 
③ 
④ 
⑤ 

12

① 
② 
③ 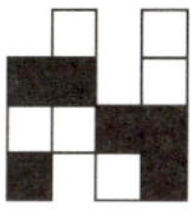
④ 
⑤ 

13

①  ②  ③ 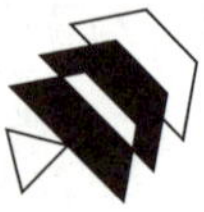

④  ⑤ 

14

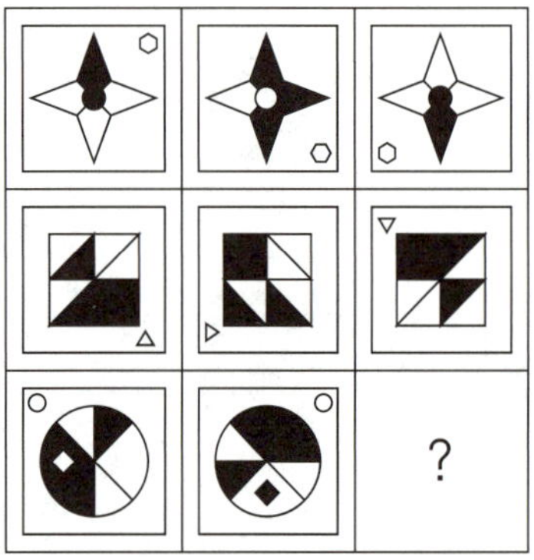

①  ② 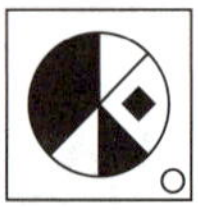 ③ 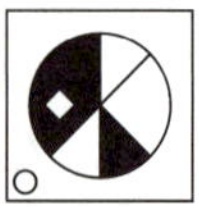

④  ⑤ 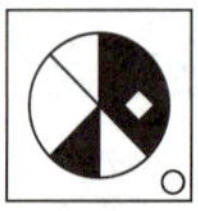

15

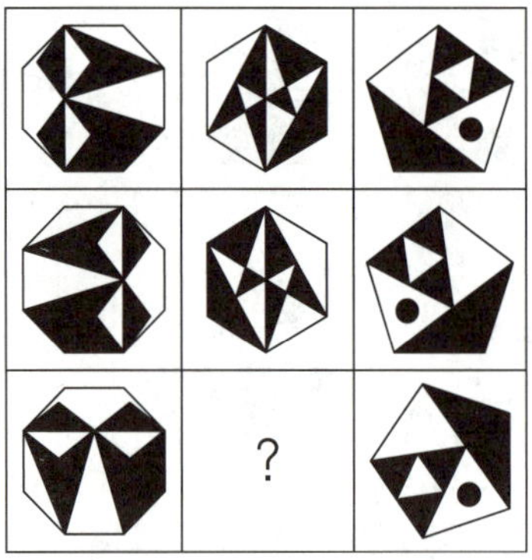

①  ②  ③ 

④  ⑤ 

16

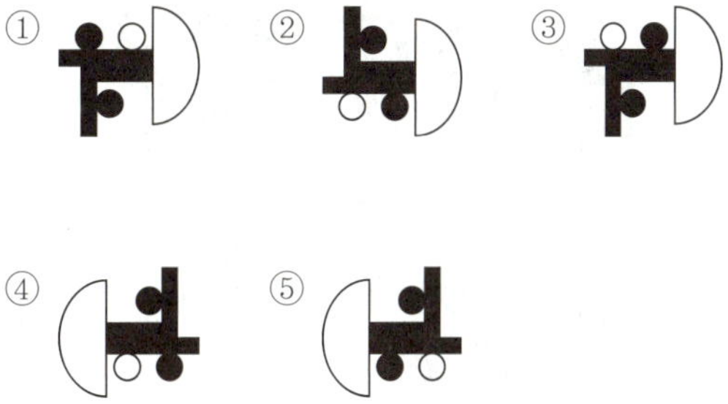

17

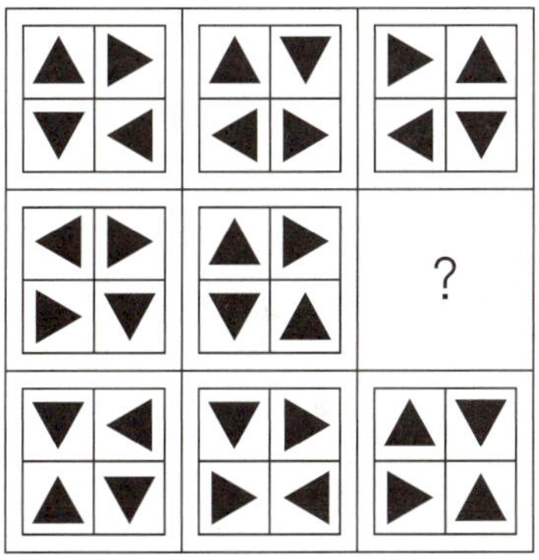

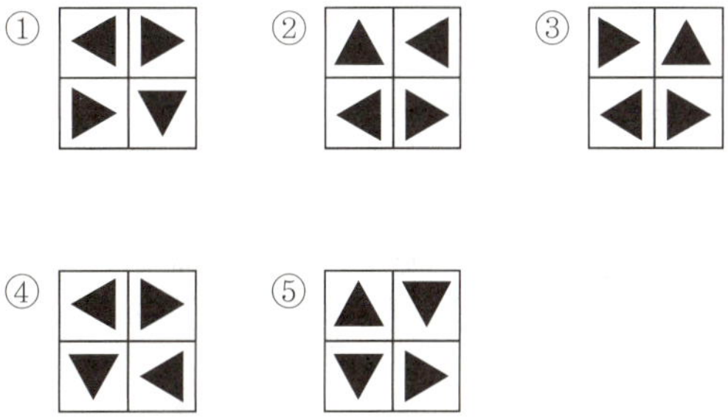

18

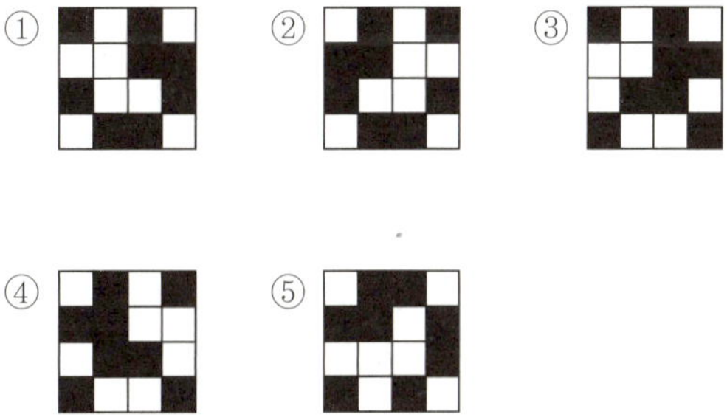

19

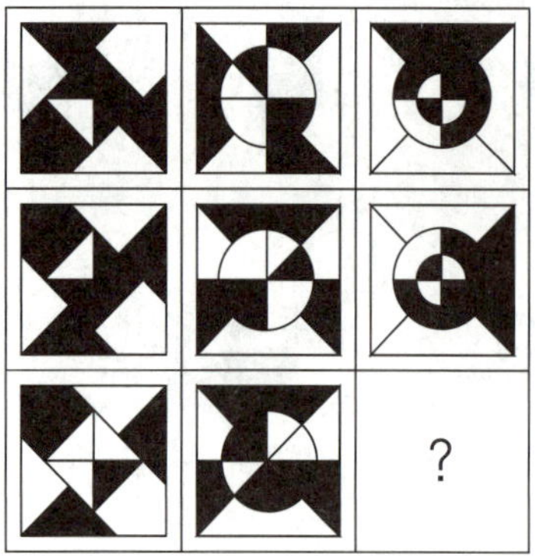

① 
② 
③ 
④ 
⑤ 

20

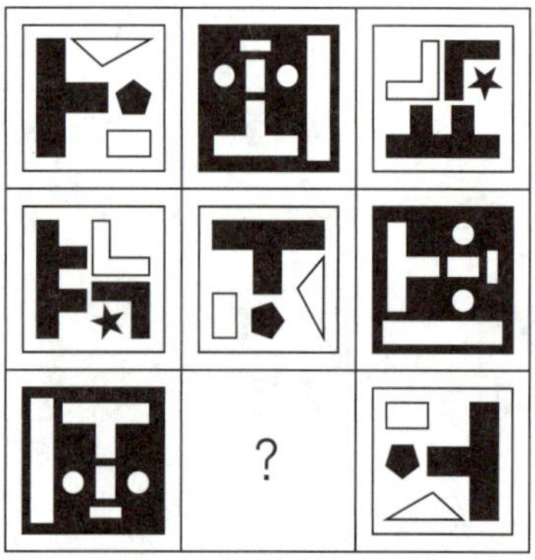

① 
② 
③ 
④ 
⑤ 

유형 ❸ 도식추리

정답 및 해설 197p

[01~04] 다음 각 기호가 문자, 숫자의 배열을 바꾸는 규칙을 나타낸다고 할 때, 각 문제의 '?'에 해당하는 것을 고르시오.

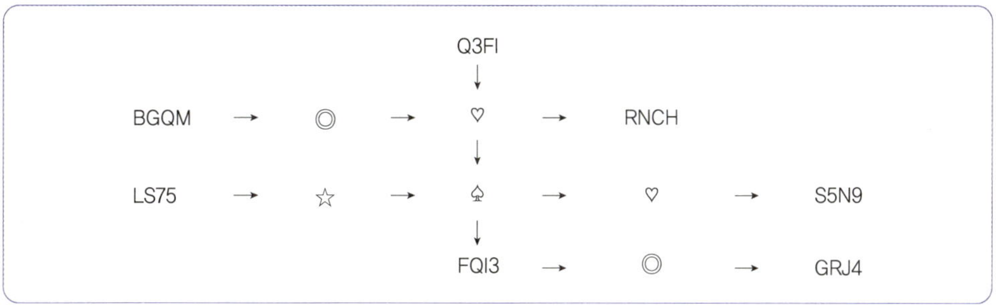

01

7846 → ◎ → ♡ → ?

① 5789 ② 3567 ③ 7598 ④ 7653 ⑤ 5897

02

KCNU → ☆ → ♡ → ♤ → ?

① TBMJ ② MJTB ③ PMUC ④ PMWE ⑤ NKWE

03

? → ☆ → ◎ → 9NMI

① 7LKG ② 8OLJ ③ 7MKH ④ 6MJH ⑤ 6LJG

04

? → ◎ → ♤ → ☆ → 46TE

① 5D1Q ② 1Q5D ③ 3S7F ④ 7F3S ⑤ 7W7F

[05~08] 다음 각 기호가 문자, 숫자의 배열을 바꾸는 규칙을 나타낸다고 할 때, 각 문제의 '?'에 해당하는 것을 고르시오.

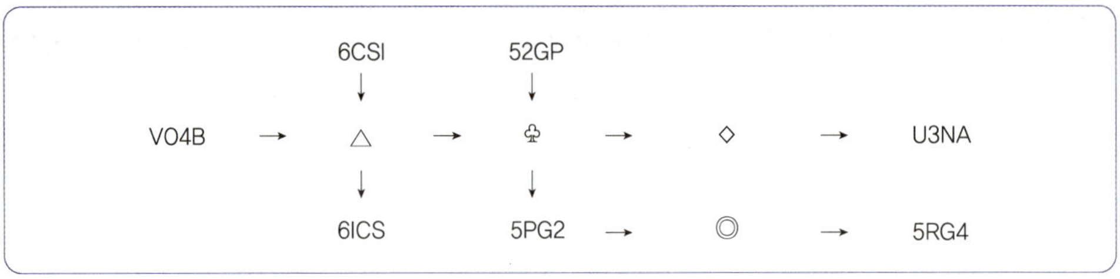

05

5372 → △ → ◎ → ?

① 5439 ② 5475 ③ 2937 ④ 7257 ⑤ 7477

06

D38T → ◇ → ◎ → △ → ?

① B63R ② E92S ③ ES92 ④ CU47 ⑤ C74U

07

? → ♧ → ◇ → DPWL

① CKVO ② CVOK ③ EMXQ ④ EQMX ⑤ FYNR

08

? → ◎ → ♧ → △ → K59E

① K7E1 ② K3E7 ③ KG51 ④ J7D3 ⑤ J6D2

[09~12] 다음 각 기호가 문자, 숫자의 배열을 바꾸는 규칙을 나타낸다고 할 때, 각 문제의 '?'에 해당하는 것을 고르시오.

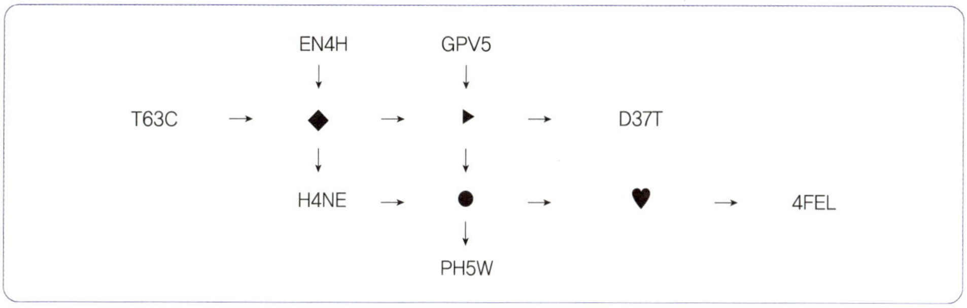

09

1594 → ● → ▶ → ?

① 1976 ② 4591 ③ 5961 ④ 5962 ⑤ 6159

10

DYKA → ● → ♥ → ▶ → ?

① ZEBM ② ZBBI ③ BIZB ④ IABY ⑤ EWLY

11

? → ♥ → ◆ → PJ1C

① A3IR ② E1RJ ③ PE1L ④ EJ3P ⑤ C3JR

12

? → ♥ → ● → ◆ → O2L5

① L7O4 ② O32J ③ J5M2 ④ 27LQ ⑤ 7JM4

[13~16] 다음 각 기호가 문자, 숫자의 배열을 바꾸는 규칙을 나타낸다고 할 때, 각 문제의 '?'에 해당하는 것을 고르시오.

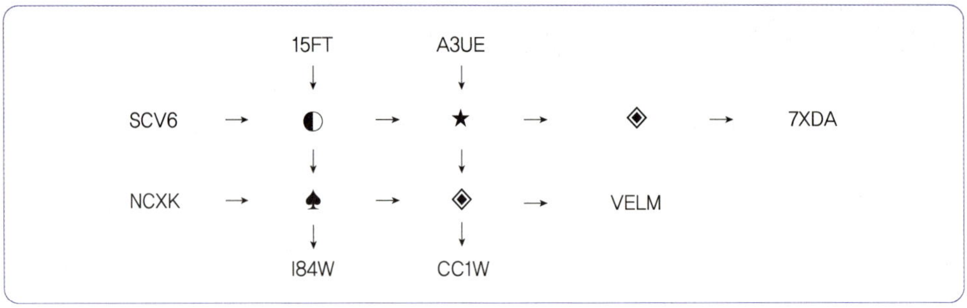

13

IQDM → ♠ → ◐ → ?

① GLRP ② FSLQ ③ GTLP ④ FUKP ⑤ BSGO

14

375K → ◈ → ★ → ♠ → ?

① 93M7 ② 35I9 ③ 95M7 ④ 91M3 ⑤ 55I7

15

? → ◈ → ♠ → 4776

① 2545 ② 6989 ③ 9294 ④ 2956 ⑤ 9564

16

? → ◐ → ★ → ◈ → 3LSF

① HBS3 ② DVW6 ③ GRA2 ④ MXG8 ⑤ GVA7

[17~20] 다음 각 기호가 문자, 숫자의 배열을 바꾸는 규칙을 나타낸다고 할 때, 각 문제의 '?'에 해당하는 것을 고르시오.

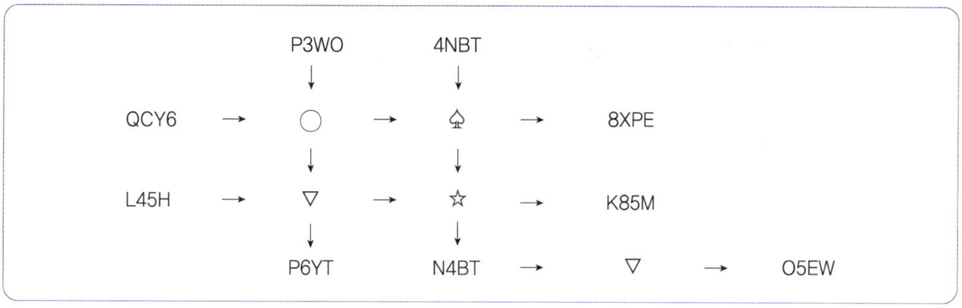

17

FRAK → ♤ → ○ → ?

① LYGP ② JCET ③ LCSH ④ JYDP ⑤ ZMET

18

OY65 → ▽ → ♤ → ☆ → ?

① BR76 ② ZP98 ③ BR89 ④ XN54 ⑤ NX45

19

? → ☆ → ▽ → 4MRV

① SOL3 ② JOU3 ③ SOO5 ④ JOQ5 ⑤ MIJ1

20

? → ○ → ☆ → ▽ → 45GV

① 26BS ② R3F5 ③ XL57 ④ Z73H ⑤ TB51

정답 및 해설 212p

01 **다음 문단을 논리적 순서대로 알맞게 배열한 것을 고르시오.**

(가) 간헐적 단식은 일정 기간 동안 음식을 먹지 않다가 정해진 시간에만 식사를 하는 방식이다. 이 식습관은 음식 섭취 시간을 제한함으로써 체중 감량과 대사 건강 개선 등 신체에 다양한 긍정적인 영향을 줄 수 있다.

(나) 한편 간헐적 단식과 케톤식(Ketogenic Diet)을 헷갈려하는 사람도 있다. 케톤식은 탄수화물을 극도로 제한하고 지방을 주 에너지원으로 사용하는 방식이다. 두 식단 모두 체중 감량과 대사 건강에 도움이 되지만, 간헐적 단식은 시간 제한을 두는 반면, 케톤식은 식품의 종류와 비율을 제한한다는 차이점이 있다.

(다) 실제로 간헐적 단식을 실천하는 사람들은 16시간 단식, 8시간 식사(16/8) 방법을 많이 사용한다. 예를 들어, 오후 12시에서 저녁 8시 사이에만 식사를 하고, 그 외의 시간에는 물이나 무가당 음료만 섭취하는 방식이다. 이러한 방식은 체내 인슐린 수치를 안정시키는 데 도움을 줄 수 있다.

(라) 최근에는 건강에 대한 관심이 높아지면서 다양한 식습관이 등장하게 되었다. 그 중 간헐적 단식은 2010년대 후반에 많은 인기를 얻은 식습관의 한 형태이다.

① (가) – (다) – (나) – (라)
② (가) – (라) – (다) – (나)
③ (라) – (가) – (나) – (다)
④ (라) – (가) – (다) – (나)
⑤ (라) – (나) – (다) – (가)

02 다음 문단을 논리적 순서대로 알맞게 배열한 것을 고르시오.

(가) 회전문의 축은 중심에 있다. 축을 중심으로 통상 네 짝의 문이 계속 돌게 되어 있다. 마치 계속 열려 있는 듯한 착각을 일으키지만, 사실은 네 짝의 문이 계속 안 또는 밖을 차단하도록 만든 것이다. 실질적으로는 열려 있는 순간 없이 계속 닫혀 있는 셈이다.

(나) 문은 열림과 닫힘을 위해 존재한다. 이 본연의 기능을 하지 못한다는 점에서 계속 닫혀 있는 문이 무의미하듯이, 계속 열려 있는 문 또한 그 존재 가치와 의미가 없다. 그런데 현대 사회의 문은 대부분의 경우 닫힌 구조로 사람들을 맞고 있다. 따라서 사람들을 환대하는 것이 아니라 박대하고 있다고 할 수 있다. 그 대표적인 예가 회전문이다. 가만히 회전문의 구조와 그 기능을 머릿속에 그려보라. 그것이 어떤 식으로 열리고 닫히는지 알고는 놀랄 것이다.

(다) 회전문은 인간이 만들고 실용화한 문 가운데 가장 문명적이고 가장 발전된 형태로 보일지 모르지만, 사실상 열림을 가장한 닫힘의 연속이기 때문에 오히려 가장 야만적이며 가장 미개한 형태의 문이다.

(라) 또한, 회전문을 이용하는 사람들은 회전문의 구조와 운동 메커니즘에 맞추어야 실수 없이 문을 통과해 안으로 들어가거나 밖으로 나올 수 있다. 어린아이, 허약한 사람, 또는 민첩하지 못한 노인은 쉽게 그것에 맞출 수 없다. 더구나 휠체어를 탄 사람이라면 더 말할 나위도 없다. 이들에게 회전문은 문이 아니다. 실질적으로 닫혀 있는 기능만 하는 문은 문이 아니기 때문이다.

① (가) – (나) – (라) – (다)
② (가) – (라) – (나) – (다)
③ (나) – (가) – (라) – (다)
④ (나) – (다) – (라) – (가)
⑤ (다) – (가) – (라) – (나)

03 다음 문단을 논리적 순서대로 알맞게 배열한 것을 고르시오.

(가) 이탈리아의 물리학자 갈릴레오 갈릴레이(Galileo Galilei)는 학교에서 학생들과 토론 중, 무거운 물체가 가벼운 물체보다 빠르게 떨어진다는 아리스토텔레스의 주장을 들었다. 하지만 갈릴레오는 실생활에서 다양한 물체를 떨어뜨리며, 무거운 물체와 가벼운 물체가 동시에 땅에 도착하는 경우를 여러 번 관찰했다.

(나) 지금도 갈릴레오의 낙하 법칙은 현실에서 꾸준히 확인되며 그 유효성을 인정받고 있다. 오늘날 우리는 무거운 물체와 가벼운 물체가 같은 높이에서 떨어질 때 동시에 땅에 도착하는 것을 자주 관찰할 수 있다. 예를 들어, 공기 저항이 거의 없는 환경에서 깃털과 쇠구슬을 떨어뜨리면 둘 다 같은 속도로 떨어진다. 또한, 우주 공간에서는 모든 물체가 동일한 속도로 떨어진다는 것을 확인할 수 있다. 이는 갈릴레오가 주장한 바와 일치한다.

(다) 이러한 상황에 의문을 가진 갈릴레오는 과학적 실험을 기획했다. 그는 변수를 배제할 수 있는 실험실에서 다양한 무게의 물체를 같은 높이에서 떨어뜨리는 실험을 진행했고, 낙하 시간의 차이가 없다는 것을 발견했다. 이는 '갈릴레오의 낙하 법칙'이라고 불린다.

(라) 이 법칙 발견 당시 갈릴레오는 과학적 방법론의 중요성을 강조하며, 관찰과 실험을 통한 증거 기반 연구의 필요성을 주장하였다. 이 과정에서 그는 교회와 갈등을 겪기도 했으나, 과학적 진리를 고수했다.

① (가) – (다) – (나) – (라)
② (가) – (다) – (라) – (나)
③ (가) – (라) – (다) – (나)
④ (나) – (가) – (라) – (다)
⑤ (나) – (라) – (다) – (가)

04 **다음 문단을 논리적 순서대로 알맞게 배열한 것을 고르시오.**

(가) 애플 II의 성공 이후, 애플의 두 리더 스티브 잡스와 스티브 워즈니악은 계속해서 혁신적인 제품을 개발하고자 했다. 그러나 이들은 서로 다른 비전을 가지고 있었기 때문에 갈등이 생기기도 했다. 결국 워즈니악은 애플을 떠나 다른 프로젝트에 집중하게 되었다.

(나) 애플 II는 다양한 색상의 그래픽과 사운드를 지원하는 혁신적인 컴퓨터로, 당시 마이크로소프트의 MS-DOS를 탑재한 IBM PC와 경쟁하였다. 애플 II의 핵심 기능 중 하나는 사용자가 직접 컴퓨터를 조립할 필요 없이 바로 사용할 수 있는 '플러그 앤 플레이' 시스템이었다. 이러한 특징 덕분에 애플 II는 교육 및 가정용 컴퓨터 시장에서 큰 인기를 끌었다.

(다) 1977년, 캘리포니아에서 열린 웨스트 코스트 컴퓨터 페어에서 애플 II가 처음 공개되었다. 이 전시회에서 애플 II는 큰 주목을 받았는데, 비평가들이 이를 개인용 컴퓨터 시장의 미래로 평가했다고 알려져 있다.

(라) 이 시기 애플의 제품들은 제록스의 파크 연구소에서 개발된 GUI(그래픽 사용자 인터페이스)와 마우스 기술의 영향을 받았다. 제록스는 혁신적인 그래픽 기술과 사용자 인터페이스를 개발했지만, 상업적으로 성공시키지는 못했다. 애플은 이러한 기술을 바탕으로 개인용 컴퓨터를 개발하여 대중에게 선보여 애플 II의 성공을 이뤄낸 것이다.

① (가) – (다) – (나) – (라)
② (가) – (다) – (라) – (나)
③ (다) – (나) – (가) – (라)
④ (다) – (나) – (라) – (가)
⑤ (라) – (가) – (다) – (나)

05 다음 문단을 논리적 순서대로 알맞게 배열한 것을 고르시오.

(가) 최근 전 세계적으로 사이버 범죄가 급증하고 있다. 이러한 사이버 범죄의 유형은 다양하지만, 가장 큰 유형 중 하나는 바로 피싱 공격이다. 이 공격은 이메일이나 메시지를 통해 사용자의 개인 정보를 탈취하는 방법이다.

(나) 실제로, 한 대형 은행의 고객이 피싱 이메일을 통해 개인 정보를 도용당한 사례가 있다. 공격자는 은행을 사칭하여 고객에게 이메일을 보내고, 링크를 클릭하도록 유도했다. 고객이 링크를 클릭하고 정보를 입력하자, 해커는 이를 통해 계좌 정보를 탈취하고 대규모 금융 피해를 입혔다.

(다) 피싱(Phishing) 공격의 어원은 '낚시(Fishing)'에서 유래되었다. 이는 해커들이 사용자의 정보를 '낚아채는' 방식에서 비롯된 것이다. 피싱 공격의 주요 특징은 정교하게 위장된 이메일이나 메시지를 통해 사용자를 속여, 개인 정보를 입력하도록 유도하는 것이다. 이러한 공격은 매우 교묘하게 이루어져 사용자가 쉽게 속을 수 있다.

(라) 이렇듯 사이버 범죄는 점점 더 정교해지고 있다. 해커들은 최신 기술을 활용하여 새로운 공격 방법을 개발하고 있으며, 이에 따라 기존의 보안 체계로는 이를 완전히 방어하기 어려워졌다. 따라서, 최신 보안 기술을 반영한 새로운 대책이 필요한 상황이다.

① (가) – (나) – (다) – (라)
② (가) – (다) – (나) – (라)
③ (가) – (다) – (라) – (나)
④ (다) – (가) – (나) – (라)
⑤ (다) – (나) – (라) – (가)

06 **다음 문단을 논리적 순서대로 알맞게 배열한 것을 고르시오.**

(가) 모든 스마트홈 시스템은 데이터 수집과 분석을 통해 작동한다. 다양한 센서가 실시간으로 데이터를 수집하고, 중앙 제어 시스템이 이 데이터를 분석하여 사용자의 명령이나 사전 설정된 조건에 따라 각 장치를 제어한다. 이 과정을 통해 스마트홈 시스템은 자동으로 다양한 활동을 조절할 수 있다. 이 과정에서 IoT(사물인터넷) 기술이 중요한 역할을 한다.

(나) 만약 스마트홈 시스템을 잘 활용하고 싶다면, 사용자는 먼저 각 장치의 기능과 설정 방법을 충분히 이해해야 한다. 또한, 정기적인 소프트웨어 업데이트를 통해 보안 취약점을 방지하고, 새로운 기능을 사용할 수 있도록 해야 한다. 마지막으로, 에너지 절약을 위해 스마트 조명이나 온도 조절기와 같은 장치를 효율적으로 설정하는 것이 중요하다.

(다) 최근 많은 사람들이 스마트폰을 통해 집 안의 조명, 난방, 보안 시스템 등을 조절한다. 어떻게 스마트폰 하나로 가능한 것일까? 바로 스마트홈 시스템 덕분이다. 스마트홈 시스템을 통해 가전제품과 주거 환경의 자동화, 에너지 효율 상승, 보안 강화가 가능해진다.

(라) IoT는 각 장치들이 네트워크에 연결되어 데이터를 실시간으로 주고 받을 수 있게 하는 기술이다. 중앙 제어 시스템이 이를 통해 수집된 데이터를 활용하여 스마트홈 시스템을 효율적으로 운영하는 것이다. 즉, 스마트홈 시스템은 IoT 기술을 이용하여 각종 가전제품과 보안 장치들을 실시간으로 연결하고, 중앙 제어 시스템은 이 데이터를 분석하여 장치를 제어한다. 이를 통해 효율적이고 통합된 관리가 가능해진다.

① (가) – (라) – (다) – (나)
② (다) – (가) – (나) – (라)
③ (다) – (가) – (라) – (나)
④ (라) – (가) – (나) – (다)
⑤ (라) – (나) – (다) – (가)

07 다음 문단을 논리적 순서대로 알맞게 배열한 것을 고르시오.

(가) 일반 식품은 대량 생산이 가능하며, 주로 화학 비료와 합성 농약을 사용하여 재배된다. 대형 마트에서 쉽게 구매할 수 있는 사과, 당근 등이 일반 식품에 해당한다. 이러한 식품은 가격이 상대적으로 저렴하고 널리 유통되는 장점이 있다.

(나) 그러나 유기농 식품은 일반 식품보다 가격이 비싼 문제가 있다. 유기농 재배 과정에 더 많은 노동력과 시간이 필요하기 때문이다.

(다) 반면, 유기농 식품은 화학 비료나 합성 농약을 사용하지 않고 자연 친화적인 방식으로 재배된다. 유기농 농장에서 자란 유기농 사과, 유기농 당근 등이 이에 해당한다. 이러한 방식은 환경을 보호하고 인체에 해로운 물질을 최소화하는 데 기여한다.

(라) 예를 들어, 최근 일부 학교에서는 유기농 식재료를 사용한 급식을 제공하다 비용 문제로 사용하지 못하고 있다. 이를 해결하기 위해, 정부와 지방자치단체에서는 유기농 식품 구매 시 보조금을 지급하거나 유기농 농산물 직거래 장터를 운영하여 가격 부담을 줄이려는 노력을 하고 있다. 이러한 방식은 유기농 식품의 접근성을 높이고 경제적 부담을 줄일 수 있다.

① (가) – (나) – (다) – (라)
② (가) – (나) – (라) – (다)
③ (가) – (다) – (나) – (라)
④ (가) – (다) – (라) – (나)
⑤ (가) – (라) – (나) – (다)

08 다음 문단을 논리적 순서대로 알맞게 배열한 것을 고르시오.

(가) 동독 주민들이 서독으로 대거 이주하는 상황이 벌어졌는데, 이에 동독 정부는 서베를린으로의 대규모 탈출을 막기 위해 거대한 장벽을 세우기 시작했다. 이 장벽이 베를린 장벽이다. 베를린 장벽은 철저한 감시와 보안 속에서 동독 주민들이 서독으로 이동하는 것을 차단했다.

(나) 그 후 동독 내 대규모 민주화 시위와 정치적 압력이 발생했다. 이에 1989년 동독 정부가 여행 제한을 완화하겠다고 발표하면서 베를린 장벽의 붕괴가 시작되었다. 수많은 사람들이 장벽을 넘어 자유롭게 이동하면서 베를린 장벽은 역사 속으로 사라졌다.

(다) 제2차 세계 대전이 끝난 후 독일은 동서로 분할되었으며, 수도 베를린도 동서로 나뉘었다. 이로 인해 동베를린은 소련의 영향권에, 서베를린은 서방 연합국의 영향권에 놓이게 되었다.

(라) 독일의 분단은 1990년 10월 3일 공식적으로 종료되었다. 동독과 서독의 지도자들은 여러 차례의 회담을 통해 통일의 구체적인 방안을 논의하였으며, 동독 주민들의 대규모 시위와 서독의 경제적 지원이 큰 역할을 했다. 독일의 통일은 유럽의 정치적 지형을 바꾸는 중요한 사건으로 기록되었다.

① (가) – (나) – (다) – (라)
② (다) – (가) – (나) – (라)
③ (가) – (나) – (라) – (다)
④ (다) – (가) – (라) – (나)
⑤ (가) – (다) – (나) – (라)

정답 및 해설 234p

01 다음 글에서 알 수 없는 것은?

1859년에 프랑스의 수학자인 르베리에는 태양과 수성 사이에 미지의 행성이 존재한다는 가설을 세웠고, 그 미지의 행성을 '불칸'이라고 이름 붙였다. 당시의 천문학자들은 르베리에를 따라 불칸의 존재를 확신하고 그 첫 번째 관찰자가 되기 위해서 노력했다. 이렇게 확신한 이유는 르베리에가 불칸을 예측하는 데 사용한 방식이 해왕성을 성공적으로 예측하는 데 사용한 방식과 동일했기 때문이다. 해왕성 예측의 성공으로 인해 르베리에에 대한, 그리고 불칸의 예측 방법에 대한 신뢰가 높았던 것이다.

르베리에 또한 죽을 때까지 불칸의 존재를 확신했는데, 그가 그렇게 확신할 수 있었던 것 역시 해왕성 예측의 성공 덕분이었다. 1781년에 천왕성이 처음 발견된 뒤, 천문학자들은 천왕성보다 더 먼 위치에 다른 행성이 존재할 경우에만 천왕성의 궤도에 대한 관찰 결과가 뉴턴의 중력 법칙에 따라 설명될 수 있다고 생각했다. 이에 르베리에는 관찰을 통해 얻은 천왕성의 궤도와 뉴턴의 중력 법칙에 따라 산출한 궤도 사이의 차이를 수학적으로 계산하여 해왕성의 위치를 예측했다. 천문학자인 갈레는 베를린 천문대에서 르베리에의 편지를 받은 그날 밤, 르베리에가 예측한 바로 그 위치에 해왕성이 존재한다는 사실을 확인하였다.

르베리에는 수성의 운동에 대해서도 일찍부터 관심을 가지고 있었다. 르베리에는 수성의 궤도에 대한 관찰 결과 역시 뉴턴의 중력 법칙으로 예측한 궤도와 차이가 있음을 제일 먼저 밝힌 뒤, 1859년에 그 이유를 천왕성－해왕성의 경우와 마찬가지로 수성의 궤도에 미지의 행성이 영향을 끼치기 때문이라는 가설을 세운다. 르베리에는 이 미지의 행성에 '불칸'이라는 이름까지 미리 붙였던 것이며, 마침 르베리에의 가설에 따라 이 행성을 발견했다고 주장하는 천문학자까지 나타났던 것이다. 하지만 불칸의 존재에 대해 의심하는 천문학자들 또한 있었고, 이후 아인슈타인의 상대성이론을 이용해 수성의 궤도를 정확하게 설명하는 데 성공함으로써 가상의 행성인 불칸을 상정해야 할 이유는 사라졌다.

① 르베리에에 의하면 수성의 궤도를 정확하게 설명하기 위해서는 뉴턴의 중력 법칙을 대신할 다른 법칙이 필요하지 않다.
② 르베리에에 의하면 천왕성의 궤도를 정확하게 설명하기 위해서는 뉴턴의 중력 법칙을 대신할 다른 법칙이 필요하다.
③ 수성의 궤도에 대한 르베리에의 가설에 기반하여 연구한 천문학자가 있었다.
④ 르베리에는 해왕성의 위치를 수학적으로 계산하여 추정하였다.
⑤ 르베리에는 불칸의 존재를 수학적으로 계산하여 추정하였다.

02 다음 글에서 알 수 없는 것은?

연금술은 일련의 기계적인 속임수나 교감적 마술에 대한 막연한 믿음 이상의 인간 행위다. 출발에서부터 그것은 세계와 인간 생활을 관계 짓는 이론이었다. 물질과 과정, 원소와 작용 간의 구분이 명백하지 않았던 시대에 연금술이 다루는 원소들은 인간성의 측면들이기도 했다.

당시 연금술사의 관점에서 본다면 인체라는 소우주와 자연이라는 대우주 사이에는 일종의 교감이 있었다. 대규모의 화산은 일종의 부스럼과 같고 폭풍우는 왈칵 울어대는 동작과 같았다. 연금술사들은 두 가지 원소가 중요하다고 보았다. 그 중 하나가 수은인데, 수은은 밀도가 높고 영구적인 모든 것을 대표한다. 또 다른 하나는 황으로, 가연성이 있고 비영속적인 모든 것을 표상한다. 이 우주 안의 모든 물체들은 수은과 황으로 만들어졌다. 이를테면 연금술사들은 알 속의 배아에서 뼈가 자라듯, 모든 금속들은 수은과 황이 합성되어 자라난다고 믿었다. 그들은 그와 같은 유추를 진지한 것으로 여겼는데, 이는 현대 의학의 상징적 용례에 그대로 남아 있다. 우리는 지금도 여성의 기호로 연금술사들의 구리 표시, 즉 '부드럽다'는 뜻으로 '비너스'를 사용하고 있다. 그리고 남성에 대해서는 연금술사들의 철 기호, 즉 '단단하다'는 뜻으로 '마르스'를 사용한다.

모든 이론이 그렇듯이 연금술은 당시 그 시대의 문제를 해결하기 위한 노력의 산물이었다. 1500년경까지는 모든 치료법이 식물 아니면 동물에서 나와야 한다는 신념이 지배적이었기에 의학 문제들은 해결을 보지 못하고 좌초해 있었다. 그때까지 의약품은 대체로 약초에 의존하였다. 그런데 연금술사들은 거리낌 없이 의학에 금속을 도입했다. 예를 들어 유럽에 창궐한 매독을 치료하기 위해 대단히 독창적인 치료법을 개발했는데, 그 치료법은 연금술에서 가장 강력한 금속으로 간주된 수은을 바탕으로 하였다.

① 연금술사는 모든 치료행위에 수은을 사용하였다.
② 연금술사는 인간을 치료하는 데 금속을 사용하였다.
③ 연금술사는 구리가 황과 수은의 합성의 산물이라고 보았다.
④ 연금술사는 연금술을 자연만이 아니라 인간에게도 적용했다.
⑤ 연금술사는 모든 물체가 두 가지 원소로 이루어진다고 보았다.

03 다음 글에서 알 수 있는 것은?

소설과 영화는 둘 다 '이야기'를 '전달'해 주는 예술 양식이다. 그래서 역사적으로 소설과 영화는 매우 가까운 관계였다. 초기 영화들은 소설에서 이야기의 소재를 많이 차용했으며, 원작 소설을 각색하여 영화의 시나리오로 만들었다.

하지만 소설과 영화는 인물, 배경, 사건과 같은 이야기 구성 요소들을 공유하고 있다 하더라도 이야기를 전달하는 방법에 뚜렷한 차이를 보인다. 예컨대 어떤 인물의 내면 의식을 드러낼 때 소설은 문자 언어를 통해 표현하지만, 영화는 인물의 대사나 화면 밖의 목소리를 통해 전달하거나 혹은 연기자의 표정이나 행위를 통해 암시적으로 표현한다. 또한 소설과 영화의 중개자는 각각 서술자와 카메라이기에 그로 인한 서술 방식의 차이도 크다. 가령 1인칭 시점의 원작 소설과 이를 각색한 영화를 비교해 보면, 소설의 서술자 '나'의 경우 영화에서는 화면에 인물로 등장해야 하므로 이들의 서술 방식은 달라진다.

이처럼 원작 소설과 각색 영화 사이에는 이야기가 전달되는 방식에서 큰 차이가 발생한다. 소설은 시공간의 얽매임을 받지 않고 풍부한 재현이나 표현의 수단을 가지고 있지만, 영화는 모든 것을 직접적인 감각성에 의존한 영상과 음향으로 표현해야 하기 때문에 재현이 어려운 심리적 갈등이나 내면 묘사, 내적 독백 등을 소설과 다른 방식으로 나타내야 하는 것이다. 요컨대 소설과 영화는 상호 유사한 성격을 지니고 있으면서도 각자 독자적인 예술 양식으로서의 특징을 지니고 있다.

① 영화는 소설과 달리 인물의 내면 의식을 직접적으로 표현하지 못한다.
② 소설과 영화는 매체가 다르므로 두 양식의 이야기 전달 방식도 다르다.
③ 매체의 표현 방식에도 진보가 있는데 영화가 소설보다 발달된 매체이다.
④ 소설과 달리 영화는 카메라의 촬영 기술과 효과에 따라 주제가 달라진다.
⑤ 문자가 영상의 기초가 되므로 영화도 소설처럼 문자 언어적 표현 방식에 따라 화면이 구성된다.

04 다음 글에서 알 수 있는 것은?

요리의 좋은 맛을 내는 조리 과정에서는 수많은 분자를 만들어내는 화학반응이 일어난다. 많은 화학반응 중 가장 돋보이는 화학반응은 '마이야르 반응'이다. 마이야르 반응은 온도가 약 섭씨 140도에 도달할 때 일어나기 시작한다. 이 온도에서는 당 분자가 단백질을 이루는 요소들 중 하나인 아미노산과 반응한다. 음식에 들어 있는 당 분자들은 흔히 서로 결합하여 둘씩 짝을 이루거나 긴 사슬 구조를 만든다. 마찬가지로 단백질도 수백 개의 아미노산이 서로 연결된 긴 사슬로 이루어져 있다. 마이야르 반응은 그 긴 사슬 끝에 있는 당이 다른 사슬 끝에 있는 아미노산과 만나 반응하며 시작된다. 당과 아미노산이 만나 새로운 화학물질이 생겨나며, 반응한 화학물질은 자연스럽게 재정렬된다.

초기 반응에 관여한 아미노산과 당의 특성에 따라 다음에 일어날 일이 달라진다. 마이야르 반응에 관여할 수 있는 당은 적어도 6가지이며, 아미노산은 20가지가 넘는다. 따라서 어떠한 종류의 당과 아미노산이 반응에 참여하느냐에 따라 생성되는 화학물질의 종류는 천차만별이다. 또 주변의 산도와 온도, 수분의 양에 따라서도 반응이 달라지는데, 여러 조건에 따라 반응 속도뿐만 아니라 반응을 통해 생성되는 화학물질이 달라진다. 마이야르 반응을 통해 생성되는 분자 중 일부는 사람이 섭취했을 때 흥미로운 맛을 낸다. 예를 들면 포도당이 아미노산의 한 종류인 시스테인과 반응할 때 생성되는 아크릴피리딜은 크래커와 유사한 맛을 내고, 아미노산의 한 종류인 아르기닌과 반응할 때 생성되는 아세틸피롤린은 팝콘향을 낸다. 여기에 더해 갈색빛을 띠는 멜라노이딘 계열 분자들도 생성되는데, 이들은 음식이 갈색을 띠게 만든다. 마이야르 반응을 통해 여러 맛 분자들뿐 아니라, 발암물질의 하나인 아세틸아미드와 같은 분자들도 소량이나마 생성된다.

① 약 섭씨 140도에서 포도당과 단백질 사슬 끝에 있는 아미노산이 반응하면 팝콘향을 내는 물질을 생성할 수 있다.
② 마이야르 반응으로 생성되는 화학물질의 종류는 아미노산과 당의 종류보다는 주변 조건에 따라 결정된다.
③ 아크릴피리딜은 당 분자의 사슬 구조 끝에 있는 포도당과 아르기닌이 반응함으로써 생성된다.
④ 멜라노이딘 계열 분자는 요리의 색을 결정할 뿐, 암을 유발하는 데 관여하지 않는다.
⑤ 마이야르 반응 과정에서 생성되는 발암물질의 양은 반응 속도에 따라 결정된다.

05 다음 글에서 알 수 있는 것은?

바르트는 언어를 '랑그', '스틸', '에크리튀르'로 구분해서 파악했다. 랑그는 영어의 'language'에 해당한다. 인간은 한국어, 중국어, 영어 등 어떤 언어를 공유하는 집단에서 태어난다. 그때 부모나 주변 사람들이 이야기하는 언어가 '모어(母語)'이고 그것이 랑그이다.

랑그에 대해 유일하게 말할 수 있는 사실은, 태어날 때부터 부모가 쓰는 언어여서 우리에게 선택권이 없다는 것이다. 인간은 '모어 속에 던져지는' 방식으로 태어나기 때문에 랑그에는 관여할 수 없다. 태어나면서 쉼 없이 랑그를 듣고 자라기 때문에 어느새 그 언어로 사고하고, 그 언어로 숫자를 세고, 그 언어로 말장난을 하고, 그 언어로 신어(新語)를 창조한다.

스틸의 사전적인 번역어는 '문체'이지만 실제 의미는 '어감'에 가깝다. 이는 언어에 대한 개인적인 호오(好惡)의 감각을 말한다. 누구나 언어의 소리나 리듬에 대한 호오가 있다. 글자 모양에 대해서도 사람마다 취향이 다르다. 이는 좋고 싫음의 문제이기 때문에 어쩔 도리가 없다. 따라서 스틸은 기호에 대한 개인적 호오라고 해도 좋다. 다시 말해 스틸은 몸에 각인된 것이어서 주체가 자유롭게 선택할 수 없다.

인간이 언어기호를 조작할 때에는 두 가지 규제가 있다. 랑그는 외적인 규제, 스틸은 내적인 규제이다. 에크리튀르는 이 두 가지 규제의 중간에 위치한다. 에크리튀르는 한국어로 옮기기 어려운데, 굳이 말하자면 '사회방언'이라고 할 수 있다. 방언은 한 언어의 큰 틀 속에 산재하고 있으며, 국소적으로 형성된 것이다. 흔히 방언이라고 하면 '지역방언'을 떠올리는데, 이는 태어나 자란 지역의 언어이므로 랑그로 분류된다. 하지만 사회적으로 형성된 방언은 직업이나 생활양식을 선택할 때 동시에 따라온다. 불량청소년의 말, 영업사원의 말 등은 우리가 선택할 수 있다.

① 랑그는 선택의 여지가 없지만, 스틸과 에크리튀르는 자유로운 선택이 가능하다.
② 방언에 대한 선택은 언어에 대한 개인의 호오 감각에 기인한다.
③ 동일한 에크리튀르를 사용하는 사람들은 같은 지역 출신이다.
④ 같은 모어를 사용하는 형제라도 스틸은 다를 수 있다.
⑤ 스틸과 에크리튀르는 언어 규제상 성격이 같다.

06 다음 글의 내용과 부합하는 것은?

'공공 미술'이란 공개된 장소에 설치되고 전시되는 작품으로서, 공중(公衆)을 위해 제작되고 공중에 의해 소유되는 미술품을 의미한다. 공공 미술의 역사는 세 가지 서로 다른 패러다임의 변천으로 설명할 수 있다. 첫 번째는 '공공장소 속의 미술' 패러다임으로, 1960년대 중반부터 1970년대 중반까지 대부분의 공공 미술이 그에 해당한다. 이것은 미술관이나 갤러리에서 볼 수 있었던 미술 작품을 공공장소에 설치하여 공중이 미술 작품을 접하기 쉽게 한 것이다. 두 번째는 '공공 공간으로서의 미술' 패러다임으로, 공공 미술 작품의 개별적인 미적 가치보다는 사용가치에 주목하고 공중이 공공 미술을 더 가깝게 느끼고 이해할 수 있도록 미술과 실용성 사이의 구분을 완화하려는 시도이다. 이에 따르면 미술 작품은 벤치나 테이블, 가로등, 맨홀 뚜껑을 대신하면서 공공장소에 완전히 동화된다. 세 번째인 '공공의 이익을 위한 미술' 패러다임은 사회적인 쟁점과 직접적 접점을 만들어냄으로써 사회 정의와 공동체의 통합을 추구하는 활동이다. 이것은 거리 미술, 게릴라극, 페이지 아트 등과 같은 비전통적 매체뿐만 아니라 회화, 조각을 포함하는 다양한 전통 매체를 망라한 행동주의적이며 공동체적인 활동이라고 할 수 있다.

첫 번째와 두 번째 패러다임은 둘 다 공적인 공간에서 시각적인 만족을 우선으로 한다는 점에서 하나의 틀로 묶을 수 있다. 공적인 공간에서 공중의 미적 향유를 위해서 세워진 조형물이나 쾌적하고 심미적인 도시를 만들기 위해 디자인적 요소를 접목한 공공 편의 시설물은 모두 공중에게 시각적인 만족을 제공하기 위해 제작된 활동이라는 의미에서 '공공장소를 미화하는 미술'이라 부를 수 있다. 세 번째 패러다임인 '공공의 이익을 위한 미술'은 사회 변화를 위한 공적 관심의 증대를 목표로 하고 있어서 공공 공간을 위한 미술이라기보다는 공공적 쟁점에 주목하는 미술이다. 이 미술은 해당 주제가 자신들의 삶에 중요한 쟁점이 되는 특정한 공중 일부에게 집중한다. 그런 점에서 이러한 미술 작업은 공중 모두에게 공공장소에 대한 보편적인 미적 만족을 제공하려는 활동과는 달리 '공적인 관심을 증진하는 미술'에 해당한다.

① 공공 공간으로서의 미술은 다양한 매체를 활용하여 사회 정의와 공동체 통합을 추구하는 활동이다.

② 공공장소를 미화하는 미술은 공공 미술 작품의 미적 가치보다 사용가치에 주목하는 시도를 포함한다.

③ 공적인 관심을 증진하는 미술은 공중이 공유하는 문화 공간을 심미적으로 디자인하여 미술과 실용성을 통합하려는 활동이다.

④ 공공장소 속의 미술은 사회 변화를 위한 공적 관심의 증대를 목표로 공중 모두에게 공공장소에 대한 보편적 미적 만족을 제공한다.

⑤ 공공의 이익을 위한 미술은 공간적 제약을 넘어서 공중이 미술을 접할 수 있도록 작품이 존재하는 장소를 미술관에서 공공장소로 확대하는 활동이다.

07 다음 글에서 알 수 있는 것은?

비정규직 근로자들이 늘어나면서 '프레카리아트'라고 불리는 새로운 계급이 형성되고 있다. 프레카리아트란 '불안한(precarious)'이라는 단어와 '무산계급(proletariat)'이라는 단어를 합친 용어로 불안정한 고용 상태에 놓여 있는 사람들을 의미한다. 프레카리아트에 속한 사람들은 직장 생활을 하다가 쫓겨나 실업자가 되었다가 다시 직장에 복귀하기를 반복한다. 이들은 고용 보장, 직무 보장, 근로안전 보장 등 노동 보장을 받지 못하며, 직장 소속감도 없을 뿐만 아니라, 자신의 직업에 대한 전망이나 직업 정체성도 결여되어있다. 프레카리아트는 분노, 무력감, 걱정, 소외를 경험할 수밖에 없는 '위험한 계급'으로 전락한다. 이는 의미 있는 삶의 길이 막혀 있다는 좌절감과 상대적 박탈감, 계속된 실패의 반복 때문이다. 이러한 사람들이 늘어나면 자연히 갈등, 폭력, 범죄와 같은 사회적 병폐들이 성행하여 우리 사회는 점점 더 불안해지게 된다.

프레카리아트와 비슷하지만 약간 다른 노동자 집단이 있다. 이른바 '긱 노동자'다. '긱(gig)'이란 기업들이 필요에 따라 단기 계약 등을 통해 임시로 인력을 충원하고 그때그때 대가를 지불하는 것을 의미한다. 예를 들어 방송사에서는 드라마를 제작할 때마다 적합한 사람들을 섭외하여 팀을 꾸리고 작업에 착수한다. 긱 노동자들은 고용주가 누구든 간에 자신이 보유한 고유의 직업 역량을 고용주에게 판매하면서, 자신의 직업을 독립적인 '프리랜서' 또는 '개인 사업자' 형태로 인식한다. 정보통신 기술의 발달은 긱을 더욱더 활성화한다. 정보통신 기술을 이용하면 긱 노동자의 모집이 아주 쉬워진다. 기업은 사업 아이디어만 좋으면 인터넷을 이용하여 필요한 긱 노동자를 모집할 수 있다. 기업이 긱을 잘 활용하면 경쟁력을 높여 정규직 위주의 기존 기업들을 앞서나갈 수 있다.

① 긱 노동자가 자신의 직업 형태에 대해 갖는 인식은 자신을 고용한 기업에 따라 달라지지 않는다.
② 정보통신 기술의 발달은 프레카리아트 계급과 긱 노동자 집단을 확산시킨다.
③ 긱 노동자 집단이 확산하면 프레카리아트 계급은 축소된다.
④ '위험한 계급'이 겪는 부정적인 경험이 적은 프레카리아트일수록 정규직 근로자로 변모할 가능성이 크다.
⑤ 비정규직 근로자에 대한 노동 보장의 강화는 프레카리아트 계급을 축소시키고 긱 노동자 집단을 확산시킨다.

08 다음 글의 내용과 부합하지 않는 것은?

세로토닌은 뇌에서 감정과 기분을 조절하는 데 중요한 역할을 하는 신경 전달 물질이다. 세로토닌의 부족은 우울증, 불안, 충동 조절의 어려움 등 다양한 정신적 문제와 연결될 수 있으며, 반대로 세로토닌이 과도하게 분비되면 감정의 기복이 줄어들고 무기력감을 느낄 수 있다. 세로토닌은 뇌의 보상 체계와도 관련이 있어, 그 분비가 줄어들면 기쁨과 만족감을 느끼기 어려워지며, 외부 자극에 대한 반응이 둔해질 수 있다. 또한, 세로토닌은 수면 주기와도 연관되어 있어 분비가 불규칙해지면 수면의 질이 떨어질 수 있다. 이러한 세로토닌의 이상은 약물 치료나 상담을 통해 조절할 수 있으며, 필요에 따라 식습관 개선이나 운동을 통해 분비를 조절하기도 한다. 세로토닌은 빛의 양에 영향을 받기 때문에, 야외 활동을 통해 자연광을 충분히 받는 것이 권장된다. 특히 아침 햇빛을 받으면 세로토닌 분비가 촉진되어 기분 안정에 도움이 된다. 한편, 세로토닌이 낮아지면 체내 멜라토닌 분비에도 영향을 미쳐 잠들기 어려운 상태가 될 수 있다. 또한, 세로토닌 분비는 일반적인 혈액 검사를 통해 확인하기 어려워, 전문가의 진단이 필요하다.

① 세로토닌이 과도하게 분비되면 감정의 기복이 줄어들 수 있다.
② 식습관 개선이나 운동을 통해 세로토닌 분비를 조절할 수 있다.
③ 세로토닌 분비는 일반적인 혈액 검사를 통해 파악하기 쉽지 않다.
④ 세로토닌 분비가 낮아지면 체내 멜라토닌 수치에 영향을 미치지 않는다.
⑤ 자연광을 받지 않으면 세로토닌 분비가 감소할 가능성이 있다.

09 다음 글에서 알 수 있는 것은?

> 도덕에 관한 이론인 정서주의는 언어 사용의 세 가지 목적에 주목한다. 첫째, 화자가 청자에게 정보를 전달하는 목적이다. 예를 들어, "세종대왕은 조선의 왕이다."라는 문장은 참 혹은 거짓을 판단할 수 있는 정보를 전달하고 있다. 둘째, 화자가 청자에게 행위를 하도록 요구하는 목적이다. "백성을 사랑하라."라는 명령문 형식의 문장은 청자에게 특정한 행위를 요구한다. 셋째, 화자의 태도를 청자에게 표현하는 목적이다. "세종대왕은 정말 멋져!"라는 감탄문 형식의 문장은 세종대왕에 대한 화자의 태도를 표현하고 있다.
>
> 정서주의자들은 도덕적 언어를 정보 전달의 목적으로 사용하는 것이 아니라, 사람의 행위에 영향을 주거나 자신의 태도를 표현하는 목적으로 사용한다고 말한다. "너는 거짓말을 해서는 안 된다."라고 말한다면, 화자는 청자가 그러한 행위를 하지 못하게 하려는 것이다. 따라서 이러한 진술은 정보를 전달하는 것이 아니라, "거짓말을 하지 마라."라고 명령하는 것이다.
>
> 정서주의자들에 따르면 태도를 표현하는 목적으로 도덕적 언어를 사용하는 것은 태도를 보고하는 것이 아니다. 만약 "나는 세종대왕을 존경한다."라고 말한다면 이 말은 화자가 세종대왕에 대해 긍정적인 태도를 지니고 있다는 사실을 보고하는 것이다. 즉, 이는 참 혹은 거짓을 판단할 수 있는 정보를 전달하는 문장이다. 반면, "세종대왕은 정말 멋져!"라고 외친다면 화자는 결코 어떤 종류에 관한 사실을 전달하거나, 태도를 갖고 있다고 보고하는 것이 아니다. 이는 화자의 세종대왕에 대한 태도를 표현하고 있는 것이다.

① 정서주의에 따르면 화자의 태도를 표현하는 문장은 참이거나 거짓이다.
② 정서주의에 따르면 도덕적 언어는 화자의 태도를 보고하는 데 사용된다.
③ 정서주의에 따르면 "세종대왕은 한글을 창제하였다."는 참도 거짓도 아니다.
④ 정서주의에 따르면 언어 사용의 가장 중요한 목적은 정보를 전달하는 것이다.
⑤ 정서주의에 따르면 도덕적 언어의 사용은 명령을 하거나 화자의 태도를 표현하기 위한 것이다.

10 다음 글의 내용과 부합하지 않는 것은?

기원전 3천 년쯤 처음 나타난 원시 수메르어 문자 체계는 두 종류의 기호를 사용했다. 한 종류는 숫자를 나타냈고, 1, 10, 60 등에 해당하는 기호가 있었다. 다른 종류의 기호는 사람, 동물, 사유물, 토지 등을 나타냈다. 두 종류의 기호를 사용하여 수메르인들은 많은 정보를 보존할 수 있었다.

이 시기의 수메르어 기록은 사물과 숫자에 한정되었다. 쓰기는 시간과 노고를 요구하는 일이었고, 기호를 읽고 쓸 줄 아는 사람은 얼마 되지 않았다. 이런 고비용의 기호를 장부 기록 이외의 일에 활용할 이유가 없었다. 현존하는 원시 수메르어 문서 가운데 예외는 하나뿐이고, 그 내용은 기록하는 일을 맡게 된 견습생이 교육을 받으면서 반복해서 썼던 단어들이다. 지루해진 견습생이 자기 마음을 표현하는 시를 적고 싶었더라도 그는 그렇게 할 수 없었다. 원시 수메르어 문자 체계는 완전한 문자 체계가 아니었기 때문이다. 완전한 문자 체계란 구어의 범위를 포괄하는 기호 체계, 즉 시를 포함하여 사람들이 말하는 것은 무엇이든 표현할 수 있는 체계이다. 반면에 불완전한 문자 체계는 인간 행동의 제한된 영역에 속하는 특정한 종류의 정보만 표현할 수 있는 기호 체계다. 라틴어, 고대 이집트 상형문자, 브라유 점자는 완전한 문자 체계이다. 이것들로는 상거래를 기록하고, 상법을 명문화하고, 역사책을 쓰고, 연애시를 쓸 수 있다. 이와 달리 원시 수메르어 문자 체계는 수학의 언어나 음악 기호처럼 불완전했다. 그러나 수메르인들은 불편함을 느끼지 않았다. 그들이 문자를 만들어 쓴 이유는 구어를 고스란히 베끼기 위해서가 아니라 거래 기록의 보존처럼 구어로는 하지 못할 일을 하기 위해서였기 때문이다.

① 원시 수메르어 문자 체계는 구어를 보완하는 도구였다.
② 원시 수메르어 문자 체계는 감정을 표현하는 일에 적합하지 않았다.
③ 원시 수메르어 문자를 당시 모든 구성원이 사용할 줄 아는 것은 아니었다.
④ 원시 수메르어 문자는 사물과 숫자를 나타내는 데 상이한 종류의 기호를 사용하였다.
⑤ 원시 수메르어 문자와 마찬가지로 고대 이집트 상형문자는 구어의 범위를 포괄하지 못했다.

11 다음 글의 내용과 부합하는 것은?

인공지능(AI)은 데이터를 바탕으로 학습하여 다양한 작업을 수행하는 기술로, 그 응답 시간과 정확도가 성능을 좌우한다. AI의 성능은 처리 속도, 데이터 정확성, 응답 지연 시간(Latency) 등 여러 요소에 의해 결정된다. 특히 실시간 분석이 필요한 분야에서는 응답 지연 시간이 짧을수록 성능이 뛰어난 것으로 평가된다. 응답 지연 시간은 사용자가 명령을 내리고 결과를 받기까지 소요되는 시간으로, 밀리초(ms) 단위로 측정한다. AI 시스템의 성능 평가 방식에는 주로 "처리 속도(Response Speed)"와 "실행 지연 시간(Execution Delay)" 방식이 있다. 처리 속도는 AI가 명령을 받은 후 결과를 생성하는 시간까지 걸리는 전체 과정을 측정하는 방식이며, 일반적으로 데이터 크기와 모델의 복잡성에 영향을 받는다. 반면, 실행 지연 시간은 AI 시스템이 결과를 제공하는 데 걸리는 순수한 지연 시간만을 측정하는 방식이다. 처리 속도와 실행 지연 시간을 모두 고려하면 AI 시스템의 종합적인 응답 성능을 평가할 수 있다. AI 시스템의 응답 시간은 작업의 복잡도와 데이터 크기에 따라 변동이 크며, 사용자가 실시간으로 응답을 필요로 하는 경우에는 짧은 응답 지연 시간이 중요하다. 사용자는 AI의 응답 지연이 짧을수록 AI 시스템과의 상호작용이 자연스럽게 느껴지며, 결과의 정확도와 신뢰성이 높아진다고 느낀다. 그러나 AI 시스템의 정확도를 지나치게 높이기 위해 복잡한 모델을 사용할 경우, 응답 지연 시간이 길어질 수 있으므로 상황에 맞는 적절한 설정이 중요하다.

① AI 시스템의 성능 평가는 주로 처리 속도와 데이터 용량을 위주로 이루어진다.
② 처리 속도는 AI 시스템의 응답 지연 시간과 동일한 개념이다.
③ 데이터 크기는 AI 시스템 응답 시간에 영향을 준다.
④ 응답 지연 시간은 초 단위로 측정되는 것이 일반적이다.
⑤ 실행 지연 시간은 AI 시스템의 전체 명령 수행 시간을 측정하는 방식이다.

12 다음 글의 내용과 부합하는 것은?

최근 물류 및 제조 공정에서 인공지능(AI)과 사물인터넷(IoT)을 결합한 고도화된 스마트 로봇이 널리 사용되고 있다. 이러한 스마트 로봇은 작업 효율을 극대화하고, 작업자와의 원활한 협업을 위해 고성능 센서를 다수 탑재하고 있다. 주요 센서로는 충돌 방지 센서, 온도 센서, 자기 위치 센서, 압력 센서 등이 있으며, 각각의 센서는 정밀한 작업 수행과 안전성 보장을 위한 필수적인 역할을 한다. 충돌 방지 센서는 로봇이 주행 중 주변 장애물을 신속히 감지하여 충돌을 방지하는 기능을 수행하며, 온도 센서는 로봇 내부의 발열 상황을 실시간으로 모니터링하여 과열을 방지한다. 자기 위치 센서는 로봇이 작업 공간 내에서 정확한 경로를 따라 이동할 수 있도록 위치를 제어하며, 압력 센서는 로봇이 물체를 집거나 이동할 때 적절한 압력을 유지하여 과도한 힘으로 인한 손상이나 오작동을 방지한다. 또한, 스마트 로봇은 센서 데이터를 AI 모듈을 통해 실시간으로 처리하며, 상황에 따라 작업 경로를 즉각적으로 조정할 수 있다. 이는 작업 중 예기치 않은 장애물이나 급격한 환경 변화에 신속히 대처하기 위한 것으로, 스마트 로봇이 복잡한 산업 환경에서도 높은 수준의 안전성과 작업 효율을 제공할 수 있도록 한다. 이러한 스마트 로봇은 점차 다양한 산업 현장에 적용되고 있으며, 작업자의 부담을 줄이고 생산성을 크게 향상시키는 데 기여하고 있다.

① AI 모듈은 실시간으로 센서 데이터를 분석하여 로봇이 작업 환경에 빠르게 적응할 수 있게 한다.
② 자기 위치 센서는 로봇의 주행 속도를 조절하는 데 사용된다.
③ 압력 센서는 로봇이 특정 온도에서만 작동하도록 한다.
④ 스마트 로봇의 충돌 방지 센서는 오작동을 방지하기 위해 자주 점검해야 한다.
⑤ 충돌 방지 센서는 로봇의 이동 경로를 따라온 물체를 감지하는 데 사용된다.

13 다음 글의 내용과 부합하지 않는 것은?

소리는 매질을 통해 전달되며, 공기, 물, 금속과 같은 다양한 물질을 통해 이동할 수 있다. 그러나 진공 상태에서는 매질이 없어 소리가 전달되지 않는다. 예를 들어, 우주 공간과 같은 진공 상태에서는 소리가 전파될 수 없기 때문에, 우주 공간에서 발생하는 사건들은 소리로는 감지되지 않는다. 이러한 소리의 전파 속도는 매질에 따라 달라지며, 일반적으로 매질의 밀도가 높을수록 소리의 속도는 증가한다. 예를 들어, 공기 중에서의 소리 속도는 약 340m/s인 반면, 물에서는 약 1,500m/s, 철과 같은 금속에서는 5,000m/s를 초과할 수 있다. 또한, 소리의 속도는 매질의 온도에 민감하게 반응하여 온도가 높아질수록 빠르게 전파된다. 또한, 소리는 주변의 온도와 압력에도 영향을 받는다. 온도가 상승하면 공기 분자들이 더 빠르게 움직이기 때문에, 소리의 속도도 증가한다. 반면, 온도가 낮아지면 소리의 속도는 감소하게 된다. 소리의 이러한 특성은 지진파나 초음파와 같은 응용 분야에서도 중요한 역할을 하며, 특히 물리학과 지질학에서 파동의 성질을 연구하는 데 활용된다. 이러한 특성은 음파가 전달되는 환경에 따라 소리의 특성과 감지가 달라질 수 있음을 의미한다. 이와 함께, 다양한 매질 속에서 소리의 속도 차이는 물리학과 공학 분야에서 중요한 역할을 하며, 소리의 특성을 분석하는 데 사용된다.

① 소리는 물을 통해 이동할 수 있다.
② 금속에서는 물보다 소리의 속도가 빠르다.
③ 공기 중에서 소리의 속도는 300m/s 이상이다.
④ 진공 상태에서는 음파가 전달되지 않는다.
⑤ 온도가 상승하면 공기 중 소리의 속도는 감소한다.

14 다음 글의 내용과 부합하는 것은?

미국의 건축물 화재안전 관리체제는 크게 시설계획기준을 제시하는 건축모범규준과 특정 시설의 화재안전평가 및 대안설계안을 결정하는 화재안전평가제 그리고 기존 건축물의 화재 위험도를 평가하는 화재위험도평가제로 구분된다. 건축모범규준과 화재안전평가제는 건축물의 계획 및 시공단계에서 설계지침으로 적용되며, 화재위험도평가제는 기존 건축물의 유지 및 관리단계에서 화재위험도 관리를 위해 활용된다. 우리나라는 정부가 화재안전 관리체제를 마련하고 시행하는 데 반해 미국은 공신력 있는 민간기관이 화재 관련 모범규준이나 평가제를 개발하고 주 정부가 주 상황에 따라 특정 제도를 선택하여 운영하고 있다.

건축모범규준은 미국화재예방협회에서 개발한 것이 가장 널리 활용되는데 3년마다 개정안이 마련된다. 특정 주요 기준은 대부분의 주가 최근 개정안을 적용하지만, 그 외의 기준은 개정되기 전 규준의 기준을 적용하는 경우도 있다. 역시 미국화재예방협회가 개발하여 미국에서 가장 널리 활용되는 화재안전평가제는 공공안전성이 강조되는 의료, 교정, 숙박, 요양 및 교육시설 등 5개 용도시설에 대해 화재안전성을 평가하고 대안설계안의 인정 여부를 결정함에 목적이 있다. 5개 용도시설을 제외한 건축물의 경우에는 건축모범규준의 적용이 권고된다. 화재위험도평가제는 기존 건축물에 대한 데이터를 수집하여 화재안전을 효율적으로 평가·관리함에 목적이 있다. 이 중에서 뉴욕주 소방청의 화재위험도평가제는 공공데이터 공유 플랫폼을 이용하여 수집된 주 내의 모든 정부 기관의 정보를 평가자료로 활용한다.

① 건축모범규준이나 화재안전평가제에 따르면 공공안전성이 강조되는 건물에는 특정 주요 기준이 강제적으로 적용되고 있다.

② 건축모범규준, 화재안전평가제, 화재위험도평가제 모두 건축물의 설계·시공단계에서 화재안전을 확보하는 수단이다.

③ 건축모범규준을 적용하여 건축물을 신축하는 경우 반드시 가장 최근에 개정된 기준에 따라야 한다.

④ 미국에서는 민간기관인 미국화재예방협회가 건축모범규준과 화재안전평가제를 개발·운영하고 있다.

⑤ 뉴욕주 소방청은 화재위험도 평가에 타 기관에서 수집한 정보를 활용한다.

15 다음 글에서 추론할 수 있는 것은?

두뇌 연구는 지금까지 뉴런을 중심으로 진행되어 왔다. 뉴런 연구로 노벨상을 받은 카얄은 뉴런이 '생각의 전화선'이라는 이론을 확립하여 사고와 기억 등 두뇌에서 일어나는 모든 현상을 뉴런의 연결망과 뉴런 간의 전기 신호로 설명했다. 그러나 두뇌에는 뉴런 외에도 신경교 세포가 존재한다. 신경교 세포는 뉴런처럼 그 수가 많지만 전기 신호를 전달하지 못한다. 이 때문에 과학자들은 신경교 세포가 단지 두뇌 유지에 필요한 영양 공급과 두뇌 보호를 위한 전기 절연의 역할만을 가진다고 여겼다.

최근 과학자들은 신경교 세포에서 그 이상의 기능을 발견했다. 신경교 세포 중에도 '성상 세포'라 불리는 별 모양의 세포는 자신만의 화학적 신호를 가진다는 것이 밝혀졌다. 성상세포는 뉴런처럼 전기를 이용하지는 않지만, '뉴런송신기'라고 불리는 화학물질을 방출하고 감지한다. 과학자들은 이러한 화학적 신호의 연쇄반응을 통해 신경교 세포가 전체 뉴런을 조정한다고 추론했다.

A 연구팀은 신경교 세포가 전체 뉴런을 조정하면서 기억력과 사고력을 향상시킨다고 예상하고서, 이를 확인하기 위해 인간의 신경교 세포를 갓 태어난 생쥐의 두뇌에 주입했다. 쥐가 자라면서 주입된 인간의 신경교 세포도 성장했다. 이 세포들은 쥐의 뉴런들과 완벽하게 결합되어 쥐의 두뇌 전체에 걸쳐 퍼지게 되었다. 심지어 어느 두뇌 영역에서는 쥐의 뉴런의 숫자를 능가하기도 했다. 뉴런과 달리 쥐와 인간의 신경교 세포는 비교적 쉽게 구별된다. 인간의 신경교 세포는 매우 길고 무성한 섬유질을 가지기 때문이다. 쥐에 주입된 인간의 신경교 세포는 그 기능을 그대로 간직한다. 그렇게 성장한 쥐들은 다른 쥐들과 잘 어울렸고, 다른 쥐들의 관심을 끄는 것에 흥미를 보였다. 이 쥐들은 미로를 통과해 치즈를 찾는 테스트에서 더 뛰어났다. 보통의 쥐들은 네다섯 번의 시도 끝에 올바른 길을 배웠지만, 인간의 신경교 세포를 주입받은 쥐들은 두 번 만에 학습했다.

① 인간의 신경교 세포를 쥐에게 주입하면, 쥐의 뉴런은 전기 신호를 전달하지 못할 것이다.
② 인간의 뉴런 세포를 쥐에게 주입하면, 쥐의 두뇌에는 화학적 신호의 연쇄 반응이 더 활발해질 것이다.
③ 인간의 뉴런 세포를 쥐에게 주입하면, 그 뉴런 세포는 쥐의 두뇌 유지에 필요한 영양을 공급할 것이다.
④ 인간의 신경교 세포를 쥐에게 주입하면, 그 신경교 세포는 쥐의 뉴런을 보다 효과적으로 조정할 것이다.
⑤ 인간의 신경교 세포를 쥐에게 주입하면, 그 신경교 세포는 쥐의 신경교 세포의 기능을 갖도록 변화할 것이다.

16 다음 글의 내용과 부합하지 않는 것은?

1970년대 이후 미국의 사회 규범과 제도는 소득 불균형을 심화시켰고 그런 불균형을 묵과했다고 볼 수 있다. 그 예로 노동조합의 역사를 보자. 한때 노동조합은 소득 불균형을 제한하는 역할을 하였고, 노동조합이 몰락하자 불균형을 억제하던 힘이 사라졌다.

제조업이 미국경제를 주도할 때 노동조합도 제조업 분야에서 가장 활발했다. 그러나 지금 미국경제를 주도하는 것은 서비스업이다. 이와 같은 산업구조의 변화는 기술의 발전이 주된 요인이지만 많은 제조업 제품을 주로 수입에 의존하게 된 것이 또 다른 요인이다. 이러한 사실에 기초하여 노동조합의 몰락은 산업구조의 변화가 그 원인이라는 견해가 지배적이었다. 그러나 노동조합이 전반적으로 몰락한 주요 원인을 제조업 분야의 쇠퇴에서 찾는 이러한 견해는 틀린 것으로 판명되었다.

1973년 전체 제조업 종사자 중 39%였던 노동조합원의 비율이 2005년에는 13%로 줄어들었을 뿐더러, 새롭게 부상한 서비스업 분야에서도 조합원들을 확보하지 못했다. 예를 들어 대표적인 서비스 기업인 월마트는 제조업에 비해 노동조합이 생기기에 더 좋은 조건을 갖추고 있었다. 월마트 직원들이 더 높은 임금과 더 나은 복리후생 제도를 요구할 수 있는 노동조합에 가입되어 있었더라면, 미국의 중산층은 수십만 명 더 늘었을 것이다. 그런데도 월마트에는 왜 노동조합이 없는가?

1960년대에는 노동조합을 인정하던 기업과 이에 관련된 이해집단들이 1970년대부터는 노동조합을 공격하기 시작했다. 1970년대 말과 1980년대 초에는, 노동조합을 지지하는 노동자 20명 중 적어도 한 명이 불법적으로 해고되었다. 1970년대 중반 이후 기업들은 보수적 성향의 정치적 영향력에 힘입어서 노동조합을 압도할 수 있게 되었다. 소득의 불균형에 강력하게 맞섰던 노동조합이 축소된 것이다. 이처럼 노동조합의 몰락은 정치와 기업이 결속한 결과이다.

① 1973년부터 2005년 사이에 미국 제조업에서는 노동조합원의 비율이 감소하였다.
② 1970년대 중반 이후 노동조합의 몰락에는 기업뿐 아니라 보수주의적 정치도 일조하였다.
③ 미국에서 제조업 상품의 수입의존도 상승은 서비스업이 경제를 주도하는 산업 분야가 되는 요인 중 하나였다.
④ 미국 제조업 분야 내에서의 노동조합 가입률 하락은 산업구조의 변화로 인한 서비스업의 성장 때문이다.
⑤ 1970년대 말 이후 미국 기업이 노동조합을 지지하는 노동자들에게 행한 조치 중에는 합법적이지 못한 경우도 있었다.

17 다음 글에서 추론할 수 있는 것은?

지구 초기에 대기와 해양은 현재와 매우 다른 상태였으며, 생명체가 존재하지 않던 원시 환경에서는 강력한 화학 반응들이 일어날 수 있었다. 당시의 대기는 수소, 암모니아, 메테인, 수증기와 같은 분자로 구성되어 있었으며, 산소는 거의 존재하지 않았다. 이 상태에서 번개나 화산 활동, 자외선 등의 에너지원이 작용하면서 다양한 화학 반응이 일어날 수 있었다. 이러한 반응들은 간단한 분자를 결합하여 복잡한 유기 분자를 형성하는 과정으로 이어졌으며, 시간이 지나면서 점차 생명체의 기초가 되는 유기물이 만들어졌을 것으로 추정된다. 원시 지구의 대기와 해양에서 형성된 유기물은 자외선의 영향 아래 연쇄적인 화학 반응을 통해 더욱 복잡한 분자로 변화해 갔다. 이후 지구의 온도가 안정화되면서 유기 분자들은 해양에 축적되어 생명의 기원을 이루는 기초가 되었을 가능성이 높다. 이 과정에서 형성된 유기물들은 자외선과 같은 외부 에너지원에 의해 화학적 구조가 더욱 복잡해졌다. 유기 분자가 해양에 축적되면서 생명체의 필수 구성 요소인 아미노산과 같은 분자들이 만들어졌을 것으로 보인다. 1950년대에 들어 과학자들은 원시 지구와 유사한 환경을 실험실에서 재현하기 위한 연구를 시작하였다. 밀러와 유리는 전기 방전을 통해 다양한 유기 분자가 생성될 수 있음을 확인하였으며, 이 실험은 생명체가 자연적으로 발생할 수 있는 가능성에 대한 중요한 증거로 평가되었다. 이 실험을 토대로 지구 생명의 기원을 밝히기 위한 연구는 현재까지도 이어지고 있다.

① 원시 지구의 유기물 형성 과정에서 산소가 중요한 역할을 했다.
② 원시 지구의 해양은 유기 분자의 축적 장소로 기능했다.
③ 원시 지구의 에너지원은 태양과 같은 외부 에너지원이 주를 이루었다.
④ 밀러와 유리는 자외선을 통해 다양한 유기 분자의 형성을 확인하였다.
⑤ 원시 지구에서 자외선은 유기물을 단순한 분자로 분해하는 역할만 했다.

18 다음 A~F에 대한 평가로 적절하지 않은 것은?

> 어느 때부터 인간으로 간주할 수 있는가와 관련된 주제는 인문학뿐만 아니라 자연과학에서도 흥미로운 주제이다. 특히 태아의 인권 취득과 관련하여 이러한 주제는 다양하게 논의되고 있다. 과학적으로 볼 때, 인간은 수정 후 시간이 흐름에 따라 수정체, 접합체, 배아, 태아의 단계를 거쳐 인간의 모습을 갖추게 되는 수준으로 발전한다. 수정 후에 태아가 형성되는 데까지는 8주 정도가 소요되는데 배아는 2주경에 형성된다. 10달의 임신 기간은 태아 형성기, 두뇌의 발달 정도 등을 고려하여 4기로 나뉘는데, 1~3기는 3개월 단위로 나뉘고 마지막 한 달은 4기에 해당한다. 이러한 발달 단계의 어느 시점에서부터 그 대상을 인간으로 간주할 것인지에 대해서는 다양한 견해들이 있다.
>
> A에 따르면 태아가 산모의 뱃속으로부터 밖으로 나올 때 즉 태아의 신체가 전부 노출이 될 때부터 인간에 해당한다. B에 따르면 출산의 진통 때부터는 태아가 산모로부터 독립해 생존이 가능하기 때문에 그때부터 인간에 해당한다. C는 태아가 형성된 후 4개월 이후부터 인간으로 간주한다. 지각력이 있는 태아는 보호받아야 하는데 지각력에 있어서 필수 요소인 전뇌가 2기부터 발달하기 때문이다. D에 따르면 정자와 난자가 합쳐졌을 때, 즉 수정체부터 인간에 해당한다. 그 이유는 수정체는 생물학적으로 인간으로 태어날 가능성을 갖고 있기 때문이다. E에 따르면 합리적 사고를 가능하게 하는 뇌가 생기는 시점 즉 배아에 해당하는 때부터 인간에 해당한다. F는 수정될 때 영혼이 생기기 때문에 수정체부터 인간에 해당한다고 본다.

① A가 인간으로 간주하는 대상은 B도 인간으로 간주한다.
② C가 인간으로 간주하는 대상은 E도 인간으로 간주한다.
③ D가 인간으로 간주하는 대상은 E도 인간으로 간주한다.
④ D가 인간으로 간주하는 대상을 F도 인간으로 간주하지만, 그렇게 간주하는 이유는 다르다.
⑤ 접합체에도 영혼이 존재할 수 있다는 연구 결과를 얻더라도 F의 견해는 설득력이 떨어지지 않는다.

19 다음 글의 내용과 부합하지 않는 것은?

고체 물질에서 자성을 띠는 스피논(Spinon)은 스핀트로닉스 소자의 핵심 구성 요소로, 전통적인 전자와는 다른 특성을 가진다. 스피논은 기존의 전하 기반 소자와 달리 스핀에 의해 작동하며, 이를 통해 낮은 전력 소비와 고속 데이터 처리가 가능하다. 스피논 소자는 초소형 구조로 제작될 수 있어, 크기를 나노미터 단위로 줄일 수 있으며, 온도 변화나 전기장의 영향에 강한 안정성을 유지한다. 또한 스피논은 외부 자극 없이도 내부 스핀 배열을 변경할 수 있는 자율성을 가지고 있어, 신호 전송에 효율적인 특성을 제공한다. 이러한 특성 덕분에 스피논 소자는 차세대 메모리와 저장 장치로 각광받고 있으며, 높은 집적도와 빠른 속도로 데이터 전송이 가능한 소자 개발에 중요한 역할을 한다. 특히, 스피논을 이용한 소자는 기존 반도체 소자보다 작은 크기로 고성능을 발휘할 수 있어, 모바일 기기와 같은 소형 전자기기에도 적합하다. 스피논의 이러한 특성은 미래의 양자 컴퓨팅 기술에서도 중요한 요소로 고려되고 있다. 최근 연구자들은 기존의 스피논 구조에 추가적인 트랜지스터 성능을 결합하여, 스핀과 전하의 복합적인 제어가 가능한 새로운 스피논 트랜지스터를 개발하였다. 이 스피논 트랜지스터는 자기장을 이용해 특정 전기 신호를 조정할 수 있으며, 기존 전자 소자보다 에너지 효율이 높고, 열 발생이 적어 다양한 환경에서 안정적으로 작동할 수 있다. 이러한 연구는 차세대 스핀트로닉스 소자의 상용화 가능성을 높이며, 초고속 컴퓨팅과 에너지 절약형 데이터 저장 장치 개발에 기여할 것으로 보인다.

① 스피논 트랜지스터는 열 발생이 낮아 에너지 효율적이다.
② 스피논 소자는 자체적으로 스핀을 변경할 수 있다.
③ 스피논 소자는 전기적 특성을 조절하여 높은 전류를 발생시킬 수 있다.
④ 스피논 소자는 온도 변화에도 안정성을 유지할 수 있다.
⑤ 스피논 소자는 양자 컴퓨팅 기술에도 활용될 수 있다.

20 다음 글에서 추론할 수 있는 것은?

나균은 1,600개의 제 기능을 하는 정상 유전자와 1,100개의 제 기능을 하지 못하는 화석화된 유전자를 가지고 있다. 이에 반해 분류학적으로 나균과 가까운 종인 결핵균은 4,000개의 정상 유전자와 단 6개의 화석화된 유전자를 가지고 있다. 이는 화석화된 유전자의 비율이 결핵균보다 나균에서 매우 높다는 것을 보여준다. 왜 이런 차이가 날까?

결핵균과 달리 나균은 오로지 숙주세포 안에서만 살 수 있기 때문에 수많은 대사과정을 숙주에 의존한다. 숙주세포의 유전자들이 나균의 유전자가 수행해야 하는 온갖 일을 도맡아 해주다 보니, 나균이 가지고 있던 많은 유전자의 기능이 필요 없게 되었다. 이에 따라 세포 내에 기생하는 기생충과 병균처럼 나균에서도 유전자 기능의 대량 상실이 일어나게 되었다.

유전자의 화석화는 후손의 진화 방향에 중요한 영향을 미친다. 기능을 상실하기 시작한 유전자는 복합적인 결함을 일으키기 때문에, 한번 잃은 기능은 돌이킬 수 없게 된다. 즉 유전자 기능의 상실은 일방통행이다. 유전자의 화석화와 기능 상실은 특정 계통의 진화 방향에 제약을 가하는 것이다. 이는 아주 오랜 시간이 흘러 새로운 환경에 적응하기 위해 화석화된 유전자의 기능이 필요하다고 하더라도 이 유전자의 기능을 잃어버린 종은 그 기능을 다시 회복할 수 없다는 것을 의미한다.

① 결핵균은 과거에 숙주세포 없이는 살 수 없었을 것이다.
② 현재의 나균과 달리 기생충에서는 유전자의 화석화가 일어나지 않았을 것이다.
③ 숙주세포 유전자의 화석화는 나균 유전자의 소멸과 밀접한 관련이 있을 것이다.
④ 어떤 균의 화석화된 유전자는 이 균이 새로운 환경에 적응하는 데 기능할 것이다.
⑤ 화석화된 나균 유전자의 대부분은 나균이 숙주세포에 의존하는 대사과정과 관련된 유전자일 것이다.

21 다음 글을 근거로 판단할 때 옳은 것은?

오늘날에는 매우 다양한 모양의 바퀴가 사용되고 있는데, 통나무를 잘라 만든 원판 모양의 나무바퀴는 기원전 5000년경부터 사용된 것으로 추정된다. 이후 나무바퀴는 세 조각의 판자를 맞춘 형태로 진화했다. 현존하는 유물로는 기원전 3500년경에 제작된 것으로 추정되는 메소포타미아의 전차(戰車)용 나무바퀴가 가장 오래된 것이다.

바퀴가 처음부터 모든 문명에서 사용된 것은 아니다. 이집트에서는 피라미드를 만들 때 바퀴가 아닌 썰매를 사용했다. 잉카 원주민과 아메리카 원주민은 유럽인이 전파해주기 전까지 바퀴의 존재조차 몰랐다. 유럽인이 바퀴를 전해준 다음에도 아메리카 원주민들은 썰매를 많이 이용했다. 에스키모는 지금도 개가 끄는 썰매를 이용하고 있다.

바퀴가 수레에만 사용된 것은 아니다. 도자기를 만드는 데 사용하는 돌림판인 물레는 바퀴의 일종으로 우리나라에서는 4000년 전부터 사용했다. 메소포타미아에서도 바퀴는 그릇을 빚는 물레로 쓰였다.

바퀴의 성능은 전쟁용 수레인 전차가 발달하면서 크게 개선되었다. 기원전 2000년경 히타이트족은 처음으로 바퀴살이 달린 바퀴를 전차에 사용하였다. 그 뒤 산업혁명기에 발명된 고무타이어가 바퀴에 사용되면서 바퀴의 성능은 한층 개선되었다. 1885년 다임러와 벤츠가 최초로 가솔린 자동차를 발명했다. 자동차용 공기압 타이어는 그로부터 10년 후 프랑스의 미쉘린 형제에 의해 처음으로 개발되었다. 1931년 미국 듀퐁사가 개발한 합성고무가 재료로 사용되면서 타이어의 성능은 더욱 발전하고 종류도 다양해졌다.

① 바퀴를 처음 만들고 사용한 사람은 기원전 3500년경 메소포타미아인이다.
② 19세기 초반부터 이미 자동차에 공기압 타이어가 사용되었다.
③ 전차의 발달과 고무타이어의 발명은 바퀴의 성능 개선에 기여했다.
④ 바퀴가 없었던 지역에 바퀴가 전해진 이후 그 지역에서 썰매는 사용되지 않았다.
⑤ 바퀴가 수레를 움직이는 것 외에 다른 용도로 사용되기 시작한 것은 산업혁명기 이후였다.

22 다음 글에서 알 수 있는 것은?

1950년대 이후 부국이 빈국에 재정지원을 하는 개발원조계획이 점차 시행되었다. 하지만 그 결과는 그다지 좋지 못했다. 부국이 개발협력에 배정하는 액수는 수혜국의 필요가 아니라 공여국의 재량에 따라 결정되었고, 개발지원의 효과는 보잘 것 없었다. 원조에도 불구하고 빈국은 대부분 더욱 가난해졌다. 개발원조를 받았어도 라틴 아메리카와 아프리카의 많은 나라들이 부채에 시달리고 있다.

공여국과 수혜국 간에는 문화 차이가 있기 마련이다. 공여국은 개인주의적 문화가 강한 반면 수혜국은 집단주의적 문화가 강하다. 공여국 쪽에서는 실제 도움이 절실한 개인들에게 우선적으로 혜택이 가기를 원하지만, 수혜국 쪽에서는 자국의 경제 개발에 필요한 부문에 개발원조를 우선 지원하려고 한다.

개발협력의 성과는 두 사회 성원의 문화 간 상호 이해 정도에 따라 결정된다는 것이 최근 분명해졌다. 자국민 말고는 어느 누구도 그 나라를 효율적으로 개발할 수 없다. 그러므로 외국 전문가는 현지 맥락을 고려하여 자신의 기술과 지식을 이전해야 한다. 원조 내용도 수혜국에서 느끼는 필요와 우선순위에 부합해야 효과적이다. 이 일은 문화 간 이해와 원활한 의사소통을 필요로 한다.

① 공여국은 수혜국의 문화 부문에 원조의 혜택이 돌아가기를 원한다.
② 수혜국은 자국의 빈민에게 원조의 혜택이 우선적으로 돌아가기를 원한다.
③ 수혜국의 집단주의적 경향은 공여국의 개발원조계획 참여를 저조하게 만든다.
④ 개발원조에서 공여국과 수혜국이 생각하는 지원의 우선순위는 일치하지 않는다.
⑤ 라틴 아메리카와 아프리카의 많은 나라들이 시달리고 있는 부채위기는 원조 정책에 기인한다.

23 다음 글에서 B가 A의 논증을 비판하기 위해 사용할 수 있는 주장으로 적절하지 않은 것은?

두 사람의 과학자가 외계인의 존재에 대해 논쟁하였다. 물리학자 A는 이렇게 반문하였다. 우주에 우리와 같은 지성을 갖춘 존재들이 넘쳐난다면 그들은 어디에 있는가? A가 생각한 것은 외계 지적 생명체가 지구 바깥에 아주 많이 있다면, 적어도 그들 중 일부는 기술적으로 우리보다 앞서 있을 것이라는 점이다. 그들은 우주를 탐사하는 장치를 만들었을 것이고, 우주선으로 우주여행을 할 수 있었을 것이다. 그렇다면 우리가 오래 전에 외계 지적 생명체의 증거를 보았어야 하지만, 아직까지 그러한 증거는 발견된 적이 없다. 따라서 A는 외계 지적 생명체가 존재하지 않는다고 결론을 내렸다.

이에 대해 천문학자 B는 다음과 같이 반박하였다. 우리의 태양, 행성, 또는 우리의 물리화학적 구조에 특별한 것이 없으므로, 그와 비슷한 태양과 행성들도 많이 있을 것이다. 그리고 우리와 마찬가지로 탄소에 기반을 두고 진화한 생물이 은하계에 많이 있을 것이다. 그렇다면 은하계의 많은 곳에는 우리와 크게 다르지 않은 존재들이 분명히 있을 것이다. 따라서 B는 은하계에 지성을 갖춘 인간과 같은 생명체가 많이 있을 것이라 결론을 내렸다.

① 생물학의 법칙은 전 우주에서 동일하게 적용된다.

② 행성 간의 거리 때문에 외계 생명체와의 상호작용이 일어나기 어렵다.

③ 외계 생명체의 증거를 포착할 만큼 우리의 측정기술이 발전하지 못했을 수 있다.

④ 외계 지적 생명체는 우주 탐사 장치를 만들 정도로 기술을 발달시키지 못했을 수 있다.

⑤ 외계 지적 생명체의 증거가 없다고 해서 외계 지적 생명체가 존재하지 않는다고 단정할 수 없다.

24 다음 글에 나타난 논증에 대한 반박으로 적절하지 않은 것은?

쾌락과 관련된 사실에 대해서 충분한 정보를 갖고, 오랜 시간 숙고하여 자신의 선호를 합리적으로 판별할 수 있는 사람을 높은 수준의 합리적 사람이라고 한다. 이런 사람은 가치 수준이 다른 두 종류의 쾌락에 대해서 충분히 판단할 만한 위치에 있다. 그리하여 높은 수준의 합리적 사람이 선호하는 쾌락은 실제로 더 가치 있는 쾌락이다. 예컨대 그가 호떡 한 개를 먹고 느끼는 쾌락보다 수준 높은 시 한 편이 주는 쾌락을 선호한다면 시 한 편이 주는 쾌락이 더 가치 있다. 그것이 더 가치가 있는 것은 높은 수준의 합리적 사람이 더 선호하기 때문이다. 이런 방법으로 우리는 높은 수준의 합리적 사람이 선호하는 것을 통해서 쾌락의 가치 서열을 정할 수 있다. 나아가 우리는 최고 가치에 도달할 수 있다. 가령 높은 수준의 합리적 사람이 그 어떤 쾌락보다도 행복을 선호한다면, 이는 행복이 최고 가치라는 것을 뜻한다. 따라서 우리는 최고 가치가 무엇인지 알 수 있다.

① 대부분의 사람은 시 한 편과 호떡 한 개 중에서 호떡을 선택한다.
② 높은 수준의 합리적 개인들 사이에서도 쾌락의 선호가 다를 수 있다.
③ 높은 수준의 합리적 사람이 행복을 최고 가치로 여긴다고 해서 행복이 최고 가치인 것은 아니다.
④ 자신의 선호를 판별할 수 있는 높은 수준의 합리적 능력을 지닌 사람들은 실제로 존재하지 않는다.
⑤ 충분한 정보를 갖고 있고 오랜 시간 숙고한다 하더라도 질적 가치의 위계를 정할 수 있는 사람은 없다.

25 **다음 주장에 대한 반박으로 가장 타당한 것을 고르시오.**

많은 사람들은 신체와 정신의 회복에 도움이 된다는 점에서 낮잠을 활용하고 있다. 짧게 자고 낮잠을 통해 보충하는 경우도 많은데, 이런 행위가 일상의 효율성엔 어떤 영향을 미칠까? 한 연구팀에서 성인 200명을 대상으로 실험을 진행한 결과, 하루에 8시간을 한 번에 자는 사람과 4시간을 자고 30분짜리의 낮잠을 2번 자는 사람 간의 생산성 차이는 나타나지 않았다고 한다. 이는 후자의 방식이 더 효율적으로 일상을 보내는 방법이 될 수 있음을 시사한다. 짧게 자고 낮잠을 자는 방식이 하루의 생산성에 긍정적인 영향을 미칠 수 있으므로 이를 활용하는 것이 필요하다.

① 짧게 자고 낮잠을 자면 전체 수면시간이 줄어들므로 효율성 측면을 고려해 낮잠을 활용해야 한다.

② 효율이 중요해진 사회에서 낮잠의 중요성이 커지는 것은 당연하므로, 낮잠을 편하게 잘 수 있는 환경을 조성해야 한다.

③ 낮잠은 조는 걸 방지할 수 있다는 측면에서 긴 시간의 수면보다 업무 집중력을 높이는 데 도움이 된다.

④ 수면의 질, 수면 환경 등 다양한 요소가 생산성에 영향을 미치므로 짧게 자고 낮잠 자는 것을 강요하기보다는 개인에게 맞는 방법을 권장해야 한다.

⑤ 낮잠을 자주 자는 습관이 장기적으로 건강에 어떤 영향을 미치는지에 대한 연구가 필요하다.

26 **다음 주장에 대한 반박으로 가장 타당한 것을 고르시오.**

> 직장에서 성공하기 위해선 인간관계가 가장 중요하다는 말이 있을 만큼 직원들 간 우호적인 관계 유지는 직장에서 성공하기 위한 매우 중요한 요소이다. 최근 한 연구에 따르면, 팀워크가 잘 이루어질 때 프로젝트의 성공률이 크게 증가한다고 한다. 팀워크는 팀원 간의 협력과 소통을 통해 공동의 목표를 달성하는 데 필수적이기 때문이다. 팀원들이 서로의 의견을 존중하고 조화를 이루며 일할 때, 더 나은 결과를 얻을 수 있다. 따라서 팀원 간의 신뢰와 협력을 바탕으로 효과적인 협업을 이루는 것이 반드시 필요하다.

① 모든 팀원은 자신에게 잘 어울리는 역할을 맡아 팀워크를 향상시킬 수 있는 능력을 길러야 한다.

② 팀워크에 지나치게 의존하면 오히려 개인의 창의성과 자율성을 발휘할 수 있는 기회를 놓칠 수 있다.

③ 팀워크를 잘 이루기 전까지는 각자의 역할을 명확히 하고 책임을 다해야 한다.

④ 팀워크를 통해 다양한 프로젝트 경험을 쌓아 더 나은 성과를 얻을 수 있다.

⑤ 팀워크의 중요성을 이해하고 각자의 강점을 최대한 활용하는 것이 우선시되어야 한다.

27 다음 글에서 알 수 있는 것은?

소리를 내는 것, 즉 음원의 위치를 판단하는 일은 복잡한 과정을 거친다. 사람의 청각은 '청자의 머리와 두 귀가 소리와 상호작용하는 방식'을 단서로 음원의 위치를 파악한다.

음원의 위치가 정중앙이 아니라 어느 한쪽으로 치우쳐 있으면, 소리가 두 귀 중에서 어느 한쪽에 먼저 도달한다. 왼쪽에서 나는 소리는 왼쪽 귀가 먼저 듣고, 오른쪽에서 나는 소리는 오른쪽 귀가 먼저 듣는다. 따라서 소리가 두 귀에 도달하는 데 걸리는 시간차를 이용하면 소리가 오는 방향을 알아낼 수 있다. 소리가 두 귀에 도달하는 시간의 차이는 음원이 정중앙에서 한쪽으로 치우칠수록 커진다.

양 귀를 이용해 음원의 위치를 알 수 있는 또 다른 단서는 두 귀에 도달하는 소리의 크기 차이이다. 왼쪽에서 나는 소리는 왼쪽 귀에 더 크게 들리고, 오른쪽에서 나는 소리는 오른쪽 귀에 더 크게 들린다. 이런 차이는 머리가 소리 전달을 막는 장애물로 작용하기 때문이다. 하지만 이런 차이는 소리에 섞여 있는 여러 음파들 중 고주파에서만 일어나고 저주파에서는 일어나지 않는다. 따라서 소리가 저주파로만 구성되어 있는 경우 소리의 크기 차이를 이용한 위치 추적은 효과적이지 않다.

또 다른 단서는 음색의 차이이다. 고막에 도달하기 전에 소리는 머리와 귓바퀴를 지나는데 이때 머리와 귓바퀴의 굴곡은 소리를 변형시키는 필터 역할을 한다. 이 때문에 두 고막에 도달하는 소리의 음색 차이가 생겨난다. 이러한 차이를 통해 음원의 위치를 파악할 수 있다.

① 다른 조건이 같다면 고주파로만 구성된 소리가 저주파로만 구성된 소리보다 음원의 위치를 파악하기 쉽다.
② 두 귀에 도달하는 소리의 시간차가 클수록 청자와 음원의 거리는 멀다.
③ 저주파로만 구성된 소리의 경우 그 음원의 위치를 파악할 수 없다.
④ 머리가 소리를 막지 않는다면 음원의 위치를 파악할 수 없다.
⑤ 두 귀에 도달하는 소리의 음색 차이는 음원에서 기인한다.

28 다음 글을 바탕으로 아래 〈보기〉를 이해한 내용 중 적절한 것을 고르시오.

원래 '문명'은 진보 사관을 지닌 18세기 프랑스 계몽주의자들이 착안한 개념으로, 무엇보다 야만성이나 미개성에 대비된 것이었다. 그러나 독일 낭만주의자들은 '문화'를 민족의 혼이나 정신적 특성으로 규정하면서, 문명을 물질적인 것에 국한시키고 비하했다. 또한 문화는 상류층의 고상한 취향이나 스타일 혹은 에티켓 등 지식인층의 교양을 뜻하기도 했다. 아놀드를 포함해서 빅토리아 시대의 지성인들은 대체로 이런 구분을 받아들였다. 그래서 문명이 외적이며 물질적인 것이라면, 문화는 내적이며 정신과 영혼의 차원에 속하는 것이었다. 따라서 문명이 곧 문화를 동반하는 것은 아니었다. 아놀드는 그 당시 산업혁명이 진행 중인 도시의 하층민과 그들의 저급한 삶을 비판적으로 바라보았다. 이를 치유하기 위해 그는 문화라는 해결책을 제시하였다. 그에 따르면 문화는 인간다운 능력의 배양에서 비롯되는 것이다.

보기

19세기 인문주의자들은 문화라는 어휘를 광범위한 의미에서 동물과 대비하여 인간이 후천적으로 습득한 지식이나 삶의 양식을 총체적으로 지칭하는 데 사용하였다. 인류학의 토대를 마련한 타일러도 기본적으로 이를 계승하였다. 그는 문화를 "인간이 사회 집단의 구성원으로서 습득한 지식, 믿음, 기술, 도덕, 법, 관습 그리고 그 밖의 능력이나 습관으로 구성된 복합체"라고 정의하였다. 그는 독일 낭만주의자들의 문화와 문명에 대한 개념적 구분을 배격하고, 18세기 프랑스 계몽주의자들이 야만성이나 미개성과 대비하기 위해 착안한 문명이라는 개념을 받아들였다. 즉 문화와 문명이 별개의 것이 아니라, 문명은 단지 문화가 발전된 단계로 본 것이다. 이것은 아놀드가 가졌던 문화에 대한 규범적 시각에서 탈피하여 원시적이든 문명적이든 차별을 두지 않고 문화의 보편적 실체를 확립했다는 점에서 의의가 있다.

① 독일 낭만주의자들의 시각에 따르면 문명은 문화가 발전된 단계이다.
② 타일러의 시각에 따르면 원시적이고 야만적인 사회에서도 문화는 존재한다.
③ 프랑스 계몽주의자들의 시각에 따르면 문화와 문명은 본질적으로 다른 것이다.
④ 아놀드의 시각에 따르면 문화의 다양성은 집단이 발전해 온 단계가 다른 데서 비롯된다.
⑤ 타일러의 시각에 따르면 문명은 고귀한 정신적 측면이 강조된다는 점에서 보편적 실체라고 할 수 없다.

29 다음 글에서 알 수 있는 것은?

남병철이 편찬한 20여 편의 천문역산서(天文曆算書)는 천문학 연구의 대미를 장식하는 것으로 조선 전통 과학의 마지막 성과라는 의미를 지닌다. 이것은 18세기 중국에서 확립된 실증주의 천문역산학의 패러다임에서 크게 벗어난 것은 아니었지만, 중화주의적 시각을 그대로 인정한 것도 아니었다. 남병철은 천문역산학을 도가적 상수역학과 분리해 인식했고 서양 과학이 중국에서 원류했다는 주장도 인정하지 않았다. 서양 과학의 중국 원류설과 상수역학은 19세기 조선 지식인 대부분이 수용한 것이었지만 그의 주장은 그러한 과학 담론에서 벗어나 있었다.

최한기는 서양 과학을 적극 수용했지만 그의 과학 이론은 17세기 중국 지식인이 서양 천문학 지식을 전통적 기(氣)의 메커니즘으로 해석했던 것과 크게 다르지 않다. 다른 점이 있다면, 중국 지식인이 서양 과학을 혼란스럽고 모순된 지식으로 인식한 반면 최한기는 서양 과학을 활용하여 천문학을 완성하고자 한 점이다. 17세기 중국 지식인들은 서양 과학이 현상의 원리를 살피는 데 약한데 자신들이 그러한 원리를 밝혔다며 대단한 자부심을 가졌다. 최한기 또한 자신의 기론이 서양 과학이 풀지 못한 원리를 밝혔다고 자부하면서, 영국 천문학자 허셜이 쓴 『담천(談天)』이 우주 현상을 잘 설명하고 있지만 유독 우주 공간의 충만한 신기(神氣)가 운화(運化)하는 깊은 이치를 밝히지 못했다며 서양 과학의 한계를 비판했다. 17세기 중국 지식인들의 기론적 자연 이해의 패러다임은 18세기 실증주의 천문역산학이 중국에서 정식화된 이후 역사에서 사라졌다. 이에 비해 19세기 중엽 최한기는 전통적 천문역산학을 기론적 과학 담론으로 부활시키는 새로운 시도를 단행했다.

① 최한기와 동시대 중국 지식인들은 전통의 기론적 자연 이해 방법을 공유하였다.
② 최한기는 서양 과학이 자연 현상의 원리를 밝히는 데 있어 중국보다 뛰어나다고 보았다.
③ 18세기 중국의 실증주의 천문역산학은 서양 과학의 영향으로 중화주의적 시각을 탈피하였다.
④ 남병철은 서양 과학의 중국 원류설과 도가적 상수역학을 따르지 않으면서도 독자적 주장을 남겼다.
⑤ 19세기 대다수의 조선 지식인들은 천문역산 연구를 통해 조선 과학의 중국 의존성을 극복하려 했다.

30 다음 글의 내용과 부합하는 것은?

차세대 반도체 소자에서는 기존 평면 트랜지스터 구조의 한계를 극복하기 위해 다양한 3차원 구조가 개발되고 있다. 특히, 핀형 트랜지스터(핀펫)는 기존 평면 소자보다 더 많은 전류를 제어할 수 있는 방식으로, 게이트가 채널을 감싸는 형태를 가진다. 이 구조는 전류 누설을 줄이고, 더 높은 집적도를 가능하게 하여 초미세 공정에서의 성능을 크게 향상했다. 그러나 핀펫의 경우, 게이트가 채널의 모든 면을 감싸지 못하기 때문에, 고성능이 필요한 최신 반도체에서는 추가적인 개선이 필요하다. 이러한 문제를 해결하기 위해 최근에는 전류 흐름을 더욱 세밀하게 제어할 수 있는 GAA(Gate-All-Around) 구조가 도입되었다. GAA는 채널을 네 면 모두 게이트가 감싸는 형태로, 핀펫보다 전류 제어가 더 정밀하다. GAA 구조는 핀펫 대비 전류 누설이 적고, 전력 효율이 높아 차세대 메모리와 저장 장치의 성능을 크게 개선할 것으로 기대된다. 특히 GAA 구조는 핀펫의 전력 소모를 절반 이상 줄일 수 있어, 전력 효율성이 중요한 모바일 기기에 적합하다. 또한, 이러한 구조는 차세대 인공지능(AI) 칩과 고성능 컴퓨팅(HPC) 시스템에서도 활용될 가능성이 높다. 또한, 다른 새로운 방식으로 트랜지스터를 수직으로 배치하여 전류가 위아래로 흐를 수 있도록 설계된 VTFET(Vertical Field Effect Transistor) 기술도 개발되고 있다. VTFET는 트랜지스터가 차지하는 공간을 크게 줄이면서도, 높은 전류 흐름을 유지할 수 있어, 차세대 반도체 소자의 효율을 극대화할 수 있는 기술로 평가받고 있다. 특히 VTFET는 전력 소모가 낮고 열 발생이 적어 초미세 공정에서도 뛰어난 성능을 발휘할 수 있는 장점이 있다.

① VTFET는 트랜지스터를 수평으로 배치하여 공간 효율성을 높였다.
② GAA 구조는 전력 절약이 필요성이 낮은 대형 장치에 주로 사용된다.
③ 핀펫은 전력 소모가 높아 모바일 기기에는 부적합하다.
④ 핀펫은 평면 구조로 전류를 제어하여 전류 누설을 줄인다.
⑤ GAA 구조는 핀펫의 전력 소모를 50% 이상 줄일 수 있다.

독끝

PART 3

실전모의고사

독끝

실전모의고사 1회

정답 및 해설 306p

수리논리

20문항 / 30분

01 어느 회사에서 작년에 두 제품 A, B를 합하여 2,000개를 판매하였다. 올해 이 회사의 판매량은 작년에 비해 제품 A는 6% 증가하고, 제품 B는 7% 감소하여 전체적으로 3개가 증가하였다고 한다. 올해 제품 B의 판매량은?

① 830개 ② 833개 ③ 837개
④ 1,085개 ⑤ 1,123개

02 0, 1, 2, 3, 4, 5가 적힌 6장의 카드에서 3장을 뽑아 세 자리 정수를 만든다고 할 때 그 수가 홀수일 확률은?

① $\frac{23}{50}$ ② $\frac{12}{25}$ ③ $\frac{1}{2}$
④ $\frac{13}{25}$ ⑤ $\frac{27}{50}$

03 다음 〈표〉는 2017~2019년 '갑'국가의 항공사(A~E)별 운항편 수와 이용객 수에 관한 자료이다. 이에 대한 〈보기〉의 설명 중 옳은 것만을 고르면?

〈표〉 2017~2019년 '갑'국가의 항공사별 운항 현황

(단위: 대, 백 명)

기간		항공사 / 구분	A	B	C	D	E
2017년	상반기	운항편 수	112	22	66	543	2,004
		이용객 수	404	78	230	963	2,181
	하반기	운항편 수	106	26	70	542	1,963
		이용객 수	379	91	230	969	2,118
2018년	상반기	운항편 수	108	21	79	555	1,888
		이용객 수	391	74	273	989	2,025
	하반기	운항편 수	112	20	103	687	2,060
		이용객 수	404	70	355	1,216	2,243
2019년	상반기	운항편 수	110	20	137	749	2,188
		이용객 수	398	70	481	1,330	2,379
	하반기	운항편 수	104	20	122	584	1,767
		이용객 수	372	70	419	1,039	1,904

※ '갑'국가의 기간은 매년 상반기와 하반기만 존재함

보기

ㄱ. 2017~2019년 동안 매 기간 운항편 수가 증가하는 항공사는 1개이다.
ㄴ. 2018년 상반기에 비해 2018년 하반기에 운항편 수와 이용객 수가 모두 증가한 항공사는 4개이다.
ㄷ. 2019년 하반기 운항편 1대당 이용객 수가 가장 많은 항공사는 B이다.
ㄹ. E 항공사의 운항편 수와 이용객 수가 가장 많은 기간은 2019년 상반기이다.

① ㄱ, ㄴ
② ㄱ, ㄷ
③ ㄴ, ㄷ
④ ㄴ, ㄹ
⑤ ㄷ, ㄹ

PART 3 실전모의고사

04 다음은 소비자 '갑'의 전년 대비 소득 증가율을 나타낸 자료이다. 2000년 소비자 '갑'의 소득이 8,000천 원일 때, 2006년 소비자 '갑'의 소득으로 가장 적절한 것은?

〈그림〉 소비자 '갑'의 전년 대비 소득 증가율

(단위: %)

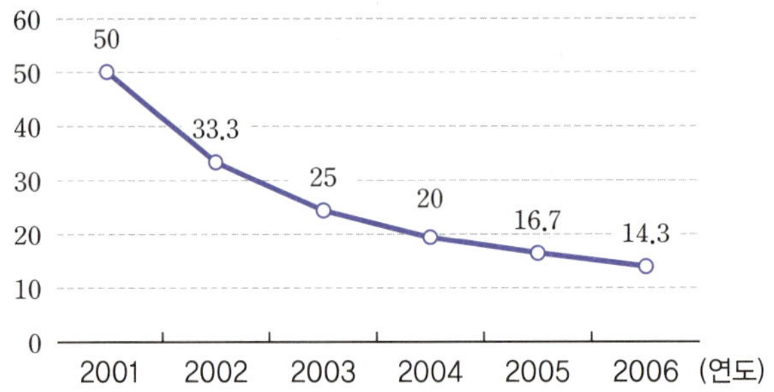

① 약 16,000천 원
② 약 20,000천 원
③ 약 24,000천 원
④ 약 28,000천 원
⑤ 약 32,000천 원

05 다음 〈표〉는 2007~2011년 A국의 금융서비스 제공방식별 업무처리 건수 비중 현황이다. 이에 대한 〈보기〉의 설명 중 옳은 것을 모두 고르면?

〈표〉 금융서비스 제공방식별 업무처리 건수 비중 현황

(단위: %)

구분 / 연도	대면거래	비대면거래			합
		CD/ATM	텔레뱅킹	인터넷뱅킹	
2007	13.6	38.0	12.2	36.2	100.0
2008	13.8	39.5	13.1	33.6	100.0
2009	13.7	39.3	12.6	34.4	100.0
2010	13.6	39.8	12.4	34.2	100.0
2011	12.2	39.1	12.4	36.3	100.0

보기

ㄱ. 2011년의 비대면거래 건수 비중은 2009년 대비 1.5%p 증가하였다.
ㄴ. 2008 ~ 2011년 동안 대면거래 건수는 매년 감소하였다.
ㄷ. 2007 ~ 2011년 동안 매년 비대면거래 중 업무처리 건수가 가장 적은 제공방식은 텔레뱅킹이다.
ㄹ. 2007 ~ 2011년 중 대면거래 금액이 가장 많았던 연도는 2008년이다.

① ㄱ, ㄷ
② ㄱ, ㄹ
③ ㄴ, ㄷ
④ ㄴ, ㄹ
⑤ ㄷ, ㄹ

06 다음 〈표〉는 2016년 '갑'기업 5개 공장 기계의 스마트폰 생산량에 관한 자료이다. 제시된 5개 공장 중 변동계수가 두 번째로 작은 공장은?

〈표〉 5개 공장 기계의 스마트폰 생산량 현황

(단위: 천 대)

공장	평균(1대당 생산량)	표준편차
A	35	7
B	16	4
C	50	8
D	25	9
E	20	6

※ 변동계수(%) = $\frac{\text{표준편차}}{\text{평균}} \times 100$

① A
② B
③ C
④ D
⑤ E

07 다음 〈표〉는 2018년 '갑'국의 대학유형별 현황에 관한 자료이다. 이에 대한 〈보기〉의 설명 중 옳은 것만을 모두 고르면?

〈표〉 대학유형별 현황

(단위: 개, 명)

구분 \ 유형	국립대학	공립대학	사립대학	전체
학교	34	1	154	189
학과	2,776	40	8,353	11,169
교원	15,299	354	49,770	65,423
여성	2,131	43	12,266	14,440
직원	8,987	205	17,459	26,651
여성	3,254	115	5,259	8,628
입학생	78,888	1,923	274,961	355,772
재적생	471,465	13,331	1,628,497	2,113,293
졸업생	66,890	1,941	253,582	322,413

보기

ㄱ. 학과당 교원 수는 공립대학이 사립대학보다 많다.
ㄴ. 전체 대학 입학생 수에서 국립대학 입학생 수가 차지하는 비율은 20% 이상이다.
ㄷ. 입학생 수 대비 졸업생 수의 비율은 공립대학이 국립대학보다 높다.
ㄹ. 각각의 대학유형들 모두 남성 직원 수가 여성 직원 수보다 많다.

① ㄱ, ㄷ
② ㄱ, ㄹ
③ ㄴ, ㄹ
④ ㄱ, ㄴ, ㄷ
⑤ ㄴ, ㄷ, ㄹ

08 다음 〈표〉는 2018년 5~6월 A군의 모바일 앱별 데이터 사용량에 관한 자료이다. 이에 대한 설명으로 옳은 것은?

〈표〉 2018년 5~6월 A군의 모바일 앱별 데이터 사용량

월 / 앱 이름	5월	6월
G인터넷	5.3 GB	6.7 GB
HS쇼핑	1.8 GB	2.1 GB
톡톡	2.4 GB	1.5 GB
앱가게	2.0 GB	1.3 GB
뮤직플레이	94.6 MB	570.0 MB
위튜브	836.0 MB	427.0 MB
쉬운지도	321.0 MB	337.0 MB
JJ멤버십	45.2 MB	240.0 MB
영화예매	77.9 MB	53.1 MB
날씨정보	42.8 MB	45.3 MB
가계부	–	27.7 MB
17분운동	–	14.8 MB
NEC뱅크	254.0 MB	9.7 MB
알람	10.6 MB	9.1 MB
지상철	5.0 MB	7.8 MB
어제뉴스	2.7 MB	1.8 MB
S메일	29.7 MB	0.8 MB
JC카드	–	0.7 MB
카메라	0.5 MB	0.3 MB
일정관리	0.3 MB	0.2 MB

※ 1) '–'는 해당 월에 데이터 사용량이 없음을 의미함
2) 제시된 20개의 앱 외 다른 앱의 데이터 사용량은 없음
3) 1 GB(기가바이트)는 1,024 MB(메가바이트)에 해당함

① 5월과 6월에 모두 데이터 사용량이 있는 앱 중 5월 대비 6월 데이터 사용량의 증가량이 가장 큰 앱은 '뮤직플레이'이다.

② 5월과 6월에 모두 데이터 사용량이 있는 앱 중 5월 대비 6월 데이터 사용량이 감소한 앱은 9개이고 증가한 앱은 8개이다.

③ 6월에만 데이터 사용량이 있는 모든 앱의 총 데이터 사용량은 '날씨정보'의 6월 데이터 사용량보다 많다.

④ 'G인터넷'과 'HS쇼핑'의 5월 데이터 사용량의 합은 나머지 앱의 5월 데이터 사용량의 합보다 많다.

⑤ 5월과 6월에 모두 데이터 사용량이 있는 앱 중 5월 대비 6월 데이터 사용량 변화율이 가장 큰 앱은 'S메일'이다.

PART 3 실전모의고사

09 다음 〈표〉는 2013~2017년 '갑'기업의 사회간접자본(SOC) 투자규모에 관한 자료이다. 이에 대한 설명으로 옳지 않은 것은?

〈표〉 '갑'기업의 사회간접자본(SOC) 투자규모

(단위: 조 원, %)

구분 \ 연도	2013	2014	2015	2016	2017
SOC 투자규모	20.5	25.4	25.1	24.4	23.1
총지출 대비 SOC 투자규모 비중	7.8	8.4	8.6	7.9	6.9

① 2017년 총지출은 300조 원 이상이다.

② 2014년 'SOC 투자규모'의 전년 대비 증가율은 30% 이하이다.

③ 2014~2017년 동안 'SOC 투자규모'가 전년에 비해 가장 큰 비율로 감소한 해는 2017년이다.

④ 2014~2017년 동안 'SOC 투자규모'와 '총지출 대비 SOC 투자규모 비중'의 전년 대비 증감 방향은 동일하다.

⑤ 2018년 'SOC 투자규모'의 전년 대비 감소율이 2017년과 동일하다면, 2018년 'SOC 투자규모'는 20조 원 이상이다.

[10~11] 다음 〈그림〉과 〈표〉는 '갑'국의 재생에너지 생산 현황에 관한 자료이다.

〈그림〉 2011~2018년 재생에너지 생산량

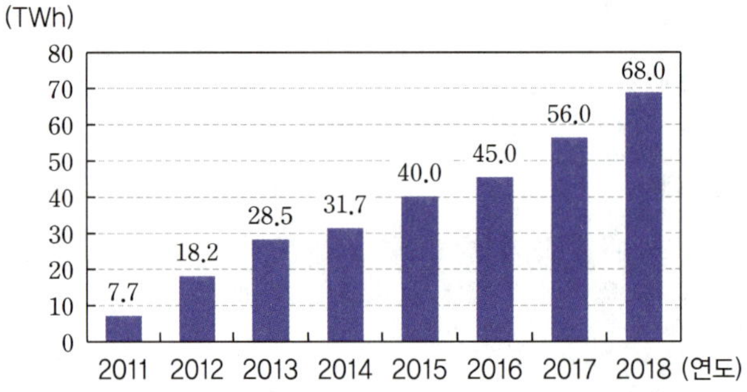

〈표〉 2016~2018년 에너지원별 재생에너지 생산량 비율

(단위: %)

에너지원 \ 연도	2016	2017	2018
폐기물	61.1	60.4	55.0
바이오	16.6	17.3	17.5
수력	10.3	11.3	15.1
태양광	10.9	9.8	8.8
풍력	1.1	1.2	3.6
계	100.0	100.0	100.0

10 자료에 대한 〈보기〉의 설명 중 옳은 것만을 모두 고르면?

보기

ㄱ. 2012~2018년 재생에너지 생산량은 매년 전년 대비 10% 이상 증가하였다.
ㄴ. 2016~2018년 에너지원별 재생에너지 생산량 비율의 순위는 매년 동일하다.
ㄷ. 2016~2018년 태양광을 에너지원으로 하는 재생에너지 생산량은 매년 증가하였다.
ㄹ. 수력을 에너지원으로 하는 재생에너지 생산량은 2018년이 2016년의 3배 이상이다.

① ㄱ, ㄴ
② ㄱ, ㄷ
③ ㄱ, ㄹ
④ ㄴ, ㄷ
⑤ ㄴ, ㄹ

11 자료에 대한 설명 중 옳지 않은 것을 고르면?

① 2011년부터 2018년까지 재생에너지 생산량은 매년 증가하였다.
② 2016년 대비 2018년 재생에너지 생산량 비율이 가장 큰 폭으로 증가한 에너지원은 수력이다.
③ 2016년부터 2018년까지 폐기물의 재생에너지 생산량 비율은 매년 감소하였다.
④ 2018년 풍력의 재생에너지 생산량은 2016년에 비해 3배 이상이다.
⑤ 2018년 바이오와 수력의 재생에너지 생산량 비율을 합하면 35%를 초과한다.

[12~13] 다음 〈표〉와 〈그림〉은 연도별 A지역의 자동차 검사 현황에 대한 자료이다.

〈표〉 자동차 종류별, 연도별 검사 건수

(단위: 건)

연도 종류	2021	2022	2023	2024	합
승용차	1,085	1,020	911	1,269	4,285
대형버스	154	97	107	56	414
이륜차	67	112	64	398	641
전체	1,306	1,229	1,082	1,723	5,340

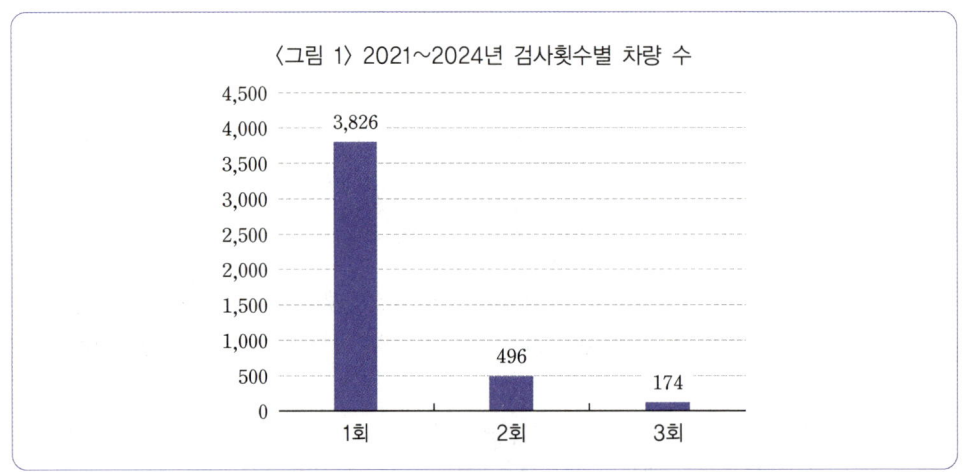

〈그림 1〉 2021~2024년 검사횟수별 차량 수

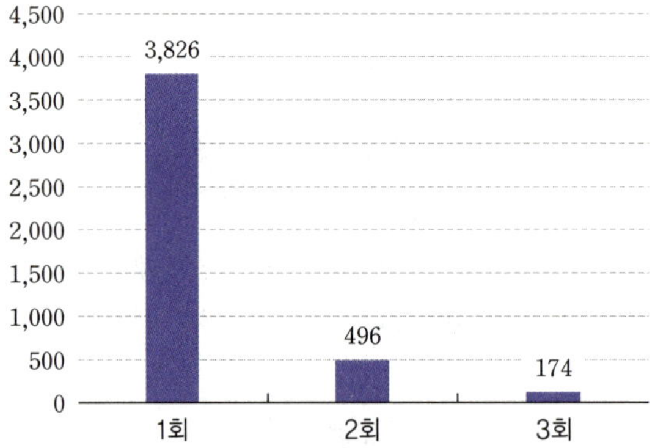

〈그림 2〉 2021~2024년 전체 검사 건수의 유형별 구성비

(단위: %)

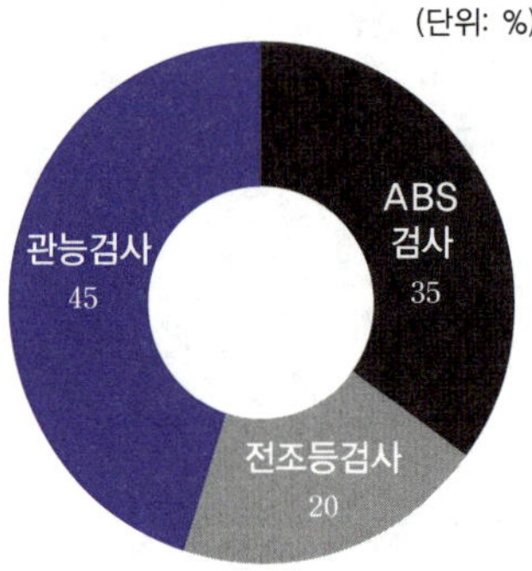

12 자료에 대한 〈보기〉의 설명 중 옳은 것만을 모두 고르면?

보기

ㄱ. 연도별 전체 검사 건수 중 '대형버스'의 검사 건수가 차지하는 비중이 큰 연도부터 순서대로 나열하면 2021년, 2022년, 2023년, 2024년 순이다.

ㄴ. '이륜차'가 검사받은 유형이 모두 관능검사이고, '대형버스'가 검사받은 유형이 모두 ABS검사 또는 전조등검사라면, '승용차'의 검사 건수 합계 중 관능검사가 차지하는 비중은 30% 이상이다.

ㄷ. 전체 검사 건수가 많은 연도부터 순서대로 나열하면 2024년, 2021년, 2022년, 2023년 순이다.

ㄹ. 최소 한 번이라도 검사를 받은 차량의 수는 4,600대 이하이다.

① ㄱ, ㄷ
② ㄴ, ㄹ
③ ㄱ, ㄴ, ㄷ
④ ㄱ, ㄷ, ㄹ
⑤ ㄴ, ㄷ, ㄹ

PART 3 실전모의고사

13 자료에 대한 설명 중 옳지 않은 것을 고르면?

① 2021년의 검사 건수는 전체 검사 건수의 25% 이하이다.
② 전체 검사 건수 중 관능검사의 비중이 가장 높다.
③ 승용차의 검사 건수가 매 연도별로 가장 많다.
④ 이륜차의 검사 건수는 2024년이 2021년의 6배 이하이다.
⑤ 연도별 검사 건수 중 대형버스가 차지하는 비율은 2021년보다 2023년이 높다.

[14~15] **다음 〈표〉와 〈그림〉은 '갑'국의 반도체 기업 A~D의 디램 매출액에 관한 자료이다.**

〈표〉 기업별 전체 디램 매출액

(단위: 억 원)

기업 연도	A	B	C	D	합
2010	224	271	82	39	616
2014	252	318	38	61	669

〈그림〉 기업별 국내 디램 매출액

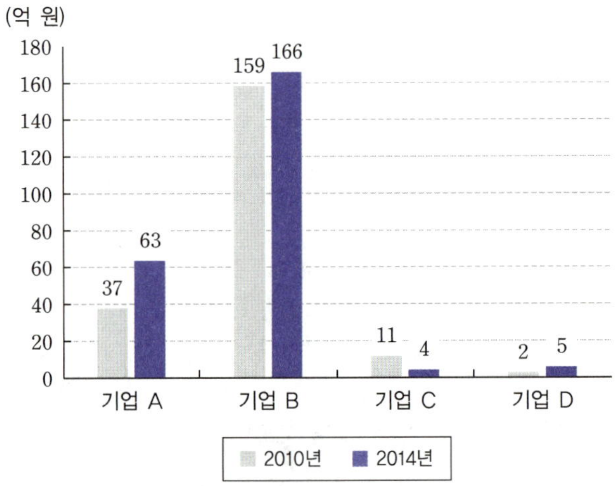

※ 1) '갑'국의 반도체 기업은 기업 A, B, C, D만 있음

2) 전체 디램 매출액 = 국내 디램 매출액 + 국외 디램 매출액

3) 기업별 디램 매출액 점유율(%) = $\frac{\text{기업별 디램 매출액}}{\text{디램 매출액}} \times 100$

14 **자료에 대한 〈보기〉의 설명 중 옳은 것만을 모두 고르면?**

보기

ㄱ. 기업 D의 전체 디램 매출액 점유율은 2014년이 2010년보다 높다.
ㄴ. 2010년에 비해 2014년 모든 기업의 전체 디램 매출액은 증가하였다.
ㄷ. 2014년 국외 디램 매출액은 기업 B가 기업 A보다 많다.
ㄹ. 기업 B의 국내 디램 매출액 점유율은 2014년이 2010년보다 낮다.

① ㄱ, ㄴ
② ㄱ, ㄹ
③ ㄴ, ㄷ
④ ㄱ, ㄷ, ㄹ
⑤ ㄴ, ㄷ, ㄹ

PART 3 실전모의고사

15 **자료에 대한 설명 중 옳지 않은 것을 고르면?**

① 기업 C의 국내 디램 매출액 점유율은 2014년이 2010년보다 낮다.
② 2014년 기업 D의 전체 디램 매출액은 2010년에 비해 50% 이상 증가하였다.
③ 2010년 기업 C의 전체 디램 매출액 점유율은 2014년의 2배 이상이다.
④ 2010년에 비해 2014년 모든 기업의 국외 디램 매출액은 증가하였다.
⑤ 2010년에 비해 2014년 국외 디램 매출액이 가장 많이 증가한 기업은 B이다.

[16~17] 다음 〈표〉는 2018~2021년 '갑'국의 여름철 물놀이 사고 사망자에 관한 자료이다.

〈표 1〉 연령대별 여름철 물놀이 사고 사망자 수

(단위: 명)

연령대 / 연도	10세 미만	10대	20대	30대	40대	50대 이상
2018	2	6	4	4	4	4
2019	2	13	9	2	2	8
2020	2	9	7	2	4	13
2021	0	5	3	5	5	19

〈표 2〉 4대 주요 발생 장소 및 원인별 여름철 물놀이 사고 사망자 수

(단위: 명)

구분 / 연도	4대 주요 발생 장소				4대 주요 원인			
	하천	해수욕장	계곡	수영장	안전부주의	수영미숙	음주수영	급류
2018	16	3	2	2	6	13	3	2
2019	23	3	5	4	9	14	5	6
2020	19	3	1	12	8	14	3	8
2021	23	7	2	5	9	12	6	2

※ 여름철 물놀이 사고 사망자의 발생 장소와 원인은 각각 1가지로만 정함

16 자료를 바탕으로 작성한 〈보고서〉의 내용 중 옳지 않은 것은?

보고서

물놀이 사고는 여름철인 6~8월에 집중적으로 발생한다. 연도별 사고 현황을 살펴보면, ㉠ 여름철 물놀이 사고 사망자는 2019년에 전년 대비 50 % 이상 증가하였고, 이후 매년 30명 이상이었다. ㉡ 여름철 물놀이 사고 사망자 중 4대 주요 원인에 의한 사망자가 차지하는 비율이 가장 높은 해는 2018년이다. 한편, ㉢ 여름철 물놀이 사고 사망자 중 수영미숙에 의한 사망자가 매년 30 % 이상을 차지해 이에 대한 예방책이 필요한 것으로 판단된다. 또 2019년과 2020년은 급류사고로 인한 사망자가 다른 해에 비해 많았다. 사고 발생 장소를 살펴보면, ㉣ 2018년부터 2021년까지 매년 여름철 물놀이 사고 사망자의 60 % 이상이 하천에서 발생한 사고로 사망하였다. 따라서 하천에서의 사고를 예방하기 위해 물놀이 안전수칙 홍보를 강화할 필요가 있다. 여름철 물놀이 사고 사망자 수를 연령대와 장소 및 원인에 따라 세부적으로 살펴보면, 2020년 50대 이상 사망자 중 수영장 외의 장소에서 사망한 사망자가 1명 이상이고, ㉤ 2021년 안전부주의 사망자 중 30대 이상 사망자가 1명 이상이다.

① ㉠
② ㉡
③ ㉢
④ ㉣
⑤ ㉤

17 여름철 물놀이 사고 사망자 수가 4대 주요 발생 장소보다 4대 주요 원인이 더 많은 해에 10대와 20대의 연령대별 평균 여름철 물놀이 사고 사망자 수는?

① 4명 ② 5명 ③ 6명
④ 8명 ⑤ 11명

18 다음은 '갑'기업의 연도별 자동차 생산량 및 수출액을 나타낸 자료이다. 자료를 보고 A, B에 해당하는 값을 예측했을 때 가장 타당한 값을 고르시오.

〈표〉 연도별 자동차 생산량 및 수출액

구분	2021년	2022년	2023년	2024년
생산량(백 대)	3,200	3,900	4,500	5,000
수출액(백만 불)	29,700	36,000	41,400	45,900

※ 수출액(백만 불) = 생산량(백 대) × A + B^2 (단, B > 0)

	(A)	(B)
①	7	30
②	8	30
③	8	40
④	9	30
⑤	9	40

19 다음은 '갑'대리점의 X제품과 Y제품의 판매량을 나타낸 자료이다. X제품과 Y제품의 판매량은 각각 일정한 규칙으로 변화한다. 2031년 X제품과 Y제품의 판매량 합을 고르시오.

〈표〉 제품별 판매량

(단위: 개)

구분	2021년	2022년	2023년	2024년	2025년
X제품	680	810	960	1,130	1,320
Y제품	1,360	1,540	1,720	1,900	2,080

① 5,730개 ② 5,910개 ③ 6,040개
④ 6,140개 ⑤ 6,550개

20 다음은 A기업의 SSD 판매 수익 및 비용을 나타낸 자료이다. 이를 바탕으로 2020년 이후 SSD 판매 순이익의 전년 대비 증감률을 바르게 나타낸 것을 고르시오.

〈표〉 A기업의 SSD 판매 수익 및 비용

(단위: 억 원)

구분	2019년	2020년	2021년	2022년	2023년	2024년
수익	170	210	270	250	262	290
비용	70	90	90	106	118	74

※ (순이익) = (수익) − (비용)

①
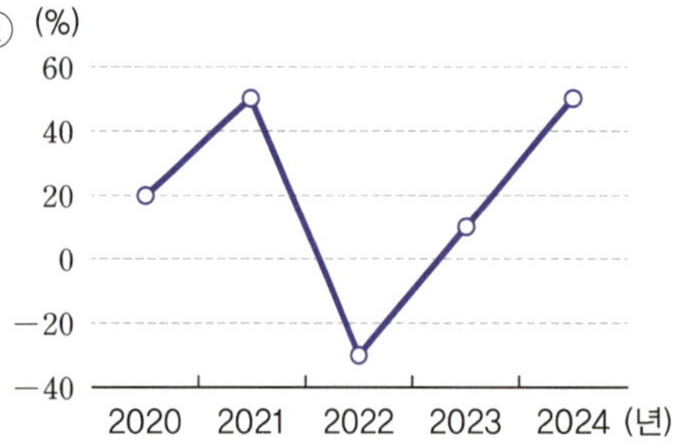

②
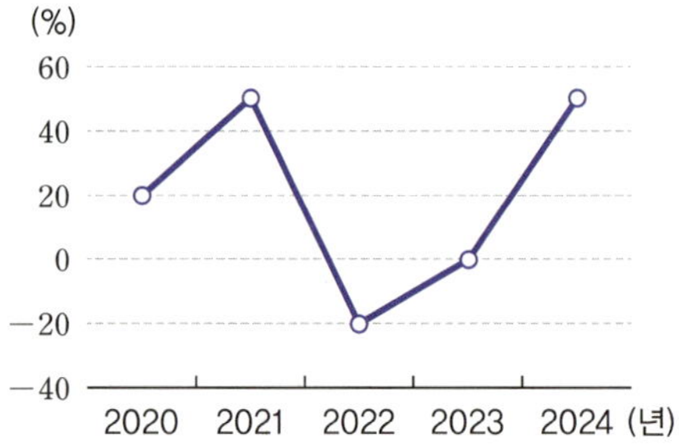

③
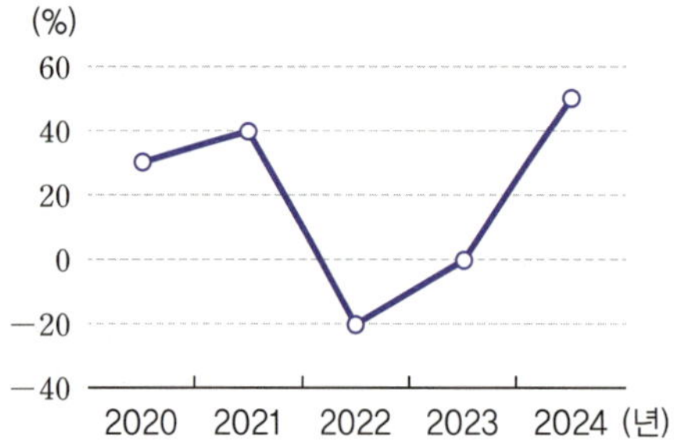

④
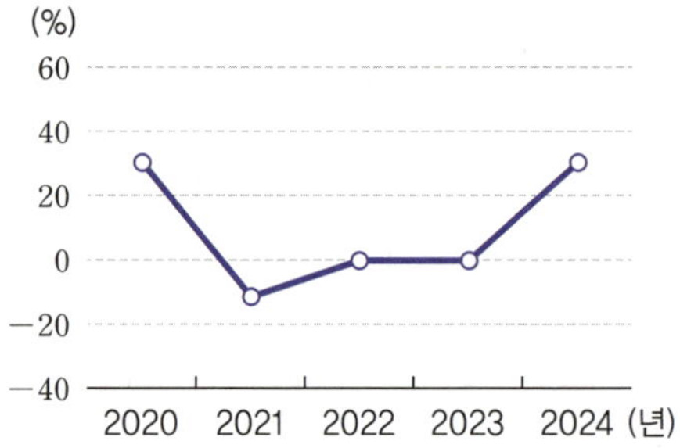

⑤
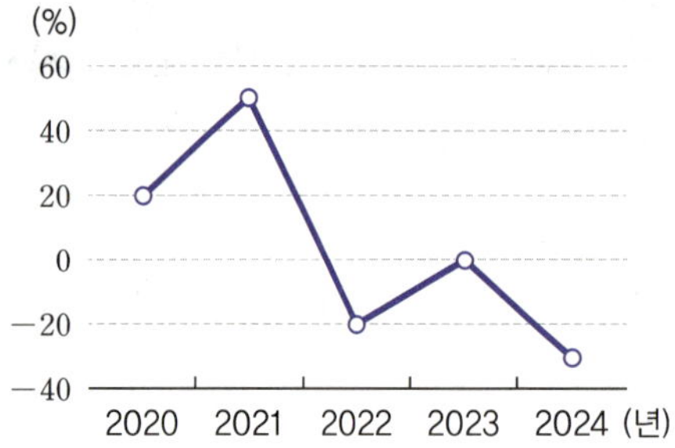

01 다음 [결론]을 참으로 하는 [전제2]로 가장 적절한 것은?

[전제1] 어떤 변리사는 약학대학을 졸업했다.
[전제2] (   )
[결 론] 어떤 변리사는 물리학 과목을 이수했다.

① 약학대학을 졸업한 어떤 사람은 변리사이다.
② 약학대학을 졸업한 모든 사람은 물리학 과목을 이수했다.
③ 물리학 과목을 이수한 모든 사람은 약학대학을 졸업했다.
④ 물리학 과목을 이수한 어떤 사람은 약학대학을 졸업했다.
⑤ 약학대학을 졸업한 어떤 사람은 물리학 과목을 이수했다.

02 다음 제시된 두 가지 전제를 통해 도출되는 [결론]으로 가장 적절한 것은?

[전제1] 수영을 좋아하는 모든 사람은 물을 좋아한다.
[전제2] 수영을 좋아하는 어떤 사람은 바다를 좋아한다.
[결 론] (   )

① 수영을 좋아하는 모든 사람은 바다를 좋아한다.
② 바다와 수영을 좋아하는 어떤 사람은 물을 좋아하지 않는다.
③ 수영을 좋아하는 어떤 사람은 물과 바다를 좋아한다.
④ 물과 바다를 좋아하는 모든 사람은 수영을 좋아한다.
⑤ 바다를 좋아하는 모든 사람은 물을 좋아한다.

03 다음 [결론]을 참으로 하는 [전제1]로 가장 적절한 것은?

[전제1] (   )
[전제2] 여행을 좋아하는 모든 사람은 사진 찍기를 좋아한다.
[결 론] 여행을 좋아하는 모든 사람은 모험심이 있다.

① 모험심이 없는 모든 사람은 사진 찍기를 좋아한다.
② 사진 찍기를 좋아하는 모든 사람은 모험심이 있다.
③ 모험심이 있는 어떤 사람은 사진 찍기를 좋아하지 않는다.
④ 사진 찍기를 좋아하는 모든 사람은 모험심이 없다.
⑤ 모험심이 있는 어떤 사람은 사진 찍기를 좋아한다.

04 다음을 근거로 판단할 때, 〈보기〉에서 옳은 것만을 모두 고르면?

- 3개의 과일상자가 있다.
- 하나의 상자에는 사과만 담겨 있고, 다른 하나의 상자에는 배만 담겨 있으며, 나머지 하나의 상자에는 사과와 배가 섞여 담겨 있다.
- 각 상자에는 '사과 상자', '배 상자', '사과와 배 상자'라는 이름표가 붙어 있다.
- 이름표대로 내용물(과일)이 들어 있는 상자는 없다.
- 상자 중 하나에서 한 개의 과일을 꺼내어 확인할 수 있다.

보기

ㄱ. '사과와 배 상자'에서 과일 하나를 꺼내어 확인한 결과 사과라면, '사과 상자'에는 배만 들어 있다.
ㄴ. '배 상자'에서 과일 하나를 꺼내어 확인한 결과 배라면, '사과 상자'에는 사과와 배가 들어 있다.
ㄷ. '사과 상자'에서 과일 하나를 꺼내어 확인한 결과 배라면, '배 상자'에는 사과만 들어 있다.

① ㄱ
② ㄴ
③ ㄱ, ㄷ
④ ㄴ, ㄷ
⑤ ㄱ, ㄴ, ㄷ

05 ○○의대 기숙사에 하선빈, 추민하, 장겨울, 안치홍, 용석민 5명이 같은 7층에 신규 배정되었다. 7층에는 다음과 같이 왼쪽 엘리베이터에서 오른쪽 끝의 계단실까지 일렬로 5개의 방이 배열되어 있으며, 이들의 전공은 각각 신경외과, 산부인과, 소아청소년과, 마취통증의학과, 재활의학과로 서로 다르다. 이들이 배정받은 방은 다음의 〈조건〉과 같다고 할 때, 항상 옳지 않은 것은?

복도

엘리베이터						계단실

조건

㉠ 5명 중에서 마취통증의학과 전공자의 학기 성적이 가장 높고, 용석민의 학기 성적이 두 번째로 높다.
㉡ 하선빈이 배정받은 방은 안치홍이 배정받은 방 바로 옆이다.
㉢ 안치홍이 배정받은 방은 계단실과 가장 가까운 방이다.
㉣ 추민하가 배정받은 방은 장겨울이 배정받은 방과 용석민이 배정받은 방 사이에 있다.
㉤ 학기 성적이 가장 낮은 학생이 배정받은 방은 학기 성적이 두 번째로 높은 학생이 배정받은 방과 두 번째로 낮은 학생이 배정받은 방 사이에 있다.
㉥ 계단실과 가장 가까운 방에 학기 성적이 세 번째로 높은 학생이 배정되었다.
㉦ 엘리베이터와 가장 가까운 방에 학기 성적이 두 번째로 낮은 학생이 배정되었다.

① 학기 성적이 가장 높은 학생은 하선빈이다.
② 학기 성적이 가장 낮은 학생은 추민하이다.
③ 추민하가 배정받은 방은 하선빈이 배정받은 방보다 엘리베이터에 더 가깝다.
④ 엘리베이터에 두 번째로 가까운 방에 배정된 학생은 용석민이다.
⑤ 계단실에 두 번째로 가까운 방에 배정된 학생은 마취통증의학과이다.

06 ○○기업 면접에 참여한 갑순, 을동, 병수, 정한, 무진 5명은 면접 결과에 대해 다음과 같이 진술하였다. 불합격한 2명은 거짓을 말했고, 합격을 한 3명은 진실을 말했다고 할 때, 합격한 3명을 바르게 나열한 것은?

- 갑순: 무진은 면접에 불합격했다.
- 을동: 정한은 면접에 합격했다.
- 병수: 나는 면접에 합격했다.
- 정한: 병수는 면접에 불합격했다.
- 무진: 을동은 면접에 불합격했다.

① 갑순, 을동, 정한
② 갑순, 병수, 무진
③ 을동, 병수, 정한
④ 을동, 정한, 무진
⑤ 병수, 정한, 무진

07 ○○전자의 판매 매장에서는 이번에 식기세척기 구매자에게 사은품을 한 가지씩 증정하기로 하였다. 다음 〈조건〉을 바탕으로 할 때, 항상 옳은 것은?

조건

- ○○전자 식기세척기는 화이트, 블랙, 메탈, 인디언핑크, 스카이블루의 5가지 색상이 있고, A~E는 모두 다른 색상을 구매하였다.
- 사은품으로는 커피머신, 청소기, 안마기, 에어프라이어, 그릇세트가 있고, A~E는 모두 다른 사은품을 선택하였다.
- A가 화이트 색상의 식기세척기를 구매하면 C는 메탈 색상의 식기세척기를 구매한다.
- 그릇세트를 사은품으로 선택한 사람은 화이트 색상의 식기세척기를 구매하지 않았다.
- D는 인디언핑크 색상의 식기세척기를 구매하였고 사은품으로 에어프라이어를 선택하였다.
- E는 블랙 색상의 식기세척기를 구매하였다.
- 메탈 색상의 식기세척기를 구매한 사람은 A가 아니다.
- C가 화이트 색상의 식기세척기를 구매하면 B는 스카이블루 색상의 식기세척기를 구매한다.
- 스카이블루 색상의 식기세척기를 구매한 사람은 사은품으로 안마기를 선택하지 않았다.
- 블랙 색상의 식기세척기를 구매한 사람은 사은품으로 청소기를 선택하였다.

① A는 화이트 색상의 식기세척기를 구매하였다.
② 메탈 색상의 식기세척기를 구매한 사람은 사은품으로 안마기를 선택하지 않았다.
③ 스카이블루 색상의 식기세척기를 구매한 사람이 사은품으로 그릇세트를 선택하면 블랙 색상의 식기세척기를 구매한 사람은 사은품으로 커피머신을 선택한다.
④ E가 사은품으로 청소기를 선택하면 C는 사은품으로 커피머신을 선택한다.
⑤ 화이트 색상의 식기세척기를 구매한 사람이 사은품으로 커피머신을 선택하면 스카이블루 색상의 식기세척기를 구매한 사람은 사은품으로 그릇세트를 선택한다.

08 수현이는 네 자리 숫자의 사물함 비밀번호를 잊어버려, 처음 비밀번호를 설정할 때 고려했던 조건을 통해 비밀번호를 기억해 내려고 한다. 〈조건〉이 다음과 같을 때, 수현이의 비밀번호에 대한 설명으로 옳지 않은 것은?

조건

㉠ 비밀번호를 구성하고 있는 각 자리의 어떤 숫자도 소수가 아니어야 한다.
㉡ 6과 8 중에 하나의 숫자만 비밀번호에 포함되어야 한다.
㉢ 비밀번호는 짝수로 시작한다.
㉣ 네 개의 숫자는 큰 수부터 차례로 나열된 형태로 만들어야 한다.
㉤ 비밀번호에 같은 숫자가 두 번 이상 들어가지 않아야 한다.

① 비밀번호는 짝수다.
② 비밀번호의 앞에서 두 번째 숫자는 4이다.
③ 〈비밀번호 설정 조건〉을 모두 만족하는 비밀번호는 모두 세 개가 있다.
④ 〈비밀번호 설정 조건〉을 모두 만족하는 비밀번호 중 가장 작은 수는 6410이다.
⑤ 비밀번호를 구성하는 네 개의 숫자 중 홀수는 한 개다.

09 ○○학교 3학년 갑순이, 을순이, 병돌이, 정돌이, 무돌이 5명은 함께 수시모집을 하고 있는 4개의 학과에 모두 지원하였다. 4개의 학과 중 2개는 자연과학계열, 2개는 공학계열이었다. 5명의 지원 결과가 다음의 〈조건〉과 같다고 할 때, 반드시 거짓인 것은? (단, 수시모집 지원자는 갑순이, 을순이, 병돌이, 정돌이, 무돌이 뿐이다.)

조건

㉠ 각 학과별 합격 인원은 2명 혹은 3명이다.
㉡ 1개 학과에만 합격한 학생은 1명이고, 나머지 4명은 2개 이상의 학과에 합격했다.
㉢ 학생회장을 했던 1명만이 4개의 학과 모두에 합격했다.
㉣ 을순이는 갑순이와 단둘만 합격한 하나의 공학계열 학과 외에 다른 학과에는 모두 불합격했다.
㉤ 병돌이와 정돌이가 함께 합격한 학과는 자연과학계열 1개 학과뿐이다.
㉥ 자연과학계열 학과 2곳 모두에 합격한 학생은 2명이다.

① 갑순이는 학생회장을 했었다.
② 2명이 합격한 학과는 1개이다.
③ 병돌이가 합격한 학과 중에 갑순이와 무돌이도 함께 합격한 학과가 있다.
④ 정돌이는 3개의 학과에 합격하였다.
⑤ 무돌이가 합격한 학과 중에 정돌이와 함께 합격한 학과가 있다.

10 다음 〈조건〉을 근거로 판단할 때, 초록 모자를 쓰고 있는 사람과 A 입장에서 왼편에 앉은 사람으로 모두 옳은 것은?

조건

- A, B, C, D 네 명이 정사각형 테이블의 각 면에 한 명씩 둘러앉아 있다.
- 빨강, 파랑, 노랑, 초록 색깔의 모자 4개가 있다. A, B, C, D는 이 중 서로 다른 색깔의 모자 하나씩을 쓰고 있다.
- A와 B는 여자이고 C와 D는 남자이다.
- A 입장에서 왼편에 앉은 사람은 파란 모자를 쓰고 있다.
- B 입장에서 왼편에 앉은 사람은 초록 모자를 쓰고 있지 않다.
- C 맞은편에 앉은 사람은 빨간 모자를 쓰고 있다.
- D 맞은편에 앉은 사람은 노란 모자를 쓰고 있지 않다.
- 노란 모자를 쓴 사람과 초록 모자를 쓴 사람 중 한 명은 남자이고 한 명은 여자이다.

	초록 모자를 쓰고 있는 사람	A 입장에서 왼편에 앉은 사람
①	A	B
②	A	D
③	B	C
④	B	D
⑤	C	B

11 한 대학교 앞 오피스텔 건물에는 A~F 6명의 학생이 거주 중이며, 이 중 3명은 여자, 나머지 3명은 남자이다. A~F는 대학교 1학년, 2학년, 3학년 중 하나이며 한 학년은 여자 1명과 남자 1명으로 구성되어 있다. 이들은 각자의 성별 및 학년에 대하여 다음과 같은 진술을 하였는데, 여자는 참말을 하였고 남자는 거짓말을 하였다. 다음 중 2학년 남자 학생은 누구인가?

- A: D는 남자이다.
- B: C는 여자이다.
- C: 나는 A와 같은 학년이다.
- D: F와 B의 학년이 같다.
- E: B는 2학년이다.
- F: C는 2학년이다.

① A
② B
③ C
④ D
⑤ E

12 한 동호회에서 단합을 위해 여행을 가기로 했다. 차량이동을 위해 9명의 회원은 세 명씩 나누어 자동차 A, B, C에 타기로 했다. 9명의 회원 중 4명(수현, 아라, 지현, 혜인)은 여자이고, 나머지 5명(재혁, 주한, 형식, 준성, 승인)은 남자이다. 모든 회원은 반드시 세 자동차 중 어느 하나에 탑승해야 하고, 탑승을 위한 멤버 구성은 아래의 〈조건〉을 모두 만족해야 한다. 만일 B자동차에 지현과 재혁이 탑승한다면, A자동차에 탑승할 회원은 누구인가?

조건

㉠ 각 자동차에는 적어도 한 명의 여자 회원이 포함되어야 한다.
㉡ 수현은 반드시 두 명의 남자 회원과 같은 자동차에 탑승해야 한다.
㉢ 주한은 C 자동차를 운전해야 하므로 반드시 C자동차에 탑승해야 한다.
㉣ 준성은 A 자동차를 운전해야 하므로 반드시 A자동차에 탑승해야 한다.
㉤ 수현, 혜인, 형식 중 누구도 주한과 같은 차량에 탑승하지 않는다.

① 수현, 형식, 준성
② 수현, 준성, 승인
③ 혜인, 형식, 준성
④ 혜인, 준성, 승인
⑤ 아라, 형식, 준성

13 개발팀의 민수, 지훈, 예진, 마케팅팀의 서준, 유진, 태민 6명이 회의실에 입장하기 위해 입구 앞에서 한 줄로 서 있다. 다음 조건을 모두 고려하였을 때, 항상 거짓인 것을 고르시오.

- 줄을 서는 사람은 6명뿐이다.
- 마케팅팀 3명은 서로 인접하여 줄을 서지 않는다.
- 지훈은 두 번째로 줄을 서지 않는다.
- 예진은 네 번째로 줄을 선다.
- 민수와 유진은 서로 인접하여 줄을 선다.
- 서준은 태민보다 뒤쪽에 줄을 선다.

① 민수와 지훈 사이에 줄을 서는 사람은 2명이다.
② 유진과 태민 사이에 줄을 서는 사람은 1명이다.
③ 태민이 첫 번째로 줄을 설 때, 서준은 세 번째로 줄을 선다.
④ 서준이 다섯 번째로 줄을 설 때, 맨 앞에 유진이 줄을 선다.
⑤ 예진 바로 뒤에 지훈이 줄을 설 때, 맨 뒤에 서준이 줄을 선다.

14 어느 유치원에서는 월요일부터 목요일까지 매일 간식으로 과일과 우유를 각각 1가지씩 준다고 한다. 유치원에는 현재 4가지(사과, 포도, 오렌지, 수박)의 과일과 4가지 맛(일반, 초콜릿, 딸기, 바나나) 우유가 있으며, 각 간식들을 줄 때는 아래의 〈조건〉과 같은 제약 사항이 있다고 한다. 만일 간식으로 오렌지와 초콜릿맛 우유를 같은 날 줄 수 없다면, 다음 중 목요일에 주어야 하는 간식은 각각 무엇인가?

조건

㉠ 매일 다른 간식을 주어야 한다.
㉡ 수박은 포도 이전에 주어야 한다.
㉢ 초콜릿맛 우유는 수요일에 줄 수 없다.
㉣ 포도와 일반 우유는 같이 줄 수 없다.
㉤ 일반 우유는 딸기맛 우유와 바나나맛 우유 이후에 주어야 한다.
㉥ 수박은 오렌지보다 앞서 주어야 한다.
㉦ 초콜릿맛 우유는 딸기맛 우유 이후에 주어야 한다.
㉧ 사과는 포도를 준 바로 다음 날 주어야 한다.

① 사과와 일반 우유
② 오렌지와 일반 우유
③ 사과와 초콜릿맛 우유
④ 수박과 초콜릿맛 우유
⑤ 오렌지와 바나나맛 우유

[15~17] 다음 도형에 적용된 규칙을 찾아 '?'에 해당하는 도형을 고르시오.

15

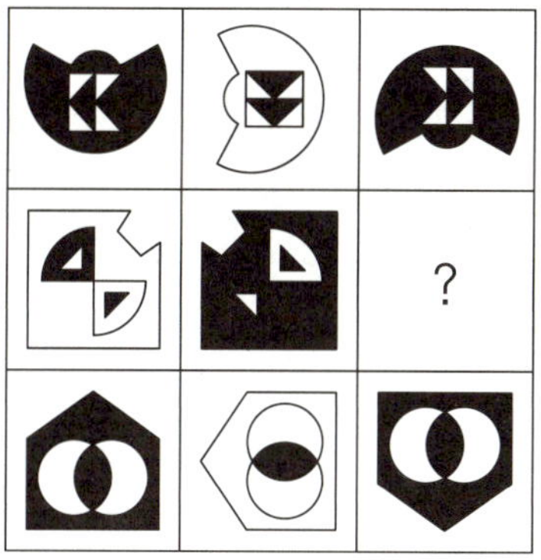

①

②

③

④

⑤

16

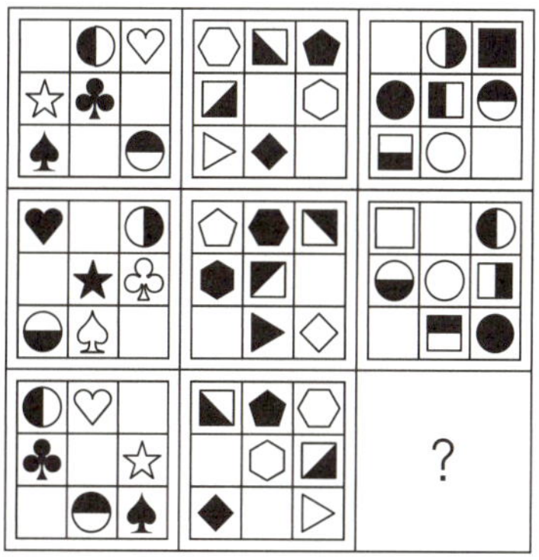

①
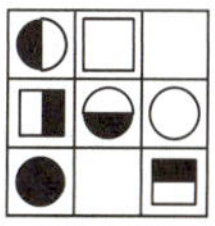
②
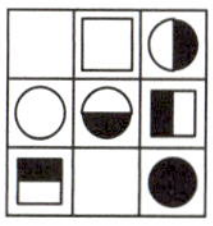
③
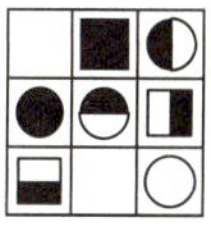
④
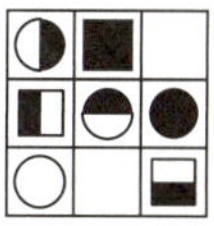
⑤
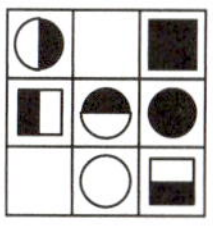

17

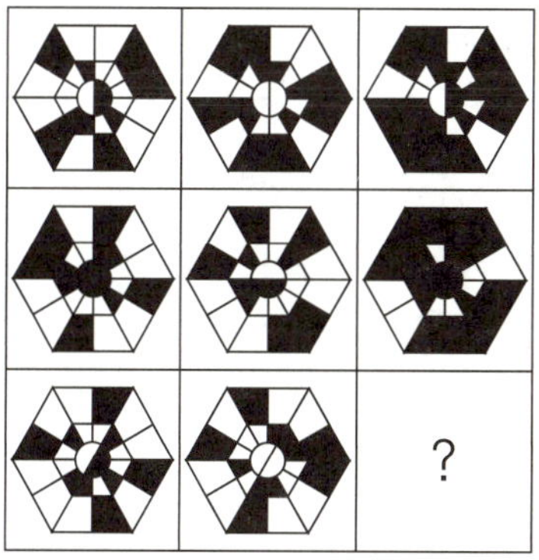

①

②

③

④
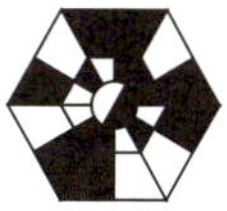
⑤

[18~21] 다음 각 기호가 문자, 숫자의 배열을 바꾸는 규칙을 나타낸다고 할 때, 각 문제의 '?'에 해당하는 것을 고르시오.

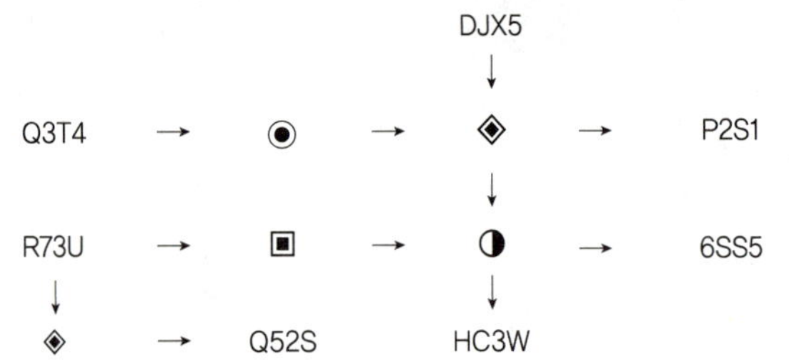

18

I5EP → ◉ → ▣ → ?

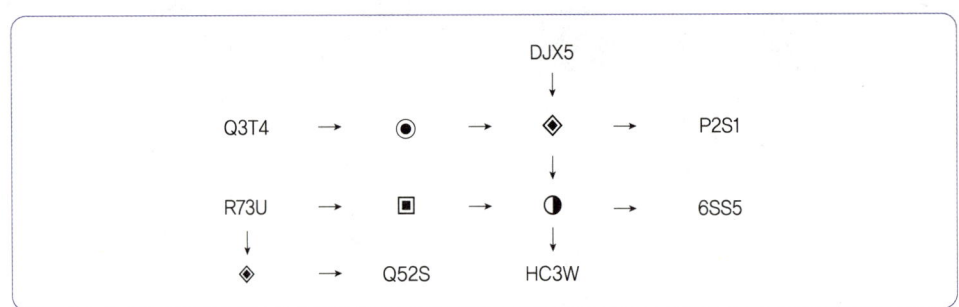

① J3GO ② JOG3 ③ IQC7
④ I7QC ⑤ KNF4

19

51SE → ◑ → ▣ → ◈ → ?

① 21EP ② 1OF3 ③ 4PF6
④ 46FP ⑤ 12FO

20

? → ◑ → ◉ → QJNW

① WQJN ② JNWQ ③ NJQW
④ JNWQ ⑤ QNWJ

21

? → ◈ → ▣ → ◉ → U2MA

① M5TE ② WAO2 ③ UDL6
④ K1RA ⑤ SZJ2

22 다음 문단을 논리적 순서대로 알맞게 배열한 것을 고르시오.

(가) 현대 사회에서 스트레스를 해소하는 방법의 하나로 명상이 주목받고 있다. 명상은 몸과 마음을 편안하게 하여 스트레스를 줄이는 데 큰 도움을 준다.

(나) 우리는 일상생활에서 다양한 스트레스 요인에 노출되어 있다. 일, 인간관계, 학업 등 다양한 이유로 우리는 스트레스를 받으며, 이를 효과적으로 관리하는 것이 중요하다.

(다) 명상을 통해 스트레스를 줄이는 방법은 매우 다양하다. 호흡에 집중하는 간단한 명상법부터 마음속 상상을 통해 몸을 이완시키는 시각화 명상법까지 다양한 기법이 존재한다.

(라) 또한, 자연의 소리를 듣거나 음악을 들으며 하기도 한다. 이러한 방법들은 마음을 차분하게 하고, 명상의 효과를 더욱 높여준다.

① (나) – (가) – (다) – (라)
② (나) – (다) – (라) – (가)
③ (나) – (라) – (다) – (가)
④ (다) – (가) – (나) – (라)
⑤ (다) – (라) – (나) – (가)

PART 3 실전모의고사

23 다음 문단을 논리적 순서대로 알맞게 배열한 것을 고르시오.

(가) 영화는 19세기 말에 발명된 이후로, 현대의 주요한 대중 예술 형태로 자리 잡았다. 영화는 여러 장소에서 촬영할 수 있으며, 다양한 각도와 특수 효과를 활용해 더 풍부한 시각적 경험을 제공한다. 또한, 영화는 편집 과정을 통해 감독의 의도를 더 명확히 전달할 수 있으며, 연극과 달리 여러 번의 촬영과 편집을 거쳐 완성된다.

(나) 먼저, 고대 그리스 시대부터 시작된 연극은 주로 무대 위에서 배우들이 실시간으로 연기하는 형태로 진행된다. 연극에서는 실시간으로 이루어지는 연기와 관객과의 상호작용이 중요한 요소로 작용한다. 또한, 연극은 관객의 즉각적인 반응을 반영할 수 있는 독특한 장점을 지닌다.

(다) 연극과 영화는 이야기와 감정을 전달하는 예술 형식이라는 점에서 유사하다고 생각하기 쉽다. 실제로 음악, 조명, 의상 등을 사용해 분위기를 조성하며, 강력한 시각적 및 청각적 경험을 제공한다는 것이 연극과 영화의 공통점으로 손꼽힌다. 하지만 몇 가지 중요한 차이점이 있다. 연극은 무대 위에서 실시간으로 연기되며, 영화는 사전 촬영 후 편집을 통해 완성된다.

(라) 또한, 영화감독은 촬영과 편집 과정에서 배우와 장면을 여러 번 수정할 수 있어 다양한 기술적 요소를 활용해 장면을 연출한다. 연극 감독이 배우들의 즉흥성과 무대 장치를 활용하는 것과는 달리 영화감독은 특수 효과와 음악으로 관객에게 더욱 몰입감 있는 경험을 제공해 연극과는 다른 차별성을 부여한다.

① (다) – (나) – (가) – (라)
② (다) – (나) – (라) – (가)
③ (다) – (라) – (나) – (가)
④ (라) – (나) – (가) – (다)
⑤ (라) – (다) – (나) – (가)

24 다음 글을 근거로 판단할 때 옳은 것은?

소나무재선충은 매개충의 몸 안에 서식하다가 새순을 갉아 먹을 때 상처부위를 통하여 나무에 침입한다. 침입한 재선충은 빠르게 증식하여 수분과 양분의 이동통로를 막아 나무를 죽게 한다. 소나무재선충병에 걸린 나무는 치료약이 없어 잎이 붉은색으로 변하면서 100% 고사한다. 주로 감염되는 수종은 소나무, 해송 및 잣나무 등이다.

소나무재선충병은 1988년 부산 금정산에서 처음 발생한 이후 계속 피해가 증가하여 총 67개의 시·군·구에서 발생하였다. 그러나 「소나무재선충병 방제특별법」이 시행된 2007년부터 피해가 급격히 감소하고 있는 추세이다. 피해면적은 2000년 1,677ha에서 2006년 최대 7,871ha로 급증하였는데 정부의 방역대책으로 2010년에는 3,547ha로 감소하였다. 감염목의 수도 2000년에 2만 8천 그루에서 2005년 최대 51만 그루로 급증하였지만 2010년에는 1만 6천 그루로 감소하였다. 정부는 2009년에 산림병해충 예찰·방제단을 조직하여 능동적 예찰·방제체계를 구축하였고, 2013년 완전방제를 목표로 선제적 완전방제 대책을 추진하고 있다.

소나무재선충병을 예방하기 위해서는 외관상 건강한 소나무에 아바멕틴 나무주사를 2년에 1회 실시한다. 소나무 잎의 상태를 육안으로 관찰하여 이상 징후가 있는 나무는 대상목에서 제외한다. 나무주사 방법 외에도 지상과 항공에서 약제를 살포하는 방법을 통해 방제를 할 수 있는데, 5월에서 8월 사이에 3~5회 정도 실시해야 한다.

① 소나무재선충병에 대처하기 위해서는 무엇보다도 사전예방이 중요하다.
② 소나무재선충은 2005년에 가장 넓은 지역에서 가장 많은 수목을 감염시켰다.
③ 소나무재선충병은 소나무에서만 발생하기 때문에 이 수종에 대한 관리가 매우 중요하다.
④ 나무주사를 놓기 직전에 소나무의 상태를 파악하기 위한 별도의 화학실험을 해야 한다.
⑤ 소나무재선충으로 인해 잎이 붉은색으로 변색된 소나무도 나무주사를 통해서 소생시킬 수가 있다.

25 다음 글에 제시된 '강화 학습 시스템'에 대한 설명으로 적절하지 않은 것은?

> 강화 학습 시스템은 현실의 다양한 문제를 자기 주도적으로 해결하는 프로그램을 실현하고자 한다. 대부분의 현실 문제는 매우 복잡하므로 정형화된 규칙에 한정되지 않는 방식으로 대처하는 매우 큰 유연성을 필요로 한다. 그런 유연성이 없는 프로그램은 결국 특정한 목적에만 사용된다. 강화 학습 시스템의 목적은 궁극적으로 자신의 목표를 유연하고도 창의적으로 성취할 수 있는, 다시 말해 자가 프로그래밍적인 시스템에 도달하는 것이다.
>
> 1980년대까지 강화 학습 시스템은 실제 세계의 문제를 해결하기에 너무 느렸고 이로 인해 이 시스템에 대한 연구를 지속할 필요가 있는지 의문이 제기되었다. 하지만 이 평가는 적절하지 않다. 그 어떤 학습 시스템도 아무런 가정 없이 학습을 시작할 수는 없는 법이다. 자신이 어떤 문제에 부딪히게 될지, 그 문제로부터 어떻게 학습할 수 있을지 등의 가정도 없는 시스템이라면 그 시스템은 결국 아무것도 배울 수 없다. 생물계는 그런 가정을 가진 학습 시스템을 가장 잘 보여주는 사례이다. 생명체 모두는 각자의 DNA에 암호화된 생물학적 정보를 가지고 학습을 시작한다. 강화 학습 시스템이 가정을 거의 갖지 않은 상태로 문제를 해결하려고 할 경우, 그 시스템은 매우 느리게 학습하고 아주 간단한 문제조차 풀지 못하게 된다. 이는 생물학적 유기체인 경우에도 마찬가지다. 쥐의 경우 물 밑에 있는 조개를 어떻게 사냥해야 할지에 관해서는 아는 바가 거의 없지만, 어둡고 특히 공간적으로 복잡한 장소에서 먹이를 구하는 데 있어서는 행동에 관한 엄청난 정보를 지니고 있다. 따라서 쥐는 생존에 필수적인 문제들에 대해 풍부한 내적 모형을 사전에 갖고 있다고 봐야 한다. 이를 통해 볼 때 강화 학습 시스템에 대한 연구가 진행되어야 할 이유는 분명하다.

① 강화 학습 시스템의 유연성은 임기응변 능력과 관련이 있다.
② 강화 학습 시스템의 목적은 자율적인 시스템을 만드는 데에 있다.
③ 강화 학습 시스템이 무에서 유를 생성할 것으로 기대하기는 어렵다.
④ 강화 학습 시스템은 생명체의 분자 구조에 관한 정보를 가질 때 빠르게 문제를 생성할 수 있다.
⑤ 강화 학습 시스템이 현실에서 부딪히는 문제를 효율적으로 해결하기 위해서는 그 문제에 관한 배경 정보가 필요하다.

26 다음 글의 내용과 부합하지 않는 것은?

최근에는 반도체 칩이 점점 더 미세화되고 있으며, 그로 인해 외부 충격, 열, 습기에 대한 저항력 요구도 더욱 높아지고 있다. 특히 반도체 제조 후 패키징 단계에서 외부 환경에 대한 반도체 칩의 보호가 중요해졌다. 패키징 방식이란 반도체 칩을 외부 환경으로부터 보호하고 성능을 최적화하기 위해 칩을 감싸는 재료와 구조를 설계하는 방법이다. 대표적으로 '열전도성 패키징'과 '방습성 패키징' 방식이 있다. 열전도성 패키징은 반도체 작동 시 발생하는 열을 효율적으로 방출하여 과열을 방지하며, 방습성 패키징은 습기에 의한 반도체 소자의 손상을 방지하는 역할을 한다. 미세화된 반도체 소자는 열 축적의 위험이 커져, 열관리를 위한 패키징 재료의 열전도율이 성능에 중대한 영향을 미치게 된다. 패키징 방식의 선택은 반도체 소자의 내구성과 수명에 영향을 미칠 수 있으나, 특정 방식이 모든 반도체 소자에 적합한 것은 아니다. 또한, 패키징의 두께와 밀도는 신호 전송 경로의 저항에 영향을 줄 수 있어, 설계 시 전기적 특성과 열적 특성을 동시에 고려해야 한다. 한편, 이러한 패키징 방식은 각각의 재료 특성과 설계 조건에 따라 비용이 상승할 수 있으며, 기술적인 한계로 인해 모든 반도체 제품에 적용되기는 어렵다. 따라서 비용 절감과 성능 확보를 동시에 추구하는 패키징 방식의 개발이 계속해서 이루어지고 있다.

① 패키징 재료의 열전도율은 반도체 성능에 큰 영향을 줄 수 있다.
② 패키징 방식의 선택은 반도체 칩의 신호 전송 특성과 관련이 있다.
③ 미세화된 반도체 소자는 열 축적의 위험이 높아질 수 있다.
④ 방습성 패키징은 습기 노출로부터 반도체를 보호한다.
⑤ 반도체 제품에 동일한 패키징 방식을 적용하면 비용이 줄어든다.

27 다음 글에서 알 수 있는 것은?

유럽 국가들은 대부분 가장 먼저 철도를 개통한 영국의 규격을 채택하여 철로의 간격을 1.435m로 하였다. 이러한 이유로 영국의 철로는 '표준궤'로 불렸다. 하지만 일부 국가들은 전시에 주변 국가들이 철도를 이용해 침입할 것을 우려하여 궤간을 다르게 하였다. 또한 열차 속력과 운송량, 건설 비용 등을 고려하여 궤간을 조정하였다.

일본은 첫 해외 식민지였던 타이완에서는 자국의 철도와 같이 협궤(狹軌)를 설치하였으나 조선의 철도는 대륙 철도와의 연결을 고려하여 표준궤로 하고자 하였다. 청일전쟁 이후 러시아의 영향력이 강해져 조선의 철도 궤간으로 광궤(廣軌)를 채택할 것인지 아니면 표준궤를 채택할 것인지를 두고 러시아와 대립하기도 했지만 결국 일본은 표준궤를 강행하였다.

서구 열강이 중국에 건설한 철도는 기본적으로 표준궤였다. 하지만 만주 지역에 건설된 철도 중 러시아가 건설한 구간은 1.524m의 광궤였다. 러일전쟁 과정에서 일본은 자국의 열차를 그대로 사용하기 위해 러시아가 건설한 그 철도 구간을 협궤로 개조하는 작업을 시작했다. 그러다가 러일전쟁 이후 포츠머스조약으로 일본이 러시아로부터 그 구간의 철도를 얻게 되자 표준궤로 개편하였다.

1911년 압록강 철교가 준공되자 표준궤를 채택한 조선 철도는 만주의 철도와 바로 연결이 가능해졌다. 1912년 일본 신바시에서 출발해 시모노세키-부산 항로를 건너 조선의 경부선과 경의선을 따라 압록강 대교를 통과해 만주까지 이어지는 철도 수송 체계가 구축되었다.

① 러일전쟁 당시 일본 국내의 철도는 표준궤였다.
② 부산에서 만주까지를 잇는 철도는 광궤로 구축되었다.
③ 러일전쟁 이전 만주 지역의 철도는 모두 광궤로 건설되었다.
④ 청일전쟁 이후 러시아는 조선의 철도를 광궤로 할 것을 주장하였다.
⑤ 영국의 표준궤는 유럽 국가들이 철도를 건설하는 데 경제적 부담을 줄여 주었다.

28 다음 주장에 대한 반박으로 가장 타당한 것을 고르시오.

환경 보호에 대한 관심이 증가하고 있지만, 재활용을 촉진하기 위한 제도적 장치는 여전히 부족하다. 가장 효과적인 대안은 재활용 참여자에게 금전적 인센티브를 제공하는 것이다. 비용 증가를 우려하여 이에 반대하는 목소리가 있으나, 만약 재활용 인센티브를 줄인다면 재활용률이 급격히 떨어질 것이다. 그리고 그로 인한 환경 피해는 고스란히 미래 세대에게 돌아가게 된다는 점을 간과해서는 안 된다.

① 재활용 인센티브를 줄이면 재활용 참여율이 낮아질 것이라는 우려가 있다.
② 실제 사람들이 재활용을 하는 주된 목적이 금전적 보상만은 아님을 고려해야 한다.
③ 재활용은 환경 보호를 위한 선택적 행동이라는 점에서 금전적인 보상이 필요하다.
④ 비용 절감을 위한 수단이라도 그것이 재활용 문화를 위축시킨다면 재고해야 한다.
⑤ 재활용에 대한 인센티브는 자발적 참여자를 위한 최소한의 보상으로 봐야 한다.

29 다음 글을 바탕으로 아래 〈보기〉를 이해한 것으로 적절한 것을 고르시오.

리튬 폴리머 전지는 다양한 전자기기에 사용되는 2차 전지로, 리튬 이온을 주요 소재로 하고 고분자 전해질을 사용한다. 이 전지는 고체 또는 젤 형태의 전해질을 사용하여 누액의 위험이 적고, 가벼운 무게와 유연한 형태로 제작할 수 있어 다양한 전자기기 설계에 유리하다. 하지만 고온 환경에서는 성능이 저하될 수 있으며, 외부 충격에 민감하여 특정 온도 이상에서는 폭발이나 화재의 위험이 존재한다. 반면, 낮은 온도에서는 안정적이지만, 사용하지 않는 동안 성능이 서서히 저하될 수 있다.

보기

니켈-수소 전지는 니켈과 수소를 이용해 전기를 저장하는 방식의 2차 전지이다. 이 전지는 에너지 밀도가 리튬 폴리머 전지에 비해 낮아 크기와 무게가 상대적으로 무겁지만, 외부 충격에 강하고 온도 변화에 잘 견디기 때문에 고온 및 저온 환경에서도 안정적으로 작동한다. 또한, 완충과 완방을 반복해도 성능 저하가 적어, 주로 대용량 배터리팩이 필요한 전기 자동차와 같은 환경에서 많이 사용된다. 니켈-수소 전지는 환경친화적인 특성도 있어, 배터리 폐기 시 유해 물질 배출이 적은 편이다.

① 리튬 폴리머 전지는 니켈-수소 전지에 비해 고온에서 더 안정적이다.
② 리튬 폴리머 전지는 외부 충격에 강하여 전기 자동차에 주로 사용된다.
③ 니켈-수소 전지는 완전 방전 상태에서도 성능이 유지된다.
④ 니켈-수소 전지는 리튬 폴리머 전지에 비해 에너지 밀도가 낮아 부피가 크다.
⑤ 리튬 폴리머 전지는 고분자 전해질로 인해 누액의 위험이 적으나, 니켈-수소 전지는 누액 가능성이 있다.

30 다음 글을 바탕으로 아래 〈보기〉를 이해한 것으로 적절한 것을 고르시오.

예술작품을 감상할 때에는 어떠한 관점을 취해야 할까? 예술작품을 감상한다는 것은 예술가를 화자로 보고, 감상자를 청자로 설정하는 의사소통 형식으로 가정할 수 있다.

고전주의적 관점은 보편적 규칙에 따라 고전적 이상에 일치시켜 대상을 재현한 작품에 높은 가치를 부여한다. 고전주의적 관점에서는 재현 내용과 형식이 정해지기 때문에 화자인 예술가가 중심이 된 의사소통 행위가 아니라 청자가 중심이 된 의사소통 행위라 할 수 있다. 즉, 예술작품 감상에 있어서 청자인 감상자는 보편적 규칙과 정형적 재현 방식을 통해 쉽게 예술작품을 수용하고 이해할 수 있게 된다.

보기

스포츠 경기를 볼 때 주변 사람과 관련 없이 자기 혼자서 탄식하고 환호하기도 한다. 또한, 독백과 같이 특정한 청자를 설정하지 않는 발화 행위도 존재한다. 낭만주의적 관점에서 예술작품을 이해하고 감상하는 것도 이와 유사하다. 낭만주의적 관점은 예술가 자신의 감정이나 가치관, 문제의식 등을 자유로운 방식으로 표현한 것에 가치를 부여한다. 낭만주의적 관점에서는, 예술작품을 예술가가 감상자를 고려하지 않은 채 자신의 생각이나 느낌을 자유롭게 표현한 것으로 보아야만 작품의 본질을 오히려 잘 포착할 수 있다고 본다.

낭만주의적 관점에서 올바른 작품 감상을 위해서는 예술가의 창작 의도나 창작관에 대한 이해가 필요하다. 비록 관람과 감상을 전제하고 만들어진 작품이라 하더라도 그 가치는 작품이 보여주는 색채나 구도 등에 대한 감상자의 경험을 통해서만 파악되는 것이 아니다. 현대 추상회화 창시자의 한 명으로 손꼽히는 몬드리안의 예술작품을 보자. 구상적 형상 없이 선과 색으로 구성된 몬드리안의 작품들은, 그가 자신의 예술을 발전시켜 나가는 데 있어서 관심을 쏟았던 것이 무엇인지를 알지 못하면 이해하기 어렵다.

① 고전주의적 관점과 낭만주의적 관점의 공통점은 예술작품의 재현 방식이다.
② 고전주의적 관점에서 볼 때, 예술작품을 감상하는 것은 독백을 듣는 것과 유사하다.
③ 낭만주의적 관점에서 볼 때, 예술작품 창작의 목적은 감상자 위주의 의사소통에 있다.
④ 낭만주의적 관점에서 볼 때, 예술작품의 창작 의도에 대한 충분한 이해는 작품 감상을 위해 중요하다.
⑤ 고전주의적 관점에 따르면 예술작품의 본질은 예술가가 자신의 생각이나 느낌을 창의적으로 표현하는 데 있다.

독끝

실전모의고사 2회

정답 및 해설 376p

수리논리

20문항 / 30분

01 한 가지 옷을 팔고 있는 철수는 옷 원가에 30%의 이익을 붙여서 정가를 정하였다. 이 옷을 정가에서 10% 할인하여 팔았더니 옷 한 벌의 이익이 5,100원 이상이었다. 이 옷의 원가의 최솟값은?

① 25,000원 ② 30,000원 ③ 35,000원
④ 40,000원 ⑤ 45,000원

02 내일은 대학교 축제가 있는 날인데 비가 올 확률은 $\frac{3}{7}$이다. 비가 온다면 초청 가수가 올 확률이 $\frac{2}{5}$이고, 비가 오지 않는다면 초청 가수가 올 확률이 $\frac{3}{4}$일 때, 내일 초청 가수가 올 확률은?

① $\frac{1}{7}$ ② $\frac{4}{21}$ ③ $\frac{5}{21}$
④ $\frac{3}{5}$ ⑤ $\frac{1}{3}$

03 다음은 2016~2022년 '갑'기업의 스마트농업 연구비에 관한 자료이다. 이에 대한 〈보기〉의 설명 중 옳은 것만을 모두 고르면?

〈그림〉 연도별 스마트농업 연구비 및 연구과제 수

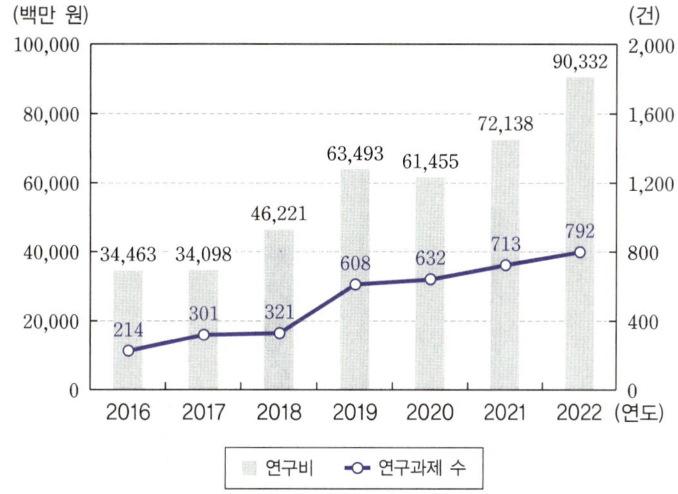

〈표〉 연도별·분야별 스마트농업 연구비

(단위: 백만 원)

분야 \ 연도	2016	2017	2018	2019	2020	2021	2022	전체
데이터기반구축	3,520	4,583	8,021	10,603	11,677	16,581	18,226	73,211
자동화설비기기	27,082	19,975	23,046	25,377	22,949	24,330	31,383	(　　)
융합연구	3,861	9,540	15,154	27,513	26,829	31,227	40,723	(　　)

※ 스마트농업은 데이터기반구축, 자동화설비기기, 융합연구 분야로만 구분됨

보기

ㄱ. 스마트농업의 연구과제당 연구비가 가장 많은 해는 2016년이다.
ㄴ. 전체 연구비가 가장 많은 스마트농업 분야는 '자동화설비기기'이다.
ㄷ. 스마트농업 연구비의 전년 대비 증가율이 가장 높은 해는 2022년이다.
ㄹ. 2019년 대비 2022년 연구비 증가율이 가장 높은 스마트농업 분야는 '데이터기반구축'이다.

① ㄱ, ㄴ
② ㄱ, ㄷ
③ ㄷ, ㄹ
④ ㄱ, ㄴ, ㄹ
⑤ ㄴ, ㄷ, ㄹ

04 다음 〈그림〉과 〈표〉는 전산장비(A~F) 연간유지비와 전산장비 가격 대비 연간유지비 비율을 나타낸 자료이다. 가격이 가장 높은 전산장비의 가격은?

〈그림〉 전산장비 연간유지비

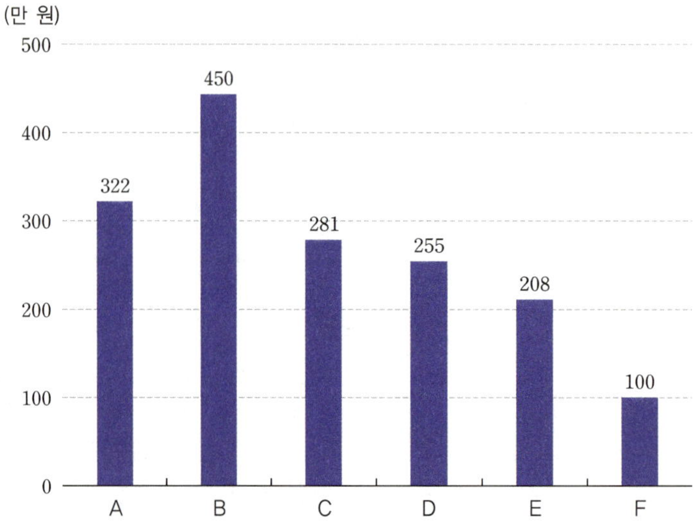

〈표〉 전산장비 가격 대비 연간유지비 비율

(단위 : %)

전산장비	A	B	C	D	E	F
비율	8.0	7.5	7.0	5.0	4.0	3.0

① 4,025 만 원
② 5,000 만 원
③ 5,100 만 원
④ 5,200 만 원
⑤ 6,000 만 원

05 다음 〈그림〉은 A강의 지점별 폭-수심비의 변화를 나타낸 것이다. 이에 대한 〈보기〉의 설명 중 옳은 것만을 모두 고르면?

〈그림〉 A강의 지점별 폭-수심비의 변화

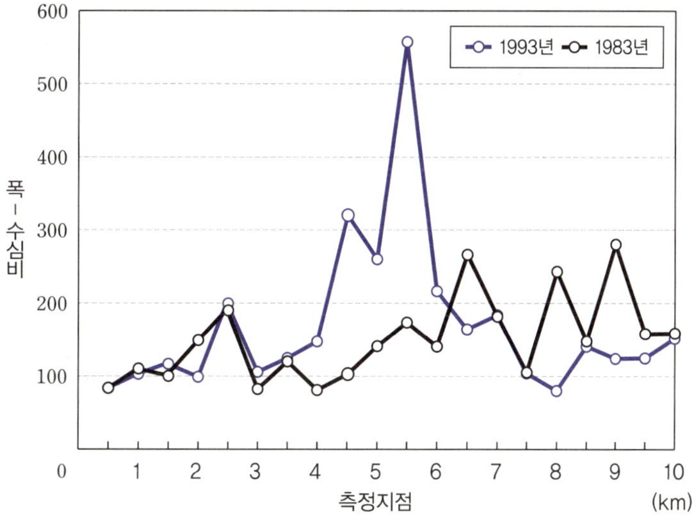

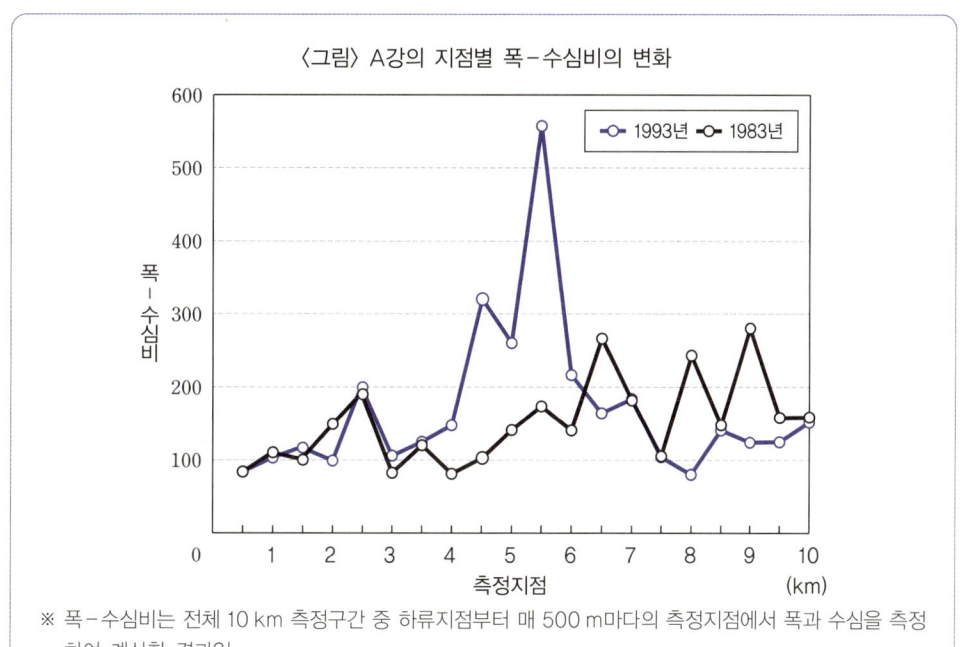

※ 폭-수심비는 전체 10 km 측정구간 중 하류지점부터 매 500 m마다의 측정지점에서 폭과 수심을 측정하여 계산한 결과임

보기

ㄱ. 1993년 폭-수심비 최댓값은 500보다 크다.
ㄴ. 1983년과 1993년의 폭-수심비 차이가 가장 큰 측정지점은 6.5 km 지점이다.
ㄷ. 1983년 폭-수심비 최댓값과 최솟값의 차이는 300보다 크다.

① ㄱ
② ㄴ
③ ㄱ, ㄷ
④ ㄴ, ㄷ
⑤ ㄱ, ㄴ, ㄷ

06 다음은 '갑'국의 2018~2023년 연도별 산업 신기술검증 현황에 대한 자료이다. 제시된 기간 중 현장검증 신기술 연간건수 1건당 연간비용이 가장 큰 해에 서류검증 1건당 연간비용은? (단, 소수점 셋째 자리에서 반올림한다.)

〈표 1〉 연도별 산업 신기술검증 연간건수

(단위: 건)

구분＼연도	2018	2019	2020	2021	2022	2023
서류검증	755	691	765	767	725	812
현장검증	576	650	630	691	852	760
합계	1,331	1,341	1,395	1,458	1,577	1,572

〈표 2〉 연도별 산업 신기술검증 연간비용

(단위 : 천만 원)

구분＼연도	2018	2019	2020	2021	2022	2023
서류검증	54	60	57	41	102	68
현장검증	824	1,074	1,091	1,704	2,546	1,609
합계	878	1,134	1,148	1,745	2,648	1,677

※ 신기술검증은 서류검증과 현장검증으로만 구분됨

① 70만 원
② 80만 원
③ 90만 원
④ 100만 원
⑤ 140만 원

07 다음 〈그림〉은 17~21대 국회의원 당선자의 직업별 분포를 나타낸 자료이다. 17~21대 중 전체 당선자 중 정치인의 비중이 두 번째로 작은 때의 교수가 차지하는 비중은?

〈그림〉 17~21대 국회의원 당선자의 직업별 분포

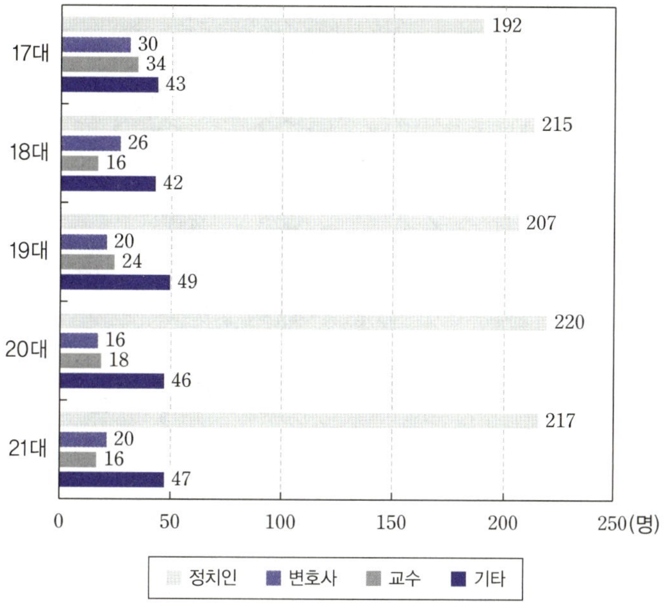

① 5%

② 6%

③ 8%

④ 10%

⑤ 11%

08 다음 〈그림〉과 〈표〉는 2016~2020년 '갑'국 대체육 분야의 정부 R&D 지원 규모에 관한 자료이다. 이에 대한 설명으로 옳은 것은?

〈그림〉 대체육 분야별 정부 R&D 지원 규모

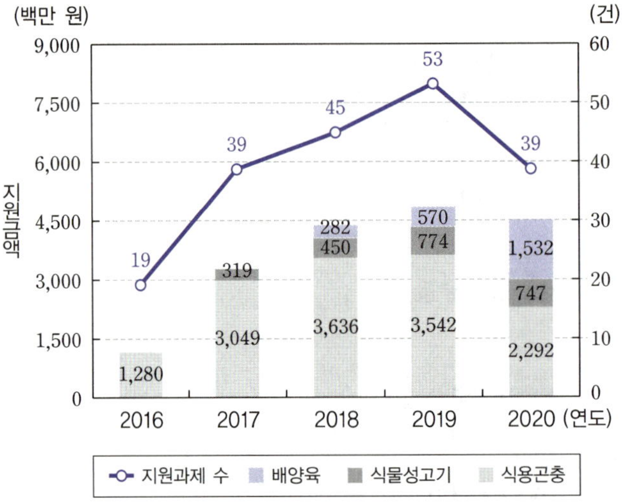

〈표〉 대체육 분야 연구유형별 정부 R&D 지원 금액

(단위: 백만 원)

분야	연구유형 \ 연도	2016	2017	2018	2019	2020
배양육	기초연구	–	–	–	8	972
	응용연구	–	–	67	( )	0
	개발연구	–	–	215	383	( )
	기타	–	–	–	40	0
식물성고기	기초연구	–	–	–	–	100
	응용연구	–	78	130	221	70
	개발연구	–	241	320	553	577
	기타	–	–	–	–	–
식용곤충	기초연구	( )	75	( )	209	385
	응용연구	250	1,304	1,306	1,339	89
	개발연구	836	1,523	1,864	1,915	( )
	기타	127	147	127	79	37
전체		1,280	3,368	4,368	4,886	4,571

※ 1) 대체육 분야는 배양육, 식물성고기, 식용곤충으로만 구분됨
2) '–'는 지원이 시작되지 않았음을 나타내며, 식용곤충 분야는 2016년부터 지원이 시작되었음

① 지원과제당 지원 금액은 2019년이 2017년보다 적다.

② 배양육 분야 지원 금액에서 응용연구 지원 금액이 차지하는 비중은 2018년이 2019년보다 크다.

③ 대체육 전체 지원 금액에서 식물성고기 분야 지원 금액이 차지하는 비중은 2017년이 2018년보다 크다.

④ 식용곤충 분야 기초연구 지원 금액은 2018년이 2016년의 5배 이상이다.

⑤ 모든 분야에서 개발연구 지원 금액은 지원이 시작된 이후 매년 증가하였다.

09

다음 〈표〉는 2017~2021년 '갑'연구소의 바이오 소재별 누적 자원과 분양 가능 자원 현황이다. 〈표〉와 〈조건〉을 근거로 옳지 않은 것을 고르면?

〈표 1〉 2017~2021년 바이오 소재별 누적 자원

(단위: 만 점)

유형 연도	모델동물	뇌	미생물	천연물	종자
2017	258	65	29	96	160
2018	250	46	38	119	162
2019	244	110	61	132	228
2020	277	108	69	128	203
2021	246	96	54	149	174

〈표 2〉 2017~2021년 바이오 소재별 분양 가능 자원

(단위: 만 점)

유형 연도	모델동물	뇌	미생물	천연물	종자
2017	35	20	25	3	60
2018	19	25	1	0	52
2019	10	19	0	16	52
2020	8	25	2	8	79
2021	9	27	3	3	76

※ 바이오 소재 유형은 '모델동물', '뇌', '미생물', '천연물', '종자' 중 하나로만 구분됨

① 2017~2019년 동안 '종자'의 누적 자원 수는 매년 증가한다.

② 2020년 바이오 소재의 누적 자원 수 대비 분양 가능 자원 수의 비율이 두 번째로 높은 유형은 '뇌'이다.

③ 바이오 소재의 누적 자원 수는 매년 '모델동물'이 '뇌'의 2배 이상이다.

④ 2017~2021년 동안의 바이오 소재의 분양 가능 자원 수의 합은 '미생물'이 '종자'의 50% 이하이다.

⑤ 2020년과 2021년의 바이오 소재의 분양 가능 자원 수의 차이가 가장 큰 유형은 '종자'이다.

[10~11] 다음 〈표〉는 어느 해 전국 농경지(논과 밭)의 가뭄 피해 현황에 대한 자료이다.

〈표 1〉 지역별 논 가뭄 피해 현황

(단위: ha)

지역	재배면적	피해면적	피해 발생기간
충북	65,812	1,794	7.26. ~ 7.31.
충남	171,409	106	7.15. ~ 7.31.
전북	163,914	52,399	7.15. ~ 8.9.
전남	221,202	59,953	7.11. ~ 8.9.
경북	157,213	5,071	7.13. ~ 7.31.
경남	130,007	25,235	7.12. ~ 8.9.
대구	1,901	106	7.25. ~ 7.26.
광주	10,016	3,226	7.18. ~ 7.31.
기타	223,621	0	-
전체	1,145,095	147,890	7.11. ~ 8.9.

〈표 2〉 지역별 밭 가뭄 피해 현황

(단위: ha)

지역	재배면적	피해면적	피해 발생기간
전북	65,065	6,212	7.19. ~ 7.31.
전남	162,924	33,787	7.19. ~ 7.31.
경북	152,137	16,702	7.19. ~ 7.31.
경남	72,686	6,756	7.12. ~ 7.31.
제주	65,294	8,723	7.20. ~ 7.31.
대구	4,198	42	7.25. ~ 7.26.
광주	5,315	5	7.24. ~ 7.31.
기타	347,316	0	-
전체	874,935	72,227	7.12. ~ 7.31.

10 자료에 대한 〈보기〉의 설명 중 옳은 것만을 모두 고르면?

보기

ㄱ. 논 가뭄 피해면적이 가장 큰 지역은 밭 가뭄 피해면적도 가장 크다.
ㄴ. 논 가뭄 피해 발생기간이 가장 긴 지역과 밭 가뭄 피해 발생기간이 가장 긴 지역은 같다.
ㄷ. 전체 논 재배면적 대비 전체 논 가뭄 피해면적 비율은 15 % 이하이다.
ㄹ. 밭 재배면적 대비 밭 가뭄 피해면적 비율은 경북이 경남보다 크다.

① ㄱ, ㄴ
② ㄱ, ㄷ
③ ㄴ, ㄹ
④ ㄱ, ㄷ, ㄹ
⑤ ㄴ, ㄷ, ㄹ

11 자료에 대한 설명 중 옳지 않은 것을 고르면?

① 기타를 제외하고 밭 가뭄 피해 발생기간이 가장 짧은 지역은 대구이다.
② 기타를 제외하고 밭 재배면적이 가장 넓은 지역은 밭 가뭄 피해면적 또한 가장 넓다.
③ 기타를 제외하고 논 재배면적이 넓을수록 피해면적도 넓다.
④ 전체 논 재배면적 대비 전체 논 가뭄 피해면적 비율은 전체 밭 재배면적 대비 전체 밭 피해면적 비율보다 높다.
⑤ 경남의 경우 논 가뭄 재배면적 대비 논 피해면적의 비율은 밭 재배면적 대비 밭 가뭄 피해면적 비율의 2배 이상이다.

[12~13] 다음 〈표〉와 〈그림〉은 2008~2012년 A지역의 임가소득 현황을 나타낸 자료이다.

〈표〉 A지역의 임가소득 현황

(단위 : 천 원, %)

구분 \ 연도	2008	2009	2010	2011	2012
임가소득	27,288	27,391	27,678	28,471	29,609
경상소득	24,436	(　)	(　)	25,803	26,898
임업소득	8,203	7,655	7,699	8,055	8,487
임업외소득	11,786	11,876	12,424	12,317	13,185
이전소득	4,447	4,348	4,903	5,431	5,226
비경상소득	2,852	3,512	2,652	2,668	2,711
임업의존도	30.1	27.9	27.8	(　)	(　)

※ 1) 임가소득 = 경상소득 + 비경상소득

2) 경상소득 = 임업소득 + 임업외소득 + 이전소득

3) 임업의존도(%) $= \frac{\text{임업소득}}{\text{임가소득}} \times 100$

〈그림〉 A지역의 임업소득 현황

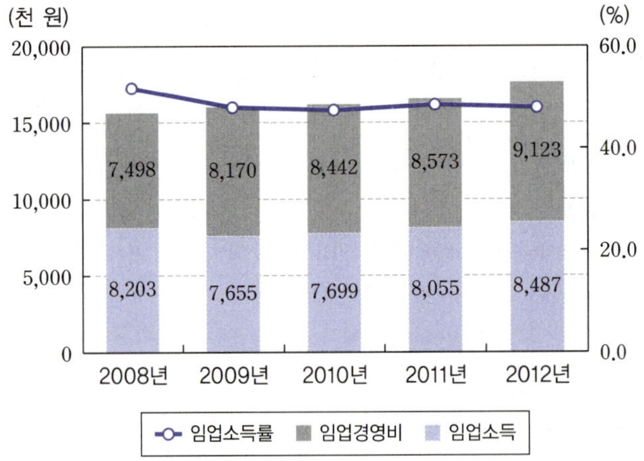

※ 1) 임업소득 = 임업총수입 − 임업경영비

2) 임업소득률(%) $= \frac{\text{임업소득}}{\text{임업총수입}} \times 100$

12 자료에 대한 설명 중 옳지 않은 것을 고르면?

① 경상소득은 2009년부터 2012년까지 매년 증가한다.
② 경상소득이 높을수록 임가소득이 높다.
③ 비경상소득의 전년 대비 증가율이 가장 높은 연도는 2009년이다.
④ 2008년부터 2010년까지 이전소득이 경상소득에서 차지하는 비율은 20% 이하이다.
⑤ 2010년부터 2012년까지 임가소득에서 비경상소득이 차지하는 비율은 10% 이하이다.

13 자료에 대한 〈보기〉의 설명 중 옳은 것만을 모두 고르면?

보기

ㄱ. 임업소득률이 50 % 이상인 연도는 2008년 뿐이다.
ㄴ. 임업의존도는 2008년부터 2010년까지 매년 감소하다가 이후 매년 증가한다.
ㄷ. 2012년 임업총수입의 전년대비 증가율은 5 % 이하이다.

① ㄱ
② ㄴ
③ ㄱ, ㄴ
④ ㄴ, ㄷ
⑤ ㄱ, ㄴ, ㄷ

[14~15] 다음 〈표〉와 〈그림〉은 2013~2019년 '갑'국의 건설업 재해에 관한 자료이다.

〈표〉 연도별 건설업 재해 현황

(단위: 명)

연도	근로자 수	재해자 수	
			사망자 수
2013	3,200,645	22,405	611
2014	3,087,131	22,845	621
2015	2,776,587	23,323	496
2016	2,586,832	(　　)	667
2017	3,249,687	23,723	486
2018	3,358,813	(　　)	493
2019	3,152,859	26,484	554

〈그림 1〉 연도별 전체 산업 및 건설업 재해율 추이

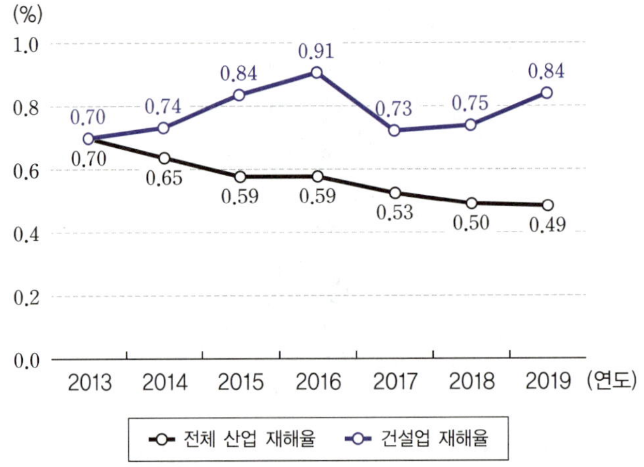

※ 재해율(%) = $\frac{\text{재해자 수}}{\text{근로자 수}} \times 100$

〈그림 2〉 연도별 건설업의 환산도수율과 환산강도율

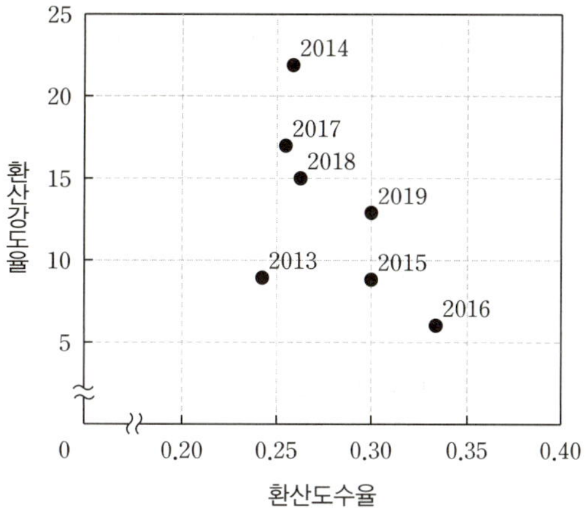

※ 1) 환산도수율 = $\frac{\text{재해건수}}{\text{총 근로시간}}$ × 100,000   2) 환산강도율 = $\frac{\text{재해손실일수}}{\text{총 근로시간}}$ × 100,000

14 **자료에 대한 설명으로 옳은 것은?**

① 건설업 재해자 수는 매년 증가한다.
② 전체 산업 재해율과 건설업 재해율의 차이가 가장 큰 해는 2016년이다.
③ 2020년 건설업 재해자 수가 전년 대비 10 % 증가한다면, 건설업 재해율은 전년 대비 0.1 %p 증가할 것이다.
④ 2013년 건설업 근로자 수가 전체 산업 근로자 수의 20 %라면, 전체 산업 재해자 수는 건설업 재해자 수의 4배이다.
⑤ 건설업 사망자 수가 가장 많은 해는 건설업 환산강도율도 가장 높다.

15 **자료를 바탕으로 건설업의 재해건당 재해손실일수가 가장 큰 연도와 가장 작은 연도를 바르게 나열한 것은?**

	(가장 큰 연도)	(가장 작은 연도)
①	2013년	2014년
②	2013년	2016년
③	2014년	2013년
④	2014년	2016년
⑤	2016년	2014년

[16~17] 다음 〈그림〉은 2008~2011년 외국기업의 국내 투자 현황에 대한 자료이다.

〈그림 1〉 외국기업 국내 투자건수의 산업별 비율

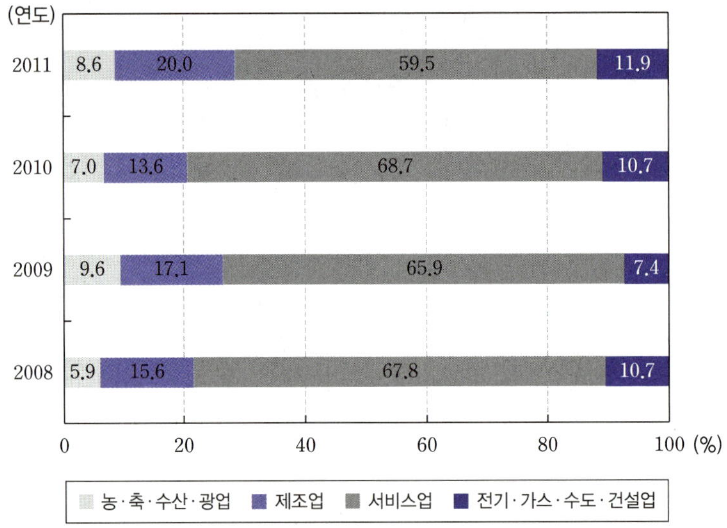

※ 비율은 소수점 아래 둘째 자리에서 반올림한 값임

〈그림 2〉 외국기업의 국내 서비스업 투자건수 및 총투자금액

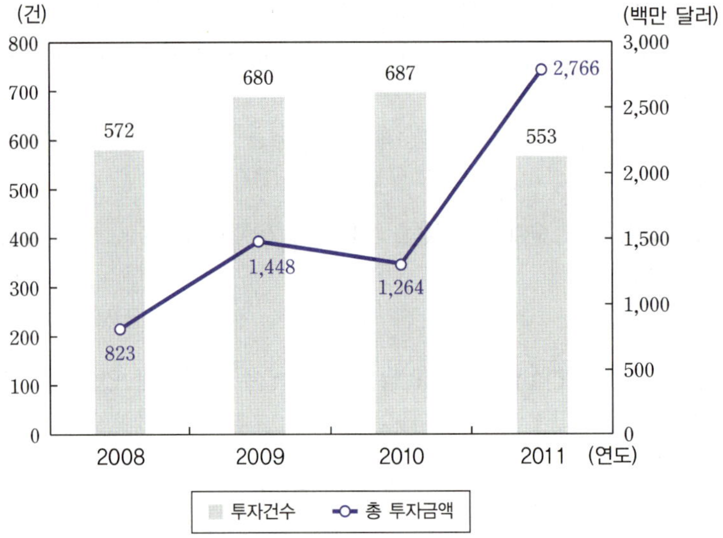

16 자료에 대한 설명 중 옳은 것은?

① 외국기업 국내 투자건수는 2010년이 2009년보다 적다.

② 2008년 외국기업의 국내 농·축·수산·광업에 대한 투자건수는 60건 이상이다.

③ 외국기업 국내 투자건수 중 제조업이 차지하는 비율은 매년 증가하였다.

④ 외국기업 국내 투자건수 중 각 산업이 차지하는 비율의 순위는 매년 동일하다.

⑤ 외국기업의 국내 서비스업 투자건당 투자금액은 매년 증가하였다.

17 자료에 대한 〈보기〉의 설명 중 옳지 않은 것만을 모두 고르면?

보기

ㄱ. 2009년 외국기업 국내 서비스업 투자건수의 전년대비 증가율은 20% 이상이다.

ㄴ. 2008년부터 2011년까지 외국기업의 국내 전기·가스·수도·건설업에 대한 투자건수는 매년 증가한다.

ㄷ. 외국기업의 국내 농·축·수산·광업에 대한 투자건수는 2011년이 2010년보다 많다.

ㄹ. 외국기업의 국내 투자 건수 중 국내 서비스업 투자건수가 매년 가장 많다.

① ㄱ, ㄴ

② ㄱ, ㄹ

③ ㄴ, ㄹ

④ ㄷ, ㄹ

⑤ ㄱ, ㄴ, ㄷ

18 다음 〈표〉는 '갑'센터의 보험설계사 수에 따른 월간 보험 신규 가입 건수에 대한 자료이다. 자료를 보고 A, B에 해당하는 값을 예측했을 때 가장 타당한 값을 고르시오.

〈표〉 '갑'센터 보험설계사 수에 따른 월간 보험 신규 가입 건수

보험설계사 수(명)	10	20	( )	40
월간 보험 신규가입 건수(건)	80	( )	400	560

※ (월간 보험 신규가입 건수)$=\frac{1,600}{A}$+(보험설계사 수)×B^2 (단, A<0, B>0)

	(A)	(B)
①	−10	3
②	−10	4
③	−20	2
④	−20	3
⑤	−20	4

19 다음 〈표〉는 A기업의 연도별 입사자와 퇴사자의 수를 나타낸 자료이다. 입사자와 퇴사자 수는 각각 일정한 규칙으로 변화한다. 2032년 입사자와 퇴사자 수의 합을 고르시오.

〈표〉 A기업의 연도별 입사자와 퇴사자 수

(단위: 명)

구분	2021년	2022년	2023년	2024년	2025년
입사자 수	365	380	405	440	485
퇴사자 수	83	95	107	119	131

① 944명

② 1,051명

③ 1,168명

④ 1,180명

⑤ 1,295명

20 다음은 H기업의 2024년 반도체 판매액에 대한 자료이다. 이를 바탕으로 H기업의 분기별 판매액 비중을 알맞게 나타낸 것을 고르시오.

〈표〉 2024년 H기업의 분기별 반도체 판매액

(단위: 천만 원)

구분	1분기	2분기	3분기	4분기
디램	357	912	1,291	565
낸드플래시	603	888	809	575

※ H기업의 반도체는 디램과 낸드플래시로만 구분됨

①

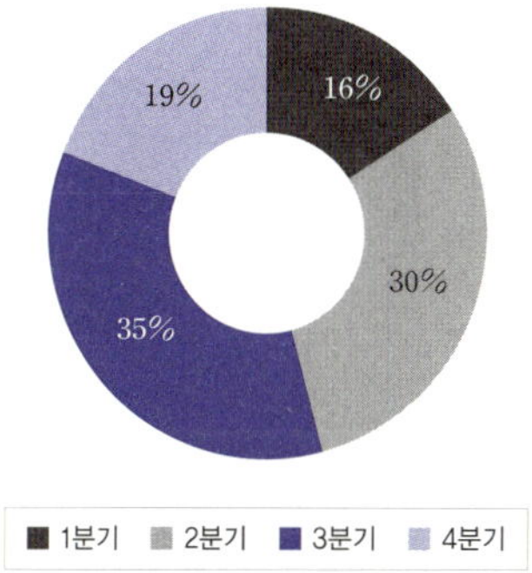

②

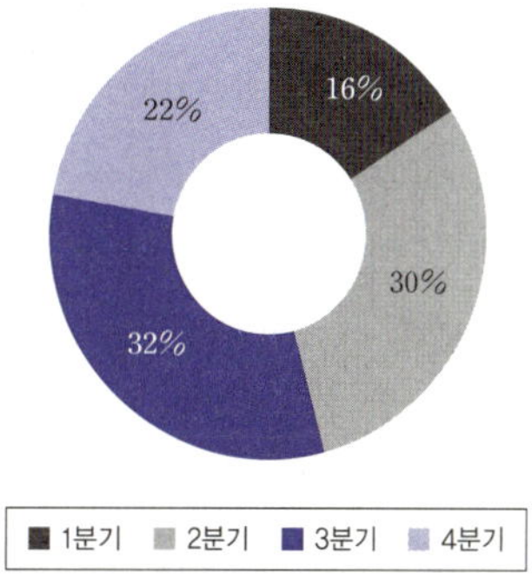

③

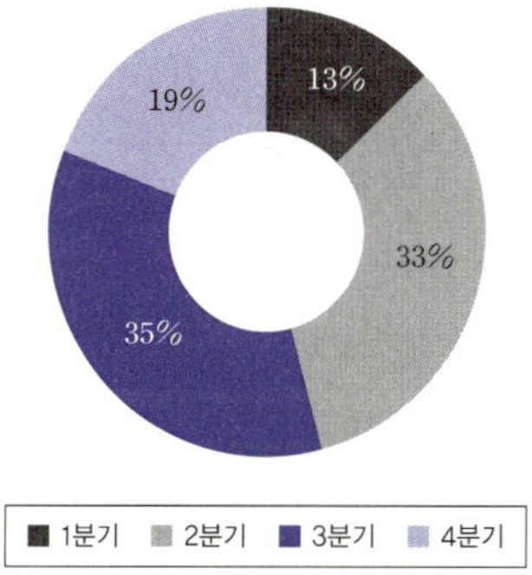

④

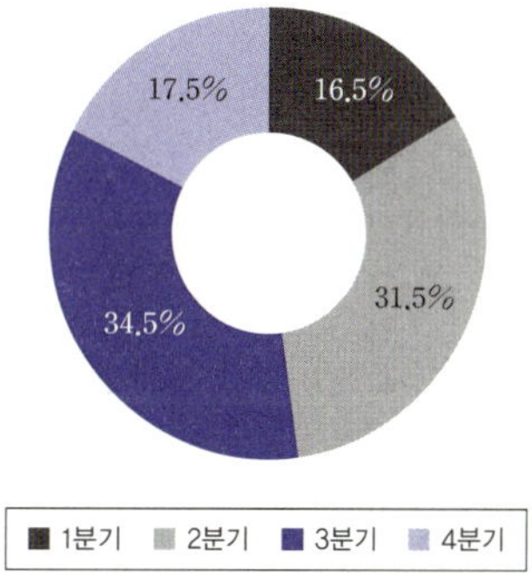

⑤

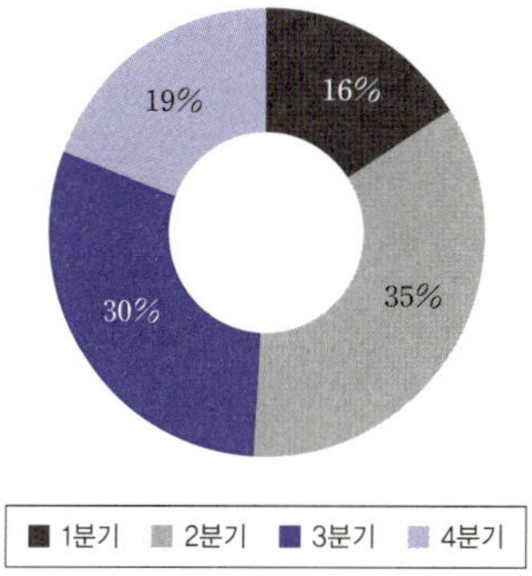

01 다음 결론이 반드시 참이 되게 하는 전제를 고르시오.

[전제1] 독서를 하는 모든 사람은 안경을 착용한다.
[전제2] (   )
[결 론] 독서를 하는 모든 사람은 독서대를 사용한다.

① 안경을 착용하는 모든 사람은 독서대를 사용한다.
② 안경을 착용하는 어떤 사람은 독서대를 사용한다.
③ 독서대를 사용하는 모든 사람은 안경을 착용한다.
④ 안경을 착용하지 않는 어떤 사람은 독서대를 사용한다.
⑤ 독서대를 사용하는 어떤 사람은 안경을 착용한다.

02 다음 전제를 읽고 반드시 참인 결론을 고르시오.

[전제1] 친구를 좋아하는 어떤 사람은 여행을 좋아한다.
[전제2] 영화를 좋아하지 않는 모든 사람은 여행을 좋아하지 않는다.
[결 론] (   )

① 친구를 좋아하는 모든 사람은 영화를 좋아한다.
② 친구를 좋아하는 어떤 사람은 영화를 좋아하지 않는다.
③ 영화를 좋아하는 모든 사람은 친구를 좋아한다.
④ 친구를 좋아하는 어떤 사람은 영화를 좋아한다.
⑤ 친구를 좋아하지 않는 모든 사람은 영화를 좋아한다.

03 다음 전제를 읽고 반드시 참인 결론을 고르시오.

[전제1] 코딩을 좋아하는 모든 사람은 문제 해결을 좋아한다.
[전제2] 퍼즐 풀기를 좋아하는 모든 사람은 코딩을 좋아한다.
[결 론] ( )

① 퍼즐 풀기를 좋아하지 않는 어떤 사람은 문제 해결을 좋아한다.
② 퍼즐 풀기를 좋아하는 모든 사람은 문제 해결을 좋아하지 않는다.
③ 문제 해결을 좋아하는 모든 사람은 퍼즐 풀기를 좋아한다.
④ 문제 해결을 좋아하지 않는 모든 사람은 퍼즐 풀기를 좋아한다.
⑤ 문제 해결을 좋아하지 않는 모든 사람은 퍼즐 풀기를 좋아하지 않는다.

04 정인은 1부터 9까지의 숫자로 구성된 여러 개의 카드 중 5개의 카드를 뽑으려고 한다. 다음 〈조건〉을 고려하였을 때, 정해진 다섯 카드 숫자의 합을 고르시오.

조건

- 각 카드의 숫자는 모두 다르다.
- 다섯 번째 카드는 7이다.
- 첫 번째 카드와 세 번째 카드의 합은 10 미만이다.
- 첫 번째 카드와 두 번째 카드의 합은 5이며, 두 번째 카드보다 첫 번째 카드가 더 크다.
- 세 번째 카드는 첫 번째 카드와 네 번째 카드의 합이다.

① 16 ② 17 ③ 18
④ 19 ⑤ 20

05 A~D 4명은 2명씩 팀을 이루어 볼링경기를 하면서, 두 사람의 개인순위의 합이 적은 팀이 이기는 것으로 경기의 규칙을 정하였다. 경기 후에 4명이 다음과 같은 진술을 하였다고 할 때, 반드시 참인 것은? (단, 개인순위는 점수가 높은 순서대로 1위~4위를 정하며, A~D 모두 진실만을 말한다.)

- A: 나는 B보다 점수가 높다.
- B: 각 팀에서 팀원들의 개인순위의 합은 같다.
- C: 내가 A를 개인순위에서 앞서기에는 역부족이었다.
- D: 내가 우리 팀 파트너보다 점수가 낮아 팀의 승리에 걸림돌이 되었다.

① A와 C는 한 팀이다.
② D는 4위를 했다.
③ B는 3위를 했다.
④ C는 2위를 했다.
⑤ A는 1위를 했다.

06 대학교 1학년 동기 A, B, C, D 4명이 신청한 교양강좌가 다음의 〈조건〉과 같다고 할 때, 반드시 참인 것은?

조건

㉠ 4명이 신청한 교양강좌는 문학과 철학, 기초중국어, 테니스, 패션과 미디어 네 과목 중에 있다.
㉡ 4명 중 2명은 두 개의 교양강좌를 신청했고, 다른 2명은 세 개의 교양강좌를 신청했다.
㉢ 4명 중 문학과 철학을 신청한 사람은 3명이고, 기초중국어를 신청한 사람은 2명이다.
㉣ A는 기초중국어를 신청하지 않았다.
㉤ C가 신청한 교양강좌는 A도 신청하고, 기초중국어를 신청한 사람은 문학과 철학도 신청했다.

① 신청한 교양강좌의 수는 A가 C보다 많다.
② 신청한 교양강좌의 수는 B가 C보다 많다.
③ A는 테니스를 신청하지 않았다.
④ B는 기초중국어를 신청하지 않았다.
⑤ D는 테니스를 신청하지 않았다.

07 **다음 〈조건〉을 따를 때, 5에 인접한 숫자를 모두 더한 값은? (단, 숫자가 인접한다는 것은 숫자가 쓰인 칸이 인접함을 의미한다.)**

조건

- 1~10까지의 자연수를 모두 사용하여, 〈숫자판〉의 각 칸에 하나의 자연수를 쓴다. 단, 6과 7은 〈숫자판〉에 쓰여 있다.
- 1은 소수와만 인접한다.
- 2는 모든 홀수와 인접한다.
- 3에 인접한 숫자를 모두 더하면 16이 된다.
- 5는 가장 많은 짝수와 인접한다.
- 10은 어느 짝수와도 인접하지 않는다.

※ 소수: 1과 자신만을 약수로 갖는 자연수

〈숫자판〉

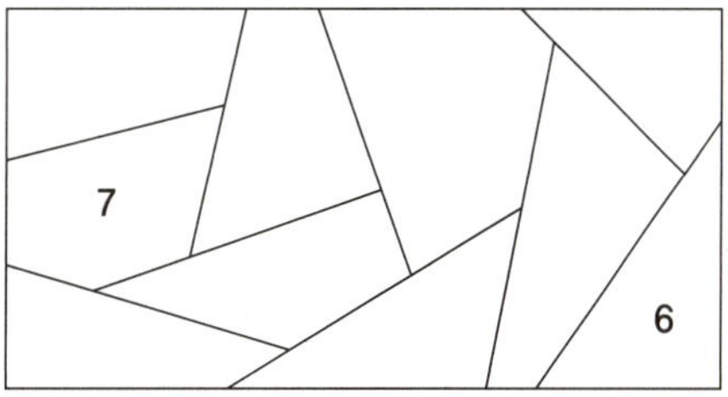

① 22　　② 23　　③ 24
④ 25　　⑤ 26

08 **소민, 정현, 주혁, 재훈 4명은 이번에 본 시험 점수에 대해 다음과 같이 진술했다. 나중에 확인해 보니 자신보다 점수가 낮은 사람에 대한 진술은 참이지만, 자신보다 점수가 높은 사람에 대한 진술은 거짓이었다. 4명 중 1명의 진술만이 참이었다고 할 때, 4명 중 점수가 가장 높은 사람과 가장 낮은 사람을 순서대로 나열한 것은? (단, 이번 시험에서 동점자는 없다.)**

- 소민: 주혁은 우리 중에서 점수가 가장 낮거나 두 번째로 높다.
- 정현: 재훈은 우리 중에서 점수가 가장 높거나 세 번째로 높다.
- 주혁: 정현은 우리 중에서 점수가 가장 높거나 두 번째로 높다.
- 재훈: 소민은 우리 중에서 점수가 두 번째로 높거나 세 번째로 높다.

① 소민, 주혁　　② 소민, 재훈
③ 주혁, 재훈　　④ 주혁, 정현
⑤ 정현, 소민

09 오늘 하루 동안 과학 동아리, 미술 동아리, 음악 동아리, 체육 동아리, 문학 동아리, 토론 동아리가 한 강당을 서로 다른 시간에 1시간씩 사용한다. 다음 〈조건〉을 모두 고려하였을 때, 방송을 들을 수 없는 동아리를 고르시오.

조건

- 강당은 오전 11시부터 오후 5시까지 사용 가능하며, 각 동아리는 1시간 단위로 사용한다.
- 강당 내에서만 방송이 나오며, 오후 3시부터 4시까지는 방송이 진행되지 않는다.
- 오전 11시부터 매시 정각과 30분에 방송이 시작되며, 각 방송은 5분간 지속된다.
- 음악 동아리와 체육 동아리는 인접한 시간에 강당을 사용한다.
- 토론 동아리는 미술 동아리의 강당 사용이 끝나고 1시간이 지난 때에 강당을 사용한다.
- 과학 동아리는 오후에 강당을 사용하며, 미술 동아리보다 강당을 먼저 사용한다.

① 과학 동아리
② 음악 동아리
③ 체육 동아리
④ 문학 동아리
⑤ 토론 동아리

10 다음 글을 근거로 판단할 때, A서비스를 이용할 수 있는 경우는?

A서비스는 공항에서 출국하는 승객이 공항 외의 지정된 곳에서 수하물을 보내고 목적지에 도착한 후 찾아가는 신개념 수하물 위탁서비스이다.

A서비스를 이용하고자 하는 승객은 ○○호텔에 마련된 체크인 카운터에서 본인 확인과 보안 절차를 거친 후 탑승권을 발급받고 수하물을 위탁하면 된다. ○○호텔 투숙객이 아니더라도 이 서비스를 이용할 수 있다.

○○호텔에 마련된 체크인 카운터는 매일 08:00~16:00에 운영된다. 인천공항에서 13:00 ~24:00에 출발하는 국제선 이용 승객을 대상으로 A서비스가 제공된다. 단, 미주노선(괌/사이판 포함)은 제외된다.

	(숙박 호텔)	(항공기 출발 시각)	(출발지)	(목적지)
①	○○호텔	15:30	김포공항	제주
②	◇◇호텔	14:00	김포공항	베이징
③	○○호텔	15:30	인천공항	사이판
④	◇◇호텔	21:00	인천공항	홍콩
⑤	○○호텔	10:00	인천공항	베이징

11 사범대 동기 수현, 지혜, 호연, 서윤, 정호 5명은 이번에 함께 임용고시를 치르게 되었는데 이들 중 1명 이상이 임용고시에 합격하였다. 합격 여부에 대해 5명이 다음과 같이 진술했는데, 이 중 1명만 진실을 말하고 나머지 4명은 거짓을 말했다. 이때, 합격이 확실한 사람만을 모두 고른 것은?

- 수현: 나는 이번 임용고시에 겨우 합격했어.
- 지혜: 임용고시에 합격한 사람은 내가 아니야.
- 호연: 나는 안타깝게도 이번 임용고시에 합격하지 못했어.
- 서윤: 임용고시 합격자 중에 정호가 있어.
- 정호: 지혜는 임용고시에 합격했지.

① 정호
② 호연
③ 서윤
④ 수현, 지혜
⑤ 지혜, 호연

12 다음 글을 근거로 판단할 때, 〈보기〉에서 옳은 것만을 모두 고르면?

A과에는 4급 과장 1명, 5급 사무관 3명, 6급 주무관 6명이 근무한다. A과의 내선번호는 253? 네 자리로 이루어져 있으며, 맨 뒷자리 번호는 0~9 중에서 하나씩 과원에게 배정된다. 맨 뒷자리 번호 배정규칙은 다음과 같다. 먼저 직급순으로 배정한다. 따라서 과장에게 0, 사무관에게 1~3, 주무관에게 4~9를 배정한다. 다음으로 동일 직급 내에서는 여성에게 앞번호가 배정된다. 성별도 같은 경우, 나이가 많은 사람에게 앞번호가 배정된다. 나이도 같은 경우에는 소속 팀명의 '가', '나', '다' 순으로 앞번호가 배정된다.

〈A과 조직도〉

과장: 50세, 여성

가팀	나팀	다팀
사무관1: 48세, 여성	사무관2: 45세, 여성	사무관3: 45세, ( )
주무관1: 58세, 여성 주무관2: 39세, 남성	주무관3: ( ), ( ) 주무관4: 27세, 여성	주무관5: 44세, 남성 주무관6: 31세, 남성

보기

ㄱ. 사무관3이 배정받는 내선번호는 그의 성별에 따라서 달라지지 않는다.
ㄴ. 여성이 총 5명이라면, 배정되는 내선번호가 확정되는 사람은 4명뿐이다.
ㄷ. 주무관3이 남성이고 31세 이상 39세 이하인 경우, 모든 과원의 내선번호를 확정할 수 있다.
ㄹ. 사무관3의 성별과 주무관3의 나이와 성별을 알게 된다면, 현재의 배정규칙으로 모든 과원의 내선번호를 확정할 수 있다.

① ㄱ, ㄴ
② ㄱ, ㄷ
③ ㄴ, ㄹ
④ ㄱ, ㄷ, ㄹ
⑤ ㄴ, ㄷ, ㄹ

13 한 여행사는 다음 제시된 5개의 지역권에 있는 〈우리나라 관광지〉로 전국일주 추천코스 A~E 5가지를 짠다고 할 때, 반드시 참인 것은?

〈우리나라 관광지〉
- **강원권:** 춘천 남이섬, 설악산, 강릉 경포대, 대관령 양떼목장, 고성 통일전망대
- **충청권:** 단양8경, 태안 안면도, 공주 무령왕릉, 보령 머드축제, 충주호
- **전라권:** 전주 한옥마을, 임실 치즈마을, 여수 엑스포해양공원, 보성 녹차밭, 담양 죽농원
- **경상권:** 안동 하회마을, 경주 불국사·석굴암, 부산 태종대, 울릉도와 독도, 합천 해인사
- **제주권:** 성산일출봉, 비자림·사려니숲길, 우도, 섭지코지, 서귀포 올레시장

조건

㉠ 한 코스에 모든 지역권의 관광지가 하나씩 들어가야 한다.
㉡ 강릉 경포대는 A, 공주 무령왕릉은 B, 전주 한옥마을은 C코스에 들어가야 한다.
㉢ 단양8경을 가는 코스에는 임실 치즈마을이 들어있고, E코스에는 태안 안면도가 들어있다.
㉣ 춘천 남이섬을 가는 코스에는 보령 머드축제도 있다.
㉤ 충주호는 성산일출봉과 같은 코스에 들어있으며, A 또는 C코스에 들어있다.
㉥ 우도와 안동 하회마을은 B코스에 들어있고, 담양 죽농원은 A코스에 들어있다.

① 춘천 남이섬은 전주 한옥마을과 같은 코스에 있다.
② 성산일출봉은 보성 녹차밭과 같은 코스에 있다.
③ 공주 무령왕릉은 비자림·사려니숲길과 같은 코스에 있다.
④ 담양 죽농원은 안동 하회마을과 같은 코스에 있다.
⑤ 우도는 단양8경과 같은 코스에 있다.

14 미영, 예라, 주란, 혁수 4명이 다음의 〈조건〉에 따라 경영학, 정치외교학, 심리학, 언론정보학을 전공한다고 할 때, 항상 옳은 것은?

조건

㉠ 4명은 각각 적어도 1개의 학문을 전공해야 하며, 최대 3개까지 복수 전공할 수 있다.
㉡ 경영학을 전공하는 사람은 1명, 정치외교학과 심리학을 전공하는 사람은 각각 2명, 언론정보학을 전공하는 사람은 모두 3명이다.
㉢ 미영과 주란 중 1명은 심리학을 전공한다.
㉣ 미영이나 혁수가 전공하는 학문은 주란이 전공하지 않는다.
㉤ 주란이 전공하는 학문은 예라가 전공하지 않는다.
㉥ 미영이 전공하는 학문은 예라도 모두 전공하고 있다.
㉦ 예라가 전공하는 학문 중 미영은 전공하고 있지만 혁수는 전공하지 않는 학문이 있다.

① 혁수는 2개의 학문을 전공한다.
② 주란은 2개의 학문을 전공한다.
③ 혁수는 심리학, 언론정보학을 전공한다.
④ 예라는 정치외교학, 심리학, 언론정보학을 전공한다.
⑤ 미영은 경영학, 정치외교학, 심리학을 전공한다.

[15~17] 다음 도형에 적용된 규칙을 찾아 '?'에 해당하는 도형을 고르시오.

15

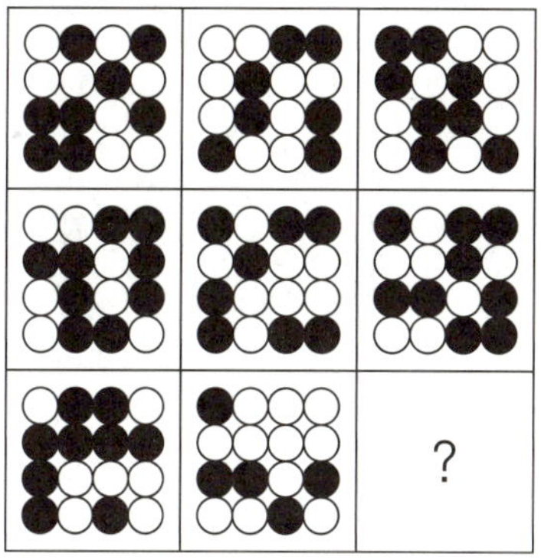

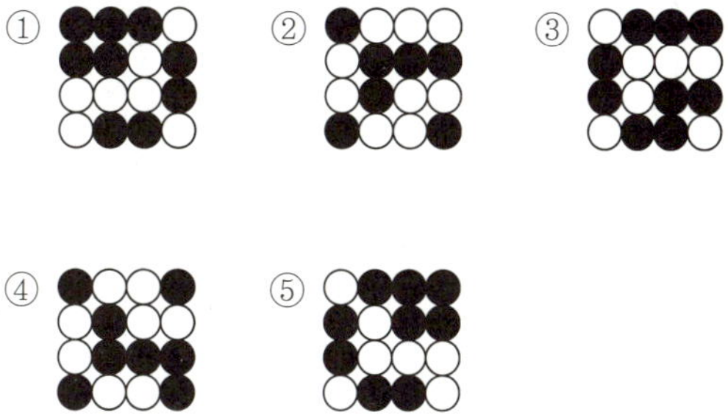

16

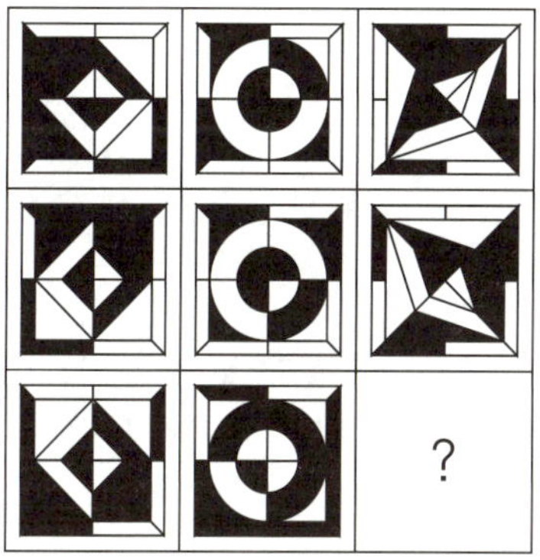

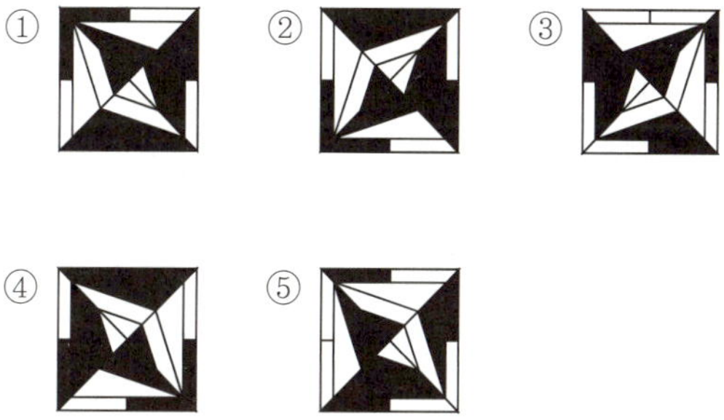

17

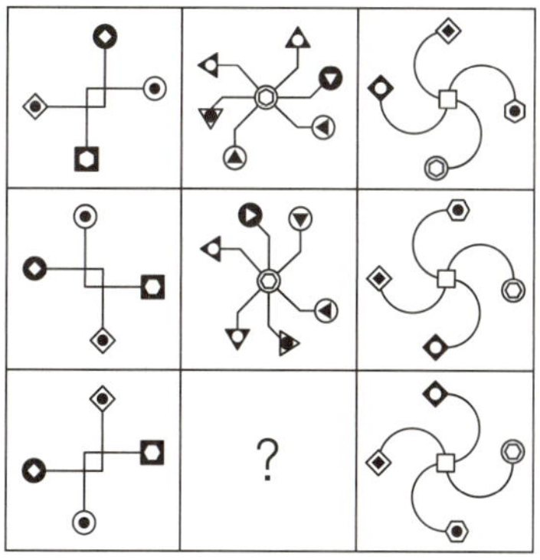

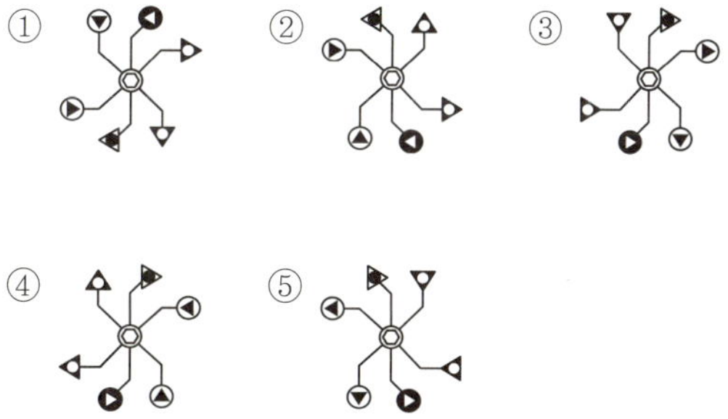

[18~21] 다음 각 기호가 문자, 숫자의 배열을 바꾸는 규칙을 나타낸다고 할 때, 각 문제의 '?'에 해당하는 것을 고르시오.

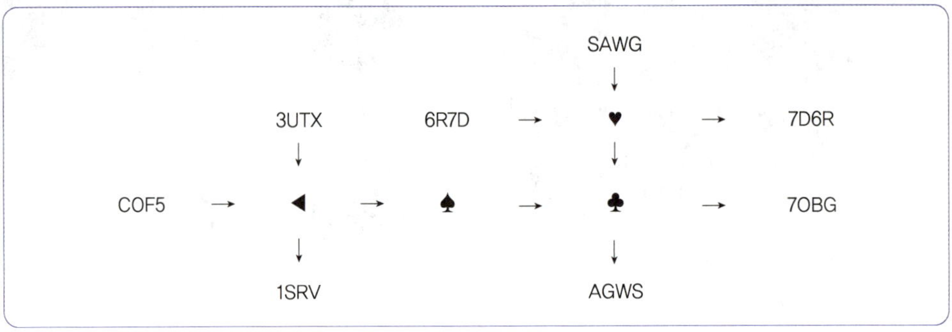

18

ANCJ → ♠ → ♥ → ?

① NFPB ② FNBP ③ FBPN
④ ZLZF ⑤ ZFZL

19

NG5K → ♣ → ◀ → ♠ → ?

① LMG3 ② LGM3 ③ JGO7
④ JOG7 ⑤ HCJ9

20

? → ◀ → ♥ → 2653

① 7346 ② 7846 ③ 5684
④ 7548 ⑤ 8427

21

? → ♥ → ♠ → ♣ → JN96

① 4H7L ② L81P ③ 8L1P
④ 3F8L ⑤ F83L

22 다음 문단을 논리적 순서대로 알맞게 배열한 것을 고르시오.

(가) 스마트폰의 대중화를 가능하게 한 것은 바로 터치스크린 기술이다. 터치스크린 기술이란 손가락이나 스타일러스 펜을 이용해 화면을 직접 터치하여 기기를 제어할 수 있는 입력 방식이다.

(나) 반면 정전식 방식은 전자의 흐름을 이용한 방식으로, 가벼운 접촉만으로도 반응하며 멀티터치를 지원한다. 정전식 방식은 스마트폰의 보급과 함께 빠르게 대중화되었으며, 높은 내구성과 빠른 반응 속도로 인해 현재 대부분의 스마트폰에 사용되고 있다.

(다) 이러한 두 가지 터치스크린 기술은 현재 다양한 기기에 적용되고 있으며, 자동차 내비게이션, 태블릿, 스마트 워치 등 다양한 디지털 기기에서 중요한 인터페이스로 자리잡고 있다. 앞으로도 터치스크린 기술은 더욱 발전하여, 사용자와 기기의 상호작용을 한층 더 편리하게 만들 것으로 기대된다.

(라) 터치스크린 기술은 두 가지 방식으로 나뉜다. 저항막 방식과 정전식 방식이다. 저항막 방식은 초창기 기술로, 두 개의 전도성 층이 압력에 의해 접촉하는 원리로 작동되었다. 이 방식은 정밀한 입력이 가능하지만, 내구성이 낮고 손가락을 이용한 멀티터치가 불가능하다는 단점이 있었다.

① (가) – (다) – (라) – (나)
② (가) – (라) – (나) – (다)
③ (가) – (라) – (다) – (나)
④ (라) – (가) – (나) – (다)
⑤ (라) – (나) – (가) – (다)

23 **다음 문단을 논리적 순서대로 알맞게 배열한 것을 고르시오.**

(가) 그 결과, 김 박사는 장 교수의 연구를 바탕으로 상용화에 성공하여 실제 농업 현장에 적용될 수 있는 작물을 개발하였다. 이 발견은 농업 생산성을 높이고, 농약 사용을 줄이는 데 크게 기여할 수 있는 중요한 발전으로 평가받고 있다. 장 교수와 김 박사의 연구는 현대 농업에 큰 영향을 미친 중요한 과학적 성과로 인정받고 있다.

(나) 2000년대 초반, 기후 변화와 인구 증가로 인해 식량 문제 해결을 위한 연구가 활발히 이루어졌다. 당시 여러 과학자들이 다양한 방법으로 식량 문제 해결에 도전하고 있었다. 그중 하나가 유전자 편집 기술을 이용한 작물 개발이었다. 장 교수와 그의 연구팀은 식량 문제를 해결하기 위해 유전자 편집 기술을 연구하기 시작했다.

(다) 하지만 당시 이 기술은 초기 단계였기 때문에 상용화에 많은 어려움이 있었다. 이후 김 박사가 이를 이어 받아 연구를 계속했다.

(라) 장 교수와 그의 연구팀이 개발한 작물은 기존의 작물보다 수확량이 높고, 환경 변화에 대한 적응력이 뛰어났다. 그의 연구는 유전자 편집 기술의 가능성을 보여주었으며, 이는 작물의 다양한 특성을 조절할 수 있는 방법으로 주목받게 되었다.

① (나) – (가) – (라) – (다)
② (나) – (라) – (다) – (가)
③ (라) – (가) – (나) – (다)
④ (라) – (나) – (가) – (다)
⑤ (라) – (나) – (다) – (가)

24 다음 글의 내용과 부합하지 않는 것은?

모니터 디스플레이의 화질을 평가하는 주요 지표 중 하나로 해상도(Resolution)가 있다. 해상도는 화면에 표시할 수 있는 픽셀 수를 나타내며, 일반적으로 가로와 세로 픽셀 수로 표시된다. 해상도가 높을수록 화면에 더 많은 세부 정보를 표시할 수 있어, 영상의 선명도와 디테일이 향상된다. 특히 4K와 8K와 같은 초고해상도는 큰 화면에서도 작은 세부 사항을 뚜렷하게 볼 수 있게 하며, 게임과 영화에서 현실감을 높이는 데 중요한 역할을 한다. 또한, 해상도는 작업 화면을 넓게 사용할 수 있게 하여, 그래픽 디자인이나 영상 편집과 같은 전문 작업에도 유리하다. 또 다른 지표로 명암비(Contrast Ratio)가 있다. 명암비는 디스플레이가 표현할 수 있는 가장 밝은 흰색과 가장 어두운 검은색의 비율을 나타내며, 명암비가 높을수록 깊이 있는 색 표현이 가능해진다. 특히 HDR 기술과 결합하면 밝은 부분과 어두운 부분을 더 극명하게 표현할 수 있어, 영상의 사실감이 증가한다. 그러나 일부 디스플레이는 높은 해상도와 명암비를 동시에 구현하기 어려워, 영상의 종류에 따라 최적의 설정이 다를 수 있다.

① 4K와 8K 초고해상도는 큰 화면에서 작은 세부 사항을 더 뚜렷하게 볼 수 있게 한다.
② 초고해상도는 작은 화면에서도 현실감을 극대화한다.
③ 명암비는 디스플레이가 표현할 수 있는 가장 밝은 흰색과 가장 어두운 검은색의 비율이다.
④ 해상도와 명암비는 디스플레이의 화질을 평가하는 주요 지표이다.
⑤ 해상도는 화면에 표시할 수 있는 픽셀 수를 의미하며, 가로와 세로 픽셀 수로 표시된다.

25 다음 글의 내용과 부합하지 않는 것은?

표적 단백질 분해 기술(Targeted Protein Degradation, TPD)은 기존의 표적 치료제와는 차별화된 방식으로, 질병을 유발하는 특정 단백질을 체내에서 직접 분해하여 제거하는 혁신적 치료 기술이다. 기존의 표적 치료제는 단백질 기능을 일시적으로 억제하는 데 비해, TPD는 단백질 자체를 분해함으로써 보다 근본적인 치료 효과를 기대할 수 있다. 이 기술은 체내의 유비퀴틴-프로테아좀 시스템과 리소좀을 이용한 자기포식작용을 통해 표적 단백질을 선택적으로 분해한다. 유비퀴틴-프로테아좀 시스템은 문제 단백질에 유비퀴틴을 결합해 세포가 이를 분해 대상으로 인식하게 하고, 리소좀은 오래되거나 손상된 세포 내 물질을 소화하여 세포 환경을 정리하는 역할을 한다. TPD는 이러한 자기포식작용을 활용하여 특정 단백질을 리소좀으로 유도해 분해하도록 한다. 또한, TPD는 기존 치료제보다 낮은 농도로도 효과가 발휘되어 체내 부작용을 최소화할 수 있으며, 단백질을 근본적으로 제거함으로써 재발 우려를 줄일 수 있다는 장점이 있다. 하지만 이러한 영구적 단백질 제거 특성으로 인해 약물이 표적 부위에 작용하는 도중 돌연변이나 변이가 생길 경우, 치료 효과가 감소하거나 사라질 위험도 있다. 현재 TPD 기술은 생명공학 및 의약 분야에서 큰 주목을 받고 있으며, 다양한 질병에 대한 새로운 치료법으로 적용하기 위한 연구와 개발이 활발히 진행되고 있다.

① 자기포식작용은 리소좀을 이용해 체내에서 불필요한 물질을 분해하고 청소하는 과정이다.
② 유비퀴틴-프로테아좀 시스템은 특정 단백질에 유비퀴틴을 결합하는 과정이 있어 표적 단백질을 선택적으로 분해하는 데 기여한다.
③ TPD는 기존 치료제보다 더 높은 농도로 투여해야 효과적이다.
④ TPD 기술은 리소좀을 통해 선택적으로 분해해야 할 단백질을 운반한다.
⑤ TPD를 통해 문제 단백질을 영구적으로 제거할 수 있어 치료 효과가 지속적이다.

26 다음 글에서 알 수 있는 것은?

EUV(Extreme Ultraviolet) 리소그래피는 13.5nm의 짧은 파장을 가진 극자외선을 사용하여 고해상도 회로 패턴을 형성하는 최신 반도체 공정 기술이다. 기존의 DUV(Deep Ultraviolet) 공정보다 짧은 파장을 사용하기 때문에, EUV는 더 정밀한 패턴을 구현할 수 있어 반도체 칩의 집적도를 높이고 전력 효율을 개선할 수 있다. 특히, 7nm 이하의 초미세 공정에서는 높은 해상도를 요구하기 때문에 EUV 리소그래피의 도입이 필수적이다. EUV 공정에서는 빛을 투과하지 않고 반사하는 반사형 마스크가 사용된다. 이 마스크는 여러 층의 반사층을 적층하여 설계되며, 빛을 정밀하게 반사하여 회로 패턴을 형성하는 데 중요한 역할을 한다. 또한, 펠리클이라는 얇은 보호막이 포토마스크의 표면을 덮어 오염 물질로부터 마스크를 보호한다. 펠리클은 마스크와의 일정한 간격을 두고 설치되며, 공기 중의 미세 먼지나 이물질이 마스크에 직접 붙지 않도록 하여 패턴 왜곡을 방지한다. 펠리클은 높은 투과율을 유지해야 빛의 손실을 최소화할 수 있다. EUV 리소그래피는 진공 상태에서 진행되어야 하며, 고가의 레이저 장비와 복잡한 설비가 필요하다. 이에 따라 생산 비용이 많이 들고 장비 유지 보수에도 큰 비용이 소요되지만, 반도체 미세 공정의 발전과 집적도 향상을 위해 필수적인 기술로 자리 잡았다. 현재 반도체 제조사들은 EUV 장비의 효율성을 높이고, 펠리클과 마스크의 내구성을 강화하는 연구에 박차를 가하고 있다.

① EUV 리소그래피의 펠리클은 낮은 내구성으로 인해 자주 교체해야 한다.
② EUV 리소그래피는 기존 공정보다 더 낮은 집적도의 반도체 칩을 제조하는 데 유리하다.
③ EUV 리소그래피는 13.5nm보다 더 긴 파장의 자외선을 주로 사용한다.
④ EUV 공정은 펠리클의 투과율이 낮을수록 효율이 높아진다.
⑤ EUV 리소그래피는 빛의 투과형 마스크 대신 반사형 마스크를 사용한다.

27 다음 글에서 알 수 없는 것은?

고대에는 별이 뜨고 지는 것을 통해 방위를 파악했다. 최근까지 서태평양 캐롤라인 제도의 주민은 현대식 항해 장치 없이도 방위를 파악하여 카누 하나만으로 드넓은 열대 바다를 항해하였다. 인류학자들에 따르면, 그들은 별을 나침반처럼 이용하여 여러 섬을 찾아다녔고 이때의 방위는 북쪽의 북극성, 남쪽의 남십자성, 그 밖에 특별히 선정한 별이 뜨고 지는 것에 따라 정해졌다.

캐롤라인 제도는 적도의 북쪽에 있어서 그 주민들은 북쪽 수평선의 바로 위쪽에서 북극성을 볼 수 있다. 북극성은 천구의 북극점으로부터 매우 가까운 거리에서 작은 원을 그리며 공전한다. 천구의 북극점은 지구 자전축의 북쪽 연장선상에 있기 때문에 천구의 북극점에 있는 별은 공전을 하지 않고 정지된 것처럼 보인다. 이처럼 천구의 북극점에 있는 별을 제외하고 북극성을 포함한 별이 천구의 북극점을 중심으로 공전하는 것처럼 보이는 것은 지구가 자전하기 때문이다.

캐롤라인 제도의 주민이 북쪽을 찾기 위해 이용했던 북극성은 자기(磁氣) 나침반보다 더 정확하게 천구의 북극점을 가리킨다. 이는 나침반의 바늘이 지구의 자전축으로부터 거리가 멀리 떨어져 있는 지구자기의 북극점을 향하기 때문이다. 또한, 천구의 남극점 근처에서 쉽게 관측할 수 있는 고정된 별은 없으므로 캐롤라인 제도의 주민은 남극점 자체를 볼 수 없다. 그러나 남십자성이 천구의 남극점 주위를 돌고 있으므로 남쪽을 파악하는 데는 큰 어려움이 없다.

① 고대에 사용되었던 방위 파악 방법 중에는 최근까지 이용된 것도 있다.
② 캐롤라인 제도의 주민은 밤하늘에 있는 남십자성을 이용하여 남쪽을 알아낼 수 있었다.
③ 지구 자전축의 연장선상에 별이 있다면, 밤하늘을 보았을 때 그 별은 정지된 것처럼 보인다.
④ 자기 나침반을 이용하면 북극성을 이용할 때보다 더 정확히 천구의 북극점을 찾을 수 있다.
⑤ 캐롤라인 제도의 주민이 관찰한 별이 천구의 북극점을 중심으로 공전하는 것처럼 보이는 이유는 지구가 자전하기 때문이다.

28 다음 주장에 대한 반박으로 가장 타당한 것을 고르시오.

현대 사회에서 자동차는 필수품이 되었다. 하지만 자동차 사용이 환경에 미치는 부정적인 영향은 매우 크다. 자동차 배기가스는 대기 오염의 주요 원인 중 하나이며, 이는 인간의 건강에 심각한 위협이 될 수 있다. 또한, 자동차 제조와 폐기 과정에서 발생하는 환경오염도 무시할 수 없다. 더불어, 교통 혼잡과 소음 공해 역시 자동차 사용의 부정적인 결과로 지적된다. 따라서 자동차 사용을 줄여야 한다.

① 최근 20대의 자동차 구매율이 증가했다.
② 자동차 사용이 환경에 미치는 부정적 영향은 과장되어 있다.
③ 대중교통 이용을 장려하기 위해 정부 차원의 지원과 인프라 확충이 필요하다.
④ 친환경 연료의 사용은 대기 오염 감소에 효과적이다.
⑤ 자동차 주정차 시에서도 상당한 환경 오염이 발생한다.

29 다음 글을 바탕으로 아래 〈보기〉를 이해한 것으로 적절한 것을 고르시오.

우리는 음악을 일반적으로 감정의 예술로 이해한다. 아름다운 선율과 화음은 듣는 사람들의 마음속으로 파고든다. 그래서인지 음악을 수(數) 또는 수학(數學)과 연결시키기 어렵다고 생각하는 경우가 많다. 하지만 음악 작품은 다양한 화성과 리듬으로 구성되고, 이들은 3도 음정, 1도 화음, 3/4 박자, 8분 음표처럼 수와 관련되어 나타난다. 음악을 구성하는 원리로 수학의 원칙과 질서 등이 활용되는 것이다.

보기

중세 시대의 『아이소리듬 모테트』와 르네상스 시대 오케겜의 『성부 카논』은 서양 전통 음악 장르에서 사용되는 작곡 기법도 수의 비율 관계로 설명할 수 있다는 것을 보여준다. 음정과 음계는 수학적 질서를 통해 음악의 예술적 특성과 음악의 미적 가치를 효과적으로 전달했다. 20세기에 들어와 음악과 수, 음악과 수학의 관계는 더욱 밀접해졌다. 피보나치 수열을 작품의 중심 모티브로 연결한 바르톡, 건축가 르 코르뷔지에와의 공동 작업으로 건축적 비례를 음악에 연결시킨 제나키스의 현대 음악 작품들은 좋은 사례이다. 12음 기법과 총렬음악, 분석 이론의 일종인 집합론을 활용한 현대 음악 이론에서도 음악과 수, 음악과 수학의 밀접한 관계는 잘 드러난다.

① 수학을 통해 음악을 설명하려는 경향은 현대에 생겨났다.
② 음악의 미적 가치는 수학적 질서를 통해 드러날 수 있다.
③ 건축학 이론은 현대 음악의 특성을 건축설계에 반영한다.
④ 음악은 감정의 예술이 아니라 감각의 예술로 이해해야 한다.
⑤ 수의 상징적 의미는 음악의 수학적 질서를 통해 구체화된다.

30 다음 글을 바탕으로 아래 〈보기〉를 이해한 것으로 적절한 것을 고르시오.

반도체 제조 공정에서 정전기(ESD, Electrostatic Discharge)는 매우 민감하게 관리해야 하는 요소로, 소자의 손상과 신뢰성 저하의 주된 원인 중 하나로 알려져 있다. 정전기는 물체 간의 마찰, 접촉, 분리 등에 의해 발생하며, 이 과정에서 물체 표면에 전하가 축적된다. 특히 반도체 소자 내의 회로는 매우 미세한 크기로 설계되기 때문에 고전압이 순간적으로 방전될 경우, 내부 회로가 손상되거나 기능을 상실할 위험이 크다. 예를 들어, 반도체 웨이퍼를 다룰 때 발생하는 정전기 방전은 회로의 전자 부품을 파손시킬 수 있으며, 완제품이 출하되기 전 품질 불량으로 이어질 수 있다. 정전기는 눈에 보이지 않는 작은 전하의 이동으로 시작되지만, 그 영향은 반도체 소자의 전반적인 기능에 치명적일 수 있다. 따라서 반도체 산업에서는 정전기 발생을 방지하는 다양한 관리 방안이 필수적이다.

보기

반도체 제조 공정에서는 제전기라는 장비를 사용하여 정전기를 제거하고 소자를 보호한다. 제전기는 이온화를 통해 공기 중에 플러스와 마이너스 이온을 방출함으로써 반도체 표면에 축적된 정전기를 중화시키는 장치다. 예를 들어, 반도체 소자의 표면에 플러스 전하가 과도하게 축적된 경우, 제전기는 마이너스 이온을 방출해 이를 중화시키고, 반대로 마이너스 전하가 축적된 경우에는 플러스 이온을 방출해 전하를 균형 상태로 복귀시킨다. 제전기는 공정 내 작업자나 장비에 축적될 수 있는 전하까지도 효과적으로 제거하여 작업 환경을 안정화하는 역할을 한다. 반도체 제조 환경에서는 정전기 발생을 최소화하기 위해 온도와 습도를 조절하고, 제전기를 지속적으로 가동해 남아 있는 전하를 제거한다. 이러한 제전 과정은 반도체 소자의 안정성과 신뢰성을 유지하는 중요한 역할을 하며, 정전기로 인한 불량률을 감소시키는 데 핵심적인 기여를 한다.

① 정전기는 이온 방출을 통해 소자 표면에 축적된 전하를 중화시킨다.
② 제전기는 정전기 발생을 방지하는 장치로, 정전기가 소자에 축적되지 않도록 차단한다.
③ 제전기는 정전기 발생을 유도하여 반도체 소자에 전하를 축적시킨다.
④ 정전기 방전은 소자의 품질을 저하시킬 수 있는 잠재적 위험 요소이다.
⑤ 반도체 소자는 내구성이 뛰어나 정전기로 인한 피해가 적다.

독학으로 끝내는 시리즈

독끝 GSAT

삼성직무적성검사

통합 기본서 수리·추리

최신기출유형 + 예상문제 + 모의고사

해설편 2

독끝 PART 1

수리논리

최신기출 동형문제

정답 유형 ❶ 응용계산

01	①	02	②	03	⑤	04	③	05	④

01 정답 ①

난이도 ●●●

응용계산-방정식 문제

간단풀이

$\begin{cases} a+b=2,000 \\ 0.15a-0.05b=140 \end{cases}$

$\therefore a=1,200,\ b=800$

(A라인 생산제품 개수)$=1,200\times1.15=1,380$(개)

(B라인 생산제품 개수)$=800\times0.95=760$(개)

상세풀이 1

① 작년 A라인의 생산제품 개수를 a, B라인의 생산제품 개수를 b라 하면 작년 A라인과 B라인의 총생산량이 2,000개이므로

$a+b=2,000$ …… ㉠

② 한편 올해 A라인의 생산량은 작년보다 15% 증가, 올해 B라인의 생산량은 작년보다 5% 감소하였으므로

(올해의 A라인 생산량)$=\left(1+\dfrac{15}{100}\right)a=1.15a$

(올해의 B라인 생산량)$=\left(1-\dfrac{5}{100}\right)b=0.95b$

이때, 총생산량은 7% 증가하였으므로

(올해의 A라인 생산량)+(올해의 B라인 생산량)=(올해 총생산량)에서

$1.15a+0.95b=2,000\times1.07=2,140$ …… ㉡

③ ㉠, ㉡을 연립하여 풀면

$\begin{cases} a+b=2,000 & \cdots\cdots ㉠ \\ 1.15a+0.95b=2,140 & \cdots\cdots ㉡ \end{cases}$

㉡에서 ㉠을 빼면

$0.15a-0.05b=140$

$\rightarrow 15a-5b=14,000$

$\rightarrow 3a-b=2,800$ …… ㉢

㉠, ㉢의 연립방정식을 풀어주면

$\begin{cases} a+b=2,000 \\ 3a-b=2,800 \end{cases}$

$\rightarrow 4a=4,800$

$\therefore a=1,200,\ b=800$

올해 B라인 생산량은 작년보다 5% 감소하였으므로 올해 B라인에서 생산된 제품의 수는

$0.95b=0.95\times800=760$(개)

상세풀이 2

① 작년 A라인의 생산제품 개수를 a, B라인의 생산제품 개수를 b라 하면 작년 A라인과 B라인의 총생산량이 2,000개이므로

$a+b=2,000$ …… ㉠

② 올해 A라인의 생산량은 작년보다 15% 증가하였으므로 올해 A라인 생산량의 증가량은 $0.15a$, 올해 B라인의 생산량은 작년보다 5% 감소하였으므로 올해 B라인 감소량은 $0.05b$라 할 수 있고, 총생산량은 작년보다 7% 증가하였으므로 올해 총생산량의 증가량은 $2,000\times0.07$이라 할 수 있다.

즉, (올해 A라인 생산량의 증가량)−(올해 B라인 생산량의 감소량)=(올해 총생산량의 증가량)에서

$0.15a-0.05b=2,000\times0.07=140$

$\rightarrow 15a-5b=14,000$

$\rightarrow 3a-b=2,800$ …… ㉡

③ ㉠, ㉡의 연립방정식을 풀면

$\begin{cases} a+b=2,000 \\ 3a-b=2,800 \end{cases}$

$\rightarrow 4a=4,800$ $\therefore a=1,200$

이것을 ㉠에 대입하면

$1,200+b=2,000$ $\therefore b=800$

따라서 올해의 B라인 생산 개수는

$b\times95\%=800\times0.95=760$(개)

합격자의 시간단축 Tip

이 유형의 문제는 변화량만 놓고 식을 세우느냐, 전체 생산량을 놓고 식을 세우느냐에 따라 두 가지 풀이로 풀 수 있다. 문제에서 주어진 조건에 따라 더 간단히 풀 수 있는 방법을 선택해야 한다. 이 문항의 경우 변화량만 놓고 식을 세우는 풀이가 더 간단히 풀 수 있는 방법이다.
또한, 미지수를 1개만 놓고 일차방정식을 하나만 만들면 더 빨리 풀이할 수 있다. 작년 A라인과 B라인의 총 생산량이 2,000이라 하였으므로 작년 A라인의 생산제품 개수를 a라 놓으면, B라인의 생산제품 개수는 $2{,}000-a$라 할 수 있다.
한편 A라인의 생산량은 작년보다 15% 증가하였고 B라인의 생산량은 작년보다 5% 감소하여 총생산량은 7% 증가하였으므로

$0.15a-0.05(2{,}000-a)=2{,}000\times0.07$

$0.15a-100+0.05a=140$

$0.2a=240 \quad \therefore a=1{,}200$

따라서 작년 B라인 생산제품 개수는

$2{,}000-a=2{,}000-1{,}200=800$(개)

올해의 B라인 생산제품 개수는

$800\times0.95=760$(개)

02 정답 ② 난이도 ●●○

응용계산 – 방정식 문제

간단풀이

지난주 국어와 과학에 들인 시간을 각각 x, y라 하면

$1.12x+1.28y=1.2(x+y)$

$\rightarrow 0.08x=0.08y \quad \therefore x=y$

$1.2(x+y)=9$

$\rightarrow x+y=\frac{9}{1.2} \quad \therefore x=y=\frac{9}{2.4}$

따라서 이번 주 국어 공부에 들인 시간은

$1.12x=\frac{9\times1.12}{2.4}=4.2$(시간)

상세풀이

① 지난주 국어와 과학에 들인 시간을 각각 x, y라 하면 이번 주 국어에 들인 시간은 작년보다 12%, 과학은 작년보다 28% 늘었으므로

(이번 주 국어에 들인 시간)$=\left(1+\frac{12}{100}\right)x=1.12x$

(이번 주 과학에 들인 시간)$=\left(1+\frac{28}{100}\right)y=1.28y$

이번 주 전체 공부 시간이 지난주보다 20% 늘어났으므로

$1.12x+1.28y=1.2(x+y)$

$\rightarrow 0.08x=0.08y \quad \therefore x=y$ …… ㉠

② 한편 이번 주 전체 공부 시간이 9시간이므로

$1.2(x+y)=9$

$\rightarrow x+y=\frac{9}{1.2}$ …… ㉡

㉠, ㉡을 연립하여 풀면

$$\begin{cases} x=y & \cdots\cdots ㉠ \\ x+y=\frac{9}{1.2} & \cdots\cdots ㉡ \end{cases}$$

$\rightarrow 2x=\frac{9}{1.2}$

$\therefore x=y=\frac{9}{2.4}$

③ 따라서 이번 주 국어 공부에 들인 시간은

$1.12x=1.12\times\frac{9}{2.4}=\frac{9\times112}{240}=4.2$(시간)

합격자의 시간단축 Tip

국어 공부 시간 증가율 12%와 과학 공부 시간 증가율 28%의 중간값이 20%인데, 이 수치가 곧 전체 공부 시간의 증가율이므로 지난주 국어 공부 시간과 과학 공부 시간이 동일하다는 것을 쉽게 알 수 있다.
만약 전체 공부 시간의 증가율이 과학 공부 시간 증가율 28%에 더 가까웠다면 지난주에는 과학 공부 시간이 국어 공부 시간보다 많았을 것이고, 반대로 전체 공부 시간의 증가율이 국어 공부 시간 12%에 더 가까웠다면 지난주에는 국어 공부 시간이 과학 공부 시간보다 더 많았을 것이다.

03 정답 ⑤ 난이도 ●○○

응용계산 – 경우의 수·확률 문제

간단풀이 1

$$\frac{{}_{12}C_2\times{}_4C_1+{}_{12}C_1\times{}_4C_2+{}_4C_3}{{}_{16}C_3}=\frac{264+72+4}{560}=\frac{17}{28}$$

간단풀이 2

- (16개의 발명품 중에서 3개를 선택하는 사건의 수)$=$
  ${}_{16}C_3=\frac{16\times15\times14}{3\times2}=8\times5\times14=560$(가지)
- (정상인 발명품만 3개를 선택하는 사건의 수)$=$
  ${}_{12}C_3=\frac{12\times11\times10}{3\times2}=2\times11\times10=220$(가지)

- (철수의 발명품 3개 중 최소한 1개는 고장이 난 발명품일 사건의 수)=560−220=340(가지)

따라서 철수의 발명품 중 3개를 선택할 때, 적어도 1개는 고장이 난 발명품일 확률은

$\frac{340}{560}=\frac{17}{28}$

상세풀이

먼저 전체 경우의 수는 16개의 발명품 중에서 순서 상관없이 3개를 선택하는 조합의 수이므로

$${}_{16}C_3=\frac{16\times15\times14}{3\times2}=8\times5\times14=560(\text{가지})$$

철수의 발명품 중 3개를 고를 때 최소 1개는 고장이 난 발명품일 확률을 구하면 발명품은 1개, 2개 또는 3개까지 고장이 날 수 있으므로 각 케이스별로 나누어 구한다.

(1) 철수의 발명품 중 3개를 선택할 때 1개가 고장인 사건의 수

$${}_{12}C_2\times{}_4C_1=\frac{12\times11}{2}\times4=264(\text{가지})$$

(2) 철수의 발명품 중 3개를 선택할 때 2개가 고장인 사건의 수

$${}_{12}C_1\times{}_4C_2=12\times\frac{4\times3}{2}=72(\text{가지})$$

(3) 철수의 발명품 중 3개를 선택할 때 3개가 고장인 사건의 수

$${}_4C_3=\frac{4\times3\times2}{3\times2}=4(\text{가지})$$

(1), (2), (3)에서 얻은 사건의 수를 더하면 발명품 중 3개를 선택할 때, 적어도 1개는 고장이 난 발명품일 사건의 수를 구할 수 있다. 즉,
264+72+4=340(가지)
16개의 발명품 중에서 3개를 선택하는 사건의 수는 560이므로 16개의 발명품 중 4개는 고장이 났을 때, 철수의 발명품에서 선택한 3개 중 적어도 1개는 고장이 난 발명품일 확률은

$\frac{340}{560}=\frac{17}{28}$

합격자의 시간단축 Tip

확률문제에서 **'적어도'**라는 표현이 등장할 때는 **'여사건의 확률'**을 이용해 접근하는 것이 좋다. 어떠한 특정 사건이 발생하지 않을 사건, 즉 사건 A가 발생하지 않는 사건을 '사건 A의 여사건'이라 한다. 여사건의 확률을 구하는 방법은 다음과 같다.

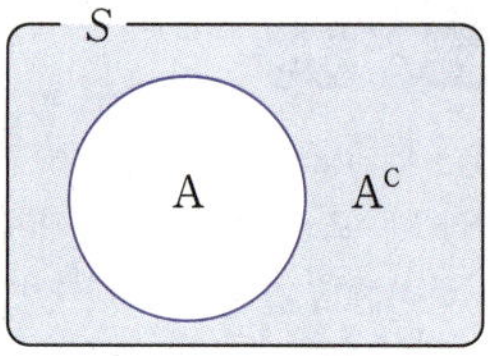

$P(A)+P(A^c)=1$

사건 A의 여사건 A^c에 대하여
(사건 A가 일어날 확률)=1−(사건 A가 일어나지 않을 확률)
$P(A)=1-P(A^c)$

예를 들어, 동전을 3번 던졌을 때 적어도 한 번은 앞면이 나올 확률을 구하면
(적어도 한 번 앞면이 나올 확률)=1−(모두 뒷면이 나올 확률)이므로

$1-\frac{1}{2}\times\frac{1}{2}\times\frac{1}{2}=1-\frac{1}{8}=\frac{7}{8}$이다.

이 문제에서도 선택한 발명품 3개 중 적어도 1개 이상이 고장이 난 발명품일 확률은 여사건의 확률에 따라 1−(선택된 발명품이 모두 정상일 확률)과 같다. 이를 활용해 문제를 풀어보자.
먼저 전체 경우의 수는 16개의 발명품 중에서 순서 상관없이 3개를 선택하는 조합의 수이므로

$${}_{16}C_3=\frac{16\times15\times14}{3\times2}=8\times5\times14=560(\text{가지})$$

전체 16개 중 고장이 난 4개의 발명품을 제외한 12개의 발명품 중에서 정상인 발명품 3개를 택하는 경우의 수는

$${}_{12}C_3=\frac{12\times11\times10}{3\times2}=2\times11\times10=220(\text{가지})$$

따라서 선택된 발명품이 모두 정상일 확률은

$$\frac{{}_{12}C_3}{{}_{16}C_3}=\frac{220}{560}=\frac{11}{28}$$

그러므로 선택한 발명품 3개 중 적어도 1개는 고장이 난 발명품일 확률은

$1-\frac{11}{28}=\frac{17}{28}$

04 정답 ③ 난이도 ●●●

응용계산 – 경우의 수 · 확률 문제

간단풀이 1

10개의 초콜릿에서 5개의 초콜릿을 비복원추출 할 때, 흰 초콜릿 4개 중에서 3개, 검은 초콜릿 6개 중에서 2개를 동시에 추출할 확률은 $\frac{{}_4C_3\times{}_6C_2}{{}_{10}C_5}=\frac{5}{21}$

간단풀이 2

$$\frac{4}{10}\times\frac{3}{9}\times\frac{2}{8}\times\frac{6}{7}\times\frac{5}{6}\times\frac{5!}{3!\times 2!}=\frac{5}{21}$$

상세풀이 1

확률을 다룰 때 사용하는 용어들이 몇 가지 있다. **'시행'**은 같은 조건에서 반복할 수 있으며, 매번 결과가 달라질 수 있는 관찰이나 실험을 말한다. 이 문제에서는 '연속해서 5개의 초콜릿을 뽑는' 경우를 시행이라 할 수 있다. 한편 **'사건'**은 시행으로 나타나는 결과를 말한다. 이 문제에서는 '흰 초콜릿 3개, 검은 초콜릿 2개가 나올' 경우와 같은 일이다.

확률 문제는 두 가지 방법으로 풀 수 있다.

(1) (어떤 사건이 일어날 확률)= $\frac{\text{(어떤 사건이 일어나는 경우의 수)}}{\text{(가능한 모든 경우의 수)}}$임을 이용하여 푸는 방법

(2) 문제가 제시하는 경우들을 각기 다른 확률로 계산한 뒤 확률의 덧셈 정리(사건 중 적어도 하나가 일어날 확률을 구할 때)나 곱셈 정리(사건들이 동시에 일어날 확률을 구할 때)로 해결하는 방법

먼저, 첫 번째 방법으로 문제를 풀어보면 다음과 같다.

① 우선 '가능한 모든 경우의 수'를 따져본다. 어떤 상자 안의 10개의 초콜릿 중 연속해서 5개를 뽑을 때, 순서는 상관이 없으며 비복원추출(다시 집어넣지 않고 뽑는 것)은 한 번에 뽑는 것과 같기 때문에 조합으로 구한다. (흰 초콜릿 4개는 서로 구분할 수 없고, 검은 초콜릿도 마찬가지다.)

10개의 초콜릿 중 순서와 상관없이 5개를 뽑는 경우의 수는

$${}_{10}C_5=\frac{10\times 9\times 8\times 7\times 6}{5\times 4\times 3\times 2}=252\text{(가지)}$$

② 이번에는 '어떤 사건이 일어나는 경우의 수', 즉 5개를 뽑았더니 흰 초콜릿이 3개, 검은 초콜릿이 2개가 나오는 경우의 수를 구해본다.

먼저 4개의 흰 초콜릿 중 순서와 상관없이 3개를 뽑는 경우의 수는 4개 중 하나만 빼고 뽑는 경우의 수와 같으므로 ${}_4C_3={}_4C_1=4$(가지)

그리고 6개의 검은 초콜릿 중 순서와 상관없이 2개를 뽑는 경우의 수는

$${}_6C_2=\frac{6\times 5}{2}=15\text{(가지)}$$

③ 따라서 구하는 확률은

$$\frac{\text{(흰 초콜릿이 3개, 검은 초콜릿이 2개가 나오는 경우의 수)}}{\text{(10개의 초콜릿 중 순서와 상관없이 5개를 뽑는 경우의 수)}}$$

$$=\frac{{}_4C_3\times{}_6C_2}{{}_{10}C_5}=\frac{4\times 15}{252}=\frac{5}{21}$$

상세풀이 2

① 먼저 5개가 차례로 (흰, 흰, 흰, 검, 검) 색의 초콜릿이 나온다고 가정하고 확률을 구하면 다음과 같다.

$$\frac{4}{10}\times\frac{3}{9}\times\frac{2}{8}\times\frac{6}{7}\times\frac{5}{6}=\frac{1}{42}$$

② 하지만 실제로는 5개를 뽑았을 때 나오는 색깔의 순서가 꼭 이럴 것이라고 장담할 수는 없다. 따라서 흰색 3개와 검은색 2개를 배열하는 경우의 수를 곱해주어야 한다. 이때 흰색 3개와 검은색 2개는 서로 구분할 수가 없으므로 '같은 것을 포함하는 중복순열'로 풀어야 한다. 즉, 흰색을 W, 검은색을 B라고 두고 (W, W, W, B, B)를 나열하는 방법의 수를 구하면 $\frac{5!}{3!\times 2!}=10$(가지)

③ 따라서 구하는 확률은

$$\frac{4}{10}\times\frac{3}{9}\times\frac{2}{8}\times\frac{6}{7}\times\frac{5}{6}\times\frac{5!}{3!\times 2!}=\frac{1}{42}\times 10=\frac{5}{21}$$

합격자의 시간단축 Tip

같은 것이 포함되어 있는 n개를 일렬로 나열하는 것을 '같은 것을 포함하는 중복순열'이라고 한다. n개 중에 같은 것이 각각 p개, q개, …, r개가 있을 때, 이들을 모두 일렬로 나열하는 경우의 수는

$$\frac{n!}{p!q!\cdots r!}\quad(\text{단, } p+q+\cdots+r=n)$$

05 정답 ④ 난이도 ●○○

응용계산 – 경우의 수 · 확률 문제

간단풀이

- (남자 C가 기프티콘 추첨에 당첨되는 경우의 수) $={}_3C_1=3$(가지)
- (여자 G가 기프티콘 추첨에 당첨되는 경우의 수) $={}_4C_2=\frac{4\times 3}{2}=6$(가지)

남자 C와 여자 G가 기프티콘에 당첨되는 경우의 수는 두 경우의 수를 곱하면 되므로 구하는 답은 $3\times 6=18$(가지)

상세풀이

해당 문제와 같이 '포함' 혹은 '제외'라는 단어가 문제의 조건에 포함될 경우, 해당 조건을 전체 경우의 수에서 제외하는 방법으로 문제를 풀 수 있다.

① 먼저 문제에서는 남자 A, B, C, D와 여자 E, F, G, H, I 중에서 남자 2명과 여자 3명을 이벤트 당첨자로 뽑는다고 하였으므로 남자와 여자는 각각 서로 분리되어 당첨자가 뽑히는 것을 알 수 있다. 즉, (남자 C와 여자 G가 당첨되는 경우의 수)=(남자 C의 당첨 경우의 수)×(여자 G의 당첨 경우의 수)

② 남자 C가 당첨되는 경우
현재 남자는 A, B, C, D 4명이며 남자 C가 당첨된다고 가정하면 남은 A, B, D 중 1명이 추가로 당첨될 수 있다. 따라서 남자 C가 기프티콘에 당첨되는 경우는 (A, C), (B, C), (C, D)로 3가지이다.
$\therefore {}_3C_1=3$(가지)

③ 여자 G가 당첨되는 경우
현재 여자는 E, F, G, H, I 5명이며 여자 G가 당첨된다고 가정하면 남은 E, F, H, I 4명 중 2명이 추가로 당첨될 수 있다. 따라서 네 사람 중 순서와 상관없이 두 사람이 선택되는 모든 경우의 수로 구할 수 있다.
$\therefore {}_4C_2=\frac{4\times3}{2}=6$(가지)

④ 따라서 구하는 답은
(남자 C의 당첨 경우의 수)×(여자 G의 당첨 경우의 수)$={}_3C_1\times{}_4C_2=3\times6=18$(가지)

합격자의 시간단축 Tip

경우의 수 문제는 순열과 조합 공식을 이용하면 더욱 쉽게 풀 수 있다.

(1) 순열: **서로 다른 n개에서 r개를 택하여 일렬로 나열하는 것**을 n개에서 r개를 택하는 순열이라고 하며, 이 순열의 수를 기호로 ${}_nP_r$과 같이 나타낸다. 이때 주의할 점은 r이 부등식 '$0 < r \le n$'을 만족해야 한다는 것이다. 서로 다른 n개에서 r개를 택하여 일렬로 나열하는 순열의 수는 아래와 같이 구한다.

$${}_nP_r=\frac{n!}{(n-r)!}=n(n-1)(n-2)(n-3)\cdots(n-r+1)\ (\text{단, } 0 < r \le n)$$

(2) 조합: **서로 다른 n개에서 순서를 생각하지 않고 r개를 택하는 것**을 n개에서 r개를 택하는 조합이라 하며, 이 조합의 수를 기호로 ${}_nC_r$과 같이 나타낸다. 이때 주의할 점은 r이 부등식 '$0 < r \le n$'을 만족해야 한다는 것이다. 서로 다른 n개에서 r개를 택하는 조합의 수는 아래와 같이 구한다.

$${}_nC_r=\frac{{}_nP_r}{r!}=\frac{n(n-1)(n-2)\cdots(n-r+1)}{r!}=\frac{n!}{r!(n-r)!}\ (\text{단, } 0 < r \le n)$$

정답 | **유형 ❷ 자료해석**

01	④	02	⑤	03	③	04	②	05	④

01 정답 ④ 난이도 ●●●

자료해석 – 자료의 특정한 값을 추론하는 문제

'변동계수'가 세 번째로 큰 구와 네 번째로 큰 구를 구하라고 하였으므로 A, B, C, D, E구의 '변동계수'를 모두 구하면 다음과 같다. (소수점 둘째 자리에서 반올림)

- (A의 변동계수)$=\frac{5}{20}\times100=25(\%)$
- (B의 변동계수)$=\frac{4}{10}\times100=40(\%)$
- (C의 변동계수)$=\frac{6}{30}\times100=20(\%)$
- (D의 변동계수)$=\frac{4}{12}\times100≒33.3(\%)$
- (E의 변동계수)$=\frac{8}{16}\times100=50(\%)$

따라서 변동계수가 큰 순서대로 나열하면, E > B > D > A > C 순서가 된다. 여기에서 세 번째로 큰 구는 D, 네 번째로 큰 구는 A이다.

합격자의 실전 풀이 순서

❶ 변동계수가 세 번째로 큰 구와 네 번째로 큰 구를 구하라고 하고 있다. 이는 비교를 통해 도출하기 애매한 순위이므로, 값을 직접 도출 해야겠다고 생각한다.

❷ 변동계수를 구하는 방법을 확인한다. 분수의 형태이므로 도출하더라도 비교가 용이하지 않을 수 있다. 변동계수가 분수라면, 상대적으로 변동계수의 역수는 정수의 형태로 나타날 확률이 높다. 따라서 변동계수의 역수가 세 번째로 큰 구와 두 번째로 큰 구를 구한다.

합격자의 시간단축 Tip

Tip ❶ 변동계수의 역수를 활용한다. 변동계수는 1보다 작은 값으로, (변동계수)$=\frac{(표준편차)}{(평균)}\times 100(\%)$으로 나타난다.

통상적으로 'a가 b의 $\frac{1}{4}$이다.'보다는 'b가 a의 4배이다.'를 계산하는 게 더 쉽다. 따라서 변동계수가 세 번째로 큰 구와 네 번째로 큰 구를 찾는 것은, 변동계수의 역수가 세 번째로 작은 구와 네 번째로 작은 구를 찾는 것과 같음을 이용하여 풀이한다. 변동계수의 역수를 구하면 다음과 같다.
A: 4 / B: 2.5 / C: 5 / D: 3 / E: 2
따라서 D와 A를 정답으로 고를 수 있다.

Tip ❷ 분수 비교 방법

1. 분자가 같은데 분모가 더 크다면(작다면) 더 작다(크다).
2. 분모가 같은데 분자가 더 크다면(작다면) 더 크다(작다).
   주어진 평균과 표준편차는 수가 단순하므로 분수비교보다는 변동계수를 빠르게 구하는 것이 수월하다. 수 비교 시 공통으로 포함되는 '×100'은 생략해도 비교가 가능하다.

또한, 문제에서 변동계수가 '세 번째', 그리고 '네 번째' 큰 구를 바르게 나열한 것을 선택하라고 했으므로 가장 큰 것, 혹은 가장 작은 것을 고르는 실수를 하지 않도록 주의한다.

Tip ❸ 문제가 객관식임을 이용해 답이 될 수 없는 선지들을 소거해 가며 답을 유추할 수도 있다. 먼저 표준편차가 제일 크고 표준편차의 2배가 평균이 되는 E가 첫 번째라는 것을 알 수 있다. 그러므로 ③은 제외된다. 이때 B와 D 중에서 두 번째, 세 번째가 결정되고 A와 C에서 네 번째, 다섯 번째가 결정됨을 유추할 수 있어 둘씩 비교해 보면 답을 찾을 수 있다.

02 정답 ⑤ 난이도 ●●○

자료해석 - 자료의 내용과 일치/불일치하는 설명을 고르는 문제

① (O) 매년 S기업의 정규직 여성 근로자 수는 비정규직 여성 근로자 수의 3배 이상이다.
➜ 정규직 여성 근로자 수는 (정규직 근로자)×(정규직 근로자 중 여성 비율)이고, 비정규직 여성 근로자 수는 (비정규직 근로자)×(비정규직 근로자 중 여성 비율)이다.
이때, 〈그림〉을 보면 정규직 근로자 중 여성 비율이 2025년을 제외하고 비정규직 근로자 중 여성 비율에 비해 항상 1.5배 이상 큰 것을 볼 수 있다. 또한 〈표〉에서는 정규직 근로자가 비정규직 근로자의 수보다 매년 2배 이상 많다. 따라서 2025년을 제외한 연도의 정규직 여성 근로자 수는 (비정규직 여성 근로자 수)×1.5×2(=3) 이상이므로 3배 이상임을 알 수 있다.
다음으로 2025년을 살펴보면 다음과 같다.
(2025년 정규직 근로자)×(정규직 근로자 중 여성 비율)=637,654×0.494≒315,001(명)
(2025년 비정규직 근로자)×(비정규직 근로자 중 여성 비율)=296,193×0.337≒99,817(명)
따라서 2025년 역시 정규직 여성 근로자 수가 비정규직 여성 근로자 수의 3배 이상임을 알 수 있다.

② (O) S기업의 비정규직 여성 근로자 수는 매년 증가하였다.
➜ 비정규직 여성 근로자 수는 (비정규직 근로자)×(비정규직 근로자 중 여성 비율)로 계산할 수 있다.
이때, 〈표〉를 보면 전체 인원이 매년 증가하고 있고, 〈그림〉에서도 매년 여성의 비율이 증가하였기 때문에 실제 비정규직 여성 근로자 수는 매년 증가하였음을 알 수 있다.

③ (O) 매년 S기업의 정규직 여성 근로자 수는 비정규직 근로자 수보다 많다.
➜ 정규직 여성 근로자 수는 (정규직 근로자)×(정규직 근로자 중 여성 비율)로 구할 수 있다.
이를 이용해 2021년 정규직 여성 근로자 수를 먼저 구해보면
(2021년 정규직 근로자)×(정규직 근로자 중 여성 비율)$=621,313\times\frac{47}{100}$≒292,017(명)이다.
이러한 방법으로 다른 연도에 대해서도 2022~2025년 모두 계산해 보면 정규직 여성 근로자수가 비정규직 여성 근로자 수보다 많은 것을 알 수 있다.

④ (O) S기업의 정규직 남성 근로자 수는 2023년이 2022년보다 적다.
➜ (정규직 남성 근로자 수)=(정규직 근로자)×(정규직 근로자 중 남성 비율)이다. 우선 〈그림〉을 보면 정규직 근로자 중 여성 비율은 2022년과 2023년 모두 48.1%로 같다. 따라서 남성의 비율 역시 51.9%로 같음을 알 수 있다. 그러나 〈표〉를 보면 2022년보다 2023년의 정규직 근로자 전체 수가 줄어들었다. 따라서 2022에 비해 2023년에 정규

직 근로자 중 남성 비율은 동일한데, 전체 정규직 근로자 수가 감소하였으므로 정규직 남성 근로자 수는 2023년이 2022년보다 적은 것을 알 수 있다.

⑤ (×) 정규직 근로자 중 여성 비율과 비정규직 근로자 중 여성 비율의 차이는 ~~매년 감소한다~~.

→ 〈그림〉에서 정규직 근로자 중 여성 비율과 비정규직 근로자 중 여성 비율의 차이는 다음과 같다.

2021	2022	2023	2024	2025
17%	17.4%	16.8%	16.4%	15.7%

2022년에 양자 간 차이가 2021년에 비해 증가함을 알 수 있다. 따라서 여성 비율의 차이가 매년 감소한다는 것은 옳지 않다.

합격자의 실전 풀이 순서

❶ 〈표〉의 단위를 확인하고, 〈그림〉의 각 축을 확인한다. 그리고 〈표〉에서 '정규직'에는 □, '비정규직'에는 ○ 표시한다.

❷ 〈그림〉만 보면 되는 선지 ⑤를 가장 먼저 해결한다. 나머지 선지는 모두 〈표〉와 〈그림〉의 자료를 결합해야 한다. 22년도에 정규직 근로자 중 여성 비율과 비정규직 근로자 중 여성 비율의 차이는 증가한다. 따라서 답은 ⑤이며 답을 체크하고 넘어간다.

합격자의 시간단축 Tip

선지① 매년 정규직 근로자는 비정규직 근로자의 2배보다 많고, 정규직 근로자 중 여성 비율은 2025년을 제외하면 비정규직 근로자 중 여성 비율의 1.5배보다 높다. 따라서 양자를 곱해야 도출되는 여성의 수는 정규직 근로자가 비정규직 근로자보다 3배 이상 많다. 이를 식으로 나타내 보면 다음과 같다.

(정규직 여성 근로자 수)
= (정규직 근로자) × (정규직 근로자 중 여성 비율) > (비정규직 근로자) × 1.5↑ × (비정규직 근로자 중 여성 비율) × 2↑
= (비정규직 근로자) × (비정규직 근로자 중 여성 비율) × 3↑
= (비정규직 여성 근로자 수) × 3↑

이후 2025년은 별도로 어림산을 해주면 된다.

이 문제와 같이 여러 항목들을 계산하여 최종적인 수치를 도출해 내 비교하는 경우, 각각의 항목들을 별도로 나누어 처리하는 것이 쉬운 경우가 많으므로 이를 적용해 본다.

선지② 여러 연도의 경향을 묻는 경우, 직접 계산하지 않더라도 흐름의 파악만으로도 해결 가능한 경우가 많다. 즉, 비정규직 근로자의 수는 매년 증가하고, 비정규직 근로자 중 여성 비율도 매년 증가하므로, 양자의 곱인 비정규직 여성 근로자의 수 역시 매년 증가한다.

선지③

[방법1]
매년 정규직 근로자 중 여성의 수는 정규직 근로자 수의 약 50%이다. 그러나 비정규직 근로자 수는 정규직 근로자 수의 50%에 크게 못 미친다. 따라서 계산이 용이한 정규직 근로자의 50%를 기준으로 삼아 비교해 본다. 예컨대, 2024년 정규직 근로자 중 여성 비율은 49%이다. 따라서 정규직 근로자의 50%(약 317,025명) ≥ 비정규직 근로자(289,837명) + 정규직 근로자의 1%(6,340명)인지 확인한다.
2021년 정규직 근로자 중 여성 비율은 47%로, 정규직 근로자의 50%(약 310,600명) ≥ 비정규직 근로자(280,958명) + 정규직 근로자의 3%(3,106(1%) + 3,106(1%) + 3,106(1%) = 약 9,300)인지 확인한다.
사실 계산을 하지 않는다 하더라도 이미 정규직 근로자 수와 비정규직 근로자 수가 약 5.5배 정도 차이 나기 때문에, 정규직 근로자의 약 50%인 여성이 비정규직 근로자 전체의 수보다 여전히 클 것이라고 쉽게 예측할 수 있다.

[방법2]
극단적인 값을 확인해 본다. 정규직 여성 근로자 수가 가장 적은 연도는 정규직 근로자 수가 가장 적고 여성 비율도 가장 낮은 2021년이다. 이때의 정규직 여성 근로자 수는
621,313 × 0.47 > 620,000 × 0.47(= 310,000 − 18,600) > 290,000으로 290,000보다 크다. 그런데 2025년을 제외한 2024년까지의 비정규직 근로자 수는 290,000보다 작으므로 2021~2024년까지는 당연히 정규직 여성 근로자 수가 비정규직 근로자 수보다 많다. 따라서 2025년도 그러한지만 확인하면 된다. 2025년의 정규직 여성 근로자 수는 637,654 × 0.494 > 630,000 × 0.49(= 315,000 − 63,000) > 300,000이 된다. 2025년의 비정규직 근로자 수는 300,000보다 적으므로 2025년도 정규직 여성 근로자 수가 더 많다.

선지④ 2022년과 2023년 정규직 근로자 중 여성 비율은 동일하므로 정규직 근로자 중 남성 비율 역시 동일하다. 단, 2022년에 비해 2023년 정규직 근로자 수가 감소하였으므로 정규직 근로자 중 남성의 수 역시 감소한다.

선지 ⑤ 이런 유형의 경우 2단계로 나눠 푸는 전략이 좋다.

1. 1단계에서는 시작점과 최종점을 비교할 때 차이가 감소하였는지 확인한다. 만약 감소하지 않았다면 각각을 고려하지 않아도 틀린 선지임을 알 수 있기 때문이다.
2. 반면 1단계에서 시작점과 최종점 비교 시 차이가 감소한 경우 2단계에서 반례가 있는지 확인한다. 이렇게 2단계로 나누어 생각하면 무의미한 계산을 줄이고 가장 효율적으로 해결할 수 있다.

예를 들어 선지 ⑤번의 경우 1단계로 시작점인 2021년과 최종점인 2025년을 비교한다. 시작점인 2021년에 비해 최종점인 2025년에 정규직 근로자 중 여성 비율과 비정규직 근로자 중 여성 비율의 차이가 감소하였다. 다음 2단계로 반례가 있는지 확인한다. 2021년에 비해 2022년에 정규직 근로자 중 여성 비율은 1.1%p 증가한 반면, 비정규직 근로자 중 여성 비율(B)은 0.7%p 증가하여 양자의 차이는 증가한다. 이는 정규직 근로자 중 여성 비율과 비정규직 근로자 중 여성 비율의 차이가 매년 감소하는 것은 아님을 의미한다.

03 정답 ③ 난이도 ●●●

자료해석 – 자료의 특정한 값을 추론하는 문제

(2023년 각 선수 연봉의 전년 대비 증가율) $=\frac{(2023년\ 연봉)-(2022년\ 연봉)}{(2022년\ 연봉)}\times 100$이므로 2022년 각 선수의 연봉을 다음과 같이 구할 수 있다.

① 선수 A: $50=\frac{15-(2022년\ 연봉)}{(2022년\ 연봉)}\times 100$

$\rightarrow 15=\frac{50}{100}\times(2022년\ 연봉)+(2022년\ 연봉)$

$=\frac{150}{100}\times(2022년\ 연봉)$

$\rightarrow (2022년\ 연봉)=15\times\frac{100}{150}=10(억\ 원)$

② 선수 B: $150=\frac{25-(2022년\ 연봉)}{(2022년\ 연봉)}\times 100$

$\rightarrow 25=\frac{150}{100}\times(2022년\ 연봉)+(2022년\ 연봉)$

$=\frac{250}{100}\times(2022년\ 연봉)$

$\rightarrow (2022년\ 연봉)=25\times\frac{100}{250}=10(억\ 원)$

③ 선수 C: $20=\frac{24-(2022년\ 연봉)}{(2022년\ 연봉)}\times 100$

$\rightarrow 24=\frac{20}{100}\times(2022년\ 연봉)+(2022년\ 연봉)$

$=\frac{120}{100}\times(2022년\ 연봉)$

$(2022년\ 연봉)=24\times\frac{100}{120}=20(억\ 원)$

④ 선수 D: $20=\frac{30-(2022년\ 연봉)}{(2022년\ 연봉)}\times 100$

$30=\frac{20}{100}\times(2022년\ 연봉)+(2022년\ 연봉)$

$=\frac{120}{100}\times(2022년\ 연봉)$

$(2022년\ 연봉)=30\times\frac{100}{120}=25(억\ 원)$

⑤ 선수 E: $50=\frac{24-(2022년\ 연봉)}{(2022년\ 연봉)}\times 100$

$24=\frac{50}{100}\times(2022년\ 연봉)+(2022년\ 연봉)$

$=\frac{150}{100}\times(2022년\ 연봉)$

$(2022년\ 연봉)=24\times\frac{100}{150}=16(억\ 원)$

따라서 선수 C의 2022년 연봉은 15억 원이 아니라 20억 원이다.

합격자의 시간단축 Tip

❶ 증가율을 구하는 식을 확인한다. 식을 보면 $(2022년\ 연봉)=\frac{(2023년\ 연봉)}{(증가배수)^{*}}$이다.

❷ 증감 이전 수치를 물어보는 다른 문제에서도 동일하게 결과값 도출이 가능하다.

* 증가배수
- 100% 증가 시 증가배수는 2배, 50% 증가 시 1.5배, 20% 증가 시 1.2배
- 증가율을 100으로 나눈 뒤 1에 더하면 증가배수를 계산할 수 있다.

04 정답 ❷ 난이도 ●●●

자료해석 – 자료의 특정한 값을 추론하는 문제

과목별 평균등급은 〈평균등급 산출 공식〉을 이용하여 풀이할 수 있다. 따라서 국어, 영어, 수학, 과학의 등급을 구하여 대입하면 M의 값을 구할 수 있다.

[국어 등급 계산]
〈표 2〉에 의하면 민수의 국어 석차는 300명 중에 270등이다. 과목 석차 백분율에 대입하여 계산하면
(국어의 과목 석차 백분율)(%) =

$$\frac{270(\text{민수의 국어 석차})}{300(\text{국어 이수 인원})}\times 100=90(\%)$$

〈표 1〉에 의하면 민수의 국어 과목 석차 백분율은 89% 초과 96% 이하 구간에 해당하므로 8등급이다.

[영어 등급 계산]
〈표 2〉에 의하면 민수의 영어 석차는 300명 중에 44등이다. 과목 석차 백분율에 대입하여 계산하면
(영어의 과목 석차 백분율)(%) =

$$\frac{44(\text{민수의 영어 석차})}{300(\text{영어 이수 인원})}\times 100=\frac{44}{3}\fallingdotseq 15(\%)$$

〈표 1〉에 의하면 민수의 영어 과목 석차 백분율은 11% 초과 23% 이하 구간에 해당하므로 3등급이다.

[수학 등급 계산]
〈표 2〉에 의하면 민수의 수학 석차는 300명 중에 27등이다. 과목 석차 백분율에 대입하여 계산하면
(수학의 과목 석차 백분율)(%) =

$$\frac{27(\text{민수의 수학 석차})}{300(\text{수학 이수 인원})}\times 100=9(\%)$$

〈표 1〉에 의하면 수학의 과목 석차 백분율은 4% 초과 11% 이하 구간에 해당하므로 2등급이다.

[과학 등급 계산]
〈표 2〉에 의하면 민수의 과학 과목 석차는 300명 중에 165등이다. 과목 석차 백분율에 대입하여 계산하면
(과학의 과목 석차 백분율)(%) =

$$\frac{165(\text{민수의 과학 석차})}{300(\text{과학 이수 인원})}\times 100=55(\%)$$

〈표 1〉에 의하면 민수의 과학 과목 석차 백분율은 40% 초과 60% 이하 구간에 해당하므로 5등급이다.

각 과목의 등급을 위의 〈평균등급 산출 공식〉에 대입하면
M(민수의 평균등급) =

$$\frac{(\text{과목별 등급})\times(\text{과목별 이수단위})\}\text{의 합}}{(\text{과목별 이수단위의 합})}$$

$$=\frac{(\text{국어 8등급})\times 3\text{단위}+(\text{영어 3등급})\times 3\text{단위}+(\text{수학 2등급})\times 2\text{단위}+(\text{과학 5등급})\times 3\text{단위}}{3+3+2+3}$$

$$=\frac{24+9+4+15}{11}=4.73$$

따라서 민수의 평균등급 M은 4보다 크거나 같고 5보다 작거나 같으므로 ②번이 답이다.

합격자의 실전 풀이 순서

❶ 〈표 1〉, 〈표 2〉, 〈평균등급 산출 공식〉을 이해한다.
❷ 평균등급을 구하기 위해서는 과목별 등급이 필요하므로 〈표 2〉의 과목별 등급을 〈표 1〉을 활용하여 구한다. 이때 국어는 과목 석차 백분율이 90%이므로 8등급이며, 같은 방식으로 구하면 영어는 3등급, 수학은 2등급, 과학은 5등급이다.
❸ 〈평균등급 산출 공식〉에 대입하여 구하면 평균등급은 약 4.70이므로 답은 ②번이다.

합격자의 시간단축 Tip

Tip ❶ 과목 석차 백분율은 과목 석차를 과목 이수 인원으로 나눈 값에 100을 곱한 값이다. 이때 문제에서 친절하게 이수 인원을 300명으로 준 만큼, 석차를 그냥 3으로만 나누면 분모 값이 100이 되어, 분자에 들어가는 '과목 석차 값'이 곧바로 백분율이 된다. 이러한 숫자 구조가 눈에 보이면 고민 없이 곧장 등급 도출이 가능하다.

Tip ❷
[방법 1]
〈평균등급 산출 공식〉을 보면 가중평균 계산식과 같음을 알 수 있다.
가중평균의 방식으로 평균등급을 구하면 다음과 같다. 국어, 영어, 과학은 이수 단위가 동일하므로 단순 평균을 구하면 5.33등급이다. 또한, 국어, 영어, 과학의 이수 단위의 합은 9이고, 수학의 이수 단위는 2이다. 따라서 수학(2등급)과 국어, 영어, 과학의 평균(5.33등급)을 이수 단위를 가중치로 하여 가중평균을 구하면, 평균등급은 4 이상 5 미만이다.

[방법 2]
〈평균등급 산출 공식〉을 보면 가중평균 계산식과 같음을 알 수 있다. 다만 여기서 수험생을 귀찮게 하는 것은 수학만 이수단위가 다르다는 점이다. 따라서 편의를 위해 모든 값의 이수단위가 똑같이 3이라고 가정하고 합산하면 $(8+3+2+5)\times 3=54$이며, 이렇게 구한 평균등급 $\frac{54}{11}$는 5가 조금 안 되는 값으로 4~5 사이에 있다.

이때 수학 등급 값을 원래 가중치인 2로 계산할 때, 범위가 4~5가 아니라 3~4가 될 정도로 작아지기 위해서는 수학 등급 값이 10 가까이 되어야 하지만, 당연히 10에 가까운 값이 아니다. 따라서 큰 변화 없이 4 이상 5 미만에 평균등급이 존재하게 된다.
위 방법은 가중평균 문제에서는 항상 사용 가능한 방법이다. 이해를 위해 길게 설명하였으나 실제로 해보면 매우 빠르고 용이한 방법인 만큼 연습하는 것이 좋다.

05 정답 ④ 난이도 ●●○

자료해석 - 자료의 특정한 값을 추론하는 문제

조건 ① 현장 판매건수는 스마트폰이 건조기의 2배 이상이다.
→ 〈그림 2〉에서 현장 판매건수가 2배 이상 차이가 나는 조합은 A와 C, C와 D이다. 따라서 B는 스마트폰과 건조기 모두에 해당하지 않는다.

조건 ② 냉장고와 세탁기의 온라인 판매건수는 각각 2만 건 이하이다.
→ 주어진 그림을 참고하여 A~D의 온라인 판매건수를 각각 구해보면 다음과 같다. (소수점 아래 첫째 자리에서 반올림)

- A: $121,397\times\frac{18}{100}\fallingdotseq 21,851$(건)
- B: $121,397\times\frac{15}{100}\fallingdotseq 18,209$(건)
- C: $121,397\times\frac{40}{100}\fallingdotseq 48,558$(건)
- D: $121,397\times\frac{8}{100}\fallingdotseq 9,711$(건)

이 중 2만 건 이하인 제품은 B와 D이므로 B=냉장고 / D=세탁기 또는 B=세탁기 / D=냉장고가 된다.

조건 ③ 제품을 온라인 판매건수와 현장 판매건수가 큰 값부터 순서대로 각각 나열할 때, 순서가 동일한 제품은 에어컨, 냉장고, 스마트폰이다.
→ 주어진 그림을 참고하여 온라인 판매건수와 현장 판매건수가 큰 값부터 순서대로 각각 나열하면 다음과 같다.
- 온라인 판매건수: C > A > B > TV > D > 에어컨
- 현장 판매건수: C > B > TV > A > D > 에어컨

이 중 순서가 동일한 제품은 C, D, 에어컨이므로 C는 스마트폰, D는 냉장고다. 따라서 B는 세탁기다.

합격자의 실전 풀이 순서

❶ 〈그림 1〉과 〈그림 2〉의 제목을 읽고 온라인과 현장을 구별해야 함을 파악한다. 또한, 발문을 통해 B와 D에만 집중하면 된다는 것을 인식한다.

❷ 첫 번째 조건에 따르면 스마트폰이 건조기의 두 배 이상이 되어야 한다. 이를 위해 스마트폰을 A~D 중 현장 판매건수의 구성비가 가장 작은 D로 가정하더라도 22% 이상이 되어야 하므로 스마트폰은 C일 수밖에 없다. 반대로 건조기의 경우 두 배가 32%보다 작은 A 내지 D 중 하나가 된다.

❸ 세 번째 조건에 따르면 이미 알고 있는 에어컨과 스마트폰을 제외하면 순서가 같은 제품은 D밖에 없어 냉장고는 D, 그리고 첫 번째 조건에 따라 건조기는 A가 되며 남은 B는 자연스럽게 세탁기임을 알 수 있다. 따라서 답은 ④번이다.

합격자의 시간단축 Tip

Tip ❶ 조건을 반드시 순서대로 해결할 필요는 없다는 것을 알아 두자. 또한, 시간 단축을 위해 선지 구성을 적재적소에 활용하여 답을 쉽게 찾을 수 있어야 한다.

Tip ❷ 첫 번째 조건에서 보듯, 외적으로는 확정 정보가 아닌 것처럼 보이지만 실제로는 확정적 정보를 제공해 주는 조건이 존재하는 경우가 많다. 따라서 주어진 정보와 자료에서 확정 정보를 발견할 수 있도록 '경우의 수'를 체계적으로 나누는 연습을 하는 것이 좋다.

Tip ❸ 더 많은 선지를 제거할 수 있는 조건을 먼저 해결한다. 첫 번째 조건과 같이 외관상 확정적이지 않은 조건은 우선 넘어가고 두 번째나 세 번째 조건을 먼저 해결한다. 세 번째 조건을 해결할 때 〈그림 1〉과 〈그림 2〉에 각 제품의 순서를 매겨 비교하면 비교가 용이하다.

Tip ❹ 발문에서 B와 D에 관해 물어보므로 A~D의 모든 제품 이름을 파악할 필요는 없다. B와 D에 해당하지 않는 선지가 존재한다면 제거하는 방식으로 문제를 해결한다.

Tip ❺ 이 문제와 같은 매칭형 문제의 경우 조건들을 적용해가며 어떤 제품이 B, D인지 파악하기보다, 조건을 하나씩 적용해가며 B, D가 될 수 없는 제품들을 확인하며 틀린 선지를 지워가며 답을 구하는 것이 더 효율적이다. 예를 들어 이 문제의 첫 번째 조건은 "현장 판매건수는 스마트폰이 건조기의 2배 이상이다."라는 것이다. 이때, B의 현장 판매건수가 에어컨을 제외한 A~D 제품들의 2배 이상이 되지 않기에 건조기가 A~D 중 무엇인지와 관계없이 B는 스마트폰이 될 수 없다. 따라

서 ⑤는 답이 아니다. 또한 B가 건조기가 되면 그 2배를 했을 때, 36이 되어 이보다 큰 제품이 존재하지 않게 되므로 모순이 발생한다. 그러므로 B는 건조기가 될 수 없고 ①, ②도 오선지가 된다. 이러한 사고 과정을 거치면 답은 ③, ④만 가능하고 B는 냉장고 또는 세탁기가 된다. B는 온라인과 현장 판매건수의 순위가 다르므로 냉장고가 될 수 없다. 그러므로 답은 ④가 된다.

출제예상문제

정답 유형 ❶ 응용계산

01	②	02	①	03	③	04	①	05	⑤	06	②	07	③	08	④	09	③	10	③
11	③	12	②	13	②	14	⑤	15	③	16	③	17	③	18	②	19	②	20	②
21	②	22	④	23	⑤	24	⑤	25	⑤										

정답 유형 ❷ 자료해석

01	②	02	①	03	③	04	②	05	⑤	06	①	07	②	08	④	09	②	10	④
11	⑤	12	④	13	③	14	③	15	⑤	16	⑤	17	④	18	②	19	③	20	④
21	①	22	③	23	④	24	③	25	⑤	26	③	27	②	28	①	29	④	30	③
31	②	32	②	33	①	34	④	35	④	36	⑤	37	②	38	①	39	③	40	①
41	②	42	④	43	②	44	②	45	④	46	③	47	②	48	④	49	③	50	⑤

취약 유형 분석표

유형	맞힌 개수	정답률	틀린 문제 번호	풀지 못한 문제 번호
응용계산	/ 25	%		
자료해석	/ 50	%		

유형❶ 응용계산

01 정답 ② 난이도 ●●●

응용계산 – 방정식 문제

간단풀이

(작년에 있던 남자 직원의 수)$=x$
(작년에 있던 여자 직원의 수)$=50-x$
$1.1x+1.3(50-x)=61$
$\rightarrow 1.1x+65-1.3x=61$
$\rightarrow 0.2x=4 \quad \therefore x=20$
$20\times0.1=2$

상세풀이

① 작년에 있던 남자 직원의 수를 x라 하면, 작년에 있던 여자 직원의 수는 $(50-x)$이다.

② 올해는 작년보다 남자 직원의 수가 10% 증가했으므로 올해 남자 직원의 수는 $1.1x$이고, 여자 직원의 수는 30% 증가했으므로 올해 여자 직원의 수는 $1.3(50-x)$이다.

③ 올해 직원의 수는 총 61명이므로 이것을 방정식으로 나타내면
$1.1x+1.3(50-x)=61$
$\rightarrow 1.1x+65-1.3x=61$
$\rightarrow 65-0.2x=61$
$\rightarrow 0.2x=4 \quad \therefore x=20$

④ 구하는 것은 올해 입사한 남자 직원 수이므로
$20\times0.1=2$(명)

합격자의 시간단축 Tip

미지수를 1개만 놓고 일차방정식을 하나만 만들면 더 빨리 풀이할 수 있다.
올해는 작년보다 남자 직원의 수가 10% 증가했으므로 올해 증가한 남자 직원의 수는 $0.1x$이고, 여자 직원의 수는 30% 증가했으므로 올해 증가한 여자 직원의 수는 $0.3(50-x)$이다.
올해 총 직원의 수는 작년보다 $61-50=11$(명) 증가하였으므로 이것을 방정식으로 나타내면
$0.1x+0.3(50-x)=11$
$\rightarrow 0.1x+15-0.3x=11$
$\rightarrow -0.2x=-4 \quad \therefore x=20$
따라서 올해 입사한 남자 직원 수는
$20\times0.1=2$(명)

02 정답 ① 난이도 ●●●

응용계산 – 경우의 수 · 확률 문제

간단풀이

K와 C는 고정되어 있으므로 나머지 알파벳 6개의 배열만 생각하면 된다.
다만, 나머지 6개의 알파벳 중 2개의 중복된 문자를 포함한다는 점을 고려하여 식을 세워야 한다.
$\therefore \frac{6!}{2!}=\frac{6\times5\times4\times3\times2}{2}=360$

상세풀이

알파벳을 배열하는 문제에 접근할 때는 중복된 문자가 있는지 확인하는 것이 중요하다. 이런 유형의 문제는 '같은 것을 포함하는 중복순열'을 이용하여 풀어야 한다. 중복된 알파벳들은 서로의 순서가 무의미하다. 예를 들어, 알파벳 A, B, C를 배열하는 경우의 수는
(A B C), (A C B), (B A C), (B C A), (C A B), (C B A)로 $3!=6$가지이다.
하지만 알파벳 A, A, B를 배열하는 경우의 수는 (A A B), (A B A), (B A A) 이 세 가지 경우가 전부이다. 순서를 바꾸어도 똑같은 경우이니 서로의 순서가 무의미하므로 세 문자를 배열하는 3!가지 경우의 수 중에 중복된 경우의 수를 제외시켜 주면 $\frac{3!}{2!}$이 된다.

① 위 문제에서는 K와 C를 제외한 6개의 전체 알파벳(A, A, V, I, S, N) 중 2개의 A가 중복된다.

② 중복된 두 문자를 포함하는 6개의 문자를 순서대로 나열하는 방법의 수는
$\frac{6!}{2!}=360$(가지)

03 정답 ③ 난이도 ●●●

응용계산 – 방정식 문제

간단풀이

(작년의 여자 직원 수)$=x$
(남자 직원 수)$=y$
$\begin{cases} x+y=500 \\ 1.1x+0.85y=490 \end{cases}$
$\rightarrow \begin{cases} 1.1x+1.1y=550 \\ 1.1x+0.85y=490 \end{cases}$
$\rightarrow 0.25y=60 \quad \therefore y=240$
따라서 올해의 남자 직원 수는
$240\times0.85=204$(명)

상세풀이 1

① 작년에 이 음식점에 있었던 여자 직원을 x명, 남자 직원을 y명이라 하면 작년 총 직원 수가 500명이므로
$x+y=500$ …… ㉠

② 올해는 여자 직원이 작년에 비해 10%가 늘었다고 하였으므로 올해 여자 직원의 수는 $1.1x$명이고, 올해 남자 직원은 작년에 비해 15% 줄었다고 하였으므로 올해 남자 직원의 수는 $0.85y$명이다.
올해 총 직원 수는 500명에서 2% 줄어든 $500\times0.98=490$(명)이므로
$1.1x+0.85y=490$ …… ㉡

③ ㉠, ㉡을 연립하여 풀면

$$\begin{cases}x+y=500\\1.1x+0.85y=490\end{cases}$$

$$\rightarrow \begin{cases}1.1x+1.1y=550\\1.1x+0.85y=490\end{cases}$$

$\rightarrow 0.25y=60 \quad \therefore y=240$

④ 따라서 올해의 남자 직원 수는 $240\times0.85=204$(명)이다.

상세풀이 2

변화량만으로 식을 세워 풀 수 있다. 또한, 작년 남자 직원의 수를 x라 두고 하나의 일차방정식을 만들어 풀면 더욱 간단히 풀 수도 있다.

① 이 음식점에 작년 총 직원 수는 500명이므로 작년 남자 직원의 수를 x라 두면 작년 여자 직원 수는 $500-x$이다.

② 올해는 여자 직원이 작년에 비해 10%가 늘었다고 하였으므로 올해 증가한 여자 직원의 수는 $0.1(500-x)$명이고, 올해 남자 직원은 작년에 비해 15% 줄었다고 하였으므로 올해 감소한 남자 직원의 수는 $0.15x$명이다. 올해 총 직원 수는 전체적으로 2% 줄어들었다고 하였으므로 전체적으로 감소한 직원의 수는 $500\times0.02=10$(명)이다. 따라서
$0.1(500-x)-0.15x=-10$

③ 위의 방정식을 풀면
$0.1(500-x)-0.15x=-10$
$\rightarrow 50-0.25x=-10$
$\rightarrow 0.25x=60 \quad \therefore x=240$

④ 따라서 올해의 남자 직원 수는
$240\times0.85=204$(명)

합격자의 시간단축 Tip

이 모든 과정을 다 생략하고 풀 수도 있다.
사람 수는 반드시 정수이어야만 하므로, 작년에 y명이었던 남자 직원의 올해 수 $0.85y$, 즉 $\frac{85}{100}y=\frac{17}{20}y$명도 역시 정수이다.
따라서 y는 반드시 20의 배수임을 알 수 있고, 올해 남자 직원 수 $\frac{17}{20}y$는 반드시 17의 배수이다. 보기 중에 17의 배수는 204명뿐이므로 정답은 ③이다.

04 정답 ①

난이도 ●●●

응용계산 - 방정식 문제

간단풀이

작년 남자 신입생의 수와 여자 신입생의 수를 각각 x, y라 하면

$$\begin{cases}x+y=1,050\\0.04x-0.06y=-13\end{cases}$$

$$\rightarrow \begin{cases}2x+2y=2,100\\2x-3y=-650\end{cases}$$

$\therefore x=500,\ y=550$
따라서 작년 여자 신입생의 수는 550명이다.

상세풀이

문제에서 전체 신입생 수가 13명 감소하였다고 하였으므로 변화량을 기준으로 식을 세우면 간단하다.

① 작년 남자 신입생의 수와 여자 신입생의 수를 각각 x, y로 두면 작년 전체 신입생의 수는 1,050명이므로
$x+y=1,050$ …… ㉠

② 문제에서 올해 신입생의 수는 작년에 비해 남자 신입생은 4% 증가했고, 여자 신입생은 6% 감소했으며 전체적으로 작년에 비해 13명이 감소했다고 하였으므로 다음과 같이 식을 세울 수 있다.
$0.04x-0.06y=-13$ …… ㉡

③ ㉠, ㉡을 연립하여 풀면

$$\begin{cases}x+y=1,050\\0.04x-0.06y=-13\end{cases}$$

$$\rightarrow \begin{cases}2x+2y=2,100\\2x-3y=-650\end{cases}$$

$\rightarrow 5y=2,750 \quad \therefore y=550$
따라서 작년 여자 신입생의 수는 550명이다.

합격자의 시간단축 Tip

구하고자 하는 것은 작년 A고등학교에 입학했던 여자 신입생의 수이므로 작년 여자 신입생의 수를 미지수 x로 놓고 일차방정식을 하나만 만들면 더 빨리 풀 수 있다.
작년 전체 신입생 수는 1,050명이고 작년 여자 신입생 수가 x이므로 남자 신입생의 수는 $1,050-x$이다.
올해 남자 신입생의 수는 작년에 비해 4% 증가했으므로 올해 증가한 남자 신입생의 수는 $0.04(1,050-x)$이고, 여자 신입생의 수는 작년에 비해 6% 감소했으므로 올해 감소한 여자 신입생의 수는 $0.06x$이다. 또한, 전체적으로 작년에 비해 13명이 감소했다고 하였으므로

$0.04(1,050-x)-0.06x=-13$

$2(1,050-x)-3x=-650$

$2,100-5x=-650$

$5x=2,750 \quad \therefore x=550$

05 정답 ⑤ 난이도 ●●●

응용계산 - 경우의 수 · 확률 문제

간단풀이

중복이 가능하고 순서를 고려하지 않는 중복조합을 활용한다. 홀수가 되는 경우는 뽑은 카드 중 두 카드가 짝수이고 한 카드가 홀수이거나, 모든 카드가 홀수인 경우뿐이다.

$$\therefore \frac{5\times{}_5H_2+{}_5H_3}{{}_{10}H_3}=\frac{110}{220}=\frac{1}{2}$$

상세풀이

① 10개의 숫자 중에서 중복을 허용하여 순서 상관없이 3개를 선택하면

$${}_{10}H_3={}_{12}C_3=\frac{12\times11\times10}{3\times2}=220$$

따라서 전체의 경우의 수는 220가지이다.

② 문제에서 요구하는 상황은 1부터 10까지 중복이 가능한 상태에서 3개의 카드를 뽑아 그 수를 더한 값이 홀수여야 하는 경우이다. 이를 위해서는 뽑은 3개의 카드가 아래와 같은 경우여야 한다.

(1) 두 카드는 짝수 및 한 카드만 홀수인 경우
5개의 짝수 후보 중 중복이 가능하니 중복조합으로 두 카드를 뽑고, 5개의 홀수 후보 중 한 카드를 뽑는 경우의 수를 곱하면

$${}_5H_2\times5={}_6C_2\times5=\frac{6\times5}{2}\times5=75$$

(2) 모든 카드가 홀수인 경우
5개의 홀수 후보 중 중복이 가능하니 중복조합으로 세 카드를 뽑는다.

$${}_5H_3={}_7C_3=\frac{7\times6\times5}{3\times2}=35$$

$\therefore$ ((1)의 경우의 수)+((2)의 경우의 수)$=75+35=110$

따라서 카드 3개를 뽑아 더한 값이 홀수인 경우는 총 110가지이고 전체의 경우의 수가 220가지이므로

$$\frac{5\times{}_5H_2+{}_5H_3}{{}_{10}H_3}=\frac{110}{220}=\frac{1}{2}$$

합격자의 시간단축 Tip

짝수와 홀수의 개수가 같을 때, 중복을 허용해 세 수를 뽑아 더하여 홀수가 되는 경우와 짝수가 되는 경우는 배반사건임을 이용하여 풀면 간단히 구할 수 있다.
다음은 문제에서 홀수와 짝수의 개수가 5개로 같다는 점에 주목하여 대칭성을 활용한 풀이이다.

(1) 세 수를 더하여 홀수가 되는 조합:
(홀, 홀, 홀), (홀, 짝, 짝)

(2) 세 수를 더하여 짝수가 되는 조합:
(짝, 짝, 짝), (짝, 홀, 홀)

짝수카드와 홀수카드의 개수가 같으므로 다음과 같은 관계가 성립한다.

(1) (두 짝수 및 하나의 홀수를 뽑는 경우의 수)=(두 홀수 및 하나의 짝수를 뽑는 경우의 수)

(2) (세 짝수를 뽑는 경우의 수)=(세 홀수를 뽑는 경우의 수)
중복을 허용해 세 수를 뽑아 더하여 홀수가 되는 경우와 짝수가 되는 경우는 배반사건이고 서로 대칭적이므로, 정답은 $\frac{1}{2}$이다.

06 정답 ② 난이도 ●●●

응용계산 - 경우의 수 · 확률 문제

간단풀이 1

(6명이 원탁에 앉는 경우의 수)−(A, B가 이웃하게 앉는 경우의 수)
$=(6-1)!-(5-1)!\times2=72$

간단풀이 2

(A, B를 제외한 4명이 원탁에 앉는 경우의 수)×(A, B를 이웃하지 않게 앉히는 경우의 수)
$=(4-1)!\times4\times3=72$

상세풀이 1

① A와 B가 이웃하지 않고 앉는 경우의 수는 6명이 그냥 앉는 전체 경우의 수에서 A와 B가 이웃하게 앉는 경우의 수를 뺀 값과 동일하다. (이웃하게 앉거나 이웃하지 않게 앉거나 둘 중 하나이기 때문에 여사건의 개념을 사용할 수 있다.)
6명이 원형 식탁에 앉는 전체 경우의 수는
$(6-1)!=120$

② 그리고 A와 B가 이웃하여 앉는 경우의 수는 다음과 같이 생각해서 풀 수 있다.
A와 B는 무조건 같이 앉기 때문에 묶인 하나로 생각할 수 있다. 즉, 6명이 아니라 5명으로 생각하여 원순열을 구하면 $(5-1)!$, 또한 A와 B가 순서를 바꿔서 앉는 경우의 수를 고려해야 하므로 $2!$
따라서 A와 B가 이웃하여 앉는 경우의 수는
$(5-1)!\times 2!=24\times 2=48$

③ A와 B가 이웃하지 않고 앉는 경우의 수는 ①에서 구한 값에서 A와 B가 이웃하게 앉는 ②의 경우를 빼야 하므로
$(6-1)!-(5-1)!\times 2=120-48=72$

상세풀이 2

① A와 B가 이웃하지 않는 경우는 나머지 사람들을 먼저 앉게 한 후, 그 사이사이 자리 중에서 선택하여 앉게 하는 것과 같다. 따라서 A와 B를 제외한 4명을 먼저 원순열을 적용하여 계산하면
$(4-1)!=6$

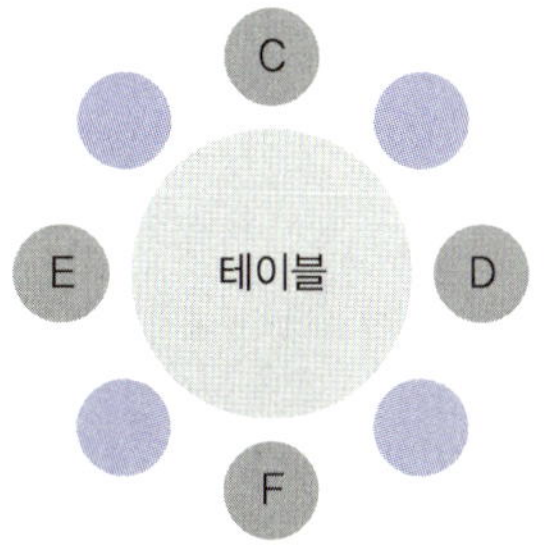

② 위와 같이 A와 B를 제외한 나머지 인원이 앉아 있고 색칠된 부분이 사이 자리라고 하면, 사이 자리 중에 선택하여 A와 B를 앉히면 된다.
그러면 A의 경우 선택할 수 있는 자리의 수가 4개이고, 그다음에 B가 선택할 수 있는 자리의 수는 3개가 되므로 A와 B가 앉는 경우의 수는
$4\times 3=12$
(이때 4명이 먼저 앉아있는 상태로, 회전한다 해도 동일하지 않기 때문에 A와 B가 앉는 경우를 따질 때는 그냥 순열처럼 생각하면 된다.)

③ 따라서 최종적으로 4명을 앉히고 A와 B가 이웃하지 않게 앉는 경우의 수는
$(4-1)!\times 12=6\times 12=72$가 된다.

합격자의 시간단축 Tip

원순열을 잘 모르겠다면?

원형 테이블에 사람을 앉히는 것은 그냥 순서대로 사람을 세우는 순열과는 약간 다르다. 왜냐하면 회전하게 되었을 때 같은 경우가 발생하기 때문이다. 따라서 n명이 원형 테이블에 앉는 경우의 수는 n명을 순서대로 세운 후, 회전하여 같아지는 개수인 n으로 나눠주어야 하므로

$$\frac{n!}{n}=(n-1)!$$

다음과 같이 다르게 생각하여 원순열 공식을 유도할 수도 있다. 텅 빈 테이블은 기준이 없기 때문에 회전함에 따라 동일한 경우가 발생한다. 따라서 기준이 될 1명을 먼저 앉혀준다. 이때 이 사람이 앉는 경우의 수는 1이 된다. 왜냐하면 그 사람이 어디에 앉든 회전하면 똑같기 때문이다.
이 1명을 앉히고 나면 그 이후부터는 이 사람이 기준이 되어 회전해도 같지 않기 때문에 일반적인 순열처럼 적용하면 된다. 즉, 1명을 제외한 나머지에게만 순열을 적용하는 것과 같으므로 $(n-1)!$로 원순열 공식을 구할 수 있다.

07 정답 ③ 난이도 ●○○

응용계산 – 방정식 문제

간단풀이 1

(볼펜의 개수)$=x$
(지우개의 개수)$=200-x$
$1,000x\times 0.2+500(200-x)\times 0.3=37,500$
$\rightarrow 200x+150(200-x)=37,500$
$\rightarrow 50x=7,500 \quad \therefore x=150$

간단풀이 2

(볼펜의 개수)$=a$
(지우개의 개수)$=b$
(볼펜의 정가)$=1,000\times 1.2=1,200$(원)
(지우개의 정가)$=500\times 1.3=650$(원)

$(1,200a+650b)-(1,000a+500b)=37,500$(원)

$\begin{cases} a+b=200 \\ 200a+150b=37,500 \end{cases}$

$\rightarrow \begin{cases} 3a+3b=600 \\ 4a+3b=750 \end{cases}$

$\therefore a=150,\ b=50$

상세풀이 1

① 볼펜의 개수를 x, 지우개의 개수를 $(200-x)$라 두면 볼펜은 원가의 20%가 이익이므로 볼펜 x개를 팔았을 때 그 이익은 $(1,000x\times0.2)$원이고, 지우개는 원가의 30%가 이익이므로 지우개 $(200-x)$를 팔았을 때의 이익은 $500(200-x)\times0.3$원이다.

② 모두 판매한 후 37,500원의 이익이 생긴다고 하였으므로 이를 식으로 세우면 다음과 같다.

$1,000x\times0.2+500(200-x)\times0.3=37,500$

$\rightarrow 200x+150(200-x)=37,500$

$\rightarrow 50x+3,000=37,500$

$\rightarrow 50x=7,500 \quad \therefore x=150$

따라서 철수가 구입한 볼펜의 개수는 150개이다.

상세풀이 2

(정가)−(원가)=(이익)임을 이용하여 문제를 풀 수 있다.

① 볼펜의 개수를 a, 지우개의 개수를 b라 두면

$a+b=200$ …… ㉠

② 볼펜은 원가의 20%, 지우개는 원가의 30% 이익을 붙여 정가를 정하였으므로

(볼펜의 정가)$=1,000\times1.2=1,200$(원)

(지우개의 정가)$=500\times1.3=650$(원)

③ 모두 판매한 후 37,500원의 이익이 생긴다고 하였으므로 (정가)−(원가)=(이익)에서

$(1,200a+650b)-(1,000a+500b)=37,500$

이를 간단히 하면

$4a+3b=750$ …… ㉡

④ ㉠, ㉡을 연립하여 풀면

$\begin{cases} a+b=200 \\ 4a+3b=750 \end{cases}$

$\rightarrow \begin{cases} 3a+3b=600 \\ 4a+3b=750 \end{cases}$

$\therefore a=150$

따라서 철수가 구입한 볼펜의 개수는 150개이다.

08 정답 ④ 난이도 ●●●

응용계산 – 방정식 문제

간단풀이 1

(작년 동아리에 가입한 남성의 수)$=x$

(작년 동아리에 가입한 여성의 수)$=y$

$\begin{cases} x+y=90 \\ 0.95x+1.1y=93 \end{cases}$

두 식을 연립하여 풀면

$\begin{cases} 1.1x+1.1y=99 \\ 0.95x+1.1y=93 \end{cases}$

$0.15x=6 \quad \therefore x=40$

$40+y=90 \quad \therefore y=50$

따라서 올해 동아리에 가입한 여성의 수는

$1.1y=1.1\times50=55$(명)이다.

간단풀이 2

(작년 동아리에 가입한 남성의 수)$=x$

(작년 동아리에 가입한 여성의 수)$=y$

$\begin{cases} x+y=90 \\ -0.05x+0.1y=3 \end{cases}$

두 식을 연립하여 풀면

$\begin{cases} 5x+5y=450 \\ -5x+10y=300 \end{cases}$

$15y=750 \quad \therefore y=50$

따라서 올해 동아리에 가입한 여성의 수는

$1.1y=1.1\times50=55$(명)이다.

상세풀이 1

① 작년 동아리에 가입한 남성의 수와 여성의 수를 각각 x와 y로 두면 작년 동아리에 가입한 회원 수가 90명이므로

$x+y=90$ …… ㉠

② 올해 동아리에 가입한 남성의 수는 5% 감소하였으므로 올해 신규 남성 동아리원 수는 $0.95x$, 올해 동아리에 가입한 여성의 수는 작년보다 10% 증가하였으므로 올해 신규 여성 동아리원 수는 $1.1y$이다. 이때, 올해 전체 가입 회원 수가 작년보다 3명 더 증가하였다고 하였으므로

$0.95x+1.1y=93$ …… ㉡

③ ㉠, ㉡을 연립하여 풀면

$\begin{cases} x+y=90 \\ 0.95x+1.1y=93 \end{cases}$

$\rightarrow \begin{cases} 1.1x+1.1y=99 \\ 0.95x+1.1y=93 \end{cases}$

$0.15x=6 \quad \therefore x=40$

$40+y=90 \quad \therefore y=50$

⑤ 구하는 것은 올해 가입한 여성의 수이므로
$1.1y=1.1\times50=55$(명)

상세풀이 2

전체 값을 기준으로 식을 세울 수도 있지만, 변화량을 기준으로 식을 세울 수도 있다.

① 작년 동아리에 가입한 남성의 수와 여성의 수를 각각 x와 y로 두면
$x+y=90$ …… ㉠

② 올해 동아리에 가입한 남성의 수는 5% 감소하였으므로 올해 감소한 신규 남성 동아리원 수는 $0.05x$이고, 올해 동아리에 가입한 여성의 수는 작년보다 10% 증가하였으므로 올해 증가한 신규 여성 동아리원 수는 $0.1y$이다. 올해 전체 가입 회원 수가 작년보다 3명 더 증가하였으므로
$-0.05x+0.1y=3$ …… ㉡

③ ㉠, ㉡을 연립하여 풀면
$$\begin{cases}x+y=90\\-0.05x+0.1y=3\end{cases}$$
$$\rightarrow \begin{cases}5x+5y=450\\-5x+10y=300\end{cases}$$
$\rightarrow 15y=750 \quad \therefore y=50$

④ 따라서 올해 가입한 여성의 수는
$1.1y=1.1\times50=55$(명)

09 정답 ③ 난이도 ●○○

응용계산 – 경우의 수 · 확률 문제

간단풀이

$$\frac{{}_1C_1\times{}_7C_1\times{}_4C_1}{{}_{12}C_3}=\frac{28}{220}=\frac{7}{55}$$

상세풀이 1

① 먼저 가능한 모든 경우의 수는 신입사원 12명 중 3명을 임의로 선택하는 경우의 수이므로
$${}_{12}C_3=\frac{12\times11\times10}{3\times2}=220$$

② 신입사원들이 좋아하는 음식이 3가지인데 3명이 좋아하는 음식이 모두 달라야 하므로, 각 음식을 좋아하는 사람 중에서 1명씩 뽑는 것과 같다.
즉, 피자를 좋아하는 1명 중 1명, 라면을 좋아하는 7명 중 1명, 치킨을 좋아하는 4명 중 1명을 뽑는 경우의 수는
${}_1C_1\times{}_7C_1\times{}_4C_1=1\times7\times4=28$

③ 따라서 구하는 확률은
$$\frac{{}_1C_1\times{}_7C_1\times{}_4C_1}{{}_{12}C_3}=\frac{28}{220}=\frac{7}{55}$$

상세풀이 2

- (피자를 좋아하는 사람 1명을 뽑을 확률) $=\frac{1}{12}$
- (남은 사람 중에서 라면을 좋아하는 사람 1명을 뽑을 확률) $=\frac{7}{11}$
- (마지막으로 남은 사람 중에서 치킨을 좋아하는 사람 1명을 뽑을 확률) $=\frac{4}{10}$

위 세 가지 사건이 모두 일어나야 하므로 곱셈 정리를 이용하면
$$\frac{1}{12}\times\frac{7}{11}\times\frac{4}{10}$$
이러한 사건이 피자, 라면, 치킨을 배열하는 경우의 수만큼 존재하므로 이를 곱해주면
$$\frac{1}{12}\times\frac{7}{11}\times\frac{4}{10}\times3=\frac{7}{55}$$

합격자의 시간단축 Tip

위와 같은 확률 문제는 두 가지 방법으로 풀 수 있다. 첫 번째는 상세풀이 1처럼 확률의 정의를 이용하여 푸는 방법이다.

$$(\text{어떤 사건이 일어날 확률})=\frac{(\text{어떤 사건이 일어나는 경우의 수})}{(\text{가능한 모든 경우의 수})}$$

두 번째는 상세풀이 2처럼 각 시행을 확률로 계산한 뒤 모든 시행이 동시에 일어나야 하므로 곱셈 정리를 이용하려 푸는 방법이다.
신입사원들이 좋아하는 음식은 피자, 라면, 치킨이 전부이고 그 비율이 1:7:4라고 했으므로, 비례배분을 통해서 각 음식을 좋아하는 신입사원의 수를 구할 수 있다.

- (피자) $=12\times\frac{1}{1+7+4}=1$(명)
- (라면) $=12\times\frac{7}{1+7+4}=7$(명)
- (치킨) $=12\times\frac{4}{1+7+4}=4$(명)

10 정답 ③ 난이도 ●○○

응용계산 – 경우의 수 · 확률 문제

간단풀이

1−(노란 사탕 2개를 꺼낼 확률)=

$$1-\frac{{}_5C_2}{{}_{10}C_2}=1-\frac{10}{45}=1-\frac{2}{9}=\frac{7}{9}$$

상세풀이

① 노란 사탕 5개와 파란 사탕 5개 중에서 2개를 뽑을 때, 적어도 1개는 파란 사탕을 꺼낼 확률은 전체 확률에서 노란 사탕만 2개를 꺼낼 확률을 빼면 구할 수 있다.
(적어도 1개는 파란 사탕을 꺼낼 확률)=1−(모두 노란 사탕을 꺼낼 확률)

② 총 10개의 사탕 중 2개를 뽑는 전체의 경우에서 노란 사탕 5개 중 2개를 뽑는 경우에 대한 확률, 즉, 노란 사탕만 2개를 꺼낼 확률을 구하면 다음과 같다.

$$\frac{(\text{노란 사탕 5개 중 2개를 뽑는 경우의 수})}{(\text{10개의 사탕 중 2개를 뽑는 전체 경우의 수})}$$

$$=\frac{{}_5C_2}{{}_{10}C_2}=\frac{5\times4}{10\times9}=\frac{2}{9}$$

③ 따라서 적어도 1개의 파란 사탕을 꺼낼 확률은

$$1-\frac{{}_5C_2}{{}_{10}C_2}=1-\frac{2}{9}=\frac{7}{9}$$

11 정답 ③ 난이도 ●○○

응용계산 – 방정식 문제

간단풀이 1

(어제 어린이 방문자 수)=x
(어제 성인 방문자 수)=y

$$\begin{cases}x+y=75\\0.85x+1.2y=76\end{cases}$$

$$\rightarrow\begin{cases}1.2x+1.2y=90\\0.85x+1.2y=76\end{cases}$$

$\rightarrow 0.35x=14 \quad \therefore x=40$

$\rightarrow 40+y=75 \quad \therefore y=35$

∴ (어제 어린이 방문자 수) : (어제 성인 방문자 수)= 40:35=8:7

간단풀이 2

$$\begin{cases}x+y=75\\-0.15x+0.2y=1\end{cases}$$

$$\rightarrow\begin{cases}0.2x+0.2y=15\\-0.15x+0.2y=1\end{cases}$$

$\rightarrow 0.35x=14 \quad \therefore x=40$

$\rightarrow 40+y=75 \quad \therefore y=35$

∴ (어제 어린이 방문자 수):(어제 성인 방문자 수) = 40:35=8:7

상세풀이 1

구하고자 하는 것은 어린이 방문자 수와 성인 방문자 수의 비이므로 각각 미지수 x와 y로 두고 문제에 주어진 조건대로 방정식을 세워 연립하여 풀 수 있다. 이때, 문제에서 주어진 방문자의 증가와 감소를 식으로 올바르게 표현해야 한다.

① 어제 어린이 방문자 수를 x, 성인 방문자 수를 y라 하면 어제 전체 방문자 수가 75명이므로
$x+y=75$ …… ㉠

② 오늘 어린이 방문자 수는 어제보다 15% 감소하였으므로 오늘 어린이 방문자 수는 $0.85x$이고, 어른 방문자 수는 어제보다 20% 증가하였으므로 오늘 어른 방문자 수는 $1.2y$이다. 오늘 전체 방문자 수가 어제보다 1명 더 증가하였다고 하였으므로
$0.85x+1.2y=76$ …… ㉡

③ ㉠, ㉡을 연립하여 풀면

$$\begin{cases}x+y=75\\0.85x+1.2y=76\end{cases}$$

$$\rightarrow\begin{cases}1.2x+1.2y=90\\0.85x+1.2y=76\end{cases}$$

$\rightarrow 0.35x=14 \quad \therefore x=40$

이것을 첫 번째 식에 대입하여 풀면
$40+y=75 \quad \therefore y=35$
따라서 어제 놀이공원을 방문한 어린이의 수는 40명이며 어른의 수는 35명이다.

④ 구하는 것은 어린이 방문자 수와 성인 방문자 수의 비이므로 40:35=8:7

상세풀이 2

문제에서 전체 방문자 수가 1명 증가했다고 하였으므로 변화량을 기준으로 식을 세우면 더 간단하다.

① 어제 전체 방문자 수가 75명이므로
$x+y=75$ …… ㉢

② 오늘 어린이 방문자 수는 어제보다 15% 감소하였으므로 오늘 감소한 어린이 방문자 수는 $0.15x$이고, 어른 방문자 수는 어제보다 20% 증가하였으므로 오늘 증가한 어른 방문자 수는 $0.2y$이다. 오늘 전체 방문자 수가 어제보다 1명 더 증가하였다고 하였으므로

$-0.15x+0.2y=1$ …… ㉣

③ ㉢, ㉣을 연립하여 풀면

$$\begin{cases} x+y=75 \\ -0.15x+0.2y=1 \end{cases}$$

$$\rightarrow \begin{cases} 0.2x+0.2y=15 \\ -0.15x+0.2y=1 \end{cases}$$

$\rightarrow 0.35x=14 \quad \therefore x=40$

이것을 첫 번째 식에 대입하여 풀면

$40+y=75 \quad \therefore y=35$

④ 구하는 것은 어린이 방문자 수와 성인 방문자 수의 비이므로 40:35=8:7

12 정답 ②

난이도 ●●●

응용계산 – 경우의 수 · 확률 문제

간단풀이

구분	도보	자전거
샌드위치	200명	50명
음료수	600명	150명

- A=(임의로 선택한 1명이 샌드위치를 사서 출근한 직원인 사건)
- B=(임의로 선택한 1명이 자전거를 이용하여 출근한 직원인 사건)
- P(A)=(샌드위치를 사서 출근한 직원일 확률)

  $=\frac{250}{1{,}000}=\frac{1}{4}$
- P(A∩B)=(샌드위치를 사서 출근한 직원이면서 자전거를 이용하여 출근한 직원일 확률)

  $=\frac{50}{1{,}000}=\frac{1}{20}$
- P(B|A)=(샌드위치를 사서 출근한 직원일 때, 이 직원이 자전거를 이용하여 출근했을 확률)

  $=\frac{P(A\cap B)}{P(A)}=\frac{1/20}{1/4}=\frac{4}{20}=\frac{1}{5}$

상세풀이

① 임의로 선택한 1명이 샌드위치를 사서 출근한 직원인 사건을 A, 임의로 선택한 1명이 자전거를 이용하여 출근한 직원인 사건을 B라고 하면, 임의로 선택한 1명이 샌드위치를 사서 출근했을 때, 이 직원이 자전거를 이용하여 출근했을 확률은 P(B|A)이다.
P(B|A)=(샌드위치를 사서 출근한 직원이면서 자전거를 이용하여 출근한 직원일 확률)/(샌드위치를 사서 출근한 직원일 확률)$=\frac{P(A\cap B)}{P(A)}$

② 먼저 문제에 주어진 조건에 따라 표를 그리면 다음과 같다.

구분	도보	자전거
샌드위치	200명	50명
음료수	600명	150명

③ 이에 따라 P(A)와 P(A∩B)를 각각 구하면
P(A)=(샌드위치를 사서 출근한 직원일 확률)

$=\frac{250}{1{,}000}=\frac{1}{4}$

P(A∩B)=(샌드위치를 사서 출근한 직원이면서 자전거를 이용하여 출근한 직원일 확률)

$=\frac{50}{1{,}000}=\frac{1}{20}$

P(B|A)=(샌드위치를 사서 출근한 직원일 때, 이 직원이 자전거를 이용하여 출근했을 확률)

$=\frac{P(A\cap B)}{P(A)}=\frac{1/20}{1/4}=\frac{4}{20}=\frac{1}{5}$

합격자의 시간단축 Tip

이 문제에서 알아야 할 핵심 개념은 **'조건부확률'**이다.
이때 주의할 점은 사건 A가 일어날 확률은 0보다 커야 한다는 점이다.
사건 A가 일어났을 때의 사건 B의 조건부확률을 계산하는 방법은 아래의 식과 같다.

$P(B|A)=\frac{P(A\cap B)}{P(A)}$ (단, $P(A)>0$)

13 정답 ②

난이도 ●●●

응용계산 – 방정식 문제

간단풀이

(작년 지하철 이용자 수)$=x$
(작년 버스 이용자 수)$=2{,}000-x$

$0.9 \times (2,000-x)+1.4x=2,500$
$\rightarrow 1,800+0.5x=2,500$
$\rightarrow 0.5x=700 \quad \therefore x=1,400$(명)

상세풀이

① 작년 지하철 이용자 수를 x라 하면 작년 전체 이용자 수는 2,000명이므로 작년 버스 이용자 수는 $2,000-x$이다.

② 올해 버스 이용자 수는 작년에 비해 10% 감소했으므로 올해 버스 이용자 수는 $0.9(2,000-x)$이고, 지하철 이용자 수는 작년에 비해 40% 증가했으므로 올해 지하철 이용자 수는 $1.4x$이다. 올해 전체 이용자는 작년에 비해 500명 증가하였으므로 올해 전체 이용자 수는 2,000+500=2,500(명)이다.
$0.9(2,000-x)+1.4x=2,500$

③ 위의 식을 풀어 x를 구하면
$0.9 \times (2,000-x)+1.4x=2,500$
$\rightarrow 1,800+0.5x=2,500$
$\rightarrow 0.5x=700 \quad \therefore x=1,400$
따라서 작년 지하철 이용자 수는 1,400명이다.

합격자의 시간단축 Tip

변화량을 기준으로 다음과 같이 식을 세워 풀 수도 있다.
$-0.1 \times (2,000-x)+0.4x=500$
$\rightarrow -200+0.5x=500$
$\rightarrow 0.5x=700 \quad \therefore x=1,400$

14 정답 ⑤ 난이도 ●●●

응용계산 – 경우의 수 · 확률 문제

간단풀이

주머니의 10개의 구슬 중 4개의 구슬을 꺼낼 때의 경우의 수는

$${}_{10}C_4=\frac{10\times9\times8\times7}{4\times3\times2}=\frac{5,040}{24}=210$$

임의의 4개의 구슬을 모두 색깔이 다르게 뽑는 경우의 수는

$${}_4C_1\times{}_2C_1\times{}_2C_1\times{}_2C_1=4\times2\times2\times2=32$$

따라서 임의로 4개의 구슬을 꺼낼 때, 구슬의 색깔이 모두 다를 확률은 $\frac{32}{210}=\frac{16}{105}$

상세풀이

① 주머니에서 임의의 구슬 4개를 꺼낼 때의 경우의 수는

$${}_{10}C_4=\frac{10\times9\times8\times7}{4\times3\times2}=\frac{5,040}{24}=210$$

② 주머니에서 뽑은 4개의 구슬 색깔이 모두 다르기 위해서는 구슬을 색깔별로 1개씩만 뽑아야 한다. 각 색깔별로 1개씩 구슬을 뽑는 경우의 수를 구해보면 흰 구슬 4개 중 1개를 뽑는 경우의 수는 ${}_4C_1=4$(가지), 노란 구슬 2개 중 1개를 뽑는 경우의 수는 ${}_2C_1=2$(가지)이며, 빨간 구슬과 파란 구슬도 2개 중 1개를 뽑으므로 각각 ${}_2C_1=2$(가지)이다.

③ 현재 색깔별로 구슬을 뽑는 사건의 수를 구하였으며 각 사건은 다른 색깔의 사건에 영향을 주지 않고 독립적이다. 따라서 색깔별로 구슬이 뽑히는 사건의 수를 모두 곱하면 4개의 구슬이 서로 다른 색깔을 가지도록 뽑는 사건의 수가 된다. 즉, 주머니에서 뽑은 임의의 4개의 구슬이 모두 다른 색깔을 가질 사건의 발생 수는
${}_4C_1\times{}_2C_1\times{}_2C_1\times{}_2C_1=4\times2\times2\times2=32$

④ 따라서 임의로 4개의 구슬을 꺼낼 때, 구슬의 색깔이 모두 다를 확률은

$$\frac{{}_4C_1\times{}_2C_1\times{}_2C_1\times{}_2C_1}{{}_{10}C_4}=\frac{32}{210}=\frac{16}{105}$$

15 정답 ③ 난이도 ●●●

응용계산 – 방정식 문제

간단풀이

영미가 혼자 청소를 완료하는 데 걸리는 시간을 x라 하면

(철수가 청소를 하는 속도)$=\frac{1}{3}$

(영미가 청소를 하는 속도)$=\frac{1}{x}$

$$\left(\frac{1}{3}+\frac{1}{x}\right)\times1+\frac{1}{3}\times\frac{1}{2}=1$$

$$\rightarrow \frac{1}{3}+\frac{1}{x}+\frac{1}{6}=1$$

$$\rightarrow \frac{1}{x}=\frac{1}{2} \quad \therefore x=2$$

따라서 영미 혼자 청소를 완료하는 데 걸리는 시간은 2시간이다.

상세풀이

① 청소를 완료하는 전체 작업량을 1로 두면 철수가 혼자 청소를 완료하는 데 걸리는 시간은 3시간이므로
(철수가 청소를 하는 속도)×3=1
∴ (철수가 청소를 하는 속도) $=\frac{1}{3}$
또한, 영미가 혼자 청소를 완료하는 데 걸리는 시간을 x라 하면 (영미가 청소를 하는 속도)$\times x=1$이므로
∴ (영미가 청소를 하는 속도) $=\frac{1}{x}$

② 철수와 영미가 함께 1시간 동안 일을 했으므로 각각의 일률을 고려하여 시간을 곱해준다.
먼저 둘이 함께 1시간을 일했을 때 작업량은
$\left(\frac{1}{3}+\frac{1}{x}\right)\times 1$
이때, 영미가 쉬고 철수가 혼자 30분, 즉 $\frac{1}{2}$시간 일을 하였으므로 철수가 혼자 일한 작업량은
$\frac{1}{3}\times\frac{1}{2}$

③ 둘이 함께 1시간 청소하다가 이후 철수 혼자 30분 더 청소하여 청소가 완료되었다고 하였으므로 ②에서 구한 각 작업량을 더했을 때 전체 작업량인 1이 됨을 이용하여 식을 세우면
$\left(\frac{1}{3}+\frac{1}{x}\right)\times 1+\frac{1}{3}\times\frac{1}{2}=1$

④ 위의 식을 풀면
$\frac{1}{3}+\frac{1}{x}+\frac{1}{6}=1$
$\rightarrow \frac{1}{x}=\frac{1}{2} \quad \therefore x=2$
따라서 영미 혼자 청소를 완료하는 데 걸리는 시간은 2시간이다.

합격자의 시간단축 Tip

[일률]
일률이란 '단위 기간 동안 처리할 수 있는 작업량'을 의미한다.
전체 작업량을 1로 놓고 분, 시간 등의 단위 기간 동안 한 일의 양을 기준으로 식을 세우면
(일률(또는 작업 속도))×(작업 시간)=1이다.
즉, 이 문제에서 청소를 완료하는 전체 작업량을 1로 놓고 식을 세우면
(사람이 청소를 하는 속도)×(청소를 완료하는 데 걸린 시간)=1
이다.

16 정답 ③ 난이도 ●○○

응용계산 – 방정식 문제

간단풀이

(붕어빵과 호떡 모두 구매한 인원) $=x$
(둘 다 구매하지 않은 인원) $=2x$
(붕어빵만 구매한 인원) $=44-x$
(호떡만 구매한 인원) $=47-x$
$100=2x+x+(44-x)+(47-x)$
$\rightarrow 100=x+91 \quad \therefore x=9$
∴ (붕어빵만 구매한 사람) $=44-9=35$

상세풀이

이 문제는 둘 다 구매하지 않은 인원과 모두 구매한 인원을 미지수로 설정한 뒤 벤 다이어그램의 영역에 인원수를 표시하면 이해하기 쉽다.

① 붕어빵과 호떡 모두 구매한 인원을 미지수 x로 설정한다. 문제에서 둘 다 구매하지 않은 인원은 모두 구매한 인원의 2배라고 했으므로, 둘 다 구매하지 않은 인원수는 $2x$이다.

② 붕어빵만 구매한 사람은 $44-x$, 호떡만 구매한 사람은 $47-x$이며, 이를 벤 다이어그램으로 나타내면 다음과 같다.

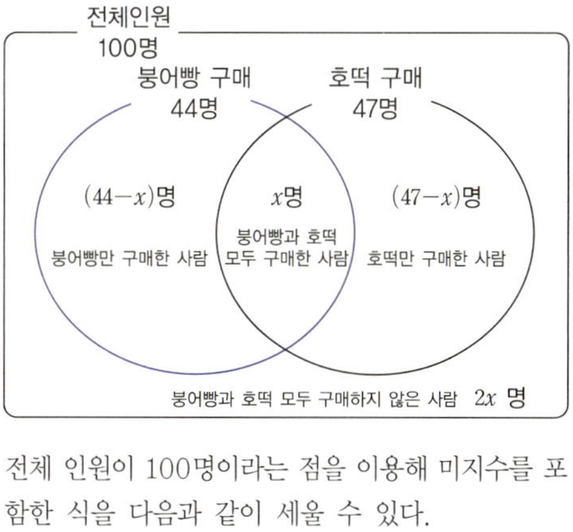

③ 전체 인원이 100명이라는 점을 이용해 미지수를 포함한 식을 다음과 같이 세울 수 있다.
(전체 인원)=(둘 다 구매하지 않은 인원)+(붕어빵과 호떡 모두 구매한 인원)+(붕어빵만 구매한 인원)+(호떡만 구매한 인원)
$100=2x+x+(44-x)+(47-x)$
$\rightarrow 100=x+91 \quad \therefore x=9$

④ (붕어빵만 구매한 인원)=44−x이므로 x=9를 대입하면
44−9=35

합격자의 시간단축 Tip

③에서 식을 세울 때, 꼭 전체 인원 100명에 대한 식을 세울 필요는 없으며, 붕어빵과 호떡 둘 중 하나라도 구매한 사람 수에 대해 식을 세울 수도 있다.
벤 다이어그램의 그림을 참고하면 붕어빵과 호떡 둘 중의 하나라도 구매한 사람 수는 $(44-x)+(47-x)+x=91-x$로 나타낼 수 있다. 또한, 붕어빵과 호떡 둘 중에 하나라도 구매한 사람 수는 전체 100명에서 둘 다 구매하지 않은 사람 수를 뺀 것과 같으므로 $100-2x$로 나타낼 수 있다.
두 식은 서로 같은 값을 가지므로 $91-x=100-2x$이고, 이 식을 정리하면 x=9라는 것을 알 수 있다.

17 정답 ③ 난이도 ●○○

응용계산 – 방정식 문제

간단풀이

$$\frac{120+x}{80}\times\frac{15}{10}=\frac{80+x}{40}$$
$$\rightarrow \frac{3(120+x)}{160}=\frac{80+x}{40}$$
$$\rightarrow 360+3x=320+4x \quad \therefore x=40$$
$$y=\frac{80+40}{40}=3 \quad \therefore y=3$$
$$\therefore x-y=40-3=37$$

상세풀이

① 기차가 다리 또는 터널을 완전히 통과하는 문제에서는 '(전체 거리)=(다리 또는 터널)+(열차의 길이)'임을 이용한다.

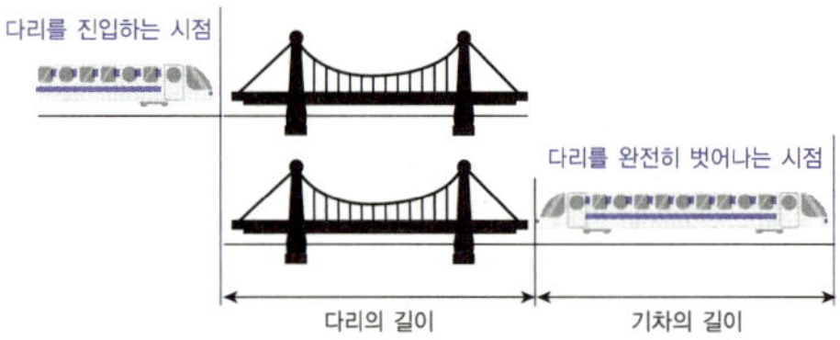

② 기차 A가 길이가 xm인 다리를 완전히 통과하는 데까지의 총 이동거리는 $x+120$m이고, 걸린 시간은 80초(=1분 20초)이다. $(속력)=\frac{(거리)}{(시간)}$를 이용하여 기차 A의 속력을 구하면

$$(기차\ A의\ 속력)=\frac{x+120}{80}(m/s)$$

③ 기차 B의 경우 총 이동거리는 $x+80$m이고 걸린 시간이 40초이므로 기차 B의 속력을 구하면

$$(기차\ B의\ 속력)=y=\frac{x+80}{40}(m/s)$$

④ 기차 B의 속력은 A의 속력의 1.5배이므로

$$(기차\ A의\ 속력)\times\frac{3}{2}=(기차\ B의\ 속력)$$
$$\frac{120+x}{80}\times\frac{3}{2}=\frac{x+80}{40}$$

양변에 분모의 최소공배수인 160을 곱하면
$3(x+120)=4(x+80)$
$\rightarrow 3x+360=4x+320 \quad \therefore x=40$
따라서 다리의 길이는 40m이다.

⑤ y는 기차 B의 속력이므로

$$(기차\ B의\ 속력)=y=\frac{x+80}{40}=\frac{120}{40}=3(m/s)$$
$$\therefore x-y=40-3=37$$

18 정답 ② 난이도 ●○○

응용계산 – 경우의 수 · 확률 문제

간단풀이

서로 다른 10개의 피규어를 4개의 포장박스에 담는 경우는 (3, 3, 3, 1) 또는 (3, 3, 2, 2)가 있다.
(1) (3, 3, 3, 1)인 경우

$${}_{10}C_3\times{}_7C_3\times{}_4C_3\times\frac{1}{3!}$$
$$=\frac{10\times9\times8}{3!}\times\frac{7\times6\times5}{3!}\times\frac{4\times3\times2}{3!}\times\frac{1}{3!}$$
$$=2,800(가지)$$

(2) (3, 3, 2, 2)인 경우

$${}_{10}C_3\times{}_7C_3\times{}_4C_2\times\frac{1}{2!\times2!}$$
$$=\frac{10\times9\times8}{3!}\times\frac{7\times6\times5}{3!}\times\frac{4\times3}{2}\times\frac{1}{2!\times2!}$$
$$=6,300(가지)$$

∴ 보관할 수 있는 총 방법의 수는
2,800+6,300=9,100(가지)이다.

상세풀이

① 분할을 이용하기 위해 먼저 서로 같은 10개의 피규어를 총 4개의 포장박스에 담을 수 있는 경우의 수를 생각한다.

각 포장박스에는 최대 3개까지 담을 수 있으므로

(1) 10개를 각 박스에 최대 개수인 3개씩 담기 시작하여 세 박스를 모두 채우고 남은 1개를 남은 한 박스에 담는 경우인 (3, 3, 3, 1)

(2) 10개를 두 박스에는 최대 개수인 3개씩 담고 남은 두 박스에는 2개씩 나눠 담는 경우인 (3, 3, 2, 2)

두 가지 경우가 존재한다.

② 문제에서는 서로 다른 10개의 피규어라고 하였으므로 (3, 3, 3, 1) 또는 (3, 3, 2, 2)로 나누는 경우는 조합을 사용하여 구한다.

(1) (3, 3, 3, 1): 10개에서 3개를 뽑고, 나머지 7개에서 3개를 뽑고, 남은 4개에서 3개를 뽑으면 남은 1개는 자동으로 분류된다.

$({}_1C_1=1)$ ➜ ${}_{10}C_3\times{}_7C_3\times{}_4C_3$

(2) (3, 3, 2, 2): 10개에서 3개를 뽑고, 나머지 7개에서 3개를 뽑고, 남은 4개에서 2개를 뽑으면 남은 2개는 자동으로 분류된다.

$({}_2C_2=1)$ ➜ ${}_{10}C_3\times{}_7C_3\times{}_4C_2$

③ 4개의 포장박스가 동일한 박스임을 고려하여야 한다. 따라서 ②에서 구했던 경우의 수에서 중복되는 경우의 수만큼 나누어 준다.

(1) (3, 3, 3, 1)인 경우, 피규어를 3개씩 넣은 세 박스에서 중복이 일어나므로 3!로 나누어야 한다.

$${}_{10}C_3\times{}_7C_3\times{}_4C_3\times\frac{1}{3!}$$
$$=\frac{10\times9\times8}{3!}\times\frac{7\times6\times5}{3!}\times\frac{4\times3\times2}{3!}\times\frac{1}{3!}$$
$$=2,800(\text{가지})$$

(2) (3, 3, 2, 2)의 경우, 피규어를 3개씩 넣은 두 박스와 2개씩 넣은 두 박스에서 각각 중복이 일어나므로 2!×2!로 나누어야 한다.

$${}_{10}C_3\times{}_7C_3\times{}_4C_2\times\frac{1}{2!\times2!}$$
$$=\frac{10\times9\times8}{3!}\times\frac{7\times6\times5}{3!}\times\frac{4\times3}{2}\times\frac{1}{2!\times2!}$$
$$=6,300(\text{가지})$$

따라서 보관할 수 있는 총 방법의 수는 2,800+6,300=9,100(가지)이다.

합격자의 시간단축 Tip

이 문제는 순서를 나누어 푸는 것이 좋다.

(1) 서로 같은 피규어라 가정하고 쪼갤 수 있는 경우의 수를 생각한다.

(2) 서로 다른 피규어임을 고려하여 조합을 사용한다.

(3) 서로 같은 박스임을 고려하여 중복된 경우의 수만큼 나눈다.

19 정답 ②

난이도 ●●●

응용계산 – 방정식 문제

간단풀이

A회사의 재고 물량을 a, B회사의 재고 물량을 b라 하면

$$\begin{cases}a+b=155,000\\0.03a+0.08b=7,650\end{cases}$$
$$\rightarrow\begin{cases}3a+3b=465,000\\3a+8b=765,000\end{cases}$$
$$\rightarrow b=60,000\quad\therefore 0.08b=4,800$$

상세풀이

구하고자 하는 것이 B회사의 전자제품 물량이고 B회사의 전자제품 물량은 B회사 재고 물량의 8%라고 하였으므로 B회사 재고 물량을 미지수로 잡으면 식을 쉽게 세울 수 있다.

① A회사의 재고 물량을 a, B회사의 재고 물량을 b라 하면 두 회사의 전체 재고 물량의 합이 155,000개이므로

$a+b=155,000$ …… ㉠

② 두 회사의 전체 재고 물량 중 전자제품의 비율은 각각 3%, 8%이므로 각 회사의 전자제품 물량은 각각 $0.03a$, $0.08b$이다. 이때, 전자제품의 총 물량이 7,650개라고 하였으므로

$0.03a+0.08b=7,650$ …… ㉡

③ ㉠, ㉡을 연립하여 풀면

$$\begin{cases}a+b=155,000\\0.03a+0.08b=7,650\end{cases}$$
$$\rightarrow\begin{cases}3a+3b=465,000\\3a+8b=765,000\end{cases}$$
$$\rightarrow 5b=300,000\quad\therefore b=60,000$$

즉, B회사의 재고 물량은 60,000개이다.

④ 구하는 것은 B회사의 전자제품 물량이고, 이것은 B회사 재고 물량의 8%이므로

$$0.08b=\frac{8}{100}\times60,000=4,800(\text{개})$$

20 정답 ② 난이도 ●●●

응용계산 - 방정식 문제

간단풀이

$\left(\frac{1}{90}+x\right)\times 60=1 \quad \therefore x=\frac{1}{180}$

$\left(\frac{1}{180}+y\right)\times 72=1 \quad \therefore y=\frac{1}{120}$

$\left(\frac{1}{90}+\frac{1}{180}+\frac{1}{120}\right)\times t=1$

$\rightarrow \frac{1}{40}\times t=1 \quad \therefore t=40$

상세풀이

일률 문제를 풀 때는 전체 일의 양을 1로 가정하고 문제를 해결하는 것이 좋다.

① A직원이 혼자 준비하면 90분이 걸리므로 A직원의 일률은 $\frac{1}{90}$이다. B직원의 일률을 x, C직원의 일률을 y로 두고 문제의 조건에 맞게 방정식을 세운다.

② A, B직원이 함께 준비하면 1시간(=60분)이 걸리므로 다음과 같은 방정식을 세울 수 있다.

$\left(\frac{1}{90}+x\right)\times 60=1$

$\rightarrow \frac{1}{90}+x=\frac{1}{60}$

$\therefore x=\frac{1}{60}-\frac{1}{90}=\frac{1}{180}$

③ B, C직원이 함께 준비하면 72분이 걸리므로 다음과 같은 방정식을 세울 수 있다.

$\left(\frac{1}{180}+y\right)\times 72=1$

$\rightarrow \frac{1}{180}+y=\frac{1}{72}$

$\therefore y=\frac{1}{72}-\frac{1}{180}=\frac{1}{120}$

④ 따라서 A직원의 일률은 $\frac{1}{90}$, B직원의 일률은 $\frac{1}{180}$, C직원의 일률은 $\frac{1}{120}$이다.
A, B, C직원이 모두 함께 대회의실 행사 준비를 할 때 걸리는 시간을 t라고 놓고 방정식을 세우면 다음과 같다.

$\left(\frac{1}{90}+\frac{1}{180}+\frac{1}{120}\right)\times t=1$

$\rightarrow \frac{1}{40}\times t=1 \quad \therefore t=40$

합격자의 시간단축 Tip

계산의 편의를 위해 조금 더 영리하게 접근해 본다. 전체 일의 양을 1로 놓으면, A는 혼자 준비하는 데 90분이 걸리므로

(A의 일률)$=\frac{1}{90}$, (B의 일률)$=x$, (C의 일률)$=y$

A의 일률을 알고 있으므로 B와 C가 함께 작업할 때의 일률만 주목한다. B와 C가 함께 준비하면 72분이 걸리므로

$x+y=\frac{1}{72}$

A, B, C가 모두 함께 준비한다면 일률의 합은

$\frac{1}{90}+x+y=\frac{1}{90}+\frac{1}{72}=\frac{1}{40}$

세 직원의 일률이 $\frac{1}{40}$이므로 함께 준비하는 데 걸리는 시간은 40분이다.

21 정답 ② 난이도 ●●●

응용계산 - 경우의 수 · 확률 문제

간단풀이

$\frac{2\times 4!}{6!}=\frac{2}{6\times 5}=\frac{1}{15}$

상세풀이

① 전체 사건의 경우의 수를 파악하고 이를 분모에, 구하고자 하는 사건의 경우의 수를 분자에 둔다. 따라서 양끝에 A, F가 서게 될 확률은 $\frac{\text{(A, F가 양 끝에 서는 경우의 수)}}{\text{(여섯 사람이 일렬로 줄을 서는 경우의 수)}}$가 된다.

② 여섯 사람이 일렬로 줄을 서는 경우의 수는 $6!=6\times 5\times 4\times 3\times 2\times 1$이다. A와 F가 양끝에 서면, B, C, D, E는 A와 F 사이에 일렬로 서게 된다. A와 F가 양끝에 서는 방법으로는 왼쪽 끝에 A가 서고 오른쪽 끝에 F가 서는 방법과 왼쪽 끝에 F가 서고 오른쪽 끝에 A가 서는 방법이 있다. 즉, A와 F를 배치하는 경우의 수는 2이다. 이를 그림으로 나타내면 다음과 같다.

A □□□□ F

F □□□□ A

③ 4개의 빈칸에는 B, C, D, E가 일렬로 서게 되는데, B, C, D, E를 일렬로 세우는 경우의 수는 $4!=4\times3\times2\times1$이므로 A, F가 양끝에 서도록 6명을 배열하는 경우의 수는
(A, F를 세우는 방법의 수)×(B, C, D, E를 일렬로 나열하는 경우의 수)$=2\times4!$이다.
A □□□□ F → 총 4!(=24)개의 경우의 수
F □□□□ A → 총 4!(=24)개의 경우의 수

④ 그러므로 구하고자 하는 확률은

$$\frac{(\text{A, F가 양 끝에 서는 경우의 수})}{(\text{여섯 사람이 일렬로 줄을 서는 경우의 수})}$$

$$=\frac{2\times4!}{6!}=\frac{2}{6\times5}=\frac{1}{15}$$

22 정답 ④ 난이도 ●○○

응용계산 – 경우의 수 · 확률 문제

간단풀이

$$\frac{3\times2-1}{{}_5P_2-4}=\frac{5}{16}$$

상세풀이

① 숫자 0, 2, 4, 6, 8이 적힌 5장의 카드에서 2장을 뽑아 두 자리 정수를 만드는 모든 경우의 수를 먼저 구해야 한다.
5장의 카드에서 2장을 뽑아 배열하는 경우의 수는 ${}_5P_2$이다. 그런데 0이 적힌 카드가 앞자리에 배열되는 경우 두 자리 정수를 만들 수 없다.
0이 적힌 카드가 앞자리에 배열되는 경우의 수는 모두 4가지이다. 따라서 숫자 0, 2, 4, 6, 8이 적힌 5장의 카드에서 2장을 뽑아 두 자리 정수를 만드는 모든 경우의 수는 ${}_5P_2-4$

② 숫자 0, 2, 4, 6, 8이 적힌 5장의 카드에서 2장을 뽑아 두 자리 정수를 만든다고 할 때 그 수가 3의 배수이기 위해서는 두 카드의 합이 3의 배수여야 한다. 두 카드의 합은 최대 14이므로 3의 배수는 3~12까지 나올 수 있다.
(1) 두 카드의 합이 3을 만족하는 조합은 없다.
(2) 두 카드의 합이 6을 만족하는 조합은 (0, 6)과 (2, 4)이다.
(3) 두 카드의 합이 9를 만족하는 조합은 없다.
(4) 두 카드의 합이 12를 만족하는 조합은 (4, 8)이다.
따라서 3의 배수가 될 수 있는 모든 경우의 수는 $3\times2=6$(가지)이다. 그러나 이때 첫 번째 자리의 카드가 0이라면 두 자리 정수라는 조건이 성립하지 않으므로 첫 번째 카드 자리가 0이면서 3의 배수인 경우를 제외해야 한다.
이러한 경우는 '06' 한 가지이다. 따라서 숫자 0, 2, 4, 6, 8이 적힌 5장의 카드에서 2장을 뽑아 두 자리 정수를 만든다고 할 때 그 수가 3의 배수인 경우의 수는 $3\times2-1=5$(가지)이다.

③ 문제에서 숫자 0, 2, 4, 6, 8이 적힌 5장의 카드에서 2장을 뽑아 두 자리 정수를 만든다고 할 때라고 하였으므로 숫자 0, 2, 4, 6, 8이 적힌 5장의 카드에서 2장을 뽑아 두 자리 정수를 만드는 모든 경우의 수가 분모가 된다.
그리고 그 수가 3의 배수일 확률을 물었으므로 두 자리 정수가 3의 배수인 경우의 수를 분자로 해야 한다. 따라서 식으로 정리하면

$$\frac{3\times2-1}{{}_5P_2-4}=\frac{5}{5\times4-4}=\frac{5}{16}$$

23 정답 ⑤ 난이도 ●○○

응용계산 – 방정식 문제

간단풀이

$$(400-x)\times\frac{8}{100}+120\times\frac{2}{100}=520\times\frac{6}{100}$$

$\rightarrow 8(400-x)+240=3{,}120$
$\rightarrow 3{,}440-8x=3{,}120$
$\rightarrow 8x=320 \quad \therefore x=40$

상세풀이

문제에서 주어진 단계는 다음과 같다.
(1) 8% 농도의 소금물 400g에서 8% 농도의 소금물 xg을 퍼낸다.
(2) 순수한 물 xg을 붓는다.
(3) 2% 농도의 소금물 yg을 섞는다.
(4) 결과적으로 6%의 소금물 520g이 만들어진다.

각 단계에 녹아있는 소금의 양을 하나씩 구하여 문제를 해결한다.

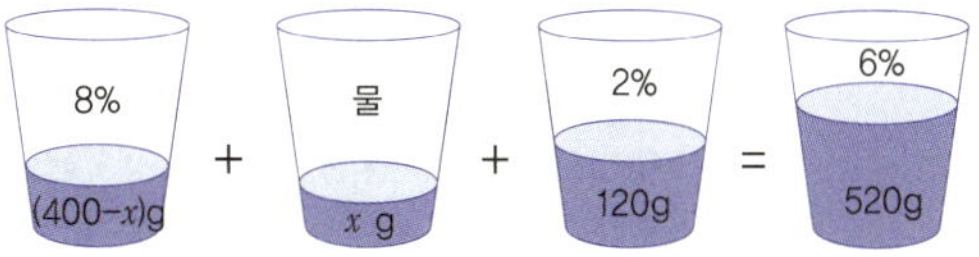

① 8%의 소금물 400g에서 xg을 퍼내고 남은 소금물 $(400-x)$g도 농도는 8%이다. 따라서 xg을 퍼내고 남은 8%의 소금물 $(400-x)$g에 녹아있는 소금의 양은

$$(400-x)\times\frac{8}{100}$$

그 후에 추가한 순수한 물 xg에 녹아있는 소금의 양은 0g이다.

② 2%의 소금물 yg을 섞어서 전체 농도 6%의 소금물 520g이 되었으므로

(전체 소금물의 양)$=400-x+x+y=520$

$\therefore y=120$

따라서 2%의 소금물 120g에 녹아있는 소금의 양은

$$120\times\frac{2}{100}$$

또한, 6%의 소금물 520g에 녹아있는 소금의 양은

$$520\times\frac{6}{100}$$

③ 따라서 소금의 양을 기준으로 일차방정식을 세우면 다음과 같다.

$$(400-x)\times\frac{8}{100}+120\times\frac{2}{100}=520\times\frac{6}{100}$$

$\rightarrow 8(400-x)+240=3,120$

$\rightarrow 3,440-8x=3,120$

$\rightarrow 8x=320 \quad \therefore x=40$

따라서 처음 퍼낸 소금물의 양은 40g이다.

합격자의 시간단축 Tip

소금물과 관련된 문제에서는 '소금의 양'을 기준으로 일차방정식을 세우는 것이 일반적이다.

$$(\text{소금의 양})=\frac{(\text{농도})}{100}\times(\text{소금물의 양})$$

24 정답 ⑤ 난이도 ●○○

응용계산 - 경우의 수 · 확률 문제

간단풀이

$_{12}C_2\times2+(6-1)\times4=152$

상세풀이

경우의 수에서 중요한 것은 겹치지 않게 서로 다른 경우를 나누어 생각하는 것이다. 여기서 리그와 토너먼트는 경기방식이 다르며, 그에 따른 티켓 가격도 다르다. 따라서 리그와 토너먼트의 경기 수를 각각 구한 뒤, 티켓 가격을 곱하여 최종적인 비용을 구해준다.

① 리그의 경우, 12팀이 서로 한 번의 경기를 모두 치러야 한다.

서로 다른 12팀 중에서 2팀씩 골라 짝을 짓고, 그렇게 나온 짝의 수만큼 경기하게 된다. 이때 A와 B가 선택되든, B와 A가 선택되든 선택 순서는 상관 없이 같은 경우로 간주한다.

따라서 조합을 이용하여 계산하면

$$_{12}C_2=\frac{12\times11}{2}=66$$

즉, 리그전의 총 경기 수는 66경기이다.

② 토너먼트의 경우는 토너먼트를 치르는 팀의 수를 n이라 했을 때, 총 경기 수를 $n-1$로 구할 수 있다. 그 이유는 경기 한 번당 패자가 한 팀씩 생기기 때문이다. 최종적으로 경기를 진행하고 나면 승자 한 팀을 제외한 모두가 패자가 되어야 하므로 패자의 수는 $n-1$팀이 되고, 즉 경기의 수도 $n-1$번이라는 것을 알 수 있다.

총 6개의 팀이 토너먼트를 진행한다고 하였으므로 $6-1=5$, 즉 5번의 경기를 진행하게 된다.

③ 각각의 경기 수에 한 경기당 티켓값을 곱해주면 최종적으로 든 비용을 구할 수 있다.

$66\times2+5\times4=152$

따라서 최종적인 티켓 비용은 152만 원이다.

25 정답 ⑤ 난이도 ●○○

응용계산 - 경우의 수 · 확률 문제

간단풀이

1−(모음을 하나도 뽑지 않을 확률)

$$=1-\frac{(\text{모음을 하나도 뽑지 않는 경우의 수})}{(\text{전체 경우의 수})}$$

$$=1-\frac{_5C_2}{_7C_2}=1-\frac{(5\times4)/2}{(7\times6)/2}=1-\frac{10}{21}=\frac{11}{21}$$

$\therefore$ (모음이 적힌 카드를 하나 이상을 뽑을 확률)$=\frac{11}{21}$

상세풀이

이 문제는 구하고자 하는 사건 A의 확률을 구하기 복잡하므로 전체 확률 1에서 A가 일어나지 않을 확률을 빼는 여사건을 이용해서 푸는 것이 좋다.

① 먼저 사건을 설정한다.

카드 2장을 뽑을 때 모음이 적힌 카드를 하나 이상 뽑을 사건을 A라고 하면, A의 여사건은 카드 2장을 뽑을 때 모음이 적힌 카드를 하나도 뽑지 못하는 사건이다.

② 여사건의 경우의 수를 구한다.

a부터 g까지 모음은 a, e로 총 2개이다. 모음이 적힌 카드를 뽑지 않는다는 말은 b, c, d, f, g가 적힌 5장의 카드에서 2장을 뽑는 것을 의미한다. 한 번 꺼낸 카드는 다시 넣지 않는다고 하였으므로 조합을 이용하면 경우의 수는 ${}_5C_2=\frac{5\times4}{2}=10$(가지)이다.

③ 전체 경우의 수를 구한다.

7장의 카드에 2장을 뽑을 때 한 번 꺼낸 카드는 다시 넣지 않는다고 하였으므로 조합을 이용하면 경우의 수는 ${}_7C_2=\frac{7\times6}{2}=21$(가지)이다.

④ 따라서 구하는 확률은

1−(모음을 하나도 뽑지 않을 확률)

$=1-\frac{(\text{모음을 하나도 뽑지 않는 경우의 수})}{(\text{전체 경우의 수})}$

$=1-\frac{{}_5C_2}{{}_7C_2}=1-\frac{(5\times4)/2}{(7\times6)/2}=1-\frac{10}{21}=\frac{11}{21}$

∴ (모음이 적힌 카드를 하나 이상을 뽑을 확률)

$=\frac{11}{21}$

유형 ② 자료해석

01 정답 ② 난이도 ●●●

자료해석 – 자료의 특정한 값을 추론하는 문제

영업직 사원이 전년 대비 감소한 해는 2018년이다. 2018년에 사무직 사원이 A기업 사원 수에서 차지하는 비중은

$\frac{68}{169+103+68}\times100=\frac{68}{340}\times100=20(\%)$이다.

합격자의 실전 풀이 순서

❶ 영업직 사원이 전년 대비 감소한 해를 찾는다. 이때 〈표〉에서 연도가 역순으로 제시되어 있다는 점에 유의하며 아래에서 위 방향으로 검토한다.

❷ 영업직 사원이 전년 대비 감소한 해는 2018년으로 이때 사무직 사원이 A기업 사원 수에서 차지하는 비중을 구한다.

❸ 2018년 A기업 사원 수는 영업직, 생산직, 사무직을 모두 더한 값으로 340이다.

❹ 사무직 사원이 A기업에서 차지하는 비중은 20%이다. 따라서 답은 ②번이다.

합격자의 시간단축 Tip

Tip ❶ 〈표〉에 연도가 나오는 경우 문제를 풀기 이전에 매 연도가 표시되어 있는지, 어떠한 순서로 표시되어 있는지 파악하는 것이 중요하다. 해당 〈표〉는 연도가 역순으로 표시되어 있으므로 아래에서 위로 화살표를 그린 후 문제를 푸는 것이 좋다.

만약 해당 〈표〉에 연도가 역순으로 표시되어 있는 것을 확인하지 못하더라도, 이 문제의 경우 영업직 사원이 전년 대비 감소한 해는 2016년, 2015년, 2014년의 3개년이 되어 연도를 잘못 해석하였음을 확인할 수 있다.

Tip ❷ 2018년에 사무직 사원이 A기업 사원 수에서 차지하는 비중은 다음과 같이 구할 수 있다.

$\frac{68}{169+103+68}\times100=\frac{68}{340}\times100=20(\%)$

이 식은 전체 사원(169+103+68) 중에서 사무직 사원(68)이 차지하는 비중을 나타낸다. 그런데 전체 값(U)에서 특정 항목(A)이 나타내는 비중은 위 식처럼 구체적인 수치로도 계산할 수 있지만, 전체 값(U)을 구하지 않고 특정 항목(A)과 그 항목 외의 것(~A)의 '상대적 비율(상대비)'로도 계산할 수 있다. 여기서 특정 항목(A)은 우리가 구해야 하는 '사무직 사원(68명)'이고, 그 항목 외의 것(~A)은 사무직 사원을 제외한 '영업직 사

원(169명)'과 '생산직 사원(103명)'의 합이다. 즉, 68명(사무직 사원):272명(영업직 사원과 생산직 사원의 합)의 상대적 수치를 확인하면 된다. 68×4=272이므로 (사무직):(~사무직)의 상대비는 1:4에 해당한다. 이는 전체 사원의 비중을 5라고 했을 때, 사무직은 1을, ~사무직은 4를 차지함을 의미한다. 그러면 전체 사원(5) 중 사무직 사원(1)이 차지하는 비중은 $\frac{1}{5}$이므로, 답은 20%다. 상대비로 계산하면 전체 값을 모두 더한 뒤 비중을 구해야 하는 번거로움을 줄일 수 있다.

참고 상대비

A	~A	A : ~A의 관계	A : U의 관계
20%	80%	A×4=~A	A×5=U
25%	75%	A×3=~A	A×4=U
33.3%	66.7%	A×2=~A	A×3=U
40%	60%	A×1.5=~A	A×2.5=U
50%	50%	A=~A	A×2=U
60%	40%	A=1.5×~A	A+0.4U=U
75%	25%	A=3×~A	A+0.25U=U
80%	20%	A=4×~A	A+0.2U=U
90%	10%	A=9×~A	A+0.1U=U

Tip ❸ 2018년 영업직은 169명인데 생산직과 사무직의 합이 171명이므로 영업직과 (생산직)+(사무직)의 비율이 거의 5:5임을 알 수 있다. 따라서 (생산직)+(사무직)에서의 사무직 비율을 구해 2로 나눠준 값을 선지에서 찾아보는 것도 도움이 된다. (생산직)+(사무직) 중 사무직의 비율은 $\frac{68}{103+68}$로 약 40%이기 때문에 그 절반인 약 20%가 정답이 된다.

Tip ❹ 어림산 후 선지를 확인한다. 영업직 사원이 전년 대비 감소한 해는 2018년임을 알 수 있다. 이때 사무직 사원이 A기업 사원 수에서 차지하는 비중을 알기 위해서 전체 사원 수[=(영업직+생산직+사무직)]를 구해야 한다. 전체 사원 수를 어림잡아 169+103+68≒170+100+70=340이라고 계산하자. 이때 68은 340의 약 20%인데, 선지를 확인하면 그 값은 15%, 20%, 30%로 어림잡아 계산한 오차를 고려하더라도 그 차이가 매우 큼을 알 수 있다. 따라서 정답은 ②가 된다.

Tip ❺ 표 아래 참고 표시를 반드시 확인한다. 결정적 힌트를 주기도 하고 문제 풀이에 필요한 정보를 제공하기도 한다. 이 문제의 경우 사원이 오직 영업직, 생산직, 사무직으로만 구분된다는 정보를 제공하는데, 이러한 정보가 없다면 사무직 사원이 전체 사원 수에서 차지하는 비중 도출이 불가하다.

02 정답 ①　　난이도 ●●○

자료해석 - 자료의 내용과 일치/불일치하는 설명을 고르는 문제

① (×) 2013~2017년 동안 투자액의 전년 대비 증가율은 ~~2016년이 가장 높다~~.

➜ 투자액의 전년 대비 증가율은 다음의 식으로 구할 수 있다.

(투자액의 전년 대비 증가율)=

$$\frac{\text{전년 대비 투자액 증가량}}{\text{(전년도 투자액)}}\times 100$$

즉, 전년도 투자액이 작을수록, 그리고 전년 대비 투자액 증가량이 많을수록 증가율이 높아진다. 2013~2017년 투자액의 전년 대비 증가율을 구하면 다음과 같다. (소수점 둘째 자리에서 반올림)

- 2013년: $\frac{125-110}{110}\times100≒13.6(\%)$
- 2014년: $\frac{70-125}{125}\times100=-44(\%)$
- 2015년: $\frac{250-70}{70}\times100≒257(\%)$
- 2016년: $\frac{390-250}{250}\times100=56(\%)$
- 2017년: $\frac{300-390}{390}\times100≒-23(\%)$

따라서 증가율이 가장 높은 연도는 2015년이다.

② (○) 2013~2017년 동안 투자건수의 전년 대비 증가율은 2017년이 가장 낮다.

➜ 2013~2017년 투자 건수의 전년 대비 증가율을 구하면 다음과 같다. (소수점 둘째 자리에서 반올림)

- 2013년: $\frac{12-8}{8}\times100=50(\%)$
- 2014년: $\frac{20-12}{12}\times100≒66.7(\%)$
- 2015년: $\frac{25-20}{20}\times100=25(\%)$
- 2016년: $\frac{60-25}{25}\times100=140(\%)$
- 2017년: $\frac{63-60}{60}\times100=5(\%)$

따라서 증가율이 가장 낮은 연도는 2017년이다.

③ (O) 2012년과 2015년 투자건수의 합은 2017년 투자건수보다 작다.

→ 2012년 투자건수 8건과 2015년 투자건수 25건을 더하면 33건이 된다. 두 해의 투자건수 합과 2017년 투자건수인 63건과 비교를 하면 33 < 63이므로 2012년과 2015년 투자건수의 합이 2017년 투자건수보다 작다.

④ (O) 투자액이 가장 큰 연도는 2016년이다.

→ 연도별 투자액은 2012년 110억 원, 2013년 125억 원, 2014년 70억 원, 2015년 250억 원, 2016년 390억 원, 2017년 300억 원이다. 따라서 투자액이 가장 큰 연도는 390억 원인 2016년이다.

⑤ (O) 투자건수는 매년 증가하였다.

→ 2012년부터 2017년까지 투자건수를 비교해 보면 8 < 12 < 20 < 25 < 60 < 63이므로 매년 증가하고 있다.

합격자의 실전 풀이 순서

❶ 〈그림〉의 투자액과 투자건수의 수치를 읽는 법을 이해한다. 좌측 축에 투자액, 우측 축에 투자건수라고 적어 놓으면 헷갈림을 방지할 수 있다.

❷ 〈그림〉의 시각적 효과를 사용할 수 있는 선지가 있을 것을 파악한다.

❸ ①번부터 해결하면 2015년이 투자액의 전년 대비 증가율이 가장 높으므로 틀린 선지이다. 답은 ①번이다. 만약 증가율 비교가 부담된다면, 계산 없이 바로 확인 가능한 ③, ④, ⑤번을 빠르게 확인 후 ①번을 처리하는 것도 좋은 접근 방식이다. 만약 답이 ①번 외에서 나온다면 계산 부담 없이 해결할 수 있기 때문이다.

합격자의 시간단축 Tip

선지 ① 증가율은 기준이 되는 전년도의 값이 작고 증가량이 많을수록 값이 큰 것을 활용한다. 즉, 막대그래프의 특성을 이용하여 막대 간 높이 차이가 크고, 기준점이 되는 값이 낮은 지점 위주로 찾아 비교한다.

선지 ② 꺾은선 그래프의 '기울기'라는 시각적 효과를 활용한다. 이때 주의할 점은 기울기는 증가율이 아닌 증가분을 확인하는 용도라는 것이다. 왜냐하면 기울기의 분모가 되는 x축의 변화분은 1년으로 모두 동일하기 때문에, 사실상 기울기 차이에 영향을 주는 것은 y축의 변화분인 투자 건수 변화분이기 때문이다.
따라서 막대그래프를 푸는 것과 마찬가지로 '기울기'는 작고, 기준점이 되는 값은 높은 지점 위주로 찾아 비교하면 된다.

선지 ④ **선지 ⑤** 〈그림〉만 보면 되는 단순 확인 선지이다. 수험생들은 이러한 쉬운 선지가 답이길 바라지만 일반적으로 출제자는 단순 확인 선지를 답으로 하지 않는다. 조금 더 복잡하더라도 계산이 요구되는 선지를 먼저 본다면 오히려 답을 빠르게 찾아낼 수 있다.

03 정답 ③

난이도 ●○○

자료해석 – 자료의 특정한 값을 추론하는 문제

2020년부터 2024년까지 실업자와 재직자의 훈련지원금의 차이는 다음과 같다.

- 2020년: 3,361−3,236=125(만 원)
- 2021년: 4,075−3,638=437(만 원)
- 2022년: 4,741−3,402=1,339(만 원)
- 2023년: 5,597−4,659=938(만 원)
- 2024년: 4,669−4,362=307(만 원)

실업자와 재직자의 훈련지원금 차이가 두 번째로 작은 해는 2010년이다. 이때 실업자의 훈련인원당 훈련지원금은 $\frac{4,362}{304}$≒14.3486(만 원)이다. 이를 소수점 아래 두 번째 자리에서 반올림하면 14.3만 원으로 답은 ③번이다.

합격자의 실전 풀이 순서

❶ 〈표〉의 구성을 파악한다. 훈련인원과 훈련지원금을 실업자와 재직자로 구분하여 나타내고 있음을 빠르게 확인한다.

❷ 2020년부터 2024년까지 실업자와 재직자의 훈련지원금 차이가 매우 큰 2022년과 2023년은 제외하고 2020년, 2021년, 2024년 중에서 두 번째로 작은 해를 찾으면 2024년이다.

❸ 실업자의 훈련인원당 훈련지원금을 〈표〉에서 구한다. 답은 ③번이다.

합격자의 시간단축 Tip

Tip ❶ 훈련지원금 간 차이를 눈으로만 확인하면 어렵다. 실업자 지원금과 재직자 지원금 사이에 숫자를 작게 써 놓으면 비교가 용이하다. 차이가 큰 것을 찾을 때는 맨 앞자리 숫자에서 차이가 큰 항목들을 골라내면 좋다. (맨 앞자리 숫자의 자릿수가 가장 크기 때문에 차이도 클 확률이 높다.) 반대로 이 문제처럼 차이가 작은 것을 찾을 때는 맨 앞자리 숫자가 같을수록 좋다.
이를 기반으로 살펴보면 2022년과 2023년은 차이가 커서 제외하고, 2020년은 백의 자리 및 십의 자리를 보아 차이가 제일 작아 제외한다. 이에 2021년과 2024년만 중점적으로 계산해 비교하면 된다.

Tip ❷ 선지 ①, ② 그리고 선지 ③, ④는 각각 10배 차이가 난다. 제한된 시간 내에 문제를 해결하다 보면 실수할 수 있다. 자릿수를 헷갈리지 않도록 주의한다.

Tip ❸ 선지 ⑤번의 경우 혼자만 동떨어진 수가 제시되어 있는 것을 알 수 있다. 답이 아닐 가능성이 높다는 생각으로 접근해 볼 수 있다.

Tip ❹ 2024년 실업자의 훈련인원당 훈련지원금을 구하려면 $\frac{4,362}{304}$를 계산해야 한다. 하지만 이미 선지로 $\frac{4,362}{304}$의 값 후보들이 나와 있으므로, $\frac{4,362}{304}$를 구체적으로 계산하기보단 선지를 힌트 삼아 확인만 해보면 된다. 분자인 4,362는 분모에 10을 곱한 3,040보단 크고 20을 곱한 6,080보단 작으므로 $\frac{4,362}{304}$는 10보다 크고 20보다 작은 수이다. 그러므로 범위 밖에 있는 선지 ①, ④, ⑤는 제외한다. 한편, $\frac{4,362}{304}$를 대략적으로만 계산해도 10은 훌쩍 넘는다는 것을 알 수 있다. 따라서 10과 근접한 선지 ②도 제외된다. 따라서 남은 선지는 ③번이다.

Tip ❺ 유효숫자 2~3자리를 활용하여 눈으로 해결한다. 실업자와 재직자의 훈련지원금 차이를 구할 때도 유효숫자 2~3자리만 활용한다. 예를 들어 2020년의 훈련지원금 차이를 3,361−3,236=125(만 원)과 같이 구체적으로 구하는 것이 아니라 3,300−3,200=100으로 보다 간략화하여 구하는 것이다. 이후 유효숫자 2자리만 활용해서 구한 차이 값들이 매우 미세한 경우에만 자세하게 비교해 보면 된다. 이를 이용하면 2020년이 가장 작고 2024년이 두 번째로 작다는 것을 알 수 있다. 다음으로 $\frac{4,362}{304}$와 가장 근접한 선지를 고른다. 3×14=42임에 착안하여 ③번 선지를 고를 수 있다.

04 정답 ② 난이도 ●●●

자료해석 – 자료의 내용과 일치/불일치하는 설명을 고르는 문제

① (○) 2016~2018년 동안 '공공사업자' 지출액의 전년 대비 증가폭이 가장 큰 해는 2017년이다.
➜ 2016~2018년 '공공사업자' 지출액의 전년 대비 증가폭을 구하면 다음과 같다.
- 2016년: 683−634=49(억 원)
- 2017년: 736−683=53(억 원)
- 2018년: 783−736=47(억 원)

따라서 2017년의 증가폭이 53억 원으로 가장 크다.

② (×) 2018년 사용자별 지출액의 전년 대비 증가율은 ~~'개인'이 가장 높다~~.
➜ 2018년 지출액의 전년 대비 증가율은

$$\frac{(2018\text{년 지출액})-(2017\text{년 지출액})}{(2017\text{년 지출액})}\times 100(\%)$$을

통해 구한다.
2018년 사용자별 지출액의 전년 대비 증가율을 구하면 다음과 같다. (소수점 둘째 자리에서 반올림)
- 공공사업자: $\frac{783-736}{736}\times 100 \fallingdotseq 6.4(\%)$
- 민간사업자: $\frac{567-372}{372}\times 100 \fallingdotseq 52.4(\%)$
- 개인: $\frac{1,294-985}{985}\times 100 \fallingdotseq 31.4(\%)$

따라서 '민간사업자'의 증가율이 가장 높다.

③ (○) 2016~2018년 동안 사용자별 지출액의 전년 대비 증가율은 매년 '공공사업자'가 가장 낮다.
➜ 지출액의 전년 대비 증가율은

$$\frac{(\text{해당연도 지출액})-(\text{전년도 지출액})}{(\text{전년도 지출액})}\times 100(\%)$$을

통해 구한다.
2015년 대비 2016년 '공공사업자' 지출액의 전년 대비 증가율을 구해보면
$\frac{683-634}{634}=\frac{49}{634}<0.1$이고, 2017년과 2018년 모두 값을 구해보면 0.1보다 작다.
반면 2016~2018년 동안 '개인'과 '민간사업자'의 지출액의 전년 대비 증가율은 모두 매년 0.1 이상이다. 따라서 옳은 선지이다.

④ (○) '공공사업자'와 '민간사업자'의 지출액 합은 매년 '개인'의 지출액보다 크다.
➜ 매년 (공공사업자 지출액)+(민간사업자 지출액) >(개인 지출액)의 관계가 성립하면 옳은 내용이다.
2015~2018년 공공사업자와 민간사업자 지출액의 합을 구해 개인의 지출액과 비교하면 다음과 같다.

구분	공공사업자 지출액	민간사업자 지출액	(공공사업자 지출액)+(민간사업자 지출액)	개인 지출액
2015년	634억 원	212억 원	846억 원	532억 원
2016년	683억 원	280억 원	963억 원	725억 원
2017년	736억 원	372억 원	1,108억 원	985억 원
2018년	783억 원	567억 원	1,350억 원	1,294억 원

따라서 매년 '공공사업자'와 '민간사업자'의 지출액의 합은 '개인'의 지출액보다 크다.

⑤ (O) 2018년 모든 사용자의 지출액 합은 2015년 대비 80% 이상 증가하였다.

➜ 2018년 모든 사용자의 지출액 합은 783+567+1,294=2,644(억 원)이며, 2015년 모든 사용자의 지출액 합은 634+212+532=1,378(억 원)이다.

따라서 2015년 대비 2018년 모든 사용자 지출액 합의 증가율은

$$\frac{2,630-1,370}{1,370}\times100=\frac{1,260}{1,370}\times100≒92(\%)$$

이므로 80% 이상이다.

합격자의 실전 풀이 순서

〈그림〉의 각 축과 단위를 확인하고 선지 ⑤부터 ①까지 아래에서 위 순서로 풀이한다. 단, 3년간 사용자별 지출액의 전년 대비 증가율을 계산해야 하는 선지 ③은 후순위로 미루고 선지 ② 먼저 해결한다.

합격자의 시간단축 Tip

선지 ① 증가폭이 가장 큰 해를 직접 구하지 않고, 질문에 주어진 2017년 값을 기준으로 더 큰 곳이 있는지 확인한다. 2017년의 전년 대비 증가폭은 53이다. (2015년의 634+53) > (2016년의 683), (2017년의 736+53) > (2018년의 783)이므로, 2017년의 증가폭이 가장 크다.

* 모든 해를 확인할 필요 없이 '2017년이 가장 크다'의 반례만을 찾아보면 된다.

선지 ② '개인'은 전년의 985억 원에서 약 300억 원(33.3% 미만) 증가한 반면, '민간사업자'는 372억 원에서 약 200억 원(50% 초과) 증가한다.

선지 ③ 실제로 증가율을 도출해서 각각을 비교하지 않는다. 문제에서 제시한 값을 기준점으로 잡고 다른 값에 대입하였을 때 모순이 발생하는지 확인하는 것이 좋은 전략이다.

예를 들어, 선지 ③번에서 준 '공공사업자'를 살펴보면, 매년 비슷한 수준으로 증가하고 있는 경향을 알 수 있다. 즉 10% 미만의 증가율이 나타나고 있다. 따라서 10%를 기준으로 다른 값들을 가볍게 비교하면, 다른 값들은 10%를 모두 한참 넘어 증가하고 있으므로 옳은 선지이다.

선지 ④ 다음과 같이 어림산을 통해 계산하는 것이 좋다.

- 2018년: 783+567≒780+560=1,340 > 1,294
- 2017년: 736+372≒700+300=1,000 > 985
- 2016년: 683+280≒600+200=800 > 725
- 2015년: 634+212≒600+200=800 > 532

* 시각자료를 활용해도 좋다. 표를 보면 2015년의 경우 개인의 그래프가 더 작음을 알 수 있다. 이는 표의 각 축이 연속적인 경우에만 활용할 수 있으므로 주의한다.

선지 ⑤ 직접 값을 계산하지 않고 〈그림〉을 이용하는 방법도 있다. 막대그래프의 높이를 보면 2015년이 약 1,400이고 2018년은 약 2,600이다. 즉 1,400×80%=1,120이므로 (2015년 값)×1.8 < (2018년 값)이다. 이와 같은 방법은 매우 대충 푸는 것 같지만, 자료해석 문제를 풀 때 높은 정확도를 보여준다. 적절히 활용하면 좋다.

05 정답 ⑤ 난이도 ●●●

자료해석 – 자료의 내용과 일치/불일치하는 설명을 고르는 문제

문제를 해결하기 위해서는 우선 〈표〉에 나와 있는 빈칸에 들어갈 수치들을 계산해서 빈칸에 기록해 둔 다음, 각 항목들을 비교한다.

- 2019년 서류검증 비용: (2019년 전체 비용)−(2019년 현장검증 비용)=1,134−1,074=60(천만 원)
- 2020년 서류검증 건수: (2020년 전체 건수)−(2020년 현장검증 건수)=1,395−630=765(건)
- 2021년 현장검증 비용: (2021년 전체 비용)−(2021년 서류검증 비용)=1,745−41=1,704(천만 원)
- 2022년 현장검증 건수: (2022년 전체 건수)−(2022년 서류검증 건수)=1,577−725=852(건)
- 2023년 전체 비용: (2023년 서류검증 비용)+(2023년 현장검증 비용)=68+1,609=1,677(천만 원)

구분		2018년	2019년	2020년	2021년	2022년	2023년
서류검증	건수(건)	755	691	765	767	725	812
	서류검증 비용(천만 원)	54	60	57	41	102	68
현장검증	건수(건)	576	650	630	691	852	760
	현장검증 비용(천만 원)	824	1,074	1,091	1,704	2,546	1,609
전체	건수(건)	1,331	1,341	1,395	1,458	1,577	1,572
	전체 비용(천만 원)	878	1,134	1,148	1,745	2,648	1,677

① (×) 산업 신기술검증 전체 비용은 ~~매년 증가하였다~~.

➜ 2023년 전체 비용은 1,677천만 원으로 2022년 전체 비용 2,648천만 원보다 감소하였으므로 서술된 내용은 옳지 않다.

② (×) 서류검증 건수는 매년 현장검증 건수보다 ~~많다~~.

➜ 서류검증 건수와 현장검증 건수를 다음과 같이 비교해 보자.

구분	2018년	2019년	2020년	2021년	2022년	2023년
서류검증 건수(건)	755	691	765	767	725	812
현장검증 건수(건)	576	650	630	691	852	760

2022년에는 서류검증 건수 725건보다 현장검증 건수가 852건으로 더 많기 때문에 진술된 내용은 옳지 않다.

③ (×) 서류검증 건당 비용은 2018년에 ~~가장 크다~~.

구분	2018년	2019년	2020년	2021년	2022년	2023년
서류검증 건수(건)	755	691	765	767	725	812
서류검증 비용 (천만 원)	54	60	57	41	102	68
서류검증 건당 비용 (천만 원)	0.072	0.087	0.075	0.053	0.141	0.084

서류검증 건당 비용은 2022년에 가장 크다.

④ (×) 전년에 비해 현장검증 비용이 감소한 연도는 ~~2개이다~~.

➜ 〈표〉의 연도별 '현장검증 비용'을 확인해 보자.

구분	2018년	2019년	2020년	2021년	2022년	2023년
현장검증 비용 (천만 원)	824	1,074	1,091	1,704	2,546	1,609

전년에 비해 현장검증 비용이 감소한 연도는 2023년으로 1개이다.

⑤ (○) 전년에 비해 현장검증 건수가 감소한 해에는 전년에 비해 서류검증 건수가 증가하였다.

➜ 〈표〉의 연도별 '현장검증 건수'를 확인해 보자.

구분	2018년	2019년	2020년	2021년	2022년	2023년
현장검증 건수(건)	576	650	630	691	852	760

전년에 비해 현장검증 건수가 감소한 해는 2020년과 2023년으로, 두 해 모두 전년에 비해 서류검증 건수가 증가하였다.

합격자의 실전 풀이 순서

❶ 〈표〉의 구조를 파악하고 빈칸을 구할 수 있는 구조 [(서류검증)+(현장검증)=(신기술검증)]이지만 구체적인 값을 구하지 않고 최대한 문제를 해결할 수 있음을 인식한다.

❷ 선지 플레이를 한다면, 단순히 눈으로 확인할 수 있는 선지가 아닌 계산이 필요하거나 빈칸을 활용하는 선지가 답이 될 가능성이 크다. 따라서 ④(빈칸)→⑤(빈칸)→③번(계산)의 순서대로 확인한다.

❸ ④번을 확인하면, 전년보다 현장검증 비용이 감소한 연도는 2023년뿐이므로 틀린 선지이다.

❹ ⑤번을 확인하면, 전년보다 현장검증 건수가 감소한 2020년과 2023년은 모두 전년에 비해 서류검증 건수가 증가하였으므로 옳은 선지이다. 따라서 정답은 ⑤번이다.

합격자의 시간단축 Tip

선지 ① 2018~2022년까지 눈으로 확인 후, 2022년과 2023년만 비교하면 된다. 2023년이 2022년에 비해 지나치게 작아 그냥 더해서 비교해도 되지만, 일반적인 경우라면 더하지 않고 서류검증과 현장검증 각각의 '차이값'으로 비교하는 것이 좋다.

선지 ②

[방법 1]

빈칸을 채우지 않아도 풀 수 있는 선지이다. 전체가 두 가지 구성요소로 양분되는 경우 어느 하나가 크다는 것은 50% 이상이라는 의미이다. 따라서 (전체)=(서류검증)+(현장검증)인 것을 이용하여 다음의 두 가지 경우를 해결할 수 있다.

- 값이 주어진 경우: 서류검증 건수보다 현장검증 건수가 많음을 눈으로 확인한다.
- 빈칸이 있는 경우: 빈칸이 아닌 값에 2배를 한 후 전체에 해당하는 값과 크기 비교를 한다.

예를 들어 2020년은 서류검증 건수는 빈칸이다. 630(현장검증 건수)×2=1,260<1,395(전체)이므로 서류검증 건수는 현장검증 건수보다 많음을 쉽게 알 수 있다.

[방법 2] 차이값을 이용한다.

2020년의 경우 전체 건수는 증가했는데 현장검증 건수는 감소했다. 즉, 서류검증 건수는 반드시 증가해야 한다는 뜻이다. 2019년에 이미 서류검증 건수가 더 많았는데 이는 증가하고, 더 적었던 현장검증 건수는 감소했으므로 2020년은 서류검증 건수가 더 많다.

선지 ③ '가장 크다'와 같은 유형은 반례를 하나라도 찾으면 틀린 선지로 처리할 수 있다. 이 유형은 출제 의도상 수험생이 시간을 소모하도록 유도하기 위해 뒷부분에 반례가 배치되는 경우가 많으므로 뒤에서부터 확인하는 것이 좋다. 선지 ③번 역시 뒷부분인 2022년을 먼저 확인하면 분모인 '건수'가 2018년보다 작고, 분자인 '비용'은 더 커 쉽게 반례임을 알 수 있다.

선지 ④

[방법 1] 추천방법 – '경향성의 활용'
〈표〉의 경향성을 알고 있다면 계산을 아예 할 필요가 없다. 〈표〉를 보면 서류검증 비용이 현장검증 비용보다 많이 작은 경향이 있음을 알 수 있다. 그러므로 현장검증 비용을 비교할 때 '전체 값'으로 비교해도 전혀 문제없다. (단, 전체 값이 비슷한 2019년과 2020년의 비교는 제외한다.)
따라서 빈칸인 2021년을 도출하지 않고 주어진 전체 값을 기준으로 2020, 2022년과 비교하면 된다.

[방법 2] 대입 비교법
2021년의 현장검증 비용을 구하지 않고, 2020년의 현장검증 비용 값을 빈칸에 대입한 1,091+41은 1,745에 미치지 못하므로 1,091보다 큰 값임을 알 수 있다. 또한, 2022년의 현장검증 비용 값(2,546)을 대입하면 1,745에 넘치므로 이보다 작은 값임을 알 수 있다. 따라서, 2021년과 2022년 모두 전년에 비해 현장검증 비용이 증가한 연도이다.

선지 ⑤ 2022년 현장검증 건수 역시 빈칸을 채우지 않고 2021년의 현장검증 건수(691)와 2023년의 현장검증 건수(760)를 각각 빈칸에 대입해 보면 모두 서류검증 건수(725)와 합쳐도 1,577에 미치지 못하므로 두 숫자보다 클 것이다. 따라서 2023년은 전년보다 현장검증 건수가 감소한 해이다.
따라서 2020년과 2023년의 서류검증 건수가 전년보다 증가하였으므로 옳은 선지이다. 이때 2020년의 서류검증 건수의 빈칸 역시 채우지 않고 691(2019년 서류검증 건수)을 대입하면 630(2020년 현장검증 건수)을 더해도 1,395(전체 건수)에 미치지 못하므로 전년보다 서류검증 건수가 증가한 것이 맞다.

06 정답 ① 난이도 ●○○

자료해석 – 자료의 특정한 값을 추론하는 문제

연도별 남성 직원과 여성 직원의 평균 연봉 차이는 다음과 같다.

- 1998년: 588−571=17
- 2002년: 590−585=5
- 2006년: 592−586=6
- 2010년: 599−595=4
- 2014년: 616−610=6
- 2018년: 606−605=1

남성 직원과 여성 직원의 평균 연봉 차이가 두 번째로 작은 해는 2010년이다. 2006년 대비 2010년 여성 직원의 평균 연봉 증가율은 $\frac{595-586}{586}\times100=\frac{9}{586}\times100≒1.53583(\%)$이다. 따라서 소수점 아래 둘째 자리에서 반올림한 1.5%가 답이다.

합격자의 실전 풀이 순서

❶ 남성 직원과 여성 직원의 평균 연봉 차이가 두 번째로 작은 해를 찾는다. 이때 〈그림〉의 시각적 효과를 적극적으로 활용한다. 2018년이 제일 작으므로 2018년을 제외하고 주어진 연도 중 가장 작은 해를 찾는다. 남은 연도 중에서 가장 작은 해는 2010년이다.
❷ 2006년 대비 2010년 여성 직원의 평균 연봉 증가율을 구하고, 소수점 아래 둘째 자리에서 반올림한다.

합격자의 시간단축 Tip

Tip ❶ 〈그림〉은 꺾은선 그래프이다. '그래프의 시각적 특성'을 적극 이용하여 해결한다. 다만 세로축의 데이터가 불연속적이라는 점을 고려하여 시각 효과 사용이 가능한지를 먼저 판단한다. 또한 가로축의 데이터는 4년마다 표시되어 있으므로 이를 문제 해결 이전에 먼저 확인하는 것이 중요하다.

Tip ❷ 꺾은선 그래프에서 항목 간의 값 차이는 항목별 그래프 간의 간격을 통해 유추할 수 있다. 2018년에는 그래프 간의 간격이 가장 좁기 때문에 남녀 학생의 평균 연봉 차이도 가장 작음을 알 수 있다. 그다음으로 간격이 좁은 연도는 2002, 2006, 2010, 2014년 중 하나이므로, 이 네 연도의 남녀 직원의 평균 연봉 차이만 구체적으로 계산하여 두 번째로 작은 해를 골라내면 된다.

Tip ❸ 두 번째로 작은 값이 무엇인지 찾을 때, 기준을 이용해 본다. **Tip ❷**에서 본 바와 같이 평균연봉 차이가 가장 작은 연도가 2018년임을 확인한다. 다음으로 시각적 효과로 인해 2006년이 작아보이므로 2006년의 평균 연봉 차이인 4를 기준으로 삼아 2018년을 제외하고 이보다 평균 연봉 차이가 더 작은 해가 있는지만 '확인'해 본다. 예를 들어 2002, 2010, 2014년의 평균 연봉 차이를 구하는 것이 아니라, 2018년을 제외한 각 연도의 여성의 평균 연봉에 기준으로 삼은 2006년의 평균 연봉 차이인 4를 더한 값이 각 연도의 남성의 평균 연봉보다 큰지만 확인하면 된다. 그런 연도는 없기 때문에 2006년이 남녀의 평균연봉 차이가 두 번째로 작은 연도가 된다. 만약 이와 다르게 2014년을 기준으로 삼았다면 여성 연봉에 6을 더해보고 그보다 남성 연봉이 더 작은 해가 있다면, 다시 그 해를 기준으로 이와 같은 과정을 반복하면 된다.

Tip ❹ 이 문제처럼 2개 이상의 꺾은선 그래프가 하나의 자료에 같이 주어지면, 그 그래프가 나타내고 있는 범례가 무엇인지 확실하게 구분할 필요가 있다. 따라서 문제를 본격적으로 풀기 전에, 각 꺾은선 그래프가 어떤 범례의 값을 나타내고 있는지 가장 첫 연도(1998년) 혹은 마지막 연도(2018년) 옆에 써놓으면 좋다. 이 문제의 경우 2018년의 간격이 좁아 헷갈릴 여지가 있으므로 1998년도 왼쪽에 기입하면 된다. 588 왼쪽에는 '남', 571 왼쪽에는 '여'라고 쓰는 방식이다.

Tip ❺ 문제가 객관식임을 이용해 계산을 최소화한다. 2006년 대비 2010년 여성 직원의 평균 연봉의 증가율은 $\frac{595-586}{586}\times100=\frac{9}{586}\times100\fallingdotseq1.53583(\%)$이다. 결국 실제로 계산이 필요한 부분은 $\frac{9}{586}$인데, 선지로 $\frac{9}{586}$의 값 후보들이 제시되었기 때문에 구체적인 계산을 할 필요 없이 선지를 넣어서 확인만 해보면 된다. 먼저 $\frac{9}{586}$는 대략적으로만 봐도 2%가 안 된다. 586의 2%는 10보다 크기 때문이다. 선지에서 2% 미만에 해당하는 것은 ①밖에 없다. 따라서 $\frac{9}{586}$가 실제로 1.5%인지 계산할 필요 없이, 2%보다는 작다는 게 확실하므로 선지 ①을 답으로 고르면 된다.

07 정답 ②

난이도 ●○○

자료해석 – 자료의 특정한 값을 추론하는 문제

제시된 기간 중 음원 매출액이 두 번째로 작은 해는 2006년(175)이다. 2006년 전체 콘텐츠 유형별 매출액에서 게임 매출액이 차지하는 비중은

$$\frac{(2006년\ 게임\ 매출액)}{(2006년\ 전체\ 콘텐츠\ 유형별\ 매출액)}\times100$$

$=\frac{144}{719}\times100\fallingdotseq20.0278(\%)$이다.

따라서 소수점 아래 둘째 자리에서 반올림한 20.0%가 답이다.

합격자의 실전 풀이 순서

❶ 제시된 기간 중 음원 매출액이 가장 작은 해를 찾으면 2005년이다. 이후 2005년을 제외하고 음원 매출액이 가장 작은 해를 찾으면 2006년이므로, 2006년이 제시된 기간 중 음원 매출액이 두 번째로 작은 해에 해당한다.

❷ 2006년의 전체 콘텐츠 유형별 매출액에서 개임 매출액이 차지하는 비중을 구하고, 소수점 아래 둘째 자리에서 반올림한다. 정답은 ②다.

합격자의 시간단축 Tip

음원 매출액이 두 번째로 작은 해를 구한 후 전체 콘텐츠 유형별 매출액에서 게임 매출액이 차지하는 비중을 '도출'하기 보다는 대략 몇 퍼센트인지 확인한 후 '선지'에 주어진 비율이 맞는지 '확인'한다. $\frac{144}{719}$에서 144는 719의 20%를 조금 넘는다. 따라서 정답은 ②다.

08 정답 ④

난이도 ●○○

자료해석 – 자료의 내용과 일치/불일치하는 설명을 고르는 문제

ㄱ. (×) GDP는 C국이 E국보다 ~~크다~~.

➜ 〈표〉에 주어진 지표 중 GDP와 관련된 지표는 GDP 대비 연구개발 세액감면액 비율이다. 이를 분수로 나타내면 (GDP 대비 연구개발 세액감면액 비율) $=\frac{(연구개발\ 세액감면액)}{(GDP)}\times100$이다. 따라서

GDP는 $\frac{(연구개발\ 세액감면액)}{(GDP\ 대비\ 연구개발\ 세액감면액\ 비율)}\times100$을 통해 구할 수 있다. C는 $\frac{2,104}{0.13}\times100\fallingdotseq$ 1,618,500(백만 달러), E는 $\frac{6,547}{0.13}\times100\fallingdotseq$ 5,036,200(백만 달러)이므로 E가 더 크다. 따라서 옳지 않은 보기이다.

ㄴ. (○) 연구개발 총지출액이 가장 큰 국가는 B국이다.

➜ 〈표〉에 주어진 지표 중 연구개발 총지출액 대비 연구개발 세액감면액 비율을 분수로 나타내면, (연구개발 총지출액 대비 연구개발 세액감면액 비율) $=\frac{(연구개발\ 세액감면액)}{(연구개발\ 총지출액)}\times100$이다. 따라서 연구개발 총지출액은

$$\frac{(연구개발\ 세액감면액)}{(연구개발\ 총지출액\ 대비\ 연구개발\ 세액감면액\ 비율)}$$

×100을 통해 구할 수 있다.

A국은 $\frac{3,613}{4.97}\times100≒72,700$(백만 달러),

B국은 $\frac{12,567}{2.85}\times100≒440,900$(백만 달러),

C국은 $\frac{2,104}{8.15}\times100≒25,800$(백만 달러),

D국은 $\frac{4,316}{10.62}\times100≒40,600$(백만 달러),

E국은 $\frac{6,547}{4.14}\times100≒158,100$(백만 달러)로,

B국이 가장 크다. 따라서 옳은 보기이다.

ㄷ. (O) GDP 대비 연구개발 총지출액 비율은 A국이 B국보다 높다.

→ 앞서 GDP는

$$\frac{(\text{연구개발 세액감면액})}{(\text{GDP 대비 연구개발 세액감면액 비율})}\times100$$

으로 구할 수 있었고, 연구개발 총지출액은

$$\frac{(\text{연구개발 세액감면액})}{(\text{연구개발 총지출액 대비 연구개발 세액감면액 비율})}$$

×100으로 구할 수 있었다. 따라서 GDP 대비 연구개발 총지출액 비율은

$$\frac{\frac{(\text{연구개발 세액감면액})}{(\text{연구개발 총지출액 대비 연구개발 세액감면액 비율})}}{\frac{(\text{연구개발 세액감면액})}{(\text{GDP 대비 연구개발 세액감면액 비율})}}$$

×100으로 구할 수 있다.

$\frac{\frac{D}{C}}{\frac{B}{A}}$ 형태의 '번분수'는 $\frac{A\times D}{B\times C}$로 나타낸다. 따라서 GDP 대비 연구개발 총지출액 비율은

$$\frac{(\text{GDP 대비 연구개발 세액감면액 비율})\times(\text{연구개발 세액감면액})}{(\text{연구개발 세액감면액})\times(\text{연구개발 총지출액 대비 연구개발 세액감면액 비율})}$$

×100으로 나타낼 수 있다.

이때 분자와 분모에 공통으로 '연구개발 세액감면액'이 있으므로 이를 약분하면

$$\frac{(\text{GDP 대비 연구개발 세액감면액 비율})}{(\text{연구개발 총지출액 대비 연구개발 세액감면액 비율})}$$

×100만 남는다. 이에 따라 GDP 대비 연구개발 총지출액 비율을 구하면, A국은 $\frac{0.2}{4.97}\times100≒4.02(\%)$, B국은 $\frac{0.07}{2.85}\times100≒2.46(\%)$로, A국이 B국보다 높다. 따라서 옳은 보기이다.

합격자의 실전 풀이 순서

❶ 〈표〉를 보면 (연구개발 세액감면액), (GDP 대비 연구개발 세액감면액 비율), (연구개발 총지출액 대비 연구개발 세액감면액 비율)이 제시되어 있다. 연구개발 세액감면액이 공통으로 들어 있으므로, 연구개발 세액감면액을 활용하여 GDP와 연구개발 총지출액도 구할 수 있겠다고 생각하며 〈보기〉로 내려온다.

❷ ㉠, ㉡, ㉢으로만 〈보기〉가 이루어진 경우, 3개를 모두 해결해야 답을 골라낼 수 있는 것이 대부분이다. 그리고 ㉠은 비교적 쉬운 보기로, 다른 보기를 해결하기 앞서서 필요한 전제로 작용하거나 힌트를 제공해 주는 경우가 있다. 따라서 ㉠부터 해결해 나간다.

합격자의 시간단축 Tip

Tip ❶ 항목별 분모 분자를 혼돈하지 않도록 한다.

'A 대비 B'를 분수로 표현하면 $\frac{B}{A}$로, '대비' 앞에 오는 항목이 분모, 뒤에 오는 항목이 분자에 위치한다. 헷갈리지 않도록 주의하자.

Tip ❷ 언어적 표현을 시각적으로 바꿔 문제를 푼다.

〈표〉나 〈자료〉, 혹은 선지에 'A 대비 B'라는 표현이 주어진다면, 이를 $\frac{B}{A}$로 바꾸어 적어두는 것을 추천한다.

'A 대비 B'는 시각적으로 한눈에 읽히지 않지만, $\frac{B}{A}$로 바꿔 놓으면 한눈에 식을 확인할 수 있고, 식을 변형할 때도 활용하기 더 쉽다. 다만 이 문제의 경우, A나 B에 해당하는 단어가 매우 긴 편이다. 따라서 실전에서는 GDP, 연, 총 등으로 본인이 헷갈리지 않고 식별할 수 있을 만큼만 적당히 줄여서 적어두는 것이 효율적이다.

Tip ❸ 〈보기〉별 시간단축 Tip

보기 ㄱ. 선지를 해결하기 위해 필요한 모든 항목의 위치와 수치를 파악한 뒤에 계산에 돌입하자. ㉠의 경우 C, E의 '연구개발 세액감면액'과 'GDP 대비 연구개발 세액감면액 비율'이 필요하다. 그러나 분모가 되는 'GDP 대비 연구개발 세액감면액 비율' 값이 C와 E가 0.13으로 동일하므로 분자인 '연구개발 세액감면액'이 더 큰 분수가 값이 더 크다. 따라서 E국의 GDP가 더 크다는 것을 알아낼 수 있다.

보기 ㄴ.

[방법 1] 분자와 분모 자릿수 통일시키기

분수의 대소관계는 같은 수를 곱하거나, 나누어도 영향을 받지 않는다. 이를 활용해서 '연구개발 세액감면액'에서 모든 항목을 1,000으로 나누면 간편하게 대소를

비교할 수 있다. A국은 $\frac{3.613}{4.97}$≒1↓, B국은 $\frac{12.567}{2.85}$≒4↑, C국은 $\frac{2.104}{8.15}$≒1↓, D국은 $\frac{4.316}{10.62}$≒1↓, E국은 $\frac{6.547}{4.14}$≒2↓로, B국의 연구개발 총지출액이 가장 크다.

[방법 2] 분모와 분자 간 크기만을 비교하여 분수 비교
연구개발 총지출액은 '연구개발 세액감면액'을 '연구개발 총지출액 대비 연구개발 세액감면액 비율'로 나누어 100을 곱한 값이다.
즉, (연구개발 총지출액) = $\frac{(\text{연구개발 세액감면액})}{(\text{연구개발 총지출액 대비 연구개발 세액감면액 비율})}$ ×100이다. 이때 분수 전체 값은 분자가 클수록, 분모가 작을수록 커지게 된다. 〈표〉에서 B국의 경우 분자에 해당하는 '연구개발 세액감면액'의 값은 전체 국가 중에 가장 큰데 비해, 분모에 해당하는 '연구개발 총지출액 대비 연구개발 세액감면액 비율'은 가장 작은 것을 알 수 있다. 가장 큰 값을 가장 작은 값으로 나누었으니 당연히 전체 분수 값인 '연구개발 총지출액'은 계산해 보지 않아도 가장 큰 값이 될 것을 예상할 수 있다.

보기 ㄷ.

[방법 1] 식을 직접 적어서 나열해 보기
'GDP 대비 연구개발 총지출액 비율'을 구하기 위해서 'GDP 대비 연구개발 세액감면액 비율'과 '연구개발 총지출액 대비 연구개발 세액감면액 비율' 중에 무엇이 분모 혹은 분자가 되는지 헷갈릴 수 있다. 이때 무리하게 머리로 해결하려고 하지 말고 손으로 간단히 써보는 것을 추천한다. 실제로 확인해 보면

$$\frac{\frac{\text{세}}{\text{GDP}}}{\frac{\text{세}}{\text{총}}} = \frac{\text{세}}{\text{GDP}} \times \frac{\text{총}}{\text{세}} = \frac{\text{총}}{\text{GDP}}$$

이 성립함을 알 수 있다. 만약 분모와 분자를 반대로 세팅했다면 연구개발 세액감면액('세')이 소거되지 않을 것이다. 즉, 'GDP 대비 연구개발 세액감면액 비율'이 분자에, '연구개발 총지출액 대비 연구개발 세액감면액 비율'이 분모에 들어가는 분수 형태이다.

[방법 2] 분수 변형하기
$\frac{0.2}{4.97}$ vs $\frac{0.07}{2.85}$의 비교에서 두 분수의 크기를 비슷하게 맞춰주기 위해 $\frac{0.07}{2.85}$의 분자, 분모 각각에 2를 곱해준다. 즉, $\frac{0.07}{2.85} = \frac{0.14}{5.7}$이므로 $\frac{0.2}{4.97}$가 $\frac{0.14}{5.7}$보다 분자는 크고, 분모는 작아 더 큰 분수값임을 알 수 있다.

[방법 3] 익숙한 숫자 활용하기
$\frac{0.2}{4.97}$ vs $\frac{0.07}{2.85}$의 비교에서 $\frac{0.07}{2.85} = \frac{7}{285}$ =약 $\frac{1}{40}$이다. 반면 $\frac{0.2}{4.97} = \frac{20}{497} = \frac{1}{40\downarrow\downarrow}$이므로 분모가 40에 크게 못 미친다. 분자를 1로 통일했을 때, 전자의 분모가 더 작으므로 전자가 더 큰 분수값임을 알 수 있다.

[방법 4] 분모 간 배수와 분자 간 배수 비교
$\frac{0.2}{4.97}$ vs $\frac{0.07}{2.85}$의 비교에서 좌변은 우변에 비해 분자는 2배 이상, 분모는 2배 이하이다. 우변에 비해 좌변의 분자의 증가율이 분모의 증가율보다 크므로 좌변이 크다.

Tip ④ 수식 정리를 위한 일반항 활용
자료해석에서는 주어진 분수 값을 활용하여 원래 값을 구하는 문제가 자주 출제된다. 이 문제의 경우 보기 ㉠의 GDP를 구하기 위해서 GDP 대비 연구개발 세액감면액 비율과 연구개발 세액감면액을 활용하는 것이 그 예다. 이때, 구하고자 하는 원래 항목의 이름이 긴 경우에는 직관적으로 수식을 변경하기가 어려울 수 있다. 보기 ㉠의 경우에는 구하고자 하는 대상이 'GDP'이므로 (GDP) = $\frac{(\text{연구개발 세액감면액})}{(\text{GDP 대비 연구개발 세액감면액 비율})}$이라는 것을 쉽게 알 수 있지만, 보기 ㉡의 경우에는 '연구개발 총지출액'을 구해야 하므로 (연구개발 총지출액) = $\frac{(\text{연구개발 세액감면액})}{(\text{연구개발 총지출액 대비 연구개발 세액감면액 비율})}$을 써주어야 한다. 자료해석 문제풀이 과정에서 이러한 긴 단어를 직접 쓰는 것은 부담스러울 수 있으므로 일반항으로써 X와 같은 미지수를 활용할 수 있다. '연구개발 총지출액'을 일반항 X로, '연구개발 세액감면액'을 a, '연구개발 총지출액 대비 연구개발 세액감면액 비율'을 b로 치환할 것이라고 시험지에 작게 써 놓으면 된다. 즉, (연구개발 총지출액) = $\frac{(\text{연구개발 세액감면액})}{(\text{연구개발 총지출액 대비 연구개발 세액감면액 비율})}$을 X = $\frac{a}{b}$로 간략히 쓸 수 있다. 모든 문제 풀이에 있어 치환을 사용할 필요는 없지만, 수식이 복잡해서 한눈에 들어오지 않는 경우 이와 같이 일반항으로 치환한 후에 작게 써놓는다면, 보다 명확하게 계산할 대상을 인식할 수 있다.

09 정답 ❷ 난이도 ●●●

자료해석 - 자료의 내용과 일치/불일치하는 설명을 고르는 문제

① (○) 'K'지역 근로자 수는 매년 증가하였다.
→ 〈표 3〉에 따르면, 'K'지역 근로자 수가 매년 증가한 것을 볼 수 있다.

② (×) 2005년 전체 산업재해 중 전남지역 산업재해가 차지하는 비율은 30% ~~이상이다~~.
→ 〈표 2〉에 따르면, 2005년 전체 산업재해는 122개소이고, 전남지역 산업재해는 32개소이다. 전체 산업재해의 30%를 구해보면 $122\times\frac{30}{100}=36.6$(개소)이다.
따라서 전남지역 산업재해는 전체 산업재해의 30% 이하이다.

③ (○) 충북지역을 제외하고, 2004년 대비 2011년 산업재해 증가율이 가장 낮은 지역은 인천이다.
→ 2004년 대비 2011년 산업재해 증가율은 $\frac{(2011\text{년 산업재해 수})-(2004\text{년 산업재해 수})}{(2004\text{년 산업재해 수})}\times100$으로 구할 수 있다. 충북지역을 제외한 지역별 2004년 대비 2011년 산업재해 증가율을 '×100'을 생략하고 구하면 다음과 같다. (소수점 둘째 자리에서 반올림)

- 부산: $\frac{25-1}{1}=24(\%)$
- 인천: $\frac{43-6}{6}\fallingdotseq6.2(\%)$
- 울산: $\frac{20-1}{1}=19(\%)$
- 경기: $\frac{32-2}{2}=15(\%)$
- 강원: $\frac{82-7}{7}\fallingdotseq10.7(\%)$
- 충남: $\frac{82-4}{4}=19.5(\%)$
- 전북: $\frac{44-5}{5}=7.8(\%)$
- 전남: $\frac{271-20}{20}\fallingdotseq12.6(\%)$
- 경북: $\frac{91-7}{7}=12(\%)$
- 경남: $\frac{177-8}{8}\fallingdotseq21.1(\%)$
- 제주: $\frac{48-2}{2}=23(\%)$

따라서 인천의 증가율이 가장 낮은 것을 알 수 있다.

④ (○) 2006년 이후 모든 유형에서 산업재해 건수는 매년 증가하였다.
→ 〈표 1〉에 따르면, 2006년 이후 각 산업재해 유형에서 산업재해는 매년 증가하였다.

⑤ (○) 산업재해가 많은 지역부터 나열하면, 충남지역의 순위는 2009년과 2010년이 동일하다.
→ 〈표 2〉에서 산업재해가 많은 지역부터 나열하면 2009년과 2010년 모두 전남 > 경남 > 경북 > 충남 순으로 충남지역의 순위는 2009년과 2010년 모두 4위이다.

합격자의 실전 풀이 순서

❶ 〈표 1〉, 〈표 2〉는 산업재해에 관한 표이며, 〈표 3〉은 'K'지역 근로자 수에 관한 표임을 파악한다. 또한, 옳지 않은 것을 찾는 문제이므로 선지들 왼쪽에 X 표시를 크게 쳐 놓는다.

❷ 답이 될 가능성이 큰 구체적 수치(30%)가 주어진 ②번, 증가율에 관한 선지인 ③번을 우선 확인하는 등 선지 플레이를 한다.

❸ ②번을 확인하면, 틀린 선지이므로 답을 표시하고 넘어간다.

합격자의 시간단축 Tip

Tip ❶ 선택지별 시간단축 Tip

선지 ② 2005년 전체 산업재해의 30%는 12.2(10%)×3이므로 약 36이다. 그러나 2005년 전남지역 산업재해는 32건이므로 30% 미만이다.

선지 ③ 인천의 2004년 대비 2011년 산업재해 증가율을 기준으로 다른 지역을 파악한다. 이때 증가율과 몇 배 증가했는지는 비례하므로 인천은 약 7배 증가하였음을 기준으로 이보다 적게 증가한 지역이 있는지 확인한다.

선지 ④ '이후'는 기준이 되는 때를 포함하는 개념이다. 따라서 '2006년 이후~증가했다'라는 내용을 판단할 때 2005년에서 2006년으로 가는 기간 동안 증가했는지도 판단해야 한다.

선지 ⑤ 흔히 순위는 적어도 질문한 값의 순위는 계산해야 한다고 생각하지만, 굳이 그럴 필요가 없다. 즉 충남지역 순위가 2009년, 2010년이 동일하지 않으려면 2009년에 충남지역보다 작았던 곳이 2010년에 커졌거나, 2009년에 충남지역보다 컸던 곳이 2010년에 작아야 한다. 따라서 그러한 곳이 있는지 위주로 가볍게 확인하면 된다. 이를 통해 순위 계산 없이 해결할 수 있다. 예를 들어 이 문제의 경우 충남지역의 산업재해 건수는 2009년에서 2010년 사이 63건에서 74건으로 증가하였다. 따라서 충남 외 지역 중 산업재해 건수가 2009년에 63건 미만인 지역 중 2010년에 74건 이상으로 증가한 곳이 있는지, 2009년에 63건 초과이던 지역 중 2010년에 74건 이하인 곳이 있는지만 확인하면 된다.
이러한 풀이 방법이 헷갈린다면 실수 방지를 위해 전체 지역을 대상으로 표에 연도별 순위를 적는 방법도 생각해 볼 수 있다.

Tip ❷ '전체' 값이 주어진 경우 선지 판단에 영향을 주지 않도록 기타 항목과의 사이에 구분선을 그어준다.

10 정답 ④ 난이도 ●●●

자료해석 - 자료의 내용과 일치/불일치하는 설명을 고르는 문제

ㄱ. (×) 2017~2019년 동안 매학기 장학생 수가 증가하는 장학금 유형은 ~~1개이다~~.

➜ 매학기 장학생 수가 증가하는 여부를 판단하면 된다.

A는 2017년 1학기에서 2학기로 되면서 장학생 수는 112명에서 106명으로 감소했다.

B는 2018년 1학기에서 2학기로 되면서 장학생 수는 21명에서 20명으로 감소했다.

C는 2019년 1학기에서 2학기로 되면서 장학생 수는 137명에서 122명으로 감소했다.

D는 2017년 1학기에서 2학기로 되면서 장학생 수는 543명에서 542명으로 감소했다.

E는 2017년 1학기에서 2학기로 되면서 장학생 수는 2,004명에서 1,963명으로 감소했다.

따라서 2017~2019년 동안 매학기 장학생 수가 증가하는 장학금 유형은 없다.

ㄴ. (O) 2018년 1학기에 비해 2018년 2학기에 장학생 수와 장학금 총액이 모두 증가한 장학금 유형은 4개이다.

➜ 〈표〉에서 2018년도 내용을 확인하면, B를 제외하고는 A, C, D, E 모두 장학생 수와 장학금 총액이 증가하였으므로, 〈보기〉 ㉡ 내용에 해당하는 장학금 유형은 4개이다.

ㄷ. (×) 2019년 2학기 장학생 1인당 장학금이 가장 많은 장학금 유형은 ~~B이다~~.

➜ $(\text{장학생 1인당 장학금}) = \frac{(\text{장학금 총액})}{(\text{장학생 수})}$이므로, 이 수식을 이용하여 2019년 2학기 장학금을 계산한다.

- A: 1인당 장학금$=\frac{372}{104}=3.58$(백만 원)
- B: 1인당 장학금$=\frac{70}{20}=3.5$(백만 원)
- C: 1인당 장학금$=\frac{419}{122}=3.43$(백만 원)
- D: 1인당 장학금$=\frac{1,039}{584}=1.78$(백만 원)
- E: 1인당 장학금$=\frac{1,904}{1,767}=1.07$(백만 원)이다.

따라서 2019년 2학기 장학생 1인당 장학금이 가장 많은 장학금 유형은 A이다.

ㄹ. (O) E장학금 유형에서 장학생 수와 장학금 총액이 가장 많은 학기는 2019년 1학기이다.

➜ 〈표〉에서 2019년 1학기 E의 장학생 수와 장학금 총액은 각각 2,188과 2,379로 두 항목 모두 나머지 학기랑 비교했을 때 가장 많다. 따라서 E 장학금 유형에서 장학생 수와 장학금 총액이 가장 많은 학기는 2019년 1학기이다.

합격자의 실전 풀이 순서

❶ 〈표〉를 읽고 장학금 유형별 장학생 수와 장학금 총액에 대한 표임을 파악한다. 또한 수(개수)와 금액이 나왔으므로, 장학생 1인당 장학금액 같은 개념을 물어볼 수 있음을 인지한다.

❷ 〈보기〉 중 장학금 유형 하나를 단순하게 확인하는 보기 ㉣을 먼저 푼다. 옳은 보기이므로 답은 ④, ⑤번 중 하나이다. 이하의 Tip을 체화한다면 보기 ㉠이 더욱 쉽고 빠를 수 있다. 본인이 예외를 찾는 것에 특화되었다면 ㉠부터 푸는 것을 추천한다.

❸ 〈보기〉 ㉡과 ㉢ 중에 단순하게 확인이 가능한 보기 ㉡을 먼저 푼다. 보기 ㉡은 옳은 보기이므로 답은 ④번이다.

합격자의 시간단축 Tip

보기 ㄱ. '매 학기, 매년, 항상'과 같은 단어가 주어진 선지의 경우, 예외 하나만 발견하는 것으로 충분하다. 이때 수험생의 시간을 뺏기 위해서 출제 위원분들은 예외를 뒷부분에 숨겨두는 경우가 많으므로, 항상 뒤에서부터 예외를 찾는 습관을 지니는 것이 좋다.
예를 들어 A, B, C, D, E 모두 마지막 부분인 2019년 1학기 → 2학기에 장학생 수가 감소하거나 같은 것을 볼 수 있다.

보기 ㄴ. 이전 보기와 마찬가지로 반례를 찾으면 쉽게 해결이 가능하다. B의 경우 장학생 수가 감소했으므로 제거한다.

보기 ㄷ. 분수 비교를 할 때는 비슷한 수치로 변환하여 더 쉽게 비교할 수 있다.

A: $\frac{372}{104}=\frac{744}{208}\fallingdotseq\frac{74}{21}$ vs B: $\frac{70}{20}$을 비교하면 A가 더 크다는 것을 쉽게 알 수 있다.

보기 ㄹ. 가장 많은 학기가 2019년 1학기인지 확인하는 것이므로 2019년 1학기의 E장학금 유형의 장학생 수와 장학금 총액의 수치를 기준으로 하여 빠르게 다른 학기들을 눈으로 확인한다.
이러한 단정적 보기("가장 ~한 것은 A이다")는 〈표〉에서 장학생 수와 장학금 총액이 가장 많은 학기를 구하고, 해당 학기가 2019년 1학기인지를 확인하는 절차가 아니라 2019년 1학기의 수치를 기준으로 삼고 반례가 있으면 틀린 선지, 없으면 옳은 선지로 파악하는 것이 시간 절약에 도움이 된다.
추가로 이 문제에서는 틀린 선지가 아니었으나, 반례는 주로 질문한 값의 주변에 있다. 특히 표의 내용이 많을수록 그런 경향이 강하기에, 주변부부터 확인하는 것이 좋다.

11 정답 ⑤ 난이도 ●●○

자료해석 – 자료의 내용과 일치/불일치하는 설명을 고르는 문제

① (×) 2015년 이후 처리 인원이 전년 대비 증가한 연도에는 기소 인원도 전년 대비 ~~증가한다~~.
➜ 처리 인원이 전년 대비 증가한 연도는 2016년, 2017년, 2018년이므로 이때 기소 인원도 전년 대비 증가했는지 살펴보면 된다. 2017년도의 기소 인원은 전년인 2016년 대비 12,287명에서 12,057명으로 감소했다.
따라서 2018년의 값을 조사하지 않아도 틀린 내용임을 알 수 있다.

② (×) 2018년 기소 인원과 기소율은 2014년보다 모두 ~~증가하였다~~.
➜ 2018년 기소 인원은 기소 유형에서 정식재판기소 인원과 약식재판기소 인원을 더하면 되므로 3,513+10,750=14,263(명)이다. 따라서 2014년 기소 인원 14,205명보다 증가한 것이 맞다.
각주 3)의 [기소율(%)] $=\frac{(\text{기소 인원})}{(\text{처리 인원})}\times100$을 이용해 2014년과 2018년 기소율을 구하면 다음과 같다. (소수점 둘째 자리에서 반올림)
- 2014년: $\frac{14,205}{33,654}\times100\fallingdotseq42.2(\%)$
- 2018년: $\frac{14,263}{38,152}\times100\fallingdotseq37.4(\%)$

이때, 두 해의 기소 인원(분자)은 비슷하나 처리 인원(분모)는 2018년에 더 많으므로 2018년 기소율은 2014년 기소율보다 더 낮다는 것을 계산하지 않고 파악할 수 있다.

③ (×) 2017년 불기소 인원은 2018년보다 ~~많다~~.
➜ 2017년 불기소 인원은 19,039명이고, 2018년 불기소 인원은 (전체 처리 인원)−(기소 인원)이므로 38,152−(3,513+10,750)=23,889(명)이다.
따라서 2017년의 불기소 인원은 2018년보다 적다.

④ (×) 2014년 불기소 인원은 정식재판기소 인원의 10배 ~~이상이다~~.
➜ 2014년 불기소 인원과 정식재판기소 인원을 구하면 다음과 같다.
- 불기소 인원: (처리 인원)−(기소 인원) =33,654−14,205=19,449(명)
- 정식재판기소 인원: (기소 인원)−(약식재판기소 인원) =14,205−12,239=1,966(명)

따라서 2014년 불기소 인원은 정식재판기소 인원의 10배가 되지 않음을 알 수 있다.

⑤ (○) 처리 인원 중 정식재판기소 인원과 약식재판기소 인원의 합이 차지하는 비율은 매년 50% 미만이다.
➜ 처리 인원 중 정식재판기소 인원과 약식재판기소 인원의 합이 차지하는 비율은

$\frac{(\text{정식재판기소 인원})+(\text{약식재판기소 인원})}{(\text{처리 인원})}=\frac{(\text{기소 인원})}{(\text{처리 인원})}$으로 구할 수 있다.

2014년의 경우 $\frac{14,205}{33,654}\fallingdotseq\frac{142}{336}<0.5$이므로 50% 이하이며, 다른 연도에서도 이와 같은 방법으로 모두 계산해 보면 $\frac{(\text{기소 인원})}{(\text{처리 인원})}$의 값이 0.5보다 작으므로 옳은 보기이다.

합격자의 실전 풀이 순서

❶ 표를 통해 처리 인원이 증가하고 있다는 사실을 파악한다.

❷ '(처리 인원)=(기소 인원)+(불기소 인원)=(정식재판 기소 인원)+(약식재판 기소 인원)+(불기소 인원)'임을 빨리 파악한 후 문제에서 물어보는 빈칸을 채운다.

❸ 기소율을 계산하는 데 시간이 오래 걸리므로 ②번 선지를 가장 마지막에 처리한다.

❹ ①, ③, ④번을 순서대로 지우고 ⑤번 선지 판단을 통해 답을 도출할 수 있다.

합격자의 시간단축 Tip

Tip ❶ 선택지별 시간 단축 Tip

선지 ① 가능한 한 괄호를 채우지 않으면서, 이미 주어진 값을 통해 정오를 판단한다. 2016년에 비해 2017년 처리 인원은 증가했으나 기소 인원은 감소했으므로 2018년의 기소 인원을 구하지 않고도 해결할 수 있다.

선지 ② '기소 인원'과 '기소율'이 모두 증가하는지 물을 때에는, 출제 의도 상 수험생이 시간을 소모하도록 유도하기 위해 틀린 부분을 뒷부분에 배치하는 경향이 있음을 고려한다. 따라서 뒤에 있는 '기소율'이 증가하는지 먼저 확인한 후에 앞에 있는 '기소 인원'이 증가하는지 확인하는 것이 원칙이다. 단, 이 경우에는 '기소 인원'의 증가 여부를 파악하는 것이 '기소율'의 증가 여부를 파악하는 것보다 훨씬 간단하기 때문에 앞에서부터 해결한다.
2014년 기소 인원은 14,205명이고 2018년 기소 인원은 3,513+10,750≒3,500+10,750=14,250이므로, 기소 인원은 증가한다.
2014년 기소율은 $\frac{14,205}{33,654}$(×100 생략)이고, 2018년 기소율은 $\frac{14,263}{38,152}$이다. 2018년 기소율은 2014년 기소율에 비해 분자는 61(1% 미만) 크고, 분모는 약 4,500(10% 초과) 크다. 즉, 2018년 기소율은 2014년 기소율보다 낮으므로 기소율은 감소한다.
실제로 문제를 풀 때는 분자의 크기가 비슷하므로 분수 형태를 만들지 않고 분모의 크기만 비교해도 정오를 판단할 수 있다.

선지 ③

[방법 1]
2018년 불기소 인원은 38,152−(3,513+10,750)명이고, 2017년 불기소 인원은 19,039명이다.
38,152 vs (3,513+10,750+19,039)
→ 38,152 vs 32,000+513+750+39
→ 38,152 vs 32,000+1,200+13+50+39
→ 38,152 vs 약 33,300
따라서 불기소 인원은 2018년이 더 많다.

[방법 2]
직접 구하지 않고, 2017년 불기소 인원이 2018년 불기소 인원과 같다고 가정하고 푼 후, 모순이 생기는지 확인한다. 계산해 보면 19,039+3,513+10,750≒19,000+3,000+10,000=32,000 < 38,152이 되어 모순되므로 2017년 불기소 인원이 더 작다.

선지 ④ 먼저 2014년 불기소 인원은 33,654−14,205≒33,600−14,200=19,400(명)이고, 정식재판기소 인원은 14,205−12,239≒14,200−12,240=1,960(명)이다. 따라서 19,400 < 19,600이므로 틀린 선지이다.
참고로 선지 ④번의 경우 그 값이 비슷하여 근삿값을 함부로 사용하면 안 된다. <u>"언제 근삿값을 넉넉히 사용하고, 언제 조심히 사용해야 하는지"는 처음 가볍게 근삿값으로 값을 비교했을 때 "비슷하다"라는 생각이 드는지 여부를 기준으로 하면 된다.</u>
예를 들어, 선지 ④번을 해결할 때 불기소 인원 33,654−14,205를 약 19,000 이상인 수로, 정식재판기소 인원 14,205−12,239를 약 2,000 이하의 수로 근삿값을 정하면, 2,000 이하인 수를 10배 했을 때 19,000 이상인 수보다 클 수도 있다. 따라서 근삿값을 보다 더 구체적으로 정해야 한다.

선지 ⑤ 50%를 처리하는 방법은 크게 3가지가 있다.

[방법 1]
처리 인원 중 기소 인원의 비율이 50% 미만이라는 것은, '(처리 인원) > (기소 인원)×2'임을 의미한다. 이를 2018년부터 2014년까지 아래에서 위 순서로 확인한다.

- 2018년:
  (3,513+10,750)×2 < 15,000×2
  =30,000 < 38,152
- 2017년: 12,057×2 < 25,000 < 31,096
- 2016년: 12,287×2≒25,000 < 28,593
- 2015년: 10,962×2 < 11,000×2
  =22,000 < 26,397
- 2014년: 14,205×2 ≒ 28,000 < 33,654

[방법 2]
정식재판기소 인원과 약식재판기소 인원의 합은 기소 인원과 같다. 기소 인원의 비율이 50% 미만이라는 것은 처리 인원의 반이 기소 인원보다 많다는 의미이다.

2014~2018년 처리 인원의 반을 계산해 기소 인원과 비교해 보자.

- 2014년: 33,654×0.5=16,827 > 14,205
- 2015년: 26,397×0.5=13,198.5 > 10,962
- 2016년: 28,593×0.5=14,296.5 > 12,287
- 2017년: 31,096×0.5=15,548 > 12,057
- 2018년: 38,152×0.5=19,076 > 14,263

[방법 3] 추천방법

위 **[방법 1]**, **[방법 2]**를 결합한 형태로, 실전에서는 이처럼 어느 하나만 사용하는 것이 아니라 둘을 유동적으로 자유롭게 구사할 수 있어야 한다.

2014~2017년과 같이 이미 기소 인원의 수치가 주어진 경우, **[방법 1]**처럼 ×2로 처리하는 것이 더 좋다. 이때의 계산은 차이가 큰 만큼 대략적인 수준으로 해도 충분하다.

반면 2018년과 같이 기소 인원의 수치가 빈칸인 경우, 기소 인원수를 구한 뒤 ×2를 하는 **[방법 1]**보다는 기소 인원수를 구한 후 처리 인원수에 50%를 한 수치와 대소 비교를 하는 **[방법 2]**가 더 효율적이다. 2018년 기소 인원은 10,750+3,513≒14,200(명)이고, 처리 인원 38,152명을 38,000으로 근사시킨 뒤 50%를 하면 19,000이다. 즉, 14,200과 19,000의 대소 비교로 선지의 정오를 판단할 수 있다.

Tip ❷ 모든 선지가 별도의 내용이어서 따로 판단해야 하는 이번 문제의 경우 출제자는 수험생이 모든 선지를 다 시도해 보기를 원한다. 따라서 답은 뒷선지에서 나올 가능성이 높다고 생각된다. 이러한 심리를 역이용하여 뒷선지 먼저 시도해 보는 방법도 고려할 수 있다. 경험상 실제 시험에서도 이러한 유형의 문제에서는 뒷선지에서 답이 결정되는 경우가 많다.

12 정답 ④ 난이도 ●●●

자료해석 – 자료의 특정한 값을 추론하는 문제

각주에 따라서 하진이가 주문한 상품들의 할인율을 구하면 다음과 같다. (소수점 둘째 자리에서 반올림)

- 요가용품세트:

$$\frac{4{,}540+4{,}860}{45{,}400}\times100=\frac{9{,}400}{45{,}400}\times100\fallingdotseq20.7(\%)$$

- 가을스웨터: $\frac{600+7{,}970}{57{,}200}\times100=\frac{8{,}570}{57{,}200}\times100$ $\fallingdotseq15.0(\%)$

- 샴푸: $\frac{0+3{,}000}{38{,}800}\times100=\frac{3{,}000}{38{,}800}\times100\fallingdotseq7.7(\%)$

- 보온병: $\frac{1{,}840+0}{9{,}200}\times100$ $=\frac{1{,}840}{9{,}200}\times100=20.0(\%)$

할인율이 높은 순서대로 나열하면 요가용품세트 > 보온병 > 가을스웨터 > 샴푸이다. 따라서 할인율이 두 번째로 높은 상품은 보온병이며 그 할인율은 20.0%이다.

합격자의 실전 풀이 순서

[방법 1]

❶ 문제에서 할인율이 두 번째로 높은 상품을 물어보고 있으므로 이에 표시하고 각주를 통해 할인율 공식을 확인한다.

❷ 각 상품의 할인율을 구한 후 두 번째로 높은 상품의 할인율을 답으로 고른다.

[방법 2]

❶ 결제 금액의 경우 합계가 주어진 반면, 할인 금액의 경우 합계를 직접 도출해야 한다. 따라서 (결제 금액)=(주문 금액)−(할인 금액)이므로 $\frac{(\text{할인 금액})}{(\text{주문 금액})}$이 아닌 $\frac{(\text{결제 금액})}{(\text{주문 금액})}$이 두 번째로 낮은 상품을 구하는 것이 더 쉬운 방법일지 먼저 생각해 본다.
이 문제의 경우, 결제 금액의 단위가 크고 할인 금액의 항목이 2개밖에 되지 않으므로 변형하지 않고 문제에서 제시한 대로 할인율이 두 번째로 높은 상품을 찾는다.

❷ 할인율이 두 번째로 높은 상품이 될 수 있는 상품은 '요가용품세트'와 '보온병'이다. 보온병의 할인율이 20%임은 쉽게 알 수 있는데, 이 시점에서 선지를 확인한다. 선지에 주어진 값은 20.0%와 20.7%이다. 따라서 요가용품세트의 할인율이 보온병의 할인율(20%)보다 높은지만 판단하면 된다.

합격자의 시간단축 Tip

Tip ❶ 각 상품의 할인율과 크기 순서를 다음과 같이 추측할 수 있다.

① 요가용품의 할인 금액 유형 중 '즉시 할인'의 할인율은 주문 금액의 10%이고, '쿠폰 할인'의 할인율은 주문 금액의 10% 이상임을 알 수 있다. 즉, 총 할인율은 20% 이상이다.

② 가을스웨터의 경우 즉시 할인과 쿠폰 할인을 더한 총 할인 금액이 주문 금액의 10%를 넘으나 20%를 넘지는 않는다.

③ 샴푸의 경우 할인율이 10%를 넘지 않는다.

④ 보온병의 경우 할인율이 정확히 20%이다.

따라서 각각의 상품의 할인율을 구체적으로 구하지 않더라도 할인율은 요가용품세트 > 보온병 > 가을스웨터 > 샴푸임을 알 수 있고 두 번째로 할인율이 높은 상품인 보온병의 할인율은 20%임을 쉽게 도출할 수 있다.

Tip ❷ 일반적으로 문제에서 주어진 모든 각주는 중요하므로 이를 확실히 파악해야 한다. 그러나 이 문제는 할인율에 관한 것으로 각주 2)만 확인하면 된다. 즉, 각주 1)의 결제 금액, 주문 금액, 할인 금액 간 관계는 불필요하다. 이를 빠르게 파악하여 필요한 정보만을 이용해 접근하는 것이 중요하다.

Tip ❸ 할인율이 두 번째로 높은 상품의 할인율을 묻고 있으므로 이를 계산할 필요가 있다. 그러나 처음부터 모든 상품의 할인율을 일일이 계산할 필요는 없다. 먼저 분수 비교를 통해 두 번째로 할인율이 높은 상품을 식별하고 그 할인율만 계산하면 시간을 단축할 수 있다. 혹은 10%와 20%를 기준 삼아서 이상 이하를 대략적으로 비교해 순서를 유추하는 것도 좋은 방법이다.

Tip ❹ 할인율을 도출하지 않고 비교한다.
문제에서는 할인율이 두 번째로 높은 상품의 할인율이 얼마인지 묻고 있다. 할인율이 높은 두 개의 후보군은 '요가용품세트'와 '보온병'이다. 따라서 요가용품세트와 보온병의 할인율 중 작은 쪽이 할인율이 두 번째로 높은 상품이다.

이때, 보온병의 할인율은 $\frac{1,840}{9,200}\times100=20.0(\%)$임을 쉽게 알 수 있고, 요가용품세트의 할인율은 구할 필요가 없다.

13 정답 ③ 난이도 ●●○

자료해석 - 자료의 내용과 일치/불일치하는 설명을 고르는 문제

① (×) 2013년 이후 전년보다 참여직원 수가 가장 많이 증가한 해와 시행기업 수가 가장 많이 증가한 해는 ~~동일하다~~.

➜ 2013~2015년 참여직원 수의 전년 대비 증가폭을 구하면 다음과 같다.

- 2013년: 5,517−3,197=2,320(명)
- 2014년: 10,869−5,517=5,352(명)
- 2015년: 21,530−10,869=10,661(명)

즉, 참여직원 수는 2015년에 가장 많이 증가했다.
2013~2015년 시행기업 수의 전년 대비 증가폭을 구하면 다음과 같다.

- 2013년: 2,802−2,079=723(곳)
- 2014년: 5,764−2,802=2,962(곳)
- 2015년: 7,686−5,764=1,922(곳)

즉, 시행기업 수는 2014년에 가장 많이 증가했다. 따라서 틀린 선지이다.

② (×) 2015년 유연근무제 참여직원 수는 2012년의 7배 ~~이상이다~~.

➜ 〈그림〉에 따르면 2015년 유연근무제 참여직원 수는 21,530명, 2012년 유연근무제 참여직원 수는 3,197명이다. 따라서 2012년 참여직원 수에 7을 곱해 2015년 참여직원 수와 비교하면 3,197×7=22,379 > 21,530이므로 2015년 유연근무제 참여직원 수는 2012년의 7배 미만이다.

③ (○) 시행기업당 참여직원 수가 가장 많은 해는 2015년이다.

➜ 시행기업당 참여직원 수는 $\frac{(\text{참여직원 수})}{(\text{시행기업 수})}$로 구할 수 있다. 2012~2015년 시행기업당 참여직원 수를 구하면 다음과 같다. (소수점 둘째 자리에서 반올림)

- 2012년: 3,197÷2,079≒1.5(명)
- 2013년: 5,517÷2,802≒2.0(명)
- 2014년: 10,869÷5,764≒1.9(명)
- 2015년: 21,530÷7,686≒2.8(명)

따라서 2015년이 시행기업당 참여직원 수가 가장 많다.

④ (×) 2013년 대비 2015년 시행기업 수의 증가율은 참여직원 수의 증가율보다 ~~높다~~.

➜ 2013년 대비 2015년 시행기업 수와 참여직원 수의 증가율을 구하면 다음과 같다. (소수점 둘째 자리에서 반올림)

- 시행기업 수 증가율: $\frac{7,686-2,802}{2,802}\times100≒174.3(\%)$
- 참여직원 수 증가율: $\frac{21,530-5,517}{5,517}\times100≒290.2(\%)$

따라서 시행기업 수의 증가율이 참여직원 수의 증가율보다 더 낮다.

⑤ (×) 2012~2015년 참여직원 수 연간 증가 인원의 평균은 6,000명 ~~이하이다~~.

➜ 선지 ①의 해설에서 구한 2013~2015년 참여직원 수의 증가폭을 이용해 증가 인원의 평균을 구하면 (2,320+5,352+10,661)÷3=6,111(명)이므로 6,000명 이상이다.

합격자의 실전 풀이 순서

❶ 〈그림〉에서 막대그래프와 꺾은선 그래프가 무엇을 나타내는지 확인하고 각각의 y축을 확인한다. (y축 눈금이 0이 되는 지점, 단위 확인)

❷ 합격생별로 풀이 순서가 달랐다. 어느 순서가 더 우월한 것이 아니므로 두 방법을 모두 시도해 본 후 본인에게 더 와닿는 순서를 선택해 연습하면 된다.
[방법 1]
시행기업당 참여 직원 수, 시행기업 수와 참여직원 수의 증가율을 구해야 하는 선지 ③, ④보다 2012년과 2015년의 자료만 확인하면 되는 선지 ②, ⑤를 먼저 해결하고, 다음으로는 증가폭을 계산하는 선지 ①을 해결한다.
[방법 2]
이 문제와 같이 혼합 그래프(꺾은선, 막대)가 주어지는 경우 증가율을 구하는 문제가 시각적으로 쉽게 해결되기 때문에 오히려 선지 ①, ④번이 풀기 쉬울 수 있다. 따라서 별도의 난이도를 따지는 과정을 거치기보다는 선지 순서대로 접근하는 것이 보다 효율적일 수 있다. 다만 선지 ③의 경우 계산이 다소 복잡하므로 사람에 따라 해당 선지는 마지막에 푸는 것이 좋을 수도 있다.

❸ 선지 ①에서 그래프 기울기를 통해 증가율을 비교해 보면, 참여 직원 수가 가장 많이 증가한 해는 2015년인 반면 시행기업 수가 가장 많이 증가한 해는 2014년으로 일치하지 않는다. 그래프 기울기를 이용해 문제를 풀 수 있는 이유는 세로축 수치가 연속적이기 때문이다.

❹ 선지 ②에서 2012년의 유연근무제 참여직원 수는 2,197명, 2015년의 참여 직원 수는 21,530명으로 7배 미만이므로 틀린 선지이다.

❺ 선지 ③에서 그래프의 시각적 효과를 사용하면 시행기업당 참여 직원 수가 가장 많은 해가 2015년이라는 것을 쉽게 알 수 있다. 따라서 ③번이 답이므로 이를 체크하고 넘어간다.

합격자의 시간단축 Tip

선지 ① x축이 '연도'인 막대그래프에서 '기울기'는 증가율이 아닌 y축 변화량을 의미한다. 즉, '연도'는 1년 단위이기 때문에 x축의 길이는 1로 동일하므로, 기울기는 y축의 변화량을 의미하게 된다. 종종 이를 기울기로 착각하는 수험생이 많으므로 주의해야 한다.
따라서 기울기를 이용하여 직원 수나 시행기업 수의 증가량을 비교하면 가장 가파른 기울기를 보이는 연도는 2013년에서 2014년이다. 따라서 2014년에 전년 대비 시행기업 수 증가량이 가장 크다.
참여직원 수는 2015년도에 기울기가 가장 가파르다는 것을 쉽게 알 수 있다.

선지 ②

[방법 1]
유연근무제 참여직원 수는 2012년 3,197명이고, 2015년 21,530명이다. 2012년의 참여직원을 3,100명이라고 가정하더라도 7배는 21,700명으로 2015년의 참여 직원 수보다 많다.

[방법 2]
가장 큰 자릿수부터 비교하는 방법도 있다. 2012년도 천의 자릿수인 3에 7을 곱하면 21로 15년도의 앞 두 자리와 같다. 그러나 나머지 수인 197의 7배는 최소한 700 이상인 반면 2015년도의 나머지 수는 530명이므로 2015년의 참여 직원 수는 2012년도의 7배일 수 없다.

[방법 3]
3,197은 3,200과 크게 다르지 않으므로 3,200으로 가정하더라도 숫자의 왜곡이 거의 없다. 따라서 $3,200 \times 7 = 22,400 > 21,530$임에 7배 미만임을 쉽게 알 수 있다.

* 원칙적으로 근삿값은 선지와는 반대 방향으로 설정해야 한다. 즉 선지 ②번의 경우 7배 이상인지 물었으므로 2012년 값을 원래보다 작게 설정 후, "그럼에도 불구하고 7배보다 작다"로 푸는 것이 정석적인 방법이다.
그렇다면 '더 큰 값을 설정한 [방법 3]은 틀린 풀이인지' 궁금한 수험생이 있을 것으로 생각한다. 여기서 3,200으로 더 큰 대체 값을 잡은 것은 매우 가까운 숫자(=단 3 차이)이기 때문이며, 따라서 큰 숫자 왜곡이 없었던 것이다. 이처럼 원칙적으로는 반대로 설정하되, 적절한 가까운 숫자가 있다면 동일한 방향으로 설정해도 무관함을 알아두자.

선지 ③

[방법 1]
시행기업당 참여직원 수를 어림산하면,

2012년은 $\frac{31}{20} \fallingdotseq 1.5$, 2013년은 $\frac{55}{28} < 2$, 2014년은 $\frac{108}{57} < 2$, 2015년은 $2 < \frac{215}{76} < 3$이다.

그래프가 주어지는 경우 그래프만 보고 판단하는 경우가 있지만 이는 조심해야 한다. 시행기업 수의 단위는 1,000단위로 올라가지만 참여직원 수의 단위는 5,000단위이기 때문에, 단순히 막대그래프의 끝부분과 꺾은선 그래프의 점이 가깝다는 이유로 비중을 크다고 보기에는 왜곡이 발생하기 쉽다.
예를 들어 끝부분과 점 간 거리가 매우 먼 2014년은 실제 계산 시 1.88이지만 그보다 가까운 2012년은 1.52로 한참 작으며, 훨씬 가까워 보이는 2013년은 1.96으로 '시각적 특성'과 달리 2014년과 크게 차이 나지 않는다.

따라서 시각적 특성을 통해 풀지 않고, 보기에서 준 값을 기준값으로 다른 값에 대입 시 모순이 발생하는지 확인하는 것이 좋은 풀이이다. 선택지 질문에 제시된 '2015년 시행기업당 참여직원 수'는 2보다 크고 3보다 작은 값이므로 2를 기준으로 확인한다. 2012~2014년을 보면 모두 2보다 작으므로 옳은 선지임을 쉽게 알 수 있다.

[방법 2]

선지는 $\frac{(\text{참여직원 수})}{(\text{시행기업 수})}$에 대해 묻고 있지만 그래프는 $\frac{(\text{시행직원 수})}{(\text{참여기업 수})}$로 나타나 있다. 이 경우 분자와 분모의 위치만 뒤바뀐 것이므로 그래프상 수치를 위치 변경 없이 그대로 사용하되 $\frac{(\text{시행직원 수})}{(\text{참여기업 수})}$가 가장 적은 해를 찾으면 된다. 즉, 분자와 분모가 뒤바뀐 경우에는 술어를 뒤집어 생각하면 된다.

선지④ 구체적인 값을 도출하려 하지 않아도 된다. 기준값을 두고 확인하는 형태로 처리하면 된다. 시행기업 수는 2013년 2,802에서 7,686으로 3배 미만 증가했다. 이에 3배를 기준으로 보면, 참여직원 수는 2013년 5,517명에서 2015년 21,530으로 3배를 초과하여 증가했다. 따라서 후자의 증가율이 더 높다.

선지⑤ 참여직원 수 '증가인원의 평균'이 6,000명 이하라는 것은 3년 동안 총 증가 인원이 6,000×3=18,000(명) 이하라는 의미이다. 즉 2015년의 참여직원 수가 2012년의 참여직원 수에 18,000을 더한 값보다 작아야 된다는 의미로, 계산해 보면 3,197+18,000=21,197 < 21,530으로 증가폭이 18,000보다 크므로 틀린 선지임을 쉽게 알 수 있다.

14 정답 ③ 난이도 ●●●

자료해석 – 자료의 내용과 일치/불일치하는 설명을 고르는 문제

① (×) '태블릿'을 판매한 시는 ~~6개이다~~.
→ 제시된 〈표〉를 살펴보면 태블릿을 판매하고 있는 시는 0건을 판매한 안성시, 화성시, 양주시를 제외한 용인시, 여주시, 고양시, 남양주시, 파주시, 성남시, 수원시임을 확인할 수 있다. 따라서 태블릿을 판매한 시는 7개이다.

② (×) 유형별 전체 판매건수가 가장 많은 스마트 제품은 ~~'이어폰'이다~~.
→ 전체 판매건수가 많은 순서대로 나열해 보면 스마트폰(293) > 이어폰(224) > 워치(100) > 태블릿(35) 순이다. 따라서 유형별 전체 판매 건수가 가장 많은 액세서리는 스마트폰이다.

③ (○) 파주시 유형별 스마트 제품 판매건수의 합은 전체 스마트 제품 판매건수 합의 10% 이하이다.
→ 경기도 10개 시 각각의 스마트 제품 판매 건수의 합을 보면 용인시 120, 여주시 70, 고양시 69, 안성시 68, 남양주시 67, 파주시 63, 성남시 59, 화성시 49, 수원시 48, 양주시 39이다. 따라서 전체 스마트 제품 판매 건수의 총합은 120+70+69+68+67+63+59+49+48+39=652(백 건)이다.
전체 스마트 제품 판매건수의 합에서 파주시 스마트 제품 판매 건수의 합이 차지하는 비율은
$\frac{(\text{파주시 스마트 제품 판매 건수의 총합})}{(\text{전체 스마트 제품 판매 건수의 총합})}\times 100 = \frac{63}{652}\times 100 ≒ 9.7(\%)$이다. (소수점 둘째 자리에서 반올림)
따라서 파주시 스마트 제품 판매 건수 합은 전체 스마트 제품 판매 건수 합의 10% 이하이다.

④ (×) '워치'의 판매건수가 가장 많은 시는 ~~안성시이다~~.
→ 워치 판매 건수가 많은 순서대로 나열해 보면 용인시(16) > 안성시(13) > 여주시(11)=고양시(11)=남양주시(11) > 파주시(9)=화성시(9)=양주시(9) > 수원시(8) > 성남시(3)이므로 '워치' 판매 건수가 가장 많은 시는 용인시이다.

⑤ (×) '이어폰'의 시별 판매건수 순위는 '워치'와 ~~동일하다~~.
→ 이어폰 판매 건수가 많은 순서대로 나열해 보면 용인시(64) > 성남시(36) > 여주시(24) > 남양주시(18) > 고양시(16) > 파주시(14)=화성시(14)=수원시(14) > 안성시(13) > 양주시(11)이다.
워치 판매 건수가 많은 순서대로 나열해 보면 용인시(16) > 안성시(13) > 여주시(11)=고양시(11)=남양주시(11) > 파주시(9)=화성시(9)=양주시(9) > 수원시(8) > 성남시(3)이다. 따라서 이어폰의 시별 판매 건수 순위는 워치와 같지 않다.

합격자의 실전 풀이 순서

❶ '전체, 합'은 개수를 세는 과정에서 구성 요소의 하나로 착각하기 쉬우므로 구분선을 긋는다.

❷ 쉬운 형태의 〈표〉인 만큼, 쉬운 선지를 빠르게 처리하여 소거하는 방식이 더 빠를 것이라 생각된다. 따라서 ①번부터 차례대로 확인하되, 괄호의 값을 구해야 하는 선지 ③은 후순위로 미룬다.

* 반대로 단순 확인 선지가 답이 되는 경우는 적으므로 계산이 필요한 선지가 정답일 것이라는 가정하에 이러한 선지를 먼저 접근할 수 있다.

합격자의 시간단축 Tip

Tip ❶ 선택지별 시간단축 Tip

선지 ① '태블릿'을 판매한 시의 수를 물었다. 개수를 질문한 경우 해당하는 구성 요소가 무엇인지 기억해야 할 이유가 없으므로 일일이 셀 필요가 없다.

[방법 1]
10개의 시를 대상으로 조사했다는 정보가 이미 주어져 있으므로 태블릿 수에서 0건의 도시 수가 3개라는 것을 파악하여 10−3=7(개)를 바로 구할 수 있다.

[방법 2]
'반대 해석' 방법을 이용하여 여집합으로 해결한다. 즉 10개 시 중 판매 도시가 6개라는 것은 곧 여집합으로 보면 4개 시의 태블릿 판매건수가 0이라는 의미이다. 따라서 0건인 곳을 찾아보면 3곳이므로 틀린 선지임을 바로 알 수 있다.

선지 ②

[방법 1] 추천방법
가장 큰 값을 직접 찾지 않고, '이어폰'이 가장 많다고 가정한 후 모순이 발생하는지 확인하는 방법이 보다 효율적이다.
전체 이어폰의 경우 224이고, 바로 옆에 표기된 값은 293이므로 가장 크지 않다는 것을 바로 알 수 있다. 이때 293이 어떤 유형인지 확인하지 않는다. 반례를 확인한 것으로 충분하다.

[방법 2]
유형별 전체 판매 건수는 〈표〉 최하단의 '전체' 값에 해당하므로, 전체 값 중 가장 큰 수를 찾은 후 그 유형이 어떤 유형인지 확인하는 것이 빠르다. 즉, 293이 가장 큰 수이므로 '스마트폰'의 판매 건수가 가장 많은 스마트 제품이 된다.

선지 ③ 총합을 도출하기에 앞서 '각주'의 "스마트 제품 유형은 ~로만 구성됨"이라는 문장을 반드시 확인하여야 한다. 많은 수험생이 당연하다 여기고 이를 잘 읽지 않는 경향이 있는데, 종종 주어지지 않은 제3의 유형이 숨겨져 있는 함정 선지를 두는 고난도 문제가 출제되므로 총합을 구할 땐 반드시 이러한 각주가 있는지 확인해야 한다.

[방법 1]
'전체 스마트 제품 판매 건수의 총합'을 구할 때 시간을 줄일 수 있다. 각 시의 스마트 제품 판매 건수의 합을 이용하여 구하려면 10개의 수를 더해야 하지만 유형별 합을 이용하여 구하면 4개의 수를 더하면 된다. 따라서 (전체 스마트 제품 판매 건수의 총합)=224+293+100+35=652(백 건) 방법으로 더 빠르게 구할 수 있다.

[방법 2]
역으로 파주시의 스마트 제품 판매 건수가 63이므로 전체 스마트 제품 판매건수가 630 이상인지를 파악하는 방법으로 확인하는 방법도 가능하다.
224+293+100+35 > 220+290+100+30=510+100+30 ≥ 630인지만 확인한다.
즉, 전체 스마트 제품 판매 건수의 합을 정확히 구하지 않고, 보기의 정오만을 판단하는 것이 시간 단축에 기여한다.

[방법 3]
스마트 제품의 구체적인 판매건수를 구하지 않고 접근하는 방법도 있다. 각 유형별 스마트 제품 전체 판매건수에서 파주시가 판매한 스마트 제품 판매 건수가 차지하는 비율이 각각 10% 이상인지 확인하는 것이다. 표에서 확인할 수 있는 것처럼 태블릿을 제외하고 파주시의 스마트 제품 판매건수는 매 유형마다 전체 판매건수에서 차지하는 비율이 10% 미만이다. 그런데 태블릿이 전체 판매건수에 차지하고 있는 비중이 현저히 낮아, 그 가중치가 작고 태블릿에서 파주시가 차지하는 비율도 10%를 겨우 초과하므로 스마트 제품 전체 판매건수에서 파주시가 차지하는 비율도 10%에 못 미침을 알 수 있다.

선지 ④ 가장 큰 값이 어느 곳인지 찾을 필요가 전혀 없다. 다만 반례가 있는지 여부만 확인하면 된다. 따라서 안성시의 워치 판매 건수가 13건임을 확인하고, 다른 시의 워치 판매 건수 중 13보다 더 큰 숫자가 있는지 확인한다.

선지 ⑤ 출제 의도상 수험생이 시간을 소모하도록 유도하기 위해 반례를 뒷부분에 배치하는 경향이 있으므로 뒤에서부터 확인하는 것이 좋다. 따라서 '이어폰'와 '워치'의 판매 건수가 적은 시부터 순위별로 비교한다. '이어폰' 판매 건수가 가장 적은 시는 양주시, '워치' 판매 건수가 가장 적은 시는 성남시이다. 그러므로 순위가 같지 않음을 바로 확인할 수 있다.

Tip ❷ 순위를 매기는 경우, 이에 해당하는 항목을 표에서 찾아 바로 옆에 숫자를 적는 방법을 사용하면 실수를 방지할 수 있다. 예컨대 '이어폰'의 경우 '용인시'가 가장 많이 판매하고 있으므로 표에서 64 옆에 다른 색상 펜으로 1이라고 적는다.

15 정답 ⑤ 난이도 ●●○

자료해석 – 자료의 내용과 일치/불일치하는 설명을 고르는 문제

① (O) 미수납액이 가장 많은 연도는 2018년이다.

→ 각주 1)에 따르면 미수납액은 (징수결정액)−(수납액)−(불납결손액)으로 계산한다. 2014~2018년 미수납액을 계산하면 다음과 같다.

- 2014년: 200,000−180,000−7,000 =13,000(십억 원)
- 2015년: 210,000−190,000−8,000 =12,000(십억 원)
- 2016년: 200,000−190,000−10 =9,990(십억 원)
- 2017년: 220,000−195,000−3,000 =22,000(십억 원)
- 2018년: 237,020−207,900−2,320 =26,800(십억 원)

따라서 미수납액이 가장 큰 연도는 2018년이다.

② (O) 수납비율이 가장 높은 연도는 2014년이다.

→ 각주 2)에서 수납비율은 $\frac{(수납액)}{(예산액)}\times100$으로 계산된다. 수납비율은 예산액이 적을수록, 수납액이 많을수록 높다. 2015~2017년에는 예산액이 수납액보다 많기 때문에 $\frac{(수납액)}{(예산액)}<1$이지만, 2014년과 2018년은 예산액이 수납액보다 적기 때문에 $\frac{(수납액)}{(예산액)}>1$이다. 즉, 2015~2017년의 수납비율보다 2014년과 2018년의 수납비율이 높으므로 2014년과 2018년의 수납비율만 계산하면 된다. (소수점 둘째 자리에서 반올림)

- 2014년의 수납비율:

$\frac{180,000}{175,000}\times100≒102.9(\%)$

- 2018년의 수납비율:

$\frac{207,900}{202,900}\times100≒102.5(\%)$

따라서 2014년의 수납비율이 가장 높다.

③ (O) 2018년 내국세 미수납액은 전체 세수 미수납액의 95% 이상을 차지한다.

→ 각주 1)에 따르면 미수납액은 (징수결정액)−(수납액)−(불납결손액)으로 계산한다. 2018년 내국세 미수납액과 전체 세수 미수납액을 구하면 다음과 같다.

- 내국세 미수납액: 213,000−185,000−2,300 =25,700(십억 원)
- 전체 세수 미수납액: 237,020−207,900−2,320 =26,800(십억 원)
- 2018년 전체 세수 미수납액에서 내국세 미수납액이 차지하는 비율은 $\frac{25,700}{26,800}\times100≒95.9(\%)$이다. (소수점 둘째 자리에서 반올림)

따라서 내국세 미수납액은 전체 세수 미수납액의 95% 이상을 차지한다.

④ (O) 2018년 세수 항목 중 수납비율이 가장 높은 항목은 종합부동산세이다.

→ 세수 항목 중 수납비율은 $\frac{(수납액)}{(예산액)}\times100$으로 계산된다. 선지 ②번 해설과 마찬가지로 예산액과 수납액의 대소를 비교하면 교육세를 제외한 나머지 세수 항목은 예산액보다 수납액이 많음을 확인할 수 있다.

2018년 교육세를 제외한 나머지 세수항목의 수납비율을 계산하면 다음과 같다. (소수점 둘째 자리에서 반올림)

- 내국세의 수납비율:

$\frac{185,000}{180,000}\times100≒102.8(\%)$

- 교통·에너지·환경세 수납비율:

$\frac{14,100}{13,900}\times100≒101.4(\%)$

- 농어촌특별세 수납비율:

$\frac{2,600}{2,500}\times100≒104.0(\%)$

• 종합부동산세 수납비율:

$\frac{1,400}{1,300} \times 100 ≒ 107.7(\%)$

2018년 세수 항목 중 수납비율이 가장 높은 항목은 종합부동산세이다.

⑤ (×) 2018년 교통·에너지·환경세 미수납액은 교육세 미수납액 보다 많다.

➜ 2018년 교통·에너지·환경세 미수납액과 교육세 미수납액을 구하면 다음과 같다.

• 교통·에너지·환경세 미수납액:
14,200−14,100−10=90(십억 원)

• 교육세 미수납액:
5,000−4,800−3=197(십억 원)

따라서 2018년 교통·에너지·환경세 미수납액은 교육세 미수납액보다 적다.

합격자의 실전 풀이 순서

❶ 〈표 2〉의 '전체 세수'에 표시한다. 각주를 확인하고, '징수결정액'과 '수납액', '수납액'과 '불납결손액' 사이에 각각 −(마이너스)를 표시하고 '불납결손액'의 오른쪽에 '미수납액'이라고 쓴다.

❷ 각주 2)에 따르면 '수납비율'은 계산이 필요한데, 선지 ①~⑤ 중 '수납비율'에 대해 묻는 선지는 2개뿐이므로, 선지 ②, ④는 후순위로 미룬다.

❸ 남은 ①, ③, ⑤번 중 ①번은 가장 큰 값을 찾는 것으로 비교 대상이 많으므로 후순위로 미룬다. 따라서 ③, ⑤번 순으로 해결한다. 먼저 ③번의 경우 옳은 선지이므로 소거한다.

❹ ⑤번을 확인 시 틀린 선지이므로, 정답은 ⑤번이다.

합격자의 시간단축 Tip

선지 ① 2018년 미수납액을 우선 계산하면 237,020−207,900−2,320=26,800(십억 원)으로 26,000(십억 원)이 조금 넘는 금액이다. 이때 통상 뺄셈보다는 덧셈이 빠르고 쉬운 연산 방법임을 고려할 때, 뺄셈을 통해 차이값을 도출하는 것보다는 덧셈으로 비교하는 것이 더 좋다. 따라서 2018년 미수납액을 26,000(십억 원)으로 어림한 뒤 다른 연도의 수납액, 불납결손액을 더해 해당 연도의 징수결정액과 비교하면 된다. 이런 식으로 풀 경우 매우 빠른 풀이가 가능하다.

예를 들어, 2014년은 굳이 제대로 계산하지 않더라도 수납액에만 더해도 180,000+26,000 > 200,000임을 쉽게 알 수 있다. 이처럼 하나만 계산하고 맞다고 가정한 후 모순이 있는지 확인하는 것이 좋다.

선지 ② 2015, 2016, 2017년은 (예산액) > (수납액)이므로 수납비율이 1보다 작다. 2014년과 2018년의 수납비율을 비교하면, $\frac{180,000}{175,000}$ vs $\frac{207,900}{202,900}$ → $\frac{180}{175}$ vs $\frac{207.9}{202.9}$이다.

이때 분자와 분모의 차를 확인해 보면 $\frac{180}{175}$의 분자와 분모 차는 180−175=5이고 $\frac{207.9}{202.9}$의 분자와 분모 차는 207.9−202.9=5이다.

분모는 $\frac{207.9}{202.9}$가 더 크지만, 분자와 분모의 차는 동일하므로 $\frac{180}{175} > \frac{207.9}{202.9}$이다.

이처럼 '차이값 비교'는 분수 비교를 곱셈, 나눗셈 없이 해결할 수 있게 해준다는 장점이 있다.

선지 ③ 전체 세수 미수납액은 26,800(=237,020−207,900−2,320)이며, 내국세 미수납액은 25,700(213,000−185,000−2,300)이다. 내국세 미수납액이 전체 세수 미수납액의 95% 이상을 차지하기 위해선, '(전체 세수 미수납액)−(내국세 미수납액)'의 값이 전체 세수 미수납액의 5% 이하이면 된다.

각 미수납액을 간단하게 표현하면 268, 257이다. 268의 5%는 268의 10%인 26.8의 절반인 13.4이다. 268−257=11로, 13.4보다 작은 값을 갖는다. 따라서 2018년 내국세 미수납액은 전체 세수 미수납액의 95% 이상을 차지함을 파악할 수 있다. 다만, 해당 선지는 다른 선지에 비해 세세한 계산을 해야 해서 부담스러울 수 있다. 그렇다면 굳이 이 선지를 풀기보다 다른 선지들을 해결하는 것이 좋다.

선지 ④ 교육세를 제외한 모든 세수 항목이 $\frac{(수납액)}{(예산액)}$ > 1이다. 하지만 세수 항목의 수납비율을 백분율 계산 없이 각 분수의 분자와 분모의 차를 이용하는 방법으로 비교할 수 있다. 각 분수의 분자와 분모의 차를 분자로, 분모를 그대로 분모에 두고 그 값을 비교하는 방법이다. 비율이 1 이상이므로 증가율 계산 방식을 활용하는 것이다.

• 내국세 수납비율: $\frac{185}{180} \rightarrow \frac{185-180}{180} = \frac{5}{180}$

• 교통·에너지·환경세 수납비율:

$\frac{141}{139} \rightarrow \frac{141-139}{139} = \frac{2}{139}$

• 농어촌특별세 수납비율: $\frac{26}{25} \rightarrow \frac{26-25}{25}=\frac{1}{25}$

• 종합부동산세 수납비율: $\frac{14}{13} \rightarrow \frac{14-13}{13}=\frac{1}{13}$

각 세수 항목의 분모와 분자의 차이값은 큰 차이가 없는 것에 비해, 종합부동산세의 분모가 13으로 압도적으로 작다는 것을 알 수 있다. 종합부동산세의 값이 가장 크다. 분자의 값이 가장 큰 내국세와 종합부동산세를 비교해 봐도, 내국세의 분자가 종합부동산세의 5배이지만, 내국세의 분모는 종합부동산세 분모의 10배를 훨씬 넘는다. 종합부동산세의 수납비율이 더 높음을 알 수 있다. 이 외에도 두 분수의 분자와 분모의 차를 이용해 비교할 수 있다. 분자의 증가율이 분모의 증가율보다 더 클 경우 큰 값을 갖는다는 점을 활용하는 것이다. 내국세와 교통·에너지·환경세를 예시로 들면 다음과 같다.

내국세 수납비율 $\frac{185}{180}$와 교통·에너지·환경세 수납비율 $\frac{141}{139}$에서 내국세 수납비율의 분자는 교통·에너지·환경세 수납비율의 분자보다 44 크고, 분모는 41 크다. 분자는 30% 이상 증가했지만, 분모는 30% 미만 증가했다. 분자의 증가율이 분모의 증가율보다 크므로 교통·에너지·환경세 수납비율이 내국세 수납비율보다 작다.

선지 ⑤ 수치가 간단하므로 최대한 실수 없이 빠르게 계산하는 것이 중요하다.

두 세수 항목 모두 불납결손액의 값이 10 이하이므로, 징수결정액−수납액의 값을 먼저 비교해 봐도 좋다.

• 교통·에너지·환경세: 징수결정액−수납액=14,200−14,100=100

• 교육세: 징수결정액−수납액=5,000−4,800=200

교육세가 교통·에너지·환경세보다 100 크다. 불납결손액조차 교육세가 더 작으므로 교육세의 미수납액이 교통·에너지·환경세의 미수납액보다 크다.

16 정답 ⑤ 난이도 ●○○

자료해석 - 자료의 내용과 일치/불일치하는 설명을 고르는 문제

① (O) 2012년 전체 영업이익 중 A전자의 영업이익이 50% 이상이다.

➜ 2012년 전체 영업이익은 751+626+39=1,416(억 원)이다. 이를 통해 전체 영업이익의 50%를 구하면 $1,416\times\frac{50}{100}$=708(억 원)이다.

이때, A전자의 영업이익 751억 원은 전체 영업이익의 50%(708억 원)보다 많으므로 옳은 내용이다.

② (O) 2011년 A전자의 영업이익은 2013년 A중공업의 영업이익보다 적다.

➜ 2011년 A전자의 영업이익은 1,149−486−35=628(억 원)이다. 2013년 A중공업의 영업이익은 804억 원이므로 옳은 내용이다.

③ (O) A호텔의 영업이익은 매년 증가하였다.

➜ 2010~2014년 A호텔의 영업이익 중 빈칸인 2014년 A호텔의 영업이익을 구하면 1,824−905−865=54(억 원)이다.

따라서 A호텔의 영업이익은 23 < 35 < 39 < 51 < 54로 매년 증가했다는 것을 알 수 있다.

④ (O) 2014년 A중공업의 영업이익은 2010년과 2011년 A중공업의 영업이익의 합보다 많다.

• 2010년 A중공업의 영업이익: 924−527−23=374(억 원)
• 2011년 A중공업의 영업이익: 486(억 원)
• 2010년과 2011년 A중공업의 영업이익 합: 374+486=860(억 원)
• 2014년 A중공업의 영업이익: 865(억 원)

즉, (2014년 A중공업의 영업이익) > (2010년과 2011년 A중공업의 영업이익 합)이므로 옳은 내용이다.

⑤ (×) 2014년 전체 영업이익은 2012년 전체 영업이익의 ~~1.5배 이상이다~~.

• 2012년 전체 영업이익: 751+626+39=1,416(억 원)
• 2014년의 전체 영업이익: 1,824(억 원)

2012년 전체 영업이익에 1.5배를 하면 1,416×1.5=2,124(억 원)이므로 2014년 전체 영업이익 1,824건보다 크다. 즉, 2014년 전체 영업이익은 2012년 전체 영업이익의 1.5배 미만이므로 틀린 내용이다.

합격자의 실전 풀이 순서

❶ 〈표〉의 구조를 파악한다.

❷ 선지 플레이를 통해 답일 가능성이 큰 선지부터 확인한다. 구체적 수치(1.5배)가 주어진 ⑤번을 가장 먼저 확인하고, 그 이후에는 선지 구조가 비슷하므로 순서대로 확인한다.

❸ ⑤번을 확인하면, 틀린 선지이므로 답을 표시하고 넘어간다.

합격자의 시간단축 Tip

선지 ① 전체 값을 구하지 않고 50%의 특성을 이용하여 해결한다. 전체에 소속된 어떤 값이 전체 값의 50% 이상이면 그 값을 제외한 다른 모든 값의 합보다 그 값이 더 크다.
따라서 2012년에 A전자(751) > A중공업(626)+A호텔(39)인지 확인하여 해결한다.

선지 ② 통상 뺄셈보다는 덧셈이 더 빠르고 실수가 적은 연산 방법이다. 따라서 2011년 A전자의 영업이익을 구하기 위해 2011년 전체 영업이익에서 A중공업·A호텔의 영업이익을 빼고 난 후 그 값과 2013년 A중공업 영업이익과 비교하기보다 2013년 A중공업 영업이익을 2011년 A전자의 영업이익으로 보고 그 합이 1,149보다 큰지 확인하는 것이 좋다.
또한 그 합을 구할 때도 구체적으로 계산하지 않아야 한다. 2013년 A중공업 영업이익인 804와 2011년 A중공업 영업이익인 486만 보아도 1,200이 넘으므로 A호텔 영업이익을 더하지 않아도 당연히 옳은 선지임을 알 수 있다.

선지 ③ 2014년 A호텔 영업이익을 구하여 2013년 A호텔 영업이익인 51과 비교하지 말고 빈칸에 52를(매년 증가하는지 확인해야 하므로 51보다는 커야 함) 대입해 2014년 A전자, A중공업, A호텔의 전체 영업이익의 합이 1,824보다 작은지 확인한다. 2014년 A전자, A중공업 영업이익의 합은 1,770억 원이고 52억 원을 더하면 1,822억 원이므로 1,824억 원보다 작다. 따라서 A호텔 영업이익은 매년 증가하였다.

선지 ④ 2010년과 2011년 A중공업의 영업이익의 합을 더 간단히 구할 수 있다. 2010년 A전자와 A호텔의 영업이익의 합은 527+23=550(억 원)이고, 2011년 A중공업의 영업이익인 486보다 64만큼 크다.
따라서 2010년 전체 영업이익인 924에서 64를 뺀 것이 2010년과 2011년 A중공업 영업이익의 합으로 924−64=860이다. 따라서 2014년 A중공업의 영업이익인 865보다 작다.
혹 위 해설을 읽었을 때 바로 그 의미가 이해되지 않았다면 그 원리를 식으로 표현해 파악해 보자.
(2010년 A전자의 영업이익)+(2010년 A호텔의 영업이익)=527+23=550=(2011년 A중공업의 영업이익)+64
이를 통해 2010년 A중공업의 영업이익을 도출하면
(2010년 A중공업의 영업이익)=(2010년 전체 영업이익)−[(2010년 A전자의 영업이익)+(2010년 A호텔의 영업이익)
=(2010년 전체 영업이익)−[(2011년 A중공업의 영업이익)+64]
=924−(2011년 A중공업의 영업이익)−64
따라서 2010년과 2011년 A중공업의 영업이익의 합은
(2010년 A중공업의 영업이익)+(2011년 A중공업의 영업이익)
=924−(2011년 A중공업의 영업이익)−64+(2011년 A중공업의 영업이익)
=924−64=860
즉, 실제 문제 풀이에선 이 과정을 생략하고 '결론'만 기억한다면 빠르게 문제를 풀 수 있을 것이다.

선지 ⑤
[방법 1]
2014년 전체 영업이익이 2012년 전체 영업이익의 1.5배 이상이라면, 2012년 전체 영업이익은 2014년 전체 영업이익의 $\frac{2}{3}$ 이하일 것이다. 즉, 2012년 전체 영업이익이 1,216억 원 이하여야 한다.
그러나 2012년의 A전자와 A중공업의 영업이익 합만 1,300건을 초과하므로 틀린 선지이다.

[방법 2]
1.5배는 기존 수에 그 수의 절반을 더한 것이다. 즉 1,416에 그 절반인 708을 더해 1.5배 계산을 쉽게 할 수 있다. 다만, 이때 꼭 1,416을 구할 필요도 없다. 2012년 A전자와 중공업의 영업이익의 100의 자리만 더해도 1,300이 되기에 2012년 전체 영업이익은 1,300 이상임을 알 수 있다. 그리고 1300의 1.5배는 1,900이 넘는다는 것을 알 수 있으므로 틀린 선지라는 것을 빠르게 파악할 수 있다.

17 정답 ④ 난이도 ●●●

자료해석 – 자료의 내용과 일치/불일치하는 설명을 고르는 문제

ㄱ. (O) 주택 수는 매년 증가하였다.
→ 주택 수를 직접적으로 구하는 식이 제시되지 않았지만, 각주 1)의 [주택 보급률(%)]$=\frac{(\text{주택 수})}{(\text{가구 수})}$×100에 따라 주택 수를 다음과 같이 (주택 수)=(주택 보급률)×(가구 수)÷100으로 구할 수 있다.
2000~2004년의 주택 수를 구하면 다음과 같다.
- 2000년 주택 수:
70×10,000÷100=7,000(천 가구)
- 2001년 주택 수:
80×11,000÷100=8,800(천 가구)

- 2002년 주택 수:
  $90 \times 12{,}000 \div 100 = 10{,}800$(천 가구)
- 2003년 주택 수:
  $100 \times 12{,}500 \div 100 = 12{,}500$(천 가구)
- 2004년 주택 수:
  $120 \times 13{,}000 \div 100 = 15{,}600$(천 가구)

따라서 주택 수는 매년 증가했다.

ㄴ. (×) 2003년 주택을 두 채 이상 소유한 가구수는 ~~2002년보다 증가하였다~~.

→ 〈표〉와 각주 1)의 주택 보급률을 구하는 식에서 주택을 소유한 가구 수는 구할 수 있지만, 주택을 두 채 이상 소유한 가구 수를 구할 수 없다. 따라서 틀린 보기이다.

ㄷ. (O) 2001~2004년 동안 1인당 주거공간의 전년 대비 증가율이 가장 큰 해는 2001년이다.

→ 1인당 주거공간의 전년 대비 증가율은 $\frac{\text{(해당연구 1인당 주거공간)} - \text{(전년도 1인당 주거공간)}}{\text{(전년도 1인당 주거공간)}} \times 100$으로 구할 수 있다. 2001~2004년 1인당 주거공간의 전년 대비 증가율을 구하면 다음과 같다. (소수점 둘째 자리에서 반올림)

- 2001년: $\frac{17-14}{14} \times 100 ≒ 21.4(\%)$
- 2002년: $\frac{20-17}{17} \times 100 ≒ 17.7(\%)$
- 2003년: $\frac{23-20}{20} \times 100 ≒ 15.0(\%)$
- 2004년: $\frac{26-23}{23} \times 100 ≒ 13.0(\%)$

따라서 2001~2004년 동안 1인당 주거공간의 전년 대비 증가율이 가장 큰 해는 2001년이다.

ㄹ. (O) 2004년 주거공간 총면적은 2000년 주거공간 총면적의 2배 이상이다.

→ 주거공간의 총면적을 구하는 식은 제시되지 않았지만, 각주 2)의 [가구당 주거공간(m^2/가구)] = $\frac{\text{(주거공간 총면적)}}{\text{(가구수)}}$에 따라 주거공간 총면적을 다음과 같이 (주거공간 총면적)=(가구당 주거공간)×(가구수)로 구할 수 있다. 2000년과 2004년 주거공간 총면적을 구하면 다음과 같다. 가구수 단위인 '천 가구'는 편의상 생략하였다.

- 2000년 주거공간 총면적:
  $58 \times 10{,}000 = 580{,}000m^2$
- 2004년 주거공간 총면적:
  $95 \times 13{,}000 = 1{,}235{,}000m^2$

(2000년 주거공간) $\times 2 = 580{,}000 \times 2$
$= 1{,}160{,}000m^2 < 1{,}235{,}000m^2$

따라서 2004년 주거공간 총면적은 2000년 주거공간 총면적의 2배 이상이다.

합격자의 실전 풀이 순서

❶ 〈표〉의 구조를 파악한다. 각주에서 〈표〉에 없는 부분을 구할 수 있는지 확인한다.

❷ 보기 ㉡은 계산이 필요 없는 선지이므로 먼저 확인하면, 알 수 없는 정보에 대한 보기이므로 옳지 않은 보기이다. 따라서 답은 ②, ④번 중 하나이다.

❸ 보기 ㉣을 확인하면, 옳은 보기이므로 답은 ④번이다.

합격자의 시간단축 Tip

보기 ㄱ. (주택 수)=(가구수)×(주택 보급률)인데, 매년 가구수와 주택 보급률이 둘 다 증가하므로 그 곱에 해당하는 주택수는 계산하지 않아도 매년 증가한다.

보기 ㄴ. '알 수 없는 정보'이다. 알 수 있는지, 없는지를 파악하는 가장 좋은 방법은 '극단적인 값을 설정'해보는 것이다.

보기 ㉡의 경우 주택 보급률의 구조상 보급률이 100%가 넘으면 두 채 이상 소유한 가구수가 증가한 것처럼 보일 수 있으나, 한 가구가 전체를 판매하는 등의 극단값이 충분히 설정 가능하므로 이는 '도출할 수 없는 정보'에 해당한다.

알 수 없는 정보는 잘 파악하면 계산 없이 손쉽게 처리할 수 있어 매우 빠르게 해결할 수 있지만 안 보이는 경우 시간만 엄청나게 소모되는 보기로, 이를 잘 파악할 수만 있다면 좋은 무기가 되므로 연습하는 것이 좋다.

보기 ㄷ. 1인당 주거공간의 전년 대비 증가율의 분자인 증가 폭은 모두 3으로 동일하다. 따라서 전년 대비 증가율의 분모인 전년도 1인당 주거공간이 14로 가장 작은 2001년이 1인당 주거공간의 전년 대비 증가율이 가장 큰 해이다.

참고 (1인당 주거공간의 전년 대비 증가율)=
$\frac{\text{(해당연도 1인당 주거공간)} - \text{(전년도 1인당 주거공간)}}{\text{(전년도 1인당 주거공간)}} \times 100$

보기 ㄹ. 어림산하여 간단히 계산할 수 있다. 2000년 주거공간 총면적의 2배는 $2 \times 10 \times 58 = 20 \times 58$, 2004년 주거공간 총면적은 13×95로 놓고 곱셈 비교한다. 이때, 13 → 20은 약 50% 미만 증가했지만 58 → 95는 50% 이상 증가했으므로 13×95가 더 큰 값임을 알 수 있다. 즉, 2배를 2000년도 주거공간 총면적에 녹여

2004년과 비교하면 동일한 수의 항목 간 비교로 단순해진다.

18 정답 ② 난이도 ●○○

자료해석 – 자료의 내용과 일치/불일치하는 설명을 고르는 문제

ㄱ. (×) 비수도권의 지가변동률은 매년 상승하였다.

→ 2013년 비수도권의 지가변동률은 1.30%로 2012년 비수도권의 지가변동률 1.47%보다 감소하였다. 또 2018년 비수도권의 지가변동률은 3.64%로 2017년 비수도권의 지가변동률 3.97%보다 감소하였다.

따라서 비수도권의 지가변동률은 매년 상승했다고 할 수 없다.

ㄴ. (○) 비수도권의 지가변동률이 수도권의 지가변동률보다 높은 연도는 3개이다.

→ 비수도권과 수도권의 지가변동률 수치를 단순 비교하여 판단할 수 있다.

- 2012년: 수도권 0.37% < 비수도권 1.47%
- 2013년: 수도권 1.20% < 비수도권 1.30%
- 2015년: 수도권 1.90% < 비수도권 2.77%

2012~2018년 중 2012년, 2013년, 2015년 비수도권의 지가변동률이 수도권의 지가변동률보다 더 높으므로 옳은 보기이다.

ㄷ. (×) 전년 대비 지가변동률 차이가 가장 큰 연도는 수도권과 비수도권이 동일하다.

→ 전년 대비 수도권 지가변동률 차이가 가장 큰 연도는 2018년으로 그 차이는 6.11−4.31=1.8(%p)이다. 전년 대비 비수도권 지가변동률 차이가 가장 큰 연도는 2017년으로 그 차이는 3.97−2.97=1.0(%p)이다.

따라서 전년 대비 지가변동률의 차이가 가장 큰 연도는 수도권과 비수도권이 다르므로 틀린 보기이다.

합격자의 실전 풀이 순서

❶ 〈보기〉 ㉠과 같은 '완전한 경향성을 요구하는 문제'는 반례를 하나 발견하는 것으로 충분하다. 〈표〉를 볼 때 뒤에서부터 보면 2018년에 감소한 것을 바로 확인할 수 있으므로 더 이상 반례를 찾지 않고 보기 ㉠이 틀린 선지라 판단한다.

❷ 〈보기〉 ㉢은 틀린 선지이므로 바로 정답을 구한다.

합격자의 시간단축 Tip

Tip ❶ 선택지별 시간단축 Tip

보기 ㄱ. '매년', '항상'과 같은 표현이 등장한다면 빠르게 예외를 찾아보려는 습관이 중요하다. 그리고 출제자는 우리의 시선이 항상 왼쪽 위에서 출발하여 대각선 아래로 향하는 것을 알고 있기 때문에, 문제 푸는 시간을 지연시키기 위해서 반례를 우측 하단에 배치하는 경향이 있다.

그래서 이러한 보기를 만나면 2017년과 2018년이 먼저 눈이 가도록 연습하면 좋다. 다만, 이 문제는 2012년과 2013년을 보아도 답이 나오므로 친절한 문제라 할 수 있다.

보기 ㄴ. 비수도권의 지가변동률이 수도권의 지가변동률보다 높은 연도는 2012년, 2013년, 2015년으로 세 개이다. 따라서 옳다.

보기 ㄷ. 수도권이나 비수도권 중 하나를 선택하여 전년 대비 차이가 가장 큰 연도를 찾는다. 이때 각각 차이값을 비교하여 더 큰 연도를 새로 찾지 않고, 앞서 도출된 연도보다 큰 곳이 있는지만 확인하면 된다.

예를 들어, 수도권을 먼저 찾을 경우 2018년이 가장 큰 연도이며 2018년 비수도권은 0.33%p 차이가 난다. 따라서 0.33%p보다 큰 연도가 있다는 것을 확인한 후 틀린 선지라 판단하면 된다. 다시 한번 강조하지만 실제로 가장 큰 연도를 찾을 필요가 없다.

Tip ❷ 소수점을 생각하면 헷갈리기 쉽다. 모든 숫자가 소수점 아래 둘째 자리까지 나와 있으므로 이를 무시하고 문제를 해결해도 문제없다.

Tip ❸ 한 가지 주의할 점은 '차이값'이지 '증가분'이 아니라는 것이다. 즉 차이값은 양수, 음수를 따지지 않는 '절댓값'이기 때문에, 감소했다고 하여 고려 대상에서 제외하는 실수를 하면 안 된다.

Tip ❹ 출제자는 수험생이 모든 〈보기〉를 확인했으면 할 때 보기를 3개로 제시한다. 이 경우 선지플레이를 생각하기보다 모든 〈보기〉를 확인한다는 마음으로 접근해야 한다. 4개 이상인 경우 선지플레이를 생각해 볼 수 있다.

19 정답 ③ 난이도 ●●●

자료해석 – 자료의 내용과 일치/불일치하는 설명을 고르는 문제

① (×) 연구개발비의 외부지원 비중은 ~~매년~~ 증가하였다.

→ 2006년부터 2009년까지는 24.3% < 26.1% < 26.8% < 28.7%로 매년 증가하였지만 2010년 외부지원 비중은 28.0%로 2009년에 비해 0.7%p 감소하였다. 따라서 틀린 내용이다.

② (×) 2007~2010년 동안 전년에 비해 연구원 만 명당 연구개발비가 가장 많이 증가한 해는 ~~2010년이다~~.

→ 전년 대비 연구원 만 명당 연구개발비의 증가액은 (해당연도 연구원 만 명당 연구개발비)−(전년도 연구원 만 명당 연구개발비)로 구한다. 2007~2010년 연구원 만 명당 연구개발비의 전년 대비 증가액을 구하면 다음과 같다.

- 2007년: 6,460−5,662=798(백만 원)
- 2008년: 7,097−6,460=637(백만 원)
- 2009년: 7,781−7,097=684(백만 원)
- 2010년: 8,452−7,781=671(백만 원)이므로 전년에 비해 연구원 만 명당 연구개발비가 가장 많이 증가한 해는 2007년이다. 따라서 틀린 내용이다.

③ (○) 2009년에 비해 2010년 '갑' 기업 연구원의 수는 증가하였다.

→ $(\text{연구원 만 명당 연구개발비})=\frac{(\text{연구개발비})}{(\text{연구원 수})}$ ×10,000(명)이므로,

$(\text{연구원 수})=\frac{(\text{연구개발비})}{(\text{연구원 만 명당 연구개발비})}$ ×10,000(명)이다.

2009년과 2010년의 연구원 수를 구하면 다음과 같다.

- 2009년 연구원 수:
  $\frac{37,929}{7,781}\times10,000=48,746$(명)
- 2010년 연구원 수:
  $\frac{43,855}{8,452}\times10,000=51,887$(명)

2009년에 비해 2010년 '갑' 기업 연구원의 수는 증가하였다.

④ (×) 2007~2010년 동안 전년 대비 연구개발비 증가액이 가장 작은 해는 ~~2009년이다~~.

→ 전년 대비 연구개발비 증가액은 (해당 연도 연구개발비)−(전년도 연구개발비)로 구한다.

2007~2010년 연구개발비의 전년 대비 증가액을 구하면 다음과 같다.

- 2007년: 31,301−27,346=3,955(십억 원)
- 2008년: 34,498−31,301=3,197(십억 원)
- 2009년: 37,929−34,498=3,431(십억 원)
- 2010년: 43,855−37,929=5,926(십억 원)

따라서 전년 대비 연구개발비 증가액이 가장 작은 해는 2008년이다.

⑤ (×) 2007~2010년 동안 연구개발비의 전년 대비 증가율이 가장 작은 해와 연구개발비의 자체부담 비중이 가장 큰 해는 ~~같다~~.

→ 연구개발비는 자체부담 비용과 외부지원 비용의 합으로 이루어져 있으므로, 자체부담 비중은 전체 100%에서 외부지원 비중의 퍼센티지를 뺀 값이다. 연구개발비의 전년 대비 증가율이 가장 작은 해는 9.9%인 2009년이고 연구개발비의 자체부담 비중이 가장 큰 해는 75.7%의 2006년이므로 서로 다르다.

합격자의 실전 풀이 순서

❶ 〈표〉에 연구개발비와 연구원 만 명당 연구개발비가 주어져 있으므로 연구개발비를 연구원 만 명당 연구개발비로 나누면 연구원 수를 구할 수 있음을 파악한다. 또한, 연구개발비는 자체부담 비용과 외부지원 비용으로만 구성되므로 '100%−(외부지원 비중)=(자체부담 비중)'임을 이해한다.

❷ 선지 플레이를 하면, 단순 확인용 선지보다는 〈표〉의 주된 장치가 사용되거나 비율에 대한 선지가 답이 될 가능성이 크다. 따라서 ③, ⑤번을 먼저 확인한다.

❸ ③번을 확인하면, 옳은 내용이므로 답이다. 답을 표시하고 넘어간다.

합격자의 시간단축 Tip

Tip ❶ 단순 확인형 문제이므로 시간 소모를 유도하는 출제 의도상 뒷부분에 반례가 배치될 개연성이 높다. 따라서 뒷부분인 2010년부터 확인하면, 2010년엔 전년 대비 외부지원 비중이 감소하였으므로 바로 반례가 된다.

선지 ② '가장 많이 증가한 해'를 도출할 필요가 없다. 즉 선지에서 제시한 값보다 큰 값이 있는지만 확인하면 된다. 전년 대비 2010년의 연구원 만 명당 연구개발비 증가액을 계산하면 700백만 원보다 살짝 작은 값이 나오므로, 다른 연도의 연구원 만 명당 연구개발비에 700백만 원을 더해 연구개발비가 같거나 더 많은 해가 있는지 확인한다.

가령 2007년의 경우 5,662+700≒6,300 < 6,460이므로 적어도 2010년이 더 작아 틀린 선지임을 알 수

있다. 이때 중요한 점은 가장 많이 증가한 해가 어디인지 찾지 않고 바로 마무리하는 것이다.

선지③ 2009년과 2010년의 연구원 수는 $\frac{(\text{연구개발비})}{(\text{연구원 만 명당 연구개발비})}$의 분수 비교를 통해 확인할 수 있다.

[방법 1] 분자-분모 증가율 비교법

2009년 연구원 수 $\frac{37,929}{7,781}$ vs 2010년 연구원 수 $\frac{43,855}{8,452}$

2009년에서 2010년 방향으로 분모의 증가율은 10% 미만이지만 분자의 증가율은 10% 초과이므로 연구원 수는 증가했다.

[방법 2] 분자-분모 증가율 비교법의 변형

편의상 근삿값을 앞 두 자리를 이용해 37,929 → 38 / 43,855 → 44 / 7,781 → 77 / 8,452 → 84로 설정하자. 이때 분자와 분모 증가율의 기준인 2009년 값이 38, 77로 서로 약 두 배 차이임에도 불구하고, 증가분은 44−38=6과 84−77=7로 큰 차이가 없다. 따라서 분자 증가율이 더 높으므로 연구원 수는 증가했다. 이해를 위해 설명이 길었으나, 나중에 익숙해지면 다른 계산 없이 증가분이 6, 7임을 확인하고 바로 옳은 선지로 처리할 수 있는 만큼 이 방법을 익혀 두면 좋다.

[방법 3] 배율 비교 방법

2009년 연구원 수 $\frac{37,929}{7,781}$ vs 2010년 연구원 수 $\frac{43,855}{8,452}$는 가분수 형태로 배율 값을 가진다.

2009년의 분모는 7,700으로 내림하더라도 $7,700\times5 = 38,500 > 37,929$로 5배 미만의 값이지만, 2010년의 분모는 8,500으로 올림하더라도 $8,500\times5=42,500 < 43,855$로 5배 초과이다. 따라서 2010년 연구원 수가 더 많다는 것을 쉽게 알 수 있다.

참고 주의할 점은 문제 질문의 반례가 되기 쉬운 형태로 변형시켜야 한다는 점이다. 가령 위와 반대로 2009년의 분모는 올림, 2010년의 분모는 내림한다면, 2009년의 분수 값은 작아지고 2010년의 분수 값은 커져 '연구원 수가 증가'하도록 의도적 변형을 시킨 것이 되므로 숫자 구조의 왜곡이 될 개연성이 높아진다.

선지④

[방법 1] 추천방법

〈표〉에서 주어진 '전년 대비 증가율'을 이용하는 방법이다. 〈표〉에 따르면 매년 증가율이 양수이므로 빠른 연도일수록 더 연구개발비가 적다. 즉, 2009년 이전의 증가율이 2009년과 유사하다면 증가액은 더 적을 수밖에 없다. 2008년은 증가율은 2009년과 유사한 10.2%이므로 더 작을 가능성이 높다.
따라서 2008년만 확인하면 충분하다.

[방법 2] 일반적 풀이 방법

2009년의 전년 대비 연구개발비 증가액을 대략 3,400 이상이다. 이를 기준으로 전년 대비 연구비개발비 증가액이 3,400보다 더 작은 연도가 있는지를 빠르게 판단한다. 이때 2008년이 더 작게 증가하였으므로 틀린 선지이다.
단, 실제로 가장 작은 해가 언제인지 찾지 않아야 한다. 2009년보다 전년 대비 연구개발비 증가액이 작은 해가 있는지 즉, 반례만 확인한 것으로 충분하다. 평소 기준점을 잡아 놓고 반례 찾는 연습을 해야 한다.

선지⑤ 반대 해석을 이용한다. 연구개발비의 자체부담 비중이 가장 큰 해는 반대로 외부지원 비중이 가장 작은 해이므로 이를 먼저 구하면 2006년이다. 2006년이 연구개발비의 전년 대비 증가율이 가장 작은 해인지 확인하면, 2008년과 2009년이 더 작으므로 틀린 선지이다.
2가지 정보를 묻고 각각에 해당하는 연도가 같은지 묻는다면, 하나를 먼저 구하고 그것을 기준으로 다른 정보도 같은지를 빠르게 눈으로 확인하면 시간을 줄일 수 있다.

참고 반대 해석 시 '가장 크다', '가장 작다' 등을 반대로 적용해 실수할 수 있다. 이에 반대 해석을 적용할 때 선지의 '자체부담 비중이 가장 큰 해'라는 글자 위에 '자체부담 비중이 가장 작은 큰 해'라고 표시하고 푸는 것이 좋다. 다만 이와 같이 표시해야 하는 글자 수가 많은 경우, '자체부담 비중이 가장 큰 해' 아래 2006년을 쓰는 것이 더 효율적이다.

20 정답 ④ 난이도 ●●○

자료해석 - 자료의 내용과 일치/불일치하는 설명을 고르는 문제

각주를 참고하여 〈표〉 내부 빈칸을 채우면 다음과 같다.
- A공장의 내수량: 38.9−23.0=15.9(천 개)
- B공장의 생산량: 34.7+9.9=44.6(천 개)
- C공장의 수출량: 49.3−10.8=38.5(천 개)
- D공장의 출하량: 22.9+29.1=52.0(천 개)
- E공장의 생산량: 62.4+5.1=67.5(천 개)

ㄱ. (×) 생산량이 가장 높은 공장의 ~~수출량이 가장 높다~~.
→ 생산량은 E공장이 62.4+5.1=67.5(천 개)로 가장 높다. 그러나 수출량은 C공장이 49.3−10.8 =38.5(천 개)로 가장 높다.

ㄴ. (O) 불량률이 가장 낮은 공장의 출하량이 두 번째로 높다.

➜ 불량률이 가장 낮은 공장은 D이다. 출하량은 내수량과 수출량의 합으로 구하므로 D공장의 출하량은 22.9+29.1=52.0(천 개)다.

따라서 D공장의 출하량은 E공장 다음으로 두 번째로 높다.

ㄷ. (×) 내수량이 가장 높은 공장의 ~~불량률이 가장 높다.~~

➜ 내수량이 가장 높은 공장은 E공장이다. 〈그림〉에 따르면 E공장의 불량률은 A공장, B공장에 이어 세 번째로 높다. 따라서 틀린 보기이다.

ㄹ. (O) 생산량이 가장 낮은 공장은 B이다.

➜ 생산량은 출하량과 폐기량의 합과 같다. B공장의 출하량은 34.7천 개, 폐기량은 9.9천 개로 생산량은 34.7+9.9=44.6(천 개)로 A~E공장 중 가장 낮다. 따라서 옳은 보기이다.

합격자의 실전 풀이 순서

❶ 〈표〉의 각주를 통해 출하량과 생산량을 구하는 방식을 이해한다. 이는 〈표〉의 빈칸을 채울 때 사용될 것이다.

❷ 한 가지 정보만 확인해도 되는 보기 ㉣ 먼저 확인한다. 보기 ㉣은 옳은 보기이므로 답은 ④, ⑤번 중 하나이다.

❸ 다음으로 보기 ㉡을 확인하면 옳은 보기이므로 답은 ④번이다.

합격자의 시간단축 Tip

보기 ㄱ. 'A항목에서 가장 높은(큰, 많은) 수치를 나타내는 유형은 B항목에서도 가장 높은(큰, 많은) 수치를 나타낸다'와 같은 질문은 출제자가 수험생의 시간 소모를 유도하기 위해 뒷부분인 B에서 오답을 만들어낼 개연성이 크므로 B항목부터 확인하는 것이 좋다. 따라서 보기 ㉠의 경우 C공장의 수출량이 가장 높음을 확인하고, C공장의 생산량이 가장 높은지 역으로 확인해 본다.

이때 수출량이 가장 높은 공장이 어딘지 찾을 때, 다음과 같은 아이디어를 생각해 보자. 수출량 값이 주어지지 않은 C공장을 제외하면 E공장의 수출량이 가장 높다. 따라서 C공장의 수출량이 E공장의 그것보다 큰 지만 확인하면 어떤 공장의 수출량이 가장 큰지 바로 알 수 있다. 이 경우 C공장의 출하량−내수량을 통해 C공장의 수출량을 구체적으로 구하여 비교하는 것이 아니라 E공장의 수출량인 37.8을 C공장의 수출량으로 대입하여 C공장의 수출량이 E공장의 수출량보다 더 큰지만 '확인'해주면 계산을 빠르게 처리할 수 있다. (C공장의 수출량)+(C공장의 내수량)=(C공장의 출하량)으로부터 37.8+(C공장의 내수량) < (C공장 출하량)이 되면 (C공장의 수출량) > 37.8이 되기 때문이다. C공장의 내수량은 10.8이고 출하량은 49.3이므로 C공장의 수출량은 37.8보다 더 크다. 따라서 C가 수출량이 가장 높은 공장임을 알 수 있다.

보기 ㄷ. 보기 ㉠과 마찬가지로 뒤에서부터 확인한다. 불량률이 가장 높은 A공장이 내수량도 가장 높은지 확인한다. A공장의 내수량은 (출하량)−(수출량)=38.9−23.0=15.9(천 개)다. 즉, A공장의 내수량보다 D, E공장의 내수량이 더 높으므로 틀린 보기다.

보기 ㄹ. B공장의 생산량을 구하면, 34.7+9.9=34.6+10=44.6(천 개)이다.

A, C, D공장의 생산량보다 낮고, E공장은 생산량을 구하지 않더라도 출하량 자체가 62.4천 개이므로 B공장의 생산량보다 클 것이다. 따라서 옳은 선지이다.

21 정답 ①

난이도 ●●●

자료해석 – 자료의 내용과 일치/불일치하는 설명을 고르는 문제

ㄱ. (O) 2015년 광재와 오니류의 재활용률 차이가 덴마크보다 큰 국가는 캐나다, 벨기에, 포르투갈이다.

➜ 〈표〉에 따르면 2015년 덴마크의 광재와 오니류의 재활용률 차이는 10.4(%p)이다. 광재와 오니류의 재활용률 차이가 10.4%p보다 큰 국가들은 벨기에(14.8%p), 포르투갈(11.4%p), 캐나다(12.8%p)이다.

ㄴ. (O) 2015년 광재 재활용률이 전년 대비 감소한 국가는 벨기에, 그리스, 스페인이다.

➜ 2015년 광재 재활용률이 전년 대비 증가했는지, 감소했는지, 전년과 같은지는 〈표〉의 전년 대비 증감(%p)의 부호를 확인함으로써 파악할 수 있다. 부호가 +면 증가, −면 감소, 전년 대비 증감(%p)이 0이면 전년과 같다는 의미이다.

광재 재활용률이 전년 대비 감소한 국가는 전년 대비 증감(%p)의 부호가 −인 벨기에, 그리스, 스페인이다.

ㄷ. (×) 스페인의 2015년 광재 재활용률은 그리스의 2014년 광재 재활용률보다 ~~높다.~~

➜ 스페인의 2015년 광재 재활용률은 39.6%인 반면 그리스의 2014년 광재 재활용률은 39+1.27=40.27(%)이다. 따라서 스페인의 2015년 광재 재활용률은 그리스의 2014년 광재 재활용률보다 낮다.

ㄹ. (×) 2005년 대비 2014년 광재 재활용률이 가장 큰 폭으로 증가한 국가는 ~~벨기에이다~~.

→ 벨기에의 2005년 광재 재활용률은 55.3+0.2=55.5(%), 2014년 광재 재활용률은 55.3+0.28=55.58(%)로 벨기에의 2005년 대비 2014년 광재 재활용률 상승폭은 0.08%p이다.

반면, 바로 밑에 있는 일본의 경우만 해도 일본의 2005년 광재 재활용률은 32.2−4.49=27.71(%), 2014년 광재 재활용률은 32.2−0.26=31.94(%)로 상승폭이 4.23%p인 바, 벨기에의 그것보다 크다. 따라서 2005년 대비 2014년 광재 재활용률이 가장 큰 폭으로 증가한 국가는 벨기에가 아니다.

합격자의 실전 풀이 순서

[방법 1]

❶ 보기조합형 문제임을 확인하고 선지부터 본다. 보기조합형 문제의 경우 주어진 보기 모두를 해결하지 않아도 정답을 결정할 수 있는 경우가 많기 때문이다.

❷ 보기 ㉠부터 해결하였다면 ③, ④, ⑤가 소거된다. 따라서 보기 ㉡이나 보기 ㉢ 하나만을 검토한다.

[방법 2]

❶ 〈표〉에 주어진 국가의 개수가 많음을 확인하고 〈보기〉부터 본다.

❷ 보기 ㉠, ㉡의 경우 특정 항목이 A국가보다 큰 국가는 B, C, D인지 묻고 있다. 이 경우 B, C, D가 해당 항목이 A국가보다 큰지 확인함과 더불어 다른 국가가 크지 않다는 것까지 확인해야 하므로 다른 선지를 먼저 확인한다.

❸ 보기 ㉢와 같이 특정 항목에 대해 특정 국가 간의 관계를 묻는 선지가 간단하므로 먼저 푼다.

합격자의 시간단축 Tip

Tip ❶ '차이', '전년 대비 감소' 등을 물어보는 문제이지만 단순하게 확인만 하면 되는 문제로 〈표〉가 어떤 정보를 담고 있는지 확인하는 것이 좋다.

Tip ❷ 주어진 표를 조작해야 하는 선지는 후순위로 푼다. 주어진 자료의 숫자를 그대로 이용하는 것이 아니라 2차 가공해야 하는 선지는 나중에 푼다. 해당 문제의 경우 2015년의 광재 재활용률은 표에 그대로 나와 있으나 2005년이나 2014년은 계산을 통해 구해야 한다. 그러나 2005년이나 2014년의 값을 묻지 않고 답을 구할 수 있는 문제가 예상외로 많다. 또한 2005년이나 2014년의 값을 요구하더라도 정확한 계산을 하지 않고도 답을 구할 수 있는 문제가 많다.
해당 문제 역시 2차 가공을 해야 하는 2005년이나 2014년의 구체적인 값을 구하지 않고도 답을 구할 수 있다. 예를 들어 보기 ㉣의 경우 2005년 및 2014년 광재 재활용률의 정확한 값을 구하지 않더라도 선지의 정오 판단이 가능하다.

Tip ❸ 선택지별 시간단축 Tip

보기 ㄴ. 광재 재활용률(%)은 2005년 대비 증감(%p)과 전년 대비 증감(%p)으로 구분되어 있다. 이때 전년 대비 증감(%p)은 2014년과 2015년 광재 재활용률(%)의 차를 의미한다. 이 문제는 해당하지 않지만, 선지에서 '2014년 대비 2015년의 광재 재활용률(%)' 등을 물을 수 있으므로 '전년 대비 증감(%p)' 칸에 '2014' 혹은 '14' 정도로 간단하게 메모해 두는 것을 추천한다.

보기 ㄹ. 표의 정보를 다음과 같이 재가공하면 쉽게 문제를 풀 수 있다.

- (2014년 광재 재활용률)=(2015년 광재 재활용률)−(전년 대비 증감률)
- (2005년 광재 재활용률)=(2015년 광재 재활용률)−(2005년 대비 증감률)

∴ (2005년 대비 2014년 광재 재활용률 상승폭)=(2014년 광재 재활용률)−(2005년 광재 재활용률)=(2005년 대비 증감률)−(전년 대비 증감률)

22 정답 ③ 난이도 ●●○

자료해석 – 자료의 내용과 일치/불일치하는 설명을 고르는 문제

① (○) 2015년 광재 재활용률이 2014년에 비해 증가한 국가가 감소한 국가보다 많다.

→ 2015년 광재 재활용률이 2014년에 비해 증가하려면, 〈표〉에서 전년 대비 증감(%p)이 양수이면 된다. 반대로 감소하려면, 전년 대비 증감(%p)이 음수면 된다. 이에 따라 2015년 광재 재활용률이 2014년에 비해 증가한 국가는 일본, 포르투갈, 한국, 캐나다, 멕시코, 덴마크로 총 6개 국가이다. 2015년 광재 재활용률이 2014년에 비해 감소한 국가는 벨기에, 그리스, 스페인으로 총 3개 국가이다. 따라서 옳은 선지이다.

② (○) 벨기에의 2014년 광재 재활용률은 일본의 2014년 광재 재활용률보다 높다.

→ 2014년의 광재 재활용률은 (2015년 광재 재활용률)−(전년 대비 증감)으로 구할 수 있다. 벨기에와 일본의 2014년 독신가구 재활용률을 구하면 다음과 같다.

- 벨기에:
  55.3−(−0.28)=55.3+0.28=55.58(%)

• 일본: 32.2－0.26＝31.94(%)
따라서 벨기에의 2014년 광재 재활용률은 일본의 2014년 광재 재활용률보다 높다.

③ (×) 2014년 한국의 광재 재활용률은 2005년에 비해 감소했다.
➜ 2005년과 2014년 한국의 광재 재활용률을 구하면 다음과 같다.
• 2005년: 21.9－4.59＝17.31(%)
• 2014년: 21.9－0.19＝21.71(%)
따라서 2014년 한국의 광재 재활용률은 2005년에 비해 증가했다.

④ (○) 2015년 광재 재활용률과 오니류 재활용률이 동일한 국가가 존재한다.
➜ 멕시코의 경우 2015년 광재 재활용률과 오니류 재활용률이 19.7%로 동일하다. 따라서 옳은 선지이다.

⑤ (○) 2015년 광재와 오니류의 재활용률 차이 크기 상위 2개국 모두 광재 재활용률이 2005년 대비 감소했다.
➜ 2015년 광재와 오니류의 재활용률 차이가 가장 큰 두 국가는 벨기에(14.8%p), 캐나다(12.8%p)이다. 두 국가의 광재 재활용률은 벨기에의 경우 2005년 대비 －0.20%p, 캐나다의 경우 －0.23%p 감소했다. 따라서 옳은 선지이다.

합격자의 실전 풀이 순서

❶ 옳지 않은 것을 고르는 문제이므로 문제 발문이나 선지 옆에 × 등을 표시한다.
❷ 앞 문제에서 이미 〈표〉의 구조를 파악했으므로 선지 ①부터 순차적으로 해결해 나간다.

합격자의 시간단축 Tip

Tip ❶

[방법 1]
발문에 따르면 〈표〉는 총 9개 국가의 재활용률에 관한 자료이다. 따라서 증가한 국가의 수, 감소한 국가의 수를 찾기보다는 전년 대비 증감(%p)에서 양의 값을 가진 국가가 과반수인 5개 이상인지 확인한다. 이런 식으로 어떤 자료의 개수를 비교할 때는 늘 과반수를 염두에 두면 편하다.

[방법 2]
[방법 1]처럼 전년 대비 증감(%p)에서 양의 값을 가진 국가가 5개 이상인지 확인해도 되지만, 반대로 음의 값을 가진 국가가 5개 미만인지 확인해도 된다. 주어진 〈표〉처럼 숫자 데이터가 많은 경우 양수보다는 (－)기호가 붙은 음수가 눈에 잘 띄기 때문이다.

선지 ② 벨기에의 경우 2015년의 값이 일본보다 이미 높다. 그런데 전년 대비 증감을 보면 벨기에는 2014년에 비해 감소했고 일본은 전년 대비 증가했다. 즉 벨기에의 감소한 값이 일본의 증가한 값보다 높은 것이다.

선지 ③ 한국의 2005년, 2014년 광재 재활용률을 직접 도출하기보다는 2005년 대비 증감한 %p와 전년 대비 증감한 %p를 비교한다. 만약 2015년의 재활용률의 전년 대비 증감한 %p가 2005년 대비 증감한 %p보다 크다면, 2014년 재활용률이 2005년 재활용률보다 높다.

선지 ④ 광재 재활용률과 오니류 재활용률의 항목 값이 동일한 국가가 있는지 확인하기보다는 광재와 오니류의 재활용률 차이(%p)가 0인 국가가 있는지 확인한다. 단순 확인인 경우 출제자의 시각으로 볼 때 해당하는 항목이 뒤에 위치할 가능성이 있다. 뒤쪽부터 확인하는 습관을 기른다.

23 정답 ❹ 난이도 ●○○

자료해석 - 자료의 내용과 일치/불일치하는 설명을 고르는 문제

① (○) 2013~2017년 동안 투자액의 전년 대비 증가율은 2015년이 가장 높다.
➜ 전년 대비 증가율은 $\frac{(\text{증가량})}{(\text{전년도 수치})}\times 100$으로 구한다. 즉, 증가량이 많을수록, 전년도 수치가 작을수록 전년 대비 증가율이 높다. 2013~2017년 투자액의 전년 대비 증가율을 구해보면 다음과 같다. (소수점 둘째 자리에서 반올림)
• 2013년: $\frac{125-110}{110}\times 100 ≒ 13.6(\%)$
• 2014년: $\frac{70-125}{125}\times 100 = -44(\%)$
• 2015년: $\frac{250-70}{70}\times 100 ≒ 257(\%)$
• 2016년: $\frac{450-250}{250}\times 100 = 80(\%)$
• 2017년: $\frac{300-390}{390}\times 100 ≒ -23(\%)$
따라서 증가율이 가장 높은 연도는 2015년이다.

② (○) 2013~2017년 동안 투자 건수의 전년 대비 증가율은 2017년이 가장 낮다.
➜ 연도별 투자 건수의 전년 대비 증가율을 구해보

면 다음과 같다. (소수점 둘째 자리에서 반올림)

- 2013년: $\frac{12-8}{8}\times100=50(\%)$
- 2014년: $\frac{20-12}{12}\times100≒66.7(\%)$
- 2015년: $\frac{25-20}{20}\times100=25(\%)$
- 2016년: $\frac{60-25}{25}\times100=140(\%)$
- 2017년: $\frac{63-60}{60}\times100=5(\%)$

따라서 증가율이 가장 낮은 연도는 2017년이다.

③ (O) 2012년과 2015년 투자 건수의 합은 2017년 투자 건수보다 작다.

→ 2012년 투자 건수 8건과 2015년 투자 건수 25건을 더하면 33건이 된다. 이를 2017년 투자 건수인 63건과 비교하면 33 < 63이므로 2012년과 2015년 투자 건수의 합은 2017년 투자 건수보다 작다.

④ (×) 투자액이 가장 적은 연도는 ~~2012년이다~~.

→ 연도별 투자액은 2012년 110억 원, 2013년 125억 원, 2014년 70억 원, 2015년 250억 원, 2016년 450억 원, 2017년 300억 원이다. 따라서 투자액이 가장 적은 연도는 70억 원인 2014년이다.

⑤ (O) 투자 건수는 매년 증가하였다.

→ 2012년부터 2017년까지 투자 건수를 보면 8 < 12 < 20 < 25 < 60 < 63으로 매년 증가하고 있다.

합격자의 실전 풀이 순서

❶ 〈그림〉의 투자액과 투자 건수의 수치를 읽는 법을 이해한다. 그리고 가로축과 세로축의 수치가 연속적인지 여부를 확인한다. 연속적이라면 시각적 효과를 사용할 수 있다.

❷ 〈그림〉의 시각적 효과를 사용할 수 있는 선지가 있을 것을 파악한다.

❸ ①과 ②는 약간의 계산이 필요하므로 눈으로도 해결할 수 있는 ③, ④, ⑤를 우선적으로 확인한다. ③도 계산이 필요하지만 암산으로 바로 해결 가능한 수준이므로 ③부터 확인하면 옳은 선지이며, 이어서 ④를 확인하면 옳지 않은 선지이다. 따라서 정답은 ④이다. 이처럼 빠르게 해결 가능한 선지부터 확인한다.

합격자의 시간단축 Tip

선지 ① 증가율은 기준이 되는 전년도의 값이 작고 증가량이 많을수록 값이 클 것을 활용한다. 즉, 막대그래프의 특성을 이용하여 막대 간 높이 차이가 크고, 기준점이 되는 값이 낮은 지점 위주로 찾아 비교한다. 시각적 효과를 사용할 수 있을지 확신이 없거나 수치가 불연속적인 경우에는 그래프상 숫자로 확인한다.

선지 ② 꺾은선 그래프의 '기울기'라는 시각적 효과를 활용한다. 이때 주의할 점은 기울기는 증가율이 아닌 증가분을 확인하는 용도라는 것이다.
왜냐하면 기울기의 분모가 되는 x축의 변화량은 1년으로 모두 동일하기 때문에, 사실상 기울기에 영향을 주는 것은 y축의 변화량인 투자 건수 변화량이기 때문이다. 따라서 막대그래프를 특성을 이용하는 것과 마찬가지로 '기울기'는 작고, 기준점이 되는 값은 높은 지점 위주로 찾아 비교하면 된다.

선지 ③ 마찬가지로 수치가 연속적으로 나와 있으므로 그래프의 높이를 이용할 수 있다. 2012년 투자 건수 그래프 길이를 2015년 그래프 길이에 합치더라도 2017년 그래프에 미치지 못함을 확인할 수 있다. 하지만 다시 한번 세로축 수치가 연속적인지 반드시 확인한다.

24 정답 ③

난이도 ●●●

자료해석 – 자료의 특정한 값을 추론하는 문제

2012~2017년 투자 건수당 투자액은 다음과 같다. (소수점 둘째 자리에서 반올림)

- 2012년: $\frac{110}{8}≒13.8$(억 원)
- 2013년: $\frac{125}{12}≒10.4$(억 원)
- 2014년: $\frac{70}{20}=3.5$(억 원)
- 2015년: $\frac{250}{25}=10$(억 원)
- 2016년: $\frac{450}{60}=7.5$(억 원)
- 2017년: $\frac{300}{63}≒4.8$(억 원)

따라서 투자 건수당 투자액이 가장 많은 연도는 2012년이며 가장 적은 연도는 2014년이다. 2012년과 2014년의 투자액의 차이는 110−70=40(억 원)이다.

합격자의 실전 풀이 순서

❶ 〈그림〉의 시각적 효과를 활용하여 투자 건수당 투자액이 가장 높은 연도와 가장 낮은 연도를 찾는다.

❷ 투자 건수가 아닌 투자액의 차이를 물어보므로 이를 정확히 구한다.

합격자의 시간단축 Tip

Tip ❶ 투자 건수당 투자액을 구할 때 그림의 시각적 효과를 활용한다. 가장 낮은 연도의 경우 〈그림〉상 투자 건수에 해당하는 꺾은선 그래프가 투자액에 해당하는 막대그래프보다 위에 있는 2014년과 2017년을 비교한다. 다만, 축의 크기에 따라 적용되지 않는 경우도 있으므로 주의해야 한다. 투자 건수당 투자액이 가장 낮은 것 같은 후보를 추리는 용으로만 활용하는 것이 좋다. 해당 후보를 기준으로 이들보다 높거나 낮은 연도가 있는지 찾아보는 것이다. 본 유형은 기준을 잡고 비교함으로써 문제 풀이 시간을 줄일 수 있다.

Tip ❷ 투자 건수당 투자액이 가장 많은 연도를 찾을 때, 비교의 기준을 설정해 본다. 위의 **Tip ❶**에서와 같이 〈그림〉에 따라 기준을 정하기엔 눈에 띄는 시각적 효과가 없으니, 숫자가 계산하기 편한 2015년을 기준으로 삼는다. 2015년의 투자 건수당 투자액이 10억 원이라는 것을 쉽게 알 수 있으므로 이를 기준으로 삼아 다른 연도들과 비교하는 것이다. 먼저, 2014, 2016, 2017은 10억 원이 안 된다는 것을 '확인'한다. 다음으로 2012, 2013년이 10억 원보다 큰 값을 가진다는 것을 '확인'한다. 마지막으로 2012, 2013년의 두 값만 비교하면 투자 건수당 투자액이 가장 많은 연도를 찾을 수 있다. 2012년과 2013년의 경우 2012년에서 2013년으로의 분자, 분모 증가율을 이용하여 비교하면 분모는 50% 증가했지만, 분자는 50%보다 적게 증가했다. 따라서 2012년이 가장 높은 연도임을 쉽게 찾을 수 있다. 이와 같이 기준을 설정함으로써 모든 투자 건수당 투자액을 전부 계산할 필요 없이 보다 쉽게 투자 건수당 투자액이 가장 높은 연도를 찾을 수 있다.

25 정답 ⑤ 난이도 ●●○

자료해석 – 자료의 내용과 일치/불일치하는 설명을 고르는 문제

① (×) 매년 남성 흡연율은 여성 흡연율의 6배 ~~이상이다~~.

➜ 〈표 1〉에서 남성 흡연율과 여성 흡연율을 연도별로 비교해 본다.

2007년의 경우 남성 흡연율은 45.0%, 여성 흡연율은 5.3%로 남성 흡연율이 여성 흡연율보다 약 8.5배 더 높아 6배 이상임을 확인할 수 있다. 이와 같은 방법으로 비교해 보면 2008~2011년, 2013년은 남성 흡연율이 여성 흡연율의 6배 이상이다. 그러나 2012년에는 남성 흡연율이 43.7%, 여성 흡연율이 7.9%로 남성 흡연율이 여성 흡연율보다 약 5.5배 더 높다. 따라서 틀린 선지이다.

② (×) 매년 소득수준이 높을수록 ~~남성 흡연율은 낮다~~.

➜ 〈표 2〉에서 소득수준과 남성 흡연율의 상관관계를 각 연도별로 파악해 본다.

2007년의 남성 흡연율이 낮은 순으로 소득수준을 나열하면 소득수준 최상(38.9%) < 소득수준 상(44.9%) < 소득수준 중(45.2%) < 소득수준 하(50.9%)이다. 즉, 소득수준이 높을수록 흡연율이 낮다고 해석할 수 있다. 이와 같은 방법으로 비교해 보면 2008~2011년, 2013년은 소득수준이 높을수록 남성 흡연율이 낮다.

그러나 2012년의 남성 흡연율이 낮은 순으로 소득수준을 나열하면 38.6%(소득수준 상) < 40.8%(소득수준 최상) < 45.4%(소득수준 중) < 48.2%(소득수준 하)이다. 즉, 2012년에는 '소득수준 상'의 흡연율이 가장 낮다. 따라서 매년 소득수준이 높을수록 남성 흡연율이 낮다는 선택지의 내용은 정확하지 않다.

③ (×) 2007~2010년 동안 매년 소득수준이 높을수록 ~~여성 흡연자 수는 적다~~.

➜ 〈표 1〉은 성별 흡연율을, 〈표 2〉는 소득수준별 남성 흡연율을 나타내고 있다. 여성의 소득수준과 흡연자 수의 상관관계는 주어진 자료에서 파악하기 어려우므로 선택지의 내용은 정확하지 않다.

④ (×) 2008~2010년 동안 매년 금연계획률은 전년 대비 ~~감소한다~~.

➜ (금연계획률)=(단기 금연계획률)+(장기 금연계획률)로 구할 수 있으므로 〈표 3〉에서 빠져있는 2009년과 2010년의 금연계획률을 계산해 보면 다음과 같다.

- 2009년 금연계획률: 18.2+39.2=57.4(%)
- 2010년 금연계획률: 20.8+32.7=53.5(%)

2008~2010년 금연계획률은 2009년(57.4%) > 2008년(56.9%) > 2010년(53.5%) 순이므로 매년 전년 대비 감소한다는 선택지의 내용은 잘못되었다.

⑤ (O) 2011년의 장기 금연계획률은 2008년의 단기 금연계획률의 두 배 이상이다.

➜ (금연계획률)=(단기 금연계획률)+(장기 금연계획률)이므로 (단기 금연계획률)=(금연계획률)−(장기 금연계획률)

(장기 금연계획률)=(금연계획률)−(단기 금연계획률)이다.

위 식을 활용하여 2008년의 단기 금연계획률과 2011년의 장기 금연계획률을 구하면 다음과 같다.

- 2008년의 단기 금연계획률:
  56.9−39.2=17.7(%)

• 2011년의 장기 금연계획률:
56.3−20.2=36.1(%)
따라서 2011년의 장기 금연계획률은 36.1%로 2008년의 단기 금연계획률의 2배인 17.7×2=35.4(%)보다 높다.

합격자의 실전 풀이 순서

❶ 〈표 1〉의 '성별', 〈표 2〉의 '소득수준별', '남성'에 표시하고, 〈표 1〉의 '전체' 자료를 구별되게 가로 구분선을 표시한다. 표 아래의 각주를 확인한다.

❷ 선지 ①은 〈표 1〉, 선지 ②, ③은 〈표 2〉, 선지 ④, ⑤는 〈표 3〉에 관한 것이라 판단된다. 따라서 더 아래쪽에 있는 〈표 3〉에 관한 선지들부터 해결한다.

❸ 선지 ④에서 (금연계획률)=(단기 금연계획률)+(장기 금연계획률)이라는 점을 활용하면 2008년에서 2009년으로 갈 때 금연계획률이 증가한 것을 알 수 있다. 해당 선지는 옳지 않다.

❹ 선지 ⑤에서 2008년과 2011년에 각각 주어진 수치를 활용해 확인해 보면 2011년 장기 금연계획률은 36.1%, 2008년 단기 금연계획률은 17.7%이므로 해당 선지는 옳다. 따라서 답은 ⑤이다.

합격자의 시간단축 Tip

선지① 2013년부터 2007년 순서로 남성 흡연율이 여성 흡연율의 6배 이상인지 확인할 때에는 어림산을 사용한다. 2012년도에 여성 흡연율은 7.9%이므로, 이를 반올림해서 8%라고 생각하면 8×6=48(%)이므로 43.7%보다 훨씬 높다. 따라서 반올림하면서 생긴 오차 0.1을 고려하더라도 0.1×6=0.6(%)밖에 되지 않으므로 오차 값이 결과에 영향을 미치지 않는다는 것을 알 수 있다.

선지② 단순 확인 문제로 반례를 찾으면 되는 유형이다. 출제자는 수험생이 시간을 소모하도록 유도하기 위해 반례를 뒷부분에 배치하는 경향이 있으므로 역순으로 확인하는 것이 좋은 전략이다. 따라서 소득수준이 낮을수록 남성 흡연율이 높은지를 2013년부터 2007년 순서로 확인한다.

선지③ 자료가 여러 개 주어진 문제의 경우, 선지를 잘게 나눠 변수를 세분화할수록 빠른 풀이가 가능하다. 예를 들어, 선지 ③번을 세분화하면 '2007~2010', '소득수준', '여성'이 된다. 이를 기준으로 살펴보면 '소득수준'은 〈표 2〉에서만 주어졌으나 '여성'은 이 표에서 주어지지 않았다. 즉, 〈표 2〉는 선지 ③과 관련이 없다. 해당 선지는 알 수 없는 선지로 옳지 않다.

만약 알 수 있는지 없는지 확신이 서지 않는다면 다른 선지를 먼저 해결하는 전략을 취한다.

선지④ 2009년 금연계획률은 18.2+39.2≒18+39=57(%) > 56.9%로 2008년보다 증가한다.
이때 소수점까지 합산하지 않고, 18과 39의 합이 57로 56.9보다 크다는 것만 확인하고 계산을 멈춘다.

선지⑤ 두 빈칸을 모두 도출하는 것보다는, 빈칸 중 하나를 기준으로 잡고 비교하는 것이 좋다.

[방법 1] 2008년을 기준으로 하는 경우
2008년의 단기 금연계획률은 56.9−39.2=(56−39)+(0.9−0.2)=17.7(%)로, 17.7%의 2배는 35.4%다. 이때 뺄셈보다는 덧셈이 더 빠르고 쉬운 연산 방법이므로 장기 금연계획률을 구하지 않고, 앞선 35.4를 대입하여 모순이 발생하는지 확인하는 것이 효율적이다. 따라서 20.2+35.4 ≤ 56.3인지 확인한다.

[방법 2] 2011년을 기준으로 하는 경우
2011년 장기 금연계획률은 56.3−20.2≒36(%)이다. 따라서 그 절반인 18을 2008년 장기 금연 계획률에 더하여 56.9%보다 큰지 확인하면
39.2+18≒39+18=57(%) > 56.9%이다. 따라서 옳은 선지이다.

26 정답 ③ 난이도 ●○○

자료해석 – 자료의 내용과 일치/불일치하는 설명을 고르는 문제

ㄱ. (×) 여성 흡연율은 ~~매년~~ 증가한다.
→ 〈표 1〉에서 여성 흡연율은 2009년, 2010년과 2013년의 경우 전년 대비 감소한다. 따라서 옳지 않다.

ㄴ. (○) 2012년을 제외하고 소득수준이 낮을수록 남성 흡연율은 높다.
→ 〈표 2〉에서 2012년을 제외하고 소득수준이 최상 → 상 → 중 → 하로 낮아질수록 남성 흡연율의 수치가 커진다. 따라서 옳은 보기이다.

ㄷ. (×) 2013년 금연계획자 수는 ~~전년 대비 증가한다.~~
→ 각주 1)과 2)를 통해 (금연계획자 수)=(금연계획률)×(흡연율)×(인구수)임을 알 수 있다. 각 연도의 인구수는 주어져 있지 않으므로 해당 선지는 알 수 없는 정보이다. 따라서 옳지 않다.

합격자의 실전 풀이 순서

[방법 1]

❶ 〈표 1〉은 성별 흡연율, 〈표 2〉는 소득수준별 남성 흡연율, 〈표 3〉은 금연계획률을 나타내고 있으며, 연도가 왼쪽에서 오른쪽으로 갈수록 커진다는 것을 인지한 상태로 선지를 읽는다.

❷ 보기 ㉠을 풀이한다. 이때 여성 흡연율의 경우 2009년에는 2008년에 비해 오히려 감소하였으므로, 틀린 선지가 된다. 이후 연도는 굳이 확인하지 않는다.

❸ 남은 선지는 ①, ③, ⑤가 된다. 선지 ①, ③, ⑤를 살펴보면 결국 보기 ㉡, ㉢ 모두 확인해야 답을 고를 수 있으므로, 판단하기 쉬운 선지를 먼저 확인한다.

[방법 2]

❶ 선지 구성을 보았을 때 ㉠을 포함하는 선지가 3개이고, ㉡을 포함하는 선지가 3개이며, ㉠과 ㉡을 모두 포함하는 선지가 2개이다. 이 부분에서 떠올릴 생각은 '㉠은 틀리고 ㉡은 맞을 확률이 높겠구나'이다.

❷ 따라서 ㉡을 우선 판단하길 권한다. ㉡을 우선 판단함에 따른 결과는 다음과 같다.
- 보기 ㉡이 틀릴 경우: 선지 ⑤가 정답이 될 확률이 높아진다.
- 보기 ㉡이 맞을 경우: 선지 3개가 지워져 2개의 보기를 풀어도 답을 도출할 수 있다.

❸ 이 문제에서도 2개의 보기를 확인함으로써 정답을 구할 수 있었으며, 위의 방법을 추천하는 이유는 단 한 가지이다. '보기 2개만 봐도 정답을 구할 수 있는 확률이 가장 높은 방법이기 때문'

합격자의 시간단축 Tip

Tip ❶ 보기가 3개뿐이면 언제든 도망갈 준비를 해야 한다.

㉠, ㉡, ㉢, ㉣처럼 보기가 4개 나온 경우 선지 플레이가 가능하다. 정답을 도출하는데 반드시 확인해야 할 선지가 아니면 수험자의 개인 선호나 보기 난이도에 따라 보지 않아도 되는 보기가 있기 때문이다. 그러나 ㉠, ㉡, ㉢처럼 보기가 3개 나온 경우 선지 플레이는 불가능하다. ㉠, ㉡, ㉢을 모두 봐야 문제가 풀리게끔 선지가 구성되기 때문이다. 따라서 보기가 3개일 때 각 보기를 풀다가 막히는 경우, 다른 문제를 풀고 돌아와서 풀어야 한다. 풀리지 않는 보기에 매달려 봤자 한 번에 풀기 어렵고, 그 보기를 풀지 못하면 정답을 구할 수 없기 때문이다.

Tip ❷ 선택지별 시간단축 Tip

보기 ㄱ. 어떤 수치가 매년 어떠한지 확인해야 하는 경우, 반례 하나만 찾으면 된다. 가장 처음에 찾을 수 있는 반례는 2009년이므로, 2009년을 발견한 이후 다른 연도는 살펴볼 필요 없이 바로 선지를 판단하면 된다. 모든 반례를 찾지 않아도 된다.

보기 ㄴ. '2012년을 제외하고' 소득수준이 낮을수록 남성 흡연율이 높다고 했으므로 2012년을 꼭 제외해야 한다. 이때 다시 문제를 풀다 보면 놓칠 수도 있으니 2012년에 크게 ×자를 쳐 놓아서 시각적으로 쉽게 회피할 수 있도록 한다.

보기 ㄷ.

[방법 1]

금연계획자의 '수'를 물어보고 있다. 하지만 〈표〉에서는 전부 '흡연율'과 같이 비율 자료가 제시되어 있으므로 이 점을 유념해야 한다. '수'와 '비율'은 '알 수 없는 정보'의 문제로 쉽게 선지에 등장하는 내용이다. 만약 〈표〉에는 비율 자료가 있는데 보기 ㉢처럼 '수'를 물어보는 경우 혹시 전체 인구 집단의 수가 나와 있는지를 살펴본다. 만약 주어지지 않고 오로지 비율 자료만 제시되어 있다면 '수'에 대한 문제는 더 계산해 볼 것도 없이 오답이 될 것이다.

[방법 2]

알 수 없는 보기의 경우 틀렸다고 판별해야 한다. 각주를 통해서 인구수가 필요함을 알 수 있는데, 인구수가 제시되지 않았으므로 문제를 잘 살펴서 인구수를 도출할 방법이 없는 경우 알 수 없는 선지여서 틀렸다고 판별해야 한다.

27 정답 ❷ 난이도 ●●○

자료해석 - 자료의 내용과 일치/불일치하는 설명을 고르는 문제

① (O) A지역 사노비 중 외거노비의 수가 매 조사연도마다 가장 낮다.

→ 각주 1)에 따르면 사노비는 솔거노비, 외거노비, 도망노비로만 구분이 되고, 〈표〉에 제시된 사노비의 비율 중 외거노비의 비율이 솔거노비, 도망노비 비율보다 전체 조사연도에서 낮음을 확인할 수 있다. 따라서 옳은 선지이다.

② (×) A지역 솔거노비의 수는 1720년이 1774년보다 ~~많다~~.

→ 1720년과 1774년 A지역의 솔거노비 수를 구하면 다음과 같다. (소수점 둘째 자리에서 반올림)
- 1720년: 2,228×18.5%≒412.2(명)
- 1774년: 3,189×14%≒446.5(명)

따라서 A지역 솔거노비의 수는 1720년이 1774년보다 적으므로 틀린 선지이다.

③ (O) 1762년 A지역 외거노비의 수는 직전 조사연도 대비 증가한다.

→ 1762년 A지역 외거노비의 수는 3,380×8.5%≒287.3(명)이고, 직전 조사연도인 1735년 A지역 외거노비의 수는 3,143×6.8%≒213.7(명)이다. 따라서 1762년 A지역 외거노비의 수는 직전 조사연도 대비 증가하므로 옳은 선지이다.

④ (O) A지역 사노비 중 솔거노비가 차지하는 비율이 가장 높은 조사연도는 1795년이다.

→ A지역 사노비 중 솔거노비가 차지하는 비율은 다음과 같다. (소수점 둘째 자리에서 반올림)

- 1720년: $\frac{18.5}{40}\times100≒46.3(\%)$
- 1735년: $\frac{13.8}{33.4}\times100≒41.3(\%)$
- 1762년: $\frac{11.5}{31.7}\times100≒36.3(\%)$
- 1774년: $\frac{14}{34.8}\times100≒40.2(\%)$
- 1783년: $\frac{14.9}{30.9}\times100≒48.2(\%)$
- 1795년: $\frac{18.2}{29}\times100≒62.8(\%)$

따라서 A지역 사노비 중 솔거노비가 차지하는 비율이 가장 높은 조사연도는 1795년이므로 옳은 선지이다.

⑤ (O) A지역 사노비 중 외거노비가 차지하는 비율은 1774년이 1720년보다 높다.

→ A지역 사노비 중 외거노비가 차지하는 비율은 1774년의 경우 $\frac{8.8}{34.8}\times100≒25.3(\%)$이며 1720년의 경우 $\frac{10}{40}\times100=25(\%)$이다. 따라서 옳은 선지이다.

합격자의 실전 풀이 순서

❶ 〈표〉를 읽고, 수치와 비율의 정보가 혼합되어 있음을 파악한다. 그리고 각 비율의 모수, 즉 분모는 각 조사연도의 '인구'임을 확인한다. 부가적으로 각주도 확인해 준다.

❷ 선지를 순차적으로 확인하여 풀이한다. 다만, 바로 계산하기 어려운 선지가 있다면 다음 선지부터 본다.

합격자의 시간단축 Tip

선지 ① 〈표〉의 인구 중 외거노비의 비율이 솔거노비, 도망노비 비율보다 낮은지 확인한다. 선지에서는 '외거노비의 수'를 물어보긴 했지만 굳이 인구에서 비율을 곱해서 비교할 필요는 없다. 어차피 해당 조사연도의 조사인구에 비율을 곱하기 때문에 전체 인구는 공통이다. 그러므로 비율들의 대소만 비교하면 된다.

선지 ② 2,228×18.5% vs 3,189×14%를 비교한다. 이때 각각의 값을 계산하여 비교하기보다는 분수비교에서와 같이 작은 값에서 큰 값으로의 증가율을 비교한다(이른바 '곱셈 비교'). 먼저, 2,228이 3,189가 되기 위해선 40%가 넘는 증가율이 필요하다. 반면 14%가 18.5%가 되기 위해선 40%보다 낮은 증가율로도 충분하다. 따라서 1774년의 값이 더 크므로 옳지 않은 선지이다.

선지 ③ 1762년의 A지역의 인구와 외거노비 비율이 직전 조사연도 대비 증가했음을 활용한다. 굳이 계산하지 않아도 인구도 증가하고 비율도 증가했으니 당연히 증가했다는 추측이 가능한 것이다. 단, 유념할 점은 매해가 아니라 '조사연도' 순으로 인구와 비율이 나열되어 있다는 점이다. 만약 문제에서 '직전 조사연도'가 아니라 '직전 연도'로 묻고 있었다면 틀린 선지가 된다. 1761년이 직전 연도인데 이는 제시되지 않아 알 수 없기 때문이다. 그러므로 표를 볼 때 제시된 연도가 매년이 아니라면 이 부분도 미리 체크해 두는 것이 혹시 모를 함정에 빠지는 것을 막을 수 있다.

선지 ④ 자료해석에선 기준을 잡고 비교하는 것이 중요하다. 선지에서 묻고 있는 것은 1795년보다 사노비 중 솔거노비가 차지하는 비율[$=\frac{(\text{솔거노비 비율})}{(\text{전체 사노비 비율})}$]을 묻고 있으므로, 기준은 1795년이 된다. 이하에서는 1795년을 기준으로 다른 연도들과 비교하는 다양한 방법들을 소개한다.

[방법 1]

$\frac{(\text{솔거노비 비율})}{(\text{전체 사노비 비율})}$이 가장 크기 위해선, 분자인 '솔거노비 비율'이 높을수록, 분모인 '전체 사노비 비율'이 낮을수록 유리하다. 그런데 1795년의 '솔거노비 비율'은 1720년을 제외하면 가장 높고, 분모인 '전체 사노비 비율'은 모든 조사연도 중에서 가장 낮다. 따라서 1795년보다 사노비 중 솔거노비가 차지하는 비율이 높을 가능성이 있는 연도는 1720년밖에 없다. 따라서 1720년과

1795년 둘만 비교해서 1795년의 값이 더 높은지만 확인하면 된다.

[방법 2]
1795년의 경우, 솔거노비의 비율(18.2%)을 2배 한 값은 전체 인구 중 사노비 비율(29.0%)보다 높다. 다른 조사연도의 경우, 솔거노비의 비율을 2배 한 값은 전체 인구 중 사노비 비율보다 낮다. 즉, 1795년의 경우에는 사노비 중 솔거노비가 차지하는 비율이 50% 이상이지만, 다른 조사연도의 경우에는 50% 미만이다.
따라서 A지역 사노비 중 솔거노비가 차지하는 비율이 가장 높은 조사연도는 1795년이다.

선지⑤ 표에 제시된 수치는 전체 인구 중 각 유형의 노비가 차지하는 유형이다. 따라서 사노비 중 외거노비가 차지하는 비율을 계산해야 한다. 예컨대 1795년 사노비 중 외거노비의 비율은 $\frac{4.3}{29}\times100$으로 계산할 수 있다. 이때 연도별로 비율을 '비교'하는 것이므로, 공통 수치인 ×100은 생략하고 $\frac{4.3}{29}$만으로 비교할 수 있다.
이를 통해 1720년과 1774년의 사노비 중 외거노비가 차지하는 비율을 비교해 본다. 1720년 사노비 중 외거노비가 차지하는 비율은 1720년의 경우 정확히 25%이다. 따라서 1774년의 비율이 25%보다 높은지 낮은지 확인한다. 25%와 비교할 땐 분자에 ×4를 한 값이 분모보다 크면 25% 이상, 작으면 25% 이하임을 활용한다. 25%는 $\frac{25}{100}$을 의미하는데, 분자에 4를 곱한 25×4는 분모(100)가 되기 때문이다. 1774년의 비율은 $\frac{8.8}{34.8}$이다. 8.8에 4을 곱하면 35.2로 이는 분모인 34.8보다 크다. 즉 $\frac{8.8}{34.8}$은 25% 이상이다.
한편 5번 문항도 마찬가지로 주어가 'A지역 사노비 중'이라고 했으므로 전체 사노비 비율이 분모로 가는 것이다. 만약 A지역 인구 중에서라고 했다면 A지역 해당 연도 인구에서 솔거노비 비율을 곱해야 한다. 선지를 볼 때는 주어를 잘 확인하도록 한다. 다만 이 문제의 경우에는 인구 당 솔거노비 비율이 이미 나타나 있으므로 구할 필요 없이 바로 비율 값을 통해 도출이 가능하다.

28 정답 ① 난이도 ●●●

자료해석 - 자료의 내용과 일치/불일치하는 설명을 고르는 문제

ㄱ. (O) A지역 인구 중 도망노비를 제외한 사노비가 차지하는 비율은 조사연도 중 1720년이 가장 높다.
➜ A지역 인구 중 도망노비를 제외한 사노비가 차지하는 비율은 인구 중 전체 사노비 비율에서 도망노비 비율을 빼서 구할 수 있다.
도망노비를 제외한 사노비의 비율을 구해보면 1720년이 1위, 1774년이 2위, 1795년이 3위, 1783년이 4위, 1735년이 5위, 1762년이 6위이다. 따라서 1위인 1720년도의 비율이 가장 높다.

ㄴ. (O) A지역 사노비 수는 1774년이 1720년보다 많다.
➜ 사노비의 수는 전체 인구에서 사노비의 전체 비율을 곱해서 구할 수 있다. 1720년과 1774년 A지역 사노비 수를 구하면 다음과 같다.
- 1720년: 2,228×40%≒891(명)
- 1774년: 3,189×34.8%≒1,110(명)

따라서 A지역의 사노비 수는 1774년이 1720년보다 많다.

ㄷ. (×) A지역 사노비 중 외거노비가 차지하는 비율은 1720년이 1762년보다 ~~높다~~.
➜ A지역 사노비 중 외거노비가 차지하는 비율은 $\frac{(\text{외거노비의 비율})}{(\text{전체 사노비의 비율})}\times100$으로 구한다.
이 식을 활용하여 1720년과 1762년 A지역 사노비 중 외거노비가 차지하는 비율을 구하면 다음과 같다. (소수점 둘째 자리에서 반올림)
- 1720년: $\frac{10}{40}\times100=25(\%)$
- 1762년: $\frac{8.5}{31.7}\times100≒26.8(\%)$

따라서 A지역 사노비 중 외거노비가 차지하는 비율은 1720년이 1762년보다 낮다.

ㄹ. (×) A지역 인구 중 솔거노비가 차지하는 비율은 ~~매 조사연도마다 낮아진다~~.
➜ 주어진 〈표〉를 살펴보면 1735년, 1762년의 A지역 인구 중 솔거노비가 차지하는 비율은 직전 조사연도 보다 감소했지만, 그 이후로는 증가했음을 확인할 수 있다.

합격자의 실전 풀이 순서

❶ 〈표〉를 읽고, 수치와 비율의 정보가 혼합되어 있음을 파악한다. 또한, 인구 중 사노비 비율의 전체 값이 주어져 있다는 것을 파악한다.

❷ 단순 확인용 보기 ㉣을 먼저 확인한다. A지역 인구 중 솔거노비가 차지하는 비율은 1762년까지 감소하다가 1774년부터 증가하므로 틀린 선지이다. 따라서 답은 ①, ②번 중 하나이다.

❸ 보기 ㉡, ㉢ 중 ㉢이 더 간단한 계산을 요구하므로, ㉢을 확인하면 ㉢은 틀린 보기이다. 따라서 답은 ①번이다.

합격자의 시간단축 Tip

보기 ㄱ. 각주에서 확인할 수 있듯이 사노비는 솔거노비, 외거노비, 도망노비로만 구성된다. 따라서 전체 인구에서 도망노비를 제외한 사노비가 차지하는 비율은 솔거노비와 외거노비 비율의 합으로 구할 수 있다. 조사연도별 솔거노비와 외거노비의 비율 합을 구하는 것은 시간이 오래 걸리므로 직접 그 값을 구하지 않고 문제를 푸는 것이 편리하다. 솔거노비의 비율과 외거노비의 비율이 가장 큰 조사연도는 모두 1720년이므로 값을 직접 더하지 않고도 도망노비를 제외한 사노비가 차지하는 비율은 1720년에 가장 큼을 알 수 있다.

보기 ㄴ. 1720년과 1774년의 사노비 수를 비교하면 다음과 같다. (2,228×40% vs 3,189×34.8%)

[방법 1]
2,228 → 3,189는 30% 이상 증가했지만 34.8% → 40%는 20% 미만 증가했으므로 3,189×34.8%가 더 크다.

[방법 2] 추천방법
근삿값을 보는 방법이 있다. 2,228은 222, 3,189는 320으로 볼 때, 222×4=888이지만 320×3=960이다. 즉, 우측 항(3,189×34.8%)의 34.8%를 30%로 간주하고 처리하더라도 한참 크다는 점에서 우측 항이 더 크다는 것을 쉽게 알 수 있다.

보기 ㄷ.

[방법 1]
1720년의 A지역 사노비 중 외거노비가 차지하는 비율은 $\frac{1}{4}$로 25%이다. 1762년의 외거노비의 비율(8.5%)에 4를 곱한 값이 전체 사노비의 비율(31.7%)보다 크므로 25% 이상이다. 따라서 보기 ㉢은 틀린 보기이다.

[방법 2]
반대 해석을 적용하면, "사노비 중 외거노비가 차지하는 비율은 1720년이 1762년보다 높다"라는 말은 곧 "외거노비 중 사노비가 차지하는 비율은 1762년이 1720년보다 높다"라는 말이 된다.
즉, 반대 해석을 이용할 경우 분수 비교가 아니라, 외거노비에 몇을 곱하면 사노비 수가 되는 지로 질문이 전환되어 더 쉽게 해결할 수 있다. 1720년의 경우 4를 곱하지만 1762년의 경우 4보다 작은 값을 곱한다는 점에서 (1720년 값) > (1762년 값)이 된다. 따라서 틀린 보기이다.

* '비중 형태, 비율 형태의 선지'는 반대 해석을 활용하면 더 쉽게 해결할 수 있는 경우가 많으니 연습하길 추천한다. 다만 도출 후 마지막 판단에 있어 어디가 더 큰지, 작은지를 문제에서 물은 것과 반대 방향으로 답해야 하므로 헷갈릴 수 있다. 따라서 문제에 "~보다 높다"라 적혀 있다면 반대 해석 시 "~보다 낮다"라고 지문 위에 적어주고 값을 도출하는 방식으로 실수를 방지할 수 있다.

보기 ㄹ. 〈보기〉에서는 매 조사연도를 묻고 있다. 기출문제를 보면 때로 매년 흐름을 물어보면서 자료에 제시된 연도는 매년이 아닌 경우가 있다. 이 경우 알 수 없음으로 틀린 보기가 된다. 매년인지 매 조사연도인지 자료 해석 시 잘 확인해야 한다.

29 정답 ④ 난이도 ●●○

자료해석 – 자료의 내용과 일치/불일치하는 설명을 고르는 문제

ㄱ. (×) 반도체 생산액이 전년보다 작은 해에는 반도체 부가가치도 전년보다 ~~작다~~.
→ 〈표 1〉에서 반도체 생산액이 전년보다 작은 해는 2011년이다. 2011년의 반도체 부가가치를 확인해 보면 26,721십억 원으로 전년의 24,872십억 원보다 크다. 따라서 틀린 보기이다.

ㄴ. (○) 비메모리 생산액은 매년 증가한다.
→ 각주 1)에 따라 분야별 비중은 $\frac{\text{(해당 분야의 생산액)}}{\text{(반도체 생산액)}}\times100$이므로, 반도체 생산액 중 비메모리 생산액은 $\text{(반도체 생산액)}\times\frac{\text{(비메모리 생산 비중)}}{100}$으로 구할 수 있다. 반도체 생산액의 단위를 억 원으로 변환하여, 비메모리 생산액을 어림하여 계산하면 다음과 같다.

- 2008년: 39,663(십억 원)× $\frac{28}{100}$ =396,630(억 원)×0.28≒111,056(억 원)
- 2009년: 42,995(십억 원)× $\frac{27.7}{100}$ ≒429,950(억 원)×0.28=120,386(억 원)
- 2010년: 43,523(십억 원)× $\frac{29.4}{100}$ ≒435,230(억 원)×0.29≒126,217(억 원)
- 2011년: 43,214(십억 원)× $\frac{30.1}{100}$ ≒432,140(억 원)×0.3=129,642(억 원)
- 2012년: 46,357(십억 원)× $\frac{31.7}{100}$ ≒463,570(억 원)×0.32≒148,342(억 원)
- 2013년: 46,648(십억 원)× $\frac{32.1}{100}$ ≒466,480(억 원)×0.32≒149,274(억 원)

따라서 비메모리 생산액은 매년 증가하였다.

ㄷ. (×) 매년 메모리 생산액은 CMOS 생산액의 50% ~~이상이다~~.

➜ 매년 메모리 생산액이 CMOS 생산액의 50% 이상이기 위해서는 〈표 1〉의 메모리 분야의 비중이 CMOS 분야 비중의 50% 이상이어야 한다. 즉 (CMOS 분야의 비중)×0.5 < (메모리 분야의 비중)이라는 식이 성립하여야 한다는 것을 뜻한다. 2008~2013년 CMOS 분야 비중에 0.5를 곱해 메모리 분야의 비중과 비교하면 다음과 같다.

- 2008년: 34.3×0.5=17.15(%) < 23.6%
- 2009년: 38.3×0.5=19.15(%) < 20.2%
- 2010년: 40.2×0.5=20.1(%) > 15.6%
- 2011년: 34.7×0.5=17.35(%) < 18.5%
- 2012년: 34.6×0.5=17.3(%) < 17.5%
- 2013년: 34.8×0.5=17.4(%) < 18.3%

이 중 2010년 메모리 생산액이 차지하는 비중은 15.6%이고, CMOS 생산액이 차지하는 40.2%이므로 메모리 생산액은 CMOS 생산액의 50% 미만임을 알 수 있다.

ㄹ. (○) 매년 수출 부가가치는 반도체 부가가치의 90% 이상이다.

➜ 반도체 부가가치는 수출 부가가치와 수입 부가가치의 합이다. 즉, 수출 부가가치가 반도체 부가가치의 90% 이상을 차지한다는 것은

$\frac{(\text{수출 부가가치})}{(\text{반도체 부가가치})}\times 100 \geq 90\%$라는 것을 뜻한다.

〈표 2〉의 반도체 부가가치의 GDP 대비 비중을 이용해 2008~2013년 반도체 부가가치에서 수출 부가가치가 차지하는 비중을 구하면 다음과 같다. (소수점 셋째 자리에서 반올림)

- 2008년: $\frac{2.1}{2.1+0.1}\times 100$≒95.45(%)
- 2009년: $\frac{2.1}{2.1+0.1}\times 100$≒95.45(%)
- 2010년: $\frac{2.0}{2.0+0.2}\times 100$≒90.9(%)
- 2011년: $\frac{2.1}{2.1+0.1}\times 100$≒95.45(%)
- 2012년: $\frac{2.0}{2.0+0.2}\times 100$≒90.9(%)
- 2013년: $\frac{2.0}{2.0+0.2}\times 100$≒90.9(%)

따라서 매년 농업 부가가치는 농·임업 부가가치의 90% 이상이다.

합격자의 실전 풀이 순서

❶ 〈표 1〉과 〈표 2〉의 차이를 확인한다. 표 제목에 차이가 나는 부분을 원으로 표시하여 필요한 자료를 즉시 찾을 수 있도록 한다.

합격자의 시간단축 Tip

보기 ㄷ. 일반적으로 뺄셈보다는 덧셈이, 나눗셈보다는 곱셈이 사고하기 편하다. 메모리 생산액이 CMOS 생산액의 50% 이상인지를 확인할 때 CMOS 생산액의 절반을 구하는 것보다 메모리 생산액을 두 배 했을 때 CMOS 생산액을 넘지 않는지 확인하는 것이 더 용이하다.

보기 ㄹ.

[방법 1]

$\frac{1}{11}$은 기출에서 자주 출제되는 분수이다. 그 값이 0.091, 즉 9%라는 것을 알면 여러 문제들을 쉽게 풀 수 있다. 이 문제의 경우에도 각 연도 중 수출 부가가치가 반도체 부가가치에서 차지하는 비중이 가장 작을 때는 $\frac{2.0}{2.0+0.2}$으로 $\frac{10}{11}$이고 이는 $1-\frac{1}{11}$이다. 따라서 $\frac{2.0}{2.0+0.2}$은 곧바로 90.9%임을 알 수 있다.

[방법 2]

90%는 $\frac{9}{10}$이고 이는 $1-\frac{1}{10}$이다. 그런데 이 문제에서 각 연도 중 수출 부가가치가 반도체 부가가치에서 차

지하는 비중이 가장 작을 때는 $\frac{2.0}{2.0+0.2}$ 으로 $\frac{10}{11}$ 이고 이는 $1-\frac{1}{11}$ 이다. 이때 $\frac{1}{11}$ 은 $\frac{1}{10}$ 보다 분자는 같은데 분모는 더 크기에 더 작은 수이다. 같은 수인 1에서 더 작은 수를 빼기 때문에 $\frac{10}{11}$ 은 $\frac{9}{10}$ 보다 큰 수라는 것을 바로 알 수 있다. 따라서 수출 부가가치가 반도체 부가가치에서 차지하는 비중은 매년 90%를 넘는다.

30 정답 ③ 난이도 ●○○

자료해석 - 자료의 특정한 값을 추론하는 문제

2011년 반도체 생산액의 전년 대비 증감률을 계산해 보면, $\frac{43,214-43,523}{43,523}\times100≒-0.7(\%)$이다. (소수점 둘째 자리에서 반올림)

따라서 답은 ③이다.

합격자의 시간단축 Tip

Tip ❶ 객관식임을 이용하자.

2011년 반도체 생산액은 2010년에 비해 감소했다. 따라서 증감률이 양(+)의 값인 ④, ⑤는 소거한다. 그러면 2011년 반도체 생산액의 전년 대비 증감률 후보는 −10%, −7%, −0.7%이다. 그런데 2011년 반도체 생산액의 전년 대비 증감률은 $\frac{43,214-43,523}{43,523}\times100$ $=\frac{-309}{43,523}\times100(\%)$로 그 절댓값이 1보다 작다. 따라서 구체적인 값을 계산하지 않고도 답이 ③임을 알 수 있다.

Tip ❷ 퍼센트 계산 팁

$\frac{43,214-43,523}{43,523}\times100=\frac{-309}{43,523}\times100(\%)$에서 분모의 단위가 크기 때문에 분수를 %로 만들어주기 위한 100을 미리 분자에 곱해줘 단위를 맞춤과 동시에 %로 변화했다는 인식을 함께 한다면 계산 편의를 높일 수 있다. 즉, $-\frac{30,900}{43,523}$%가 되는데, 이것의 절댓값은 1보다 작다는 것을 알 수 있으므로 답은 ③번이 된다.

31 정답 ② 난이도 ●●○

자료해석 - 자료의 내용과 일치/불일치하는 설명을 고르는 문제

ㄱ. (×) 2018년 옥외광고 시장 규모는 2016년에 비해 30% ~~이상~~ 감소하였다.

➜ 연도별 옥외광고 시장 규모는 〈그림 1〉을 통해 확인할 수 있다.

'옥외광고' 시장 규모의 값이 연도별로 주어져 있으므로 감소율을 계산하면 된다. 2018년의 옥외광고 시장 규모는 5,764억 원이고 2016년의 옥외광고 시장 규모는 7,737억 원이다. 2016년 대비 2018년 옥외광고 시장 규모의 감소율을 구하면 다음과 같다. (소수점 둘째 자리에서 반올림)

$$\frac{(2016년\ 옥외광고\ 시장규모)-(2018년\ 옥외광고\ 시장규모)}{(2016년\ 옥외광고\ 시장규모)}\times100=\frac{7,737-5,764}{7,737}\times100≒25.5(\%)$$

즉, 2018년 옥외광고 시장 규모는 2016년에 비해 약 25% 감소하였다. 따라서 30% 이상 감소하였다는 말은 옳지 않다.

ㄴ. (○) 2018년 '교통' 분야 시장 규모는 2,500억 원 이상으로 옥외광고 시장에서 가장 큰 비중을 차지하고 있다.

➜ 2018년 '교통' 분야 시장 규모는 〈그림 1〉과 〈그림 2〉를 통해 가장 큰 비중을 차지하고 있음을 확인할 수 있다. 그리고 〈그림 2〉에서 2018년 옥외광고 시장에서 '교통' 분야 비중을 보면 44.2%로 옥외광고 시장에서 가장 큰 비중을 차지하고 있다.

ㄷ. (○) 2018년 옥외광고 세부 분야별 시장 규모는 '옥상'이 가장 크고, 그다음으로 '버스·택시', '극장', '지하철' 순이다.

➜ 2018년 옥외광고 세부 분야별 시장 규모는 (2018년 옥외광고 시장 규모)×[해당 분야 비율(엔터·기타, 교통, 빌보드)]×(세부 분야 비율)로 구할 수 있다. 이때, 2018년 옥외광고 시장 규모 5,764억 원은 공통이기 때문에 해당 분야 비율과 세부 분야 비율만 곱해 비교하면 빠르게 계산이 가능하다.

- 옥상 분야 점유율: (빌보드 점유율)×(옥상 점유율)$=0.314\times0.637≒0.2$
- 버스·택시 분야 점유율: (교통 점유율)×(버스·택시 점유율)$=0.442\times0.402≒0.178$
- 극장 분야 점유율: (엔터·기타 점유율)×(극장 점유율)$=0.244\times0.643≒0.157$
- 지하철 분야 점유율: (교통 점유율)×(지하철 점유율)$=0.442\times0.345≒0.152$

이외의 세부 분야 점유율은 위에서 구한 분야의 점유율보다 모두 낮다.
따라서 2018년 옥외광고 세부 분야별 시장 규모는 옥상 > 버스·택시 > 극장 > 지하철 순이다.

ㄹ. (×) 2018년 '엔터·기타' 분야의 시장 규모를 살펴보면 '극장', '쇼핑몰', '경기장'을 제외한 시장 규모는 120억 원 ~~이상이다~~.
→ 2018년 '엔터·기타' 분야의 시장 규모는 〈그림 2〉를 통해 확인 가능하다. '극장', '쇼핑몰', '경기장'을 제외한 것은 '기타' 분야만 해당하기 때문에 '기타' 분야에 대해서만 계산한다.
'기타' 분야의 시장규모를 계산하면 $5,764 \times 0.244 \times 0.081 \fallingdotseq 5,764(억\ 원) \times \frac{1}{4} \times 0.080 = 5,764 \times 0.02 \fallingdotseq 115(억\ 원)$으로 120억 원 미만이다.

합격자의 실전 풀이 순서

❶ 〈그림 1〉과 〈그림 2〉의 구조와 관계를 이해한다. 〈그림 1〉의 각주를 통해 옥외광고가 3개 분야로 되어 있음을 확인하고, 〈그림 2〉의 3개 분야의 구성비에 옥외광고 시장 규모를 곱하여 3개 분야, 세부 분야의 구체적인 시장 규모를 도출할 수 있음을 인식한다.

❷ 보기 ㉢, ㉣은 복잡한 계산이므로 보기 ㉠, ㉡을 우선 해결한다. 보기 ㉠은 틀린 보기이므로 답은 선지 ②, ③ 중 하나이다.

❸ 보기 ㉢에 비해 보기 ㉣이 세부 분야 한 개만 계산하면 되는 쉬운 보기이므로 이를 판단한다. 보기 ㉣의 5,764 × 24.4% × 8.1%를 처리하는 방법은 두 가지가 있다.
- 첫 번째 방법은 8.1%를 4로 나누어 2%로 보고 5,764×0.02를 하는 방법이다. ('엔터·기타'가 전체 옥외광고에서 차지하는 비율이 약 25%이기 때문에 4로 나눈다.)
- 두 번째 방법은 5,764를 5,700으로 보고 4로 나누는 방법이다.

둘 중 본인이 편한 방식을 선택하여 확인하면 된다. 따라서 18년도 '엔터·기타' 분야 중 '기타' 분야의 시장 규모는 5,764×24.4%×8.1%로 120 미만이다. 그러므로 답은 ②이다.

합격자의 시간단축 Tip

보기 ㄱ.

[방법 1]
30%를 계산할 때 7,737과 5,764의 차이가 약 2,000인데 이는 7,737이 7,000이더라도 30%인 2,100보다 작으므로 30% 미만 감소한 것을 확인할 수 있다.

[방법 2]
계산하기 쉬운 10%를 활용할 수도 있다. 7,737의 10%는 770으로 30%는 이의 세 배다. 백의 자릿수만 세 배 하더라도 2100으로 7,737과 5,764의 차이보다 크기 때문에 30% 미만 감소하였다.

[방법 3]
뺄셈이 덧셈보다는 어렵다는 점을 이용하여 덧셈 구조로 바꾸는 방법이다. 7,737의 10%를 편의상 700으로 보고 3배 하면 2,100이다. 이를 [방법 1]처럼 차이값과 비교하지 않고, 반대로 2018년에 더하면 $5,764 + 2,100 \fallingdotseq 7,800 > 7,737$이므로 30% 미만 감소함을 쉽게 알 수 있다.

보기 ㄴ. 〈그림 1〉의 5,764에 〈그림 2〉의 44.2%를 곱해서 도출하는 것은 〈그림〉 구조를 제대로 인식하지 못한 풀이이다. 〈그림 1〉은 교통의 값을 이미 주고 있기 때문에 2,500억 이상이며 가장 큰 값이므로 당연히 가장 큰 비중을 차지한다는 사실을 바로 알 수 있다.

보기 ㄹ. '엔터·기타' 분야 중 '극장', '쇼핑몰', '경기장'을 제외하면 '기타'인 8.1%에 해당한다. 옥외광고 전체 분야에서 '기타'의 구성비는 24.4%×8.1%이다. 약 25%의 8%라고 생각하면 옥외광고 전체의 약 2%에 해당한다.
따라서 2018년의 '엔터·기타' 분야 중 '극장', '쇼핑몰', '경기장'을 제외한 시장규모는 $5,764 \times 2\% < 120$이다.

32 정답 ② 난이도 ●●○

자료해석 – 자료의 내용과 일치/불일치하는 설명을 고르는 문제

ㄱ. (×) 2016년 옥외광고 시장 규모의 전년 대비 증가율은 10% ~~이상이다~~.
→ 2016년 옥외광고 시장 규모의 전년 대비 증가율을 구하면 다음과 같다. (소수점 둘째 자리에서 반올림)
$$\frac{7,737 - 7,150}{7,150} \times 100 = \frac{587}{7,150} \times 100 \fallingdotseq 8.2(\%)$$
따라서 2016년 옥외광고 시장 규모의 전년 대비 증가율은 10% 미만이므로 틀린 선지이다.

ㄴ. (○) 2011년 이후 옥외광고 시장 규모의 전년 대비 증가율이 가장 높은 해는 2013년이다.
→ 2011년 이후 옥외광고 시장 규모의 전년 대비 증가율을 구하면 다음과 같다. (소수점 둘째 자리에서 반올림)
- 2011년: $\frac{4,500 - 4,300}{4,300} \times 100 = \frac{200}{4,300} \times 100 \fallingdotseq 4.7(\%)$

• 2012년: $\frac{4,900-4,500}{4,500}\times100=\frac{400}{4,500}\times100$ ≒8.9(%)

• 2013년: $\frac{7,340-4,900}{4,900}\times100=\frac{2,440}{4,900}\times100$ ≒49.8(%)

• 2014년: $\frac{7,305-7,340}{7,340}\times100=-\frac{35}{7,340}\times100$ ≒−0.5(%)

• 2015년: $\frac{7,150-7,305}{7,305}\times100=-\frac{155}{7,305}\times100$ ≒−2.1(%)

• 2016년: $\frac{7,737-7,150}{7,150}\times100=\frac{587}{7,150}\times100$ ≒8.2(%)

• 2017년: $\frac{6,700-7,737}{7,737}\times100=-\frac{1,037}{7,737}\times100$ ≒−13.4(%)

• 2018년: $\frac{5,764-6,700}{6,700}\times100=-\frac{936}{6,700}\times100$ ≒−14.0(%)

따라서 2011년 이후 옥외광고 시장 규모의 전년 대비 증가율이 가장 높은 해는 2013년이다.

ㄷ. (×) 2018년 '빌보드' 분야 시장 규모는 '버스·택시'와 '지하철'의 시장 규모의 ~~합보다 크다~~.

➜ 2018년 '빌보드' 분야의 시장 규모는 5,764×31.4%=5,764×0.314=1,809.896(억 원)이고, 2018년 '교통' 분야의 시장 규모는 5,764×44.2%=5,764×0.442=2,547.688(억 원)이다. '버스·택시'와 '지하철'은 '교통' 분야의 세부 분야이므로 '버스·택시'와 '지하철'의 시장 규모 합은 2,547.688×(40.2%+34.5%)=2,547.688×74.7%=2,547.688×0.747≒1,903.123(억 원)이다.

따라서 '빌보드' 분야의 시장 규모는 약 1,809억 원인 반면 '버스·택시'와 '지하철'의 시장 규모 합은 약 1,903억 원이므로 옳지 않은 선지이다.

ㄹ. (○) 2019년 옥외광고 시장 규모가 4,960억 원이라면 2019년 옥외광고 시장 규모의 전년 대비 감소액은 2018년 옥외광고 시장 규모의 전년 대비 감소액보다 적다.

➜ 2019년 옥외광고 시장 규모가 4,960억 원일 때 2018년과 2019년 옥외광고 시장 규모의 전년 대비 감소액은 각각 다음과 같다.

• 2019년 옥외광고 시장 규모 전년 대비 감소액=(2018년 옥외광고 시장 규모)−(2019년 옥외광고 시장 규모)=5,764−4,960=804(억 원)

• 2018년 옥외광고 시장 규모 전년 대비 감소액
=(2017년 옥외광고 시장 규모)−(2018년 옥외광고 시장 규모)
=6,700−5,764=936(억 원)

따라서 2019년 옥외광고 시장 규모의 전년 대비 감소액(804)이 2018년 옥외광고 시장 규모의 전년 대비 감소액(936)보다 적으므로 옳은 선지이다.

합격자의 실전 풀이 순서

❶ 보기 ㉠의 경우 2016년의 옥외광고 시장 규모의 전년 대비 증가율이 10%인지 묻고 있다. 특정한 연도를 지정하였을 뿐만 아니라, 비교 대상도 10%로 구하기 매우 쉽다. 따라서 먼저 푼다.

❷ 이후에 남은 선지는 ①, ②이다. 이를 판단하기 위해서는 보기 ㉡, ㉢ 중에서 하나를 풀이하면 된다. 보기 ㉡의 경우 '가장 높은 해'를 묻고 있어 2011년 이후 옥외광고 시장 규모의 전년 대비 증가율을 모두 비교해야 하지만, 〈표〉의 꺾은선 그래프를 통해 시각적 효과를 활용할 수 있으므로 먼저 푼다. 따라서 정답은 ②가 된다.

합격자의 시간단축 Tip

보기 ㄱ.

[방법 1]

2015년 대비 2016년 증가한 값을 구하면 700이 되지 않는다. 그런데 전년 대비 증가율이 10%가 되기 위해선 2015년의 값 7,150의 10%인 715가 증가해야 한다. 따라서 증가율은 10%가 되지 않는다. 이와 같이 증가율을 구체적으로 도출하기보다는 10%를 기준으로 증가율이 그보다 큰지만 '확인'한다.

[방법 2]

2015년 값에서 10%인 715를 기존값에 더하면 2016년보다 크다는 것을 알 수 있다. 따라서 증가율은 10% 미만이다. 이것은 2015년 값인 7,150에 715를 더하면 앞 두 자리만 살펴봐도 이미 7,800 이상이므로, 구체적인 계산을 하지 않고 앞 두 자리만 계산해 보고도 쉽게 알 수 있다.

보기 ㄴ. 꺾은선 그래프에서 변화율은 꺾은선의 각도로 판단하면 쉽다. 시각적 효과를 통해 답이 될 가능성이 높은 연도를 찾고 이를 기준으로 그보다 전년 대비 증가율이 높은 연도는 없는지 비교하며 답을 찾는 것이다. 〈그림 1〉에서 꺾은선의 각도가 가장 가파른 부분은 2012년과 2013년 사이다. 그러므로 2013년의 전년 대비 증가율이 가장 높을 것이라 가정하고, 이때 증가율이 대략 50%임을 계산해 준 후, 이를 기준으로 나머지 항목을 비교하면 된다.
참고로 선지는 '2011년 이후 증가율'을 묻고 있으므로, 정확하게 계산하자면 2011년의 전년 대비 증가율도 확인해야 한다. 따라서 이 선지에서 계산이 제외되는 부분은 2010년의 전년 대비 증가율뿐이므로, 혹여나 2011년의 전년 대비 증가율까지 제외하지 않도록 조심해야 한다. 'A 이후~'라는 표현은 A를 포함하는 개념이다.

보기 ㄷ.

[방법 1] 어림산을 활용한다.
'버스·택시(40.2%)'와 '지하철(34.5%)'의 세부 시장 규모의 합은 40.2+34.5=74.7(%)이다. 이 74.7%는 2018년 옥외광고 전체의 74.7%가 아닌, 2018년 옥외광고 중 '교통(44.2%)' 분야의 74.7%에 해당한다. 따라서 '버스·택시'와 '지하철'의 세부 시장 규모의 합은 44.2%×74.7%에 해당한다. 이때 74.7%는 대략 75%로 볼 수 있고, 75%는 $\frac{3}{4}$에 해당하므로, 44.2% $\times\frac{3}{4}$으로 고쳐 쓸 수 있다. 숫자를 더 보기 쉽게 바꾸면 44%$\times\frac{3}{4}$이므로, 계산하면 33%가 된다. 한편, 2018년 '빌보드' 분야 시장 규모는 31.4%이다. 어림산을 위해 조정한 숫자가 매우 미세하므로, 이를 고려해도 2018년 '빌보드' 분야 시장 규모는 '버스·택시'와 '지하철'의 세부 시장 규모의 합보다 작다. 따라서 옳지 않다.

[방법 2] 곱셈 비교를 이용한 방법
시간이 조금 더 들 수 있으나 위와 같은 어림산이 찜찜한 경우, 곱셈 비교를 활용할 수 있다. 우리는 '빌보드' 분야 시장 규모와 '버스·택시'와 '지하철'의 시장 규모의 합을 비교해야 한다. 이는 '빌보드' 분야 시장 규모는 31.4%의 100% 와 '교통' 분야의 74.7%를 비교하는 것과 같다.
31.4%×100% vs 44.2%×74.7%
31.4에서 44.2로의 증가율은 40%보다 크다. 반면 74.7에서 100으로의 증가율은 40%보다 작다. 따라서 후자가 더 크다. 이를 통해 '버스·택시'와 '지하철'의 시장 규모의 합이 '빌보드' 분야 시장 규모보다 크다는 것을 알 수 있다.

[방법 3] 어림산의 미세조정
'31.4%가 44.2%×74.7%보다 큰지 보자'로 이해한다. 44.2%×74.7% > 44.0%×75.0%(=33.0%)이므로 옳지 않은 보기이다. 위와 같이 미세조정을 하면 어림산을 하더라도 분명하게 대소 비교를 할 수 있다.

보기 ㄹ. 빠른 대소 관계 파악을 위해 일의 자리를 제외하고 계산해 본다.
- 2019년: 5,760−4,960=800
- 2018년: 6,700−5,760=940

일의 자리가 둘의 대소 관계에 영향을 주지 않음을 알 수 있다. 이처럼 쉬운 계산부터 하고, 대소 관계에 유의미한 차이가 있으면 그다음에 나머지 것을 계산하는 방식을 활용해도 좋다.

33 정답 ① 난이도 ●●○

자료해석 – 자료의 내용과 일치/불일치하는 설명을 고르는 문제

ㄱ. (O) 2016년 매분기 '느타리' 1kg의 도매가는 '팽이' 3kg의 도매가보다 높다.
→ 느타리 1kg의 1분기 도매가는 5,779원, 2분기는 6,752원, 3분기는 7,505원, 4분기는 7,088원이다.
2016년 분기별 '팽이' 3kg의 도매가를 구하면 다음과 같다.
- 1분기: 1,886×3=5,658(원/3kg)
- 2분기: 1,727×3=5,181(원/3kg)
- 3분기: 1,798×3=5,394(원/3kg)
- 4분기: 2,116×3=6,348(원/3kg)

따라서 2016년 매분기 '느타리' 1kg의 도매가는 '팽이' 3kg의 도매가보다 높다.

ㄴ. (O) 2015년 매분기 '팽이'의 소매가는 3,000원/kg 이상이다.
→ (2016년 소매가의 전년 동 분기 대비 등락액)=(2016년 소매가)−(2015년 소매가)이므로 2015년 분기별 '팽이'의 소매가는 (2016년 '팽이' 소매가)−(2016년 '팽이' 소매가의 전년 동 분기 대비 등락액)으로 구할 수 있다. 2015년 1~4분기의 '팽이' 소매가를 구하면 다음과 같다.
- 1분기: 3,136−(−373)=3,509(원/kg)
- 2분기: 3,080−42=3,038(원/kg)
- 3분기: 3,080−60=3,020(원/kg)
- 4분기: 3,516−389=3,127(원/kg)

따라서 2015년 매분기 '팽이'의 소매가는 3,000원/kg 이상이다.

ㄷ. (×) 2016년 1분기 '새송이'의 소매가는 2015년 4분기에 비해 상승했다.
→ 2015년 4분기 '새송이'의 소매가는 5,363−45=5,318(원/kg)이고, 2016년 1분기 '새송이'의 소매가는 5,233원/kg이다.

따라서 2016년 1분기 '새송이'의 소매가는 2015년 4분기에 비해 하락했다.

ㄹ. (×) 2016년 매분기 '느타리'의 소매가는 도매가의 1.5배 ~~미만이다~~.

➜ 2016년 매분기 '느타리'의 도매가의 1.5배는 다음과 같다.

- 1분기: 5,779×1.5=8,668.5(원/kg)
- 2분기: 6,752×1.5=10,128(원/kg)
- 3분기: 7,505×1.5=11,257.5(원/kg)
- 4분기: 7,088×1.5=10,632(원/kg)

이를 2016년 매분기 '느타리'의 소매가와 비교해 보면 2016년 1분기 '느타리'의 소매가는 9,393원/kg으로 해당 분기 도매가의 1.5배 이상임을 알 수 있다.

합격자의 실전 풀이 순서

❶ 〈표〉와 〈그림〉을 보고, 이를 활용하여 2015년의 주요 버섯 소매가를 구할 수 있음을 파악한다.

❷ 단순 확인용 보기인 ㉠과 ㉣ 먼저 확인한다. 보기 ㉠은 옳은 보기이고, 보기 ㉣은 틀린 보기이므로 답은 ①, ②번 중 하나이다.

❸ 보기 ㉡을 확인하면 옳은 보기이므로 답은 ①이다.

합격자의 시간단축 Tip

보기 ㄱ. 'A는 B의 3배 이상이다'와 같은 선지는 크게 두 가지 접근 방법이 있다.

[방법 1]
근삿값으로 B의 3배를 구해 A와 비교하는 방법이다. 예를 들어, 4분기를 기준으로 보면 도매가의 앞 두 자리에서 잘라 근삿값을 설정할 때(느타리 70, 팽이 21), 70 > 21×3=63이므로 3배 이상임을 알 수 있다.

[방법 2]
역으로 A의 $\frac{1}{3}$과 B를 비교하는 방법이다. 예를 들어, 3분기를 기준으로 보면 도매가의 앞 두 자리에서 잘라 근삿값을 설정할 때, 느타리 75가 되기 위해서는 적어도 팽이가 $75\times\frac{1}{3}=25$ 이상이 되어야 한다. 그러나 올림 하더라도 18밖에 되지 않으므로 3배 이상임을 알 수 있다.

* 위 두 가지 방법은 어느 하나가 우월한 것이 아니라, 주어진 A와 B의 숫자가 무엇을 하기에 더 편한 숫자인가를 기준으로 적용하면 된다.

보기 ㄴ. (2016년 팽이의 소매가)−(2016년 팽이의 전년 동 분기 대비 등락액)의 값을 빠르게 확인한다. 정확한 값을 도출할 필요 없이 3,000을 넘는지만 빠르게 판단한다. 이때 '전년 동 분기 대비'이므로 음수라면 당연히 지금보다는 높았다는 의미이므로 아예 제외하고 확인할 경우 시간을 더 단축할 수 있을 것이다.

보기 ㄹ. 1.5배를 확인하는 방법은 크게 3가지이다.

[방법 1]
절반(50%)를 더하는 방법이다. 예를 들어, 1분기의 경우 도매가 5,779를 6,000으로 올림하여 대체하더라도 절반을 더하면, 6,000+3,000=9,000 < 9,393으로 1.5배 이상임을 알 수 있다.

[방법 2]
역수를 취하는 방법이다. 1.5배의 역수는 $\frac{2}{3}$이므로 $\frac{2}{3}$를 소매가에 곱해서 비교한다. 예를 들어, 1분기의 경우 소매가에 $\frac{2}{3}$를 곱하면 $9,393\times\frac{2}{3}≒9,300\times\frac{2}{3}=3,100\times2=6,200 > 5,779$이다. 따라서 1.5배 이상임을 알 수 있다.

34 정답 ④ 난이도 ●●○

자료해석 – 자료의 특정한 값을 추론하는 문제

2016년 3분기 느타리 소매가는 10,007원/kg이다. 2017년 3분기 느타리 소매가가 전년 동분기인 2016년 3분기에 비해 20% 증가할 경우 소매가는 10,007×1.2≒12,008(원/kg)이다.

〈그림〉과 〈표〉를 통해 2015년 3분기 느타리 소매가를 구하면 10,007−397=9,610(원/kg)이다. 따라서 2015년 3분기 대비 2017년 3분기 느타리 소매가의 증가율을 구하면 $\frac{12,008-9,610}{9,610}\times100≒24.95(\%)$이므로 이를 소수점 아래 둘째 자리에서 반올림한 값은 25%이다.

합격자의 실전 풀이 순서

[방법 1]

❶ 2016년 3분기 느타리 소매가를 〈표〉에서 찾은 후 20% 증가한 값을 구한다.

❷ 〈그림〉과 〈표〉를 통해 2015년 3분기 느타리 소매가를 구한다.

❸ 2015년 대비 2017년 3분기 느타리 소매가의 증가율을 구한다.

[방법 2]

❶ 2015년 3분기 대비 2016년 3분기 느타리 소매가의 증가율을 확인하기 위해 〈그림〉을 참고한다. 이때 〈그림〉에 제시된 값은 '증가율'이 아닌 '증가액'에 해당한다.

❷ 따라서 2016년 3분기 느타리 소매가를 〈표〉에서 확인한다. 2015년 3분기 느타리 소매가에서 397원/kg이 증가한 값은 10,007원/kg이므로, 증가율은 미미할 것이다.

❸ 이후, 선지를 확인하며 20%를 기준으로 방향성과 선지 간 수치의 간격에 따라 계산의 정확도를 조정한다.

합격자의 시간단축 Tip

Tip ❶ 일단 2015년과 2017년 3분기의 느타리 소매가를 구했으면 선택지를 활용해서 증가율을 판단한다. 9,610에서 12,000의 증가분은 대략 2,400보다 조금 작은 수이다. $\frac{2,400\downarrow}{9,610}$으로 이는 20%는 넘으나 30%는 되지 않는 수이다. 따라서 답은 25%로 구할 수 있다. 혹은 단순히 $\frac{24}{96}\times100=25(\%)$임을 통해서도 알 수 있다.

Tip ❷ 2015년 3분기 대비 2017년 3분기 느타리 소매가의 증가율을 구하려면 $\frac{12,008-9,610}{9,610}\times100$을 계산해야 하는데, 증가율 계산에서 ×100은 생략해도 무방하다. ('%'로 나타내기 위해 곱해주는 숫자일 뿐이므로, 계산 결과에 영향을 미치지 않는다.) 따라서 $\frac{12,008-9,610}{9,610}=\frac{2,398}{9,610}$을 계산하면 된다. 이때 $\frac{2,398}{9,610}$을 보기 쉽게 바꾸면 $\frac{24}{96}$ 정도로 바꿀 수 있다. $\frac{24}{100}$는 정확히 24%에 해당하는데, $\frac{24}{96}$은 $\frac{24}{100}$보다 분모가 작으므로 분수 값은 더 크다. 따라서 $\frac{24}{96}$는 24%보다 크므로 선지 ①, ②, ③을 소거한다. 한편 $\frac{24}{96}$는 30% 미만임을 알 수 있다. 96에 30%를 곱할 때, 앞자리인 9와 3끼리만 곱해도 벌써 27이 되기 때문이다. 그러므로 선지 ⑤도 소거할 수 있다.

Tip ❸ 전년 대비 20% 증가하는 경우, 기존값에 1.2(=120%)를 곱해주면 된다. 예를 들어, 10에서 20% 증가한 값은 10×1.2=12이다. 즉, 전년 대비 n% 증가한다면 기존값에 (100+n)%를 곱해주면 된다.
반면, 전년 대비 20% 감소하는 경우, 기존값에 0.8(=80%)을 곱해주면 된다. 예를 들어, 10에서 20% 감소한 값은 10×0.8=8이다. 즉, 전년 대비 n% 감소한다면 기존값에 (100−n)%를 곱해주면 된다.

Tip ❹ 2015년 3분기에서 2017년 3분기 느타리 소매가 증가율을 구하면 되기 때문에 정확히는 2015년 3분기의 값과 2017년 3분기까지의 증가분만을 구하면 된다. 일단 2015년 3분기의 경우 10,007−397은 대략 9,600임을 알 수 있다. 그리고 2015년 3분기와 2017년 3분기의 차이는 397+10,007×0.2가 된다. 대략 2,400 정도 되고 25%에 가장 근접함을 알 수 있다.

Tip ❺ 2016년 3분기 대비 2017년 3분기 느타리 소매가의 증가율이 20%였다. 2015년 3분기 대비 2016년 3분기 느타리 소매가 역시 증가하였으니, 2015년 3분기 대비 2017년 3분기 느타리 소매가의 증가율은 20%보다는 큰 값이다. 따라서 ①, ②, ③은 소거된다. 이후에는 2015년 느타리 소매가의 구체적인 값을 구할 필요는 없다. 2015년 3분기 대비 2016년 3분기 증가율과 2016년 3분기 대비 2017년 3분기 증가율을 모두 고려한 값은 '2015년 3분기 대비 2016년 3분기 증가율' 값이 매우 미미하므로 그 값이 30%는 되지 않을 것이다. 따라서 정답은 ④가 된다.

Tip ❻ 구체적인 수치를 구할 필요 없다.
3분기 느타리 소매가를 살펴보면 2015년 대비 2016년은 400정도, 2016년 대비 2017년은 2,000정도 증가하므로 2015년 대비 2017년은 2,400정도 증가한다. 2015년의 느타리 소매가는 10,000보다 약간 작다. 따라서 $24\%\left(=\frac{2,400}{10,000}\right)$보다 조금 큰 선지를 답으로 고른다.

35 정답 ④ 난이도 ●●●

자료해석 – 자료의 내용과 일치/불일치하는 설명을 고르는 문제

① (O) 2008년 이후 남성 육아휴직 신청건수는 매년 증가한다.
➜ 〈표〉에 따르면 남성 육아휴직 신청건수는 2008년 25건, 2009년 26건, 2010년 30건으로 매년 증가한다. 따라서 옳은 선지이다.

② (O) 2010년 9월과 10월의 남성 육아휴직 신청건수는 같다.
➜ 〈그림〉의 각주에 의해 해당월의 남성 육아휴직 신청건수는 (남성 육아휴직 신청건수의 월별 구성비)×(해당연도의 남성 육아휴직 신청건수)로 구한다.

2010년 9월과 10월의 남성 육아휴직 신청건수를 구하면 다음과 같다.

- 9월: 30×9.4%=2.82(건)
- 10월: 30×9.4%=2.82(건)

따라서 2010년 9월과 10월의 남성 육아휴직 신청건수는 같으므로 옳은 선지이다.

③ (○) 전체 육아휴직 신청건수 대비 남성 육아휴직 신청건수의 비율은 2008년이 2006년보다 높다.

➜ 2006년과 2008년의 전체 육아휴직 신청건수 대비 남성 육아휴직 신청건수의 비율을 구하면 다음과 같다. (소수점 둘째 자리에서 반올림)

- 2006년: $\frac{25}{231}\times100 \fallingdotseq 10.8(\%)$
- 2008년: $\frac{25}{220}\times100 \fallingdotseq 11.4(\%)$

2008년이 2006년보다 높으므로 옳은 선지이다.

④ (×) 2010년 육아휴직 신청건수의 월별 구성비는 전체가 남성에 비해 ~~매월 높다~~.

➜ 〈그림〉을 보면 2010년 육아휴직 신청건수의 월별 구성비의 경우 전체가 남성에 비해 높은 월은 1월, 2월, 3월, 4월, 5월, 6월, 8월, 12월이고, 7월, 9월, 10월, 11월은 반대로 남성이 전체보다 월별 구성비가 높다. 전체가 남성에 비해 월별 구성비가 매월 높은 것은 아니므로 틀린 선지이다.

⑤ (○) 2010년 12월 전체 육아휴직 신청건수와 남성 육아휴직 신청건수는 각각 전월 대비 감소한다.

➜ 2010년 11월과 12월의 전체 신청건수와 남성 육아휴직 신청건수를 구하면 다음과 같다. (소수점 둘째 자리에서 반올림)

- 11월 전체 신청건수 건수: 213×9.3%≒19.8(건)
- 12월 전체 신청건수 건수: 213×8.2%≒17.5(건)
- 11월 남성 육아휴직 신청건수: 30×10.1%≒3.0(건)
- 12월 남성 육아휴직 신청건수: 30×7.9%≒2.4(건)

2010년 12월 전체 신청건수와 남성 육아휴직 신청건수는 각각 전월 대비 감소하므로 옳은 선지이다.

합격자의 실전 풀이 순서

[방법 1]

❶ 〈표〉와 〈그림〉을 보고, 수치와 비율의 정보가 혼합되어 있음을 파악한다. 이때 어떤 자료가 '수치'인지 어떤 자료가 '비율'인지 정확하게 파악하도록 한다. 그리고 각주를 확인해 월별 구성비의 식을 파악하고 구성비가 활용될 것을 염두에 둔다.

❷ 선지를 순차적으로 확인하여 풀이한다.

[방법 2]

❶ 〈표〉와 〈그림〉을 확인한다. 이때, 〈그림〉은 2010년에 한정된 자료이므로, 〈표〉의 2010년에 동그라미로 표시한다.

❷ 선지를 순차적으로 확인하며 풀이한다. 이때, 2010년의 값을 묻는 선지의 경우 〈그림〉을 활용하여야 하므로 까다로울 수 있다. 따라서 나중에 풀이한다는 전략을 세워도 좋다.

합격자의 시간단축 Tip

선지 ① 2008년 이후 남성 육아휴직 신청건수가 매년 증가한다고 적혀 있다. 이때 2007년에서 2008년 넘어갈 때는 남성 육아휴직 신청건수가 감소하는 경향을 보이는데, 잘못 놓쳐서 이걸 기반으로 선지 ①을 선택하지 않도록 한다. 혹은 헷갈리지 않게 선지 ①에서 '2008년 이후'라는 표현을 보았다면 〈표〉에서 2008년 이후 기점으로 화살표 표시를 하거나 2006년과 2007년의 남성 육아휴직 신청건수 부분에× 표시를 치는 것도 실수를 방지하기 위한 방법일 것이다.

선지 ② 각주에 따라 2010년 남성 육아휴직 신청건수는 〈표〉의 2010년 남성 육아휴직 신청건수인 30에 월별 구성비를 곱함으로써 구할 수 있음을 알 수 있다. 그런데 이때 9월과 10월의 월별 구성비는 9.4로 동일하다. 따라서 동일한 분모에 동일한 비율을 곱한 값이므로 계산하지 않더라도 결괏값이 같음을 알 수 있다.

이처럼 비율과 수의 비교 문제가 있을 때 비율만 비교할 수 있는 경우는 모수가 동일할 경우이다. 만약 2010년의 남성 신청건수만으로 비교한 것이 아니라 10월의 2010년의 남성 신청건수와 전체 신청건수를 비교하라고 했다면 각각 모수가 30과 213이므로 비율만 비교해선 안 된다. 하지만 해당 문제의 경우 2010년 남성 육아휴직 신청건수의 9월과 10월을 비교하라고 했기 때문에 모수가 동일하므로 비율만 비교해도 되는 것이다. 이때, 모수란 비율에 있어 전체값, 분모값을 의미한다.

2010 남성 육아휴직 신청건수의 월별 구성비는 $\frac{(\text{해당 월 남성 육아휴직 신청건수})}{(\text{2010년 전체 남성 육아휴직 신청건수})}\times100$으로 모수는 2010년 전체 남성 육아휴직 신청건수가 된다. 또한 매월 남성 육아휴직 신청건수의 합을 더하면 전체값인 2010년 전체 남성 육아휴직 신청건수가 된다.

선지 ③ $\frac{(\text{남성 육아휴직 신청건수})}{(\text{전체 육아휴직 신청건수})}$를 구해야 하는데, <표>는 분모인 전체 육아휴직 신청건수가 위 칸, 분자인 남성 육아휴직 신청건수가 아래 칸에 제시되어 있어서 $\frac{(\text{남성 육아휴직 신청건수})}{(\text{전체 육아휴직 신청건수})}$를 한눈에 파악하기 힘들다. 이런 경우에는, 주어진 <표>의 구성을 바꿀 수는 없으니 선지 내용을 바꿔주면 된다. 즉, <표>를 눈에 보이는 그대로 읽을 수 있도록 $\frac{(\text{전체 육아휴직 신청건수})}{(\text{남성 육아휴직 신청건수})}$를 구하는 것이다. 다만 이렇게 구하면 값 자체가 바뀌기 때문에 선지의 내용도 그에 맞춰서 일부 수정해 줘야 한다. 이 경우, 분자와 분모를 반대로 바꿔줬기 때문에 선지 내용도 반대로 바꿔준다. 즉, "남성 육아휴직 신청건수 대비 전체 육아휴직 신청건수의 비율은 2008년이 2006년보다 낮다."로 바꿔서 푸는 것이다. 이에 따르면, 2008년은 $\frac{220}{25}$이고, 2006년은 $\frac{231}{25}$이다. 2008년의 값이 2006년보다 낮으므로 옳은 선지가 된다.

사실 이 문제는 굳이 분자와 분모를 바꾸지 않아도 된다. 계산이 필요한 연도가 2개밖에 없고, 그마저도 분자값이 25로 같기 때문에 분모값만 보고 대소 비교를 바로 할 수 있기 때문이다. 그러나 많은 연도를 비교해야 하거나, 분자 및 분모 값이 모두 다른 연도들을 비교해야 하는 경우, 이런 식으로 선지 내용을 바꿔주는 것이 편할 때가 많으니 하나의 방법으로써 참고하면 좋다.

선지 ④ 이 문제는 '월별 구성비'의 의미를 이해했다면 곧바로 옳지 않다는 것을 알 수 있다. 밑의 각주에 따르면 전체 육아휴직 신청건수와 남성 육아휴직 신청건수의 월별 구성비는 각각 2010년의 전체 육아휴직 신청건수와 남성 육아휴직 신청건수라는 독립된 모수를 가지며 매월 각 신청건수가 모수에서 몇 %를 차지하는지를 의미한다. 따라서 월별 구성비를 모두 합하면 각각 100이 된다. 전체 육아휴직 신청건수의 월별 구성비와 남성 육아휴직 신청건수의 월별 구성비가 모두 합이 100이고, 이를 구성하는 요소가 12개월의 12개로 동일하므로, 전체 육아휴직 신청건수의 월별 구성비가 항상 남성 육아휴직 신청건수의 월별 구성비보다 클 수는 없다. 만약 그렇게 되면 전체 육아휴직 신청건수의 월별 구성비의 합이 100%를 넘거나, 남성 육아휴직 신청건수의 월별 구성비의 합이 100%보다 작아지게 되기 때문이다. 따라서 해당 선지는 각주를 통해 '월별 구성비'의 의미를 파악했다면 곧바로 옳은 선지가 될 수 없음을 알 수 있다. 혹시 불안하면 <그림>을 보며 확신을 더할 수 있다.

선지 ④ 선지 ②의 **Tip**과 동일한 논리로 각각의 꺾은선 그래프상에서는 동일한 모수에 대한 구성비만을 나타내고 있으므로 같은 꺾은선 그래프 선상에서는 월별 비교가 가능하다. 따라서 전체 육아휴직 신청건수는 9.3%에서 8.2%로 감소했고, 남성 육아휴직 신청건수는 10.1%에서 7.9%로 감소했으므로 각각 전월 대비 감소했다는 선지는 옳다.

36 정답 ⑤ 난이도 ●●○

자료해석 - 자료의 내용과 일치/불일치하는 설명을 고르는 문제

ㄱ. (O) 2008년 이후 전체 육아휴직 신청건수는 매년 감소하였다.

➜ <표>의 연도별 육아휴직 신청건수 현황에서 2008년 이후 전체 신청건수를 보면, 2008년 220건, 2009년 214건, 2010년 213건으로 점점 감소하고 있다는 것을 알 수 있다.

ㄴ. (×) 2010년 남성 육아휴직 신청건수는 2006년 대비 ~~30% 이상~~ 증가하였다.

➜ 2006년 대비 2010년 남성 육아휴직 신청건수의 증가율은

$$\frac{(\text{2010년의 남성 육아휴직 신청건수})-(\text{2006년의 남성 육아휴직 신청건수})}{(\text{2006년의 남성 육아휴직 신청건수})}\times 100$$

으로 구한다.

2006년과 2010년 남성 육아휴직 신청건수는 각각 25건, 30건이므로 이를 이용해 2006년 대비 2010년 남성 육아휴직 신청건수의 증가율을 구하면 $\frac{30-25}{25}\times 100=\frac{5}{25}\times 100=20(\%)$이다. 따라서 틀린 보기이다.

ㄷ. (O) 전체 육아휴직 신청건수 중 남성 육아휴직 신청건수의 비중은 2010년에 가장 높았다.

➜ 전체 육아휴직 신청건수 중 남성 육아휴직 신청건수의 비중은 $\frac{(\text{남성 육아휴직 신청건수})}{(\text{전체 육아휴직 신청건수})}$로 구할 수 있다. 2006~2010년 전체 육아휴직 신청건수 중 남성 육아휴직 신청건수 발생 건수의 비중을 구하면 다음과 같다. (소수점 셋째 자리에서 반올림)

- 2006년: $\frac{25}{231}\fallingdotseq 0.11$
- 2007년: $\frac{31}{240}\fallingdotseq 0.13$
- 2008년: $\frac{25}{220}\fallingdotseq 0.11$

• 2009년: $\frac{26}{214}$ ≒0.12

• 2010년: $\frac{30}{213}$ ≒0.14

따라서 전체 육아휴직 신청건수 중 남성 육아휴직 신청건수의 비중은 2010년에 가장 높았다.

ㄹ. (○) 2010년 남성의 분기별 육아휴직 신청건수는 3사분기(7, 8, 9월)에 가장 많았다.

➜ 남성의 분기별 육아휴직 신청건수는 해당 분기에 포함되는 세 개 달 각각의 남성 육아휴직 신청건수의 월별 구성비를 더해서 비교할 수 있다. 남성 육아휴직 신청건수의 월별 구성비가 높을수록 해당 월의 남성 육아휴직 신청건수가 많다. 〈그림〉 2010년 육아휴직 신청건수의 월별 구성비를 이용해 분기별 남성 육아휴직 신청건수 구성비를 구해보면 다음과 같다.

• 1사분기(1, 2, 3월):
(6.7+6.3+7.4)=20.4(%)
• 2사분기(4, 5, 6월):
(8.0+8.3+7.9)=24.2(%)
• 3사분기(7, 8, 9월):
(10.1+8.5+9.4)=28.0(%)
• 4사분기(10, 11, 12월):
(9.4+10.1+7.9)=27.4(%)

따라서 남성 육아휴직 신청건수의 분기별 발생 건수가 가장 많은 분기는 분기별 남성 육아휴직 신청건수 구성비가 28.0%로 가장 높은 3사분기이다.

합격자의 실전 풀이 순서

❶ 〈표〉와 〈그림〉의 관계를 파악한다. 2010년의 월별 육아휴직 신청건수를 구하기 위해서는 〈표〉의 2010년 신청건수에 〈그림〉의 월별 구성비를 곱해야 할 것이다.

❷ 빠르게 눈으로 확인할 수 있는 보기 ㉠부터 확인한다. 옳은 보기이므로 ②, ③번을 소거한다.

❸ 다음으로 보기 ㉣을 확인하면, 옳은 보기이므로 ④번을 소거한다.

❹ 보기 ㉢을 확인하면 옳은 보기이므로 ①번을 소거하고 답은 ⑤번이다.

합격자의 시간단축 Tip

보기 ㄱ. 연도를 주의해야 한다. 제대로 보기를 읽지 않고 습관적으로 첫 비교 연도인 2007년부터 볼 경우 틀린 선지가 된다. 언제나 선지나 보기의 연도는 주의 깊게 읽어야 한다.

보기 ㄴ.

[방법 1]
0.3을 곱해 더하는 정석적인 방법이다. 큰 계산을 요구하지 않는 만큼 빠르게 처리하는 것도 좋다. 즉, 2006년 25건을 기준으로 30% 증가는 25+(25×0.3)=25+7.5 > 30이므로 틀린 선지이다.

[방법 2]
주변값에 30%를 곱해 비교하는 방식이다. 예를 들어 20의 30%는 20×0.3=6으로 이미 25+6 > 30이 되어 당연히 틀린 선지가 된다.

보기 ㄷ. 2010년의 전체 육아휴직 신청건수 중 남성 육아휴직 신청건수의 비중 $\frac{\text{(남성 육아휴직 신청건수)}}{\text{(전체 육아휴직 신청건수)}}$은 $\frac{30}{213}$이다. 2010년이 분모인 전체 육아휴직 신청건수가 가장 작으므로 분모가 작고 분자가 크다면 비중은 당연히 클 것이다.

[방법 1]
분자인 남성 육아휴직 신청건수 발생 건수가 큰 2007년($\frac{31}{240}$)과 간단히 비교해 보면 2007년이 2010년에 비해 분자는 10% 미만으로 크지만, 분모는 10% 이상 크므로 2010년의 비중이 더 높다.

[방법 2]
차이값을 통해 비교하는 방법도 있다. 비교의 편의를 위해 근삿값을 앞 두 자리로 잡으면 2010년에 비해 2007년의 분모는 21 → 24로 3만큼 증가했으나 분자는 30 → 31로 1만큼 증가했으므로 기준값이 더 작은 분모가 더 크게 증가하여 당연히 2010년 비중이 더 높다.

보기 ㄹ. 2010년 남성 육아휴직 신청건수의 분기별 신청건수를 구하기 위해서는 〈표〉의 2010년 전체 육아휴직 신청건수에 〈그림〉의 분기별 구성비(월별 구성비의 합)를 곱해야 한다. 그러나 2010년 전체 남성 육아휴직 신청건수가 모든 분기에 공통으로 곱해지므로 구성비의 대소 비교만으로도 정오 판단을 할 수 있다. 3사분기를 제외하고 가장 구성비가 클 것 같이 보이는 4사분기와 3사분기의 구성비를 비교하면 7월과 11월의 구성비는 같고, 9월과 10월의 구성비도 같으므로 서로 상쇄된다. 그러나 8월의 구성비가 12월보다 크므로 3사분기가 더 크다는 것을 알 수 있다.
이처럼 '꺾은선 그래프'와 같이 추세선 형태에서 '분기'처럼 한 덩어리로 묶이게 되면, 각각을 더해서 비교할 필요 없이 덩어리 값들이 전반적으로 다른 집합에 비해 큰지 확인하는 것을 통해 해결할 수 있다. 많이 나오는 형태인 만큼 위 방법을 익혀 두는 것이 좋다.

37 정답 ② 난이도 ●●○

자료해석 – 자료의 내용과 일치/불일치하는 설명을 고르는 문제

ㄱ. (O) 처리대상 건수가 가장 적은 연도의 처리율은 75% 이상이다.

→ 처리대상 건수가 가장 적은 연도를 구하기 위해서는 2013년의 전년 이월 건수와 처리대상 건수의 합계를 알아야 한다. 이를 계산하면 다음과 같다. 각주 1)에 따르면 '(전년 이월 건수)=(전년도 처리대상 건수)−(전년도 처리 건수)'이다.

- 2013년 전년 이월 건수: 8,200−6,410=1,790(건)
- 2013년 처리대상 건수: 1,790+7,800=9,590(건)

따라서 처리대상 건수가 가장 적은 연도는 2016년임을 알 수 있다.

2016년의 처리율은 $\frac{6,600}{8,050}\times100≒82.0(\%)$이므로 75% 이상이다. (소수점 둘째 자리에서 반올림) 따라서 옳은 보기이다.

ㄴ. (×) 2013~2016년 동안 취하 건수와 기각 건수의 전년 대비 증감방향은 ~~동일하다~~.

→ 2013~2016년 동안 취하 건수는 증가, 증가, 증가, 감소의 증감 방향을 보였다.
2013년~2016년 동안 기각 건수는 증가, 증가, 감소, 감소의 증감 방향을 보였다.
증감방향이 다르므로 틀린 보기이다.

ㄷ. (×) 2013년 처리율은 80% ~~이상이다~~.

→ 2013년 처리율은 $\frac{7,320}{9,590}\times100≒76.3(\%)$로, 80% 미만이다. (소수점 둘째 자리에서 반올림) 따라서 틀린 보기이다.

ㄹ. (O) 인용률은 2012년이 2014년보다 높다.

→ 2012년과 2014년의 인용률을 구하면 다음과 같다. (소수점 둘째 자리에서 반올림)
각주 3)에 따르면 '인용률(%)= $\frac{(\text{인용 건수})}{(\text{각하 건수})+(\text{기각 건수})+(\text{인용 건수})}\times100$'이다.

- 2012년:
$$\frac{1,750}{350+4,200+1,750}=\frac{1,750}{6,300}\times100≒27.8(\%)$$
- 2014년:
$$\frac{1,420}{480+6,200+1,420}=\frac{1,420}{8,100}\times100≒17.5(\%)$$

따라서 2012년의 인용률이 2014년 인용률보다 크다. 옳은 보기이다.

합격자의 실전 풀이 순서

❶ 실수를 방지하기 위해 '소계'에 구분 선을 긋고, 〈표〉와 각주를 확인한다.

❷ 보기 ㉠, ㉢은 빈칸 값을 도출해야 하므로, ㉡과 ㉣을 확인한다.

❸ 이때 단순 확인인 보기 ㉡을 먼저 확인하면 틀린 선지이므로 ①, ③, ⑤를 소거한다.

❹ 보기 ㉢을 확인하면 틀린 선지이므로 정답은 ②이다.

합격자의 시간단축 Tip

보기 ㄱ. 2013년의 소계를 구하지 않더라도 2013년의 전년 이월 건수는 8,200−6,410=1,790(건)으로 2013년은 2016년보다 클 수밖에 없다. 따라서 2016년을 확인하면, 근삿값으로 75%를 볼 때 8,000×75%= $8,000\times\frac{3}{4}$=6,000이다. 당연히 75% 이상일 수밖에 없다.

보기 ㄴ. 증감 방향 유형은 일반적으로 2가지 방법으로 푼다.

[방법 1]
한 값을 통으로 암기하여 비교한다. 예를 들어 취하 건수가 '+ + + −'임을 외운 후, 기각 건수에 대입하여 모순이 발생하는지 확인하는 방법이다.

[방법 2]
뒤에서부터 하나하나 비교한다. 예를 들어 2016년의 경우 취하, 기각 모두 −이고, 2015년은 취하는 +, 기각은 −이므로 틀린 보기임을 확인할 수 있다.
개인차가 있겠지만 일반적으로는 [방법 1]이 더 빠른 편이다. [방법 2]는 여러 자료를 계속 번갈아 눈으로 확인해야 하므로 시간 낭비가 일정 부분 있을 수밖에 없기 때문이다.

보기 ㄷ. 처리율 80%가 옳다고 가정 후, 모순이 발생하는지 확인한다.
80%가 7,320이라는 것은 9,000×80%=7,200임을 고려할 때, 2013년의 처리대상 건수가 9,000보다 살짝 큰 값이라는 의미이다. 2013년의 처리대상 건수를 9,000이라고 어림한 후 전년 이월 건수를 계산해

보면 9,000−7,800=1,200이다. '(전년도 처리대상 건수)=(전년 이월 건수)+(전년도 처리 건수)'이다. 따라서 1,200을 2012년 처리 건수와 더해 2012년 처리대상 건수와 크기 비교를 하면 6,410+1,200=7,610 < 8,200이므로 틀린 선지임을 쉽게 알 수 있다.

보기 ㄹ. 인용률의 '분모'는 5개 중 3개의 값을 더하도록 구성되어 있어 매우 번거롭다. 따라서 반대 해석으로 '(전체 처리 건수)−{(취하 건수)+(재조사 건수)}'로 도출한다.
예를 들어 2012년의 경우 6,410−80−30=6,410−110=6,300이고, 2013년의 경우 7,320−140−0=7,180으로 처리할 수 있다.

38 정답 ❶ 난이도 ●●○

자료해석 - 자료의 내용과 일치/불일치하는 설명을 고르는 문제

① (×) 2014년 처리율은 인용률의 4배 ~~미만이다~~.
➜ 2014년의 처리율과 인용률을 구하면 다음과 같다. (소수점 둘째 자리에서 반올림)

- 처리율: $\frac{8,720}{10,800}\times100≒80.7(\%)$
- 인용률: $\frac{1,420}{480+6,200+1,420}\times100=\frac{1,420}{8,100}\times100≒17.5(\%)$

인용률의 4배는 약 17.5×4=70(%)이므로 2014년 처리율은 인용률의 4배 이상이다.

② (○) 인용률은 2016년이 2015년보다 높다.
➜ 2015년과 2016년의 인용률을 구하면 다음과 같다. (소수점 둘째 자리에서 반올림)

- 2015년: $\frac{1,300}{460+5,580+1,300}\times100=\frac{1,300}{7,340}\times100≒17.7(\%)$
- 2016년: $\frac{1,340}{500+4,300+1,340}\times100=\frac{1,340}{6,140}\times100≒21.8(\%)$

따라서 2016년의 이용률은 2015년보다 높으므로 옳은 선지이다.

③ (○) 처리율은 2016년이 2012년보다 높다.
➜ 2012년과 2016년의 처리율을 구하면 다음과 같다. (소수점 둘째 자리에서 반올림)

- 2012년: $\frac{6,410}{8,200}\times100≒78.2(\%)$
- 2016년: $\frac{6,600}{8,050}\times100≒82.0(\%)$

따라서 2016년의 처리율이 2012년보다 높으므로 옳은 선지이다.

④ (○) 인용 건수 대비 각하 건수는 2016년이 2013년의 2배 이상이다.
➜ 2013년과 2016년의 인용 건수 대비 각하 건수를 구하면 다음과 같다. (소수점 둘째 자리에서 반올림)

- 2013년: $\frac{300}{1,800}≒0.17$
- 2016년: $\frac{500}{1,340}≒0.37$

2013년의 인용 건수 대비 각하 건수의 2배는 약 0.34이다. 따라서 인용 건수 대비 각하 건수는 2016년이 2013년의 2배 이상이므로 옳은 선지이다.

⑤ (○) 처리대상 건수에서 전년 이월 건수가 차지하는 비율은 2013년이 2012년보다 낮다
➜ 빈칸인 2013년의 처리대상 건수부터 구해보자. 각주 1)에 따라 2013년 전년 이월 건수를 구하면 (2013년 전년 이월 건수)=(2012년 처리 대상 건수)−(2012년 처리 건수)=8,200−6,410=1,790(건)이다.
이를 이용해 2013년의 처리대상 건수를 구하면, (2013년 처리대상 건수)=(2013년 전년 이월 건수)+(2013년 당년접수 건수)=1,790+7,800=9,590(건)이다.
2012년과 2013년의 처리대상 건수에서 전년 이월 건수가 차지하는 비율을 구하면 다음과 같다. (소수점 둘째 자리에서 반올림)

- 2012년: $\frac{1,800}{8,200}\times100≒22.0(\%)$
- 2013년: $\frac{1,790}{9,590}\times100≒18.7(\%)$

따라서 처리대상 건수에서 전년 이월 건수가 차지하는 비율은 2013년이 2012년보다 낮으므로 옳은 선지이다.

합격자의 실전 풀이 순서

[방법 1]

❶ ①의 경우, 처리율과 인용률 간의 관계성이 보이지 않는다. 2014년의 처리율과 인용률을 각각 구해야 하므로 풀지 않는다.

❷ 선지 ②, ③, ④를 순서대로 확인한다.

❸ 선지 ⑤의 경우, 2013년 전년 이월 건수와 처리대상 건수 소계를 구해야 하므로 상대적으로 어렵다. 이때 상대적으로 어려운 선지인 ①, ⑤ 중 적어도 하나는 구해야 하는바 비교적 쉽게 구할 수 있는 선지가 무엇인지 생각해 본다. 각주에 따르면 2013년의 빈칸을 채우는 것은 간단하다. 따라서 ⑤를 풀고, 답을 찾는다.

[방법 2]

❶ 빈칸이 있는 경우 이를 최대한 채우지 않고 풀 수 있는 선지부터 확인한다. 빈칸은 2013년도에만 있으므로 2013년을 이용하는 선지 ④, ⑤를 제외하고 확인한다.

❷ 선지 ①, ②, ③은 단순히 비율의 비교를 묻고 있어 난이도 차이가 없다. 순서대로 풀어도 좋다.

합격자의 시간단축 Tip

선지 ① 2014년의 처리율은 약 80%이다. 따라서 이를 기준으로 인용률이 20%보다 큰지 확인한다. 인용률의 식을 보았을 때, 이는 (각하 건수)+(기각 건수)가 인용 건수의 4배 이하인지 확인하면 된다.

(480+6,200)=6,680 > 1,420×4=5,680이므로 틀린 선지이다.

선지 ② 각주에 따르면 인용률 식은

$\frac{(\text{인용 건수})}{(\text{각하 건수})+(\text{기각 건수})+(\text{인용 건수})}$이지만 서로 다른 연도의 인용률을 비교할 경우

$\frac{(\text{인용 건수})}{(\text{각하 건수})+(\text{기각 건수})}$로 비교 가능하다. 왜냐하면

이런 $\frac{A}{A+B}$ 구조는 분자, 분모를 A로 나누면 분자는 1이 되고, 분모는 $1+\frac{B}{A}$가 되어 결국 $\frac{A}{A+B}$ 값은 $\frac{B}{A}$의 역수인 $\frac{A}{B}$의 값에 비례하기 때문이다. 예를 들어, $\frac{10}{10+5}$과 $\frac{20}{20+5}$을 비교하면 후자가 큰데, 이를 $\frac{10}{5}$과 $\frac{20}{5}$으로 비교해도 동일하게 후자가 크다. 이런 식으로 대소 비교를 하면, 분모의 A+B를 계산하지 않아도 되기 때문에 시간을 단축할 수 있다.

$\frac{(\text{인용 건수})}{(\text{각하 건수})+(\text{기각 건수})}$의 값은 2015년의 경우 $\frac{1,300}{460+5,580}$, 2016년의 경우 $\frac{1,340}{500+4,300}$이다.

2016년의 값이 2015년의 값보다 분자는 더 크고 분모는 더 작으므로 계산하지 않고도 2016년의 값이 더 크다는 것을 알 수 있다. 따라서 옳은 선지이다.

선지 ③

[방법 1]

분수 비교에 있어서 직접적으로 계산값을 구하지 않아도 충분히 문제를 풀 수 있다. 문제에서 2012년 처리 건수는 6,410이고 2016년 처리 건수는 6,600이다. 반면, 처리대상 건수는 2012년이 8,200이고 2016년이 8,050이다. 처리율은 $\frac{(\text{처리 건수})}{(\text{처리대상 건수})}$인데, 2016년이 2012년보다 분자(처리 건수)는 더 크고 분모(처리대상 건수)는 더 작다. 따라서 당연히 2016년의 처리율이 2012년의 처리율보다 높다.

[방법 2]

선지에서는 $(\text{처리율})=\frac{(\text{처리 건수})}{(\text{처리대상 건수})}$을 묻고 있으나, 주어진 〈표〉에는 처리대상 건수가 위에, 처리 건수가 아래에 존재한다. 이러한 경우에는 처리율을 비교하는 과정에서 펜을 이용해 분수를 쓰는 등 불필요한 시간 낭비를 할 수 있다.

따라서 선지를 변형하여 처리율의 역수를 비교한다. 처리율은 2016년이 2012년보다 높은지 묻고 있으므로, 처리율의 역수는 2016년이 2012년보다 낮아야 할 것이다. 처리율의 역수 역시 2012년이 2016년에 비해 분모는 작은데 분자는 크다. 따라서 처리율의 역수는 2012년이 더 크므로 처리율은 2016년이 더 크다.

선지 ④ 2013년의 인용 건수 대비 각하 건수는 $\frac{300}{1,800}$으로 이를 먼저 2배 한 후 비교한다. ×2를 분자에 반영할 수도 있지만 분모에 반영한다면 $\frac{300}{1,800}$에 분모의 값을 2로 나누면 된다. $\frac{300}{900}$이며, 이는 $\frac{1}{3}$이다. 이를 '기준'으로 2016년의 인용 건수 대비 각하 건수 $\frac{500}{1,340}$을 비교한다. $\frac{500}{1,340}$은 $\frac{1}{3}$보다 크므로, 2016년의 인용 건수 대비 각하 건수가 2013년의 2배인 $\frac{1}{3}$보다 크다.

선지 ⑤ 2013년의 처리대상 건수를 구하는 방법은 다음과 같다.

[방법 1]

(2013년 처리 대상 건수)=(2013년 전년 이월 건수)+(2013년 당년 접수 건수)=(2012년 처리대상 건수)−(2012년 처리 건수)+(2013년 당년 접수 건수)

[방법 2]
(2013년 처리 대상 건수)=(2013년 처리 건수)+(2014년 전년 이월 건수)
둘 중에 계산하기 편리한 방법을 선택하면 된다.
마지막으로, 2012년의 전년 이월 건수는 2013년보다 크고 처리대상 건수는 더 작다. 따라서 계산하지 않아도 $\frac{(\text{전년 이월 건수})}{(\text{처리대상 건수})}$는 2012년이 크다는 것을 알 수 있다.

39 정답 ③ 난이도 ●●●

자료해석 – 자료의 내용과 일치/불일치하는 설명을 고르는 문제

① (×) 1월에 학부모의 학교폭력 신고 건수는 학생 본인의 학교폭력 신고 건수의 ~~2배 이상이다~~.
→ 1월에 학부모의 학교폭력 신고 건수와 학생 본인의 학교폭력 신고 건수는 〈그림 1〉에서 1월 학교폭력 신고 건수와 〈그림 2〉에서 각각에 해당하는 비율을 곱하여 구할 수 있다.
1월 학부모와 학생 본인의 학교폭력 신고 건수를 구하면 다음과 같다.
- 학부모: $600 \times 55\% = 600 \times \frac{55}{100} = 330$(건)
- 학생 본인: $600 \times 28\% = 600 \times \frac{28}{100} = 168$(건)

$168 \times 2 = 336 > 330$이므로 1월 학부모의 학교폭력 신고 건수는 학생 본인의 학교폭력 신고 건수의 2배 미만이다.

② (×) 학부모의 학교폭력 신고 건수는 매월 ~~감소하였다~~.
→ 월별 학부모의 학교폭력 신고 건수는 〈그림 1〉의 월별 학교폭력 신고 건수와 〈그림 2〉의 학부모의 비율을 곱하여 구할 수 있다. 1~4월 학부모의 학교폭력 신고 건수를 구하면 다음과 같다.
- 1월: $600 \times 0.55 = 330$(건)
- 2월: $1{,}100 \times 0.464 = 510.4$(건)
- 3월: $2{,}400 \times 0.413 = 991.2$(건)
- 4월: $3{,}600 \times 0.318 = 1{,}144.8$(건)

따라서 학부모의 학교폭력 신고 건수는 매월 증가하였다.

③ (○) 2~4월 중에서 전월 대비 학교폭력 신고 건수 증가율이 가장 높은 달은 3월이다.
→ 2~4월 중에서 전월 대비 학교폭력 신고 건수 증가율이 가장 높은 달은 〈그림 1〉에서 3월임을 바로 알 수 있다.
3월의 전월 대비 학교폭력 신고 건수 증가율을 구하면 $\frac{2{,}400-1{,}100}{1{,}100} = \frac{1{,}300}{1{,}100} > 1.18$이므로 증가율은 118% 이상이다.
2, 4월의 전월 대비 학교폭력 신고 건수 증가율은 각각 $\frac{1{,}100-600}{600} = \frac{500}{600} < 1$, $\frac{3{,}600-2{,}400}{2{,}400} = \frac{1{,}200}{2{,}400} < 1$로 100% 미만이다.

④ (×) 학생 본인의 학교폭력 신고 건수는 1월이 4월의 10% ~~이상이다~~.
→ 학생 본인의 학교폭력 신고 건수는 〈그림 1〉의 월별 학교폭력 신고 건수와 〈그림 2〉의 학생 본인의 비율을 곱하여 구할 수 있다. 1월과 4월 학생 본인의 학교폭력 신고 건수를 구하면 다음과 같다.
- 1월: $600 \times 0.28 = 168$(건)
- 4월: $3{,}600 \times 0.59 = 2{,}124$(건)

4월의 10%는 212.4로 168보다 크다. 따라서 1월은 4월의 10% 미만이다.

⑤ (×) 학교폭력 발생 건수는 매월 ~~증가하였다~~.
→ 〈그림 1〉에서 학교폭력 신고 건수가 매월 증가하지만, 신고 건수가 증가한다고 해서 발생 건수가 반드시 증가하는 것은 아니다. 학교폭력이 일어나더라도 신고하지 않는 경우가 있을 수 있기 때문이다. 따라서 주어진 그림만으로는 학교폭력 발생 건수가 매월 증가하였는지는 알 수 없다.

합격자의 실전 풀이 순서

❶ 〈그림 1〉을 통해 월별 학교폭력 신고 건수가 급증함을 알 수 있다. 〈그림 2〉를 보면서 〈그림 1〉의 600, 1,100, 2,400, 3,600과 같은 숫자들을 〈그림 2〉의 x축에 옮겨 적는다.
❷ 〈그림 1〉과 〈그림 2〉를 결합한 보기를 예상해 볼 수 있다. 따라서 ④, ②를 먼저 보고, 〈그림 1〉과 관련된 ③, ⑤, 〈그림 2〉와 관련된 ① 순으로 판별한다.

합격자의 시간단축 Tip

선지 ② 학부모의 학교폭력 신고 비율은 매월 감소하였지만, 월별 학교폭력 신고 건수가 급격하게 커져 옳지 않을 수 있다. 곱셈 비교를 통해 확인이 가능하며, 3월을 보면 2월 대비 비율이 적게 감소하여 비교할 가치가 있다. $1{,}100 \times 46.4 < 2{,}400 \times 41.3$임을 쉽게 알 수 있어 옳지 않다.
즉, 〈그림 1〉의 경우 2월 → 3월은 2배가 넘으나 〈그림 2〉에선 그 정도의 유의미한 차이를 찾아볼 수 없다. 따라서 눈으로 이를 확인 후 틀린 선지로 처리하면 된다.

선지③ 3월은 2월 대비 2배 이상 증가한 반면, 4월과 2월은 2배 이상 증가하지 못하였다. 따라서 3월의 증가율만 100% 이상으로 가장 크다. 따라서 정답은 ③이다. 역시 중요한 점은 2, 3, 4월의 증가율을 직접 계산하기보다 배율을 활용하여 2배를 기준으로 간단히 비교해야 더 빠르다는 것이다.

선지④

[방법 1]
학생 본인의 학교폭력 신고 건수는 1월은 600×28%이며, 4월은 3,600×59%이다. 그러나 4월의 10%를 하여도 360×59%=720×29.5%가 되어 600×28%보다 크다. 따라서 옳지 않다. 신고 건수를 구체적으로 계산하지 않고 선지를 판별하는 연습이 필요하다.

[방법 2]
반대로 1월의 신고 건수에 10을 곱할 수도 있다. 1월의 600×28×10=60×2,800을 4월의 59×3,600과 비교하면, 당연히 4월이 훨씬 크다는 것을 알 수 있다. 이와 같은 숫자 조합은 정말 다양하게 만들어낼 수 있으므로 본인이 더 편한 것을 선택하면 된다.

[방법 3]
각각을 비교 할 수도 있다. 먼저 〈그림 1〉의 경우 1월 → 4월은 6배인 반면, 〈그림 2〉에 제시된 4월 값을 0.1배 하여 5.9(≒6)로 비교하면 28은 6배보다 한참 작다. 따라서 4월이 크다는 것을 알 수 있다.

40 정답 ❶ 난이도 ●●○

자료해석 – 자료의 내용과 일치/불일치하는 설명을 고르는 문제

ㄱ. (O) 학부모의 학교폭력 신고 건수는 4월이 3월보다 많다.
➜ 학부모의 학교폭력 신고 건수는 〈그림 1〉의 월별 학교폭력 신고 건수에 〈그림 2〉의 월별 학교폭력 주요 신고자 유형별 비율을 곱해서 구할 수 있다. 3~4월 학부모의 학교폭력 신고 건수를 구하면 다음과 같다.
• 3월: 2,400×0.413=991.2(건)
• 4월: 3,600×0.318=1,144.8(건)
따라서 학부모의 학교폭력 신고 건수는 4월이 3월보다 많으므로 옳은 보기이다.

ㄴ. (×) 2월에 친구의 학교폭력 신고 건수는 전월 대비 ~~감소한다~~.
➜ 1, 2월 친구의 학교폭력 신고 건수를 구하면 다음과 같다.
• 1월: 600×0.013=7.8(건)
• 2월: 1,100×0.025=27.5(건)
2월 친구의 학교폭력 신고 건수는 전월 대비 증가하므로 옳지 않은 보기이다.

ㄷ. (O) 3월에 전월 대비 학교폭력 신고 건수의 증가율이 가장 높은 신고자 유형은 친구이다.
➜ 3월 학교폭력 주요 신고자 유형별 비율의 전월 대비 증가율을 구하면 다음과 같다. (소수점 둘째 자리에서 반올림)
• 학생 본인: $\frac{0.499-0.427}{0.427}\times100\fallingdotseq16.8(\%)$
• 학부모: $\frac{0.413-0.464}{0.464}\times100\fallingdotseq-11.0(\%)$
• 친구: $\frac{0.038-0.025}{0.025}\times100=52.0(\%)$
따라서 3월 학교폭력 신고 건수의 전월 대비 증가율이 가장 높은 신고자 유형은 친구이다.

ㄹ. (×) 친구의 학교폭력 신고 건수는 4월이 1월의 ~~30배 이상이다~~.
➜ 1, 4월 친구의 학교폭력 신고 건수를 구하면 다음과 같다.
• 1월: 600×0.013=7.8(건)
• 4월: 3,600×0.053=190.8(건)
1월의 30배는 234이다. 따라서 친구의 학교폭력 신고 건수는 4월이 1월의 30배 이상이 아니므로 틀린 보기이다.

합격자의 실전 풀이 순서

[방법 1]
❶ 〈그림 1〉은 신고 건수, 〈그림 2〉는 신고자 유형별 비율이다. 즉, 〈그림 1〉에 주어진 값이 〈그림 2〉에 주어진 비율의 모수가 됨을 확인한다.
❷ ㉠부터 확인한다. ㉠은 맞는 보기이므로 ㉡은 확인할 필요 없이 ㉢, ㉣의 정오만 판단하면 된다.

[방법 2]
❶ 선지 구성을 보았을 때 ㉠을 포함하는 선지가 3개이고, ㉡을 포함하는 선지가 2개로 서로 배타적이며, ㉠과 ㉢을 모두 포함하는 선지가 2개이다. 이 부분에서 떠올릴 수 있는 생각은 "㉠과 ㉢은 맞고 ㉡은 틀릴 확률이 높겠구나"이다.
❷ 따라서 ㉣을 우선 판단하길 권한다. ㉣을 우선 판단함에 따른 결과는 다음과 같다.
• 보기 ㉣이 맞을 경우: ④번이 정답이 될 확률이 높아진다.
• 보기 ㉣이 틀릴 경우: 선지 3개가 지워져 2개의 보기를 풀어도 답을 도출할 수 있다.

❸ 이 문제에서도 2개의 보기를 확인함으로써 정답을 구할 수 있었으며, 위의 방법을 추천하는 이유는 단 한 가지이다. "보기 2개만 봐도 정답을 구할 수 있는 확률이 가장 높은 방법이기 때문"

합격자의 시간단축 Tip

보기 ㄱ.

[방법 1]

월별 학부모의 학교폭력 신고 건수는 월별 학교폭력 신고 건수에 월별 학부모 신고자 비율을 곱하여 구할 수 있다. 이에 따라 3월은 2,400×41.3%이고, 4월은 3,600×31.8%이다. 이때, 월별 학교폭력 신고 건수는 4월이 3,600으로 3월의 2,400에 비해 1.5배 크다는 것을 쉽게 알 수 있다. 반면, 월별 학부모 신고자 비율은 3월이 41.3%로 4월의 31.8%에 비해 1.5배만큼 크지 않다. 따라서 4월 학부모의 학교폭력 신고 건수가 3월 학부모의 학교폭력 신고 건수보다 크다. 이를 식으로 나타내면 다음과 같다.

3월 vs 4월 → 2,400×41.3% vs 3,600×31.8%
→ 2,400×31.8%×1.5↓ vs 2,400×1.5×31.8%

이와 같이 꼭 무조건 전부 답을 계산하기보다는 차라리 식을 숫자로 쭉 나열하고 부등호를 그려 양쪽 수의 증가율이나 수 이동을 통해 정오를 판단할 수 있다.

참고 1.5배 계산은 임의의 A값이 있을 때, A×1.5=A+A×0.5를 통해 쉽게 구할 수 있다. 예를 들어 31.8의 1.5배가 몇인지 구할 때, 31.8×1.5보다는 31.8+15.9로 계산을 줄일 수 있다.

[방법 2]

단순 계산은 최대한 손을 대지 않고 해결한다. 학교폭력 신고 건수가 3월에서 4월에 1.5배$\left(\frac{3,600}{2,400}\right)$가 되었다. 따라서 "4월 대비 3월 학부모 비율이 1.5배보다 작은지 보자"로 이해한다. 4월 대비 3월 학부모 비율은 $\frac{41.3}{31.8}$≒1.3으로 1.5보다 작으므로 옳은 보기이다.

보기 ㄴ. 친구의 학교폭력 신고건수는 (학교폭력 신고 건수)×(친구의 신고 비율)로 구할 수 있다. 그런데 2월 학교폭력 신고 건수와 친구의 신고 비율 모두 1월 대비 증가한다. 곱하는 값들이 모두 증가하므로 그 결과값 또한 당연히 증가한다. 따라서 친구의 학교폭력 신고 건수는 2월이 1월보다 크다.

보기 ㄷ. 유형별 신고 건수의 증가율이 아닌 월별 학교폭력 주요 신고자 유형별 비율의 증가율을 물어보므로 〈그림 2〉의 비율의 증가율만 비교하면 된다. 질문에서 친구 비율의 증가율이 가장 높으냐고 묻고 있으므로 기준은 친구가 된다. 친구의 비율은 대략 50% 정도 증가했다. 그러나 학부모의 비율은 감소했으므로 논외로 하고 학생 본인의 비율은 50%만큼 증가하지 않았다. 따라서 3월에 학교폭력 주요 신고자 유형별 비율의 전월 대비 증가율이 가장 높은 유형은 친구이다.

한편, 증가율은 $\frac{T_2-T_1}{T_1}\times100$으로 분모가 작을수록 커진다. 분모인 2월의 신고자 비율의 값이 다른 유형들에 비해 친구가 훨씬 더 작은 만큼, 맞는 보기가 아닐까라고 먼저 예상해 볼 수 있다.

보기 ㄹ. 친구의 학교폭력 신고건수는 (학교폭력 신고 건수)×(친구의 신고 비율)로 구할 수 있다. 그런데 4월의 학교폭력 신고 건수는 1월 대비 6배 증가했다. 따라서 친구의 학교폭력 신고 건수가 1월에 비해 30배 이상 증가하려면, 친구의 신고 비율이 1월에 비해 5배 이상 증가해야 한다. 친구의 신고 비율이 1월에 비해 구체적으로 몇 배 증가했는지 계산하는 게 아니라, 5배 이상 증가했는지만 '확인'한다. 친구의 신고 유형은 5배 미만 증가했으므로 옳지 않다.

41 정답 ❷ 난이도 ●●○

자료해석 – 자료의 특정한 값을 추론하는 문제

〈표〉 회차별 폐기물 양 측정 결과

(단위: 톤)

구분	1회차	2회차	3회차	4회차	5회차
'갑'공장	2,550	2,540	2,520	2,480	2,400
'을'공장	2,030	2,010	1,970	1,910	1,830

제시된 자료를 살펴보면 '갑', '을'공장 모두 측정 횟수가 증가할수록 측정되는 폐기물의 양은 감소함을 알 수 있다. 제시된 자료를 이용해 2~5회차의 전 회차 대비 폐기물 감소량을 구하면 다음과 같다.

(단위: 톤)

구분	1회차	2회차	3회차	4회차	5회차
'갑'공장	2,550	2,540	2,520	2,480	2,400
'갑'공장의 전 회차 대비 폐기물 감소량	–	10	20	40	80

'을'공장	2,030	2,010	1,970	1,910	1,830
'을'공장의 전 회차 대비 폐기물 감소량	–	20	40	60	80

'갑'공장의 폐기물 감소량은 10, 20, 40, 80의 규칙으로 전 회차보다 2배씩 증가함을 알 수 있다. '을'공장의 폐기물 감소량은 20, 40, 60, 80의 규칙으로 전 회차보다 20씩 더 증가함을 알 수 있다.
이를 토대로 '갑', '을'공장의 6~8회차 폐기물 양을 도출하면 다음과 같다.

(단위: 톤)

구분	6회차	7회차	8회차
'갑'공장	2,400 − 160 = 2,240	2,240 − 320 = 1,920	1,920 − 640 = 1,280
'을'공장	1,830 − 100 = 1,730	1,730 − 120 = 1,610	1,610 − 140 = 1,470

8회차의 '갑'공장과 '을'공장에 있는 폐기물 양의 차이는 1,470 − 1,280 = 190(톤)이다.
따라서 정답은 ②다.

합격자의 실전 풀이 순서

❶ 제시된 표에서 공장별 폐기물 양의 감소 규칙을 파악한다.

❷ 이후 8회차 때 갑, 을 공장에 있는 폐기물 양의 차이를 도출한다.

합격자의 시간단축 Tip

Tip ❶ 때로는 공식을 도출하는 것보다 직접 계산하는 것이 빠를 수 있다.
표에 나타난 일정한 규칙을 파악한 후, 이를 공식화하는 것도 좋은 방법이지만 계산해야 하는 연도, 회차 등의 수가 작고 계산이 단순한 경우에는 직접 계산하는 것이 빠를 수 있다. 본 문항의 경우 직접 계산하더라도 6회차, 7회차, 8회차의 경우만 계산하면 되기 때문에 공식을 도출하기 위해 걸리는 시간보다 빨리 계산할 수 있다.

Tip ❷ 차이값을 활용하자.
'차이'를 묻는 문제이므로 5회차를 기준으로 변화량을 확인하는 방법도 있다. 회차별로 둘의 차이값을 비교해 푸는 것이다. 갑이 을보다 얼마가 큰지 을이 갑보다 얼마가 큰지를 표시하거나, 갑이 을보다 얼마나 크고 작은지를 확인해 최종적인 차이값을 구한다.

(단위: 톤)

구분	1회차	2회차	4회차	5회차
'갑'공장(1)	2,400	−160	−320	−640
'을'공장(2)	1,830	−100	−120	−140
(1) − (2)	+570	−60	−200	−500

5~8회차의 (1) − (2) 값을 모두 더하면 570 − 60 − 200 − 500 = −190이므로 둘의 차이는 190이다.

42 정답 ④ 난이도 ●○○

자료해석 - 자료의 특정한 값을 추론하는 문제

〈표〉 분야별 마케팅 비용

(단위: 억 원)

구분	2020년	2021년	2022년	2023년	2024년
온라인	86	104	122	140	158
오프라인	78	81	84	87	90

제시된 자료를 살펴보면 온라인, 오프라인 마케팅 비용은 매해 증가했음을 확인할 수 있다.
제시된 자료를 이용해 2020~2024년 온라인, 오프라인 마케팅 비용의 합과 2021~2024년 온라인, 오프라인 마케팅 비용의 전년 대비 증가액을 구하면 다음과 같다.

(단위: 억 원)

구분	2020년	2021년	2022년	2023년	2024년
온라인(1)	86	104	122	140	158
증가액	–	+18	+18	+18	+18
오프라인(2)	78	81	84	87	90
증가액	–	+3	+3	+3	+3
합[(1)+(2)]	164	185	206	227	248

온라인 마케팅 비용은 18억 원씩, 오프라인 마케팅 비용은 3억 원씩 증가했으므로 온라인, 오프라인 마케팅 비용의 합은 21억 원씩 증가했다.
구한 규칙을 토대로 온라인과 오프라인 마케팅 비용의 합이 처음으로 350억 원 이상이 되는 해를 찾아보자.

(단위: 억 원)

구분	2025년	2026년	2027년	2028년	2029년
온라인(1)	176	194	212	230	248
증가액	+18	+18	+18	+18	+18
오프라인(2)	93	96	99	102	105
증가액	+3	+3	+3	+3	+3

합[(1)+(2)]	269	290	311	332	353
증가액	+21	+21	+21	+21	+21

온라인과 오프라인 마케팅 비용의 합이 처음으로 350억 원 이상이 되는 해는 2029년이다. 2029년의 온라인 마케팅 비용은 248억 원이다.
따라서 정답은 ④이다.

합격자의 실전 풀이 순서

❶ 주어진 표의 정보를 토대로 규칙을 파악한다.

❷ 규칙을 파악한 후 온라인과 오프라인 마케팅 비용의 합이 처음으로 350억 원이 이상이 되는 해를 도출한다. 온라인과 오프라인의 합은 21억 원씩 증가함을 알 수 있다. 2024년의 248억 원에서 최초로 350억 원을 넘으려면 21×5=105(억 원)이 추가되어야 한다. 따라서 2024년에서 5년이 지난 2029년임을 알 수 있다.

❸ 마케팅 비용의 합이 처음으로 350억 원이 이상이 되는 해의 온라인 마케팅 비용을 도출한다. 2024년에서 5년이 지난 2029년의 온라인 마케팅 비용은 18×5+158=248(억 원)이다.

합격자의 시간단축 Tip

Tip ❶ 시간이 오래 걸릴 것 같은 문항은 넘어가는 것이 좋다.
문항당 배점이 동일하기 때문에 난이도가 어렵고 시간이 오래 걸리는 문항은 풀지 않고, 난이도가 쉽고 비교적 시간이 적게 걸리는 문항을 많이 푸는 것이 고득점을 향한 주요 전략이다. 따라서 시간이 오래 걸리는 것으로 예상되는 문항은 신속하게 넘기고 시간이 적게 걸리는 다른 문항을 많이 해결하는 것이 좋다.

Tip ❷ 문제의 규칙과 선지를 활용해서 답이 될 만한 선지를 추릴 수 있다.
문제의 경우 온라인, 오프라인 모두 구체적으로 어떤 규칙으로 변화하는지 모르더라도 우선 매년 증가하고 있음을 한눈에 확인할 수 있다. 따라서 선지 ①, ②는 답이 될 수 없다. 다음으로 '온라인과 오프라인 마케팅 비용의 합이 처음으로 350억 원 이상이 되는 해'를 물어보고 있으므로 선지 ⑤ 또한 답이 될 수 없다. 오프라인 마케팅 비용이 78억 원부터 시작하기 때문에 온라인 마케팅 비용이 284억 원이 되기 전에 두 마케팅 비용의 합이 350억 원을 넘을 것이기 때문이다. 따라서 선지 ③, ④ 중 하나가 답이라고 생각하고 문제를 푼다.

43 정답 ❷ 난이도 ●●○

자료해석 - 자료의 특정한 값을 추론하는 문제

〈표〉 산업별 석유 소비량

(단위: 천 배럴)

구분	2016년	2017년	2018년	2019년	2020년	2021년
기계조립업	25	28	34	46	70	118
수송장비업	30	32	35	40	48	61

제시된 자료를 살펴보면 기계조립업과 수송장비업의 석유 소비량은 매해 증가했음을 확인할 수 있다. 제시된 자료를 이용해 2017~2021년 기계조립업과 수송장비업 석유 소비량의 전년 대비 증가분을 구하면 다음과 같다.

(단위: 천 배럴)

구분	2016년	2017년	2018년	2019년	2020년	2021년
기계조립업	25	28	34	46	70	118
증가분	–	+3	+6	+12	+24	+48
수송장비업	30	32	35	40	48	61
증가분	–	+2	+3	+5	+8	+13

기계조립업 석유 소비량의 증가분은 +3, +6, +12, +24, +48로 2배씩 증가하는 규칙을 가지고 있음을 알 수 있다. 그리고 수송장비업 석유 소비량의 증가분은 +2, +3, +5, +8, +13으로 매년 증가분 간 피보나치 수열을 이룬다. 피보나치 수열이란, 앞의 두 수의 합이 바로 뒤의 수가 되는 수의 배열을 의미한다. 즉, 해당 연도의 증가분은 직전 2개 연도 증가분의 합으로 구할 수 있다. 이를 토대로 기계조립업의 소비량이 처음으로 수송장비업의 소비량의 3배 이상이 되는 연도를 다음과 같이 도출할 수 있다.

(단위: 천 배럴)

구분	2021년	2022년	2023년
기계조립업	118	214	406
증가분	+48	+96	+192
수송장비업	61	82	116
증가분	+13	+21	+34

2023년 기계조립업의 석유 소비량은 406(천 배럴), 수송장비업의 석유 소비량은 116(천 배럴)로 기계조립업의 석유 소비량이 수송장비업 석유 소비량의 3배 이상이 된다.
따라서 정답은 ② 116천 배럴이다.

합격자의 실전 풀이 순서

❶ 주어진 표의 정보를 토대로 규칙을 파악한다.

❷ 규칙을 파악한 후 기계조립업의 소비량이 처음으로 수송장비업의 소비량의 3배 이상이 되는 연도의 수송장비업의 석유 소비량을 도출한다.

합격자의 시간단축 Tip

Tip ❶ 시간이 오래 걸릴 것 같은 문항은 넘어가는 것이 좋다.

문항당 배점이 동일하므로 난이도가 높고 시간이 오래 걸리는 문항은 풀지 않고, 난이도가 낮고 비교적 시간이 적게 걸리는 문항을 많이 푸는 것이 고득점을 향한 주요 전략이다. 따라서 시간이 오래 걸리는 것으로 예상되는 문항은 신속하게 넘기고 시간이 적게 걸리는 다른 문항을 많이 해결하는 것이 좋다. 해당 문제는 기계조립업과 수송장비업 각각의 증가 규칙을 파악해야 하고, 이를 바탕으로 조건에 충족하는 연도를 한 번 더 도출해야 하므로 시간이 오래 걸릴 수 있다. 따라서 이러한 계산을 신속하게 계산할 자신이 없다면 해당 문제는 신속히 넘어가는 것이 좋은 전략이다.

Tip ❷ 쉬운 규칙과 선지를 활용하여 답에 접근한다.

① 주어진 표의 정보를 토대로 규칙을 파악한다. 기계조립업의 석유 소비량 변화 규칙은 수송 장비업의 변화 규칙보다 쉽게 도출할 수 있다. 또한 구체적으로 도출하지 않아도 수송장비업의 석유 소비량 증가분은 기계조립업에 비하면 그렇게 크지 않음을 먼저 확인할 수 있다.

② 우선 기계조립업 증가분의 변화 규칙을 활용하여 2021년 이후 2개년 정도 기계조립업 석유 소비량을 찾는다. 각각 214, 406이다.

③ 선지를 활용하여 답이 될 수 있는 선지를 추려낸다. 수송장비업의 석유 소비량의 증가분은 그렇게 크지 않으므로 선지 ①, ② 정도가 답이 될 수 있다. 이 두 선지를 활용해서 수송장비업의 석유 소비량 변화 규칙을 추론해 본다.

44 정답 ②

난이도 ●●●

자료해석 - 자료의 특정한 값을 추론하는 문제

〈표〉 연도별 연구비 및 연구비 비율

구분	2021년	2022년	2023년	2024년
연구비 (억 원)	300	285	420	195
연구비 비율(%)	22	21	30	15

※ [연구비 비율(%)] = $\left(\frac{\text{연구비}}{A}+B\right)\times 100$

(1) A의 값 구하기

각주를 참고하여 2021년과 2022년의 연구비와 연구비 비율의 관계를 표현하면 다음과 같다.

- 2021년 연구비 비율: $22=\left(\frac{300}{A}+B\right)\times 100$
- 2022년 연구비 비율: $21=\left(\frac{285}{A}+B\right)\times 100$

연립방정식을 풀기 위해 2021년 연구비 비율에서 2022년 연구비 비율을 빼주면 $1=\frac{15}{A}\times 100$이므로 $A=1,500$이다.

(2) B의 값 구하기

2021년 연구비 비율 $22=\left(\frac{300}{A}+B\right)\times 100$에 위에서 구한 A의 값을 대입하면 $22=\left(\frac{1}{5}+B\right)\times 100$이다.

즉, $22=(0.2+B)\times 100$이고, 정리하면 $\frac{22}{100}=(0.2+B)$이다.

$0.22=(0.2+B)$이므로 $B=0.02$다.

위에서 구한 A, B의 값이 맞는지 확인하기 위해 연도별 연구비와 연구비 비율 관계를 각주의 식을 이용해 구하면 다음과 같다.

- 2021년 연구비 비율: $\left(\frac{300}{A}+B\right)\times 100=\left(\frac{300}{1,500}+0.02\right)=22(\%)$
- 2022년 연구비 비율: $\left(\frac{285}{A}+B\right)\times 100=\left(\frac{285}{1,500}+0.02\right)=21(\%)$
- 2023년 연구비 비율: $\left(\frac{420}{A}+B\right)\times 100=\left(\frac{420}{1,500}+0.02\right)=30(\%)$

• 2024년 연구비 비율:

$$\left(\frac{195}{A}+B\right)\times100=\left(\frac{195}{1,500}+0.02\right)=15(\%)$$

따라서 정답은 ② A=1,500, B=0.02다.

합격자의 실전 풀이 순서

[방법 1]

❶ 주어진 각주의 식을 파악한다.

❷ 주어진 표의 정보와 각주를 활용하여 A, B의 값을 도출한다.

[방법 2]

❶ 명시적으로 법칙([연구비 비율(%)]$=\left(\frac{연구비}{A}+B\right)\times100$)이 제시된 문제이므로 법칙을 이용하여 접근한다.

❷ 법칙이 있으므로 모든 연도가 법칙에 부합해야 한다. 따라서 여러 연도를 보는 것보다는 하나의 연도를 파악하여 법칙에 부합하는지를 판단한다.

❸ 선지에 제시된 A의 값은 1,500 또는 2,000 또는 2,500이다. 법칙에 따라 2021년의 $\frac{연구비}{A}$는 0.2 또는 0.15 또는 0.12가 된다. 그런데 연구비 비율은 22%이므로 법칙에서 양변에 100을 나누면 0.22이다. B의 값은 0.002 또는 0.02 또는 0.05이다. 따라서 법칙에서 A값이 차지하는 비중이 B값보다 더 크므로 A값은 $\frac{연구비}{A}$가 0.2가 되게 하는 1,500이다. 이후 0.22에서 부족한 0.2를 빼고 남은 0.02가 B값이 된다.

따라서 정답은 선지 ②이다.

합격자의 시간단축 Tip

Tip ❶ 수의 자릿수에 민감하게 반응하면 시간을 단축할 수 있다.

선지에 제시된 정보를 활용할 때, 수의 자릿수에 민감하게 반응하면 시간을 단축할 수 있다. 각주의 식은 백분율에 해당한다. 따라서 B의 소수점 아래 자릿수가 셋째 자리를 넘어간다면 연구비 비율이 자연수로 나오기 어려움을 파악할 수 있다. 소수점 아래 셋째 자리가 되더라도 연구비 비율이 자연수가 될 수도 있겠지만 연구비의 숫자를 고려하면 그 가능성은 매우 낮음을 알 수 있다. 따라서 특정 선지에서 B의 값을 소수점 아래 셋째 자리의 수라고 제시한다면 먼저 배제한 후 다른 선지를 먼저 검토하여 시간을 단축할 수 있다. 문제의 경우 0.002를 배제하고 0.02를 대입해서 문제를 해결하면 빠르게 답을 도출할 수 있다. 0.02는 선지에 두 번이나 등장하기 때문에 0.05보다 먼저 검토하는 것이 좋다. 이후, (연구비 비율)$-2=\left(\frac{연구비}{A}+B\right)\times100$으로 각주 식을 변경하고 계산이 쉬운 2021년 값을 활용해서 A를 도출한다.

Tip ❷ 법칙이 주어졌음을 인지한다.

법칙이 주어졌고 이 법칙을 준수하기 위한 숫자를 고르는 문제다. 그렇다면 각 연도는 법칙에 해당하는 숫자를 찾기 위한 수단일 뿐이다. 법칙을 찾은 후 모든 연도의 숫자가 법칙을 준수하는지 확인하는 시간낭비를 할 필요가 없다.

45 정답 ④

난이도 ●○○

자료해석 - 자료의 특정한 값을 추론하는 문제

〈표〉 외래 요양급여비용

구분	1분기	2분기	3분기	4분기
청구비용(만 원)	350	750	250	150
내원일수(일)	50	10	30	20
요양급여비용(만 원)	6,650	4,650	3,750	2,350

※ (요양급여비용)=[(내원일수)+A]^2+[B×(청구비용)]
(단, A>0)

1분기, 2분기 수치를 각주 식에 대입하면 다음과 같다.
(이하 단위 생략)

• 1분기 요양급여비용:

$6,650=(50+A)^2+(B\times350)$

$=A^2+100A+2,500+350B$

• 2분기 요양급여비용:

$4,650=(10+A)^2+(B\times750)$

$=A^2+20A+100+750B$

(1분기 요양급여비용)−(2분기 요양급여비용)=
80A+2,400−400B=2,000이므로
80A+400−400B=0 …… ㉠

3분기, 4분기 수치를 각주 식에 대입하면 다음과 같다.
(이하 단위 생략)

• 3분기 요양급여비용:

$3,750=(30+A)^2+(B\times250)$

$=A^2+60A+900+250B$

• 4분기 요양급여비용:

$2,350=(40+A)^2+(B\times150)$

$=A^2+40A+400+150B$

(3분기 요양급여비용)−(4분기 요양급여비용)=20A+500+100B=1,400이므로

20A−900+100B=0 …… ㉡

㉠−4×㉡을 계산하면

(80A+400−400B)−4×(20A−900+100B)=80A+400−400B−80A+3,600−400B=0이므로 4,000=800B이다.

따라서 B=5이다.

80A+400−400B=0에 B=5를 대입하면

80A+400−2,000=0이고, 80A=1,600이다.

따라서 A=20이다.

위에서 구한 A, B의 값이 맞는지 확인해 보자. (이하 단위 생략)

- 1분기 요양급여비용:
  $(50+A)^2+(B\times350)=(50+20)^2+(5\times350)$
  =6,650
- 2분기 요양급여비용:
  $(10+A)^2+(B\times750)=(10+20)^2+(5\times750)$
  =4,650
- 3분기 요양급여비용:
  $(30+A)^2+(B\times250)=(30+20)^2+(5\times250)$
  =3,750
- 4분기 요양급여비용:
  $(20+A)^2+(B\times150)=(20+20)^2+(5\times150)$
  =2,350

따라서 정답은 ④ A: 20, B: 5이다.

합격자의 실전 풀이 순서

❶ 주어진 표와 각주의 정보를 활용하여 A, B를 도출한다.

❷ 제곱식이 활용되어 풀이가 복잡해지므로 선지를 대입하는 방식으로 문제를 해결한다.

합격자의 시간단축 Tip

Tip ❶ 계산이 쉬운 숫자를 찾아 선지의 값을 대입한다.
계산이 쉬운 분기를 찾아 선지에 제시된 수치를 대입하여 식이 성립하는지를 확인하면 시간을 단축할 수 있다. 요양급여비용에서 [B×(청구비용)]을 뺀 후 남은 값이 제곱수인지를 확인하면 계산이 보다 쉬워진다. 이때, B의 값에 선지에서 제시된 4 혹은 5를 대입하여 제곱수인지 확인하여야 하는데 이때의 값이 작을수록 계산이 용이할 수 있다. 따라서 4분기의 요양급여비용에 150×4 혹은 150×5의 값을 빼면 각각 1,750, 1,600이 남는다. 따라서 B는 5, A는 20임을 쉽게 알 수 있다.

Tip ❷ 중간 선지를 대입하여 수를 줄이거나 늘려 나간다.
선지 ③에 제시된 수치를 먼저 대입하여 도출된 값을 토대로 값을 조정한다. 선지 ③이 중간 정도의 값으로 주어지는 경우가 많아서 그보다 수를 늘릴지 줄일지 조정할 수 있기 때문이다. A가 20이고 B가 4인 경우 1분기 요양급여비용은 6,300으로 도출된다. 표의 값보다 정확히 350만큼 작은 것이므로 B가 5이면 식이 성립함을 알 수 있다. 숫자가 비교적 간단한 4분기 값을 활용하여 검산하고 답을 ④로 도출한다.

46 정답 ❸ 난이도 ●●●

자료해석 – 자료의 특정한 값을 추론하는 문제

〈표〉 가구 수 및 Z스마트폰 개통 대수에 따른 Z스마트폰 점유율

구분	'갑'지역	'을'지역	'병'지역	'정'지역
가구 수(가구)	(㉠)	1,900	2,900	1,000
Z스마트폰 개통대수(대)	1,920	1,000	2,750	2,730
Z스마트폰 점유율(%)	40	20	50	(㉡)

※ $[\text{Z스마트폰 점유율(\%)}]=\dfrac{A\times(\text{Z스마트폰 개통 대수})}{(\text{가구수})+B}\times100$

각주로 주어진 식과 표의 정보를 활용하여 A와 B를 도출할 수 있다.

'을'지역의 수치를 각주에 제시된 식에 대입하면

$\dfrac{1{,}000\times A}{1{,}900+B}\times100=20(\%)$이고 식을 정리하면

1,000A×100=20×(1,900+B)

→ 100,000A=38,000+20B

→ 100,000A−20B−38,000=0 …… ⓐ

'병'지역의 수치를 각주에 제시된 식에 대입하면

$\dfrac{2{,}750\times A}{2{,}900+B}\times100=50(\%)$이고 식을 정리하면

2,750A×100=50×(2,900+B)

→ 275,000A=145,000+50B

→ 275,000A−50B−145,000=0 …… ⓑ

2.5×ⓐ−ⓑ을 하면

2.5×(100,000A−20B−38,000)−(275,000A−50B−145,000)=−25,000A+50,000=0

즉, 25,000A=50,000이므로 A=2다.

구한 A의 값을 ⓐ식에 대입하면 100,000×2−20B−38,000=200,000−20B−38,000=0

즉, 20B=162,000이므로 B=8,100이다.

A, B의 값과 각주의 식을 이용해 ㉠과 ㉡을 구해보자.

$\frac{1,920\times 2}{㉠+8,100}\times 100=40(\%)$ → $384,000=40\times(㉠+8,100)$ → $9,600=㉠+8,100$ → $㉠=1,500$

$㉡=\frac{2,730\times 2}{1,000+8,100}\times 100=\frac{5,460}{9,100}\times 100=60$ → $㉡=60$

따라서 정답은 ③이다.

합격자의 실전 풀이 순서

❶ '을'지역과 '병'지역의 정보를 활용하여 A, B를 도출한다.

❷ A, B를 각주의 식에 대입하여 '갑'지역의 가구 수(㉠)와 '정'지역의 Z스마트폰 점유율(㉡)을 도출한다.

합격자의 시간단축 Tip

Tip ❶ 문제가 복잡할 경우 풀지 않는 것도 좋은 전략이다.

문제가 복잡하여 예상되는 소요 시간이 많을 경우 풀지 않고 다른 문제를 먼저 푸는 것이 좋은 전략이 될 수 있다. 본 문항의 경우, A와 B를 먼저 도출해야 발문이 요구하는 '갑'지역의 가구수(㉠)와 '정'지역의 Z스마트폰 점유율(㉡)을 도출할 수 있다. 또한, A와 B를 정확하게 도출하기 위해서는 '을'지역과 '병'지역 모두를 확인해야 한다. 이중으로 4개의 미지수를 도출해야 하는 구조를 파악하였다면 시간이 오래 걸릴 것임을 인지하고 다른 문항을 우선 해결하는 것이 좋다.

Tip ❷ 계산보다 확인하는 것이 시간 단축에 유리하다.

구체적인 수치를 도출하지 않아도 되는 경우에는 특정 수치를 대입하여 그 식이 성립되는지 확인하는 습관을 들이면 시간을 단축할 수 있다. 본 문항의 경우 A와 B의 수치를 도출하였다면, '갑'지역의 가구 수에 1,200 혹은 1,500의 수치를 대입하여 Z스마트폰 점유율이 40%가 되는지 확인하여 시간을 단축할 수 있다. 1,200을 ㉠에 대입하였을 때, 식이 성립하지 않는다면 1,500을 대입하는 것이 아니라 선지 ①, ②를 소거하여 1,500임을 확정하는 것이 바람직하다.

Tip ❸ 계산이 쉬운 구분을 활용하여 미지수를 추론하고 확인한다.

A, B를 도출하기 위해서는 '을'지역과 '병'지역의 Z스마트폰 점유율 도출 과정을 활용해야 한다. 이때, '병'지역의 Z스마트폰 점유율은 50%이므로 보다 쉽게 미지수를 추론할 수 있을 것이다. 특히 을, 병 지역 모두 분모에 해당하는 가구수의 백의 자리가 900이므로, B값의 백의 자리를 100으로 설정하여 쉽게 백분율이 도출되도록 해보는 것이 좋다.

47 정답 ② 난이도 ●○○

자료해석 – 제시된 자료를 다른 형태의 자료로 변환하는 문제

① (○) 2010~2013년 연도별 전체 거래의 건당 거래량

→ 2010~2013년 전체 거래의 건당 거래량을 구하면 다음과 같다. (소수점 첫째 자리에서 반올림)

- 2010년: 1,712,694÷32≒53,522(kg)
- 2011년: 1,568,065÷25≒62,723(kg)
- 2012년: 1,401,374÷32≒43,793(kg)
- 2013년: 2,901,457÷59≒49,177(kg)

따라서 〈그림〉과 일치한다.

② (×) 2009~2013년 유상거래 최고 가격과 최저 가격

→ 2009~2013년 유상거래 최고 가격과 최저 가격은 다음과 같다.

구분	2009년	2010년	2011년	2012년	2013년
최고 가격(원)	500	500	400	400	600
최저 가격(원)	60	50	10	30	60

유상거래 최고 가격은 2009~2013년 모두 〈그림〉과 일치하지만 유상거래 최저 가격은 2011년이 〈그림〉과 일치하지 않는다.

③ (○) 2013~2017년 유상거래 평균 가격

→ 2013~2017년 유상거래 평균 가격은 다음과 같다.

구분	2013년	2014년	2015년	2016년	2017년
최고 가격(원/kg)	180	269	140	197	124

④ (○) 2008년 전체 거래량 구성비

→ 2008년 전체 거래량에서 무상 거래량과 유상 거래량이 차지하는 비중을 구하면 다음과 같다. (소수점 둘째 자리에서 반올림)

- 무상 거래량: $\frac{42,500}{115,894}\times 100≒36.7(\%)$
- 유상 거래량: $\frac{73,394}{115,894}\times 100≒63.3(\%)$

따라서 〈그림〉과 일치한다.

⑤ (○) 2010~2013년 무상거래 건수와 유상거래 건수

→ 2010~2013년 무상거래 건수와 유상거래 건수는 다음과 같다.

구분	2010년	2011년	2012년	2013년
무상거래 건수(건)	9	6	7	5
유상거래 건수(건)	23	19	25	54

합격자의 실전 풀이 순서

❶ 선지 ②, ③, ⑤는 단순 확인용 선지이고 선지 ①, ④는 계산이 필요한 선지임을 파악한다.

❷ 선지 ②, ③, ⑤를 먼저 눈으로 확인한다. ②가 틀린 선지이므로 답을 표시하고 넘어간다.

합격자의 시간단축 Tip

선지 ① 실전에서 선지 ①이 가장 복잡한 계산이 필요하므로 확인하지 않고 나머지 4개의 선지를 확인하는 것이 좋다. 하지만, 다른 문제에서 이러한 선지의 확인이 꼭 필요한 경우에는 건당 거래량을 직접 계산하지 말고 선지에 주어진 건당 거래량 값을 〈표〉의 거래 건수에 곱하여 〈표〉의 거래량이 대략 나오는지 '확인'하면 시간을 단축할 수 있을 것이다.

$\frac{(\text{거래량})}{(\text{거래 건수})}$=(건당 거래량) → (거래 건수)×(건당 거래량)=(거래량)을 활용

예를 들어, 2013년도의 49,177.2를 편의상 마지막 3자리를 버리고 50으로 보고 거래 건수인 59에 곱하면 50×59=2,950으로 2,901,457과 가까운 값임을 확인할 수 있다. 다만, 이보다 구체적으로 확인하고 싶다면 숫자를 분해하여 쉽게 도출할 수 있다. 가령 값을 49로 보되 49를 50−1로 분해하면, (50−1)×59=2,950−59로 2,901에 가까운 값임을 알 수 있다.

선지 ④ 선지 자체는 '표-그래프 전환 유형'의 특성상 매우 구체적인 계산을 요구하지 않기 때문에 33.3%처럼 처리하거나, 가볍게 30%와 6%를 곱하여 더하는 형태로 처리하면 충분하다. 이때 36.7%는 종종 출제되는 %값으로, 이하에서는 36.7%를 처리하는 방법에 대해 살펴보고자 한다.

36.7%가 종종 출제되는 이유는 우리가 직관적으로 안 보여서 그렇지, 우리가 외운 %값들로 구성되어 있기 때문이다. 36.7%=20%+16.7%로 구성되어 있기 때문에, 이를 이용하면 비교적 편하게 처리할 수 있다. 20%와 16.7%를 이용해 36.7%를 처리하는 방법은 크게 두 가지이다.

[방법 1] 20%, 16.7%를 각각 확인한다.
115,894를 116,000으로 대체할 때, 20%는 116,000 × 20%=23,200이고 16.7%는 116,000을 6으로 나눈 것으로 약 19,000이다.
따라서 23,200+19,000=42,200으로 무상거래의 42,500과 매우 근사하므로 옳다는 것을 알 수 있다.

[방법 2] 통분한다.
20%=$\frac{1}{5}$과 같고, 16.7%=$\frac{1}{6}$과 같으므로 그 합을 통분하면 $\frac{1}{5}+\frac{1}{6}=\frac{11}{30}$이 된다. 이 결과값을 공식처럼 암기해 둔 다음, 전체값과 구성값 중 적용하기 편한 값에 곱하여 활용하면 된다. 예를 들어 구성값인 '무상거래' 값이 깔끔하게 주어져 있으므로, $\frac{11}{30}$의 역수를 곱해 활용해 보자.
$42,500\times\frac{30}{11}=\frac{42,500}{11}\times30\fallingdotseq3,800\times30=$ 114,000으로 전체값인 115,894와 유사하다는 것을 알 수 있다.

48 정답 ④ 난이도 ●●○

자료해석 - 제시된 자료를 다른 형태의 자료로 변환하는 문제

① (○) 화재발생 건수
→ 〈표〉에서 제시된 화재발생 건수 수치와 〈그림〉의 수치가 일치한다.

② (○) 인명피해자 수 편차의 절댓값
→ 인명피해자 수 편차는 해당연도 인명피해자 수에서 평균 인명피해자 수를 뺀 값이라고 설명하였으므로 각각을 계산해서 절댓값을 씌워주면 된다. 2012~2017년 인명피해자 수 편차의 절댓값을 구하면 다음과 같다.
- 2012년: |2,222−2,150|=72(명)
- 2013년: |2,184−2,150|=34(명)
- 2014년: |2,180−2,150|=30(명)
- 2015년: |2,093−2,150|=|−57|=57(명)
- 2016년: |2,024−2,150|=|−126|=126(명)
- 2017년: |2,197−2,150|=47(명)

계산값이 모두 동일하므로 옳은 설명이다.

③ (○) 구조활동 건수의 전년 대비 증가량
→ 전년 대비 증가량이므로 전년도 데이터가 존재하지 않는 2012년도는 그래프에서 나타날 수 없다. 전년을 기준으로 나타내야 하기 때문에 〈표〉를 이용하여 그래프상에 나타낼 연도의 데이터에서 그래프

상에 나타내는 연도보다 하나 작은 연도의 데이터를 빼주어야 한다. 예를 들어, 2013년도의 전년 대비 증가량을 표시하기 위해서는 2013년도 구조활동 건수에서 2012년도 구조활동 건수를 빼주어야 한다. 2013~2017년 구조활동 건수의 전년 대비 증가량을 구하면 다음과 같다.

- 2013년: 400,089−427,735=−27,646(건)
- 2014년: 451,050−400,089=50,961(건)
- 2015년: 479,786−451,050=28,736(건)
- 2016년: 609,211−479,786=129,425(건)
- 2017년: 655,485−609,211=46,274(건)

계산값이 모두 동일하므로 옳은 설명이다.

④ (×) 화재발생 건수 대비 인명피해자 수 비율

➜ 단위가 (명/천 건)이므로 화재발생 천 건 대비 인명피해자 수 비율은 $\frac{(\text{인명피해자 수})}{(\text{화재발생 건수})}\times 1{,}000$으로 구한다.

2012~2017년 화재발생 건수 대비 인명피해자 수 비율을 구하면 다음과 같다. (소수점 둘째 자리에서 반올림)

- 2012년: $\frac{2{,}222}{43{,}249}\times 1{,}000 \fallingdotseq 51.4$(명/천 건)
- 2013년: $\frac{2{,}184}{40{,}329}\times 1{,}000 \fallingdotseq 54.2$(명/천 건)
- 2014년: $\frac{2{,}180}{42{,}135}\times 1{,}000 \fallingdotseq 51.7$(명/천 건)
- 2015년: $\frac{2{,}093}{44{,}435}\times 1{,}000 \fallingdotseq 47.1$(명/천 건)
- 2016년: $\frac{2{,}024}{43{,}413}\times 1{,}000 \fallingdotseq 46.6$(명/천 건)
- 2017년: $\frac{2{,}197}{44{,}178}\times 1000 \fallingdotseq 49.7$(명/천 건)

2012년만 보더라도 〈그림〉에 제시된 수치와 값이 다르므로 틀린 보기이다.

⑤ (○) 화재발생 건수의 전년 대비 증가율

➜ 화재발생 건수의 전년 대비 증가율은 $\frac{(\text{해당 연도 화재발생 건수})-(\text{전년도 화재발생 건수})}{(\text{전년도 화재발생 건수})}\times 100$으로 구할 수 있다. 2013~2017년 화재발생 건수의 전년 대비 증가율을 구하면 다음과 같다. (소수점 둘째 자리에서 반올림)

- 2013년: $\frac{40{,}932-43{,}249}{43{,}249}\times 100 \fallingdotseq -5.4$(%)
- 2014년: $\frac{42{,}135-40{,}932}{40{,}932}\times 100 \fallingdotseq 2.9$(%)
- 2015년: $\frac{44{,}435-42{,}135}{42{,}135}\times 100 \fallingdotseq 5.5$(%)
- 2016년: $\frac{43{,}413-44{,}435}{44{,}435}\times 100 \fallingdotseq -2.3$(%)
- 2017년: $\frac{44{,}178-43{,}413}{43{,}413}\times 100 \fallingdotseq 1.8$(%)

이는 〈그림〉과 일치하므로 옳은 보기이다.

합격자의 실전 풀이 순서

발문을 보면서 '옳지 않은 것'임을 유의한다. 또한, 〈표〉를 이용한 그래프 작성 문제의 경우 보기를 순서대로 판별하기보다 정답이 유력해 보이는 그림 위주로 먼저 살펴본다.

[의견 1]

①번 같이 〈표〉를 단순히 재배치하는 그래프는 정답인 경우가 많지 않아 제목만 읽고 넘어간다.

[의견 2]

쉽게 출제된다면 단순 재배치인 경우에도 1, 2개 연도의 숫자를 바꿔 답이 되도록 만들 가능성이 크다. 또한 답이 되지 않더라도 '표-그래프 전환형 문제'는 쉬운 선지들을 빠르게 처리하는 '소거법'이 잘 활용되는 유형이고 풀 때 시간이 많이 소모되지도 않으므로, 넘어가지 않고 빠르게 확인하는 것이 좋다.

합격자의 시간단축 Tip

선지 ② 각주까지 추가로 주어졌으므로 구체적으로 계산을 해 볼 가치가 있다. 통상 뺄셈보다는 덧셈이 더 빠르고 실수가 적은 연산 방법이다. 따라서 뺄셈을 통해 편차를 구하지 않고, 선지에서 주어진 편차의 절댓값을 평균이나 연도값에 더해 확인한다.

가령 2012년은 평균 2,150에 72를 더해 2,222임을 바로 알 수 있으며, 2015년은 평균보다 작으므로 2015년의 값인 2,093에 57을 더해 평균인 2,150이 나옴을 확인할 수 있다.

선지 ③ 기본적으로 답이 되기 좋은 음수 → 양수 전환 부분(2013, 2014년), 제일 큰 값(2016년) 등을 먼저 확인한다. 이후 나머지 값들을 간단히 검토한다. 이때 모든 계산은 구체적 계산이 아니라 앞자리 3자리 정도(예를 들어 2014년의 경우 400+50=450)만 이용하여 가볍게 처리하는 것으로 충분하다.

선지 ④ 먼저 〈표〉와 단위가 다른 것을 확인한다. 단위는 놓치기 쉬우나 함정으로 사용되기 매우 좋은 장치이므로 항상 확인하는 습관을 지녀야 한다.

〈그림〉의 경우 값이 모두 1 이상이므로 단위는 제대로 적용되었음을 알 수 있다. 다음으로는 값을 비교한다.

이때 가볍게 보아도 2012년의 화재발생 건수는 약 43천 건으로 5배를 해도 200대에 불과하다. 따라서 틀린 선지임을 알 수 있다.

선지 ⑤ '표-그래프 전환형 문제'는 구체적 계산 없이 어림산만 하더라도 충분하다. 즉 디테일한 계산은 요구하지 않으며, 틀린 부분이라면 확실하게 틀린 값으로 출제된다. 따라서 수험생의 입장에서 불안한 마음이 들 수도 있으나, 마음 편히 어림산으로 처리해도 괜찮다는 것을 기억해 두자.
주어진 화재발생 건수는 모두 4만 대 숫자이다. 따라서 증가율 기준값을 40,000으로 보고 계산하여 더하고 빼는 식으로 처리하면 쉽게 처리 가능하다.
예를 들어 2013년 증가율은 약 −5%이며 40,000의 −5%는 대략 2,000이므로, 2013년의 40,932에 2,000을 더하면 2012년의 43,249와 가까워 옳다고 판단하면 된다.

49 정답 ③ 난이도 ●●○

자료해석 - 제시된 자료를 다른 형태의 자료로 변환하는 문제

① (○) 건축 공종의 수주액
→ 해당 보기는 '건축' 공종의 수주액을 나타내므로, 〈표〉에서 '토목'과 '건축' 중에 해당되는 열인 '건축' 라인에 있는 숫자와 〈보기〉의 숫자를 연도별로 매칭하면 같다는 것을 알 수 있다.

② (○) 토목 공종의 수주액 및 전년 대비 증감률
→ 해당 보기는 '토목' 공종을 나타내므로, 〈표〉에서 '토목' 공종의 열에 있는 숫자와 '토목' 공종의 전년 대비 증감률 열에 해당되는 숫자들을 〈보기〉의 각 숫자와 매칭시키면 같다는 것을 알 수 있다.

③ (×) 건설공사 전체 수주액의 공종별 구성비
→ 해당 보기는 건설공사 전체에서 '토목'과 '건축' 각각에 해당되는 비율을 구하는 보기이다.
2009~2014년 토목과 건축의 구성비를 각각 구해 보면 다음과 같다. (소수점 둘째 자리에서 반올림)

연도	토목	건축
2009년	$\frac{54.1}{118.7}\times100≒45.6(\%)$	1−45.6% =54.4(%)
2010년	$\frac{41.4}{103.2}\times100≒40.1(\%)$	1−40.1% =59.9(%)
2011년	$\frac{38.8}{110.7}\times100≒35.0(\%)$	1−35.0% =65.0(%)
2012년	$\frac{34.0}{99.8}\times100≒34.1(\%)$	1−34.1% =65.9(%)
2013년	$\frac{29.9}{90.4}\times100≒33.1(\%)$	1−33.1% =66.9(%)
2014년	$\frac{32.7}{107.4}\times100≒30.5(\%)$	1−30.5% =69.5(%)

제시된 〈그림〉을 살펴보면 토목과 건축의 수치가 서로 바뀌어 표시되었음을 알 수 있다.

④ (○) 건축 공종 중 주거용 및 비주거용 수주액
→ 해당 보기는 건축 공정 중 주거용 및 비주거용 수주액의 숫자를 비교하는 표이다. 문제의 〈표〉에서 오른쪽 편에 있는 주거용 및 비주거용 열에 해당되는 숫자들을 〈보기〉에 있는 각 숫자들과 매칭시키면 같다는 것을 알 수 있다.

⑤ (○) 건설공사 전체 및 건축 공종 수주액의 전년 대비 증감률
→ 건설공사 전체 및 건축 공종 수주액의 전년 대비 증감률을 표현한 그래프이기 때문에 표에서 전체 전년 대비 증감률과 건축 전년 대비 증감률의 수치를 찾은 후 그래프와 비교해 본다. 〈표〉와 그래프의 수치가 정확히 일치한다.

합격자의 실전 풀이 순서

❶ 〈표〉의 구조를 파악한다. 특히, 건축의 경우만 주거용, 비주거용이라는 세부 분류가 있음을 유의한다.
❷ 계산이 필요한 선지인 ③번을 제외하고 순서대로 확인한다.
❸ ①, ②번은 눈으로 확인하면 옳은 선지이고, ③번은 연도가 거꾸로 표시되어 있어 틀린 선지이다. 따라서 답을 표시하고 넘어간다.

합격자의 시간단축 Tip

Tip ❶ 다른 분야와 달리 특정 분야만 세부 분류가 나누어져 있을 때는 그 부분을 활용한 선지가 답이 될 가능성이 크다. 따라서 〈표〉의 건축만 주거용, 비주거용으로 분류되어 있다는 점을 활용하여 ④번부터 확인하면 시간을 더 줄일 수 있다.

Tip ❷ 선택지별 시간 단축 Tip
선지 ③ 구성비를 직접 구하지 않고 〈표〉를 이용하여 푼다. 2009~2014년 기간 동안 전체 값은 모두 100 전후로 구성되어 있다.
따라서 토목과 건축의 수주액 값은 사실상 100%를 기준으로 도출한 구성비와 유사하므로, ③의 그래프가 〈표〉의 값과 유사한 경향성이 있는지 위주로 확인하면 별도의 계산 없이 풀 수 있다. 2009년의 경우 토목

54.1, 건축 64.6이나 ③의 경우 토목 54.4, 건축 45.6으로 틀린 선지임을 바로 알 수 있다.

* 참고로 위의 풀이는 %의 특성을 이용한 것이다. %는 기본적으로 전체 값(분모)을 100으로 가정하고 구한 비율이기 때문에, 만약 전체 값이 100이라면 비율을 구하지 않더라도, 분자 값 그 자체가 비율 값과 동일해진다. 자주 활용하는 특성이므로 기억해 두자.

선지 ④ 연도를 거꾸로 표시한 문제로 생각보다 실제 시험장에서는 쉽게 속을 수 있는 유형이다. 왜냐하면 선지 ④ 그림 내부 값의 순서가 〈표〉의 순서와 동일하기 때문에 문제를 푸는 과정에서 매우 자연스럽게 읽혀 연도 순서가 바뀌었다는 것을 인지하지 못할 가능성이 높기 때문이다.
따라서 너무 '값 또는 숫자'에 매몰되지 않고 '범례나 연도' 등을 확인하는 습관을 지녀야 한다.

50 정답 ⑤ 난이도 ●●○

자료해석 - 제시된 자료를 다른 형태의 자료로 변환하는 문제

① (O) 연도별 기업 및 대학 R&D 과제 건수
→ 가로축은 연도, 세로축은 건수를 기준으로 한 막대그래프이다. 〈표〉에서 인용한 자료는 기업과 대학의 자료이고 2013~2016년의 자료를 나타낸다. 〈표〉에서 제시된 기업과 대학의 연도별 과제 건수 자료를 그래프에서 나타난 수치와 비교해 보면 일치한다.

② (O) 연도별 정부 및 전체 R&D 과제 건수
→ 가로축은 연도, 세로축은 건수를 기준으로 한 꺾은선 그래프이다. 〈표〉에서 인용한 자료는 정부와 전체의 자료이고 2013~2016년까지의 자료를 나타낸다. 〈표〉에서 제시된 정부와 전체의 연도별 과제 건수 자료와 그래프로 표현한 정부와 전체의 연도별 과제 건수 자료를 비교해 보면 일치한다.

③ (O) 2016년 기관별 R&D 과제 건수 구성비
→ 4개의 기관의 자료를 모두 이용한 원그래프이다. 〈표〉에서 2016년에 해당하는 각 기관의 R&D 비율을 원그래프로 나타냈고 〈표〉에서 제시된 비율 자료와 그래프에서 나타난 수치를 비교해 보면 일치한다.

④ (O) 전체 R&D 과제 건수의 전년 대비 증감률 (2014~2016년)
→ 가로축은 연도, 세로축은 증감률(%)을 기준으로 한 꺾은선 그래프이다. 〈표〉에서 인용한 자료는 2014~2016년의 기관 전체 과제 건수이다. 이 그래프는 전체 R&D 과제 건수의 전년 대비 증감률을 나타내고 있으므로 연도별 과제 건수의 증감을 파악하여 〈표〉의 자료와 그래프에서 나타나는 증감률의 일치 여부를 결정해야 한다.
증감률을 구하기 위해서는 계산식을 알고 있어야 한다. 어떤 값이 다른 값으로 변동되면 이에 대한 증감률은 $\frac{(\text{변동값})-(\text{기존값})}{(\text{기존값})}\times100(\%)$으로 계산한다.
이를 적용하여 2014~2016년의 증감률을 계산해 보면 다음과 같다. (소수점 둘째 자리에서 반올림)

- 2014년: $\frac{851-230}{230}\times100 ≒ 270(\%)$
- 2015년: $\frac{1{,}218-851}{851}\times100 ≒ 43.1(\%)$
- 2016년: $\frac{1{,}068-1{,}218}{1{,}218}\times100 ≒ -12.3(\%)$

즉, 주어진 꺾은선 그래프는 〈표〉에서 인용한 자료와 일치한다.

⑤ (×) 연도별 기업 및 정부 R&D 과제 건수의 전년 대비 증가율 (2014~2016년)
가로축은 증가율(%), 세로축은 연도를 기준으로 한 막대그래프이다. 〈표〉에서 인용한 자료는 2014~2016년의 기업과 정부의 과제 건수 자료이다. 이 그래프는 기업 및 정부 R&D 과제 건수의 전년 대비 증가율을 나타내고 있으므로 연도별 과제 건수의 증감을 파악하여 〈표〉의 자료와 그래프에서 나타나는 증가율의 일치 여부를 결정해야 한다.
증가율을 구하기 위해서는 계산식을 알고 있어야 한다. 어떤 값이 다른 값으로 변동되면 이에 대한 증가율은 $\frac{(\text{변동값})-(\text{기존값})}{(\text{기존값})}\times100(\%)$의 식을 통해 계산한다.
먼저 기업의 2014~2016년 R&D 과제 건수의 전년 대비 증가율을 구해보자. (소수점 둘째 자리에서 반올림)

- 2014년: $\frac{80-31}{31}\times100 ≒ 158.1(\%)$
- 2015년: $\frac{93-80}{80}\times100 = 16.25(\%)$
- 2016년: $\frac{91-93}{93}\times100 ≒ -2.2(\%)$

이제 정부의 2014~2016년 R&D 과제 건수의 전년 대비 증가율을 구해보자. (소수점 둘째 자리에서 반올림)

- 2014년: $\frac{330-141}{141}\times100 ≒ 134.0(\%)$

• 2015년: $\frac{486-330}{330} \times 100 ≒ 47.3(\%)$

• 2016년: $\frac{419-486}{486} \times 100 ≒ -13.8(\%)$

제시된 그래프는 연도별 전년 대비 증가율에 대한 그래프가 아닌 연도별 전체에 대한 기업과 정부의 과제 건수 비율에 대한 그래프이므로 〈표〉를 이용하여 옳게 작성한 그래프가 아니다.

합격자의 실전 풀이 순서

❶ 발문을 읽고, 〈표〉의 정보와 선지의 그래프의 수치가 맞는지 확인하는 문제임을 파악한다.

❷ 단순 확인용 선지보다는 계산을 요구하는 선지 ④, ⑤가 답일 확률이 높으므로 먼저 확인한다. 계산을 요구하는 선지의 계산이 지나치게 복잡하거나, 본인이 계산에 자신 없는 타입이라면 단순 확인용 선지부터 해결하여 소거법으로 접근하는 것이 낫다.

❸ ④는 옳은 선지이고, ⑤는 과제 건수의 증가율이 아닌 기업과 정부의 비율을 옮겨 놓은 것이므로 틀린 선지이다. 따라서 답은 ⑤이다.

합격자의 시간단축 Tip

선지 ④ 그래프의 2014년 수치는 270%의 증가율을 보였다는 것으로 3.7배 증가와 같다.
종종 100%가 넘어가는 수치의 경우 배수와의 착각을 유도하기 위해 370%로 적는 경우가 있으니 주의해야 한다.

선지 ⑤ 선지의 제목은 기업과 정부의 R&D 과제 건수의 전년 대비 증가율이지만, 〈표〉의 전체 기관에서 기업과 정부의 R&D 과제 건수가 차지하는 비율에 대한 정보를 단순히 옮긴 경우이다. 이처럼 선지의 제목과 다른 내용을 〈표〉에서 단순히 옮긴 경우에는 구체적 계산을 하지 않고도 틀릴 확률이 높다는 것을 인식해야 한다. 이를 통해 빠르게 하나의 수치만 확인해 보고 답을 표시하고 넘어갈 수 있다.

최신기출 동형문제

정답 | 유형 ❶ 언어추리

01	③	02	③	03	②	04	③	05	②

01 정답 ③ 난이도 ●○○

언어추리 – 명제추리 문제

(1) [결론]의 표현을 바꿀 경우 '결혼을 한 모든 직원은 K회사 인턴을 하지 않았다.'라는 명제가 된다.

(2) [전제2]의 전건과 [결론]의 전건이 동일하므로 [결론]이 참이 되기 위해서는 [전제2]의 후건과 [결론]의 후건이 연결되어야 한다. 그렇게 되어야 [전제2]와 [전제1]을 연결하여 [결론]이 도출되기 때문이다.

(3) 따라서 [전제1]에 들어갈 명제는 'A대학을 졸업하지 않은 모든 직원은 K회사 인턴을 하지 않았다.' 이며 해당 명제의 대우는 'K회사 인턴을 했던 모든 직원은 A대학을 졸업했다.'이다.

합격자의 시간단축 Tip

Tip ❶ 이 유형은 '삼단논법'의 개념을 알고 있다면 쉽게 풀어낼 수 있다. '삼단논법'이란 전제가 되는 두 명제로부터 참인 결론을 이끌어 내는 방법이다.

> 세 조건 p, q, r에 대하여 p → q이고 q → r이면 p → r이다.

이에 따라 지문의 명제를 다음과 같이 논리기호로 변형시킨 후 결론이 참이 되게 하는 [전제1]을 찾아보자.

> [전제1]
> [전제2] (결혼) → ~(A대학)
> [결 론] (결혼) → ~(K인턴)

따라서 참인 결론이 나오려면 [전제1]에는 (K인턴)과 (A대학) 사이에 연결 논리가 필요하다는 것을 확인할 수 있다. 즉, (결혼) → ~(A대학) → ~(K인턴)이라는 논리가 참이 되려면 ~(A대학) → ~(K인턴), 또는 (K인턴) → (A대학)이 필요하다.

Tip ❷ 빈칸 찾기나 숨겨진 전제를 찾는 문제에서는 빈칸에 들어갈 논리구조 ~(A대학) → ~(K인턴)을 미리 찾고 선지에서 해당하는 답을 찾는 방식으로 접근하는 것이 좋다. 선지를 대입하여 결론이 나오는지를 검토하는 방식은 시간이 더 소요되고 헷갈릴 가능성이 높기 때문이다.
물론 이러한 방법은 처음부터 쉽게 활용하기는 어렵다. 그러나 GSAT 및 인적성 시험에서 자주 나오는 빈칸형 문제에 대한 훌륭한 해결책이 될 수 있으므로 꼭 학습해 두도록 하자.

Tip ❸ '~한 모든~은 ~하지 않다.'라는 표현이 나오면 기계적으로 논리기호를 사용해 풀기 좋다. 하지만 본 문제의 [결론]처럼 문장의 뜻을 이해해야 풀 수 있는 문제들도 종종 나오기 때문에 해당 표현을 알아두는 것이 좋다.

Tip ❹ 문제를 기호화시키면 다음과 같다.

> [전제1]
> [전제2] (결혼) → ~(A대학)
> [결 론] (결혼) → ~(K인턴)

결론에서 ~(K인턴)을 이끌어 내야 하는데, 문제에 주어진 전제2에는 K인턴과 관련된 내용이 없다. 따라서 전제1에 반드시 K인턴과 관련된 내용이 있어야 한다. 그런데 선지 ⑤에는 K인턴과 관련된 내용이 없으므로, 만에 하나 이 문제를 찍고 넘어가더라도 ⑤는 찍으면 안 된다.
또한, 결과적으로 ~(A대학) → ~(K인턴)이라는 전제가 필요하다는 것을 도출했지만, 선지 모두 ~(A대학), 즉, 'A대학을 졸업하지 않은~'이라고 시작하지 않는다. 여기서 당황할 경우 본인이 전제를 잘못 도출했다고 생각하여 문제를 다시 푸는 등 시간을 낭비할 수 있다. 논리 문제 중에는 도출에 필요한 전제를 그대로(여기서는 '~(A대학) → ~(K인턴)') 선지화하는 경우도 있지만, 이 문제처럼 대우를 통해 (K인턴) → (A대학)이라고 변형하여 선지화하는 경우도 많다. 따라서 본인이 어떤 전제를 도출했으나 그것이 선지에 없는 경우 당황하지 않고, 본인이 도출한 전제를 대우시켜 선지와 비교하는 작업이 필요하다.

02 정답 ③

난이도 ●●●

언어추리 – 명제추리 문제

(1) [전제1]과 [결론]의 구성을 살펴보면, 각각의 전건에서 '모든 학생은'이라는 표현을 동일하게 사용한다는 것을 파악할 수 있다. [결론]의 '책을 가지고 있다.'가 어떻게 도출될 수 있을지를 알아본다.

(2) [전제1]의 전건과 [결론]의 전건이 동일하므로 [결론]이 참이 되기 위해서는 [전제2]의 후건과 [결론]의 후건이 동일해야 한다. 그렇게 되어야 [전제2]와 [전제1]을 연결하여 [결론]이 도출되기 때문이다.

(3) '책 읽기를 좋아한다.'가 [전제2]의 전건, '책을 가지고 있다.'가 후건이 되어야 삼단논법이 완성된다. 따라서 [전제2]에 들어갈 명제는 '책 읽기를 좋아하는 모든 사람은 책을 가지고 있다.'이다. 다만, 본 문제에서는 나오지 않았지만 '책을 갖고 있지 않은 모든 사람은 책 읽기를 좋아하지 않는다.'와 같이 대우의 형식으로 나올 수도 있다는 점을 인지하는 것이 필요하다.

합격자의 시간단축 Tip

Tip ① 이 유형은 '삼단논법'의 개념을 알고 있다면 쉽게 풀어낼 수 있다. '삼단논법'이란 전제가 되는 두 명제로부터 참인 결론을 이끌어 내는 방법이다. 퍼즐 맞추기와 비슷하다.

> 세 조건 p, q, r에 대하여 p → q이고 q → r이면 p → r이다.

이에 따라 지문의 명제를 다음과 같이 논리기호로 변형시킨 후 결론이 참이 되게 하는 [전제2]를 찾아보자.

> [전제1] (학생) → (책 읽기)
> [전제2]
> [결 론] (학생) → (책 가짐)

따라서 참인 결론이 나오려면 [전제2]에는 (책 읽기)와 (책 가짐) 사이에 연결 논리가 필요하다는 것을 확인할 수 있다. 즉, (학생) → (책 읽기) → (책 가짐)이라는 논리가 참이 되려면 (책 읽기) → (책 가짐) 또는 대우를 취한 ~(책 가짐) → ~(책 읽기)가 필요하다.

Tip ② 빈칸 찾기나 숨겨진 전제를 찾는 문제에서는 빈칸에 들어갈 논리구조 (책 읽기) → (책 가짐)을 미리 찾고 선지에서 해당하는 답을 찾는 방식으로 접근하는 것이 좋다. 선지를 대입하여 결론이 나오는지를 검토하는 방식은 시간이 더 소요되고 헷갈릴 가능성이 높기 때문이다. 또한, 대우의 방식으로 선지가 나올 수 있음을 인지하는 것이 좋다.

Tip ③ 본 문제에서는 [결론]이 '모두'로 제시되고 있으므로 [전제]에서도 '모두'에 관련한 서술이 있어야 한다. '어떤'에 관련한 서술은 '모두'를 이끌어 낼 수 없다. 상식적으로 개인에 대한 특성은 집단에 대한 특성으로 환원할 수 없는 것과 마찬가지다.
이때, '어떤'과 '모두'의 관계를 파악할 필요가 있다. '어떤'은 지칭하는 대상 집합에서 어느 한 구성 요소만 해당하여도 옳은 선지가 된다. 따라서 '모든 A는 B이다.'라는 명제가 있는 경우 'B가 아닌 어떤 A도 없다.'라는 명제가 대우로 성립하게 된다.
이 문제의 선지 ③에 적용해 보자. '책 읽기를 좋아하는 모든 사람은 책을 가지고 있다.'는 명제를 대우로 표현하면, '책을 가지고 있지 않은 어떤 사람도 책 읽기를 좋아하지는 않는다.'로 표현할 수 있다.

Tip ④ 보다 까다로운 논리퀴즈 유형에서는 논리기호를 통해 주어진 선지를 간략히 기호화하는 것도 유용할 수 있다. 참고로 본 문제에서 모든 선지를 단순하게 기호화하면 다음과 같다. 이때, 괄호 뒤의 m, n 기호는 전체 집합 중 일부를 의미하는 것으로 (책 가짐)m은 '책을 가진 어떤 사람'을 의미한다. m은 특정 사람을 나타내는 기호로 편의에 따라 p, q, r 등을 활용할 수도 있다.

- 1번 선지: (책 가짐) → (책 읽기)
- 2번 선지: (책 가짐)m ∩ (책 읽기)m
- 3번 선지: (책 읽기) → (책 가짐)
- 4번 선지: ~(책 읽기)n ∩ (책 가짐)n
- 5번 선지: (책 읽기)p ∩ (책 가짐)p

이렇게 기호화하면, 2번 선지와 5번 선지는 사실상 같은 논리적 의미를 뜻함을 알 수 있다. 또한 1번 선지와 3번 선지는 역의 관계를 가진다.

Tip ⑤ 주어에 주목한다.
'학생'은 '사람'에 당연히 포함되어 자연스레 전제2의 '사람'은 전제1과 결론의 '학생'을 지칭한다. 그러나 아래와 같이 지문이 주어졌다면 어떨까?

> [전제1] 모든 사람은 책 읽기를 좋아한다.
> [전제2] 책 읽기를 좋아하는 모든 학생은 책을 가지고 있다.
> [결 론] 모든 사람은 책을 가지고 있다.

문제에서의 전제와 결론에 있는 '학생'과 '사람'을 바꿔 보았다. 위와 같은 논리는 삼단논법에 위배된다. 모든 '사람'은 책 읽기를 좋아하나, 책 읽기를 좋아하는 모든 '학생'이 책을 가지고 있다고 해서 모든 '사람'이 책을 가지고 있을 거라 단정할 수 없기 때문이다. 즉, 책 읽기를 좋아하는 학생 이외의 사람이 책을 가지고 있으리라는 보장이 없다.

이렇듯 주어의 포함관계에 따라, 같은 문장구조라 하더라도 전제에 따른 결론이 참이 아니게 될 수도 있다. 문제에 나온 주어가 모두 동일한 것이 아닌 경우에는 반드시 주어 간 포함관계를 살펴봐야 한다.

이를 기호화해서 살펴보면 다음과 같다.

[전제1] (사람) → (책 읽기)
[전제2] (책 읽기 ∩ 학생) → (책 가짐)
[결 론] (사람) → (책 가짐)

앞서 살펴본 바와 같이 [전제1]과 [전제2]를 합쳐 [결론]이 도출되기 위해서는 [전제 2]의 내용은 (책 읽기) → (책 가짐)이 되어야 한다. 그러나 이 경우 [전제2]에 학생이어야 하는 조건이 추가로 제시되어 있으므로 결론을 담보하지 못하게 되는 것이다.

03 정답 ②

난이도 ●●○

언어추리 – 조건추리 문제

주어진 〈조건〉을 표로 정리하면 다음과 같다.

구분	월	화	수	목	금
A	×				×
B		×		×	×
C	×	×			×
D	×	×	×	×	○
E	×	×		×	×

이때 문제의 〈조건〉을 구분하기 위해, 위에서부터 순서대로 조건 ㄱ~ㅁ라 하자.

(1) 조건 ㅁ에 따라 E는 수요일이나 금요일에 당직을 서야 한다. 그런데 금요일 당직은 D이므로 E는 수요일에 당직을 서게 된다.

(2) 조건 ㄴ에 따라 B는 월요일이나 수요일에 당직을 서야 한다. 그런데 수요일 당직은 E이므로 B는 월요일에 당직을 서게 된다.

(3) 조건 ㄷ에 따라 C는 수요일, 목요일, 금요일에 당직을 서야 한다. 그런데 수요일 당직은 E, 금요일 당직은 D이므로 C는 목요일에 당직을 서게 된다.

(4) 따라서 마지막 남은 A가 화요일에 당직을 서게 된다.

합격자의 시간단축 Tip

Tip ❶ 이 문제 역시 확정적인 정보부터 차근차근 파악해야 하는 문제이다. 확정적 정보를 파악했다면, 이를 활용했을 때 확정되는 경우가 무엇이 있는지 위주로 살펴보며 조건을 사용한다.

Tip ❷ 요일을 기준으로 사람을 배치할 수도 있고, 사람을 기준으로 요일을 배치할 수도 있다. 어떤 기준을 따르든지 항상 복수의 경우가 주어지므로 두 방법에는 큰 차이가 없다. 필자의 경우 요일의 경우 횟수가 많아 쓰는 데에 시간이 많이 소요되어, 주로 요일을 기준으로 사람을 배치하는 방법을 사용한다. 따라서 요일을 기준으로 두고, 각 요일 아래에 해당하는 사람을 순서대로 배치하면 보다 빠르게 정리할 수 있을 것이다.

Tip ❸ 이 문제의 경우 확정 정보만 찾아서 풀어도 쉽지만, '일대일 대응관계'를 인지하고 풀면 훨씬 효율적인 접근이 가능하다. 가령 조건 ㄹ의 'D가 금요일에 당직을 서야 한다.'의 명제는 'B, C, D, E는 금요일에 당직을 서지 않는다.'는 의미를 내포한다는 점이다.
이를 본 순간 조건 ㄷ의 'C는 월요일, 화요일에 당직을 설 수 없다.'는 정보에 금요일 또한 당직을 서지 않는다고 추가하여야 한다. 그렇다면 수, 목 중 하나만 확정이 되어도 나머지 자리는 C가 된다는 것이 보다 확실하게 인지될 것이다.

Tip ❹ 해설과 같이 주어진 〈조건〉을 표로 정리하면, 보다 시각적으로 대응관계를 확인할 수 있어 효율적인 풀이가 가능하다. 우선 주어진 〈조건〉을 시각적으로 표현하면 아래와 같다.

구분	월	화	수	목	금
A	×				×
B		×		×	×
C	×	×			
D					○
E	×	×		×	

이때, 발문의 조건인 '하루에 한 사람만 당직을 서며, A~E 모두가 한 번씩 당직을 선다.'를 적용하면 아래의 표와 같다.

구분	월	화	수	목	금
A	×				×
B		×		×	×
C	×	×			×
D	×	×	×	×	○
E	×	×		×	×

그러면 표 상에서 월요일과 화요일에 당직을 설 수 있는 사람은 각각 B와 A뿐이므로, A－화요일, B－월요일이 자동적으로 짝지어지게 된다. 그다음, 다시 '하루에 한 사람만, 한 번씩'이라는 조건을 적용하면 다음과 같다.

구분	월	화	수	목	금
A	×	○	×	×	×
B	○	×	×	×	×
C	×	×			×
D	×	×	×	×	○
E	×	×		×	×

따라서 C－**목요일**이 되며 자동적으로 E－**수요일**이 된다. 시각적으로 표를 그린다면 한눈에 정답을 찾기도 편할 뿐만 아니라, 검토 시 조건을 다시 대입해 정오를 가리기도 편하다. 실수도 줄일 수 있다.

＊ 표를 그려 문제를 푸는 경우에 표의 범주를 어떻게 설정하느냐가 실력이라고 볼 수 있다. 이 문제의 경우 위 방법과 같이 표를 그리는 것이 아니라, 월~금까지 요일을 써두고 첫 번째 조건을 읽은 뒤 월요일과 금요일에 A를 쓴 뒤 엑스 표를 쳐서 표시한 수험생도 있을 것이다.
이 방법은 표를 그리는 것에 시간이 적게 드는 방법일 수 있지만, 익숙하지 않다면 실수할 가능성도 높다. 따라서 본인이 기존에 사용하던 방법이었다면 계속 사용해도 좋으나, 본 해설을 통해 표 그리는 방법을 처음 접하게 되었다면 **Tip ❹**와 같이 전체 표를 그리는 방법을 추천한다.

Tip ❺ **Tip ❹**의 별첨에서 소개한 A 위에 엑스 표를 하는 방법을 소개하고자 한다. 표에 시간을 적게 쓰기 위해 문제에서 주어진 조건들만 정리하고, 확정된 건 위에 동그라미를 치는 방식이다. 최대한 실수를 줄이고 빨리 푸는 것이 목적이다. 조건을 위에서부터 차례대로 ㄱ~ㅁ이라 하자.

순서 조건	월	화	수	목	금
1. ㄱ	~~A~~				~~A~~
2. ㄴ	Ⓑ		~~B~~		
3. ㄷ	~~C~~	Ⓒ			
4. ㄹ					Ⓓ
5. ㅁ			Ⓔ		~~E~~
8.	B	C	E	A	D

Tip ❻ 표를 그려 문제를 풀 때도 최대한 시간을 절약해야 한다. 따라서 '월, 화, 수, 목, 금'이라고 정자(正字)를 쓰는 게 아니라, 'ㅇ, ㅎ, ㅅ, ㅁ, ㄱ'이라고 초성만 쓰는 것이 시간을 아끼기 좋다. 예로, '갑, 을, 병, 정, 무'도 'ㄱ, ㅇ, ㅂ, ㅈ, ㅁ'로 쓸 수 있고, '가, 나, 다, 라, 마'도 'ㄱ, ㄴ, ㄷ, ㄹ, ㅁ'라고 쓸 수 있다.

Tip ❼ 조건을 표에 표시한 경우, 사용이 끝난 조건은 문제지에서 지우는 것이 좋다. 문제에 주어지는 조건은 적어도 한 번씩은 반드시 쓰인다. 이 문제의 경우 조건이 5가지로 많은 편은 아니지만, 많은 조건이 주어지는 경우 어떤 조건을 사용했는지/사용하지 않았는지 헷갈려 조건만 여러 번 읽게 되는 경우가 많다.
따라서 사용한 조건은 문제지에 '×' 표시를 해놓든가, 줄을 그어 삭제하는 것이 좋다. 이렇게 표시를 해두면 어떤 조건을 사용했는지 한 눈에 알 수 있어 문제 풀이 시간이 절약되고, 모든 조건을 사용할 수 있기 때문에 올바른 풀이가 가능하다.

04 정답 ③

난이도 ●●○

언어추리 - 조건추리 문제

문제의 조건에 따라 표를 채워가면 다음과 같다. 문제의 〈조건〉을 구분하기 위해, 위에서부터 순서대로 조건 ㄱ~ㅂ이라 하자.

(1) 조건 ㄱ, ㄹ에 따라 과목별 수용 가능한 인원의 수가 정해진다.
➜ 수학 1~3명, 과학 1~2명, 역사 1명

(2) 조건 ㄴ에 따라 을, 정은 같은 과목을 공부하므로 최대 인원이 1명인 역사를 공부하지 않는다. 경우의 수가 2가지 이상 생길 수 있으므로, 표에 따로 표시한다.

수학(1~3)	과학(1~2)	역사(1)
을, 정		
	을, 정	

(3) 조건 ㄷ만으로는 병과 무의 공부 과목이 결정되지 않지만, 조건 ㅁ과 조합하면 무는 수학을 공부하고, 병은 과학 또는 역사를 공부한다. 다만, 을과 정이 과학을 공부할 경우 과학은 최대 2명까지 공부할 수 있으므로 병은 역사를 공부하게 된다.

수학(1~3)	과학(1~2)	역사(1)
을, 정, 무		병
을, 정, 무	병	
무	을, 정	병

(4) 조건 ㅂ을 결합하면, 경우의 수는 크게 (4)－1 을과 정이 수학을 공부하게 될 경우와 (4)－2 을과 정이 과학을 공부하게 될 경우로 나뉠 수 있다.

(4)－1 을과 정이 수학을 공부하게 될 경우
을, 정, 무 총 3명이 수학을 공부한다. 조건 ㅂ에

따라 갑과 을은 같은 과목을 공부하지 않고, 수학의 최대 공부 인원은 3명이므로 갑은 과학 또는 역사를 공부한다. 병도 (3)을 통해 확인했듯이 과학 또는 역사를 공부할 수 있다.
또한, (1)에 따라 과학과 역사 각각 1명 이상 공부해야 하므로 '과학 – 갑, 역사 – 병' 또는 '과학 – 병, 역사 – 갑'의 2개 경우가 생긴다.

수학(1~3)	과학(1~2)	역사(1)
을, 정, 무	갑	병
을, 정, 무	병	갑

(4)-2 을과 정이 과학을 공부하게 될 경우
(3)에서 확인했듯이 병은 역사를 공부한다. 역사 과목의 최대 인원인 1명이 병으로 채워지므로 갑은 수학을 공부한다. 조건 ㅂ도 충족됨을 알 수 있다.

수학(1~3)	과학(1~2)	역사(1)
갑, 무	을, 정	병

(5) 해당 내용까지 포함하면 경우의 수는 총 3개가 나온다. 이를 표로 정리하면 다음과 같다.

구분	수학(1~3)	과학(1~2)	역사(1)
(i)	을, 정, 무	갑	병
(ii)	을, 정, 무	병	갑
(iii)	갑, 무	을, 정	병

문제에서 항상 거짓인 것을 고르라고 했으므로 세 가지 경우에 모두 해당하지 않아야 한다.

① (O) 갑과 무는 같은 과목을 공부한다.
→ 경우 (iii)에서 갑과 무가 같은 과목인 수학을 공부하므로 항상 거짓은 아니다.

② (O) 정과 무는 수학을 공부한다.
→ 경우 (i)과 (ii)에서 정과 무가 수학을 공부하므로 항상 거짓은 아니다.

③ (×) 갑이 과학을 공부하면, 수학을 공부하는 사람은 2명이다.
→ 갑이 과학을 공부하는 경우는 (i)로, 이때 을, 정, 무 세 명이 수학을 공부한다. 따라서 항상 거짓이다.

④ (O) 병이 역사를 공부하면, 과학을 공부하는 사람은 1명이다.
→ 병이 역사를 공부할 때 과학을 공부하는 사람이 갑 1명인 경우 (i)도 존재하고, 을과 정 2명인 경우 (iii)도 있다. 따라서 항상 거짓인 것은 아니다.

⑤ (O) 가능한 경우의 수는 총 3가지이다.
→ 위의 표에서 확인할 수 있듯이, 가능한 경우의 수는 총 3가지이다. 따라서 항상 거짓인 것은 아니다.

합격자의 시간단축 Tip

Tip ❶ 확정적인 정보부터 파악해야 하는 문제이다. 이를 파악했다면, 정보를 활용했을 때 확정되는 경우가 무엇이 있는지 위주로 살펴보며 조건을 사용한다. 표에 줄을 다 긋지 않고 행과 열만 맞춰 적으면 시간을 단축할 수 있다. 이런 문제의 경우, 선지를 통해 파악하는 것보다 경우의 수를 파악하고 푸는 것이 더 빠르다.

Tip ❷ 논리 문제는 주어진 조건을 빠짐없이 사용하는 것이 중요하다. 〈조건〉 박스만 확인할 것이 아니라, 발문도 꼼꼼하게 확인해야 한다. 이 문제에서 주어진 〈조건〉은 6개지만, 발문에 주어진 조건('하나를 골라 공부한다.')까지 포함하면 총 7개의 조건이 주어진 것이다. 만약 '하나를 골라 공부한다.'는 발문의 조건이 주어지지 않았다면, 갑~무 각자 과목을 1~3개씩 자유롭게 선택할 수 있기 때문에 경우의 수는 더욱 많아질 것이고 문제는 더욱 어려워진다. 그러므로 발문까지 꼼꼼하게 읽어 숨겨진 조건이 있는지 확인할 필요가 있다. 또한 사용한 조건은 빗금을 쳐서 표시하여, 모든 조건을 다 썼는지 확인하도록 하자.

Tip ❸ '항상 거짓인 것'의 의미는, '어떠한 경우에도 거짓임'을 의미한다. 이 문제에서 가능한 경우의 수는 3가지였으므로, '항상 거짓'이려면 3가지 경우 모두에서 거짓인 것을 찾아야 한다. 따라서 어떤 선지가 어떤 하나의 경우에서는 성립하지만 나머지 경우에서는 성립하지 않는다면, 이 선지는 '항상 거짓'인 선지가 아니다. 모든 경우에서 성립하지 않아야 '항상 거짓'인 선지이며, '항상 참'인 선지 역시 마찬가지다.
한편, '가능한 것'을 묻는 문제도 있다. 이 문제에서는 여러 가지 경우의 수 중 단 하나의 경우에만 성립하는 선지여도 '가능한 것'에 해당한다. 따라서 어떤 선지가 모든 경우에서 성립하지 않는다면, 그 선지는 '가능하지 않은' 선지가 된다. 즉, '항상 거짓'은 '가능하지 않다'와 동일한 의미지만, '항상 참'은 '가능하다'와 동일한 의미는 아니다.

Tip ❹ 큰 틀을 잡아놓으면 경우의 수를 찾기 쉽다. ⓐ 갑~무 5명, ⓑ 과목은 수학, 과학, 역사로 3개 ⓒ 조건 ㄱ: 과학은 최대 2명, 역사는 최대 1명 ⓓ 조건 ㄹ: 각 과목은 모두 최소 1명씩, 이러한 조건들을 결합하면 나올 수 있는 인원수 조합은 다음과 같다.

구분	수학	과학	역사
(i)	2	2	1
(ii)	3	1	1

이를 활용하여 (i), (ii)의 경우로 나눠서 나머지 조건에 맞는 사례를 구하면 편하다.

Tip ❺ '항상 거짓인 것'을 찾는 문제는 주어진 선지에 가능한 사례가 있는지 검토한다. 〈조건〉을 통해 가능한 모든 경우의 수를 도출하려고 하면 시간 안에 다른 문제를 풀 수 없는 경우도 있다. 따라서 확정적인 〈조건〉 혹은 당장 사용 가능한 〈조건〉만을 모두 표시한 뒤, 남은 〈조건〉을 통해 선지에 주어진 경우가 가능한지 검토한다. ③의 경우, 갑이 과학을 공부하는데 수학을 공부하는 사람이 2명인 경우는 가능하지 않다. 따라서 항상 거짓인 선지임을 알 수 있다.

Tip ❻ 선지를 활용해서 푸는 방법도 소개하고자 한다. 객관식 시험의 특성상 선지를 적용해서 가능한 경우가 나오면 그 선지는 배제할 수 있다.

① 선지는 갑과 무가 같은 과목을 공부하는 경우이다. 수학은 1~3명, 과학은 1~2명, 역사는 1명이 선택할 수 있는 상황이므로 (갑, 무)가 한 과목을 선택하려면 수학이나 과학 중에 하나를 선택해야 한다. 이때, 수학이라고 가정해 보면 수학(갑, 무)/과학(을, 정)/역사(병)의 경우를 상상해 볼 수 있다. 이 때, 주어진 조건과 모순이 생기는 지점이 없으므로 ① 선지는 가능한 경우이며 항상 거짓이라고 볼 수 없다.

② 선지를 확인해 보면, 정과 무가 수학을 공부해야 한다. 이때 주어진 조건에 맞게 가능한 경우를 고려해 보면, 조건 ㄴ에서 을과 정이 같은 과목을 공부해야 하므로 을, 정, 무가 모두 수학을 선택해야 한다. 이에 따라 가능한 경우를 살펴보면, 수학(을, 정, 무)/과학(갑)/역사(병)의 경우가 가능하다. 과학과 역사의 구성원이 바뀌어도 무방하지만 선지의 정오만을 확인하면 되므로 다음 선지로 넘어가면 된다.

③ 선지를 확인해 보면, 갑이 과학을 공부할 때 수학을 공부하는 사람이 2명이어야 한다. ② 선지에서 갑이 과학을 공부했고, 수학을 공부하는 사람은 3명이었지만 문제에서 항상 거짓인지 여부를 묻고 있으므로 가능한지 여부를 고려해 보아야 한다. 조건 ㄴ에서 을과 정은 같은 과목을 공부해야 하고, 조건 ㅂ에서 갑과 을은 다른 과목을 공부해야 한다. 을과 정은 한 그룹이므로 역사는 선택할 수 없고, 갑이 과학을 선택했으므로 을과 정은 수학밖에 선택할 수 없다. 이때 조건 ㅁ에서 무 역시 수학을 공부하므로 수학에는 3명이 포함되어야 한다. 따라서 수학을 공부하는 사람이 2명이라는 선지는 항상 거짓이 된다.

④ 선지를 확인해 보면, 병이 역사를 공부하면 과학을 공부하는 사람이 1명인지를 확인해야 한다. ②에서 수학(을, 정, 무)/과학(갑)/역사(병)의 경우를 확인했으므로 항상 틀렸다고 볼 수는 없다.
다만, ⑤ 선지의 경우 경우의 수를 모두 확인해 본 후 그에 대해 확신을 가져야 해결할 수 있는 선지이므로 이런 방식으로는 해결할 수 없다. 그러나 다른 선지들은 충분히 해결할 수 있으므로 앞선 선지에서 답이 도출되지 않은 경우 이를 답이라고 짐작하고 넘어갈 수 있다. 선지를 활용해서 이러한 유형의 문제를 풀 때 중요한 사항은 '가능한 상황을 설정할 수 있는지' 여부임을 명심하자.

05 정답 ❷ 난이도 ●●○

언어추리 – 조건추리 문제

(1) A와 C는 C의 합격 여부에 대하여 모순되는 대화를 하고 있다. 따라서 A와 C 중 한 명은 참을 말했고 한 명은 거짓을 말했다. 만약 A가 참을 말했을 경우 C는 거짓을 말하는데, C가 거짓을 말했으므로 C는 임용고시에 합격하지 못했고 A는 합격했다.

(2) A가 임용고시에 합격했으므로 D의 발언은 거짓이고, D의 발언에 따라 D는 임용고시에 합격했다. D가 임용고시에 합격했으므로 E의 발언도 거짓인데, 이 경우 C, D, E 3명의 발언이 거짓이 되어 2명이 항상 거짓을 말했다는 사실에 모순된다. 따라서 A는 거짓을 말했고 C는 참을 말했다.

(3) C가 참을 말했으므로 C는 임용고시에 합격했고 A는 합격하지 못했다. A가 임용고시에 합격하지 못했으므로 D의 발언은 참이고, D의 발언에 따라 D는 임용고시에 합격하지 못했다. D가 임용고시에 합격하지 못했으므로 E의 발언도 참이고, 그에 따라 B의 발언은 거짓이다. B의 발언이 거짓이므로 B는 임용고시에 합격했고 E는 임용고시에 합격하지 못했다.

(4) 따라서 임용고시에 합격한 사람은 B와 C이다. 이상의 내용을 표로 정리하면 아래와 같다.

구분	A	B	C	D	E
참/거짓	거짓	거짓	참	참	참
합격/불합격	불합격	합격	합격	불합격	불합격

합격자의 시간단축 Tip

Tip ❶

(1) 이러한 유형의 공통적인 풀이법은 모순 혹은 반대되는 발언을 찾는 것부터 시작된다. 본 문제의 경우, A와 C의 진술이 외견상 상충되므로 모순 관계인지 반대 관계인지 파악하여야 한다. C는 임용고시에 합격하였거나 불합격하였다.

(2) 두 가지 이외의 경우는 있을 수 없으므로, 본 문제에서 A와 C의 진술은 항상 진릿값이 다른 모순 관계에 해당한다. 즉, A의 진술이 참이라면 그로부터 C의 진술은 거짓이 되며, 그 역도 성립한다. A와 C의 발언이 서로 모순되므로 둘 중 한 명은 항상 거짓을 말했다. 이때, D와 E가 D의 합격 여부에 관하여 동일한 진술을 하고 있으므로, 만약 둘 모두가 거짓을 말했다면 5명 중 2명만이 항상 거짓을 말했다는 조건에 위배된다.

(3) 따라서 D와 E 모두 항상 참을 말했으며 그 결과 B가 거짓을 말함을 쉽게 알 수 있다. 이처럼 참/거짓 여부를 먼저 파악해 두면 보다 효율적으로 문제를 풀 수 있다.

Tip ❷

(1) 때에 따라서는 선지를 곧바로 대입하는 방법도 유용하다. 가령 선지 ①을 대입할 경우 A, D가 합격, B, C, E가 불합격했을 것이고 이 경우 B의 발언 중 하나는 참, 하나는 거짓이 되어 모순이 생기므로 옳지 않다. 다만 이 방법은 정답이 뒷부분에 있는 경우 오랜 시간이 걸릴 수도 있다.

(2) 이 문제의 경우 모순되는 발언을 한 사람들을 살펴보았을 때 곧바로 답이 나오므로 **Tip ❶**의 접근법이 더 효율적인 풀이지만, 모순되는 발언을 한 사람들을 살펴보았을 때 답이 확정되지 않고 경우의 수만 줄어드는 문제의 경우라면 우선 모순되는 발언들을 통해 소거되는 선지가 있는지 살펴본 다음 선지들을 대입해서 푸는 것이 효율적일 것이다.

Tip ❸ 본 문제의 경우 참을 말하는 사람의 모든 진술은 참, 거짓을 말하는 사람의 모든 진술은 거짓이라는 점도 중요하다. C가 참이 되면 C가 언급한 C와 A의 합격 여부를 언급한 다른 동기들의 참, 거짓 여부도 바로 정해지기 때문이다. 이 점을 파악하고 푼다면 보다 더 빨리 문제를 해결할 수 있다.

Tip ❹ '모든 진술은 참 또는 모든 진술은 거짓'이라는 조건에 유의할 필요가 있다. 이 문제에서 C의 진술인 '나는 임용고시에 합격했어. A는 임용고시에 불합격했어.'라는 조건을 살펴본다. 이 조건에서는 'C는 합격'과 'A는 불합격'이라는 문장이 '온점(.)'으로 구분되어 독립적으로 제시되었다.
따라서 C의 진술이 거짓이라면, C의 모든 진술은 거짓이므로 독립적인 두 문장 모두 거짓이 된다. 즉, 'C는 합격'이 거짓이므로 'C는 불합격'이 참이 되고, 'A는 불합격'이 거짓이므로 'A는 합격'이 참이 된다.
그런데 만약 C의 진술이 '나는 임용고시에 합격했지만 A는 임용고시에 불합격했어.'라고 주어졌다고 가정해 보자. 이때는 'C는 합격'과 'A는 불합격'이라는 문장이 독립적으로 제시되지 않고, '~했지만'이라는 연결사로 이어져 있다. 따라서 두 개의 조건이 주어진 게 아니라, 'C는 합격하고 A는 불합격하다.'는 하나의 조건이 주어진 것이다. 이를 기호화하여 나타내면 '$C \cap \sim A$'이다. 따라서 C의 진술이 거짓이라면 '$C \cap \sim A$'가 거짓이므로, $\sim(C \cap \sim A)$가 참이 되고, 이를 드모르간 법칙으로 정리하면 '$\sim C \cup A$'가 참이라는 뜻이다. 이 경우 참으로 가능한 것은 ($\sim$C, A) / (C, A) / ($\sim$C, $\sim$A)의 3가지 경우이다.
C의 진술에 따른 경우의 수가 3개나 되기 때문에 문제 풀이가 더욱 어려워진다. 다행히 이 문제의 경우에는 한 사람의 진술이 독립적인 두 조건으로 제시되었기 때문에 '모든 진술은 참 또는 모든 진술은 거짓'이라는 조건을 적용하기 쉬웠지만, 한 사람의 진술이 연결된 조건으로 제시된 경우에는 이처럼 경우의 수가 추가로 생길 수 있으니 주의해야 한다.

정답		유형 ❷ 도형추리						
01	②	02	⑤	03	③			

01 정답 ❷ 　　　　난이도 ●●●

도형추리 - 박스형 문제

제시된 도형은 원형을 여러 조각으로 분할한 형태이다. 가로 방향(→)이나 세로 방향(↓)으로 도형의 변화를 살펴봤을 때 유사한 패턴이 보이지 않으므로 회전이나 대칭 규칙이 적용되지 않음을 유추할 수 있다. 음영에 관한 규칙을 염두에 두고 규칙이 적용되는 방향을 찾아보자.

규칙이 세로 방향으로 적용된다고 가정하자. ?를 제외한 3행에 있는 도형은 나머지 1, 2행에 있는 도형과 전체 음영의 수가 유의미하게 차이나지 않는다. 도형의 합이 제외되었으므로 1열에 있는 도형을 이용해 조건에 따른 음영 변화를 생각해 보자.

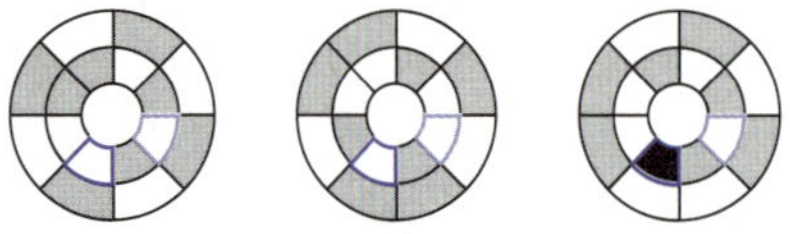

[1행 1열]　[2행 1열]　[3행 1열]

1열의 색 테두리로 표시한 부분의 음영을 살펴보자. 1, 2행에서는 색 테두리 부분 모두 음영이 칠해져 있지 않지만(흰색), 3행에 있는 진한색 테두리 부분의 음영은 칠해져 있고(검정색), 연한색 테두리 부분의 음영은 칠해져 있지 않다(흰색). 즉, 같은 조건이 주어졌을 때 결과가 다르므로 규칙은 세로 방향으로 적용되지 않는다.

가로 방향으로 도형의 음영에 관한 규칙을 파악해 보자. ?를 제외한 3열에 있는 도형은 나머지 1, 2열에 있는 도형의 음영을 합친 것으로 판단하기 어렵다. 따라서, 도형의 합이 제외되었으므로 1행에 있는 도형을 이용해 조건에 따른 음영 변화를 파악해 보자.

(ⅰ) 1열, 2열에 모두 음영이 없을 경우(흰색)

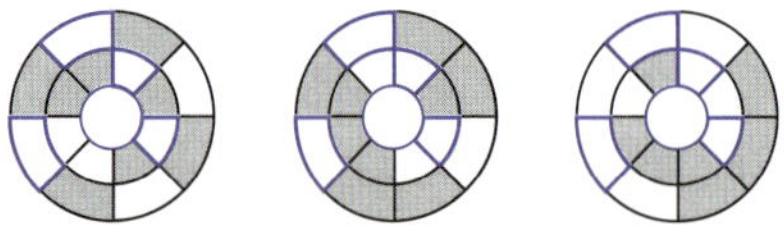

[1행 1열]　[1행 2열]　[1행 3열]

1열, 2열의 도형에 모두 음영이 없는(흰색) 칸을 색 테두리로 표시한 후 3열의 도형에서 같은 부분을 보면 음영이 없음(흰색)을 확인할 수 있다.

즉, 1열, 2열에 모두 음영이 없을 경우(흰색) 3열에도 음영을 표시하지 않는다(흰색).

(ⅱ) 1열, 2열에 모두 음영이 있을 경우(검정색)

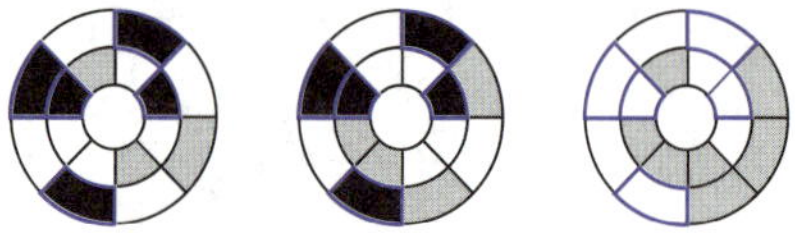

[1행 1열]　[1행 2열]　[1행 3열]

1열, 2열의 도형에 모두 음영이 있는(검정색) 칸을 색 테두리로 표시한 후 3열의 도형에서 같은 부분을 보면 음영이 없음(흰색)을 확인할 수 있다.

즉, 1열, 2열에 모두 음영이 있을 경우(검정색) 3열에는 음영을 표시하지 않는다(흰색).

(ⅲ) 1열에는 음영이 없고(흰색) 2열에는 음영이 있을 경우(검정색)

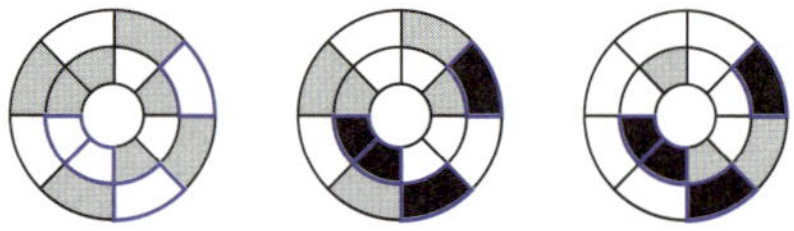

[1행 1열]　[1행 2열]　[1행 3열]

1열에는 음영이 없고(흰색) 2열에는 음영이 있는(검정색) 칸을 색 테두리로 표시한 후 3열의 도형에서 같은 부분을 보면 음영이 있음(검정색)을 확인할 수 있다.

즉, 1열에는 음영이 없고(흰색) 2열에는 음영이 있을 경우(검정색) 3열에는 음영을 표시한다(검정색).

(ⅳ) 1열에는 음영이 있고(검정색) 2열에는 음영이 없을 경우(흰색)

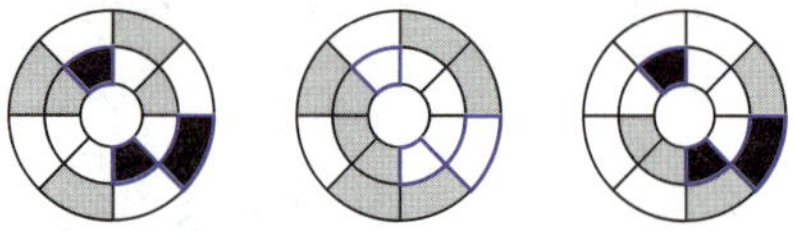

[1행 1열]　[1행 2열]　[1행 3열]

1열에는 음영이 있고(검정색) 2열에는 음영이 없는(흰색) 칸을 색 테두리로 표시한 후 3열의 도형에서 같은 부분을 보면 음영이 있음(검정색)을 확인할 수 있다.

즉, 1열에는 음영이 있고(검정색) 2열에는 음영이 없을 경우(흰색) 3열에는 음영을 표시한다(검정색).

따라서 (ⅰ)~(ⅳ)를 통해 1열과 2열의 음영이 같으면 3열에는 음영을 표시하지 않고(흰색), 1열과 2열의 음영이 다르면 3열에는 음영을 표시하는(검정색) 규칙을 파악할 수 있다.

위에서 구한 규칙을 2행의 도형에서 확인해 보면 규칙이 성립함을 알 수 있다.

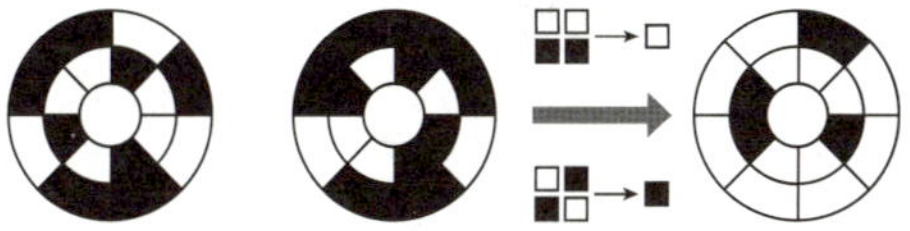

[2행 1열]　[2행 2열]　[2행 3열]

3행 1열과 3행 2열의 도형을 이용해 ?에 들어갈 도형을 추리해 보자.

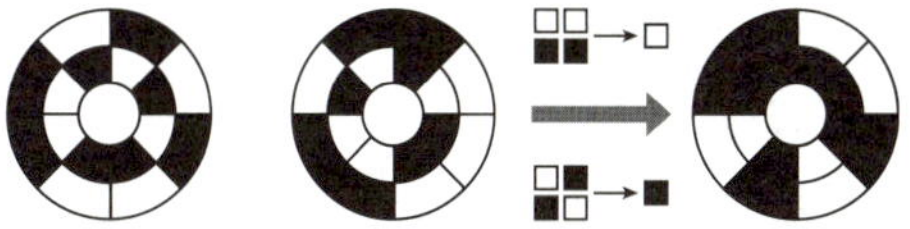

[3행 1열]　[3행 2열]　[3행 3열]

따라서 ?에 들어갈 도형으로 알맞은 것은 ②이다.

02　정답 ⑤　난이도 ●●●

도형추리 – 박스형 문제

제시된 도형의 내부에 포함된 도형의 종류가 다르므로 규칙이 적용되는 방향을 쉽게 파악할 수 있다. 즉, 한 행에 있는 세 도형의 내부에 포함된 도형들의 종류가 같으므로 가로 방향으로 규칙이 적용된다는 것을 알 수 있다. 1행에 있는 도형을 토대로 규칙을 파악해 보자.

우선 각 칸에 있는 도형을 위, 아래 두 부분으로 나눈 후 내부 도형의 종류만 고려하여 이동을 파악해 화살표로 표시하면 다음과 같다.

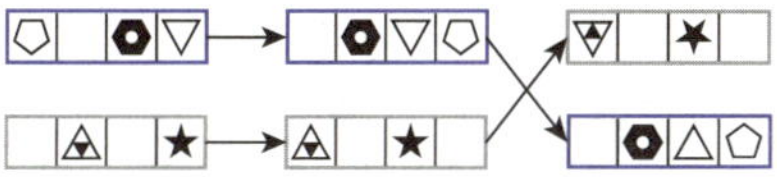

[1행 1열]　[1행 2열]　[1행 3열]

1열과 2열은 두 부분의 위치가 같지만(위: 색 테두리, 아래: 회색 테두리), 3열은 두 부분의 위치가 반대이다.(위: 회색 테두리, 아래: 색 테두리)

즉, 2열에 있는 도형은 1열에 있는 도형들 간의 내부 이동이 있음을 유추할 수 있고, 3열에 있는 도형은 2열에 있는 도형과 위·아래가 바뀌는 규칙(예 위·아래 교환, 상하 대칭 등)이 적용되었음을 유추할 수 있다.

1열과 2열의 내부 도형의 위치 변화를 살펴보자.

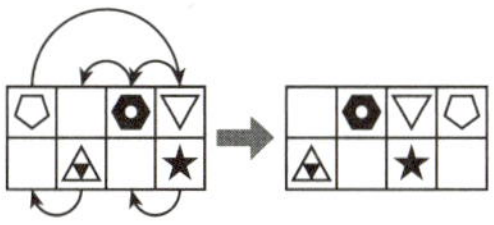

[1행 1열]　[1행 2열]

2열의 내부 도형들은 1열의 내부 도형들을 왼쪽으로 한 칸씩 이동한 형태이다.

2열과 3열의 도형을 비교해 보자.

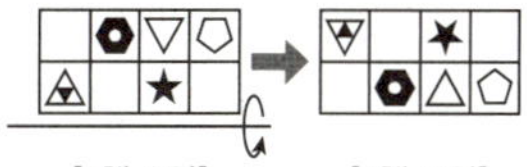

[1행 2열]　[1행 3열]

3열의 도형은 2열의 도형과 위·아래가 반대이고 내부 도형은 위치 변화가 없이 모양이 다르다. 즉, 3열의 도형은 2열의 도형을 상하 대칭한 형태이다.

즉, 각 행에서 2열에 제시된 도형은 1열에 제시된 도형 중 내부 도형만 왼쪽으로 한 칸씩 이동한 형태이고, 3열에 제시된 도형은 2열에 제시된 도형을 상하 대칭한 형태이다.

위에서 구한 규칙을 2행의 도형에서 확인해 보면 규칙이 성립함을 알 수 있다.

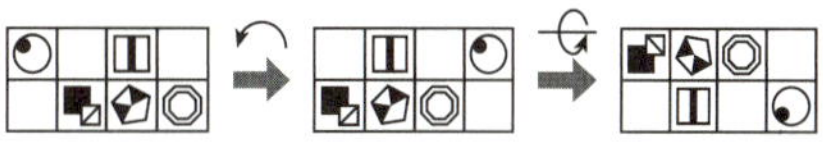

[2행 1열]　[2행 2열]　[2행 3열]

3행 1열과 3행 2열의 도형을 이용해 ?에 들어갈 도형을 추리해 보자.

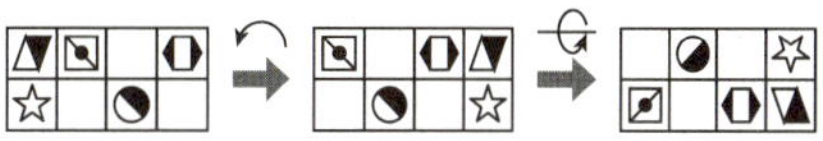

[3행 1열]　[3행 2열]　[3행 3열]

따라서 ?에 들어갈 도형으로 알맞은 것은 ⑤이다.

합격자의 시간단축 Tip

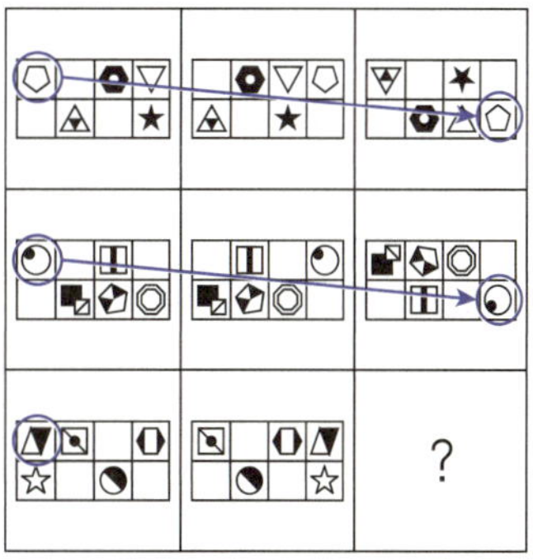

각 행의 1열에 있는 도형을 보면 윗줄의 왼쪽 칸에 모두 도형이 있다. 색으로 표시한 1행과 2행에서의 도형의 이동을 살펴보면 1열에서 윗줄 가장 왼쪽 칸에 있던 도형은 3열에서는 위·아래가 대칭인 채로 아랫줄 가장 오른쪽 칸에 위치해 있다.

따라서 정답은 3열에서 색 동그라미로 표시한 도형이 위·아래가 대칭인 채로 아랫줄 가장 오른쪽 칸에 위치한 ⑤이다.

03 정답 ③ 난이도 ●●●

도형추리 - 박스형 문제

제시된 도형의 모양을 보면 한 행에 있는 세 도형이 모두 유사한 모양이므로 가로 방향으로 규칙이 적용되는 것을 확인할 수 있다.

?를 제외한 제시된 도형은 음영이 있는 외부 도형이 감싸고 있는 형태이다. 1행의 도형을 다음과 같이 외부 도형, 내부 도형으로 나누어 규칙을 추리해 보자.

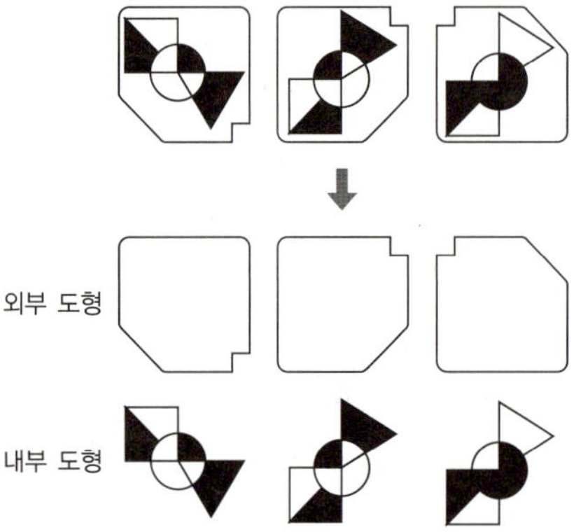

(i) 외부 도형

외부 도형에 가로선과 세로선을 그어 네 등분으로 나눈 후 외부 도형의 규칙을 살펴보자.

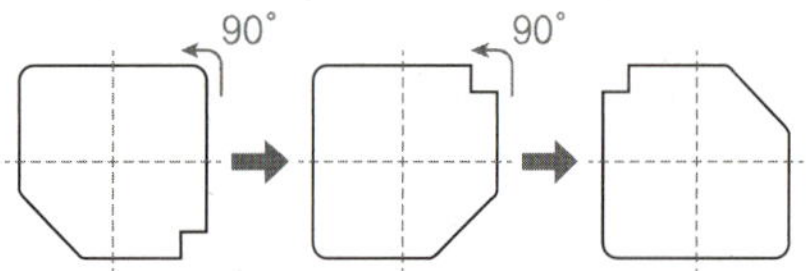

[1행 1열] [1행 2열] [1행 3열]

다음 열에 제시된 외부 도형은 이전 열에 제시된 외부 도형을 시계 반대 방향으로 90도 회전한 형태이다.

(ii) 내부 도형

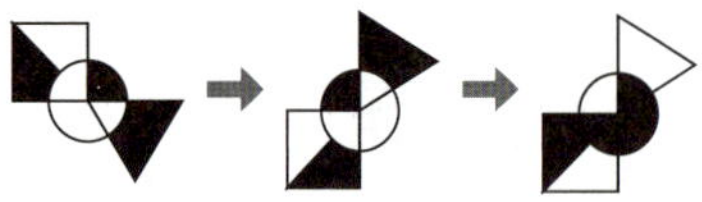

[1행 1열] [1행 2열] [1행 3열]

1열과 2열의 도형을 보면 음영은 같지만 모양이 다르고 2열과 3열의 도형을 보면 모양은 같지만 음영이 반대임을 알 수 있다. 즉, 3열의 도형은 2열의 도형을 색상 반전한 형태임을 확인할 수 있고 2열의 도형은 1열의 도형에서 회전 또는 대칭 규칙이 적용되어 도형의 모양이 변했음을 유추할 수 있다.

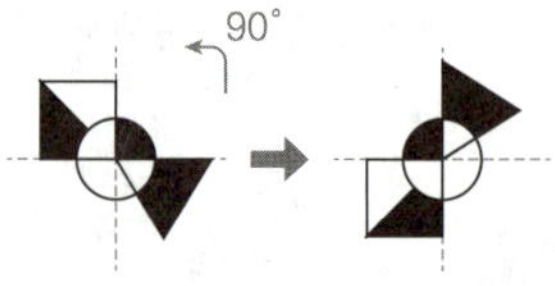

[1행 1열] [1행 2열]

원의 중심을 기준으로 가로선, 세로선을 그려 규칙을 파악해 보자. 원 내부의 음영 위치를 기준으로 살펴보면 2열의 도형은 1열의 도형을 시계 반대 방향으로 90도 회전한 형태임을 확인할 수 있다. 위에서 구한 규칙을 2행의 도형에서 확인해 보면 규칙이 성립함을 알 수 있다.

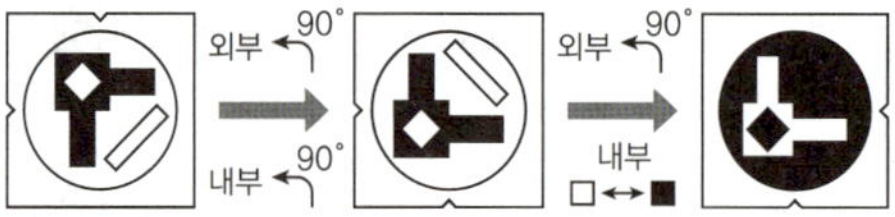

[2행 1열] [2행 2열] [2행 3열]

3행 1열과 3행 2열의 도형을 이용해 ?에 들어갈 도형을 추리해 보자.

[3행 1열] [3행 2열] [3행 3열]

따라서 ?에 들어갈 도형으로 알맞은 것은 ③이다.

합격자의 시간단축 Tip

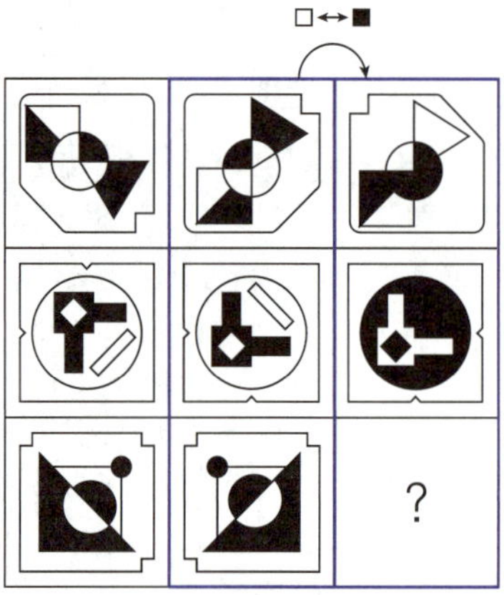

1, 2행의 2열과 3열의 도형을 보면 내부에 있는 도형은 음영만 바뀌었음을 확인할 수 있다.

따라서 외부 도형과 관계없이 3행 2열의 내부 도형의 색상 반전만 해도 보기 중에서 답을 찾을 수 있다. 즉, 정답은 3행 2열의 내부 도형과 음영이 반대로 표시된 ③이다.

정답	유형 ❸ 도식추리								
01	②	02	⑤	03	④	04	⑤		

[01~04]

규칙 파악 TIP

(1) 제시된 도식 중 한 종류의 기호가 적용된 문자, 숫자 배열을 살펴본 후 자리 이동 규칙이 적용되었는지, 연산 규칙이 적용되었는지 파악한다. 이때, 규칙 적용 전·후의 문자·숫자는 변함이 없고 순서의 변화만 있다면 자리 이동 규칙이 적용됨을 유추할 수 있고, 규칙 적용 전·후의 문자·숫자가 바뀌었다면 연산 규칙이 적용됨을 유추할 수 있다.

> ☆ 기호는 문자·숫자의 변화 없이 순서만 변경되었으므로 자리 이동 규칙이, ◐, ◇ 기호는 문자와 숫자가 바뀌었으므로 연산 규칙이 적용됨을 유추할 수 있다.
>
> ① 자리 이동 규칙
>
> S V 4 H → ☆ → V S H 4
> 1 2 3 4　　　　 2 1 4 3
>
> → ☆: (2143)
>
> ② 연산 규칙
>
> E R J K → ◐ → D Q I J
> 5 18 10 11　　 4 17 9 10
> 　　　　　　　 -1 -1 -1 -1
>
> → ◐: (−1, −1, −1, −1)
>
> V S H 4 → ◇ → X R J 3
> 22 19 8 4　　 24 18 10 3
> 　　　　　　　 +2 -1 +2 -1
>
> → ◇: (+2, −1, +2, −1)

(2) 제시된 도식 중 세 종류의 기호가 적용된 문자, 숫자 배열에서 먼저 구한 기호의 규칙을 이용해 나머지 기호의 규칙을 파악한다.

> 8LQ5 → ◐ → ☆ → (A) → ▲ → 4K7P

(i) 8LQ5에 연산 규칙 ◐와 자리 이동 규칙 ☆을 순서대로 적용해 (A)에 들어갈 문자·숫자 배열을 구하고, ▲의 규칙을 파악한다.

8LQ5 → ◐ (-1, -1, -1, -1) → 7KP4 → ☆ (2143) → K74P

→ (A): K74P

(ii) K74P와 4K7P를 비교하면 문자·숫자의 종류는 변하지 않았으므로 ▲는 자리 이동 규칙임을 유추할 수 있다.

K 7 4 P → ▲ → 4 K 7 P
1 2 3 4　　　　 3 1 2 4

→ ▲: (3124)

[규칙]

> • ◐: 문자와 숫자의 순서에 따라 각 자리의 문자(숫자)를 바로 이전 순서에 오는 문자(숫자)로 변경한다.
> 예 bcde → abcd (b−1, c−1, d−1, e−1)
> 참고 −1은 1만큼 앞에 있는 문자(숫자)를 의미한다.
> • ☆: 첫 번째 문자(숫자)와 두 번째 문자(숫자)의 자리를 서로 바꾸고, 세 번째 문자(숫자)와 네 번째 문자(숫자)의 자리를 서로 바꾼다.
> 예 abcd (1234) → badc (2143)
> 참고 각 숫자는 배열에서 해당 문자(숫자)의 위치를 의미한다.
> • ▲: 첫 번째 문자(숫자)를 두 번째 자리로, 두 번째 문자(숫자)를 세 번째 자리로, 세 번째 문자(숫자)를 첫 번째 자리로 이동한다.
> 예 abcd (1234) → cabd (3124)
> 참고 각 숫자는 배열에서 해당 문자(숫자)의 위치를 의미한다.
> • ◇: 문자와 숫자 순서에 따라 첫 번째 문자(숫자)를 다음 두 번째 순서에 오는 문자(숫자)로, 두 번째 문자(숫자)를 바로 이전 순서에 오는 문자(숫자)로, 세 번째 문자(숫자)를 다음 두 번째 순서에 오는 문자(숫자)로, 네 번째 문자(숫자)를 바로 이전 순서에 오는 문자(숫자)로 변경한다.
> 예 abcd → caec (a+2, b−1, c+2, d−1)
> 참고 +2는 2만큼 뒤에 있는 문자(숫자)를 의미하며, −1은 1만큼 앞에 있는 문자(숫자)를 의미한다.

01 정답 ② 난이도 ●●●

도식추리 - 특정 기호의 규칙을 적용했을 때 나오는 문자나 숫자를 고르는 문제

각 기호의 규칙을 차례로 적용하여 답을 구한다.
• ☆: 자리 이동 규칙 (1234) → (2143)
• ◇: 연산 규칙 (+2, −1, +2, −1)

C740 → ☆ (2143) → 7C04 → ◇ (+2, -1, +2, -1) → **9BQ3**

따라서 정답은 ②다.

합격자의 시간단축 Tip

Tip ❶ 문제에 제시된 자리 이동 규칙은 ☆: (2143)이고, 다섯 개의 선지에 표기된 첫 번째, 두 번째 자리의 문자·숫자 배열이 모두 다르므로 규칙 적용 후에 첫 번째, 두 번째 자리만 구해도 답을 고를 수 있다. (세 번째, 네 번째 자리는 선지 ①, ③의 배열이 서로 같으므로 두 값만 확인하여 답을 구하기에는 적합하지 않다.) 첫 번째와 두 번째 자리끼리만 자리 이동이 있으므로 이 두 자리만 확인하면 된다.

(2143) (+2, -1, +2, -1)

C7□□ → ☆ → 7C□□ → ◇ → 9B□□

따라서 정답은 첫 번째, 두 번째 문자·숫자 배열이 9B인 ②다.

Tip ❷ 다섯 개의 선지 중 숫자의 위치와 종류가 일치하는 것이 없다. 따라서 비교적 계산이 쉬운 숫자에만 규칙을 적용해도 답을 찾을 수 있다.

□ 7 4 □ → (2143) → 7 □ □ 4

1 2 3 4 2 1 4 3

7 □ □ 4 → (+2, -1, +2, -1) → 9 □ □ 3

따라서 정답은 첫 번째 순서와 네 번째 순서의 숫자가 각각 9, 3인 ②다.

02 정답 ⑤ 난이도 ●●●

도식추리 - 특정 기호의 규칙을 적용했을 때 나오는 문자나 숫자를 고르는 문제

각 기호의 규칙을 차례로 적용하여 답을 구한다.

- ◐: 연산 규칙 (-1, -1, -1, -1)
- ▲: 자리 이동 규칙 (1234) → (3124)
- ☆: 자리 이동 규칙 (1234) → (2143)

(-1, -1, -1, -1) (3124) (2143)

ENFM → ◐ → DMEL → ▲ → EDML → ☆ → DELM

따라서 정답은 ⑤이다.

합격자의 시간단축 Tip

Tip ❶ 다섯 개의 선지 중 ①, ②에 사용된 문자 종류가 같고, ③, ④, ⑤에 사용된 문자 종류가 같다. 문제에서 첫 번째 제시된 규칙은 연산 규칙이고 다음 두 가지 규칙은 자리 이동 규칙이므로 첫 번째 규칙을 우선 적용해 나오는 문자 종류를 확인하고 선지를 줄인다.

(-1, -1, -1, -1)

E N F M → ◐ → D M E L

5 14 6 13 4 13 5 12

즉, 첫 번째 규칙을 적용했을 때 ①, ②에 제시된 문자는 나오지 않으므로 ③, ④, ⑤ 중 하나가 정답이다. ③, ④, ⑤는 네 문자의 배열 순서가 모두 다르므로 한 문자의 위치만 구하면 정답을 도출할 수 있다. 이때, 첫 번째 자리 이동 규칙을 적용한 후 다시 각 자리에 1, 2, 3, 4를 새로 매겨 두 번째 자리 이동 규칙을 적용해야 함에 유의한다.

(3124) (2143)

D□□□ → ▲ → □D□□ → ☆ → D□□□

따라서 정답은 D가 첫 번째 순서에 있는 ⑤이다.

Tip ❷ 자리 이동 규칙인 ▲와 ☆이 연달아서 제시되므로 이를 합쳐서 생각한다.

▲는 (3124), ☆은 (2143)이므로 ▲☆의 경우 각 자리가 어떻게 움직이는지 살펴보자.

- **첫 번째 자리:** 두 번째 자리로 이동 후 다시 첫 번째 자리로 이동하므로 변화가 없다.
- **두 번째 자리:** 세 번째 자리로 이동 후 네 번째 자리로 이동한다.
- **세 번째 자리:** 첫 번째 자리로 이동 후 두 번째 자리로 이동한다.
- **네 번째 자리:** 네 번째 자리에 있다가 세 번째 자리로 이동한다.

즉, ▲☆의 자리 이동 규칙은 (1342)다.

이때, 선지의 네 번째 문자가 모두 다르므로 이를 이용하면 정답을 구할 수 있다.

① OFGN ② FGNO ③ MDEL

④ LMDE ⑤ DELM

▲☆의 규칙은 (1342)이므로 처음 문자열의 두 번째 자리는 네 번째 자리가 된다. 즉, 두 번째 자리의 문자 종류만 확인하면 답을 고를 수 있다.

(-1, -1, -1, -1) (1342)

□N□□ → ◐ → □M□□ → ▲☆ → □□□M

따라서 정답은 M이 네 번째 순서에 있는 ⑤이다.

03 정답 ④ 난이도 ●●●

도식추리 - 특정 기호의 규칙을 적용했을 때 나오는 문자나 숫자를 고르는 문제

각 기호의 규칙을 차례로 적용하여 답을 구한다.

- ◇: 연산 규칙 (+2, −1, +2, −1)
- ◐: 연산 규칙 (−1, −1, −1, −1)

해당 문제에서 구해야 하는 것은 두 가지 규칙을 적용하기 전의 문자·숫자 배열이다.

(+2, -1, +2, -1) (-1, -1, -1, -1)

[?] → ◇ → [ ] → ◐ → 7WN6

즉, 두 가지 규칙을 적용 후 도출된 7WN6에 규칙을 역방향으로 적용해 풀어야 한다.

(+1, +1, +1, +1) (−2, +1, −2, +1)

7WN6 → ◐(역) → 8XO7 → ◇(역) → [6YM8]

따라서 정답은 ④이다.

> ＊ 규칙을 반대로 정리하는 방법
> - 연산 규칙: +는 −로, −는 +로 바꾼다.
> - 자리 이동 규칙: 해당 배열을 1234의 순서로 정렬한다.

합격자의 시간단축 Tip

(Tip) 제시된 연산 규칙을 먼저 한 번에 계산한다.
연산 규칙인 ◇: (+2, −1, +2, −1), ◐: (−1, −1, −1, −1)을 한 번에 적용하면 ◇◐: (+1, −2, +1, −2)이고, 역방향으로 규칙을 적용해 답을 도출해야 하므로 7WN6에 (−1, +2, −1, +2)를 적용한다. (연달아 제시된 연산 규칙을 한 번에 적용할 때는, 단순하게 두 규칙을 더해주면 된다.)
이때 다섯 개 선지의 숫자 위치와 종류가 일치하는 것이 없으므로, 비교적 계산이 쉬운 숫자만 살펴보아도 답을 찾을 수 있다.

(−1, +2, −1, +2)

7 □ □ 6 → ◇◐(역) → 6 □ □ 8

따라서 정답은 첫 번째 순서와 네 번째 순서의 숫자가 각각 6, 8인 ④이다.

> ＊ 연산 규칙이 연달아 있을 때만 한 번에 계산할 수 있다. 연산 규칙 사이에 자리 이동 규칙이 있다면 연산 규칙을 합쳐서 사용할 수 없다는 점에 주의한다.

04 정답 ⑤ 난이도 ●●●

도식추리 - 특정 기호의 규칙을 적용했을 때 나오는 문자나 숫자를 고르는 문제

각 기호의 규칙을 차례로 적용하여 답을 구한다.

- ▲: 자리 이동 규칙 (1234) → (3124)
- ◐: 연산 규칙 (−1, −1, −1, −1)
- ◇: 연산 규칙 (+2, −1, +2, −1)

해당 문제에서 구해야 하는 것은 세 가지 규칙을 적용하기 전의 문자·숫자 배열이다.

(3124) (-1, -1, -1, -1) (+2, -1, +2, -1)

[?] → ▲ → [ ] → ◐ → [ ] → ◇ → U632

즉, 두 가지 규칙을 적용 후 도출된 U632에 규칙을 역방향으로 적용해 풀어야 한다.

(−2, +1, −2, +1) (+1, +1, +1, +1) (3124) → (1234)

U632 → ◇(역) → S713 → ◐(역) → T824 → ▲(역) → [82T4]

따라서 정답은 ⑤이다.

합격자의 시간단축 Tip

(Tip ❶) 다섯 개의 선지에 포함된 문자의 종류가 모두 다름을 이용해 정답을 쉽게 구할 수 있다. 즉, 문자에만 연산 규칙을 역방향으로 적용해 정답에 나오는 문자를 구한다.
3번 문항의 시간단축 **Tip**을 참고하여 연산 규칙 ◐, ◇를 역방향으로 한 번에 적용하면 다음과 같다. (자리 이동 규칙인 ▲는 문자의 위치만 바꿀 뿐 문자 종류에 영향을 주지 않으므로 확인할 필요가 없다.)

U □ □ □ → (-1, +2, -1, +2) → T □ □ □
21 ◇◐(역) 20

따라서 정답은 선지 중 T가 있는 ⑤이다.

(Tip ❷) 비교적 간단한 숫자에만 규칙을 적용하는 방법도 있다. 3개의 숫자가 모두 같은 선지는 없으므로 3개의 숫자에만 규칙을 적용해도 답을 찾을 수 있다.
3번 문항의 시간단축 **Tip**을 참고하여 연산 규칙 ◐, ◇를 역방향으로 한 번에 적용하면 다음과 같다.

(−1, +2, −1, +2)

□ 6 3 2 → ◇◐(역) → □ 8 2 4

따라서 정답은 선지 중 8, 2, 4가 모두 포함되어 있는 ⑤이다.

정답		유형 ❹ 문단배열					
01	②	02	④	03	③	04	④

01 정답 ❷ 　난이도 ●●●

문단배열 – 제시된 문단을 논리적 흐름에 따라 배열하는 문제

문제유형 비판적 사고 > 논리적 결론의 전제·원인 찾기

접근전략 문단 배열 순서의 문제는 주로 문단별 첫 문장과 마지막 문장을 결정적 근거로 삼아 풀 수 있다. 이때, 1) 첫 문단은 넓은 범위의 이야기에서 좁은 범위로 좁혀간다는 점 2) 접속사, 대명사를 유의해야 한다는 점 3) 앞 문단의 후반부 내용과 다음 문단의 첫 문장의 연관성 등을 이용해 각 순서를 판단할 수 있다. 또한, 다음에 올 문단을 선택할 때마다 선지로 돌아가 당장 정답을 선택할 수 있는지 확인하면 시간을 크게 단축할 수 있다.

다음 문단을 논리적 순서대로 알맞게 배열한 것을 고르시오.

(가) (1)한편 태양광 발전 기술은 에너지 생산, 환경 보호 등 다양한 분야에 적용되고 있다. (2)예를 들어, 에너지 생산 분야에서는 태양광 패널을 이용하여 전기를 생산하고, 이를 통해 화석 연료 사용을 줄여 환경 보호에 기여할 수 있다. (3)또한, 건물의 옥상이나 외벽에 태양광 패널을 설치하여 자체적으로 전기를 생산하는 시스템이 도입되고 있다.

(나) (1)태양광 발전에는 여러 종류가 있다. (2)첫 번째로는 단결정 실리콘 태양광 패널이 있으며, 이는 높은 효율을 자랑하지만, 제조 비용이 상대적으로 많이 든다. (3)두 번째로는 다결정 실리콘 태양광 패널이 있는데, 이는 제조 비용이 적지만 효율이 다소 떨어진다.

(다) (1)사람들은 친환경적인 에너지 생산을 통한 지구 온난화 문제 해결을 비롯한 다양한 이유로 태양광 발전을 사용한다. (2)태양광 발전은 재생 가능한 에너지 원천으로, 지속 가능한 발전을 가능하게 한다.

(라) (1)단결정 패널은 제한된 공간에서 더 많은 전력을 생산하는 게 필요할 때 사용한다. (2)반면에 다결정 패널은 비용 효율이 좋아 초기 설치 비용을 절감할 수 있어 대규모 설치에 적합하다.

① (다) – (나) – (가) – (라) ➜ (×)
② (다) – (나) – (라) – (가) ➜ (○)

(1) (가)~(라)의 중심 내용을 정리하면, (가)는 태양광 발전 기술의 적용 분야, (나)는 태양광 발전의 두 가지 종류, (다)는 태양광 발전의 개념 및 필요성, (라)는 태양광 발전 종류별 사용 용도라고 볼 수 있다. (가)~(라)를 글의 흐름에 적절하게 배열하면 다음과 같다.

(2) (다)에서는 태양광 발전 개념, 필요성 등에 대해 설명한다. 나머지 문단들은 태양광 발전의 종류, 적용 방안 등 구체적인 소재를 다루고 있으므로 (다) 문단이 글의 맨 앞에 오는 것이 적절하다.

(3) (나)의 서두에서 태양광 발전의 여러 종류에 대해 언급하고 있으므로, (다) 다음에 (나)가 이어지는 것이 적절하다. (라)에서는 (나)에서 제시된 단결정, 다결정 패널에 대한 자세한 설명이 나오므로 (라)가 그다음으로 오는 것이 적절하다. 보통 어떠한 개념에 대한 구체적인 내용이 나오기 전에 그 개념을 먼저 소개한다.

(4) (가)는 '한편'이라는 접속사로 시작하며, 태양광 발전 기술이 적용되는 사례에 관한 내용을 제시한다. '한편'을 사용한 것을 통해 첫 문단은 아님을 알 수 있고, 적용 사례의 경우엔 마지막에 제시되는 경우가 많다. (나)–(라) 순은 정해졌으므로 (가)가 마지막으로 오는 것이 자연스럽다.

따라서 (다)–(나)–(라)–(가) 순이 적절하다.

③ (다) – (라) – (나) – (가) ➜ (×)
④ (라) – (나) – (가) – (다) ➜ (×)
⑤ (라) – (다) – (나) – (가) ➜ (×)

제시문 분석

제시문 (다) – 태양광 발전의 개념 및 필요성

개념, 필요성
사람들은 친환경적인 에너지 생산을 통한 지구 온난화 문제 해결을 비롯한 다양한 이유로 태양광 발전을 사용한다.(1) 태양광 발전은 재생 가능한 에너지 원천으로, 지속 가능한 발전을 가능하게 한다.(2)

제시문 (나)–태양광 발전의 종류

단결정 실리콘 태양광 패널	다결정 실리콘 태양광 패널
첫 번째로는 단결정 실리콘 태양광 패널이 있으며, 이는 높은 효율을 자랑하지만 제조 비용이 상대적으로 많이 든다.(2)	두 번째로는 다결정 실리콘 태양광 패널이 있는데, 이는 제조 비용이 적지만 효율이 다소 떨어진다.(3)

제시문 (라) – 단결정 패널, 다결정 패널의 사용 용도

단결정 실리콘 태양광 패널	다결정 실리콘 태양광 패널
단결정 패널은 제한된 공간에서 더 많은 전력을 생산하는 게 필요할 때 사용한다.(1)	다결정 패널은 비용 효율이 좋아 초기 설치 비용을 절감할 수 있어 대규모 설치에 적합하다.(2)

제시문 (가) – 태양광 발전 기술의 적용 사례

태양광 발전 기술의 구체적인 적용
한편 태양광 발전 기술은 에너지 생산, 환경 보호 등 다양한 분야에 적용되고 있다.(1)

…	대표 예시	예를 들어, 에너지 생산 분야에서는 태양광 패널을 이용하여 전기를 생산하고, 이를 통해 화석 연료 사용을 줄여 환경 보호에 기여할 수 있다.(2) 또한, 건물의 옥상이나 외벽에 태양광 패널을 설치하여 자체적으로 전기를 생산하는 시스템이 도입되고 있다.(3)

합격자의 실전 풀이 순서

❶ **발문 제대로 읽기 및 문제 유형 파악**

발문을 제대로 읽으며 문제의 유형을 파악하자. 본 유형은 문단의 순서를 정하는 문제이다. 문단의 순서를 알 수 있는 가장 결정적인 단서는 보통 문단의 맨 첫 문장과 마지막 문장이다. 우선 각 문단의 첫 문장을 읽어보며 처음에 올 만한 문단을 찾아본다. 그리고 순서를 하나씩 확정할 때마다 선지로 내려가 정답이 있는지를 확인하면 좋다.

해당 유형은 선지를 활용하여 처음에 올 문단을 예상하는 방식으로 시간을 단축할 수도 있다. 이후의 순서를 정할 때도 선지에서 제시하고 있는 순서를 검토하여 이를 선지 판단에 참고할 수 있다.

❷ **제시문 독해 및 선지 판단**

(1) 우선 각 문단의 첫 문장을 읽어본다. (가)의 경우는 '한편'이라는 접속사가 앞 내용과 뒤 내용을 연결해 주므로 첫 문단은 될 수 없다. 태양광 발전에 관한 이야기로 시작하는 (나)와 (다)를 비교했을 때 (나)는 태양광 발전 종류에 관한 이야기로 시작하고, (다)는 태양광 발전의 의의와 사용 이유를 설명하기 때문에 (다)를 먼저 읽어보는 게 좋다. 왜냐하면, 태양광 발전의 종류를 설명하기에 앞서, 태양광 발전이 무엇인지에 대한 개념과 의의가 먼저 제시되어야 하기 때문이다.

(2) (다)의 내용을 살펴보면 태양광 발전을 사람들이 사용하는 이유, 개념, 필요성 등을 파악할 수 있도록 구성했다는 것을 알 수 있다. 따라서 (다) 문단이 첫 번째로 오는 것이 맞다. 보통 해당 문단처럼 현재 상황을 언급하면서 본문의 배경이 될 수 있을 만한 제시문이 처음으로 온다. 따라서 그 다음으로는 태양광 발전에 대한 자세한 설명 등이 나올 것으로 예측할 수 있다.

(3) 그다음 문단을 골라야 하는데, (가)의 경우 '한편'이라는 접속사 뒤에 태양광 발전 기술의 활용 사례에 대해 언급하는 것 확인할 수 있다. (가)의 앞 내용에서 태양광 발전 기술에 관한 내용이 나와야 하므로 (가)는 (다) 뒤에 올 수 없다. 태양광 발전 기술에 대해 처음 제시하는 (나)가 (다) 뒤에 와야 함을 알 수 있다. 해당 문제의 '여러 종류가 있다'와 같이 두괄식으로 설명하는 걸 찾아보는 것이 좋다.

(4) (라)의 경우 (나)에서 언급한 두 태양광 패널에 대한 설명이 이어진다. (라)가 (가)의 다음으로 오기엔 연결고리가 부족한 측면이 존재하고, (나)의 다음으로 올 때 글의 연결이 매끄러워진다.

(5) 마지막으로, 태양광 발전 기술의 활용 사례가 제시되는 (가)가 와야 한다. 보통 실생활 적용, 해결 사례 등이 마지막 순서로 구성된다.
결론적으로, 정답의 순서는 (다)–(나)–(라)–(가)임을 알 수 있다.

(6) 선지를 활용하는 방식도 소개한다. 우선 선지를 살펴 처음에 올 문단의 후보들을 확인한다. 이 문제의 경우 첫 문단이 (다)인 선지가 세 개, (라)인 선지가 두 개이므로 (다)와 (라) 중 하나가 처음에 온다. 따라서 (다)와 (라)를 먼저 읽는다.
앞선 단계에서 언급했듯이 (다)는 배경을 제시하고, (라)는 단결정, 다결정 태양광 패널에 대한 자세한 설명을 제시한다. 그러므로 (다)로 시작하는 것이 자연스럽다. 그 후 선지 구성에 따라 (나)와 (라)만 올 수 있기 때문에 해당 두 문단부터 읽으면 된다. (나)가 태양광 패널에 관한 소개를 시작하므로 (다)–(나)–(라)가 자연스럽게 이어진다. 따라서 정답은 ②이다. 나머지 문단도 (라)–(가)의 순서로 읽어보고 자연스러운지 확인한다.

이처럼 선지에서 제시된 순서를 활용해 정답을 더 빨리 추측할 수 있다. 주관식이 아닌 객관식 문제이기 때문에 선지를 적극적으로 활용해 시간을 단축할 수 있을 것이다.

합격자의 시간단축 Tip

Tip ❶ 문단 순서 판단 문제의 접근법

문단의 순서를 판단하는 문제는 우선 첫 문장과 마지막 문장이 주요 근거가 되며 이들 안에 순서를 판단할 수 있는 결정적 요소들이 몇 개 있다. 이들을 대표적으로 몇 개 나열하면 다음과 같다.

(1) 첫 문단은 일반적으로 '넓은 범위'의 이야기에서 시작해서 '좁은 범위'의 이야기로 좁혀간다. 예를 들

어, 제시문에서는 '태양광 발전' 이야기로 시작해서 상대적으로 좁은 범위인 종류, 기술 등으로 좁혀감을 알 수 있다. 첫 문단을 결정할 때 첫 문장의 내용이 비교적 넓은 범위를 가진 것을 선택하면 정답일 확률이 매우 높다.

(2) 접속사에 주의하자. 접속사는 앞 문장과 뒤 문장 사이에 들어가 이들의 연결을 매끄럽게 해주는 역할을 하므로 이들을 통해 앞과 뒤 문장에 어떤 내용이 들어갈지 잘 파악할 수 있다. 예를 들어, '그러나'라는 접속사가 있다면 앞의 내용을 뒤집어 주는 접속사이기 때문에 이 접속사 앞과 뒤의 문장은 정반대여야 함을 알 수 있다.
또한, 문단 앞에 접속사가 존재한다면 해당 문단은 제일 앞에 있기보다는 다른 문단 뒤에 나올 내용임을 알 수 있다. 그러므로 해당 문단 앞에 올 문단을 찾아본 뒤 선지를 통해서 문항을 소거하도록 한다. 접속사를 적극적으로 활용해 풀이 시간을 줄이도록 하자.
예를 들면 제시문 중 문단 (가)에는 '한편'이라는 접속사가 존재한다. 이러한 접속사를 통해 앞의 내용이 (가)와는 다른 내용이 나옴을 추측할 수 있다.

(3) 대명사에 주의하자. 해당 문제에는 결정적 근거로 등장하지 않지만, 기본적으로 대명사는 앞에 이미 나온 것을 다시 한번 가리키는 것이므로 첫 문장에 이러한 대명사가 있다면 바로 앞 내용에 이에 대응하는 말이 분명히 있을 것이므로 이를 통해 순서 판단이 가능하다.

(4) 앞 문단의 후반부 내용과 연관성 정도를 통해 다음 문단을 판단할 수 있다. 제시문을 예로 들어 말하자면, (나)와 같이 앞 문단 후반부가 '태양광 발전 종류'에 관해 이야기했다면 다음 문단의 시작은 (라)와 같이 이와 밀접한 이야기로 시작할 가능성이 매우 크다.

(5) 사례에 주의하자. 보통 실생활 적용 사례, 해결 사례 등은 그 전에 설명이 있어야 나올 수 있다. 사례가 제시된 문단이 먼저 나오면 그 사례가 어떤 것에 관한 내용인지 설명해 줄 문단이 앞에 있을 가능성이 매우 크다. 본 문제에서도 (가)에서 태양광 발전 기술의 적용 사례가 제시되었고, 해당 문단 앞에 태양광 발전 기술을 설명하였다.

(6) 제시문의 내용을 확인하자. 레시피나 매뉴얼을 다루는 경우 논리적인 순서가 있을 수밖에 없다. 해당 문제는 개념 및 필요성, 종류, 적용 사례가 제시되고 있어 반드시 특정한 논리적 순서가 존재한다고 할 수는 없다. 다만 일반적인 글쓰기라면 개념 및 필요성–종류–적용 사례 순으로 작성될 것임을 알 수 있다. 제시문의 구조를 도식화하면 다음과 같다.

글의 구조

(다) 태양광 발전의 개념 및 필요성
(나) 태양광 발전의 종류
└─(라) 태양광 발전의 종류별 사용 용도
(가) 태양광 발전 기술의 적용 사례

Tip ❷ 선지의 적극적 활용 1

문단의 순서를 정하는 문제는 선지에서 이미 주어진 문단의 순서 중 타당한 것을 골라야 한다. 본 문제의 경우 그리 어렵지 않은 문제에 해당하지만, 난도가 높은 순서 결정 유형의 경우 선지에서 주어진 문단의 순서를 참고하는 것이 효과적이다.
예컨대 선지에서 첫 번째 순서로 나올 수 있는 문단으로 (다)와 (라)만을 제시하고 있는 경우 해당 두 문단만을 비교하여 빠르게 선지 소거가 가능하다. 또한, 해당 문제처럼 두 번째 순서조차 겹치지 않는 경우 두 개의 문단만 보고도 답을 빠르게 내릴 수 있으니, 뒤에 올 문단 판단이 끝날 때마다 선지로 내려가 보자. 답을 선택하고도 불안한 느낌이 든다면 **Tip ❶**에 있는 기준을 통해 선택한 정답 순서대로 빠르게 훑어서 맞는지 확인하자.

Tip ❸ 선지의 적극적 활용 2

첫 번째 순서로 올 수 있는 문단을 파악하기 어렵더라도, (나)는 태양광 발전의 종류를 제시하고 (라)는 각 종류의 사용 용도를 이야기하므로 (라)가 (나) 뒤에 와야 함을 알 수 있다. 본 문제는 (나)-(라) 순서에 어긋나는 선지만 지워도 답을 빠르게 찾을 수 있다. 이점을 참고하면 ③, ④, ⑤번이 바로 삭제된다.
이처럼 꼭 첫 문단부터 정답을 확인하면서 내려갈 필요 없이 문단 간 앞뒤 순서를 규정지을 수 있다면 관련 선지를 미리 소거하는 것도 좋은 방법이다.

Tip ❹ 문단의 완결성과 접속사의 이해

선지를 따라 순서를 정하다 보면 (다)는 태양광 발전의 의의와 사용 이유, (나)는 태양광 발전의 종류, (라)는 태양광 발전의 종류에 대한 설명을 제시하고 있어 문단이 완결된 느낌을 받는다. 이에 따라 (가)가 완성된 서술 구조인 (다)–(나)–(라) 사이에 있어야 하는 것 아닌가 하는 의문이 들 수 있다. 그러나 (가)를 보면 "한편"이라는 접속사로 태양광 발전에 대한 다른 적용 분야를 설명하고 있기 때문에 오히려 완결된 내용 뒤에 올 적합한 문장이라고 볼 수 있다.

02 정답 ④ 　　난이도 ●●○

문단배열 - 제시된 문단을 논리적 흐름에 따라 배열하는 문제

문제유형 비판적 사고 > 논리적 결론의 전제·원인 찾기

접근전략 문단 배열 순서의 문제는 주로 문단별 첫 문장과 마지막 문장을 결정적 근거로 삼아 풀 수 있다. 이때, 1) 첫 문단은 넓은 범위의 이야기에서 좁은 범위로 좁혀간다는 점 2) 접속사, 대명사를 유의해야 한다는 점 3) 앞 문단의 후반부 내용과 다음 문단의 첫 문장의 연관성 등을 이용해 각 순서를 판단할 수 있다. 또한, 다음에 올 문단을 선택할 때마다 선지로 돌아가 당장 정답을 선택할 수 있는지 확인하면 시간을 크게 단축할 수 있다.

다음 문단을 논리적 순서대로 알맞게 배열한 것을 고르시오.

(가) (1)전기차의 배터리가 충전되기까지의 과정은 복잡하다. (2)먼저, 충전기를 전원에 연결하고, 전원을 켜면 전류가 배터리로 흐르게 된다. (3)이때, 배터리 내부의 화학 반응을 통해 전기 에너지가 저장된다.

(나) (1)한편 전기차의 배터리는 사용되는 화합물에 따라 성능이 달라진다. (2)예를 들어, 리튬 코발트 산화물(LiCoO2)은 높은 에너지 밀도를 제공하지만, 안전성에서 다소 떨어질 수 있다. (3)반면, 리튬 철 인산염(LiFePO4)은 에너지 밀도는 낮지만, 안정성과 수명이 더 길다.

(다) (1)즉, 배터리 내부의 리튬 이온의 이동으로 에너지를 저장하는 것이다. (2)충전 시 리튬 이온이 음극에서 양극으로 이동하며, 방전 시에는 반대로 양극에서 음극으로 이동하면서 전류를 발생시킨다.

(라) (1)전기차의 배터리는 기본적으로 양극, 음극, 전해질로 구성되어 있다. (2)양극과 음극은 각각 리튬 이온을 저장하고 방출하는 역할을 하며, 전해질은 이온의 이동을 돕는다. (3)이러한 구조를 활용해 배터리는 전기 에너지를 충전하여 저장하고, 전기차에 공급할 수 있다.

① (가) – (다) – (라) – (나) ➜ (×)
② (가) – (라) – (다) – (나) ➜ (×)
③ (라) – (가) – (나) – (다) ➜ (×)
④ (라) – (가) – (다) – (나) ➜ (○)

(1) (가)~(라)의 중심 내용을 정리하면, (가)는 배터리의 충전 과정, (나)는 화합물에 따른 전기차 배터리의 특징, (다)는 배터리 충전 원리, (라)는 전기차 배터리의 기본 구조라고 볼 수 있다. (가)~(라)를 글의 흐름에 적절하게 배열하면 다음과 같다.

(2) (라)에서는 전기차 배터리의 기본 구조와 각 구조에 대한 개략적인 설명이 제시된다. 나머지 문단들은 전기차 배터리의 구체화 된 설명을 하고 있으므로 (라) 문단이 맨 앞으로 오는 것이 적절하다. (라)는 배터리에 대한 구조만 언급하고 끝나기 때문에 그다음에 올 문단의 단서를 찾기 어렵다. 남은 (가), (나), (다)의 첫 문장을 읽고 찾아봐야 한다.

(3) (가)에서 전기차 배터리 충전 과정을 언급한다. (나) 문단은 '한편', (다) 문단은 '즉'으로 시작하는데 그 첫 문장의 내용을 보면 (라)와 연결되긴 어렵다. 이때, 전기차 배터리 충전 과정에 대한 일반적인 내용을 보다 넓게 서술하고 있고, (라)에서 전기 에너지 저장을 위해 '충전'을 언급하고 있으므로 (가) 문단이 (라) 문단 뒤로 오는 것이 자연스럽다.

(4) (다)에서는 (가)에서 언급한 전기차 배터리 충전 과정에 대한 구체적인 원리가 제시되므로 (다) 문단이 (가) 문단 뒤에 와야 한다. (나)에선 화합물에 따라 성능이 달라지는 전기차 배터리의 또 다른 특징에 대해 언급한다. 앞선 세 문단의 내용과는 전기차 배터리라는 큰 틀은 같지만, 세부적인 내용에서 차이가 있으므로 마지막으로 오는 것이 적절하다. 따라서 (라) – (가) – (다) – (나) 순이 적절하다.

⑤ (라) – (다) – (가) – (나) ➜ (×)

제시문 분석

제시문 (라) – 전기차 배터리의 구조 및 기능

구조
전기차의 배터리는 기본적으로 양극, 음극, 전해질로 구성되어 있다.(1)

양극		음극		전해질
리튬 이온 저장(2)	+	리튬 이온 방출(2)	+	이온의 이동 도움(2)

➜ 기능: 이러한 구조를 활용해 배터리는 전기 에너지를 충전해 저장하고, 전기차에 공급할 수 있다.(3)

제시문 (가) – 전기차 배터리 충전 과정

과정
먼저, 충전기를 전원에 연결하고, 전원을 켜면 전류가 배터리로 흐르게 된다.(2) → 이때 배터리 내부의 화학 반응을 통해 전기 에너지가 저장된다.(3)

제시문 (다) – 전기차 배터리 충전 원리

과정
배터리 내부의 리튬 이온의 이동으로 에너지를 저장하는 것이다.(1)

충전 시	↔	방전 시
리튬 이온 음극에서 양극으로 이동(2)		리튬 이온 양극에서 음극으로 이동(2)

제시문 (나) – 화합물의 종류에 따라 달라지는 전기차 배터리의 특성

특성
한편 전기차의 배터리는 사용되는 화합물에 따라 성능이 달라진다.(1)

예시 1	예시 2
리튬 코발트 산화물(LiCoO2)은 높은 에너지 밀도를 제공하지만, 안전성에서 다소 떨어질 수 있다.(2)	리튬 철 인산염(LiFePO4)은 에너지 밀도는 낮지만 안정성과 수명이 더 길다.(3)

합격자의 실전 풀이 순서

❶ 발문 제대로 읽기 및 문제 유형 파악

본 문제의 유형은 문단 순서를 파악하는 유형이다. 문단의 순서를 알 수 있는 가장 결정적인 단서는 문단의 맨 첫 문장과 마지막 문장이다. 우선 각 문단의 첫 문장을 읽어보며 처음에 올 만한 문단을 찾아본다. 그리고 순서를 하나씩 확정할 때마다 선지로 내려가 정답이 있는지를 확인하면 좋다.

해당 유형은 선지를 활용하여 처음에 올 문단을 예상하는 방식으로 시간을 단축할 수도 있다. 이후의 순서를 정할 때도 선지에서 제시하고 있는 순서를 검토하여 이를 선지 판단에 참고할 수 있다.

❷ 제시문 독해 및 선지 판단

(1) 우선 각 문단의 첫 문장을 읽어보는데 (나)는 '한편', (다)는 '즉'이라는 접속사를 사용했으므로 첫 문단이 될 수 없다. 또한, 모든 선지가 (가)와 (라)로만 시작하므로 (가)나 (라)를 먼저 읽는다. 전기차 배터리의 충전 과정으로 시작하는 (가)와 전기차 배터리의 구조로 시작하는 (라)를 비교해 봤을 때, 보다 넓은 범위를 설명하는 (라)로 시작하는 것이 자연스럽다. 특히, (라)의 말미에서 '이러한 구조로 배터리는 "전기 에너지를 충전하여 저장하고, 전기차에 공급할 수 있다."'고 했으므로, 그 후에 충전에 관한 이야기가 나오는 것이 자연스럽다. 한편, (가)와 (다)가 합쳐서 배터리 충전이라는 하나의 내용을 완결되게 구성하고 있고 (라)가 (다) 뒤에 오는 것은 구체적인 서술 후 다시금 일반적인 서술로 돌아가는 부자연스러운 문단 구성이므로 (라)가 첫 문단이라고 판단할 수도 있다.

(2) 선지 구성에 따르면 (라) 뒤에 오는 문단은 (가)와 (다) 뿐이다. (다) 문단의 경우 '즉'으로 시작하면서 배터리 내부의 리튬 이온의 이동으로 에너지를 저장한다고 되어있다. 그렇다면 (다)의 앞에 배터리 내부의 이온에 관한 내용이 비슷하게라도 나와야 한다. (라)에서도 리튬 이온, 에너지 저장에 관한 내용이 나오기 때문에 (가) 문단이 없다면 (다) 문단이 (라) 문단 뒤에 나와도 큰 이질감은 없어 헷갈릴 수 있다. 그러나 (가)에서 배터리 충전에 관한 서술을 시작하며, (가)의 말미에서 배터리 내부의 화학 반응을 통해 전기 에너지가 저장된다고 단서를 제공해 주고 있다. 따라서 뒤이어 (다)와 같이 배터리 충전에 관한 자세한 설명이 들어가면 자연스럽다. (라) 다음에 (다)가 위치하면 (가)의 위치가 애매해지는 문제가 발생한다.

(3) (나)는 '한편'으로 시작해 앞 문단과 다른 내용을 제시할 것이라는 걸 유추할 수 있다. 배터리의 구조, 배터리 충전 과정에 대해 언급했던 다른 문단들과는 다르게 (나) 문단은 전기차 배터리의 또 다른 특성을 설명한다. (가)와 (다)를 통해 배터리의 충전 과정 및 원리를 이야기하고, 전기차 배터리의 또 다른 특성을 제시하는 (나)의 내용이 마지막으로 오는 것이 자연스럽다. 결론적으로, 정답의 순서는 (라) – (가) – (다) – (나)임을 알 수 있다.

합격자의 시간단축 Tip

Tip ❶ 문단 순서 판단 문제의 결정적 근거 확보

문단의 순서를 판단하는 문제는 우선 첫 문장과 마지막 문장이 주요 근거가 되며 이들 안에 순서를 판단할 수 있는 결정적 요소들이 몇 개 있다. 이들을 대표적으로 몇 개 나열하면 다음과 같다.

(1) 첫 문단은 일반적으로 '넓은 범위'의 이야기에서 시작해서 '좁은 범위'의 이야기로 좁혀간다. 이를 통해 첫 문단을 결정할 때 첫 문장의 내용이 비교적 넓은 범위를 가진 것을 선택하면 정답일 확률이 매우 높다.

(2) 접속사에 주의하자. 접속사는 앞 문장과 뒤 문장 사이에 들어가 이들의 연결을 매끄럽게 해주는 역할을 하므로 이들을 통해 앞과 뒤 문장에 어떤 내용이 들어갈지 잘 파악할 수 있다. 예를 들어, '그러나'라는 접속사가 있다면 앞의 내용을 뒤집어 주는 접속사이기 때문에 이 접속사 앞과 뒤의 문장은 정반대여야 함을 알 수 있다. 반면, 해당 문제에서 언급된

'즉'이라는 접속사는 앞과 뒤의 문장이 완전히 같은 내용이어야 함을 알려준다. 이처럼 접속사를 살펴보면 글의 구조를 빠르게 파악하기 좋으므로, 접속사를 적극적으로 활용하면 풀이 시간을 줄일 수 있다.

(3) 대명사에 주의하자. 해당 문제에는 결정적 근거로 등장하지 않지만, 기본적으로 대명사는 앞에 이미 나온 것을 다시 한번 가리키는 것이므로 첫 문장에 이러한 대명사가 있다면 바로 앞 내용에 이에 대응하는 말이 분명히 있을 것이므로 이를 통해 순서 판단이 가능하다.

(4) 앞 문단의 후반부 내용과 연관성 정도를 통해 다음 문단을 판단할 수 있다. 제시문을 예로 들어 말하자면, (나)와 같이 앞 문단 후반부가 '배터리 충전 과정'에 관해 이야기했다면 다음 문단의 시작은 (다)와 같이 이와 밀접한 이야기로 시작할 가능성이 매우 크다.

(5) 사례에 주의하자. 보통 실생활 적용 사례, 해결 사례 등은 그 전에 설명이 있어야 나올 수 있다. 사례가 제시된 문단이 먼저 나오면 그 사례가 어떤 것에 관한 내용인지 설명해 줄 문단이 앞에 있을 가능성이 매우 크다.

(6) 레시피나 매뉴얼을 다루는 경우 논리적인 순서가 있을 수밖에 없다. 해당 문제는 배터리의 구조, 충전 과정, 특성 등을 제시하고 있어 반드시 특정한 논리적 순서가 존재한다고 할 수는 없다.

Tip ❷ 선지의 적극적 활용 1

문단의 순서를 정하는 문제는 선지에서 이미 주어진 문단의 순서 중 타당한 것을 골라야 한다. 본 문제의 경우 그리 어렵지 않은 문제에 해당하지만, 난도가 높은 순서 결정 유형의 경우 선지에서 주어진 문단의 순서를 참고하는 것이 효과적이다. 예컨대 선지에서 첫 번째 순서로 나올 수 있는 문단으로 (가)와 (라)만을 제시하고 있는 경우 해당 두 문단만을 비교하여 빠르게 선지 소거가 가능하다. 혹은 다른 방법도 존재한다. 예를 들어 본 문제 선지의 구성을 보면 (라)-(가)로 시작하는 선지의 빈도가 제일 높다. 따라서 (라)-(가)를 먼저 읽어서 어색한 점은 없는지 확인하는 방식을 활용해도 좋다.

Tip ❸ 선지의 적극적 활용 2

첫 번째 순서로 올 수 있는 문단을 파악하기 어렵더라도, (가)의 마지막 문장은 '화학 반응'을 제시하고, '즉'으로 시작하는 (다)의 첫 문장은 화학 반응의 내용임을 알 수 있다. 따라서 (다)가 (가) 뒤에 바로 와야 함을 알 수 있다. 본 문제는 (가)-(다) 순서에 어긋나는 선지만 지워도 ①, ④만 남아서 답을 빠르게 골라낼 수 있다.

03 정답 ③

난이도 ●●○

문단배열 – 제시된 문단을 논리적 흐름에 따라 배열하는 문제

문제유형 비판적 사고 > 논리적 결론의 전제·원인 찾기

접근전략 문단 배열 순서의 문제는 주로 문단별 첫 문장과 마지막 문장을 결정적 근거로 삼아 풀 수 있다. 이때, 1) 첫 문단은 넓은 범위의 이야기에서 좁은 범위로 좁혀간다는 점 2) 접속사, 대명사를 유의해야 한다는 점 3) 앞 문단의 후반부 내용과 다음 문단의 첫 문장의 연관성 등을 이용해 각 순서를 판단할 수 있다. 또한, 다음에 올 문단을 선택할 때마다 선지로 돌아가 당장 정답을 선택할 수 있는지 확인하면 시간을 크게 단축할 수 있다.

다음 문단을 논리적 순서대로 알맞게 배열한 것을 고르시오.

(가) (1)이처럼 적절한 운동은 심폐기능 강화, 근육량 증가 등의 효과를 가지므로 장기적인 건강에 이롭다는 것이 학계의 정설이다. (2)그러나 과도한 운동은 근육 손상이나 피로 누적을 일으킬 수 있다. (3)이는 일시적인 현상으로, 적절한 휴식을 취하면 대체로 며칠 내에 회복되는 것으로 알려져 있다.

(나) (1)운동은 신체의 건강을 유지하고 증진하기 위해 중요한 활동이다. (2)이는 주로 달리기, 수영, 요가 등 다양한 형태로 나타나며, 규칙적인 운동은 심장 건강을 개선하고 체력을 증가시키는 데 도움이 된다.

(다) (1)반면에 무산소 운동은 짧고 강한 운동으로, 근육의 힘과 크기를 증가시키며 신진대사를 촉진하는 효과가 있다. (2)웨이트 리프팅이나 스프린트가 무산소 운동에 해당한다. (3)이와 같은 운동은 체력을 빠르게 향상시키고 근육량을 증가시키는 데 효과적이다.

(라) (1)운동은 크게 유산소 운동과 무산소 운동으로 분류되며, 운동 방법에 따른 특징이 다르다. (2)먼저, 유산소 운동은 긴 시간 동안 지속적으로 할 수 있는 운동으로, 심장과 폐의 기능을 강화하고 체중 감량에 효과적이다. (3)대표적인 예로는 달리기, 수영, 자전거 타기 등이 있다.

① (나) – (다) – (라) – (가) ➜ (×)
② (나) – (라) – (가) – (다) ➜ (×)
③ (나) – (라) – (다) – (가) ➜ (○)

PART 2 추리

(1) (가)~(라)의 중심 내용을 정리하면, (가)는 적절한 운동의 중요성과 효과, 과도한 운동의 부작용 및 해결 방안, (나)는 운동의 중요성, 형태 및 효과, (다)는 무산소 운동의 특징, (라)는 운동의 분류 및 유산소 운동의 특징이라고 볼 수 있다. (가)~(라)를 글의 흐름에 적절하게 배열하면 다음과 같다.

(2) (나)에서는 운동의 중요성, 예시 등을 소개한다. 나머지 문단들은 종류, 부작용 등 운동에 관한 세부적인 내용을 다루고 있으므로 (나) 문단이 글의 맨 앞에 오는 것이 적절하다.

(3) (라)에서 운동의 종류인 유산소, 무산소 운동에 대해 언급하며 유산소 운동의 특징을 설명한다. 유산소, 무산소 운동에 대한 설명을 시작하고 있으므로 (나) 뒤에 오는 게 자연스럽다. 그 후 무산소 운동을 언급하는 (다) 문단이 와야 한다.

(4) (가)에서는 앞 문단에서 언급한 내용을 정리하며, 운동할 때 주의할 점을 이야기한다. 보통 주의할 점, 부작용 등은 마지막에 나온다. 본 문제에서도 (가)가 마지막으로 오는 것이 자연스럽다.
따라서 (나) – (라) – (다) – (가) 순이 적절하다.

④ (라) – (나) – (가) – (다) ➜ (×)
⑤ (라) – (다) – (가) – (나) ➜ (×)

제시문 분석

제시문 (나) – 운동의 중요성, 형태 및 효과

중요성 및 효과
• 운동은 신체의 건강을 유지하고 증진하기 위해 중요한 활동이다.(1) • 규칙적인 운동은 심장 건강을 개선하고 체력을 증가시키는 데 도움이 된다.(2)

…

대표예시	달리기, 수영, 요가 등(2)

제시문 (라) – 운동의 종류, 유산소 운동의 특징

종류
운동은 크게 유산소 운동과 무산소 운동으로 분류되며, 운동 방법에 따른 특징이 다르다.(1)

유산소 운동
먼저, 유산소 운동은 긴 시간 동안 지속적으로 할 수 있는 운동으로, 심장과 폐의 기능을 강화하고 체중 감량에 효과적이다.(2) 대표적인 예로는 달리기, 수영, 자전거 타기 등이 있다.(3)

제시문 (다) – 무산소 운동의 특징

무산소 운동
무산소 운동은 짧고 강한 운동으로, 근육의 힘과 크기를 증가시키며 신진대사를 촉진하는 효과가 있다.(1) 웨이트 리프팅이나 스프린트가 무산소 운동에 해당한다.(2) 이와 같은 운동은 체력을 빠르게 향상시키고 근육량을 증가시키는 데 효과적이다.(3)

[제시문] (가) – 적절한 운동의 중요성, 과도한 운동의 부작용 및 해결 방안

적절한 운동	⬌	과도한 운동	➜	부작용 해결 방안
이처럼 적절한 운동은 심폐기능 강화, 근육량 증가 등의 효과를 가지므로 장기적인 건강에 이롭다는 것이 학계의 정설이다.(1)		과도한 운동은 근육 손상이나 피로 누적을 일으킬 수 있다.(2)		이는 일시적인 현상으로, 적절한 휴식을 취하면 대체로 며칠 내에 회복되는 것으로 알려져 있다.(3)

합격자의 실전 풀이 순서

❶ 발문 제대로 읽기 및 문제 유형 파악
본 유형은 문단의 순서를 정하는 문제 유형이다. 이때 문단의 순서를 알 수 있는 가장 결정적인 단서는 문단의 맨 첫 문장과 마지막 문장이다. 우선 각 문단 첫 문장을 읽어보며 처음에 올 만한 문단을 찾아본다. 그리고 순서를 하나씩 확정할 때마다 선지로 내려가 정답이 있는지를 확인하면 좋다.
해당 유형은 선지를 활용하여 처음에 올 문단을 예상하는 방식으로 시간을 단축할 수도 있다. 이후의 순서를 정할 때도 선지에서 제시하고 있는 순서를 검토하여 이를 선지 판단에 참고할 수 있다.

❷ 제시문 독해 및 선지 판단
(1) 우선 각 문단의 첫 문장을 읽어보자. (가)와 (다) 문단은 각각 '이처럼', '반면에'라는 표현으로 시작하므로 첫 문단은 될 수 없다. 이를 통해 (나) 또는 (라)가 첫 문단이 될 수 있다고 판단할 수 있다. 또한, 선지 구성을 살펴봤을 때 (나) 또는 (라)로만 시작하므로, 선지를 살펴보는 방법을 통해서도 (나) 또는 (라)가 첫 문단이라는 걸 알 수 있다.
(2) (나)와 (라)를 살펴봤을 때, (나)는 운동이라는 것 자체의 전체적인 특징에 관해 설명하는 것과 달리, (라)는 운동의 세부적인 종류를 언급하고 있다. 보통 넓은 범위에서 좁은 범위로 좁혀가 말하고자 하는 바를 제시하는 것이 일반적이다. 이에 '운동'이라는 더 넓은 범위의 이야기에서 '운동의

종류'라는 좁은 범위로 글을 전개할 것이라 예상할 수 있다.

(3) 선지 구성을 살펴보면 (나) 다음에 (다) 또는 (라)가 온다. (다)는 무산소 운동에 대한 설명, (라) 문단은 유산소, 무산소 운동을 언급하고 유산소 운동에 관해 설명한다. 따라서 (라) 문단이 (다) 문단보다는 앞에 나와야 함을 알 수 있다. 그뿐만 아니라 (다) 문단의 초입에 '반면에'라는 접속사를 통해 (다) 문단 앞에는 무산소 운동과 대비되는 내용이 먼저 제시되어야 함을 알 수 있다. 따라서 (라) 문단이 (나) 문단 뒤에 오는 것이 자연스럽다.

(4) 유산소 운동에 설명이 나왔으니 무산소 운동에 대한 설명이 나오는 것이 일반적일 것이다. 혹시 불안하면 (가)를 한 번 살펴보면 된다. (가) 문단에서는 적절한 유산소 운동과 무산소 운동의 효과에 관해 제시하고 있다. 따라서 (다) 문단이 세 번째로 와야 한다.

(5) 마지막으로, (나), (라), (다)를 통해 운동의 중요성과 종류에 관해 이야기하고 부작용 및 해결 방안을 제시하는 (가)의 내용이 마지막에 와야 한다. 결론적으로, 정답의 순서는 (나)－(라)－(다)－(가)임을 알 수 있다.

합격자의 시간단축 Tip

Tip ❶ 문단 순서 판단하는 문제의 접근법

문단의 순서를 판단하는 문제는 우선 첫 문장과 마지막 문장이 주요 근거가 되며 이들 안에 순서를 판단할 수 있는 결정적 요소들이 몇 개 있다. 이들을 대표적으로 몇 개 나열하면 다음과 같다.

(1) 첫 문단은 일반적으로 '넓은 범위'의 이야기에서 시작해서 '좁은 범위'의 이야기로 좁혀간다. 예를 들어, 제시문에서는 '운동의 중요성'으로 시작해서 상대적으로 좁은 범위인 '운동의 종류'로 좁혀감을 알 수 있다. 이를 통해 첫 문단을 결정할 때 첫 문장의 내용이 비교적 넓은 범위를 가진 것을 선택하면 정답일 확률이 매우 높다.

(2) 접속사에 주의하자. 접속사는 앞 문장과 뒤 문장 사이에 들어가 이들의 연결을 매끄럽게 해주는 역할을 하므로 이들을 통해 앞과 뒤 문장에 어떤 내용이 들어갈지 잘 파악할 수 있다. 예를 들어, '그러나'라는 접속사가 있다면 앞의 내용을 뒤집어 주는 접속사이기 때문에 이 접속사 앞과 뒤의 문장은 정반대여야 함을 알 수 있다. 접속사를 살펴보면 글의 구조를 빠르게 파악할 수 있으므로, 접속사를 적극적으로 활용하면 풀이 시간을 줄일 수 있다.
본 문제에서도 (다)의 '반면에'라는 접속사가 존재하는데 이는 (다) 앞에 (다)와 반대되는 내용이 존재한다는 것을 추측할 수 있다.

(3) 대명사에 주의하자. 해당 문제에는 결정적 근거로 등장하지 않지만, 기본적으로 대명사는 앞에 이미 나온 것을 다시 한번 가리키는 것이므로 첫 문장에 이러한 대명사가 있다면 바로 앞 내용에 이에 대응하는 말이 분명히 있을 것이므로 이를 통해 순서 판단이 가능하다.
본 문제에서도 (가)에서 '이처럼'이 존재하는데 이를 통해 (가) 앞에 어떤 운동들이 칭해졌음을 추측할 수 있다.

(4) 앞 문단의 후반부 내용과 연관성 정도를 통해 다음 문단을 판단할 수 있다. 제시문을 예로 들어 말하자면, (라)와 같이 앞 문단이 '운동의 종류'를 제시하고 그중 하나의 종류에 관해 이야기했다면 (다)와 같이 다음 문단은 이와 밀접한 이야기, 즉 나머지 종류로 시작할 가능성이 매우 크다.

(5) 사례에 주의하자. 보통 실생활 적용 사례, 해결 사례 등은 그 전에 설명이 있어야 나올 수 있다. 사례가 제시된 문단이 먼저 나오면 그 사례가 어떤 것에 관한 내용인지 설명해 줄 문단이 앞에 있을 가능성이 매우 크다.

(6) 레시피나 매뉴얼을 다루는 경우 논리적인 순서가 있을 수밖에 없다. 해당 문제는 중요성, 종류, 부작용 및 해결 방안이 제시되고 있어 반드시 특정한 논리적 순서가 존재한다고 할 수는 없다. 다만 일반적인 글쓰기라면 중요성－종류－부작용 및 해결 방안 순으로 작성될 것임을 알 수 있다. 제시문의 구조를 도식화하면 다음과 같다.

글의 구조
(나) 운동의 중요성, 형태
(라) 운동의 종류: 유산소 ＋ (다) 무산소
(가) 과도한 운동의 부작용 및 해결 방안

Tip ❷ 선지의 적극적 활용 1

문단의 순서를 정하는 문제는 선지에서 이미 주어진 문단의 순서 중 타당한 것을 골라야 한다. 본 문제의 경우 그리 어렵지 않은 문제에 해당하지만, 난도가 높은 순서 결정 유형의 경우 선지에서 주어진 문단의 순서를 참고하는 것이 효과적이다.
예컨대 선지에서 첫 번째 순서로 나올 수 있는 문단으로 (나)와 (라)만을 제시하고 있는 경우 해당 두 문단만을 비교하여 빠르게 선지 소거가 가능하다. 또한, 뒤에 올 문단 판단이 끝날 때마다 선지로 내려가 보자. 혹시, 답을 선택하고도 불안한 느낌이 든다면 **Tip ❶**에 있는 기준을 통해 선택한 정답 순서대로 빠르게 훑어서 맞는지 확인하자. 혹은 본 문제 선지의 구성을 보면 (나)-(라)로 시작하는 선지가 2개, (라)-(나)로 시작하는 선지가 1개이다. 따라서 (나)와 (라)의 관계를 중점적으로 보는 것도 좋다.

Tip ❸ 선지의 적극적 활용 2

첫 번째 순서로 올 수 있는 문단을 파악하기 어렵더라도, (라)는 분류와 더불어 '유산소 운동'을, (다)는 '무산소 운동'을 제시하고 있어 (다)가 (라) 뒤에 바로 와야 함을 알 수 있다. 본 문제는 (라)-(다) 순서에 위배되는 선지만 지워도 ③, ⑤만 남아서 답을 빠르게 골라낼 수 있다.

04 정답 ④ 난이도 ●●●

문단배열 - 제시된 문단을 논리적 흐름에 따라 배열하는 문제

문제유형 비판적 사고 > 논리적 결론의 전제·원인 찾기

접근전략 문단 배열 순서의 문제는 주로 문단별 첫 문장과 마지막 문장을 결정적 근거로 삼아 풀 수 있다. 이때, 1) 첫 문단은 넓은 범위의 이야기에서 좁은 범위로 좁혀간다는 점 2) 접속사, 대명사를 유의해야 한다는 점 3) 앞 문단의 후반부 내용과 다음 문단의 첫 문장의 연관성 등을 이용해 각 순서를 판단할 수 있다. 또한, 다음에 올 문단을 선택할 때마다 선지로 돌아가 당장 정답을 선택할 수 있는지 확인하면 시간을 크게 단축할 수 있다.

다음 문단을 논리적 순서대로 알맞게 배열한 것을 고르시오.

(가) (1)한편, 전자책을 사용한다고 해서 눈의 피로가 심해질 것을 걱정할 수 있지만, 전자책 리더기는 눈부심을 최소화하도록 설계되어 있다. (2)전자책 리더기는 종이책의 느낌을 살리면서도 화면의 밝기를 조절할 수 있어 다양한 환경에서 독서가 가능하다. (3)또한, 폰트 크기를 조절할 수 있어 시력이 좋지 않은 사람들에게도 유용하다는 장점이 있다.

(나) (1)이러한 문제를 해결하기 위해 최근에는 다양한 전자책 리더기가 출시되고 있다. (2)종이책은 나무를 원료로 한 종이와 인쇄 잉크를 사용하여 제작되며, 생산 과정에서 많은 자원과 에너지를 소비한다. (3)이와 달리 전자책은 디지털 파일 형식으로 제작되어 이러한 자원 소비를 최소화할 수 있다.

(다) (1)즉, 전자책 리더기는 디지털 파일 형식을 활용해 수천 권의 책을 하나의 기기에 저장할 수 있어 공간 절약과 휴대성이 뛰어나 독서량이 많은 사람들에게 특히 유용하다. (2)전자 잉크 기술을 사용하여 종이책과 유사한 독서 경험을 제공할 수 있기 때문이다.

(라) (1)최근 종이책의 생산과 유통에서 발생하는 환경 문제와 비용 상승 문제 등이 이슈가 되고 있다. (2)특히 종이책은 생산 과정에서 많은 나무를 사용하고, 유통 과정에서의 물류비용이 많이 들어 환경과 경제에 부담을 줄 수 있다.

① (가) – (나) – (다) – (라) ➜ (×)
② (가) – (라) – (나) – (다) ➜ (×)
③ (라) – (나) – (가) – (다) ➜ (×)
④ (라) – (나) – (다) – (가) ➜ (○)

(1) (가)~(라)의 중심 내용을 정리하면, (가)는 전자책에 대한 우려와 해결 방안 및 장점, (나)는 대안으로 등장한 전자책 리더기 및 종이책과의 비교, (다)는 전자책 리더기의 특징, (라)는 최근 불거진 종이책의 문제라고 볼 수 있다. (가)~(라)를 글의 흐름에 적절하게 배열하면 다음과 같다.

(2) (라)에서는 종이책의 환경 문제와 비용 상승 문제 등을 제기한다. (나)에서는 해당 문제를 해결하기 위해 출시된 전자책 리더기를 소개하며, 종이책과는 다른 전자책의 특징을 설명하고 있다. 따라서 (라) 문단이 처음, (나) 문단이 그다음으로 오는 것이 적절하다.

(3) (다)는 '즉'으로 시작하며 전자책의 장점을 제시한다. (가) 문단에선 전자책 리더기에 대한 우려와 이에 대한 해결책, 추가적인 장점을 소개한다.
우려와 해결책, 구체적인 사례들은 나중에 나오는 것이 일반적이다. 또한 (나) 문단에서 제시된 전자책 리더기를 일차적으로 설명해 주는 것이 필요하므로 (다) 문단이 (나) 문단 다음으로 오는 것이 적절하다. 따라서 (라) – (나) – (다) – (가) 순서가 정답이다.

⑤ (라) – (다) – (나) – (가) ➜ (×)

제시문 분석

제시문 (라) – 최근 불거진 종이책의 문제

문제
최근 종이책의 생산과 유통에서 발생하는 환경 문제와 비용 상승 문제 등이 이슈가 되고 있다.(1) 특히 종이책은 생산 과정에서 많은 나무를 사용하고, 유통 과정에서의 물류비용이 많이 들어 환경과 경제에 부담을 줄 수 있다.(2)

제시문 (나)–종이책에 대한 대안으로 등장한 전자책

종이책		전자책
나무를 원료로 한 종이와 인쇄 잉크를 사용하여 제작되며, 생산 과정에서 많은 자원과 에너지를 소비한다.(2)	⬌	디지털 파일 형식으로 제작되어 이러한 자원 소비를 최소화할 수 있다.(3)

제시문 (다)–전자책 리더기의 특징

특징
즉, 전자책 리더기는 디지털 파일 형식을 활용해 수천 권의 책을 하나의 기기에 저장할 수 있어 공간 절약과 휴대성이 뛰어나 독서량이 많은 사람들에게 특히 유용하다.(1) 전자 잉크 기술을 사용하여 종이책과 유사한 독서 경험을 제공할 수 있기 때문이다.(2)

[제시문] (가)–전자책에 대한 우려와 해결 방안 및 장점

우려		해결 방안
한편, 전자책을 사용한다고 해서 눈의 피로가 심해질 것을 걱정할 수 있지만,(1)	➜	전자책 리더기는 눈부심을 최소화하도록 설계되어 있다.(1)

장점
전자책 리더기는 종이책의 느낌을 살리면서도 화면의 밝기를 조절할 수 있어 다양한 환경에서 독서가 가능하다.(2) 또한, 폰트 크기를 조절할 수 있어 시력이 좋지 않은 사람들에게도 유용하다는 장점이 있다.(3)

합격자의 실전 풀이 순서

❶ 발문 제대로 읽기 및 문제 유형 파악

본 문제의 유형은 문단의 순서를 정하는 유형의 문제이다. 문단의 순서를 알 수 있는 가장 결정적인 단서는 문단의 맨 첫 문장과 마지막 문장이다. 우선 각 문단 첫 문장을 읽어보며 처음에 올 만한 문단을 찾아본다. 그리고 순서를 하나씩 확정할 때마다 선지로 내려가 정답이 있는지를 확인하면 좋다.

해당 유형은 선지를 활용하여 처음에 올 문단을 예상하는 방식으로 시간을 단축할 수도 있다. 이후의 순서를 정할 때도 선지에서 제시하고 있는 순서를 검토하여 이를 선지 판단에 참고할 수 있다.

❷ 제시문 독해 및 선지 판단

(1) 우선 각 문단의 첫 문장을 보면 (나)는 '이러한', (가)는 '한편', (다)는 '즉'을 사용하는 것을 확인할 수 있다. 이와 같은 접속사들은 앞의 문단을 보충하는 역할을 하므로 처음으로 오지 않는다. 또한, 선지를 봐도 (가)로 시작하는 선지가 두 개, (라)는 세 개이므로 (가) 또는 (라)를 제일 먼저 읽는다. 둘 중 '최근'으로 시작하는 (라)를 먼저 읽어보는 것이 좋다. 보통 최근 일어나는 현상에 관해 설명하는 내용이 도입부가 되는 경우가 많기 때문이다. (라)를 읽으면 최근 불거진 종이책에 대한 문제를 해결하는 방안에 대한 글이 전개될 것을 유추할 수 있다. 반면, (가)의 경우는 전자책에 대한 우려, 해결 방안, 장점이 제시되어 있는데 첫 문단으로 오기엔 설득력이 떨어진다.

(2) (라) 문단이 처음으로 결정된 후 선지로 다시 가보면, (나) 또는 (다)가 그다음으로 온다는 것을 알 수 있다. 두 문단의 첫 문장을 읽어본다. (나) 문단의 경우 이러한 문제를 해결하기 위해 전자책 리더기가 등장했다고 하고, (다) 문단은 전자책 리더기에 대한 설명을 보충한다. (라) 문단엔 전자책 리더기 관련 내용이 전혀 없으므로 (나) 문단이 (라) 문단 다음으로 오는 것이 적절하다.

(3) 그다음 문단을 골라야 하는데, (가)의 경우 전자책에 대한 더 자세한 설명을 하지만, (다)의 경우 비교적 넓은 범위에서 설명하고 있다. 보통 넓은 범위에서 좁은 범위로 가는 것이 일반적이다. 또한, (나) 문단에서 전자책 리더기가 처음 등장했고, (다) 문단은 '즉'이라는 표현을 사용하며 전자책 리더기의 유용성을 제시하므로 (다)가 (나)의 다음에 오는 것이 자연스럽다. (가)는 '한편'으로 시작하며 전자책 리더기에 가질 수 있는 우려를 해결하고 있으므로 (다) – (가)의 순서가 적절하다. 결론적으로, 정답의 순서는 (라) – (나) – (다) – (가)이다.

합격자의 시간단축 Tip

Tip ❶ 문단 순서 판단 유형의 접근법

문단의 순서를 판단하는 문제는 우선 첫 문장과 마지막 문장이 주요 근거가 되며 이들 안에 순서를 판단할 수 있는 결정적 요소들이 몇 개 있다. 이들을 대표적으로 몇 개 나열하면 다음과 같다.

(1) 첫 문단은 일반적으로 '넓은 범위'의 이야기에서 시작해서 '좁은 범위'의 이야기로 좁혀간다. '넓은 범위'란 특정 소재에 대한 문제 및 최근 이슈 제기,

소재에 대한 통상적이고 일반적인 이야기 등을 말하며, '좁은 범위'란 소재의 종류, 장단점 등 좀 더 세부적인 내용을 말한다. 이를 통해 첫 문단을 결정할 때 첫 문장의 내용이 비교적 넓은 범위를 가진 것을 선택하면 정답일 확률이 매우 높다.

(2) 접속사에 주의하자. 접속사는 앞 문장과 뒤 문장 사이에 들어가 이들의 연결을 매끄럽게 해주는 역할을 하므로 이들을 통해 앞과 뒤 문장에 어떤 내용이 들어갈지 잘 파악할 수 있다. 예를 들어, '그러나'라는 접속사가 있다면 앞의 내용을 뒤집어 주는 접속사이기 때문에 이 접속사 앞과 뒤의 문장은 정반대여야 함을 알 수 있다. 접속사를 살펴보면 글의 구조를 빠르게 파악할 수 있으므로, 접속사를 적극적으로 활용하면 풀이 시간을 줄일 수 있다.
예를 들어 문제에서는 (가)에 '한편'이라는 접속사가 존재한다. 이에 (가) 앞의 내용에서 해당 내용과 반대되는 내용이 나올 것임을 추측할 수 있다.

(3) 대명사에 주의하자. 기본적으로 대명사는 앞에 이미 나온 것을 다시 한번 가리키는 것이므로 첫 문장에 이러한 대명사가 있다면 바로 앞 내용에 이에 대응하는 말이 분명히 있을 것이므로 이를 통해 순서 판단이 가능하다.
해당 문제에서는 (나)에서 '이것'이나 다름없는 '이러한 문제'가 제시되고 있다. 따라서 바로 앞에서 어떠한 문제들이 제시되었을 것이고, 이는 (라)의 내용임을 알 수 있다.

(4) 앞 문단의 후반부 내용과 연관성 정도를 통해 다음 문단을 판단할 수 있다. 제시문을 예로 들어 말하자면, (라)와 같이 앞 문단 후반부가 '종이책의 문제점'에 관해 이야기했다면 다음 문단의 시작은 (나)에 제시된 '해결 수단으로서의 전자책 리더기'와 같이 이와 밀접한 이야기로 시작할 가능성이 매우 크다.

(5) 사례에 주의하자. 보통 실생활 적용 사례, 해결 사례 등은 그 전에 설명이 있어야 나올 수 있다. 사례가 제시된 문단이 먼저 나오면 그 사례가 어떤 것에 관한 내용인지 설명해 줄 문단이 앞에 있을 가능성이 매우 크다.

(6) 레시피나 매뉴얼을 다루는 경우 논리적인 순서가 있을 수밖에 없다. 해당 문제는 종이책의 문제, 대안으로서 전자책, 전자책 리더기의 특징, 전자책에 대한 우려 및 해결 방안이 제시되고 있어 반드시 특정한 논리적 순서가 존재한다고 할 수는 없다. 다만 일반적인 글쓰기라면 종이책의 문제-대안으로서 전자책-전자책 리더기의 정의-전자책에 대한 우려 및 해결 방안 순으로 작성될 것임을 알 수 있다. 제시문의 구조를 도식화하면 다음과 같다.

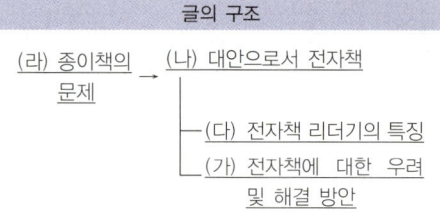

글의 구조

(라) 종이책의 문제 → (나) 대안으로서 전자책
- (다) 전자책 리더기의 특징
- (가) 전자책에 대한 우려 및 해결 방안

Tip ❷ 선지의 적극적 활용

문단의 순서를 정하는 문제는 선지에서 이미 주어진 문단의 순서 중 타당한 것을 골라야 한다. 본 문제의 경우 그리 어렵지 않은 문제에 해당하지만, 난도가 높은 순서 결정 유형의 경우 선지에서 주어진 문단의 순서를 참고하는 것이 효과적이다. 예컨대 선지에서 첫 번째 순서로 나올 수 있는 문단으로 (가)와 (라)만을 제시하고 있는 경우 해당 두 문단만을 비교하여 빠르게 선지 소거가 가능하다. 또한, 뒤에 올 문단 판단이 끝날 때마다 선지로 내려가 보자. 혹시, 답을 선택하고도 불안한 느낌이 든다면 **Tip ❶**에 있는 기준을 통해 선택한 정답 순서대로 빠르게 훑어서 맞는지 확인하자.

정답	유형 ⑤ 논리추론								
01	③	02	⑤	03	⑤	04	⑤		

01 정답 ❸ 난이도 ●●○

논리추론 - 논리적 판단 문제

문제유형 사실적 이해 > 정보 확인

접근전략 첫 문단이 짧으므로 을 유심히 읽어 글의 소재를 파악한 뒤, 글을 읽어 내려가며 첫 문단과 연결되는 지점에 강세를 두어 비교 지점이나 특징에 체크를 하고 선지를 풀기 시작한다.
조직의 구성은 머릿속에 체계화된 마인드맵을 그리는 능력을 테스트하는 유형으로 NCS의 다양한 영역에 응용될 수 있다. 국가기관의 경우 종류가 다양하여 범위와 특징, 그리고 관계를 중심으로 지문을 읽는 것이 중요하다. 이때, 글 자체의 정보량이 많을 수 있으므로 무작정 특징들을 외우면서 글을 읽어 내려가기보다는, 다시 찾을 수 있게 표기를 하며 글을 통독해나가는 것을 추천한다.
국가기관처럼 고유명사가 많은 지문의 경우 첫 문단에 앞으로 설명해야 할 기관의 범위를 정해주거나 간단히 기관의 구성을 설명해주는 경우가 많다. 기본 지식이 부족하더라도 문제를 푸는 데 지장이 없으므로 두려워하지 말자.

다음 글의 내용과 부합하지 않는 것은?

(1)우리나라 헌법상 정부는 대통령과 행정부로 구성된다. (2)행정부에는 국무총리, 행정각부, 감사원 등이 있으며, 이들은 모두 대통령 소속 하에 있다. (3)이외에도 행정부에는 국무회의와 각종 대통령 자문기관들이 있다. ▶1문단

(1)우리나라 국무회의는 정부의 중요 정책에 대한 최고 심의기관으로, 그 설치를 헌법에서 규정하고 있다. (2)미국 대통령제의 각료회의는 헌법에 규정이 없는 편의상의 기구라는 점에서, 영국 의원내각제의 내각은 의결기관이라는 점에서 우리나라의 국무회의는 이들과 법적 성격이 다르다. ▶2문단

(1)대통령이 국무회의 심의 결과에 구속되지 않는다는 점에서 국무회의는 자문기관과 큰 차이가 없다. (2)그러나 일반 대통령 자문기관들은 대통령이 임의적으로 요청하는 사항에 응하여 자문을 개진하는 것과 달리 국무회의는 심의 사항이 헌법에 명시되어 있으며 해당 심의는 필수적이라는 점에서 단순한 자문기관도 아니다. ▶3문단

(1)행정각부의 장은 대통령, 국무총리와 함께 국무회의를 구성하는 국무위원임과 동시에 대통령이 결정한 정책을 집행하는 행정관청이다. (2)그러나 행정각부의 장이 국무위원으로서 갖는 지위와 행정관청으로서 갖는 지위는 구별된다. (3)국무위원으로서 행정각부의 장은 대통령, 국무총리와 법적으로 동등한 지위를 갖지만, 행정관청으로서 행정각부의 장은 대통령은 물론 상급행정관청인 국무총리의 지휘와 감독에 따라야 한다. ▶4문단

① 감사원은 대통령 소속 하에 있는 기관이다.
→ (○) 행정부에는 국무총리, 행정각부, 감사원 등이 있으며, 이들은 모두 대통령 소속 하에 있다.[1문단(2)] 따라서 감사원은 대통령 소속 하에 있는 기관이다.

② 국무회의는 의결기관도 단순 자문기관도 아닌 심의기관이다.
→ (○) 우리나라 국무회의는 정부의 정책에 대한 최고 심의기관으로[2문단(1)] 의결기관인 영국 내각과 법적 성격이 다르다.[2문단(2)] 또한, 국무회의는 심의사항이 헌법에 명시되어 있으며 해당 심의는 필수적이라는 점에서 단순한 자문기관도 아니다.[3문단(2)]

③ 국무회의 심의 결과는 대통령을 구속한다는 점에서 국가의사를 표시한다.
→ (×) 대통령은 국무회의 심의 결과에 구속되지 않으므로[3문단(1)], 해당 선지는 제시문의 내용과 부합하지 않는다.

④ 우리나라 헌법은 국무회의에서 반드시 심의하여야 할 사항을 규정하고 있다.
→ (○) 국무회의는 심의사항이 헌법에 명시되어 있으며 해당 심의는 필수적이다.[3문단(2)] 따라서 우리나라 헌법은 국무회의에서 반드시 심의하여야 할 사항을 규정하고 있음을 알 수 있다.

⑤ 국무총리와 행정각부의 장은 국무회의 심의 석상에서는 국무위원으로서 법적으로 동등한 지위를 갖는다.
→ (○) 국무위원으로서 행정각부의 장은 대통령, 국무총리와 법적으로 동등한 지위를 갖는다.[4문단(3)]

제시문 분석

1문단 우리나라 정부의 구성

우리나라 정부의 구성
우리나라 헌법상 정부는 대통령과 행정부로 구성된다.(1)

→ 행정부	행정부에는 국무총리, 행정각부 감사원 등이 있으며, 이들은 모두 대통령 소속 하에 있다.(2)
	국무회의와 각종 대통령 자문기관들이 있다.(3)

2문단 우리나라 국무회의의 특징 ①

우리나라 국무회의의 특징 ①	
우리나라 국무회의는 정부의 중요 정책에 대한 최고 심의기관으로, 그 설치를 헌법에서 규정하고 있다.(1)	
미국 각료회의 간 차이점	영국의 내각 간 차이점
미국 대통령제의 각료회의는 헌법에 규정이 없는 편의상의 기구이다.(2)	영국 의원내각제의 내각은 의결기관이다.(2)

3문단 우리나라 국무회의의 특징 ②

	〈국무회의〉	〈일반 자문기관〉
공통점	대통령이 심의 결과에 구속되지 않는다.(1)	
차이점	심의 사항이 헌법에 명시되어 있으며 해당 심의는 필수적이라는 점에서 단순한 자문기관이 아니다.(2)	대통령이 임의적으로 요청하는 사항에 응하여 자문을 개진한다.(2)

4문단 행정각부의 장이 갖는 지위

행정각부의 장이 갖는 지위	
국무위원으로서 갖는 지위	행정관청으로서 갖는 지위
행정각부의 장은 대통령, 국무총리와 함께 국무회의를 구성하는 국무위원이다.(1)	동시에 대통령이 결정한 정책을 집행하는 행정관청이다.(1)
국무위원으로서 행정각부의 장은 대통령, 국무총리와 법적으로 동등한 지위를 갖는다.(3)	행정관청으로서 행정각부의 장은 대통령은 물론 상급행정관청인 국무총리의 지휘와 감독에 따라야 한다.(3)

합격자의 실전 풀이 순서

❶ **첫 문단을 꼼꼼히 읽는다.**
글을 읽으며 주요 키워드를 체크하고 핵심 소재를 예측한다. 1문단의 경우 정부는 대통령과 행정부로 구성되어 있다고 나왔고 행정부에 대한 설명이 있는 것으로 보아 앞으로의 전개는 대통령, 행정부에 관한 것임을 추측할 수 있다. 또한 '우리나라'라는 단어를 통해서 외국과의 비교가 등장할 것을 추측할 수 있다.

❷ **지문을 통독하며 앞서 추측했던 비교 지점과 특징에 표시를 한다.**
글을 빠르게 통독하되 특징이 되는 키워드에는 동그라미나 밑줄을 치며 읽어내려간다. 가령 2문단의 경우 '국무회의', '최고 심의기관'에 동그라미를 치고, 미국과 영국에 대한 비교가 나오므로 미국, 영국에도 동그라미를 치며 읽어내려간다.
이때 유의해야 할 점은 정독이 아니라 통독이라는 점이다. 각 문단의 메인 소재를 파악해 메모만 하듯이 체크하면서 내려가는 것이 우선이며, 그 과정에서 두드러지게 나타나는 특징을 쉽게 찾을 수 있도록 표기하는 것이 핵심이다.

❸ **발문의 주요 함정을 확인한 뒤 선지 확인에 들어선다.**
글의 내용과 부합하지 '않는 것은' 이므로 이를 체크하고 선지를 스캔하기 시작한다. 선지의 판단 요소는 특정 문단에 몰려 있지 않고 글 전반에 걸쳐 고르게 분포해 있으므로 만약 찾은 선지가 있다면 지문 내에 번호를 표기해두는 것도 좋은 방법이다.

① 감사원은 대통령 소속 하에 있는 기관이다.
1문단 내용을 파악했다면 바로 1문단으로 시선을 이동할 수 있었을 것이다. 감사원이라는 키워드 자체가 2, 3, 4문단에서는 보이지 않았음을 확인하여 풀 수도 있다.

② 국무회의는 의결기관도 단순 자문기관도 아닌 심의기관이다.
(1) 국무회의가 의결기관, 단순 자문기관이 아닌지
(2) 국무회의가 심의기관 인지를 살펴봐야 한다.
우선 본 글의 내용을 통독했다면, 글의 전반적인 내용이 비교로 이루어져 있음을 알 수 있다. 그러므로 비교 내용이 있는 문단을 중심으로 시선 처리를 하면 답을 금방 찾을 수 있다. 이때, 의결기관이 아니었는지를 헷갈린다면, "어느 나라"가 의결기관이었는지를 중심으로 검토해보면 더 기억하기 쉬울 것이다.

③ 국무회의 심의 결과는 대통령을 구속한다는 점에서 국가의사를 표시한다.
국무회의 심의 결과가 대통령을 구속하는지의 여부를 확인하면 된다. 표시해 놓은 특징 중심으로 시선을 돌리면 바로 정답 여부를 확인할 수 있다.

④ 우리나라 헌법은 국무회의에서 반드시 심의하여야 할 사항을 규정하고 있다.
선지 그대로의 내용을 지문에서 찾으면 된다. '반드시', '필수적으로'와 같은 용어가 나온다면 오답이 나올 확률이 높으므로 이러한 용어들을 중심으로 정오 여부를 찾아주면 된다.

⑤ 국무총리와 행정각부의 장은 국무회의 심의 석상에서는 국무위원으로서 법적으로 동등한 지위를 갖는다.
국무총리와 행정각부의 장이 국무회의 안에서 법적으로 동등한 지위를 갖는지를 검토한다. 통독을 하였다면 법적 지위에 관한 내용은 마지막 문단에 나온다는 것을 확인할 수 있으므로 다른 문단에 시선을 두지 않고 바로 4문단으로 내려간다.

합격자의 시간단축 Tip

Tip ❶ 내용을 외우려고 하지 말 것

문단의 전체적인 소재를 파악하고, 각 문단의 핵심 주제를 파악하고자 하는 통독의 형식으로 글을 읽어야 한다. 물론 오지선다는 세부적인 내용에서 나오지만, 그렇다고 해서 모든 정보를 일일이 기억해서 내려가게 되면 오히려 시간이 더 오래 걸리는 역효과가 발생할 수 있다. 긴장한 상황에서 모든 정보를 기억하고 내려가기는 어려우며, 세부적인 정보에 집중했다가는 전체적인 내용 파악이 어려워지기 때문이다. 예컨대 미국의 '각료회의'라는 단어는 암기사항이 아니다.
따라서 글을 읽을 때는 세부 내용을 기억하려고 애쓰는 것이 아니라, 전체를 조망하는 방식으로 글을 읽어 내려가는 것이 좋다.

Tip ❷ 너무 많은 표시를 하지 말 것

앞서 풀이순서와 **Tip ❶**에서, 통독을 하되, 특징이나 비교 같은 내용에 동그라미나 밑줄 등으로 표기를 하며 읽어내려가야 한다고 언급한 바 있다. 하지만 이를 이유로 너무 많은 표기를 한다면, 오히려 정답 찾기에 방해가 될 수 있다. 그러므로 최대한 그 문단의 핵심 주요 소재나 단어에 동그라미나 밑줄을 치도록 한다.
즉, 핵심과 동떨어진 곳에서 함정이 출제되고 그에 걸맞는 노트를 만들어야 하는 암기식 시험과 달리 독해시험은 핵심 주제로부터 선지를 추론하는 것이 중요하다. 필기도 그에 걸맞게 바꾸어야 하는 것이다.
예를 들어, 2문단의 경우 첫 줄에서 우리나라 국무회의의 법적 성격을 설명하고 있다. 이때 첫 줄에서는 '최고 심의기관'에 표시를 할 것이고, 미국과 영국의 법적 성격이 제시되고 있으므로 '미국'과 '영국'에만 표기를 한다. 국무회의의 법적 성격과 더불어 다른 나라와 비교하고 있음만 인지하면 된다. 오지선다에서 법적 성격과 관련한 용어 중 '심의기관'이 아닌 다른 단어가 나온다면 바로 미국과 영국 뒷 문장을 확인해보면 되기 때문이다.

Tip ❸ 문단별로 핵심 소재가 무엇인지 정리할 것

필기노트가 아닌 독해 지문에선 짧은 문단에 많은 정보를 넣을 수 없다. 따라서 문단 길이가 짧으면 문단의 주제는 하나로 압축될 수밖에 없다. 문단별 핵심 주제를 파악 후 정리했다면 각 선지별로 안 봐도 되는 문단을 쉽게 소거할 수 있을 것이다.

02 정답 ⑤ 난이도 ●●○

논리추론 – 논리적 판단 문제

문제유형 사실적 이해 > 정보 확인

접근전략 글의 내용과 부합하는 것을 묻는 문제는 지문을 먼저 보는 것을 추천한다. 정답을 제외한 나머지가 글의 내용과 부합하지 않거나 글에서 알 수 없는 내용이므로 지문을 편하게 읽거나 정답을 찾는데 큰 도움이 되지 않을 수 있다. 지문을 읽은 후 내용을 상기하며 선지를 보는 것을 추천한다. 다만, 후술되는 방법 2와 같이 선지를 먼저 읽고 문제를 풀이하는 것도 시간단축 및 정확도 향상에 도움이 될 수 있으므로 본인에게 편한 방법을 통해 접근하여야 한다.

다음 글의 내용과 부합하는 것은?

(1)최근 반도체 제조 공정에서 고해상도 회로 패턴을 형성하기 위해 식각 공정(Etching Process)의 정밀도가 중요해지고 있다. (2)식각 공정은 웨이퍼 표면의 특정 부분을 선택적으로 제거하여 원하는 패턴을 형성하는 과정이다. (3)이때 웨이퍼 표면의 패턴 밀도가 높을수록 식각 공정의 정밀도가 더욱 요구되며, 불균일한 식각은 회로 성능 저하와 연결될 수 있다. (4)식각 공정에서 사용되는 식각제의 농도와 식각 시간이 중요한 역할을 하며, 식각제 농도가 높을수록 더 깊은 식각이 가능하지만, 과도하게 높은 농도는 패턴의 경계를 불규칙하게 만들 가능성이 있다. (5)또한, 적절한 식각 속도를 유지하지 않으면 회로의 일부가 과도하게 손상될 위험이 있다. (6)식각 공정 중에는 식각 깊이와 측면 손상이 최소화되도록 보호막(Layer Masking)을 적용하여 패턴의 형태가 유지되도록 해야 한다. (7)보호막의 밀도가 높을수록 패턴 경계가 더 선명하게 유지될 수 있지만, 밀도가 높아지면 보호막 제거 시 시간이 더 많이 소요된다. (8)특히, 높은 정밀도를 요하는 공정일수록 보호막의 균일한 두께가 중요하다. (9)또한, 식각 공정에서 발생

하는 침식 현상은 공정 조건에 따라 달라지며, 불필요한 침식을 방지하기 위해 적절한 선택비를 갖춘 식각제를 사용하는 것이 중요하다.

① (×) 식각제 농도가 낮을수록 식각 깊이가 깊어진다.
→ '식각제 농도가 높을수록 더 깊은 식각이 가능하지만[(4)]'에서 식각제 농도가 낮을수록 식각 깊이가 깊어진다는 내용이 옳지 않다는 것을 알 수 있다. 틀린 선지다.

② (×) 웨이퍼 표면의 패턴 밀도가 낮을수록 식각 공정의 정밀도가 더욱 요구된다.
→ '웨이퍼 표면의 패턴 밀도가 높을수록 식각 공정의 정밀도가 더욱 요구되며,[(3)]'에서 웨이퍼 표면의 패턴 밀도가 높을수록 식각 공정의 정밀도가 더욱 요구됨을 알 수 있다. 틀린 선지다.

③ (×) 식각 속도가 높을수록 식각 깊이가 줄어든다.
→ '적절한 식각 속도를 유지하지 않으면 회로의 일부가 과도하게 손상될 위험이 있다.[(5)]'에서 식각 속도와 회로 손상 간 연관이 있음을 알 수 있다. 또한, '식각 깊이와 측면 손상이 최소화되도록 보호막(Layer Masking)을 적용하여 패턴의 형태가 유지되도록 해야 한다.[(6)]'를 통해 식각 깊이와 패턴 형태 유지 간 연관이 있음을 알 수 있다. 그러나 지문에서 식각 속도와 식각 깊이와의 관계를 나타내는 내용을 찾아볼 수 없다. 따라서 틀린 선지다.

④ (×) 보호막 밀도가 낮을수록 패턴 경계가 선명해진다.
→ '보호막의 밀도가 높을수록 패턴 경계가 더 선명하게 유지될 수 있지만,[(7)]'에서 보호막 밀도가 높을수록 패턴 경계가 선명해짐을 알 수 있다. 틀린 선지다.

⑤ (○) 보호막 밀도가 높아지면 보호막 제거에 시간이 더 소요될 수 있다.
→ '보호막의 밀도가 높을수록 패턴 경계가 더 선명하게 유지될 수 있지만, 밀도가 높아지면 보호막 제거 시 시간이 더 많이 소요된다.[(7)]'에서 알 수 있는 내용이다. 옳은 선지다.

합격자의 실전 풀이 순서

[방법 1]

❶ 지문부터 읽는다.
'글의 내용과 부합하지 않는 것은?', '글에서 알 수 없는 것은?' 문제와 달리 '글의 내용과 부합하는 것'을 묻는 문제는 선지가 아닌 지문부터 읽는 것이 효과적이다. 접근 전략에서 설명했듯이 정답을 제외한 선지가 지문과 반대되는 내용으로 출제될 수 있으나 지문 내용과 아예 관련 없는 내용으로 출제될 수도 있기 때문이다.
선지부터 읽고 발췌독할 경우 지문 내용과 반대되는 선지는 지문에서 빠르게 찾아 소거할 수 있다. 그러나 지문과 관련 없는 선지의 경우 지문에서 찾을 수 없어 시간을 낭비하게 되고, 지문에서 찾을 수 없는 내용이라고 판단하고 넘어간다 하더라도 혹시나 지문에 없는 내용이 아니라 내가 못 찾은 것은 아닐지 불안함을 가지게 된다. 따라서 해당 유형의 문제는 지문부터 읽는 것이 효과적이다.

❷ 지문 내용에 집중해 답을 고른다.
지문을 다 읽고 선지를 본다. 선지에 내가 읽은 지문과 관계없는 문장이 나올 확률이 있음을 인지하고 방금 읽었던 지문의 내용에 집중하며 정답을 고른다. 이때 오답 선지를 걸러내는 것 보다 정답인 선지를 고르겠다는 생각으로 선지를 확인하는 것이 좋다. 지문을 읽었던 기억이 남아있어 가장 뚜렷한 기억의 선지가 정답일 가능성이 높기 때문이다.

[방법 2]

❶ 발문을 읽고 선지를 빠르게 살펴본다.
발문을 읽고 선지를 먼저 살펴보는 방법도 있다. 선지를 먼저 보는 경우에는 정답 도출에 있어서 필요한 정보를 파악할 수 있다. 본 문항의 경우에는 모든 선지가 전과 후건으로 구성된 명제의 형태임을 알 수 있다, 따라서, 독해 과정에서 식각제의 농도에 따른 변화, 식각 속도에 따른 변화 등 특정 요소의 변화에 따른 결과를 우선적으로 파악하는 것을 독해의 목적으로 설정한다.

❷ 지문을 독해하고 답을 고른다.
선지를 먼저 살펴보는 경우라 할지라도 발췌독을 하는 것은 문항 설계에 따라 문제 풀이 시간의 편차가 크며 오답의 가능성이 클 수 있다. 따라서 앞서 선지를 살펴본 후 문제 해결을 위해 필요한 정보를 우선적으로 파악하는 것을 목적으로 통독한다.

합격자의 시간단축 Tip

Tip ❶ 내용을 외우지 않는다.
문단의 전체적인 소재를 파악하고, 각 문단의 핵심 주제를 파악하고자 하는 통독의 형식으로 글을 읽어야 한다. 물론 선택지는 세부적인 내용을 묻지만, 그렇다고 해서 모든 정보를 일일이 기억하며 내려간다면 오히려 시간이 더 오래 걸리는 역효과가 발생할 수 있다. 긴장한 상황에서 모든 정보를 기억하고 내려가기는 어려우며, 세부적인 정보에 집중했다가는 전체적인 내용 파악이 어려워지기 때문이다. 따라서 글을 읽을 때는 세부 내용을 기억하려고 애쓰는 것이 아니라, 전체를 조망하는 방식으로 글을 읽어 내려가는 것이 좋다.

Tip ❷ 너무 많은 표시를 하지 않는다.

통독을 하되, 특징이나 비교 같은 주요 내용에 동그라미와 밑줄 등으로 표기를 하며 읽어 내려가는 것이 일반적이다. 하지만 너무 많은 표기를 한다면 오히려 정답 찾기에 방해가 될 수 있다. 그러므로 최대한 그 문단의 핵심 주요 소재나 단어에만 표시를 하도록 한다.

Tip ❸ 글을 구조화한다.

지문을 읽고 내려와서 선지를 본 후 바로 답을 구하면 좋으나, 선지를 본 후 다시 지문으로 올라가서 읽어야 하는 경우가 상당히 많다. 이를 대비해 처음에 지문을 읽을 때 글을 구조화하면서 읽는 것이 좋다. 구조화하면서 글을 읽었을 경우 선지의 정오를 어느 부분을 통해 확인할지 판단이 빨라지기 때문이다.

해당 문제 역시 처음에 지문을 읽을 때 식각 공정 소개 – 식각 공정의 세부 특징의 구조로 글이 진행된다는 것을 간단하게 파악하면서 읽으면 선지를 보고 다시 지문을 볼 때 도움이 된다.

Tip ❹ 선지의 구성을 파악하고 목적에 맞는 독해를 한다.

본 문항의 모든 선지는 전건의 특정개념의 변화에 따라 달라지는 결과에 대한 정오 판별을 요구한다. 선지의 정오 판별 유형은 전건의 특정개념의 변화와 후건의 결과 부합하는 경우, 부합하지 않는 경우, 무관한 경우로 나눌 수 있다. 선지 ①을 예를 들어보면, 식각제 농도가 낮을수록 식각의 깊이가 깊어지는 경우, 깊어지지 않는 경우, 식각제 농도의 변화와 식각 깊이가 제시되지 않은 경우가 있을 수 있다. 식각제 농도와 관련된 내용이 지문에서 제시될 때에는 최우선적으로 식각제 농도의 변화에 따라 나타나는 특정 결과가 무엇인지를 우선적으로 파악하여야 한다는 것이다. 다른 선지도 마찬가지로 해결할 수 있다.

03 정답 ⑤ 난이도 ●○○

논리추론 – 주장에 대한 반박 문제

문제유형 비판적 사고 > 지문에서 추론하기

접근전략 제시문의 구조가 주장과 근거로 되어있다는 사실을 염두에 두고 지문에서 주장과 근거를 각각 정리하며 읽자. 논증이란 것은 톱니바퀴 기계와도 같아서 하나가 어긋나면 전체가 어그러지는 특징이 있다. 따라서 제시문의 흐름에 번호를 매겨 어디를 선지가 반박하고 있는지 대입해보는 것이 필요하다. 또한, 주장을 반박하는 것이 아니라면 전제와 결론을 연결하는 숨겨진 논리를 간과했는지 확인할 필요가 있다.

다음 글의 주장에 대한 반박으로 가장 적절한 것은?

> (1)인공지능(AI)은 의료 분야에서 인간의 삶의 질을 크게 향상시킬 수 있는 혁신적인 기술로 주목받고 있다. (2)AI는 방대한 의료 데이터를 분석하여 의사들이 놓칠 수 있는 세부적인 패턴을 발견하고, 이를 바탕으로 정확한 진단과 예측을 제공할 수 있다. (3)예를 들어, AI는 환자의 의료 기록, 유전자 정보, 생활습관 데이터를 종합적으로 분석하여 질병을 조기에 발견하고, 환자에게 최적화된 맞춤형 치료 계획을 세우는 데 도움을 준다. (4)특히 암과 같은 질병의 경우, AI는 영상 데이터를 분석해 초기 종양을 빠르게 찾아내어 생존율을 높이는 데 기여하고 있다. (5)또한, AI 기반의 예측 모델은 질병이 어떻게 진행될지 예측함으로써 예방적 치료가 가능하게 하여 의료비 절감에도 효과적이다. (6)이러한 AI 기술의 발전은 의료 현장에서의 효율성을 크게 높여주고 있으며, 의료진이 반복적이고 시간이 많이 소요되는 작업에서 벗어나 보다 고차원적인 진료와 연구에 집중할 수 있게 한다. (7)AI의 보조를 통해 더 많은 환자에게 양질의 의료 서비스를 제공할 수 있게 되어 의료 접근성도 향상되고 있다. (8)결과적으로, AI는 의료 시스템 전반에 걸쳐 혁신을 가져오고 있으며, 이러한 발전은 앞으로도 확대되어야 한다.

① (×) AI 기술을 의료 현장에 적용하기 위해서는 상당한 비용이 소요되며, 모든 병원에서 도입하기 어렵다.

→ 글의 주장에 대해 반박하려면 주장의 전제나 결론, 둘을 연결하는 논리를 반박하는 내용을 제시해야 한다. 지문에서는 AI 기술을 현장에 도입하는 데 비용이 적게 든다거나 모든 병원에서 도입이 가능하다는 주장을 하지 않았다. 또한, 'AI 기반의 예측 모델은 질병이 어떻게 진행될지 예측함으로써 예방적 치료가 가능하게 하여 의료비 절감에도 효과적이다.[(5)]'에서 AI 기술이 의료비 절감에 효과적이라고 했으나, 이것이 현장 도입 시에 비용이 적게 든다는 내용과 동일하다고는 보기 어렵다. 또한 제시문의 주장인 'AI는 의료 시스템 전반에 걸쳐 혁신을 가져오고 있으며, 이러한 발전은 앞으로도 확대되어야 한다.'[(8)]에 대한 반박이라 할 수 없다. 즉, 해당 선지는 글이 주장하고 있는 전제나 결론을 직접적으로 반박하고 있지 않으므로 옳지 않은 선지다.

② (×) AI 기술 데이터의 편향으로 인해 모든 환자에게 동일한 효과를 보장할 수는 없다.

→ 지문에서는 AI로 모든 환자에게 동일한 효과를 보장할 수 있다는 주장을 한 내용이 없다. 따라서 해당 선지는 글이 주장하고 있는 전제나 결론을 직접적으로 반박하고 있지 않으므로 옳지 않은 선지다.

PART 2 추리

③ (×) AI의 진단은 정확하지만, 예외적인 케이스에서는 의사의 판단이 여전히 필수적이다.

➜ 지문에서는 AI의 도입으로 의사의 판단이 필수적이지 않다는 주장을 한 내용이 없다. 따라서 해당 선지는 글이 주장하고 있는 전제나 결론을 직접적으로 반박하고 있지 않으므로 옳지 않은 선지다.

④ (×) 일부 환자들은 AI의 기계적 진단에 불안감을 느낄 수 있다.

➜ 지문에서는 환자들이 AI의 진단에 대해 불안감을 느끼는지에 대한 내용 자체가 제시되지 않았다. 제시문의 주장에 대한 반박은 AI는 의료 시스템 혁신에 기여한 바가 없거나, 의료 분야 AI의 발전이 문제됨을 지적하는 내용이 되어야 한다. 따라서 단순히 AI가 의료영역에서 활용되는 것의 부작용을 설명하는 것은 제시문의 주장에 대한 반박이라 할 수 없다.

⑤ (○) 의료분야에서 AI 기술의 무분별한 확산은 개인의 생체 정보 침해와 같은 윤리적 문제를 일으킬 수 있다는 점을 간과하고 있다.

➜ '결과적으로, AI는 의료 시스템 전반에 걸쳐 혁신을 가져오고 있으며, 이러한 발전은 앞으로도 확대되어야 한다.[(8)]'에서 화자는 AI의 발전이 확대되어야 한다고 주장한다. 이러한 주장은 확대 과정에서 윤리적 문제가 발생할 수 있다는 가능성을 간과하고 있으므로 해당 선지는 지문의 주장의 결론을 반박하고 있다. 따라서 옳은 선지다.

합격자의 실전 풀이 순서

❶ 문제 구조 파악하기

본 문제는 발문만으로 구조를 파악할 수 있다. 지문의 논증을 정확히 파악한 뒤, 선지에서 그에 대한 적절하지 않은 반박을 찾는 문제임을 알 수 있다.

본 문제에서는 논증에 대한 반박으로 여러 유형이 존재할 수 있다. 크게 (ⅰ) 전제에 대한 반박, (ⅱ) 전제에서 결론을 이끌어 내는 논리에 대한 반박, (ⅲ) 결론에 대한 반박으로 나뉜다. 따라서 선지를 볼 때도 해당 선지가 전제와 결론 중 어느 쪽을 반박하고 있는지 주의해야 한다.

❷ 지문부터 읽기

다음 글의 주장에 대한 반박으로 가장 적절한 것을 물었다. 그렇다면 지문에 주장이 반드시 있다. 주장의 논리를 뒷받침하기 위한 전제 역시 있다. 지문을 읽으며 글쓴이의 주장은 무엇인지, 해당 주장을 하기 위한 논리적 재료인 전제는 무엇인지를 파악하며 글의 구조를 파악해야 한다. 정답이 아닌 선지는 글의 전제나 주장과는 무관한 다른 내용으로 혼란을 주기 때문에 먼저 읽어봐야 큰 도움이 되지 않는다.

합격자의 시간단축 Tip

Tip ❶ 글의 주장이 무엇인지 찾는다.

본 문제는 글의 주장이 무엇인지 정확히 파악하는 것이 우선이다. 글의 주장은 보통 글의 도입부 또는 마지막 부분에 위치하는 것이 일반적이나, 그렇지 않은 지문들도 많다. 따라서 이런 방식으로(즉, 첫 문장 또는 마지막 문장만 읽고 답을 고르는 등) 무작정 글의 주장을 찾는 것은 추천하지 않는다. 필자가 추천하는 방법은 서술어를 확인하는 방법이다. 글의 주장은 대개 '~하여야 한다.', '~이길 바란다.', '~가 필요하다' 등의 서술어를 갖고 있다. 그러므로 글을 읽으면서 이와 같은 서술어를 가진 문장을 주의 깊게 살펴본다. 해당 지문의 경우 마지막 문장의 서술어가 '~확대되어야 한다.'로, 이는 글의 핵심 주장에 해당한다. 따라서 '확대'와 관련된 선지가 있는지 먼저 확인해보면, 선지 ⑤가 이에 해당한다. 이렇게 했다면 선지 ⑤만 판단 후 정답을 고를 수 있다.

04 정답 ⑤ 난이도 ●●○

논리추론 – 〈보기〉에 대한 추론을 하는 문제

문제유형 논리적 비판 > 논증의 타당성

접근전략 제시문의 정보를 통해 〈편지〉를 반박할 수 있는 진술을 고르는 논지 파악 문제이다. 제시문의 내용을 이해하는 것도 중요하지만, 해당 문제는 〈편지〉에서 주장하는 내용을 파악하는 것 또한 관건이다. 〈편지〉에 포함된 주장과 관련이 없는 진술 역시 오답임에 주의한다. 실수 없이 빠르게 정답을 고르기 위해 제시문 독해 시 주요 논지에 표시해두는 것을 추천한다.

다음 글을 토대로 〈편지〉에 포함된 주장들을 논박하는 진술로 적절한 것은?

(1)윤리학에서 말하는 '의무 이상의 행동'이란 도덕이 요구하는 범위를 넘어 특별히 선한 행위를 하는 것을 말한다. (2)예를 들어 누군가를 구하기 위해 자신의 목숨을 걸고 폭풍우 치는 바다에 뛰어드는 것은 도덕이 요구하는 것 이상의 행동이다. (3)의무 이상의 행동은, 행하면 당연히 칭찬을 받지만 하지 않아도 도덕적으로 비난을 받지는 않는다. (4)그에 비해 의무적으로 해야 하는 일은 도덕이 요구하는 범위 내에 있는 행동으로서, 이를 행하는 경우에는 칭찬을 받을 수도 있고 그렇지 않을 수도 있지만, 만약 하지 않는다면 도덕적으로 비난을 받는다. (5)가령 연못에 빠진 아이를 어렵지 않게 구할 수 있을 때는 누구라도 마땅히 구해야 하며 만약 그 아이를 보고도 구하지 않는다면

도덕적으로 비난받을 일이 된다. (6)의무적으로 해야 하는 일과 의무 이상의 행동 사이에 차이가 있다는 것은 분명하다.

편지

김희생 일병의 유가족께
(7)우리 군 당국은 십여 명의 동료들을 구하기 위해 수류탄을 덮쳐 자신의 목숨을 잃은 김희생 일병에게 훈장을 추서하지 않기로 결정했습니다. (8)과거에는 그런 행위에 훈장을 내리기도 했으나, 본 위원회는 그런 행위를 군인의 임무에 대한 예외적 헌신을 요구하는 행위로 간주하는 것이 잘못된 판단이라는 결론을 내렸습니다. (9)모든 군인은 언제나 부대 전체의 이익을 위해 행동할 의무가 있습니다. (10)따라서 군 당국이 김희생 일병에게 훈장을 수여하는 것은 김희생 일병의 행동을 의무를 넘어선 행동으로 판정하는 것에 해당하며, 결과적으로는 병사들에게 경우에 따라선 부대 전체의 이익을 위해 행동하지 않아도 된다고 암시하는 것과 같게 됩니다. (11)이것은 명백히 잘못된 암시입니다.

군 포상심의위원회 위원장 김원칙 대령

① 의무적으로 해야 하는 행동에 대한 칭찬은 반드시 필요하다.

➜ (×) 의무적으로 해야 하는 행동은 도덕이 요구하는 범위 내의 일이다(4). 제시문에 따르면 이를 행하는 경우에는 칭찬을 받을 수도, 받지 않을 수도 있지만 하지 않는다면 도덕적으로 비난을 받는다고 설명한다(4). 해당 선지의 내용은 제시문의 주장과 어긋나며 '의무 이상의 행동'의 설명에 더 적합하다.

② 희생 병사와 그 가족에게 보상을 해 주는 것은 의무 이상의 행동이다.

➜ (×) 해당 선지는 '김 일병의 유족에게 보상을 해 주는 행위' 자체가 의무적이냐를 묻고 있다. 그런데 제시문에서는 '김 일병의 행위' 자체가 의무적으로 해야 할 행동이라고 하고 있다는 점과 훈장 수여 여부가 제시되어 있을 뿐(9), (10) 유족에 대한 보상에 대해서는 제시되어 있지 않다. 따라서 해당 선지가 제시문을 논박한다고 볼 수 없다.

③ 군의 일관적인 작전 수행을 위해서 병사는 의무의 도덕적 범위에 대한 관행에서 벗어나선 안 된다.

➜ (×) 편지에서는 '김희생 일병의 행동은 의무적으로 해야 하는 일'이라고 주장하고 있다(9),(10). 또한, 선지에서는 의무의 도덕적 범위에서 벗어나면 안 된다고 한다. 이는 의무적으로 행해야 하는 일이 도덕이 요구하는 범위 내에 있다고 하는 제시문의 내용으로 보아(4), 병사는 '의무적으로 해야 하는 일'을 해야 한다는 것으로 볼 수 있다. 따라서 편지의 주장을 논박하는 진술로 적절하지 않다.

④ 부대 전체의 이익을 위해 자신의 모든 것을 헌신하지 않는 병사는 누구라도 도덕적으로 비난받아야 한다.

➜ (×) 해당 선지는 '부대 전체의 이익을 위해 자신의 모든 것을 헌신 하는 것'을 하지 않으면 도덕적 비난을 받아야 한다고 하며, 제시문에 따르면 이를 '의무적으로 해야 하는 일'로 판단하고 있다(4). 즉, 모든 군인은 언제나 부대 전체의 이익을 위해 행동할 의무가 있다는 것을 전제로 하고 있으므로(9), 이는 편지와 같은 주장임을 알 수 있다.

⑤ 김 일병의 행동과 동일한 행동을 할 수 있었지만 하지 않았던 동료들 중 그 누구도 도덕적으로 비난받지 않았다.

➜ (○) 편지의 주장대로면 김희생 일병의 '수류탄을 자신의 몸을 덮쳐 동료들을 구한 행동'은 의무적으로 해야 하는 일이다. 제시문에 따르면 의무적으로 해야 하는 일을 행하지 않는다면 도덕적으로 비난받아야 한다(4). 그런데 같은 자리에 있던 동료들은 김희생 일병과 같은 행동을 할 수 있음에도 하지 않았다. 하지만 그들은 비난받지 않았고 그렇다면 김희생 일병의 행동은 의무적으로 해야 하는 일이 아니게 된다. 따라서 해당 선지의 내용을 통해 편지의 주장을 논박할 수 있으며 김희생 일병의 행동을 의무 이상의 행동이라고 주장할 수 있다(3).

제시문 분석

제시문 의무 이상의 행동 vs 의무적으로 해야 하는 일

	의무 이상의 행동	의무적으로 해야 하는 일
뜻	도덕이 요구하는 범위를 넘어 특별히 선한 행위를 하는 것(1)	도덕이 요구하는 범위 내에 있는 행동(4)
행하는 경우	행하면 당연히 칭찬을 받는다(3)	이를 행하는 경우에는 칭찬을 받을 수도 있고 그렇지 않을 수도 있다(4)
행하지 않는 경우	하지 않아도 도덕적으로 비난을 받지는 않는다(3)	만약 하지 않는다면 도덕적으로 비난을 받는다(4)

➜ **결론** 의무적으로 해야 하는 일과 의무 이상의 행동 사이에 차이가 있다는 것은 분명하다.(6)

[편지]

훈장을 수여하는 근거		훈장을 수여하지 않는 근거
따라서 군 당국이 김희생 일병에게 훈장을 수여하는 것은 김희생 일병의 행동을 의무를 넘어선 행동으로 판정하는 것에 해당한다.(10)	⇔	모든 군인은 언제나 부대 전체의 이익을 위해 행동할 의무가 있습니다.(9)
→ 의무 이상의 행동		→ 의무적으로 해야 하는 일

→

결론
우리 군 당국은 십여 명의 동료들을 구하기 위해 수류탄을 덮쳐 자신의 목숨을 잃은 김희생 일병에게 훈장을 추서하지 않기로 결정했습니다.(1)
→ 김희생 일병의 행동은 의무적으로 해야 하는 행동이다.

합격자의 실전 풀이 순서

❶ 발문 확인 및 문제 유형 판단하기

발문을 확인한 결과, 글을 토대로 〈편지〉의 주장을 논박하는 진술을 찾는 논리 추론문제이다. 먼저 제시문의 주장을 파악하고, 이를 기준으로 편지의 주장을 찾아야 하며, 편지의 주장을 논박하는 진술을 선지에서 찾아야 한다. 제시문 독해 시에는 제시문의 어떠한 내용이 편지를 논박하기 위해 활용될 것인지를 예상하며 읽는다. 다양한 정보확인유형을 풀며 선지에서 주로 어떠한 내용을 묻는지 익혀두었다면, 제시문의 출제 부분 예상은 어렵지 않다. 따라서 본 문제는 제시문을 먼저 독해한 후 〈편지〉를 읽으며 모순되는 내용을 찾는 것이 좋다.

❷ 제시문 독해하기

제시문에서는 의무 이상의 행동과 의무적으로 해야 하는 일의 개념 및 그 불이행이 도덕적 비난의 대상인지를 설명한다. '의무 이상의 행동'은 하면 칭찬을 받지만 하지 않아도 도덕적으로 비난받지 않는다. 반면 '의무적으로 해야 하는 일'은 칭찬의 대상은 될 수도, 되지 않을 수도 있지만 하지 않을 때 도덕적 비난을 받는다. 제시문은 이 점을 들어 이들 간 명백한 차이가 있음을 언급하고 있다. 이처럼 서로 대조되는 대상이 나오면 1, 2와 같은 번호나 ○, △과 같은 기호를 활용하여 두 대상을 시각적으로 구분하는 것이 좋다. 또한, 제시문에서 두 개 이상의 대상이 나올 경우, 이들을 구분하는 것을 물을 확률이 높음을 고려해야 한다. 즉, 본 문제에서는 '의무 이상의 행동'과 '의무적으로 해야 하는 일'의 구분을 물을 것이라 예상할 수 있다. 더 나아가 해당 글을 토대로 〈편지〉를 논박한다면 '의무 이상의 행동'과 '의무적으로 해야 하는 일'을 제대로 구분하지 못한 점을 비판할 것을 추측할 수 있다. 〈편지〉는 동료들을 구하기 위해 희생한 군인에게 훈장을 수여하게 된다면 '의무적으로 해야 하는 일'인 부대의 이익을 위한 행동이 '의무 이상의 행동'으로 간주된다고 주장한다. 이러한 이유로 훈장을 수여하지 않겠다는 의사를 밝히고 있다. 이러한 〈편지〉의 내용을 제시문의 내용을 기반으로 비판한다면 '의무 이상의 행동'과 '의무적으로 해야 하는 일'을 제대로 구분하지 못했음을 지적할 수 있다. 제시문에서 의무 이상의 행동에 대한 특징을 통해 〈편지〉의 내용을 반박할 수 있다. 선지를 읽으며 적절한 비판을 찾는다.

❸ 선지 판단하기

제시문을 독해하며 표시해둔 문장을 참고하여 〈편지〉의 내용을 논박하는 진술을 고른다.

이때, 진술은 제시문의 내용과 관련이 있으면서 〈편지〉의 내용과 대립하는 것이다. 해당 문제의 경우, 선지는 김 일병의 행동이 의무적으로 해야 하는 일이 아님을 뒷받침하는 진술이 될 것이다. 다시 말해 지문의 글과 상관없거나 〈편지〉에 포함된 주장을 지지하는 내용일 경우 오답이다.

선지 ①번의 경우 〈편지〉의 주장과 관련이 없기 때문에 논박할 수 없다.

마찬가지로 ②번은 보상 여부로 '의무 이상의 행위'인지를 판단하고 있으나, 〈편지〉는 보상이 아닌 훈장 추서를 여부로 판단하고 있어 무관하다.

③번은 의무 이상의 행동을 하면 안 된다는 내용이므로 〈편지〉의 주장과 무관하기에 오답이다.

④번의 경우 〈편지〉에 포함된 내용과 의미가 동일하므로 〈편지〉를 논박할 수 없다.

⑤번은 김 일병 외에 현장에 있었던 군인들이 도덕적으로 비난받지 않았음을 지적하며, 김 일병의 행위가 의무 이상의 행동임을 뒷받침한다. 따라서 김 일병의 행위를 의무적으로 해야 하는 일로 간주하여 훈장을 추서하지 않겠다는 〈편지〉를 적절하게 비판하고 있다.

합격자의 시간단축 Tip

Tip ❶ 지문의 주요 논지에 표시한다.

제시문의 내용을 토대로 〈편지〉를 비판할 수 있는 진술을 고르는 것이 문제이다. 그러므로 제시문과 〈편지〉 각각에 대해 주장하는 바가 무엇인지 파악하는 것이 중요하다. 이때, 지문에서 글쓴이의 논지가 명확하게 드러난 부분이나 문장이 있다면 표시해둔다. 해당 문제의 경우 제시문이 비판의 기준이 되어 의무 이상의 행동(3문) 및 의무적으로 해야 하는 일(4문)의 차이점을 밝히고 있다. 제시문을 읽으며 해당 문장에 표시해뒀다면 〈편지〉의 내용과 제시문이 상충하는 부분을 빠르게 파악할 수 있다.

Tip ❷ 차이점의 기준에 주목한다.

제시문은 두 개념을 제시하며 그 특징으로 '칭찬'과 '도덕적 비난'을 제시한다. 이때 칭찬을 받는 것만으로는 두 개념을 구분할 수 없지만 도덕적 비난 여부로는 구분이 가능하다. 차이점의 기준이 '도덕적 비난 여부'인 것이다. 이 점을 생각하며 〈편지〉를 읽으면 〈편지〉에 '의무를 넘어선 행동'이 언급되면서 도덕적 비난 여부가 등장하지 않는 것이 의아하게 느껴질 것이다. 제시문의 내용 중 차이점의 기준을 중심으로 글을 읽으면 선지를 보기 전에도 두 글이 어긋나는 지점을 찾을 수 있다. 그렇다면 선지를 고르기도 쉬워질 것이다.

Tip ❸ 독해 시 예시는 빠르게 읽는다.

제시문의 '예를 들면', 및 '가령'으로 시작하는 문장은 부연설명일 뿐이다. 실전에서는 시간이 부족하므로, 앞 문장을 이해했다면 예시를 빠르게 읽도록 한다. 다만 예시를 들어 설명하려는 문장은 해당 제시문에서 중요한 역할을 하는 경우가 대부분이므로 예시 앞에 있는 문장을 주의 깊게 읽어야 한다. 그러나 예시 앞에 있는 내용이 어려워 이해를 못 할 경우에는 예시를 자세히 읽어 앞 내용에 대한 이해에 도움을 받을 수 있으므로 이를 잘 활용하자.

Tip ❹ 대조되는 개념에 주목한다.

본 문제와 같이 서로 대조되는 같은 층위의 대상들이 제시되는 경우 해당 대상 간의 구분을 묻는 문제가 많음을 유의해야 한다. 정보확인유형에서도 마찬가지로 제시문에서 병렬적 대상 간의 대조가 나올 경우, 이를 선지에서 묻는 경우가 많다. 따라서 병렬적인 대상들이 나온다면 해당 대상들의 구별 기준과 공통점 및 차이점을 주의 깊게 읽는 것이 좋다.

출제예상문제

정답 유형 ❶ 언어추리

01	⑤	02	①	03	④	04	⑤	05	①	06	①	07	④	08	④	09	②	10	⑤
11	①	12	③	13	③	14	①	15	①	16	④	17	③	18	③	19	①	20	②
21	②	22	⑤	23	②	24	④	25	④	26	③	27	①	28	②	29	①	30	①
31	②	32	②	33	④	34	③	35	③	36	③	37	⑤	38	①	39	③	40	②
41	③	42	①	43	⑤	44	③	45	④										

정답 유형 ❷ 도형추리

01	④	02	⑤	03	①	04	②	05	④	06	⑤	07	③	08	①	09	④	10	⑤
11	③	12	①	13	②	14	⑤	15	⑤	16	③	17	②	18	②	19	①	20	⑤

정답 유형 ❸ 도식추리

01	①	02	③	03	④	04	②	05	①	06	④	07	③	08	②	09	⑤	10	②
11	⑤	12	①	13	③	14	④	15	⑤	16	③	17	②	18	②	19	①	20	⑤

정답 유형 ❹ 문단배열

01	④	02	③	03	②	04	④	05	②	06	③	07	③	08	②				

정답 유형 ❺ 논리추론

01	②	02	①	03	②	04	①	05	④	06	②	07	①	08	④	09	⑤	10	⑤
11	③	12	①	13	⑤	14	⑤	15	④	16	④	17	②	18	③	19	③	20	⑤
21	③	22	④	23	①	24	①	25	④	26	②	27	①	28	②	29	④	30	⑤

취약 유형 분석표

유형	맞힌 개수	정답률	틀린 문제 번호	풀지 못한 문제 번호
언어추리	/ 45	%		
도형추리	/ 20	%		
도식추리	/ 20	%		
문단배열	/ 8	%		
논리추론	/ 30	%		

유형 ❶ 언어추리

01 정답 ⑤ 난이도 ●○○

언어추리 - 명제추리 문제

(1) [전제1]과 [결론]을 보았을 때 둘의 전건이나 후건이 동일하지 않다. 문제를 수월하게 풀기 위해 [전제1]이나 [결론]의 표현을 바꿔야 한다.

(2) [전제1]이 부정의 형태, [결론]이 긍정의 형태이므로 [전제1]을 먼저 바꾼다. 명제의 대우를 활용해 [전제1]의 표현을 바꿀 경우, '팝콘을 먹는 모든 사람은 영화를 본다.'라는 명제가 된다. [전제1]의 전건과 [결론]의 전건이 '팝콘을 먹는 모든 사람은'으로 동일해진다.

(3) [결론]이 참이 되기 위해서는 [전제2]와 [결론]의 후건이 연결되어야 한다. [전제1]의 후건이 [전제2]의 전건, [결론]의 후건이 [전제2]의 후건이 된다. 따라서 [전제2]는 '영화를 보는 모든 사람은 음료수를 마신다.'가 된다. 대우 관계인 '음료수를 마시지 않는 모든 사람은 영화를 보지 않는다.'도 [전제2]가 될 수 있다.

합격자의 시간단축 Tip

Tip ❶ 논리기호에 익숙하다면 논리기호를 통해 풀면 빨리 풀 수 있다. 하지만 본 문제의 경우 논리구조가 비교적 간단한 편이기 때문에 논리기호를 사용하지 않고, 전건과 후건의 관계를 통해 빠르게 풀어낼 수 있다.

Tip ❷ 이 유형은 '삼단논법'의 개념을 알고 있다면 쉽게 풀어낼 수 있다. '삼단논법'이란 전제가 되는 두 명제로부터 참인 결론을 이끌어 내는 방법이다. 퍼즐 맞추기와 비슷하다.

> 세 조건 p, q, r에 대하여 p → q이고 q → r이면 p → r이다.

이에 따라 지문의 명제를 다음과 같이 논리기호로 변형시킨 후 결론이 참이 되게 하는 [전제2]를 찾아보자.

> [전제1] ~(영화) → ~(팝콘) ≡ (팝콘) → (영화)
> (∵ 대우 명제)
> [전제2]
> [결 론] (팝콘) → (음료수)

따라서 참인 결론이 나오려면 [전제2]에는 (영화)와 (음료수) 사이에 연결 논리가 필요하다는 것을 확인할 수 있다. 즉, (팝콘) → (영화) → (음료수)라는 논리가 참이 되려면 (영화) → (음료수) 또는 ~(음료수) → ~(영화)가 필요하다.

Tip ❸ 사람마다 다르지만, 보통 전제1처럼 전건이 부정의 형태로 제시되면 긍정의 형태로 바꾸는 것이 풀이에 수월하다. 즉, ~(영화) → ~(팝콘) 대신 (팝콘) → (영화)로 바꿔 푸는 것이 훨씬 직관적이고 좋다. 글씨체에 따라서, 혹은 시간이 없어 글씨를 흘려 쓰다 보면 부정을 나타내는 물결(~) 표시와 논리 화살표(→) 표시가 잘 구분되지 않는 경우도 있다. 이런 경우를 최소화하기 위해서라도 물결(~) 표시를 최소화하여 푸는 것이 실수를 줄일 수 있다.

Tip ❹ 3번 문항에서 '모든'과 '어떤'을 헷갈릴 수도 있다. 이해의 측면에 있어서 '모두'가 좀 더 까다로운 경우라고 생각하면 된다. 예를 들어서 '모두'의 경우 예외 없이 전부 다 해당하여야 하지만 '어떤'의 경우 하나만 해당하여도 그 문장이 맞는 것이 된다. 본 문제에서는 [결론]이 '모두'로 제시되고 있으므로 [전제]에서도 '모두'에 관련한 서술이 있어야 한다. '어떤'에 관련한 서술은 '모두'를 이끌어 낼 수 없다. 상식적으로 개인에 대한 특성은 집단에 대한 특성으로 환원할 수 없는 것과 마찬가지다.

Tip ❺ 참고로 본 문제의 모든 선지를 기호화하면 다음과 같다.

- 1번 선지: ~음료수m ∩ 영화m
- 2번 선지: 음료수 → ~영화
- 3번 선지: 영화n ∩ 음료수n
- 4번 선지: 음료수 → 영화
- 5번 선지: 영화 → 음료수

02 정답 ① 난이도 ●○○

언어추리 - 명제추리 문제

(1) [전제2]의 표현을 바꿀 경우 '문과인 어떤 독서동호회 학생이 있다.'라는 명제가 된다. [전제2]와 [결론]의 전건이 동일하므로 [결론]이 참이 되기 위해서는 [전제2]와 [결론]의 후건이 연결되어야 한다.

(2) 이때, [전제2]는 (독서동호회)와 (문과)라는 두 가지 요소가 존재하므로, 두 가지 요소 중 적어도 하나와 [결론]의 후건이 연결되어야 한다. 또한 [전제2]와 [결론] 모두 전체가 아닌 부분에 대한 명제이

므로 [전제2]에서 [결론]이 도출되기 위해서는 부분이 아닌 전체에 대한 명제가 포함되어야 한다.

(3) 따라서 [전제1]에는 '독서동호회 학생은 모두 독서를 좋아한다.', '문과 학생은 모두 독서를 좋아한다.'의 두 가지 명제 중 하나가 들어가야 한다.

합격자의 시간단축 Tip

Tip ❶ 문제의 명제를 다음과 같이 논리기호로 변형시킨 후 집합관계를 이용하여 결론이 참이 되게 하는 [전제1]을 찾아보자.

> [전제1]
> [전제2] ∃(독서동호회) ∧ (문과)
> [결 론] (독서동호회) ∧ (문과) → (독서)

[전제2]와 [결론]의 전건이 동일하므로 [결론]이 참이 되기 위해서는 [전제1]에는 [전제2]와 (독서) 사이에 연결 논리가 필요하다는 것을 확인할 수 있다. 즉, (독서동호회) ∧ (문과) → (독서)라는 논리가 참이 되려면 (독서동호회) → (독서) 또는 (문과) → (독서)가 필요하다.
이를 집합관계로 설명해 보자. '어떤 A는 B이다.'를 논리기호로 변형시키면 ∃(A ∧ B)이다. 문제의 조건을 집합관계로 나타내면 [전제2]와 [결론]은 다음과 같다.

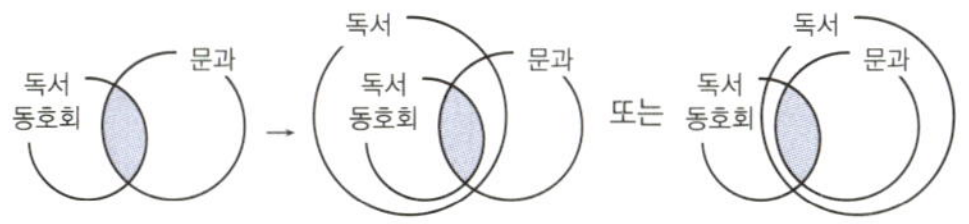

[전제2] [결론]

따라서 {(독서동호회) ∩ (문과)} ⊂ (독서)가 참이 되려면 (독서동호회) ⊂ (독서) 또는 (문과) ⊂ (독서)여야 한다. 즉, [전제1]에 들어가야 할 명제는 (독서동호회) → (독서), 또는 (문과) → (독서)이다.

Tip ❷ '모든'이 들어간 명제는 우리에게 익숙한 명제의 형태로 바꿔 이해할 수 있다. 예를 들어 선지 ①에서 '모든 독서동호회 학생은 독서를 좋아한다.'라고 했을 때, 이는 곧 '독서동호회 학생이라면 독서를 좋아한다.', 즉 (독서동호회 학생) → (독서를 좋아함)으로 이해할 수 있다는 것이다.
한편 '어떤'은 곧 '존재한다'로 이해할 수 있다. 선지 ②에서 '어떤 독서동호회 학생은 독서를 좋아한다.'라고 했을 때, 이는 곧 '독서를 좋아하는 독서동호회 학생이 존재한다.'와 동치이다. 따라서 이 경우에는 존재함을 증명할 뿐이지 독서를 좋아하는 것과 독서동호회 학생인 것 간의 필연적인 관계를 입증하지는 않는다.

> ＊논리학과 관련된 지식이 없더라도 쉽게 풀 수 있는 문제다. 다만 이 문제를 풀었음에 만족하지 말고, 이러한 유형의 문제를 푸는 체계 자체를 익히는 것을 목표로 하자. 가장 좋은 방법은 선지를 보기 전에 미리 예측해 보는 방법이다. 예를 들어, 이 문제의 [결론]이 도출되기 위해서는 독서를 좋아한다는 내용이 전제에 꼭 들어가야만 한다. 이처럼 가능한 전제를 미리 예측하는 연습을 하면, 보다 어려운 난이도의 문제를 만났을 때에도 정답을 맞힐 확률을 높일 것이다.

Tip ❸ **Tip ❷**에 덧붙여 설명하자면, '어떤'이 들어간 특칭 명제는 해당 특징을 가진 존재가 하나 이상 있다는 걸 의미한다. [전제2]에서의 '어떤 독서동호회 학생은 문과이다.'는 독서동호회 학생이자 문과인 학생이 하나 이상 존재한다는 것을 뜻한다. 해당 독서동호회 학생이 독서를 좋아하는지, 몇 학년인지 등 기타 다른 정보는 알 수 없다.
선지 ②의 '어떤 독서동호회 학생은 독서를 좋아한다.'는 [전제2]와 같은 논리로 독서동호회 학생이자 독서를 좋아하는 학생이 하나 이상 존재한다는 것을 파악할 수 있다. 해당 학생이 독서를 좋아하는지 여부에 대해선 단언할 수 없다. 어딘가에는 둘 다 동시에 해당하는 학생이 존재할 수도 있지만, 현재 주어진 정보로는 전혀 알 수 없는 사실이다.
따라서 "모든' 독서동호회 학생은 독서를 좋아한다.'라는 명제가 들어가야 [전제2]의 문과인 독서동호회 학생이 독서를 좋아한다고 이야기할 수 있게 된다. 또한 결론도 '어떤'으로 표기된 것을 확인하자.

Tip ❹ 기호화를 할 때 사용할 단어를 철저하게 구분하는 연습이 필요하다. 문제 풀이 시간을 줄이기 위해서 기호화에 사용하는 단어도 최대한 줄여서 사용해야 한다. 이 문제에서는 '독서동호회'라는 단어와 '독서를 좋아하다.'라는 단어가 사용된다. 그런데 두 단어에 모두 '독서'라는 단어가 들어가므로, 기호화를 할 때 헷갈리지 않아야 한다.
만약 '독서동호회'라는 단어를 그대로 사용한다면, '독서를 좋아한다.'는 단어는 '좋아함' 등 최대한 '독서'라는 말이 들어가지 않게끔 바꿔주는 작업이 필요하다. 바꾸지 않고 '독서'라는 단어를 또 사용하게 되면, 문제를 풀 때 그 '독서'라는 단어가 '독서동호회'를 의미하는지, '독서를 좋아한다.'를 의미하는지 헷갈리게 된다. 이 문제의 경우 문제 분량이 짧고 문장이 간결하기 때문에 큰 영향은 없었으나, 조건 분량이 많거나 중복 단어가 많은 문제의 경우 풀이에 어려움을 겪을 수 있다.
따라서 필자는 이 문제를 풀 때, '독서동호회'는 '동호회'로, '독서를 좋아한다.'는 '독서'로 기호화했다. 만약 글자 쓰는 시간까지 더 줄이고 싶다면, '동'과 '독'으로도 기호화할 수 있다. 이처럼 기호화에 사용하는 단어는 자유롭게 선택할 수 있지만, 본인이 지정한 기호화 단어를 절대 잊어버리면 안 된다.

03 정답 ④ 난이도 ●●○

언어추리 - 명제추리 문제

(1) [전제1]과 [결론]의 구성을 살펴보면, 각각의 후건에서 '음악을 즐긴다.'라는 표현을 동일하게 사용한다는 것을 파악할 수 있다. [결론]의 '노래를 배우지 않는 모든 사람'이 어떻게 도출될 수 있을지를 알아본다.

(2) [전제1]의 후건과 [결론]의 후건이 동일하므로 [결론]이 참이 되기 위해서는 [전제2]의 전건과 [결론]의 전건이 동일해야 한다. 그렇게 되어야 [전제2]와 [전제1]을 연결하여 [결론]이 도출되기 때문이다.

(3) '노래를 배우지 않는 모든 사람'이 [전제2]의 전건, '악기를 연주한다.'가 후건이 되어야 삼단논법이 완성된다. 일반적인 삼단논법의 경우 p → q, q → r, p → r의 형식이지만, 본 문제의 경우 q → r, p → q, p → r의 순서이다. 일반적인 [전제1]과 [전제2]의 순서가 바뀐 것이지만, 풀이 방식은 동일하다.

(4) 따라서 [전제2]에 들어갈 명제는 '노래를 배우지 않는 모든 사람은 악기를 연주한다.'이다. '악기를 연주하지 않는 모든 사람은 노래를 배운다.'와 같이 대우 관계의 명제도 [전제2]에 해당할 수 있다.

합격자의 시간단축 Tip

Tip ❶ 본 문제의 경우 일반적인 삼단논법의 순서와는 다르고, 부정과 긍정이 혼재되어 있기 때문에 논리기호를 통해 푸는 것이 더 빠르다. 이런 문제를 대비해 논리기호를 연습하자. 문제의 명제를 다음과 같이 논리기호로 변형시킨 후 결론이 참이 되게 하는 [전제2]를 찾아보자. 기호 변형을 통해 풀면 다음과 같다.

[전제1] (악기) → (음악)
[전제2]
[결 론] ~(노래) → (음악)

따라서 참인 결론이 나오려면 [전제2]에는 (악기)와 ~(노래) 사이에 연결 논리가 필요하다는 것을 확인할 수 있다. ~(노래)가 [결론]의 전건임을 확인하는 것이 중요하다. 즉, ~(노래) → (악기) → (음악)이라는 논리가 참이 되려면 ~(노래) → (악기) 또는 ~(악기) → (노래)가 필요하다.

Tip ❷ 논리기호를 습득하는 것이 어렵다면 오지선다를 이용하는 것도 좋은 방법이다. 논리기호가 제대로 습득되지 않은 상황에서 실전 문제 풀이 시 억지로 논리기호를 활용하려 한다면 오히려 꼬여서 문제를 못 풀게 될 수도 있다. 논리기호를 평상시에는 연습하되 만약 충분히 익지 않았다는 생각이 실전에서 든다면 과감하게 논리기호 없이 푸는 것도 좋은 방법이다.
대체로 이 문제처럼 전제를 구하는 유형에서는 우선 결론에서 갑자기 나타난 내용이 무엇인지 파악하는 것을 시작으로 한다. 예를 들어서 본 문제의 경우 '모든 사람은 음악을 즐긴다.'가 공통적인 내용이지만 악기를 연주하는 것과 노래를 배우지 않는 것의 내용이 각각 다르다. 이때 '악기를 연주한다.'와 '노래를 배우지 않는다.'가 연관이 있음을 알 수 있다. 이때 이 둘을 연결해서 답을 생각하고 오지선다를 보기보다는 오지선다에서 연관 문장을 보면서 답으로 예상되는 문장들을 미리 넣어보는 것도 좋을 것이다.

Tip ❸ 1번 문항에서 '모든'과 '어떤'을 헷갈릴 수도 있다. 이해의 측면에 있어서 '모두' 쪽이 좀 더 까다로운 쪽이라고 생각하면 된다. 예를 들어서 '모두'의 경우 예외 없이 전부 다 해당하여야 하지만 '어떤'의 경우 하나만 해당하여도 그 문장이 맞는 것이 된다.
본 문제에서는 [결론]이 '모두'로 제시되고 있으므로 [전제]에서도 '모두'에 관련한 서술이 있어야 한다. '어떤'에 관련한 서술은 '모두'를 이끌어 낼 수 없다. 상식적으로 개인에 대한 특성은 집단에 대한 특성으로 환원할 수 없는 것과 마찬가지다. 다만 '어떤 ~도 ~는 아니다.'라고 부정형으로 제시된 경우 이는 '모든 ~는 ~가 아니다.'와 같은 의미이므로 주의하자.

Tip ❹ 참고로 본 문제의 모든 선지를 기호화하면 다음과 같다.

- 1번 선지: ~(노래)m ∩ (악기)m
- 2번 선지: (악기) → (노래)
- 3번 선지: (악기)n ∩ (노래)n
- 4번 선지: ~(노래) → (악기)
- 5번 선지: (노래)p ∩ (악기)p

04 정답 ⑤ 난이도 ●○○

언어추리 - 명제추리 문제

(1) [전제1]과 [전제 2]의 구성을 살펴보면, [전제1]의 전건과 [전제2]의 후건이 동일하다. 이를 연결하여 [결론]을 도출할 수 있다.

(2) [전제1]의 전건 '운동을 잘한다.'를 [전제 2]의 후건과 연결한다. '유연성이 좋은 모든 사람' → '운동을 잘한다.' → '체력이 좋다.'가 된다.

(3) 따라서 결론은 '유연성이 좋은 모든 사람은 체력이 좋다.' 또는 이와 대우 관계인 '체력이 좋지 않은 모든 사람은 유연성이 좋지 않다.'가 된다. 일반적인 삼단논법의 경우 p → q, q → r, p → r의 형식이지만, 본 문제의 경우 q → r, p → q, p → r의 순서이다. 일반적인 [전제1]과 [전제2]의 순서가 바뀐 것이지만, 풀이 방식은 동일하다.

합격자의 시간단축 Tip

Tip ❶ 논리기호를 사용해도 빠르게 풀 수 있다. 문제의 명제를 다음과 같이 논리기호로 변형시킨 후 항상 참이 되는 [결론]을 도출해 보자.

> [전제1] (운동) → (체력)
> [전제2] (유연성) → (운동)
> [결 론]

따라서 참인 결론이 나오려면 [전제1]의 전건과 [전제2]의 후건이 연결되어야 함을 확인할 수 있다. (유연성) → (운동) → (체력)의 논리를 통해 [결론]의 전건이 (유연성), 후건이 (체력)이 된다. 결론은 (유연성) → (체력) 또는 ~(체력) → ~(유연성)이다. [전제2]와 [전제1]의 조합을 통해서 (유연성) → (체력)이 도출되고 그 대우명제인 ~(체력) → ~(유연성)이 답이 되는 상황이다.

Tip ❷ 결론을 구하는 방법에는 [전제1]과 [전제2]에서 공통된 사항을 매개로 하면 된다. 본 문제에서는 '운동을 잘한다.'가 [전제1], [전제2]의 공통점이므로 이를 기반으로 하여 앞뒤로 연결하면 된다.

Tip ❸ 참고로 본 문제의 모든 선지를 기호화하면 다음과 같다.

- 1번 선지: (체력) → (유연성)
- 2번 선지: (유연성) → ~(체력)
- 3번 선지: ~(체력)m ∩ (유연성)m
- 4번 선지: ~(유연성) → (체력)
- 5번 선지: ~(체력) → ~(유연성)

05 정답 ❶ 난이도 ●○○

언어추리 - 명제추리 문제

(1) [전제1]과 [전제2]의 구성을 살펴보면, [전제1]의 후건과 [전제2]의 전건이 동일하다. 이를 연결하여 [결론]을 도출할 수 있다.

(2) [전제1]의 후건 '재료 손질을 배운다.'를 [전제 2]의 전건과 연결시킨다. '요리를 배운다.' → '재료 손질을 배운다.' → '양념 조합을 배운다.'가 된다.

(3) 따라서 결론은 '요리를 배우는 모든 사람은 양념 조합을 배운다.' 또는 이와 대우 관계인 '양념 조합을 배우지 않는 모든 사람은 요리를 배우지 않는다.'가 된다. 일반적인 삼단논법의 형식(p → q, q → r, p → r)을 따른 문제이다.

합격자의 시간단축 Tip

Tip ❶ 논리기호를 사용해도 빠르게 풀 수 있다. 문제의 명제를 다음과 같이 논리기호로 변형시킨 후 항상 참이 되는 [결론]을 도출해 보자.

> [전제1] (요리) → (재료 손질)
> [전제2] (재료 손질) → (양념 조합)
> [결 론]

따라서 참인 결론이 나오려면 [전제1]의 후건과 [전제2]의 전건이 연결되어야 함을 확인할 수 있다. (요리) → (재료 손질) → (양념 조합)의 논리를 통해 [결론]의 전건이 (요리), 후건이 (양념 조합)이 된다. 결론은 (요리) → (양념 조합) 또는 ~(양념 조합) → ~(요리)이다. [전제2]와 [전제1]의 조합을 통해서 (요리) → (양념 조합)이 도출되고 그 대우명제인 ~(양념 조합) → ~(요리)가 답이 되는 상황이다.

Tip ❷ 결론을 구하는 방법에는 [전제1]과 [전제2]에서 공통된 사항을 매개로 하면 된다. 본 문제에서는 '재료 손질을 배운다.'가 [전제1], [전제2]의 공통점이므로 이를 기반으로 하여 앞뒤로 연결시키면 된다.

Tip ❸ 참고로 본 문제의 모든 선지를 기호화하면 다음과 같다.

- 1번 선지: ~(양념 조합) → ~(요리)
- 2번 선지: (재료 손질) → (양념 조합)
- 3번 선지: ~(재료 손질)m ∩ (양념 조합)m
- 4번 선지: (양념 조합) → (재료 손질)
- 5번 선지: (양념 조합)n ∩ ~(재료 손질)n

06 정답 ❶ 난이도 ●○○

언어추리 - 명제추리 문제

(1) [전제1]과 [전제2]의 구성을 살펴보면, [전제1]의 후건과 [전제2]의 전건이 동일한 것을 파악할 수 있다. 이를 연결해 [결론]을 도출한다.

(2) [전제1]의 후건 '팀 협업을 한다.'를 [전제2]의 전건과 연결한다. '프로젝트를 관리하는 모든 사람' → '팀 협업을 한다.' → '보고서를 작성한다.'의 논리 구조가 된다.

(3) 따라서 결론은 '프로젝트 관리를 하는 모든 사람은 보고서를 작성한다.' 또는 이와 대우 관계인 '보고서를 작성하지 않는 모든 사람은 프로젝트 관리를 하지 않는다.'가 된다. 일반적인 삼단논법의 형식(p → q, q → r, p → r)과 동일한 문제이다.

합격자의 시간단축 Tip

Tip ❶ 본 문제의 경우 일반적인 삼단논법과 형식, 풀이 순서가 동일하지만, 논리기호를 사용해서도 풀 수 있다. 지문의 명제를 다음과 같이 논리기호로 변형시킨 후 항상 참이 되는 [결론]을 찾아보자. 기호 변형을 통해 풀면 다음과 같다.

[전제1] (프로젝트 관리) → (팀 협업)
[전제2] (팀 협업) → (보고서)
[결 론]

따라서 참인 결론이 나오려면 [전제1]의 후건과 [전제2]의 전건이 연결되어야 함을 확인할 수 있다. (프로젝트 관리) → (팀 협업) → (보고서)의 논리를 통해 [결론]의 전건이 (프로젝트 관리), 후건이 (보고서)가 된다. 결론은 (프로젝트 관리) → (보고서) 또는 ~(보고서) → ~(프로젝트 관리)이다.
시간을 조금 더 단축하기 위해 괄호 속의 말을 보다 더 짧게 표현하는 방법도 있다. [전제1]의 경우 (프로젝트) → (팀), [전제2]의 경우 (팀) → (보고서) 등이 그 예시이다. (프) → (팀), (팀) → (보)로도 표기할 수 있다. 괄호 안에 어떻게 표현하는지는 정답이 없으니 본인이 쉽게 알아볼 수 있는 방식대로 하면 된다.

Tip ❷ [전제1]과 [전제2]에서 공통된 내용을 찾으면 된다. '팀 협업을 한다.'가 공통된 내용이기 때문에 이 지점을 매개로 '프로젝트를 관리하는 모든 사람'과 '보고서를 작성한다.'를 연결할 수 있음을 대략 파악할 수 있다. 직접 답을 주관식처럼 도출하기보다는 오지선다를 이용해서 결론에 넣어보면서 정답을 도출할 수도 있다.

Tip ❸ 참고로 본 문제의 모든 선지를 기호화하면 다음과 같다.

- 1번 선지: (프로젝트 관리) → (보고서)
- 2번 선지: (프로젝트 관리)m ∩ ~(보고서)m
- 3번 선지: ~(프로젝트 관리)n ∩ (보고서)n
- 4번 선지: (보고서) → (프로젝트 관리)
- 5번 선지: ~(보고서)p ∩ (프로젝트 관리)p

07 정답 ❹ 난이도 ●●●

언어추리 – 명제추리 문제

(1) [전제1]과 [전제2]를 보았을 때 둘의 전건이나 후건이 동일하지 않다. 문제를 수월하게 풀기 위해 [전제1]이나 [전제2]의 표현을 바꿔야 한다.

(2) 대우를 활용해 [전제2]의 표현을 바꿀 경우, '도서관에 가는 모든 사람은 온라인 강의를 듣지 않는다.'라는 명제가 된다. [전제1]의 후건과 [전제2]의 전건이 '도서관에 간다.'로 동일해진다.

(3) [결론]이 참이 되기 위해서는 [전제1]의 후건과 [전제2]의 전건이 연결되어야 한다. [전제1]의 전건이 [결론]의 전건, [전제2]의 후건이 [결론]의 후건이 된다. 따라서 [결론]은 '책을 좋아하는 모든 사람은 온라인 강의를 듣지 않는다.'가 된다. 대우 관계인 '온라인 강의를 듣는 모든 사람은 책을 좋아하지 않는다.'도 [결론]이 될 수 있다.

합격자의 시간단축 Tip

Tip ❶ 논리기호에 익숙하다면 논리기호를 통해 풀면 빨리 풀 수 있다. 하지만 본 문제의 경우 논리구조가 비교적 간단한 편이기 때문에 논리기호를 사용하지 않고, 전건과 후건의 관계를 통해 빠르게 풀어낼 수 있다.

Tip ❷ 이 유형은 '삼단논법'의 개념을 알고 있다면 쉽게 풀어낼 수 있다. '삼단논법'이란 전제가 되는 두 명제로부터 참인 결론을 이끌어 내는 방법이다. 퍼즐 맞추기와 비슷하다. 세 조건 p, q, r에 대하여 p → q이고 q → r이면 p → r이다.
이에 따라 문제의 명제를 다음과 같이 논리기호로 변형시킨 후 참이 되는 결론을 찾아보자.

[전제1] (책) → (도서관) ≡ ~(도서관) → ~(책)
(∵ 대우 명제)
[전제2] (온라인) → ~(도서관) ≡ (도서관) → ~(온라인)
[결 론]

따라서 참인 결론이 나오려면 [전제1]과 [전제2] 사이에 연결 논리가 필요하다. (도서관)을 매개로 (책) → (도서관) → ~(온라인)이라는 논리구조가 도출된다. 따라서 결론은 (책) → ~(온라인) 또는 (온라인) → ~(책)이다.

Tip ❸ 글씨체에 따라서, 혹은 시간이 없어 글씨를 흘려 쓰다 보면 부정을 나타내는 물결(~) 표시와 논리 화살표(→) 표시가 잘 구분되지 않는 경우도 있다. 이런 경우를 최소화하기 위해서라도 물결(~) 표시를 최소화하여 푸는 것이 실수를 줄일 수 있다.

Tip ❹ 참고로 본 문제의 모든 선지를 기호화하면 다음과 같다.

- 1번 선지: 책m ∩ 온라인m
- 2번 선지: ~책n ∩ 온라인n
- 3번 선지: 온라인 → 책
- 4번 선지: 책 → ~온라인
- 5번 선지: ~책 → ~온라인

08 정답 ④ 난이도 ●○○

언어추리 - 명제추리 문제

(1) 주어진 [전제1]과 [전제2]는 동일한 표현이 없기 때문에 참인 [결론]을 도출하기 위해선 [전제1] 또는 [전제2]의 표현을 바꿔야 한다. [전제1]은 특칭 문장, [전제2]는 전칭 문장이므로, [전제2]의 표현을 바꾼다.

(2) [전제2]를 대우 관계를 활용해 표현을 바꾸면 '창의적인 모든 사람은 음악을 잘한다.'가 된다. [전제2]의 전건이 [전제1]의 '창의적인 사람'과 동일해진다. [전제2]를 [전제1]과 연결한다.

(3) 따라서 [결론]은 '그림 그리기를 좋아하는 어떤 사람은 음악을 잘한다.'가 된다. (그림 그리기 좋아하는 어떤 사람)은 (창의적) → (음악)으로 연결되는 것이다. 그림 그리기를 좋아하는 '모든' 사람이 아니라 '어떤' 사람으로 유지되는 것을 주의해야 한다.

합격자의 시간단축 Tip

Tip ❶ '모든'과 '어떤'의 의미를 잘 구분할 수 있어야 한다. '모든'을 논리화할 때는 →를 사용하고, '어떤'을 논리화할 때는 ∩를 사용해야 한다.

Tip ❷ 참고로 본 문제에서 모든 선지를 기호화하면 다음과 같다.

[전제1] (그림)m ∩ (창의적)m
[전제2] ~(음악) → ~(창의적)
[전제2]의 대우: (창의적) → (음악)
도출되는 [결론]: (그림)m ∩ (음악)m

- 1번 선지: (음악) → (그림)
- 2번 선지: (창의적) → (그림)
- 3번 선지: (그림) → ~(음악)
- 4번 선지: (그림)m ∩ (음악)m
- 5번 선지: ~(음악) → ~(그림)

09 정답 ② 난이도 ●●○

언어추리 - 조건추리 문제

ㄱ. (O) 만들 수 있는 가장 큰 수에서 가장 작은 수를 뺀 값은 7,158이다.
➜ 만들 수 있는 가장 큰 수는 9872이다. 만들 수 있는 가장 작은 수는 2714이다. 따라서 두 값의 차이는 9,872−2,714=7,158이다.

ㄴ. (O) 천의 자리가 5이거나 일의 자리가 5인 네 자리 수는 만들 수 없다.
➜ 5의 배수의 마지막 자리 숫자는 0 또는 5이고, 마지막 자리 숫자가 5인 수는 5의 배수이다. 숫자카드에 0이 없고, 숫자카드는 각각 한 장뿐이므로 5가 2개 이상 들어갈 수 없다.

ㄷ. (×) 천의 자리에 9를 넣을 때 만들 수 있는 네 자리 수의 개수는 천의 자리에 다른 어떤 수를 넣을 때 보다 많다.
➜ 천의 자리에 9를 넣을 때 만들 수 있는 수는 9218 / 9327 / 9436 / 9654 / 9763 / 9872로 총 6개이다. 한편, 7을 넣을 때 만들 수 있는 수는 7214 / 7321 / 7428 / 7642 / 7856 / 7963으로 총 6개이다. 7을 넣을 때 만들 수 있는 네 자리 수의 개수와 9를 넣을 때 만들 수 있는 네 자리 수의 개수는 같으므로 틀린 선지이다.

ㄹ. (O) 숫자 1이 적힌 카드가 한 장 추가되어도 만들 수 있는 네 자리 수의 총 개수에는 변화가 없다.
➜ 숫자 1은 다른 숫자와 곱해도 두 자리 수가 나올 수 없다. 따라서 1이 천의 자리나 백의 자리에 온다면 십의 자리와 일의 자리에 다른 카드들이 올 수 없다. 따라서 1은 천의 자리나 백의 자리에 사용될 수 없다.
또한, 만들 수 있는 네 자리 수의 총 개수에 변화가 있으려면 십, 일의 자리에 11이 들어가는 경우가 있어야 한다. 그러나 11은 소수이므로 남은 숫자카드들의 곱으로 표현할 수 없다. 따라서 네 자리 수의 총 개수에는 변화가 없다.

ㅁ. (×) 숫자 9가 적힌 카드가 한 장 추가되어도 만들 수 있는 네 자리 수의 총 개수에는 변화가 없다.
➜ (반례) 9가 한 장 추가되면 9981을 만들 수 있다.

합격자의 시간단축 Tip

Tip ❶

(1) 이 문제는 선지를 보면 〈보기 ㄱ〉이 4개가 들어가 있다. 보통 이러한 경우는 〈보기 ㄱ〉이 판단하기 아주 쉬울 때가 많다. 그러나 이 문제의 〈보기 ㄱ〉을 해결하기 위해서는 만들 수 있는 가장 큰 수와 가장 작은 수 두 가지를 직접 찾아서 그것을 또 계산해야 판단할 수 있다. 따라서 이 선지는 바로 판단하지 않고 다른 선지로 넘어가는 것이 시간 단축에 도움이 된다.

(2) 〈보기 ㄷ〉 역시 마찬가지이다. 구구단을 떠올려보면 9에 1~9까지 곱했을 때 나오는 숫자들은 모두 십의 자리와 일의 자리가 다르다. 따라서 천의 자리에 9가 들어갈 때 만들 수 있는 네 자리 수는 모두 6개이므로(1단, 5단 제외), 9와 마찬가지로 곱했을 때 항상 십의 자리와 일의 자리가 다르게 나오는 숫자를 생각해 내야 한다. 되지 않는다는 것을 곧바로 알 수 있는 1, 2, 5 등의 숫자를 제외하더라도 직관적인 해답이 나오는 경우가 아니기 때문에 다른 보기를 먼저 푸는 것이 좋다.

(3) 천, 백의 자리의 숫자에 따라서 십, 일의 자리의 숫자가 정해지는 문제이다. 굉장히 낯선 문제 같지만 사실은 구구단을 이용한 아주 간단한 문제이다. 카드들이 1장씩 밖에 없으므로 천, 백의 자리에는 1, 5가 절대 올 수 없다. 1이 들어가는 경우 천, 백의 자리의 숫자들의 곱은 한 자리이므로 십의 자리에 0이 들어가야 하는데, 0 카드가 없기 때문이다.

(4) 따라서 〈보기 ㄱ〉에서 가장 작은 수를 만들 때는 천의 자리가 1인 숫자가 아니라 2인 숫자부터 찾아야 하며, 0이 없기 때문에 2를 곱해서 두 자리 수가 되는 최솟값인 6부터 가능한지 여부를 생각하면 된다. 또한, 5가 들어가는 경우 5의 배수들의 일의 자리는 0 또는 5이다. 그러나 0 카드는 없고, 5 카드는 이미 쓰이고 있으므로 5 역시 사용될 수 없다. 따라서 〈보기 ㄴ〉은 옳은 보기임을 알 수 있다.

Tip ❷ 〈보기 ㄷ〉을 보면, 9단을 떠올리며 일의 자리수가 모두 다르다는 것을 쉽게 떠올릴 것이다. 그러나 일의 자리가 반복되지 않는 이유는 9단이기 때문이 아니라 '홀수'이기 때문에 더 가깝다. 짝수의 경우 5를 곱했을 때 0이 되므로 구구단에서 5를 기점으로 일의 자릿수가 반복된다. (가령 ×1이나 ×6에서 일의 자릿수가 같은 식이다.)
하지만 홀수의 경우 10을 곱해야만 일의 자릿수가 0이 되므로 10을 기점으로 일의 자릿수가 반복될 것이다. (물론 5단은 제외다.) 이를 생각한다면 ×2부터 십의 자리가 만들어지는 7이 반례가 됨을 쉽게 알 수 있다.

Tip ❸ 천의 자리에 있는 숫자와 백의 자리에 있는 숫자를 곱한 값이 십의 자리 숫자와 일의 자리 숫자가 된다는 건 둘의 곱이 두 자리 수가 되어야 한다는 점을 규칙을 읽으며 파악하면, 가장 작은 수를 구할 때 편하다. 가장 작은 수는 천의 자리 25부터 시작해 모두 다른 숫자가 나오는 걸 찾으면 된다.
위의 해설에서 나온 대로 'ㄱ'은 선지 네 개를 차지하고 있기 때문에 'ㄴ'을 먼저 푸는 것도 방법이다. 'ㄴ'의 참이 결정된 후, 'ㄴ'이 포함되지 않는 선지들을 지워가며 푸는 방식을 통해 보기 5개를 다 판별하지 않아도 답을 알 수 있다.

Tip ❹ 어떤 문제든지 주어진 〈조건〉이나 〈규칙〉을 허투루 읽으면 안 된다. 두 번째 조건에서 9장의 카드 중 4장을 '동시에' 사용한다고 했으니 '중복으로 뽑을 수 없다.'는 숨겨진 조건을 발견해야 한다. 만약 이 부분을 놓친다면 '4416'같은 숫자를 만들 수 있게 되니 정답과 멀어지게 된다. 숫자 카드를 사용한 기출 유형이 굉장히 많으니, 여러 개 풀어보면서 이와 같은 조건들을 자연스럽게 체득해야 한다.
카드 소재 문제에서 자주 등장하는 조건들 몇 개를 소개하자면 다음과 같다. 첫째, 카드를 '동시에' 뽑는 경우도 있지만, '뽑은 후 다시 넣는다.' 등 중복이 가능한 경우도 있다. 둘째, 카드에 적힌 숫자가 중복되는 경우가 있다. 예를 들어, '10장의 카드가 있고, 1~5의 숫자가 각각 2개의 카드에 적혀 있다.' 등의 조건도 가능하다. 셋째, 여기서는 1~9의 카드가 주어져 있지만 0~9의 카드를 주는 경우도 있다. 따라서 카드 중에 0이 포함되는지 여부도 살펴보는 것이 좋다.
이 '0'의 존재를 눈치챘는지 확인하기 위해 출제자가 일부러 배치한 보기가 바로 〈보기 ㄴ〉이다. 따라서 〈규칙〉을 읽는 순간부터 '0 카드는 주어지지 않았음'을 확인했다면, 당연히 '0이 있어야 가능한 보기'를 함정으로 출제할 것임을 예상할 수 있고, 〈보기 ㄴ〉을 쉽게 판단할 수 있었을 것이다.

10 정답 ⑤ 난이도 ●●●

언어추리 - 조건추리 문제

① (O) 연구개발 부서와 소프트웨어 부서는 다른 부서와 같은 층에 배치된다.

→ 소프트웨어 부서가 영업마케팅 부서와 같은 층에 배치되고, 연구개발 부서가 디자인 부서와 같은 층에 배치될 경우 6개의 부서를 배치할 수 있다. 〈조건〉을 바탕으로 6개 부서의 위치로서 가능한 경우 중 한 가지를 나타내면 다음과 같다.

위치	1층	2층	3층	4층	5층
부서	연구개발 부서 디자인 부서	영업마케팅 부서 소프트웨어 부서	경영 지원 부서	기술/설비 부서	-

② (O) 기술/설비 부서와 디자인 부서는 다른 부서와 같은 층에 배치되지 않는다.

→ 기술/설비 부서와 디자인 부서가 각각 다른 부서와 같은 층에 배치되지 않을 경우 〈조건〉 ㉤에 의하여 나머지 4개의 부서가 2개의 층에 배치되어야 한다. 이때, 〈조건〉 ㉡, ㉢, ㉥에 따라 연구개발 부서와 소프트웨어 부서가 같은 층에 배치되고 영업마케팅 부서와 경영지원 부서가 같은 층에 배치될 경우 6개의 부서를 배치할 수 있다. 〈조건〉을 바탕으로 6개 부서의 위치로서 가능한 경우 중의 한 가지를 나타내면 다음과 같다.

위치	1층	2층	3층	4층	5층
부서	연구개발 부서 소프트웨어 부서	영업마케팅 부서 경영지원 부서	디자인 부서	기술/설비 부서	-

③ (O) 경영지원 부서와 디자인 부서는 다른 부서와 같은 층에 배치된다.

→ 경영지원 부서가 영업마케팅 부서와 같은 층에 배치되고, 디자인 부서가 소프트웨어 부서 또는 연구개발 부서와 같은 층에 배치될 경우 6개의 부서를 배치할 수 있다. 〈조건〉을 바탕으로 6개 부서의 위치로서 가능한 경우 중 한 가지를 나타내면 다음과 같다.

위치	1층	2층	3층	4층	5층
부서	소프트웨어 부서 디자인 부서	연구개발 부서	영업마케팅 부서 경영지원 부서	기술/설비 부서	-

④ (O) 기술/설비 부서와 소프트웨어 부서는 다른 부서와 같은 층에 배치되지 않는다.

→ 기술/설비 부서와 소프트웨어 부서가 각각 다른 부서와 같은 층에 배치되지 않을 경우 〈조건〉 ㉤에 의하여 나머지 4개의 부서가 2개의 층에 배치되어야 한다. 이때, 〈조건〉 ㉡, ㉢, ㉥에 따라 연구개발 부서와 디자인 부서가 같은 층에 배치되고 영업마케팅 부서와 경영지원 부서가 같은 층에 배치될 경우 6개의 부서를 배치할 수 있다. 〈조건〉을 바탕으로 6개 부서의 위치로서 가능한 경우 중 한 가지를 나타내면 다음과 같다.

위치	1층	2층	3층	4층	5층
부서	연구개발 부서 디자인 부서	영업마케팅 부서 경영지원 부서	기술/설비 부서	-	소프트웨어 부서

⑤ (×) 경영지원 부서와 연구개발 부서는 다른 부서와 같은 층에 배치되지 않는다.

→ 경영지원 부서와 연구개발 부서가 각각 다른 부서와 같은 층에 배치되지 않을 경우 나머지 4개의 부서가 3개의 층에 배치되어야 한다. 그런데 〈조건〉 ㉣, ㉤에 따라 기술/설비 부서는 다른 부서와 같은 층에 배치되지 않으며 기술/설비 부서의 위층에는 어떠한 부서도 위치하지 않으므로 기술/설비 부서를 제외한 나머지 3개의 부서가 1개의 층에 배치되어야 한다. 그러나 〈조건〉 ㉠에 따라 각 층에는 최대 2개 부서를 배치할 수 있으므로 이는 불가능하다.

합격자의 시간단축 Tip

Tip ❶ 조건에 디자인 부서가 주어지지 않기 때문에 문제를 푸는 과정에서 이를 잊을 수 있어 주의가 필요하다. 따라서 미리 동그라미를 쳐서 표시하는 등의 과정이 필요하다.

Tip ❷ ㉢에 따라 연구개발 부서는 반드시 1층 또는 2층에 배치해야 하므로, 각 경우로 나누어 검토할 수 있다.

(1) 연구개발 부서가 1층에 배치될 경우

① ㉥에 따라 연구개발 부서 바로 위층인 2층에는 영업마케팅 부서와 다른 부서가 함께 배치될 것이다. 다음으로, ㉤에 따라 기술/설비 부서 바로 위층은 반드시 비어 있어야 하므로 해당 부서는 5층에 배치될 수 없다.

만일 기술/설비 부서가 4층에 배치될 경우 5층에는 아무 부서도 배치되지 않을 것이며, ㉣에 따라 4층에는 해당 부서만 배치될 것이다. ㉡에

PART 2 추리

따라 경영지원 부서는 연구개발 부서나 소프트웨어 부서와 함께 배치될 수 없으므로, 경영지원 부서는 3층에 단독으로 배치되거나, 3층에 디자인 부서와 함께 배치되거나, 2층에 영업마케팅 부서와 함께 배치될 수 있다. 이를 표로 나타내면 다음과 같다.

5층	×
4층	기술/설비 부서
3층	(B-경영지원 부서)
2층	영업마케팅 부서, (A-경영지원 부서)
1층	연구개발 부서

② 이때, A와 같이 2층에 영업마케팅 부서와 경영지원 부서가 배치될 경우 디자인 부서와 소프트웨어 부서는 각각 1층 또는 3층에 배치되거나 함께 3층에 배치될 수 있다. 즉, (디자인 부서-3층 & 소프트웨어 부서-1층), (디자인 부서-1층 & 소프트웨어 부서-3층), (디자인부서-3층 & 소프트웨어 부서-3층)이 가능하다. 이상에서, (디자인 부서 - 3층 & 소프트웨어 부서-1층)이라면 연구개발 부서와 소프트웨어 부서가 함께 1층에 배치되므로 선지 ①을 충족한다. 기술/설비 부서와 디자인 부서가 각각 단독으로 배치되므로 선지 ②를 충족한다. (디자인 부서-1층 & 소프트웨어 부서-3층) 또는 (디자인 부서 - 3층 & 소프트웨어 부서-3층)이라면 경영지원 부서는 영업마케팅 부서와 함께 2층에, 디자인 부서는 연구개발 부서 또는 소프트웨어 부서와 같은 층에 배치되므로 선지 ③을 충족한다. (디자인 부서 - 1층 & 소프트웨어 부서 - 3층)이라면 기술/설비 부서와 소프트웨어 부서가 각각 단독으로 배치되므로 선지 ④를 충족한다. 영업마케팅 부서와 경영지원 부서가 함께 2층에 배치되므로 선지 ⑤는 불가능하다.

③ 이때, B와 같이 3층에 경영지원 부서가 배치될 경우 소프트웨어 부서는 1층 또는 2층에 배치될 수 있고 디자인 부서는 1층, 2층 또는 3층에 배치될 수 있다. 다만, ㉥에 따라 소프트웨어 부서나 디자인 부서 중 하나는 반드시 2층에 배치되어야 한다. 즉, (소프트웨어 부서-1층 & 디자인 부서-2층), (소프트웨어 부서-2층 & 디자인 부서-1층), (소프트웨어 부서-2층 & 디자인 부서-3층)이 가능하다. 어떠한 경우에도 1층 또는 3층에 소프트웨어 부서나 디자인 부서 중 하나는 배치가 되므로 선지 ⑤가 불가능하다.

④ 한편, 만일 기술/설비 부서가 3층에 배치될 경우 4층에는 아무 부서도 배치되지 않을 것이며, 위와 같은 이유로 경영지원 부서는 5층에 배치되거나 2층에 배치될 수 있다. 이를 표로 나타내면 다음과 같다.

5층	(경영지원 부서)
4층	×
3층	기술/설비 부서
2층	영업마케팅 부서, (경영지원 부서)
1층	연구개발 부서

이때, 선지 ⑤를 충족시키는지 여부만 확인하면 되므로, 경영지원 부서가 5층에 배치되었다고 가정한다. 이러한 상황에서 소프트웨어 부서는 1층 또는 2층에 배치될 수 있고 디자인 부서는 1층, 2층 또는 5층에 배치될 수 있다.

⑤ 다만, ㉥에 따라 소프트웨어 부서나 디자인 부서 중 하나는 반드시 2층에 배치되어야 한다. 즉, (소프트웨어 부서-1층 & 디자인 부서-2층), (소프트웨어 부서-2층 & 디자인 부서-1층), (소프트웨어 부서-2층 & 디자인 부서-5층)이 가능하다. 어떠한 경우에도 1층 또는 5층에 소프트웨어 부서나 디자인 부서 중 하나는 배치가 되므로 선지 ⑤는 불가능하다.

(2) 연구개발 부서가 2층에 배치될 경우

① ㉥에 따라 연구개발 부서 바로 위층인 3층에는 영업마케팅 부서와 다른 부서가 함께 배치될 것이다. ㉤에 따라 기술/설비 부서 바로 위층은 반드시 비어 있어야 하므로 기술/설비 부서는 4층에 배치되고 5층에는 비어 있을 것이다. ㉡에 따라 경영지원 부서는 연구개발 부서와 같은 층에 배치될 수 없으므로, 1층 또는 3층에 배치될 수 있다. 이를 표로 나타내면 다음과 같다.

5층	×
4층	기술/설비 부서
3층	영업마케팅 부서, (B-경영지원 부서)
2층	연구개발 부서
1층	(A-경영지원 부서)

② 이때, A와 같이 경영지원 부서가 1층에 배치될 경우 소프트웨어 부서는 2층 또는 3층에 배치될 수 있고 디자인 부서는 1층, 2층 또는 3층에 배치될 수 있다. 다만, ㉥에 따라 소프트웨어 부서나 디자인 부서 중 하나는 반드시 3층에 배치되어야 한다. 즉, (소프트웨어 부서 - 1층 & 디자인 부서 - 3층), (소프트웨어 부서 - 3층 &

디자인 부서-1층), (소프트웨어 부서-3층 & 디자인 부서-2층)이 가능하다.

③ 어떠한 경우에도 1층 또는 2층에 소프트웨어 부서나 디자인 부서 중 하나는 배치가 되므로 선지 ⑤가 불가능하다. 이때, B와 같이 3층에 영업마케팅 부서와 경영지원 부서가 배치될 경우 경영지원 부서가 항상 영업마케팅 부서와 같은 층에 배치되므로 ⑤가 불가능하다. 따라서 정답은 ⑤이다.

* 연구개발 부서를 문제의 시작 단계로 삼은 것에 의문을 갖는 수험생이 있을 수 있다. 그러나 이는 사후적인 풀이가 아니라 확실한 정보를 먼저 채우자는 원칙을 적용한 것이다. 물론 조건 중에서는 어떠한 조건도 특정 부서를 확실하게 특정 층에 고정시키는 조건은 없으나, 1층과 2층이라는 두 가지의 선지로 좁혀주는 것만으로도 그나마 확실한 정보를 제공해 줄 수 있다는 점에서 연구개발 부서가 기준이 되어야 하는 것이다.

** **Tip ❷**의 방법을 따라가며 문제를 풀다 보면, 결과적으로 연구개발 부서가 몇 층에 있어야 하는지, 기술/설비 부서가 몇 층에 있어야 하는지가 크게 중요하지 않음을 알 수 있다. 제시된 조건이 무엇인지에 따라 달라질 수는 있으나, 선지에서 묻는 것은 두 부서가 같은 층에 배치되는지 여부 등이며 구체적으로 몇 층에 위치하는지를 묻고 있지는 않기 때문이다.

Tip ❸ 위와 같은 가정 및 표 그리기를 하지 않고도 선지 ⑤는 불가능함을 알 수 있다. 1~5층 중, 2개 층은 기술/설비 부서로 인해서(조건 ㉣, ㉤) 더 이상 다른 부서를 배치할 수 없다. 그럼 3개 층과 5개의 부서가 남는데, 1개 층에는 최대 2개의 부서만 배치할 수 있다. 따라서 기술/설비 부서와 그 위층을 제외하면 2개 부서/2개 부서/1개 부서와 같은 배치가 될 것이다. ㉥에 따라서 영업마케팅 부서는 항상 다른 부서와 함께 배치되고 연구개발 부서와는 다른 층에 배치가 되므로 (연구개발 부서 & X 부서/영업마케팅 부서 & Y 부서/1개 부서) 또는 (2개 부서/영업마케팅 부서 & Y 부서/연구개발 부서)가 될 것이다.

Tip ❷의 (1)에서 X 부서가 소프트웨어 부서라면 ①을 충족한다. X 부서가 소프트웨어 부서이고 Y 부서가 경영지원 부서이며 1개 부서가 디자인 부서라면 ②를 충족한다. X 부서가 디자인 부서이고 Y 부서가 경영지원 부서이며 1개 부서가 소프트웨어 부서라면 ③을 충족한다. X 부서가 디자인 부서이고 Y 부서가 경영지원 부서이며 1개 부서가 소프트웨어 부서라면 ④를 충족한다. 한편, **Tip ❷**의 (1)에서 연구개발 부서는 항상 X 부서와 함께 배치되므로 ⑤가 불가능하다. (2)에서 경영지원 부서는 항상 2개 부서가 배치되는 층에 배치되므로 ⑤가 불가능하다. 따라서 ⑤가 정답이다.

* **Tip ❸**에 따르면 표를 그리지 않아도 풀 수 있으나, 해설과 **Tip ❷**에 제시된 표를 그리는 방법을 적어도 한번은 연습해 보도록 하자. 문제의 출제 의도를 이해하는 데에 도움이 될 것이다.

Tip ❹

(1) '칸' 개념을 활용할 수도 있다. 문제와 〈조건〉 ㉠으로부터 회사 건물을 아래와 같이 2행 5열로 이루어진 표로 나타낼 수 있다. 이때, 행과 열 중 열만이 유의미한 정보이다. 즉, 각 부서가 어느 행에 위치해 있는지는 문제에서 묻지 않으므로 아무렇게나 표기하여도 무방하다.

이는 신사옥 건물이 총 10칸으로 구성되며 그 중 6개 칸에 부서들이 배치됨을 의미한다.

(2) 〈조건〉 ㉣, ㉤으로부터 기술/설비 부서가 위치한 층과 그 바로 위층, 총 2개 층을 혼자 씀을 알 수 있다. 이는 아래와 같이 2행 2열로 이루어진 표로 나타낼 수 있다. (전술했듯, 기술/설비 부서를 1행 2열에 표기하든, 2행 2열에 표기하든 문제풀이와는 상관이 없다.) 신사옥 건물을 나타낸 2행 5열의 표에 기술/설비 부서를 배치해 보자. 임의로 기술/설비 부서를 4층에 배치한다면 다음과 같다.

기술/설비 부서	

즉, 신사옥 건물의 10칸 중 색칠된 4칸을 기술/설비 부서가 (사실상) 차지하며, 나머지 6칸에 5개 부서들이 배치됨을 의미한다.

(3) 1개 칸에는 1개 부서만 배치될 수 있다. 따라서 나머지 5개 부서 중 경영지원 부서와 연구개발 부서의 2개가 층을 혼자 사용한다는 선지 ⑤는 자연히 틀린 선지가 된다. 이는 **Tip ❸**과 비슷한 방향이지만, 보다 시각적으로 사고하는 풀이이다.

GSAT 문제를 풀면서 어떤 것이 핵심적인 정보인지 파악하고 이것을 시각적으로 나타낼 수 있다면, 문제해결이 더욱 빠르고 정확해질 것이다. 본 문제의 경우 '10칸에 6개를 넣기', '기술/설비 부서가

4칸을 사용함' 정도가 핵심 정보에 해당할 것이다.

Tip ❺ '기술/설비 부서가 위치한 층의 바로 위층에는 어떠한 부서도 위치하지 않는다.'의 뜻이 기술/설비 부서가 5층도 된다는 의미는 아님을 기억하자. 위치한 층의 '바로 위층'이고 어떠한 부서도 위치하지 않는다는 내용도 있기 때문에 옥상은 해당 사항에 없다. 문제에서 언급한 만큼만 사고의 폭을 설정하는 것이 중요하다.

Tip ❻ 이 문제는 6개의 부서를 1~5층에 배치하는 문제다. Tip 2처럼 표를 그려서 푼다면, 표의 가장 윗 행을 5층으로 하는 것이 좋다. (**Tip ❷**의 표를 참고) 그렇지 않고 1층이 가장 위에 오도록 표를 그린다면 〈조건〉에 나오는 '바로 위층' 등을 확인하기가 어렵기 때문이다. 따라서 이 문제처럼 '층수'와 관련된 문제가 나온다면, 표를 그릴 때 무의식적으로 1-2-3층 순으로 그리기보단, 3-2-1층으로 그리는 것이 문제의 조건을 한 눈에 파악하기 쉽다.

11 정답 ①

난이도 ●●○

언어추리-조건추리 문제

문제의 〈조건〉을 구분하기 위해, 위에서부터 순서대로 조건 ㄱ~ㄹ이라 하자.

> ㄱ. 모든 부에는 1명 이상의 회원이 있다.
> ㄴ. 공격을 좋아하는 팀은 프로경기부와 아마추어부의 회원 수가 같고, 수비를 좋아하는 팀은 아마추어부가 프로경기부보다 회원 수가 더 많다.
> ㄷ. 수비를 좋아하는 팀의 프로경기부 회원 수는 공격을 좋아하는 팀의 프로경기부 회원 수의 절반 이하이다.
> ㄹ. 수비를 좋아하는 팀의 아마추어부 회원 수는 공격을 좋아하는 팀의 아마추어부 회원 수와 같다.

(1) 공격을 좋아하는 팀의 프로경기부 회원 수를 a라 할 때 각 부의 회원 수를 표로 나타내면 다음과 같다.

	프로경기부	아마추어부
공격을 좋아하는 팀	a	a
수비를 좋아하는 팀	0.5a↓	a

(2) 이때, 〈조건 ㄱ〉에 따라 a≥1이고 총 회원 수는 42명이므로, 가능한 a의 값은 13과 12이다. 각각의 경우에 각 부의 회원 수를 표로 나타내면 다음과 같다.

(i) a=13	프로경기부	아마추어부
공격을 좋아하는 팀	13	13
수비를 좋아하는 팀	3	13

(ii) a=12	프로경기부	아마추어부
공격을 좋아하는 팀	12	12
수비를 좋아하는 팀	6	12

따라서 정답은 ①이다.

합격자의 시간단축 Tip

Tip ❶ 반드시 해설과 같이 공격을 좋아하는 팀의 프로경기부 회원 수를 미지수로 둘 필요는 없다. 수비를 좋아하는 팀의 프로경기부 회원 수를 a라고 했을 때, 조건에 맞추어 각 팀의 회원 수를 표로 나타내면 다음과 같다.

	프로경기부	아마추어부
공격을 좋아하는 팀	2a↑	2a↑
수비를 좋아하는 팀	a	2a↑

수비를 좋아하는 팀의 프로경기부 회원 수가 최대가 되기 위해서는 나머지 세 팀의 회원 수는 최소여야 하며, 이는 각 팀의 회원 수가 2a인 경우를 의미한다. 2a+2a+2a+a=7a=42일 때 a=6이므로, a는 최대 6명이다. 그런데 선지에 주어진 숫자들은 모두 6 이상으로 이 중 a 값으로 가능한 것은 6밖에 없어 답은 ①이다. 이처럼 문제를 읽고 편한 그룹을 미지수로 두고 다른 그룹들을 해당 미지수를 활용해 나타낼 수 있다면, 그 그룹이 무엇인지는 중요하지 않다. 한 문제를 다양한 방법으로 푸는 법을 연습하고, 자신에게 가장 편한 방법을 찾아보자.

Tip ❷

(1) 수비를 좋아하는 팀의 프로경기부 회원 수(이하 a)는 다른 팀의 회원 수보다 절반 이하이다. '이하'라는 뜻은 a가 다른 팀의 회원 수의 딱 절반일 때 최댓값이 된다는 의미이다. 이를 파악했다면 Tip 1과 같이 곧바로 식을 세워 a의 최댓값을 우선 구해야 한다.

(2) 실전에서는 이러한 숫자 계산이 헷갈릴 수 있다. 그러나 기준을 단순하게 적용시켜 2a, 2a, 2a, a를 각 회원 수로 가정하고 a를 계산해 보면 6이 나온다는 것을 알 수 있는데, 선지에서는 모두 이보다

크다는 것을 알 수 있다.

(3) 여기서 판단해야 할 것은 과연 a가 6보다 클 수 있는지 여부인데, 이는 a에 7을 대입해서 계산해 보면 총 회원 수가 42를 초과하여, 곧바로 불가능하다는 것을 알 수 있을 것이다. 이러한 방법으로 6보다 큰 숫자들은 모두 조건을 만족하지 못한다는 점을 파악하여 ①을 선택해도 좋다.

Tip ❸ 부등식을 이용해 풀이할 수도 있다.

	프로경기부	아마추어부
공격을 좋아하는 팀	a	a
수비를 좋아하는 팀	b	a

이때, 전체 회원 수가 42명이기 때문에 3a+b=42이며 〈조건 ㄷ〉으로부터 b≤ (a)/2로 표기할 수 있다. 두 식을 a, b 좌표평면에 나타내면 다음과 같다.

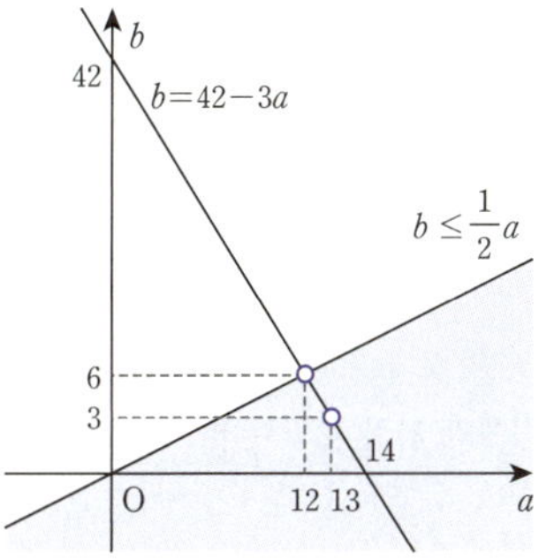

따라서 $b \le \frac{a}{2}$를 만족하는 부등식의 영역에서 b=42−3a를 만족하는 순서쌍 (a, b)는 (12, 6), (13, 3)뿐이다. 부등식을 다음과 같이 계산하여 풀 수도 있다. 우리는 b를 구하는 것이므로 a에 대하여 정리한 후 대입하여 풀면

$$\begin{cases} a = \frac{1}{3}(42-b) \\ b \le \frac{1}{2}a \end{cases}$$

→ $b \le \frac{1}{2} \times \frac{1}{3}(42-b)$

→ $6b \le 42-b$

→ $7b \le 42 \quad \therefore b \le 6$

따라서 바로 선지 ①을 선택할 수 있다. 하지만 그렇게 구체적인 계산을 하지 않아도 b가 최대한 작아야 $b \le \frac{a}{2}$ 조건이 성립한다는 것만 캐치해 선지 ①의 6을 b에 대입해 보면 바로 답을 구할 수 있다.

Tip ❹ 선지를 적극적으로 활용하는 다른 방법도 있다. 구하고자 하는 부의 회원 수를 제외한 나머지 부의 회원 수가 동일하기 때문에, 선지를 대입해서 전체 42명에서 뺀 후 3으로 나눴을 때 ①자연수가 되면서 ②2배 이상인 값이 나오면 된다. 선지 ①부터 적용했을 때, 42−6=36을 3으로 나누면 12가 되므로 바로 정답이 도출된다.

Tip ❺ 표의 구성을 다르게 하는 방법도 있다. 여러 방식들을 보고 본인이 실전에 적용하기 쉬운 방법으로 연습해 보자.

공격	수비
프로	프로
A ‖	0.5A↓
아마	아마
A =	A

선지의 인원수가 한 명씩 차이가 있다. 비슷한 문제가 나왔을 때 일일이 42−6, 42−7, 42−8을 구하지 않고, 42−6=36으로 먼저 구한 수에 1씩 빼서 다음 숫자를 파악하면 된다.

12 정답 ❸ 난이도 ●●○

언어추리 – 조건추리 문제

(1) **A의 진술**이 참일 경우 A는 점수가 가장 높은 학생인데, 이 경우 C가 A보다 점수가 높다는 자신의 진술에 모순되므로 A의 진술은 참이 아니다.
B의 진술이 참일 경우 A는 점수가 가장 낮은 학생인데, 이 경우 거짓을 말한 A에 의하면 A가 C보다 점수가 높다는 것에 모순되므로 B의 진술은 참이 아니다.
C의 진술이 참일 경우 C는 점수가 가장 높은 학생인데, 이 경우 거짓을 말한 A와 E에 의하면 A와 D가 C보다 점수가 높다는 것에 각각 모순되므로 C의 진술은 참이 아니다.
D의 진술이 참일 경우 D는 점수가 가장 높은 학생인데, 이 경우 A가 점수가 가장 높다는 자신의 진술에 모순되므로 D의 진술은 참이 아니다. A~D의 진술은 모두 거짓이므로 E의 진술이 참이고, 따라서 점수가 가장 높은 학생은 E이다.

(2) E의 진술이 참이므로 C는 D보다 점수가 높다. 그런데 A와 C의 진술은 거짓이므로 A와 B는 C보다 점수가 높으며, E는 점수가 가장 높으므로 E도 C보다 점수가 높다.

(3) 따라서 점수가 가장 낮은 학생은 D이고 두 번째로 낮은 학생은 C이며, 내일 재시험을 볼 두 학생은 C와 D이다.

합격자의 시간단축 Tip

Tip ❶

(1) 선지를 소거하면서 푸는 방법도 있다. 가장 먼저 A의 진술이 참인지 확인하고 A > C라는 사실을 알았을 때, A는 포함되었으나 C는 포함되지 않은 선지들을 소거할 수 있다.
만일 A가 시험 점수가 두 번째로 낮은 학생일 경우, 그보다 점수가 낮은 학생인 C는 반드시 재시험을 봐야 할 것이기 때문이다. 따라서 선지 ①, ⑤가 소거된다.

(2) 그다음 C의 진술을 확인하고 B > C인 것을 알았을 때 같은 논리로 B는 포함되었으나 C는 포함되지 않은 선지를 소거할 수 있다. 선지 ①은 이미 소거되었으므로 해당되는 선지가 없어 넘어간다. 마지막으로 E가 성적 1등이기 때문에 E가 포함된 선지인 ④를 소거하고, E의 진술에 따라 C는 포함되었으나 D는 포함되지 않은 선지를 소거하면 ②까지 소거되어 ③만 남는다.

(3) 이러한 방식과 해설의 풀이는 결과적으로는 큰 차이가 없을 수 있으나, 정보를 한 번에 일목요연하게 정리하지 않고 그때그때 단편적인 정보들을 가지고 문제에 접근할 수 있기 때문에 체감 난이도는 조금 더 쉽게 느껴질 수 있다.

Tip ❷ 여러 진술들의 참/거짓을 나누어 생각해야 하는 문제의 경우 반드시 참이거나 거짓일 수밖에 없는 진술부터 확정하고 시작하는 것이 좋다. 이 문제의 경우 D가 반드시 거짓인 진술이므로 D의 진술에서부터 시작하는 것이 경우의 수를 줄이는 방법이다. D의 진술은 가장 점수가 높은 사람만이 참이라는 문제의 조건을 이용해 참/거짓을 판별할 수 있다.

Tip ❸ 부등호를 이용하여 점수가 높은 순서대로 나열할 때, 5명의 진술이 참인 경우와 거짓인 경우를 나누어 비교하는 방법도 있다. 이를 나타내면 다음과 같다. 단, '~X'는 X가 아니라는 의미이다.

진술 학생	참인 경우	거짓인 경우
A	C > A	A > C
B	A는 5등	~(A는 5등)
C	C > B	B > C
D	A는 1등	~(A는 1등)
E	C > D	D > C

예컨대 C의 진술이 참이라면 C는 1등인데 A > C, D > C와 모순되므로 C의 진술은 거짓이라고 판단하는 것이다.

Tip ❹ **Tip ❷**에 덧붙이자면, D의 진술이 거짓이기 때문에 A는 점수가 가장 높은 학생이 아님을 확인할 수 있다. 따라서 A의 진술도 거짓이 된다. A는 C보다 점수가 높고, 동점자는 없으므로 자연스레 A의 점수가 가장 높다고 한 B의 진술도 거짓이 된다. 그럼 남는 사람은 C와 E인데, 앞선 진술들에 따라 C는 점수가 가장 높은 학생이 될 수 없다. 따라서 E가 점수가 가장 높은 학생이고, E의 진술에 따라 C가 D보다 점수가 낮다. C의 진술에 따르면 B가 C보다 점수가 높으므로, C보다 점수가 높은 학생은 A, B, E 세 명이 된다. 재시험을 볼 두 학생은 C, D가 된다. 이때 A와 B 중 누구의 점수가 더 높은지는 계산할 필요가 없다. 이처럼 바로 참/거짓을 알 수 있는 사람부터 시작을 하고 이와 관련된 것부터 해결해 나가는 방식도 유용하게 쓰인다.

Tip ❺ 참을 말하는 학생이 단 한 명이기 때문에, 이 참말을 하는 학생을 빨리 찾아서 점수 순서를 배열하는 게 중요하다. 따라서 '점수가 가장 높은 학생의 진술만이 참'이라는 조건을 적극적으로 이용하는 것에서 출발할 수 있다. A는 본인의 점수가 C보다 낮다고 말하고 있으므로, A는 절대 점수가 가장 높은 학생이 될 수 없다. (A가 점수가 가장 높았다면 A의 말은 참이 되는데, 그러면 자신의 점수가 C보다 낮다는 진술과 모순되기 때문이다.)
또한, D 역시 자신이 아닌 A의 점수가 가장 높다고 했으므로, D도 절대 점수가 가장 높은 학생이 될 수 없다. (D가 점수가 가장 높았다면 D의 말은 참이 되는데, 그러면 A가 점수가 가장 높다는 것도 참이 되므로 모순되기 때문이다.) 따라서 A와 D를 제외하면, 가장 높은 점수를 받은 학생으로 가능한 것은 B, D, E뿐이다. 이후 나머지 **Tip**처럼 조건에 따라 문제를 풀이하면 된다.

13 정답 ③ 난이도 ●●○

언어추리 – 조건추리 문제

(1) 첫 번째 사실에 따라 갑은 축구, 병은 농구, 정은 탁구 동호회에 속해 있다. 세 번째 사실에 따라 갑이 속해 있는 동호회에는 을도 속해 있으므로 을은 축구 동호회에 속해 있다.

(2) 두 번째 사실에 따라 을은 야구 동호회에 속해 있지 않은데, 세 번째 조건의 대우에 따라 을이 속해 있지 않은 동호회에는 갑도 속해 있지 않으므로 갑도

야구 동호회에 속해 있지 않다.
또한, 네 번째 조건에 따라 병이 속해 있는 동호회에는 갑이 속해 있지 않으므로 갑은 병이 속해 있는 농구 동호회에 속해 있지 않다.

(3) 그런데 다섯 번째 사실에 따라 갑은 두 가지 이상의 동호회에 속해 있으므로 갑은 축구와 탁구 동호회에 속해 있다. 이때, 세 번째 사실에 따라 을도 축구와 탁구 동호회에 속해 있으며, 네 번째 사실에 따라 병은 탁구 동호회에 속해 있지 않다.

(4) 이를 표로 정리하여 나타내면 다음과 같다. 단, 속해 있는 경우 ○, 속해 있지 않은 경우 ×로 표시하며 알 수 없는 경우 －로 표시한다.

구분	갑	을	병	정
축구 동호회	○	○	×	-
농구 동호회	×	-	○	-
야구 동호회	×	×	○	-
탁구 동호회	○	○	×	○

① (×) 을은 축구 동호회에 속해 있지 않다.
➜ 을은 축구 동호회에 속해 있다.

② (×) 을과 병이 공통으로 속해 있는 동호회가 있다.
➜ 을이 농구 동호회에 속해 있다면 을과 병은 농구 동호회에 공통으로 속해 있다. 반면, 을이 농구 동호회에 속해 있지 않다면 을과 병이 공통으로 속해 있는 동호회는 없다.

③ (○) 병은 속해 있지 않지만, 정이 속해 있는 동호회가 있다.
➜ 병은 탁구 동호회에 속해 있지 않지만, 정은 탁구 동호회에 속해 있다.

④ (×) 3명이 공통으로 속해 있는 동호회는 없다.
➜ 탁구 동호회에는 갑, 을, 정 3명이 공통으로 속해 있다.

⑤ (×) 세 개의 운동 동호회에 속해 있는 사람은 없다.
➜ 을이 농구 동호회에 속해 있다면 을은 축구, 농구, 탁구 세 개의 운동 동호회에 속해 있다. 또한, 정이 축구, 농구, 야구 동호회 중 두 개의 동호회에 속해 있다면 정은 탁구 동호회와 더불어 총 세 개의 운동 동호회에 속해 있다.

합격자의 시간단축 Tip

Tip ❶ 주어진 정보를 최대한 활용할 수 있어야 한다. 세 번째 조건의 경우 흔히 익숙한 명제의 형태로 주어지지는 않았으나, 실제로는 명제와 다를 바 없는 문장이라는 것을 파악하고 반대로 해석할 수도 있어야 한다. 다만, 위 문항에서 함정으로 주어지지는 않았으나, '갑이 속해 있는 동호회에는 을도 속해 있다.'는 세 번째 조건은 대우명제인 '을이 속해 있지 않은 동호회는 갑도 속해 있지 않다.'도 참임을 알아야 한다. 즉, 세 번째 조건을 해석할 때, '갑이 속해 있지 않은 동호회에는 을도 속해 있지 않다.'는 해석은 틀린 것이므로 유의해야 한다. 또한, '을이 속해 있는 동아리는 갑도 속해 있다.'고 해석하는 것도 틀린 것이다.

Tip ❷ 이 문제를 다른 논리퀴즈형 문제처럼 논리학 기호를 활용해 풀게 되는 경우, 혼란에 빠지기 쉽다. 사람 이름과, 동호회 종류라는 두 가지 확실한 범주가 제시되어 있기 때문에, 이를 논리학 기호로 모두 표현하기에는 한계가 있기 때문이다. 따라서 이 문제는 해설과 같이 표를 작성하여 푸는 것이 보다 바람직하다.

Tip ❸ 첫 번째 조건에 갑, 병, 정의 동호회만 나와 있기 때문에, 갑, 병, 정을 갑, 을, 병으로 착각하고 풀기 쉽다. 주어진 조건을 중간중간 확인해 가면서 실수를 줄일 수 있도록 유의해야 한다.

14 정답 ①

난이도 ●●○

언어추리 – 조건추리 문제

(1) 〈조건〉 다섯 번째에 따라 두리는 자전거를 보유하고 있지 않다. 또한, 〈조건〉 네 번째에 따라 네로가 보유한 이동수단과 하나가 보유한 이동수단은 동일하다. 이때, 네로가 전동킥보드를 보유하고 있다면 하나도 전동킥보드를 보유하고 있는데, 이는 〈조건〉 두 번째에 모순되므로 네로와 하나는 전동킥보드를 보유하고 있지 않다.

(2) 한편, 세라가 전동킥보드를 보유하고 있을 경우 두리는 전동킥보드를 보유하고 있지 않은데, 두리는 2개의 이동수단을 보유하고 있으므로 자동차와 오토바이를 보유하고 있다. 이때, 하나는 전동킥보드를 보유하고 있지 않으므로 자동차와 오토바이 중 적어도 하나를 보유하고 있는데, 이는 하나와 두리가 동시에 보유한 이동수단이 없다는 〈조건〉 첫 번째에 위배된다. 따라서 세라는 전동킥보드를 보유하고 있지 않으며 두리가 전동킥보드를 보유하고 있다.

(3) 이때, 두리는 자동차와 오토바이 중 하나를 보유하고 있으므로 하나는 두리가 보유한 이동수단을 보유하고 있지 않으며, 따라서 하나는 자전거를 보유하고 있다. 하나가 자전거를 보유하고 있으므로 네로도 자전거를 보유하고 있다.

(4) 이를 표로 정리하면 다음과 같다.

이동수단 / 이름	자동차	오토바이	자전거	전동킥보드
하나	○ | ×	× | ○	○	×
두리	× | ○	○ | ×	×	○
세라				×
네로	○ | ×	× | ○	○	×

① (×) 세라는 전동킥보드를 보유하고 있다.
→ 세라는 전동킥보드를 보유하고 있지 않다. 전동킥보드를 보유하고 있는 한 사람은 두리다.

② (○) 세라는 자동차를 보유하고 있다.
→ 세라가 자동차를 보유하고 있는지 여부는 알 수 없다. 따라서 세라는 자동차를 보유하고 있을 수도 있고, 보유하고 있지 않을 수도 있다.

③ (○) 두리는 오토바이를 보유하고 있다.
→ 두리가 오토바이를 보유하고 있는지 여부는 알 수 없다. 따라서 두리는 오토바이를 보유하고 있을 수도 있고, 보유하고 있지 않을 수도 있다.

④ (○) 하나는 자전거를 보유하고 있다.
→ 하나는 자전거를 보유하고 있다.

⑤ (○) 네로가 보유하고 있는 이동수단을 세라가 보유하고 있다.
→ 〈조건〉 세 번째에 따라 세라가 보유한 이동수단 중 한 가지를 하나가 보유하고 있으므로, 하나와 동일한 이동수단을 보유하고 있는 네로도 세라가 보유한 이동수단 중 한 가지를 보유하고 있다.

합격자의 시간단축 Tip

Tip ❶

(1) 항상 옳은 것 또는 옳지 않은 것을 물을 때는 확정적인 경우를 구하라는 뜻이므로, 조건을 대입하는 중간중간 답에 해당하는 것이 있는지를 확인하면서 문제를 풀어야 한다.
따라서 실전에서는 선지 ①이 답이라는 것을 확인한 후 이하 선지들은 확인하지 않고 곧바로 다음 문제로 넘어가야 한다.

(2) 만일 확정되는 것들을 모두 검토했는데 답이 없다면 그다음 순서로 다양한 경우들을 검토해야 할 것이다. 항상 옳은 것을 물을 경우, 다양한 경우를 검토하다가 특정 선지의 반례를 찾으면 해당 선지를 바로 소거하는 방식으로 접근한다.
즉 설문의 경우 특정 선지가 '보유하고 있다.'라고 물어봤다면, 보유하지 않는다고 가정했을 때 모든 사람의 이동수단 보유 여부가 결정되는 경우가 있다면 틀린 선지가 된다.

(3) 반대로 항상 옳지 않은 것을 물을 경우, 다양한 경우를 검토하다가 특정 선지가 성립하는 경우를 찾으면 해당 선지를 바로 소거하는 방식으로 접근한다.
즉 설문의 경우 특정 선지가 '보유하고 있다.'라고 물어봤다면, 보유한다고 가정했을 때 모든 사람의 이동수단 보유 여부가 결정되는 경우가 있다면 틀린 선지가 된다.

(4) 이러한 소거 방식은 모든 경우를 검토하기 이전에 답을 구할 수 있는 방법이기 때문에 보다 효율적인 문제 접근을 가능하게 해준다.

Tip ❷

(1) 조건을 해석할 수 있어야 한다. 하나, 두리, 세라, 네로는 모두 두 개의 이동수단을 보유하고 있고, 네 번째 조건에 따라 네로가 보유한 이동수단은 하나가 보유하고 있으므로, 하나와 네로가 보유한 이동수단은 동일하다.

(2) 첫 번째 조건에 따라 하나와 두리가 동시에 보유한 이동수단은 없으므로, 총 네 개의 이동수단이 존재하는 상황에서 하나가 보유한 것은 두리가 보유하지 않고, 두리가 보유한 것은 하나가 보유하지 않을 것이다.

(3) 마지막으로, 세 번째 조건에서 세라가 보유한 이동수단 중 한 가지는 하나가 보유하고 있다고 했으므로, 세라, 하나, 네로가 동일한 이동수단 한 개를 보유하고, 세라, 두리가 동일한 이동수단 하나를 보유할 것임을 알 수 있다.
여기까지 조건을 해석하고 전동킥보드가 단 하나 존재함을 인지한다면, 굳이 경우의 수를 따지지 않더라도 확정된 정보만으로 선지 ①, ④, ⑤를 판단할 수 있다.

Tip ❸ 주어진 조건들을 통해 전동킥보드를 보유한 사람은 바로 구할 수 있다. 직관적으로 알 수 있는 정보는 두 가지이다. ① 하나, 네로 자전거 이용○ / 두리 자전거 이용× ② 전동킥보드 1명이 그 두 가지이다.
네 번째 조건에 따라 네로와 하나는 동일한 이동수단을 보유하고 있다. 따라서 둘은 전동킥보드를 보유할 수 없다. 그럼 두리 또는 세라가 전동킥보드를 갖는다. 세라가 갖게 될 경우, 하나와 두리가 남은 세 이동 수단을 둘씩 나눠 가져야 하는 모순적인 상황이 발생한다. 따라서 두리가 전동킥보드를 보유한다. 이 점은 조건을 통해 구할 수 있는 확정적이고 중요한 정보라 분명 선지에 관련 내용이 있을 것이다. 비슷한 문제를 접하게 되면 정보를 처음 구한 후에 다른 걸 찾으려고 하지 말고 선지를 먼저 살펴보도록 해보자.

15 정답 ① 난이도 ●○○

언어추리-조건추리 문제

문제에서 제공한 것과 같이 승합차 자리표를 이용하여 문제를 풀 수 있다. 실제로 문제를 푸는 경우, 번거롭게 새로운 표를 그리기보다는 문제 위에 그대로 필기하는 편이 효율적일 것이다.

첫째 줄			
둘째 줄			
셋째 줄			

(1) 확정적인 정보부터 먼저 표시하자. 〈조건〉 세 번째에 따르면 보라의 자리는 셋째 줄에 있다.

첫째 줄			
둘째 줄			
셋째 줄(보라)			

해설에서는 줄은 확정되었으나, 정확한 자리를 모르는 승객을 괄호 안에 표기하였다.

(2) 〈조건〉 네 번째에 따라 다희와 리정은 같은 줄에 앉아 있으며 해당 줄에는 빈자리도 있다. 따라서 어떤 줄에는 다희와 리정만 앉아 있다. 그런데 〈조건〉 다섯 번째에 따라 리정의 자리는 가은의 자리 뒷자리이므로 리정의 자리는 첫째 줄이 될 수가 없다. 또한, 〈조건〉 세 번째에 따라 셋째 줄에는 보라가 앉아 있으므로 다희와 리정만 앉을 수가 없다. 따라서 다희와 리정은 둘째 줄에 앉아 있다. 이때, 다희의 양옆은 리정과 빈자리이므로 다희는 가운데 앉아 있으며, 빈자리 바로 옆자리에 앉을 수 있다. 이상을 표로 나타내면 다음과 같다.

첫째 줄			
둘째 줄	리정 or 빈자리	다희	빈자리 or 리정
셋째 줄(보라)			

여기까지 주어진 정보만으로 리정과 빈자리의 위치는 확정할 수 없다.

(3) 한편, 〈조건〉 다섯 번째에 따라 리정의 앞자리에 앉은 가은의 자리는 첫째 줄이다. 그런데, 〈조건〉 여섯 번째와 일곱 번째에 따라 미연과 서연의 자리는 같은 줄이며 가은의 옆자리가 아니다. 따라서 미연과 서연의 자리는 셋째 줄이며 셋째 줄에는 빈자리가 없다. 따라서 마지막으로 남은 나연은 첫째 줄이며 이상을 표로 나타내면 다음과 같다.

첫째 줄	가은(리정 앞), 나연, 빈자리		
둘째 줄	리정 or 빈자리	다희	빈지리 or 리정
셋째 줄	미연, 서연, 보라		

(4) 주어진 정보만으로는 가능한 경우의 수가 매우 많음을 알 수 있다. 이럴 때, 우리는 문제에서 무엇을 묻고 있는지, 무엇이 유의미한 정보인지 파악해야 한다. 우선, 문제에서 무엇을 묻고 있는가? '빈자리 바로 옆에 앉을 수 있는 사람'을 묻고 있다.
그렇다면 무엇이 유의미한 정보인가? 같은 줄에 빈자리가 있는 승객만이 유의미한 정보이다. 즉, 3명이 앉은 셋째 줄의 승객들은 문제 해결에 아무런 의미가 없는 정보인 것이다. 따라서 지금부터는 아래와 같이 두 줄짜리 표로 풀이를 이어갈 수 있다.

첫째 줄	가은(리정 앞), 나연, 빈자리		
둘째 줄	리정 or 빈자리	다희	빈자리 or 리정

또한, 리정이 다희의 왼쪽에 앉는지 오른쪽에 앉는지는 의미가 없는 정보이다. 어차피 리정은 빈자리 옆에 앉을 수 없고, 다희는 앉을 수 있기 때문이다. 임의로 리정을 다희의 왼쪽에 배치해 보자. 그러면 〈조건〉 다섯 번째로부터 가은의 자리도 확정된다.

첫째 줄	가은		
둘째 줄	리정	다희	빈자리

여기서 문제가 무엇을 묻는지 다시 한번 상기하자. 빈자리 바로 옆자리에 앉을 수 있는 사람, 즉 가능한 경우를 모두 묻고 있다. 다희의 앞자리를 빈자리로 두면 가은과 나연 모두 빈자리 바로 옆자리에 앉게 된다. 이를 표로 나타내면 다음과 같다.

첫째 줄	가은	빈자리	나연
둘째 줄	리정	다희	빈자리

그러므로 인원 중 빈자리 바로 옆자리에 앉을 수 있는 사람은 가은, 나연, 다희이다.

합격자의 시간단축 Tip

Tip ❶

(1) 위의 해설은 문제의 완전한 해결을 위하여 가능한 모든 단계를 밟은 것이다. 하지만 현장에서 해설과 같이 ①부터 ④까지 단계를 거치는 것은 비효율적이다. 실제로 문제를 푼다면, ③에서 그린 표만으로도 첫째 줄에서 가은과 나연, 둘째 줄에서 다희를 찾아내 풀이를 종결하는 것이 이상적이다.

(2) 문제에 그려진 좌석표에 사람 이름을 일일이 채워가는 방식은 오히려 문제 풀이 시간을 늘리는 원인이 된다. 유일한 정답을 묻는 것이 아니라, 가능한 경우 여러 개를 모두 찾아내도록 하는 유형의 문제이기 때문이다. 따라서 각 좌석에 앉는 사람이 누구인지 구체적으로 파악하기 보다는, 각 줄 오른쪽에 괄호를 쳐 누가 앉을 것인지만을 적어 두는 정도가 적당할 것이다.

(3) 각 인물이 어디에 앉는지를 정확히 파악하려고 하기보다 세 줄 중 어느 줄에 빈자리가 생길 가능성이 있는지 위주로 파악하는 것이 더 효율적인 문제 풀이 방법이다.
다만 어떤 사람의 옆자리가 비었다는 것을 알았다 해도 이때 빈자리가 오른쪽인지, 왼쪽인지가 불확실하기 때문에, 이런 경우에는 임의로 자리를 배치할 만한 사람을 한 명 고른 뒤 그 사람을 기준으로 새로운 좌석표를 그려 나가는 것이 좋다. 해설에서 리정을 임의로 다희 왼쪽에 배치한 것이 예이다.

Tip ❷ 선지 소거법으로 접근할 수도 있다. 〈조건〉 네 번째에 따라 리정이 소거되며, 〈조건〉에 따라 셋째 줄에 미연, 보라, 서연이 앉게 된다는 것을 구하면 바로 정답이 ①임을 알 수 있다.

Tip ❸ 풀이시간을 단축시키기 위해 '첫째 줄'을 '1'로, '가은'을 '가'로 표현하는 방식 등을 사용할 수 있다.

Tip ❹ 문제는 '빈자리 바로 옆자리에 앉을 수 있는 사람'을 묻고 있다. 이렇게 발문 자체에서 특정 조건으로 가능한 것이 무엇인지 묻는다면, 그 특정 조건이 무엇을 의미하는지 확실하게 파악해야 한다. 〈조건〉은 '바로 옆자리에 앉을 수 있는 사람'을 '서로 같은 줄에 있는 자리'로만 한정하고 있다. 〈조건〉에서 사용된 '바로 옆자리에 앉다.'는 표현을 무시하고, 본인의 생각대로 '바로 옆자리'를 이해하면 안 된다. 비슷한 조건의 예시로, '서로 마주 본다.', '옆집이다.' 등이 있다.

16 정답 ④ 난이도 ●●●

언어추리 – 조건추리 문제

편의를 위해 각 조건을 순서대로 (1)~(4)로 놓자. 조건 (3)에 따라 E □ □ C 이므로 조건 (4)의 B의 위치에 따라 다음과 같이 두 가지 경우로 나눌 수 있다.

(ⅰ) B가 첫 번째 순서에 상담하는 경우

㉠ B E □ □ C □
조건 (2)에서 D는 C 다음에 상담해야 하므로 D는 여섯 번째 순서로 상담하게 된다. 또한, 조건 (1)에 따라 A는 세 번째, 또는 네 번째 순서로 상담하게 되므로 상담순서로 가능한 경우는 B E A F C D 또는 B E F A C D이다.

㉡ B □ E □ □ C
위 경우는 조건 (2)를 만족하지 못하므로 ㉡의 경우는 성립하지 않는다.

(ⅱ) B가 세 번째 순서에 상담하는 경우

㉢ □ E B □ C □
조건 (2)에 따라 D는 여섯 번째 순서로 상담하게 되며, 조건 (1)에 따라 A는 B 다음에 상담해야 하므로 A는 네 번째 순서로 상담하게 된다. 따라서 남은 F가 첫 번째 순서로 상담하게 된다. 즉, 상담순서로 가능한 경우는 F E B A C D로 유일하다.

㉣ E □ B C □ □
조건 (1)과 (2)에 따라 A와 D는 다섯 번째 또는 여섯 번째 순서로 상담하게 되며, 따라서 남은 F는 두 번째 순서로 상담하게 된다. 따라서 상담순서로 가능한 경우는 E F B C A D 또는 E F B C D A이다.

위 내용을 종합하여 표로 나타내면 규칙에 따라 상담순서로 가능한 경우는 다음과 같다.

첫 번째	두 번째	세 번째	네 번째	다섯 번째	여섯 번째
F	E	B	A	C	D
E	F	B	C	A	D
E	F	B	C	D	A
B	E	A	F	C	D
B	E	F	A	C	D

따라서 두 번째 순서에 상담할 수 있는 학생은 E와 F이다.

합격자의 시간단축 Tip

Tip ❶

(1) 발문과 선지의 구성에 유의하며 문제에 접근해야 한다. 문제에서는 두 번째 순서에 상담할 수 있는 학생을 묻고 있으며, 선지에 주어진 선택지는 A, E, F뿐이다. 따라서 각 인물을 두 번째 순서에 위치하도록 설정한 후 주어진 조건들에 모순되지 않도록 모든 학생의 상담 순서를 정할 수 있는지 살펴보는 것이 가장 효율적인 풀이 방법이다.

(2) 이 경우, E 또는 F가 두 번째 순서로 상담할 수 있는 하나의 경우만 발견하면 되기 때문에 모든 경우의 수를 확인하는 것보다 빠르게 문제를 풀 수 있다. 만약 모든 경우의 수를 구하고자 하더라도, 구체적으로 한 명 한 명의 순서까지 생각할 필요는 없다. 예를 들어,

E			C	D	

이런 경우 A는 B가 세 번째에 오기 때문에 자동적으로 두 번째 순서가 안되며, F가 되는구나 하고 생각할 수 있다. 해설과 같이 모든 상담순서에 학생들을 일일이 다 배치해서 구하기 보다, 된다/안 된다 여부만 확인하면 된다.

Tip ❷ 'A는 B 다음의 어느 순서에 상담한다.'라는 표현은 시험 볼 때 헷갈리기 쉽다. 'B 〉 A', 'B − A' 등의 표현을 문장 옆에 적어 놓아 바로바로 적용하기 편하게 하는 것도 하나의 방법이다.

Tip ❸ 발문은 '두 번째 순서에 상담할 수 있는 학생'을 묻고 있다. 즉, 모든 경우의 수를 따질 필요 없이, 어떤 학생이 두 번째 순서로 상담할 수 있는 단 한 가지의 경우라도 발견하면 된다. 먼저 세 번째, 네 번째 조건을 통해 (1) B E □ □ C D, (2) E □ B C □ □의 두 가지 경우가 발생한다.
이때 경우 (1)로부터 E가 두 번째 순서에 상담하는 것이 가능함이 확정됐으므로, 나머지 빈칸에 다른 학생을 배치할 필요 없이 선지 ②, ③을 소거한다. 남은 선지를 고려해 볼 때, 두 번째 순서에 상담할 수 있는 학생으로 A와 F만 판단해 보면 된다.

경우 (1)은 E가 두 번째 순서로 '확정'된 경우니 더 이상 신경 쓰지 않아도 된다. 따라서 경우 (2)에서, 두 번째 순서로 A 또는 F가 가능한지 확인한다. 가능한지만 확인해 보면 되므로, 실제로 A 또는 F를 두 번째 순서에 넣어서 모순이 발생하는지만 살펴본다.

먼저 A가 두 번째 순서라면 E A B C □ □가 되는데, 이는 첫 번째 조건에 위배된다. 따라서 선지 ⑤를 소거한다. 그다음, F가 두 번째 순서라면 E F B C □ □가 되는데, 이 경우 조건에 위배되지 않는다. 따라서 두 번째 순서로 F도 가능함이 확인됐으므로, 선지 ①을 소거한 후 남은 선지인 ④를 정답으로 선택한다.

17 정답 ③ 난이도 ●●○

언어추리 – 조건추리 문제

(1) 〈조건〉 세 번째, 다섯 번째, 여섯 번째에 따라 각 주차별로 시장조사를 나가는 직원을 정리하면 다음과 같다.

주차	첫 번째 주	두 번째 주	세 번째 주	네 번째 주	다섯 번째 주
직원	B, I	G, −	F, −	−, −	−, −

(2) 〈조건〉 첫 번째, 두 번째, 세 번째, 일곱 번째에 의하면 인턴 B는 차장 I와, 인턴 A는 대리 H와 함께 시장조사를 나가므로 남은 인턴 C는 대리 G 또는 부장 J와 함께 시장조사를 나가야 한다. 그런데 〈조건〉 다섯 번째에 따라 C는 두 번째 주에 시장조사를 나가지 않는다. 또한, 〈조건〉 일곱 번째와 여덟 번째에 따라 H와 D는 두 번째 주에 G와 함께 시장조사를 나가지 않는다.

(3) 이때, J가 G와 시장조사를 나갈 경우 인턴 C가 시장조사를 나가지 못하므로 J는 G와 시장조사를 나가지 않는다. 따라서 두 번째 주에 G와 함께 시장조사를 나가는 직원은 E이며 인턴 C는 부장 J와 함께 시장조사를 나간다. 그런데 〈조건〉 네 번째에 따라 J는 마지막 주에 시장조사를 나가지 않으므로 네 번째 주에 시장조사를 나가며, A는 H와 함께 마지막 주에 시장조사를 나간다.

(4) 이상을 표로 정리하면 다음과 같다.

주차	첫 번째 주	두 번째 주	세 번째 주	네 번째 주	다섯 번째 주
직원	B, I	E, G	D, F	C, J	A, H

표의 내용을 바탕으로 선지의 내용을 확인해보자.

① (×) 마지막 주에 대리와 사원이 함께 시장조사를 나간다.
➜ 마지막 주에 대리 H와 인턴 A가 함께 시장조사를 나간다.

PART 2 추리

② (×) 사원은 모두 다른 주에 시장조사를 나간다.
→ 사원 D와 F는 세 번째 주에 같이 시장조사를 나간다.

③ (○) 네 번째 주에 C와 J가 함께 시장조사를 나간다.
→ 네 번째 주에 C와 J가 함께 시장조사를 나간다.

④ (×) E는 세 번째 주에 시장조사를 나간다.
→ E는 두 번째 주에 시장조사를 나간다.

⑤ (×) H는 D와 함께 시장조사를 나간다.
→ H는 A와 함께 마지막 주에 시장조사를 나간다.

합격자의 시간단축 Tip

Tip ❶ 숨겨진 정보를 파악하는 것이 중요하다. 먼저 조건에서는 인턴과 대리 이상의 직급이 함께 시장조사를 간다는 내용만 알려주고 있으므로, 인턴이 누구와 시장조사를 가게 되는지를 먼저 조합해볼 수 있다.
그다음으로, 이를 통해 사원은 누구와 시장조사를 가게 되는지 미리 짐작할 수 있다면 효율적으로 문제를 풀 수 있을 것이다. 시장조사를 나가는 조합을 구하는 구체적인 방법은 아래와 같다.

(1) 〈조건〉 세 번째에 따라 1주는 B, I로 확정된다.

(2) 〈조건〉 두 번째에 따라 인턴은 반드시 대리 이상 직급의 직원과 함께 시장조사를 나가야 하는데 인턴은 3명, 대리 이상 직급의 직원은 4명이다. 또한, 〈조건〉 다섯 번째에서 두 번째 주에 대리인 G가 시장조사를 나가지만 인턴이 시장조사를 나가지 않으므로, G를 제외한 H, I, J가 인턴과 시장조사를 나간다. 인턴 3명 중 앞서 B는 I와 1주로 확정되었고, 〈조건〉 일곱 번째에 따라 A−H가 같이 나가므로 C−J가 함께 시장조사를 나가는 것이 확정된다.

(3) 남은 D, E, F, G는 2주에는 G가 시장조사를 나가고, 3주에는 F가 나가며, D와 G는 함께하지 않으므로 D−F와 E−G가 같이 나감을 알 수 있다.

(4) J는 마지막 주에 시장조사를 나가지 않으므로 C−J가 4주, A−H가 5주임이 확정된다.

Tip ❷ 해설의 풀이와 달리, 표를 그린 뒤 정보를 채워 나가는 풀이방법을 소개한다.

직급	인턴			사원			대리		차장	부장
직원	A	B	C	D	E	F	G	H	I	J
1주	×	○	×	×	×	×	×	×	○	×
2주	×	×	×			×	○		×	
3주		×				○	×		×	
4주		×				×	×		×	
5주		×				×	×		×	×

〈조건〉에 따르면 인턴은 반드시 대리 이상 직급의 직원과 함께 시장조사를 나가야 하므로, 대리 이상부터 화살표를 표기하는 것도 좋은 방법이다.

(1) 확정적인 정보를 먼저 기입한다.
- 차장은 B와 함께 첫 번째 주에 시장조사를 나갔다.
- J는 마지막 주에 시장조사를 나가지 않는다.
- 세 번째 주에는 F가 시장조사를 나간다.
- 두 번째 주에는 인턴이 시장조사를 나가지 않고, G가 시장조사를 나간다.

직급	인턴			사원			대리		차장	부장
직원	A	B	C	D	E	F	G	H	I	J
1주	×	○	×	×	×	×	×	×	○	×
2주	×	×	×	×	○	×	○	×	×	×
3주	×	×	×	○	×	○	×	×	×	×
4주	×	×	○	×	×	×	×	×	×	○
5주	○	×	×	×	×	×	×	○	×	×

(2) 기입된 정보에 나머지 조건을 반영하여 추론한다. 우선 〈조건〉 두 번째에 따라, 3주차에도 인턴은 시장조사를 나가지 않는다. 왜냐하면 인턴은 대리 이상 직급의 직원과 함께 시장조사를 나가야 하는데, 2명 중 1명이 이미 사원 F로 확정되었으므로 인턴이 시장조사를 갈 수 없다. 또한 4주, 5주에는 인턴 A, C가 시장조사를 나가게 되므로, 사원 D, E는 2주, 3주에 시장조사를 가야 하며 대리 H와 부장 J가 4주, 5주에 시장조사를 가야 함을 알 수 있다. 이때, 〈조건〉 일곱 번째와 여덟 번째에 따라 나머지 빈칸을 쉽게 채울 수 있다. 실전에서 위와 같은 6×11표를 그리는 것은 쉽지 않으나, 표 그리기에 익숙해진다면 보다 간단하게 그릴 수 있게 될 것이다. 표를 그려 문제를 풀면 보다 정확하게 답을 구할 수 있으므로, 이 방법을 기억해 두도록 하자.

Tip ❸ 표를 구성하는 다른 방식도 소개하고자 한다. 1회에 2명씩 가는 것이 정해져 있으므로, 가는 두 사람 자리를 비워두고 그 아래 가지 않는 사람 등 고려해야 할 정보를 적는 방식이다. 표를 어떻게 그려야 하는지에 대한 정답은 없으니 본인이 시험장에서 활용하기 쉬운 방법을 선택하면 된다. 확정된 사람은 시험지에서 지워가며 푼다.

A, B, C / D, E, F, G, H, I / J ×

1	2	3	4	5
1	G	F	C	A
B	E	D	J	H
	인턴, D			J

Tip ❹ 주어진 〈조건〉이 많은 경우, 본인이 문제 풀이를 하면서 어떤 조건을 사용했는지, 혹은 어떤 조건을 아직 사용하지 않았는지 등을 헷갈릴 가능성이 높다. 따라서 어떤 조건을 '완벽히' 사용하고 난 후에는, 조건에 줄을 긋던가 구분 기호(○)에 × 표시를 해서 사용했음을 표시하면 좋다.
여기서 '완벽히' 사용했다는 것은, 더 이상 그 조건을 확인하지 않아도 된다는 뜻이다. 6번째 조건처럼 'F가 세 번째 주에 시장조사를 나간다.'는 내용은 확정 조건이므로, 한 번 표시하면 그 이후에는 다시 그 조건을 확인하지 않아도 된다. (어떤 경우에서든, F는 세 번째 주에 시장조사를 나가기 때문이다.) 그런데 두 번째나 네 번째처럼 일부 정보만 주어져 정보가 확정되지 않는 조건들이 있다. 이런 조건들은 '완벽히' 사용하여 더 이상 확인하지 않도록 하기보단, 문제를 풀이하는 과정에서 본인의 풀이가 그 조건에 모순되는지 점검하는 용도로 활용해야 한다.
예를 들어 두 번째 조건의 경우, 최대한 문제를 푼 후에 나온 본인의 중간 결론이 두 번째 조건과 부합하는지, 즉 내가 도출한 경우의 수가 모두 '인턴이 대리 이상 직급의 직원과 함께 시장조사를 나갔다.'는 두 번째 조건에 부합하는지 점검하는 용도로 사용한다. 따라서 이런 조건들은 성급하게 지우지 말고, 문제를 풀이하는 내내 활용해야 한다.

18 정답 ❸ 난이도 ●●○

언어추리 – 조건추리 문제

첫 번째와 두 번째, 세 번째 조건에 따라 가능한 골프치는 순서의 조합은 다음과 같다.

① 아이언 – 아이언 – 드라이버 – 우드 – 드라이버 – 우드 – 드라이버 – 우드
② 드라이버 – 우드 – 아이언 – 아이언 – 드라이버 – 우드 – 드라이버 – 우드
③ 드라이버 – 우드 – 드라이버 – 우드 – 아이언 – 아이언 – 드라이버 – 우드
④ 드라이버 – 우드 – 드라이버 – 우드 – 드라이버 – 우드 – 아이언 – 아이언

(1) 〈조건〉 여섯 번째에 따라 G와 H는 드라이버를 선택하지 않았는데, 〈조건〉 세 번째에 따라 우드를 선택한 사람은 연속해서 칠 수 없으므로 G와 H 중 한 사람은 우드를, 한 사람은 아이언을 선택했다. 그런데 골프를 먼저 치는 G가 아이언이고 다음으로 치는 H가 우드라면 위의 네 가지 경우에 해당되지 않는다. 따라서 골프를 먼저 치는 G가 우드이고 바로 다음으로 치는 H가 아이언이다.

(2) 이때, 〈조건〉 다섯 번째에 따라 B가 아이언을 선택했으며, 〈조건〉 네 번째에 따라 아이언을 선택한 사람은 연속해서 치므로 아이언을 선택한 B는 H 다음으로 골프를 치고, 〈조건〉 아홉 번째에 따라 D는 B 다음으로 골프를 친다. 따라서 아이언을 선택한 H와 B 앞뒤로 골프를 치는 사람이 있으므로, 조합 ② 또는 ③이 가능한 조합이다.

(3) 한편, 〈조건〉 여덟 번째에 따라 여섯 번째로 골프를 치는 사람은 C이며 그는 아이언을 선택하지 않았으므로, 조합 ②만이 가능하여 우드를 선택했을 것이다. 〈조건〉 일곱 번째에 따라 E는 드라이버를 선택하고 일곱 번째에 골프를 치고, 자동적으로 A는 첫 번째, F는 마지막에 골프를 친다.

이상의 정보를 정리하여 표로 나타내면 다음과 같다.

순서	1	2	3	4	5	6	7	8
이름	A	G	H	B	D	C	E	F
골프채	드라이버	우드	아이언	아이언	드라이버	우드	드라이버	우드

① (○) D는 다섯 번째로 친다.
→ D의 순서는 다섯 번째이다.

② (○) H는 아이언을 선택했다.
→ H는 골프채로 아이언을 택했다.

③ (×) 가장 마지막으로 치는 사람은 E이다.
→ 가장 마지막으로 치는 사람은 우드를 선택한 F이다.

④ (○) F는 우드를 선택했다.
→ F는 골프채로 우드를 택했다.

⑤ (○) A 바로 다음에 G가 친다.
→ A 바로 다음 2번째 순서로 G가 친다.

합격자의 시간단축 Tip

Tip ❶ 첫 번째, 두 번째, 세 번째 조건에서 성립 가능한 골프채 순서를 미리 구한 후 문제를 푸는 것이 효율적이다. 조건에서는 우드를 선택한 사람은 연속적으로 칠 수 없다고 했을 뿐 드라이버에 대해서는 연속적으로 칠 수 없다고 하지는 않았으나, 두 번째 조건에 따라 드라이버 다음에 곧바로 드라이버가 오는 것은 불가능하므로 이 역시 우드와 마찬가지로 연속적으로 칠 수 없다.

Tip ❷ 첫 번째, 두 번째, 세 번째 조건에 따라 가능한 경우 네 가지를 찾은 것만으로도 바로 정답을 도출할 수 있다.
조합 ①, ②, ③, ④ 모두를 종합해 볼 때 마지막에는 무조건 우드 혹은 아이언이 올 것인데, 일곱 번째 조건에 따라 E는 드라이버를 선택했으므로, 조합 ③이 옳지 않다고 바로 판단이 가능하다.
이처럼 모든 경우를 맞추지 않더라도 중간에 답을 찾을 수 있으므로, 중간중간에 지금까지 도출된 정보로 판단 가능한 선지가 존재하는지 확인하며 문제를 푸는 것이 좋다.

Tip ❸ 드라이버 다음에 우드가 와야 하므로 우드는 짝수 번째에 해당한다. 여섯 번째 조건에 따라 C는 아이언을 선택하지 않았다. C가 우드이고 여섯 번째임을 활용해 '아이언 – 아이언'이 오는 순서를 경우의 수를 구하지 않고 바로 파악할 수 있다. G가 우드, H가 아이언이므로 조건들을 충족하기 위해선 '드라이버 – 우드(G) – 아이언(H) – 아이언(B)'가 세트로 있어야 한다. 앞부터 1~4이거나 뒤 파트 6~8 순서이거나 둘 중 하나이다. C가 여섯 번째이므로, 아이언이 3~4번째 순서임을 확인할 수 있다.

19 정답 ①

난이도 ●○○

언어추리 – 조건추리 문제

(1) 을과 병의 진술에 따라 A는 B와 E 사이에, C는 A와 D 사이에 각각 등교했으므로 A와 C는 첫 번째 또는 다섯 번째로 등교하지 않았다. 또한, 무의 진술에 따라 A와 C는 연이어 등교하지 않았으므로 A와 C는 한 명이 두 번째, 한 명이 네 번째로 등교하였다.

(2) 만약 A가 두 번째로 등교하였다면 C는 네 번째로 등교하였는데, 이때, 병의 진술에 따라 C는 A와 D 사이에 등교했으므로 D는 C가 등교한 이후인 다섯 번째로 등교해야 한다. 이는 D가 마지막으로 등교하지는 않았다는 정의 진술에 모순된다.

(3) 따라서 C가 두 번째로 등교하였으며 A는 네 번째로 등교하였다.

합격자의 시간단축 Tip

Tip ❶ 발문을 언제나 주의해서 기억하도록 한다. 네 번째로 등교하는 학생을 묻고 있기 때문에 C와 A가 각각 두 번째, 네 번째로 등교한다는 사실을 알았다면 더 이상 문제를 풀지 않고 곧바로 답을 체크하도록 한다. B와 E의 구체적인 등교 순서 등은 구하지 않아도 된다. 물론 정답을 정확히 구하는 것이 중요하지만, 중간에 확정되지 않은 정보가 있더라도 답을 도출할 수 있다면 바로 답을 체크하고 다음 문제로 넘어가는 것이 중요하다. 실전에서는 시간이 부족하고 많은 문제를 풀어야 하기 때문에 최단 과정으로 문제에 접근하는 것이 필요하다.

Tip ❷ 갑의 진술 'B가 D보다 먼저 등교했다면, C가 E보다 먼저 등교했을 것이다.'에서 전건이 거짓인 경우 명제는 처음부터 참·거짓을 판단할 수 없으므로 후건의 참 또는 거짓과 상관없이 이 명제는 항상 참이다. 즉, 만약, B가 D보다 먼저 등교하지 않았다면 C와 E의 순서는 알 수 없고 이 명제는 고려할 필요가 없어진다. 실제 풀이에서는 이 명제로 어떠한 순서도 확정 지을 수 없으므로 우선 나머지 명제를 가지고 해설의 (3)까지 풀어내고 나면 다음과 같이 순서가 확정된다.

첫 번째	두 번째	세 번째	네 번째	다섯 번째
D	C		A	

이때, 갑의 진술의 전건 'B가 D보다 먼저 등교했다면'이 이미 거짓이 되므로 이 명제는 고민할 필요없이 참이 된다.

Tip ❸ '사이에' 등교했다는 말을 '연이어' 등교했다는 표현으로 이해하지 않도록 주의하자.

Tip ❹ **Tip ❷**에서 '전건이 거짓'인 명제는 왜 항상 참인지에 대해서 부연하겠다. 먼저 P → Q라는 명제는, 'P는 모두 Q이다.'를 의미한다. 따라서 'P이면서 ~Q인 경우는 없다.'와 동일한 의미가 된다. 그러므로 P → Q는 ~(P ∩ ~Q)와 동일하며, ~(P ∩ ~Q)를 정리하면 ~P ∪ Q가 되므로 결국 P → Q ≡ ~P ∪ Q가 성립한다. 이때, 전건이 거짓임이 밝혀졌다고 해보자. 즉 ~P가 참이라는 것이 밝혀진 것이다. ~P ∪ Q는 ~P나 Q 중 하나만 참이어도 참이 된다. 그런데 ~P가 참이라는 것이 밝혀졌으므로 ~P ∪ Q는 참이 된다. 이때 ~P ∪ Q ≡ P → Q였으므로, P → Q 역시 참인 명제가 된다. 따라서 P → Q와 같은 조건명제에서 전건이 거짓이라면

(~P), 조건명제 P → Q는 그 자체로 항상 참이 된다.

20 정답 ② 난이도 ●●○

언어추리 – 조건추리 문제

(1) 〈배치 계획〉 (가)에 따라 ○○자동차의 위치는 D부스이다. 그런데 〈배치 계획〉 (마)에 따라 모든 공공기관 부스의 정면 및 양옆에는 공공기관 부스가 위치할 수 없으므로, 공공기관 부스의 정면 및 양옆에는 사기업이 위치해야 한다.
8개의 부스 중 4개가 공공기관, 4개가 사기업이며 각각 부스의 절반씩 차지하므로 사기업 부스의 정면 및 양옆에는 공공기관 부스가 위치한다. 따라서 사기업인 D부스의 정면인 H부스와 옆인 C부스는 공공기관 부스이다. 동일한 원리로 부스를 결정하면, A, C, F, H부스가 공공기관 부스이고 B, D, E, G부스가 사기업 부스이다.

(2) 〈배치 계획〉 (다)에 따라 ○○자동차 부스와 ○○식품 부스는 복도를 기준으로 같은 쪽에 위치하는데, ○○자동차 부스는 D부스이며 ○○식품은 사기업이므로 ○○식품 부스는 B부스이다.

(3) 〈배치 계획〉 (라)에 따라 ○○식품의 정면에는 도로교통공단 부스가 위치하므로 도로교통공단 부스는 F부스이다.

(4) 〈배치 계획〉 (나)에 따라 한국교육과정평가원 부스와 도로교통공단 부스는 복도를 기준으로 같은 쪽에 위치하는데, 도로교통공단 부스는 F부스이며 한국교육과정평가원은 공공기관이다. 따라서 한국교육과정평가원 부스는 H부스이다.

(5) 이를 바탕으로 부스의 위치를 정리하면 다음과 같다.

(공)한국전력공사/한국주택금융공사	복도	(사)○○은행/○○건설
(사)○○식품		(공)도로교통공단
(공)한국주택금융공사/한국전력공사		(사)○○건설/○○은행
(사)○○자동차		(공)한국교육과정평가원

① (○) ○○건설 부스와 한국교육과정평가원 부스는 복도를 기준으로 같은 쪽에 위치한다.
→ ○○건설 부스와 한국교육과정평가원 부스 모두 복도를 기준으로 오른쪽에 위치한다.

② (×) ○○은행 부스와 한국주택금융공사 부스는 복도를 기준으로 같은 쪽에 위치한다.
→ ○○은행 부스는 E 또는 G로 복도를 기준으로 오른쪽에 위치하지만, 한국주택금융공사 부스는 A 또는 C로 복도를 기준으로 왼쪽에 위치한다.

③ (○) ○○식품 부스 옆에는 한국주택금융공사 부스가 위치한다.
→ 한국주택금융공사 부스는 A 또는 C로 B부스인 ○○식품의 왼쪽 또는 오른쪽 부스 중 하나에 위치한다. 따라서 어느 경우에도 한국주택금융공사 부스는 ○○식품 부스 옆에 위치한다.

④ (○) ○○은행 부스 옆에는 도로교통공단 부스가 위치한다.
→ ○○은행 부스는 E 또는 G로 F인 도로교통공단의 왼쪽 또는 오른쪽 부스 중 하나에 위치한다. 따라서 어느 경우에도 ○○은행 부스는 도로교통공단 부스 옆에 위치한다.

⑤ (○) 한국전력공사 부스 옆에는 ○○식품 부스가 위치한다.
→ 한국전력공사 부스는 A 또는 C로 B부스인 ○○식품의 오른쪽 또는 왼쪽 부스 중 하나에 위치한다. 따라서 어느 경우에도 한국전력공사 부스는 ○○식품 부스 옆에 위치한다.

합격자의 시간단축 Tip

Tip ① 문제에서 가장 핵심이 되는 조건은 〈배치 계획〉 (마)이다. (마) 조건에 따라 복도를 중심으로 오른쪽과 왼쪽 각각에는 공기업이 두 개 이상 배치될 수 없다. 따라서 도로교통공단과 한국교육과정평가원 부스가 우측에, ○○식품과 ○○자동차 부스는 좌측에 배치된다는 것을 알았다면 이는 자연스레 좌측의 남은 칸에는 공공기관이, 우측의 남은 칸에는 사기업이 들어갈 것 역시 알 수 있다.
이상의 정보까지 도출했다면, 곧바로 선지 ②가 틀렸음을 알 수 있다. 구체적으로 ○○식품이나 도로교통공단, 한국교육과정평가원 부스의 위치를 확정 지으려 하지 않아도 된다. 또한, 문제의 선지에서도 확정되지 않은 정보들에 대해서는 '같은 쪽에 위치한다.'와 같이 나오기 때문에 직접적으로 부스의 위치를 구할 필요가 없다.

Tip ② 조건을 꼭 순서대로 해석할 필요는 없다. 본 해설과 같이 연결되는 순서대로 조건을 해석하는 게 보다 편리하다. 가령 (가)는 ○○자동차 위치에 대한 설명이므로, 그다음 조건에서 ○○자동차와 관련된 (다)를 먼저 보는 것이다.

혹은 경우의 수가 가장 많이 줄어드는 조건을 먼저 고려해도 된다. (가)에서 ㅇㅇ자동차의 위치가 정해진 후에, (마)를 통해 A, C, F, H에 공공기관이 위치하고 B, D, E, G에 사기업이 위치할 것임을 바로 파악할 수 있다. (마)의 경우 위치할 수 있는 여덟 가지의 경우를 각 특성에 따라 절반으로 줄여주기에 (마)를 우선적으로 고려하는 방법도 효율적이다.

* 공공기관으로 제시된 기관들의 이름이 상당히 길어 이를 모두 적으며 문제를 풀기는 어렵다. 이때, 가장 앞 두 글자 정도를 따서 적어 두는 것이 보통이나, 이 문제에서는 세 기업이 '한국'으로 동일해서 구별되지 않는다. 따라서 한국전력공사는 '전력', 도로교통공단은 '도로', 한국교육과정 평가원은 '교육', 한국주택금융공사는 '주택' 등으로 표시하면 좋다. 그리고 그렇게 하기로 한 이상, 발문에 나와 있는 기관명의 해당 부분에 동그라미를 쳐서 표시해 두면 헷갈리지 않을 것이다.

Tip ❸ 직접 적으며 푸는 방법도 있다.

(1) 조건을 통해 알 수 있는 것들을 순서대로 적어 놓는다.
  ① 조건 (가)를 보고 먼저 D 자리에 자동차를 적어 준다.
  ② 평가원과 도로 부스가 같은 쪽이므로 표 양측 아래에 함께 적는다.
  ③ (다)에 따라 자동차 쪽에 적는다.
  ④ (라)에 따르면 식품 정면이 도로이므로, 좌측에 적어 두었던 평가, 도로를 지운다.

A	복도	E
B		F
C		G
D자동차		H
~~평가, 도로~~		평가, 도로
식품		

(2) (마)에 따라 평가, 도로, 식품의 위치가 정해진다. 다른 부스들의 위치도 파악할 수 있다. 정확하게 어디가 어떤 곳에 자리 잡는지는 조건에 나와 있지도 않으므로 구하려고 노력할 필요가 없다.

A 주택 or 전력	복도	E 은행or 건설
B 식품		F 도로
C 주택 or 전력		G 은행or 건설
D자동차		H 평가
~~평가, 도로~~		평가, 도로
식품		

Tip ❹ 선지 구조를 보면, 선지 ①, ②는 '복도를 기준으로 같은 쪽인지'에 대해서 물어볼 뿐, 구체적인 위치가 어디인지는 묻지 않고 있다. 반면 선지 ③, ④, ⑤는 구체적인 위치가 어디인지 묻고 있다. 따라서 문제 풀이 과정에서 선지를 판단할 때, 선지 ③, ④, ⑤처럼 구체적인 문제 풀이가 필요한 선지보다는 비교적 간단한 선지 ①, ②를 먼저 확인하는 것이 좋다.
이 문제의 경우 정답 선지가 ②였기 때문에, 선지 ①, ②를 먼저 확인했다면 문제 풀이 시간을 줄일 수 있었을 것이다. Tip1과 마찬가지로, 이렇게 무언가를 배치하는 문제의 경우 각 대상의 구체적인 최종 위치까지 구할 필요가 없다. 문제를 푸는 중간중간, 어느 정도 모인 정보들을 바탕으로 계속 선지를 훑어보며 지금 풀이 단계만으로 소거할 수 있는 혹은 선택할 수 있는 선지가 있는지 확인하면 풀이 시간을 줄일 수 있다.

21 정답 ② 난이도 ●●●

언어추리 – 조건추리 문제

편의상 기둥을 직사각형으로 나타내자. 이 경우, 직사각형의 각 변은 기둥의 각 면이며 기둥의 각 면과 맞닿은 칸은 해당 면을 칠한 사람과 그 색깔을 의미한다. 기둥의 임의의 한 면을 A가 칠한 면이라고 할 때, 조건 ㉢은 다음과 같이 나타낼 수 있다.

노란색	기둥	
	A	

조건 ㉦에 따라 초록색을 칠한 사람과 파란색을 칠한 사람 중 한 명은 여자이고 다른 한 명은 남자이다. ㉠에 따라 빨간색, 노란색, 초록색, 파란색이 칠해졌으므로, 조건 ㉦을 반대로 해석하면 빨간색과 노란색을 칠한 사람 중 한 명은 여자이고 다른 한 명은 남자라는 뜻이다. ㉤에 따라 C의 반대쪽 면에는 빨간색이 칠해지므로 A의 오른쪽에는 C가 올 수 없다. 따라서 C는 A의 맞은편 또는 왼쪽에 위치하게 되는데, 각각의 경우를 나누어 생각해 보면 다음과 같다.

(1) C가 A의 맞은편에 위치할 경우
  ① ㉤에 따라 A는 빨간색을 칠하며, ㉦의 반대해석에 따라 빨간색과 노란색을 칠한 사람 중 한 명은 남자여야 하므로 노란색을 칠한 사람은 남자여야 한다. 따라서 A의 왼쪽에는 남자인 D가 위치하게 된다. 자연스레 여자인 B는 A의 오른쪽에 위치하게 된다.

② 남은 조건들을 검토해 보면, ㉣에서 B의 왼쪽에는 A가 위치하며 A는 빨간색을 칠했기 때문에 해당 조건에 모순되지 않는다. ㉥에서 D의 반대쪽에는 B가 위치하게 되는데, B가 초록색을 칠하지 않았다면 그는 파란색을 칠했을 것이다. 따라서 초록색은 C가 칠했을 것이며 이는 ㉦에 위배되지 않는다. 이를 그림으로 나타내면 다음과 같다.

	C, 초록색	
D, 노란색	기둥	B, 파란색
	A, 빨간색	

(2) C가 A의 왼쪽에 위치할 경우

① C가 A의 왼쪽에 위치한다면 C는 노란색을 칠했을 것이며, ㉤에 따라 A의 오른쪽 사람은 빨간색을 칠했을 것이다. 또한 ㉦의 반대해석에 따라 빨간색과 노란색을 칠한 사람 중 한 명은 여자여야 하므로 빨간색을 칠한 사람은 여자인 B다. 마지막으로 A의 맞은편에는 D가 위치하게 된다.

② 남은 조건들을 검토해 보면, ㉣에서 B의 바로 왼쪽면을 칠한 사람은 파란색을 칠하지 않았으므로 A는 초록색을 칠하게 된다. 그러나 ㉥에 따르면 D의 맞은편에 있는 사람은 초록색을 칠하지 않았어야 하므로 해당 조건에 모순된다. 따라서 C는 A의 왼쪽에 위치할 수 없다.

① (×) A는 초록색을 칠했다.
➜ A는 빨간색을 칠했다.

② (○) B는 파란색을 칠했다.
➜ B는 파란색을 칠했다.

③ (×) C는 노란색을 칠했다.
➜ C는 초록색을 칠했다.

④ (×) D의 바로 왼쪽 면을 칠한 사람은 B이다.
➜ D의 바로 왼쪽 면을 칠한 사람은 C이다.

⑤ (×) A의 바로 왼쪽 면을 칠한 사람은 C이다.
➜ A의 바로 왼쪽 면을 칠한 사람은 D이다.

합격자의 시간단축 Tip

Tip ❶ 해설과 같은 순서로 문제를 풀 때, C가 A의 맞은편에 위치한 경우를 검토하고 답이 ②로 나왔다면, 다른 경우의 수는 고려하지 않고 곧바로 답을 체크하고 넘어가야 한다.

Tip ❷ 원형으로 인물 등을 배치해야 할 경우 기준을 하나 고정해야 한다. 이때, 기준은 ㉢이나 ㉤처럼 다른 조건에 비해 보다 많은 부분을 확정할 수 있는 조건을 활용하는 것이 유리하다.

* 이 문제에서 확실하게 정할 수 있는 것은 A의 위치를 임의로 정한 뒤 그 왼쪽이 노란색이라는 것뿐이다. 그러므로 이 다음 바로 여러 경우의 수를 고려해야 한다. 확실하게 정할 수 있는 정보들을 먼저 나열하고 정해 놓는 것이 중요하긴 하나, 이 문제처럼 확정적인 정보가 적은 문제도 있으므로 빠르게 경우의 수를 구분하는 단계로 넘어가는 것 역시 중요하다.

Tip ❸ 설문의 경우 도망가는 포인트를 찾자면 〈보기〉 ㉣과 ㉥이다. 하나를 가정한 상태에서 또 하나를 가정해야 풀리는 구조이므로 시간이 많이 걸릴 수밖에 없으며, 가정해야 하는 조건이 많다는 것은 문제를 매우 귀찮게 만드는 요소이기 때문이다.

Tip ❹ 만약 도망가지 못하고 설문을 해결하기로 결심하였다면 다음과 같은 방법을 생각해 볼 수 있다. 해설에서는 C의 위치를 기준으로 문제를 풀어나갔지만 A가 칠한 면의 오른쪽 면을 칠한 사람이 C가 아니므로 그 사람이 B인지 D인지를 기준으로 문제를 풀어나갈 수도 있다.
이런 유형의 문제는 선지를 활용하는 방법도 좋을 수 있다. 예컨대 선지 ①이 정답이라면 A는 초록색을 칠했고, 이를 중심으로 조건을 대입하면 하나의 세트는 금방 도출된다. 물론 정답이 뒤쪽에 존재할 경우 시간이 많이 걸린다는 것은 단점이나, 시간이 넉넉하고 접근이 어려울 경우에는 최선의 선택이라고 할 수 있다.

Tip ❺ C가 올 수 있는 곳은 두 가지로 정해지므로, C가 A의 왼쪽에 위치할 때 B와 D의 위치 각각 대입해 보는 방법도 존재한다. 반대해석을 하는 것도 좋지만 오히려 생각하는 단계가 하나 더 생기는 것일 수 있다. 반대해석이 어렵다면 각각의 경우마다 조건이 맞는지 확인해 보는 것도 방법이다. 처음에 조건에 부합하는지 확인할 때는 시간이 조금 걸린다고 하더라도 나머지 세 경우를 살펴볼 때는 익숙해져서 빠르게 풀 수 있다.

22 정답 ❺ 난이도 ●●○

언어추리 – 조건추리 문제

(1) 문제의 〈조건〉을 구분하기 위해, 위에서부터 순서대로 조건 ㄱ~ㄷ이라 하자. 조건 ㄱ에 따라 지훈과 예진은 옆으로 이웃한 자리에 앉아 있다.

(2) 조건 ㄴ과 ㄷ에 따라 민수는 지훈과 예진과는 반대편에 앉아 있고, 마주 보고 앉아 있지 않다. 주어진 조건을 통해 정해지는 사실이 별로 없어서 선지를 바탕으로 문제를 풀어야 한다.

(3) 경우의 수를 구해보면 총 8가지이다.

(3)-1 민수가 자리 F에 앉는 경우

(3)-2 민수가 자리 D에 앉는 경우

(3)-3 민수가 자리 A에 앉는 경우

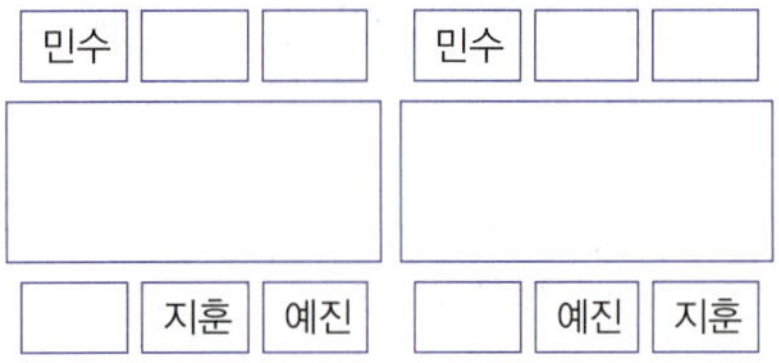

(3)-4 민수가 자리 C에 앉는 경우

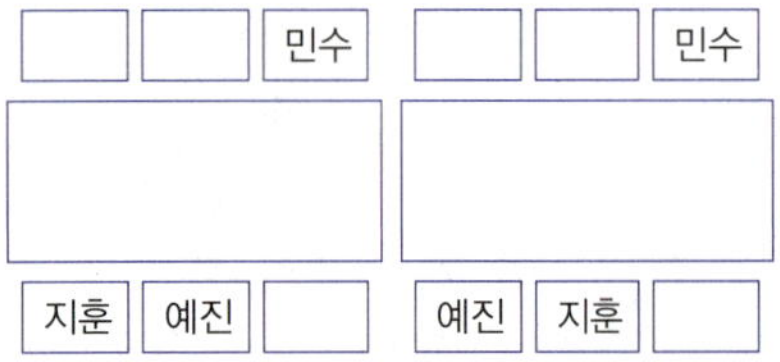

(4) 위의 경우의 수를 먼저 다 구하고 푸는 것보다 (1)과 (2)를 통해 구한 필수 요소만 기억하고, 선지에서 물어보는 것만 파악하면 더 빨리 풀 수 있다.

① (O) 민수는 자리 A에 앉아있다.
→ (3)-3에서 민수가 자리 A에 앉는 경우가 존재한다. 이때 지훈과 예진은 각각 E와 F 또는 F와 E에 앉는다.

② (O) 지훈은 자리 C에 앉아있다.
→ (3)-2에서 지훈이 자리 C에 앉는 경우가 존재한다. 이때 예진은 조건 ㄱ에 따라 자리 B, 민수는 조건 ㄴ과 ㄷ에 따라 D에 앉는다.

③ (O) 민수가 자리 C에 앉아있으면, 지훈은 자리 A에 앉아있지 않다.
→ (3)-4에서 민수가 자리 C에 앉아있을 때 주어진 조건에 따르면 지훈과 예진은 민수의 반대편에 앉아 있어야 한다. 따라서 지훈은 자리 A에 앉아있을 수 없다.

④ (O) 민수가 자리 D에 앉아있으면, 예진은 자리 B에 앉아있다.
→ (3)-2에서 민수가 자리 D에 앉아있을 때, 예진이 자리 B에 앉아있는 경우가 있다. 민수가 자리 D에 앉아있을 때 예진은 자리 B, 지훈은 자리 C에 앉아있을 수 있다.

⑤ (×) 예진이 자리 D에 앉아있으면, 민수는 자리 B에 앉아있다.
→ (3)-4에서 예진이 자리 D에 앉아있으면, 민수는 자리 C에 앉아있다. 예진이 자리 D에 앉아있으면 조건 ㄱ에 따라 지훈은 자리 E에 앉아있다. 조건 ㄴ과 ㄷ에 따라 민수는 지훈의 옆인 F에도 앉을 수 없고, 둘과 정면으로 마주 보는 A와 B에도 앉을 수 없다. 민수는 오직 자리 C에만 앉아있을 수 있다.

합격자의 시간단축 Tip

Tip ❶ 문제에서 주어진 조건이 3개밖에 없는 상황이다. 그런데 선지 ③, ④, ⑤ 는 각각 새로운 조건을 제시하고 있다. (예 '민수가 자리 C에 앉아 있으면') 따라서 이런 문제를 풀 때에는 추가적인 조건이 포함된 선지들을 먼저 확인하는 것이 좋다. 왜냐하면 조건이 많아질수록 경우의 수는 그만큼 줄어들고, 그러면 정답을 판단하기가 더 쉬워지기 때문이다. 따라서 이 문제에서도 선지 ①, ②가 아닌 ③, ④, ⑤를 먼저 살펴보는 것이 좋다.

Tip ❷ '항상 거짓'인 경우의 문제를 풀 때는 오지선다를 보면서 참인 경우가 존재하는지를 생각해 보면 된다. 만약 하나의 경우라도 가능한 경우가 나오면 해당 선지는 틀린 선 지가 되는 것이다. 이렇게 문제에서 항상 참이거나 항상 거짓인 경우를 물어본다면 각 선지의 검토를 극단적인 반대방향으로 진행하면 된다. 예를 들어서 3번의 경우 민수가 자리 C에 앉아있다는 것까지 참으로 가정한 뒤, 지훈이 자리 A에 앉아있는 경우가 가능한지를 체크해 보면 되는 것이다.

Tip ❸ 경우의 수가 많기 때문에 이를 일일이 나열하기보다 경우의 수들이 가질 특징을 생각해 보면 좋다. 본 문제에서는 ⓐ 민수는 꼭짓점에 위치한다 ⓑ 민수의 자리가 정해지면 지훈/예진은 민수의 대각선 쪽으로 앉을 것이다 ⓒ 지훈/예진의 위치는 뒤바뀌어도 상관없다는 특징을 가지게 된다. 이 특징들을 머릿속에 입력하고 선지 풀이로 들어가면 좋다. 이러한 경우, 민수가 꼭짓점이 아닌 '자리 B'에 앉아있다고 주장하는 선지 ⑤는 항상 거짓임을 알 수 있다.

Tip ❹ 자리배치 문제가 나온 경우, 자리의 모양에 집중한다. 자리배치 문제는 조건추리에서 자주 나오는 유형이다. 이때 자리의 형태가 중요하다. 해당 문제처럼 직사각형인 경우, C와 F는 "바로 옆자리"가 될 수 없다. 그러나 원형인 경우 C와 F는 "바로 옆자리"가 될 수 있다. 그리고 직사각형인 경우 "마주보는" 사람은 A와 D / B와 E / C와 F지만, 원형인 경우 A와 F, B와 E, C와 D가 될 것이다. 문제의 그림을 보고 자리형태를 파악해 조건을 헷갈리지 않아야 한다. 이와 별개로, 문제에 따라서 직사각형에도 자리 C와 자리 F를 바로 옆자리로 보는 경우도 존재할 수 있다. 따라서 문제에서 제시된 조건을 정확하게 읽어야 할 것이다.

23 정답 ②

난이도 ●●○

언어추리 - 조건추리 문제

문제에 주어진 조건을 조건 1~조건 6이라 하자.

(1) 조건 2에 따라 현재 표시된 숫자들은 비밀번호에 쓰이지 않으므로, 가능한 숫자들은 다음과 같다.
→ 0, 1, 2, 5, 7, 8

(2) 조건 3에 따라 표시된 값의 짝수, 홀수가 반대로 되어야 하므로, 정리하면 다음과 같다.

구분	첫째 자리	둘째 자리	셋째 자리	넷째 자리	다섯째 자리
현재 표시된 숫자	홀수 (3)	짝수 (6)	짝수 (4)	짝수 (4)	홀수 (9)
비밀번호	짝수	홀수	홀수	홀수	짝수
가능한 목록	0, 2, 8	1, 5, 7	1, 5, 7	1, 5, 7	0, 2, 8

조건 1에 따라 모두 다른 숫자로 구성되어 있으므로, 둘째, 셋째, 넷째 자리에 올 수 있는 숫자 1, 5, 7은 모두 사용될 것이다. 또한, 조건 4에 따라 첫째 자리에 가장 큰 숫자가 와야 한다. 이때, 첫째 자리로 가능한 숫자는 0, 2, 8로, 비밀번호를 구성하는 숫자 중 가장 큰 숫자가 될 수 있는 것은 8이다. 만약 0이나 2가 오게 될 경우, 다른 자리에 1, 5, 7이 올 수 없기 때문이다. 동일한 원리로, 다섯째 자리에 가장 작은 숫자가 오기 위해서는 1보다 작은 0이 와야 한다.

(3) 조건 5에 따라 현재 표시된 2번째 자릿값인 6보다 더 큰 값은 1, 5, 7 중 7이므로, 둘째 자리는 7이 된다.

(4) 조건 6에 따라 다섯째 자리의 0과 넷째 자리 숫자의 차이는 5보다 작아야 하므로, 가능한 1과 5 중 1이 넷째 자리에 와야 한다. 셋째 자리에 5가 오게 되면, 조건 1과 조건 6은 자동적으로 만족된다. 따라서 비밀번호는 87510이므로 둘째, 넷째 자리 숫자의 합은 7+1=8이다.

합격자의 시간단축 Tip

Tip ❶ 이 문제와 같이 규칙에 따라 올바른 값을 찾도록 요구하는 유형은 모든 조건을 활용해야만 풀 수 있다. 즉 필연적으로 시간이 소모될 수밖에 없다. 실수하지 않고 비교적 빠르게 풀기 위해서는 가능한 경우의 수를 체계적으로 정리해 가면서 풀어야 한다. 이를 위해 위 해설처럼 각 자릿수별로 가능한 값을 정리하는 등의 풀이 방식을 추천한다.

Tip ❷ 홀수, 짝수와 같은 대칭적인 특징들은 눈여겨보는 게 좋다. 조건 3에 따라 비밀번호에 사용되는 수는 홀수가 3개, 짝수가 2개이다. 이때, 남은 수들의 구성 또한 홀짝으로 구분하면 정확히 3개씩 남는다는 것을 알 수 있다. (홀수: 1, 5, 7, 짝수: 0, 2, 8)
따라서 홀수는 모든 수가 사용된다. 그렇다면 조건 5에 따라 둘째 자리에는 6보다 큰 7이 들어가며, 조건 6에 따라 (셋째 자리)는 1이 불가능하다. 이에 따라 (셋째, 넷째 자리)는 차례대로 (5, 1)이 된다는 것을 쉽게 파악할 수 있다.

Tip ❸ 문제에서 비밀번호의 둘째 자리 숫자와 넷째 자리 숫자의 합을 구하라고 했으므로, 다섯째 자리 숫자를 구체적으로 도출하지 않아도 정답을 구할 수 있다. 조건 3까지만 읽어도, 둘째, 넷째 자리에는 홀수가 오는 것을 알 수 있다. 따라서 답은 짝수가 되어야 하므로 ①, ⑤가 소거된다.
또한, 올 수 있는 홀수로는 7, 5, 1이 있는데, 이 숫자들의 조합으로 만들 수 있는 두 숫자의 합은 6, 8, 12이다. 따라서 선지 ③이 소거된다. 이때, 둘째 자리에 올 수 있는 수는 7임을 조건 5를 통해 알 수 있으며, 조건 6에 의해 셋째 자리에 1은 올 수 없으므로 넷째 자리의 수가 1이다. 따라서 ②가 답이다.

Tip ❹ 문제를 시각화해서 풀어나가는 방법을 추천한다. 혼돈을 방지하기 위해 위에 0~9까지 숫자를 적어 놓고 해당하지 않는 숫자는 X 표기를 하면서 남은 숫자를 확인하는 것도 좋다. 또한, 비밀번호가 다섯 자리이므로 아래와 같이 시각적으로 접근하기 쉽게 세팅할 수 있다.

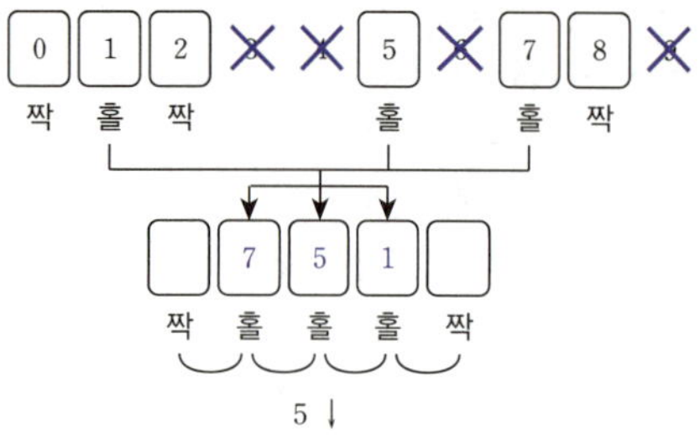

필자는 문제를 풀 때 주로 이렇게 시각화를 해 두는 편인데, 그림에 내가 알 수 있는 기호로 모든 조건을 표기해 준다. 둘째 자리에 '> 6'을 적어도 좋다. 그림 아래의 '5↓'는 조건 6의 '인접한 두 숫자 차이가 5보다 작다.'를 시각화한 것이다. 이렇게 표기를 하면 남은 숫자가 무엇인지도 쉽게 알 수 있을 뿐만 아니라 둘째 자리 숫자가 7이라는 것도 바로 캐치할 수 있다. 그리고 문제가 '둘째 자리 숫자와 넷째 자리 숫자의 합'을 구하는 것이기 때문에 셋째와 넷째 자리가 각각 5인지 1인지만 판단하면 되고, 이는 조건 6으로 쉽게 파악할 수 있다.

Tip ❺ 숫자 카드, 숫자 다이얼 등 문제에서 '숫자'가 소재로 주어진 경우, 숫자의 범위가 어디까지인지 반드시 기억해야 한다. 특히 숫자 문제의 경우, 이 문제에서 숫자의 범위는 0~9로 주어졌으므로, 특히 0의 존재를 잊어서는 안 된다. 0의 존재를 잊고, 주어진 숫자 카드가 1~9라고 생각하고 푼다면 문제는 틀리게 된다. 심지어 출제자는 '단, 0은 짝수로 간주한다.'는 조건을 통해, 이 문제에서 숫자 '0'이 주어졌음을 다시 한 번 강조하고 있다. 이처럼 숫자가 소재로 주어진 경우, 0이 특별한 역할을 하는 경우가 많으니 유심히 살펴봐야 한다.

24 정답 ④ 난이도 ●●○

언어추리 – 조건추리 문제

실전에서 문제를 풀 때에는 직접 원을 그린 후 8명의 자리를 각각 채워가며 푸는 것이 좋다. 단순히 순서를 나열하는 것 보다, 그림을 그리는 것이 '맞은편에 앉은 사람'을 구할 때 시각적으로 도움이 되기 때문이다.

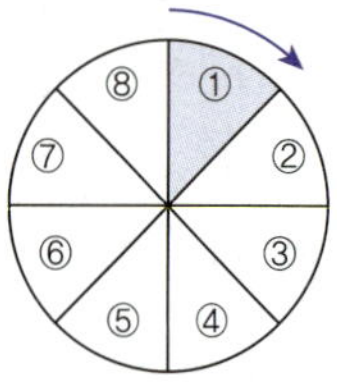

(1) 본 문제는 원형 테이블에 8명이 둘러앉는 상황이므로, 위와 같이 원을 8등분한 그림을 그려 문제를 해결해 보겠다. 〈조건〉 첫 번째에 의하면 음료가 나온 순서대로 시계방향으로 앉았다. 이때, 각 사람의 절대적인 위치는 중요하지 않다. '누가 누구의 옆에 앉았는가.', 즉 상대적인 위치만이 중요하다. 따라서 문제풀이를 시작하기 위해 기준이 되는 칸을 임의로 설정할 수 있다.
원형이기 때문에 누가 어떤 곳에 앉던, 그 자리가 가진 도형적 특성이 동일하기 때문이다. 따라서 각 자리마다 특색을 따져야 하는 상황이 아니므로, 구체적인 위치는 고려하지 않아도 된다. 위 그림과 같이, 색칠한 칸을 음료가 1등으로 나온 사람이라고 두자. 헷갈리지 않도록 시계방향 화살표를 표시하면 더욱 효과적이다.
각 사람이 원형 테이블에 둘러앉았을 때, 음료가 가장 먼저 나온 사람과 가장 마지막에 나온 사람을 제외하면 자신의 오른쪽에 앉은 사람의 음료가 자신보다 먼저 나왔으며 자신의 왼쪽에 앉은 사람의 음료가 자신보다 나중에 나왔다. 여기까지 숙지하고 본격적인 풀이에 들어가자.

(2) 두 번째 〈조건〉에 의하여 G의 위치는 ③번으로 결정되며, 여섯 번째 〈조건〉에 따라 H의 위치도 결정된다. 즉, G와 H는 각각 3등, 4등으로 음료를 받았다. 이를 그림으로 나타내면 다음과 같다.

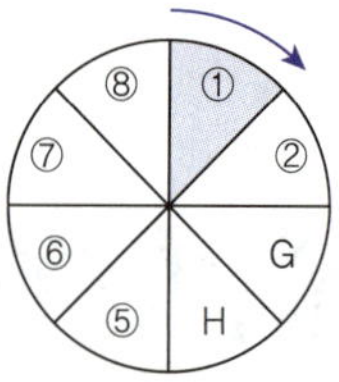

(3) 다섯 번째 〈조건〉에 의하면 A의 옆에 G가 앉았는데, G의 왼쪽에 H가 앉았으므로 A는 G의 오른쪽에 앉았다. 즉, A의 음료는 2등으로 나왔다. 또한, A의 양옆에 F, G가 앉았으므로 F는 A의 오른쪽에 앉았으며, 따라서 F의 음료가 1등으로 나왔다. 여기까지 그림으로 나타내면 다음과 같다.

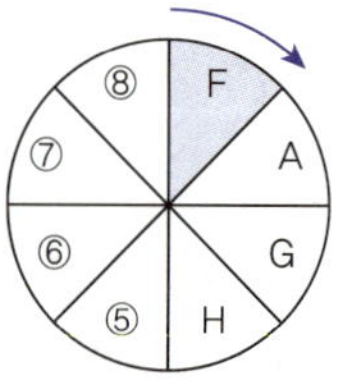

(4) 네 번째 〈조건〉에 따라 B의 오른쪽에는 D가 앉았으며, 세 번째 〈조건〉에 의하면 C와 D는 이웃하여 앉았는데 D의 왼쪽에는 B가 앉았으므로 C는 D의

오른쪽에 앉았다. 즉, 이 3인은 B – D – C 순서로 앉게 되지만, 아직 어디에 앉는지 알 수 없으므로 아래와 같이 별도의 원뿔을 그려 정보를 기록할 수 있다.

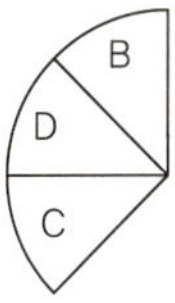

(5) 일곱 번째 〈조건〉에 따르면 G의 맞은편에는 C 또는 D가 앉는다. 이때, 왼쪽으로 D와 B가 있어야 하는 C는 G의 맞은편 자리에 앉을 수 없다. 따라서 G의 맞은편인 7등 자리에는 D가 앉게 됨을 알 수 있다. 원뿔 B – D – C를 배치하고 나서 마지막으로 남은 5등 자리에는 E가 앉게 된다.

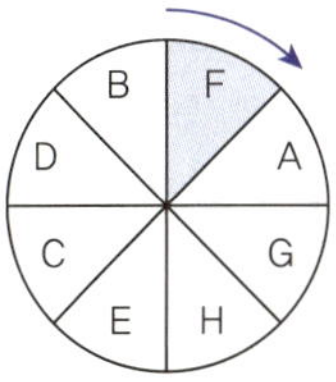

(6) 이상의 결과를 정리하면 음료는 F → A → G → H → E → C → D → B의 순서로 나왔다. 이 정보를 바탕으로 다음 선지를 확인해 보자.

① (O) F의 맞은편에는 E가 앉았다.
➜ 음료가 1등으로 나온 F의 맞은편에는 음료가 5등으로 나온 E가 앉았다.

② (O) H와 E는 이웃하여 앉았다.
➜ 음료가 4등으로 나온 H와 5등으로 나온 E는 이웃하여 앉았다.

③ (O) B의 음료가 가장 마지막에 나왔다.
➜ B의 음료가 가장 마지막에 나왔다.

④ (×) C의 맞은편에는 F가 앉았다.
➜ 음료가 6등으로 나온 C의 맞은편에는 음료가 2등으로 나온 A가 앉았다.

⑤ (O) F의 음료가 가장 먼저 나왔다.
➜ F의 음료가 가장 먼저 나왔다.

합격자의 시간단축 Tip

Tip ❶ 확정적인 정보를 기준으로 정보들을 재배치한다. G가 3등에 앉게 된다는 것이 확정적인 정보이므로 이를 기준으로 삼고, G가 포함되어 있는 조건들을 우선적으로 살펴 순서를 확정하는 것이 효율적인 풀이이다. G가 포함되어 있는 조건들은 다섯 번째, 여섯 번째, 일곱 번째 조건이다.

Tip ❷ 왼쪽, 오른쪽과 같이 방향을 판별할 때에는 관점에 주의해야 한다. 설문에서 앉은 사람을 기준으로 하도록 주어졌으므로, 만약 일렬로 줄을 세우는 방법으로 문제를 풀었다면 이를 특히 주의해야 한다. 반면 원형으로 앉도록 그릴 때에는 자연히 앉은 사람이 기준이 되므로 왼쪽, 오른쪽의 기준이 헷갈리지 않을 수 있다.

Tip ❸ 선지에 '~다면', '~라면' 등의 형식이 없으므로 순서가 확정된다는 것을 파악할 수 있다. 시간 단축을 위해 꼭 원을 그리지 않고 숫자만 둥글게 배치해도 된다. 또한 해설 (4)에서처럼 원뿔을 그리지 않고 단순히 'B–D–C'로만 적어도 된다. 최대한 간략하게 표현해 시간을 단축하는 것이 중요하다. 조건이 많으므로 완벽하게 해결한 조건은 문제에서 지워가며 풀어 빠뜨리는 조건이 없도록 하자.

1
8 2
7 3
6 4
5

25 정답 ④ 난이도 ●●○

언어추리 – 조건추리 문제

7명의 대원들의 직급을 도출하면 다음과 같다.

(1) 우선 B는 D보다 직급이 한 등급 높으므로, D가 B에게 연락할 경우 B는 바로 아래 직급의 대원으로부터 연락을 받아 자신의 바로 위 직급의 대원 한 명에게만 연락한다. 그런데 B는 A에게만 연락했으므로 A는 B보다 직급이 한 등급 높다.

(2) 다음으로, 바로 아래 또는 같은 직급의 대원으로부터 연락을 받으면 다른 대원 한 명에게만 연락하며, 바로 위 직급의 대원으로부터 연락을 받으면 다른 대원 한 명 이상에게 연락할 수 있다. 이때, C가 F에게 연락하자 F는 D와 E 두 명에게 연락하였으므로, F는 바로 위 직급의 대원으로부터 연락을 받았으며 자신과 같은 직급의 모든 대원들에게 연락한 것이다. 따라서 C는 F보다 직급이 한 등급 높으며, D와 E는 F와 직급이 같다.

(3) 한편, D, E, F는 직급이 같은데 B는 D보다 직급이 한 등급 높으므로 B와 C는 직급이 같다. 따라서 (1)~(3)에서 A > B = C > D = E = F임을 알

수 있다. 이때, G가 C에게 연락하자 C는 B에게만 연락했다.

① G가 C보다 직급이 한 등급 높은 경우
자신과 유일한 같은 직급의 대원 B에게 연락을 하게 된다. 따라서 G의 직급은 특정할 수 없다.

② G와 C가 같은 직급인 경우
C는 자신과 같은 직급의 다른 대원인 B에게만 연락을 하게 된다.

(4) 이상을 표로 정리하면 다음과 같다. (단, 위에 위치할수록 직급이 높다.)

(i) C가 G의 바로 아래 직급인 경우

<table>
<tr><td colspan="3">A</td><td colspan="3">G</td></tr>
<tr><td colspan="3">B</td><td colspan="3">C</td></tr>
<tr><td colspan="2">D</td><td colspan="2">E</td><td colspan="2">F</td></tr>
</table>

(ii) C와 G가 같은 직급인 경우

<table>
<tr><td colspan="3">A</td></tr>
<tr><td>B</td><td>C</td><td>G</td></tr>
<tr><td>D</td><td>E</td><td>F</td></tr>
</table>

① (O) C가 G의 바로 아래 직급일 때, D가 E에게 연락하면 E는 F에게만 연락한다.
➜ 표 (i)의 경우이다.

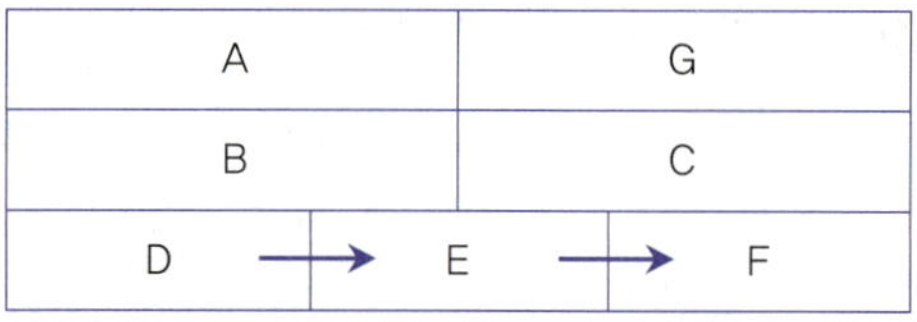

C가 G의 바로 아래 직급일 때, D가 E에게 연락하면 E는 같은 직급의 대원으로부터 연락을 받아 자신과 같은 직급의 다른 대원 한 명에게만 연락한다. E와 직급이 같은 대원 중 D가 아닌 대원은 F이므로 E는 F에게만 연락한다.

② (O) C와 G가 같은 직급일 때, E가 C에게 연락하면 C는 A에게만 연락한다.
➜ 표 (ii)의 경우이다.

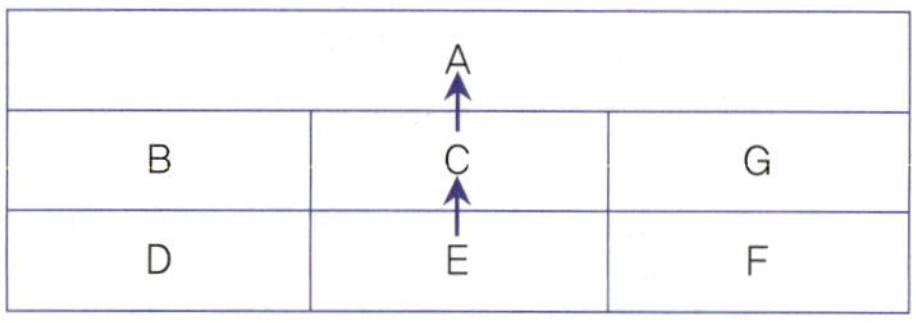

C와 G가 같은 직급일 때, E가 C에게 연락하면 C는 바로 아래 직급의 대원으로부터 연락을 받아 자신의 바로 위 직급의 대원 한 명에게만 연락한다. C보다 직급이 한 등급 높은 대원은 A뿐이므로 C는 A에게만 연락한다.

③ (O) C가 G의 바로 아래 직급일 때, F가 B에게 연락하면 B는 G에게만 연락한다.
➜ 표 (i)의 경우이다.

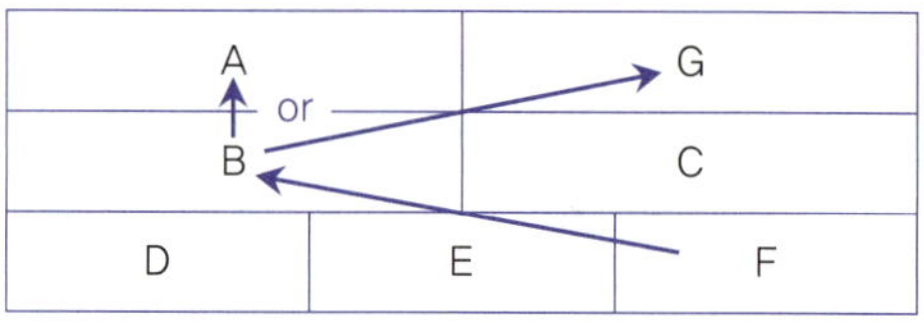

C가 G의 바로 아래 직급일 때, F가 B에게 연락하면 B는 바로 아래 직급의 대원으로부터 연락을 받아 자신의 바로 위 직급의 대원 한 명에게만 연락한다. B보다 직급이 한 등급 높은 대원은 A와 G이므로 B는 A에게만 연락할 수도 있고, G에게만 연락할 수도 있다. 항상 옳지 않은 것을 고르는 것이기 때문에, 가능한 경우의 수가 하나라도 있으면 된다.

④ (×) C와 G가 같은 직급일 때, A가 B에게 연락하면 B는 C에게만 연락한다.
➜ 표 (ii)의 경우이다.

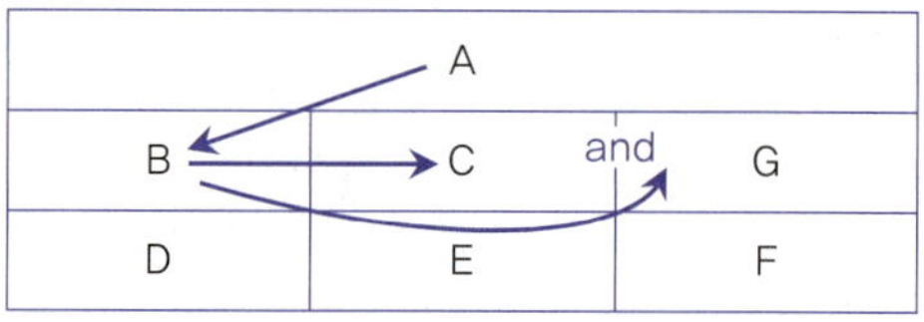

C와 G가 같은 직급일 때, A가 B에게 연락하면 B는 바로 위 직급의 대원으로부터 연락을 받아 자신과 같은 직급의 모든 대원들에게 연락한다. B와 직급이 같은 대원은 C와 G이므로 B는 C와 G 모두에게 연락한다. 선지 ③에서는 바로 아래 직급의 대원으로부터 연락을 받아 B의 선택지가 'or'로 표시되는 반면, 선지 ④에서는 바로 위 직급의 대원으로부터 연락을 받았으므로 선택지가 'and'로 표시된다.

⑤ (O) C가 G의 바로 아래 직급일 때, A가 C에게 연락하면 C는 B에게만 연락한다.
➜ 표 (i)의 경우이다.

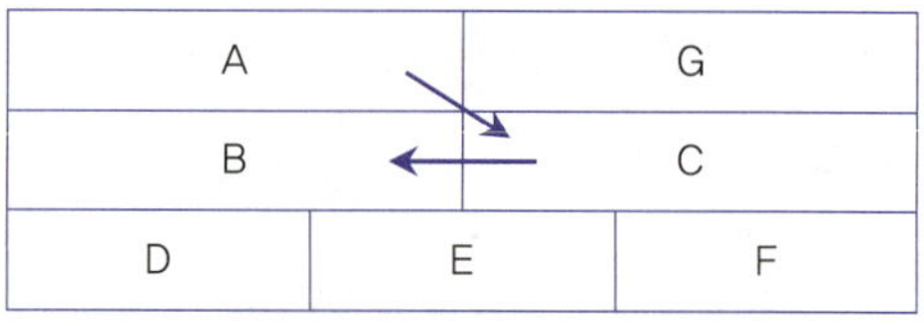

C가 G의 바로 아래 직급일 때, A가 C에게 연락하면 C는 바로 위 직급의 대원으로부터 연락을 받아 자신과 같은 직급의 모든 대원들에게 연락한다. C와 직급이 같은 대원은 B이므로 C는 B에게만 연락한다.

합격자의 시간단축 Tip

Tip ❶ 확정적인 조건부터 살펴보자.

(1) 가장 먼저 첫 번째 사실에 따라 B가 D보다 한 등급 높다는 것이 확정된다. 그 외의 조건들을 살펴보아야 하는데, 두 번째 연락 방법과 세 번째 연락 방법은 모두 같은 직급의 대원에게 연락하는 반면, 첫 번째 연락 방법만 자신의 바로 위 직급의 대원에게 연락하게 된다. 또한, 두 번째 연락 방법만 동시에 두 명 이상에게 연락을 할 수 있다. 이로부터

① 자신의 바로 위 직급의 대원에게 연락하는 경우
② 동시에 두 명 이상의 같은 직급에게 연락하는 경우

에는 직급을 확정 지을 수 있음을 알 수 있다.
그 외에 같은 직급의 대원 한 명에게만 연락한 경우, 얼핏 보면 세 번째 연락 방법이 적용되었다고 확정할 수 있을 듯하다. 그러나 실제로는 같은 직급의 다른 대원이 한 명뿐이라서 두 번째 연락 방법에 따라 같은 직급 대원 모두에게 연락을 했음에도 불구하고 한 명에게만 연락을 한 결과가 나올 수 있다.
실제로 문제의 네 번째 사실에서 두 번째 연락방법이 한 번 사용되었기 때문에, 이후 두 번째 연락방법이 적용되는 상황을 고려하지 않는 등 헷갈릴 수 있으니 유의해야 한다. 이상의 정보에 따라 직급을 확정할 수 있는 대원들 간 관계는 다음과 같다.

<table>
<tr><td colspan="6">A</td></tr>
<tr><td colspan="3">B</td><td colspan="3">C</td></tr>
<tr><td colspan="2">D</td><td colspan="2">E</td><td colspan="2">F</td></tr>
</table>

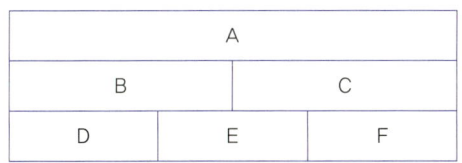

(2) 여기까지 확정 지은 후 확정된 직급만을 가지고 우선 소거할 수 있는 선지가 있는지 확인한다. 이때, 가정을 하지 않고도 풀리는 선지들이 있는지 확인하기 위해서는 선지의 뒷부분부터 읽어 내려가면 된다.

선지① 뒷부분에서 D가 E에게 연락하면 E는 F에게 연락한다는 것은 확정되지 않은 G의 위치와는 무관하게 성립하는 것으로, 곧바로 옳은 선지임을 알 수 있다.

선지② 뒷부분에서 E가 C에게 연락하면 C는 위 직급 대원 중 한 명에게 연락하게 되므로, A에게만 연락하는 것이 가능하다.

선지③ 뒷부분에서 F가 B에게 연락하면 B는 위 직급 대원 중 한 명에게 연락하게 되므로 G가 B보다 위 직급에 해당하는지 살펴보아야 한다. 이를 위해서는 앞의 가정문을 확인해야 하며, C가 G의 바로 아래 직급이라고 가정했으므로 G는 B보다 위 직급에 해당한다. 따라서 해당 선지는 옳다.

선지④ 뒷부분에서 A가 B에게 연락하면 B는 같은 직급의 모든 대원들에게 연락을 해야 하므로 C가 B와 직급이 같은 유일한 대원인지 여부를 확인하면 된다. 이를 위해서는 앞의 가정문을 확인해야 하며, C와 G가 동일한 직급이라고 가정하고 있으므로 C와 직급이 같은 대원은 B 외에 G도 있어 해당 선지는 옳지 않다.

선지⑤ A가 C에게 연락한 경우 C는 같은 직급의 모든 대원에게 연락을 해야 하므로 B가 C와 직급이 같은 유일한 대원인지 여부를 확인하면 된다. 이를 위해서는 앞의 가정문을 확인해야 하며, C와 G가 다른 직급이라고 가정하고 있으므로 해당 선지는 옳다.

Tip ❷ 선지를 순서대로 검토하지 않아도 된다.
각 선지가 C와 G의 관계를 어떻게 가정하는지에 따라 ①, ③, ⑤ 혹은 ②, ④의 2가지 경우로 구분된다. 이때 동일한 유형으로 구분된 선지들을 한 번에 검토하는 것이 실수를 방지하는 데 도움이 될 수 있다.

＊ 해설과 같이 두 명에게 연락할 수 있는 경우는 두 번째 연락 방법뿐임을 이용하는 풀이 방식을 한 번에 떠올리지 못했다고 해서 좌절할 필요는 전혀 없다. 첫 번째 조건부터 차근차근 풀어간다 해도 시간에 큰 차이는 없다. 따라서 우선 첫 번째 조건부터 확인하여 문제를 풀되, 특이한 조건이 제시된 경우 해설과 같이 먼저 접근하는 방식을 꼭 알아두도록 하자.

Tip ❸ '항상' 옳지 않은 것을 고르는 문제이기 때문에 선지를 활용하는 것도 좋은 방법이 될 수 있다. 예컨대 선지 ③의 경우 대입했을 때 B가 G에게 연락하는 것이 가능하므로 정답이 아닌 것이다. 반면, 항상 옳은 것을 고르는 문제의 경우 반례가 존재하는지 살펴보면 문제를 쉽게 풀 수 있다. 그러므로 선지를 적극적으로 활용하거나 반례를 찾는 기술을 계속 연습하여 익혀 두자.

Tip ❹ 해설 (3)처럼 두 가지 경우가 떠오르지 않아도 괜찮다. 선지에 C가 G의 아래 직급일 경우, C와 G가 같은 직급일 경우를 묻고 있으므로 이를 참고해서 구하면 된다. 만약 경우의 수가 3가지 이상이더라도 보기에선 두 경우만 묻고 있기 때문에 해당하는 경우만 알아보면 된다.

Tip ❺ 이처럼 위계가 주어진 문제를 푸는 경우, 그 위계를 확실하게 나타내는 것이 좋다. 해설 (3)에서 도출된 결론이 A > B = C > D = E = F지만, 실제로 문제를 풀 때는 시험지에 아래와 같이 적어 두는 것이 더 좋다. 이렇게 위계를 정확하게 나타내야 '바로 아래', '바로 위', '자신과 같은', '한 등급 높은' 등의 조건을 헷갈리지 않고 직관적으로 처리할 수 있기 때문이다. 이와 같은 위계의 예시로는 계급, 나이, 건물(거주 층) 등이 있다.

A
B C
D E F

26 정답 ❸ 난이도 ●●○

언어추리 - 조건추리 문제

아래의 그림과 같이 규칙을 정리해 두고 선지에 맞춰 푼다.

A 0 D
~~E~~ ~~E~~

① (×) A가 세 번째로 쉬면 C는 네 번째로 쉬어야 한다.
➜ A가 세 번째로 쉴 경우, 〈규칙〉 (2)에 따라 D는 다섯 번째에 쉬어야 한다. 이때, 〈규칙〉 (1)에 따라 E는 네 번째로 쉬지 않으므로 첫 번째 또는 두 번째에 쉬어야 한다. 따라서 경우에 따라 C는 남은 자리인 첫 번째, 두 번째, 네 번째로 쉴 수 있다. 이상의 상황을 표로 나타내면 아래와 같다. C가 첫 번째, 두 번째 순서에도 들어갈 수 있으므로 선지 ①은 옳지 않다.

순서	1	2	3	4	5
직원	B or C or E		A	B or C	D

② (×) B가 네 번째로 쉬면 A는 세 번째로 쉬어야 한다.
➜ B가 네 번째로 쉴 경우, 〈규칙〉 (2)에 따라 A와 D는 첫 번째와 세 번째, 또는 세 번째와 다섯 번째에 쉬어야 한다. 따라서 A는 첫 번째 또는 세 번째로 쉴 수 있다. 이를 표로 나타내면 아래와 같다. 단, 빈칸은 순서가 확정되지 않았음을 나타낸다.

순서	1	2	3	4	5
직원	A		D	B	D

순서	1	2	3	4	5
직원			A	B	D

이처럼 A가 세 번째뿐만 아니라 첫 번째로도 쉴 수 있으므로 선지 ②는 옳지 않다.

③ (O) C가 세 번째로 쉬면 E는 첫 번째로 쉬어야 한다.
➜ C가 세 번째로 쉴 경우, 〈규칙〉 (2)에 따라 A는 두 번째, D는 네 번째로 쉬게 된다. 이때 〈규칙〉 (1)에 따라 E가 D 바로 뒤인 다섯 번째로 쉬지 않으므로 E는 첫 번째로 쉬어야 한다.

순서	1	2	3	4	5
직원	E	A	C	D	B

이 경우 E가 들어갈 수 있는 순서가 첫 번째뿐이므로, 선지 ③은 옳다.

④ (×) D가 세 번째로 쉬면 B는 두 번째로 쉬어야 한다.
➜ D가 세 번째로 쉴 경우, 〈규칙〉 (2)에 따라 A는 첫 번째로 쉬어야 한다. 이때, 〈규칙〉 (1)에 따라 E가 D 바로 앞인 두 번째나 바로 뒤인 네 번째로 쉬지 않으므로 E는 다섯 번째로 쉬어야 한다. 따라서 B가 남은 자리인 두 번째 또는 네 번째로 쉴 수 있으므로, 선지 ④는 옳지 않다.

순서	1	2	3	4	5
직원	A	B or C	D	C or B	E

⑤ (×) E가 두 번째로 쉬면 B는 첫 번째로 쉬어야 한다.
➜ E가 두 번째로 쉴 경우, 〈규칙〉 (2)에 따라 A와 D는 첫 번째와 세 번째, 또는 세 번째와 다섯 번째에 쉬어야 한다. 이때 〈규칙〉 (1)에 따라 A는 세 번째, D는 다섯 번째에 쉬어야 하며, 빈 두 자리, 즉 첫 번째와 네 번째 자리에 B와 C가 들어간다. B와 C의 순서를 결정지을 별도의 조건이 없으므로 B는 첫 번째 또는 네 번째로 쉴 수 있다. 따라서 선지 ⑤는 옳지 않다.

순서	1	2	3	4	5
직원	B or C	E	A	C or B	D

합격자의 시간단축 Tip

Tip ❶ 〈규칙〉 (2)에서 A와 D 사이에서 반드시 한 명의 직원이 여름휴가를 사용하게 되는데, 이를 머릿속에서 A와 D를 배치하기 위해서는 세 자리가 있어야 한다고 시각화하여 접근하면 보다 수월하다.

즉, A와 D는 비록 두 명이지만, 배치할 때는 가운데가 빈 세 자리 나무토막처럼 이동하면서 배치가 가능한지 여부를 확인해야 한다. 선지 ③ 같은 경우 C가 세 번째로 쉬면 이 세 자리 나무토막이 C를 포함하지 않고는 앞뒤로 위치할 수 없다는 것을 알 수 있다.

Tip ❷ 반드시 순서대로 선지를 확인하지 않아도 된다. 조건에서는 A, D, E에 대한 정보를 주고 있으므로 해당 직원과 조금이라도 더 직접적 관련이 있는 선지부터 확인하도록 한다. D가 들어가는 선지는 ④가 유일하므로 해당 선지부터 확인하면 좋다. 이렇게 했을 때 항상 답이 곧바로 나온다고는 할 수 없으나, 이러한 습관을 만들어 놓는다면 비교적 효율적으로 선지를 소거할 수 있을 것이다.

Tip ❸ A, B, C, D, E의 순서(1~5)를 시각화해 그릴 수도 있다. 이때, 〈규칙〉 (2)에 따라 A와 D를 기준으로 한다. 〈규칙〉 (1)에 따라 D는 E의 바로 앞이나 바로 뒤에 쉬지 않으므로, D를 B와 C가 감싸고 있는 형태여야 함을 알 수 있다. 또한 A와 D가 2주의 간격을 가지고 있으므로, A와 D의 가능한 조합은 (A, D) = (1, 3) / (2, 4) / (3, 5)임을 파악할 수 있다. 해설과 달리 순서가 아닌 직원을 기준으로 표를 그릴 때, 각각의 경우를 살펴보면 다음과 같다.

(1) [경우 1]

A가 첫 번째, D가 세 번째로 쉬는 경우, 〈규칙〉 (1)에 따라 B와 C가 두 번째나 네 번째 순서가 된다. 자연히 E는 다섯 번째 순서가 된다. 표로 나타내면 다음과 같다.

A	B	C	D	E
1	2(or 4)	4(or 2)	3	5

여기서 선지 ②와 ④를 소거할 수 있다.

(2) [경우 2]

A가 두 번째, D가 네 번째로 쉬는 경우, 〈규칙〉 (1)에 따라 B와 C가 세 번째나 다섯 번째 순서가 된다. 자연히 E는 첫 번째 순서가 된다. 표로 나타내면 다음과 같다.

A	B	C	D	E
2	3(or 5)	5(or 3)	4	1

(3) [경우 3]

A가 세 번째, D가 다섯 번째로 쉬는 경우, 〈규칙〉 (2)에 따라 E는 첫 번째 또는 두 번째 순서가 된다. E가 첫 번째 순서인 경우 B와 C는 두 번째나 네 번째 순서가 되며, E가 두 번째 순서인 경우 B와 C는 첫 번째나 네 번째 순서가 된다. 표로 나타내면 다음과 같다.

A	B	C	D	E
3	1 or 2 or 4	1 or 2 or 4	5	1 or 2

여기서 선지 ①과 ⑤를 소거할 수 있다. 결과적으로 선지 ③이 답임을 확인할 수 있다. 이상의 세 경우에서 선지 ③의 반례가 나타나지 않았다. 또한, C가 세 번째로 쉬는 경우는 [경우2]가 유일한데, 이때 E는 반드시 첫 번째로 쉬어야 한다. 즉, 더 이상 선지 ③의 반례가 나타날 여지도 없으므로 선지 ③이 답임을 도출할 수 있다.

Tip ❹ 항상 옳은 것을 묻는 유형의 경우 반례가 단 하나라도 나온다면 틀린 선지가 되기 때문에, 각 선지의 반례를 확인하는 방법이 유용할 수 있다. 예컨대 설문의 선지 ②에서 B가 네 번째로 쉴 때 A가 세 번째가 아닌 다른 순서로 들어갈 수 있는지 확인해 보는 것이다. 즉, B가 네 번째이고 A가 첫 번째라고 가정한 후 조건에 따라 나머지 인원을 채워 넣었을 때 모순이 발생하지 않는다면 해당 선지는 정답이 아니다. 다만 본 문제에 이 방법을 사용할 때, 가정할 수 있는 경우가 너무 많아 시간 소모가 우려된다. 정답 여부를 판단하기 어려운 선지에 한하여 사용하도록 하자.

Tip ❺ 주어진 조건이 간단한 편이므로, 〈규칙〉을 읽어 나가며 바로바로 모든 경우를 그리는 방법도 있다. 다만, 경우의 수를 최소화하는 것이 문제 풀이 시간을 줄이는 데 유용하므로, 〈규칙〉 (1)보다는 〈규칙〉 (2)에서 경우의 수를 출발하는 것이 좋다.
〈규칙〉 (1)은 '바로 앞' 혹은 '바로 뒤'라는 조건에 덧붙여 '쉬지 않는다.'는 부정 조건까지 포함된 복잡한 규칙이다. 반면 〈규칙〉 (2)는 '정확히 2주 전에 쉰다.'는 단정적인 조건이 붙은 규칙이기 때문에, 〈규칙〉 (2)에서 풀이를 시작하는 것이다. 〈규칙〉 (2)에 따른 경우의 수는 다음과 같다.

[경우 1] A □ D □ □
[경우 2] □ A □ D □
[경우 3] □ □ A □ D

이후 각 경우에 〈규칙〉 (1)을 적용하면 다음과 같다.

[경우 1] A □ D □ E
[경우 2] E A □ D □
[경우 3-1] E □ A □ D
[경우 3-2] □ □ A □ D

PART 2 추리

규칙을 모두 사용했으므로, 나머지 배열은 선지를 확인하며 맞추면 된다. 이때 선지의 구조를 보면, 모든 선지가 (새로운 조건) → (결과)의 형태이다. 현재 우리는 경우의 수를 통해 A, D, E의 자리를 어느 정도 확정한 상태이다. 따라서 선지 중에서도 A, D, E의 자리를 묻는 선지를 먼저 확인하는 것이 좋다. 그러므로 선지의 (결과) 부분에 초점을 두고, A, D, E의 (결과)를 묻고 있는 선지 ②, ③ 먼저 확인한다.
실제 정답이 ③이었기에, 이런 식으로 풀었다면 다른 선지를 검토하지 않고도 빠르게 정답 선지를 확인할 수 있었을 것이다. 이렇게 우선적으로 확정된 정보를 중심으로 선지를 확인하면 문제 풀이 시간을 효율적으로 단축할 수 있다.

27 정답 ① 난이도 ●●○

언어추리 - 조건추리 문제

(1) 〈조건〉 ㉢과 ㉣에 의하면 '경석'과 '재호'는 연달아 도착했으며 '수영'과 '하늘'은 연달아 도착했다. 따라서 출근 첫날 도착한 순서는, '경석'이 회사에 가장 먼저 도착했을 경우 ('경석' → '재호' → '수영' → '하늘')이며, '수영'이 가장 먼저 도착했을 경우 ('수영' → '하늘' → '경석' → '재호')이다.
그런데 이씨 성을 가진 사람이 하늘보다 나중에 회사에 도착했으므로 하늘은 가장 마지막으로 도착하지 않았다. 따라서 수영이 회사에 가장 먼저 도착했으며, 출근 첫날 도착한 순서는 ('수영' → '하늘' → '경석' → '재호')이다.

(2) 한편, 〈조건〉 ㉣에 의하면 이씨 성을 가진 사람은 하늘보다 나중에 회사에 도착했으므로 세 번째 또는 네 번째로 회사에 도착했다. 그런데 〈조건〉 ㉡에 따라 최씨 성을 가진 사람은 회사에 첫 번째로 도착하지 않았으며, 〈조건〉 ㉤에 따라 김씨 성을 가진 사람은 최씨 성을 가진 사람보다 나중에 도착했으므로 최씨 성을 가진 사람이 두 번째로 회사에 도착했다. 이때, 〈조건〉 ㉥에 의하면 이씨 성을 가진 사람이 세 번째로 회사에 도착하지 않았으므로 이씨 성을 가진 사람은 네 번째로 회사에 도착했다.

(3) 이상을 정리하면, 출근 첫날 도착한 순서는 (박수영 → 최하늘 → 김경석 → 이재호)이다.

합격자의 시간단축 Tip

Tip ① 성씨에 관련된 조건을 먼저 배열해 보면 다음과 같다.

(1) ㉤에서 김씨 성을 가진 사람이 최씨 성을 가진 사람보다 나중에 도착했으며, ㉥에서는 최씨 성을 가진 사람과 이씨 성을 가진 사람은 연달아 도착하지 않았다. 만일 김씨 성을 가진 사람과 최씨 성을 가진 사람이 연달아 도착하지 않았다면 회사에 가장 먼저 도착한 사람은 최씨가 아니므로(㉡) 최씨 앞뒤로 박씨 또는 이씨가 위치해야 하는데, 이는 ㉥에 모순되는 결과이므로 김씨와 최씨는 연달아 도착했을 것이다.

(2) 남은 사람은 박씨와 이씨인데, ㉣에서 하늘이는 이씨 성을 가진 사람보다 먼저 도착한다. 즉, 이는 이씨보다 최소 한 명 이상 먼저 도착한다는 의미이므로 이씨는 1등으로 도착할 수 없다. 따라서 1등은 박씨이며, 2등은 최씨, 3등은 김씨, 4등은 이씨이다. (이씨가 2등으로 들어갈 경우 최씨와 연달아 도착하게 되어 ㉥에 모순된다.)

(3) ㉢에 따라 경석과 재호는 연달아 도착하며, ㉣에 따라 하늘과 수영은 연달아 도착한다. 하늘은 이씨 성을 가질 수 없으므로(㉣) (수영 → 하늘 → 경석 → 재호) 순으로 도착한다는 것을 알 수 있다.

(4) 이상의 정보를 조합해 보면 (박수영 → 최하늘 → 김경석 → 이재호) 순으로 회사에 도착한다는 것을 알 수 있다. 답은 ①이다.

* 굳이 이름을 매칭하지 않아도 된다. (2)까지 풀었을 때 (박 → 최 → 김 → 이) 순서대로 회사에 도착한다는 것을 알 수 있으며, 구하고자 하는 2등과 3등은 각각 최씨, 김씨일 것이다. 이 조건을 만족하는 선지는 ①뿐이므로 이름을 매치하지 않고 곧바로 해당 선지를 고르면 된다.
** 해설과 **Tip ①**에서 각각 이름과 성씨를 기준으로 먼저 배열하는 방법을 제시하고 있으나, 실제로는 어떤 방법을 먼저 사용하든지 큰 차이는 없다. 그러므로 본인이 문제 푸는 과정에서 더 편한 방법을 선택하면 된다.

Tip ② 해당 문제와 같이, 선지의 값이 확정적으로 주어져 경우의 수를 줄일 수 있는 문제에서는 선지를 직접 대입한 후 조건들 사이에 모순이 있으면 제거하는 방식을 활용할 수 있다.

Tip ③ 조건 순서대로 푸는 방법도 존재한다.

(1) ㉠에 따라 1~4까지 적는다. 실전에선 순서대로만 적으면 되고 표를 만들지 않아도 된다. ㉡에 따라

1 밑에 최x를 적는다. ㉢에 의해 '경석 – 재호'가 한 세트임은 정해졌지만 순서는 정해지지 않았으므로 표 옆에 적어둔다.

1	2	3	4	경석 – 재호
최(x)				

(2) ㉣에 따라 '수영 – 하늘'이 세트이고, 하늘이 '이씨' 앞에 왔으므로 '경석 – 재호'가 '수영 – 하늘' 다음으로 온다. 또한, '이씨'는 경석과 재호 중 하나이므로 이를 적어둔다.

1	2	3	4
최(x)		이	이
수영	하늘	경석	재호

(3) ㉤에 의하면 '김씨'가 '최씨'보다 나중에 도착했으므로, '김씨'는 세 번째 또는 네 번째 순서가 된다. '최씨'는 1번에 올 수 없으므로 2번 또는 3번인데 3번에 오게 되면 '이씨'의 자리가 없어지기 때문이다. 따라서 '최씨'는 두 번째 순서로 결정되고, '이씨'와 '김씨'의 순서는 아직까지 정해지지 않는다. '박씨'가 첫 번째 순서이다. 정리하면 다음과 같다.

1	2	3	4
최(x), 박	최	이 or 김	이 or 김
수영	하늘	경석	재호

(4) ㉥에 따라 '최씨'와 '이씨'는 붙어있지 않으므로 세 번째 순서는 '김씨', 네 번째 순서는 '이씨'가 된다. 따라서 정답은 '최하늘', '김경석'이다.

1	2	3	4
최(x), 박	최	김	이
수영	하늘	경석	재호

28 정답 ②

난이도 ●●●

언어추리 – 조건추리 문제

(1) 〈조건〉 네 번째와 다섯 번째에 따라 A, D, G, H는 F와 같은 조가 아니며, C와 E가 '나' 조에 속한다면 '다' 조에 속한 F와 같은 조가 아니다. 따라서 F와 함께 '다' 조에 속하는 학생은 B, I이다.

(2) 이때 〈조건〉 두 번째에 따라 A는 두 명의 경제학과 학생과 같은 팀에 속해야 하는데, A가 '나' 조에 속한다면 한 명의 경제학과 학생과 같은 팀에 속하게 되므로 A는 '가' 조에 속한다. 또한 '가' 조는 경제학과 학생이 두 명이어야 하므로 경제학과 학생인 G가 '가' 조에 속하며 행정학과 학생인 D는 '나' 조에 속한다.

(3) 이상의 결과를 표로 정리하면 다음과 같다.

조	'가' 조	'나' 조	'다' 조
학생	A, G, H	C, D, E	B, F, I

합격자의 시간단축 Tip

Tip ① 선지를 적극적으로 활용한다면 보다 효율적으로 문제에 접근할 수 있다.

(1) C와 E가 '나' 조에 속한다고 하였으므로 네 번째 조건과 두 번째 조건에 따라 '가' 조에 A와 H가 포함된다는 것을 알았다면, 선지 ①, ②, ③ 중에 답이 있을 것임을 알 수 있다. 이때, 선지 ①은 두 번째 조건에 위배되므로 소거하면 선지 ②과 ③이 남는다.

(2) 그중 하나를 임의로 대입하여 모순되는 조건이 생기지 않는지 살펴보고 모순이 생기지 않는다면 해당 선지가 답, 모순이 생긴다면 남은 선지가 답일 것이다. 가령 선지 ③번을 대입하면 남는 학생은 B, D, G이다. 그러나 마지막 조건에서 D, G는 F와 같은 조에 속할 수 없다고 했으므로 남은 학생 중 '다' 조에 속할 수 있는 학생은 B뿐이어서 문제의 조건에 위배된다는 것을 알 수 있다.

(3) 이렇게 문제에 접근할 경우 굳이 선제적으로 표의 모든 칸을 채우지 않더라도 쉽게 문제를 풀 수 있기 때문에 시간을 단축할 수 있다.

Tip ② 이름만 적으면 학과가 헷갈릴 수 있으므로 이름 옆에 학과 이름의 앞자리 '행', '경'을 함께 적는 걸 추천한다. 조건들을 먼저 살펴본 후 확정적인 정보부터 풀어간다. 해결된 학생 이름 위엔 'X', '–'등 본인이 알아보기 쉬운 표시를 해 빠먹는 것이 없도록 하자.

(1) 문제에서 C와 E는 '나' 조에 속한다고 했으므로, 이를 제일 먼저 적는다. 그다음 확정적인 정보인 'F'와 'H'를 각각 '다' 조, '가' 조에 넣는다. A, D, G 중 누구도 F와 같은 조에 속하지 않는다고 사실도 함께 적는다.

A, B, C, D / E, F, G, H, I

가	나	다
H 경	C 행 E 경	F 경 A D G

PART 2 추리

(2) 두 번째 조건에 의하면 A는 반드시 두 명의 경제학과 학생과 같은 팀에 속해야 하고, 마지막 조건에 따라 A는 F가 속한 '다' 조에도 속하지 않으므로, A는 '가' 조에 속한다. 또한, 두 명의 경제학과 학생과 함께이므로 행정학과 학생인 B나 D는 '가' 조에 속할 수 없다. 따라서 우리는 그다음 순서로 B와 D의 위치를 정해야 한다.

(1)에서 구했듯이 D는 '다' 조에 속할 수 없으므로, D는 '나' 조에 속한다. D가 '나' 조에 들어가면서 '나' 조의 정원 세 명은 다 찬다. B는 자동적으로 '다' 조에 들어간다. 지금까지의 내용을 정리하면 다음과 같다.

A, B, C, D / E, F, G, H, I

가	나	다
H 경 A 행	C 행 E 경 D 행	F 경 A D G B 행

(3) 이제 남은 건 G와 I뿐이다. 마찬가지로 여섯 번째 조건에 따라 G는 '다' 조에 속할 수 없다. I가 '다' 조에 들어가고, 자연스레 G가 '가' 조에 속하게 된다.

A, B, C, D / E, F, G, H, I

가	나	다
H 경 A 행 G 경	C 행 E 경 D 행	F 경 A D G B 행 I 경

29 정답 ①

난이도 ●●○

언어추리 - 조건추리 문제

주어진 〈메뉴〉와 〈조건〉을 바탕으로 요일별 확정된 식단표를 작성하면 다음과 같다.

구분	월요일	화요일	수요일	목요일	금요일
한식	김치찌개		비빔밥		
양식	햄버거	스테이크	리조또	파스타	피자
일식			우동	소바	
중식		자장면			
그 외	쌀국수				

① (O) 비빔밥은 우동과 함께 나온다.

➜ 조건 ㉡에 따라 스테이크는 화요일, 조건 ㉢에 따라 파스타는 목요일, 피자는 금요일에 나온다. 이때, 조건 ㉣에서 리조또가 나오는 날 한식인 비빔밥도 나오므로 김치찌개가 나오는 월요일을 제외하면 양식인 리조또는 수요일에 나온다. 이에 따라 비빔밥은 우동과 함께 수요일에 나온다.

② (×) 쌀국수는 하이라이스와 함께 나온다.

➜ 〈조건〉 ㉥에 따라 하이라이스가 나오는 바로 다음 날에 똠양꿍이 나와야 하므로 일식인 하이라이스는 월요일 또는 화요일에 나와야 하며, 쌀국수는 월요일에 나온다. 따라서 하이라이스가 월요일에 나올 경우 쌀국수는 하이라이스와 함께 나오지만 하이라이스가 화요일에 나올 경우 쌀국수는 하이라이스와 함께 나오지 않는다.

③ (×) 스테이크는 나시고랭과 함께 나온다.

➜ 나시고랭의 식단표는 확정되지 않았다. 따라서 나시고랭이 화요일에 나올 경우 스테이크는 나시고랭과 함께 나오지만, 나시고랭이 수요일이나 목요일 또는 금요일에 나올 경우 스테이크는 나시고랭과 함께 나오지 않는다.

④ (×) 하이라이스는 자장면과 함께 나온다.

➜ 〈조건〉 ㉥에 따라 하이라이스가 나오는 바로 다음 날에 똠양꿍이 나와야 하므로 일식인 하이라이스는 월요일 또는 화요일에 나와야 한다. 따라서 하이라이스가 화요일에 나올 경우 하이라이스는 자장면과 함께 나오지만 하이라이스가 월요일에 나올 경우 하이라이스는 자장면과 함께 나오지 않는다.

⑤ (×) 똠양꿍은 파스타와 함께 나온다.

➜ 〈조건〉 ㉥에 따라 하이라이스가 나오는 바로 다음 날에 똠양꿍이 나와야 하므로 일식인 하이라이스는 월요일 또는 화요일에 나와야 하며, 똠양꿍은 화요일 또는 수요일에 나온다. 반면, 파스타는 목요일에 나온다. 따라서 똠양꿍은 파스타와 함께 나오지 않는다.

합격자의 시간단축 Tip

Tip ① 칸을 채우면서 풀어가는 문제는 확정되는 것이 있을 때마다 선지에 해당 내용이 있는지 확인하는 것이 좋다. 이 경우 조건 ㉣까지 확인했을 때 정답이 ①임을 알 수 있으므로, 답을 체크한 후 그 이하의 조건은 확인하지 않아도 좋다. 구체적인 과정은 아래와 같다.

(1) 조건 ㉠과 ㉡에 따라 식단표를 그려보면 다음과 같이 나타낼 수 있다.

구분	월요일	화요일	수요일	목요일	금요일
한식	김치찌개				
양식		스테이크			
일식			우동		
중식					
그 외					

(2) 조건 ㉢에서 파스타가 나오는 날은 일식인 소바가 나와야 하므로 수요일에는 파스타가 나올 수 없다. 또한, 파스타 바로 다음 날 피자가 나와야 하므로, 다음날 양식 메뉴가 정해지지 않은 목요일에만 파스타가 나올 수 있다. 따라서 목요일에는 파스타와 소바가, 금요일에는 피자가 나온다.

구분	월요일	화요일	수요일	목요일	금요일
한식	김치찌개				
양식		스테이크		파스타	피자
일식			우동	소바	
중식					
그 외					

(3) 조건 ㉣에서 비빔밥이 나오는 날에는 리조또도 나온다고 했으므로, 한식과 양식 메뉴가 모두 정해지지 않은 수요일에 비빔밥과 리조또가 모두 나올 것이다.

구분	월요일	화요일	수요일	목요일	금요일
한식	김치찌개		비빔밥		
양식		스테이크	리조또	파스타	피자
일식			우동	소바	
중식					
그 외					

이때 선지를 확인해 보면, ①이 정답임을 알 수 있다.

(4) 남은 조건들을 확인해 보자. 조건 ㉤에서 햄버거가 나올 수 있는 날은 월요일이 유일하므로 쌀국수도 월요일에, 자장면은 그 바로 다음 날인 화요일에 나오게 된다.

구분	월요일	화요일	수요일	목요일	금요일
한식	김치찌개		비빔밥		
양식	햄버거	스테이크	리조또	파스타	피자
일식			우동	소바	
중식		자장면			
그 외	쌀국수				

(5) 조건 ㉥에서 똠양꿍은 하이라이스가 나오는 날 바로 다음 날 나온다. 하이라이스는 월요일 또는 화요일 또는 금요일에 가능하지만 똠양꿍이 바로 다음 날 나와야 하므로 하이라이스가 금요일에 나오는 것은 불가능하다. 따라서 하이라이스는 월요일 또는 화요일에 나올 것이며, 그에 따라 똠양꿍은 화요일 또는 수요일에 나올 것이다.

＊이 문제를 논리기호를 통해 접근하려고 한 수험생이 있을 것이다. 그러나 그렇게 접근하면 지나치게 복잡해지고 어려워진다. 어떤 문제는 논리기호로 접근하면 편하고, 어떤 문제는 표로 푸는지에 대해 명확한 기준이 있지는 않으나, 이 문제와 같이 문제 내 항목 수가 지나치게 많은 경우에는 논리기호를 사용하는 것이 오히려 복잡함을 유발할 수 있다. 또한 메뉴와 요일이라는 명확한 범주가 있다는 점에서 표 풀이를 더 쉽게 만든다는 점 역시 도움이 된다.

Tip ❷ 반드시 참인 것을 물어봤기 때문에 똠양꿍과 하이라이스의 경우는 구체적으로 확인하지 않아도 된다. 둘 모두 확정되지 않기 때문에, 경우의 수를 생각하지 않고 단지 '선지에서 신경 쓸 필요가 없겠구나.'라고 생각하고 문제를 풀면 된다.

Tip ❸ 문제에서 고려해야 할 점이 요일, 한식~그 외, 그 안에서의 메뉴 종류들까지 너무 많다. 다 채워야만 문제를 풀 수 있도록 만들 확률은 적다는 점을 생각하자. 또한 필자의 경우 풀이를 빠르게 하기 위해 '월요일'은 'ㅇ', '화요일'은 'ㅎ' 등으로 표시하고, 한식~그 외는 1~5로 바꿔 적어서 풀었다.

Tip ❹ 주어진 조건이나 고려해야 할 점이 상당히 많은 문제다. 따라서 문제를 풀 때, 여백이 여유가 있다면 〈메뉴〉나 〈조건〉 칸 근처에서 표를 그리는 것이 좋다. 그래야 시선을 옮기면서 발생하는 시간 낭비를 최소화할 수 있다. 또한, 이렇게 조건이 많은 경우, 각 조건의 역할을 구분하는 것도 도움이 된다. 조건들을 크게 나누면 '전제 조건', '확정 조건', '확장 조건', '모순 체크 조건' 등으로 나눌 수 있다.

먼저 '전제 조건'은 ㉠처럼 문제의 틀을 이루는 조건으로, 절대 잊어서는 안 되는 대원칙에 해당한다. '확정 조건'은 ㉡처럼 경우의 수가 단 1개로 확정되는 조건들을 의미한다. '확장 조건'은 ㉢, ㉣, ㉤, ㉥처럼 '확정 조건'을 바탕으로 문제의 경우의 수를 좁히거나 넓히는 데 사용되는 조건들을 의미한다. '모순 체크 조건'은 진행한 문제 풀이가 모순 없이 옳게 진행됐는지를 판단하는데 사용되는 조건들이다.

따라서 '모순 체크 조건'은 '전제 조건'이 될 수도 있고, '확정 조건'이 될 수도 있다. '모순 체크 조건'은 문제 풀이 과정 내내 쓰이기 때문에, '확정 조건'처럼 '완벽히' 사용될 가능성은 적다. 따라서 이렇게 조건이 많은 문제를 풀 때는 먼저 '전제 조건'을 확인하고, 그 이후에 '확정 조건'을 확인한다. 이 '확정 조건'을 바탕으로 '확장 조건'을 사용해 문제 풀이를 진행하고, 진행 과정에서 '모순 체크 조건'을 주기적으로 활용하여 올바른 풀이 방향을 설정하면 된다.

30 정답 ① 난이도 ●●○

언어추리 - 조건추리 문제

(1) 〈조건〉 두 번째와 세 번째에 따라 마진과 라니는 각각 C팀과 B팀이다. 그런데 〈조건〉 첫 번째와 두 번째에 따라 나연과 다솜은 같은 팀이며 다솜은 A팀이 아니다. 8등은 A팀에 해당하기 때문이다. 따라서 나연과 다솜은 D팀이다.

(2) 한편, 〈조건〉 네 번째에 따라 아윤은 A팀이 아니고 라니보다 순위가 높은데, B팀인 라니의 순위가 2등이라면 아윤이 라니보다 순위가 높을 수 없다. 따라서 라니의 순위는 7등이며 그에 따라 아윤의 순위는 2등 또는 6등이다.

(3) 그런데 〈조건〉 다섯 번째에 따라 사란과 가은 모두 아윤보다 순위가 높으므로 아윤의 순위는 6등이다. 이때, 〈조건〉 여섯 번째에 따라 가은은 B팀인 라니와 같은 팀이 아니므로 가은의 순위는 2등이 아니라 1등이며 사란이 2등이 된다.

(4) 따라서 바훈의 중간테스트 성적 순위는 8등이며, A팀인 바훈과 같은 팀인 부원은 1등인 가은이다.

(5) 표로 정리하면 아래와 같다.

A팀		B팀		C팀		D팀	
1등	8등	2등	7등	3등	6등	4등	5등
가은	바훈	사란	라니	마진	아윤	나연	다솜

또는 시험장에서 바로 구한 값들을 넣기 위해선 아래의 표도 간편하다.

A팀	B팀	C팀	D팀
1 가	2 사	3 마	4 나
8 바	7 라	6 아	5 다

합격자의 시간단축 Tip

Tip ①

(1) 문제에서는 바훈과 같은 팀이 되는 사람을 물었으므로 이에 초점을 맞추어 문제에 접근한다. 위와 같은 접근법대로 풀이하면,
첫째, 나연과 다솜이 D팀이라는 것을 찾으면, 그들의 순위는 결정짓지 않아도 된다.
둘째, 가은은 2등이 아니므로 B팀에 들어가지 못하며, C팀에 들어갈 경우 6등으로 6등인 가은과 7등인 라니 사이에 아윤이 낄 수 없어 C팀 역시 들어가지 못하게 된다.
이에 따라 가은은 A팀에 들어갈 것이며, 이때 사란 또는 아윤이 A팀이라면 (사란, 가은 > 아윤 > 라니)의 조건에 모순이 생기므로 A팀의 자리는 공석이 된다. 따라서 가은과 같은 팀인 사람은 바훈이다.

(2) 가은은 이미 문제에서 B팀이 아니라는 조건을 명시하였고, C팀 역시 될 수 없음이 명백하므로 A팀으로 고정하기 쉽다. 그 외 사란이나 아윤의 경우, 어디에 들어가야 하는지보다 어디에 들어가지 못하는지에 초점을 맞추어 반드시 비는 팀 하나를 정하는 것이 문제의 핵심이라고 할 수 있다.

* 이 문제에서 묻는 것은 바훈과 같은 팀이 되는 사람이다. 그러므로 Tip과 같이 바훈과 같은 팀이 아님이 확실한 경우 구체적인 순위를 구하지 않아도 문제 푸는 것에 큰 무리가 없을 것이다. 그러나 순위를 정해놓는 것이 보다 정확하게 답을 확정 지을 수 있고 이후 검토에도 도움이 되므로, 큰 시간과 노력이 필요하지 않다면 구하는 것이 좋다.

Tip ② 문제처럼 주어진 조건이 많은 경우, 하나의 조건을 완벽히 사용했을 때마다 문제 구분 기호(•)에 체크 표시(✓)나 엑스 표시(×)를 하거나, 글자 자체에 줄을 그어 '다 사용했음'을 표시하는 것을 추천한다. 이때 같은 구분 기호(•) 내에 있는 조건 모두를 완벽히 사용한 후에야 '다 사용했음'을 표시할 수도 있지만, 같은 구분 기호(•) 내에서도 사용한 조건과 그렇지 않은 조건을 구분하여 표시할 수도 있다.
예를 들어, 두 번째 조건인 '마진은 3등이고, 다솜은 꼴찌가 아니다.'는 하나의 구분 기호(•) 내에 있긴 하지만 '마진은 3등이다.'와 '다솜은 꼴찌가 아니다.'는 독립적인 조건들이 결합된 형태이다. 이때, '마진은 3등이다.'는 확정 조건에 해당하므로 금방 사용을 완료할 수 있지만, '다솜은 꼴찌가 아니다.'는 그 자체로 다솜의 위치를 확정지을 수 없으므로 완벽히 사용하기에는 시간이 걸리는 조건이다.

따라서 '마진은 3등이다.'라는 조건을 사용 완료했다면, '다솜은 꼴찌가 아니다.'를 사용했는지와 무관하게 '마진은 3등이다.'라는 글씨에만 줄을 그어 '다 사용했음'을 표시하는 것이 좋다. 네 번째, 다섯 번째 조건도 마찬가지다. 연결사 '~고'로 조건들이 연결되어 있긴 하지만, 각자 독립적인 조건들이므로 '다 사용했음' 표시도 개별적으로 하는 것을 추천한다. 즉, 같은 구분 기호(•) 내에 있는 내용들 모두가 한 번에 모두 사용 가능한 것은 아님을 의미한다.

31 정답 ② 난이도 ●●○

언어추리 – 조건추리 문제

(1) 〈조건〉 ㉢, ㉣에 따라 F는 콜라, 감자튀김, 치킨 4조각을 주문하였고 〈조건〉 ㉤에 따라 F는 최대 3가지 메뉴를 주문할 수 있으므로 햄버거, 치즈스틱을 주문하지 않았다. F가 햄버거를 주문하지 않았으므로 〈조건〉 ㉠에 따라 F를 제외한 A, B, C, D, E는 모두 햄버거를 주문하였다.

(2) 이때, 〈조건〉 ㉢에 따라 D는 감자튀김을 주문하였고 〈조건〉 ㉣에 따라 E는 콜라, 치킨 4조각을 주문하였으므로, 〈조건〉 ㉡, ㉤에 의하면 D는 치즈스틱, 콜라, 치킨 4조각을 주문하지 않았으며 E는 치즈스틱, 감자튀김을 주문하지 않았다. 이때, 〈조건〉 ㉥에 따라, 제시되지 않은 메뉴는 고려하지 않는다.

이상의 결과를 표로 정리하면 다음과 같다. 메뉴 열에 주문인원 수, D 열에 2가지를 주문했다는 점 등을 적으면 더 좋다.

구분	A (~3)	B (~3)	C (~3)	D (2)	E (~3)	F (~3)
햄버거(5)	○	○	○	○	○	×
치즈스틱 (1)				×	×	×
콜라(3)				×	○	○
감자튀김	×	○	×	○	×	○
치킨 4조각				×	○	○

① (×) A와 B
→ A는 감자튀김을 주문하지 않았지만 B는 감자튀김을 주문하였으므로 주문목록이 동일하지 않다.

② (○) B와 D
→ 〈조건〉 ㉠, ㉡에 의하면 A, B, C 중에서 치즈스틱을 주문한 사람이 1명 있으며 콜라를 주문한 사람이 1명 있다. 그런데 〈조건〉 ㉤에 따라 B는 최대 3가지 메뉴를 주문할 수 있으므로 B는 치즈스틱과 콜라를 동시에 주문할 수는 없다. 만약 치즈스틱과 콜라를 주문한 사람이 A와 C 중에 있을 경우 B는 치즈스틱과 콜라를 주문하지 않았고, 이때 B가 치킨 4조각도 주문하지 않았다면 B와 D는 햄버거, 감자튀김을 주문하여 주문 목록이 동일하다.

③ (×) C와 F
→ C는 햄버거를 주문하였지만 F는 햄버거를 주문하지 않았으므로 주문 목록이 동일하지 않다.

④ (×) D와 F
→ D는 햄버거를 주문하였지만 F는 햄버거를 주문하지 않았으므로 주문 목록이 동일하지 않다.

⑤ (×) E와 F
→ E는 햄버거를 주문하였지만 F는 햄버거를 주문하지 않았으므로 주문 목록이 동일하지 않다.

합격자의 시간단축 Tip

Tip ❶ 실전에서는 끝까지 문제를 풀 필요 없이 〈조건〉 ㉡, ㉢, ㉣을 대입하여 완성한 표만 활용해 답을 고른 후 빠르게 넘어갈 수 있다. (표를 그리지 않고 선택지와 조건만을 활용해서도 풀이가 가능하다.) 즉, 선지에서 주어진 조합이 조건과 모순이 있는지 확인하여 소거하는 방식으로 접근하면 시간을 줄일 수 있다.
A와 B / C와 F / E와 F는 모두 감자튀김 주문 여부가 다르기 때문에 소거된다. D와 F는 콜라의 주문 여부가 다르기 때문에 소거된다. 이처럼 〈조건〉과 선지를 잘 조합하여 활용하면, 복잡한 〈조건〉 ㉠을 고려하지 않고서도 정답을 쉽게 구할 수 있다.

Tip ❷ 표를 그리기만 해도 쉽게 풀리는 문제들이 많이 존재한다. 그렇기 때문에 문제를 풀 때 주어진 정보를 표로 시각화하는 능력을 기르는 것이 중요하다. 대체적으로 두 개의 변수가 나오는 경우 2×2표를 그려 풀이한다.

Tip ❸ 조건에 사용되는 단어 하나하나 유심히 살펴볼 필요가 있다. 〈조건〉 ㉢에서 '감자튀김은 B, D, F만 주문하였다.'고 했다. 이때 사용되는 보조사 '만'이 상황 판단에서 아주 중요한 역할을 한다. '만'의 의미를 고려해 볼 때, 〈조건〉 ㉢은 A~F 6명 중 감자튀김을 주문한 사람이 오직 B, D, F 3명임을 의미한다.
만약 이 '만'이라는 단어 없이, 'B, D, F는 감자튀김을 주문하였다.'라는 조건이 있었다면, 이는 A~F 6명 중 B, D, F는 감자튀김을 확실히 주문했다는 뜻이므로 나머지 A, C, E도 감자튀김을 주문했을 가능성이 열리게 된다. 따라서 이 문제에서는 '만'이라는 표현이 주어졌지만, 혹여나 '만'이라는 표현이 주어지지 않은 문제를 풀 때는 주의해야 한다. 참고로 조건추리에서 중요한 단서가 되는 단어로는 '~만, ~하더라도, 반드시' 등이 있다.

32 정답 ② 난이도 ●●○

언어추리 – 조건추리 문제

(1) A~F의 걸음 속도는 동일하므로 (개발팀–영업팀–총무팀–회계팀–마케팅팀–생산팀)의 순서로 사무실에 빨리 도착한다. 〈조건〉 ㉠에 따라 A, B, C, D, E, F는 서로 다른 팀에 소속되어 있으므로 각각 첫 번째~여섯 번째까지 차례대로 오고 있다. 해당 조건이 없다면 순서 문제라고 섣부르게 판단해서는 안 된다. 이때 〈조건〉을 바탕으로 6명이 소속된 팀을 표로 정리해 보자.

(2) 〈조건〉 ㉡에 따라 D보다 늦게 사무실에 도착한 사람이 두 명이므로 D는 회의실에서 네 번째로 가까운 회계팀이다. 이때 〈조건〉 ㉢에 따라 C는 영업팀 또는 생산팀이 되는데, 〈조건〉 ㉤에 의하면 C가 회의실에서 가장 먼 생산팀은 아니므로 C는 회의실에서 두 번째로 가까운 영업팀이다. C 뒤에 F가 있어야 하기 때문이다. 따라서 F는 영업팀보다 회의실에서 먼 총무팀, 마케팅팀 또는 생산팀이다.

(3) 그런데 〈조건〉 ㉣에 따라 A와 F는 연달아서 사무실에 도착했으므로 F는 총무팀이 아니며 A와 F는 각각 마케팅팀 또는 생산팀 중 하나이다. 이상의 결과를 표로 정리하면 다음과 같다.

회의실	개발팀	영업팀	총무팀	회계팀	마케팅팀	생산팀
	B / E	C	E / B	D	A / F	F / A

① (×) B는 총무팀이다.
➜ B는 총무팀이 아닐 수도 있다. 주어진 〈조건〉에 따르면 D는 회계팀, C는 영업팀, A와 F는 마케팅팀 또는 생산팀이므로 B는 개발팀 또는 총무팀이다. 만약 B가 개발팀이라면 총무팀은 E가 되며, 모순은 발생하지 않는다. 문제에서 항상 참인 것을 고르라고 했는데, B는 개발팀도 될 수 있으므로 정답이 될 수 없다.

② (○) C가 두 번째로 사무실에 도착했다.
➜ 〈조건〉 ㉡에 따라 D보다 늦게 사무실에 도착한 사람이 두 명이므로 D는 회의실에서 네 번째로 가까운 회계팀이다. 이때 〈조건〉 ㉢에 따라 C는 영업팀 또는 생산팀이 되는데, 〈조건〉 ㉤에 의하면 C가 회의실에서 가장 먼 생산팀은 아니므로 C는 회의실에서 두 번째로 가까운 영업팀이다.

③ (×) F는 생산팀이다.
➜ F는 생산팀이 아닐 수도 있다. 〈조건〉 ㉡에 의하면 D는 회계팀이며, 〈조건〉 ㉢과 ㉤에 의하면 C는 영업팀이다. 이때, 〈조건〉 ㉤에 의하면 F는 생산팀보다 회의실에서 먼 총무팀 또는 마케팅팀 또는 생산팀이다. 그런데 〈조건〉 ㉣에 따라 A와 F는 연달아서 사무실에 도착했으므로 F는 총무팀이 아니며 생산팀 또는 마케팅팀이다. 항상 참인 것을 고르라고 했기 때문에 정답이 될 수 없다.

④ (×) E가 가장 나중에 도착할 수 있다.
➜ E가 가장 나중에 도착할 수 없다. 주어진 〈조건〉에 따르면 D는 회계팀, C는 영업팀, A와 F는 마케팅팀 또는 생산팀이므로 E는 총무팀 또는 개발팀이다. 따라서 E는 사무실에 세 번째로 도착하거나 첫 번째로 도착한다.

⑤ (×) A가 가장 먼저 도착할 수 있다.
➜ A가 가장 먼저 도착할 수 없다. 〈조건〉 ㉡에 의하면 D는 회계팀이며, 〈조건〉 ㉢과 ㉤에 의하면 C는 영업팀이다. 이때, 〈조건〉 ㉤에 의하면 F는 생산팀보다 회의실에서 먼 총무팀 또는 마케팅팀 또는 생산팀이다. 그런데 〈조건〉 ㉣에 따라 A와 F는 연달아서 사무실에 도착했으므로 A는 생산팀 또는 마케팅팀이다. 따라서 A는 사무실에 다섯 번째로 도착하거나 여섯 번째로 도착한다.

합격자의 시간단축 Tip

Tip ① '항상 참인 것'을 물었을 경우, 어떤 것이 확정될 때마다 해당 정보가 포함되어 있는 선지가 있는지 여부를 확인하는 것이 좋다. 가령 C가 영업팀에 속할 수밖에 없다는 것을 알아냈을 때 그 이상의 정보를 추가적으로 고민해보기 이전에 한 번 선지를 확인해보는 것이 좋다.

Tip ② '항상 참'인 것을 묻는 문제는 오히려 다른 문제보다 쉬울 수 있다. 경우의 수가 있거나 불확실한 정보의 경우 특별히 확인해보지 않은 채 바로 틀린 선지로 표기하면 되기 때문이다. 선지의 구성을 보면, '~할 수 있다.'라는 선지와 '~이다.'라는 선지가 존재한다. 후자의 경우 반례가 단 하나라도 존재하면 정답이 아니지만 전자의 경우 모든 경우가 다 반례가 되어야 정답이 아니다. 따라서 항상 참을 고르는 문제에서는 '~이다.'와 같이 확정적인 선지부터 접근하는 것이 좋다. 반대로 항상 거짓을 고르는 문제에서는 예시 하나만 찾더라도 정답이 아니기 때문에 '~할 수 있다'라는 선지부터 접근하는 것이 좋다.

Tip ❸ 〈조건〉 ㉠에 따라 A~F의 순서를 구하는 것임을 확인할 수 있다. 따라서 표를 구성할 때 '개발팀' 등 팀의 이름이 아니라 1부터 6까지 순서를 적어서 구하면 시간을 조금 더 단축시킬 수 있다.

Tip ❹ 이 문제처럼 '순서'가 사용된 문제는 〈조건〉에 사용된 순서 관련 표현들에 유의해야 한다. 특히 조건 ㉣과 ㉤에서 '연달아서'와 '먼저'라는 표현이 사용됐는데, 둘은 절대 같은 표현이 아님을 알 수 있다. 특히 '먼저'라는 표현을 '연달아서'라는 표현과 혼동하는 경우가 많은데, 엄밀하게 구분하여 사용해야 문제 풀이에서 오류를 줄일 수 있다

33 정답 ④

난이도 ●●●

언어추리 – 조건추리 문제

(1) 2주차 월요일에 단식을 했으므로, 1주차 토요일과 일요일은 정상적으로 식사를 해야 한다. 단식을 하는 날 전후로 각각 최소 2일간은 정상적으로 세 끼 식사를 해야 하기 때문이다.

(2) 목요일에는 점심식사를 했으므로 목요일은 단식일이 아니다. 김과장이 선택한 간헐적 단식 방법은 아침 혹은 저녁 한 끼 식사만 하는 것이기 때문이다.

(3) 아침식사 횟수와 저녁식사 횟수가 같으므로, 단식을 한 날 중 하루는 아침, 하루는 저녁을 먹었다. 단식을 하는 이틀은 각각 아침 혹은 저녁만 먹고, 단식일 외에는 모두 세 끼 식사를 하기 때문이다. 만약 단식을 하는 이틀 모두 아침(저녁)이라면, 아침(저녁)식사 횟수가 저녁(아침)식사 횟수보다 많게 된다.

따라서 단식을 하는 이틀은 각각 아침과 저녁이어야 한다. 나머지는 세 끼 모두 다 먹었기 때문에 단식날만 고려하면 된다. 월요일, 수요일, 금요일에는 아침식사를 했으므로 위와 같은 정보를 정리하면 다음과 같다.

월요일	화요일	수요일	목요일	금요일	토요일	일요일
아침		아침	단식×	아침	단식×	단식×

(4) 단식을 하는 날 전후로 각각 최소 2일간은 정상적인 식사를 해야 하므로 월요일, 화요일, 수요일 중에는 단 하루만 단식을 할 수 있다. 또한, 목요일과 토요일, 일요일은 단식하지 않았고, 일주일 중에 2일을 단식하였으므로 김과장은 1주차 금요일에 단식을 하였다. 그런데 금요일에 조찬회의에 참석하여 아침식사를 하였으므로 금요일에는 아침 한 끼만 먹었음을 알 수 있다.

(5) 금요일에 단식을 하였으므로 단식 2일 전인 수요일에는 단식을 하지 못한다. 또한, 1주차의 나머지 단식을 한 요일에는 저녁을 먹어야 하므로 아침식사를 한 월요일에는 단식을 하지 못한다. 따라서 김과장은 화요일에 단식을 하여 저녁 한 끼만 먹었음을 도출할 수 있다.

(6) 결과적으로 김과장이 단식을 시작한 첫 주 한 끼만 먹은 요일은 화요일(저녁)과 금요일(아침)이다.

합격자의 시간단축 Tip

Tip ❶ 조건을 읽고 숨겨진 정보를 추론할 수 있다면, 선지를 소거하는 풀이를 통해서 문제를 쉽게 해결할 수 있다. 단식일에 식사는 각각 아침에 한번, 저녁에 한번 했다. 따라서 (저녁, 저녁)과 (아침, 아침)인 ①, ②는 소거할 수 있다.
또한, 2주차 월요일에는 단식을 했으므로 토요일에는 정상식사를 해야 한다. 따라서 ⑤를 소거할 수 있다. 남은 것은 ③, ④로 화, 금요일이 단식일인 것이 확정되었다. 조건에서 금요일에 아침을 먹었다고 나와 있으므로 ③은 정답이 될 수 없다. 따라서 남은 ④를 선택하면 된다. 선지 구성을 봐도 화요일, 금요일이 압도적으로 많기 때문에 이를 우선적으로 고려해도 좋다.

Tip ❷ 보통 일주일~이주일 단위로 조건이 주어지는 문제는 일단 대충이라도 표를 그리고 시작하는 것이 오히려 더 효율적일 수 있다. 실전에서는 구체적으로 표를 그릴 필요 없이 '월, 화, 수, …' 또는 'ㅇ, ㅎ, ㅅ, …'와 같이 약식으로 적어주면 된다. 주어진 조건들을 표로 도식화하면 아래의 표와 같다.

구분	월요일	화요일	수요일	목요일	금요일	토요일	일요일
아침	○		○	○	○	○	○
점심				○		○	○
저녁				○		○	○

이때, 정답은 쉽게 구할 수 있는데 '지난주에 먹은 아침식사 횟수와 저녁식사 횟수가 같다'를 통해 쉽게 '화요일(저녁)'이 포함됨을 시각적으로 확인할 수 있다. 왜냐하면 '화요일(아침)'이 되는 경우 7일동안 아침에 식사를 하는데, 주에 이틀은 단식을 했기 때문에 자동적으로 이틀 모두 아침 단식이 될 수밖에 없으므로 조건에 부합하

지 않게 된다.

따라서 화요일(저녁) 단식이므로 ④ 또는 ⑤가 정답이고, 표에 따르면 토요일(아침)이 한 끼만 먹은 요일이 될 수 없으므로 자동적으로 정답은 ④이다.

Tip ❸ 표를 구성하는 다른 방법을 소개하고자 한다. '3'은 세 끼를 의미한다. 좌측 행의 1, 2는 주차를 의미하고, 첫째 열의 1부터 7인 월요일부터 일요일까지를 뜻한다. 본인이 실수하지 않을 것 같은 선에서 최대한 빠른 방식으로 표를 구성하도록 하자.

단, 이런 식으로 요일을 숫자로 나타낼 경우 시작 숫자인 1이 무슨 요일을 나타내는지 본인이 정확하게 기억하고 있어야 한다. 한 주를 표시할 때 일~월도 있지만 월~일로도 많이 나타내기 때문이다.

구분	1	2	3	4	5	6	7
1	아	저	아	점→3	아	3	3
2	×						

34 정답 ③ 난이도 ●●○

언어추리 - 조건추리 문제

(1) 주어진 〈조건〉에 따르면 '마' 구역은 세 번째, '가' 구역은 여섯 번째로 순서가 고정되어 있다.

1	2	3	4	5	6	7
		마			가	

(2) '바' 구역의 경우〈조건〉 ㅁ에 따라 '바' 구역 이전에 식사구역을 최소 두 구역 이상을 점검해야 하고, 조건 ㄱ에서 식사구역은 2회 이상 연속될 수 없으므로 '바'구역 이전에 최소 세 구역은 점검해야 한다. 또한, 조건 ㄴ에 따라 '바' 구역 이후에 최소 '나' 와 '라'의 두 구역을 점검해야 한다. 여섯 번째 순서로 '가' 구역이 정해져 있으므로, '바' 구역은 네 번째로 점검해야 한다.

1	2	3	4	5	6	7
		마	바	나or라	가	나or라

(3) 남은 구역은 '사' 구역과 '다' 구역인데, 〈조건〉 ㄷ에 따라 '사' 구역이 '다' 구역보다 먼저 점검 받으므로 '사' 구역이 첫 번째, '다' 구역이 두 번째 순서로 점검 받게 된다. 이상의 조건을 표로 정리해보면 다음과 같다.

1	2	3	4	5	6	7
사	다	마	바	나or라	가	라or나

(4) 〈조건〉 ㅁ에 따르면 '바' 구역보다 먼저 점검하는 구역 중 두 곳은 식사구역이다. 그런데 조건 ㄱ에 따르면 식사구역을 2회 이상 연속해서 점검하지 않으므로 첫 번째 순서와 세 번째 순서가 식사구역이어야 한다. 따라서 두 번째 순서인 '다' 구역은 반드시 흡연구역이다.

합격자의 시간단축 Tip

Tip ❶ 문제에 주어진 〈조건〉의 '우선 순위'를 정하는 것이 풀이의 첫 번째 단계이다. 이와 같은 논리 퀴즈 문제에서는 확정적인 조건(혹은 단서)을 우선 파악하는 것이 가장 중요하다.

(1) 해당 문제의 경우 세 번째에 '마' 구역, 여섯 번째에 '가' 구역을 점검한다는 것이 확정적인 단서로 주어져 있다. 특히 '마' 구역의 경우 조건문이 아닌 발문에 제시되어 있어 자칫하면 놓칠 가능성이 높다.

(2) 그 다음으로 봐야 할 조건은 가장 빠르게 풀 수 있는 것이어야 한다. 이를 파악하기 위해서는 반복적으로 언급되는 대상이 무엇인지를 중점적으로 살펴봐야 한다. 조건 ㄴ과 조건 ㅁ이 모두 '바' 구역과 관련된 조건으로, 이를 우선 활용해서 '바' 구역의 점검 순서를 확정 지어야 한다.

Tip ❷

(1) **Tip ❶**의 순서에 따라, 아래와 같이 확실하게 주어진 정보를 시각화한다.

1	2	3	4	5	6	7
		마	바		가	

(2) 조건 ㄴ을 통해 '바' 구역 뒤에 '나', '라'의 최소 2개 구역이 있음을 알 수 있다. 또한, 조건 ㄱ과 조건 ㅁ을 통해 '바' 구역 앞에 두 곳의 식사구역을 포함한 최소 3개 구역이 있음을 알 수 있다. 이러한 정보를 표로 옮기면 '바' 구역이 4번째 순서임이 바로 확정된다. '바' 구역이 확정되면 즉시 표에 기입해 남은 구역과 점검 순서를 보고, 다른 조건들을 어떻게 적용할지 생각해보면 쉽게 답을 구할 수 있다.

Tip ❸ 이렇게 조건이 '순서'와 관련된 경우, 문제 풀이를 할 때 순서 표기에 유의해야 한다. 순서와 관련된 조건은 ㉣처럼 구체적인 순서를 확정하는 조건이 있고, ㉢처럼 대략적인 순서를 확정하는 조건이 있다. 이때 대략적인 순서를 확정할 때 사용되는 단어들은 '~보다 먼저, ~후에, ~이후' 등이 있다. 이런 단어와 혼동되는 것이 '연달아서, 연이어, 직후에, 바로 다음' 등의 단어다. 따라서 문제를 풀이할 때 '연달아서, 연이어, 직후에, 바로 다음' 등의 단어와 관련된 것은 하이픈(-) 표시를 통해 나타내면 좋다.
예를 들어 '가 바로 다음에 나가 온다.'는 '가-나'로 표시한다. 반면 '~보다 먼저, ~후에, ~이후' 등의 단어는 부등호(〉)로 나타내면 좋다. 예를 들어, '다는 라보다 먼저 위치해 있다.'를 '다 〉 라'로 나타내는 것이다. 부등호의 의미를 엄밀히 생각해보면 '다〉라'는 '다가 라보다 크다.'를 의미하지만, 단지 대략적인 위치를 간단히 나타내기 위해서 사용한 것이니 부등호 외에도 본인이 편한 기호를 사용하면 된다. '연달아서, 연이어, 직후에, 바로 다음' 등의 단어와 다른 기호라면 어떤 것이든 가능하다.

35 정답 ❸ 난이도 ●●●

언어추리 – 조건추리 문제

〈조건〉 ㉢, ㉣에 따라 1팀에는 A를 포함한 해외영업부 직원 2명과 생산관리부 직원 I로 구성된다. 한편, 〈조건〉 ㉤에 따라 H가 속한 팀은 해외영업부 직원 1명, 연구개발부 직원 1명, 생산관리부 직원 H로 구성된다. 따라서 마지막 팀은 연구개발부 직원 2명, 생산관리부 직원 G로 구성되며, 이때 TF팀으로 가능한 조합을 표로 나타내면 다음과 같다.

1팀	2팀, 3팀	
A, B, I	C, D, H	E, F, G
A, B, I	C, E, H	D, F, G
A, B, I	C, F, H	D, E, G
A, C, I	B, D, H	E, F, G
A, C, I	B, E, H	D, F, G
A, C, I	B, F, H	D, E, G

합격자의 시간단축 Tip

Tip 문제에서 '가능한 팀 구성'을 물어보고 있다. 그렇기 때문에 모든 경우의 수를 구해 팀을 확정하려 하기보다는, <u>선지를 적극적으로 활용하는 것이 효율적인 풀이이다</u>. 따라서 각 조건을 검토하면서 그와 모순되는 선지들을 순차적으로 소거해가도록 한다.

[방법 1]
조건 ㉢에 따라 1팀에는 A와 B 또는 C 중 한 명이 확정적으로 포함되며, ㉣에서 A와 I는 같은 팀에 배치한다고 했으므로 1팀은 A, B / C, I로 구성될 것이다. 그렇다면 ㉤에 따라 서로 다른 팀에 배치되어야 하는 G와 H는 각각 2팀 또는 3팀에 배치될 것을 알 수 있다. 이상을 만족하는 선지는 ②와 ③이다. 이 중 ②에서는 3팀에 H와 함께 속해 있는 직원이 모두 연구개발부로 동일하여 조건 ㉤에 모순된다. 따라서 ②도 소거되며 답은 ③이다.

[방법 2]
조건 ㉢에 따라 1팀에 A가 포함되지 않은 ④, ⑤를 소거한다. ㉣에 따라 A와 I가 같은 팀에 배치되지 않은 ①을 소거한다. ㉤에 따르면 H가 속한 팀에 모두 다른 부서 직원들로 구성되어야 하므로 해외영업부 직원 중 1팀에 속하지 않은 B나 C가 H와 같은 팀이어야 한다. 따라서 ②도 소거되며 답은 ③이다.

＊ 이처럼 문제에서 답으로 가능한 경우의 수가 많은 경우, 선지는 문제 외에 또 다른 힌트로 기능한다. 조건추리 유형은 이러한 유형의 문제가 많으므로, 선지를 소거해 나가며 정답을 확정 짓는 풀이에 익숙해지도록 하자.

36 정답 ❸ 난이도 ●●●

언어추리 – 조건추리 문제

주어진 정보를 바탕으로 각 직원의 전공 여부를 대칭표로 나타내면 다음과 같다. 이 문제는 직원들의 입사 순서(A~F)와 전공(경영학~도시공학)이라는 2개의 그룹 간에 일대일 대응관계가 존재하므로, 대응표로 풀기에 적합하다.

전공 \ 직원	A	B	C	D	E	F
경영학		×	×			
행정학		×	×			
통계학		×	×			
건축학		×	×		×	×
토목공학	×	×	○	×	×	×
도시공학	×	○	×	×	×	×

ㄱ. (×) 건축학을 전공한 직원은 경영학을 전공한 직원보다 입사시기가 빠르다.
→ 건축학을 전공한 직원은 경영학을 전공한 직원보다 입사시기가 빠를 수 있다. 건축학을 전공한 사람은 A 또는 D이다. 만약 A가 경영학을 전공하였고 D가 건축학을 전공하였다면 건축학을 전공한 직원은 경영학을 전공한 직원보다 입사시기가 늦다. 반면, A가 건축학을 전공하였다면 D, E, F 중 누가 경영학을 전공하는지와 무관하게 건축학을 전공한 직원이 경영학을 전공한 직원보다 입사시기가 빠르다. 따라서 주어진 정보만 가지고 보기 ㄱ을 반드시 참이라고 할 수는 없다.

ㄴ. (×) A, E, F 중 누군가는 경영학을 전공하였다.
→ A, D, E, F 중 누군가는 경영학을 전공하였다. 경영학을 전공한 직원은 A, D, E, F 중 하나이다. 주어진 정보에 따르면 직원 D가 경영학을 전공할 수도 있으므로 보기 ㄴ은 반드시 참이라고 할 수 없다.

ㄷ. (○) C, D는 도시공학을 전공하지 않았다.
→ 도시공학을 전공한 직원은 B이다. 따라서 보기 ㄷ은 반드시 참이다.

합격자의 시간단축 Tip

Tip ❶ 선지에서 힌트를 많이 찾아야 한다. '건축학, 토목공학, 도시공학을 전공한 직원은 모두 직원 E보다 입사시기가 빠르다'의 경우 직원 E가 건축학, 토목공학, 도시공학을 전공하지 않음을 알 수 있다. 그리고 자동적으로 E보다 입사시기가 느린 F도 건축학, 토목공학, 도시공학을 전공하지 않음을 알 수 있다. 이와 같이 주어진 조건 안에서 최대한 활용할 수 있는 정보를 찾는 것이 필요하다.

Tip ❷

(1) 우선 문제에 주어진 조건을 정리하면 다음과 같다. 네 번째 조건에 따라 건축학, 토목공학, 도시공학을 전공한 직원은 모두 직원 E보다 입사시기가 빠르므로 A, B, C, D 중에 있을 것이다.

(2) 또한, 다섯 번째 조건에 따라 도시공학을 전공한 직원은 토목공학을 전공한 직원보다 입사시기가 빠르다. 첫 번째~세 번째 조건을 정리해보면 토목공학을 전공할 수 있는 사람은 A~D 중 A 또는 C인데 A가 토목공학을 전공하였을 경우 도시공학을 전공한 사람의 입사시기가 더 빠를 수 없으므로 C가 토목공학을 전공했을 것이다. C가 토목공학을 전공했을 경우 A는 첫 번째 조건에 따라 도시공학을 전공할 수 없으므로 도시공학을 전공한 직원은 B이다.

Tip ❸ 문제의 조건을 해설과 같이 대응표로 정리할 경우 보다 효율적으로 문제를 풀 수 있다. 또한, 해당되는지 안 되는지를 확실하게 표시할 수 있어 실수를 줄이는 데에 큰 도움이 된다.

Tip ❹ 반드시 참인 진술을 고르는 문제이므로 〈보기〉 별로 반례가 존재할 수 있는지 확인하는 방식으로 접근해야 한다.

Tip ❺ 대응표를 구하지 않고 정해진 조건만 적는 방법도 있다.

A	B	C	D	E	F
도×				도×	도×
	건×			건×	건×
	토×		토×	토×	토×

반드시 참인 진술만을 고르는 것이므로 반례를 찾는 것을 우선으로 한다.

Tip ❻ 반례의 예시
- ㄱ의 경우, 건축학을 전공한 직원이 경영학을 전공한 직원보다 입사시기가 느릴 수 있는지 확인한다.
- ㄴ의 경우, B, C, D 중 누군가가 경영학을 전공하였는지 확인한다.
- ㄷ의 경우, C, D가 도시공학이 아닌 다른 것을 전공하였는지 확인한다.

37 정답 ⑤

난이도 ●●●

언어추리 - 조건추리 문제

(1) 〈조건〉 ㉣과 ㉤에 의하면 검정색과 빨간색 분할에는 1인용 상품권만이 들어있고 검정색과 빨간색 분할의 경품 구성은 동일하다. 각 분할에는 상품권이 2장씩 들어가야 하므로 검정색과 빨간색 분할에는 각각 조식식사권 1인용 1장과 수영장입장권 1인용 1장이 경품으로 들어있다.

(2) 이때, 〈조건〉 ㉢에 따라 흰색 분할에는 수영장입장권이 경품으로 들어있지 않으므로 조식식사권만 2장 들어있다. 이때, 1인용은 2장 모두 검정색과 빨간색 분할에 1장씩 들어 있으므로 흰색 분할에는 조식식사권 2인용 2장이 경품으로 들어있다.

(3) 따라서 파란색 분할에는 남은 수영장입장권 2인용 2장이 경품으로 들어있다. 이를 표로 정리하면 다음과 같다.

분할	흰색	검정색	빨간색	파란색
경품	조식식사권 2인용 2장	조식식사권 1인용 1장, 수영장입장권 1인용 1장	조식식사권 1인용 1장, 수영장입장권 1인용 1장	수영장입장권 2인용 2장

① (×) 흰색 분할에는 1인용 상품권이 경품으로 들어있다.
→ 흰색 분할에는 2인용 상품권 2장이 경품으로 들어있다.

② (×) 파란색 분할에는 1인용 상품권이 경품으로 들어있다.
→ 파란색 분할에는 2인용 상품권 2장이 경품으로 들어있다.

③ (×) 검정색 분할에는 조식식사권이 경품으로 들어있지 않다.
→ 검정색 분할에는 조식식사권 1인용 1장이 경품으로 들어있다.

④ (×) 빨간색 분할에는 수영장입장권이 경품으로 들어있지 않다.
→ 빨간색 분할에는 수영장입장권 1인용 1장이 경품으로 들어있다.

⑤ (○) 파란색 분할에는 수영장입장권이 경품으로 들어있다.
→ 파란색 분할에는 경품에는 수영장입장권 2인용 2장이 경품으로 들어있다.

합격자의 시간단축 Tip

Tip ❶ 조건 중 가장 확정적인 정보를 얻을 수 있어 보이는 것을 먼저 고려한다. 이 문제의 경우 조건 ㉣과 ㉤ 둘 다 검정색과 빨간색 분할에 관한 정보라서 결합하면 정보가 확정될 확률이 높으므로 먼저 고려한다.

Tip ❷ 돌림판의 4분할을 직접 그림으로 그려 각 분할에 색깔을 표시한 다음 하단부에 조식식사권(1, 2인용), 수영장입장권(1, 2인용)을 표기하거나, 해설과 같이 표를 그려 문제를 풀면 좀 더 일목요연하게 문제를 풀 수 있다.

Tip ❸ 〈조건〉의 순서대로 푸는 방법도 있다.

(1) 〈조건〉 ㉠에 따라, 흰색, 검정색, 빨간색, 파란색을 표로 적는다. 〈조건〉 ㉡에 의해 조식식사권 1인용 2매, 2인용 2매, 수영장입장권 1인용 2매, 2인용 2매임을 확인한다.

구분	흰	검	빨	파
경품				

(2) 〈조건〉 ㉢에 따라 흰색은 조식식사권으로만 구성되어 있다.

구분	흰	검	빨	파
경품	조 조			

(3) 〈조건〉 ㉣에 의해 검정색과 빨간색 분할엔 2인용 상품권이 들어있지 않으므로, 1인용 4장이 모두 검정색 분할과 빨간색 분할로 들어간다. 따라서 흰색은 조식 식사권 2인용으로만 구성됨을 파악할 수 있다. 또한 파란색 분할도 남은 경품인 수영장입장권 2인용 2장으로 구성된다.

구분	흰	검	빨	파
경품	조2 조2			수2 수2

(4) 〈조건〉 ㉤에 의하면 검정색과 빨간색 분할의 경품 구성은 동일하므로 검정색과 빨간색 각각 조식식사권 1인용, 수영장입장권 1인용으로 구성된다.

구분	흰	검	빨	파
경품	조2 조2	조1 수1	조1 수1	수2 수2

Tip ❹ N×M표를 그려 풀고 싶은 경우 분할 칸에 같은 상품권 2개가 들어갈 수 있음에 유의하여 그린다. 조식식사권은 '조'로, 수영장입장권은 '수'로 적고, 1인용은 '1', 2인용은 '2'로 적는다.

구분	조1	조1	조2	조2	수1	수1	수2	수2
흰					×	×	×	×
검			×	×			×	×
빨			×	×			×	×
파								

다만, 같은 이름의 칸은 순서가 바뀌어도 같은 경우라는 것을 인지하고 있어야 한다. (아래 두 표는 같은 상황이라는 것의 의미한다.)

구분	조1	조1
검	○	×
빨	×	○

구분	조1	조1
검	×	○
빨	○	×

'수2'는 흰색 분할, 검정색 분할, 빨간색 분할 모두 들어갈 수 없다는 점과 ㅁ조건에 의해 검정색 분할과 빨간색 분할에 '조1', '수1'이 하나씩 ㅇ표시되어야 한다는 점을 고려할 때, 흰색 분할에는 '조1' 2개 모두 ㅇ표시가 되어야 한다는 것, 파란색 분할에는 '수2' 모두 ㅇ표시가 되어야 한다는 것을 알 수 있다.

구분	조1	조1	조2	조2	수1	수1	수2	수2
흰	○	○			×	×	×	×
검			×	×			×	×
빨			×	×			×	×
파							○	○

38 정답 ①　　　난이도 ●●●

언어추리 - 조건추리 문제

(1) 문제 풀이의 편의를 위해 〈조건〉 위에서부터 차례대로 'ㄱ~ㅂ'이라 하자. 〈조건〉 ㄴ에 따라 운동화는 갈색과 흰색이 아니다. 〈조건〉 ㄹ에 따라 슬리퍼가 빨간색이므로 운동화는 검은색이다. 따라서 을은 검은색 운동화를 신었다. 한편, 〈조건〉 ㅁ에 따라 갑은 로퍼와 슬리퍼를 신지 않았으며, 운동화는 을이 신었으므로 갑은 구두를 신었다.

(2) 그런데 로퍼와 운동화, 슬리퍼는 흰색이 아니므로 구두는 흰색이다. 따라서 갑은 흰색 구두를 신었다. 이때, 〈조건〉 ㅂ에 따라 병의 신발은 갈색이 아니므로 병은 빨간색 슬리퍼를 신었으며, 정은 갈색 로퍼를 신었다. 각 인물이 신은 신발의 색과 종류를 표로 정리하면 다음과 같다.

종류 \ 색	갈색	흰색	검은색	빨간색
로퍼	정	×	×	×
운동화	×	×	을	×
구두	×	갑	×	×
슬리퍼	×	×	×	병

따라서 답은 ①이다.

합격자의 시간단축 Tip

Tip ①

(1) 찾아야 하는 정보가 인물, 신발의 색, 신발의 종류로 3가지이기 때문에 표를 그리는 것이 부담스러울 수 있다. 이 경우 선지를 활용하는 방법도 있다. 운동화를 신은 사람은 을이라는 사실이 이미 밝혀졌으므로 그 외의 신발들을 살펴보면, 다섯 번째 조건에서 갑은 로퍼나 슬리퍼를 신지 않는다고 했으므로 로퍼와 갑이 짝지어진 선지 ④, ⑤와 슬리퍼와 갑이 짝지어진 선지 ②이 소거된다. 남은 선지는 ①과 ③으로 임의로 하나를 정해 대입하여 모순이 생기는지 여부를 확인하면 된다.

(2) 선지 ③을 먼저 가정하면, 을의 신발과 병의 신발 모두 갈색이 아니라고 했으므로(두 번째, 마지막 조건) 갑 또는 정의 신발이 갈색일 것이다. 그런데 네 번째 조건에서 슬리퍼는 빨간색이라고 했으므로 슬리퍼를 신은 정의 신발은 빨간색일 것이고 갑의 구두는 갈색일 것이다. 남은 신발 색은 흰색과 검은색인데, 운동화가 흰색이 아니므로(두 번째 조건) 로퍼가 흰색이어야 한다. 그런데 세 번째 조건에서 로퍼는 흰색이 아니라고 했으므로 이는 모순이다. 따라서 선지 ③은 성립할 수 없다.

(3) 해당 문제의 선지는 사람과 신발의 종류를 짝짓고 있으므로, 모순을 확인하고자 하는 경우에는 아직 확인되지 않은 조건인 색과 짝지어보면서 모순 여부를 확인하는 것이 가장 좋다.

Tip ② 문제에서 물어보는 것은 갑~정이 신은 신발의 종류이다. 따라서 색상은 신발의 종류를 찾을 때만 필요할 뿐이니 신발의 종류를 찾는 것에만 집중한다. 조건들을 살펴보고 확정적인 정보를 먼저 찾는다. 〈조건〉 ㄴ에 따라 을의 신발은 운동화이다. 〈조건〉 ㅁ에 의해 갑은 로퍼, 슬리퍼를 신지 않으므로 갑은 네 개의 신발 중에 마지막으로 남은 구두를 신는다. 따라서 갑이 구두를 신는다고 되어있는 선지 ①과 ③만 남는다. ①번이 정답임은 위의 해설을 통해 파악했으므로 ③번이 정답이 아닌 이유를 설명해보고자 한다.
병이 로퍼를 신게 될 경우 〈조건〉 ㅂ과 〈조건〉 ㄷ에 따라 병은 '갈색'과 '흰색'을 신지 않는다. 슬리퍼가 '빨간색'으로 결정되기 때문에 병의 신발은 '검정색'이어야 한다. 하지만 이 상황은 〈조건〉 ㄴ에 따라 을에게도 해당한다. 조건 간 충돌이 발생하므로 병은 로퍼를 신을 수 없다.

Tip ③ [방법 2] 실전에서 해설과 같은 방식의 표를 그려야 한다는 것이 생각나지 않으면 문제에서 보이는 순서대로 표를 만들어 나가도 괜찮다. 먼저 언급된 순서대로 갑, 을, 병, 정 및 신발의 이름을 적는다.

구분	로퍼	운동화	구두	슬리퍼
갑				
을				
병				
정				

이후 언급된 조건의 순서대로 표를 채워 나간다. 신발의 색은 표의 상하좌우를 활용하여 적어놓는다.

	구분	로퍼	운동화	구두	슬리퍼
	갑	×	×	(1) ○	×
	을	×	○	×	×
갈×	병	(5) ×	×	×	(5) ○
	정	(6) ○	×	×	×
		흰×	갈×	(4) 흰○	빨○
		(3) 빨×	흰×		
		(3) 검×	(2) 빨×		
		(3) 갈○	(2) 검○		

(1) 을의 신발이 운동화라는 점, 갑의 신발이 로퍼나 슬리퍼가 아니라는 점을 고려할 때, 갑의 신발은 구두이다.

(2) 운동화는 갈색이나 흰색이 아니라는 점과 슬리퍼가 빨간색이므로 운동화는 빨간색일 수 없다는 점을 고려할 때, 운동화는 검정색이다.

(3) 로퍼는 흰색이 아니라는 점과 운동화가 검정색, 슬리퍼가 빨간색이므로 로퍼는 검정색과 빨간색일 수 없다는 점을 고려할 때 로퍼는 갈색이다.

(4) 남은 색은 흰색이므로 구두는 흰색이다.

(5) 병의 신발은 갈색이 아니고, 운동화와 구두는 다른 사람의 신발이라는 점을 고려할 때, 병의 신발은 슬리퍼이다.

(6) 남은 칸을 고려하면 정의 신발은 로퍼이다.

채워진 표를 보면 답은 ①이다.

39 정답 ③ 난이도 ●○○

언어추리 – 조건추리 문제

(1) 〈조건〉 네 번째에 따라 R&D부 바로 위층에 영업마케팅부가 배정되는데, 〈조건〉 세 번째에 따라 영업마케팅부와 생산품질부는 한 층 차이이다. 따라서 생산품질부는 영업마케팅부 바로 위층에 배정된다.

(2) 그런데 〈조건〉 첫 번째와 다섯 번째에 따라 디자인부와 기획부는 생산품질부보다 아래층에 배정되었다. 따라서 1층에 배정된 경영지원부를 포함하여 나머지 모든 부서가 생산품질부보다 아래층에 배정되었으므로 이에 따라 생산품질부는 6층에 배정되었다. 이상의 결과를 표로 정리하면 다음과 같다.

층수	1층	2층	3층	4층	5층	6층
부서	경영지원부	디자인부	기획부	R&D부	영업마케팅부	생산품질부

(3) 따라서 3층에 배정된 기획부의 바로 아래층인 2층에 배정된 부서는 디자인부다.

합격자의 시간단축 Tip

Tip ❶

(1) 선지를 소거하는 방식으로 접근하는 것도 좋다. 마지막 조건에 따라 생산품질부는 기획부 아래 위치할 수 없으므로 선지 ①이 소거된다. 또, 세 번째와 네 번째 조건에 따라 'R&D부' < '영업마케팅부' < '생산품질부'가 연속으로 배정되었다는 사실을 알 수 있으며, 생산품질부가 기획부보다 위층에 있다고 했으므로 그 위치와 무관하게 세 부서는 무조건 기획부보다 위층에 배치될 것이므로 선지 ②, ⑤도 소거된다.

(2) 두 번째 조건에서 경영지원부는 1층에 배치되는데, 만일 기획부 바로 아래가 경영지원부라면 첫 번째 조건을 만족할 수 없다. 따라서 기획부 아래는 디자인부가 위치할 것이다. 이러한 풀이는 결국 모든 조건을 살펴본다는 점에서 정석 해설과 크게 다를 바 없으나, 부서별로 배치되는 정확한 층을 고려하지 않아도 되고, 조건들을 파편적으로 살펴보아도 문제가 없어 눈으로 풀 수 있다는 점에서 장점이 있다. 이러한 방식의 풀이를 연습하다 보면 정석 풀이보다 빠르게 답을 도출할 수 있는 문제들이 많아질 것이다.

Tip ❷ 위의 해설처럼 〈조건〉의 해결 순서를 단번에 아는 건 어렵기 없기 때문에, 조건을 차례대로 보며 확정적인 정보를 찾아가는 것을 추천한다.

(1) 1부터 6까지 순서를 적어주고, 정보들을 아래에 적어가며 푼다. 첫 번째 조건, 두 번째 조건을 정리하면 다음과 같다. 시간 단축을 위해 기획부는 '기', R&D부는 'R', 생산품질부는 '생', 영업마케팅부는 '영', 디자인부는 '디', 경영지원부는 '경', 1층부터 6층은 '1, …, 6'으로 적는다.

기, R, 생, 영, 디, 경					
1	2	3	4	5	6
경					

(2) 세 번째 조건에 따라 생–영(생산품질부–영업마케팅부) 또는 영–생을 적는다. 네 번째 조건을 보면 R&D부 바로 위층에 영업마케팅부가 위치하므로, 'R&D부–영업마케팅부–생산품질부'의 순서임을 확인할 수 있다. 하지만 아직까지 생산품질부가 5층인지, 6층인지는 알 수 없다. 현재까지의 내용을 정리하면 다음과 같다.

기, R, 생, 영, 디, 경					
1	2	3	4	5	6
경		R	영	생	
경			R	영	영

(3) 다섯 번째 조건에 따라 기획부는 생산품질부보다 아래층에 배정된다. 따라서 생산품질부는 6층에 위치한다. 기획부와 디자인부의 순서가 남는데, 첫

PART 2 추리

번째 조건에 의해 디자인부가 기획부보다 아래층인 2층에 위치한다. 이상의 결과를 표로 정리하면 다음과 같다.

기, R, 생, 영, 디, 경					
1	2	3	4	5	6
경	디	기	R	생	생

Tip ❸ 주어진 조건을 직관적으로 메모해둔 후 조립하는 것도 방법이다. 먼저 기획부 바로 아래층에 배정된 부서를 고르라고 하였으므로, 선지 왼편에 크게 '기획부 아래' 혹은 줄여서 '기 아래'라고 적어놓는다. 이제 조건대로 모든 조각을 그려두고, 채울 수 있는 것은 채워나간다. 실전에서는 부서의 이름은 적절히 줄여서 적도록 한다.

(1)

6	
5	
4	
3	
2	
1	

(2) 디자인부는 기획부보다 아래층에 배정되었으나 그 사이는 어떻게 될지 모르므로 '?'를 적어둔다.

기획부
?
디자인부

(3) 경영지원부는 1층에 배정되었으므로 (1)의 표에 적어준다.

6	
5	
4	
3	
2	
1	경영지원부

(4) 영업마케팅부는 생산품질부와 한 층 차이라는 점과 R&D 바로 위층에는 영업마케팅부가 배정되었다는 점은 한 번에 고려하여 적어둔다.

생산품질부
영업마케팅부
R&D부

(5) 기획부는 생산품질보다 아래층에 배정되었다는 점과 (2), (3), (4)의 메모들을 모두 고려하면 표는 다음과 같이 완성된다.

6	생산품질부
5	영업마케팅부
4	R&D부
3	기획부
2	디자인부
1	경영지원부

(6) 따라서 기획부의 바로 아래층에 배정된 부서는 디자인부이다. 다만, (5) 표를 직접 채우지 않아도, 1층이 경영지원부이므로 남은 층이 5개의 층이라는 점과 생산품질부 – 영업부 – R&D부가 연속된 층이라는 점을 보자마자 메모해둔 '?'표가 빈 칸임을 알 수 있고, 이에 따라 바로 기획부의 아래층이 디자인부라는 점을 알 수 있다.

40 정답 ② 난이도 ●●○

언어추리 – 조건추리 문제

〈조건〉을 바탕으로 각 팀의 훈련일정을 표로 나타내면 다음과 같다.

(1) 〈조건〉 ㉣에 따라 A → B → C, D, E이며, ㉤에 따라 E → F이다. 또한, ㉢에 따라 F와 G팀의 훈련은 같은 날이다.

(2) 〈조건〉 ㉥에 따라 만일 G팀 훈련이 마지막 날일 때를 가정해보자. A팀의 훈련은 두 번째 날에 해당한다. 또한 ㉦에 따라 두 번째 날에는 1회의 훈련만 있으므로 3일차에 두 팀이 훈련해야 하고, 4일차에 G팀과 F팀이 훈련해야 한다. 그러나 (1)에서 확인했듯이 A 뒤에는 G와 F를 제외하고도 B, C, D, E가 모두 들어가야 하는데 이는 불가능하다. 따라서 G팀 훈련은 마지막 날이 아니다.
조건 ㉦에 따라 2일차에는 G팀과 F팀이 같이 훈련할 수 없으므로 이 역시 불가능하며, 1일차에 G팀과 F팀이 훈련할 경우 ㉤과 모순된다. 따라서 G팀과 F팀은 3일차에 훈련해야 함을 알 수 있다.

(3) 앞서 살펴본 바와 같이 A팀이 2일차에 훈련하는 경우 모순이 생기므로 A는 1일차에 훈련해야 한다. 조건 ㉣에 따라 4일차에 A가 훈련하는 것은 불가능하기 때문이다. 오전에 훈련해야만 그 뒤에 나머지 팀들이 훈련할 수 있다. A보다 먼저 훈련을 받을 수 있는 팀은 남은 팀 중에서 없기 때문이다.

이상의 정보를 표로 나타내면 다음과 같다. 2일차는 1팀만 훈련할 수 있으므로 실수하지 않도록 메모해둔다. 단, 오전과 오후로 구분되지 않은 경우 훈련일정이 오전 또는 오후로 확정되지 않았음을 의미한다.

구분	1일차	2일차 (1)	3일차	4일차
오전	A		F, G	
오후				

(4) 남은 자리를 채워보면, A → B → C, D, E가 성립하므로 1일차 오후에는 B팀이 훈련하게 된다. 만일 2일차에 C팀 또는 D팀이 훈련하게 되면 조건 ㉤과 모순되므로, 2일차에는 E팀이 훈련을 받게 될 것이다. 따라서 마지막으로 남은 C, D 팀은 4일차에 훈련을 받게 된다.

구분	1일차	2일차 (1)	3일차	4일차
오전	A	E	F, G	C, D
오후	B			

(5) 따라서 답은 ②다.

합격자의 시간단축 Tip

Tip ❶ A → B → C, D, E라는 조건과 E → F라는 조건을 합쳐 A → B → C, D, E → F로 표기하는 실수를 범하지 않도록 한다. C, D, E 간의 순서는 알 수 없기 때문에 F보다 C, D가 뒤로 배치된다 해도 문제없기 때문이다. 이 문제의 핵심은 A팀이 1일차 오전에 훈련을 해야 한다는 것을 얼마나 빨리 알아낼 수 있는 가이며, 이를 위해서는 조건 ㉥을 적절히 활용하는 것이 중요하다.

Tip ❷

(1) 항상 모든 정보를 조합한 이후 선지에서 답을 찾기보다는, 특정 정보가 확정될 때 바로 선지를 적극적으로 활용하거나 소거법을 활용하는 습관을 만들면 시간을 줄일 수 있다. 모든 경우의 수를 파악하는 것보다 '문제에서 묻는 바를 찾는 것'에 우선순위를 두어야 하는 것이다. 이 문항 역시 굳이 A, B, C, D, E, F가 언제 훈련을 하는지 정확하게 도출하지 않더라도, 묻는 바에 충실하면 정답을 도출할 수 있다.

(2) 우선 ㉢과 ㉥에 따라 F팀과 G팀 훈련이 마지막 날이면 A팀이 두 번째 날에 훈련을 하게 됨을 알 수 있다. 그러나 해설과 같이 이 경우 모순이 발생하기에, ⑤가 답이 아님을 확인 가능하다.
㉤에 따라 E가 F보다 먼저 훈련을 받으므로 E가 포함된 ③, ④을 소거한다. 또한, ㉣에 의해 B는 E보다 먼저 훈련을 받으므로 역시 4일차가 아니므로 ①이 소거되어 답은 ②다.

(3) 따라서 A, B, C, D, E, F가 '언제' 훈련을 하는지는 정답을 찾는 것과 직결되는 부분이 아니므로 도출하지 않아도 무관하다.

Tip ❸ '훈련을 먼저 받는다'라는 의미가 두 가지임을 파악하자. 훈련은 오전과 오후로 나뉘므로 꼭 일수에서의 차이가 아니라 시간적 차이도 있음을 파악하는 것이 중요하다. 예를 들어 A가 오전에 훈련을 받고 B가 오후에 훈련을 받는다면 A가 B보다 먼저 훈련을 받는 것이 된다. 이 점을 헷갈리지 않도록 한다.

Tip ❹ 〈조건〉 ㉢과 ㉣, ㉤에 따라 A가 가장 먼저 훈련을 받는다는 걸 파악할 수 있다. A팀 다음에 B팀이 오고, B팀 다음에 C, D, E가 온다. 또한 E팀 다음에 F와 G가 오기 때문이다. 따라서 〈조건〉 ㉥을 다시 표현하면 'G 마지막 → A 두번째 날' 또는 '~(A 두 번째 날) → ~(G 마지막)'이다. A가 첫 번째로 훈련을 받는다는 건 '~(A 두 번째 날)'을 의미하므로, '~(G 마지막)'에 해당한다. 따라서 F와 G는 마지막 날에 훈련받는 것이 아님을 활용해 나머지를 구할 수 있다.

41 정답 ③

난이도 ●●●

언어추리 – 조건추리 문제

갑과 을은 '병의 입점 여부'에 대하여 모순되는 진술을 하고 있다. 따라서 갑과 을 중 한 명은 진실만을, 한 명은 거짓만을 진술하였다. 나머지 병, 정, 무는 모두 진실만을 진술하였으며 무의 진술에 따라 을의 말은 거짓이다.
이때, 갑의 진술에 따라 을은 101호에 입점하고 병은 입점하지 못하며, 정의 진술에 따라 무는 202호에 입점한다. 또한, 을의 진술은 거짓이므로 병이 201호에 입점하지 못하거나 정이 102호에 입점하지 못한다. 명확한 정보만 적어두면 다음과 같고, 갑과 정은 확정되지 않는다.

호수	101	102	201	202	입점×
심사결과	을			무	병

① (×) 갑은 101호에 입점한다.
→ 갑은 어디에 배정될지 정확히 알 수 없으나 101호에 입점하지 않는 것은 확실하다.

② (×) 을은 202호에 입점한다.
→ 을은 101호에 입점한다.

③ (○) 병은 입점하지 못한다.

➜ 갑의 진술에 따라 병은 입점하지 못한다.

④ (×) 정은 102호에 입점한다.

➜ 정은 102호에 입점할지 201호에 입점할지 알 수 없다.

⑤ (×) 무는 201호에 입점한다.

➜ 무는 202호에 입점한다.

합격자의 시간단축 Tip

Tip ❶ 참, 거짓을 판별하는 문제에서 '~의 말은 참/거짓이다.'라는 진술을 먼저 검토하는 것, 또한 효율적인 풀이이다. 이 문제의 경우 무의 진술이 그에 해당되며, 무의 진술이 참 또는 거짓이라고 가정할 때 을의 진술이 거짓 또는 참임이 곧바로 결정되므로 한 번에 두 명의 진술에 대한 참/거짓 여부를 가정할 수 있다. 그 후에는 해설과 같이 갑, 병, 정의 진술이 참임을 바탕으로 문제를 풀어나가면 된다.

Tip ❷ 해설의 과정에 따라 갑부터 무까지의 참과 거짓이 결정된 후 가장 눈에 띄는 건 '병'의 입점 여부이다. 갑과 을의 진술이 병의 입점 여부로 충돌했기 때문이다. 갑이 참으로 결정되면서 '병이 입점하지 못한다.'는 것 또한 참이다. 이와 관련된 내용이 선지 ③에 있다. 이처럼 확정된 정보를 구했을 때 관련 내용이 선지에 있는 경우가 많으므로 정보를 구하면 바로 선지로 가는 걸 추천한다.

42 정답 ①

난이도 ●●○

언어추리 - 조건추리 문제

(1) 불법주차중인 차량은 1대이므로 D차량주와 E차량주의 진술은 동시에 참이 될 수 없는 반대관계이다. 한편, A차량주나 C차량주의 발언이 거짓이라면 해당 차량주가 언급한 차량은 불법주차 중인데, 이 경우 D차량주와 E차량주의 발언은 거짓이 되어 2명이 거짓을 말했다는 사실에 모순된다. 따라서 A차량주와 C차량주의 발언은 참이다.

(2) 이때, B차량주의 발언이 참이라면 D차량주와 E차량주의 발언이 거짓이다. 그러나 A차량주와 C차량주의 발언에 따라 D차량과 E차량은 불법주차 차량이 아닌데, B차량주의 발언에 의하면 거짓을 말한 D차량주와 E차량주 중에 불법주차를 한 차주가 있으므로 모순된다. 따라서 B차량주의 발언은 거짓이고, D차량주와 E차량주는 한 사람은 참을, 한 사람은 거짓을 말하였다.

(3) B차량주의 발언이 거짓이므로 B차량주의 발언에 따라 불법주차를 한 차주는 참을 말하고 있다. 그러나 D차량주의 발언이 참이라면 B차량은 불법주차 차량인데, 이 경우 불법주차를 한 차주인 B는 거짓을 말하고 있으므로 모순된다.

(4) 따라서 D차량주의 발언은 거짓이며 E차량주의 발언은 참이다. 이때, E차량주의 발언에 따라 불법주차중인 차량은 A차량이다.

합격자의 시간단축 Tip

Tip ❶ 모순 관계와 반대 관계의 개념을 혼동하지 말자. 논리퍼즐 개념 파트에서 배웠듯, 두 진술의 진릿값이 항상 다르다면 모순 관계이다. 반면, 두 진술이 동시에 참일 수 없다면 반대 관계이다. 본 문제에서 D차량주와 E차량주의 진술은 동시에 참이 될 수 없지만, 동시에 거짓은 될 수 있다는 점에서 반대 관계에 있다. 5명의 차량주 중 거짓을 말한 사람이 2명이기 때문이다.
본 문제의 경우 반대 관계를 모순 관계로 보고 풀었더라도 정답이 도출되지만, 모순처럼 보이는 반대 관계로 함정을 판 문항이 얼마든지 등장할 수 있으므로 주의하여야 한다.

Tip ❷ 이 문제에서 반대관계에 있는 진술을 활용한 풀이는 다음과 같다.

(1) D차량주와 E차량주의 발언 중 D차량주의 것을 기준으로 하자. 만일 D차량주의 발언이 참이라면 B차량은 불법주차 중이다. 이때, B차량주의 발언이 참이라면 불법주차를 한 차주는 거짓을 말하고 있으므로 불법주차 중인 B차량주 역시 거짓말을 하고 있어야 한다.
반대로 B차량주의 발언이 거짓이라면 불법주차를 한 차주는 참을 말하고 있어야 한다. 어느 경우에도 모순이 발생하기 때문에 D차량주의 말은 참일 수 없으며 B차량은 불법주차가 아니다.

(2) D차량주의 말이 거짓일 때, 만일 B차량주의 말이 참이라면 D차량은 불법주차 중일 것이다. 그렇다면 D차량이 불법주차가 아니라고 한 C차량주의 말은 거짓일 것이며, 나머지 A차량주, E차량주의 말은 참일 것이다. E차량주의 말이 참이라면 A차량은 불법주차 중일 것인데, 이렇게 되면 불법주차 중인 차량이 두 대가 되어 모순이 생긴다.

(3) 따라서 B차량주의 말은 거짓이며 나머지 A, C, E 차량주는 참을 말하고 있다. E차량주의 발언에 따

라 A차량이 불법주차 중일 것이며, 답은 ①이다.

Tip ❸ 진술이 간단하므로 선지를 대입해 푸는 방법도 활용할 수 있다.

(1) 대화를 정리하면 다음과 같다.

	대화
A	~~E~~
B	불법 → 거짓
C	~~D~~
D	B
E	A

(2) A가 불법주차 중일 때를 대입해본다. A가 불법주차 차량이라면 A차량주의 말을 참, 불법주차를 한 차주인 A가 참을 말하고 있으므로 B는 거짓, C는 참, D는 거짓, E는 참이다. 빨리 참, 거짓을 파악할 수 있으므로 생각보다 시간이 적게 걸린다. 이상의 내용을 정리하면 다음과 같다.

	대화	A
A	~~E~~	○
B	불법 → 거짓	×
C	~~D~~	○
D	B	×
E	A	○

Tip ❹ 모순관계, 반대관계를 활용하는 것이 어렵고, 아이디어가 바로 떠오르지 않는다면, 조건으로부터 답을 추론하지 말고, 단순하게 선지가 답인 경우 문제에서 주어진 조건이 모두 성립하는지 확인하는 것도 방법이다. 이 문제의 경우 A가 불법주차 중인 것으로 가정해버리면 A, C, E가 참을 말하고 있고, B, D가 거짓을 말하고 있어 모든 조건이 성립함을 알 수 있다. 그러면 정답이 바로 도출된다. 만약 조건에 어긋나는 결과가 나타난다면, 그 선지는 정답이 아니므로, 바로 다른 선지를 대입해보면 된다.

43 정답 ⑤ 난이도 ●●●

언어추리 – 조건추리 문제

발문에서 남녀 각 한 명씩 2명은 대기업, 2명은 중소기업, 2명은 스타트업에 근무한다는 조건은 곧 남자 3명의 회사 규모가 모두 다르며, 여자 3명의 회사 규모가 모두 다르다는 것을 의미한다. 이를 토대로 두 가지 경우로 나누면 다음과 같다.

(1) A의 진술이 참(여자)인 경우

① D는 남자이므로 F와 B의 회사 규모는 다르다. 만일 B 역시 참이라면 B와 C는 모두 여자일 것이며, C의 진술에 따라 A와 C의 회사 규모는 같을 것이다. 이때 발문에 따르면 여자 3명은 각각 다른 규모의 회사에 다녀야 한다. 따라서 모순이 발생하므로, B의 진술은 거짓(남자)이며 C는 남자이다.

② 이상에서 B, C, D가 남자, A, E, F가 여자이다. 그렇다면 E와 F의 진술에 따라 B와 C는 모두 중소기업에서 근무중인데, 이는 남자 두 명이 같은 규모의 회사에 다닌다는 결론이 도출되므로 발문의 조건과 모순된다. 이처럼 A의 진술이 참이라고 가정하면 항상 모순이 생기기 때문에 A의 진술은 거짓이며 남자임을 알 수 있다.

(2) A의 진술이 거짓(남자)인 경우

① D는 여자이므로 F와 B는 동일한 규모의 회사에 근무한다. 이는 둘 중 한 명은 여자, 다른 한 명은 남자임을 의미한다.

② B가 여자인 경우 그 진술은 참이므로 C 역시 여자이다. 자동으로 E와 F는 남자이며, 그들의 진술에 따라 B, C 모두 중소기업에 근무하지 않으므로 남은 여자인 D가 중소기업에 근무한다는 것을 알 수 있다. 또한, C의 진술에 따라 A와 C는 같은 규모의 회사에, D의 진술에 따라 B와 F는 같은 규모의 회사에 근무한다. 즉 D와 같은 규모의 회사에 근무하는 사람은 E라는 뜻이므로, 중소기업에 다니는 남자는 E이다.

③ B가 남자인 경우 그 진술은 거짓이므로 C 역시 남자이다. 자동으로 E, F는 여자이며 B와 C가 근무하는 회사는 중소기업이 된다. 그러나 B와 C는 모두 남자로 둘은 같은 규모의 회사에 근무할 수 없어 모순이다. 따라서 B는 남자일 수 없다. A~F의 진술을 바탕으로 6명이 다니는 회사 규모와 성별을 표로 정리하면 다음과 같다.

구분	A	B	C	D	E	F
성별	남	여	여	여	남	남
회사 규모				중소기업	중소기업	

따라서 중소기업에 다니는 남자는 E이다.

합격자의 시간단축 Tip

Tip ❶ 여러 경우를 따져야 하는 다소 난이도가 높은 논리 문제이다. 이런 경우 주어진 정보를 최대한 활용해야 하며, 해당 문제에서는 남자 3명과 여자 3명이 각각 다른 규모의 회사에 다닌다는 해석이 가장 큰 힌트가 된다. 또한, 회사의 규모별로 참과 거짓이 하나씩 있다는 것도 힌트가 된다.

본 문제와 같이, 주어지는 정보값이 많은 문항의 경우 일단 건너뛰는 것도 효과적인 문제풀이 방법이 될 수 있다. 단 건너뛰기 전략을 사용할 때는 뚜렷한 기준이 있어야 한다. 기준은 타인의 추천을 그대로 따르기보다는 수험생 자신만의 경험에 의해 세우도록 한다. 수험생마다 적성에 맞는 유형과 맞지 않는 유형이 모두 다르기 때문이다.

즉, 건너뛰기 전략을 효과적으로 사용하기 위해서는 다양한 문제를 최대한 많이 접해 보고, 자신에게 어떤 유형이 쉽고 또 어떤 유형이 유독 어려운지 파악하여야 한다. 본 교재를 푸는 수험생들은 그러한 과정의 한복판에 있을 것이므로, 연습문제가 까다롭고 복잡하더라도 최대한 끝까지 풀어 보자. 건너뛰기 전략은 실전이 임박한 모의고사나 실제 시험장에서 사용되어야 의미있는 것이다. 본 교재에서 사용한다면 시기상조다.

Tip ❷ 해설에서는 A 진술의 참/거짓 여부를 기준으로 하여 문제를 풀이하였다. 그 외에 다른 사람의 진술을 기준으로 하는 두 가지 방법을 소개한다.

[방법 1]
하나의 가정을 통해서 최대한 많은 변수가 결정되는 것이 문제 해결에 있어서 유리하다. 이 문제의 경우, C가 그러한 역할을 한다. C가 여자라고 가정할 경우 추가적인 가정 없이도 한 번에 모든 사람의 성별을 구할 수 있다. 이를 위해서는 C의 진술이 참이라고 가정하는 경우와 B의 진술이 참이라고 가정하는 경우 2가지가 출발점이 된다. 우선 C의 진술이 참이라고 가정해 보자.

(1) C의 진술이 참일 경우, A와 C는 같은 회사에 다니며 서로 성별이 다를 것이다. (C가 여자, A가 남자) 또한 A가 남자일 경우 거짓말을 하므로, D는 여자일 것이다.

(2) D가 여자일 경우 진실만을 말하므로, B와 F가 같은 회사에 다니며 서로 성별이 다를 것이다. 이때, B는 C가 여자라는 진실을 말하였으므로 여자이다. 따라서 F는 남자이고 거짓말을 한다. 현재까지 구한 결과를 기업 규모별로 정리하면, (C여자 & A남자), (B여자 & F남자), (D여자 & E남자)이다.

(3) E와 F가 모두 거짓말을 하므로, (D & E)가 중소기업에 다니는 중임을 알 수 있다.

[방법 2]
여자의 진술은 참이고, 남자의 진술은 거짓이므로, 회사 규모별로 여자와 남자가 1명씩 존재한다는 것은 그 진술의 참과 거짓도 1명씩 존재함을 의미한다. 이를 토대로 6가지 진술 중 하나를 정해서 참인 경우와 거짓인 경우를 가정해보고, 모순이 없는 경우가 답이 될 것이다. A나 B의 진술을 먼저 가정하면, D나 C의 진술의 참/거짓 여부가 결정되므로 둘 중 하나를 가정한다. 해설과 달리, B의 진술의 참/거짓 여부를 기준으로 풀면 다음과 같다. A의 진술을 참으로 볼 경우, D가 거짓이기 때문에 F와 B의 회사를 또 구해야 하는 번거로움이 생긴다. 반면에 B가 참일 때, C가 여자라 C의 진술도 참이 되어 A와 C를 한 회사로 묶어서 고려해도 된다. 또한 A와 C의 성별도 바로 결정된다. A와 B 중 어떤 걸 먼저 참으로 삼을지 고르는 건 실전에서도 시간이 별로 걸리지 않으므로 A와 B의 특성을 파악해 더 간단한 것부터 하도록 하자.

(1) B의 진술이 참일 경우, C는 여자이고 C의 진술은 참이어야 한다. C의 진술이 참이라면 C와 A의 회사는 규모가 같고 1명은 참이고 1명은 거짓이어야 한다. C의 진술이 참이라고 가정했으므로 A의 진술은 거짓이고 남자이다.

(2) A의 진술이 거짓이면 D는 남자가 아닌 여자이고, D는 참이다. 즉, F회사와 B회사는 규모가 같고 1명은 참(여자)이고 1명은 거짓(남자)이어야 한다. 위에서 B의 진술이 참이므로 B가 여자이고 F가 남자이며 거짓이다. 정리하면, B, C, D의 진술이 참이고 A, F의 진술이 거짓이 되었으므로 E는 거짓이고 남자이며 D회사와 E회사의 규모가 같다.

(3) 'F－B' / 'A－C' / 'D－E'가 각각 근무하는 기업 규모가 동일할 때, E와 F의 진술이 거짓이기 때문에 'F－B', 'A－C' 모두 중소기업에 해당하지 않는다. 따라서 'D－E'가 중소기업에 근무중이다. 위에서 구한대로 D가 여자이므로, 중소기업에 다니는 남자는 E이다. B의 진술이 참일 경우 모순이 발생하지 않으므로 선지 ⑤가 답이 되고, 그의 진술이 거짓일 경우는 확인하지 않아도 된다.

＊해설의 풀이 방법과 Tip의 두 가지 방법을 비교해 보면, 그 내용은 크게 다르지 않으나 누구의 진술을 기준으로 하는지에 따라 과정의 복잡성과 풀이의 길이에 차이가 있다. 이때, 세 가지의 방법 중 C의 진술이 참이라고 가정하는 경우가 가장 효율적인 풀이임을 쉽게 알 수 있다.
따라서 시험장에서 해당 문제와 비슷한 유형의 문제를 만나게 될 경우, [방법 1]에서와 같이 하나의 가정으로 확정

되는 정보가 가장 많은 진술이 무엇인지 우선 파악하는 것이 가장 중요하다. 그러나 이 방법이 바로 떠오르지 않는다면, 가장 먼저 나온 진술이나 판단하기 쉬워 보이는 진술을 참으로 가정하고 경우의 수를 전개해보는 것도 하나의 방법이 된다.

44 정답 ③ 난이도 ●●●

언어추리 - 조건추리 문제

(1) 발문에 따라 참인 진술을 말한 사람은 1명이다. 정은 나머지 네 명과 다르게 누군가의 진술에 대한 참/거짓 여부를 논하고 있다. 따라서 정을 먼저 파악하도록 하자. 정의 진술이 참이면 을의 진술이 거짓, 정의 진술이 거짓이면 을의 진술이 참이기 때문이다.

(2) 정의 진술이 거짓인 경우, 정의 진술에 따라 을의 진술은 참이며 나머지 갑, 병, 무의 진술은 거짓이다. 이때, 을의 진술에 따르면 자전거를 훔쳐간 사람은 정이며, 병의 진술에 따르면 자전거를 훔쳐간 사람은 병이다. 이는 자전거를 훔쳐간 사람이 1명이라는 사실에 모순된다. 따라서 정의 진술은 참이다.

(3) 정의 진술이 참이므로 나머지 갑, 을, 병, 무의 진술은 거짓이다. 이때, 병의 진술에 따라 자전거를 훔쳐간 사람은 병이다.

합격자의 시간단축 Tip

Tip ① 이 문제 역시 마찬가지로 다른 사람의 발언에 대한 참/거짓 여부를 포함하는 진술로부터 시작하는 것이 효율적인 풀이 방법이다. 물론 해당 문제는 그 특성상 범인이 한 명이고 진실을 말한 사람도 한 명이기 때문에 '~이 자전거를 훔쳤다.' 형태의 진술 중 무작위로 골라 참이라고 가정하고 문제를 풀더라도 참/거짓 여부를 포함하는 진술로부터 시작하는 것과 동일하게 효율적으로 풀 수 있다.
그러나 이와 같은 문제의 특징을 빠르게 파악하는 것은 쉽지 않기 때문에, 비슷한 유형의 문제에 범용적으로 적용할 수 있는 규칙을 만들어 놓는 것을 우선으로 하는 것이 좋다.

* 정의 진술이 참인지 거짓인지를 확정지으면 그만큼 정해지는 정보가 많다. 즉, 어떤 조건을 기준으로 하여 문제를 해결하는 경우에 그 조건은 불확실한 경우를 최대한 많이 줄일 수 있는 조건이어야 한다는 점을 명심하도록 하자.

Tip ② 진실을 말하는 사람이 한 명이기 때문에 진실을 말할 수 있는 사람의 후보가 정해진다면 그 외의 다른 사람들의 진술은 모두 거짓이다. 따라서 이상에서 확정된 정보만 가지고도 답을 찾을 수 있는지 파악하는 것이 시간 단축에 유리하다.
위 문항의 경우, 정이 '을은 거짓을 말하고 있다.'고 했으므로, 을 혹은 정 중에 한 명만이 진실을 말했을 것이다. 따라서 갑, 병, 무의 진술을 모두 거짓으로 치환한 후 선지를 본다면, 바로 답이 ③임을 알 수 있다.

Tip ③ 선지를 대입하는 것도 방법이다. 대입해본 후 조건에 어긋나면 정답이 아니다.

① 갑이 범인인 경우, 병과 무가 진실을 말하게 되므로 갑은 범인이 아니다.
② 을이 범인인 경우, 갑과 병, 정이 진실을 말하게 되므로 을은 범인이 아니다.
③ 병이 범인인 경우, 정만 진실을 말하게 되므로 병이 범인이다.
④ 정이 범인인 경우, 을과 병이 진실을 말하게 되므로 정은 범인이 아니다.
⑤ 무가 범인인 경우, 병과 정이 진실을 말하게 되므로 무는 범인이 아니다.

실전에서는 ③을 확인하는 과정에서 답을 도출하고 넘어가야 할 것이다. 더불어 다른 사람이 범인인 경우 병은 항상 진실을 말하는 것이 된다는 것도 생각해볼 점이다.

45 정답 ④ 난이도 ●●●

언어추리 - 조건추리 문제

(1) 기계공학과를 전공한 사람은 1명이므로 A의 두 번째 진술은 거짓이다. 발문에 따라 A의 2개의 진술 중 하나는 참이고 다른 하나는 거짓이므로 A의 첫 번째 진술은 참이다. 즉, 수현은 인문대학을 졸업하였다.

(2) 융합생명공학과를 전공한 사람은 1명이므로, C의 첫 번째 진술과 E의 첫 번째 진술은 반대관계에 있다. 반대관계의 경우 가능한 경우의 수가 3가지이므로, 우선 모든 경우를 정리한 후 하나씩 대입해 보는 것이 실수를 줄일 수 있다.

① **민지가 융합생명공학과를 전공한 경우:** E의 첫 번째 진술은 참이 된다. C의 첫 번째 진술은 거짓이 되며, 이로부터 C의 두 번째 진술은 참이 된다. 수현이 인문대학을 졸업하였으므로 화학공학과를 전공한 사람은 민지이다. 이것은 민지의 전공이 융합생명공학과라는 가정에 모순되

므로 이 전제는 옳지 않다.

② **석준이 융합생명공학과를 전공한 경우:** C의 첫 번째 진술은 참이 된다. E의 첫 번째 진술은 거짓이 되며, 이로부터 E의 두 번째 진술은 참이 된다. 수현이 인문대학을 졸업하였으므로 기계공학과를 전공한 사람은 지혜이다. 결과를 정리하면 다음과 같다.

인문대학		공과대학		
		화학공학과	기계공학과	융합생명공학과
수현			지혜	석준

이로부터 B의 첫 번째 진술은 참이 되며, B의 두 번째 진술은 거짓이 된다. 따라서 하나는 인문대학을 졸업하지 않았으므로 화학공학과를 전공하였다. 마지막으로 남은 인문대학은 민지의 전공이 된다.

인문대학		공과대학		
		화학공학과	기계공학과	융합생명공학과
수현	민지	하나	지혜	석준

이를 적용하면 D의 첫 번째 진술은 거짓이 되고, 두 번째 진술은 참이 된다. 따라서 석준이 융합생명공학과를 전공한 경우 모든 사원의 학과가 대응된다. 단, 세 번째 경우까지 확인하는 것이 좋다. 난이도가 높은 문항의 경우 가능한 경우를 둘 이상으로 두어, 가능한 경우들의 공통점을 선지에서 고르도록 할 수 있기 때문이다.

③ **민지와 석준 모두 융합생명공학과를 전공하지 않은 경우:** C와 E의 첫 번째 진술은 거짓이 되며, 이로부터 C와 E의 두 번째 진술은 참이 된다. 수현이 인문대학을 졸업하였으므로 민지는 화학공학과, 지혜는 기계공학과를 졸업하였다. 이로부터 B의 첫 번째 진술은 참이 되며, B의 두 번째 진술은 거짓이 된다.
석준은 융합생명공학과를 전공하지 않았으므로 인문대학을 졸업하였다. 그렇다면 마지막으로 남은 융합생명공학과는 하나의 전공이 된다. 여기까지의 결과를 정리하면 다음과 같다.

인문대학		공과대학		
		화학공학과	기계공학과	융합생명공학과
수현	석준	민지	지혜	하나

하지만 이때, D의 첫 번째 진술과 두 번째 진술이 모두 거짓이므로 모순이 된다. 따라서 ③의 경우는 옳지 않다.

합격자의 시간단축 Tip

Tip ❶ 선지를 적극적으로 활용하는 풀이를 소개한다.

(1) A의 진술에서 곧바로 수현이 인문대학을 졸업했다는 것을 알 수 있으므로, 수현을 포함하고 있는 선지는 옳지 않다. 이에 따라 선지 ①, ③, ⑤가 소거된다. 답은 ② 또는 ④ 중 하나일 것이므로, 둘 중 하나를 옳다고 가정하고 이를 대입하여 각 발언에 모순이 생기는지 여부를 확인한다.
(다만, C의 진술에 따라 석준이 융합생명공학과를 전공하였다는 선지와 민지가 화학공학과를 전공한 선지가 모두 있는 경우 선지를 대입하여 그 경우를 따져보아야 한다. 그런데 ②, ④ 에는 민지가 화학공학과를 전공하였다는 선지가 없으므로, 민지가 화학공학과를 전공하였다는 사실이 거짓이었음을 역으로 추론할 수 있고, 석준이 융합생명공학과를 전공한 사실이 참이 되므로 ④가 답이 되는 것을 바로 알 수 있다.)
②를 대입할 경우 C의 두 진술이 모두 거짓이 된다. 선지에선 지혜가 화학공학과, 민지가 융합생명공학과를 전공했는데, C에선 민지가 화학공학과를 전공했다는 사실 또는 석준이 융합생명공학과를 전공했다는 것 중 하나만 참이어야 하는 데 둘 다 거짓이다. 이처럼 모순이 생기기 때문에 해당 선지가 틀렸음을 알 수 있다. 실전에선 바로 ④를 선택하고 넘어가는 것이 좋지만, 혹시 불안하면 해당 선지의 내용을 빠르게 대입해보고 넘어가자.

(2) A의 진술을 통해 수현이가 인문대학을 졸업하였음이 확정되었으므로 이를 기준으로 B~E 발언의 참/거짓을 판단해야 한다. 수현이와 관련된 발언은 C와 E가 하고 있다. 이때, E의 두 번째 발언이 참이라고 가정하면, 지혜가 기계공학과를 졸업한 것이 되며, B의 첫 번째 발언이 참이 된다. 따라서 B의 두 번째 발언이 거짓이 되며, 석준이와 하나 모두 공과대학을 졸업한 것이 된다.
이상에서 수현이가 인문대학을 졸업하였음을 통해 ①, ③, ⑤가 소거되고, 지혜가 기계공학과를 졸업하였으며, 석준이와 하나가 공과대학을 졸업한 것을 알 수 있다. 따라서 석준이와 하나가 구체적으로 무슨 과를 졸업했는지와 무관하게 ④가 답이 된다.

(3) 다만 설문의 경우 한 명의 학과만 알면 정답이 도출되도록 선지가 설계되었을 뿐 모든 경우에서 이렇게 도출되는 것은 아니다. 즉 이러한 유형의 문제를 접근할 때 항상 셋 중 한 사람의 전공만 찾고자 노력하여서는 안 될 것이다. 해당 방법은 실전에서 정

답을 찾을 때 사용하기 위해 익히는 것이지 연습 때에는 모든 사람의 학과를 도출해 보도록 하자.

＊ 왜 하필 A를 첫 단계로 하는가에 대한 의문이 있는 수험생이 있을 수 있다. 이는 단순히 처음 제시된 진술이기도 하지만, '또는'이 들어간 진술을 참이라고 가정하면 확정적인 정보를 얻기 어려우므로 A의 진술을 기준으로 하는 것이 바람직하다.

Tip ❷ '와' 그리고 '또는'이 주는 정보를 잘 활용해야 한다.

(1) '와'를 활용하는 경우
예를 들어, '지혜와 석준이는 기계공학과를 전공하였다.'의 경우 참이라고 가정했을 때 '지혜와 석준이가 기계공학과를 전공하였다.'와 같은 확정된 정보를 얻을 수 있다. 반대로 거짓인 경우는
① 지혜만 기계공학과를 전공하는 경우
② 석준이만 기계공학과를 전공하는 경우
③ 둘 다 기계공학과를 전공하지 않는 경우
가 다 포함되기 때문에 복잡하다. 그렇기 때문에 되도록이면 진술이 '참'인 경우를 가정하는 것이 좋다. (다만, 본 문제에서는 기계공학과를 전공한 학생이 1명이기 때문에, A의 두 번째 진술을 거짓으로 가정하는 것이 타당하다.)

(2) '또는'을 활용하는 경우
'석준 또는 하나는 인문대학을 졸업하였다.'의 경우 이 문장을 긍정한다면
① 석준이만 인문대학을 졸업하는 경우
② 하나만 인문대학을 졸업하는 경우
③ 석준과 하나 둘 다 인문 대학을 졸업하는 경우
로 나뉠 수 있다. 하지만 거짓의 경우 '석준과 하나는 인문대학을 졸업하지 않았다.'의 확정된 정보를 얻을 수 있다. 그렇기 때문에 되도록이면 진술이 '거짓'인 경우를 가정하는 것이 좋다.

유형❷ 도형추리

01 정답 ④ 난이도 ●●●

도형추리 – 박스형 문제

제시된 도형을 보면 한 열에 있는 세 도형의 모양이 유사하므로 세로 방향으로 규칙이 적용되는 것을 확인할 수 있다. 세로 방향으로 진행하면서 도형의 모양이 바뀌는 것으로 보아 회전 규칙 또는 대칭 규칙이 적용됨을 유추할 수 있고, 1행에서 2행, 2행에서 3행으로 이동하면서 색상 반전 규칙이 적용되었음을 쉽게 확인할 수 있다.

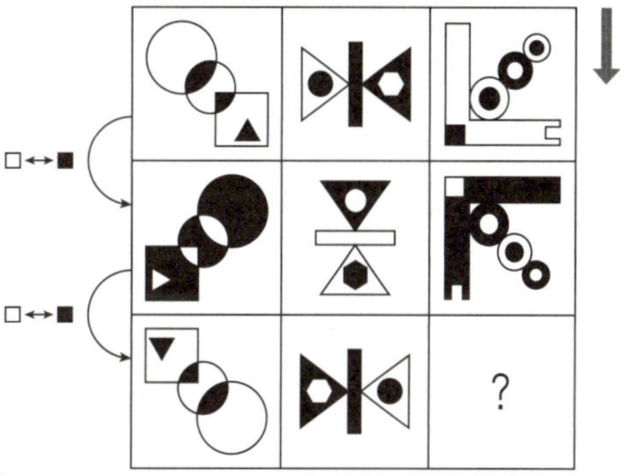

1열과 2열 중 모양이 비교적 간단하여 회전 규칙 또는 대칭 규칙을 파악하기 쉬워 보이는 2열의 도형을 통해 규칙을 찾아보자. 만약 대칭 규칙이 적용되었다면 2열 도형의 큰 틀은 변하지 않았을 것이다.

좌우 대칭 규칙을 적용	상하 대칭 규칙을 적용
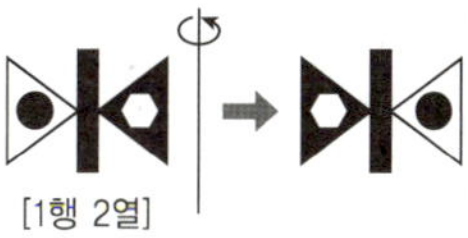 [1행 2열]	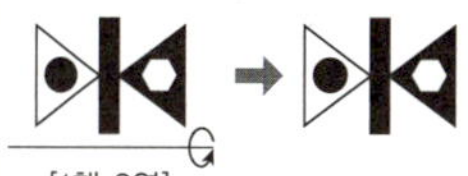 [1행 2열]

2행 2열의 도형은 대칭 규칙을 적용한 형태와 다르므로 대칭 규칙이 아닌 회전 규칙이 적용되었음을 유추할 수 있다.
1행의 도형을 색상 반전한 후 2행의 도형과 비교해 회전 방향을 파악해 보자.

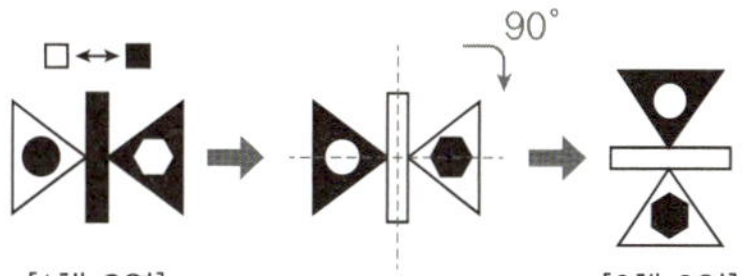

2행의 도형은 1행의 도형을 색상 반전한 후 시계 방향으로 90도 회전한 형태이다.
2행의 도형을 색상 반전한 후 3행의 도형과 비교해 회

전 방향을 파악해 보자.

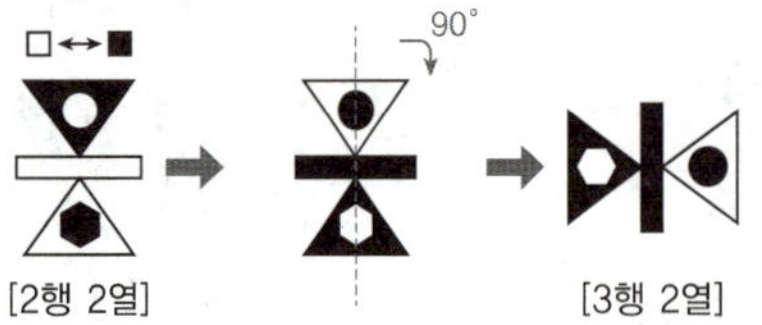

3행의 도형은 2행의 도형을 색상 반전한 후 시계 방향으로 90도 회전한 형태이다.
즉, 각 열에서 다음 행에 제시된 도형은 이전 행에 제시된 도형을 색상 반전한 후 시계 방향으로 90도 회전한 형태이다.
위에서 구한 규칙을 1열의 도형에서 확인해 보면 규칙이 성립함을 알 수 있다.

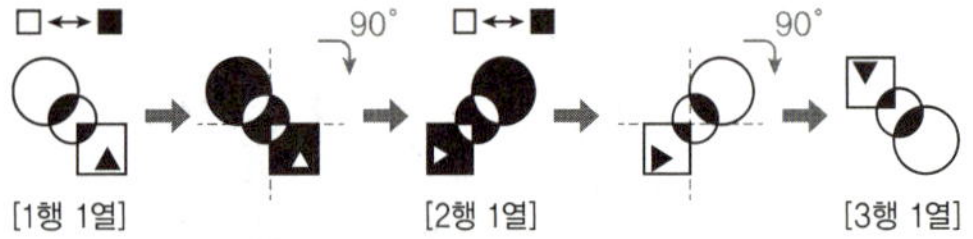

1행 3열과 2행 3열의 도형을 이용해 ?에 들어갈 도형을 추리해 보자.

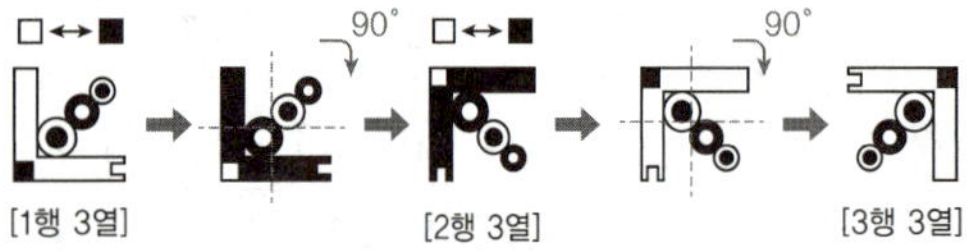

따라서 ?에 들어갈 도형으로 알맞은 것은 ④이다.

합격자의 시간단축 Tip

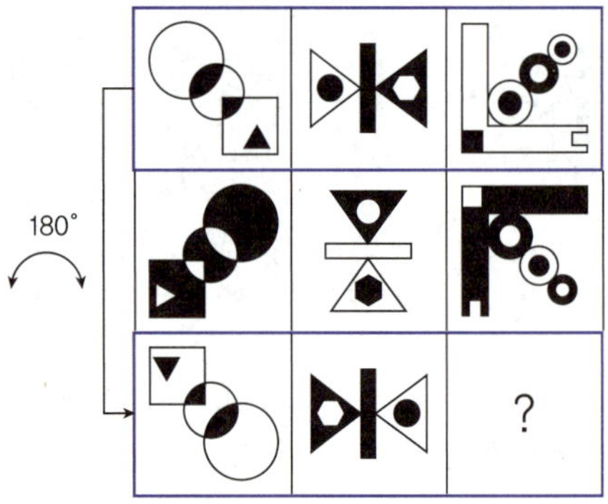

1행 1열과 3행 1열의 도형을 비교해 보면, 3행 1열의 도형은 1행 1열의 도형을 180도 회전한 형태임을 확인할 수 있다. 따라서 3행 3열의 도형은 1행 3열의 도형을 180도 회전한 형태임을 추리할 수 있다.

02 정답 ⑤ 난이도 ●●●

도형추리 - 박스형 문제

제시된 도형을 보면 가로 방향, 세로 방향 모두 유사한 패턴이 보이지 않는다. 가로, 세로 방향을 벗어나 유사한 패턴끼리 묶어서 표시해 보자. 이때, 유사한 패턴을 찾기 어렵다면 하나의 패턴을 기준으로 회전 또는 대칭했을 때 같은 모양이 있는 것을 체크해본 후, 앞에서 체크되지 않은 다른 패턴에 대하여도 이를 반복하면 된다.

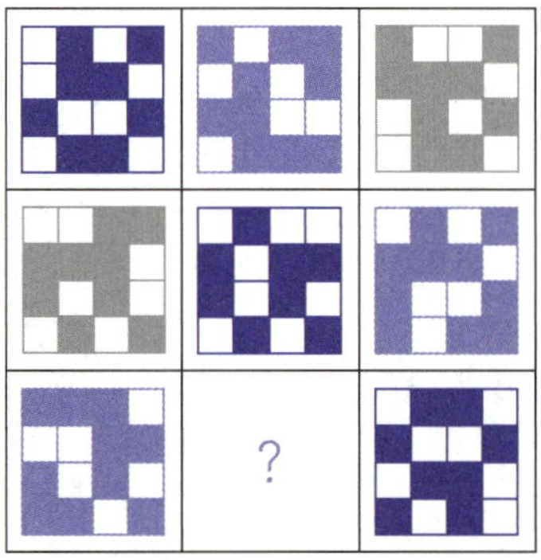

위의 그림은 유사한 패턴을 같은 색으로 묶어서 나타낸 것이다. 같은 색의 패턴의 이동을 살펴보면 왼쪽 위에서 오른쪽 아래로 이동하는 것을 확인할 수 있다. 같은 색상으로 묶인 패턴의 변형 규칙을 1행 1열, 2행 2열, 3행 3열의 도형을 이용해 추리해 보자.

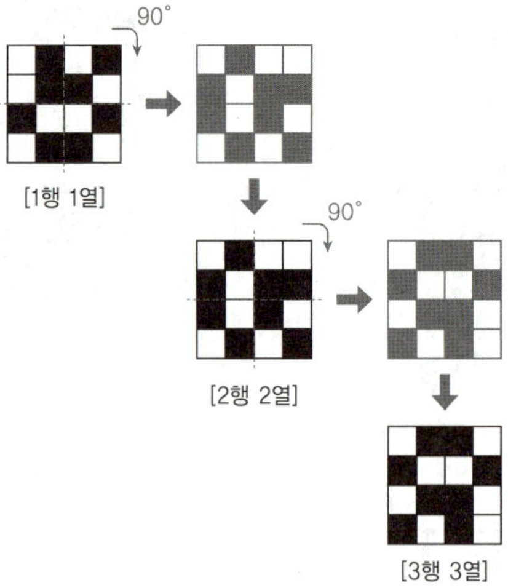

2행 2열의 도형은 1행 1열의 도형을 시계 방향으로 90도 회전한 형태이고, 3행 3열의 도형은 2행 2열의 도형을 시계 방향으로 90도 회전한 형태이다. 이는 다른 도형에서도 성립함을 관찰할 수 있다. 따라서 한 도형을 기준으로 다음 열에 제시된 도형은 이전 열에 제시된 도형을 시계 방향으로 90도 회전한 후 아래로 한 칸 이동한 형태이다.

2행 1열의 도형을 이용해 3행 2열의 ?에 들어갈 도형을 추리해 보자.

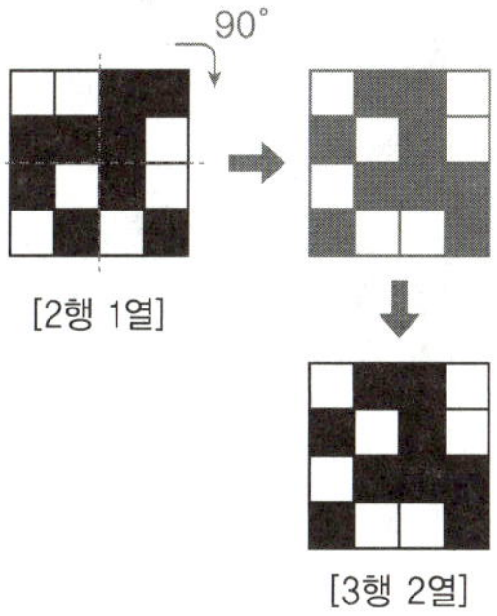

따라서 ?에 들어갈 도형으로 알맞은 것은 ⑤이다.

03 정답 ① 난이도 ●●●

도형추리 - 박스형 문제

제시된 도형을 보면 한 행에 있는 세 도형의 틀이 같으므로 가로 방향으로 규칙이 적용되는 것을 쉽게 확인할 수 있다.

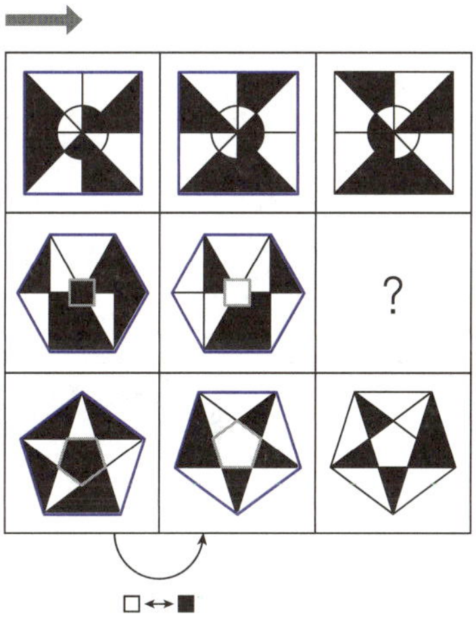

1행, 2행의 1열과 2열의 도형을 살펴보면 도형 틀(정사각형, 정육각형)의 모양은 변함이 없지만, 3행 2열의 도형 틀은 3행 1열의 도형 틀과 그 모양이 위·아래가 바뀌었음을 확인할 수 있다. 즉, 1열과 2열 사이에 도형의 위, 아래가 바뀌는 상하 대칭 또는 180도 회전 규칙이 적용되었음을 유추할 수 있다. 그리고 2, 3행의 1열과 2열 도형 중 회색 테두리로 표시한 가운데 부분을 보면 색상 반전 규칙이 적용되었음을 유추할 수 있다. 도형의 변화를 쉽게 파악할 수 있는 3행의 도형을 통해 정확한 규칙을 파악해 보자.
1열의 도형을 색상 반전한 형태는 다음과 같다.

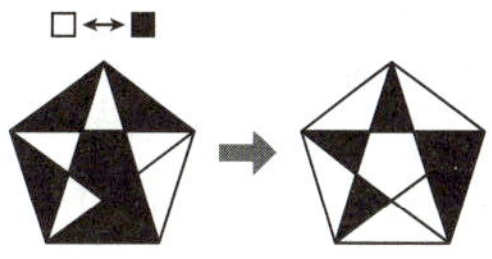

[3행 1열]

색상 반전한 도형 중 오른쪽에 있는 큰 검은색 삼각형이 2열의 도형에서는 왼쪽 부분에 위치하고 있다. 즉, 1열과 2열 사이에는 상하 대칭 규칙이 아닌 180도 회전 규칙이 적용되었음을 알 수 있다.

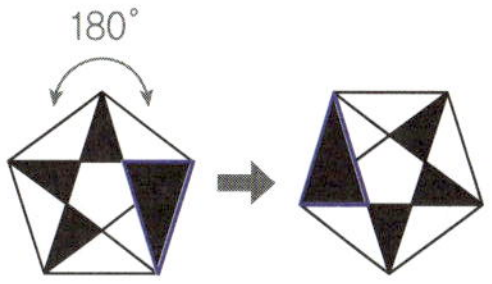

[3행 2열]

2열과 3열의 도형을 살펴보면 도형의 틀은 같으나 내부 도형이 좌우로 반대인 형태이다. 따라서 3열의 도형은 2열의 도형을 좌우 대칭한 형태이다.

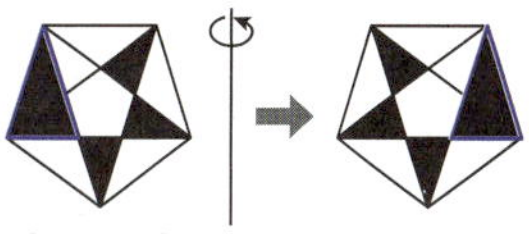

[3행 2열] [3행 3열]

즉, 각 행에서 2열에 제시된 도형은 1열의 도형을 색상 반전한 후 180도 회전한 형태이고, 3열에 제시된 도형은 2열의 도형을 좌우 대칭한 형태이다.
위에서 구한 규칙을 1행의 도형에서 확인해 보면 규칙이 성립함을 알 수 있다.

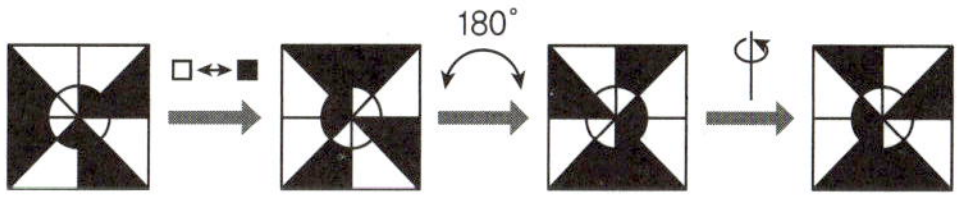

[1행 1열] [1행 2열] [1행 3열]

2행 1열과 2행 2열의 도형을 이용해 ?에 들어갈 도형을 추리해 보자.

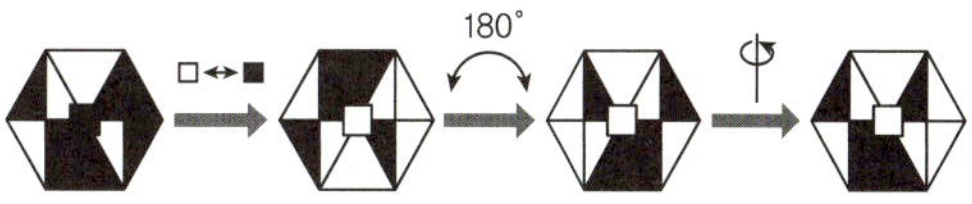

[2행 1열] [2행 2열] [2행 3열]

따라서 ?에 들어갈 도형으로 알맞은 것은 ①이다.

합격자의 시간단축 Tip

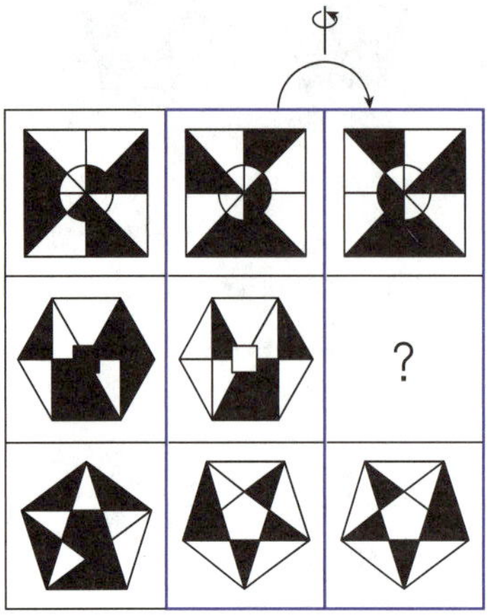

2행을 제외한 나머지 행의 2, 3열의 도형을 보면 좌우 대칭 규칙이 적용되었음을 유추할 수 있다.
따라서 ?에 들어갈 도형은 2행 2열의 도형을 좌우 대칭한 ①임을 더욱 빠르게 찾을 수 있다.

04 정답 ② 난이도 ●●●

도형추리 – 박스형 문제

제시된 도형을 보면 한 열에 있는 세 도형의 틀이 같으므로 세로 방향으로 규칙이 적용되는 것을 쉽게 확인할 수 있다.
1열에 제시된 도형을 통해 규칙을 파악해 보자.
1행 1열, 2행 1열의 상, 하, 좌, 우에 있는 도형을 유사한 모양끼리 같은 색으로 표시해 보자. 회전 규칙이나 대칭 규칙을 적용했을 때, 모양이 바뀌는 도형과 모양이 바뀌지 않는 도형을 각각 다른 모양으로 표시하면 규칙을 파악하기 용이하다.

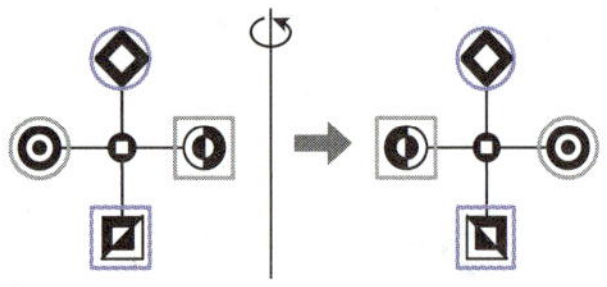

[1행 1열] [2행 1열]

위, 아래에 있는 도형의 위치는 그대로이며 좌, 우에 있는 도형의 위치는 서로 바뀌었다. 그리고 회색, 색 사각형으로 표시한 도형 두 개의 모양 모두 좌우 대칭한 형태이다. 따라서 2행 1열의 도형은 1행 1열의 도형을 좌우 대칭한 형태임을 추리할 수 있다.
2행 1열과 3행 1열 사이에 적용된 도형의 규칙도 위의 방법과 같이 색과 모양을 이용해 파악해 보자.

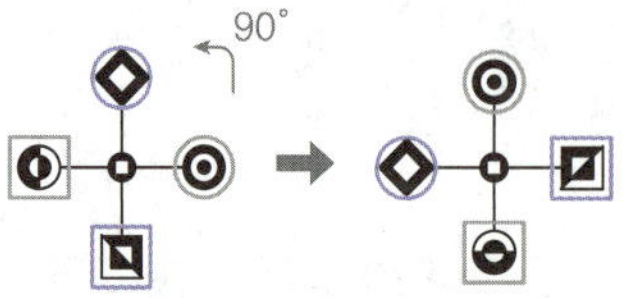

[2행 1열] [3행 1열]

3행 1열의 도형은 2행 1열의 도형과 비교해 모든 도형의 위치가 바뀌었으며, 회색, 색 사각형으로 표시한 부분 모두 시계 반대 방향으로 90도 회전되었다. 따라서 3행 1열의 도형은 2행 1열의 도형을 시계 반대 방향으로 90도 회전한 형태임을 추리할 수 있다.
위에서 구한 규칙을 3열의 도형에서 확인해 보면 규칙이 성립함을 알 수 있다.

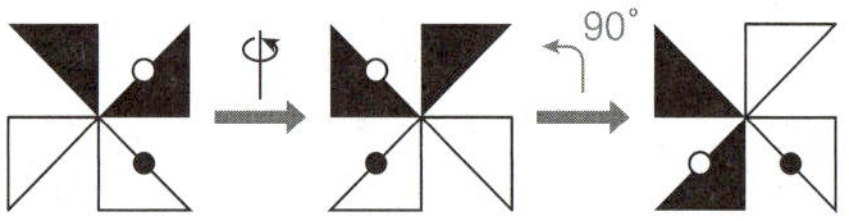

[1행 3열] [2행 3열] [3행 3열]

1행 2열과 2행 2열의 도형을 이용해 ?에 들어갈 도형을 추리해 보자.

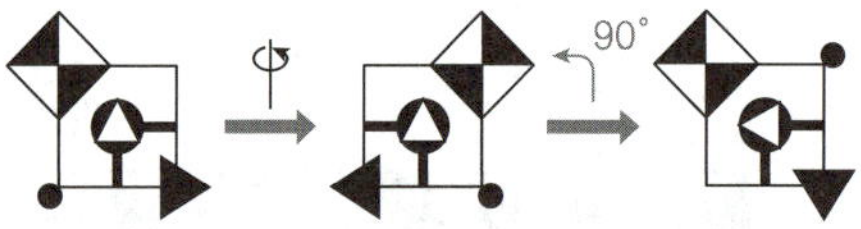

[1행 2열] [2행 2열] [3행 2열]

따라서 ?에 들어갈 도형으로 알맞은 것은 ②이다.

합격자의 시간단축 Tip

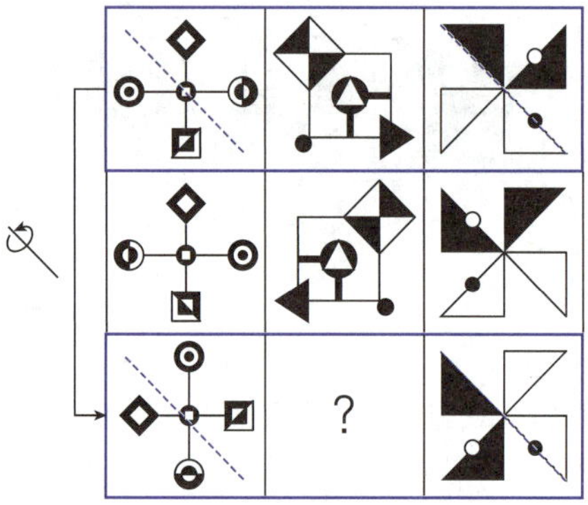

1, 3열의 1행과 3행의 도형을 보면 각각 1행의 도형이 왼쪽 위와 오른쪽 아래를 연결한 대각선을 기준으로 대칭된 도형이 3행의 도형임을 알 수 있다.
1행 2열의 도형을 대각선을 기준으로 대칭만 해도 보기에서 답을 찾을 수 있다. 즉, 정답은 ②이다.

05 정답 ④ 난이도 ●●○

도형추리 - 박스형 문제

제시된 도형을 보면 각 도형의 내부에 있는 9개의 도형이 모두 비슷하므로 규칙을 파악하기 쉽지 않다. 우선 도형의 규칙이 가로 방향으로 적용된다고 가정하자.

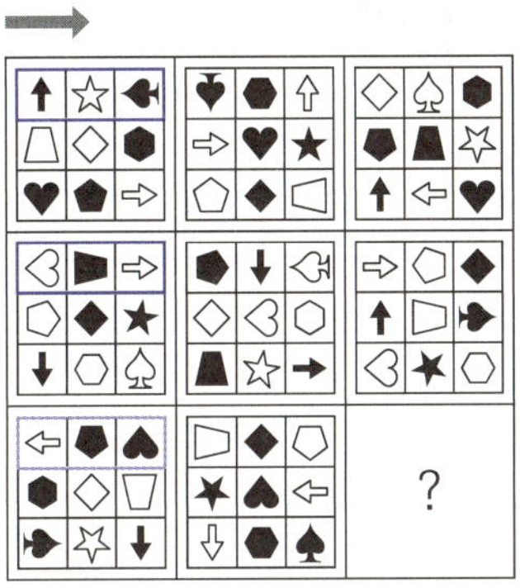

1열의 각 행에 있는 도형에서 맨 윗줄에 있는 도형을 묶어 테두리로 표시하고 회전·대칭·색상 반전을 고려했을 때, 테두리로 표시한 부분과 유사한 패턴은 다음 열에 보이지 않는다.
다음으로 도형의 규칙이 세로 방향으로 적용된다고 가정하자.

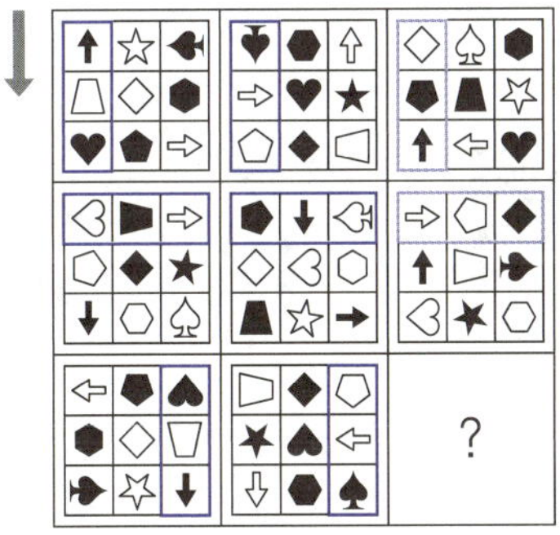

1행의 각 열에 있는 도형에서 가장 왼쪽 줄에 있는 도형을 묶어 테두리로 표시하고 회전·대칭·색상 반전을 고려해 2, 3행에서 유사한 패턴을 찾아보자. 1행에서 테두리로 표시한 부분은 2행의 맨 윗줄에 있는 도형, 3행의 맨 오른쪽 줄에 있는 도형과 패턴이 유사하다. 그리고 테두리 안에 있는 도형의 색상을 비교하면 2행의 색상이 나머지 행의 색상과 다름을 확인할 수 있다.
즉, 제시된 도형의 규칙은 세로 방향으로 적용되었으며, 다음 행의 도형은 이전 행의 도형을 시계 방향으로 90도 회전하고 색상 반전한 형태임을 확인할 수 있다.
1행 3열과 2행 3열의 도형을 이용해 ?에 들어갈 도형을 추리해 보자.

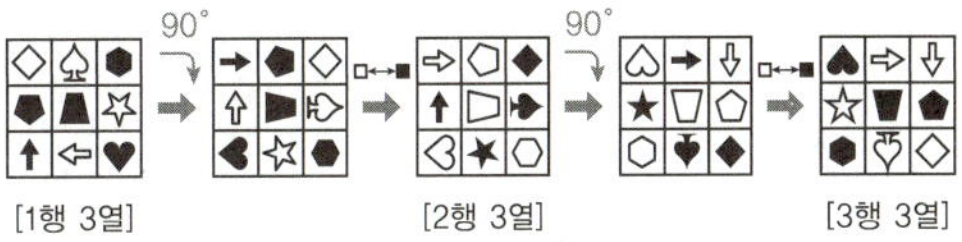

따라서 ?에 들어갈 도형으로 알맞은 것은 ④이다.

합격자의 시간단축 Tip

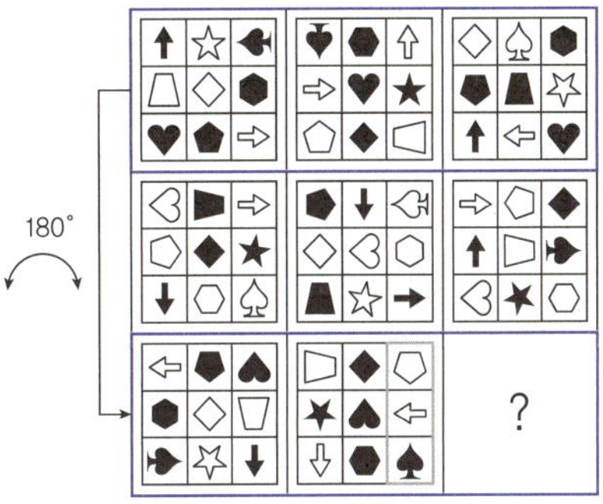

규칙이 세로 방향으로 적용된다는 것을 확인했다면, 각 열에서 1행과 3행의 도형을 비교해 본다.
3행의 도형은 1행의 도형을 180도 회전한 형태이므로 ?에 들어갈 도형으로 알맞은 것은 ④이다.

06 정답 ⑤ 난이도 ●●○

도형추리 - 박스형 문제

제시된 도형에서 가로 방향, 세로 방향 모두 유사한 패턴이 보이지 않는다. 그리고 색 테두리로 표시한 3열의 도형에 색칠된 음영은 1, 2열의 도형에 색칠된 음영의 수보다 많음을 쉽게 확인할 수 있다. 따라서 각 행의 1, 2열에 있는 두 도형의 합을 염두에 두고 규칙을 파악해 보자.

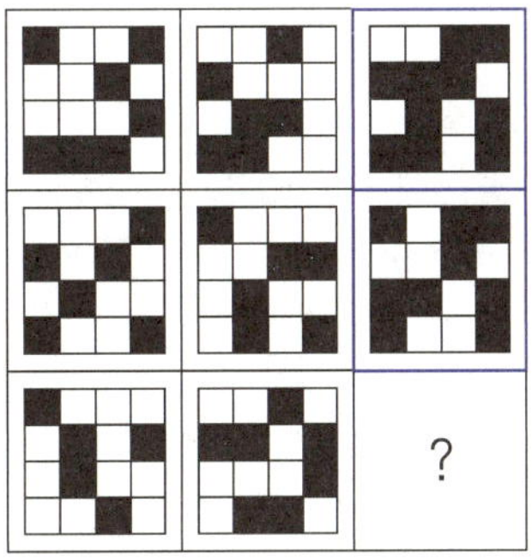

우선 1행 1열과 1행 2열의 두 도형을 합쳐보자.

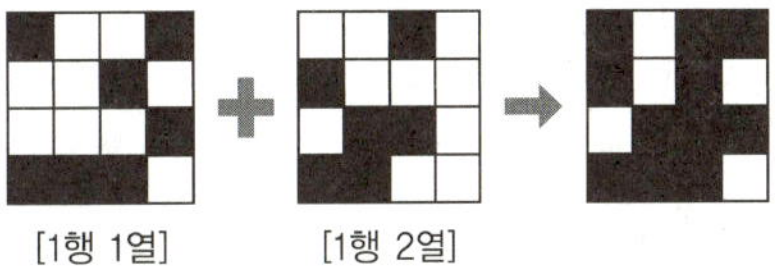

PART 2 추리

합친 도형과 1행 3열의 도형을 비교해 보자.

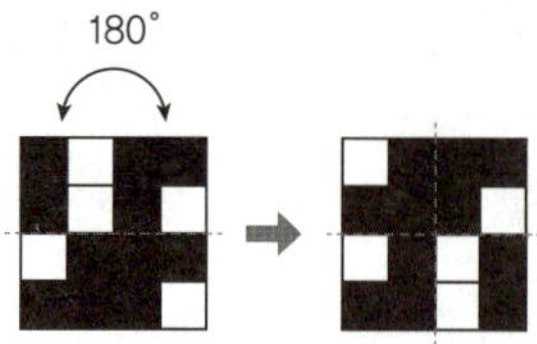

[1행 3열]

1행 3열의 도형은 합친 도형을 180도 회전한 형태임을 확인할 수 있다.
따라서 각 행의 3열에 있는 도형은 각 행의 1열과 2열의 도형을 합친 후 180도 회전한 형태이다.
위에서 구한 규칙을 2행의 도형에서 확인해 보면 규칙이 성립함을 알 수 있다.

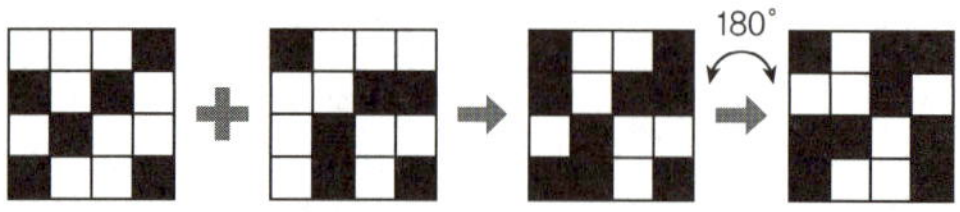

[2행 1열] [2행 2열] [2행 3열]

3행 1열과 3행 2열의 도형을 이용해 ?에 들어갈 도형을 추리해 보자.

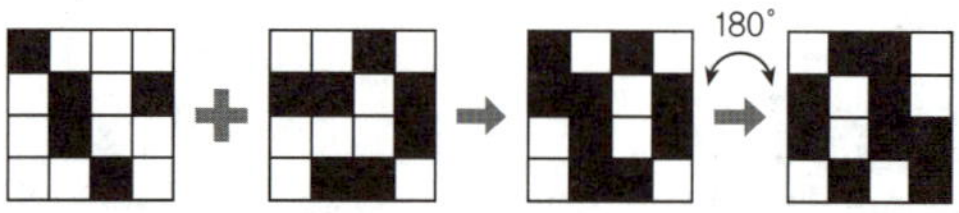

[3행 1열] [3행 2열] [3행 3열]

따라서 ?에 들어갈 도형으로 알맞은 것은 ⑤이다.

07 정답 ③ 난이도 ●●●

도형추리 - 박스형 문제

제시된 도형의 모양을 보면 같은 열에 있는 세 도형의 틀이 같으므로 세로 방향으로 규칙이 적용되었음을 쉽게 확인할 수 있다.

2열의 도형을 통해 규칙을 파악해 보자. 우선 1행 2열과 2행 2열의 두 도형 중 음영의 변화가 없는 부분과 음영의 변화가 있는 부분을 각각 묶어 나타내보자.

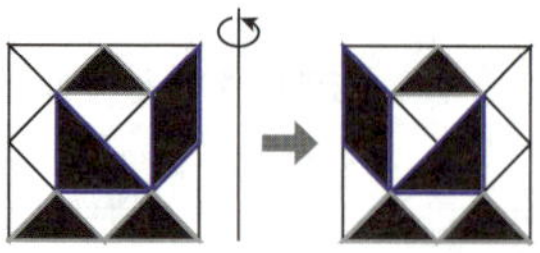
[1행 2열] [2행 2열]

1행 2열과 2행 2열의 도형에서 회색 테두리가 그려진 부분은 변함이 없지만 색 테두리가 그려진 부분을 비교하면 좌우가 반대임을 확인할 수 있다. 회색 테두리가 그려진 부분은 좌우 대칭을 해도 모양의 변화가 없으므로 2행 2열의 도형은 1행 2열의 도형을 좌우 대칭한 형태임을 유추할 수 있다.
다음으로 2행 2열과 3행 2열의 도형을 비교해 보자.

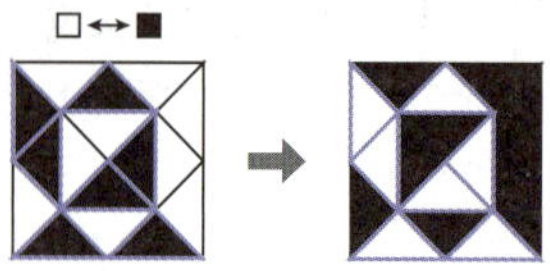

[2행 2열] [3행 2열]

2행 2열의 도형 중 음영이 있는 부분(검은색)을 색 테두리로 표시해 보면 2행 2열과 3행 2열은 도형의 음영이 반대로 표시되었음을 확인할 수 있다. 즉, 3행 2열의 도형은 2행 2열의 도형을 색상 반전한 형태임을 유추할 수 있다.
따라서 각 열에서 2행에 제시된 도형은 1행에 제시된 도형을 좌우 대칭한 형태이고, 3행에 제시된 도형은 2행에 제시된 도형을 색상 반전한 형태이다.
위에서 구한 규칙을 1열의 도형에서 확인해 보면 규칙이 성립함을 알 수 있다.

[1행 1열] [2행 1열] [3행 1열]

1행 3열과 2행 3열의 도형을 이용해 ?에 들어갈 도형을 추리해 보자.

[1행 3열] [2행 3열] [3행 3열]

따라서 ?에 들어갈 도형으로 알맞은 것은 ③이다.

08 정답 ① 난이도 ●●●

도형추리 - 박스형 문제

제시된 도형의 모양을 살펴보면 한 행에 있는 세 도형의 틀이 같으므로 가로 방향으로 규칙이 적용됨을 쉽게 확인할 수 있다.
가로 방향으로 도형의 변화를 살펴봤을 때 유사한 패턴이 보이지 않으므로 회전이나 대칭 규칙이 적용되지 않음을 유추할 수 있다. 그리고 각 행의 1, 2열에 있는 두 도형을 합친 규칙이 적용되었다면 3열의 도형의 음영은 1, 2열에 있는 도형의 음영보다 상대적으로 많을 것이다. 하지만 각 행의 3열에 있는 도형의 음영을 보면 1, 2열 도형의 음영과 유의미하게 차이 나지 않는다.

도형의 합이 제외되었으므로 조건에 따른 음영 변화를 생각해 보자. 1, 2열에 있는 원형 9개의 음영 여부에 따른 3열의 음영 변화를 1행의 도형을 이용해 확인해 보자.

(i) 1열, 2열에 모두 음영이 없을 경우(흰색)

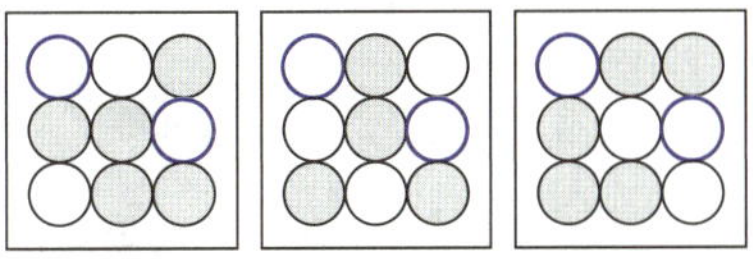

[1행 1열] [1행 2열] [1행 3열]

1열, 2열의 도형에 모두 음영이 없는(흰색) 칸을 색 테두리로 표시한 후 3열의 도형에서 같은 부분을 보면 음영이 없음(흰색)을 확인할 수 있다.
즉, 1열, 2열에 모두 음영이 없을 경우(흰색) 3열에도 음영을 표시하지 않는다(흰색).

(ii) 1열, 2열에 모두 음영이 있을 경우(검정색)

[1행 1열] [1행 2열] [1행 3열]

1열, 2열의 도형에 모두 음영이 있는(검정색) 칸을 색 테두리로 표시한 후 3열의 도형에서 같은 부분을 보면 음영이 없음(흰색)을 확인할 수 있다.
즉, 1열, 2열에 모두 음영이 있을 경우(검정색) 3열에는 음영을 표시하지 않는다(흰색).

(iii) 1열에는 음영이 없고(흰색) 2열에는 음영이 있을 경우(검정색)

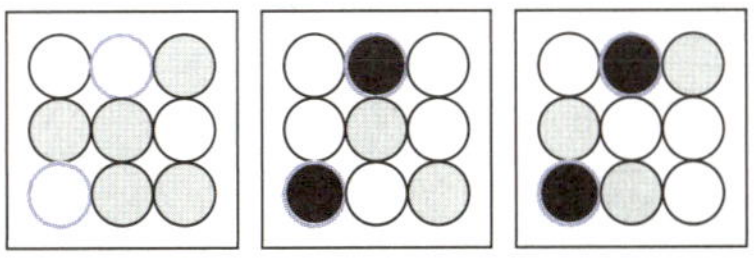

[1행 1열] [1행 2열] [1행 3열]

1열에는 음영이 없고(흰색) 2열에는 음영이 있는(검정색) 칸을 색 테두리로 표시한 후 3열의 도형에서 같은 부분을 보면 음영이 있음(검정색)을 확인할 수 있다.
즉, 1열에는 음영이 없고(흰색) 2열에는 음영이 있을 경우(검정색) 3열에는 음영을 표시한다(검정색).

(iv) 1열에는 음영이 있고(검정색) 2열에는 음영이 없을 경우(흰색)

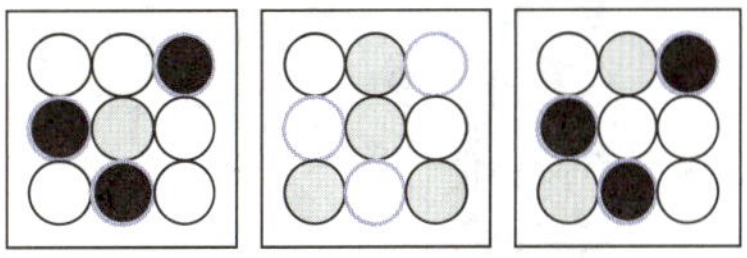

[1행 1열] [1행 2열] [1행 3열]

1열에는 음영이 있고(검정색) 2열에는 음영이 없는(흰색) 칸을 색 테두리로 표시한 후 3열의 도형에서 같은 부분을 보면 음영이 있음(검정색)을 확인할 수 있다.
즉, 1열에는 음영이 있고(검정색) 2열에는 음영이 없을 경우(흰색) 3열에는 음영을 표시한다(검정색).
따라서 (i)~(iv)를 통해 1열과 2열의 음영이 같으면 3열에는 음영을 표시하지 않고(흰색), 1열, 2열의 음영이 다르면 3열에는 음영을 표시하는(검정색) 규칙을 파악할 수 있다.
위에서 구한 규칙을 3행의 도형에서 확인해 보면 규칙이 성립함을 알 수 있다.

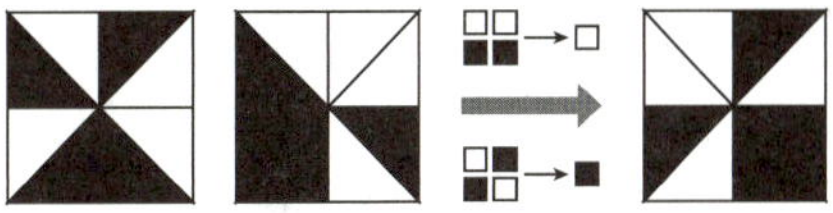

[3행 1열] [3행 2열] [3행 3열]

2행 1열과 2행 2열의 도형을 이용해 ?에 들어갈 도형을 추리해 보자.

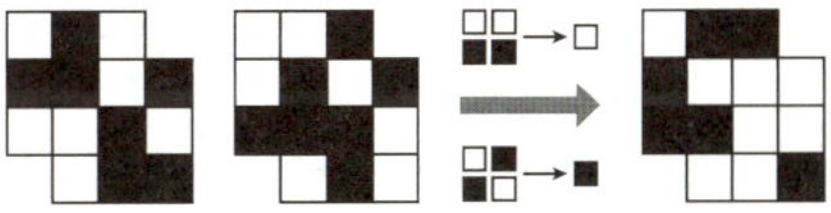

[2행 1열] [2행 2열] [2행 3열]

따라서 ?에 들어갈 도형으로 알맞은 것은 ①이다.

09 정답 ④ 난이도 ●●●

도형추리 – 박스형 문제

각 행과 열에 있는 도형의 틀이 같으므로 규칙이 가로 방향으로 적용되는지, 세로 방향으로 적용되는지 한 눈에 파악하기 어렵다.
다음과 같이 도형 내부의 유사한 음영 패턴을 찾아보면 한 행에 있는 세 도형의 패턴이 유사하므로 규칙이 가로 방향으로 적용되었음을 알 수 있다.
1행의 도형을 이용해 규칙을 파악해 보자.

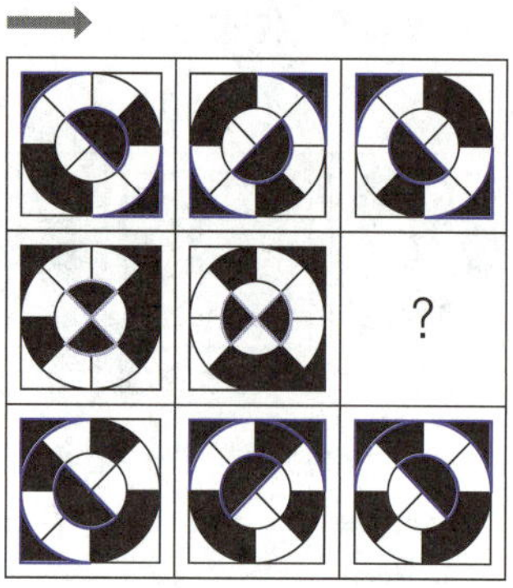

1행 1열의 도형과 1행 2열의 도형에서 내부 원의 중심을 기준으로 가로선, 세로선을 그어 규칙을 파악해 보자.

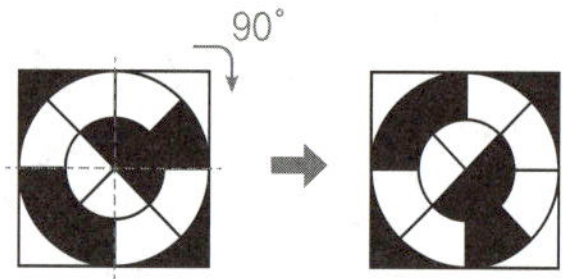

[1행 1열] [1행 2열]

1행 2열의 도형은 1행 1열의 도형을 시계 방향으로 90도 회전한 형태이다.
1행 2열의 도형과 1행 3열의 도형을 비교해 보자.

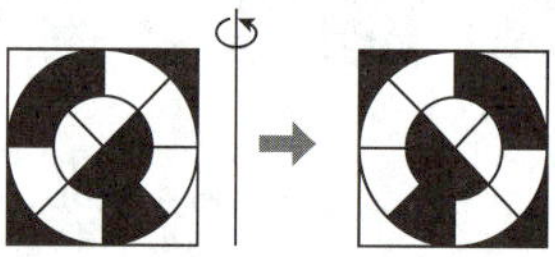

[1행 2열] [1행 3열]

1행 3열의 도형은 1행 2열의 도형을 좌우 대칭한 형태이다.
즉, 각 행에서 2열에 제시된 도형은 1열에 제시된 도형을 시계 방향으로 90도 회전한 형태이고, 3열에 제시된 도형은 2열에 제시된 도형을 좌우 대칭한 형태이다.
위에서 구한 규칙을 3행의 도형에서 확인해 보면 규칙이 성립함을 알 수 있다.

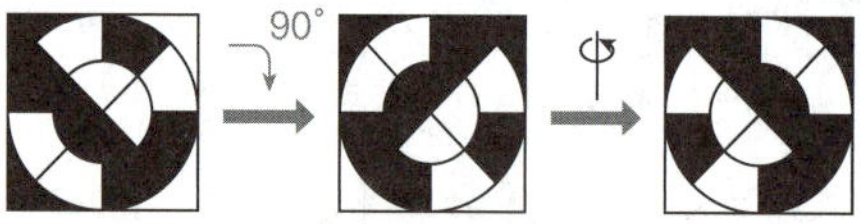

[3행 1열] [3행 2열] [3행 3열]

2행 1열과 2행 2열의 도형을 이용해 ?에 들어갈 도형을 추리해 보자.

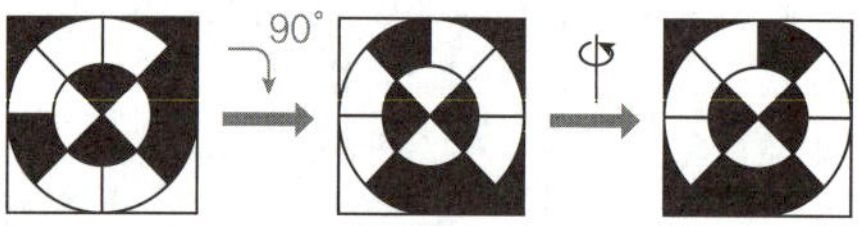

[2행 1열] [2행 2열] [2행 3열]

따라서 ?에 들어갈 도형으로 알맞은 것은 ④이다.

10 정답 ⑤ 난이도 ●●●

도형추리 - 박스형 문제

제시된 도형을 보면 가로 방향, 세로 방향 모두 유사한 패턴이 보이지 않는다. 가로, 세로 방향을 벗어나 대각선 방향으로 유사한 패턴끼리 묶어서 표시해 보자.

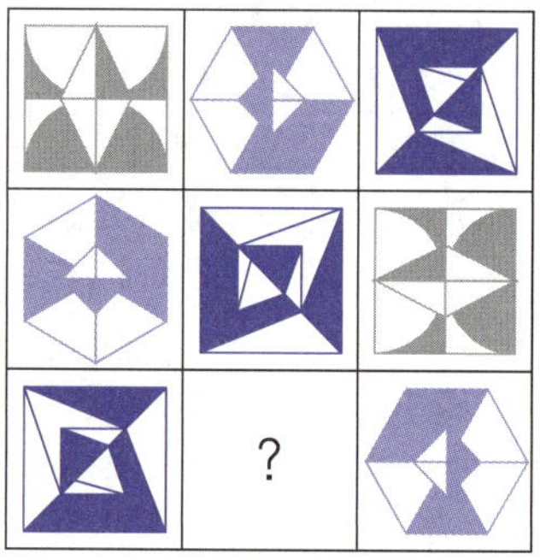

위의 그림은 유사한 패턴을 같은 색으로 묶어서 나타낸 것이다. 패턴의 이동을 살펴보면 오른쪽 위에서 왼쪽 아래로 이동하는 것을 확인할 수 있다. (가장 왼쪽 열에 있을 경우, 다음 행은 가장 오른쪽 열로 이동한다.) 같은 색상으로 묶인 패턴의 변형 규칙을 1행 3열, 2행 2열, 3행 1열의 도형을 이용해 추리해 보자.

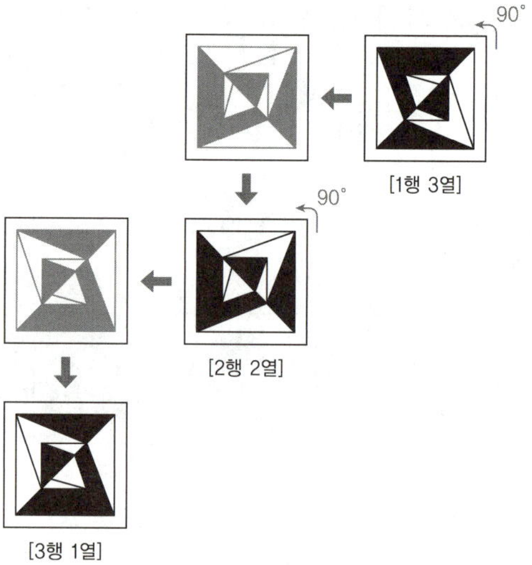

2행 2열의 도형은 1행 3열의 도형을 시계 반대 방향으로 90도 회전한 형태이고, 3행 1열의 도형은 2행 2열의 도형을 시계 반대 방향으로 90도 회전한 형태이다.
따라서, 같은 패턴으로 묶인 도형 중 다음 행의 도형은 이전 행의 도형을 시계 반대 방향으로 90도 회전한 형태이다.
위에서 구한 규칙을 1행 2열과 2행 1열, 3행 3열의 도형에서 확인해 보면 규칙이 성립함을 알 수 있다.

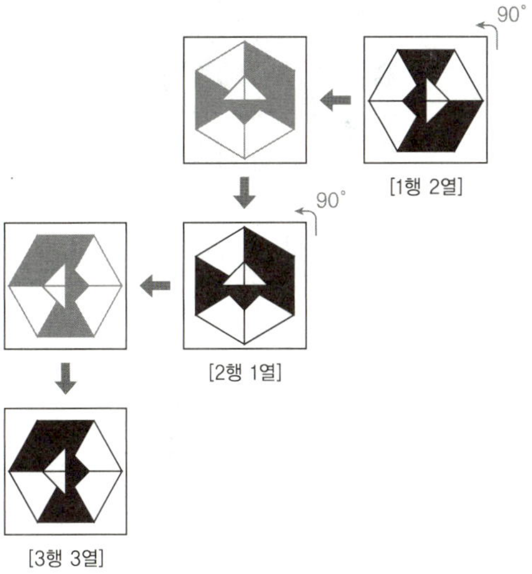

2행 3열의 도형을 이용해 ?에 들어갈 도형을 추리해 보자.

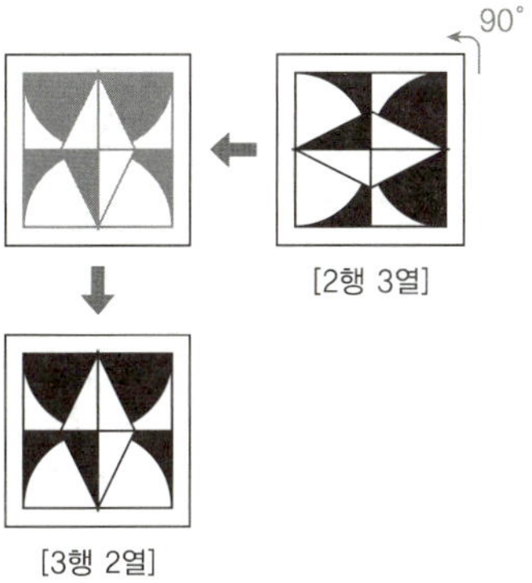

따라서 ?에 들어갈 도형으로 알맞은 것은 ⑤이다.

11 정답 ③ 난이도 ●○○

도형추리 - 박스형 문제

제시된 도형의 모양을 살펴보면 한 행에 있는 세 도형의 틀이 같으므로 가로 방향으로 규칙이 적용됨을 쉽게 확인할 수 있다.

가로 방향으로 진행하면서 도형의 모양이 바뀌는 것으로 보아 회전 규칙 또는 대칭 규칙이 적용됨을 유추할 수 있고, 1열에서 2열, 2열에서 3열로 이동하면서 색상 반전 규칙이 적용되었음을 쉽게 확인할 수 있다.

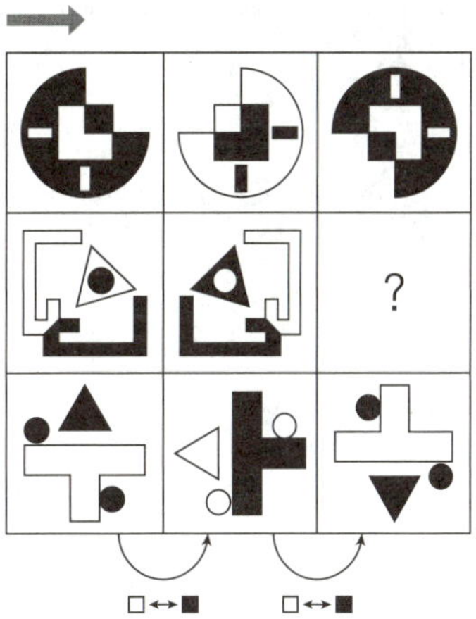

3행의 도형을 이용해 규칙을 파악해 보자. 우선 3행 1열의 도형을 색상 반전한 후 도형의 중심을 기준으로 가로선, 세로선을 그어 3행 2열의 도형과 비교해 보자.

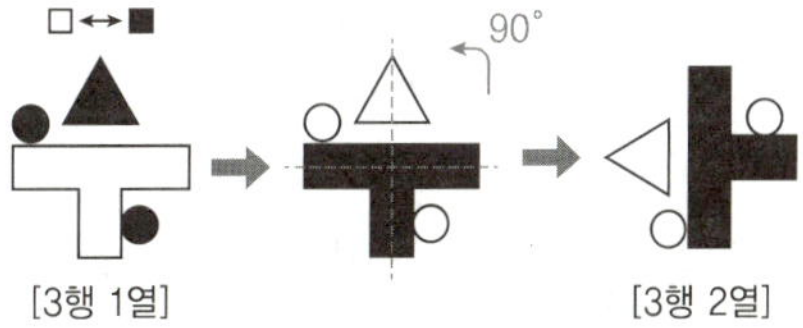

즉, 3행 2열의 도형은 3행 1열의 도형을 색상 반전한 후 시계 반대 방향으로 90도 회전한 형태임을 확인할 수 있다.

위와 같은 방법으로 3행 2열의 도형을 색상 반전한 후 도형의 중심을 기준으로 가로선, 세로선을 그어 3행 3열의 도형과 비교해 보자.

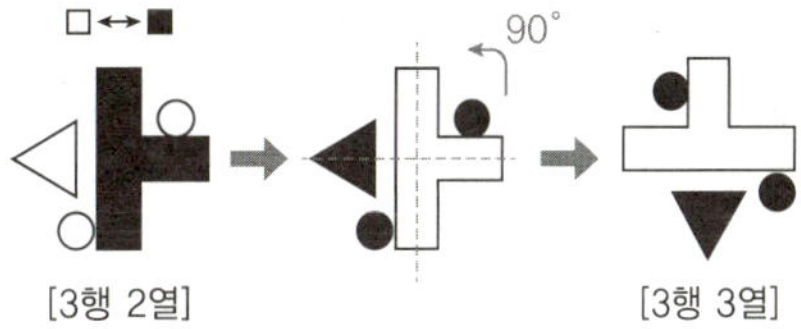

3행 3열의 도형은 3행 2열의 도형을 색상 반전한 후 시계 반대 방향으로 90도 회전한 형태임을 확인할 수 있다.

즉, 다음 열에 제시된 도형은 이전 열에 제시된 도형을 색상 반전 후 시계 반대 방향으로 90도 회전한 형태이다.

위에서 구한 규칙을 1행의 도형에서 확인해 보면 규칙이 성립함을 알 수 있다.

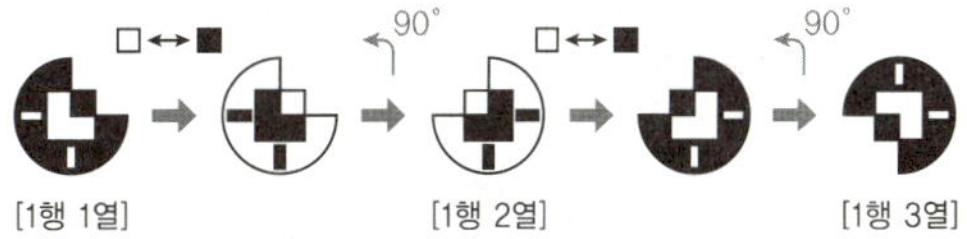

2행 1열과 2행 2열의 도형을 이용해 ?에 들어갈 도형을 추리해 보자.

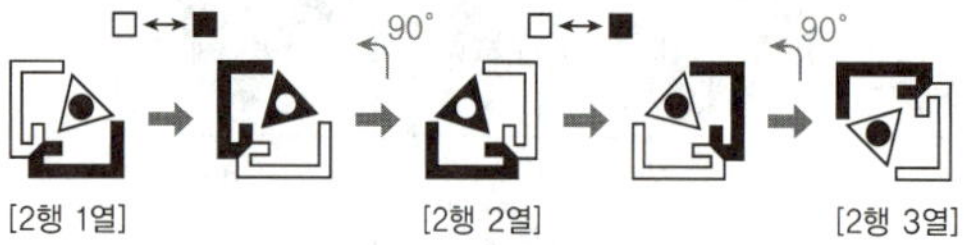

따라서 ?에 들어갈 도형으로 알맞은 것은 ③이다.

합격자의 시간단축 Tip

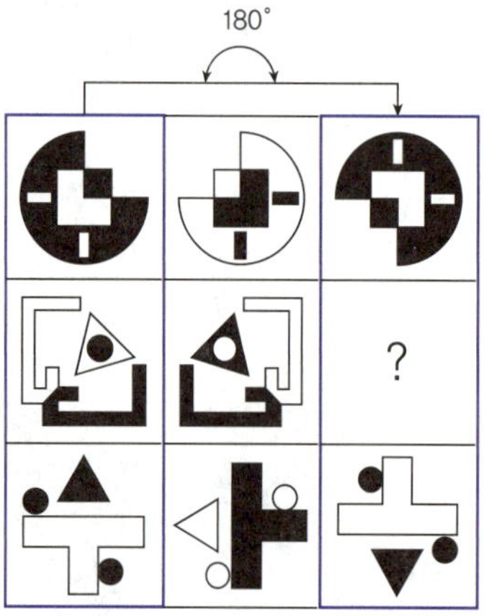

1행 1열과 1행 3열, 3행 1열과 3행 3열의 도형을 비교해 보면, 3열의 도형은 1열의 도형을 180도 회전한 형태임을 확인할 수 있다. 따라서 2행 3열의 도형은 2행 1열의 도형을 180도 회전한 형태임을 추리할 수 있다.

12 정답 ① 난이도 ●●●

도형추리 - 박스형 문제

제시된 도형의 규칙이 적용되는 방향을 찾기 위해 유사한 음영을 가지는 부분을 찾아 묶어보면 같은 열에 있는 도형끼리 유사한 패턴을 갖는 것을 확인할 수 있다. 즉, 규칙은 세로 방향으로 적용될 것이라 유추할 수 있다. 2열의 도형을 이용해 제시된 도형의 규칙을 파악해 보자.

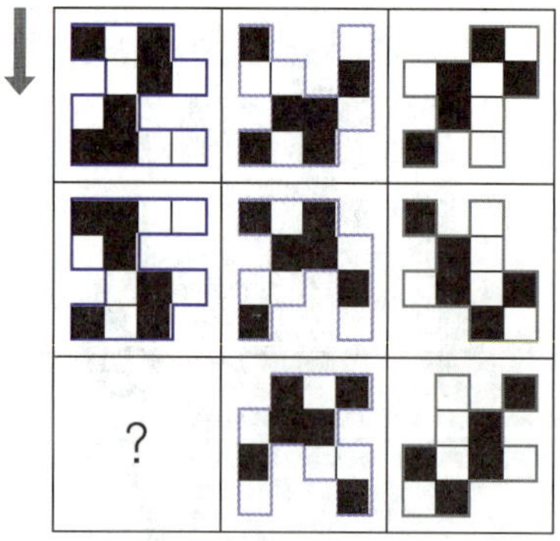

1행 2열의 도형과 2행 2열의 도형을 비교해 보자.

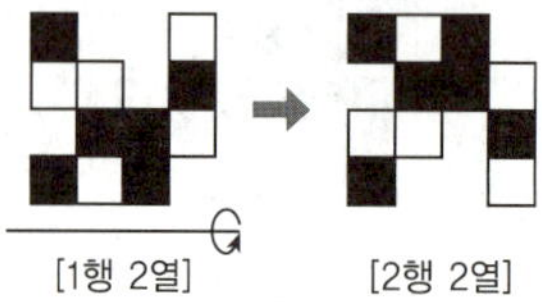

2행 2열의 도형은 1행 2열의 도형을 상하 대칭한 형태이다.

2행 2열의 도형과 3행 2열의 도형을 비교해 보자.

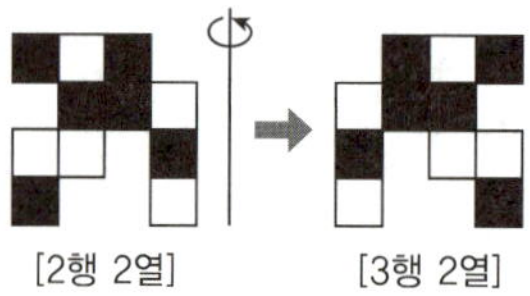

3행 2열의 도형은 2행 2열의 도형을 좌우 대칭한 형태이다.

즉, 각 열에서 2행에 제시된 도형은 1행에 제시된 도형을 상하 대칭한 형태이고, 3행에 제시된 도형은 2행에 제시된 도형을 좌우 대칭한 형태이다.

위에서 구한 규칙을 3열의 도형에서 확인해 보면 규칙이 성립함을 알 수 있다.

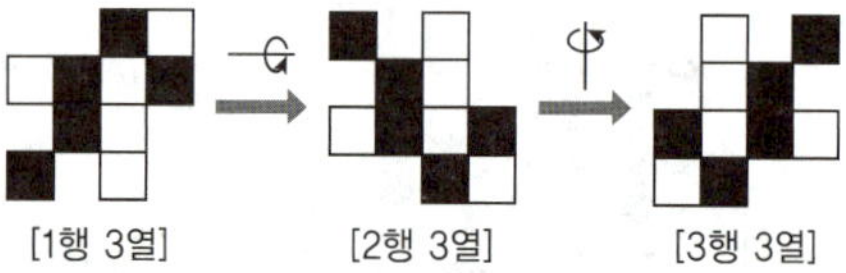

1행 1열의 도형과 2행 1열의 도형을 이용해 ?에 들어갈 도형을 추리해 보자.

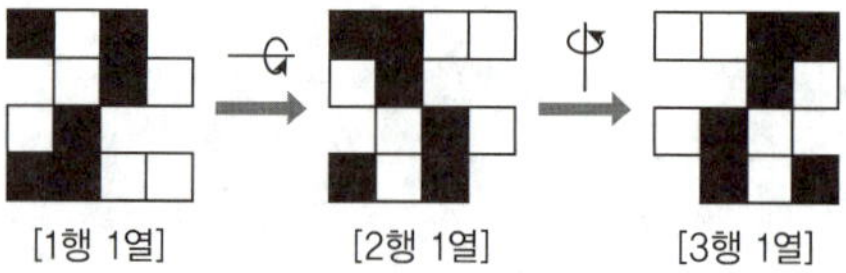

따라서 ?에 들어갈 도형으로 알맞은 것은 ①이다.

13 정답 ② 난이도 ●●●

도형추리 - 박스형 문제

제시된 도형의 모양을 살펴보면 한 행에 있는 세 도형의 틀이 같으므로 가로 방향으로 규칙이 적용됨을 쉽게 확인할 수 있다. 그리고 각 행의 1열과 2열 도형의 모양은 변함이 없으나 음영이 반대다. 따라서 각 행의 2열의 도형은 1열의 도형을 색상 반전한 형태임을 알 수 있다.

2행의 도형을 이용해 2열과 3열 사이에 적용된 규칙을 파악해 보자.

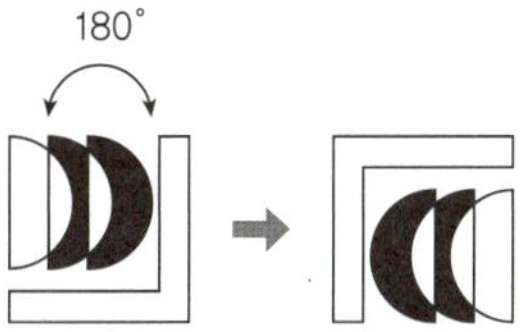

[2행 2열] [2행 3열]

2행 3열의 도형은 2행 2열의 도형을 180도 회전한 형태이다.
즉, 각 행에서 2열에 제시된 도형은 1열에 제시된 도형을 색상 반전한 형태이고, 3열에 제시된 도형은 2열에 제시된 도형을 180도 회전한 형태이다.
위에서 구한 규칙을 1행의 도형에서 확인해 보면 규칙이 성립함을 알 수 있다.

[1행 1열] [1행 2열] [1행 3열]

3행 1열의 도형과 3행 2열의 도형을 이용해 ?에 들어갈 도형을 추리해 보자.

[3행 1열] [3행 2열] [3행 3열]

따라서 ?에 들어갈 도형으로 알맞은 것은 ②이다.

14 정답 ⑤ 난이도 ●●○

도형추리 – 박스형 문제

제시된 도형의 모양을 보면 한 행에 있는 세 도형의 틀이 같으므로 가로 방향으로 규칙이 적용되는 것을 확인할 수 있다.

?를 제외한 제시된 도형은 음영이 있는 도형을 테두리만 있는 다른 도형이 감싸고 있는 형태이다. 그리고 내부 도형의 음영을 통해 1열과 2열, 2열과 3열 사이에 색상 반전 규칙이 적용되었음을 유추할 수 있다.

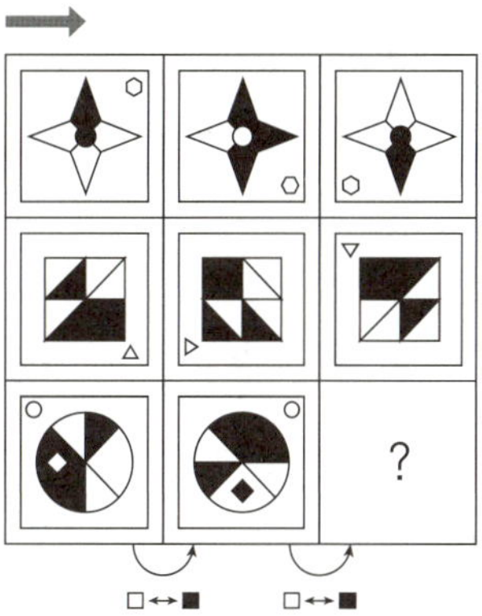

1행의 도형을 다음과 같이 외부 도형, 내부 도형으로 나누어 규칙을 추리해 보자.

(ⅰ) 외부 도형

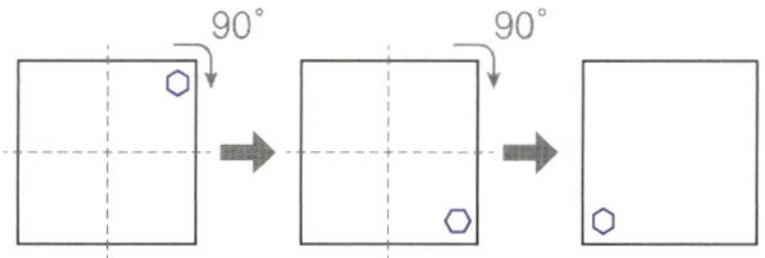

[1행 1열] [1행 2열] [1행 3열]

도형에 가로선과 세로선을 그어 각 열에 있는 육각형의 위치와 모양 변화를 보면, 다음 열의 도형은 이전 열의 도형을 시계 방향으로 90도 회전한 형태임을 확인할 수 있다. (만약 상하 대칭, 좌우 대칭 규칙이 적용되었으면 육각형의 모양은 1, 2, 3열 모두 같을 것이다.)

(ⅱ) 내부 도형

우선 1행 1열, 1행 2열의 도형을 색상 반전한 후 적용된 회전·대칭 규칙을 확인해 보자.

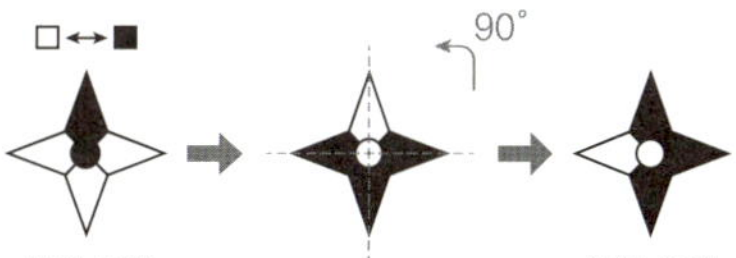

[1행 1열] [1행 2열]

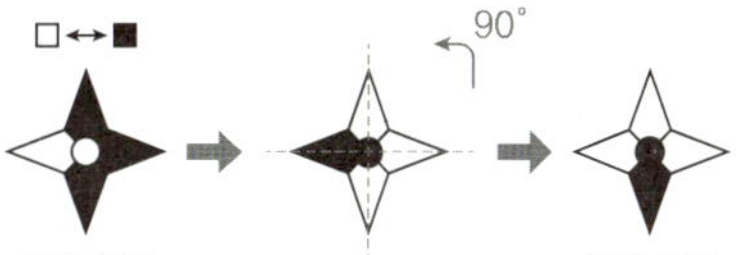

[1행 2열] [1행 3열]

다음 열의 도형은 이전 열의 도형을 색상 반전한 후 시계 반대 방향으로 90도 회전한 형태임을 확인할 수 있다.

위에서 구한 규칙을 2행의 도형에서 확인해 보면 규칙이 성립함을 알 수 있다.

〈외부 도형〉

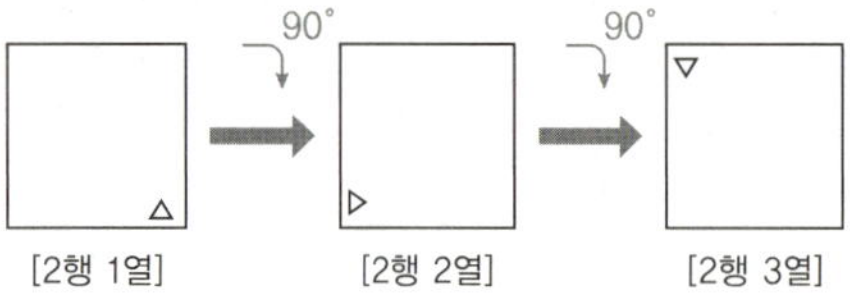

〈내부 도형〉

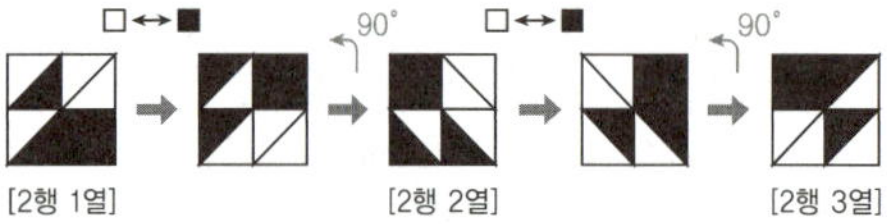

3행 1열과 3행 2열의 도형을 이용해 ?에 들어갈 도형을 추리해 보자.

〈외부 도형〉

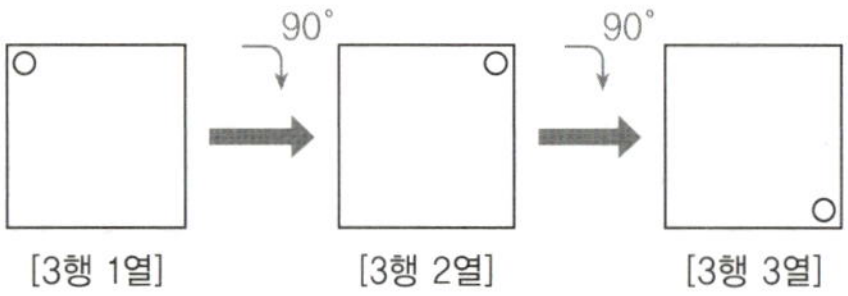

〈내부 도형〉

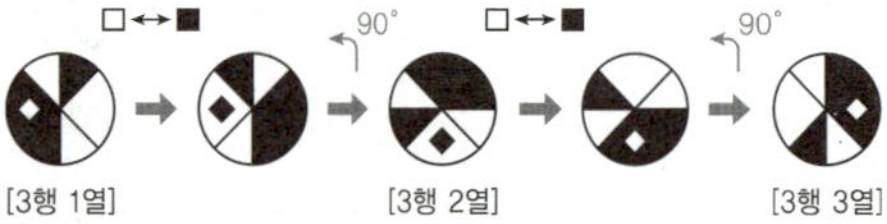

따라서 ?에 들어갈 도형으로 알맞은 것은 ⑤이다.

합격자의 시간단축 Tip

Tip ❶ 1열, 3열 도형의 관계를 이용

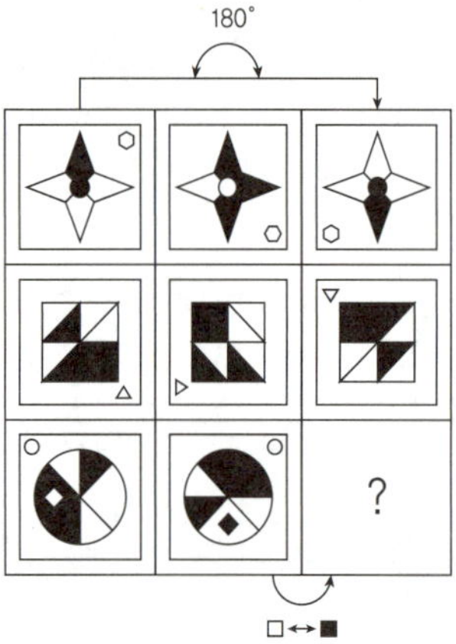

1열과 3열의 도형을 비교해 보면 3열의 도형은 1열의 도형을 180도 회전한 형태임을 쉽게 알 수 있다. 따라서 정답은 ⑤이다.

Tip ❷ 외부 도형의 위치와 내부 도형의 색상 이용

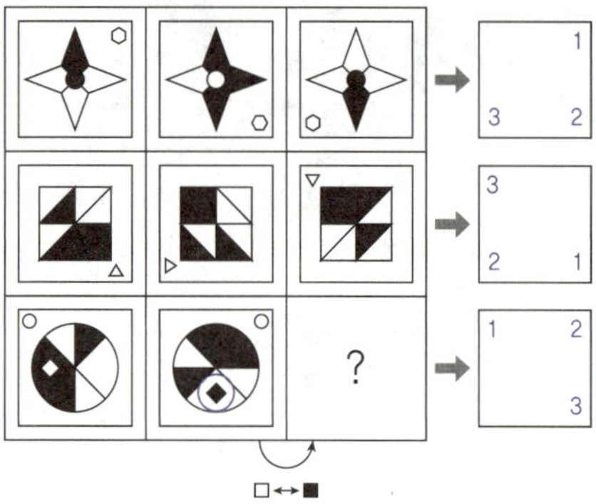

각 행의 외부 도형에 있는 작은 도형의 위치를 열번호로 나타내보면 시계 반대 방향으로 이동함을 확인할 수 있다. 따라서 3행 3열의 외부 도형에 있는 원의 위치는 오른쪽 하단일 것이다.

그리고 2열과 3열 사이에 색상 반전 규칙이 있으므로 3행 2열의 내부 도형 중 마름모(색 원으로 표시)의 음영은 칠해져 있지만 3행 3열에서는 칠해져 있지 않을 것이다.

따라서 정답은 원이 오른쪽 하단에 있고 마름모 색상이 흰색인 ⑤이다.

15 정답 ⑤ 난이도 ●●●

도형추리 – 박스형 문제

제시된 도형의 모양을 보면 같은 열에 있는 세 도형의 틀이 같으므로 세로 방향으로 규칙이 적용되는 것을 확인할 수 있다. 세로 방향으로 진행하면서 도형의 모양이 바뀌는 것으로 보아 회전 규칙 또는 대칭 규칙이 적용됨을 유추할 수 있고, 색상의 변화는 보이지 않으므로 색상과 관련된 규칙은 고려하지 않아도 된다.

1열의 도형을 이용해 규칙을 추리해 보자.

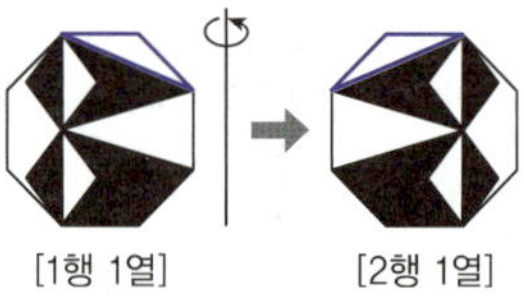

1행 1열과 2행 1열의 도형에 표시한 색 테두리 부분의 위치와 모양 변화를 통해 2행 1열의 도형은 1행 1열의 도형을 좌우 대칭한 형태임을 확인할 수 있다. (만약 180도 회전 규칙이 적용되었다면 2행 1열에서 색 테두리 부분의 위치는 왼쪽 하단이었을 것이다.)

2행 1열의 중심에서 가로선, 세로선을 그어 3행 1열의 도형과 비교해 보자.

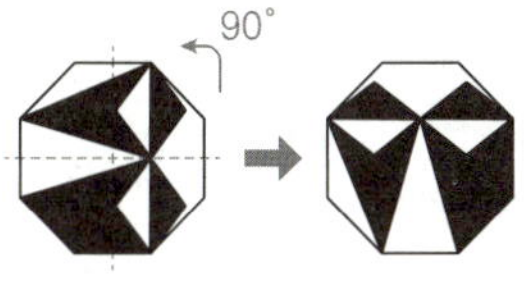

[2행 1열] [3행 1열]

3행 1열의 도형은 2행 1열의 도형을 시계 반대 방향으로 90도 회전한 형태임을 확인할 수 있다.
즉, 각 열에서 2행에 제시된 도형은 1행에 제시된 도형을 좌우 대칭한 형태이고, 3행에 제시된 도형은 2행에 제시된 도형을 시계 반대 방향으로 90도 회전한 형태이다.
위에서 구한 규칙을 3열의 도형에서 확인해 보면 규칙이 성립함을 알 수 있다.

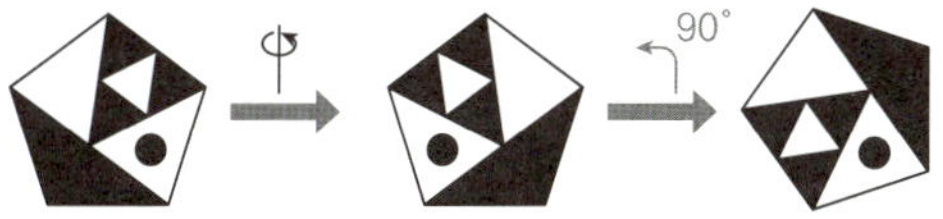

[1행 3열] [2행 3열] [3행 3열]

1행 2열과 2행 2열의 도형을 이용해 ?에 들어갈 도형을 추리해 보자.

[1행 2열] [2행 2열] [3행 2열]

따라서 ?에 들어갈 도형으로 알맞은 것은 ⑤이다.

합격자의 시간단축 Tip

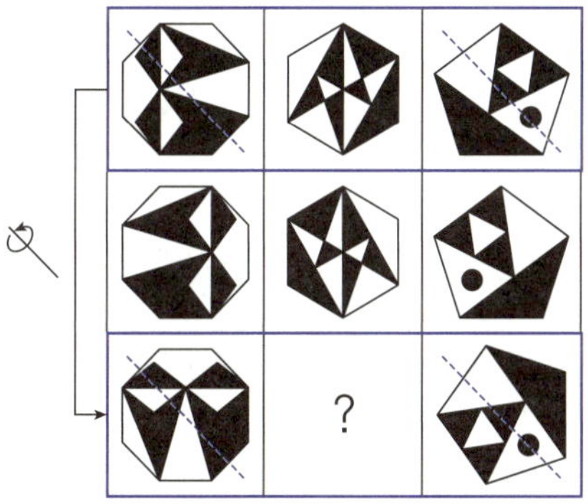

1, 3열의 1행과 3행의 도형을 보면 각각 1행의 도형에서 왼쪽 위와 오른쪽 아래를 연결한 대각선을 기준으로 대칭된 도형이 3행의 도형임을 알 수 있다.
선택지를 보면 1행 2열의 도형을 대각선을 기준으로 대칭만 해도 답을 찾을 수 있다. 즉, 정답은 ⑤이다.

16 정답 ③ 난이도 ●○○

도형추리 - 박스형 문제

제시된 도형의 모양을 보면 한 열에 있는 세 도형의 틀이 같으므로 세로 방향으로 규칙이 적용되는 것을 확인할 수 있다. 도형의 색상 변화를 통해 1행과 2행, 2행과 3행 사이에 색상 반전 규칙이 적용되었음을 유추할 수 있다.

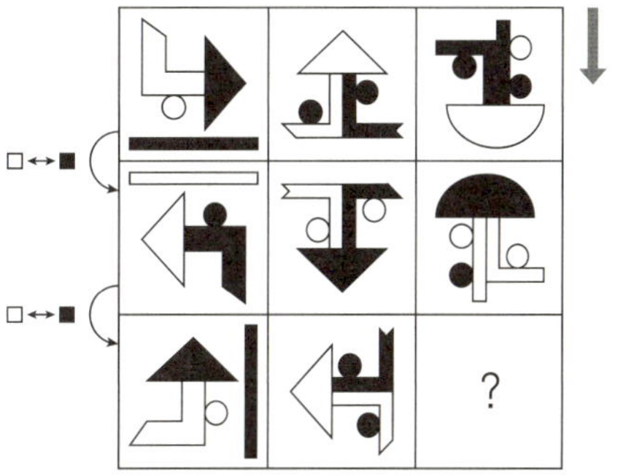

1열의 도형을 이용해 규칙을 파악해 보자.
우선 1행 1열의 도형을 색상 반전한 후 2행 1열의 도형과 비교해 보자

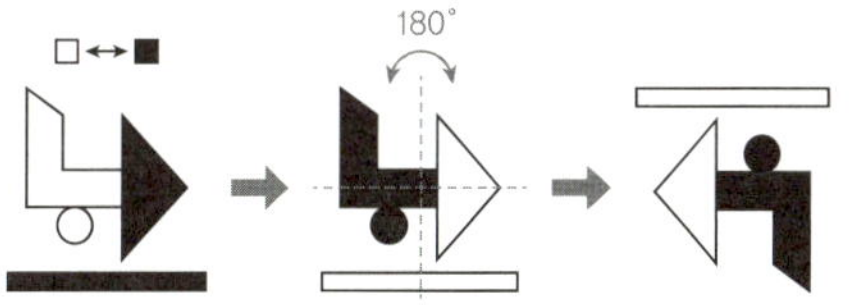

[1행 1열] [2행 1열]

2행 1열의 도형은 1행 1열의 도형을 색상 반전한 후 180도 회전한 형태임을 확인할 수 있다.

2행 1열의 도형을 색상 반전한 후 3행 1열의 도형과 비교해 보자.

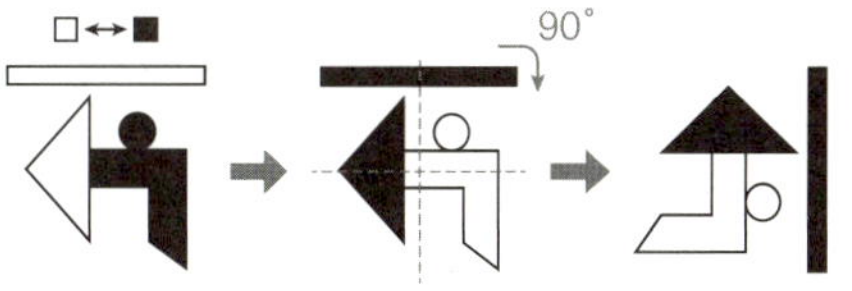

[2행 1열] [3행 1열]

3행 1열의 도형은 2행 1열의 도형을 색상 반전한 후 시계 방향으로 90도 회전한 형태이다.
즉, 각 열에서 2행에 제시된 도형은 1행에 제시된 도형을 색상 반전 후 180도 회전한 형태이고, 3행에 제시된 도형은 2행에 제시된 도형을 색상 반전 후 시계 방향으로 90도 회전한 형태이다.
위에서 구한 규칙을 2열의 도형에서 확인해 보면 규칙이 성립함을 알 수 있다.

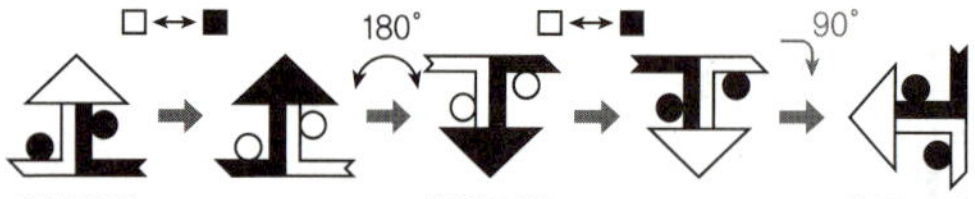

[1행 2열] [2행 2열] [3행 2열]

1행 3열과 2행 3열의 도형을 이용해 ?에 들어갈 도형을 추리해 보자.

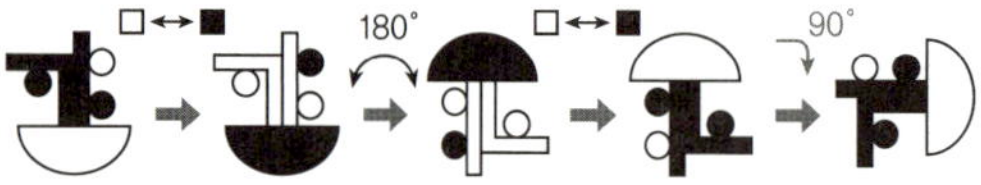

[1행 3열] [2행 3열] [3행 3열]

따라서 ?에 들어갈 도형으로 알맞은 것은 ③이다.

합격자의 시간단축 Tip

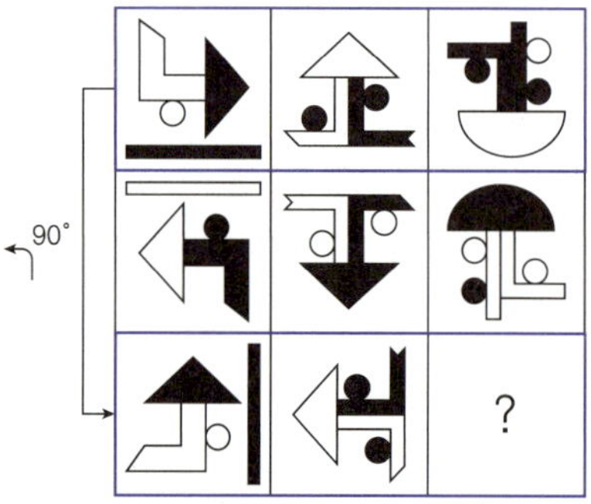

1행 1열과 3행 1열, 1행 2열과 3행 2열의 도형을 비교해 보면, 3행의 도형은 1행의 도형을 시계 반대 방향으로 90도 회전한 형태임을 확인할 수 있다. 따라서 3행 3열의 도형은 1행 3열의 도형을 시계 반대 방향으로 90도 회전한 형태임을 추리할 수 있다.

17 정답 ② 난이도 ●●●

도형추리 - 박스형 문제

각 행과 열에 있는 도형의 내부에 포함된 도형이 모두 유사하므로 규칙이 가로 방향으로 적용되는지, 세로 방향으로 적용되는지 한 눈에 파악하기 어렵다.

제시된 도형의 규칙 적용 방향을 찾기 위해 , 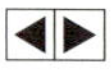와 같이 두 개의 삼각형이 변끼리 마주 보고 있는 경우(1, 2행 색 테두리)와 , 와 같이 삼각형 두 개의 꼭짓점이 마주 보고 있는 경우(3행 색 테두리)를 구분해 표시해 보자.

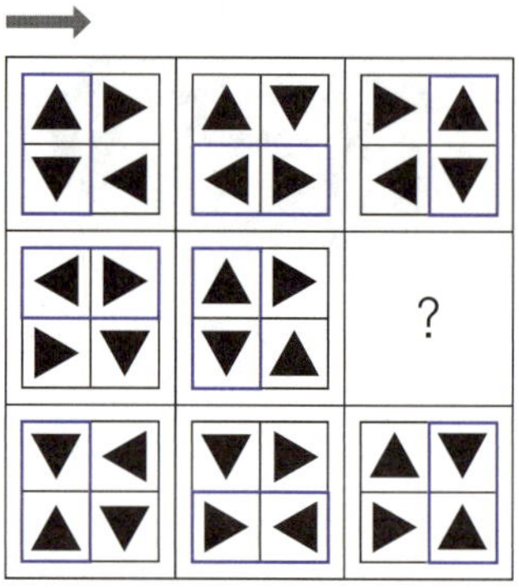

즉, ?가 포함된 2행을 제외하고, 1행과 3행의 도형의 내부에 포함된 삼각형 쌍이 서로 다르므로 제시된 도형은 가로 방향으로 규칙이 적용됨을 확인할 수 있다. 그리고 모든 삼각형에 음영이 있으므로 색상 반전 규칙은 고려하지 않아도 되며, 가로 방향으로 모양이 달라지므로 회전 규칙 또는 대칭 규칙이 적용되었음을 유추할 수 있다.

1행을 이용해 적용된 규칙을 파악해 보자. 우선 1행 1열의 도형과 1행 2열의 도형을 비교해보자.

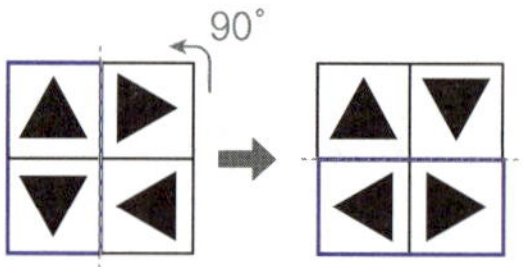

[1행 1열] [1행 2열]

1행 2열의 도형은 1행 1열의 도형을 시계 반대 방향으로 90도 회전한 형태임을 확인할 수 있다.

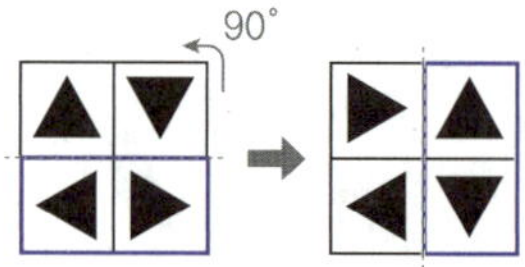

[1행 2열] [1행 3열]

1행 3열의 도형은 1행 2열의 도형을 시계 반대 방향으로 90도 회전한 형태임을 확인할 수 있다.

즉, 각 행에서 다음 열에 제시된 도형은 이전 열에 제시된 도형을 시계 반대 방향으로 90도 회전한 형태이다. 위에서 구한 규칙을 3행의 도형에서 확인해 보면 규칙이 성립함을 알 수 있다.

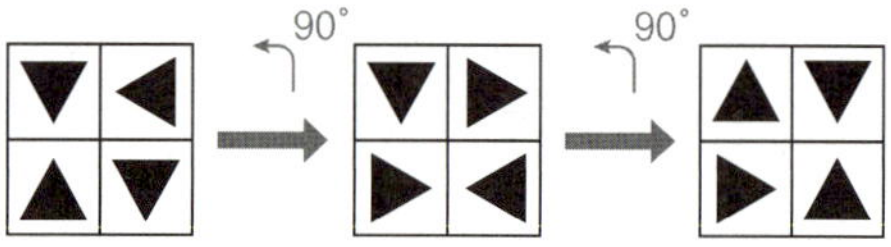

[3행 1열] [3행 2열] [3행 3열]

2행 1열과 2행 2열의 도형을 이용해 ?에 들어갈 도형을 추리해 보자.

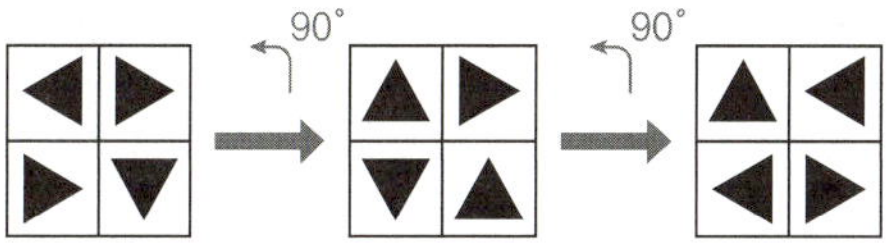

[2행 1열] [2행 2열] [2행 3열]

따라서 ?에 들어갈 도형으로 알맞은 것은 ②이다.

합격자의 시간단축 Tip

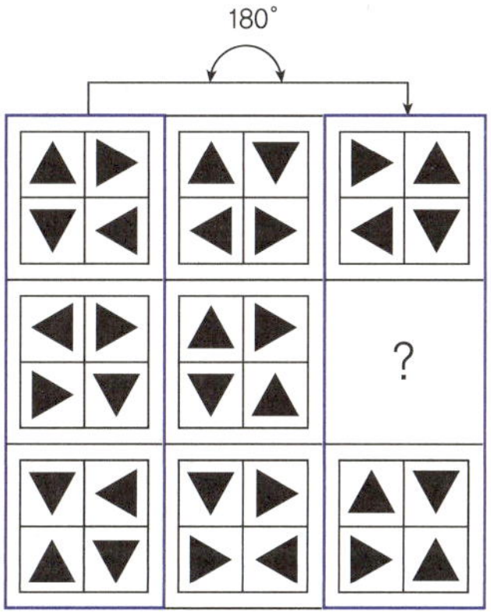

1행 1열과 1행 3열, 3행 1열과 3행 3열의 도형을 비교해 보면, 3열의 도형은 1열의 도형을 180도 회전한 형태임을 확인할 수 있다. 따라서 2행 3열의 도형은 2행 1열의 도형을 180도 회전한 형태임을 추리할 수 있다.

18 정답 ② 난이도 ●●○

도형추리 - 박스형 문제

제시된 도형은 사각형이 4×4 형태로 나열되어 있는 형태이다. 칠해져 있는 검정색의 수가 특별히 많은 행과 열이 보이지 않으므로, 도형의 회전·대칭 규칙이 적용되었음을 염두에 두고 비슷한 패턴을 찾아 규칙이 적용되는 방향을 찾아보자. 1행 1열에 있는 도형에서 음영이 연속적으로 칠해진 칸으로 만들어진 가장 큰 조각 과 비슷한 모양이 2행 1열 또는 1행 2열에 있는지 찾아보면, 1행 2열에 의 모양이 있는 것을 확인할 수 있다. 그리고 1행 3열에도 의 모양이 있는 것을 보아 제시된 도형은 가로 방향으로 규칙이 적용됨을 유추할 수 있다. 그리고 1행 1열의 , 1행 2열의 를 통해 1열과 2열 사이에 색상 반전 규칙이 적용됨을 유추할 수 있다.

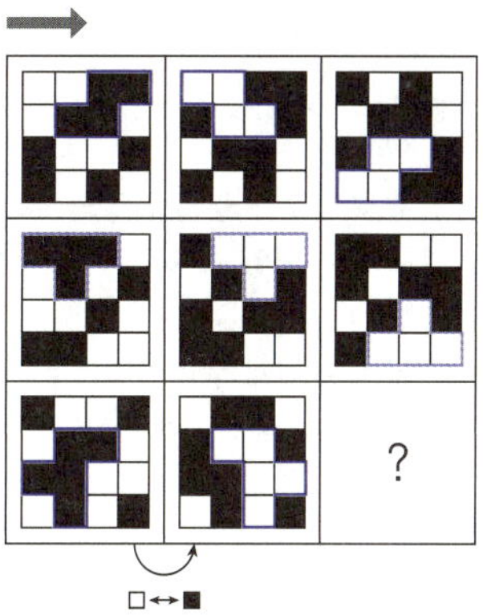

1행의 도형을 이용해 제시된 도형에 적용된 규칙을 추리해 보자.

우선 1행 1열의 도형을 색상 반전한 후 1행 2열의 도형과 비교해 보자.

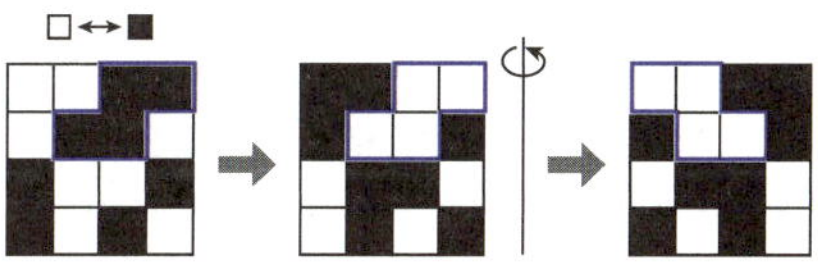

[1행 1열] [1행 2열]

1행 2열의 도형은 1행 1열의 도형을 색상 반전한 후 좌우 대칭한 형태이다.

다음으로, 1행 2열의 도형과 1행 3열의 도형을 비교해 보자.

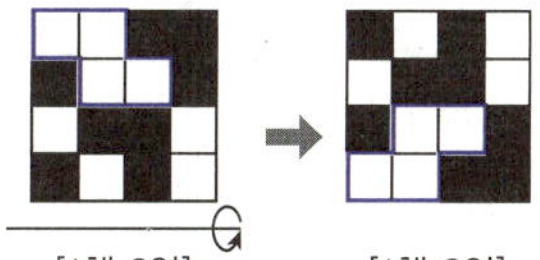

[1행 2열] [1행 3열]

1행 3열의 도형은 1행 2열의 도형을 상하 대칭한 형태이다.

즉, 각 행에서 2열에 제시된 도형은 1열에 제시된 도형을 색상 반전한 후 좌우 대칭한 형태이고, 3열에 제시된 도형은 2열에 제시된 도형을 상하 대칭한 형태이다. 위에서 구한 규칙을 2행의 도형에서 확인해 보면 규칙이 성립함을 알 수 있다.

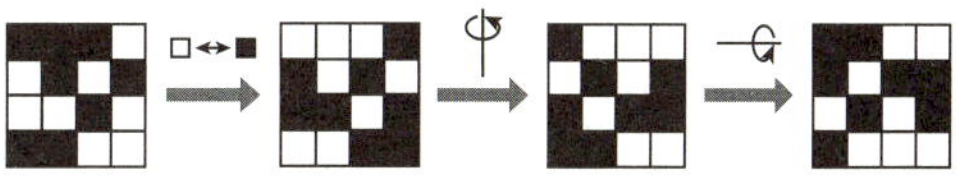

[2행 1열] [2행 2열] [2행 3열]

3행 1열과 3행 2열의 도형을 이용해 ?에 들어갈 도형을 추리해 보자.

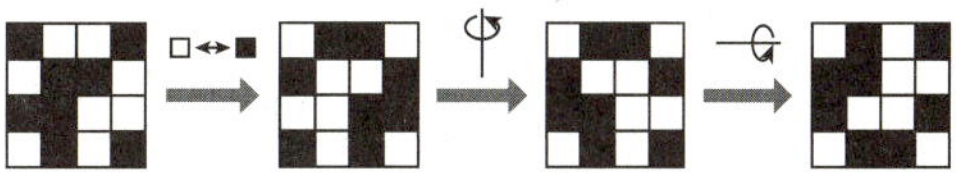

[3행 1열] [3행 2열] [3행 3열]

따라서 ?에 들어갈 도형으로 알맞은 것은 ②이다.

합격자의 시간단축 Tip

색상 반전 규칙은 색칠되어 있는 음영의 수를 확인하면 쉽게 유추가 가능하다. 1열과 2열을 비교할 때 각 도형의 가로줄에 검정색과 흰색의 개수가 어떻게 변화하는지 확인해 보자. 검정색이 2개 흰색이 2개였던 행들은 개수가 변하지 않지만 검정색이 3개 흰색이 1개거나 검정색이 1개 흰색이 3개인 행은 검정색과 흰색의 개수가 반대가 됨을 확인할 수 있다. 그리고 개수가 반대가 될 때는 대부분 색상 반전 규칙이 적용됨을 명심하여야 한다.

19 정답 ①

난이도 ●●○

도형추리 – 박스형 문제

제시된 도형을 보면 같은 열에 있는 도형의 모양이 유사하기 때문에 세로 방향으로 규칙이 적용됨을 쉽게 확인할 수 있다. 2행 1열과 3행 1열, 2행 2열과 3행 2열의 가운데에 있는 도형의 색 변화를 살펴보면 2행과 3행 사이에 색상 반전 규칙이 적용되었음을 유추할 수 있다. 2열의 도형을 이용해 제시된 도형의 규칙을 파악해 보자.

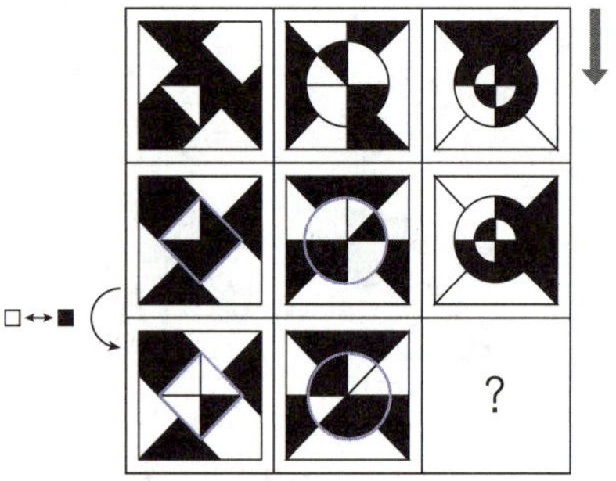

우선 1행 2열과 2행 2열의 도형을 비교해 보자.

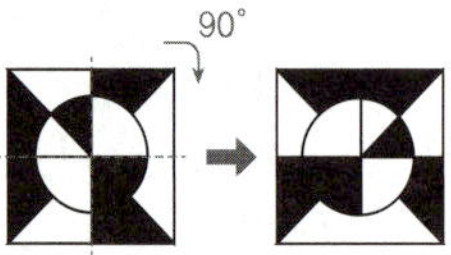

[1행 2열] [2행 2열]

2행 2열의 도형은 1행 2열의 도형을 시계 방향으로 90도 회전한 형태이다.

2행 2열의 도형을 색상 반전한 후 3행 2열의 도형과 비교해 보자.

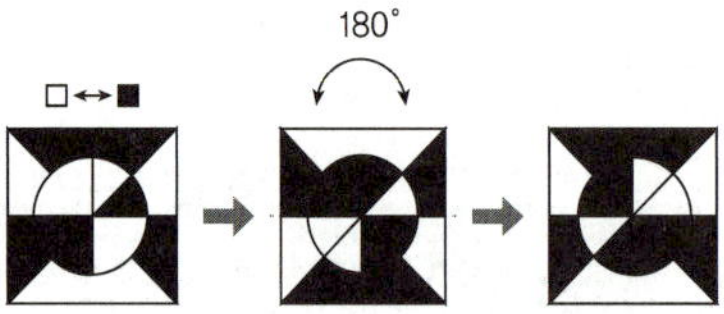

[2행 2열] [3행 2열]

3행 2열의 도형은 2행 2열의 도형을 색상 반전한 후 180도 회전한 형태이다.

즉, 각 열에서 2행에 제시된 도형은 1행에 제시된 도형을 시계 방향으로 90도 회전한 형태이고, 3행에 제시된 도형은 2행에 제시된 도형을 색상 반전한 후 180도 회전한 형태이다.

위에서 구한 규칙을 1열의 도형에서 확인해 보면 규칙이 성립함을 알 수 있다.

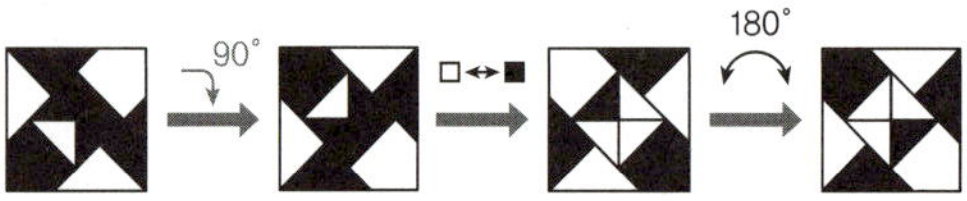

[1행 1열] [2행 1열] [3행 1열]

1행 3열과 2행 3열의 도형을 이용해 ?에 들어갈 도형을 추리해 보자.

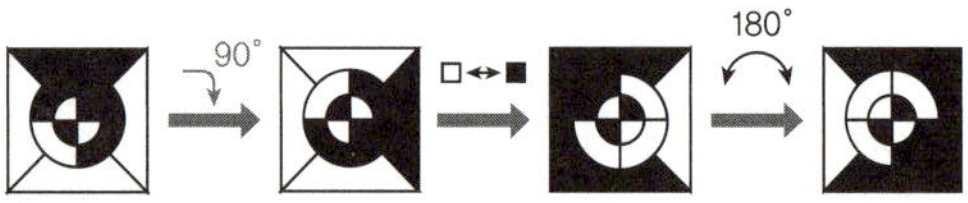

[1행 3열] [2행 3열] [3행 3열]

따라서 ?에 들어갈 도형으로 알맞은 것은 ①이다.

20 정답 ⑤

난이도 ●●○

도형추리 – 박스형 문제

제시된 도형을 보면 가로 방향, 세로 방향 모두 유사한 패턴이 보이지 않는다. 이런 경우에는 가로, 세로 방향에 얽매이는 것이 아닌 유사한 패턴끼리 묶어 규칙을 확인하는 것이 좋다.

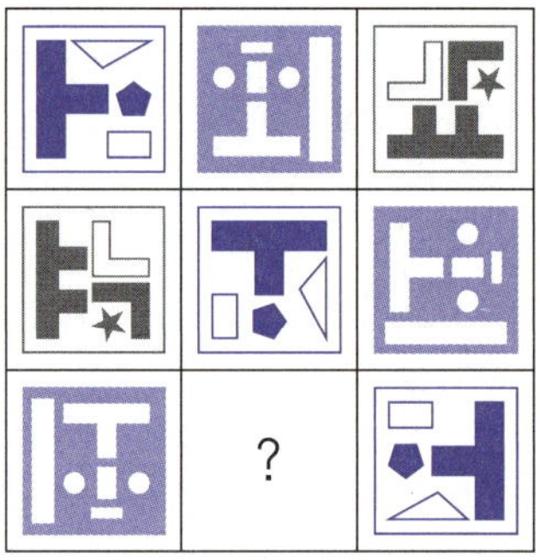

위의 그림은 유사한 패턴을 같은 색으로 묶어서 나타낸 것이다. 패턴의 이동을 살펴보면 왼쪽 위에서 오른쪽 아래 방향으로 이동하며 맨 오른쪽에 더 이상 이동할 공간이 없을 경우 가장 왼쪽으로 이동하는 것을 확인할 수 있다.

같은 색상으로 묶인 패턴의 변형 규칙을 빨간색으로 표시한 도형을 이용해 추리해 보자.

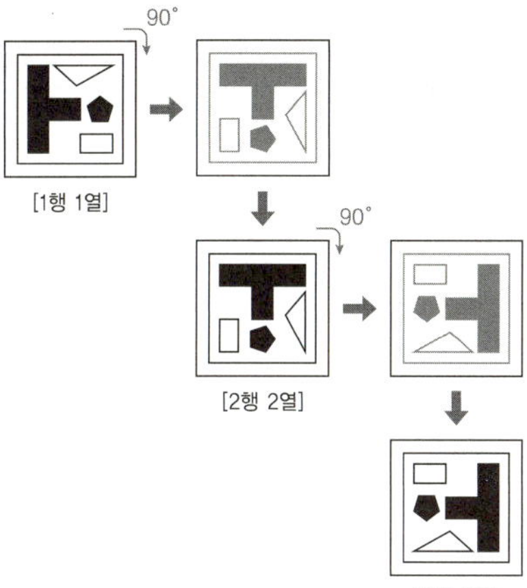

2행 2열의 도형은 1행 1열의 도형을 시계 방향으로 90도 회전한 형태이고, 3행 3열의 도형은 2행 2열의 도형을 다시 시계 방향으로 90도 회전한 형태이다. 즉, 같은 색으로 표현한 i+1행 j+1열의 도형은 i행 j열의 도형을 시계 방향으로 90도 회전한 형태이다. (단, i, j=1, 2, 3이며 4행은 1행으로 간주한다.)
위에서 구한 규칙을 1행 2열, 2행 3열, 3행 1열의 도형을 이용하여 확인해 보면 규칙이 성립함을 알 수 있다.

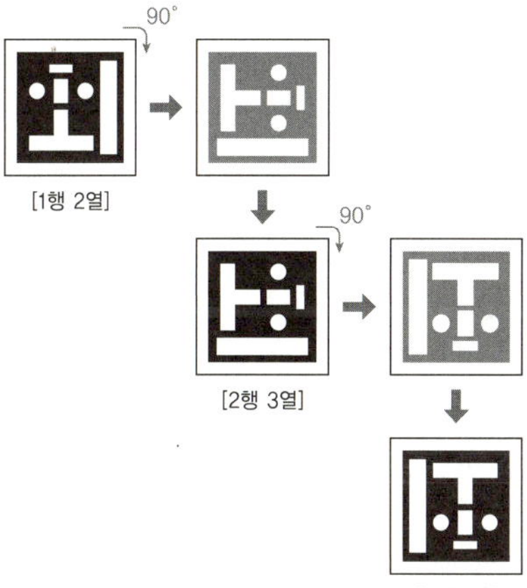

2행 1열의 도형을 이용해 ?에 들어갈 도형을 추리해 보자.

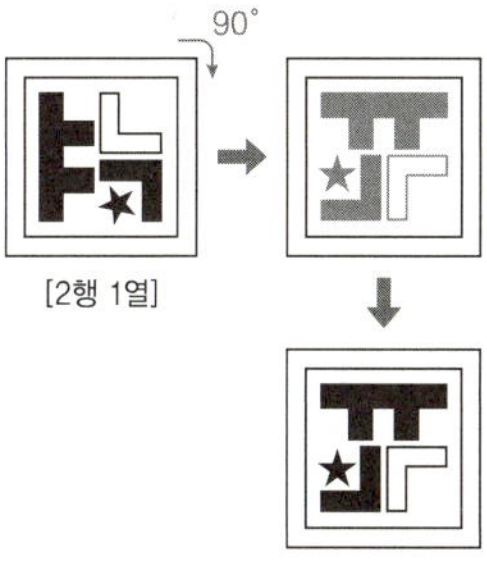

따라서 ?에 들어갈 도형으로 알맞은 것은 ⑤이다.

유형❸ 도식추리

[01~04]

규칙 파악 TIP

(1) 제시된 도식 중 한 종류의 기호가 적용된 문자, 숫자 배열을 살펴본 후 자리 이동 규칙이 적용되었는지, 연산 규칙이 적용되었는지 파악한다. 이때, 규칙 적용 전·후의 문자·숫자는 변함이 없고 순서의 변화만 있다면 자리 이동 규칙이 적용됨을 유추할 수 있고, 규칙 적용 전·후의 문자·숫자가 바뀌었다면 연산 규칙이 적용됨을 유추할 수 있다.

◎ 기호의 경우 문자와 숫자가 바뀌었으므로 연산 규칙이 적용됨을 유추할 수 있다.

F	Q	I	3	→	◎	→	G	R	J	4
6	17	9	3				7	18	10	4
							+1	+1	+1	+1

→ ◎: (+1, +1, +1, +1)

(2) 제시된 도식 중 두 종류의 기호가 적용된 문자, 숫자 배열에서 먼저 구한 기호의 규칙을 이용해 나머지 기호의 규칙을 파악한다.

BGQM → ◎ → (A) → ♡ → RNCH

(i) BGQM에 연산 규칙 ◎를 적용해 (A)에 들어갈 문자·숫자 배열을 구하고 ♡의 규칙을 파악한다.

					(+1, +1, +1, +1)					
B	G	Q	M	→	◎	→	C	H	R	N
2	7	17	13				3	4	18	14

→ (A): CHRN

(ii) CHRN과 RNCH를 비교하면 문자·숫자의 종류는 변하지 않았으므로 ♡는 자리 이동 규칙임을 유추할 수 있다.

C	H	R	N	→	♡	→	R	N	C	H
1	2	3	4				3	4	1	2

→ ♡: (3412)

Q3FI → ♡ → (B) → ♤ → FQI3

(i) Q3FI에 자리 이동 규칙 ♡를 적용해 (B)에 들어갈 문자·숫자 배열을 구하고 ♤의 규칙

을 파악한다.

(3412)
Q 3 F I → ♡ → F I Q 3

→ (B): FIQ3

(ii) FIQ3과 FQI3을 비교하면 문자·숫자의 종류는 변하지 않았으므로 ♤는 자리 이동 규칙임을 유추할 수 있다.

F	I	Q	3	→ ♤ →	F	Q	I	3
1	2	3	4		1	3	2	4

→ ♤: (1324)

(3) 제시된 도식 중 세 종류의 기호가 적용된 문자, 숫자 배열에서 먼저 구한 기호의 규칙을 이용해 나머지 기호의 규칙을 파악한다.

> LS75 → ☆ → (C) → ♤ → ♡ → S5N9

(i) S5N9에 자리 이동 규칙 ♡와 ♤를 역방향으로 순서대로 적용해 (C)에 들어갈 문자·숫자 배열을 구하고 ☆의 규칙을 파악한다.

S	5	N	9	(3412) → (1234)	N	9	S	5
3	4	1	2	→ ♡(역) →	1	2	3	4

N	9	S	5	(1324) → (1234)	N	S	9	5
1	3	2	4	→ ♤(역) →	1	2	3	4

→ (C): NS95

(ii) LS75와 NS95를 비교하면 첫 번째 자리의 문자와 세 번째 자리의 숫자가 바뀌었으므로 ☆은 연산 규칙임을 유추할 수 있다.

L	S	7	5	→ ☆ →	N	S	9	5
12	19	7	5		14	19	9	5
					+2	0	+2	0

→ ☆: (+2, 0, +2, 0)

[규칙]

- ♡: 첫 번째 문자(숫자)와 세 번째 문자(숫자)의 자리를 서로 바꾸고, 두 번째 문자(숫자)와 네 번째 문자(숫자)의 자리를 서로 바꾼다.
  예 abcd (1234) → cdab (3412)
  참고 각 숫자는 배열에서 해당 문자(숫자)의 위치를 의미한다.
- ☆: 문자와 숫자 순서에 따라 첫 번째, 세 번째 문자(숫자)를 다음 두 번째 순서에 오는 문자(숫자)로 변경한다.
  예 abcd → cbed (a+2, b, c+2, d)
  참고 +2는 2만큼 뒤에 있는 문자(숫자)를 의미한다.
- ♤: 두 번째 문자(숫자)와 세 번째 문자(숫자)의 자리를 서로 바꾼다.
  예 abcd (1234) → acbd(1324)
  참고 각 숫자는 배열에서 해당 문자(숫자)의 위치를 의미한다.
- ◎: 문자와 숫자 순서에 따라 각 자리(문자)를 바로 다음 순서에 오는 문자(숫자)로 변경한다.
  예 abcd → bcde (a+1, b+1, c+1, d+1)
  참고 +1은 1만큼 뒤에 있는 문자(숫자)를 의미한다.

01 정답 ① 난이도 ●●●

도식추리 - 특정 기호의 규칙을 적용했을 때 나오는 문자나 숫자를 고르는 문제

각 기호의 규칙을 차례로 적용하여 답을 구한다.

- ◎: 연산 규칙 (+1, +1, +1, +1)
- ♡: 자리 이동 규칙 (1234) → (3412)

(+1, +1, +1, +1) (3412)
7846 → ◎ → 8957 → ♡ → 5789

따라서 정답은 ①이다.

합격자의 시간단축 Tip

문제에 제시된 자리 이동 규칙은 ♡: (3412)이다. 제시된 선지의 문자·숫자 배열을 (첫 번째, 두 번째), (세 번째, 네 번째)의 두 묶음으로 나누어 살펴보면 다섯 개의 선지 모두 겹치는 묶음이 없음을 확인할 수 있다. 따라서 첫 번째, 두 번째 자리 또는 세 번째, 네 번째 자리만 계산해 시간을 단축한다.

(1) 첫 번째, 두 번째 자리만 계산하는 경우

(+1, +1, +1, +1) (3412)
78□□ → ◎ → 89□□ → ♡ → □□89

(2) 세 번째, 네 번째 자리만 계산하는 경우

(+1, +1, +1, +1) (3412)
□□46 → ◎ → □□57 → ♡ → 57□□

따라서 정답은 ①이다.

02 정답 ③ 난이도 ●●●

도식추리-특정 기호의 규칙을 적용했을 때 나오는 문자나 숫자를 고르는 문제

각 기호의 규칙을 차례로 적용하여 답을 구한다.

- ☆: 연산 규칙 (+2, 0, +2, 0)
- ♡: 자리 이동 규칙 (1234) → (3412)
- ♤: 자리 이동 규칙 (1234) → (1324)

(+2, 0, +2, 0) (3412) (1324)

KCNU → ☆ → MCPU → ♡ → PUMC → ♤ → PMUC

따라서 정답은 ③이다.

합격자의 시간단축 Tip

각 선지의 문자를 확인해 보면 4개의 문자가 모두 일치하는 선지가 없다. 따라서 처음 제시된 연산 규칙인 ☆만 적용하면 뒤에 제시되는 자리 이동 규칙으로는 문자가 변하지 않으므로 정답을 유추할 수 있다. 이때, 연산 규칙 ☆은 두 번째, 네 번째 순서에 나오는 문자에 영향을 주지 않는다.

(+2, 0, +2, 0)

□C□U → ☆ → □C□U

그러므로 두 번째, 네 번째 순서에 있는 C와 U가 정답에 포함되어 있어야 한다. 따라서 정답은 C와 U가 포함된 ③이다.

만약 C와 U가 있는 선지가 여러 개라면 다른 문자를 이어서 구한다.

03 정답 ④ 난이도 ●●●

도식추리-특정 기호의 규칙을 적용했을 때 나오는 문자나 숫자를 고르는 문제

각 기호의 규칙을 차례로 적용하여 답을 구한다.

- ☆: 연산 규칙 (+2, 0, +2, 0)
- ◎: 연산 규칙 (+1, +1, +1, +1)

해당 문제에서 구해야 하는 것은 두 가지의 규칙을 적용하기 전의 문자·숫자 배열이다.

(+2, 0, +2, 0) (+1, +1, +1, +1)

? → ☆ → □ → ◎ → 9NMI

즉, 두 가지 규칙을 적용 후 도출된 9NMI에 역방향으로 규칙을 적용해 풀어야 한다.

(−1, −1, −1, −1) (−2, 0, −2 ,0)

9NMI → ◎(역) → 8MLH → ☆(역) → 6MJH

따라서 정답은 ④이다.

합격자의 시간단축 Tip

적용되는 규칙 2개가 모두 연산 규칙이므로 제시된 연산 규칙을 먼저 한 번에 계산한다. 연산 규칙인 ☆: (+2, 0, +2, 0), ◎: (+1, +1, +1, +1)을 한 번에 적용하면 ☆◎: (+3, +1, +3, +1)이다. 이때 선지의 첫 번째 순서의 문자(숫자)와 두 번째 순서의 문자(숫자)를 살펴보면 다섯 개의 선지 모두 겹치는 문자(숫자)가 없음을 확인할 수 있다. 따라서 9N□□에 역방향으로 규칙을 적용해 답을 찾을 수 있다. 역방향으로 규칙을 적용 시에는 (−3, −1, −3, −1)이 적용된다.

9 N □ □ → (−3, −1, −3, −1) → 6 M □ □

9 14 ☆◎(역) 6 13

따라서 정답은 첫 번째 순서와 두 번째 순서가 각각 6, M인 ④이다.

04 정답 ② 난이도 ●●●

도식추리-특정 기호의 규칙을 적용했을 때 나오는 문자나 숫자를 고르는 문제

각 기호의 규칙을 차례로 적용하여 답을 구한다.

- ◎: 연산 규칙 (+1, +1, +1, +1)
- ♤: 자리 이동 규칙 (1234) → (1324)
- ☆: 연산 규칙 (+2, 0, +2, 0)

해당 문제에서 구해야 하는 것은 세 가지 규칙을 적용하기 전의 문자·숫자 배열이다.

(+1, +1, +1, +1) (1324) (+2, 0, +2, 0)

? → ◎ → □ → ♤ → □ → ☆ → 46TE

즉, 세 가지 규칙을 적용 후 도출된 46TE에 규칙을 역방향으로 적용해 풀어야 한다.

(−2, 0, −2, 0) (1324) → (1234) (−1, −1, −1, −1)

46TE → ☆(역) → 26RE → ♤(역) → 2R6E → ◎(역) → 1Q5D

따라서 정답은 ②다.

합격자의 시간단축 Tip

Tip ❶ 제시된 선지의 첫 번째 문자(숫자)와 네 번째 문자(숫자)를 살펴보면 다섯 개의 선지 모두 겹치는 문자가 없음을 확인할 수 있다. 따라서 첫 번째, 네 번째 자리만 계산해 시간을 단축한다. 문제에 제시된 규칙 중 자리 이동 규칙 ♤은 첫 번째, 네 번째 자리의 위치는 변하지 않으므로, 첫 번째, 네 번째 자리에 두 개의 연산 규칙을 역방향으로 적용한다.

연산 규칙인 ☆: (+2, 0, +2, 0), ◎: (+1, +1, +1, +1)을 한 번에 적용하면 ☆◎: (+3, +1, +3, +1)이다. 이때, 구하는 값은 이를 역방향으로 적용해야 하므로 규칙 적용 시 (−3, −1, −3, −1)이다.

4 □ □ E → (-3, -1, -3, -1) → 1 □ □ D
4 5 ☆◎(역) 1 4

따라서 정답은 첫 번째 순서가 1, 네 번째 순서가 D인 ②다.

* 두 연산 규칙 사이에 자리 이동 규칙이 있다면 연산 규칙을 합쳐서 사용할 수 없다. 그러나 해당 문제처럼 자리 이동 규칙에 영향을 받지 않는 순서에 한하여 연산 규칙을 합쳐 적용할 수 있다.

Tip ❷ 선지들의 숫자 배열이 모두 다르므로 상대적으로 계산하기 쉬운 숫자만 계산해서 풀어도 된다.

(−2, 0, −2, 0)
4 6 □ □ → ☆(역) → 2 6 □ □

(1324) → (1234)
26□□ → ♤(역) → 2□6□

(−1, −1, −1, −1)
2 □ 6 □ → ◎(역) → 1 □ 5 □

따라서 정답은 첫 번째 순서와 세 번째 순서가 각각 1, 5인 ②다.

[05~08]

규칙 파악 TIP

(1) 제시된 도식 중 한 종류의 기호가 적용된 문자, 숫자 배열을 살펴본 후 자리 이동 규칙이 적용되었는지, 연산 규칙이 적용되었는지 파악한다. 이때 규칙 적용 전·후의 문자·숫자는 변함이 없고 순서의 변화만 있다면 자리 이동 규칙이 적용됨을 유추할 수 있고, 규칙 적용 전·후의 문자·숫자가 바뀌었다면 연산 규칙이 적용됨을 유추할 수 있다.

△, ♧ 기호는 값의 문자·숫자의 변화 없이 순서만 변경되었으므로 자리 이동 규칙이, ◎ 기호는 문자와 숫자가 바뀌었으므로 연산 규칙이 적용됨을 유추할 수 있다.

① 자리 이동 규칙

6 C S I → △ → 6 I C S
1 2 3 4 1 4 2 3

→ △: (1423)

5 2 G P → ♧ → 5 P G 2
1 2 3 4 1 4 3 2

→ ♧: (1432)

② 연산 규칙

5 P G 2 → ◎ → 5 R G 4
5 16 7 2 5 18 7 4
0 +2 0 +2

→ ◎: (0, +2, 0, +2)

(2) 제시된 도식 중 세 종류의 기호가 적용된 문자, 숫자 배열에서 먼저 구한 기호의 규칙을 이용해 나머지 기호의 규칙을 파악한다.

VO4B → △ → ♧ → (A) → ◇ → U3NA

(ⅰ) VO4B에 자리 이동 규칙 △와 ♧를 순서대로 적용해 (A)에 들어갈 문자·숫자 배열을 구하고 ◇의 규칙을 파악한다.

(1423) (1432)
VO4B → △ → VBO4 → ♧ → V4OB
→ (A): V4OB

(ⅱ) V4OB와 U3NA를 비교하면 문자·숫자가 바뀌었으므로 ◇은 연산 규칙임을 유추할 수 있다.

V 4 O B → ◇ → U 3 N A
22 4 15 2 21 3 14 1
−1 −1 −1 −1

→ ◇: (−1, −1, −1, −1)

[규칙]

- △: 두 번째 문자(숫자)를 세 번째 자리로, 세 번째 문자(숫자)를 네 번째 자리로, 네 번째 문자(숫자)를 두 번째 자리로 이동한다.
  예 abcd (1234) → adbc (1423)
  참고 각 숫자는 배열에서 해당 문자(숫자)의 위치를 의미한다.

• ♤: 두 번째 문자(숫자)와 네 번째 문자(숫자)의 자리를 서로 바꾼다.
예 abcd (1234) → adcb (1432)
참고 각 숫자는 배열에서 해당 문자(숫자)의 위치를 의미한다.
• ◎: 문자와 숫자 순서에 따라 두 번째, 네 번째 문자(숫자)를 다음 두 번째 순서에 오는 문자(숫자)로 변경한다.
예 abcd → adcf (a, b+2, c, d+2)
참고 +2는 2만큼 뒤에 있는 문자(숫자)를 의미한다.
• ◇: 문자와 숫자의 순서에 따라 각 자리의 문자(숫자)를 바로 이전 순서에 오는 문자(숫자)로 변경한다.
예 abcd → zabc (a−1, b−1, c−1, d−1)
참고 −1은 1만큼 앞에 있는 문자(숫자)를 의미한다.

05 정답 ①

난이도 ●●●

도식추리 – 특정 기호의 규칙을 적용했을 때 나오는 문자나 숫자를 고르는 문제

각 기호의 규칙을 차례로 적용하여 답을 구한다.
• △: 자리 이동 규칙 (1234) → (1423)
• ◎: 연산 규칙 (0, +2, 0, +2)

(1423) (0, +2, 0, +2)
5372 → △ → 5237 → ◎ → 5439

따라서 정답은 ①이다.

합격자의 시간단축 Tip

문제에 제시된 연산 규칙은 첫 번째, 세 번째 자리의 숫자에 영향을 주지 않는다. 제시된 선지의 첫 번째 자리의 숫자와 세 번째 자리의 숫자를 살펴보면 다섯 개의 선지 모두 겹치는 숫자가 없음을 확인할 수 있다. 따라서 처음 제시된 자리 이동 규칙 △만 적용해 첫 번째, 세 번째 자리의 숫자를 확인하면 답을 고를 수 있다.

(1423)
5372 → △ → 5237

따라서 정답은 첫 번째, 세 번째 자리의 숫자가 5, 3인 ①이다.

06 정답 ④

난이도 ●●●

도식추리 – 특정 기호의 규칙을 적용했을 때 나오는 문자나 숫자를 고르는 문제

각 기호의 규칙을 차례로 적용하여 답을 구한다.
• ◇: 연산 규칙 (−1, −1, −1, −1)
• ◎: 연산 규칙 (0, +2, 0, +2)
• △: 자리 이동 규칙 (1234) → (1423)

(-1, -1, -1, -1) (0, +2, 0, +2) (1423)
D38T → ◇ → C27S → ◎ → C47U → △ → CU47

따라서 정답은 ④이다.

합격자의 시간단축 Tip

Tip ① 연산 규칙 2개를 연달아 적용하므로 해당 연산을 합치는 것이 가능하다. 따라서 제시된 연산 규칙을 한 번에 계산한 후 과정을 줄인다.
연산 규칙인 ◇: (−1, −1, −1, −1), ◎: (0, +2, 0, +2)를 한 번에 적용하면 ◇◎: (−1, +1, −1, +1)이다.

D 3 8 T → (-1, +1, -1, +1) → C 4 7 U
4 3 8 20 ◇◎ 3 4 7 21

(1423)
C47U → △ → CU47

따라서 정답은 ④이다.

Tip ② 연산 규칙인 ◇: (−1, −1, −1, −1)을 우선 적용해 보자.

D 3 8 T → (-1, -1, -1, -1) → C 2 7 S
4 3 8 20 ◇ 3 2 7 19

연산 규칙 ◎: (0, +2, 0, +2)는 첫 번째, 세 번째 순서에 영향을 주지 않는다. 첫 번째, 세 번째 순서에 자리 이동 규칙 △를 작용하면 첫 번째 순서의 문자(숫자)는 이동하지 않고, 세 번째 순서의 문자(숫자)는 네 번째 순서로 이동한다.
선지를 살펴보면 첫 번째 순서와 네 번째 순서의 문자·숫자는 모두 같지 않으므로 위에서 구한 C27S에 자리 이동 규칙 △을 적용해 첫 번째 순서와 네 번째 순서에 오는 문자(숫자)를 확인해 답을 고른다.

C □ 7 □ → (1423) → C □ □ 7
1 2 3 4 △ 1 4 2 3

따라서 정답은 첫 번째 순서와 네 번째 순서의 문자(숫자)가 각각 C, 7인 ④이다.

07 정답 ③ 난이도 ●●●

도식추리 - 특정 기호의 규칙을 적용했을 때 나오는 문자나 숫자를 고르는 문제

각 기호의 규칙을 차례로 적용하여 답을 구한다.

- ♧: 자리 이동 규칙 (1234) → (1432)
- ◇: 연산 규칙 (−1, −1, −1, −1)

해당 문제에서 구해야 하는 것은 두 가지 규칙을 적용하기 전의 문자·숫자 배열이다.

(1432) (-1, -1, -1, -1)

[?] → ♧ → [ ] → ◇ → DPWL

즉, 두 가지 규칙을 적용 후 도출된 DPWL에 규칙을 역방향으로 적용해 풀어야 한다.

DPWL → ◇(역) (+1, +1, +1, +1) → EQXM → ♧(역) (1432) → (1234) → [EMXQ]

따라서 정답은 ③이다.

합격자의 시간단축 Tip

문제에 제시된 자리 이동 규칙 ♧는 첫 번째, 세 번째 자리에 있는 문자의 위치에 영향을 주지 않는다. 따라서 문제의 맨 마지막에 도출된 DPWL에 연산 규칙 ◇을 역방향으로 적용한 뒤 나오는 첫 번째, 세 번째 자리에 있는 문자를 확인하면 답을 고를 수 있다.

D	□	W	□	→ (+1, +1, +1, +1) →	E	□	X	□
4		23		◇(역)	5		24	

따라서 정답은 첫 번째, 세 번째 문자가 E, X인 ③이다.

* 선지의 세 번째 순서의 문자가 모두 다르므로, 세 번째 순서의 문자만 확인해도 답을 찾을 수 있다.

08 정답 ② 난이도 ●●●

도식추리 - 특정 기호의 규칙을 적용했을 때 나오는 문자나 숫자를 고르는 문제

각 기호의 규칙을 차례로 적용하여 답을 구한다.

- ◎: 연산 규칙 (0, +2, 0, +2)
- ♧: 자리 이동 규칙 (1234) → (1432)
- △: 연산 규칙 (+3, +3, +3, +3)

해당 문제에서는 구해야 하는 것은 세 가지 규칙을 적용하기 전의 문자·숫자 배열이다.

(0, +2, 0, +2) (1432) (1423)

[?] → ◎ → [ ] → ♧ → [ ] → △ → K59E

즉, 세 가지 규칙을 적용 후 도출된 K59E에 규칙을 역방향으로 적용해 풀어야 한다.

K59E → △(역) (1423) → (1234) → K9E5 → ♧(역) (1432) → (1234) → K5E9 → ◎(역) (0, -2, 0, -2) → [K3E7]

따라서 정답은 ②다.

합격자의 시간단축 Tip

Tip ❶ 우선 문제에서 맨 마지막에 도출된 K59E에 규칙 △를 역방향으로 적용하자.

K	5	9	E	→ (1423) → (1234) →	K	9	E	5
1	4	2	3	△(역)	1	2	3	4

이때, 자리 이동 규칙인 ♧와 연산 규칙인 ◎은 첫 번째, 세 번째 자리의 문자에 영향을 주지 않으므로 첫 번째, 세 번째 자리는 K, E임을 알 수 있다. 즉, 선지 ③, ④, ⑤는 제거한다. 나머지 선지 ①, ②에서 두 번째, 네 번째 자리의 숫자의 종류가 다르므로 순서 상관없이 연산만 역방향으로 적용해도 답을 찾을 수 있다. 따라서 9와 5에 각각 2를 빼면 7, 3이므로 정답은 ②이다.

Tip ❷ 선지를 살펴보면, 문자열에 포함된 숫자의 위치와 종류가 일치하는 경우가 없다. 따라서 비교적 계산이 쉬운 숫자에만 규칙 적용을 해도 답을 찾을 수 있다.

① K**7**E**1** ② K**3**E**7** ③ KG**51** ④ J**7**D**3** ⑤ J**6**D**2**

□	5	9	□	→ (1423) → (1234) →	□	9	□	5
1	4	2	3	△(역)	1	2	3	4

□	9	□	5	→ (1432) → (1234) →	□	5	□	9
1	4	3	2	♧(역)	1	2	3	4

□	5	□	9	→ (0, -2, 0, -2) →	□	3	□	7
				◎(역)				

따라서 정답은 두 번째 순서와 네 번째 순서의 숫자가 각각 3, 7인 ②이다.

[09~12]

규칙 파악 TIP

(1) 제시된 도식 중 한 종류의 기호가 적용된 문자, 숫자 배열을 살펴본 후 자리 이동 규칙이 적용되었는지, 연산 규칙이 적용되었는지 파악한다. 이때, 규칙 적용 전·후의 문자·숫자는 변함이 없고 순서의 변화만 있다면 자리 이동 규칙이 적용됨을 유추할 수 있고, 규칙 적용 전·후의 문자·숫자가 바뀌었다면 연산 규칙이 적용됨을 유추할 수 있다.

> ◆ 기호는 문자·숫자의 변화 없이 순서만 변경되었으므로 자리 이동 규칙임을 유추할 수 있다.
>
> E N 4 H → ◆ → H 4 N E
> 1 2 3 4 　　　 4 3 2 1
>
> → ◆: (4321)

(2) 제시된 도식 중 두 종류의 기호가 적용된 문자, 숫자 배열에서 먼저 구한 기호의 규칙을 이용해 나머지 기호의 규칙을 파악한다.

> T63C → ◆ → (A) → ▶ → D37T

(i) T63C에 자리 이동 규칙 ◆를 적용해 (A)에 들어갈 문자·숫자 배열을 구하고 ▶의 규칙을 파악한다.

(4321)
T63C → ◆ → C36T

→ (A): C36T

(ii) C36T와 D37T를 비교하면 첫 번째 자리의 문자와 세 번째 자리의 숫자가 바뀌었으므로 ▶은 연산 규칙임을 유추할 수 있다.

C	3	6	T	→ ▶ →	D	3	7	T
3	3	6	20		4	3	7	20
					+1	0	+1	0

→ ▶: (+1, 0, +1, 0)

> GPV5 → ▶ → (B) → ● → PH5W

(i) GPV5에 연산 규칙 ▶를 적용해 (B)에 들어갈 문자·숫자 배열을 구하고 ●의 규칙을 파악한다.

(+1, 0, +1, 0)

G	P	V	5	→ ▶ →	H	P	W	5
7	16	22	5		8	16	23	5

→ (B): HPW5

(ii) HPW5와 PH5W를 비교하면 문자·숫자의 종류는 변하지 않았으므로 ●는 자리 이동 규칙임을 유추할 수 있다.

H	P	W	5	→ ● →	P	H	5	W
1	2	3	4		2	1	4	3

→ ●: (2143)

> H4NE → ● → (C) → ♥ → 4FEL

(i) H4NE에 자리 이동 규칙 ●를 적용해 (C)에 들어갈 문자·숫자 배열을 구하고 ♥의 규칙을 파악한다.

(2143)
H4NE → ● → 4HEN

→ (C): 4HEN

(ii) 4HEN과 4FEL을 비교하면 두 번째 자리의 문자와 네 번째 자리의 숫자가 바뀌었으므로 ♥는 연산 규칙임을 유추할 수 있다.

4	H	E	N	→ ♥ →	4	F	E	L
4	8	5	14		4	6	5	12
					0	-2	0	-2

→ ♥: (0, -2, 0, -2)

[규칙]

- ◆: 문자(숫자)의 전체 자리를 역순으로 바꾼다.
  예 abcd (1234) → dcba (4321)
  참고 각 숫자는 배열에서 해당 문자(숫자)의 위치를 의미한다.
- ▶: 문자와 숫자 순서에 따라 첫 번째, 세 번째 문자(숫자)를 바로 다음 순서에 오는 문자(숫자)로 변경한다.
  예 abcd → bbdd (a+1, b, c+1, d)
  참고 +1은 1만큼 뒤에 있는 문자(숫자)를 의미한다.
- ●: 첫 번째, 두 번째 문자(숫자)의 자리를 서로 바꾸고, 세 번째, 네 번째 문자(숫자)의 자리를 서로 바꾼다.
  예 abcd (1234) → badc (2143)
  참고 각 숫자는 배열에서 해당 문자(숫자)의 위치를 의미한다.

- ♥: 문자와 숫자 순서에 따라 두 번째, 네 번째 문자(숫자)를 이전 두 번째 순서에 오는 문자(숫자)로 변경한다.
  예 abcd → azcb (a, b−2, c, d−2)
  참고 −2는 2만큼 앞에 있는 문자(숫자)를 의미한다.

09 정답 ⑤ 난이도 ●●●

도식추리 – 특정 기호의 규칙을 적용했을 때 나오는 문자나 숫자를 고르는 문제

각 기호의 규칙을 차례로 적용하여 답을 구한다.

- ●: 자리 이동 규칙 (1234) → (2143)
- ▶: 연산 규칙 (+1, 0, +1, 0)

(2143) (+1, 0, +1, 0)

1594 → ● → 5149 → ▶ → 6159

따라서 정답은 ⑤이다.

합격자의 시간단축 Tip

Tip ❶ 문제에 제시된 연산 규칙인 ▶은 두 번째, 네 번째 숫자에 영향을 주지 않는다. 또한, 다섯 개의 선지에 제시된 두 번째와 네 번째 숫자의 조합이 모두 다르므로, 자리 이동 규칙인 ●을 적용한 후 나오는 두 번째, 네 번째 자리의 숫자를 확인하면 답을 고를 수 있다.

(2143)

1594 → ● → 5149

(+1, 0, +1, 0)

□1□9 → ▶ → □1□9

따라서 정답은 두 번째, 네 번째 자리의 숫자가 1, 9인 ⑤이다.

Tip ❷ 다섯 개의 선지를 보면 세 번째와 네 번째 수의 배열이 모두 다름을 확인할 수 있다. 그리고 문제에서 처음 제시된 자리 이동 규칙인 ●는 세 번째, 네 번째 숫자의 위치를 서로 바꾸므로 세 번째, 네 번째 숫자에만 규칙을 적용하면 답을 찾을 수 있다.

(2143)

□□94 → ● → □□49

(+1, 0, +1, 0)

□□49 → ▶ → □□59

따라서 정답은 세 번째, 네 번째 자리의 숫자가 5, 9인 ⑤이다.

10 정답 ② 난이도 ●●●

도식추리 – 특정 기호의 규칙을 적용했을 때 나오는 문자나 숫자를 고르는 문제

각 기호의 규칙을 차례로 적용하여 답을 구한다.

- ●: 자리 이동 규칙 (1234) → (2143)
- ♥: 연산 규칙 (0, −2, 0, −2)
- ▶: 연산 규칙 (+1, 0, +1, 0)

(2143) (0, −2, 0, −2) (+1, 0, +1, 0)

DYKA → ● → YDAK → ♥ → YBAI → ▶ → ZBBI

따라서 정답은 ②다.

합격자의 시간단축 Tip

제시된 연산 규칙 ♥와 ▶이 연달아 적용되므로 이 두 연산 규칙을 먼저 한 번에 계산한 후 과정을 줄인다. 연산 규칙인 ♥: (0, −2, 0, −2), ▶: (+1, 0, +1, 0)을 한 번에 적용하면 ♥▶: (+1, −2, +1, −2)이다. 문제에 처음으로 제시된 규칙 ●: (2143)은 첫 번째, 두 번째 순서를 서로 바꾸고 세 번째, 네 번째 순서를 서로 바꾸는 규칙이다. 다섯 개의 선지의 첫 번째, 두 번째 순서의 문자 배열은 모두 다르므로 첫 번째, 두 번째 문자만 확인하면 답을 고를 수 있다.

(2143)

DY□□ → ● → YD□□

Y D □ □ → (+1, −2, +1, −2) → Z B □ □
25 4 ♥▶ 26 2

이때, 각 문자의 연산을 처리하기 위해서 각 문자의 전후 알파벳 순서를 미리 파악하여 메모해두면 실수를 줄일 수 있다. 예를 들어,

B	C	D
2	3	4

X	Y	Z
24	25	26

따라서 정답은 첫 번째, 두 번째 자리의 문자가 Z, B인 ②이다.

* 선지의 세 번째, 네 번째에 오는 문자도 모두 다르므로 세 번째와 네 번째의 문자로 확인해도 무방하다. 또한, 선지의 두 번째에 오는 문자가 모두 다름을 이용하여 두 번째의 문자만 확인하여 계산과정을 더 줄일 수도 있다.

11 정답 ⑤ 난이도 ●○○

도식추리 - 특정 기호의 규칙을 적용했을 때 나오는 문자나 숫자를 고르는 문제

각 기호의 규칙을 차례로 적용하여 답을 구한다.

- ♥: 연산 규칙 (0, −2, 0, −2)
- ◆: 자리 이동 규칙 (1234) → (4321)

해당 문제에서 구해야 하는 것은 두 가지 규칙을 적용하기 전의 문자·숫자 배열이다.

(0, −2, 0, −2) (4321)

? → ♥ → □ → ◆ → PJ1C

두 가지 규칙을 적용 후 도출된 PJ1C에 규칙을 역방향으로 적용해 풀어야 한다.

PJ1C → ◆(역) [(4321) → (1234)] → C1JP → ♥(역) [(0, +2, 0, +2)] → C3JR

따라서 정답은 ⑤이다.

* P를 기준으로 2만큼 뒤에 있는 문자를 구해야 하므로 아래의 표처럼 P를 기준으로 숫자를 매겨 1+2=3에 해당하는 값을 구한다.

P	Q	R
1	2	3

합격자의 시간단축 Tip

PJ1C에 자리 이동 규칙 ◆을 역방향으로 적용하면 다음과 같다. 이때, ◆ 기호가 나타내는 규칙이 (4321) 즉, 문자·숫자를 역순으로 다시 배열하는 규칙이므로 반대로 적용해도 똑같은 규칙이 된다.

P J 1 C → (4321) → (1234) → C 1 J P
4 3 2 1 ◆(역) 1 2 3 4

연산 규칙 ♥는 첫 번째, 세 번째 순서에 있는 문자·숫자에 영향을 주지 않고 선지의 첫 번째, 세 번째 문자·숫자의 배열이 모두 다르므로 이를 확인하면 답을 찾을 수 있다.

C □ J □ → (0, +2, 0, +2) → C □ J □
♥(역)

따라서 정답은 첫 번째, 세 번째 문자가 C, J인 ⑤이다.

12 정답 ① 난이도 ●○○

도식추리 - 특정 기호의 규칙을 적용했을 때 나오는 문자나 숫자를 고르는 문제

각 기호의 규칙을 차례로 적용하여 답을 구한다.

- ♥: 연산 규칙 (0, −2, 0, −2)
- ●: 자리 이동 규칙 (1234) → (2143)
- ◆: 자리 이동 규칙 (1234) → (4321)

해당 문제에서 구해야 하는 것은 세 가지 규칙을 적용하기 전의 문자·숫자 배열이다.

(0, −2, 0, −2) (2143) (4321)

? → ♥ → □ → ● → □ → ◆ → O2L5

즉, 세 가지 규칙을 적용 후 도출한 O2L5에 규칙을 역방향으로 적용해 풀어야 한다.

O2L5 → ◆(역) [(4321) → (1234)] → 5L2O → ●(역) [(2143) → (1234)] → L5O2 → ♥(역) [(0, +2, 0, +2)] → L7O4

따라서 정답은 ①이다.

* 자리 이동 규칙을 역방향으로 적용할 때 서로 위치를 바꾸는 경우는 역방향으로 적용해도 같다는 점을 이용하면 쉽다. 예를 들어 ● 기호의 규칙 (2143)은 첫 번째 순서와 두 번째 순서, 그리고 세 번째 순서와 네 번째 순서를 서로 바꾸는 규칙이다. 이를 역방향으로 적용해도 첫 번째 순서와 두 번째 순서, 세 번째 순서와 네 번째 순서를 서로 바꾸는 것은 변하지 않으므로 ● 규칙을 역방향으로 적용해도 (2143)으로 일치하게 된다.

합격자의 시간단축 Tip

Tip ① 문제에 제시된 연산 규칙인 ♥는 첫 번째, 세 번째 문자·숫자에 영향을 주지 않는다. 또한, 선지의 첫 번째, 세 번째 문자의 배열이 모두 다르므로 자리 이동 규칙 두 가지를 역방향으로 적용한 뒤 나오는 첫 번째, 세 번째 문자만을 확인해도 답을 고를 수 있다.

O 2 L 5 → (4321) → (1234) → 5 L 2 O
4 3 2 1 ◆(역) 1 2 3 4

5 L 2 O → (2143) → (1234) → L 5 O 2
2 1 4 3 ●(역) 1 2 3 4

L □ O □ → (0, +2, 0, +2) → L □ O □
♥(역)

따라서 정답은 첫 번째, 세 번째 문자가 L, O인 ①이다.

Tip ❷ 선지를 살펴보면, 문자열에 포함된 숫자의 위치와 종류가 일치하는 경우가 없다. 따라서 비교적 계산이 쉬운 숫자에만 규칙 적용을 해도 답을 찾을 수 있다.

□ 2 □ 5 → (4321) → (1234) → 5 □ 2 □
4 3 2 1 ◆(역) 1 2 3 4

5 □ 2 □ → (2143) → (1234) → □ 5 □ 2
2 1 4 3 ●(역) 1 2 3 4

□ 5 □ 2 → (0, +2, 0, +2) → □ 7 □ 4
♥(역)

따라서 정답은 두 번째, 네 번째 순서의 숫자가 각각 7, 4인 ①이다.

[13~16]

규칙 파악 TIP

제시된 도식 중 한 종류의 기호가 적용된 문자, 숫자 배열은 없으므로, 두 종류의 기호가 적용된 문자, 숫자 배열을 살펴본 후 규칙을 유추해야 한다.

(1) 15FT → ◐ → ♠ → I84W

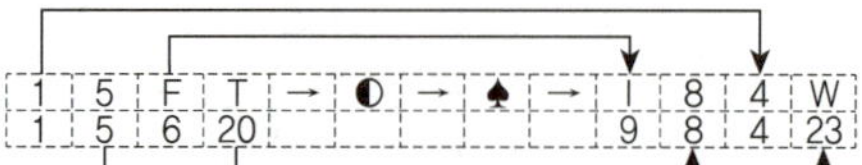

두 기호를 적용하기 전, 후의 문자 순서 변화(알파벳 숫자 차이)와 숫자 차이를 고려해 [적용 전, 적용 후]로 문자·숫자를 묶어 규칙을 추리해 보자.
적용 전의 숫자는 1, 5이고 적용 후의 숫자는 8, 4이므로 1 → 4, 5 → 8로 나누어 생각한다면 3씩 증가하였다고 유추할 수 있다. 적용 전·후의 문자를 살펴보면 적용 전의 문자는 F(6), T(20)이고 적용 후의 문자는 I(9), W(23)이므로 문자 역시 3씩 증가하였음을 알 수 있다. 즉, [1, 4], [5, 8], [F(6), I(9)], [T(20), W(23)] 네 묶음으로 나누면 모두 적용 전 숫자(문자 순서)에 3을 더하면 적용 후 숫자(문자 순서)가 된다. 따라서 규칙 ◐, ♠ 중 하나는 모든 자리가 3씩 증가하는 (+3, +3, +3, +3)의 연산 규칙임을 유추할 수 있다.
네 묶음의 위치 변화를 살펴보면 [5, 8], [T(20), W(23)]의 위치는 변화가 없으며, [1, 4], [F(6), I(9)]의 위치는 변화되었다. (1 ↔ 3) 즉, 규칙 ◐, ♠ 중 하나는 첫 번째와 세 번째 자리를 뒤바꾸는 (3214)의 자리 이동 규칙임을 유추할 수 있다.

＊숫자와 문자의 순서가 변경되었다는 것을 통해 자리 이동 규칙이 적용되어 있음을 유추할 수 있으며, 숫자와 문자의 값이 모두 바뀐 것으로 보아 모든 문자에 연산 규칙이 포함되어 있음을 유추할 수 있다. 즉, 두 종류의 규칙이 적용되었으므로 둘 중 하나는 연산 규칙, 다른 하나는 자리 이동 규칙임을 알 수 있다.

(2) NCXK → ♠ → ◈ → VELM

N C X K → ♠ → ◈ → V E L M
14 3 24 11 22 5 12 13

(1)과 (2)는 기호 ♠가 공통으로 적용되었다. ♠가 연산 규칙 (+3, +3, +3, +3), 자리 이동 규칙 (3214) 중 하나임을 고려했을 때, 두 기호를 적용하기 전과 후 숫자(문자 순서)의 차가 3인 경우가 존재하지 않으므로 ♠는 연산 규칙(+3, +3, +3, +3)이 될 수 없고 자리 이동 규칙 (3214)임을 유추할 수 있다. 또한, 규칙 적용 후 값이 바뀌었으므로 자연스럽게 ◈의 규칙은 연산 규칙임을 알 수 있다.

(3214)
NCXK → ♠ → XCNK

X C N K → ◈ → V E L M
24 3 14 11 22 5 12 13
−2 +2 −2 +2

→ ◈: (−2, +2, −2, +2)
♠: (3214)
◐: (+3, +3, +3, +3)

(3) A3UE → ★ → (A) → ◈ → CC1W

(ⅰ) CC1W에 연산 규칙 ◈를 역방향으로 적용해 (A)에 들어갈 문자·숫자 배열을 구하고 ★의 규칙을 파악한다.

C C 1 W → (+2, −2, +2, −2) → E A 3 U
3 3 1 23 5 1 3 21

→ (A): EA3U

(ⅱ) A3UE와 EA3U를 비교하면 문자·숫자의 종류는 변하지 않았으므로 ★은 자리 이동 규칙임을 유추할 수 있다.

A 3 U E → ★ → E A 3 U
1 2 3 4 4 1 2 3

→ ★: (4123)

[규칙]

- ◐: 문자와 숫자 순서에 따라 각 자리의 문자(숫자)를 다음 세 번째 순서에 오는 문자(숫자)로 변경한다.
  예 abcd → defg (a+3, b+3, c+3, d+3)
  참고 +3은 3만큼 뒤에 있는 문자(숫자)를 의미한다.
- ★: 첫 번째 문자(숫자)를 두 번째 자리로, 두 번째 문자(숫자)를 세 번째 자리로, 세 번째 문자(숫자)를 네 번째 자리로, 네 번째 문자(숫자)를 첫 번째 자리로 변경한다.
  예 abcd (1234) → dabc (4123)
  참고 각 숫자는 배열에서 해당 문자(숫자)의 위치를 의미한다.
- ◈: 문자와 숫자 순서에 따라 첫 번째, 세 번째 문자(숫자)를 이전 두 번째 순서에 오는 문자(숫자)로, 두 번째, 네 번째 문자(숫자)를 다음 두 번째 순서에 오는 문자(숫자)로 변경한다.
  예 abcd → ydaf (a−2, b+2, c−2, d+2)
  참고 −2는 2만큼 앞에 있는 문자(숫자)를 의미하며, +2는 2만큼 뒤에 있는 문자(숫자)를 의미한다.
- ♠: 첫 번째 문자(숫자)와 세 번째 문자(숫자)의 자리를 서로 바꾼다.
  예 abcd (1234) → cbad (3214)
  참고 각 숫자는 배열에서 해당 문자(숫자)의 위치를 의미한다.

13 정답 ③ 난이도 ●○○

도식추리 - 특정 기호의 규칙을 적용했을 때 나오는 문자나 숫자를 고르는 문제

각 기호의 규칙을 차례로 적용하여 답을 구한다.

- ♠: 자리 이동 규칙 (1234) → (3214)
- ◐: 연산 규칙 (+3, +3, +3, +3)

(3214) (+3, +3, +3, +3)
IQDM → ♠ → DQIM → ◐ → GTLP

따라서 정답은 ③이다.

합격자의 시간단축 Tip

Tip ❶ 문제에 제시된 자리 이동 규칙 ♠는 두 번째, 네 번째 순서에 있는 문자에 영향을 주지 않는다. 또한, 선지에서 두 번째와 네 번째에 오는 문자의 배열이 모두 다르므로 두 번째, 네 번째 순서에 있는 문자에 연산 규칙을 적용한 뒤 나오는 결과를 확인해 답을 고를 수 있다.

(+3, +3, +3, +3)
□ Q □ M → ◐ → □ T □ P
17 13 20 16

따라서 정답은 두 번째, 네 번째 문자가 T, P인 ③이다.

Tip ❷ 다섯 개의 선지에 있는 문자의 종류가 모두 다르므로, 문자의 종류를 확인하여 답을 고를 수 있다. 문제에 제시된 자리 이동 규칙 ♠: (3214)는 문자의 종류에 영향을 주지 않고, 연산 규칙 ◐: (+3, +3, +3, +3)은 모든 문자를 다음 세 번째 오는 문자로 변경한다. 따라서 자리 이동 규칙 ♠: (3214)를 고려하지 않고 연산 규칙 ◐(+3, +3, +3, +3)만 적용하여 문자의 종류만 찾아도 정답을 구할 수 있다.

(+3, +3, +3, +3)
I Q D M → ◐ → L T G P
9 17 4 13 12 20 7 16

따라서 정답은 L, T, G, P가 모두 포함된 ③이다.

Tip ❸ 다섯 개의 선지에 있는 첫 번째, 두 번째 자리에 있는 문자가 모두 다르므로 첫 번째, 두 번째 자리의 문자에만 규칙을 적용하여 나오는 결과를 확인해 답을 고를 수 있다.

(3214) (+3, +3, +3, +3)
IQDM → ♠ → DQ□□ → ◐ → GT□□

따라서 첫 번째 문자가 G, 두 번째 문자가 T인 ③이다.

14 정답 ④ 난이도 ●○○

도식추리 - 특정 기호의 규칙을 적용했을 때 나오는 문자나 숫자를 고르는 문제

각 기호의 규칙을 차례로 적용하여 답을 구한다.

- ◈: 연산 규칙 (−2, +2, −2, +2)
- ★: 자리 이동 규칙 (1234) → (4123)
- ♠: 자리 이동 규칙 (1234) → (3214)

(−2, +2, −2, +2) (4123) (3214)
375K → ◈ → 193M → ★ → M193 → ♠ → 91M3

따라서 정답은 ④이다.

합격자의 시간단축 Tip

각 선지의 숫자를 확인해 보면 3개의 숫자가 모두 겹치는 선지가 없다. 자리 이동 규칙으로는 숫자의 값이 변하지 않고, 연산 규칙은 ◈ 뿐이므로 문제에 맨 처음 제시된 연산 규칙 ◈을 숫자에만 적용한 후 결과를 확인하면 답을 고를 수 있다.

3 7 5 □ → ◈ (−2, +2, −2, +2) → 1 9 3 □

따라서 정답은 1, 9, 3이 모두 포함된 ④이다.

15 정답 ⑤ 난이도 ●●●

도식추리 - 특정 기호의 규칙을 적용했을 때 나오는 문자나 숫자를 고르는 문제

각 기호의 규칙을 차례로 적용하여 답을 구한다.

- ◈: 연산 규칙 (−2, +2, −2, +2)
- ♠: 자리 이동 규칙 (1234) → (3214)

해당 문제에서 구해야 하는 것은 두 가지 규칙을 적용하기 전의 문자·숫자 배열이다.

[?] → ◈ (−2, +2, −2, +2) → [ ] → ♠ (3214) → 4776

즉, 두 가지 규칙을 적용 후 도출된 4776에 규칙을 역방향으로 적용해 풀어야 한다.

4776 → ♠(역) (3214)→(1234) → 7746 → ◈(역) (+2, −2, +2, −2) → [9564]

따라서 정답은 ⑤이다.

합격자의 시간단축 Tip

Tip ❶ 문제에 제시된 자리 이동 규칙 ♠는 두 번째, 네 번째 순서에 있는 숫자 배열 순서에 영향을 주지 않는다. 그리고 선지 중 두 번째, 네 번째 순서에 있는 숫자는 모두 같지 않다.

① 2545 ② 6989
③ 9294 ④ 2956
⑤ 9564

즉, 두 번째, 네 번째 순서에 있는 숫자만 확인해도 답을 찾을 수 있으므로, 연산 규칙을 역방향으로 적용한 뒤 나오는 결과를 확인해 보자.

□ 7 □ 6 → (+2, −2, +2, −2) ◈(역) → □ 5 □ 4

따라서 정답은 두 번째, 네 번째 숫자가 5, 4인 ⑤이다.

Tip ❷ 선지 중 세 번째 순서에 있는 숫자는 모두 같지 않다.

① 2545 ② 6989
③ 9294 ④ 2956
⑤ 9564

즉, 세 번째 자리의 숫자만 구하면 정답을 유추할 수 있다. 자리 이동 규칙 ♠는 첫 번째와 세 번째의 위치를 바꾸는 규칙이고 이는 역방향으로 적용해도 동일하다. 따라서 첫 번째에 오는 수가 세 번째로 오게 되므로 이를 이용하자.

4776 → ♠(역) (3214) → (1234) → 7746

7746 → ◈(역) (+2, −2, +2, −2) → 9564

따라서 정답은 세 번째 수가 6인 ⑤이다.

16 정답 ③ 난이도 ●●●

도식추리 - 특정 기호의 규칙을 적용했을 때 나오는 문자나 숫자를 고르는 문제

각 기호의 규칙을 차례로 적용하여 답을 구한다.

- ◐: 연산 규칙 (+3, +3, +3, +3)
- ★: 자리 이동 규칙 (1234) → (4123)
- ◈: 연산 규칙 (−2, +2, −2, +2)

해당 문제에서 구해야 하는 것은 세 가지 규칙을 적용하기 전의 문자·숫자 배열이다.

[?] → ◐ (+3, +3, +3, +3) → [ ] → ★ (4123) → [ ] → ◈ (−2, +2, −2, +2) → 3LSF

즉, 세 가지 규칙을 적용 후 도출된 3LSF에 규칙을 역방향으로 적용해 풀어야 한다.

3LSF → ◈(역) (+2, −2, +2, −2) → 5JUD → ★(역) (4123) → (1234) → JUD5 → ◐(역) (−3, −3, −3, −3) → [GRA2]

따라서 정답은 ③이다.

합격자의 시간단축 Tip

선지에 제시된 숫자를 확인해 보면 모두 다름을 알 수 있다. 숫자에만 규칙 ◈를 역방향으로 적용해 보자.

3 □ □ □ → (+2, -2, +2, -2) → 5 □ □ □
◈(역)

연산 규칙 ◐는 문자·숫자 순서에 상관없이 각 자리의 숫자에 모두 3을 더하는 규칙이다. 즉, 자리 이동 규칙을 적용하지 않고 연산 규칙 ◐를 역방향으로 적용해 숫자만 확인해도 답을 찾을 수 있다.
연산 규칙 ◐를 역방향으로 적용하면 각 자리의 숫자에 모두 3을 빼면 된다.
따라서 정답은 5−3=2가 있는 ③이다.

[17~20]

규칙 파악 TIP

(1) 제시된 도식 중 한 종류의 기호가 적용된 문자, 숫자 배열을 살펴본 후 자리 이동 규칙이 적용되었는지, 연산 규칙이 적용되었는지 파악한다. 이때, 규칙 적용 전·후의 문자·숫자는 변함이 없고 순서의 변화만 있다면 자리 이동 규칙이 적용됨을 유추할 수 있고, 규칙 적용 전·후의 문자·숫자가 바뀌었다면 연산 규칙이 적용됨을 유추할 수 있다.

▽ 기호의 경우 문자와 숫자가 바뀌었으므로 연산 규칙이 적용됨을 유추할 수 있다.

N	4	B	T	→	▽	→	O	5	E	W
14	4	2	20				15	5	5	23
							+1	+1	+3	+3

→ ▽: (+1, +1, +3, +3)

(2) 제시된 도식 중 두 종류의 기호가 적용된 문자, 숫자 배열에서 먼저 구한 기호의 규칙을 이용해 나머지 기호의 규칙을 파악한다.

P3WO → ○ → (A) → ▽ → P6YT

(ⅰ) P6YT에 연산 규칙 ▽을 역방향으로 적용해 (A)에 들어갈 문자·숫자 배열을 구하고, ○의 규칙을 파악한다.

P	6	Y	T	→ (-1, -1, -3, -3) →	O	5	V	Q
16	6	25	20	▽(역)	15	5	22	17

→ (A): O5VQ

(ⅱ) P3WO와 O5VQ를 비교하면 문자·숫자가 바뀌었으므로 ○는 연산 규칙임을 유추할 수 있다. 기호 ○의 규칙을 파악하기 위해 문자에 숫자를 매겨 비교해 보자.

P	3	W	O	→	○	→	O	5	V	Q
16	3	23	15				15	5	22	17
							−1	+2	−1	+2

→ ○: (−1, +2, −1, +2)

L45H → ▽ → (B) → ☆ → K85M

(ⅰ) L45H에 연산 규칙 ▽을 적용해 (B)에 들어갈 문자·숫자 배열을 구하고, ☆의 규칙을 파악한다.

(+1, +1, +3, +3)

L	4	5	H	→	▽	→	M	5	8	K
12	4	5	8				13	5	8	11

→ (B): M58K

(ⅱ) M58K와 K85M을 비교하면 문자·숫자의 종류는 변하지 않았으므로 ☆는 자리 이동 규칙임을 유추할 수 있다.

M	5	8	K	→	☆	→	K	8	5	M
1	2	3	4				4	3	2	1

→ ☆: (4321)

QCY6 → ○ → (C) → ♤ → 8XPE

(ⅰ) QCY6에 연산 규칙 ○을 적용해 (C)에 들어갈 문자·숫자 배열을 구하고, ♤의 규칙을 파악한다.

(−1, +2, −1, +2)

Q	C	Y	6	→	○	→	P	E	X	8
17	3	25	6				16	5	24	8

→ (C): PEX8

(ⅱ) PEX8과 8XPE를 비교하면 문자·숫자의 종류는 변하지 않았으므로 ♤는 자리 이동 규칙임을 유추할 수 있다.

P	E	X	8	→	♤	→	8	X	P	E
1	2	3	4				4	3	1	2

→ ♤: (4312)

[규칙]

- ○: 문자와 숫자 순서에 따라 첫 번째, 세 번째 문자(숫자)를 바로 이전 순서에 오는 문자(숫자)로, 두 번째 네 번째 문자(숫자)를 다음 두 번째 순서에 오는 문자(숫자)로 변경한다.
  예 abcd → zdbf (a−1, b+2, c−1, d+2)
  참고 −1은 1만큼 앞에 있는 문자(숫자)를 의미하며, +2는 2만큼 뒤에 있는 문자(숫자)를 의미한다.
- ♤: 첫 번째 문자(숫자)를 세 번째 자리로, 두 번째 문자(숫자)를 네 번째 자리로, 세 번째 문자(숫자)를 두 번째 자리로, 네 번째 문자(숫자)를 첫 번째 자리로 이동한다.
  예 abcd (1234) → dcab (4312)
  참고 각 숫자는 배열에서 해당 문자(숫자)의 위치를 의미한다.
- ▽: 문자와 숫자 순서에 따라 첫 번째, 두 번째 문자(숫자)를 바로 다음 순서에 오는 문자(숫자)로, 세 번째, 네 번째 문자(숫자)를 다음 세 번째 순서에 오는 문자(숫자)로 변경한다.
  예 abcd → bcfg (a+1, b+1, c+3, d+3)
  참고 +1은 1만큼 뒤에 있는 문자(숫자)를 의미하며, +3은 3만큼 뒤에 있는 문자(숫자)를 의미한다.
- ☆: 문자(숫자)의 전체 자리를 역순으로 바꾼다.
  예 abcd (1234) → dcba (4321)
  참고 각 숫자는 배열에서 해당 문자(숫자)의 위치를 의미한다.

17 정답 ②

난이도 ●○○

도식추리 - 특정 기호의 규칙을 적용했을 때 나오는 문자나 숫자를 고르는 문제

각 기호의 규칙을 차례로 적용하여 답을 구한다.
- ♤: 자리 이동 규칙 (1234) → (4312)
- ○: 연산 규칙 (−1, +2, −1, +2)

FRAK → ♤ (4312) → KAFR → ○ (−1, +2, −1, +2) → JCET

따라서 정답은 ②이다.

합격자의 시간단축 Tip

문제에 제시된 자리 이동 규칙인 ♤: (4312)을 적용하면 아래와 같다.

FRAK → ♤ (4312) → KAFR

이때, 선지의 첫 번째, 세 번째 문자의 종류는 모두 다름을 확인할 수 있다.

① LYGP ② JCET
③ LCSH ④ JYDP
⑤ ZMET

즉, 첫 번째, 세 번째 문자에만 연산 규칙 ○: (−1, +2, −1, +2)를 적용해도 답을 찾을 수 있다.

K□F□ → ○ (−1, +2, −1, +2) → J□E□

따라서 정답은 첫 번째, 세 번째 자리의 문자가 J, E인 ②이다.

18 정답 ②

난이도 ●○○

도식추리 - 특정 기호의 규칙을 적용했을 때 나오는 문자나 숫자를 고르는 문제

각 기호의 규칙을 차례로 적용하여 답을 구한다.
- ▽: 연산 규칙 (+1, +1, +3, +3)
- ♤: 자리 이동 규칙 (1234) → (4312)
- ☆: 자리 이동 규칙 (1234) → (4321)

OY65 → ▽ (+1, +1, +3, +3) → PZ98 → ♤ (4312) → 89PZ → ☆ (4321) → ZP98

따라서 정답은 ②이다.

합격자의 시간단축 Tip

Tip ❶ 문제에서 적용할 3개의 규칙 중 1개만 연산 규칙이다. 먼저 연산 규칙 ▽(+1, +1, +3, +3)을 적용하여 문자(숫자)의 종류를 확인하고 선지를 줄일 수 있다면 줄이도록 한다.

O	Y	6	5	→	▽ (+1, +1, +3, +3)	→	P	Z	9	8
15	25	6	5				16	26	9	8

이후에는 자리 이동 규칙 두 가지를 적용하므로 문자와 숫자의 종류는 변하지 않는다. 즉, 세 가지 규칙을 적용한 후 도출된 문자·숫자 배열은 P, Z, 9, 8로 이루어져 있음을 알 수 있다. 이때 선지 중 P, Z, 9, 8로 이루어진 선지는 하나밖에 없으므로 정답은 ②이다.

Tip ❷ 문자열에 포함된 숫자의 위치와 종류가 모두 일치하는 선지가 없으므로, 비교적 계산이 쉬운 숫자만 확인하여 답을 찾을 수 있다.

□ □ 6 5 → ▽ (+1, +1, +3, +3) → □ □ 9 8

□ □ 9 8 → (4312) → 8 9 □ □
1 2 3 4 4 3 1 2

8 9 □ □ → (4321) → □ □ 9 8
1 2 3 4 4 3 2 1

따라서 정답은 세 번째 순서와 네 번째 순서의 숫자가 각각 9, 8인 ②이다.

19 정답 ①

난이도 ●○○

도식추리 – 특정 기호의 규칙을 적용했을 때 나오는 문자나 숫자를 고르는 문제

각 기호의 규칙을 차례로 적용하여 답을 구한다.

- ☆: 자리 이동 규칙 (1234) → (4321)
- ▽: 연산 규칙 (+1, +1, +3, +3)

해당 문제에서 구해야 하는 것은 두 가지 규칙을 적용하기 전의 문자·숫자 배열이다.

(4321) (+1, +1, +3, +3)
[?] → ☆ → [ ] → ▽ → 4MRV

즉, 두 가지 규칙을 적용 후 도출된 4MRV에 규칙을 역방향으로 적용해 풀어야 한다.

(−1, −1, −3, −3) (4321) → (1234)
4MRV → ▽(역) → 3LOS → ☆(역) → [SOL3]

따라서 정답은 ①이다.

합격자의 시간단축 Tip

Tip ① 각 선지에 나오는 문자·숫자 종류는 모두 겹치지 않는다. 이때 자리 이동 규칙 ☆: (4321)은 문자의 종류에 영향을 끼치지 않으므로, 4MRV에 연산 규칙 ▽을 역방향으로 적용해 나오는 결과를 확인하면 답을 찾을 수 있다.

4 M R V → (−1, −1, −3, −3) ▽(역) → 3 L O S
4 13 18 22 3 12 15 19

따라서 정답은 3, L, O, S로 구성되어 있는 ①이다.

Tip ② 선지를 살펴보면 세 번째, 네 번째 자리에 있는 문자와 숫자가 모두 겹치지 않음을 확인할 수 있다.

① SO**L3** ② JO**U3**
③ SO**O5** ④ JO**Q5**
⑤ MI**J1**

이때, 제시된 자리 이동 규칙 ☆은 문자·숫자의 전체 자리를 역순으로 바꾸는 규칙이므로 역방향으로 적용해도 문자·숫자의 순서를 역순으로 바꾼다. 첫 번째, 두 번째 자리를 역순으로 재배열하면 네 번째, 세 번째 자리가 되므로 4MRV에서 4, M에만 규칙을 적용해도 답을 찾을 수 있다.

(−1, −1, −3, −3) (4321) → (1234)
4M□□ → ▽(역) → 3L□□ → ☆(역) → □□L3

따라서 정답은 세 번째 자리의 값의 L, 네 번째 자리의 값이 3인 ①이다.

20 정답 ⑤

난이도 ●○○

도식추리 – 특정 기호의 규칙을 적용했을 때 나오는 문자나 숫자를 고르는 문제

각 기호의 규칙을 차례로 적용하여 답을 구한다.

- ○: 연산 규칙 (−1, +2, −1, +2)
- ☆: 자리 이동 규칙 (1234) → (4321)
- ▽: 연산 규칙 (+1, +1, +3, +3)

해당 문제에서 구해야 하는 것은 세 가지 규칙을 적용하기 전의 문자·숫자 배열이다.

(−1, +2, −1, +2) (4321) (+1, +1, +3, +3)
[?] → ○ → [ ] → ☆ → [ ] → ▽ → 45GV

즉, 세 가지 규칙을 적용 후 도출된 45GV에 규칙을 역방향으로 적용해 풀어야 한다.

(−1, −1, −3, −3) (4321) → (1234) (+1, −2, +1, −2)
45GV → ▽(역) → 34DS → ☆(역) → SD43 → ○(역) → [TB51]

따라서 정답은 ⑤이다.

합격자의 시간단축 Tip

Tip ① 각 선지에 제시된 2개의 숫자는 모두 다르다. 즉, 문자보다 계산하기 쉬운 숫자만 역방향으로 규칙을 적용해 결과를 확인하면 답을 고를 수 있다.

4 5 □ □ → (−1, −1, −3, −3) ▽(역) → 3 4 □ □

3 4 □ □ → (4321) → (1234) ☆(역) → □ □ 4 3
4 3 2 1 1 2 3 4

□ □ 4 3 → (+1, −2, +1, −2) ○(역) → □ □ 5 1

따라서 정답은 세 번째, 네 번째 순서에 5, 1이 있는 ⑤이다.

Tip ❷ 같은 위치에 같은 숫자가 있는 선지가 없으므로, 하나의 숫자에만 규칙을 역방향으로 적용해도 답을 찾을 수 있다.

4 □ □ □ →(−1, −1, −3, −3)→ 3 □ □ □
▽(역)

3 □ □ □ → (4321)→(1234) → □ □ □ 3
4 3 2 1 ☆(역) 1 2 3 4

□ □ □ 3 →(+1, −2, +1, −2)→ □ □ □ 1
○(역)

따라서 정답은 네 번째 순서에 1이 있는 ⑤이다. 가능하다면 숫자를 하나만 확인하는 것이 시간을 단축하기에 좋은 방법이다.

유형❹ 문단배열

01 정답 ❹ 난이도 ●●●

문단배열-제시된 문단을 논리적 흐름에 따라 배열하는 문제

문제유형 비판적 사고 > 논리적 결론의 전제·원인 찾기

접근전략 문단 배열 순서의 문제는 주로 문단별 첫 문장과 마지막 문장을 결정적 근거로 삼아 풀 수 있다. 이때, 1) 첫 문단은 넓은 범위의 이야기에서 좁은 범위로 좁혀간다는 점 2) 접속사, 대명사를 유의해야 한다는 점 3) 앞 문단의 후반부 내용과 다음 문단의 첫 문장의 연관성 등을 이용해 각 순서를 판단할 수 있다. 또한, 다음에 올 문단을 선택할 때마다 선지로 돌아가 당장 정답을 선택할 수 있는지 확인하면 시간을 크게 단축할 수 있다.

다음 문단을 논리적 순서대로 알맞게 배열한 것을 고르시오.

(가) (1)간헐적 단식은 일정 기간 동안 음식을 먹지 않다가 정해진 시간에만 식사를 하는 방식이다. (2)이 식습관은 음식 섭취 시간을 제한함으로써 체중 감량과 대사 건강 개선 등 신체에 다양한 긍정적인 영향을 줄 수 있다.

(나) (1)한편 간헐적 단식과 케톤식(Ketogenic Diet)을 헷갈려하는 사람도 있다. (2)케톤식은 탄수화물을 극도로 제한하고 지방을 주 에너지원으로 사용하는 방식이다. (3)두 식단 모두 체중 감량과 대사 건강에 도움이 되지만, 간헐적 단식은 시간 제한을 두는 반면, 케톤식은 식품의 종류와 비율을 제한한다는 차이점이 있다.

(다) (1)실제로 간헐적 단식을 실천하는 사람들은 16시간 단식, 8시간 식사(16/8) 방법을 많이 사용한다. (2)예를 들어, 오후 12시에서 저녁 8시 사이에만 식사하고, 그 외의 시간에는 물이나 무가당 음료만 섭취하는 방식이다. (3)이러한 방식은 체내 인슐린 수치를 안정시키는 데 도움을 줄 수 있다.

(라) (1)최근에는 건강에 관한 관심이 높아지면서 다양한 식습관이 등장하게 되었다. (2)그중 간헐적 단식은 2010년대 후반에 많은 인기를 얻은 식습관의 한 형태이다.

① (가) − (다) − (나) − (라) ➜ (×)
② (가) − (라) − (다) − (나) ➜ (×)
③ (라) − (가) − (나) − (다) ➜ (×)
④ (라) − (가) − (다) − (나) ➜ (○)

(1) (가)~(라)의 중심 내용을 정리하면, (가)는 간헐적 단식의 정의와 효과, (나)는 케톤식과의 차이, (다)는 간헐적 단식 실천 방법, (라)는 간헐적 단식 등장 배경이라고 볼 수 있다. (가)~(라)를 글의 흐름에 적절하게 배열하면 다음과 같다.

(2) (라)에서는 간헐적 단식이 등장한 배경을 소개한다. 최근 높아진 건강에 대한 관심을 제기하며 그 모습 중 하나로 간헐적 단식이 등장한다. 나머지 문단들은 간헐적 단식에 대한 구체적인 내용을 다루고 있으므로 (라) 문단이 맨 앞에 오는 것이 적절하다.

(3) (라)의 말미에서 간헐적 단식이 제시됐으므로, 간헐적 단식에 관한 내용이 이어질 것을 유추할 수 있다. 간헐적 단식에 대한 정의를 설명한 (가) 문단이 그다음으로 오는 것이 자연스럽다.

(4) (다)에서는 간헐적 단식의 구체적인 실천 방식을 설명한다. (나) 문단은 '한편'으로 시작해 간헐적 단식과 케톤식을 비교하므로 (다) 문단이 (나) 문단 앞으로 와야 한다. (라) – (가) – (다)가 간헐적 단식에 대해 구체적으로 설명하기 때문에 (나) 문단에서 화제가 전환되어야 글의 구성이 맞다.
따라서 (라) – (가) – (다) – (나) 순이 적절하다.

⑤ (라) – (나) – (다) – (가) ➔ (×)

제시문 분석

제시문 (라) – 건강에 관한 관심 증가 및 간헐적 단식의 등장

다양한 식습관 등장
최근에는 건강에 관한 관심이 높아지면서 다양한 식습관이 등장하게 되었다.(1)

…

대표 예시	그중 간헐적 단식은 2010년대 후반에 많은 인기를 얻은 식습관의 한 형태이다.(2)

제시문 (가) – 간헐적 단식 정의 및 효과

정의
간헐적 단식은 일정 기간 동안 음식을 먹지 않다가 정해진 시간에만 식사를 하는 방식이다.(1)

효과
이 식습관은 음식 섭취 시간을 제한함으로써 체중 감량과 대사 건강 개선 등 신체에 다양한 긍정적인 영향을 줄 수 있다.(2)

제시문 (다) – 간헐적 단식의 실천 방식 및 효과

실천 방식
실제로 간헐적 단식을 실천하는 사람들은 16시간 단식, 8시간 식사(16/8) 방법을 많이 사용한다.(1)

…

대표 예시	오후 12시에서 저녁 8시 사이에만 식사하고, 그 외의 시간에는 물이나 무가당 음료만 섭취하는 방식이다.(2) 이러한 방식은 체내 인슐린 수치를 안정시키는 데 도움을 줄 수 있다.(3)

제시문 (나) – 간헐적 단식과 케톤식의 비교

간헐적 단식	⬌	케톤식
시간 제한을 둔다.(3)		케톤식은 탄수화물을 극도로 제한하고 지방을 주 에너지원으로 사용하는 방식이다.(2) 식품의 종류와 비율을 제한한다.(3)

합격자의 실전 풀이 순서

❶ 발문 제대로 읽기 및 문제 유형 파악
본 문제 유형은 문단 순서를 정하는 문제 유형이다. 문단의 순서를 알 수 있는 가장 결정적인 단서는 문단의 맨 첫 문장과 마지막 문장이다. 우선 각 문단 첫 문장을 읽어보며 처음에 올 만한 문단을 찾아본다. 그리고 순서를 하나씩 확정할 때마다 선지로 내려가 정답이 있는지를 확인하면 좋다.
해당 유형은 선지를 활용하여 처음에 올 문단을 예상하는 방식으로 시간을 단축할 수도 있다. 이후의 순서를 정할 때도 선지에서 제시하고 있는 순서를 검토하여 이를 선지 판단에 참고할 수 있다.

❷ 제시문 독해 및 선지 판단
(1) 우선 각 문단의 첫 문장을 읽어보는데 (나)의 경우는 '한편'이라는 표현이 사용되었으므로 첫 문단이 될 수 없다. 선지 구성을 살펴봤을 때 맨 처음이 (가)인 선지가 두 개, (라)인 선지가 세 개이므로 (가) 또는 (라)가 첫 문단으로 온다. (가)와 (라)의 첫 문장을 읽었을 때, (가)는 간헐적 단식의 정의, (라)는 최근 등장한 식습관에 대해 언급하고 있다. 보통 배경을 제시한 후 자세한 설명이 이어지므로 (라) 문단이 처음으로 오는 것이 적절하다.
(2) (라)의 다음 문단을 고르는 단서를 확보하기 위해 후반부 내용을 살펴보면 간헐적 단식이 새로운 식습관 중 한 형태임을 파악할 수 있다. 이후 간헐적 단식에 관한 내용이 이어질 것을 예측할 수 있다. 선지를 살펴보면 (라) – (가)인 선지가 2개, (라) – (나)가 1개이다.

(나) 문단의 경우, 간헐적 단식과 케톤식을 구분하는데, 간헐적 단식이 제시된 후 바로 간헐적 단식과 케톤식을 구분하는 건 어색하다. 또한 간헐적 단식에서만 설명하는 다른 문단들과 달리 케톤식을 설명하는 (나) 문단이 제일 마지막에 올 가능성이 크다. 반면에, (가)는 간헐적 단식의 정의를 제시하므로 (가)가 그다음 문단으로 오는 것이 자연스럽다.

(3) 그다음 문단을 골라야 하는데, (다) 문단이 간헐적 단식의 구체적인 방식을 언급하고 있으므로 (다) 문단이 오는 게 적절하다. 간헐적 단식을 파악한 후에 케톤식과 비교하며 마무리하도록 (나)가 마지막으로 오는 것이 적절하다.

결론적으로, 정답의 순서는 (라) – (가) – (다) – (나)임을 알 수 있다.

합격자의 시간단축 Tip

Tip ❶ 문단 순서 판단 문제의 결정적 근거 확보

문단의 순서를 판단하는 문제는 우선 첫 문장과 마지막 문장이 주요 근거가 되며 이들 안에 순서를 판단할 수 있는 결정적 요소들이 몇 개 있다. 이들을 대표적으로 몇 개 나열하면 다음과 같다.

(1) 첫 문단은 일반적으로 '넓은 범위'의 이야기에서 시작해서 '좁은 범위'의 이야기로 좁혀간다. 예를 들면 '넓은 범위'란 문제의 소재나 이슈, 소재의 통상적이고 일반적인 내용 등을 의미한다. '좁은 범위'란 소재의 종류, 특징 등 세부적인 내용을 말한다. 이를 통해 첫 문단을 결정할 때 첫 문장의 내용이 비교적 넓은 범위를 가진 것을 선택하면 정답일 확률이 매우 높다.
본 문제에서도 (라)의 경우 '다양한 식습관'이라는 넓은 범위의 소재와 다양한 식습관이 등장한 배경을 이야기하고 있다. 이에 제일 앞에 올 확률이 높다.

(2) 접속사에 주의하자. 접속사는 앞 문장과 뒤 문장 사이에 들어가 이들의 연결을 매끄럽게 해주는 역할을 하므로 이들을 통해 앞과 뒤 문장에 어떤 내용이 들어갈지 잘 파악할 수 있다. 예를 들어, '그러나'라는 접속사가 있다면 앞의 내용을 뒤집어 주는 접속사이기 때문에 이 접속사 앞과 뒤의 문장은 정반대여야 함을 알 수 있다. 접속사를 살펴보면 글의 구조를 빠르게 파악할 수 있으므로, 접속사를 적극적으로 활용하면 풀이 시간을 줄일 수 있다. 이 문제에서는 (나)에서 '한편'이라는 접속사로 화제가 전환되는 문단임을 표시하고 있다는 점을 활용할 수 있다.

(3) 대명사에 주의하자. 해당 문제에는 결정적 근거로 등장하지 않지만, 기본적으로 대명사는 앞에 이미 나온 것을 다시 한번 가리키는 것이므로 첫 문장에 이러한 대명사가 있다면 바로 앞 내용에 이에 대응하는 말이 분명히 있을 것이므로 이를 통해 순서 판단이 가능하다.

(4) 앞 문단의 후반부 내용과 연관성 정도를 통해 다음 문단을 판단할 수 있다. 제시문을 예로 들어 말하자면, (라)와 같이 앞 문단 후반부가 '간헐적 단식의 등장'에 관해 이야기했다면 다음 문단의 시작은 (가)와 같이 이와 밀접한 이야기로 시작할 가능성이 매우 크다.

(5) 사례에 주의하자. 보통 실생활 적용 사례, 해결 사례 등은 그 전에 설명이 있어야 나올 수 있다. 사례가 제시된 문단이 먼저 나오면 그 사례가 어떤 것에 관한 내용인지 설명해 줄 문단이 앞에 있을 가능성이 매우 크다.

(6) 레시피나 매뉴얼을 다루는 경우 논리적인 순서가 있을 수밖에 없다. 해당 문제는 등장 배경, 정의, 실천 방법, 다른 개념과의 비교가 제시되고 있어 반드시 특정한 논리적 순서가 존재한다고 할 수는 없다. 다만 일반적인 글쓰기라면 등장 배경–정의–실천 방법 순으로 제시될 것이며 다른 개념과의 비교는 내용을 구체적으로 살펴보아 순서를 정할 것이다.

Tip ❷ 선지의 적극적 활용 1

문단의 순서를 정하는 문제는 선지에서 이미 주어진 문단의 순서 중 타당한 것을 골라야 한다. 본 문제의 경우 그리 어렵지 않은 문제에 해당하지만, 난도가 높은 순서 결정 유형의 경우 선지에서 주어진 문단의 순서를 참고하는 것이 효과적이다. 예컨대 선지에서 첫 번째 순서로 나올 수 있는 문단으로 (가)와 (라)만을 제시하고 있는 경우 해당 두 문단만을 비교하여 빠르게 선지 소거가 가능하다. 혹은 다른 방법도 존재한다. 본 문제 선지의 구성을 보면 (라)–(가)로 시작하는 선지의 빈도가 제일 높다. 따라서 (라)–(가)를 먼저 읽는 방식을 활용해도 좋다. 본 방법의 경우 (라)–(가)가 참이라고 가정했을 때 부자연스러운지를 확인해서 선지를 소거하는 방식이다.

또한, 뒤에 올 문단 판단이 끝날 때마다 선지로 내려가 보자. 문제는 주관식이 아니라 객관식이므로 선지를 적극적으로 활용하면 좋기에 다음 내용 추측이 어렵다면 선지를 대입해보는 것도 좋다. 예를 들어 (라)–(가)임을 확인했다면 그다음 빈도수가 높은 (다)를 뒤에 넣어 자연스러움을 확인해보는 것이다.

Tip ③ 선지의 적극적 활용 2

꼭 처음부터 문단 순서를 정할 필요는 없다. 문단 간 선후 관계가 결정지어졌다면 선지를 활용해 정답 대상을 소거하는 방법도 있다.

예를 들어 본 문제에서는 (가)에서 '간헐적 단식'에 대한 정의와 내용이 있었다. 그리고 (다)의 경우에는 간헐적 단식을 실천하는 사람들에 관한 이야기가 진행되고 있다. 이를 통해 선후 관계가 (가)－(다)임을 알 수 있다. 이에 (가)보다 (다)가 앞에 나와 있는 ⑤번은 소거할 수 있다.

02 정답 ③ 난이도 ●●○

문단배열 – 제시된 문단을 논리적 흐름에 따라 배열하는 문제

문제유형 비판적 사고 > 논리적 결론의 전제·원인 찾기

접근전략 문단 배열 순서의 문제는 주로 문단별 첫 문장과 마지막 문장을 결정적 근거로 삼아 풀 수 있다. 이때, 1) 첫 문단은 넓은 범위의 이야기에서 좁은 범위로 좁혀간다는 점 2) 접속사, 대명사를 유의해야 한다는 점 3) 앞 문단의 후반부 내용과 다음 문단의 첫 문장의 연관성 등을 이용해 각 순서를 판단할 수 있다. 또한, 다음에 올 문단을 선택할 때마다 선지로 돌아가 당장 정답을 선택할 수 있는지 확인하면 시간을 크게 단축할 수 있다.

다음 문단을 논리적 순서대로 알맞게 배열한 것을 고르시오.

(가) (1)회전문의 축은 중심에 있다. 축을 중심으로 통상 네 짝의 문이 계속 돌게 되어 있다. (2)마치 계속 열려 있는 듯한 착각을 일으키지만, 사실은 네 짝의 문이 계속 안 또는 밖을 차단하도록 만든 것이다. (3)실질적으로는 열려 있는 순간 없이 계속 닫혀 있는 셈이다.

(나) (1)문은 열림과 닫힘을 위해 존재한다. (2)이 본연의 기능을 하지 못한다는 점에서 계속 닫혀 있는 문이 무의미하듯이, 계속 열려 있는 문 또한 그 존재 가치와 의미가 없다. (3)그런데 현대 사회의 문은 대부분의 경우 닫힌 구조로 사람들을 막고 있다. (4)따라서 사람들을 환대하는 것이 아니라 박대하고 있다고 할 수 있다. (5)그 대표적인 예가 회전문이다. 가만히 회전문의 구조와 그 기능을 머릿속에 그려보라. 그것이 어떤 식으로 열리고 닫히는지 알고는 놀랄 것이다.

(다) (1)회전문은 인간이 만들고 실용화한 문 가운데 가장 문명적이고 가장 발전된 형태로 보일지 모르지만, 사실상 열림을 가장한 닫힘의 연속이기 때문에 오히려 가장 야만적이며 가장 미개한 형태의 문이다.

(라) (1)또한, 회전문을 이용하는 사람들은 회전문의 구조와 운동 메커니즘에 맞추어야 실수 없이 문을 통과해 안으로 들어가거나 밖으로 나올 수 있다. (2)어린아이, 허약한 사람, 또는 민첩하지 못한 노인은 쉽게 그것에 맞출 수 없다. (3)더구나 휠체어를 탄 사람이라면 더 말할 나위도 없다. (4)이들에게 회전문은 문이 아니다. 실질적으로 닫혀 있는 기능만 하는 문은 문이 아니기 때문이다.

① (가) – (나) – (라) – (다) → (×)
② (가) – (라) – (나) – (다) → (×)
③ (나) – (가) – (라) – (다) → (○)

(1) (가)~(라)의 중심 내용을 정리하면, (가)는 회전문의 구조, (나)는 문의 의미 고찰과 현대 사회의 문에 대한 비판, (다)는 회전문의 야만성과 미개성, (라)는 회전문 이용의 불편함이라고 볼 수 있다. (가)~(라)를 글의 흐름에 적절하게 배열하면 다음과 같다.

(2) (나)에서는 문의 총체적 의미와 현대 사회 문에 대한 문제의식을 제기한다. 그 대표적인 예시로 회전문을 소개하며 소재의 범위를 좁히고 있다. 나머지 문단들은 전부 회전문이라는 구체화된 소재를 다루고 있으므로 (나) 문단이 글의 맨 앞에 오는 것이 적절하다.

(3) (나)의 말미에서 회전문의 구조와 그 기능을 생각해보라고 했으므로, 회전문의 닫힌 구조를 설명하는 (가)가 이어지는 것이 적절하다.

(4) (다)에서는 회전문이 야만적이고 미개하다고 결론지으며 회전문에 대한 비판의식을 강화하였다. 이는 (가)의 내용만으로 도출되기에는 부자연스럽다. 따라서 회전문의 구조는 사회적 약자가 이용하기 어렵게 만들어 문으로서의 존재가치를 상실했다는 내용의 (라)가 먼저 제시되면 자연스럽다.

따라서 (나) – (가) – (라) – (다) 순이 적절하다.

④ (나) – (다) – (라) – (가) → (×)
⑤ (다) – (가) – (라) – (나) → (×)

제시문 분석

제시문 (나)－문의 의미 고찰과 현대 사회의 문에 대한 비판

문의 존재 가치와 의미
문은 열림과 닫힘을 위해 존재한다.(1) 계속 닫혀 있는 문과 계속 열려 있는 문은 그 존재 가치와 의미가 없다.(2)

현대 사회의 문		문제의식
현대 사회의 문은 대부분의 경우 닫힌 구조로 사람들을 맞고 있다.(3)	→	따라서 사람들을 환대하는 것이 아니라 박대하고 있다고 할 수 있다.(4)

… | 대표 예시 | 회전문(5) |

제시문 (가)－회전문의 구조

회전문의 닫힌 구조		문의 기능을 상실한 회전문
회전문의 축은 중심에 있으며, 축을 중심으로 통상 네 짝의 문이 계속 돌게 되어있어, 네 짝의 문이 계속 안 또는 밖을 차단하고 있다.(1),(2)	→	실질적으로 열려 있는 순간 없이 계속 닫혀 있는 셈이다.(3)

제시문 (라)－회전문 이용의 불편함

원리		박대당하는 사회적약자		존재가치를 상실한 회전문
회전문의 구조와 운동 매커니즘에 맞추어야 실수 없이 문을 통과해 출입할 수 있다.(1)	→	어린아이, 허약한 사람, 민첩하지 못한 노인, 휠체어를 탄 사람은 쉽게 그것에 맞출 수 없다.(2),(3)	→	이들에게 회전문은 문이 아니다. 실질적으로 닫혀 있는 기능만 하는 문은 문이 아니기 때문이다.(4)

제시문 (다)－회전문의 야만성과 미개성

회전문에 대한 비판의식
회전문은 사실상 열림을 가장한 닫힘의 연속이기 때문에, 가장 야만적이며 가장 미개한 형태의 문이다.(1)

합격자의 실전 풀이 순서

❶ 발문 제대로 읽기 및 문제 유형 파악

항상 발문을 먼저 제대로 읽자. 문단의 순서를 정하는 문제 유형이다. 문단의 순서를 알 수 있는 가장 결정적인 단서는 문단의 맨 첫 문장과 마지막 문장이다. 우선 각 문단 첫 문장을 읽어보며 처음에 올 만한 문단을 찾아본다. 그리고 순서를 하나씩 확정할 때마다 선지로 내려가 정답이 있는지를 확인하면 좋다. 해당 제시문의 경우 정답인 (나) – (가)로 시작하는 선지가 하나밖에 없으므로 정답의 후보를 빨리 체크할 수 있는데 혹시나 불안하다면, 첫 문장과 마지막 문장을 중심으로 순서가 맞는지를 빠르게 훑어서 마무리하자. 해당 유형은 선지를 활용하여 처음에 올 문단을 예상하는 방식으로 시간을 단축할 수도 있다. 이후의 순서를 정할 때도 선지에서 제시하고 있는 순서를 검토하여 이를 선지 판단에 참고할 수 있다.

❷ 제시문 독해 및 선지 판단

(1) 우선 각 문단의 첫 문장을 읽어보는데 (라)의 경우는 '또한'이라는 접속사가 앞 내용과 뒤 내용을 대등하게 연결해주므로 첫 문단으로는 될 수 없다. 회전문에 관한 이야기로 시작하는 (가)와 (나)와 비교했을 때 (나)는 문에 관한 이야기로 시작하므로 (나)를 먼저 읽어보는 게 좋다. 왜냐하면, 대부분의 글쓰기 특징상 첫 문단의 내용은 더 넓은 범위의 이야기로 시작해서 점점 좁은 범위로 좁혀가 말하고자 하는 바를 제시하는 것이 일반적이기 때문에 '문'이라는 더 넓은 범위의 이야기에서 '회전문'이라는 좁은 범위로 좁혀갈 것이라 예상할 수 있기 때문이다.

(2) 예상대로 (나)의 내용이 '문'에 관한 내용으로 시작하여 '회전문'이라는 내용으로 좁혀감을 확인할 수 있어 첫 문단임을 확신할 수 있다. 또한, 다음 문단을 고르는 단서를 확보하기 위해 후반부 내용을 잘 살펴보면 회전문의 구조와 기능에 관한 이야기로 문단이 마무리됨을 확인할 수 있다.

(3) 그다음 문단을 골라야 하는데, (라)의 경우 '또한'이라는 접속사 뒤에 회전문 작동 시의 특징을 언급하는 내용이 있는 것을 확인할 수 있다. 그 앞 내용도 그러한 내용이 와야 함을 고려하면, (라)는 (나) 뒤에 올 수 없으며 회전문의 구조와 원리와 관련된 내용으로 시작하는 (가)가 와야 함을 알 수 있다.

(4) (가)의 경우 마지막 문장이 회전문 작동 시 특징에 관해 언급하고 있으므로, 그러한 내용이 접속사 '또는'을 통해 대등하게 연결되는 (라)가 와야 한다.

(5) 마지막으로, (가)와 (라)를 통해 회전문의 부정적 면모를 이야기하고 그 내용을 심화하며 마무리하는 (다)의 내용이 마지막에 와야 한다. 결론적으로, 정답의 순서는 (나) – (가) – (라) – (다)임을 알 수 있다.

(6) 선지를 활용하는 방식도 소개한다. 먼저 선지를 활용하여 처음 올 문단의 후보를 확인한다. 이 문제의 경우 첫 문단이 (가)인 선지가 두 개, (나)인 선지가 두 개, (다)인 선지가 하나이므로 (가)와 (나) 중 하나가 처음에 올 확률이 높다. 따라서 (가)와 (나)를 먼저 읽는다.

(가)는 회전문의 작동원리를 설명한다. (나)는 문에 대한 이야기로 시작하여, 회전문이 예시로 등장한다. 직후 '그것이 어떤 식으로 열리고 닫히는지'라는 부분을 볼 때 (나) – (가)가 자연스럽게 이어진다. 이러한 선지는 ③ 뿐이다.

확인차 나머지 문단도 (라) – (다)의 순서로 읽어보고 자연스러운지 확인한다.

합격자의 시간단축 Tip

Tip ❶ 문단 순서 판단 문제의 결정적 근거 확보

문단의 순서를 판단하는 문제는 우선 첫 문장과 마지막 문장이 주요 근거가 되며 이들 안에 순서를 판단할 수 있는 결정적 요소들이 몇 개 있다. 이들을 대표적으로 몇 개 나열하면 다음과 같다.

(1) 첫 문단은 일반적으로 '넓은 범위'의 이야기에서 시작해서 '좁은 범위'의 이야기로 좁혀간다. 예를 들어, 제시문에서는 '문' 이야기로 시작해서 상대적으로 좁은 범위인 '회전문' 이야기로 좁혀감을 알 수 있다. 이를 통해 첫 문단 결정 시 첫 문장의 내용이 비교적 넓은 범위를 가진 것을 선택하면 정답일 확률이 매우 높다.

(2) 접속사에 주의하자. 접속사는 앞 문장과 뒤 문장 사이에 들어가 이들의 연결을 매끄럽게 해주는 역할을 하므로 이들을 통해 앞과 뒤 문장에 어떤 내용이 들어갈지 잘 파악할 수 있다. 예를 들어, '그러나'라는 접속사가 있다면 앞의 내용을 뒤집어 주는 접속사이기 때문에 이 접속사 앞과 뒤의 문장은 정반대여야 함을 알 수 있다.

(3) 대명사에 주의하자. 해당 문제에는 결정적 근거로 등장하지 않지만, 기본적으로 대명사는 앞에 이미 나온 것을 다시 한번 가리키는 것이므로 첫 문장에 이러한 대명사가 있다면 바로 앞 내용에 이에 대응하는 말이 분명히 있을 것이므로 이를 통해 순서 판단이 가능하다.

(4) 앞 문단의 후반부 내용과 연관성 정도를 통해 다음 문단을 판단할 수 있다. 제시문을 예로 들어 말하자면, 앞 문단 후반부가 '구조와 원리'에 관해 이야기했다면 다음 문단의 시작은 이와 밀접한 이야기로 시작할 가능성이 매우 크다.

Tip ❷ 선지의 적극적 활용

문단의 순서를 정하는 문제는 선지에서 이미 주어진 문단의 순서 중 타당한 것을 골라야 한다. 본 문제의 경우 그리 어렵지 않은 문제에 해당하지만, 난이도가 높은 순서 결정 유형의 경우 선지에서 주어진 문단의 순서를 참고하는 것이 효과적이다. 예컨대 선지에서 첫 번째 순서로 나올 수 있는 문단으로 (가)와 (나)만을 제시하고 있는 경우 해당 두 문단만을 비교하여 빠르게 선지 소거가 가능하다. 또한, 해당 문제처럼 두 번째 순서까지조차 겹치지 않는 경우 두 개의 문단만 보고도 답을 빠르게 내릴 수 있으니 뒤에 올 문단 판단이 끝날 때마다 선지로 내려가 보자. 혹시, 답을 선택하고도 불안한 느낌이 든다면 Tip ❶에 있는 기준을 통해 선택한 정답 순서대로 빠르게 훑어서 맞는지 확인하자.

03 정답 ❷ 난이도 ●●●

문단배열 – 제시된 문단을 논리적 흐름에 따라 배열하는 문제

문제유형 비판적 사고 > 논리적 결론의 전제·원인 찾기

접근전략 문단 배열 순서의 문제는 주로 문단별 첫 문장과 마지막 문장을 결정적 근거로 삼아 풀 수 있다. 이때, 1) 첫 문단은 넓은 범위의 이야기에서 좁은 범위로 좁혀간다는 점 2) 접속사, 대명사를 유의해야 한다는 점 3) 앞 문단의 후반부 내용과 다음 문단의 첫 문장의 연관성 등을 이용해 각 순서를 판단할 수 있다. 또한, 다음에 올 문단을 선택할 때마다 선지로 돌아가 선지의 내용을 제시문에 대입해 확인하면 시간을 크게 단축할 수 있다.

다음 문단을 논리적 순서대로 알맞게 배열한 것을 고르시오.

(가) (1)이탈리아의 물리학자 갈릴레오 갈릴레이(Galileo Galilei)는 학교에서 학생들과 토론 중, 무거운 물체가 가벼운 물체보다 빠르게 떨어진다는 아리스토텔레스의 주장을 들었다. (2)하지만 갈릴레오는 실생활에서 다양한 물체를 떨어뜨리며, 무거운 물체와 가벼운 물체가 동시에 땅에 도착하는 경우를 여러 번 관찰했다.

(나) (1)지금도 갈릴레오의 낙하 법칙은 현실에서 꾸준히 확인되며 그 유효성을 인정받고 있다. (2)오늘날 우리는 무거운 물체와 가벼운 물체가 같은 높이에서 떨어질 때 동시에 땅에 도착하는 것을 자주 관찰할 수 있다. (3)예를 들어, 공기 저항이 거의 없는 환경에서 깃털과 쇠구슬을 떨어뜨리면 둘 다 같은 속도로 떨어진다. (4)또한, 우주 공간에서는 모든 물체가 동일한 속도로 떨어진다는 것을 확인할 수 있다. (5)이는 갈릴레오가 주장한 바와 일치한다.

(다) (1)이러한 상황에 의문을 가진 갈릴레오는 과학적 실험을 기획했다. (2)그는 변수를 배제할 수 있는 실험실에서 다양한 무게의 물체를 같은 높이에서 떨어뜨리는 실험을 진행했고, 낙하 시간의 차이가 없다는 것을 발견했다. (3)이는 '갈릴레오의 낙하 법칙'이라고 불린다.

(라) (1)이 법칙을 발견할 당시 갈릴레오는 과학적 방법론의 중요성을 강조하며, 관찰과 실험을 통한 증거 기반 연구의 중요성을 주장하였다. (2)이 과정에서 그는 교회와 갈등을 겪기도 했으나, 과학적 진리를 고수했다.

① (가) − (다) − (나) − (라) ➜ (×)
② (가) − (다) − (라) − (나) ➜ (○)

(1) (가)~(라)의 중심 내용을 정리하면, (가)는 갈릴레오가 의문을 품게 된 배경, (나)는 현실 세계에서 확인된 갈릴레오의 실험, (다)는 갈릴레오의 낙하 법칙, (라)는 갈릴레오 낙하 법칙 발견 당시의 상황이라고 볼 수 있다. (가)~(라)를 글의 흐름에 적절하게 배열하면 다음과 같다.

(2) (가)에서는 갈릴레오의 낙하 법칙이 등장한 배경을 소개한다. 갈릴레오가 아리스토텔레스의 주장과 본인의 경험을 바탕으로 의문을 품게 된다. 본문 전체적으로 갈릴레오의 낙하 법칙에 관한 내용을 다루고 있으므로 배경이 제시된 (가) 문단이 맨 앞으로 오는 것이 적절하다.

(3) (다) 문단은 '이러한 상황에 의문을 가진 갈릴레오'로 시작한다. (가) 문단에서 갈릴레오가 가진 의문이 제시되었으므로, (다) 문단이 이어지는 것이 자연스럽다. 또한, 해당 문단의 말미에서 갈릴레오의 낙하 법칙이라는 용어가 제시된다.

(4) (라)에서는 갈릴레오가 낙하 법칙을 발견한 당시의 상황이 제시되므로, (다) 다음으로 오는 것이 자연스럽다. (나) 문단은 갈릴레오의 낙하 법칙이 지금까지도 그 유효성이 인정되고 있음을 보여주는 사례가 나온다, 따라서 (나)가 마지막에 나와야 글의 구성이 맞다.
따라서 (가) − (다) − (라) − (나) 순이 적절하다.

③ (가) − (라) − (다) − (나) ➜ (×)
④ (나) − (가) − (라) − (다) ➜ (×)
⑤ (나) − (라) − (다) − (가) ➜ (×)

제시문 분석

제시문 (가)−갈릴레오가 품게 된 의문

의문
이탈리아의 물리학자 갈릴레오 갈릴레이(Galileo Galilei)는 학교에서 학생들과 토론 중, 무거운 물체가 가벼운 물체보다 빠르게 떨어진다는 아리스토텔레스의 주장을 들었다.(1) 하지만 갈릴레오는 실생활에서 다양한 물체를 떨어뜨리며, 무거운 물체와 가벼운 물체가 동시에 땅에 도착하는 경우를 여러 번 관찰했다.(2)

제시문 (다)−의문을 해소하기 위한 갈릴레오의 행동 및 낙하 법칙

갈릴레오의 낙하 법칙의 등장
이러한 상황에 의문을 가진 갈릴레오는 과학적 실험을 기획했다.(1) 그는 변수를 배제할 수 있는 실험실에서 다양한 무게의 물체를 같은 높이에서 떨어뜨리는 실험을 진행했고, 낙하 시간의 차이가 없다는 것을 발견했다.(2) 이는 '갈릴레오의 낙하 법칙'이라고 불린다.(3)

제시문 (라)−갈릴레오의 낙하 법칙 발견 당시의 상황

상황
이 법칙 발견 당시 갈릴레오는 과학적 방법론의 중요성을 강조하며, 관찰과 실험을 통한 증거 기반 연구의 중요성을 주장하였다.(1) 이 과정에서 그는 교회와 갈등을 겪기도 했으나, 과학적 진리를 고수했다.(2)

제시문 (나)−실제로 확인되는 갈릴레오의 낙하 법칙

확인되는 사례
지금도 갈릴레오의 낙하 법칙은 현실에서 꾸준히 확인되며 그 유효성을 인정받고 있다.(1) 오늘날 우리는 무거운 물체와 가벼운 물체가 같은 높이에서 떨어질 때 동시에 땅에 도착하는 것을 자주 관찰할 수 있다.(2)

…

대표 예시	공기 저항이 거의 없는 환경에서 깃털과 쇠구슬을 떨어뜨리면 둘 다 같은 속도로 떨어진다.(3) 또한, 우주 공간에서는 모든 물체가 동일한 속도로 떨어진다는 것을 확인할 수 있다.(4) 이는 갈릴레오가 주장한 바와 일치한다.(5)

합격자의 실전 풀이 순서

❶ 발문 제대로 읽기 및 문제 유형 파악
문단의 순서를 알 수 있는 가장 결정적인 단서는 문단의 맨 첫 문장과 마지막 문장이다. 우선 각 문단 첫 문장을 읽어보며 처음에 올 만한 문단을 찾아본다. 그리고 순서를 하나씩 확정할 때마다 선지로 내려가 정답이 있는지를 확인하면 좋다.
해당 유형은 선지를 활용하여 처음에 올 문단을 예상하는 방식으로 시간을 단축할 수도 있다. 이후의 순서를 정할 때도 선지에서 제시하고 있는 순서를 검토하여 이를 선지 판단에 참고할 수 있다.

❷ 제시문 독해 및 선지 판단
(1) 우선 각 문단의 첫 문장을 읽어보면 (나), (다), (라)는 각각 '지금도', '이러한', '이 법칙'으로 시작하는 것을 확인할 수 있다. 이러한 접속사들은 앞뒤 문장을 연결할 때 사용되는 것이므로, 세 문단은 처

음으로 올 수 없다. 또한, 선지 구성을 살펴보면 (가)로 시작하는 선지가 세 개, (나)로 시작하는 선지가 두 개다. (가), (나) 두 문단의 첫 문장을 보자. (가)의 경우 갈릴레오가 아리스토텔레스의 주장을 들은 이야기, (나) 문단은 갈릴레오의 낙하 법칙이 현실 세계에서 확인된 내용이 담겨있다. (나)의 경우 지금 '도' 확인되었다고 했으므로, 갈릴레오의 실험 결과가 그 앞에 나와야 한다. 또한 (가) 문단에서는 모든 문단에 걸쳐 언급되는 갈릴레오가 본명으로, 영문까지 병기되어 제시되고 있다. 이는 처음 언급될 때의 표기 방식일 것이므로 (가) 문단이 제일 먼저 나오는 것이 적절하다.

(2) (가)의 다음으로 오는 문단을 찾기 위해 선지를 다시 살펴본다. (가) 다음으로 오는 문단은 (다)와 (라) 둘 뿐이다. 따라서 두 문단의 첫 문장을 읽어본다. (가) 문단에서 갈릴레오가 가진 의문에 대해 나왔기 때문에, 갈릴레오가 의문을 해결하기 위해 행동한 모습이 언급된 (다) 문단이 그다음으로 오는 것이 자연스럽다.

(3) 그다음 문단을 고르기 위해 (나), (라) 문단의 내용을 살펴본다. (나)는 현실에서 갈릴레오의 낙하 법칙의 유효성이 확인되고 있음을 그 사례와 함께 제시하고 있다. (라) 문단은 '이 법칙 발견 당시'로 시작해 갈릴레오의 낙하 법칙 발견 당시 상황을 언급한다. 갈릴레오의 실험 결과에 관한 내용이 마무리된 후에 현실 세계에 적용되는 내용이 나와야 자연스럽다. 또한 (나) 문단은 '지금도' 갈릴레오의 낙하 법칙이 현실에서 꾸준히 확인된다고 하며 그 사례를 제시하기 때문에, 시간 순서에 따라 (라) 문단이 (다) 문단 다음으로 오는 것이 자연스럽다.

결론적으로, 정답의 순서는 (가) – (다) – (라) – (나)임을 알 수 있다.

합격자의 시간단축 Tip

Tip ❶ 문단 순서 판단 문제의 접근법

문단의 순서를 판단하는 문제는 우선 첫 문장과 마지막 문장이 주요 근거가 되며 이들 안에 순서를 판단할 수 있는 결정적 요소들이 몇 개 있다. 이들을 대표적으로 몇 개 나열하면 다음과 같다.

(1) 첫 문단은 일반적으로 '넓은 범위'의 이야기에서 시작해서 '좁은 범위'의 이야기로 좁혀간다. 이를 통해 첫 문단을 결정할 때 첫 문장의 내용이 비교적 넓은 범위를 가진 것을 선택하면 정답일 확률이 매우 높다.

(2) 접속사에 주의하자. 접속사는 앞 문장과 뒤 문장 사이에 들어가 이들의 연결을 매끄럽게 해주는 역할을 하므로 이들을 통해 앞과 뒤 문장에 어떤 내용이 들어갈지 잘 파악할 수 있다. 예를 들어, '그러나'라는 접속사가 있다면 앞의 내용을 뒤집어 주는 접속사이기 때문에 이 접속사 앞과 뒤의 문장은 정반대여야 함을 알 수 있다. 접속사를 살펴보면 글의 구조를 빠르게 파악할 수 있으므로, 접속사를 적극적으로 활용하면 풀이 시간을 줄일 수 있다.

(3) 대명사에 주의하자. 기본적으로 대명사는 앞에 이미 나온 것을 다시 한번 가리키는 것이므로 첫 문장에 이러한 대명사가 있다면 바로 앞 내용에 이에 대응하는 말이 분명히 있을 것이므로 이를 통해 순서 판단이 가능하다.
해당 문제에서는 (다)에서 '이것'이나 다름없는 '이러한 상황'이 제시되고 있다. 따라서 바로 앞에서 갈릴레오가 의심을 가질 만한 어떠한 상황이 제시되었을 것이고, 이는 (가)의 내용임을 알 수 있다. 또한, (라)에서는 '이 법칙'이 제시되고 있다. 앞에 '법칙'에 대한 내용이 나와야 함을 알 수 있다. 만일 '그는', '그가'라는 표현이 제시되었다면 이는 '갈릴레오'를 지칭할 것이므로, 해당 문단에 앞서 갈릴레오라는 사람에 대해 언급하는 문단이 제시되어야 할 것이다.

(4) 앞 문단의 후반부 내용과 연관성 정도를 통해 다음 문단을 판단할 수 있다. 제시문을 예로 들어 말하자면, (다)와 같이 앞 문단 후반부가 '갈릴레오의 낙하 법칙'에 관해 이야기했다면 다음 문단의 시작은 (라)와 같이 이와 밀접한 이야기로 시작할 가능성이 매우 크다.

(5) 사례에 주의하자. 보통 실생활 적용 사례, 해결 사례 등은 그 전에 설명이 있어야 나올 수 있다. 사례가 제시된 문단이 먼저 나오면 그 사례가 어떤 것에 관한 내용인지 설명해 줄 문단이 앞에 있을 가능성이 매우 크다.

(6) 시간 관계를 나타내는 단어를 확인하자. (나)의 경우 '지금도', (라)의 경우 '이 법칙 발견 당시'라는 말을 통해 문단을 시작하고 있다. (나)보다 (라)가 먼저 제시되어야 함을 알 수 있다.

Tip ❷ 선지의 적극적 활용 1

문단의 순서를 정하는 문제는 선지에서 이미 주어진 문단의 순서 중 타당한 것을 골라야 한다. 본 문제의 경우 그리 어렵지 않은 문제에 해당하지만, 난도가 높은 순서 결정 유형의 경우 선지에서 주어진 문단의 순서를 참고하는 것이 효과적이다. 예컨대 선지에서 첫 번째 순서로 나올 수 있는 문단으로 (가)와 (나)만을 제시하고 있는 경우 해당 두 문단만을 비교하여 빠르게 선지 소거가 가능하다. 또한, 뒤에 올 문단 판단이 끝날 때마다 선지로 내려가 보자. 선지에서 해당하는 배열을 직접 대입해 자연스러운지 판단해보는 것이다.

예를 들어 본 문제 선지의 구성을 보면 (가) – (다)로 시작하는 선지의 빈도가 제일 높다. 따라서 (가) – (다)의 순서가 참이라는 가정 하에 (가) – (다)의 순서로 읽으면서 정오 판단을 하며 선지를 소거한다.

Tip ❸ 선지의 적극적 활용 2

꼭 처음부터 문단 순서를 정할 필요는 없다. 문단 간 선후 관계가 결정지어졌다면 선지를 활용해 정답 대상을 소거하는 방법도 있다.

예를 들어 본 문제에서는 (나)의 경우 갈릴레오의 새로운 이론을, (라)의 경우 갈릴레오의 낙하 법칙의 등장 당시 상황을 이야기하고 있다. 이에 순서가 어떻게 되든 (라) 뒤에 (나)가 나와야 함을 알 수 있다. 이 경우 (라)보다 (나)가 앞에 있는 ①, ④, ⑤를 소거할 수 있다.

04 정답 ❹ 난이도 ●●●

문단배열 – 제시된 문단을 논리적 흐름에 따라 배열하는 문제

문제유형 비판적 사고 > 논리적 결론의 전제 · 원인 찾기

접근전략 문단 배열 순서의 문제는 주로 문단별 첫 문장과 마지막 문장을 결정적 근거로 삼아 풀 수 있다. 이때, 1) 첫 문단은 넓은 범위의 이야기에서 좁은 범위로 좁혀간다는 점 2) 접속사, 대명사를 유의해야 한다는 점 3) 앞 문단의 후반부 내용과 다음 문단의 첫 문장의 연관성 등을 이용해 각 순서를 판단할 수 있다. 또한, 다음에 올 문단을 선택할 때마다 선지로 돌아가 당장 정답을 선택할 수 있는지 확인하면 시간을 크게 단축할 수 있다.

다음 문단을 논리적 순서대로 알맞게 배열한 것을 고르시오.

(가) (1)애플 Ⅱ의 성공 이후, 애플의 두 리더 스티브 잡스와 스티브 워즈니악은 계속해서 혁신적인 제품을 개발하고자 했다. (2)그러나 이들은 서로 다른 비전을 가지고 있었기 때문에 갈등이 생기기도 했다. (3)결국 워즈니악은 애플을 떠나 다른 프로젝트에 집중하게 되었다.

(나) (1)애플 Ⅱ는 다양한 색상의 그래픽과 사운드를 지원하는 혁신적인 컴퓨터로, 당시 마이크로소프트의 MS-DOS를 탑재한 IBM PC와 경쟁하였다. (2)애플 Ⅱ의 핵심 기능 중 하나는 사용자가 직접 컴퓨터를 조립할 필요 없이 바로 사용할 수 있는 '플러그 앤 플레이' 시스템이었다. (3)이러한 특징 덕분에 애플 Ⅱ는 교육 및 가정용 컴퓨터 시장에서 큰 인기를 끌었다.

(다) (1)1977년, 캘리포니아에서 열린 웨스트 코스트 컴퓨터 페어에서 애플 Ⅱ가 처음 공개되었다. (2)이 전시회에서 애플 Ⅱ는 큰 주목을 받았는데, 비평가들이 이를 개인용 컴퓨터 시장의 미래로 평가했다고 알려져 있다.

(라) (1)이 시기 애플의 제품들은 제록스의 파크 연구소에서 개발된 GUI(그래픽 사용자 인터페이스)와 마우스 기술의 영향을 받았다. (2)제록스는 혁신적인 그래픽 기술과 사용자 인터페이스를 개발했지만, 상업적으로 성공시키지는 못했다. (3)애플은 이러한 기술을 바탕으로 개인용 컴퓨터를 개발하여 대중에게 선보여 애플 Ⅱ의 성공을 이뤄낸 것이다.

① (가) – (다) – (나) – (라) ➜ (×)
② (가) – (다) – (라) – (나) ➜ (×)
③ (다) – (나) – (가) – (라) ➜ (×)
④ (다) – (나) – (라) – (가) ➜ (○)

(1) (가)~(라)의 중심 내용을 정리하면, (가)는 잡스와 워즈니악의 갈등, (나)는 애플 Ⅱ의 특징, (다)는 애플 Ⅱ의 첫 등장, (라)는 애플의 컴퓨터 개발 과정이라고 볼 수 있다. (가)~(라)를 글의 흐름에 적절하게 배열하면 다음과 같다.

(2) (다)에서 애플 Ⅱ의 첫 등장을 소개한다. 제시문 전체적으로 애플의 컴퓨터에 관한 내용이 나오므로, 첫 등장이 제시된 (다) 문단이 맨 앞으로 오는 것이 적절하다.

(3) (나) 문단은 애플 II에 대한 자세한 설명이 나온다. (다)에선 애플 II가 나오기만 했으므로 구체적으로 어떤 것인지에 대한 설명이 그다음으로 오는 것이 적절하다. 따라서 (나)가 (다) 다음으로 오는 게 자연스럽다.

(4) (라)에서는 그 당시 애플이 제록스의 기술에 영향을 받고 성장할 수 있었다는 내용을 언급한다. (나) 다음으로 오는 것이 적절하다. (가) 문단은 애플 Ⅱ의 성공 이후에 대한 결과적인 내용을 제시하므로 마지막으로 와야 한다.
따라서 (다) – (나) – (라) – (가) 순이 적절하다.

⑤ (라) – (가) – (다) – (나) ➜ (×)

제시문 분석

제시문 (다)-애플 Ⅱ의 등장 및 반응

등장 및 반응
1977년, 캘리포니아에서 열린 웨스트 코스트 컴퓨터 페어에서 애플 Ⅱ가 처음 공개되었다.(1) 이 전시회에서 애플 Ⅱ는 큰 주목을 받았는데, 비평가들이 이를 개인용 컴퓨터 시장의 미래로 평가했다고 알려져 있다.(2)

제시문 (나)-애플 Ⅱ의 특징 및 핵심 기능

특징
애플 Ⅱ는 다양한 색상의 그래픽과 사운드를 지원하는 혁신적인 컴퓨터로, 당시 마이크로소프트의 MS-DOS를 탑재한 IBM PC와 경쟁하였다.(1) 애플 Ⅱ의 핵심 기능 중 하나는 사용자가 직접 컴퓨터를 조립할 필요 없이 바로 사용할 수 있는 '플러그 앤 플레이' 시스템이었다.(2)

→

결과	이러한 특징 덕분에 애플 Ⅱ는 교육 및 가정용 컴퓨터 시장에서 큰 인기를 끌었다.(3)

제시문 (라)-애플의 컴퓨터 개발 과정

제록스의 실패		애플의 활용
제록스는 혁신적인 그래픽 기술과 사용자 인터페이스를 개발했지만, 상업적으로 성공시키지는 못했다.(2)	→	이 시기 애플의 제품들은 제록스의 파크 연구소에서 개발된 GUI(그래픽 사용자 인터페이스)와 마우스 기술의 영향을 받았다.(1) 애플은 이러한 기술을 바탕으로 개인용 컴퓨터를 개발하여 대중에게 선보여 애플 Ⅱ의 성공을 이뤄낸 것이다.(3)

제시문 (가)-애플 Ⅱ의 성공 이후의 결과

갈등
애플 Ⅱ의 성공 이후, 애플의 두 리더 스티브 잡스와 스티브 워즈니악은 계속해서 혁신적인 제품을 개발하고자 했다.(1) 그러나 이들은 서로 다른 비전을 가지고 있었기 때문에 갈등이 생기기도 했다.(2)

결과
결국 워즈니악은 애플을 떠나 다른 프로젝트에 집중하게 되었다.(3)

합격자의 실전 풀이 순서

❶ 발문 제대로 읽기 및 문제 유형 파악

문단의 순서를 알 수 있는 가장 결정적인 단서는 문단의 맨 첫 문장과 마지막 문장이다. 우선 각 문단 첫 문장을 읽어보며 처음에 올 만한 문단을 찾아본다. 그리고 순서를 하나씩 확정할 때마다 선지로 내려가 정답이 있는지를 확인하면 좋다.

해당 유형은 선지를 활용하여 처음에 올 문단을 예상하는 방식으로 시간을 단축할 수도 있다. 이후의 순서를 정할 때도 선지에서 제시하고 있는 순서를 검토하여 이를 선지 판단에 참고할 수 있다.

❷ 제시문 독해 및 선지 판단

(1) 우선 각 문단의 첫 문장을 읽어보면 (라)는 '이 시기 애플의 제품들'로 시작한다. 따라서 이 시기가 어떠한 시기인지에 대해 (라) 문단의 앞에 나와야 하므로 (라) 문단은 처음으로 올 수 없다. 그 이외에 나머지 문단들은 첫 문장에 접속사 등의 단서가 부족하다. 따라서 선지 등을 활용해 최대한 풀이 시간을 단축하도록 해야 한다.

선지 구성을 살펴보면 (가)로 시작하는 선지가 두 개, (다)가 두 개, (라)가 한 개다. 앞서 (라) 문단은 처음으로 올 수 없다고 판단하였으므로, (가), (다) 문단을 처음으로 가정해 보고 풀면 된다.

(2) (가) 문단과 (다) 문단의 첫 문장을 다시 비교해보면, (가) 문단은 애플 Ⅱ의 성공 이후의 내용, (다) 문단은 애플 Ⅱ가 처음 등장한 내용을 다루고 있다. 만약, 애플 Ⅱ의 등장에 관한 내용이 없다면 (가) 문단도 처음으로 올 수 있다. 하지만 현 제시문에선 애플 Ⅱ의 공개가 제시되었으므로 (가)는 처음이 될 수 없고, (다) 문단이 처음으로 와야 한다. 선지를 살펴보면 (다) 다음으로 오는 문단은 (나) 문단 하나로 정해져있으므로 (다) – (나)로 확정한 후, 그 다음 순서로 넘어간다.

(3) (나) 문단은 애플 Ⅱ의 주요 특징에 대해 다루고 있다. (나) 다음에 올 문단으로 (가)와 (라)를 비교해보면 (라) 문단은 그 당시 애플 제품이 영향을 받은 기술에 대해 언급하고 있다. (가) 문단은 애플 Ⅱ 성공 이후, 최종적인 결과를 제시하는 측면이 강하므로, (라)가 (가)의 앞에 오는 것이 적절하다. 따라서 (라) 문단이 (나) 문단 다음으로 와야 한다.

결론적으로, 정답의 순서는 (다) – (나) – (라) – (가)임을 알 수 있다.

합격자의 시간단축 Tip

Tip ❶ 문단 순서 판단 문제의 접근법

문단의 순서를 판단하는 문제는 우선 첫 문장과 마지막 문장이 주요 근거가 되며 이들 안에 순서를 판단할 수 있는 결정적 요소들이 몇 개 있다. 이들을 대표적으로 몇 개 나열하면 다음과 같다.

(1) 첫 문단은 일반적으로 '넓은 범위'의 이야기에서 시작해서 '좁은 범위'의 이야기로 좁혀간다. 이를 통해 첫 문단을 결정할 때 첫 문장의 내용이 비교적 넓은 범위를 가진 것을 선택하면 정답일 확률이 매우 높다.

(2) 접속사에 주의하자. 접속사는 앞 문장과 뒤 문장 사이에 들어가 이들의 연결을 매끄럽게 해주는 역할을 하므로 이들을 통해 앞과 뒤 문장에 어떤 내용이 들어갈지 잘 파악할 수 있다. 예를 들어, '그러나'라는 접속사가 있다면 앞의 내용을 뒤집어 주는 접속사이기 때문에 이 접속사 앞과 뒤의 문장은 정반대여야 함을 알 수 있다. 접속사를 살펴보면 글의 구조를 빠르게 파악할 수 있으므로, 접속사를 적극적으로 활용하면 풀이 시간을 줄일 수 있다. 본 문제의 경우 활용할 접속사가 부족해 난이도를 올린 측면이 있다.

(3) 대명사에 주의하자. 해당 문제에는 결정적 근거로 등장하지 않지만, 기본적으로 대명사는 앞에 이미 나온 것을 다시 한번 가리키는 것이므로 첫 문장에 이러한 대명사가 있다면 바로 앞 내용에 이에 대응하는 말이 분명히 있을 것이므로 이를 통해 순서 판단이 가능하다.
예를 들어 문제에서도 (라)에서 '이 시기'를 통해 (라) 앞에서 지칭하고 있는 특정 시기가 있음을 추측할 수 있다.

(4) 앞 문단의 후반부 내용과 연관성 정도를 통해 다음 문단을 판단할 수 있다. 제시문을 예로 들어 말하자면, (다)와 같이 앞 문단 후반부가 '애플 Ⅱ의 등장'에 관해 이야기했다면 다음 문단의 시작은 (나)와 같이 이와 밀접한 이야기로 시작할 가능성이 매우 크다.

(5) 사례에 주의하자. 보통 실생활 적용 사례, 해결 사례 등은 그 전에 설명이 있어야 나올 수 있다. 사례가 제시된 문단이 먼저 나오면 그 사례가 어떤 것에 관한 내용인지 설명해 줄 문단이 앞에 있을 가능성이 매우 크다.

(6) 레시피나 매뉴얼을 다루는 경우 논리적인 순서가 있을 수밖에 없다. 해당 문제는 애플 II의 등장, 특징, 개발 과정, 애플 Ⅱ 이후의 결과가 제시되고 있어 시간적 순서가 존재한다. 따라서 애플 Ⅱ의 등장 – 애플 Ⅱ 이후의 결과만큼은 순서가 확정된다.

(7) 시간 관계를 나타내는 단어를 확인하자. (가)의 경우 '애플 II의 성공 이후,' (라)의 경우 '이 시기 애플의 제품들은'이라는 말을 통해 문단을 시작하고 있다. (가)에 앞서 애플 Ⅱ가 성공했다는 사실이 제시되어야 하며, (라)에 앞서서는 이 시기가 어떠한 시기를 언급하는 것인지에 대한 설명이 주어져야 할 것이다.

Tip ❷ 선지의 적극적 활용

문단의 순서를 정하는 문제는 선지에서 이미 주어진 문단의 순서 중 타당한 것을 골라야 한다. 본 문제의 경우 그리 어렵지 않은 문제에 해당하지만, 난도가 높은 순서 결정 유형의 경우 선지에서 주어진 문단의 순서를 참고하는 것이 효과적이다. 또한, 뒤에 올 문단 판단이 끝날 때마다 선지로 내려가 보자.
예를 들어 본 문제에서는 (가), (다), (라)가 처음 순서로 등장한다. 이에 (나)를 첫 순서로 볼 필요 없이 (가), (다), (라)만 확인할 수 있다. 혹은 본 문제 선지의 구성을 보면 (가) – (다)로 시작하는 선지가 2개, (다) – (나)로 시작하는 선지가 2개로 빈도가 제일 높다. 따라서 (가) – (다) 혹은 (다) – (나)를 먼저 읽는 방식을 활용해도 좋다.

05 정답 ❷ 난이도 ●○○

문단배열 – 제시된 문단을 논리적 흐름에 따라 배열하는 문제

문제유형 비판적 사고 > 논리적 결론의 전제·원인 찾기

접근전략 문단 배열 순서의 문제는 주로 문단별 첫 문장과 마지막 문장을 결정적 근거로 삼아 풀 수 있다. 이때, 1) 첫 문단은 넓은 범위의 이야기에서 좁은 범위로 좁혀간다는 점 2) 접속사, 대명사를 유의해야 한다는 점 3) 앞 문단의 후반부 내용과 다음 문단의 첫 문장의 연관성 등을 이용해 각 순서를 판단할 수 있다. 또한, 다음에 올 문단을 선택할 때마다 선지로 돌아가 당장 정답을 선택할 수 있는지 확인하면 시간을 크게 단축할 수 있다.

다음 문단을 논리적 순서대로 알맞게 배열한 것을 고르시오.

(가) (1)최근 전 세계적으로 사이버 범죄가 급증하고 있다. (2)이러한 사이버 범죄의 유형은 다양하지만, 가장 큰 유형 중 하나는 바로 피싱 공격이다. (3)이 공격은 이메일이나 메시지를 통해 사용자의 개인 정보를 탈취하는 방법이다.

(나) (1)실제로, 한 대형 은행의 고객이 피싱 이메일을 통해 개인 정보를 도용당한 사례가 있다. (2) 공격자는 은행을 사칭하여 고객에게 이메일을

보내고, 링크를 클릭하도록 유도했다. (3)고객이 링크를 클릭하고 정보를 입력하자, 해커는 이를 통해 계좌 정보를 탈취하고 대규모 금융 피해를 줬다.

(다) (1)피싱(Phishing) 공격의 어원은 '낚시(Fishing)'에서 유래되었다. (2)이는 해커들이 사용자의 정보를 '낚아채는' 방식에서 비롯된 것이다. (3)피싱 공격의 주요 특징은 정교하게 위장된 이메일이나 메시지를 통해 사용자를 속여, 개인 정보를 입력하도록 유도하는 것이다. (4)이러한 공격은 매우 교묘하게 이루어져 사용자가 쉽게 속을 수 있다.

(라) (1)이렇듯 사이버 범죄는 점점 더 정교해지고 있다. (2)해커들은 최신 기술을 활용하여 새로운 공격 방법을 개발하고 있으며, 이에 따라 기존의 보안 체계로는 이를 완전히 방어하기 어려워졌다. (3)따라서, 최신 보안 기술을 반영한 새로운 대책이 필요한 상황이다.

① (가) – (나) – (다) – (라) ➜ (×)
② (가) – (다) – (나) – (라) ➜ (○)

(1) (가)~(라)의 중심 내용을 정리하면, (가)는 사이버 범죄 유형 중 하나인 피싱 공격, (나)는 피싱 피해 사례, (다)는 피싱 공격의 어원 및 특징, (라)는 사이버 범죄의 정교화와 대책 마련의 필요성으로 볼 수 있다. (가)~(라)를 글의 흐름에 적절하게 배열하면 다음과 같다.

(2) (가)에서는 사이버 범죄가 증가한 배경 및 그 유형 중 하나인 피싱 공격을 소개한다. 그 후 피싱 공격에 대한 자세한 설명이 이어질 것을 예측할 수 있다. 또한, 제시문은 전체적으로 사이버 범죄를 다루고 있으므로 최근 상황과 연관 지어 피싱 공격을 처음 등장시키는 (가) 문단이 처음으로 오는 것이 자연스럽다. (다) 문단에선 피싱 공격의 어원, 주요 특징 등을 소개하며 본격적인 설명을 하므로 (가) 문단 뒤에는 (다) 문단이 위치하여야 한다. (다) 문단에서 피싱의 어원을 소개하며 영어를 병기하고 있다는 점도 판단의 근거가 된다.

(3) (나) 문단은 피싱 공격이 실제로 일어난 사례에 대해 제시한다. 앞선 문단들에서 피싱 공격에 관한 설명은 했으므로, 사례가 언급된 (나)가 그다음으로 오는 것이 적절하다. (라)는 사이버 범죄가 정교해지고 있어 대책이 필요하다는 내용을 담았다. 피싱 공격을 다룬 앞의 내용과는 달리 '정교해지는 사이버 범죄를 방어하기 위한 최신 보안 기술의 필요성'을 다루고 있으므로 마지막으로 오는 것이 적절하다.

따라서 (가) – (다) – (나) – (라) 순이 정답이다.

③ (가) – (다) – (라) – (나) ➜ (×)
④ (다) – (가) – (나) – (라) ➜ (×)
⑤ (다) – (나) – (라) – (가) ➜ (×)

제시문 분석

제시문 (가)–사이버 범죄의 증가 및 피싱 공격

사이버 범죄 유형		결과
사이버 범죄의 유형은 다양하지만, 가장 큰 유형 중 하나는 바로 피싱 공격이다.(2)	→	최근 전 세계적으로 사이버 범죄가 급증하고 있다.(1)

피싱 공격의 정의
이메일이나 메시지를 통해 사용자의 개인 정보를 탈취하는 방법이다.(3)

제시문 (다)–피싱 공격의 어원 및 특징

어원
피싱(Phishing) 공격의 어원은 '낚시(Fishing)'에서 유래되었다.(1) 이는 해커들이 사용자의 정보를 '낚아채는' 방식에서 비롯된 것이다.(2)

특징
피싱 공격의 주요 특징은 정교하게 위장된 이메일이나 메시지를 통해 사용자를 속여, 개인 정보를 입력하도록 유도하는 것이다.(3) → 이러한 공격은 매우 교묘하게 이루어져 사용자가 쉽게 속을 수 있다.(4)

제시문 (나)–피싱 공격 사례

범죄 방식		결과
한 대형 은행의 고객이 피싱 이메일을 통해 개인 정보를 도용당한 사례가 있다.(1) 공격자는 은행을 사칭하여 고객에게 이메일을 보내고, 링크를 클릭하도록 유도했다.(2)	→	고객이 링크를 클릭하고 정보를 입력하자, 해커는 이를 통해 계좌 정보를 탈취하고 대규모 금융 피해를 줬다.(3)

제시문 (라)–사이버 범죄의 정교화와 대책 마련의 필요성

사이버 범죄의 정교화
이렇듯 사이버 범죄는 점점 더 정교해지고 있다.(1) 이에 따라 기존의 보안 체계로는 이를 완전히 방어하기 어려워졌다.(2)

…

대표 예시	해커들은 최신 기술을 활용하여 새로운 공격 방법을 개발하고 있으며,(2)

주장
따라서, 최신 보안 기술을 반영한 새로운 대책이 필요한 상황이다.(3)

합격자의 실전 풀이 순서

❶ 발문 제대로 읽기 및 문제 유형 파악

문단의 순서를 알 수 있는 가장 결정적인 단서는 문단의 맨 첫 문장과 마지막 문장이다. 우선 각 문단 첫 문장을 읽어보며 처음에 올 만한 문단을 찾아본다. 그리고 순서를 하나씩 확정할 때마다 선지로 내려가 정답이 있는지를 확인하면 좋다.

해당 유형은 선지를 활용하여 처음에 올 문단을 예상하는 방식으로 시간을 단축할 수도 있다. 이후의 순서를 정할 때도 선지에서 제시하고 있는 순서를 검토하여 이를 선지 판단에 참고할 수 있다.

❷ 제시문 독해 및 선지 판단

(1) 우선 각 문단의 첫 문장을 읽어보면 (가) 문단이 제일 처음으로 와야 함을 알 수 있다. (가) 문단은 사이버 범죄의 최근 현상을 언급한다. (나)는 '실제로'라고 시작하면서 사례를 제시한다. 실제로라는 표현은 앞서 다른 내용이 있고 해당 내용을 보충하는 용으로 사용한다고 파악할 수 있다. (다) 문단은 피싱 공격의 어원을 설명하는 것으로 시작하는데 이는 피싱에 관한 더 세부적인 정보를 소개하는 것이다. 글의 구성은 대부분 넓은 범위에서 시작해 좁은 범위로 좁혀가는 것이 일반적이기 때문에 (다)는 뒷부분에 올 것으로 유추할 수 있다. (라) 문단은 '이렇듯'이라고 시작한다. 이를 첫 문단으로 해석하기보다는 앞서 언급된 테마에 관해 서술하는 구조라고 보는 편이 자연스럽다. 따라서 첫 문단은 (가)가 된다. 또한 (가)로 시작하는 선지가 세 개, (다)로 시작하는 선지가 두 개이다. 선지를 살펴봐도 (가)가 첫 문단이 될 확률이 제일 높다는 걸 알 수 있다.

(2) (가)의 다음으로 오는 문단은 선지 구성을 통해 (나) 또는 (다)임을 알 수 있다. (1)단계에서 파악했듯이 (나) 문단은 피싱 공격의 실제 사례, (다) 문단은 피싱 공격에 대한 구체적인 정보를 설명하고 있다. 피싱 공격에 대한 설명을 마무리한 후에 사례를 적용하는 것이 자연스러우므로 (다)가 (가) 문단 바로 뒤에 오는 것이 적절하다.

(3) 그다음 문단을 고르기 위해 (나), (라) 문단의 내용을 살펴본다. (나)는 피싱 공격의 사례가 나오며, (라)는 정교해지는 사이버 범죄와 그 예시, 대책이 필요하다는 필자의 주장이 제시된다. (라) 문단은 다른 문단들과는 다른 내용을 전개하고 있고, 사이버 범죄가 정교해지는 문제가 발생하고 있으며 해결이 필요하다는 필자의 주장까지 나오기 때문에 결론 자리에 위치하는 것이 적절하다. 따라서 (라) 문단이 (나) 문단 다음으로 와야 한다.

결론적으로, 정답의 순서는 (가) – (다) – (나) – (라)임을 알 수 있다.

합격자의 시간단축 Tip

Tip ❶ 문단 순서 판단 문제의 접근법

문단의 순서를 판단하는 문제는 우선 첫 문장과 마지막 문장이 주요 근거가 되며 이들 안에 순서를 판단할 수 있는 결정적 요소들이 몇 개 있다. 이들을 대표적으로 몇 개 나열하면 다음과 같다.

(1) 첫 문단은 일반적으로 '넓은 범위'의 이야기에서 시작해서 '좁은 범위'의 이야기로 좁혀간다. 이를 통해 첫 문단을 결정할 때 첫 문장의 내용이 비교적 넓은 범위를 가진 것을 선택하면 정답일 확률이 매우 높다. '넓은 범위' 이야기의 경우, 문제의 이슈, 소재의 등장 배경이나 소재의 통상적이고 일반적인 내용을 설명하는 것이 대부분이다. '좁은 범위' 이야기의 경우, 특정 소재의 종류나 장단점, 사례 등이 일반적으로 등장한다.

예를 들어 문제에서도 (가)의 경우 '최근 전 세계적으로 사이버 범죄가 급증하고 있다'를 언급하면서 '사이버 범죄'라는 큰 소재의 최근 이슈를 소재로 쓰고 있다. 그 뒤에서는 '피싱 공격'을 언급하며 '사이버 범죄'라는 넓은 범위 이야기에서 그중 하나인 '피싱 공격'이라는 좁은 범위 이야기로 들어가고 있다. 그러므로 문단 중 가장 처음으로 올 가능성이 크다.

(2) 접속사에 주의하자. 접속사는 앞 문장과 뒤 문장 사이에 들어가 이들의 연결을 매끄럽게 해주는 역할을 하므로 이들을 통해 앞과 뒤 문장에 어떤 내용이 들어갈지 잘 파악할 수 있다. 예를 들어, '그러나'라는 접속사가 있다면 앞의 내용을 뒤집어 주는 접속사이기 때문에 이 접속사 앞과 뒤의 문장은 정반대여야 함을 알 수 있다. 접속사를 살펴보면 글의 구조를 빠르게 파악할 수 있으므로, 접속사를 적극적으로 활용하면 풀이 시간을 줄일 수 있다.

이 문제의 경우 (라)에서 '이렇듯'이라는 접속사를 통해 결론 부분에 (라)가 들어가야 한다는 것을 알 수 있게 한다.

(3) 대명사에 주의하자. 해당 문제에는 결정적 근거로 등장하지 않지만, 기본적으로 대명사는 앞에 이미

나온 것을 다시 한번 가리키는 것이므로 첫 문장에 이러한 대명사가 있다면 바로 앞 내용에 이에 대응하는 말이 분명히 있을 것이므로 이를 통해 순서 판단이 가능하다.

(4) 앞 문단의 후반부 내용과 연관성 정도를 통해 다음 문단을 판단할 수 있다. 제시문을 예로 들어 말하자면, (가)와 같이 앞 문단 후반부가 '피싱 공격의 개념'에 관해 이야기했다면 다음 문단의 시작은 (다)와 같이 이와 밀접한 이야기로 시작할 가능성이 매우 크다.

(5) 사례에 주의하자. 보통 실생활 적용 사례, 해결 사례 등은 그 전에 설명이 있어야 나올 수 있다. 사례가 제시된 문단이 먼저 나오면 그 사례가 어떤 것에 관한 내용인지 설명해 줄 문단이 앞에 있을 가능성이 매우 크다.
예를 들어 문제에서도 (나)에서는 '대형 은행의 고객이 피싱 이메일을 통해 개인 정보를 도용당한 사례'를 언급하고 있다. 그러므로 그 앞에서는 '피싱 공격'에 관한 내용이나 방법이 나올 것임을 짐작할 수 있다.

(6) 제시문의 내용을 확인하자. (라)에서는 마지막으로 '따라서, 최신 보안 기술을 반영한 새로운 대책이 필요한 상황이다.'라고 언급한다. 만일, (라)의 논리적 순서가 마지막이 아니라면 이후의 문단에서 새로운 대책이 제시되는 것이 자연스럽다. 하지만, 그러한 문단이 없으므로 (라)가 마지막에 제시되어야 함을 쉽게 알 수 있다.

Tip ❷ 선지의 적극적 활용 1

문단의 순서를 정하는 문제는 선지에서 이미 주어진 문단의 순서 중 타당한 것을 골라야 한다. 본 문제의 경우 그리 어렵지 않은 문제에 해당하지만, 난도가 높은 순서 결정 유형의 경우 선지에서 주어진 문단의 순서를 참고하는 것이 효과적이다. 예컨대 선지에서 첫 번째 순서로 나올 수 있는 문단으로 (가)와 (다)만을 제시하고 있는 경우 해당 두 문단만을 비교하여 빠르게 선지 소거가 가능하다. 또한, 뒤에 올 문단 판단이 끝날 때마다 선지로 내려가 보자.
예를 들어 문제에서는 선지 구성에서 시작이 (가) 아니면 (다)이기 때문에 (가)나 (다)만을 확인해 보면서 둘 중 더 부자연스러운 것을 소거할 수 있다. 혹은 본 문제 선지의 구성을 보면 (가) – (다)로 시작하는 선지의 빈도가 제일 높다. 따라서 (가) – (다)가 참이라는 가정하에 먼저 읽고 정오 판단하는 방식을 활용해도 좋다.

Tip ❸ 선지의 적극적 활용 2

꼭 순서대로 처음부터 문단 순서를 정할 필요는 없다. 일단 문단 간 선후 관계가 결정지어졌다면 선지를 활용해 정답 대상을 소거하는 방법도 있다.
예를 들어 본 문제에서는 (가)에서 피싱 공격에 대한 설명, (나)에서는 피싱 공격에 관한 사례, (다)에서는 피싱 공격에 대한 정의 및 특징을 설명하고 있다. 이에 적어도 (가)는 (나)와 (다) 앞에는 있어야 함을 알 수 있다. 그러므로 (가)가 (다)나 (나) 뒤에 있는 ④, ⑤를 소거할 수 있다.

06 정답 ③ 난이도 ●●●

문단배열 – 제시된 문단을 논리적 흐름에 따라 배열하는 문제

문제유형 비판적 사고 > 논리적 결론의 전제·원인 찾기

접근전략 문단 배열 순서의 문제는 주로 문단별 첫 문장과 마지막 문장을 결정적 근거로 삼아 풀 수 있다. 이때, 1) 첫 문단은 넓은 범위의 이야기에서 좁은 범위로 좁혀간다는 점 2) 접속사, 대명사를 유의해야 한다는 점 3) 앞 문단의 후반부 내용과 다음 문단의 첫 문장의 연관성 등을 이용해 각 순서를 판단할 수 있다. 또한, 다음에 올 문단을 선택할 때마다 선지로 돌아가 당장 정답을 선택할 수 있는지 확인하면 시간을 크게 단축할 수 있다.

다음 문단을 논리적 순서대로 알맞게 배열한 것을 고르시오.

(가) (1)모든 스마트홈 시스템은 데이터 수집과 분석을 통해 작동한다. (2)다양한 센서가 실시간으로 데이터를 수집하고, 중앙 제어 시스템이 이 데이터를 분석하여 사용자의 명령이나 사전 설정된 조건에 따라 각 장치를 제어한다. (3)이 과정을 통해 스마트홈 시스템은 자동으로 다양한 활동을 조절할 수 있다. (4)이 과정에서 IoT(사물인터넷) 기술이 중요한 역할을 한다.

(나) (1)만약 스마트홈 시스템을 잘 활용하고 싶다면, 사용자는 먼저 각 장치의 기능과 설정 방법을 충분히 이해해야 한다. (2)또한, 정기적인 소프트웨어 업데이트를 통해 보안 취약점을 방지하고, 새로운 기능을 사용할 수 있도록 해야 한다. (3)마지막으로, 에너지 절약을 위해 스마트 조명이나 온도 조절기와 같은 장치를 효율적으로 설정하는 것이 중요하다.

(다) (1)최근 많은 사람들이 스마트폰을 통해 집 안의 조명, 난방, 보안 시스템 등을 조절한다. (2)어떻게 스마트폰 하나로 가능한 것일까? (3)바로 스마트홈 시스템 덕분이다. (4)스마트홈 시스템을 통해 가전제품과 주거 환경의 자동화, 에너지 효율 상승, 보안 강화가 가능해진다.

(라) (1)IoT는 각 장치들이 네트워크에 연결되어 데이터를 실시간으로 주고받을 수 있게 하는 기술이다. (2)중앙 제어 시스템이 이를 통해 수집된 데이터를 활용하여 스마트홈 시스템을 효율적으로 운영하는 것이다. (3)즉, 스마트홈 시스템은 IoT 기술을 이용하여 각종 가전제품과 보안 장치들을 실시간으로 연결하고, 중앙 제어 시스템은 이 데이터를 분석하여 장치를 제어한다. (4)이를 통해 효율적이고 통합된 관리가 가능해진다.

① (가) – (라) – (다) – (나) ➔ (×)
② (다) – (가) – (나) – (라) ➔ (×)
③ (다) – (가) – (라) – (나) ➔ (○)

(1) (가)~(라)의 중심 내용을 정리하면, (가)는 스마트홈 시스템 작동 원리, (나)는 스마트홈 시스템을 효과적으로 활용할 수 있는 방법, (다)는 스마트폰으로 집안의 장치들을 조절하는 현 상황 및 이를 가능하게 만든 스마트홈 시스템, (라)는 IoT와 중앙 제어 시스템의 역할로 볼 수 있다. (가)~(라)를 글의 흐름에 적절하게 배열하면 다음과 같다.

(2) (다)에서는 스마트폰으로 집안의 장치들을 조절할 수 있게 된 상황을 언급하며 이를 가능하게 만든 스마트홈 시스템을 소개한다. 제시문 전체적으로 스마트홈 시스템을 다루고 있으므로 스마트홈 시스템을 처음 등장시키는 (다) 문단이 처음으로 오는 것이 자연스럽다. (가) 문단에선 스마트홈 시스템의 작동 원리를 소개하며 본격적인 설명을 한다. 따라서 (다) – (가) 순서가 되는 것이 적절하다.

(3) (라) 문단은 IoT 기술과 중앙 제어 시스템의 역할을 제시한다. (가) 문단에서 간략하게 언급한 두 시스템을 (라)에서 구체적으로 설명하는 것이다. 더불어, (라)에서는 IoT에 대해 언급하는데, 이에 앞서 (가)를 통해 IoT가 사물인터넷이라는 것을 밝혀야 할 것이다. 마지막으로 (나) 문단은 스마트홈 시스템을 더욱 효과적으로 사용하기 위해 할 수 있는 방법들을 소개한다. 앞선 문단들에서 스마트홈 시스템을 구체적으로 설명했기 때문에 이를 잘 활용할 수 있는 방안을 마지막으로 설명하고 글을 마무리하는 것이 자연스럽다.

따라서 (다) – (가) – (라) – (나) 순이 적절하다.

④ (라) – (가) – (나) – (다) ➔ (×)
⑤ (라) – (나) – (다) – (가) ➔ (×)

제시문 분석

제시문 (다)–스마트폰으로 집안 장치들을 조절할 수 있게 하는 스마트홈 시스템

원인		결과
스마트홈 시스템을 통해 가전제품과 주거 환경의 자동화, 에너지 효율 상승, 보안 강화가 가능해진다.(4)	➔	최근 많은 사람들이 스마트폰을 통해 집 안의 조명, 난방, 보안 시스템 등을 조절한다.(1)

제시문 (가)–스마트홈 시스템 작동 원리

원리
모든 스마트홈 시스템은 데이터 수집과 분석을 통해 작동한다.(1) 다양한 센서가 실시간으로 데이터를 수집하고, 중앙 제어 시스템이 이 데이터를 분석하여 사용자의 명령이나 사전 설정된 조건에 따라 각 장치를 제어한다.(2) 이 과정에서 IoT(사물인터넷) 기술이 중요한 역할을 한다.(4)

➔	효과	스마트홈 시스템은 자동으로 다양한 활동을 조절할 수 있다.(3)

제시문 (라)–IoT 기술과 중앙 제어 시스템의 비교

IoT 기술	중앙 제어 시스템
각 장치들이 네트워크에 연결되어 데이터를 실시간으로 주고받을 수 있게 하는 기술이다.(1)	IoT를 통해 수집된 데이터를 활용하여 스마트홈 시스템을 효율적으로 운영한다.(2)

➔	효과	스마트홈 시스템은 IoT 기술을 이용하여 각종 가전제품과 보안 장치들을 실시간으로 연결하고, 중앙 제어 시스템은 이 데이터를 분석하여 장치를 제어한다.(3) 이를 통해 효율적이고 통합된 관리가 가능해진다.(4)

제시문 (나)–스마트홈 시스템 활용 방법

①	만약 스마트홈 시스템을 잘 활용하고 싶다면, 사용자는 먼저 각 장치의 기능과 설정 방법을 충분히 이해해야 한다.(1)

②	또한, 정기적인 소프트웨어 업데이트를 통해 보안 취약점을 방지하고, 새로운 기능을 사용할 수 있도록 해야 한다.(2)

③	마지막으로, 에너지 절약을 위해 스마트 조명이나 온도 조절기와 같은 장치를 효율적으로 설정하는 것이 중요하다.(3)

합격자의 실전 풀이 순서

[방법 1]

❶ 발문 제대로 읽기 및 문제 유형 파악

본 유형은 문단 순서를 정하는 문제 유형이다. 문단의 순서를 알 수 있는 가장 결정적인 단서는 문단의 맨 첫 문장과 마지막 문장이다. 우선 각 문단 첫 문장을 읽어보며 처음에 올 만한 문단을 찾아본다. 그리고 순서를 하나씩 확정할 때마다 선지로 내려가 정답이 있는지를 확인하면 좋다.

해당 유형은 선지를 활용하여 처음에 올 문단을 예상하는 방식으로 시간을 단축할 수도 있다. 이후의 순서를 정할 때도 선지에서 제시하고 있는 순서를 검토하여 이를 선지 판단에 참고할 수 있다.

❷ 제시문 독해 및 선지 판단

(1) 우선 각 문단의 첫 문장을 읽어보면 (다) 문단이 최근 많은 사람들의 모습을 언급하고 있다. 나머지 문단들은 스마트홈 시스템, IoT에 관해 이야기하고 있으므로, 도입 부분이 될 수 있는 건 (다) 문단이다. 글의 구성은 대부분 넓은 범위에서 시작해 좁은 범위로 좁혀가는 것이 일반적이다. 스마트폰으로 집안 기기들을 조절하는 모습과 이를 가능하게 하는 스마트홈 시스템이 언급된 후 스마트홈 시스템의 자세한 설명으로 그 논의가 이어질 것으로 예측할 수 있다. 본 문제의 경우 접속사 등의 표현으로 제시된 힌트가 없으므로 글의 구성과 선지 구성을 참고해 풀어야 한다.

(2) (다)의 다음으로 오는 문단은 선지 구성을 통해 (가) 문단뿐임을 알 수 있다. 실제로 살펴보면 (다) 문단에서 스마트홈 시스템이 소개되었으므로 스마트홈의 구체적인 원리를 소개하고 있는 (가) 문단이 뒤이어 오는 것이 자연스럽다. 다만 선지를 참고하지 않고 다음 순서를 알아보려고 했다면, 난이도도 올라가고 시간도 오래 걸렸을 것이다. 선지를 참고해 풀이 시간을 단축하는 것이 필요하다.

(3) (가) 문단에선 스마트홈 시스템의 작동 원리를 설명한다. 중앙 제어 시스템, IoT 기술을 언급한다. 글의 말미에서 IoT 기술이 중요한 역할을 한다고 언급했는데, 이는 그다음에 IoT 기술을 설명할 것이라는 힌트를 제시한 것으로 볼 수 있다. 실제로 (라) 문단의 내용을 살펴보면, IoT 기술의 구체적인 특징이 전개되는 것뿐만 아니라 (가)에서 제시된 원리를 더욱 상세하게 언급한다. 이와 달리 (나)는 (가)와 관련 없이 스마트홈 시스템을 잘 활용할 수 있는 방법을 설명한다. 스마트홈 시스템을 전반적으로 소개한 후 활용 방법을 소개한 것으로 볼 수 있다. 따라서 (라) 문단이 (가) 문단 다음으로 오는 것이 적절하다.

결론적으로, 정답의 순서는 (다) – (가) – (라) – (나)임을 알 수 있다.

[방법 2]

생소한 단어가 나올 때 선지를 활용하면서 해당 단어를 추적하는 것으로 문제를 빠르게 풀 수 있는 경우가 있다.

(1) 우선 선지를 볼 때 첫 문단이 될 가능성이 큰 선지는 (다), (라)이다. (다)를 보면 '최근'이라는 단어를 사용한다. 근황을 설명하는 단어는 첫 문단에 특이점을 제시하거나 마지막 문단에 앞서 설명한 내용을 보충하는 역할을 한다.

(2) (다)가 첫 문단이라고 가정하는 경우, 선지에 따라 (가)가 두 번째 문단이 된다. (다) – (가) 순서가 타당한지 확인해 보면, (다)에서 생소한 단어인 '스마트홈 시스템'에 대해 언급하고, (가)에서 '스마트홈 시스템'에 관해 설명하고 있다. 따라서 해당 순서는 타당하다.

(3) 이후 (가)에서 생소한 단어인 'IoT'를 추적하면 (라)에 있다. 역시 IoT에 관한 설명을 (라)에서 하고 있으므로 타당한 순서가 된다. 이는 또한, (가)가 (라)보다 논리적 순서가 앞에 와야 하는 이유가 된다. (나)는 스마트홈 활용 방식에 관해 설명하고 있어 마지막 문단으로 적합하다.

(4) 만약 선지에 (다) 이후 (가), (나)가 모두 있는 경우에 '스마트홈 시스템' 단어가 (가), (나)에 겹치므로 선택이 어려울 수 있다. 그러나 (가)는 스마트홈 시스템에 관한 설명이고, (나)는 스마트홈 시스템의 활용 방식이기 때문에 (가) 이후에 (나)가 나오는 것이 적절하다.

합격자의 시간단축 Tip

Tip ❶ 문단 순서 판단 문제의 접근법

문단의 순서를 판단하는 문제는 우선 첫 문장과 마지막 문장이 주요 근거가 되며 이들 안에 순서를 판단할 수 있는 결정적 요소들이 몇 개 있다. 이들을 대표적으로 몇 개 나열하면 다음과 같다.

(1) 첫 문단은 일반적으로 '넓은 범위'의 이야기에서 시작해서 '좁은 범위'의 이야기로 좁혀간다. 예를 들어, 제시문에서는 '스마트홈 시스템'으로 시작해서 상대적으로 좁은 범위인 원리, 활용 방법 등으로 좁혀감을 알 수 있다. 이를 통해 첫 문단을 결정할 때 첫 문장의 내용이 비교적 넓은 범위를 가진 것을 선택하면 정답일 확률이 매우 높다.

(2) 접속사에 주의하자. 접속사는 앞 문장과 뒤 문장 사이에 들어가 이들의 연결을 매끄럽게 해주는 역할을 하므로 이들을 통해 앞과 뒤 문장에 어떤 내용이 들어갈지 잘 파악할 수 있다. 예를 들어, '그러나'라는 접속사가 있다면 앞의 내용을 뒤집어 주는 접속사이기 때문에 이 접속사 앞과 뒤의 문장은 정반대여야 함을 알 수 있다. 접속사를 살펴보면 글의 구조를 빠르게 파악할 수 있으므로, 접속사를 적극적으로 활용하면 풀이 시간을 줄일 수 있다.

(3) 대명사에 주의하자. 해당 문제에는 결정적 근거로 등장하지 않지만, 기본적으로 대명사는 앞에 이미 나온 것을 다시 한번 가리키는 것이므로 첫 문장에 이러한 대명사가 있다면 바로 앞 내용에 이에 대응하는 말이 분명히 있을 것이므로 이를 통해 순서 판단이 가능하다.

(4) 앞 문단의 후반부 내용과 연관성 정도를 통해 다음 문단을 판단할 수 있다. 제시문을 예로 들어 말하자면, (다)와 같이 앞 문단 후반부가 '스마트홈 시스템'에 관해 이야기했다면 다음 문단의 시작은 (가)와 같이 이와 밀접한 이야기로 시작할 가능성이 매우 크다.

(5) 사례에 주의하자. 보통 실생활 적용 사례, 해결 사례 등은 그 전에 설명이 있어야 나올 수 있다. 사례가 제시된 문단이 먼저 나오면 그 사례가 어떤 것에 관한 내용인지 설명해 줄 문단이 앞에 있을 가능성이 매우 크다.

(6) 레시피나 매뉴얼을 다루는 경우 논리적인 순서가 있을 수밖에 없다. 해당 문제는 스마트홈 시스템의 의의, 작동 원리, 활용 방법이 제시되고 있어 반드시 특정한 논리적 순서가 존재한다고 할 수는 없다. 다만 일반적인 글쓰기라면 의의–작동 원리–활용 방법 순으로 작성될 것임을 알 수 있다. 제시문의 구조를 도식화하면 다음과 같다.

글의 구조

(다) 스마트홈 시스템의 의의: 스마트폰으로 집안 장치들을 조절
(가) 스마트홈 시스템 작동 원리
└─(라) Iot 기술
(나) 스마트홈 시스템 활용 방법

Tip ❷ 선지의 적극적 활용 1

문단의 순서를 정하는 문제는 선지에서 이미 주어진 문단의 순서 중 타당한 것을 골라야 한다. 본 문제의 경우 그리 어렵지 않은 문제에 해당하지만, 난도가 높은 순서 결정 유형의 경우 선지에서 주어진 문단의 순서를 참고하는 것이 효과적이다. 예를 들어 문제에서는 선지를 통해 가장 앞에 (가), (다), (라)가 나오고 있음을 알 수 있다. 그러므로 (나)를 굳이 처음으로 확인할 필요가 없다. 또한, 뒤에 올 문단 판단이 끝날 때마다 선지로 내려가 보자. 혹은 본 문제 선지의 구성을 보면 (다) – (가)로 시작하는 선지의 빈도가 제일 높다. 따라서 (다) – (가)가 참임을 가정하면서 정오 판단을 하는 방식을 활용해도 좋다. 특히 (다)를 첫 문단으로 정했다면 그다음으로 오는 문단은 (가)가 유일하므로 이를 적극적으로 활용해 풀이 시간을 단축하는 것이 좋다.

Tip ❸ 선지의 적극적 활용 2

하물며 첫 번째 순서로 나올 수 있는 문단을 모르겠다고 하더라도 (라)에서는 처음부터 IoT에 대해 언급하고 있는데, (가)의 마지막을 통해 IoT가 사물인터넷을 의미함을 알 수 있다. 따라서, 적어도 (가)가 (라)보다 먼저 와야 함을 알 수 있다. 본 문제는 (가) – (라) 순서에 어긋되는 선지만 지워도 ①, ②, ③만 남아서 답을 빠르게 골라낼 수 있다.

07 정답 ③

난이도 ●○○

문단배열 – 제시된 문단을 논리적 흐름에 따라 배열하는 문제

문제유형 비판적 사고 > 논리적 결론의 전제·원인 찾기

접근전략 문단 배열 순서의 문제는 주로 문단별 첫 문장과 마지막 문장을 결정적 근거로 삼아 풀 수 있다. 이때, 1) 첫 문단은 넓은 범위의 이야기에서 좁은 범위로 좁혀간다는 점 2) 접속사, 대명사를 유의해야 한다는 점 3) 앞 문단의 후반부 내용과 다음 문단의 첫 문장의 연관성 등을 이용해 각 순서를 판단할 수 있다. 또한, 다음에 올 문단을 선택할 때마다 선지로 돌아가 당장 정답을 선택할 수 있는지 확인하면 시간을 크게 단축할 수 있다.

다음 문단을 논리적 순서대로 알맞게 배열한 것을 고르시오.

(가) (1)일반 식품은 대량 생산이 가능하며, 주로 화학 비료와 합성 농약을 사용하여 재배된다. (2)대형 마트에서 쉽게 구매할 수 있는 사과, 당근 등이 일반 식품에 해당한다. (3)이러한 식품은 가격이 상대적으로 저렴하고 널리 유통되는 장점이 있다.

(나) (1)그러나 유기농 식품은 일반 식품보다 가격이 비싼 문제가 있다. (2)유기농 재배 과정에 더 많은 노동력과 시간이 필요하기 때문이다.

(다) (1)반면, 유기농 식품은 화학 비료나 합성 농약을 사용하지 않고 자연 친화적인 방식으로 재배된다. (2)유기농 농장에서 자란 유기농 사과, 유기농 당근 등이 이에 해당한다. (3)이러한 방식은 환경을 보호하고 인체에 해로운 물질을 최소화하는 데 기여한다.

(라) (1)예를 들어, 최근 일부 학교에서는 유기농 식재료를 사용한 급식을 제공하다 비용 문제로 사용하지 못하고 있다. (2)이를 해결하기 위해, 정부와 지방자치단체에서는 유기농 식품 구매 시 보조금을 지급하거나 유기농 농산물 직거래 장터를 운영하여 가격 부담을 줄이려고 노력하고 있다. (3)이러한 방식은 유기농 식품의 접근성을 높이고 경제적 부담을 줄일 수 있다.

① (가) – (나) – (다) – (라) ➜ (×)
② (가) – (나) – (라) – (다) ➜ (×)
③ (가) – (다) – (나) – (라) ➜ (○)

(1) (가)~(라)의 중심 내용을 정리하면, (가)는 일반 식품의 특징 및 예시, (나)는 유기농 식품의 단점, (다)는 유기농 식품의 특징 및 예시. (라)는 유기농 식품의 단점 사례 및 해결 사례로 볼 수 있다. (가)~(라)를 글의 흐름에 적절하게 배열하면 다음과 같다.

(2) (가)에서는 일반 식품의 특징을 설명한다. 나머지 문단의 경우 유기농 식품의 특징을 설명하는데, (다) 문단에서만 '반면, 유기농 식품은'이라고 하며 역접 접속사를 통해 일반 식품과 다른 유기농 식품의 특징을 설명한다. 반면, (가) 문단은 역접 접속사가 존재하지 않는다. 따라서, 일반 식품의 특징을 설명하는 (가)가 처음으로 제시되어야 한다. 또한, 선지 구성을 살펴보면 첫 문단으로 (가) 문단만 가능하다.

(3) (나) 문단은 일반 식품과 대비되는 유기농 식품의 단점을 설명한다. '그러나'로 시작하므로 유기농 식품에 대한 장점이 주로 제시된 (다) 문단 다음으로 오는 것이 적절하다. (라)에서는 (나)에서 제시된 단점이 문제 된 실제 사례와 이에 대한 해결 방안을 제시한다. 따라서 마무리로 오는 것이 가장 적절하다. 따라서 (가) – (다) – (나) – (라) 순이 적절하다.

④ (가) – (다) – (라) – (나) ➜ (×)
⑤ (가) – (라) – (나) – (다) ➜ (×)

제시문 분석

제시문 (가)–일반 식품의 특징 및 예시

일반 식품
대량 생산이 가능하며, 주로 화학 비료와 합성 농약을 사용하여 재배된다.(1) 가격이 상대적으로 저렴하고 널리 유통되는 장점이 있다.(3)

…

대표 예시	대형 마트에서 쉽게 구매할 수 있는 사과, 당근 등이 일반 식품에 해당한다.(2)

제시문 (다)–유기농 식품의 특징 및 예시

유기농 식품
화학 비료나 합성 농약을 사용하지 않고 자연 친화적인 방식으로 재배된다.(1) 환경을 보호하고 인체에 해로운 물질을 최소화하는 데 기여한다.(3)

…

대표 예시	유기농 농장에서 자란 유기농 사과, 유기농 당근 등이 이에 해당한다.(2)

제시문 (나)–유기농 식품의 단점

원인		결과
유기농 재배 과정에 더 많은 노동력과 시간이 필요하다.(2)	➜	일반 식품보다 가격이 비싼 문제가 있다.(1)

제시문 (라)–유기농 식품 단점 사례 및 해결 사례

단점	최근 일부 학교에서는 유기농 식재료를 사용한 급식을 제공하다 비용 문제로 사용하지 못하고 있다.(1)
↓	
해결	정부와 지방자치단체에서는 유기농 식품 구매 시 보조금을 지급하거나 유기농 농산물 직거래 장터를 운영하여 가격 부담을 줄이려는 노력을 하고 있다.(2)
↓	
효과	유기농 식품의 접근성을 높이고 경제적 부담을 줄일 수 있다.(3)

합격자의 실전 풀이 순서

❶ 발문 제대로 읽기 및 문제 유형 파악

본 문제는 문단의 순서를 정하는 문제 유형이다. 문단의 순서를 알 수 있는 가장 결정적인 단서는 문단의 맨 첫 문장과 마지막 문장이다. 우선 각 문단의 첫 문장을 읽어보며 처음에 올 만한 문단을 찾아본다. 그리고 순서를 하나씩 확정할 때마다 선지로 내려가 정답이 있는지를 확인하면 좋다.

해당 유형은 선지를 활용하여 처음에 올 문단을 예상하는 방식으로 시간을 단축할 수도 있다. 이후의 순서를 정할 때도 선지에서 제시하고 있는 순서를 검토하여 이를 선지 판단에 참고할 수 있다.

❷ 제시문 독해 및 선지 판단

(1) 선지 구성에 따라 (가) 문단이 제일 처음 순서이다. 나머지 문단들은 유기농 식품을 다루고 있으므로, 일반 식품과 유기농 식품을 비교하는 내용임을 유추할 수 있다. 주어진 선지 구성을 보면, (가) - (나) 선지가 두 개, (가) - (다) 선지가 두 개다. 둘을 비교해 봤을 때 (다) 문단이 '반면'이라는 표현으로 시작해 유기농 식품 설명을 시작하므로 (다)가 (가) 다음으로 오는 것이 적절하다. (나) 문단도 '그러나'로 시작해 유기농 식품과 일반 식품을 비교하긴 하지만, (다)에서 유기농 식품의 정의, 예시 등을 제시하기 때문에 둘 중엔 (다)가 앞으로 오는 것이 맞다. 글의 구성을 넓은 범위에서 좁은 범위로 전개해 나간다는 사실을 참고해도 좋다. (다)에서는 넓게 유기농 식품을 설명하고, (나)에선 좁게 그 단점을 설명하는 것이다.

(2) (라) 문단에선 일부 학교에서 비용 문제로 유기농 식재료를 사용하지 못한다는 사례를 들었다. (나)에서 유기농 식품의 단점으로 비싼 가격을 들었으므로, (나)에서 제시된 단점의 구체적인 사례를 언급한 것으로 볼 수 있다.

결론적으로, 정답의 순서는 (가) - (다) - (나) - (라)이다.

합격자의 시간단축 Tip

Tip ❶ 문단 순서 판단 문제의 접근법

문단의 순서를 판단하는 문제는 우선 첫 문장과 마지막 문장이 주요 근거가 되며 이들 안에 순서를 판단할 수 있는 결정적 요소들이 몇 개 있다. 이들을 대표적으로 몇 개 나열하면 다음과 같다.

(1) 첫 문단은 일반적으로 '넓은 범위'의 이야기에서 시작해서 '좁은 범위'의 이야기로 좁혀간다. 예를 들어, 제시문에서는 '유기농 식품'으로 시작해서 상대적으로 좁은 범위인 단점, 사례 등으로 좁혀감을 알 수 있다. 이를 통해 첫 문단을 결정할 때 첫 문장의 내용이 비교적 넓은 범위를 가진 것을 선택하면 정답일 확률이 매우 높다.

(2) 접속사에 주의하자. 접속사는 앞 문장과 뒤 문장 사이에 들어가 이들의 연결을 매끄럽게 해주는 역할을 하므로 이들을 통해 앞과 뒤 문장에 어떤 내용이 들어갈지 잘 파악할 수 있다. 예를 들어, (나)와 같이 '그러나'라는 접속사가 있다면 앞의 내용을 뒤집어 주는 접속사이기 때문에 이 접속사 앞과 뒤의 문장은 정반대여야 함을 알 수 있다. 지문에 등장하는 '반면'이라는 접속사 역시 마찬가지이다. 접속사를 살펴보면 글의 구조를 빠르게 파악할 수 있으므로, 접속사를 적극적으로 활용하면 풀이 시간을 줄일 수 있다. 또한, (라)에서는 '예를 들어'를 언급하고 있는데, (라) 문단 앞에 사례에 관한 어떤 일반적인 내용이 올 것임을 예상할 수 있다.

(3) 대명사에 주의하자. 해당 문제에는 결정적 근거로 등장하지 않지만, 기본적으로 대명사는 앞에 이미 나온 것을 다시 한번 가리키는 것이므로 첫 문장에 이러한 대명사가 있다면 바로 앞 내용에 이에 대응하는 말이 분명히 있을 것이므로 이를 통해 순서 판단이 가능하다.

(4) 앞 문단의 후반부 내용과 연관성 정도를 통해 다음 문단을 판단할 수 있다. 제시문을 예로 들어 말하자면, (나)와 같이 앞 문단이 '유기농 식품의 단점'에 관해 이야기했다면 다음 문단의 시작은 (라)와 같이 이와 밀접한 이야기로 시작할 가능성이 매우 크다.

(5) 사례에 주의하자. 보통 실생활 적용 사례, 해결 사례 등은 그 전에 설명이 있어야 나올 수 있다. 사례가 제시된 문단이 먼저 나오면 그 사례가 어떤 것에 관한 내용인지 설명해 줄 문단이 앞에 있을 가능성이 매우 크다.
예를 들어 (라)의 경우 '유기농 식재료 구매 활성화를 위한 사례'들이 언급되고 있다. 그러므로 앞에서는 '유기농 식재료 구매 활성화가 어려운 이유'에 대해서 언급되었음을 추측할 수 있다. 그리고 (라)에서 '가격 부담'을 언급했으므로 아마도 '유기농 식재료 구매 활성화의 어려움 원인은 가격 부담에 있음을 추측할 수 있고 이에 (라) 앞에 (나)를 고려해 볼 수 있다.

(6) 레시피나 매뉴얼을 다루는 경우 논리적인 순서가 있을 수밖에 없다. 해당 문제는 유기농 식품의 특징과 사례, 유기농 식품의 단점, 유기농 식품의 단점 사례 및 해결 방안을 제시하고 있어 반드시 특정한 논리적 순서가 존재한다고 할 수는 없다. 다만 일반적인 글쓰기라면 유기농 식품의 특징과 사례 - 유기농 식품의 단점 - 유기농 식품의 단점 사례 및 해결 방안 순으로 작성될 것임을 알 수 있다. 제시문의 구조를 도식화하면 다음과 같다.

글의 구조

(가) 일반 식품의 특징과 사례 vs.
(다) 유기농 식품의 특징과 사례
(나) 유기농 식품의 단점
→ (라) 유기농 식품의 단점 사례 및 해결 방안

Tip ❷ 선지의 적극적 활용 1

문단의 순서를 정하는 문제는 선지에서 이미 주어진 문단의 순서 중 타당한 것을 골라야 한다. 본 문제의 경우 그리 어렵지 않은 문제에 해당하지만, 난도가 높은 순서 결정 유형의 경우 선지에서 주어진 문단의 순서를 참고하는 것이 효과적이다.

Tip ❸ 선지의 적극적 활용 2

구체적으로 문단 순서를 바로 확정 짓지 않더라도 선후 관계를 알 수 있다면 관련 선지를 소거할 수 있다. 예를 들어 (나)는 '유기농 식품의 단점', (라)는 '유기농 식품의 단점 사례 및 해결 방안'을 제시하고 있어 (라)가 (나) 뒤에 바로 와야 함을 알 수 있다. 본 문제는 (나)－(라) 순서에 어긋나는 선지만 지워도 ②, ③만 남아서 답을 빠르게 골라낼 수 있다.

Tip ❹ 일단 선지에 끼워 맞춰보기

(가)가 선지에 따라 무조건 첫 문단이다. 이후 두 번째 문단을 찾을 때 (나)가 적절하지 않은가 하는 의문이 들 수 있다. (가)에서 일반 식품의 장점인 가격을 설명하고 있는데, (나)에서 일반 식품의 가격과 대비되는 유기농 식품의 비싼 가격이라는 단점을 제시하며 유기농 식품을 소개하는 것으로 오인할 수 있기 때문이다.
그러나 (가) － (나)를 고정하고 이후 문단을 배치하면 문제가 생긴다. (다) － (라)인 경우, (라)는 유기농 식품의 비용 문제의 예시를 드는데, 앞의 (다)와 아무런 관련이 없다. (라) － (다)로 판단하는 경우 (나)에서 제시한 유기농 식품의 비용 문제를 (라)에서 예시를 들어 부연하고 있으나, (라)는 그 단점을 해결할 수 있음을 제시하기에 '반면'으로 시작하는 (다)가 마지막에 오기에 적절하지 못하다. (다)의 "반면, 유기농 식품은 화학 비료나 합성 농약을 사용하지 않고 자연 친화적인 방식으로 재배된다."라는 문장이 적절하기 위해서는 앞에 (가)처럼 일반 식품의 재배 방법이 나와야 하기 때문이다.
이처럼 문제가 주관식이 아니라 객관식이기 때문에 선지를 최대한 활용한다. 선지 순서 중 하나를 맞다고 가정한 뒤, 자연스러움을 판단하고 부자연스럽다면 소거하는 방법을 쓰는 것도 방법이다.

08 정답 ❷ 난이도 ●●●

문단배열 – 제시된 문단을 논리적 흐름에 따라 배열하는 문제

문제유형 비판적 사고 > 논리적 결론의 전제·원인 찾기

접근전략 문단 배열 순서의 문제는 주로 문단별 첫 문장과 마지막 문장을 결정적 근거로 삼아 풀 수 있다. 이때, 1) 첫 문단은 넓은 범위의 이야기에서 좁은 범위로 좁혀간다는 점 2) 접속사, 대명사를 유의해야 한다는 점 3) 앞 문단의 후반부 내용과 다음 문단의 첫 문장의 연관성 등을 이용해 각 순서를 판단할 수 있다. 또한, 다음에 올 문단을 선택할 때마다 선지로 돌아가 선지 배열을 제시문에 대입해본다면 훨씬 시간을 단축시킬 수 있다.

다음 문단을 논리적 순서대로 알맞게 배열한 것을 고르시오.

(가) (1)동독 주민들이 서독으로 대거 이주하는 상황이 벌어졌는데, 이에 동독 정부는 서베를린으로의 대규모 탈출을 막기 위해 거대한 장벽을 세우기 시작했다. (2)이 장벽이 베를린 장벽이다. (3)베를린 장벽은 철저한 감시와 보안 속에서 동독 주민들이 서독으로 이동하는 것을 차단했다.
(나) (1)그 후 동독 내 대규모 민주화 시위와 정치적 압력이 발생했다. (2)이에 1989년 동독 정부가 여행 제한을 완화하겠다고 발표하면서 베를린 장벽의 붕괴가 시작되었다. (3)수많은 사람들이 장벽을 넘어 자유롭게 이동하면서 베를린 장벽은 역사 속으로 사라졌다.
(다) (1)제2차 세계 대전이 끝난 후 독일은 동서로 분할되었으며, 수도 베를린도 동서로 나뉘었다. (2)이로 인해 동베를린은 소련의 영향권에, 서베를린은 서방 연합국의 영향권에 놓이게 되었다.
(라) (1)독일의 분단은 1990년 10월 3일 공식적으로 종료되었다. (2)동독과 서독의 지도자들은 여러 차례의 회담을 통해 통일의 구체적인 방안을 논의하였으며, 동독 주민들의 대규모 시위와 서독의 경제적 지원이 큰 역할을 했다. (3)독일의 통일은 유럽의 정치적 지형을 바꾸는 중요한 사건으로 기록되었다.

① (가) － (나) － (다) － (라) ➜ (×)
② (다) － (가) － (나) － (라) ➜ (○)

(1) (가)~(라)의 중심 내용을 정리하면, (가)는 베를린 장벽 건설, (나)는 베를린 장벽의 붕괴, (다)는 독일의 분단, (라)는 독일의 통일 및 의의로 볼 수 있다. (가)~(라)를 글의 흐름에 따라 적절하게 배열하면 다음과 같다.

PART 2 추리

(2) (다)에서는 제2차 세계대전이 끝난 후 분단된 독일의 상황을 설명한다. 뒤에 이어질 내용들의 전체적인 배경이 되는 내용으로 첫 문단으로 적절하다. (가)는 분단 후 동독 주민들이 서독으로 이주하는 걸 막기 위해 동독 정부가 베를린 장벽을 세운 내용을 다룬다. (나)는 베를린 장벽 붕괴, (라)는 통일을 다루고 있으므로 시간 순서에 따라 (가) 문단이 (다) 문단 다음으로 오는 것이 자연스럽다.

(3) 앞서 살펴봤듯이 (라)는 독일의 통일을 다루고 있고, 본 제시문은 시간의 순서대로 진행되기 때문에 (라) 문단이 제일 마지막에 위치해야 한다. (가)에서 제시된 베를린 장벽이 붕괴하는 내용을 다룬 (나) 문단이 (가) 문단 다음으로 오는 것이 적절하다. 따라서 (다) – (가) – (나) – (라) 순이 정답이다.

③ (가) – (나) – (라) – (다) ➜ (×)
④ (다) – (가) – (라) – (나) ➜ (×)
⑤ (가) – (다) – (나) – (라) ➜ (×)

제시문 분석

제시문 (다)–제2차 세계 대전 후 독일의 분단

독일의 분단
제2차 세계 대전이 끝난 후 독일은 동서로 분할되었으며, 수도 베를린도 동서로 나뉘었다.(1) 이로 인해 동베를린은 소련의 영향권에, 서베를린은 서방 연합국의 영향권에 놓이게 되었다.(2)

제시문 (가)–동독 주민의 이주를 막기 위한 베를린 장벽 건설

원인		결과
동독 주민들이 서독으로 대거 이주하는 상황이 벌어졌다.(1)	➜	동독 정부는 서베를린으로의 대규모 탈출을 막기 위해 베를린 장벽을 세우기 시작했다.(1) 베를린 장벽은 철저한 감시와 보안 속에서 동독 주민들이 서독으로 이동하는 것을 차단했다.(3)

제시문 (나)–동독 내 시위 등의 영향으로 붕괴된 베를린 장벽

원인		결과
동독 내 대규모 민주화 시위와 정치적 압력이 발생했다.(1)	➜	1989년 동독 정부가 여행 제한을 완화하겠다고 발표하면서 베를린 장벽의 붕괴가 시작되었다.(2) 수많은 사람들이 장벽을 넘어 자유롭게 이동하면서 베를린 장벽은 역사 속으로 사라졌다.(3)

제시문 (라)–독일의 통일 및 의의

과정
동독과 서독의 지도자들은 여러 차례의 회담을 통해 통일의 구체적인 방안을 논의하였다.(2) 동독 주민들의 대규모 시위와 서독의 경제적 지원이 큰 역할을 했다.(2)

➜	결과	독일의 분단은 1990년 10월 3일 공식적으로 종료되었다.(1)
➜	의의	유럽의 정치적 지형을 바꾸는 중요한 사건으로 기록되었다.(3)

합격자의 실전 풀이 순서

❶ **발문 제대로 읽기 및 문제 유형 파악**

문단의 순서를 알 수 있는 가장 결정적인 단서는 문단의 맨 첫 문장과 마지막 문장이다. 우선 각 문단 첫 문장을 읽어보며 처음에 올 만한 문단을 찾아본다. 그리고 순서를 하나씩 확정할 때마다 선지로 내려가 정답이 있는지를 확인하면 좋다.

해당 유형은 선지를 활용하여 처음에 올 문단을 예상하는 방식으로 시간을 단축할 수도 있다. 이후의 순서를 정할 때도 선지에서 제시하고 있는 순서를 검토하여 이를 선지 판단에 참고할 수 있다.

❷ **제시문 독해 및 선지 판단**

(1) 우선 선지의 구성을 살펴보면 (가) 문단으로 시작하는 선지가 세 개, (다) 문단으로 시작하는 선지가 두 개다. 따라서 (가)와 (다)의 첫 문장을 각각 먼저 읽어본다. (가)에선 동독 주민, 서독, 거대한 장벽에 관한 이야기가 나온다. 어떤 이유로 동독 주민들이 서독으로 대거 이주하게 됐는지에 대한 언급이 없으므로, 첫 문단으로 오기엔 배경이 부족하다. 배경 지식이 없다면, 동독 주민이 서독으로 이동하는 게 어떠한 점에서 문제가 되길래 장벽까지 세우는지 알 수 없기 때문이다. 그다음으로 (다) 문단을 읽어보면, 제2차 세계 대전이 끝난 후 동서로 나뉜 독일의 이야기가 나온다. 독일이 동서로 나뉘었기 때문에 (가)의 동독 주민이 서독으로 이주하려는 상황이 문제가 된다는 것을 예측할 수 있게 된다. 따라서 (다) 문단이 처음으로 오는 것이 적절하다.

(2) (다)의 다음으로 오는 문단은 선지 구성을 통해 (가) 문단뿐임을 알 수 있다. 선지를 참고하지 않고 다음 순서를 알아보려고 했다면, 난이도도 올라가고 시간도 오래 걸렸을 것이다. 선지를 참고해 풀이 시간을 단축하는 것이 필요하다. (가)에선 베를린 장벽이 세워진 이야기를 다루고 있다. (라) 문단은 독일의 분단이 종료된 상황을 제시하는 것과는 달리 (나) 문단은 베를린 장벽의 붕괴 과정을 설명한다.

특히, (나) 문단은 1989년 사건을, (라) 문단은 1990년 사건을 제시하므로 연대기적으로 서술되는 본 제시문의 구성에 따라 (나)가 (라)의 앞에 위치해야 함을 알 수 있다.

결론적으로, 정답의 순서는 (다) – (가) – (나) – (라)임을 알 수 있다.

합격자의 시간단축 Tip

Tip ❶ 문단 순서 판단 문제의 접근법

문단의 순서를 판단하는 문제는 우선 첫 문장과 마지막 문장이 주요 근거가 되며 이들 안에 순서를 판단할 수 있는 결정적 요소들이 몇 개 있다. 이들을 대표적으로 몇 개 나열하면 다음과 같다.

(1) 첫 문단은 일반적으로 '넓은 범위'의 이야기에서 시작해서 '좁은 범위'의 이야기로 좁혀간다. 이를 통해 첫 문단을 결정할 때 첫 문장의 내용이 비교적 넓은 범위를 가진 것을 선택하면 정답일 확률이 매우 높다. '넓은 범위'의 경우 소재의 통상적이고 일반적인 내용, 소재의 등장 배경이나 현재 이슈 등을 말한다. '좁은 범위'의 경우 소재의 특징이나 장단점 등 세부적인 내용이 나온다.
예를 들어 문제에서도 (다)의 경우 제2차 세계 대전이 끝난 후의 독일 상황을 이야기함으로써 '넓은 범위'의 이야기가 진행되고 있다. 그러므로 제일 앞에 올 확률이 높다.

(2) 접속사에 주의하자. 접속사는 앞 문장과 뒤 문장 사이에 들어가 이들의 연결을 매끄럽게 해주는 역할을 하므로 이들을 통해 앞과 뒤 문장에 어떤 내용이 들어갈지 잘 파악할 수 있다. 예를 들어, '그러나'라는 접속사가 있다면 앞의 내용을 뒤집어 주는 접속사이기 때문에 이 접속사 앞과 뒤의 문장은 정반대여야 함을 알 수 있다. 접속사를 살펴보면 글의 구조를 빠르게 파악할 수 있으므로, 접속사를 적극적으로 활용하면 풀이 시간을 줄일 수 있다.

(3) 대명사에 주의하자. 해당 문제에는 결정적 근거로 등장하지 않지만, 기본적으로 대명사는 앞에 이미 나온 것을 다시 한번 가리키는 것이므로 첫 문장에 이러한 대명사가 있다면 바로 앞 내용에 이에 대응하는 말이 분명히 있을 것이므로 이를 통해 순서 판단이 가능하다.
문제에서도 (나)에서 '그 후'를 통해 (나) 앞에 어떤 사건이 이미 발생했음을 추측할 수 있다.

(4) 앞 문단의 후반부 내용과 연관성 정도를 통해 다음 문단을 판단할 수 있다. 제시문을 예로 들어 말하자면, (다)와 같이 앞 문단 후반부가 '독일의 분단'에 관해 이야기했다면 다음 문단의 시작은 (가)와 같이 이와 밀접한 이야기로 시작할 가능성이 매우 크다.

(5) 사례에 주의하자. 보통 실생활 적용 사례, 해결 사례 등은 그 전에 설명이 있어야 나올 수 있다. 사례가 제시된 문단이 먼저 나오면 그 사례가 어떤 것에 관한 내용인지 설명해 줄 문단이 앞에 있을 가능성이 매우 크다.

(6) 제시문의 내용을 확인하자. 레시피나 매뉴얼을 다루는 경우 논리적인 순서가 있을 수밖에 없다. 해당 문제는 독일의 분단, 베를린 장벽의 건설, 베를린 장벽의 붕괴(1989년), 독일의 분단 종료(1990년)가 제시되고 있어 역사에 따른 시간적 순서가 존재하는 경우다. 역사적 배경 지식이 전무하더라도 독일의 분단 – 독일의 분단 종료, 베를린 장벽의 건설 – 베를린 장벽의 붕괴, 베를린 장벽의 붕괴(1989년) – 독일의 분단 종료(1990년)의 순서는 기계적으로 알아낼 수 있다. 따라서 비교적 쉽게 순서 판단이 가능하다.

Tip ❷ 선지의 적극적 활용

문단의 순서를 정하는 문제는 선지에서 이미 주어진 문단의 순서 중 타당한 것을 골라야 한다. 본 문제의 경우 그리 어렵지 않은 문제에 해당하지만, 난도가 높은 순서 결정 유형의 경우 선지에서 주어진 문단의 순서를 참고하는 것이 효과적이다.

예컨대 선지에서 첫 번째 순서로 나올 수 있는 문단으로 (가)와 (다)만을 제시하고 있는 경우 해당 두 문단만을 비교하여 빠르게 선지 소거가 가능하다. 또한, 뒤에 올 문단 판단이 끝날 때마다 선지로 내려가 보자. 예를 들어 (다)를 처음으로 골랐다면 선지에 내려가서 확정 답이 있는지 확인해 보는 것이다. ②번과 ④번 둘 다 (가)가 2번째로 나오기 때문에 2번째 순서는 확인할 필요 없이 (가)로 확정 지을 수 있다. 혹은 (다) – (가)로 시작하는 선지가 2개, (가) – (나)로 시작하는 선지가 2개로 빈도가 가장 높은 것을 활용하는 방법이 있다. (다) – (가)나 (가) – (나)의 순서가 참이라고 가정한 뒤 정오 판단을 하여 선지를 소거하는 방식도 고려할 수 있다.

유형 5 논리추론

01 정답 ② 난이도 ●●○

논리추론 – 논리적 판단 문제

문제유형 사실적 이해 > 정보 확인

접근전략 지문 초두에 가설 또는 실험이 나오는 경우, 어려운 지문이라고 지레짐작하는 수험생이 많다. 그러나 일단 선지까지 확인한 후 체감 난도를 결정하는 것이 옳다. 이 지문은 겉보기에는 과학적인 내용이지만, 실제로는 단순히 학자들의 주장을 요약정리하는 지문이다. 이러한 문제는 용어만 주의해서 읽는다면 오히려 쉬운 축에 속한다. 다만 이 지점까지 판단할 수 있는 능력이 중요할 뿐이다.

다음 글에서 알 수 없는 것은?

(1)1859년에 프랑스의 수학자인 르베리에는 태양과 수성 사이에 미지의 행성이 존재한다는 가설을 세웠고, 그 미지의 행성을 '불칸'이라고 이름 붙였다. (2)당시의 천문학자들은 르베리에를 따라 불칸의 존재를 확신하고 그 첫 번째 관찰자가 되기 위해서 노력했다. (3)이렇게 확신한 이유는 르베리에가 불칸을 예측하는 데 사용한 방식이 해왕성을 성공적으로 예측하는 데 사용한 방식과 동일했기 때문이다. (4)해왕성 예측의 성공으로 인해 르베리에에 대한, 그리고 불칸의 예측 방법에 대한 신뢰가 높았던 것이다. ▶ 1문단

(1)르베리에 또한 죽을 때까지 불칸의 존재를 확신했는데, 그가 그렇게 확신할 수 있었던 것 역시 해왕성 예측의 성공 덕분이었다. (2)1781년에 천왕성이 처음 발견된 뒤, 천문학자들은 천왕성보다 더 먼 위치에 다른 행성이 존재할 경우에만 천왕성의 궤도에 대한 관찰 결과가 뉴턴의 중력 법칙에 따라 설명될 수 있다고 생각했다. (3)이에 르베리에는 관찰을 통해 얻은 천왕성의 궤도와 뉴턴의 중력 법칙에 따라 산출한 궤도 사이의 차이를 수학적으로 계산하여 해왕성의 위치를 예측했다. (4)천문학자인 갈레는 베를린 천문대에서 르베리에의 편지를 받은 그날 밤, 르베리에가 예측한 바로 그 위치에 해왕성이 존재한다는 사실을 확인하였다. ▶ 2문단

(1)르베리에는 수성의 운동에 대해서도 일찍부터 관심을 가지고 있었다. (2)르베리에는 수성의 궤도에 대한 관찰 결과 역시 뉴턴의 중력 법칙으로 예측한 궤도와 차이가 있음을 제일 먼저 밝힌 뒤, 1859년에 그 이유를 천왕성–해왕성의 경우와 마찬가지로 수성의 궤도에 미지의 행성이 영향을 끼치기 때문이라는 가설을 세운다. (3)르베리에는 이 미지의 행성에 '불칸'이라는 이름까지 미리 붙였던 것이며, 마침 르베리에의 가설에 따라 이 행성을 발견했다고 주장하는 천문학자까지 나타났던 것이다. (4)하지만 불칸의 존재에 대해 의심하는 천문학자들 또한 있었고, 이후 아인슈타인의 상대성이론을 이용해 수성의 궤도를 정확하게 설명하는 데 성공함으로써 가상의 행성인 불칸을 상정해야 할 이유는 사라졌다. ▶ 3문단

① 르베리에에 의하면 수성의 궤도를 정확하게 설명하기 위해서는 뉴턴의 중력 법칙을 대신할 다른 법칙이 필요하지 않다.

→ (○) 르베리에는 수성의 궤도에 대한 관찰 결과 역시 뉴턴의 중력법칙으로 예측한 궤도와 차이가 있음을 밝힌 뒤, 뉴턴의 중력법칙을 사용했던 천왕성–해왕성의 경우와 마찬가지로[2문단(3)] 수성의 궤도에 미지의 행성이 영향을 끼치기 때문이라는 가설을 세웠다.[3문단(2)] 따라서 르베리에는 뉴턴의 중력 법칙만으로 수성의 궤도를 정확하게 설명하려 했으므로, 뉴턴의 중력 법칙을 대신할 다른 법칙은 필요하지 않았다.

② 르베리에에 의하면 천왕성의 궤도를 정확하게 설명하기 위해서는 뉴턴의 중력 법칙을 대신할 다른 법칙이 필요하다.

→ (×) 르베리에는 관찰을 통해 얻은 천왕성의 궤도와 뉴턴의 중력 법칙에 따라 산출한 궤도 사이의 차이를 수학적으로 계산하여 해왕성의 위치를 예측했다.[2문단(3)] 따라서 르베리에는 천왕성의 궤도를 정확하게 설명하기 위해서 뉴턴의 중력 법칙을 사용했으며 이 법칙을 대신할 다른 법칙이 필요하다고 말하지 않았다.

③ 수성의 궤도에 대한 르베리에의 가설에 기반하여 연구한 천문학자가 있었다.

→ (○) 르베리에는 천왕성–해왕성의 경우와 마찬가지로 수성의 궤도에 영향을 끼치는 미지의 행성에 대한 가설을 세웠고[3문단(2)], 이 가설에 따라 미지의 행성인 '불칸'을 발견했다는 천문학자가 있었다.[3문단(3)] 이를 통해 수성의 궤도에 대한 르베리에의 가설에 기반하여 연구한 천문학자가 있었다는 것을 알 수 있다.

④ 르베리에는 해왕성의 위치를 수학적으로 계산하여 추정하였다.

→ (○) 르베리에는 관찰을 통해 얻은 천왕성의 궤도와 뉴턴의 중력 법칙에 따라 산출한 궤도 사이의 차이를 수학적으로 계산하여 해왕성의 위치를 예측했

다.[2문단(3)] 따라서 르베리에는 해왕성의 위치를 수학적으로 계산하여 추정하였음을 알 수 있다.

⑤ 르베리에는 불칸의 존재를 수학적으로 계산하여 추정하였다.

→ (○) 르베리에가 불칸을 예측하는 데 사용한 방식은 해왕성을 예측하는데 사용한 방식과 동일했으며[1문단(3)] 해왕성의 위치를 계산하는 방식은 수학적이었다.[2문단(3)] 따라서 르베리에는 불칸의 존재 역시 수학적으로 계산하여 추정했음을 알 수 있다.

제시문 분석

1문단 불칸의 정의

불칸의 정의
1859년에 프랑스의 수학자인 르베리에는 태양과 수성 사이에 미지의 행성이 존재한다는 가설을 세웠고, 그 미지의 행성을 '불칸'이라고 이름 붙였다.(1)

1, 2문단 불칸에 대한 르베리에와 당시 천문학자들의 확신

르베리에		당시의 천문학자들
죽을 때까지 불칸의 존재에 대한 확신을 가지고 있었다.[2문단(2)]		르베리에를 따라 불칸의 존재를 확신하고 그 첫 번째 관찰자가 되기 위해 노력했다.[1문단(2)]
확신의 이유	⊕	**확신의 이유**
르베리에 또한 죽을 때까지 불칸의 존재를 확신했는데, 그가 그렇게 확신할 수 있었던 것 역시 해왕성 예측의 성공 덕분이었다.[2문단(1)]		르베리에가 불칸을 예측하는 데 사용한 방식이 해왕성을 성공적으로 예측하는 데 사용한 방식과 동일했기 때문이다.[1문단(3)]

2문단 해왕성 예측 성공의 과정

과정 ①	1781년에 천왕성이 처음 발견된 뒤, 천문학자들은 천왕성보다 더 먼 위치에 다른 행성이 존재할 경우에만 천왕성의 궤도에 대한 관찰 결과가 뉴턴의 중력 법칙에 따라 설명될 수 있다고 생각했다.(2)

↓

과정 ②	이에 르베리에는 관찰을 통해 얻은 천왕성의 궤도와 뉴턴의 중력 법칙에 따라 산출한 궤도 사이의 차이를 수학적으로 계산하여 해왕성의 위치를 예측했다.(3)

↓

과정 ③	천문학자인 갈레는 베를린 천문대에서 르베리에의 편지를 받은 그날 밤, 르베리에가 예측한 바로 그 위치에 해왕성이 존재한다는 사실을 확인하였다.(4)

3문단 불칸에 대한 가설과 그 결과

관찰결과		가설		명명과 주장
르베리에는 수성의 궤도에 대한 관찰 결과 역시 뉴턴의 중력 법칙으로 예측한 궤도와 차이가 있음을 제일 먼저 밝힌 뒤(2)	→	1859년에 그 이유를 천왕성-해왕성의 경우와 마찬가지로 수성의 궤도에 미지의 행성이 영향을 끼치기 때문이라는 가설을 세운다.(2)	→	르베리에는 이 미지의 행성에 '불칸'이라는 이름까지 미리 붙였던 것이며, 마침 르베리에의 가설에 따라 이 행성을 발견했다고 주장하는 천문학자까지 나타났다.(3)

→

결과	하지만 불칸의 존재에 대해 의심하는 천문학자들 또한 있었고, 이후 아인슈타인의 상대성이론을 이용해 수성의 궤도를 정확하게 설명하는 데 성공함으로써 가상의 행성인 불칸을 상정해야 할 이유는 사라졌다.(4)

합격자의 실전 풀이 순서

[비문학 유형]

❶ 발문 확인하기

알 수 '있는' 것인지, '없는' 것인지를 확실히 표시하고 간다. 예를 들어 알 수 있는 것을 묻는다면 '있는' 위에 동그라미를 치고, 알 수 없는 것을 묻는다면 '없는' 위에 세모를 쳐 시각적으로 다시 한번 나타낸다.

특히 본 문제의 경우, '없는' 것을 묻고 있기에 이 단계에서 실수를 범하기 쉽다. 꼭 수험생 자신 나름대로의 표시를 해 두자.

다음 글에서 알 수 없는 것?

❷ 지문 독해하기

지문에 가설이 먼저 등장할 경우 실험 지문이라 착각하기 쉽다. 물론 실험 지문도 그 구조를 알고 있다면 그렇게 어려울 것이 없지만, 많은 수험생들이 '실험'이라는 단어만 등장해도 그 문제를 기피하는 것이 사실이다.

이 문제는 그런 점을 노리고 실험 지문인'척' 하는 평범한 지문이다. 이를 수험생들이 문제를 풀기 전 구분할 수 있을까? 답은 'Yes'이다. 그 경로는 세 가지가 있다.

(1) 지문 속에 르베리에라는 이름이 계속 등장한다. 이는 르베리에라는 과학자를 중심으로 글이 이어지는 것이지, 실험을 중심으로 글이 전개되지 않는다는 유력한 증거가 된다.

(2) 선지에 '~에 따르면'이라는 표현이 많이 보인다. 이는 누군가의 주장과 근거, 혹은 기타 등등을 요약하라는 것이지 실험과 그 과학적 사고를 묻는 선지가 아니다.

(3) 과학 실험은 그 용어 설명과 실험 설계부터 시작된다. 예컨대 첫 문장은 '불칸'이라는 행성의 개념을 설명하고 있다. 그런데 그다음 문장은 그것을 조작(manipulation)하는 것이 들어가 있지 않다. 따라서 실험 지문의 특징을 가지지 못하였다. 그 외에 지문에 그림이 없다거나, 각 문단의 초두만 읽어 본다거나 하는 식으로 이것이 실험 지문인지를 판별할 수 있다.
이처럼 과학 소재라 하더라도 실험과 관계없는 지문이 실험 지문보다 더 많다. 따라서 수험생들은 둘을 잘 구분해서 풀도록 하자.

❸ 선지 적용하기

① **르베리에에 의하면 수성의 궤도를 정확하게 설명하기 위해서는 뉴턴의 중력 법칙을 대신할 다른 법칙이 필요하지 않다.**

② **르베리에에 의하면 천왕성의 궤도를 정확하게 설명하기 위해서는 뉴턴의 중력 법칙을 대신할 다른 법칙이 필요하다.**
선지 ①과 ②는 외형이 유사하며, 본질적으로 같은 구조이다. 르베리에에 의하면 수성의 궤도(3문단)와 천왕성의 궤도(2문단) 모두 뉴턴의 중력 법칙을 대신할 다른 법칙이 필요하다. 발문에서 알 수 '없는' 것을 묻고 있으며 두 선지의 문장 끝부분이 다르다는 것을 꼼꼼하게 파악했다면 해결하기 쉽다.

③ **수성의 궤도에 대한 르베리에의 가설에 기반하여 연구한 천문학자가 있었다.**
이 선지는 르베리에가 미친 '영향'이라고 환원할 수 있다. 이에 착안하여 지문의 후반부를 위주로 탐색하면 된다.

④ **르베리에는 해왕성의 위치를 수학적으로 계산하여 추정하였다.**

⑤ **르베리에는 불칸의 존재를 수학적으로 계산하여 추정하였다.**
선지 ④와 ⑤는 외형이 유사하지만, 본질적인 구조는 다르다. 선지 ④의 해왕성의 예측 과정은 2문단에 직접적으로 제시되지만, 선지 ⑤의 불칸의 예측 과정은 1문단에 간접적으로 제시되기 때문이다. 선지의 순서와 문단의 순서가 반대이기에 많은 수험생은 선지 ④에서 2문단을 확인한 후, 선지 ⑤에서 1문단을 확인하고 이어지는 2문단을 한 번 더 빠르게 읽음으로써 확신을 얻고 선지를 제거할 것이다. 물론, 앞선 선지들에서 정답을 찾고 신속하게 넘어갔다면 이 단계를 수행하지 않을 수도 있다.

합격자의 시간단축 Tip

Tip ❶ 구분성이 뚜렷한 키워드를 중심으로 돌아가기
선지 판단 시 제시문으로 돌아가야 한다면 '구분성이 뚜렷한 키워드'를 중심으로 돌아가자. 구분성이 뚜렷하다는 의미는 지문 전반에 걸치지 않고 비교적 특정 부분에 존재하는 키워드를 말한다. 구분성이 뚜렷한 키워드를 중심으로 돌아가면 선지 판단에 필요한 근거를 찾기 수월해진다. ①번의 '르베리에에 의하면 수성의 궤도를 정확하게 설명하기 위해서는 뉴턴의 중력 법칙을 대신할 다른 법칙이 필요하지 않다.'와 같은 선지의 경우 작품 전반에 존재하는 '르비리에'같은 키워드보다는 '수성'이라는 키워드가 근거를 찾기에 더 수월할 것이다.

Tip ❷ 과학 법칙에는 상대성 이론만 있는 것이 아님을 알자.
최근 과학 유튜브 채널을 통해서 과학지식을 얻는 경우가 많은데, 이들은 양자역학과 상대성 이론에만 집중하는 경향이 있다. 물론 이들의 직관은 매우 매력적이나 어디까지나 이 정보들은 상업적으로 선택된 것들임에 유념한다. 실제 과학사 관련 지문이 나오는 경우 그들은 매우 곁가지로 나오거나 나오지 않기도 한다. 만일 최신 이론만 출제할 경우 순수 배경지식 싸움이 되어 대비가 너무 쉬워지고, 수험생이 보유한 배경지식에 따른 편파성도 심해지기 때문이다.
즉, 지문을 읽을 때 항상 최신 이론이거나 현재 맞는 것으로 알려진 이론에만 집중할 필요가 없다.

Tip ❸ 읽기가 너무 힘들다면 주어와 동사 위주로 읽는다.
해당 지문은 소재와 인물 면에서 모두 낯선 단어가 반복된다. (정확히는 반복되는 단어로 인해 피로도가 높다.) 이는 원래 긴 문장을 단문으로 나눠 썼기 때문이다. 예컨대 1문단의 (3)과 (4) 문장은 단순하게 통합할 수 있다. 이럴 때는 주어와 동사, 그리고 나머지로 읽으면서 흐름을 파악해야 한다. '르베리에가 신뢰를 얻었구나. 기존에 성공했구나.'라는 식으로 단순명료하게 기억하며 가야 한다. 이것이 가능한 이유는 어차피 나머지 단어들은 유사하게 반복되기 때문이다.

02 정답 ① 난이도 ●○○

논리추론 - 논리적 판단 문제

문제유형 이해 > 내용 파악

접근전략 제시문은 연금술의 정의와 특징을 먼저 소개하고, 당시 연금술사의 관점을 소개하고 있다. 이어서 당시 연금술사의 관점이 현대 의학에 남긴 상징적 용례를 제시하며, 궁극적으로는 연금술이 당시의 치료법에 끼친 영향을 안내하고 있다. 제시문의 예시가 일부 사례일 뿐임을 인지하고 성급한 일반화를 하지 않는다면 쉽게 정답을 찾을 수 있다.

다음 글에서 알 수 없는 것은?

(1)연금술은 일련의 기계적인 속임수나 교감적 마술에 대한 막연한 믿음 이상의 인간 행위다. (2)출발에서부터 그것은 세계와 인간 생활을 관계 짓는 이론이었다. (3)물질과 과정, 원소와 작용 간의 구분이 명백하지 않았던 시대에 연금술이 다루는 원소들은 인간성의 측면들이기도 했다. ▶ 1문단

(1)당시 연금술사의 관점에서 본다면 인체라는 소우주와 자연이라는 대우주 사이에는 일종의 교감이 있었다. (2)대규모의 화산은 일종의 부스럼과 같고 폭풍우는 왈칵 울어대는 동작과 같았다. (3)연금술사들은 두 가지 원소가 중요하다고 보았다. (4)그 중 하나가 수은인데, 수은은 밀도가 높고 영구적인 모든 것을 대표한다. (5)또 다른 하나는 황으로, 가연성이 있고 비영속적인 모든 것을 표상한다. (6)이 우주 안의 모든 물체들은 수은과 황으로 만들어졌다. (7)이를테면 연금술사들은 알 속의 배아에서 뼈가 자라듯, 모든 금속들은 수은과 황이 합성되어 자라난다고 믿었다. (8)그들은 그와 같은 유추를 진지한 것으로 여겼는데, 이는 현대 의학의 상징적 용례에 그대로 남아 있다. (9)우리는 지금도 여성의 기호로 연금술사들의 구리 표시, 즉 '부드럽다'는 뜻으로 '비너스'를 사용하고 있다. (10)그리고 남성에 대해서는 연금술사들의 철 기호, 즉 '단단하다'는 뜻으로 '마르스'를 사용한다. ▶ 2문단

(1)모든 이론이 그렇듯이 연금술은 당시 그 시대의 문제를 해결하기 위한 노력의 산물이었다. (2)1500년경까지는 모든 치료법이 식물 아니면 동물에서 나와야 한다는 신념이 지배적이었기에 의학 문제들은 해결을 보지 못하고 좌초해 있었다. (3)그때까지 의약품은 대체로 약초에 의존하였다. (4)그런데 연금술사들은 거리낌 없이 의학에 금속을 도입했다. (5)예를 들어 유럽에 창궐한 매독을 치료하기 위해 대단히 독창적인 치료법을 개발했는데, 그 치료법은 연금술에서 가장 강력한 금속으로 간주된 수은을 바탕으로 하였다. ▶ 3문단

① 연금술사는 모든 치료행위에 수은을 사용하였다.
→ (×) 연금술사는 연금술에서 가장 강력한 금속으로 간주된 수은을 바탕으로 매독의 치료법을 개발하였지만[3문단(5)], 모든 치료행위에 수은을 사용했다는 사실은 제시문에 언급되어 있지 않다. 따라서 해당 선지의 내용은 알 수 없다.

② 연금술사는 인간을 치료하는 데 금속을 사용하였다.
→ (○) 연금술사는 연금술에서 가장 강력한 금속으로 간주된 수은을 바탕으로 매독의 치료법을 개발하였다.[3문단(5)] 이를 통해 연금술사는 인간을 치료하는 데 금속을 사용하였다는 사실을 알 수 있다.

③ 연금술사는 구리가 황과 수은의 합성의 산물이라고 보았다.
→ (○) 연금술사들은 수은과 황을 가장 중요한 원소로 보았고[2문단(3)], 이 우주 안의 금속을 비롯한 모든 물체들은 수은과 황이 합성되어 자라난 것으로 보았다.[2문단(6)] 따라서 연금술사는 구리 역시도 이 우주 안의 모든 물체에 속하므로, 황과 수은이 합성된 결과로 보았을 것이다.

④ 연금술사는 연금술을 자연만이 아니라 인간에게도 적용했다.
→ (○) 연금술은 출발부터 세계와 인간 생활을 관계 짓는 이론이었으며[1문단(2)], 우주 안의 모든 물체가 수은과 황으로 지어졌다고 보았다.[2문단(6)] 과거 연금술이 다루는 원소들은 인간성의 측면으로 보기도 했다.[1문단(3)] 더불어 3문단에 따르면 연금술사들은 거리낌 없이 의학에 금속을 도입해[3문단(4)], 매독이라는 인간의 질병을 치료하기 위해 가장 강력한 금속으로 간주되던 수은을 이용했다.[3문단(5)] 이를 통해 연금술사는 연금술을 자연만이 아닌 인간에게도 적용했음을 알 수 있다.

⑤ 연금술사는 모든 물체가 두 가지 원소로 이루어진다고 보았다.
→ (○) 연금술사들은 수은과 황을 가장 중요한 원소로 보았으며[2문단(3)], 이 우주 안의 모든 물체들은 수은과 황으로 만들어졌다고 생각했다.[2문단(6)] 따라서 해당 선지의 내용은 적절하다.

제시문 분석

1문단 연금술과 인간의 관계

연금술의 개념
연금술은 일련의 기계적인 속임수나 교감적 마술에 대한 막연한 믿음 이상의 인간 행위다.(1)

연금술의 특징 1		연금술의 특징 2
출발에서부터 연금술은 세계와 인간 생활을 관계 짓는 이론이다.(2)	⊕	물질과 과정, 원소와 작용 간의 구분이 명백하지 않았던 시대의 연금술이 다루는 원소들은 인간성의 측면들이기도 했다.(3)

2문단 연금술사의 관점

연금술사의 관점
인체라는 소우주와 자연이라는 대우주 사이에는 일종의 교감이 있었다.(1)

연금술사들이 중요하게 여긴 두 원소		
연금술사들은 두 가지 원소가 중요하다고 보았다.(3)		
① 수은		② 황
수은은 밀도가 높고 영구적인 모든 것을 대표한다.(4)	⊕	황은 가연성이 있고 비영속적인 모든 것을 표상한다.(5)

연금술사들의 유추와 현대 의학
연금술사들은 이 우주 안의 모든 물체들과 금속들은 수은과 황이 합성되어 자라난다고 믿었고, 이는 현대 의학의 상징적 용례에 그대로 남아 있다.(8)

3문단 연금술이 의학에 대해 가지는 의의

연금술의 의의
연금술은 당시 그 시대의 문제를 해결하기 위한 노력의 산물이었다.(1)

당시 치료법		당시 의약품
1500년경까지는 모든 치료법이 동식물에서 나와야 한다는 신념이 지배적이었기 때문에, 의학 문제들은 해결을 보지 못하고 곤경에 빠져 있었다.(2)	⊕	그때까지 의약품은 대체로 약초에 의존하였다.(3)

↓

연금술사들의 의학		연금술사들의 의학 사례
연금술사들은 거리낌 없이 의학에 금속을 도입했다.(4)	⊕	유럽에 창궐한 매독을 치료하기 위해 연금술사들이 개발한 독창적인 치료법은 수은을 바탕으로 하였다.(5)

합격자의 실전 풀이 순서

❶ 발문 확인 및 문제 유형 판단하기

발문을 확인한 결과, 글에서 '알 수 없는 것'을 고르는 문제이다. 알 수 없는 것을 고르는 문제는 추론할 수 없는 것을 고르는 문제와 같다. 해당 유형은 제시문 내용과 부합하지 않거나 그로부터 추론 불가능한 선지가 정답이 되며, 제시문 내용과 일치하거나 그로부터 추론할 수 있는 선지가 오답이 된다. 이때, 발문의 '없는'이라는 단어나 선지 옆에 크게 'X'를 표시함으로써 발문 오독으로 인한 실수를 방지한다.

정보확인유형을 푸는 방법으로는 크게 선지를 먼저 읽고 제시문에서 선지의 내용을 찾는 방법과 제시문을 읽은 후 선지를 판단하는 방법 두 가지로 나뉜다. 첫 번째 방법은 선지로부터 키워드를 찾고, 키워드를 제시문에서 찾아가는 방식이다. 두 번째 방법은 제시문의 구조와 선지에서 나올만한 중요한 내용을 파악하며 1분에서 2분 사이 내에 제시문을 읽은 후 선지를 판단하는 방식이다. 이하에서는 첫 번째 방법인 키워드 찾기 식으로 본 문제를 풀어보겠다.

❷ 선지 읽기 및 키워드 도출

선지를 먼저 읽고 어떤 키워드를 중심으로 글을 읽어야 하는지 파악한다. 키워드의 예시는 다음과 같다.

① 모든 치료행위, 수은
② 인간 치료, 금속
③ 구리, 황과 수은, 합성
④ 연금술, 인간, 적용
⑤ 모든 물체, 두 가지 원소

동시에 모든 선지가 '연금술사는'으로 시작하기 때문에 제시문이 연금술에 관한 내용임을 추측할 수 있다. 선지의 내용을 토대로 문제에서 요구하는 정보를 제시문에서 찾는 방식으로 독해한다.

❸ 제시문 독해 및 선지 판단하기

제시문은 연금술과 인간과의 관계를 언급하며 당시 연금술사의 관점을 서술하고 있다. 이후, 연금술이 현대 의학에 미친 영향이 제시되어 있다. 이처럼 제시문의 제재와 구조만을 가볍게 파악하고, 세부 정보로부터 선택지에서 알 수 없는 것을 찾아내면 된다.

선지 ①번과 ②번은 모두 '치료'라는 단어가 포함되어 있다. 제시문에서 치료, 즉 의료와 관련된 정보가 나와 있는 부분은 3문단이므로 3문단에서 관련 내용을 찾는다. 이를 통해 선지 ①번은 제시문에서 언급되지 않은 내용이므로 옳지 않음을, ②번은 3문단 (4)문과 (5)문을 통해 옳음을 알 수 있다. 특히 ①번 선지처럼 '모든'이라는 표현이 들어간다면 반례가 하나라도 존재할 시 틀린 내용이 되므로 오선지가 될 확률이 높다는 점을 유의할 필요가 있다.

③, ④, ⑤번 선지는 연금술사의 관점이 나온 2문단 이후부터 관련 정보를 확인할 수 있다. 선지별 해결 과정은 다음과 같다.

③번 선지: 모든 물체가 '황과 수은'으로 만들어졌다는 연금술사의 주장(2문단 6, 7)과 구리 역시 모든 물체에 포함된다는 사실을 조합하여 정답임을 유추할 수 있다.

④번 선지: 3문단의 내용을 파악했다면 정답임을 알 수 있다. 특히 인체와 자연의 교감을 언급한 문장 (1), 모든 물체가 수은과 황으로 만들어졌다는 문장 (6)이 직접적 근거가 될 것이다. 연금술사는 인체와 자연을 따로 취급하지 않고, 모두 연금술의 적용 대상으로 삼았음을 알 수 있기 때문이다.

⑤번 선지: 2문단 6문에서 모든 물체가 수은과 황으로 만들어졌다고 보았다는 내용에서 옳음을 알 수 있다. 두 가지 원소라는 키워드가 그대로 제시되어 있지는 않지만, 제시문을 가볍게 읽은 후에 선지를 판단했다면 쉽게 정보의 위치를 찾을 수 있었을 것이다.

합격자의 시간단축 Tip

Tip ❶ 선지의 키워드를 중심으로 읽자.

문제에서 요구하는 것은 '연금술사의 관점'에 대한 정보로, 선지 역시 모두 '연금술사는'으로 문장이 시작된다. 결국, 해당 문제 역시 정보확인 문제의 확장이므로 선지를 먼저 읽는 방법을 선택할 수 있다. 즉, 선지에서 눈에 띄는 키워드를 먼저 고른 후, 이를 중심으로 제시문을 독해한다. 예를 들어, 선지 ①, ②는 모두 치료행위를 언급하므로 제시문에서 치료행위가 드러난 부분을 먼저 찾아 읽는 것이다. 다만 키워드가 직접적으로 지문에 제시되어 있지 않거나, 문단 간의 정보를 연결하여 선지를 판단하는 경우, 키워드 찾기 방식의 효용이 떨어지므로, 제시문을 먼저 읽는 방식도 연습해두고 자신에게 더 알맞은 방식을 사용하는 것이 좋다.

Tip ❷ 극단적인 내용의 선지를 우선 판단한다.

문제를 풀던 도중, 제시문을 모두 읽을 시간이 부족한 경우, 극단적인 선지의 내용을 중심으로 제시문을 빠르게 발췌독하는 것이 시간 절약에 도움이 되는 경우가 있다. 선지에 '모든'이라는 표현이 들어가는 것과 같이 선지의 내용이 극단적일 경우, 해당 내용이 존재하지 않음을 확인하거나, 반례가 존재함을 쉽게 찾을 수 있기에 해당 내용을 중심으로 보는 것이 유리하다.

위 문제에서는 ①번이 '모든 치료행위에 수은이 사용된다.', ⑤번이 '모든 물체가 2가지 원소로 이루어져 있다.'라는 선지이므로, 해당 내용을 중심으로 제시문을 발췌독한다면 제시문을 전부 읽지 않더라도 빠르게 선지의 정오를 파악할 수 있을 것이다.

Tip ❸ 복잡한 선지는 나중에 판단한다.

선지 파악에 정보의 조합이 필요한데 정확한 정보가 쉽게 눈에 띄지 않는 경우 간단한 선지를 먼저 판단하는 것이 좋다. 이 지문의 경우 복잡한 편은 아니지만, 지문의 정보가 많을수록 단순하거나 판단이 쉬운 선지를 먼저 판단하는 것을 추천한다. 정답이 아닌 선택지를 소거하는 것이 시간 낭비를 방지하는 방법이기 때문이다. 이 문제에 적용한다면 ①, ②, ⑤를 먼저 판단하고, 정보의 조합과 문단의 전반적인 이해를 필요로 하는 ③, ④를 나중에 판단할 수 있을 것이다.

03 정답 ❷ 난이도 ●●○

논리추론 – 논리적 판단 문제

문제유형 사실적 이해 > 정보 확인

접근전략 소설과 영화가 사용하는 표현 수단의 상호 유사성과 차이점에 대해 설명하는 지문으로, 지문의 난이도는 평이했다. 그러나 매력적인 오답이 제시되어있어 자칫했다가는 틀린 선지를 선택할 수 있으니 조심해야 한다. 명시적으로 글에서 제시하고 있는 내용을 서술하는 선지만을 고를 수 있도록 유의한다면 쉽게 정답을 찾을 수 있다. 또한, 지문의 길이가 짧고 내용도 특별할 것이 없는 지문이지만 한 문장의 길이가 길어 문장을 의미 단위로 빠르게 해석할 수 없다면 독해에 제동이 걸리는 지문이다. 예컨대 2문단 (2), (4) 문장과 3문단 (2) 문장은 구조가 반복되지만 길이가 길어서 독해력이 부족한 수험생은 주의할 필요가 있는 지문이다. 단어 단위가 아니라 의미 단위로 큼직큼직하게 해석하는 연습을 하자.

다음 글에서 알 수 있는 것은?

(1)소설과 영화는 둘 다 '이야기'를 '전달'해 주는 예술 양식이다. (2)그래서 역사적으로 소설과 영화는 매우 가까운 관계였다. (3)초기 영화들은 소설에서 이야기의 소재를 많이 차용했으며, 원작 소설을 각색하여 영화의 시나리오로 만들었다. ▶1문단

(1)하지만 소설과 영화는 인물, 배경, 사건과 같은 이야기 구성 요소들을 공유하고 있다 하더라도 이야기를 전달하는 방법에 뚜렷한 차이를 보인다. (2)예

컨대 어떤 인물의 내면 의식을 드러낼 때 소설은 문자 언어를 통해 표현하지만, 영화는 인물의 대사나 화면 밖의 목소리를 통해 전달하거나 혹은 연기자의 표정이나 행위를 통해 암시적으로 표현한다. (3)또한 소설과 영화의 중개자는 각각 서술자와 카메라이기에 그로 인한 서술 방식의 차이도 크다. (4)가령 1인칭 시점의 원작 소설과 이를 각색한 영화를 비교해 보면, 소설의 서술자 '나'의 경우 영화에서는 화면에 인물로 등장해야 하므로 이들의 서술 방식은 달라진다.

▶ 2문단

(1)이처럼 원작 소설과 각색 영화 사이에는 이야기가 전달되는 방식에서 큰 차이가 발생한다. (2)소설은 시공간의 얽매임을 받지 않고 풍부한 재현이나 표현의 수단을 가지고 있지만, 영화는 모든 것을 직접적인 감각성에 의존한 영상과 음향으로 표현해야 하기 때문에 재현이 어려운 심리적 갈등이나 내면 묘사, 내적 독백 등을 소설과 다른 방식으로 나타내야 하는 것이다. (3)요컨대 소설과 영화는 상호 유사한 성격을 지니고 있으면서도 각자 독자적인 예술 양식으로서의 특징을 지니고 있다.

▶ 3문단

① 영화는 소설과 달리 인물의 내면 의식을 직접적으로 표현하지 못한다.

➜ (×) 소설과 영화는 인물의 내면 의식을 '전달하는 방식'에는 차이를 보인다. 소설은 문자 언어를 통해 표현하는 반면 영화는 인물의 대사, 화면 밖의 목소리, 아니면 연기자의 표정 혹은 행위를 동원한다. 즉, 영화도 인물의 대사나 화면 밖의 목소리를 통해 충분히 인물의 내면 의식을 직접적으로 표현할 수 있다.[2문단(2)] 암시적으로 표현한다는 문구가 대사나 화면 밖의 목소리에 적용되지 않음에 유의한다.

② 소설과 영화는 매체가 다르므로 두 양식의 이야기 전달 방식도 다르다.

➜ (○) 소설은 문자언어로 구성된 텍스트이고 영화는 시청각 영상이다.[2문단(2)] 소설과 영화는 같은 이야기를 전달하더라도 활용하는 매체가 다르기 때문에 이야기를 구현하여 전달하는 방식은 다를 수밖에 없다.[3문단(2)]

③ 매체의 표현 방식에도 진보가 있는데 영화가 소설보다 발달된 매체이다.

➜ (×) 이 글은 영화와 소설이 지니는 유사성과 활용하는 표현 수단의 차이가 만드는 각각의 독자성을 설명하고 있다. 그러나 해당 선지처럼 소설과 영화의 우열이나 표현 방식의 진보에 대해서는 언급되고 있지 않다.

④ 소설과 달리 영화는 카메라의 촬영 기술과 효과에 따라 주제가 달라진다.

➜ (×) 영화가 카메라의 다양한 촬영 기술과 효과를 활용하는 것은 사실이나 이에 따라 표현 주제의 변화에 영향을 준다는 내용까지는 지문에서 확인할 수 없다.

⑤ 문자가 영상의 기초가 되므로 영화도 소설처럼 문자 언어적 표현 방식에 따라 화면이 구성된다.

➜ (×) 소설은 시공간에 얽매이지 않는 문자 언어[3문단(2)]를 표현 수단으로 채택한 예술 양식이다. 반면 영화는 모든 것을 문자 언어가 아닌 영상과 음향을 표현 수단으로 삼아 이야기를 전달한다(3문단 2). 따라서 소설과 영화는 서로 다른 표현 방식을 통해 이야기를 전달하고 있기에 영화가 소설과 같은 표현 방식으로 화면을 기술한다는 해당 선지는 글의 내용과 부합하지 않는다.

제시문 분석

1문단 소설과 영화의 상호유사성

소설과 영화의 특징		소설과 영화의 관계
'이야기'를 '전달'해 주는 예술 양식이다.(1)	➜	역사적으로 소설과 영화는 매우 가까운 관계였다. 초기 영화들은 소설에서 이야기의 소재를 많이 차용했으며, 원작 소설을 각색하여 영화의 시나리오로 만들었다.(2), (3)

2~3문단 소설과 영화의 예술적 독자성

소설과 영화의 예술적 독자성		
	소설	영화
인물의 내면 의식 전달 방식	문자 언어 [2문단(2)]	인물의 대사, 화면 밖의 목소리, 연기자의 표정 혹은 행위[2문단(2)]
이야기를 전달하는 중개자	서술자 [2문단(3)]	카메라 (1인칭 시점의 소설 서술자 '나'는 인물로 등장해야 함.) [2문단(3)]
표현 수단	문자 언어를 활용하여 시공간의 제약이 없어 풍부한 재현 혹은 표현의 수단을 보유 [3문단(2)]	모든 것을 직접적인 감각성에 의존한 영상과 음향으로 표현하여 소설과 구별되는 재현 방식[3문단(2)]

〈소설〉과 〈영화〉의 관계성
'소설'과 '영화'는 상호 유사한 성격을 지니면서도 서로 다른 표현 수단을 활용하는 독자적인 예술 양식임 [3문단(3)]

합격자의 실전 풀이 순서

❶ 발문을 확인해 유형을 파악한다.

> 다음 글에서 알 수 있는 것은?

다음 글을 읽고 글에서 제시된 사실을 나타낸 선지로 올바른 것을 고르는 문제이다. 즉, 해당 유형은 정보 확인 유형으로 제시문과 부합하거나 이로부터 추론할 수 있는 내용을 고르면 된다. 이때 반드시 "알 수 있는"과 "알 수 없는"을 구별하여 별도의 기호로 표시하도록 한다. 생각보다 실수 방지에 정말 큰 도움이 된다. 단순히 표시하는 것으로는 부족하고, 〈있는/없는〉을 서로 다른 기호로 표시하도록 한다. 예컨대 동그라미와 세모, 혹은 엑스 표시 등으로 구분한다.
여기서 지문 첫 부분을 보고 '예술' 분야라는 것을 파악할 수 있다면 더 좋다.

❷ 지문을 읽는다.

소설과 영화가 활용하는 표현 수단에서의 상호유사성과 차이점에 대해 설명하는 글이다. 어떤 지점에서 차이점을 가지는지, 어떤 지점에서 유사한 성격을 지니는지, 각각의 특징은 무엇인지에 주목하며 글을 읽는다.
이때 중요한 점은 유사점과 차이점을 '모두' 표시해야 한다는 것이다. 흔히 하는 착각 중 하나가 '차이점이 중요하다.'고 생각하는 것인데, 그 약점을 파고드는 선지가 간혹 등장하면 난이도가 상승한다. 물론 해당 문제는 그런 선지는 등장하지 않으나 고난도로 갈수록 공통점을 이용한 오답선지가 추가된다.
또한, 지문을 읽었을 때 '영화와 소설이 차이가 있다'라는 인상만 남았다면 지문을 잘못 읽은 것이다. 정보를 확인하는 문제 유형에서는 한 문단이라도 똑똑히 기억하는 것이 전체적인 인상을 남기는 것보다 더 우월하다. 예컨대 3문단 (2) 문장을 볼 때도 "소설이 더 낫구나"라는 인상만 갖고 가는 것보단 "소설은 시공간 제약이 없고 영화는 영상자료가 있구나"라고 기억하는 것이 훨씬 유리하다.

❸ 선지를 판단한다.

이 문제의 선지가 까다로운 점이라면 '영화와 소설이 다르다고 강조하는 선지가 많은데 그중 하나만 정답이다.'라는 점이다. 물론 ③번 선지같이 쉬운 선지가 있으나 그걸 제외하면 선지 판단이 녹록지 않다. 자칫하면 ⑤번 선지같이 명백한 오답도 '설마 이것도 문제인가?'라고 의심을 하게 되며, 까딱하면 마치 가뭄에 단비가 온 것처럼 '알 수 없는 것을 고르는 거였나보다.' 싶은 마음에 ⑤번을 고를 수가 있다.
따라서 위에서 말했듯 발문에 정확한 표시를 하고, 지문의 내용을 구체적으로 기억하여, 선지와 제대로 된 대조가 필요하다. ①번 선지는 해설에 나왔듯 문장의 길이가 긴 것에 유의하도록 하며, ④번 선지는 '주제'가 연관되었었는지 구체적으로 기억하도록 한다. 이때 ④번 선지는 〈카메라〉를 공통적인 키워드로 잡아서 다른 부분도 궤를 같이하는지 보도록 한다.

합격자의 시간단축 Tip

Tip ❶ 서로 다른 두 대상의 공통점과 차이점 제대로 짚기

서로 다른 두 대상의 공통점과 차이점은 반드시 제대로 파악하자. 해당 지문에서는 소설과 영화의 차이점이 중요 포인트가 되었다. 두 대상 간의 차이점이나 공통점은 자주 출제 대상이 되기 때문에 처음부터 잘 짚어가며 읽도록 하자. 특히, 제시문에 오직 두 대상만 제시되는 경우에는 △, ▽와 같은 기호로 구분하며 표시하면서 읽으면 좋다.

Tip ❷ 예술 관련 독해 시 기본 마인드

예술을 분석하는 학문은 '미학'이라는 인문학의 분야다. 그런데 예술처럼 주관적인 표현을 객관적인 분석의 영역으로 끌고 올 경우, 특히 그것이 문제로 출제되면 출제 오류 가능성이 커진다. 그리고 예술이란 근본적으로 '표현'이다. 따라서 가능한 한 확실하고 쉬운 부분만 나올 수밖에 없다.
또한, 쉬운 부분만 나온다는 것은 몇 가지로 패턴이 고정된다는 것을 뜻한다. 고정된 패턴을 몇 가지 나열해 보자면

(1) 표현자와 수용자의 관계를 출제하기도 한다. 특히 수용자가 얼마나 능동성을 가지는지가 핵심이 되며, 소통의 문제와도 결부된다.

(2) 표현 수단끼리의 비교 또는 발전이 중요할 수 있다. 지문이 이에 해당된다. 또한, ③번 선지가 등장한 것도 우연이 아니다. 다른 출제유형으로는 카메라의 등장과 미술의 변화, 혹은 전쟁이 음악 / 미술 / 문학에 미친 영향 등을 들 수 있다.

(3) 순수미술과 그 외의 구별이 등장할 수 있다. 예컨대 상업영화, 팝 아트, 프로파간다 등이 순수미술과 대비되는 개념이다. 각각 어떤 측면에서 대립하는지 한 번 정리해 보자. (해당 용어를 모른다면 검색해서 알아보길 바란다)

(4) 또한, 예술이 얼마나 고유한지를 물을 수 있다. 이를 상징하는 개념이 '아우라(Aura)'라는 것이다.

주로 예술이 무엇에 영향받고, 무엇에 영향을 주는지를 물으며, 응용문제로 특히 저작권 또는 아이디어 등과 결부되어 나올 수 있다.

이렇게 예술과 관련된 유형은 몇 가지로 한정될 수밖에 없으므로 절대 두려워하면 안 된다. 어떤 어려운 말이 섞여 있다 해도 결국 이 네 가지 중 하나로 포섭이 된다.

04 정답 ①

난이도 ●●○

논리추론 - 논리적 판단 문제

문제유형 이해 > 내용 파악

접근전략 화학 제시문이 등장하는 과학 비문학 유형이다. 화학, 그 중에서도 화학 반응을 주제로 하는 제시문은 반응이 일어나는 단계와 반응을 일으키는 촉매에 집중해야 한다. 여러 종류의 당과 아미노산이 결합해 다양한 결과를 낳으므로, 이들을 혼동하지 않고 명확하게 구분해야 한다.

다음 글에서 알 수 있는 것은?

(1)요리의 좋은 맛을 내는 조리 과정에서는 수많은 분자를 만들어내는 화학반응이 일어난다. (2)많은 화학반응 중 가장 돋보이는 화학반응은 '마이야르 반응'이다. (3)마이야르 반응은 온도가 약 섭씨 140도에 도달할 때 일어나기 시작한다. (4)이 온도에서는 당 분자가 단백질을 이루는 요소들 중 하나인 아미노산과 반응한다. (5)음식에 들어 있는 당 분자들은 흔히 서로 결합하여 둘씩 짝을 이루거나 긴 사슬 구조를 만든다. (6)마찬가지로 단백질도 수백 개의 아미노산이 서로 연결된 긴 사슬로 이루어져 있다. (7)마이야르 반응은 그 긴 사슬 끝에 있는 당이 다른 사슬 끝에 있는 아미노산과 만나 반응하며 시작된다. (8)당과 아미노산이 만나 새로운 화학물질이 생겨나며, 반응한 화학물질은 자연스럽게 재정렬된다. ▶ 1문단

(1)초기 반응에 관여한 아미노산과 당의 특성에 따라 다음에 일어날 일이 달라진다. (2)마이야르 반응에 관여할 수 있는 당은 적어도 6가지이며, 아미노산은 20가지가 넘는다. (3)따라서 어떠한 종류의 당과 아미노산이 반응에 참여하느냐에 따라 생성되는 화학물질의 종류는 천차만별이다. (4)또 주변의 산도와 온도, 수분의 양에 따라서도 반응이 달라지는데, 여러 조건에 따라 반응 속도뿐만 아니라 반응을 통해 생성되는 화학물질이 달라진다. (5)마이야르 반응을 통해 생성되는 분자 중 일부는 사람이 섭취했을 때 흥미로운 맛을 낸다. (6)예를 들면 포도당이 아미노산의 한 종류인 시스테인과 반응할 때 생성되는 아크릴피리딜은 크래커와 유사한 맛을 내고, 아미노산의 한 종류인 아르기닌과 반응할 때 생성되는 아세틸피롤린은 팝콘향을 낸다. (7)여기에 더해 갈색빛을 띠는 멜라노이딘 계열 분자들도 생성되는데, 이들은 음식이 갈색을 띠게 만든다. (8)마이야르 반응을 통해 여러 맛 분자들뿐 아니라, 발암물질의 하나인 아세틸아미드와 같은 분자들도 소량이나마 생성된다. ▶ 2문단

① 약 섭씨 140도에서 포도당과 단백질 사슬 끝에 있는 아미노산이 반응하면 팝콘향을 내는 물질을 생성할 수 있다.

➜ (○) 약 섭씨 140도에서는 마이야르 반응이 일어나며[1문단(3)], 이 온도에서는 음식을 이루는 당 사슬의 끝에 있는 당과 단백질 사슬 끝에 있는 아미노산이 만나 새로운 화학물질이 생겨난다.[1문단(7)] 이때, 반응하는 당과 아미노산의 종류에 따라 생성되는 화학물질이 달라진다.[2문단(3)] 그중 포도당과 아미노산의 한 종류인 아르기닌이 반응할 때 생성되는 아세틸피롤린은 팝콘 향을 낸다.[2문단(6)] 따라서 약 섭씨 140도에서 포도당과 아미노산의 반응을 통해 팝콘 향을 내는 물질을 생성할 수 있다는 해당 선지의 설명은 옳다.

② 마이야르 반응으로 생성되는 화학물질의 종류는 아미노산과 당의 종류보다는 주변 조건에 따라 결정된다.

➜ (×) 어떠한 종류의 당과 아미노산이 반응에 참여하느냐에 따라 생성되는 화학물질의 종류는 천차만별이다.[2문단(3)] 또한, 주변 조건에 따라서도 반응 속도뿐만 아니라 생성되는 화학물질이 달라진다.[2문단(4)] 그러나 이 두 변수 중 어느 것이 더 생성되는 화학물질 종류에 큰 영향을 주는지에 대한 근거는 제시문에서 확인할 수 없다.

③ 아크릴피리딜은 당 분자의 사슬 구조 끝에 있는 포도당과 아르기닌이 반응함으로써 생성된다.

➜ (×) 당 분자와 아미노산의 사슬 구조 끝이 서로 만나 마이야르 반응이 시작되는 것은 맞다.[1문단(7)] 그러나 아크릴피리딜은 포도당이 시스테인과 반응할 때 생성되는 물질이다.[2문단(6)] 포도당과 아르기닌이 반응하여 생성되는 물질은 아세틸피롤린이다.[2문단(6)]

④ 멜라노이딘 계열 분자는 요리의 색을 결정할 뿐, 암을 유발하는 데에 관여하지 않는다.

➜ (×) 멜라노이딘 계열 분자는 음식이 갈색을 띠게 만들기에[2문단(7)] 요리의 색을 결정한다는 서술은 옳다. 그러나 이 분자가 암을 유발하는 데에 관여하지 않는다는 설명은 제시문에서 찾을 수 없다. 마

이야르 반응을 통해서는 발암물질이 생성되고, 특히 발암물질의 예시로 '아세틸아미드와 같은 분자들'이라고 언급했기에[2문단(8)] 아세틸아미드가 아니면 모두 발암물질이 아닐 것이라고 단정 지을 수 없다.

⑤ 마이야르 반응 과정에서 생성되는 발암물질의 양은 반응 속도에 따라 결정된다.

➜ (×) 제시문에서 반응 속도에 따라 생성되는 화학물질이 달라진다는 것은 확인할 수 있다.[2문단(4)] 그러나, 반응 속도에 따라 생성되는 발암물질의 양이 결정된다는 내용은 존재하지 않는다. 제시문에서는 마이야르 반응을 통해 아세틸아미드와 같은 발암물질들이 생성된다는 것만 확인할 수 있을 뿐이다.[2문단(8)]

제시문 분석

1문단 마이야르 반응의 발생 조건과 과정

마이야르 반응의 조건
마이야르 반응은 온도가 약 섭씨 140도에 도달할 때 일어나기 시작하며 이 온도에서는 당 분자가 단백질을 이루는 요소들 중 하나인 아미노산과 반응한다.(3),(4)

당분자		아미노산		반응 시작
음식에 들어있는 당 분자들은 흔히 서로 결합하여 둘씩 짝을 이루거나 긴 사슬 구조를 만든다.(5)	⊕	마찬가지로 단백질도 수백 개의 아미노산이 서로 연결된 긴 사슬로 이루어져 있다.(6)	➜	마이야르 반응은 그 긴 사슬 끝에 있는 당이 다른 사슬 끝에 있는 아미노산과 만나 반응하며 시작된다.(7)

➜

반응	당과 아미노산이 만나 새로운 화학물질이 생겨나며, 반응한 화학물질은 자연스럽게 재정렬된다.(8)

2문단 마이야르 반응에 영향을 주는 요인과 그 예시

마이야르 반응에 영향을 주는 요인	
당과 아미노산의 종류	초기 반응에 관여한 아미노산과 당의 특성에 따라 다음에 일어날 일이 달라진다. 마이야르 반응에 관여할 수 있는 당은 적어도 6가지이며, 아미노산은 20가지가 넘는다.(1),(2)
주변 환경	주변의 산도와 온도, 수분의 양에 따라서도 반응이 달라지는데, 여러 조건에 따라 반응 속도뿐만 아니라 반응을 통해 생성되는 화학물질이 달라진다.(4)

마이야르 반응의 예시		
조합	생성물질	효과
포도당(당) + 시스테인(아미노산)	아크릴피리딘	크래커와 유사한 맛을 냄
포도당(당) + 아르기닌(아미노산)	아세틸피롤린	팝콘향을 냄
	멜라노이딘 계열 분자	갈색을 띄게 함

발암물질 생성
마이야르 반응을 통해 여러 맛 분자들뿐 아니라, 발암물질의 하나인 아세틸아미드와 같은 분자들도 소량이나마 생성된다.(8)

합격자의 실전 풀이 순서

[과학 비문학 유형]

⓿ 주제 파악하기

과학 소재의 비문학 문항은 제시문 자체도 짧지 않은데 압축적으로 제시되는 정보량이 방대해, 비전공자 입장에서는 체감 난이도가 높은 유형이다. 물론 과학뿐 아니라 다른 분야라도 운 좋게 배경지식을 갖춘 전공 분야가 출제된다면 간단히 문제를 해결할 수 있겠지만, 대부분의 수험생이 처음 들어보는 지식이라는 점에서 비전공자가 크게 불리할 것도 없다.

❶ 발문 읽고 문제의 유형 파악

항상 발문을 먼저 제대로 읽자. 본 문제는 글에서 알 수 있는 것을 고르는 유형의 문제이다. 알 수 있는 것을 고르는 문제는 부합하는 것을 고르는 문제와 같다. 해당 유형은 제시문 내용과 일치하거나 그로부터 추론 가능한 선지가 정답이 되며, 제시문 내용과 상충하거나 그로부터 추론할 수 없는 선지가 오답이 된다. 이 유형에서는 '제시문에 명확한 근거 없음'으로 오답인 선지가 구성되는 경우도 존재하므로 조심해야 한다. 또한, 발문에 O 표시를 해놓고 문제를 풀면 옳은 것을 골라야 하는 문제에서 옳지 않은 것을 고르게 되는 실수가 줄어든다.

❷ 제시문 독해

제시문 독해 시, 제시문을 어느 정도로 꼼꼼히 읽을 것인지는 각자의 풀이법에 따라 달라진다. 언어논리 고득점자 중에는 제시문 독해단계에서 1분보다 짧은 시간에 제시문의 주제와 키워드만 대강 파악하고, 선지부터 이해한 후에 제시문을 다시 훑어 올라가는 사람도 있다. 그러나 초심자에게 해당 방식을 채택하는 것을 추천하지 않는다. 주제와 키워드만 파악하여 제시문을 읽었다면 선지 판단을 위해 선지의 키워드를 제시문에서 다시 찾아야 하는데, 글의 구조가 어떻게 구성되는지 알지 못하거나 시험장에서 지나치게 긴장한 경우 해당 키워드를 찾지 못하는 불상사가 발생할

수 있기 때문이다. 또한, 최근에는 문단 간의 정보를 연결해야 하는 문제가 나와 키워드 찾기 방식의 효용이 떨어지고 있다. 따라서 처음에는 시간을 들여 모든 제시문을 꼼꼼히 분석하는 연습을 하고, 차차 자신이 안정적으로 선지를 판단할 수 있는 수준으로 제시문 독해 시간을 줄여가는 것을 추천한다. 독해 실력이 특출나지 않은 사람들 대다수에게는 제시문의 구조와 선지에서 나올만한 중요한 내용을 파악하며 1분에서 2분 사이 내에 제시문을 읽는 것을 추천한다.

본 제시문의 경우 구조가 명확한 편이 아니고, 정보가 연속적으로 제시되고 있어 까다로운 제시문에 해당한다. 그러므로 한 문단 내에서도 같은 주제를 다루고 있는 문장들을 시각적으로 묶으며 정보를 파악해야 한다. 1문단은 마이야르 반응의 개념을 이해하는 데에 중점을 두고 읽는다. 2문단은 한 문단 내에서 다양한 내용을 설명하고 있으므로, 같은 대상을 이야기하고 있는 부분을 시각적으로 묶어줄 필요가 있다. 2문단 (1) 문장부터 (4) 문장까지 마이야르 반응으로 생성되는 화학물질을 결정하는 요인을 설명하고 있고, (5) 문장부터 (7) 문장까지 구체적인 마이야르 반응의 사례를 소개한다. (8) 문장은 마이야르 반응으로 발생할 수 있는 발암물질을 설명하고 있다. 따라서 (5) 문장 앞, (8) 문장 앞에 빗금을 그어 제시문을 시각적으로 구분하며 읽으면 정보 파악이 수월하다.

❸ 선지 적용하기

정보량이 많은 과학 제시문답게, 본 문제의 선지들은 복잡한 풀이법이 필요하지는 않다. 방대한 정보 속에서 선지가 묻는 부분을 빠르게 찾는 것이 풀이의 전부이다. 각 선지마다 시선과 펜이 이동한 경로를 소개한다. → 기호는 단순한 순서를 나타내는 것으로, 인과관계 및 논리관계와는 아무 관련이 없다.

① **약 섭씨 140도에서 포도당과 단백질 사슬 끝에 있는 아미노산이 반응하면 팝콘향을 내는 물질을 생성할 수 있다.**

팝콘향 → 아세틸피롤린 → 포도당이 아르기닌과 반응 ⇒ 마이야르 반응을 통해 생성되는 분자 → 약 섭씨 140도, 사슬 끝에 있는 당과 아미노산이 반응

정보량이 매우 많은 선지다. 이런 선지의 경우 무엇을 키워드로 잡아야 할지 고민될 수 있지만, 구분성을 기준으로 선택한다면 '팝콘향'이 가장 적절하다. 팝콘향을 키워드로 제시문을 찾아보면 마이야르 반응의 산물이라는 부분[2문단(6)]을 찾을 수 있다.

그리고 '140도'라는 키워드에 주목하여 1문단의 마이야르 반응에 대한 내용을 더 살펴보면 선지의 정보들이 모두 참임을 확인할 수 있다. 따라서 알 수 있는 선지다. 이렇게 선지 판단을 위해 필요한 정보가 제시문 곳곳에 흩어져 있는 경우, 선지부터 읽고 제시문의 키워드를 찾아 올라가는 방식이 부적합할 수 있으므로 주의하자. 이러한 유형의 선지는 제시문을 처음부터 끝까지 문맥과 키워드를 파악하며 읽을 때 선지의 정오 판단이 더 쉽다.

② **마이야르 반응으로 생성되는 화학물질의 종류는 아미노산과 당의 종류보다는 주변 조건에 따라 결정된다.**

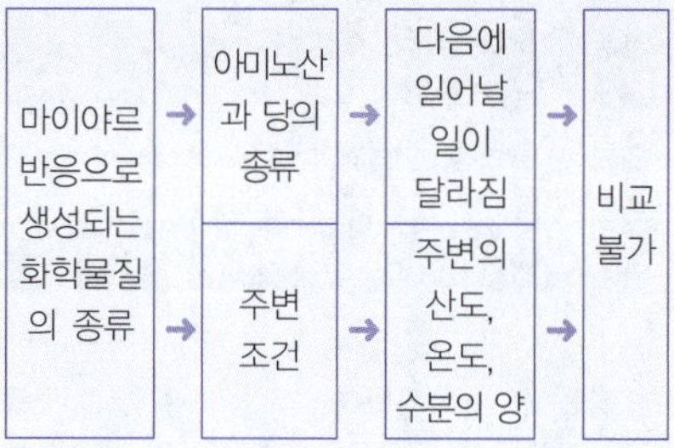

두 가지를 각각 나누어 확인해야 하는 선지다. 아미노산과 당의 종류, 주변 조건 모두 마이야르 반응의 결과에 영향을 줄 수 있다. 그러나, 두 변수의 영향력을 서로 비교하기 위한 근거는 찾을 수 없다. 따라서 알 수 없는 선지다.

③ **아크릴피리딜은 당 분자의 사슬 구조 끝에 있는 포도당과 아르기닌이 반응함으로써 생성된다.**

아크릴피리딜 → 포도당이 아미노산의 한 종류인 시스테인과 반응 ↛ 아르기닌

유사한 이름으로 혼동을 유도하는 함정이 깔린 선지다. 포도당과 아르기닌이 반응한 결과물은 아크릴피리딜이 아닌 아세틸피롤린이다. 구분에 유의해, 대놓고 유도한 함정에 보란 듯이 걸리는 일은 없도록 하자.

④ **멜라노이딘 계열 분자는 요리의 색을 결정할 뿐, 암을 유발하는 데에 관여하지 않는다.**

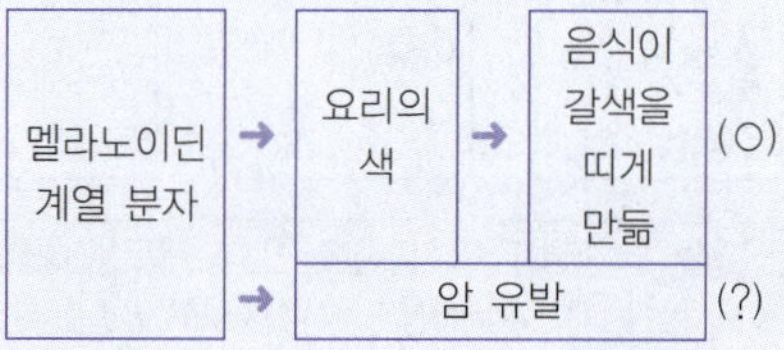

두 가지를 각각 나누어 확인해야 하는 선지다. 요리의 색에 대해서는 제시문에 근거를 찾을 수 있지만[2문단(7)], 암을 유발하는 부분은 아세틸아미드에 대해서만 명확히 서술되어 있을 뿐[2문단(8)] 멜라노이딘 계열 분자에 대해서는 제시된 바 없다. 따라서 알 수 없는 선지다. 암 유발에 관여하지 않는다는 부분을 자의적으로 추론하면 오답이 된다.

⑤ **마이야르 반응 과정에서 생성되는 발암물질의 양은 반응 속도에 따라 결정된다.**

제시문의 내용만으로는 알 수 없는 것을 묻고 있는 선지다. 발암물질의 양과 반응 속도 간의 상관관계는 제시문에 제시된 바가 전혀 없다. 따라서 알 수 없는 선지다.

합격자의 시간단축 Tip

Tip ❶ 다시 한번 훑어보자.

선지 하나의 정오를 판단하기 위해 문장 한두 개만 확인하면 된다면 좋겠지만, 그렇지 못한 선지도 물론 있다. 본 문제의 경우, 제시문 앞부분과 뒷부분에서 고루 정보를 찾아야 하는 선지 ①, ②가 이에 해당한다. 이런 선지들은 정오 여부를 판단하기 위해 필요한 정보들이 글 전반에 흩어져 있다. 과학 소재의 비문학 제시문은 다른 소재에 비해 전체적인 맥락의 중요성이 낮다. 따라서 '중심문장'을 찾을 수도 없고, 문단 앞부분만 보고 필요한 정보가 어디서 나올지 감을 잡을 수도 없다. 즉, 이런 선지를 해결하기 위해서는 무조건 글 전체를 확인해야 한다. 글 전체를 빠르고 정확하게 스캔하여, 지문에 직접적인 정보가 제시되었음에도 주의 부족으로 놓치는 일이 없어야 한다.

한 번의 독해로 문제를 풀기 불안하다면 시간을 더 투자하여 정보를 다시 정리한다. 이미 풀기 시작한 문제, 정보를 빼먹어 어이없게 틀리는 것보다는 30초-1분쯤 더 쓰는 편이 낫다. 직전에 훑어볼 때 꼼꼼히 보지 못한 부분, 제대로 이해하지 못했는데 시간적 압박으로 넘어간 부분 등을 집중적으로 확인하자.

Tip ❷ 알 수 없는 선지에 대비

알 수 있는 것을 고르는 문제의 오답 선지 구성 원리는 본문 내용과 상충하는 내용뿐만 아니라 유추할 근거 없음도 포함한다. 유추할 근거가 없는 근거를 찾는 데에 시간을 쓰지 말고 과감하게 다음 선지로 넘어가서 오답 판단을 빠르게 내리도록 하자. 특히 과학 지문의 경우 정보가 연속적으로 제시되므로 혹여 선지의 내용을 간과했을지도 모른다는 두려움이 든다. 이러한 두려움을 제거하기 위해서는 제시문을 읽을 때 시간을 들여 꼼꼼히 읽어야 하고, 같은 주제를 다루고 있는 문장들을 시각적으로 묶으며 범주화하여야 한다.

05 정답 ④

난이도 ●○○

논리추론 - 논리적 판단 문제

문제유형 사실적 이해 > 정보 확인

접근전략 하나의 소재에서 다양한 개념이 나오는 경우 글의 정보량이 많아 부담스럽게 느껴질 수 있다. 다(多)개념이 나오는 경우 주로 오지선다는 개념의 특징 간 비교에서, 또는 개념과 의미를 잘못 연결해서 오답을 만드는 형식으로 이루어지기 때문에 모든 것을 독해시에 머릿속에 담으려고 하면 안 된다. 실수할 가능성이 크기 때문이다. 염두에 두어야 할 점은 읽으면서 절대 특징을 암기하지 않는다는 것이다. 첫 문단에서 주요 개념들을 소개하므로 첫 문단을 정독하며 문제를 풀어보도록 하자. 특히 서로 연결될 수 있는 단 하나의 기준을 구축하면서 그걸 기준으로 읽는 것이 중요하다. 이 지문은 "언어생활"이라는 기준일 것이다.

이 기준은 구체적으로 단어로 표현하지 않아도, 자신의 머릿속에 두루뭉술한 개념으로 떠오르기만 하면 된다.

다음 글에서 알 수 있는 것은?

(1)바르트는 언어를 '랑그', '스틸', '에크리튀르'로 구분해서 파악했다. (2)랑그는 영어의 'language'에 해당한다. (3)인간은 한국어, 중국어, 영어 등 어떤 언어를 공유하는 집단에서 태어난다. (4)그때 부모나 주변 사람들이 이야기하는 언어가 '모어(母語)'이고 그것이 랑그이다. ▶ 1문단

(1)랑그에 대해 유일하게 말할 수 있는 사실은, 태어날 때부터 부모가 쓰는 언어여서 우리에게 선택권이 없다는 것이다. (2)인간은 '모어 속에 던져지는' 방식으로 태어나기 때문에 랑그에는 관여할 수 없다. (3)태어나면서 쉼 없이 랑그를 듣고 자라기 때문에 어느새 그 언어로 사고하고, 그 언어로 숫자를 세고, 그 언어로 말장난을 하고, 그 언어로 신어(新語)를 창조한다. ▶ 2문단

(1)스틸의 사전적인 번역어는 '문체'이지만 실제 의미는 '어감'에 가깝다. 이는 언어에 대한 개인적인 호오(好惡)의 감각을 말한다. (2)누구나 언어의 소리나 리듬에 대한 호오가 있다. 글자 모양에 대해서도 사람마다 취향이 다르다. (3)이는 좋고 싫음의 문제이기 때문에 어쩔 도리가 없다. (4)따라서 스틸은 기호에 대한 개인적 호오라고 해도 좋다. (5)다시 말해 스틸은 몸에 각인된 것이어서 주체가 자유롭게 선택할 수 없다. ▶ 3문단

(1)인간이 언어기호를 조작할 때에는 두 가지 규제가 있다. 랑그는 외적인 규제, 스틸은 내적인 규제이다. (2)에크리튀르는 이 두 가지 규제의 중간에 위치한다. (3)에크리튀르는 한국어로 옮기기 어려운데, 굳이 말하자면 '사회방언'이라고 할 수 있다. (4)방언은 한 언어의 큰 틀 속에 산재하고 있으며, 국소적으로 형성된 것이다. (5)흔히 방언이라고 하면 '지역방언'을 떠올리는데, 이는 태어나 자란 지역의 언어이므로 랑그로 분류된다. (6)하지만 사회적으로 형성된 방언은 직업이나 생활양식을 선택할 때 동시에 따라온다. 불량청소년의 말, 영업사원의 말 등은 우리가 선택할 수 있다. ▶ 4문단

① **랑그는 선택의 여지가 없지만, 스틸과 에크리튀르는 자유로운 선택이 가능하다.**

→ (×) 랑그는 태어날 때부터 부모가 쓰는 언어여서 우리에게 선택권이 없고[2문단(1)], 스틸 또한 몸에 각인된 것이어서 주체가 자유롭게 선택할 수 없다.[3문단(5)] 그러나 에크리튀르[4문단(3)]는 우리가 선택할 수 있다.[4문단(6)] 따라서 스틸이 자유로운 선택이 가능하다고 설명하는 해당 선지는 적절하지 않다.

② **방언에 대한 선택은 언어에 대한 개인의 호오 감각에 기인한다.**

→ (×) 언어에 대한 개인의 호오 감각을 의미하는 것은 스틸이다.[3문단(1)] 그러나 사회방언은 에크리튀르, 지역방언은 랑그에 해당한다.[4문단(3), (5)] 랑그는 태어날 때부터 결정되는 것이고, 에크리튀르는 직업이나 생활양식을 선택해 결정되는 것이므로 방언은 스틸에 기인하지 않는다는 사실을 알 수 있다.

③ **동일한 에크리튀르를 사용하는 사람들은 같은 지역 출신이다.**

→ (×) 지역 방언은 태어나 자란 지역의 언어이므로 랑그로 분류된다.[4문단(5)] 에크리튀르는 사회방언이기 때문에[4문단(3)], 동일한 에크리튀르를 사용하는 사람들이 같은 지역 출신인지 여부는 알 수 없고 같은 직업이나 생활양식을 선택한 사람들이라는 것을 알 수 있다.[4문단(6)]

④ **같은 모어를 사용하는 형제라도 스틸은 다를 수 있다.**

→ (○) 스틸은 언어에 대한 개인적인 호오의 감각을 의미한다.[3문단(1)] 또한, 누구나 언어의 소리나 리듬에 대한 호오가 있으며 글자 모양에 대해서도 사람마다 취향이 다르다는 내용을 보아[3문단(2)] 이는 개인마다 다르다는 것을 알 수 있다.

⑤ **스틸과 에크리튀르는 언어 규제상 성격이 같다.**

→ (×) 언어 규제상 랑그는 외적인 규제, 스틸은 내적인 규제에 해당하며[4문단(1)] 에크리튀르는 이 두 가지 규제의 중간에 위치한다.[4문단(2)] 따라서 스틸과 에크리튀르가 언어 규제상 성격이 같다고 설명하는 것은 적절하지 않다.

제시문 분석

1, 2문단 랑그의 정의와 특징

랑그의 정의	
랑그는 영어의 'language'에 해당한다.[1문단(2)]	인간은 어떤 언어를 공유하는 집단에서 태어나고, 그때 부모나 주변 사람들이 이야기하는 언어가 '모어(母語)'이고 그것이 랑그이다.[1문단(3), (4)]

랑그의 선천성①		랑그의 선천성②		랑그의 사용
랑그에 대해 유일하게 말할 수 있는 사실은, 태어날 때부터 부모가 쓰는 언어여서 우리에게 선택권이 없다는 것이다.[2문단(1)]	⊕	인간은 '모어 속에 던져지는' 방식으로 태어나기 때문에 랑그에는 관여할 수 없다.[2문단(2)]	⊕	태어나면서 쉼 없이 랑그를 듣고 자라기 때문에 어느새 그 언어로 사고하고, 숫자를 세고, 말장난을 하고, 신어(新語)를 창조한다.[2문단(3)]

3문단 스틸의 정의와 특징

스틸의 정의
스틸의 사전적인 번역어는 '문체'이지만 실제 의미는 '어감'에 가깝다. 이는 언어에 대한 개인적인 호오(好惡)의 감각을 말한다.(1)

→ | 특징 | 스틸은 몸에 각인된 것이어서 주체가 자유롭게 선택할 수 없다.(4) |
|---|---|

4문단 에크리튀르의 정의와 특징

에크리튀르의 정의
에크리튀르는 한국어로 옮기기 어려운데, 굳이 말하자면 '사회방언'이라고 할 수 있다.(3)

→ | 특징 | 랑그로 분류되는 지역방언과 달리, 사회적으로 형성된 방언은 직업이나 생활양식을 선택할 때 동시에 따라온다.(5), (6) 불량청소년의 말이나 영업사원의 말등은 우리가 선택할 수 있다.(6) |
|---|---|

합격자의 실전 풀이 순서

❶ 첫 문단을 꼼꼼히 읽는다.
첫 문단의 경우 언어를 '랑그', '스틸', '에크리튀르'로 구분하고 있다. 이에 언어를 3가지 구분으로 나누었음을 알 수 있다.

❷ 전체적인 글을 한번 훑어 글의 전개 과정을 살펴본다.
다(多) 개념 같은 경우 짧은 시간을 들여 글의 전체 문단을 한 번 10초 이내로 훑으면서 다른 개념들이 설명되고 있는지 확인하는 것이 좋다. 이를 통해 1문단에서 읽은 내용이 전체 맥락과 일치하는지 확인한다. 특히 이러한 여러 개념이 나오는 문제의 경우, 하나의 개념이 그 문단의 중심 내용이 되는 경우가 있기 때문이다. 이를 통해 각 문단을 요약하는 시간을 효과적으로 줄일 수 있다.
예를 들어 2문단은 '랑그', 3문단의 경우는 '스틸'에 관한 내용이 나와 있다. 4문단의 경우 '에크리튀르'에 관한 내용이 나와 있으므로 문단 내용을 요약하는 과정에서 시간이 많이 단축될 것이다.
나머지는 문단을 읽어 내려가면서 주요 특징들에 가볍게 표기를 하면 된다. 이때, 2문단의 내용을 확인한 후 1문단의 랑그에 대한 보충내용을 2문단과 연결시켜서 표시해주면 더 좋다.

❸ 발문을 확인한 뒤 선지 확인에 들어선다.
'다음 글에서 알 수 있는 것은?'의 문제의 경우 '알 수 없는 것'보다 고려해야 하는 부분이 더 많다. 이에 선지를 통해 체크해야 하는 부분과 지문에서 시선을 이동하는 과정을 설명하도록 하겠다.

① 랑그는 선택의 여지가 없지만, 스틸과 에크리튀르는 자유로운 선택이 가능하다.
랑그의 경우 2문단을, 스틸의 경우 3문단, 에크리튀르의 경우 4문단을 살펴보면 된다. 문단을 많이 살펴봐야 한다는 부담감이 있을 수 있겠지만 각 문단의 특징들을 체크해 두었다면 쉽게 시선을 이동할 수 있다.

② 방언에 대한 선택은 언어에 대한 개인의 호오 감각에 기인한다.
개인의 호오 감각은 3문단의 키워드이다.

③ 동일한 에크리튀르를 사용하는 사람들은 같은 지역 출신이다.
에크리튀르의 내용은 4문단에 제시되어 있다.

④ 같은 모어를 사용하는 형제라도 스틸은 다를 수 있다.
모어에 관한 내용은 2문단에 있으며 스틸의 내용은 3문단에 있다.

⑤ 스틸과 에크리튀르는 언어 규제상 성격이 같다.
스틸의 경우 3문단, 에크리튀르의 경우 4문단에 제시되어 있다.

합격자의 시간단축 Tip

Tip ❶ 다(多)개념 문제의 경우 문제를 다르게 접근할 것
개념이 여러 개 등장하는 경우 주로 개념들끼리의 비교가 오지선다에 등장한다. 따라서 여러 개념이 제시된 문제의 경우, 각각의 개념이 가진 특징들을 체크해 두는 것이 필요하다. 오지선다에 오답으로 활용될 가능성이 있기 때문이다.
여러 개념 문제의 경우 오답을 만드는 유형이 다양하다. 우선 첫 번째 유형은 개념과 특징을 맞바꾸는 경우다. 예를 들어 지문에 'A는 a의 특징을 가지고 B는 b의 특징을 가진다.'라고 설명되어 있으면, 선지에는 'A는 b의 특징을 가지고 있다.'라고 말하는 식이다. 혹은 개념을 드러내면 문제가 쉬워질 수 있으므로 문제 난이도를 높이기 위해 주어를 A나 B와 같은 개념이 아닌 a나 b와 같은 특징으로 내세우기도 한다. 'b한 단어는 ~한다.'와 같은 형식이다.
두 번째, 하나의 기준을 가지고 개념들을 비교하는 경우다. 이러한 문제는 기준에 관한 키워드를 중심축으로 하고, 개념들이 존재하는 각 문단으로 가서 그 키워드를 찾는 방식으로 답을 찾아낼 수 있다.
그 외에도 다양한 유형이 있지만, 위의 두 가지 유형이 가장 많이 활용되는 유형이다. 위의 두 사례 외의 다른 유형이 나오는 경우, 해당 문제에서 다시 언급하도록 하겠다.

Tip ❷ 하나의 문단이 하나의 개념만 설명하는지 확인한다.
이 지문의 경우 랑그가 1, 2문단에 걸쳐서 서술되고 있으며 4문단 초두에 랑그와 스틸의 일부 특성이 나와 있다. 하나의 개념의 모든 내용이 한 문단에 들어차 있는 경우는 많지 않으므로 선지 판단 시에 한 문단만 판단하려는 생각을 버려야 한다.

06 정답 ②

난이도 ●●○

논리추론 – 논리적 판단 문제

문제유형 이해(내용 파악)

접근전략 글의 내용과 부합하는 것을 찾는 정보 확인 유형이다. 공공 미술의 3가지 패러다임을 비교하는 제시문이다. 전체적인 주제가 '비교'인 제시문에서는 자연히 선지도 개념들을 서로 비교하는 식으로 출제된다. 따라서 각 개념을 혼동하지 않는 것이 핵심이다. 이때 제시문에서 설명하는 대상을 기호나 숫자 등으로 시각적으로 표시해둔다면 각 개념의 특징을 확실하게 구분할 수 있다.

다음 글의 내용과 부합하는 것은?

(1)'공공 미술'이란 공개된 장소에 설치되고 전시되는 작품으로서, 공중(公衆)을 위해 제작되고 공중에 의해 소유되는 미술품을 의미한다. (2)공공 미술의 역사는 세 가지 서로 다른 패러다임의 변천으로 설명할 수 있다. (3)첫 번째는 '공공장소 속의 미술' 패러다임으로, 1960년대 중반부터 1970년대 중반까지 대부분의 공공 미술이 그에 해당한다. (4)이것은 미술관이나 갤러리에서 볼 수 있었던 미술 작품을 공공장소에 설치하여 공중이 미술 작품을 접하기 쉽게 한 것이다. (5)두 번째는 '공공 공간으로서의 미술' 패러다임으로, 공공 미술 작품의 개별적인 미적 가치보다는 사용가치에 주목하고 공중이 공공 미술을 더 가깝게 느끼고 이해할 수 있도록 미술과 실용성 사이의 구분을 완화하려는 시도이다. (6)이에 따르면 미술 작품은 벤치나 테이블, 가로등, 맨홀 뚜껑을 대신하면서 공공장소에 완전히 동화된다. (7)세 번째인 '공공의 이익을 위한 미술' 패러다임은 사회적인 쟁점과 직접적 접점을 만들어냄으로써 사회 정의와 공동체의 통합을 추구하는 활동이다. (8)이것은 거리 미술, 게릴라극, 페이지 아트 등과 같은 비전통적 매체뿐만 아니라 회화, 조각을 포함하는 다양한 전통 매체를 망라한 행동주의적이며 공동체적인 활동이라고 할 수 있다. ▶ 1문단

(1)첫 번째와 두 번째 패러다임은 둘 다 공적인 공간에서 시각적인 만족을 우선으로 한다는 점에서 하나의 틀로 묶을 수 있다. (2)공적인 공간에서 공중의 미적 향유를 위해서 세워진 조형물이나 쾌적하고 심미적인 도시를 만들기 위해 디자인적 요소를 접목한 공공 편의 시설물은 모두 공중에게 시각적인 만족을 제공하기 위해 제작된 활동이라는 의미에서 '공공장소를 미화하는 미술'이라 부를 수 있다. (3)세 번째 패러다임인 '공공의 이익을 위한 미술'은 사회 변화를 위한 공적 관심의 증대를 목표로 하고 있어서 공공 공간을 위한 미술이라기보다는 공공적 쟁점에 주목하는 미술이다. (4)이 미술은 해당 주제가 자신들의 삶에 중요한 쟁점이 되는 특정한 공중 일부에게 집중한다. (5)그런 점에서 이러한 미술 작업은 공중 모두에게 공공장소에 대한 보편적인 미적 만족을 제공하려는 활동과는 달리 '공적인 관심을 증진하는 미술'에 해당한다. ▶ 2문단

① 공공 공간으로서의 미술은 다양한 매체를 활용하여 사회 정의와 공동체 통합을 추구하는 활동이다.
→ (×) 공공 공간으로서의 미술은 공공 미술작품의 사용가치에 주목하는 미술이다.[1문단(5)] 다양한 매체를 활용하여 사회 정의와 공동체 통합을 추구하는 활동은 '공공의 이익을 위한 미술'이다.[1문단(7)]

② 공공장소를 미화하는 미술은 공공 미술 작품의 미적 가치보다 사용가치에 주목하는 시도를 포함한다.
→ (○) '공공장소를 미화하는 미술'은 첫 번째 패러다임과 두 번째 패러다임을 포함한다.[2문단(1)] 이 중 두 번째 패러다임인 '공공 공간으로서의 미술'은 공공 미술작품의 개별적인 미적 가치보다는 사용가치에 주목하려는 시도이다.[1문단(5)] 따라서 공공장소를 미화하는 미술은 공공 공간으로서의 미술을 포함하고, 공공 공간으로서의 미술에 대한 선지의 서술이 제시문과 일치하므로 정답이다.

③ 공적인 관심을 증진하는 미술은 공중이 공유하는 문화 공간을 심미적으로 디자인하여 미술과 실용성을 통합하려는 활동이다.
→ (×) 세 번째 패러다임인 공공의 이익을 위한 미술은 공적인 관심을 증진하는 미술에 해당한다.[2문단(5)] 그러나 공중이 공유하는 문화 공간을 심미적으로 디자인하는 것은 시각적인 만족을 우선하는 공공장소를 미화하는 미술에 가까우며[2문단(2)], 그 중 미술과 실용성을 통합하려는 활동은 미술과 실용성 사이의 구분을 완화하는 공공 공간으로서의 미술이다.[1문단(5)]

④ 공공장소 속의 미술은 사회 변화를 위한 공적 관심의 증대를 목표로 공중 모두에게 공공장소에 대한 보편적 미적 만족을 제공한다.
→ (×) 공중 모두에게 공공장소에 대한 보편적 미적 만족을 제공하는 것은 공공장소를 미화하는 미술의 특징이다.[2문단(2)] 그러나 사회 변화를 위한 공적 관심의 증대를 목표로 하는 것은 공공의 이익을 위한 미술이므로[2문단(3)], 해당 선지의 내용은 옳지 않다.

⑤ 공공의 이익을 위한 미술은 공간적 제약을 넘어서 공중이 미술을 접할 수 있도록 작품이 존재하는 장소를 미술관에서 공공장소로 확대하는 활동이다.
→ (×) 미술관이나 갤러리에서 볼 수 있었던 미술작품을 공공장소에 설치하여 공중이 미술작품을 접하기 쉽게 한 것은 공공장소 속의 미술이다.[1문단(4)] 공공의 이익을 위한 미술은 사회적인 쟁점과 직접적 접점을 만들어 사회 정의와 공동체 통합을 추구하는 미술이다.[1문단(8)]

제시문 분석

1문단 공공 미술의 개념과 세 가지 패러다임

공공 미술의 개념
'공공 미술'이란 공개된 장소에 설치되고 전시되는 작품으로서, 공중(公衆)을 위해 제작되고 공중에 의해 소유되는 미술품을 의미한다.(1)

공공 미술의 역사를 설명하는 세 가지 패러다임		
	정의 및 특징	
① 공공장소 속의 미술	미술 작품을 공공장소에 설치하여 공중이 미술 작품을 접하기 쉽게 한 것이다.(4)	•
② 공공 공간으로서의 미술	공공 미술 작품의 개별적인 미적 가치보다는 사용가치에 주목하고 공중이 공공미술을 더 가깝게 느끼고 이해할 수 있도록 미술과 실용성 사이의 구분을 완화하려는 시도이다.(5)	이에 따르면 미술 작품은 벤치나 테이블, 가로등, 맨홀 뚜껑을 대신하면서 공공장소에 완전히 동화된다.(6)
③ 공공의 이익을 위한 미술	사회적인 쟁점과 직접적 접점을 만들어냄으로써 사회 정의와 공동체의 통합을 추구하는 활동이다.(7)	거리 미술, 게릴라극, 페이지 아트 등과 같은 비전통적 매체뿐만 아니라 회화, 조각을 포함하는 다양한 전통 매체를 망라한 행동주의적이며 공동체적인 활동이라고 할 수 있다.(8)

2문단 패러다임의 분류와 그 특징

패러다임의 분류와 그 특징	
공공장소를 미화하는 미술	공적인 관심을 증진하는 미술
첫 번째와 두 번째 패러다임은 둘 다 공적인 공간에서 시각적인 만족을 우선으로 한다는 점에서 하나의 틀로 묶을 수 있다.(1)	사회 변화를 위한 공적 관심의 증대를 목표로 하고 있어서 공공 공간을 위한 미술이라기보다는 공공적 쟁점에 주목하는 미술이다.(3)
공적인 공간에서 공중의 미적 향유를 위해서 세워진 조형물이나 쾌적하고 심미적인 도시를 만들기 위해 디자인적 요소를 접목한 공공 편의 시설물은 모두 공중에게 시각적인 만족을 제공하기 위해 제작된 활동이라는 의미에서 '공공장소를 미화하는 미술'이라 부를 수 있다.(2)	이 미술은 해당 주제가 자신들의 삶에 중요한 쟁점이 되는 특정한 공중 일부에게 집중하며 그런 점에서 이러한 미술 작업은 공중 모두에게 공공장소에 대한 보편적인 미적 만족을 제공하려는 활동과는 달리 '공적인 관심을 증진하는 미술'에 해당한다.(4),(5)

합격자의 실전 풀이 순서

[비문학 유형]

❶ 발문 읽기 및 문제 유형 파악

항상 발문을 먼저 제대로 읽자. 본 문제는 글의 내용과 부합하는 것을 고르는 유형의 문제이다. 부합하는 것을 고르는 문제는 알 수 있는 것을 고르는 문제와 같다. 해당 유형은 제시문 내용과 일치하거나 그로부터 추론 가능한 선지가 정답이 되며, 제시문 내용과 상충하거나 그로부터 추론할 수 없는 선지가 오답이 된다. 이 유형에서는 '제시문에 명확한 근거 없음'으로 오답인 선지가 구성되는 경우도 존재하므로 조심해야 한다. 또한, 발문에 ○ 표시를 해놓고 문제를 풀면 옳은 것을 골라야 하는 문제에서 옳지 않은 것을 고르게 되는 실수가 줄어든다.

❷ 제시문 독해

제시문 독해 시, 제시문을 어느 정도로 꼼꼼히 읽을 것인지는 각자의 풀이법에 따라 달라진다. 언어논리 고득점자 중에는 제시문 독해단계에서 1분보다 짧은 시간에 제시문의 주제와 키워드만 대강 파악하고, 선지부터 이해한 후에 제시문을 다시 훑어 올라가는 사람도 있다. 그러나 초심자에게 해당 방식을 채택하는 것을 추천하지 않는다. 주제와 키워드만 파악하여 제시문을 읽었다면 선지 판단을 위해 선지의 키워드를 제시문에서 다시 찾아야 하는데, 글의 구조가 어떻게 구성되는지 알지 못하거나 시험장에서 지나치게 긴장한 경우 해당 키워드를 찾지 못하는 불상사가 발생할 수 있기 때문이다. 또한, 최근에는 문단 간의 정보를 연결해야 하는 문제가 나와 키워드 찾기 방식의 효용이 떨어지고 있다. 따라서 처음에는 시간을 들여 모든 제시문을 꼼꼼히 분석하는 연습을 하고, 차차 자신이 안정적으로 선지를 판단할 수 있는 수준으로 제시문 독해 시간을 줄여가는 것을 추천한다. 물론 자신의 독해 실력이 뛰어나다면, 선지를 먼저 읽고 키워드를 제시문에서 찾는 등 제시문 독해 시간을 획기적으로 줄이는 방법을 시도하는 것도 좋다.

독해 실력이 특출나지 않은 사람들 대다수에게는 제시문의 구조와 선지에서 나올만한 중요한 내용을 파악하며 1분에서 2분 사이 내에 제시문을 읽는 것을 추천한다. 이때 선지에서 나올만한 내용으로는, 두 대상의 공통점과 차이점, 인과관계, 두 대상의 성능 및 효과 비교, 접속어로 시작하는 문장의 주요 내용, '반드시', '필수적'과 같은 표현으로 강조되는 내용, 시간의 흐름에 따른 변화 등이 있다. 다양한 정보확인문제를 통해 선지에서 주로 묻는 내용이 무엇인지 정리한 뒤, 제시문에서 선지에 나올만한 내용을 미리 파악하며 읽는 습관을 들이자.

본 제시문의 경우 구조가 명확하므로 이를 파악하며 읽는 것이 가장 중요하다. 1문단에서는 '공공장소 속의 미술', '공공 공간으로서의 미술', '공공의 이익을 위한 미술'이라는 세 가지 패러다임을 소개하고 있다.

각각의 패러다임 위에 1, 2, 3이라는 숫자를 적어두고, 빗금을 그어 각 패러다임을 시각적으로 구분하는 것이 좋다. 2문단에서는 '공공장소를 미화하는 미술'과 '공적인 관심을 증진하는 미술'을 설명한다. 이 역시 2문단 (3) 앞에 빗금을 그어 해당 내용 간의 설명을 시각적으로 구분한다. 이때 1문단에서 설명한 패러다임의 특징을 포함하기 때문에 2문단에서 제시된 두 가지 패러다임에는 4와 5의 숫자를 적기보다는 '공공장소를 미화하는 미술' 위에 1+2, '공적인 관심을 증진하는 미술' 위에 3의 숫자를 적는 것이 좋다. 이러한 숫자를 통해 패러다임 간의 포함관계와 중복관계를 간단히 표현할 수 있다.

❸ 선지 적용하기

본 문제의 제시문은 3가지 패러다임을 비교하고 있으므로, 선지에서도 패러다임의 비교 및 구분이 주된 테마가 될 것임을 예상할 수 있어야 한다. 실제로 선지 5개가 모두 패러다임의 구분을 테마로 하고 있다. 이미 제시문을 읽으면서 각각의 패러다임 위에 1, 2, 3, 1+2, 3이라는 숫자를 써두었으므로, 이 숫자들을 제시문에서 찾으면 선지를 간단하게 판단할 수 있다.

합격자의 시간단축 Tip

비슷한 이름들에 주의하자.

본 문제는 유사한 메커니즘의 이름이 3개 등장한다. 유사한 이름들은 물론 수험생을 헷갈리게 만드는 함정이다. 가장 뻔히 보이는 함정 중 하나지만, 여기에 보란 듯이 걸리지 않으려면 주의를 기울여야 한다.

가장 흔한 해결방법은 시각적인 표시다. 각 이름을 구분하는 포인트에 서로 다른 기호를 표시하는 것이다. 본 문제의 제시문과 선지로 예시를 들어보면 다음과 같다. 기호 외에도 합격자의 실전 풀이순서에서처럼 1, 2, 1+2와 같은 숫자를 활용할 수도 있다. 본 제시문과 같이 설명되는 대상이 3개 이상인 경우, 기호보다 숫자를 활용하여 대상들을 구분하는 것이 더 편리하다.

> …첫 번째는 '공공장소 속의 미술' 패러다임으로, 1960년대 중반부터 1970년대 중반까지 대부분의 공공 미술이 그에 해당한다. …(중략)… 두 번째는 '공공 공간으로서의 미술' 패러다임으로, …(중략)… 세 번째인 '공공의 이익을 위한 미술' 패러다임은 사회적인 쟁점과 직접적 접점을 만들어냄으로써 사회 정의와 공동체의 통합을 추구하는 활동이다.
>
> 첫 번째와 두 번째 패러다임은 둘 다 공적인 공간에서 시각적인 만족을 우선으로 한다는 점에서 하나의 틀로 묶을 수 있다. 공적인 공간에서 공중의 미적 향유를 위해서 세워진 조형물이나 쾌적하고 심미적인 도시를 만들기 위해 디자인적 요소를 접목한 공공 편의 시설물은 모두 공중에게 시각적인 만족을 제공하기 위해 제작된 활동이라는 의미에서 '공공장소를 미화하는 미술'이라 부를 수 있다. …
>
> ① 공공 공간으로서의 미술은 다양한 매체를 활용하여 사회 정의와 공동체 통합을 추구하는 활동이다.

07 정답 ① 난이도 ●●○

논리추론 – 논리적 판단 문제

문제유형 사실적 이해 > 정보 확인

접근전략 '알 수 있는 것'을 고르는 문제의 정답 선지는 제시문 내용과 부합하거나 그로부터 추론할 수 있는 경우이고, 오답 선지는 제시문 내용과 상충하거나 그로부터 추론할 수 없는 경우이다. 항상 주의해야 할 것은, 지문의 일부만 발췌해서 풀 수 있는 선지와 전체적인 연결이 있어야만 풀 수 있는 선지를 구별하는 것이다. 이에 유의하면서 지문을 읽는다.

다음 글에서 알 수 있는 것은?

> (1)비정규직 근로자들이 늘어나면서 '프레카리아트'라고 불리는 새로운 계급이 형성되고 있다. (2)프레카리아트란 '불안한(precarious)'이라는 단어와 '무산계급(proletariat)'이라는 단어를 합친 용어로 불안정한 고용 상태에 놓여 있는 사람들을 의미한다. (3)프레카리아트에 속한 사람들은 직장 생활을 하다가 쫓겨나 실업자가 되었다가 다시 직장에 복귀하기를 반복한다. (4)이들은 고용 보장, 직무 보장, 근로 안전 보장 등 노동 보장을 받지 못하며, 직장 소속감도 없을 뿐만 아니라, 자신의 직업에 대한 전망이나 직업 정체성도 결여되어있다. (5)프레카리아트는 분노, 무력감, 걱정, 소외를 경험할 수밖에 없는 '위험한 계급'으로 전락한다. (6)이는 의미 있는 삶의 길이 막혀 있다는 좌절감과 상대적 박탈감, 계속된 실패의 반복 때문이다. (7)이러한 사람들이 늘어나면 자연히 갈등, 폭력, 범죄와 같은 사회적 병폐들이 성행하여 우리 사회는 점점 더 불안해지게 된다. ▶ 1문단
>
> (1)프레카리아트와 비슷하지만 약간 다른 노동자 집단이 있다. (2)이른바 '긱 노동자'다. (3)'긱(gig)'이란 기업들이 필요에 따라 단기 계약 등을 통해 임시로 인력을 충원하고 그때그때 대가를 지불하는 것을 의미한다. (4)예를 들어 방송사에서는 드라마를 제작할 때마다 적합한 사람들을 섭외하여 팀을 꾸리고 작업에 착수한다. (5)긱 노동자들은 고용주가 누구든간에 자신이 보유한 고유의 직업 역량을 고용주에게

판매하면서, 자신의 직업을 독립적인 '프리랜서' 또는 '개인 사업자' 형태로 인식한다. (6)정보통신 기술의 발달은 긱을 더욱더 활성화한다. 정보통신 기술을 이용하면 긱 노동자의 모집이 아주 쉬워진다. (7)기업은 사업 아이디어만 좋으면 인터넷을 이용하여 필요한 긱 노동자를 모집할 수 있다. (8)기업이 긱을 잘 활용하면 경쟁력을 높여 정규직 위주의 기존 기업들을 앞서나갈 수 있다. ▶ 2문단

① 각 노동자가 자신의 직업 형태에 대해 갖는 인식은 자신을 고용한 기업에 따라 달라지지 않는다.
➜ (○) 긱 노동자들은 고용주가 누구든 간에 자신이 보유한 고유의 작업 역량을 고용주에게 판매하면서, 자신의 직업을 독립적인 '프리랜서' 또는 '개인 사업자' 형태로 인식한다.[2문단(5)] 이때 고용주는 자신을 고용한 기업에 해당하므로, 긱 노동자가 자신의 직업 형태에 갖는 인식은 자신을 고용한 기업에 따라 달라지지 않는다는 것을 알 수 있다.

② 정보통신 기술의 발달은 프레카리아트 계급과 긱 노동자 집단을 확산시킨다.
➜ (×) 정보통신 기술의 발달은 긱 노동자의 모집을 용이하게 하며, 긱을 더욱 활성화한다.[2문단(6)] 그러나 프레카리아트 계급이 확산되는지의 여부는 제시문에 나타나 있지 않다.[2문단(2)]

③ 긱 노동자 집단이 확산하면 프레카리아트 계급은 축소된다.
➜ (×) 긱 노동자는 프레카리아트와 비슷하지만 약간 다른 노동자 집단이다.[2문단(1)] 두 집단의 특징은 다른 부분이 있으나, 긱 노동자 집단이 확산하면 프레카리아트 계급이 축소되는지는 제시문을 통해 알 수 없다.

④ '위험한 계급'이 겪는 부정적인 경험이 적은 프레카리아트일수록 정규직 근로자로 변모할 가능성이 크다.
➜ (×) 프레카리아트는 정규직이 아니며 불안정한 고용 상태에 놓여있는 사람들을 말한다.[1문단(2)] 또한, 이들은 분노, 무력감, 걱정, 소외를 경험할 수 밖에 없는 '위험한 계급'으로 전락한다.[1문단(5)] 그러나 '위험한 계급'의 부정적인 경험을 적게 겪는 프레카리아트는 제시문에 나와 있지 않고, 이들이 정규직 근로자로 변모할 가능성에 대해서도 언급하지 않고 있다. 따라서 해당 선지는 제시문을 통해 알 수 없는 내용이다.

⑤ 비정규직 근로자에 대한 노동 보장의 강화는 프레카리아트 계급을 축소시키고 긱 노동자 집단을 확산시킨다.
➜ (×) 프레카리아트는 비정규직이 늘어나면서 형성된 새로운 계급인데[1문단(1)] 이들의 특징 중 하나는 고용 보장, 직무 보장, 근로안전 보장 등 노동 보장을 받지 못한다는 것이다.[1문단(4)] 따라서 비정규직 근로자에 대한 노동 보장을 강화한다면 프레카리아트 계급은 축소될 수 있다. 그러나 비정규직 근로자에 대한 노동 보장 강화와 긱 노동자의 관계에 대한 근거는 제시문에서 확인할 수 없다.

제시문 분석

1문단 프레카리아트의 정의와 특징

프레카리아트의 정의
프레카리아트='불안한(precarious)'+'무산계급(proletariat)=불안정한 고용 상태에 놓여 있는 사람들(2)

프레카리아트의 특징			
특징 1	직장 생활을 하다가 쫓겨나 실업자가 되었다가 다시 직장에 복귀하기를 반복(3)		
특징 2	고용 보장, 직무 보장, 근로안전 보장 등 노동 보장을 받지 못함(4)		
특징 3	직장 소속감과 자신의 직업에 대한 전망, 직업 정체성도 결여되어 있음(4)		
특징 4	분노, 무력감, 걱정, 소외를 경험할 수 밖에 없는 '위험한 계급'으로 전락함(5)	원인	의미 있는 삶의 길이 막혀 있다는 좌절감과 상대적 박탈감, 계속된 실패의 반복 때문(6)

➜

결과	프레카리아트가 늘어나게 되면 자연히 갈등, 폭력, 범죄와 같은 사회적 병폐들이 성행하여 우리 사회는 점점 더 불안해지게 됨(7)

2문단 긱의 정의와 특징

긱의 정의		긱의 예시		자기 인식
'긱(gig)'=기업들이 필요에 따라 단기 계약 등을 통해 임시로 인력을 충원하고 그때그때 대가를 지불하는 것(3)	⊕	방송사에서 드라마를 제작할 때마다 적합한 사람들을 섭외하여 팀을 꾸리고 작업에 착수하는 것(4)	⊕	긱 노동자들은 고용주가 누구든 간에 자신이 보유한 고유의 작업 역량을 고용주에게 판매 → 자신의 직업을 독립적인 '프리랜서' 또는 '개인 사업자' 형태로 인식(5)

2문단 정보통신 기술의 발달이 긱 노동자의 모집과 기업에 미친 영향

정보통신 기술 발달		모집의 용이화		기업의 기회
정보통신 기술의 발달은 긱을 더욱더 활성화했으며 정보통신 기술을 이용하면 긱 노동자의 모집이 아주 쉬워짐(6)	⊕	기업은 사업 아이디어만 좋으면 인터넷을 통해 필요한 긱 노동자 모집 가능(7)	→	기업이 긱을 잘 활용하면 경쟁력을 높여 정규직 위주의 기존 기업을 앞설 수 있음(8)

합격자의 실전 풀이 순서

[한국사 비문학 유형]

❶ 발문 확인 및 유형 파악

1) 다음 글에서 알 수 있는/없는 것은?

알 수 '있는' 것인지, '없는' 것인지를 확실히 표시하고 간다. 예를 들어 알 수 있는 것을 묻는다면 '있는' 위에 동그라미를 치고, 알 수 없는 것을 묻는다면 '없는' 위에 세모를 쳐 시각적으로 다시 한번 나타낸다.

> 다음 글에서 알 수 있는 것은?

❷ 지문 훑어보기

이 단계에서는 문단의 구조를 살펴본다. 주로 살펴볼 것은 문단의 길이 및 문단 초두에서 어떤 내용이 전개되는가이다. 문단 길이가 길고, 문단의 초두에서 서로 다른 내용이 제시된다는 것('약간 다른 노동자 집단'이란 키워드로부터 추출할 수 있다)을 10초 내로 확인할 수 있다.

그 후 문단별로 따로 해석해야 한다는 점에 착안하여 1문단만 해석한 뒤 2문단을 1문단과 비교하면서 읽거나, 1문단이 너무 어렵다면 2문단을 먼저 읽고 1문단을 읽어 본다. 그러나 해당 지문은 1문단이 더 쉬운 편이다.

① 긱 노동자가 자신의 직업 형태에 대해 갖는 인식은 자신을 고용한 기업에 따라 달라지지 않는다.

이 선지는 2문단만 보고 풀어야 한다. 또한, 만약 선지에서 프레카리아트에 대해서만 물었다면 사실 1, 2문단 모두 보고 풀어야 한다. 그 이유는 이미 소개된 내용이라면 다른 문단에서 예외사항이나 기타 언급되지 않았던 비교문장들을 첨가할 수 있기 때문이다. 이러한 이유로, 처음 제시문을 읽을 때 문단별로 분류를 잘 하고 읽어야 한다.

③ 긱 노동자 집단이 확산하면 프레카리아트 계급은 축소된다.

프레카리아트와 비슷하지만 약간 다른 긱 노동자 집단 ⇏ 긱 노동자 집단과 프레카리아트 계급의 상관관계 선지 ③은 대표적인 추론형 선지다. 즉, 선지에 나온 표현 그대로 지문에서 찾으려 하면 찾을 수 없다. 단순비교형 선지 ①이 '인식'이라는 단어 그대로 지문에 실려 있는 것과 대비되는 특성이다.

이때, 수험생이 두 노동자 집단이 다르다는 것에 착안하여 "한쪽이 줄어들면 한쪽이 늘어나지 않을까?"라는 생각을 한다면 틀린 생각이다. 그 이유는 1)정규적 고용형태가 시장에 존재하며(1문단에서 추론 가능) 2)사업자도 존재하기 때문이다.(1문단, 2문단에서 추론 가능). 그 외 실업자나 기타 변수도 고려할 수 있지만, 지문에서 그런 것까지 추론할 수는 없다.

⑤ 비정규직 근로자에 대한 노동 보장의 강화는 프레카리아트 계급을 축소시키고 긱 노동자 집단을 확산시킨다.

노동 보장 → 프레카리아트는 노동 보장을 받지 못함 ↛ 긱 노동자 집단

선지 ⑤ 또한 추론형이다. 노동 보장이 두 집단과 어떤 관련이 있는지 찾아보면, 프레카리아트는 노동 보장을 받지 못하는 계급이므로[1문단(4)] 노동 보장 강화는 이를 축소시킬 것임을 추론할 수 있다. 출제자의 의도는 '프레카리아트가 발전, 능동적 노동자가 될 경우 그것이 곧 긱 노동자이다.'라는 착각을 유도한 것으로 보이나, 사실 긱인 동시에 프레카리아트 상태인 것이 가능하다. 즉, 긱 노동자 집단과 노동 보장 간의 상관관계는 찾을 수 없다.

합격자의 시간단축 Tip

Tip ❶ '일수록'에 주의하자.

'a일수록 b다.'라는 문장이 있다. 이 문장의 진위를 판별하려면 어떻게 해야 할까? 먼저 가능한 모든 개체의 a 정도를 파악한다. 다음으로, a 정도가 강한 개체일수록 b 정도도 강한지 확인해야 할 것이다.

본 문제의 경우, 선지 ④가 '~일수록'을 사용하고 있다. 이 선지를 판단하려면 프레카리아트 계급을 부정적인 경험의 양에 따라 나눌 수 있는지 파악하고, 만약 가능하다면 부정적인 경험이 적은 그룹이 많은 그룹보다 정규직으로의 변모 가능성이 큰지를 파악해야 한다.

이처럼 '일수록'이 내포한 맥락은 생각보다 복잡하다. 비문학 유형의 선지에서 '일수록'이 등장하면 거의 무조건 추론형 선지라 보면 된다. 난도가 낮은 선지 여러 개를 빠르게 제거하고 싶다면 '일수록'이 나오는 비례/반비례 성격의 선지는 일단 패스하자. 반면 난도가 높은 선지 중에 정답이 있을 확률이 높다고 본다면, '~일수록' 먼저 처리할 수도 있다.

Tip ❷ 부정적/긍정적 어휘에 모두 주목한다.

사람은 심리학적으로 부정적 어휘에는 민감하게 반응하지만(1문단) 긍정적 어휘에는 둔감하게 반응한다. 그러니까 부정적 어휘가 없다는 것만으로 2문단을 읽으면서 긍정적 어휘가 있었던 것처럼 해석할 수 있다. 심지어 2문단은 사업주 입장에서 긍정적 어휘가 있었기 때문에 글의 전체적인 인상이 아주 긍정적으로 비추어지기 마련이다. 여기에 ③번과 ⑤번 선지의 함정이 있다.

따라서 수험생은 항상 긍정적 어휘가 진짜로 있었는지, 있었다면 그것이 내가 생각한 대상을 향해서 수식하는 것인지 반드시 파악해야 한다. 부정적 어휘를 가지고 해당 작업을 하는 것은 아주 쉽고 누구나 할 수 있지만, 긍정적 어휘를 동일하게 확인하는 것은 부단한 노력이 필요할 것이다.

08 정답 ❹

난이도 ●○○

논리추론 – 논리적 판단 문제

문제유형 사실적 이해 > 정보 확인

접근전략 글의 내용과 부합하지 않는 것을 묻는 문제는 선지를 먼저 보는 것을 추천한다. 정답을 제외한 나머지가 글의 내용과 일치하므로 선지의 키워드를 인지하며 지문을 읽는다면 빠른 독해가 가능하기 때문이다. 선지를 훑어 '감정 기복', '식습관이나 운동', '일반적인 혈액 검사', '체내 멜라토닌', '자연광' 등의 키워드를 생각하며 지문을 읽어 나간다.

다음 글의 내용과 부합하지 않는 것은?

(1)세로토닌은 뇌에서 감정과 기분을 조절하는 데 중요한 역할을 하는 신경 전달 물질이다. (2)세로토닌의 부족은 우울증, 불안, 충동 조절의 어려움 등 다양한 정신적 문제와 연결될 수 있으며, 반대로 세로토닌이 과도하게 분비되면 감정의 기복이 줄어들고 무기력감을 느낄 수 있다. (3)세로토닌은 뇌의 보상 체계와도 관련이 있어, 그 분비가 줄어들면 기쁨과 만족감을 느끼기 어려워지며, 외부 자극에 대한 반응이 둔해질 수 있다. (4)또한, 세로토닌은 수면 주기와도 연관되어 있어 분비가 불규칙해지면 수면의 질이 떨어질 수 있다. (5)이러한 세로토닌의 이상은 약물 치료나 상담을 통해 조절할 수 있으며, 필요에 따라 식습관 개선이나 운동을 통해 분비를 조절하기도 한다. (6)세로토닌은 빛의 양에 영향을 받기 때문에, 야외 활동을 통해 자연광을 충분히 받는 것이 권장된다. (7)특히 아침 햇빛을 받으면 세로토닌 분비가 촉진되어 기분 안정에 도움이 된다. (8)한편, 세로토닌이 낮아지면 체내 멜라토닌 분비에도 영향을 미쳐 잠들기 어려운 상태가 될 수 있다. (9)또한, 세로토닌 분비는 일반적인 혈액 검사를 통해 확인하기 어려워, 전문가의 진단이 필요하다.

① (○) 세로토닌이 과도하게 분비되면 감정의 기복이 줄어들 수 있다.
→ '세로토닌이 과도하게 분비되면 감정의 기복이 줄어들고 무기력감을 느낄 수 있다.[(2)]'에서 알 수 있는 내용이다. 옳은 선지다.

② (○) 식습관 개선이나 운동을 통해 세로토닌 분비를 조절할 수 있다.
→ '이러한 세로토닌의 이상은 약물 치료나 상담을 통해 조절할 수 있으며, 필요에 따라 식습관 개선이나 운동을 통해 분비를 조절하기도 한다.[(5)]'에서 알 수 있는 내용이다. 옳은 선지다.

③ (○) 세로토닌 분비는 일반적인 혈액 검사를 통해 파악하기 쉽지 않다.
→ '또한, 세로토닌 분비는 일반적인 혈액 검사를 통해 확인하기 어려워, 전문가의 진단이 필요하다.[(9)]'에서 알 수 있는 내용이다 옳은 선지다.

④ (×) 세로토닌 분비가 낮아지면 체내 멜라토닌 수치에 영향을 미치지 않는다.
→ '한편, 세로토닌이 낮아지면 체내 멜라토닌 분비에도 영향을 미쳐 잠들기 어려운 상태가 될 수 있다.[(8)]'에서 세로토닌 분비가 낮아지면 체내 멜라토닌 분비에 영향을 미친다는 것을 알 수 있다. 틀린 선지다.

⑤ (○) 자연광은 세로토닌 분비에 영향을 준다.
→ '세로토닌은 빛의 양에 영향을 받기 때문에, 야외 활동을 통해 자연광을 충분히 받는 것이 권장된다. 특히 아침 햇빛을 받으면 세로토닌 분비가 촉진되어 기분 안정에 도움이 된다.[(6), (7)]'에서 아침 햇빛을 비롯한 자연광은 세로토닌 분비에 영향을 준다는 것을 알 수 있다. 옳은 선지다.

합격자의 실전 풀이 순서

❶ 선지를 훑으며 대략적 주제를 파악한다.
접근 전략에서 설명했듯이 "부합하지 않는 것은?", "일치하지 않는 것은?" 문제에서 선지는 매우 중요한 힌트가 된다. 정답을 제외한 4개의 선지를 보는 것만으로도 어느 정도 지문의 주제나 내용을 확인할 수 있기 때문이다. 먼저 선지를 훑어 '세로토닌'이 주요 주제로 나올 것을 예상한다.

❷ 각 선지의 키워드를 설정 후 발췌독해서 일차적으로 답을 판단한다.
선지의 단어 중 가장 생소하거나 특이한 단어를 키워드로 삼아 키워드가 있는 문단을 탐색한다. 특이한 단어의 경우 지문에서 그대로 나오거나 조금의 변형을 거쳐 나오므로 찾기 용이하기 때문이다. 선지 ①은 '감정 기복', 선지 ②는 '식습관 개선이나 운동', 선지 ③은 '일반적인 혈액 검사', 선지 ④는 '멜라토닌', 선지 ⑤는 '자연광'을 키워드로 들 수 있다.

합격자의 시간단축 Tip

Tip ❶ 부합하는 것, 부합하지 않는 것 외에 알 수 없는 것이 나올 가능성을 생각한다.
글의 내용과 부합하지 않는 것을 물었다. 그렇다면 부합하는 것은 답이 아니고, 부합하지 않는 것이 답인 것은 자명하다. 글에서 알 수 없는 것은 답이 될 수 있는가? 그렇다. 알 수 없는 것 역시 글의 내용과 부합하지 않기 때문이다. 선지의 내용이 글에서 알 수 없는 내용임에도 불구하고 무조건 찾으려 들 생각을 버리자. 다른 선지들은 글에서 근거를 찾을 수 있는데, 도저히 글에서 근거를 찾을 수 없는 선지가 정답이 될 수 있다.

Tip ❷ 열린 선지에 주목한다.
열린 선지란 '~한다', '~가 아니다'와 같이 단정적인 내용이 아닌 '~할 수 있다', '~중 하나이다'처럼 명제 자체가 옳을 가능성이 높은 선지를 말한다. 이런 선지는 비교적 옳은 가능성이 높기 때문에 옳을 수 있다는 가능성에 초점을 맞추고 발췌독하면 효율적인 경우가 많다. 본 문제에서도 해당 표현을 사용한 선지 ①, ②이 옳은 내용을 담은 선택지였다.

Tip ❸ 생소한 키워드를 뽑는다.
발췌독하기 위해서는 생소한 키워드를 뽑아야 한다. 일반적인 단어를 키워드로 삼으면 지문에서 자주 등장하기 때문에 효율적인 발췌독을 하기 어렵다. 보통 키워드를 뽑을 때 맨 앞에 있는 주어를 선정하는 경우가 많다. 그러나 이는 상황에 따라 비효율적이다. 모든 선지의 주어가 같은 경우도 있고, 주어보다 서술어나 목적어가 더 생소한 경우가 많기 때문이다. 키워드를 뽑는 목적은 지문을 빠르게 발췌독하기 위함이고, 이를 위해 주어뿐만 아니라 모든 단어에 대해 가능성을 열어 두어야 함을 기억하자.

09 정답 ⑤

난이도 ●●○

논리추론 - 논리적 판단 문제

문제유형 사실적 이해 > 정보 확인
접근전략 특정 사상이 글의 주요 소재로 나오는 경우, 글 전체가 하나의 사상에 대한 논리와 특징으로 구성되거나, 그것을 비판하는 다른 사상이 나오는 등의 방식으로 글이 전개되는 경우가 많다.
이처럼 어떤 사상이 글의 주요 소재로 나올 때는 주로 연관된 사례와 함께 내용을 설명하곤 한다. 따라서 개념이 당장 이해가 되지 않아도 걱정할 필요는 없다. 만약 정의나 특징을 읽고 이해가 되었다면 사례는 자신이 개념을 맞게 이해했는지만 확인하는 정도로 빠르게 읽고 넘어가면 된다. 그러나 만일 이해를 하지 못했다고 하더라도 사례를 통해 개념에 대한 세부적인 이해가 가능하다. 개념과 함께 그것이 적용된 사례 또한 선지에 나올 수 있으므로 바로 시선을 이동할 수 있도록 체크해 두도록 한다.

다음 글에서 알 수 있는 것은?

(1)도덕에 관한 이론인 정서주의는 언어 사용의 세 가지 목적에 주목한다. (2)첫째, 화자가 청자에게 정보를 전달하는 목적이다. (3)예를 들어, "세종대왕은 조선의 왕이다."라는 문장은 참 혹은 거짓을 판단할 수 있는 정보를 전달하고 있다. (4)둘째, 화자가 청자에게 행위를 하도록 요구하는 목적이다. (5)"백성을 사랑하라."라는 명령문 형식의 문장은 청자에게 특정한 행위를 요구한다. (6)셋째, 화자의 태도를 청자에게 표현하는 목적이다. (7)"세종대왕은 정말 멋져!"라는 감탄문 형식의 문장은 세종대왕에 대한 화자의 태도를 표현하고 있다. ▶ 1문단

(1)정서주의자들은 도덕적 언어를 정보 전달의 목적으로 사용하는 것이 아니라, 사람의 행위에 영향을 주거나 자신의 태도를 표현하는 목적으로 사용한다고 말한다. (2)"너는 거짓말을 해서는 안 된다."라고 말한다면, 화자는 청자가 그러한 행위를 하지 못하게 하려는 것이다. (3)따라서 이러한 진술은 정보를 전달하는 것이 아니라, "거짓말을 하지 마라."라고 명령하는 것이다. ▶ 2문단

(1)정서주의자들에 따르면 태도를 표현하는 목적으로 도덕적 언어를 사용하는 것은 태도를 보고하는 것이 아니다. (2)만약 "나는 세종대왕을 존경한다."라고 말한다면 이 말은 화자가 세종대왕에 대해 긍정적인 태도를 지니고 있다는 사실을 보고하는 것이다. 즉, 이는 참 혹은 거짓을 판단할 수 있는 정보를 전달하는 문장이다. (3)반면, "세종대왕은 정말 멋져!"라

고 외친다면 화자는 결코 어떤 종류에 관한 사실을 전달하거나, 태도를 갖고 있다고 보고하는 것이 아니다. 이는 화자의 세종대왕에 대한 태도를 표현하고 있는 것이다. ▶ 3문단

① 정서주의에 따르면 화자의 태도를 표현하는 문장은 참이거나 거짓이다.

→ (×) 정서주의자들에 따르면 화자의 태도를 표현하는 문장은 어떤 종류에 관한 사실을 전달하는 목적이 아니다.[3문단(3)] 참과 거짓의 판단은 정보를 전달하는 문장에만 적용할 수 있으므로[1문단(3)], 화자의 태도를 표현하는 문장은 참이거나 거짓이라고 판별할 수 없다.

② 정서주의에 따르면 도덕적 언어는 화자의 태도를 보고하는 데 사용된다.

→ (×) 정서주의에 따르면 도덕적 언어는 사람의 행위에 영향을 주거나 자신의 태도를 표현하는 목적으로 사용된다고 주장하며[2문단(1)], 이와 같이 태도를 표현하는 목적으로 도덕적 언어를 사용하는 것은 태도를 보고하는 것이 아니라고 본다.[3문단(1)] 따라서 도덕적 언어는 화자의 태도를 보고하는 데 사용되지 않는다.

③ 정서주의에 따르면 "세종대왕은 한글을 창제하였다."는 참도 거짓도 아니다.

→ (×) "세종대왕은 한글을 창제하였다."는 화자가 청자에게 정보를 전달하는 목적이며[1문단(2)], 참과 거짓을 판단할 수 있다.[1문단(3)] 정서주의자들은 청자의 행위에 영향을 주거나 화자의 태도를 표현하는 문장에 국한하여 도덕적 언어에 대한 논지를 주장하고 있다.[2문단(1), 3문단(1)]

④ 정서주의에 따르면 언어 사용의 가장 중요한 목적은 정보를 전달하는 것이다.

→ (×) 정서주의자들은 도덕적 언어를 정보 전달의 목적으로 사용하는 것이 아니라, 사람의 행위에 영향을 주거나 자신의 태도를 표현하는 목적으로 사용한다고 말한다.[2문단(1)] 즉, 정서주의자들은 언어 사용의 가장 중요한 목적은 사람의 행위에 영향을 주거나 자신의 태도를 표현하는 것에 있다고 본다.

⑤ 정서주의에 따르면 도덕적 언어의 사용은 명령을 하거나 화자의 태도를 표현하기 위한 것이다.

→ (○) 정서주의자들은 도덕적 언어를 정보 전달의 목적으로 사용하는 것이 아니라, 사람의 행위에 영향을 주거나 자신의 태도를 표현하는 목적으로 사용한다고 말한다.[2문단(1)]

1문단 언어 사용의 세 가지 목적

언어 사용의 세 가지 목적	
정보 전달	예 "세종대왕은 조선의 왕이다."(3)
어떤 행위를 하도록 요구	예 "백성을 사랑하라."(5)
태도 표현	예 "세종대왕은 정말 멋져!"(7)

2문단 정서주의에서 말하는 도덕적 언어의 목적

정서주의에서 말하는 도덕적 언어의 목적
정서주의자들은 도덕적 언어를 정보 전달의 목적으로 사용하는 것이 아니라, 사람의 행위에 영향을 주거나 자신의 태도를 표현하는 목적으로 사용한다고 말한다.(1)

예시	"너는 거짓말을 해서는 안 된다."(2)	→	이는 정보를 전달하는 것이 아니라 "거짓말을 하지 마라."라고 명령하는 것이다.(3)

3문단 도덕적 언어에 대한 정서주의자들의 주장

도덕적 언어에 대한 정서주의자들의 주장
정서주의자들에 따르면 태도를 표현하는 목적으로 도덕적 언어를 사용하는 것은 태도를 보고하는 것이 아니다.(1)

태도를 지니고 있다는 사실을 보고하는 문장	↔	태도를 표현하는 문장
"나는 세종대왕을 존경한다."는 화자가 세종대왕에 대해 긍정적인 태도를 지니고 있다는 사실을 보고하는 것이다. 즉, 이는 참 혹은 거짓을 판단할 수 있는 정보를 전달하는 문장이다.(2)		"세종대왕은 정말 멋져!"는 어떤 종류에 관한 사실을 전달하거나, 태도를 갖고 있다고 보고하는 것이 아니다. 이는 화자의 세종대왕에 대한 태도를 표현하고 있는 것이다.(3)

❶ 첫 문단을 꼼꼼히 읽는다.

이때. '정서주의'라는 말이 무엇인지 고민하면 안 된다. 이런 어려운 철학용어의 진정한 의미는 문단의 다른 부분을 통해서 설명된다. 문단을 꼼꼼히 읽는다는 것이 모든 문장을 완벽하게 해석해야 한다는 뜻은 아니다.

실제로 다음 문장들은 '정서주의의 언어 사용 목적'에 대해 설명하고 있다. 첫째, 둘째, 셋째에 있어 목적의 이야기와 사례가 제시되고 있다. 이에 사례는 개념에 대한 자신의 이해가 잘 됐는지 빠르게 확인하거나 이

해가 잘 안될 경우 이를 돕기 위해 사용하고, 이해가 되었다면 자기 나름대로 사례와 목적을 연결시키는 표기를 해놓도록 한다. 나중에 선지판단을 위해 다시 올라왔을 때, 목적보다 사례에 연결시켜 기억해낼 수도 있기 때문이다.

❷ **지문을 통독하며 비교 지점과 특징에 표시를 한다.**
첫 문단에서 글의 핵심 소재가 정서주의의 언어 사용이므로, 이를 인지하고 글을 전체적으로 읽어 내려간다. 2문단의 경우 정서주의자들이 바라본 도덕적 언어의 목적과 사례를 이야기하고 있으므로 접근 전략대로 읽어나간다. 3문단의 경우도 마찬가지로 첫 문장의 내용을 사례를 통해 설명하고 있으므로 접근 전략대로 읽도록 한다.

❸ **발문을 확인한 뒤 선지 확인에 들어선다.**
'다음 글에서 알 수 있는 것은?'의 문제의 경우 '알 수 있는 것'보다 고려해야 하는 부분이 더 많다. 이에 선지를 통해 체크해야 하는 부분과 지문에서의 시선이 이동하는 과정을 메모하면 다음과 같다.

① **정서주의에 따르면 화자의 태도를 표현하는 문장은 참이거나 거짓이다.**
참 거짓 여부의 경우 1문단과 3문단에 그 내용이 나와 있다. 그러나 화자의 태도를 표현하는 문장과 참거짓여부를 따지는 내용은 3문단에만 나와 있으므로 3문단을 확인한다.

② **정서주의에 따르면 도덕적 언어는 화자의 태도를 보고하는 데 사용된다.**
3문단의 첫 문장이므로, 3문단의 첫 문장을 체크했다면 바로 해당 부분으로 가서 내용을 확인한다.

③ **정서주의에 따르면 "세종대왕은 한글을 창제하였다."는 참도 거짓도 아니다.**
본 문장의 사례가 1문단의 '참 혹은 거짓을 판단할 수 있는 정보를 전달'이라는 내용과 대응됨을 확인할 수 있다. 확실하게 확인하려면 1문단으로 가서 확인하도록 한다.

④ **정서주의에 따르면 언어 사용의 가장 중요한 목적은 정보를 전달하는 것이다.**
본 문장의 경우 2문단의 첫 문장에 나와 있으므로 읽으면서 바로 2문단으로 시선 처리를 하면 된다. 이때도 1문단이나 3문단에 정보제공이 중요했는지를 떠올릴 수 있다면 선지 검토에 큰 도움이 된다.

⑤ **정서주의에 따르면 도덕적 언어의 사용은 명령을 하거나 화자의 태도를 표현하기 위한 것이다.**
본 문장 또한 바로 2문단에서 확인할 수 있다.

❶ 사례를 적극적으로 활용한다.

위 문제의 유형은 일반화+사례 지문이다. 이러한 지문 구조는 흔히 출제되는 유형으로, 시간을 단축하기 위한 접근 방식은 일반화된 내용 이해 여부에 따라 2가지로 나눌 수 있다.

첫 번째, 일반화된 내용을 이해한 경우이다. 대부분 일반화+사례 지문은 위의 지문과 같이 첫 줄에 일반적인 내용을 주고 뒤에 사례를 주는 경우가 많다. 일반적인 내용을 이해했다면, 뒤의 사례들은 가볍게 읽어내려간다. 뒤의 사례에서 오지선다가 출제될 수 있으므로 가볍게 표기해주도록 한다. 다만, 일반화된 내용을 이해했다고 해서 사례를 넘겨버리는 경우가 있는데 이는 지양하도록 하자. 일반화된 내용과 사례가 연결되어 선지가 출제되는 경우도 많기 때문이다.

두 번째, 일반화된 내용을 아예 이해하지 못한 경우다. 이 경우에는 굳이 일반화된 내용을 반복적으로 읽으면서 시간을 허비할 필요는 없다. 빠르게 사례로 넘어가서 이를 통해 이해하도록 한다. 개념을 이해하는 데 사례를 적극적으로 활용하도록 하자.

❷ 특정 이론이 중심이 된 지문이라면, 그 지문이 주로 어떤 이론을 공격하는지 확인한다.

이 경우는 '정서'가 '정보'를 공격하는 지문이라 요약할 수 있다. 실제 대부분의 선지도 그렇게 구성되어 있다. 이런 요약이 가능하다면 정서주의의 주요 특징들을 더 명확하게 잡아낼 수 있다.

이때 어떤 이론을 공격하는지 확인했다면, 어떤 이론을 공격하지 않는지도 확인하면 더 좋다. 예컨대 정서주의는 언어 사용의 목적이 태도 표현에 있다는 이론을 공격하지는 않을 것이다.

10 정답 ⑤

난이도 ●●●

논리추론 – 논리적 판단 문제

문제유형 사실적 이해 > 정보 확인

접근전략 글과 부합하지 않는 선지를 고르는 문제는 본문 내용과 상충하거나 본문으로부터 알 수 없는(즉, 추론할 근거가 없는) 선지가 정답이 된다. 제시문은 서로 다른 두 대상의 차이점을 위주로 서술되어 있으니 이들 간 공통점 및 차이점에 유의하며 읽도록 하자.

다음 글의 내용과 부합하지 않는 것은?

(1)기원전 3천 년쯤 처음 나타난 원시 수메르어 문자 체계는 두 종류의 기호를 사용했다. (2)한 종류는 숫자를 나타냈고, 1, 10, 60 등에 해당하는 기호가 있었다. (3)다른 종류의 기호는 사람, 동물, 사유물, 토지 등을 나타냈다. (4)두 종류의 기호를 사용하여 수메르인들은 많은 정보를 보존할 수 있었다.

▶ 1문단

(1)이 시기의 수메르어 기록은 사물과 숫자에 한정되었다. (2)쓰기는 시간과 노고를 요구하는 일이었고, 기호를 읽고 쓸 줄 아는 사람은 얼마 되지 않았다. (3)이런 고비용의 기호를 장부 기록 이외의 일에 활용할 이유가 없었다. (4)현존하는 원시 수메르어 문서 가운데 예외는 하나뿐이고, 그 내용은 기록하는 일을 맡게 된 견습생이 교육을 받으면서 반복해서 썼던 단어들이다. (5)지루해진 견습생이 자기 마음을 표현하는 시를 적고 싶었더라도 그는 그렇게 할 수 없었다. (6)원시 수메르어 문자 체계는 완전한 문자 체계가 아니었기 때문이다. (7)완전한 문자 체계란 구어의 범위를 포괄하는 기호 체계, 즉 시를 포함하여 사람들이 말하는 것은 무엇이든 표현할 수 있는 체계이다. (8)반면에 불완전한 문자 체계는 인간 행동의 제한된 영역에 속하는 특정한 종류의 정보만 표현할 수 있는 기호 체계다. (9)라틴어, 고대 이집트 상형문자, 브라유 점자는 완전한 문자 체계이다. 이것들로는 상거래를 기록하고, 상법을 명문화하고, 역사책을 쓰고, 연애시를 쓸 수 있다. (10)이와 달리 원시 수메르어 문자 체계는 수학의 언어나 음악 기호처럼 불완전했다. (11)그러나 수메르인들은 불편함을 느끼지 않았다. 그들이 문자를 만들어 쓴 이유는 구어를 고스란히 베끼기 위해서가 아니라 거래 기록의 보존처럼 구어로는 하지 못할 일을 하기 위해서였기 때문이다.

▶ 2문단

① 원시 수메르어 문자 체계는 구어를 보완하는 도구였다.
→ (○) 수메르인들이 문자를 만들어 쓴 이유는 구어로는 하지 못할 일을 하기 위해서였다.[2문단(11)] 이를 통해 원시 수메르어 문자 체계는 구어를 보완하는 도구였음을 알 수 있다.

② 원시 수메르어 문자 체계는 감정을 표현하는 일에 적합하지 않았다.
→ (○) 원시 수메르어를 사용하는 견습생이 자기 마음을 표현하는 시를 적고 싶었더라도 원시 수메르어 문자 체계는 완전한 문자 체계가 아니었기 때문에 그렇게 할 수 없었다.[2문단(5),(6)] 이를 통해 원시 수메르어 문자 체계는 감정을 표현하는 일에 적합하지 않았다는 것을 알 수 있다.

③ 원시 수메르어 문자를 당시 모든 구성원이 사용할 줄 아는 것은 아니었다.
→ (○) 원시 수메르어 기호를 읽고 쓸 줄 아는 사람은 얼마 되지 않았다.[2문단(2)]는 내용을 통해, 원시 수메르어 문자를 당시 모든 구성원이 사용할 줄 아는 것은 아니었음을 알 수 있다.

④ 원시 수메르어 문자는 사물과 숫자를 나타내는 데 상이한 종류의 기호를 사용하였다.
→ (○) 원시 수메르어 문자 체계는 두 종류의 기호를 사용했는데[1문단(1)], 한 종류는 숫자를 나타내고[1문단(2)] 다른 종류는 사람, 동물, 사유물, 토지 등을 나타내었다.[1문단(3)] 이를 통해 원시 수메르어 문자는 사물과 숫자를 나타내는 데 상이한 종류의 기호를 사용했음을 알 수 있다.

⑤ 원시 수메르어 문자와 마찬가지로 고대 이집트 상형문자는 구어의 범위를 포괄하지 못했다.
→ (×) 구어의 범위를 포괄하는 기호 체계는 완전한 문자 체계이다.[2문단(7)] 원시 수메르어 문자는 완전한 문자 체계가 아니었기 때문에 구어의 범위를 포괄하지 못했다.[2문단(6)] 그러나 고대 이집트 상형문자는 완전한 문자 체계에 해당하므로[2문단(9)], 원시 수메르어 문자와는 달리 구어의 범위를 포괄했음을 알 수 있다.

제시문 분석

1, 2문단 원시 수메르어 문자 체계

원시 수메르어 문자 체계	
기원전 3천 년쯤 처음 나타난 원시 수메르어 문자 체계는 두 종류의 기호를 사용했다. 이를 통해 수메르인들은 많은 정보를 보존할 수 있었다.[1문단(1),(4)]	
숫자	사람, 동물, 사유물, 토지
한 종류는 숫자를 나타냈고, 10, 10, 60등에 해당하는 기호가 있었다.[1문단(2)]	다른 종류의 기호는 사람, 동물, 사유물, 토지 등을 나타냈다.[1문단(3)]

→ 한계	이 시기의 수메르어 기록은 사물과 숫자에 한정되었다.[2문단(1)]
	쓰기는 시간과 노고를 요구하는 일이었고, 기호를 쓸 줄 아는 사람은 얼마 되지 않았다.[2문단(2)]

2문단 완전한 문자 체계와 불완전한 문자 체계

완전한 문자 체계	불완전한 문자 체계
구어의 범위를 포괄하는 기호 체계, 즉 시를 포함하여 사람들이 말하는 것은 무엇이든 표현할 수 있는 체계.(7)	인간 행동의 제한된 영역에 속하는 특정한 정보만 표현할 수 있는 기호 체계.(8)
예시	예시
라틴어, 고대 이집트 상형문자, 브라유 점자는 완전한 문자 체계이다. 이것들로는 상거래를 기록하고, 상법을 명문화하고, 역사책을 쓰고, 연애시를 쓸 수 있다.(9)	원시 수메르어 문자 체계는 수학의 언어나 음악 기호처럼 불완전했다.(10)

→	원시 수메르어 문자의 사용 목적	그들이 문자를 만들어 쓴 이유는 구어로는 하지 못할 일을 하기 위해서였기 때문에, 불편함을 느끼지 않았다.(11)

합격자의 실전 풀이 순서

❶ 발문 제대로 읽기 및 문제 유형 파악

항상 발문을 먼저 제대로 읽자. 글의 내용과 부합하지 않는 것을 고르는 일치부합·내용추론 문제이다. 본문 내용과 상충하거나 그로부터 추론할 수 없는 선지가 정답이 된다. 오답이 되는 선지는 보통 본문 내용과 일치하거나 그로부터 추론할 수 있는 선지이다. 또한, 부합하지 않는 내용을 고르는 것은 제시문과 반대의 내용의 선지를 고르라는 것이기 때문에 발문에 X 표시를 의식적으로 치고 문제를 풀면, 부합하는 것을 고르는 실수를 방지할 수 있다.

본 문제와 같은 정보확인유형을 푸는 방법으로는 두 가지가 있다.

(1) 제시문 먼저 읽기

첫 번째로는 처음부터 제시문을 꼼꼼히 읽어 선지 확인을 위해 제시문을 다시 읽는 시간을 단축하는 방법이다. 이 방법의 경우 제시문을 읽는 과정에서 선지에 나올 만한 내용을 주의 깊게 읽고, 복잡한 제시문의 내용을 어느 정도 이해한 후 선지를 읽어야 한다. 이 방법을 사용하면서 시간을 단축하고 싶다면, 문단별로 나누어 한 문단을 꼼꼼히 읽고 그 문단에 상응하는 선지부터 판단하는 방법을 응용할 수 있다. 다만, 첫 번째 방법의 경우 제시문의 내용을 잊어버리면 다시 제시문을 읽게 되어 시간이 낭비되기 때문에 매우 긴 제시문이 있는 문제에는 적합하지 않다. 또한, 문단별로 선지를 확인하는 방식은 문단 간의 정보를 결합해야 하는 선지에는 취약하다는 한계가 있다.

(2) 선지 먼저 읽기

두 번째로는 선지를 읽고 선지에서 필요한 내용을 제시문에서 꼼꼼히 찾아가는 방법이 있다. 두 번째 방법은 제시문 내에서 선지와 일치하는 내용을 찾는 단순 일치부합 문제나 제시문이 매우 긴 경우 또는 제시문의 구조가 깔끔할 때 효과적이다. 그러나 두 번째 방법은 능숙하지 않은 사람이 시험장에서 시도한다면 성공률이 낮다는 한계가 있다. 두 번째 방식을 익숙하게 하기 위해서는 다양한 제시문을 첫 번째 방법처럼 꼼꼼히 분석하는 과정이 필요하다. 다양한 제시문을 접하고 글의 구조를 이해하게 되면 두 번째 방식을 효과적으로 활용할 수 있다.

각자 본인에게 적합한 방법은 다를 수 있다. 두 방법을 모두 시도해보고, 자신에게 맞는 방법을 찾아 풀면 된다.

❷ 제시문 독해 (제시문을 먼저 읽는 풀이의 경우)

본 문제의 제시문은 구조가 복잡하지 않고 내용이 어렵지 않기 때문에 앞서 언급한 두 가지 방법 중 첫 번째 방법을 활용하는 것이 좋다. 1문단에는 수메르어 문자 체계의 두 종류의 기호를 소개하고 있다. 이렇게 분류를 나누는 내용은 선지에 자주 나올 수 있으므로 주의 깊게 읽는다.

2문단에는 수메르어 문자를 기록하였던 주된 인물이 누구였는지 설명하고, 완전한 문자 체계인 라틴어, 고대 이집트 상형문자, 브라유 점자와 불완전한 문자인 수메르어 문자 체계를 비교하고 있다. 이처럼 구별되는 두 대상과 내용은 문제로 자주 출제되니 그 공통점과 차이점을 잘 체크하며 읽자

❸ 선지 판단

①번과 ②번 선지는 완전한 문자 체계와 불완전한 문자 체계를 비교하는 과정에서 언급된 내용이다. ③번 선지는 수메르어를 기록하는 특정 계층에 관한 내용이었고, ④번 선지는 1문단의 기호의 두 종류를 설명하고 있다. 이처럼 선지에 자주 나오는 내용이 무엇인지 파악해둔다면 다른 정보확인유형을 풀 때도 선지에 나올 내용을 예측하며 제시문을 읽을 수 있다.

선지 판단을 할 때는 제시문에 돌아가지 않은 편이 좋지만 돌아가야 한다면 구분성이 뚜렷한 키워드를 중심으로 돌아간다. 예를 들어 '원시 수메르어 문자 체계는 구어를 보완하는 도구였다.'와 같은 선지는 제시문 전반에 걸쳐 있는 '수메르어'라는 키워드보다 '구어'라는 키워드를 중심으로 돌아가 근거를 찾는 것이 더 빠를 것이다.

❹ 선지 읽기 (선지를 먼저 읽는 풀이의 경우)

선지의 키워드를 확인하며 읽는다.

① 원시 수메르어, 구어 보완
② 감정
③ 모든 구성원
④ 사물과 숫자, 상이한 종류 기호
⑤ 고대 이집트 상형문자, 구어의 범위

공통 키워드는 원시 수메르어이며, 그 기능과 활용에 대한 내용이 제시될 것으로 보인다. 또한, 고대 이집트 상형문자와의 비교에도 주목하며 읽을 필요가 있을 것이다.

❺ 제시문 독해 및 선지 판단

선지에서 찾은 키워드를 발견하면 그에 표시하며 독해한다.

1문단에 '사물'과 '숫자'가 등장한다. 각각 다른 종류의 기호를 사용한다고 하였으므로 ④는 옳다.

2문단 문장 (2)에서 ③이 옳음을 알 수 있다. (5)까지 읽으면 수메르어가 감정 표현에 쓰일 수 없음을 알 수 있다. ②도 옳다.

문장 (7)에 '구어의 범위' (9)에 '고대 이집트 상형문자'가 등장한다. 원시 수메르어와 달리 고대 이집트 상형문자는 '완전한 문자체계'이므로 구어의 범위를 포괄한다. ⑤는 옳지 않다. 정답은 ⑤이다.

마지막 문장에 ①의 근거가 등장한다. ①도 옳다.

합격자의 시간단축 Tip

Tip ❶ 선지에 나올 만한 내용에 주목

제시문을 읽는 실력이 향상된다면, 제시문의 내용을 단지 수용하는 단계에서 나아가 선지에 나올 만한 내용을 적극적으로 모색하는 단계로 나아갈 수 있다. 본 문제에서 파악할 수 있는 선지에서 자주 나오는 내용으로는, 수메르어와 대비되는 고대 이집트 상형문자 등 두 대상의 공통점과 차이점, 인과 관계, 두 대상의 성능 및 효과 비교, 접속어로 시작하는 문장의 주요 내용이 있다. 다양한 정보확인문제를 통해 선지에서 주로 묻는 내용이 무엇인지 정리한 뒤, 제시문에서 선지에 나올만한 내용을 미리 파악하며 읽는 습관을 들이자.

Tip ❷ 구별되는 두 대상이 나오는 경우

구별되는 두 대상이나 내용의 공통점과 차이점은 선지로 자주 구성되어 나오니 독해 시부터 잘 체크하자. 해당 제시문에서는 '숫자기호-사유물 등의 기호'와 '완전한 문자 체계-불완전한 문자 체계'같은 구별대상이 존재한다. 후자의 경우 그 예시도 중요하다. 실제로 정답인 ⑤번 선지는 문자 체계 간 차이점으로 선지를 구성했다.

Tip ❸ 구분성이 뚜렷한 키워드 찾기

선지 판단 시 제시문으로 돌아가야 할 때는 '구분성'이 뚜렷한 키워드를 중심으로 돌아가라. 이때 '구분성'이란 글 전반에 걸쳐 있는 내용이 아닌 비교적 특정 부분에 있는 키워드를 말한다.

11 정답 ❸ 난이도 ●○○

논리추론 – 논리적 판단 문제

문제유형 사실적 이해 > 정보 확인

접근전략 글의 내용과 부합하는 것을 묻는 문제는 지문을 먼저 보는 것을 추천한다. 정답을 제외한 나머지가 글의 내용과 부합하지 않거나 글에서 알 수 없는 내용이므로 지문을 편하게 읽거나 정답을 찾는데 큰 도움이 되지 않을 수 있다. 지문을 읽은 후 내용을 상기하며 선지를 보는 것을 추천한다. 다만, 후술되는 방법 2와 같이 선지를 먼저 읽고 문제를 풀이하는 것도 시간단축 및 정확도 향상에 도움이 될 수 있으므로 본인에게 편한 방법을 통해 접근하여야 한다.

다음 글의 내용과 부합하는 것은?

(1)인공지능(AI)은 데이터를 바탕으로 학습하여 다양한 작업을 수행하는 기술로, 그 응답 시간과 정확도가 성능을 좌우한다. (2)AI의 성능은 처리 속도, 데이터 정확성, 응답 지연 시간(Latency) 등 여러 요소에 의해 결정된다. (3)특히 실시간 분석이 필요한 분야에서는 응답 지연 시간이 짧을수록 성능이 뛰어난 것으로 평가된다. (4)응답 지연 시간은 사용자가 명령을 내리고 결과를 받기까지 소요되는 시간으로, 밀리초(ms) 단위로 측정한다. (5)AI 시스템의 성능 평가 방식에는 주로 "처리 속도(Response Speed)"와 "실행 지연 시간(Execution Delay)" 방식이 있다. (6)처리 속도는 AI가 명령을 받은 후 결과를 생성하는 시간까지 걸리는 전체 과정을 측정하는 방식이며, 일반적으로 모델의 복잡성, 데이터의 크기에 영향을 받는다. (7)반면, 실행 지연 시간은 AI 시스템이 결과를 제공하는 데 걸리는 순수한 지연 시간만을 측정하는 방식이다. (8)처리 속도와 실행 지연 시간을 모두 고려하면 AI 시스템의 종합적인 응답 성능을 평가할 수 있다. (9)AI 시스템의 응답 시간은 작업의 복잡도와 데이터 크기에 따라 변동이 크며, 사용자가 실시간으로 응답을 필요로 하는 경우에는 짧은 응답 지연 시간이 중요하다. (10)사용자는 AI의 응답 지연이 짧을수록 AI 시스템과의 상호작용이 자연스럽게 느껴지며, 결과의 정확도와 신뢰성이 높아진다고 느낀다. (11)그러나 AI 시스템의 정확도를 지나치게 높이기 위해 복잡한 모델을 사용할 경우, 응답 지연 시간이 길어질 수 있으므로 상황에 맞는 적절한 설정이 중요하다.

① (×) AI 시스템의 성능 평가는 주로 처리 속도와 데이터 용량을 위주로 이루어진다.

→ 'AI 시스템의 성능 평가 방식에는 주로 "처리 속도(Response Speed)"와 "실행 지연 시간(Execution Delay)" 방식이 있다.[(5)]'에서 AI 시스템의 성능 평가 방식에는 주로 처리 속도와 데이터 용량이 아닌 처리 속도와 실행 지연 시간 위주로 이루어짐을 알 수 있다. 따라서 틀린 선지다.

② (×) 처리 속도는 AI 시스템의 응답 지연 시간과 동일한 개념이다.

→ '처리 속도는 AI가 명령을 받은 후 결과를 생성하는 시간까지 걸리는 전체 과정을 측정하는 방식이며, 일반적으로 모델의 복잡성, 데이터의 크기에 영향을 받는다. 반면, 실행 지연 시간은 AI 시스템이 결과를 제공하는 데 걸리는 순수한 지연 시간만을 측정하는 방식이다.[(6),(7)]'에서 처리 속도는 AI가 명령을 받고 결과를 생성하는 시간을 측정하는

방식이고, 실행 지연 시간은 생성한 결과를 제공하는데 걸리는 순수한 지연 시간임을 알 수 있다. 따라서 틀린 선지다.

③ (○) **데이터 크기는 AI 시스템 응답 시간에 영향을 준다.**

→ 'AI 시스템의 응답 시간은 작업의 복잡도와 데이터 크기에 따라 변동이 크며,[(9)]'에서 데이터 크기는 AI 시스템 응답 속도에 영향을 준다는 것을 알 수 있다. 따라서 옳은 선지다.

④ (×) **응답 지연 시간은 초(s) 단위로 측정되는 것이 일반적이다.**

→ '응답 지연 시간은 사용자가 명령을 내리고 결과를 받기까지 소요되는 시간으로, 밀리초(ms) 단위로 측정한다.[(4)]'에서 응답 지연 시간은 초 단위가 아닌 밀리초(ms) 단위로 측정되는 것을 알 수 있다. 따라서 틀린 선지다.

⑤ (×) **실행 지연 시간은 AI 시스템의 전체 명령 수행 시간을 측정하는 방식이다.**

→ '반면, 실행 지연 시간은 AI 시스템이 결과를 제공하는 데 걸리는 순수한 지연 시간만을 측정하는 방식이다.[(7)]'에서 실행 지연 시간은 AI 시스템의 전체 명령 수행 시간이 아닌 결과를 제공하는데 걸리는 순수한 지연시간을 측정하는 방식임을 알 수 있다. 틀린 선지다.

합격자의 실전 풀이 순서

[방법 1]

❶ **지문부터 읽는다.**

'글의 내용과 부합하지 않는 것은?', '글에서 알 수 없는 것은?' 문제와 달리 '글의 내용과 부합하는 것'을 묻는 문제는 선지가 아닌 지문부터 읽는 것이 효과적이다. 접근 전략에서 설명했듯이 정답을 제외한 선지가 지문과 반대되는 내용으로 출제될 수 있으나 지문 내용과 아예 관련 없는 내용으로 출제될 수도 있기 때문이다.

선지부터 읽고 발췌독할 경우 지문 내용과 반대되는 선지는 지문에서 빠르게 찾아 소거할 수 있다. 그러나 지문과 관련 없는 선지의 경우 지문에서 찾을 수 없어 시간을 낭비하게 되고, 지문에서 찾을 수 없는 내용이라고 판단하고 넘어간다 하더라도 혹시나 지문에 없는 내용이 아니라 내가 못 찾은 것은 아닐지 불안함을 가지게 된다. 따라서 '알 수 있는 것'을 묻는 문제는 지문부터 읽는 것이 효과적이다.

❷ **지문 내용에 집중해 답을 고른다.**

지문을 다 읽고 선지를 본다. 선지에 내가 읽은 지문과 관계없는 문장이 나올 확률이 있음을 인지하고 방금 읽었던 지문의 내용에 집중하며 정답을 고른다. 이때 오답 선지를 걸러내는 것 보다 정답인 선지를 고르겠다는 생각으로 선지를 확인하는 것이 좋다. 지문을 읽었던 기억이 남아있어 가장 뚜렷한 기억의 선지가 정답일 가능성이 높기 때문이다.

[방법 2]

❶ **발문을 읽고 선지를 빠르게 살펴본다.**

발문을 읽고 선지를 먼저 살펴보는 방법도 있다. 선지를 먼저 보는 경우에는 정답 도출에 있어서 필요한 정보를 파악할 수 있다. 본 문항의 경우에는 AI 시스템의 성능 평가에 고려되는 것, 처리속도와 응답 지연 시간의 차이, AI 시스템 응답 시간에 영향을 미치는 것, 응답 지연시간과 실행 지연 시간의 개념 등을 파악하여야 한다. 선지를 먼저 살펴보는 것은 독해에도 도움이 되며 문항의 난이도 조절을 위해 지엽적인 부분에서 정오 판별을 하도록 출제하는 경우 등을 미리 대비할 수 있다.

❷ **지문을 독해하고 답을 고른다.**

선지를 먼저 살펴보는 경우라 할지라도 발췌독을 하는 것은 문항 설계에 따라 문제 풀이 시간의 편차가 크며 오답의 가능성이 클 수 있다. 따라서 앞서 선지를 살펴본 후 문제 해결을 위해 필요한 정보를 우선적으로 파악하는 것을 목적으로 통독한다. 유사한 개념이 나열되는 경우에는 개념 간 공통점과 차이점, 관계성을 중심으로 독해하여야 시간을 단축할 수 있다.

합격자의 시간단축 Tip

Tip ❶ 내용을 외우지 않는다.

문단의 전체적인 소재를 파악하고, 각 문단의 핵심 주제를 파악하고자 하는 통독의 형식으로 글을 읽어야 한다. 물론 선택지는 세부적인 내용을 묻지만, 그렇다고 해서 모든 정보를 일일이 기억하며 내려간다면 오히려 시간이 더 오래 걸리는 역효과가 발생할 수 있다. 긴장한 상황에서 모든 정보를 기억하고 내려가기는 어려우며, 세부적인 정보에 집중했다가는 전체적인 내용 파악이 어려워지기 때문이다. 따라서 글을 읽을 때는 세부 내용을 기억하려고 애쓰는 것이 아니라, 전체를 조망하는 방식으로 글을 읽어 내려가는 것이 좋다.

Tip ❷ 너무 많은 표시를 하지 않는다.

통독을 하되, 특징이나 비교 같은 주요 내용에 동그라미와 밑줄 등으로 표기를 하며 읽어 내려가는 것이 일반적이다. 하지만 너무 많은 표기를 한다면 오히려 정답 찾기에 방해가 될 수 있다. 그러므로 최대한 그 문단의 핵심 주요 소재나 단어에만 표시를 하도록 한다.

(Tip ③) 글을 구조화한다.

지문을 읽고 내려와서 선지를 본 후 바로 답을 구하면 좋으나, 선지를 본 후 다시 지문으로 올라가서 읽어야 하는 경우가 상당히 많다. 이를 대비해 처음에 지문을 읽을 때 글을 구조화하면서 읽는 것이 좋다. 구조화하면서 글을 읽었을 경우 선지의 정오를 어느 부분을 통해 확인할지 판단이 빨라지기 때문이다.
해당 문제 역시 처음에 지문을 읽을 때 AI 소개－평가 방식의 구조로 글이 진행된다는 것을 간단하게 파악하면서 읽으면 선지를 보고 다시 지문을 볼 때 도움이 된다.

12 정답 ①　　난이도 ●●○

논리추론 – 논리적 판단 문제

문제유형 사실적 이해 > 정보 확인
접근전략 역사의 경우도 내용 일치에서 자주 등장하는 소재이다. 역사의 경우 하나의 소재가 시간의 흐름에 따라 전개되는 경우와 사건의 흐름을 다각도에서 조망하는 경우로 나뉜다. 전자는 시대별 비교가 주가 되고 후자는 각 요소가 서로 동일한 제도 내에 매칭되는지 묻는 선지가 주가 된다.
하지만 그렇다 하더라도 역사에 관한 지식을 별도로 쌓을 필요는 없다. 역사 속 처음 보는 제도나 기구의 이름이 나오더라도, 첫 문단에 단어에 대한 설명이 주어지기 때문이다. 따라서 정보확인 문제에서 언제나 첫 문단만큼은 정독하는 것이 중요하며, 꼭 핵심 단어를 표시해야 한다. 특히 기구나 제도가 시대에 따라 변천하는 경우가 많으므로 2문단 이후 통독을 하며 차이가 도드라지는 단어에 체크를 하도록 해야 한다.

다음 글의 내용과 부합하는 것은?

(1)최근 물류 및 제조 공정에서 인공지능(AI)과 사물인터넷(IoT)을 결합한 고도화된 스마트 로봇이 널리 사용되고 있다. (2)이러한 스마트 로봇은 작업 효율을 극대화하고, 작업자와의 원활한 협업을 위해 고성능 센서를 다수 탑재하고 있다. (3)주요 센서로는 충돌 방지 센서, 온도 센서, 자기 위치 센서, 압력 센서 등이 있으며, 각각의 센서는 정밀한 작업 수행과 안전성 보장을 위한 필수적인 역할을 한다. (4)충돌 방지 센서는 로봇이 주행 중 주변 장애물을 신속히 감지하여 충돌을 방지하는 기능을 수행하며, 온도 센서는 로봇 내부의 발열 상황을 실시간으로 모니터링하여 과열을 방지한다. (5)자기 위치 센서는 로봇이 작업 공간 내에서 정확한 경로를 따라 이동할 수 있도록 위치를 제어하며, 압력 센서는 로봇이 물체를 집거나 이동할 때 적절한 압력을 유지하여 과도한 힘으로 인한 손상이나 오작동을 방지한다. (6)또한, 스마트 로봇은 센서 데이터를 AI 모듈을 통해 실시간으로 처리하며, 상황에 따라 작업 경로를 즉각적으로 조정할 수 있다. (7)이는 작업 중 예기치 않은 장애물이나 급격한 환경 변화에 신속히 대처하기 위한 것으로, 스마트 로봇이 복잡한 산업 환경에서도 높은 수준의 안전성과 작업 효율을 제공할 수 있도록 한다. (8)이러한 스마트 로봇은 점차 다양한 산업 현장에 적용되고 있으며, 작업자의 부담을 줄이고 생산성을 크게 향상시키는 데 기여하고 있다.

① (○) AI 모듈은 실시간으로 센서 데이터를 분석하여 로봇이 작업 환경에 빠르게 적응할 수 있게 한다.
→ '또한, 스마트 로봇은 센서 데이터를 AI 모듈을 통해 실시간으로 처리하며, 상황에 따라 작업 경로를 즉각적으로 조정할 수 있다.[(6)]'에서 알 수 있는 내용이다. 옳은 선지다.

② (×) 자기 위치 센서는 로봇의 주행 속도를 조절하는 데 사용된다.
→ '자기 위치 센서는 로봇이 작업 공간 내에서 정확한 경로를 따라 이동할 수 있도록 위치를 제어하며[(5)]'에서 자기 위치 센서는 로봇의 위치를 제어하는 센서라는 내용이 있을 뿐 로봇의 주행 속도를 조절하는 데 사용된다는 내용은 지문에서 찾을 수 없다. 옳지 않은 선지다.

③ (×) 압력 센서는 로봇이 특정 온도에서만 작동하도록 한다.
→ '압력 센서는 로봇이 물체를 집거나 이동할 때 적절한 압력을 유지하여 과도한 힘으로 인한 손상이나 오작동을 방지한다[(5)].'에서 압력 센서의 역할이 제시되어 있을 뿐 압력 센서가 로봇이 특정 온도에서만 작동하도록 한다는 내용은 지문에서 찾을 수 없다. 옳지 않은 선지다.

④ (×) 스마트 로봇의 충돌 방지 센서는 오작동을 방지하기 위해 자주 점검해야 한다.
→ '충돌 방지 센서는 로봇이 주행 중 주변 장애물을 신속히 감지하여 충돌을 방지하는 기능을 수행하며[(4)]'에서 충돌 방지 센서의 기능이 나와 있을 뿐 오작동을 방지하기 위해 자주 점검해야 한다는 내용은 지문에서 찾을 수 없다. 옳지 않은 선지다.

⑤ (×) 충돌 방지 센서는 로봇의 이동 경로를 따라온 물체를 감지하는 데 사용된다.
→ '충돌 방지 센서는 로봇이 주행 중 주변 장애물을 신속히 감지하여 충돌을 방지하는 기능을 수행하며

[(4)]'에서 충돌 방지 센서는 주변 장애물을 감지하여 충돌을 방지하는 기능을 한다는 내용이 제시되었으나 따라온 물체를 감지한다는 내용은 지문에서 찾을 수 없다. 옳지 않은 선지다.

합격자의 실전 풀이 순서

[방법 1]

❶ 지문부터 읽는다.
'글의 내용과 부합하지 않는 것은?', '글에서 알 수 없는 것은?' 문제와 달리 '부합하는 것'을 묻는 문제는 선지가 아닌 지문부터 읽는 것이 효과적이다. 접근전략에서 설명했듯이 정답을 제외한 선지가 지문과 반대되는 내용으로 출제될 수 있으나 지문 내용과 아예 관련 없는 내용으로 출제될 수도 있기 때문이다.
선지부터 읽고 발췌독할 경우 지문 내용과 반대되는 선지는 지문에서 빠르게 찾아 소거할 수 있다. 그러나 지문과 관련 없는 선지의 경우 지문에서 찾을 수 없어 시간을 낭비하게 되고, 지문에서 찾을 수 없는 내용이라고 판단하고 넘어간다 하더라도 혹시나 지문에 없는 내용이 아니라 내가 못 찾은 것은 아닐지 불안함을 가지게 된다. 따라서 '알 수 있는 것'을 묻는 문제는 지문부터 읽는 것이 효과적이다.

❷ 지문 내용에 집중해 답을 고른다.
지문을 다 읽고 선지를 본다. 선지에 내가 읽은 지문과 관계없는 문장이 나올 확률이 있음을 인지하고 방금 읽었던 지문의 내용에 집중하며 정답을 고른다. 이때 오답 선지를 걸러내는 것 보다 정답인 선지를 고르겠다는 생각으로 선지를 확인하는 것이 좋다. 지문을 읽었던 기억이 남아있어 가장 뚜렷한 기억의 선지가 정답일 가능성이 높기 때문이다.

[방법 2]

❶ 발문을 읽고 선지를 빠르게 살펴본다.
발문을 읽고 선지를 먼저 살펴보는 방법도 있다. 선지를 먼저 보는 경우에는 정답 도출에 있어서 필요한 정보를 파악할 수 있다. 본 문항의 경우에는 AI모듈의 역할, 각각의 센서의 역할과 기능이 무엇인지 파악하여야 한다. 따라서 제시되지 않은 센서의 경우에는 정보를 확인만 하고 넘어가는 것이 좋다. 선지를 먼저 살펴보는 것은 독해에도 도움이 되며 문항의 난이도 조절을 위해 지엽적인 부분에서 정오 판별을 하도록 출제하는 경우 등을 미리 대비할 수 있다.

❷ 지문을 독해하고 답을 고른다.
선지를 먼저 살펴보는 경우라 할지라도 발췌독을 하는 것은 문항 설계에 따라 문제 풀이 시간의 편차가 크며 오답의 가능성이 클 수 있다. 따라서 앞서 선지를 살펴본 후 문제 해결을 위해 필요한 정보를 우선적으로 파악하는 것을 목적으로 통독한다. 유사한 개념이 나열되는 경우에는 개념간 공통점과 차이점, 관계성을 중심으로 독해하여야 시간을 단축할 수 있다.

합격자의 시간단축 Tip

Tip ❶ 내용을 외우지 않는다.
문단의 전체적인 소재를 파악하고, 각 문단의 핵심 주제를 파악하고자 하는 통독의 형식으로 글을 읽어야 한다. 물론 선택지는 세부적인 내용을 묻지만, 그렇다고 해서 모든 정보를 일일이 기억하며 내려간다면 오히려 시간이 더 오래 걸리는 역효과가 발생할 수 있다. 긴장한 상황에서 모든 정보를 기억하고 내려가기는 어려우며, 세부적인 정보에 집중했다가는 전체적인 내용 파악이 어려워지기 때문이다. 따라서 글을 읽을 때는 세부 내용을 기억하려고 애쓰는 것이 아니라, 전체를 조망하는 방식으로 글을 읽어 내려가는 것이 좋다.

Tip ❷ 너무 많은 표시를 하지 않는다.
통독을 하되, 특징이나 비교 같은 주요 내용에 동그라미와 밑줄 등으로 표기를 하며 읽어 내려가는 것이 일반적이다. 하지만 너무 많은 표기를 한다면 오히려 정답 찾기에 방해가 될 수 있다. 그러므로 최대한 그 문단의 핵심 주요 소재나 단어에만 표시를 하도록 한다.

Tip ❸ 글을 구조화한다.
지문을 읽고 내려와서 선지를 본 후 바로 답을 구하면 좋으나, 선지를 본 후 다시 지문으로 올라가서 읽어야 하는 경우가 상당히 많다. 이를 대비해 처음에 지문을 읽을 때 글을 구조화하면서 읽는 것이 좋다. 구조화하면서 글을 읽었을 경우 선지의 정오를 어느 부분을 통해 확인할지 판단이 빨라지기 때문이다.
해당 문제 역시 처음에 지문을 읽을 때 스마트 로봇의 개념－주요 센서의 종류 및 역할－AI 모듈의 활용－스마트 로봇의 의의의 구조로 글이 진행된다는 것을 간단하게 파악하면서 읽으면 선지를 보고 다시 지문을 볼 때 도움이 된다.

13 정답 ⑤ 난이도 ●●●

논리추론－논리적 판단 문제

문제유형 사실적 이해 > 정보 확인

접근전략 글의 내용과 부합하지 않는 것을 묻는 문제는 선지를 먼저 보는 것을 추천한다. 정답을 제외한 나머지가 글의 내용과 일치하므로 선지의 키워드를 인지하며 지문을 읽는다면 빠른 독해가 가능하기 때문이다. 선지를 훑어 '이동', '~보다 빠르다', '300m/s', '진공 상태', '온도 상승' 등의 키워드를 생각하며 지문을 읽어 나간다.

다음 글의 내용과 부합하지 않는 것은?

> (1)소리는 매질을 통해 전달되며, 공기, 물, 금속과 같은 다양한 물질을 통해 이동할 수 있다. (2)그러나 진공 상태에서는 매질이 없어 소리가 전달되지 않는다. (3)예를 들어, 우주 공간과 같은 진공 상태에서는 소리가 전파될 수 없기 때문에, 우주 공간에서 발생하는 사건들은 소리로는 감지되지 않는다. (4)이러한 소리의 전파 속도는 매질에 따라 달라지며, 일반적으로 매질의 밀도가 높을수록 소리의 속도는 증가한다. (5)예를 들어, 공기 중에서의 소리 속도는 약 340m/s인 반면, 물에서는 약 1,500m/s, 철과 같은 금속에서는 5,000m/s를 초과할 수 있다. (6)또한, 소리의 속도는 매질의 온도에 민감하게 반응하여 온도가 높아질수록 빠르게 전파된다. (7)또한, 소리는 주변의 온도와 압력에도 영향을 받는다. (8)온도가 상승하면 공기 분자들이 더 빠르게 움직이기 때문에, 소리의 속도도 증가한다. (9)반면, 온도가 낮아지면 소리의 속도는 감소하게 된다. (10)소리의 이러한 특성은 지진파나 초음파와 같은 응용 분야에서도 중요한 역할을 하며, 특히 물리학과 지질학에서 파동의 성질을 연구하는 데 활용된다. (11)이러한 특성은 음파가 전달되는 환경에 따라 소리의 특성과 감지가 달라질 수 있음을 의미한다. (12)이와 함께, 다양한 매질 속에서 소리의 속도 차이는 물리학과 공학 분야에서 중요한 역할을 하며, 소리의 특성을 분석하는 데 사용된다.

① (O) 소리는 물을 통해 이동할 수 있다.

➜ '소리는 매질을 통해 전달되며, 공기, 물, 금속과 같은 다양한 물질을 통해 이동할 수 있다.[(1)]'에서 소리는 물을 통해 이동할 수 있음을 알 수 있다. 옳은 선지다.

② (O) 일반적으로 금속에서는 물보다 소리의 최고속도가 빠르다.

➜ '예를 들어, 공기 중에서의 소리 속도는 약 340m/s인 반면, 물에서는 약 1,500m/s, 철과 같은 금속에서는 5,000m/s를 초과할 수 있다.[(5)]'에서 물에서 소리의 속도는 약 1,500m/s인데 금속에서는 5,000m/s를 초과할 수 있다는 점에서 일반적으로 금속에서는 물보다 소리의 최고속도가 빠르다고 할 수 있다. 옳은 선지다.

③ (O) 공기 중에서 소리의 속도는 300m/s 이상이다.

➜ '예를 들어, 공기 중에서의 소리 속도는 약 340m/s인 반면,[(5)]'에서 공기 중에서 소리의 속도는 300m/s 이상임을 알 수 있다. 옳은 선지다.

④ (O) 진공 상태에서는 소리가 전달되지 않는다.

➜ '그러나 진공 상태에서는 매질이 없어 소리가 전달되지 않는다.[(2)]'에서 진공 상태에서는 소리가 전달되지 않음을 알 수 있다. 따라서 옳은 선지다.

⑤ (×) 온도가 상승하면 공기 중 소리의 속도는 감소한다.

➜ '온도가 상승하면 공기 분자들이 더 빠르게 움직이기 때문에, 소리의 속도도 증가한다.[(8)]'에서 온도가 상승하면 공기 중 소리의 속도가 감소하는 것이 아니라 증가함을 알 수 있다. 옳지 않은 선지다.

합격자의 실전 풀이 순서

❶ **선지를 훑으며 대략적 주제를 파악한다.**

접근 전략에서 설명했듯이 "부합하지 않는 것은?", "일치하지 않는 것은?" 문제에서 선지는 매우 중요한 힌트가 된다. 정답을 제외한 4개의 선지를 보는 것만으로도 어느 정도 지문의 주제나 내용을 확인할 수 있기 때문이다. 먼저 선지를 훑어 '소리'가 주요 주제로 나올 것을 예상한다.

❷ **각 선지의 키워드를 설정 후 발췌독해서 일차적으로 답을 판단한다.**

선지의 단어 중 가장 생소하거나 특이한 단어를 키워드로 삼아 키워드가 있는 문단을 탐색한다. 특이한 단어의 경우 지문에서 그대로 나오거나 조금의 변형을 거쳐 나오므로 찾기 용이하기 때문이다. 선지 ①은 '이동', 선지 ②는 '~보다 빠르다', 선지 ③은 '300m/s', 선지 ④는 '진공 상태', 선지 ⑤는 '온도 상승'을 키워드로 들 수 있다.

합격자의 시간단축 Tip

Tip ❶ 부합하는 것, 부합하지 않는 것 외에 알 수 없는 것이 나올 가능성을 생각한다.

글의 내용과 부합하지 않는 것을 물었다. 그렇다면 부합하는 것은 답이 아니고, 부합하지 않는 것이 답인 것은 자명하다. 글에서 알 수 없는 것은 답이 될 수 있는가? 그렇다. 알 수 없는 것 역시 글의 내용과 일치하지 않기 때문이다. 선지의 내용이 글에서 알 수 없는 내용임에도 불구하고 무조건 찾으려 들 생각을 버리자. 다른 선지들은 글에서 근거를 찾을 수 있는데, 도저히 글에서 근거를 찾을 수 없는 선지가 정답이 될 수 있다.

Tip ❷ 숫자에 주목한다.

숫자가 나온 경우 활용할 수 있다. 일치하지 않는 것을 찾는 문제는 선지에서 생소한 단어를 키워드로 삼아 지문을 발췌독하는 것이 효과적이다. 이때 선지에 숫자가 나온 경우 지문에 그 숫자가 그대로 나오거나 근삿값이 나오는 경우가 상당히 많기 때문에 발췌독하기 용이하다. 해당 문제에서 역시 선지 ③에서 나온 '300m/s'를 찾으면 '340m/s'가 눈에 바로 들어와 발췌독하기 용이하다.

Tip ❸ 생소한 키워드를 뽑는다.

발췌독하기 위해서는 생소한 키워드를 뽑아야 한다. 일반적인 단어를 키워드로 삼으면 지문에서 자주 등장하기 때문에 효율적인 발췌독을 하기 어렵다. 일반적으로 키워드를 뽑을 때 맨 앞에 있는 주어를 선정하는 경우가 많다. 그러나 이는 상황에 따라 비효율적이다. 모든 선지의 주어가 같은 경우도 있고, 주어보다 서술어나 목적어가 더 생소한 경우가 많기 때문이다. 키워드를 뽑는 목적은 지문을 빠르게 발췌독하기 위함이고, 이를 위해 주어뿐만 아니라 모든 단어에 대해 가능성을 열어 두어야 함을 기억하자.
해당 문제에서 역시 모든 선지에서 '소리'가 나온다. 그렇다면 '소리'를 키워드로 삼기보다는 '소리'가 글의 주요 주제임을 인지한 상태에서 서술어나 목적어를 키워드로 삼아 발췌독하는 것이 효과적이다.

14 정답 ⑤ 난이도 ●●○

논리추론 – 논리적 판단 문제

문제유형 이해 > 내용 파악
접근전략 이 문제는 어떻게 "길고 반복되는 고유명사"를 잘 구분해서 내용을 파악할 수 있는지를 테스트하는 문제다. 비교적 낯선 소재의 어려운 단어를 반복해서 실수를 유도하고 있으므로 단어 간의 차이점을 빠르게 파악하여 구분/표시하는 것이 결정적인 풀이법이다.

다음 글의 내용과 부합하는 것은?

(1)미국의 건축물 화재안전 관리체제는 크게 시설계획기준을 제시하는 건축모범규준과 특정 시설의 화재안전평가 및 대안설계안을 결정하는 화재안전평가제 그리고 기존 건축물의 화재위험도를 평가하는 화재위험도평가제로 구분된다. (2)건축모범규준과 화재안전평가제는 건축물의 계획 및 시공단계에서 설계지침으로 적용되며, 화재위험도평가제는 기존 건축물의 유지 및 관리단계에서 화재위험도 관리를 위해 활용된다. (3)우리나라는 정부가 화재안전 관리체제를 마련하고 시행하는 데 반해 미국은 공신력 있는 민간기관이 화재 관련 모범규준이나 평가제를 개발하고 주정부가 주 상황에 따라 특정 제도를 선택하여 운영하고 있다. ▶ 1문단

(1)건축모범규준은 미국화재예방협회에서 개발한 것이 가장 널리 활용되는데 3년마다 개정안이 마련된다. (2)특정 주요 기준은 대부분의 주가 최근 개정안을 적용하지만, 그 외의 기준은 개정되기 전 규준의 기준을 적용하는 경우도 있다. (3)역시 미국화재예방협회가 개발하여 미국에서 가장 널리 활용되는 화재안전평가제는 공공안전성이 강조되는 의료, 교정, 숙박, 요양 및 교육시설 등 5개 용도시설에 대해 화재안전성을 평가하고 대안설계안의 인정 여부를 결정함에 목적이 있다. (4)5개 용도시설을 제외한 건축물의 경우에는 건축모범규준의 적용이 권고된다. (5)화재위험도평가제는 기존 건축물에 대한 데이터를 수집하여 화재안전을 효율적으로 평가관리함에 목적이 있다. (6)이 중에서 뉴욕주 소방청의 화재위험도평가제는 공공데이터 공유 플랫폼을 이용하여 수집된 주 내의 모든 정부 기관의 정보를 평가자료로 활용한다. ▶ 2문단

① **건축모범규준이나 화재안전평가제에 따르면 공공안전성이 강조되는 건물에는 특정 주요 기준이 강제적으로 적용되고 있다.**
→ (×) 화재안전평가제가 공공안전성이 강조되는 용도시설에 대해 화재안정성을 평가하고, 대안설계안의 인정 여부를 결정함에 목적이 있는 것은 사실이다.[2문단(3)] 그러나 제시문에 건축모범규준이나 화재안전평가제에 특정 주요 기준이 강제적으로 적용된다는 내용은 서술되어 있지 않아 확인할 수 없다.

② **건축모범규준, 화재안전평가제, 화재위험도평가제 모두 건축물의 설계·시공단계에서 화재안전을 확보하는 수단이다.**
→ (×) 건축모범규준과 화재안전평가제는 건축물의 계획 및 시공단계에서 설계지침으로 적용되지만, 화재위험도평가제는 기존 건축물의 유지 및 관리단계에서 화재 위험도 관리를 위해 활용된다.[1문단(2)].

③ **건축모범규준을 적용하여 건축물을 신축하는 경우 반드시 가장 최근에 개정된 기준에 따라야 한다.**
→ (×) 건축모범규준은 3년마다 개정안이 마련되며[2문단(1)], 특정 주요 기준은 대부분의 주가 최근 개정안을 적용하지만 그 외의 기준은 개정되기 전 규준의 기준을 적용하는 경우도 있다.[2문단(2)] 이를 통해 건축모범규준을 적용하여 건축물을 신축하는 경우 반드시 가장 최근에 개정된 기준에 따라야 하는 것은 아니라는 사실을 알 수 있다.

④ 미국에서는 민간기관인 미국화재예방협회가 건축모범규준과 화재안전평가제를 개발·운영하고 있다.
➜ (×) 미국은 미국화재예방협회와 같은 공신력 있는 민간기관이 화재 관련 모범 규준이나 평가제를 개발하고 주 정부가 주 상황에 따라 특정 제도를 선택하여 운영한다.[1문단(3)] 따라서 민간기관이 규준과 제도를 개발하는 것은 맞지만, 운영은 주 정부가 한다는 것을 알 수 있다.

⑤ 뉴욕주 소방청은 화재위험도 평가에 타 기관에서 수집한 정보를 활용한다.
➜ (○) 뉴욕주 소방청의 화재위험도평가제는 공공데이터 공유 플랫폼을 이용하여 수집된 주 내의 모든 정부 기관의 정보를 평가자료로 활용한다.[2문단(6)]

제시문 분석

1문단 미국의 건축물 화재안전 관리체제

미국의 건축물 화재안전 관리체재		
건축모범규준	시설계획기준을 제시한다.(1)	건축물의 계획 및 시공단계에서 설계지침으로 적용된다.(2)
화재안전평가제	특정 시설의 화재안전 평가 및 대안 설계안을 결정한다.(1)	
화재위험도평가제	기존 건축물의 화재위험도를 평가한다.(1)	기존 건축물의 유지 및 관리단계에서 화재위험도 관리를 위해 활용된다.(2)

우리나라 관리체제의 특징	⬌	미국 관리체제의 특징
우리나라는 정부가 화재안전 관리체제를 마련하고 시행하고 있다.(3)	⬌	미국은 공신력 있는 민간기관이 개발하고 주정부가 상황에 따라 특정 제도를 선택하여 운영하고 있다.(3)

2문단 건축물 화재안전 관리체제의 양상

건축모범규준	➜	화재안전평가제
미국화재예방협회에서 개발한 것이 가장 널리 활용되는데 3년마다 개정안이 마련된다. 대부분의 주가 최근 것을 사용하지만 개정 전 규준의 기준을 적용하기도 한다.(1),(2)	➜	미국화재예방협회에서 개발한 것이 가장 널리 활용되며, 공공안정성이 강조되는 5개 용도시설에 대해 화재안정성을 평가하고 대안설계안의 인정 여부를 결정한다.(3)

화재위험도평가제
기존 건축물에 대한 데이터를 수집하여 화재안전을 효율적으로 평가·관리함에 목적이 있다.(5)

➜

뉴욕주	뉴욕주 소방청의 화재위험도평가제는 주 내의 모든 평가기관의 정보를 자료로 활용한다.(6)

합격자의 실전 풀이 순서

❶ 발문 확인
부합하는 것을 묻고 있으므로 지문과 정면으로 상충하는 오선지가 있을 가능성이 매우 크다. 같은 정보파악형 문제여도 '알 수 있는' 것을 묻는 유형은 추론 불가능한 것을 포함하지만 부합하지 않는 것은 '상충하는' 것만 포함함에 유의한다.
단, 실전에서 그걸 구분하고 접근하는 것은 사실상 불가능하다. 그냥 애매한 선지를 골라낼 때 사용하는, 보조적인 구별법이라 할 수 있다. 또한, 이 글은 '미국'으로 시작되므로 반드시 어딘가에는 국가 간 비교가 등장한다는 점을 알아두자.

❷ 선지 먼저 읽기
(1) 선지 키워드 표시
독해 지문을 푸는 두 가지 방법 중 선지를 먼저 읽는 경우의 풀이법을 소개한다. 지문보다 선지를 먼저 보고 정보를 추출한다. 선지에서 추출할 키워드는 다음과 같다. 단, 이들은 어디까지나 예시이므로 수험생 본인과 같을 필요는 없다.
① 건축, 화재, 평가제, 공공
② 모범, 평가제, 화재 안전(설계 등은 고유명사를 읽으면서 동시에 추출하기 어려워서 제외하였음)
③ 모범, 신축, 경우, 반드시
④ 미국, 민간기관,
⑤ 뉴욕주 소방청, 평가에 타 기관
선지로부터 화재 안전을 위한 평가가 존재하고 미국의 사례가 있다는 것을 확인하고 독해를 시작할 수 있다. 선지에 어떤 '규준'과 '평가제'가 계속 등장한다. 따라서 해당 제도 관련 내용을 구분하여 읽을 필요가 있을 것이다.
선지를 먼저 볼 때 단어가 길고 복잡한 경우 임의의 짧은 키워드만 추출하면서 보는 것을 추천한다. 어차피 길면 다 기억하지도 못하기 때문에 특징적인 키워드로 해당 단어임을 파악하는 것이 낫다.
(2) 제시문 독해 및 선지 판단
각 제도의 설명 및 특징 등이 병렬적으로 제시되어 있으므로 판단 가능한 선지가 있다면 독해를 하면서 판단한다. 1문단을 읽고 ②, ④를, 2문단까지 읽고 나머지 선지를 판단할 수 있다.

❸ 제시문 먼저 읽기

(1) 지문 읽기

지문을 읽으면서 고유명사가 너무 많이 등장해서 익숙하지 않은 수험생들은 독해가 어려울 수 있다. 사실 알고 보면 쉬운 지문인데도 불구하고 독해가 어렵다면 방해요소를 치워버리는 것으로 해결 가능하다.

이 글에서 방해요소란, 한자 뜻을 가진 + 긴 단어다(영어로 된 고유명사가 아님은 명백하다). 그렇다면 긴 단어를 짧게 압축하면서, 뜻을 살리는 단어로 바꿔서 읽을 수 있다. 예컨대 첫째와 둘째 줄의 '화재안전 관리체제와 화재안전평가제'는 '안전평가'로 압축할 수 있다. 그리고 바로 동일 줄의 화재위험도평가제는 '위험도평가'로 압축할 수 있다. 이때 "제"라는 단어를 유지해야 하는가? 제는 제도의 준말인데 굳이 유지하지 않아도 뜻이 통한다. 또한, 어차피 화재 속에 공통되는 내용이므로 화재는 생략 가능하다.

이때, '안전평가 vs 위험도평가'의 대립적 관계도 쉽게 드러난다. 중요한 것은 공통적인 제도끼리(평가) 묶는 것이다.

2문단의 건축모범규준은 앞서 제시된 '평가'들과 구분되므로 별도로 표시하지 않아도 되고, "6글자"라고 기억해도 된다. '미국화재예방협회'는 '협회'라고 축약시킨다. 전체적으로 "화재와 화재가 아닌 것"을 구분해서 축약한 것임에 유의한다.

이러한 과정을 반드시 쓰면서 할 필요는 없다. 어차피 지문에서 반복되므로 단어를 읽을 때 "주시할 부분"을 구분하면 되는 것이다. 따라서 위와 같은 축약을 기호로 대체해도 된다. (기호 대체의 예시는 Tip 2 참고)

평소에 이런 연습을 해 두자. 많이 할 필요는 없고 딱 5개 지문만 연습해도 감이 올 것이다.

(2) 선지 판단

선지에 쓰인 단어들이 지문의 각각 어디에 해당하는지 체크했다면 선지의 판단은 어렵지 않다. 이때 반드시 본인이 기억했던 대로 선지에도 밑줄 등 표시를 해야 함에 주의한다. 그래야 제시문에서 해당 내용을 빠르게 찾을 수 있고, 실수도 방지할 수 있다.

합격자의 시간단축 Tip

Tip ❶ 제도는 항상 제도의 뜻, 배경 및 취지, 운영으로 이루어진다.

제도는 인간이 만드는 것이고, 사회를 변화시키거나 통제한다. 즉 제도가 지문에 나오면 반드시 의도가 있고, 영향받는 대상이 있다(배경 및 취지). 또한, 제도가 뭔지를 모르면 안 되기 때문에 그 뜻을 설명할 수밖에 없다. 마지막으로 운영이란 제도에 영향받는 사람들이 취하는 행동이다. 예컨대 이 지문에선 '민간기관은 개발'하는 역할을 담당한다. 앞으로 제도를 읽을 때는 반드시 이 틀에 맞춰서 읽도록 하자. 글을 읽는 틀이란 바로 이런 것이다.

또한, 선지 역시 이 틀에 맞춰서 나오기도 한다. 구체적으로 1)누가 영향을 주는지/받는지 2)누가 찬성/반대하는지 3)누구한테 유리/불리한지 등이 있다. 여기서 핵심은 '누가' 이다. 제도는 〈관계를 규정짓는 체계화된 방식〉(사전적 정의)이므로 선지도 그에 걸맞는 게 나올 수밖에 없다.

Tip ❷ 기호의 활용

동일 층위의 개념이 병렬적으로 제시된다면 기호를 활용하면 선지 판단에 도움이 된다. 본문의 개념과 그 특징의 기호를 매칭하고, 선지에도 동일 기호로 표시하는 것이다. 시각화는 직관적으로 차이를 알 수 있기 때문에 판단 시간을 절약할 수 있다. 또한 해당 내용을 제시문에서 다시 찾을 때도 도움이 된다.

아래는 기호 활용의 예시이다. 분류는 괄호로 표시하였다. 2문단과 선지에도 마찬가지로 적용하면 된다. 선지 ①의 경우 '공공안전성'은 2문단에 등장하는 화재안전평가제의 특징이므로 기호 △로 표시하면 된다. ○과 △가 매칭되었으므로 옳지 않음을 직관적으로 알 수 있다.

> 미국의 건축물 화재안전 관리체제는 크게 시설계획기준을 제시하는 건축모범규준과 특정 시설의 화재안전평가 및 대안설계안을 결정하는 화재안전평가제 그리고 기존 건축물의 화재위험도를 평가하는 화재위험도평가제로 구분된다. 건축모범규준과 화재안전평가제는 건축물의 계획 및 시공단계에서 설계지침으로 적용되며, 화재위험도평가제는 기존 건축물의 유지 및 관리단계에서 화재위험도 관리를 위해 활용된다. 우리나라는 정부가 화재안전 관리체제를 마련하고 시행하는 데 반해 미국은 공신력 있는 민간기관이 화재 관련 모범규준이나 평가제를 개발하고 주 정부가 주 상황에 따라 특정 제도를 선택하여 운영하고 있다. ▶1문단

> ① 건축모범규준이나 화재안전평가제에 따르면 공공안전성이 강조되는 건물에는 특정 주요 기준이 강제적으로 적용되고 있다.

Tip ❸ 비교, 대조 내용에 주목

제시문은 세 가지 대상의 특징과 공통점, 차이점의 나열로 구성되어 있다. 'A와 B는 ~이다.'. 'A 역시' 등 공통점을 나타내는 표현과 '~에 반해', '제외한 경우' 등 차이점을 나타내는 표현이 등장하면 주의해서 읽자.

15 정답 ④ 난이도 ●●●

논리추론 – 논리적 판단 문제

문제유형 비판적 사고 > 지문에서 추론하기

접근전략 과학과 추론의 결합 문제는 실험 지문인 경우가 많다. 그게 아니더라도 최소한 if A then B의 선지 구조를 취하는 경우가 대다수다. 그 이유는 과학적 추론이란 이론을 상황에 적용하는 것이고, 이론이란 상관관계, 혹은 비례식으로 나타나는 경우가 많기 때문이다(사실 상대성이론도 큰 틀에선 비례식에 불과하다).

다음 글에서 추론할 수 있는 것은?

(1)두뇌 연구는 지금까지 뉴런을 중심으로 진행되어 왔다. (2)뉴런 연구로 노벨상을 받은 카얄은 뉴런이 '생각의 전화선'이라는 이론을 확립하여 사고와 기억 등 두뇌에서 일어나는 모든 현상을 뉴런의 연결망과 뉴런 간의 전기 신호로 설명했다. (3)그러나 두뇌에는 뉴런 외에도 신경교 세포가 존재한다. (4)신경교 세포는 뉴런처럼 그 수가 많지만 전기 신호를 전달하지 못한다. (5)이 때문에 과학자들은 신경교 세포가 단지 두뇌 유지에 필요한 영양 공급과 두뇌 보호를 위한 전기 절연의 역할만을 가진다고 여겼다.

▶ 1문단

(1)최근 과학자들은 신경교 세포에서 그 이상의 기능을 발견했다. (2)신경교 세포 중에도 '성상세포'라 불리는 별 모양의 세포는 자신만의 화학적 신호를 가진다는 것이 밝혀졌다. (3)성상세포는 뉴런처럼 전기를 이용하지는 않지만, '뉴런송신기'라고 불리는 화학물질을 방출하고 감지한다. (4)과학자들은 이러한 화학적 신호의 연쇄반응을 통해 신경교 세포가 전체 뉴런을 조정한다고 추론했다. ▶ 2문단

(1)A 연구팀은 신경교 세포가 전체 뉴런을 조정하면서 기억력과 사고력을 향상시킨다고 예상하고서, 이를 확인하기 위해 인간의 신경교 세포를 갓 태어난 생쥐의 두뇌에 주입했다. (2)쥐가 자라면서 주입된 인간의 신경교 세포도 성장했다. (3)이 세포들은 쥐의 뉴런들과 완벽하게 결합되어 쥐의 두뇌 전체에 걸쳐 퍼지게 되었다. (4)심지어 어느 두뇌 영역에서는 쥐의 뉴런의 숫자를 능가하기도 했다. (5)뉴런과 달리 쥐와 인간의 신경교 세포는 비교적 쉽게 구별된다.(6)인간의 신경교 세포는 매우 길고 무성한 섬유질을 가지기 때문이다. (7)쥐에 주입된 인간의 신경교 세포는 그 기능을 그대로 간직한다. (8)그렇게 성장한 쥐들은 다른 쥐들과 잘 어울렸고, 다른 쥐들의 관심을 끄는 것에 흥미를 보였다. (9)이 쥐들은 미로를 통과해 치즈를 찾는 테스트에서 더 뛰어났다. (10)보통의 쥐들은 네다섯 번의 시도 끝에 올바른 길을 배웠지만, 인간의 신경교 세포를 주입받은 쥐들은 두 번만에 학습했다. ▶ 3문단

① 인간의 신경교 세포를 쥐에게 주입하면, 쥐의 뉴런은 전기 신호를 전달하지 못할 것이다.
→ (×) 지문에서는 신경교 세포가 전기 신호를 전달하지 못한다고 언급되어 있을 뿐[1문단(4)], 그것이 쥐에게 주입될 경우 쥐의 뉴런이 전기 신호를 전달하지 못할 것이라는 내용은 제시되어 있지 않다.

② 인간의 뉴런 세포를 쥐에게 주입하면, 쥐의 두뇌에는 화학적 신호의 연쇄 반응이 더 활발해질 것이다.
→ (×) 지문에서는 인간의 신경교 세포를 쥐에게 주입한 실험의 사례만 제시하고 있다. 따라서 인간의 뉴런 세포를 쥐에게 주입하면 어떻게 되는지는 알 수 없다.

③ 인간의 뉴런 세포를 쥐에게 주입하면, 그 뉴런 세포는 쥐의 두뇌 유지에 필요한 영양을 공급할 것이다.
→ (×) 두뇌 유지에 필요한 영양을 공급하는 것은 신경교세포이며 지문에는 인간의 신경교 세포를 쥐의 두뇌에 주입한 실험의 사례만 제시되어 있을 뿐, 인간의 뉴런 세포를 쥐에게 주입한 경우는 언급되어 있지 않으므로 알 수 없다.

④ 인간의 신경교 세포를 쥐에게 주입하면, 그 신경교 세포는 쥐의 뉴런을 보다 효과적으로 조정할 것이다.
→ (○) 과학자들은 화학적 신호의 연쇄반응을 통해 인간의 신경교 세포가 전체 뉴런을 조정한다고 추론하였고[2문단(4)], 쥐에 주입된 인간의 신경교 세포는 그 기능을 그대로 간직한다고 하였다.[3문단(7)] 그리고 신경교 세포가 주입되어 성장한 쥐는 다른 쥐들과 잘 어울리며 테스트에서도 다른 쥐들보다 더 뛰어난 모습을 보이기도 했다.[3문단(8),(9)] 이를 통해 쥐에게 주입한 인간의 신경교 세포가 쥐의 뉴런을 보다 효과적으로 조정한 것을 확인할 수 있으므로 이는 옳은 추론이다.

⑤ 인간의 신경교 세포를 쥐에게 주입하면, 그 신경교 세포는 쥐의 신경교 세포의 기능을 갖도록 변화할 것이다.
→ (×) 쥐에 주입된 인간의 신경교 세포는 그 기능을 그대로 간직한다고 하였으므로[3문단(7)], 쥐에게 주입된 인간의 신경교 세포가 쥐의 신경교 세포의 기능을 갖도록 변화할 것이라는 추론은 옳지 않다.

제시문 분석

1문단 기존의 두뇌 연구 경향

기존의 두뇌 연구 경향		
뉴런 중심의 두뇌 연구		신경교 세포에 대한 인식
두뇌 연구는 지금까지 뉴런을 중심으로 진행되어 왔다.(1)	⊕	두뇌에 존재하는 신경교 세포는 뉴런처럼 그 수가 많지만 전기신호를 전달하지 못한다.(3),(4)
뉴런 연구로 노벨상을 받은 카얄은 뉴런이 '생각의 전화선'이라는 이론을 확립하여 두뇌에서 일어나는 모든 현상을 뉴런의 연결망과 뉴런 간의 전기 신호로 설명했다.(2)		과학자들은 신경교 세포가 단지 두뇌 유지에 필요한 영양 공급과 두뇌 보호를 위한 전기 절연의 역할만을 가진다고 여겼다.(5)

2문단 최근의 두뇌 연구 경향-'성상세포'의 기능 발견

새로운 발견		성상세포의 기능		과학자들의 추론
최근 신경교 세포 중 '성상세포'가 자신만의 화학적 신호를 가진다는 것이 밝혀졌다.(2)	→	성상세포는 뉴런처럼 전기를 이용하지는 않지만, '뉴런송신기'라고 불리는 화학물질을 방출하고 감지한다.(3)	→	과학자들은 이러한 화학적 신호의 연쇄반응을 통해 신경교 세포가 전체 뉴런을 조정한다고 추론했다.(4)

3문단 신경교 세포 기능 확인 실험

연구 목적		연구 과정		연구 결과
A 연구팀은 신경교 세포가 전체 뉴런을 조정하면서 기억력과 사고력을 향상시킨다고 예상하고서, 이를 확인하기 위해 인간의 신경교 세포를 쥐에게 주입했다.(1)	→	쥐가 자라면서 주입된 인간의 신경교 세포도 성장했고, 이 세포들은 쥐의 뉴런들과 완벽하게 결합되어 쥐의 두뇌 전체에 걸쳐 퍼지게 되었다.(2),(3)	→	그렇게 성장한 쥐들은 다른 쥐들과 잘 어울렸고, 다른 쥐들의 관심을 끄는 것에 흥미를 보였으며 미로를 통과해 치즈를 찾는 테스트에서 더 뛰어난 모습을 보였다.(8),(9)

합격자의 실전 풀이 순서

❶ 발문 제대로 읽기

항상 발문을 먼저 제대로 읽자. 추론할 수 있는 것은 제시문 내용과 같은 방향의 선지를 고르는 문제이니 발문에 O표시를 해두고 풀면 추론할 수 없는 것을 고르는 실수를 크게 줄일 수 있다.

❷ 제시문 독해

(1) 1문단에서 뉴런을 중심으로 연구해온 두뇌 연구의 기존 경향이 제시되고 있다가 2문단부터 신경교 세포에 대한 발견이 제시되고 있다. 이를 시간의 흐름에 따른 변화라고 보고 선지로 자주 구성되어 나오므로 어떤 변화나 차이점이 생겼는지 확인한다. 특히 기존 경향을 자신이 이미 알고 있는 경우는 상관없으나, 모르는 분야라면 사실 기존 경향(통념)도 낯선 주제일 수 있으므로 새로운 경향(주장)에 대해서만 집중하는 것을 경계해야 한다.

(2) 과학 소재 지문은 사실들 위주로 전개된다. 지문의 특색이 그럴뿐더러, 논리적으로도 '사실' 자체는 추론을 통해서 부정할 수가 없기 때문이다. 예컨대 이 지문에서 1문단 (4)의 사실이 그러하다. 지문을 다시 살펴 보면 신경교 세포를 기존에 경시한 것은 '과학자의 해석'이지 '사실'이 아니다. 하지만 '전기 신호를 전달하지 못한다.'라는 것은 엄연히 밝혀진 〈사실〉이다. 이는 새로운 견해가 등장해도 재활용이 가능한 논리적 전제로, 앞 문단을 읽으면서 반드시 건져가야 한다. 성상세포가 화학물질을 방출하고 감지하는 것도 해석이 아니라 밝혀진 사실이다.

❸ 선지 판단

(1) 본 제시문 선지에서는 뉴런과 신경교세포인 '성상세포' 간 차이를 이용해 선지를 많이 구성하였다. ①의 경우 신경교세포는 전기 신호를 전달할 수 없다는 내용을 통해 ②, ③, ⑤의 경우 쥐 실험은 뉴런이 아닌 신경교 세포를 삽입한 실험을 했다는 점을 통해 판단할 수 있었다. 이처럼, 서로 다른 두 대상의 공통점과 차이점은 선지로 자주 구성되어 나오는 요소이니 독해 시 잘 파악해 두자.

(2) 과학적 추론은 실험과 관련되므로 조건문 형태의 선지가 많이 나온다. 흔히 과학실험을 떠올려 보자. 어떤 조작을 가하면 반응이 일어난다. 온도계에 뜨거운 물을 갖다 대면 올라가는 것과 마찬가지다. 갑자기 빛을 쬐면 눈이 부신 것도 마찬가지다. 이처럼 상황을 변조해서 어떤 결과가 나오는지 보는 것이 실험이다. 그래서 과학지문의 선지는 조건문으로 구성된다.

조건문에서 가장 중요한 것은 무엇인가? 바로 어디가 변하는지를 파악하는 것이다. 그 지점은 지문에서 본 키워드들이 등장하는 곳을 찾으면 된다. 그리고 그 지점은 "항상 변할 수 있음"을 항상 유의한다. 그러면 1번과 2번 선지에 나오는 세포 종류를 헷갈릴 이유가 없어진다.

지문에는 등장하지 않았지만 쥐의 뉴런, 쥐의 신경교 세포뿐 아니라, 쥐의 전기 신호나 쥐의 섬유질로 나온다 해도 쉽게 풀 수 있어야 한다.

합격자의 시간단축 Tip

Tip ❶ 시간의 흐름에 따른 변화나 차이점 체크하기

시간의 흐름에 따른 변화가 나타날 시, 연도와 같은 시간 지표를 기호로 표시해가며 시간이 흐름에 따라 어떤 변화나 차이점이 생겼는지 확인하자. 시간의 흐름 구조에서는 이러한 점들이 자주 선지로 구성되기 때문이다. 해당 제시문에서는 직접적인 시간 표현이 사용되지는 않는다. 그러나 두뇌 연구의 최근 경향이 기존과 차별화된다는 점을 설명하고 있으므로 시간이 흐름에 따른 변화를 다루는 지문임을 알 수 있다.

Tip ❷ 서로 다른 두 대상, 내용 간 차이점과 공통점 잘 파악하기

서로 다른 두 대상, 내용의 공통점이나 차이점이 글에서 제시될 때, 이들은 선지로 자주 구성되어 나오기 때문에 독해 시 미리 잘 파악해 두자. 이렇게 차이점과 공통점을 독해할 때부터 미리 파악해 둔다면 선지를 판단 시 더 빠르고 정확한 판단이 가능하다. 실제로 해당 제시문에서는 대부분의 선지가 뉴런과 신경교세포 간 차이점을 위주로 구성되었다.

Tip ❸ 실험이 나오는 경우 반드시 실험 외 지문 내용과 연결점을 찾아서 읽는다.

결국 실험과 그 결론은 특정 내용을 보충하기 위한 '증거'에 불과하다. 따라서 실험이 무엇을 위한 것인지 반드시 글을 읽을 때 염두에 둬야 한다. 물론 글 전체의 틀을 이해하면서 한 번에 읽어낼 수 있다면 필요 없는 작업이지만 아쉽게도 평균적인 수험생 수준에서 그것을 기대할 수는 없다.

Tip ❹ 구분되는 개념 표시하기

과학지문은 낯선 개념이 등장하기 때문에 한 번 읽고 바로 선지의 정오를 판단하기 어려운 경우가 많다. 이때 기호를 활용하여 개념을 구분하면 선지의 내용을 보고 본문을 다시 읽을 때 시간 절약이 가능하다. 첫 번째 문단을 통해서 뉴런과 신경교세포가 다른 것임을 알 수 있고 두 번째 문단에서 성상세포가 신경교세포의 일종임을 알 수 있다. 따라서 아래와 같이 표시할 수 있다.

> …그러나 두뇌에는 뉴런 외에도 신경교 세포가 존재한다.…
> …신경교 세포 중에도 '성상세포'라 불리는 별 모양의 세포는…

16 정답 ④ 난이도 ●●●

논리추론 – 논리적 판단 문제

문제유형 사실적 이해 > 정보 확인

접근전략 지문의 구조는 '문제–원인 파악'에 해당한다. 제시된 문제가 무엇인지, 원인으로 제시된 내용 중 옳지 않은 것은 없는지 확인해야 한다. 또 하나의 테마는 시간의 흐름에 따른 변화이다. 시대 표현에 집중해, 시간의 흐름에 따라 어떤 변화와 차이점이 생기는지 잘 확인하자.

다음 글의 내용과 부합하지 않는 것은?

(1)1970년대 이후 미국의 사회 규범과 제도는 소득 불균형을 심화시켰고 그런 불균형을 묵과했다고 볼 수 있다. (2)그 예로 노동조합의 역사를 보자. (3)한때 노동조합은 소득 불균형을 제한하는 역할을 하였고, 노동조합이 몰락하자 불균형을 억제하던 힘이 사라졌다. ▶ 1문단

(1)제조업이 미국경제를 주도할 때 노동조합도 제조업 분야에서 가장 활발했다. (2)그러나 지금 미국경제를 주도하는 것은 서비스업이다. (3)이와 같은 산업구조의 변화는 기술의 발전이 주된 요인이지만 많은 제조업 제품을 주로 수입에 의존하게 된 것이 또 다른 요인이다. (4)이러한 사실에 기초하여 노동조합의 몰락은 산업구조의 변화가 그 원인이라는 견해가 지배적이었다. (5)그러나 노동조합이 전반적으로 몰락한 주요 원인을 제조업 분야의 쇠퇴에서 찾는 이러한 견해는 틀린 것으로 판명되었다. ▶ 2문단

(1)1973년 전체 제조업 종사자 중 39 %였던 노동조합원의 비율이 2005년에는 13 %로 줄어들었을 뿐더러, 새롭게 부상한 서비스업 분야에서도 조합원들을 확보하지 못했다. (2)예를 들어 대표적인 서비스 기업인 월마트는 제조업에 비해 노동조합이 생기기에 더 좋은 조건을 갖추고 있었다. (3)월마트 직원들이 더 높은 임금과 더 나은 복리후생 제도를 요구할 수 있는 노동조합에 가입되어 있었더라면, 미국의 중산층은 수십만 명 더 늘었을 것이다. (4)그런데도 월마트에는 왜 노동조합이 없는가? ▶ 3문단

(1)1960년대에는 노동조합을 인정하던 기업과 이에 관련된 이해집단들이 1970년대부터는 노동조합을 공격하기 시작했다. (2)1970년대 말과 1980년대 초에는, 노동조합을 지지하는 노동자 20명 중 적어도 한 명이 불법적으로 해고되었다. (3)1970년대 중반 이후 기업들은 보수적 성향의 정치적 영향력에 힘입어서 노동조합을 압도할 수 있게 되었다. (4)소득의

PART 2 추리

불균형에 강력하게 맞섰던 노동조합이 축소된 것이다. (5)이처럼 노동조합의 몰락은 정치와 기업이 결속한 결과이다. ▶4문단

① 1973년부터 2005년 사이에 미국 제조업에서는 노동조합원의 비율이 감소하였다.

→ (O) 1973년에는 전체 제조업 종사자 중 노동조합원의 비율은 39%였지만 2005년에는 13%로 줄어들었다.[3문단(1)] 따라서 해당 기간 동안 미국 제조업에서 노동조합원의 비율이 감소했음을 알 수 있다.

② 1970년대 중반 이후 노동조합의 몰락에는 기업뿐 아니라 보수주의적 정치도 일조하였다.

→ (O) 1970년대 중반 이후 기업들은 보수적 성향의 정치적 영향력에 힘입어 노동조합을 압도할 수 있게 되었다.[4문단(3)] 따라서 이 시기의 노동조합의 몰락에는 기업과 함께 보수주의적 정치의 영향력이 작용했음을 알 수 있다. 또한 '이처럼 노동조합의 몰락은 정치와 기업이 결속한 결과이다.[4문단(5)]를 통해 노동조합의 몰락에 정치가 일조한 사실을 다시 한번 확인할 수 있다.

③ 미국에서 제조업 상품의 수입의존도 상승은 서비스업이 경제를 주도하는 산업 분야가 되는 요인 중 하나였다.

→ (O) 제시문에서는 현재 미국경제를 주도하는 것은 서비스업이며[2문단(2)], 이러한 현상은 기술의 발전과 함께 제조업 제품을 주로 수입에 의존하게 되었기 때문이라고 설명한다.[2문단(3)] 따라서 미국에서 제조업 상품의 수입의존도 상승은 서비스업이 경제를 주도하는 산업 분야가 되는 요인 중 하나라는 설명은 옳은 설명이다.

④ 미국 제조업 분야 내에서의 노동조합 가입률 하락은 산업구조의 변화로 인한 서비스업의 성장 때문이다.

→ (×) 제시문에서는 노동조합 몰락의 원인을 산업구조의 변화로 보는 것은 틀렸다고 설명하며[2문단(4),(5)], 사실은 1970년대 중반 이후 기업과 보수주의적 정치가 결속한 결과라고 말한다.[4문단(5)] 따라서 미국 제조업 분야 내 노동조합 가입률 하락의 원인을 산업구조의 변화로 인한 서비스업의 성장 때문이라고 보는 견해는 옳지 않다.

⑤ 1970년대 말 이후 미국 기업이 노동조합을 지지하는 노동자들에게 행한 조치 중에는 합법적이지 못한 경우도 있었다.

→ (O) 1970년대 말과 1980년대 초에는, 노동조합을 지지하는 노동자 20명 중 적어도 한 명이 불법적으로 해고되었다.[4문단(2)] 제시문에 이러한 해고는 불법, 즉 합법적이지 못한 조치임이 명시되어 있으므로 해당 선지는 옳은 설명이다.

제시문 분석

1문단 1970년대 이후 미국의 상황

1970년대 이후 미국의 상황		이에 대한 예시 – 노동조합
사회 규범과 제도는 소득 불균형을 심화·묵과했다.(1)	…	소득 불균형을 제한하는 역할을 하던 노동조합이 몰락하자 불균형을 억제하던 힘이 사라졌다.(3)

2문단 산업구조의 변화와 원인

산업구조의 변화		원인
미국경제를 주도하는 산업이 제조업에서 서비스업으로 변화했다.(1),(2)	←	기술의 발전이 변화의 주된 요인이며 제조업 상품의 수입 의존 증가가 또 다른 요인이다.(3)

3문단 노동조합 몰락

노동조합원 비율의 감소		이에 대한 예시 – 월마트
전체 제조업 종사자 중 노동조합원의 비율 1973년 39% → 2005년 13%로 감소했으며, 서비스업 분야에서도 조합원들을 확보하지 못했다.(1)	…	월마트는 제조업에 비해 노동조합이 생기기에 더 좋은 조건을 갖추고 있었음에도 불구하고, 월마트에는 노동조합이 존재하지 않는다.(2),(3)

4문단 노동조합 몰락의 원인

노동조합 몰락의 원인에 대한 오해
노동조합 몰락의 주요 원인은 제조업 분야의 쇠퇴라는 견해가 지배적이었으나 이는 틀린 것으로 판명되었다.[2문단(4),(5)]

1970년대 상황		1970년대 말~1980년대 초
1960년대에는 노동조합을 인정하던 기업과 이에 관련된 이해집단들이 1970년대부터는 노동조합을 공격하기 시작했다.[4문단(1)]	⊕	노동조합을 지지하는 노동자 일부가 불법적으로 해고되었다. [4문단(2)]

↓

1970년대 중반 이후
기업들은 보수적 성향의 정치적 영향력에 힘입어 노동조합을 압도할 수 있게 되었다.[4문단(3)]

결론
노동조합의 몰락은 정치와 기업이 결속한 결과이다.[4문단(5)]

합격자의 실전 풀이 순서

[비문학 유형]

❶ 발문 제대로 읽기 및 문제 유형 파악

항상 발문을 먼저 제대로 읽자. 글의 내용과 부합하지 않는 것을 고르는 문제이므로 본문 내용과 상충하거나 그로부터 추론할 수 없는 선지가 정답이 된다. 오답이 되는 선지는 보통 본문 내용과 일치하거나 그로부터 추론할 수 있는 선지가 된다. 또한, 부합하지 않는 내용을 고르는 것은 제시문과 반대의 내용의 선지를 고르라는 것이기 때문에 발문에 X 표시를 의식적으로 치고 문제를 풀면, 부합하는 것을 고르는 실수를 방지할 수 있다.

정보확인유형을 푸는 방법으로는 크게 선지를 먼저 읽고 제시문에서 선지의 내용을 찾는 방법과 제시문을 간략히 읽은 후 선지를 판단하는 방법 두 가지로 나뉜다. 첫 번째 방법은 선지로부터 키워드를 찾고, 키워드를 제시문에서 찾아가는 방식이다. 두 번째 방법은 제시문의 구조와 선지에서 나올만한 중요한 내용을 파악하며 1분에서 2분 사이 내에 제시문을 읽은 후 선지를 판단하는 방식이다. 본 문제의 경우 제시문을 먼저 읽는 두 번째 방법으로 풀어보고자 한다.

❷ 제시문 독해

제시문 독해 시에는 제시문의 구조를 파악하고 선지에서 나올 만한 내용에 시각적으로 표시를 해둔다. 어떤 내용이 선지에 나올지 빠르게 판단하기 위해서는 다양한 정보확인유형의 선지를 분석해야 한다. 주로 선지에서 자주 나오는 내용으로는, 두 대상의 공통점과 차이점, 인과관계, 두 대상의 성능 및 효과 비교, 접속어로 시작하는 문장의 주요 내용, '반드시', '필수적'과 같은 표현으로 강조되는 내용, 숫자의 응용 등이 있다.

본 제시문의 경우 1문단에서는 제시문의 제재인 '노동조합을 통해 알 수 있는 미국 사회의 소득 불평등 묵과'를 제시하고 있다. 2문단에서는 (1) 문장과 (2) 문장에서 시간의 흐름에 따른 변화를 나타내고 있고, (3) 문장에서는 산업구조의 변화에 대한 인과관계를 밝히고 있다. 특히 (5) 문장에서는 '그러나'로 시작하며 본 제시문의 주제문을 밝히고 있다. '그러나', '그런데', '반면'과 같은 역접의 접속어 뒤에 주제문이 나오는 경우가 많다. 이는 사회적 관념이나 글쓴이가 반대하는 주장을 먼저 제시한 후 이를 반박함으로써 글쓴이의 주장을 강조하는 글이 많기 때문이다. 따라서 해당 접속어가 나오면 주의 깊게 읽을 필요가 있다.

3문단 (1) 문장과 4문단 (1), (2) 문장은 시간의 흐름에 따른 변화를 제시하고 있다. '1960년대', '1970년대 말'과 같이 시대를 나타내는 표현이 키워드라면 해당 단어에 ○이나 □표시를 해둔다. 4문단 (5) 문장은 앞선 내용을 정리하고 있으므로 이러한 문장도 주의 깊게 읽는 것이 좋다.

❸ 선지 판단

선지를 판단할 때는 제시문 독해 시 표시를 해둔 부분을 중심으로 선지의 키워드를 제시문에서 찾아간다. 선지 ①, ②, ⑤는 시간의 흐름에 따른 변화를, 선지 ②와 ③ 인과관계를 다루고 있다. 또한, 선지 ④는 '그러나'로 시작하여 주제문으로 예상한 2문단 (5)에 근거가 있다. 해당 선지들은 모두 제시문 독해 시 선지에 나올 것으로 예상하여 주의 깊게 읽은 부분에서 출제되었다. 이처럼 제시문을 단순히 정보를 수용하는 단계에서 나아가 능동적으로 분석하며 읽는다면 선지 판단이 쉬워진다.

또한, 제시문에서 해당 내용을 찾기 위해 선지에서 도출하는 키워드는 '구분성'이 뚜렷한 단어를 선택한다. 구분성이란 지문 전반에 걸쳐서 존재하는 단어가 아닌, 비교적 좁은 범위에 등장하는 것을 말한다. 예를 들어 선지 ⑤를 판단하는 경우를 가정해보자. 이때 지문에서 '노동조합'이나 '미국' 보다는 '합법적'을 키워드로 찾는 것이 더욱 해당 부분을 빠르게 찾다. 전자는 지문 전반에 걸쳐 나타나는 반면, 합법–불법에 대한 언급은 4문단 (2)에 한정되기 때문이다.

① **1973년부터 2005년 사이에 미국 제조업에서는 노동조합원의 비율이 감소하였다.**
시간에 따른 변화가 등장하는 추론형 선지다. '노동조합원의 비율'을 키워드로 지문을 살펴보면 1973년 39%에서 2005년에 13%로 감소했다는 부분(3문단 1)을 확인할 수 있다. 이때 해당 비율이 '미국 제조업'에서 노동조합원의 비율이 맞는지 꼼꼼히 확인하자. 실수로 이어지기 매우 쉬운 부분이다.

② **1970년대 중반 이후 노동조합의 몰락에는 기업뿐 아니라 보수주의적 정치도 일조하였다.**
인과관계가 등장하는 추론형 선지다. 인과관계는 화살표를 이용해 아래와 같이 시각화할 수 있다.

> ② (1970년대 중반 이후 노동조합의 몰락)
> 에는 ← (기업) 뿐 아니라 (보수주의적 정치) 도 일조하였다.

즉, '기업 → 노동조합의 몰락'과 '보수주의적 정치 → 노동조합의 몰락'이라는 2가지 인과관계를 각각 확인해야 한다.

'노동조합의 몰락'을 키워드로 지문을 체크하면 정

치와 기업이 결속한 결과라는 부분[4문단(5)]을 찾을 수 있다. 여기서 '기업'의 인과관계를 확인할 수 있다. 다음으로 '보수주의적 정치'를 키워드로 지문을 체크하면 '보수적 성향의 정치적 영향력'이라는 표현[4문단(3)]을 찾을 수 있다. 이는 '보수주의적 정치'의 재진술, 즉 같은 의미의 다른 표현에 해당한다.
따라서 2개의 인과관계가 모두 확인 가능한 선지다.

③ **미국에서 제조업 상품의 수입의존도 상승은 서비스업이 경제를 주도하는 산업 분야가 되는 요인 중 하나였다.**
인과관계가 등장하는 추론형 선지다. 아래와 같이 시각화할 수 있다.

> ③ 미국에서 (제조업 상품의 수입의존도 상승) 은 → (서비스업이 경제를 주도하는 산업 분야가 되는) 요인 중 하나였다.

'수입의존도 상승'을 키워드로 지문을 체크하면 '많은 제조업 제품을 주로 수입에 의존하게 된 것'[2문단(3)]을 찾을 수 있다. 이어서 수입의존도 상승이 산업구조의 변화를 가져와[2문단(3)], 노동조합 몰락의 원인이 되었다는 견해[2문단(4)]를 찾을 수 있다. 여기까지만 읽는다면 본 선지는 지문과 부합한다.
그러나 바로 뒤 문장[2문단(5)]에서 전술한 견해를 '틀린 것'이라고 부정하고 있으므로, 본 선지는 지문과 부합하지 않는다. 즉, 지문을 끝까지 확인하지 않고 성급하게 판단하는 경우 오답을 고르고 마는 선지이다.

④ **미국 제조업 분야 내에서의 노동조합 가입률 하락은 산업구조의 변화로 인한 서비스업의 성장 때문이다.**
역시 인과관계가 등장하는 추론형 선지다. 해당 선지는 '그러나'라는 접속어로 2문단 (5)에 있는 주제문에 그 근거가 있다. 또한, 앞서 선지 ③을 해결했다면 어렵지 않게 판단 가능한 선지이기도 하다.

> ④ (미국 제조업 분야 내에서의 노동조합 가입률 하락)은 ↑ (산업구조의 변화)로 인한 → (서비스업의 성장) 때문이다.

본 선지의 인과관계는 일견 복잡하다. 하지만 정리해 보면 '산업구조 변화 → 서비스업 성장 → 노동조합 가입률 하락'의 순서임을 알 수 있다.
선지 ③의 판단 과정에서 '산업구조 변화 → 노동조합 몰락'의 견해가 틀린 것이라고 부정하였으므로[2문단(5)], '산업구조 변화 → 노동조합 가입률 하락'이라는 본 선지의 인과관계 또한 틀렸다. 따라서 본 선지는 지문과 부합하지 않는다.

⑤ **1970년대 말 이후 미국 기업이 노동조합을 지지하는 노동자들에게 행한 조치 중에는 합법적이지 못한 경우도 있었다.**
추론형 선지다. '~경우도 있었다.'로 끝나기 때문에, 선지를 지지하는 사례가 단 하나라도 있다면 옳은 선지가 된다.
'노동조합을 지지하는 노동자'를 키워드로 지문을 확인하면 불법적인 해고의 사례[4문단(2)]를 찾을 수 있다. 따라서 선지를 지지하는 사례가 존재하므로, 지문과 부합한다.

합격자의 시간단축 Tip

Tip ❶ 선지에 나올 만한 내용에 주목하자.
제시문을 읽는 실력이 향상된다면, 제시문의 내용을 단지 수용하는 단계에서 나아가 선지에 나올 만한 내용을 적극적으로 모색하는 단계로 나아갈 수 있다. 주로 선지에서 자주 나오는 내용으로는, 두 대상의 공통점과 차이점, 인과관계, 두 대상의 성능 및 효과 비교, 접속어로 시작하는 문장의 주요 내용, '반드시', '필수적'과 같은 표현으로 강조되는 내용, 숫자의 응용 등이 있다. 다양한 정보확인문제를 통해 선지에서 주로 묻는 내용이 무엇인지 정리한 뒤, 제시문에서 선지에 나올만한 내용을 미리 파악하며 읽는 습관을 들이자.

Tip ❷ 글쓴이가 부정하는 내용에 주목하자.
비문학 지문을 읽다 보면 글쓴이가 부정하는 내용이 종종 나온다. 이는 부합/추론할 수 '있는 것' 문제에서는 오답 선지로, '않는 것' 문제에서는 정답 선지로 자주 구성된다. 보통 'A라기보다 B이다./A가 아니라 B이다.' 형태로 등장하므로 괄호와 같은 기호로 표시하자.
본 문제의 경우 지문 2문단은 미국 노동조합의 몰락 원인은 제조업 분야의 수입 의존이 '아니라고' 말하고 있다. 이를 활용해 해결할 수 있는 선지가 ③이다. 노동조합의 쇠퇴 원인을 제조업의 수입의존도 상승이 '맞다'는 선지이므로, 해당 부분과 정반대의 서술 방향을 취하는 것이다.
이처럼 정답 선지가 글쓴이가 부정하는 내용인 것을 확인할 수 있다.

Tip ❸ 시간에 따른 변화에 주목하자.
비문학에서는 자주 반복해서 나오는 구조가 있고, 각 구조에서 자주 선지로 출제되는 테마도 있다. 이를 미리 인지해 두면 독해와 선지 판단의 속도가 빨라진다.
본 지문에서는 시간이 흘러감에 따라 생기는 변화를 통해 선지를 자주 구성한다. 이를 대표적으로 알 수 있는 방법은 지문에 등장하는 시대 표현이다. 처음에 지문을 훑을 때부터 시대 표현이 많다면 시간의 흐름이 지문의 주된 테마이며, 선지에서도 이를 물을 확률이 높다는 것을 인지한다. 특히 선지 ①, ②, ⑤에 시대 표현이 등장하는 것으로 보아, 본 지문이 시간의 흐름에 따라 구성되어 있음을 어느 정도 예측할 수 있다.

Tip ❹ 제시문 구조 파악

본 지문은 전반적으로 '문제–원인파악'의 구조로 이루어져 있다. 이러한 구조에서는 문제점과 원인이 각각 무엇인지를 위주로 선지가 자주 출제된다. 일반적으로 문제점을 제시하고 있는 지문은 '문제–원인파악–해결책(해소)'의 구조이며, 원인파악과 해결책 제시는 생략되기도 한다.

Tip ❺ 선지를 키워드로 제시문을 예측하자.

부합하지 않는 것을 고르는 문제는 선지 5개 중 4개가 옳고 하나가 틀렸다. 이런 구조를 적극적으로 활용해야 한다. 선지 중 4개가 옳은 내용을 서술하고 있으므로 지문을 읽기에 앞서 선지를 먼저 읽는 것도 좋은 방법이다. 이 경우 적극적으로 선지에서 키워드를 잡고, 그 키워드를 머릿속에 남긴 상태에서 독해를 진행한다.

예를 들면 선지 ①을 통해 지문이 미국 제조업에 대한 글임을 파악할 수 있으며, 노동조합원의 비율 변화를 유의하며 읽어야겠다고 다짐한다. ②에서는 보수주의적 정치, 노동조합의 몰락 등의 키워드를 파악할 수 있다. 이처럼 선지에서 키워드를 통해 지문의 내용을 예측할 뿐만 아니라, 무엇에 유의하며 글을 읽어야 할지 생각해 둔다.

다만 너무 많은 시간을 선지 파악에 낭비할 수는 없으므로, 이 과정을 빠르게 끝낼 수 있도록 많은 연습이 필요하다.

17 정답 ❷ 난이도 ●○○

논리추론 – 논리적 판단 문제

문제유형 사실적 이해 > 정보 확인

접근전략 평이한 난이도의 한국사 비문학 유형이다. 이런 문제의 경우 시간을 낭비하지 않는 것이 최우선이다. 지문에서는 궁궐의 구조를 설명하기 위해 여러 개념어가 쏟아져 나오므로 개념어 간의 관계를 제대로 잡자. 해당 구조를 간단히 메모하여 시각화하면서 읽어도 좋다.

다음 글의 내용과 부합하는 것은?

> (1)지구 초기에 대기와 해양은 현재와 매우 다른 상태였으며, 생명체가 존재하지 않던 원시 환경에서는 강력한 화학 반응들이 일어날 수 있었다. (2)당시의 대기는 수소, 암모니아, 메테인, 수증기와 같은 분자로 구성되어 있었으며, 산소는 거의 존재하지 않았다. (3)이 상태에서 번개나 화산 활동, 자외선 등의 에너지원이 작용하면서 다양한 화학 반응이 일어날 수 있었다. (4)이러한 반응들은 간단한 분자를 결합하여 복잡한 유기 분자를 형성하는 과정으로 이어졌으며, 시간이 지나면서 점차 생명체의 기초가 되는 유기물이 만들어졌을 것으로 추정된다. (5)원시 지구의 대기와 해양에서 형성된 유기물은 자외선의 영향 아래 연쇄적인 화학 반응을 통해 더욱 복잡한 분자로 변화해 갔다. (6)이후 지구의 온도가 안정화되면서 유기 분자들은 해양에 축적되어 생명의 기원을 이루는 기초가 되었을 가능성이 높다. (7)이 과정에서 형성된 유기물들은 자외선과 같은 외부 에너지원에 의해 화학적 구조가 더욱 복잡해졌다. (8)유기 분자가 해양에 축적되면서 생명체의 필수 구성 요소인 아미노산과 같은 분자들이 만들어졌을 것으로 보인다. (9)1950년대에 들어 과학자들은 원시 지구와 유사한 환경을 실험실에서 재현하기 위한 연구를 시작하였다. (10)밀러와 유리는 전기 방전을 통해 다양한 유기 분자가 생성될 수 있음을 확인하였으며, 이 실험은 생명체가 자연적으로 발생할 수 있는 가능성에 대한 중요한 증거로 평가되었다. (11)이 실험을 토대로 지구 생명의 기원을 밝히기 위한 연구는 현재까지도 이어지고 있다.

① (×) 원시 지구의 유기물 형성 과정에서 산소가 중요한 역할을 했다.

→ '당시의 대기는 수소, 암모니아, 메테인, 수증기와 같은 분자로 구성되어 있었으며, 산소는 거의 존재하지 않았다.[(2)]'처럼 산소의 양이 극히 적었음만을 언급하였고, 산소가 어떤 역할을 했는지 제시되지 않았다. 따라서 추론할 수 없는 선지다.

② (○) 원시 지구의 해양은 유기 분자의 축적 장소로 기능했다.

→ '이후 지구의 온도가 안정화되면서 유기 분자들은 해양에 축적되어 생명의 기원을 이루는 기초가 되었을 가능성이 높다.[(6)]'에서 원시 지구의 해양은 유기 분자의 축적 장소로 기능했음을 알 수 있다. 옳은 선지다.

③ (×) 원시 지구의 에너지원은 태양과 같은 외부 에너지원이 주를 이루었다.

→ '이 상태에서 번개나 화산 활동, 자외선 등의 에너지원이 작용하면서 다양한 화학 반응이 일어날 수

PART 2 추리

있었다. 이 과정에서 형성된 유기물들은 자외선과 같은 외부 에너지원에 의해 화학적 구조가 더욱 복잡해졌다.[(3),(7)]'에서 원시 지구의 에너지원이 번개, 화산 활동과 자외선 같은 외부 에너지원이 있으나 이들이 주를 이루었는지는 지문 내용에서 알 수 없다. 또한, 태양이 주를 이룬 에너지원이었는지도 언급되지 않았다. 추론할 수 없는 선지다.

④ (×) 밀러와 유리는 자외선을 통해 다양한 유기 분자의 형성을 확인하였다.

➜ '밀러와 유리는 전기 방전을 통해 다양한 유기 분자가 생성될 수 있음을 확인하였으며, [(10)]'에서 밀러와 유리는 자외선이 아닌 전기 방전을 통해 다양한 유기 분자의 형성을 확인했다. 따라서 옳지 않은 내용으로 추론할 수 없는 선지다.

⑤ (×) 원시 지구에서 자외선은 유기물을 단순한 분자로 분해하는 역할만 했다.

➜ '원시 지구의 대기와 해양에서 형성된 유기물은 자외선의 영향 아래 연쇄적인 화학 반응을 통해 더욱 복잡한 분자로 변화해 갔다.[(5)]'에서 자외선은 유기물을 단순한 분자가 아닌 더욱 복잡한 분자로 변화시켰음을 알 수 있다. 따라서 옳지 않은 내용으로 추론할 수 없는 선지다.

합격자의 실전 풀이 순서

[방법 1]

❶ 지문부터 읽는다.

'글에서 추론할 수 없는 것은?', '글에서 알 수 없는 것은?' 문제와 달리 '글에서 추론할 수 있는 것'을 묻는 문제는 선지가 아닌 지문부터 읽는 것이 효과적이다. 접근 전략에서 설명했듯이 정답을 제외한 선지가 지문과 반대되는 내용으로 출제될 수 있으나 지문 내용과 아예 관련 없는 내용으로 출제될 수도 있기 때문이다. 선지부터 읽고 발췌독할 경우 지문 내용과 반대되는 선지는 지문에서 빠르게 찾아 소거할 수 있다. 그러나 지문과 관련 없는 선지의 경우 지문에서 찾을 수 없어 시간을 낭비하게 되고, 지문에서 찾을 수 없는 내용이라고 판단하고 넘어간다고 하더라도 혹시나 지문에 없는 내용이 아니라 내가 못 찾은 것은 아닐지 불안함을 가지게 된다. 따라서 '알 수 있는 것'을 묻는 문제는 지문부터 읽는 것이 효과적이다.

❷ 지문 내용에 집중해 답을 고른다.

지문을 다 읽고 선지를 본다. 선지에 내가 읽은 지문과 관계없는 문장이 나올 확률이 있음을 인지하고 방금 읽었던 지문의 내용에 집중하며 정답을 고른다. 이때 오답 선지를 걸러내는 것 보다 정답인 선지를 고르겠다는 생각으로 선지를 확인하는 것이 좋다. 지문을 읽었던 기억이 남아있어 가장 뚜렷한 기억의 선지가 정답일 가능성이 높기 때문이다.

[방법 2]

❶ 발문을 읽고 선지를 빠르게 살펴본다.

발문을 읽고 선지를 먼저 살펴보는 방법도 있다. 선지를 먼저 보는 경우에는 정답 도출에 있어서 필요한 정보를 파악할 수 있다. 본 문항의 경우에는 원시지구의 유기물 형성과정에서 각 요소의 역할, 해양의 기능, 밀러와 유리의 실험 등을 파악하여야 한다. 따라서 제시되지 않은 센서의 경우에는 정보를 확인만 하고 넘어가는 것이 좋다. 선지를 먼저 살펴보는 것은 독해에도 도움이 되며 문항의 난이도 조절을 위해 지엽적인 부분에서 정오 판별을 하도록 출제하는 경우 등을 미리 대비할 수 있다.

❶ 지문을 독해하고 답을 고른다.

선지를 먼저 살펴보는 경우라 할지라도 발췌독을 하는 것은 문항 설계에 따라 문제 풀이 시간의 편차가 크며 오답의 가능성이 클 수 있다. 따라서 앞서 선지를 살펴본 후 문제 해결을 위해 필요한 정보를 우선적으로 파악하는 것을 목적으로 통독한다. 유사한 개념이 나열되는 경우에는 개념간 공통점과 차이점, 관계성을 중심으로 독해하여야 시간을 단축할 수 있다.

합격자의 시간단축 Tip

Tip ❶ 내용을 외우지 않는다.

문단의 전체적인 소재를 파악하고, 각 문단의 핵심 주제를 파악하고자 하는 통독의 형식으로 글을 읽어야 한다. 물론 선택지는 세부적인 내용을 묻지만, 그렇다고 해서 모든 정보를 일일이 기억하며 내려간다면 오히려 시간이 더 오래 걸리는 역효과가 발생할 수 있다. 긴장한 상황에서 모든 정보를 기억하고 내려가기는 어려우며, 세부적인 정보에 집중했다가는 전체적인 내용 파악이 어려워지기 때문이다. 따라서 글을 읽을 때는 세부 내용을 기억하려고 애쓰는 것이 아니라, 전체를 조망하는 방식으로 글을 읽어 내려가는 것이 좋다.

Tip ❷ 너무 많은 표시를 하지 않는다.

통독을 하되, 특징이나 비교 같은 주요 내용에 동그라미와 밑줄 등으로 표기를 하며 읽어 내려가는 것이 일반적이다. 하지만 너무 많은 표기를 한다면 오히려 정답 찾기에 방해가 될 수 있다. 그러므로 최대한 그 문단의 핵심 주요 소재나 단어에만 표시를 하도록 한다.

Tip ❸ 글을 구조화한다.

지문을 읽고 내려와서 선지를 본 후 바로 답을 구하면 좋으나, 선지를 본 후 다시 지문으로 올라가서 읽어야 하는 경우가 상당히 많다. 이를 대비해 처음에 지문을 읽을 때 글을 구조화하면서 읽는 것이 좋다. 구조화하면서 글을 읽었을 경우 선지의 정오를 어느 부분을 통해 확인할지 판단이 빨라지기 때문이다. 해당 문제 역시 처음에 지문을 읽을 때 지구 초기 대기와 해양의 특징 - 유기물 형성 과정 - 밀러와 유리의 실험 구조로 글이 진행된다는 것을 간단하게 파악하면서 읽으면 선지를 보고 다시 지문을 볼 때 도움이 된다.

18 정답 ③

난이도 ●●○

논리추론 - 논리적 판단 문제

문제유형 이해 > 핵심논지의 파악

접근전략 주장에 대한 평가를 묻는 문제에서는 각 주장의 핵심 내용을 파악하는 것이 가장 중요하다. 특히 2개 이상의 주장이 등장할 경우, 주제에 대한 각 주장 간의 비교가 선지로 출제될 수 있다. 따라서 주장에 대한 평가 문제를 풀 때는 가장 먼저 글의 핵심 논지와 각 주장의 논리 전개와 범위를 파악하는 것을 중점으로 글을 읽도록 한다. 또한, 주장 간 논리의 범위를 간단한 그래프나 벤다이어그램을 통해 그리면 선지의 판단이 훨씬 수월할 것이다.

다음 A~F에 대한 평가로 적절하지 않은 것은?

(1)어느 때부터 인간으로 간주할 수 있는가와 관련된 주제는 인문학뿐만 아니라 자연과학에서도 흥미로운 주제이다. (2)특히 태아의 인권 취득과 관련하여 이러한 주제는 다양하게 논의되고 있다. (3)과학적으로 볼 때, 인간은 수정 후 시간이 흐름에 따라 수정체, 접합체, 배아, 태아의 단계를 거쳐 인간의 모습을 갖추게 되는 수준으로 발전한다. (4)수정 후에 태아가 형성되는 데까지는 8주 정도가 소요되는데 배아는 2주경에 형성된다. (5)10달의 임신 기간은 태아 형성기, 두뇌의 발달 정도 등을 고려하여 4기로 나뉘는데, (6)1~3기는 3개월 단위로 나뉘고 마지막 한 달은 4기에 해당한다. (7)이러한 발달 단계의 어느 시점에서부터 그 대상을 인간으로 간주할 것인지에 대해서는 다양한 견해들이 있다. ▶ 1문단

(1)A에 따르면 태아가 산모의 뱃속으로부터 밖으로 나올 때 즉 태아의 신체가 전부 노출이 될 때부터 인간에 해당한다. (2)B에 따르면 출산의 진통 때부터는 태아가 산모로부터 독립해 생존이 가능하기 때문에 그때부터 인간에 해당한다. (3)C는 태아가 형성된 후 4개월 이후부터 인간으로 간주한다. 지각력이 있는 태아는 보호받아야 하는데 지각력에 있어서 필수 요소인 전뇌가 2기부터 발달하기 때문이다. (4)D에 따르면 정자와 난자가 합쳐졌을 때, 즉 수정체부터 인간에 해당한다. 그 이유는 수정체는 생물학적으로 인간으로 태어날 가능성을 갖고 있기 때문이다. (5)E에 따르면 합리적 사고를 가능하게 하는 뇌가 생기는 시점 즉 배아에 해당하는 때부터 인간에 해당한다. (6)F는 수정될 때 영혼이 생기기 때문에 수정체부터 인간에 해당한다고 본다. ▶ 2문단

① A가 인간으로 간주하는 대상은 B도 인간으로 간주한다.

→ (○) A는 태아의 신체가 전부 노출이 될 때부터 인간으로 간주하고[2문단(1)], B는 출산의 진통이 시작되었을 때부터 인간으로 간주한다.[2문단(2)] 따라서 인간으로 간주하는 시기가 B가 A보다 빠르므로, A가 인간으로 간주하는 대상은 B도 인간으로 간주한다.

② C가 인간으로 간주하는 대상은 E도 인간으로 간주한다.

→ (○) C는 태아가 형성된 후 4개월 이후부터 인간으로 간주하고[2문단(3)], E는 배아에 해당하는 때부터 인간에 해당한다고 본다.[2문단(4)] 또한, 수정 후 태아까지 8주가 소요되는데 배아는 태아의 이전 단계이다. 따라서 인간으로 간주하는 시기가 E가 C보다 빠르므로, C가 인간으로 간주하는 대상은 E도 인간으로 간주한다.

③ D가 인간으로 간주하는 대상은 E도 인간으로 간주한다.

→ (×) D는 수정체부터 인간에 해당한다고 보고[2문단(4)], E는 배아에 해당하는 때부터 인간에 해당한다고 본다.[2문단(5)] 또한, 수정은 배아보다 앞선 단계이다. 따라서 E는 수정체 단계는 배아에 해당하지 않으므로 인간으로 간주하지 않는다.

④ D가 인간으로 간주하는 대상을 F도 인간으로 간주하지만, 그렇게 간주하는 이유는 다르다.

→ (○) D와 F 모두 수정체부터 인간으로 간주하지만, D는 수정체가 생물학적으로 인간으로 태어날 가능성을 갖고 있다는 이유로[2문단(4)], F는 수정될 때 영혼이 생긴다는 이유로 수정체를 인간으로 간주한다.[2문단(6)] 따라서 D와 F가 인간으로 간주하는 대상은 같지만, 그렇게 간주하는 이유는 다르다.

⑤ 접합체에도 영혼이 존재할 수 있다는 연구결과를 얻더라도 F의 견해는 설득력이 떨어지지 않는다.

→ (○) F는 수정될 때 영혼이 생기기 때문에 수정체부터 인간에 해당한다고 본다.[2문단(6)] 이러한

F의 주장과 접합체에도 영혼이 존재할 수 있다는 연구결과는 서로 양립 가능하므로, 설득력이 떨어지지 않는다.

제시문 분석

제시문 인간으로 간주할 수 있는 시기에 대한 다양한 주장

쟁점
어느 때부터 인간으로 간주할 수 있는가?[1문단(1)]

다양한 주장	
⟨A⟩	태아의 신체가 전부 노출이 될 때부터 인간에 해당한다.[2문단(1)]
⟨B⟩	출산의 진통이 시작될 때부터 인간에 해당한다.[2문단(2)]
⟨C⟩	태아가 형성된 후 4개월 이후부터 인간으로 간주한다.[2문단(3)]
⟨D⟩	수정체는 생물학적으로 인간으로 태어날 가능성을 갖고 있으므로, 수정체부터 인간에 해당한다.[2문단(4)]
⟨E⟩	배아에 해당하는 때부터 인간에 해당한다.[2문단(5)]
⟨F⟩	수정될 때 영혼이 생기기 때문에 수정체부터 인간에 해당한다.[2문단(6)]

합격자의 실전 풀이 순서

❶ 발문 확인 후 선지를 확인하면서 대강 어떤 것에 대해 묻고 있는지를 확인한다.

발문에서 'A~F에 대한 평가로 적절하지 않은 것은?'이라고 물어보고 있다. 6명 정도의 의견이 나올 것으로 추측할 수 있으며 주장 파악을 중심으로 글을 읽을 것이라는 전략을 세운다. 이때 선지를 확인하는 이유는, 발문이 특별하기 때문이다. 모든 문제에 대해 선지를 먼저 볼 필요는 없다(단, 독자 본인이 선지를 먼저 봐야 직성이 풀리는 스타일이라면 그것까지 말리진 않는다).

선지 구조에서 특이할 점은, 논리적 진술 구조를 띠고 있다는 것이다. 이때는 지문에서 각 정보의 참, 거짓 여부, 혹은 등장 여부를 아는 것보다 주장 간의 상호 관계가 어떻게 되는지를 파악하는 것이 중요하다. 즉 머릿속에 암기가 아니라 도식을 준비해야 한다.

❷ 1문단을 읽으며 지문의 핵심 소재를 파악한다.

1문단은 '태아의 인권 취득'에 대해 이야기하고 있으며 수정체, 집합체, 배아, 태아의 단계를 거쳐 인간의 모습을 갖추게 되는 과정과 그 주기 범위에 대해서 이야기하고 있다.

이들 내용이 나왔다는 것 자체가 이미 다음 문단에서 '태아의 인간성 인정 시기'와 관련된 주장들이 나올 것임을 예기(豫期)하고 있다. 이때 1문단에서 모든 내용을 다 기억할 필요는 없다. 단지 개월 단위로만 기억하고 주 단위는 표시만 해 두면 된다. 심지어 시간의 흐름에 따른 이름 단계는 그냥 "단계"에만 표시해 두고 나중에 2문단에서 필요할 때 발췌독 한다.

즉 1문단 내용들은 2문단에서 선후를 파악할 때 쓸, 사전 같은 것이다. 단, 가장 중요한 흐름인 '개월'은 직접 여백에 표시해 두도록 한다.

❸ 2문단을 읽으며 각자의 입장들을 정리한다.

2문단을 읽다보면 A~F의 언제부터 태아를 인간으로 간주할 것인지에 대해 다른 여러 가지 의견이 나오고 있다. 시작 기준점이 다른 것이기 때문에 일직선을 그리면서 A~F 입장을 정리하는 방법도 좋다. 예를 들어 그림으로 그려보면 다음과 같다. 오른쪽으로 갈수록 인정 시점이 늦어진다.

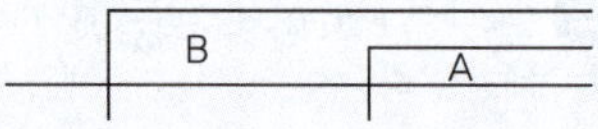

특히 이 문제는 앞에 나온 주장이 뒤에 나온 주장보다 무조건 번호가 빠르다는 특징이 있는데, 이는 굳이 그림을 시기 순으로 그리지 않아도 문제를 풀 수 있게 해 주는 단서이므로, 선지 구조를 먼저 보고 그리거나, 아니면 그냥 A부터 F까지 표 형식으로 정리만 해 주는 것도 좋은 방법이다(제시문 분석 참조).

또한, 정리할 때 "처음부터 정리해서 6명을 다 관계도를 만들어 놔야지." 혹은 "A부터 시작해서 모두 다 표시해서 서열을 알아내야지!" 라고 생각하는 수험생이 있을 텐데, 절대로 그러면 안 된다. 오히려 일부만(예컨대 A부터 D까지만) 정리하고 선지를 본 다음 모르는 부분만 다시 정리해야 한다. 6개를 다 나열하는 것은 비효율적이고 실수를 유도한다. 작은 공간 안에 많은 기호들이 우겨 넣어지기 때문이다. (이런 디테일이 점수를 올리는 것이다. 아이디어만으로는 절대 고득점을 받을 수 없다. 주변에 고득점자들을 한 번 살펴보면 머리가 좋은 사람도 있지만 왜 고득점인지 모를 사람도 있을 것이다)

❹ 오지선다를 파악해 정답을 체크하도록 한다.

만약 그림을 그려놓지 않은 경우 겉보기만 본 다음 선지 간에 서로 관련이 없다고 생각하고 선지 하나하나를 따로 확인하는 우를 범할 수 있다. 예컨대 A->C->E 순으로 차례차례 확인할 수 있는 게 없어서 어렵다고 생각할 수 있다. 그러나 사실 ③번과 ④번 선지는 각각 D를 잘 이해하고, D, E, F만 확인하는 것을 통해서 해결할 수 있는 문제다. 또한 그 과정에서 ⑤번 선지로 연결될 수도 있다.

①번 선지는 A와 B를 비교하는 것이므로 사실 선지라기보다 오히려 지문을 이해하는 데 도움을 주는 힌트로 간주할 수 있다. 이처럼 언어논리에는 이런 '힌트형 선지'가 자주 등장하므로 보충적으로 활용하면 정답률을 올릴 수 있다.

합격자의 시간단축 Tip

Tip ❶ 시각화할 수 있다면 입장을 시각화하는 것이 좋다.
가끔씩 문제처럼 특정 소재를 바라보는 시점 간의 차이를 비교하는 문제가 존재한다. 이에 위의 접근 전략처럼 시각화를 한다면 주장들을 비교하는 문제를 풀 때 더 빠르게 정답을 찾을 수 있다. 꼭 시점에 있어서 일직선이 아니더라도 벤다이어그램을 그려 포함되는 입장들이 있는지, 공통점이 있는 입장이 있는지 등을 표기하는 것도 좋은 방법일 것이다.
이때 모든 내용을 시각화할 필요가 없음에 주의한다. 이 지문에선 '개월 수'만 시각화하면 된다. 나머지는 곁가지에 불과하다. 이는 굳이 "3개월"로 다시 나눴다는 데서 도출된다. '주(week)'와 '기(period)' 사이에서 가장 균형 잡힌 개념이기 때문에 이게 중심이 된다는 것을 알자.

Tip ❷ 시각화시 유용한 테크닉
시작부터 1부터 9까지 전부 다 써놓을 필요는 없다. 0과 10만 써 놓은 다음 2문단의 주장들에 맞춰서 필요한 만큼만 표기하면 된다.
또한, 반드시 기하학적으로 간격이 균일할 필요가 없다는 사실도 기억하자. 예컨대 5~9개월은 각 주장 간의 차이를 구분하는 데 별 의미가 없다. 반면 처음 부분은 더 세밀하고 상세해야 한다. 이쪽은 다시 그리는 한이 있더라도 상세히 표시해 줘야 한다(마치 보조하는 창을 띄운다고 생각하면 편하다).

Tip ❸ 소재와 주장의 핵심 내용 파악하기
주장 파악 문제에서 중요한 것은 핵심 논쟁 소재를 파악하는 것과 주장의 핵심 내용을 파악하는 일이다. 주장의 핵심 내용 파악하는 것만큼 지문의 공통 소재가 무엇인지 제대로 파악한다면 각자의 입장이 어떤 측면에서 어떻게 다른지를 빨리 파악할 수 있기 때문이다.

19 정답 ❸ 난이도 ●○○

논리추론 – 논리적 판단 문제

문제유형 사실적 이해 > 정보 확인
접근전략 글의 내용과 부합하지 않는 것을 묻는 문제는 선지를 먼저 보는 것을 추천한다. 정답을 제외한 나머지가 글의 내용과 일치하므로 선지의 키워드를 인지하며 지문을 읽는다면 빠른 독해가 가능하기 때문이다. 선지를 훑어 '트랜지스터', '스핀 변경', '높은 전류', '안전성', '양자 컴퓨팅 기술' 등의 키워드를 생각하며 지문을 읽어 나간다.

다음 글의 내용과 부합하지 않는 것은?

(1)고체 물질에서 자성을 띠는 스피논(Spinon)은 스핀트로닉스 소자의 핵심 구성 요소로, 전통적인 전자와는 다른 특성을 가진다. (2)스피논은 기존의 전하 기반 소자와 달리 스핀에 의해 작동하며, 이를 통해 낮은 전력 소비와 고속 데이터 처리가 가능하다. (3)스피논 소자는 초소형 구조로 제작될 수 있어, 크기를 나노미터 단위로 줄일 수 있으며, 온도 변화나 전기장의 영향에 강한 안정성을 유지한다. (4)또한 스피논은 외부 자극 없이도 내부 스핀 배열을 변경할 수 있는 자율성을 가지고 있어, 신호 전송에 효율적인 특성을 제공한다. (5)이러한 특성 덕분에 스피논 소자는 차세대 메모리와 저장 장치로 각광받고 있으며, 높은 집적도와 빠른 속도로 데이터 전송이 가능한 소자 개발에 중요한 역할을 한다. (6)특히, 스피논을 이용한 소자는 기존 반도체 소자보다 작은 크기로 고성능을 발휘할 수 있어, 모바일 기기와 같은 소형 전자기기에도 적합하다. (7)스피논의 이러한 특성은 미래의 양자 컴퓨팅 기술에서도 중요한 요소로 고려되고 있다. (8)최근 연구자들은 기존의 스피논 구조에 추가적인 트랜지스터 성능을 결합하여, 스핀과 전하의 복합적인 제어가 가능한 새로운 스피논 트랜지스터를 개발하였다. (9)이 스피논 트랜지스터는 자기장을 이용해 특정 전기 신호를 조정할 수 있으며, 기존 전자 소자보다 에너지 효율이 높고, 열 발생이 적어 다양한 환경에서 안정적으로 작동할 수 있다. (10)이러한 연구는 차세대 스핀트로닉스 소자의 상용화 가능성을 높이며, 초고속 컴퓨팅과 에너지 절약형 데이터 저장 장치 개발에 기여할 것으로 보인다.

① (O) 스피논 트랜지스터는 열 발생이 적고 에너지 효율적이다.
→ '이 스피논 트랜지스터는 자기장을 이용해 특정 전기 신호를 조정할 수 있으며, 기존 전자 소자보다 에너지 효율이 높고, 열 발생이 적어 다양한 환경에서 안정적으로 작동할 수 있다.[(9)]'에서 스피논 트랜지스터는 열 발생이 적고 에너지 효율적임을 알 수 있다. 옳은 선지다.

② (O) 스피논 소자는 자체적으로 스핀배열을 변경할 수 있다.
→ '또한 스피논은 외부 자극 없이도 내부 스핀 배열을 변경할 수 있는 자율성을 가지고 있어, 신호 전송에 효율적인 특성을 제공한다.[(4)]'에서 알 수 있는 내용이다. 옳은 선지다.

③ (×) 스피논 소자는 전기적 특성을 조절하여 높은 전류를 발생시킬 수 있다.
→ 스피논 소자가 전기적 특성을 조절해 높은 전류

를 발생시킨다는 내용은 지문에서 찾을 수 없다. 따라서 옳지 않은 선지다.

④ (O) 스피논 소자는 온도 변화에도 안정성을 유지할 수 있다.

→ '이 스피논 트랜지스터는 자기장을 이용해 특정 전기 신호를 조정할 수 있으며, 기존 전자 소자보다 에너지 효율이 높고, 열 발생이 적어 다양한 환경에서 안정적으로 작동할 수 있다.[(9)]'에서 스피논 소자는 다양한 환경에서 안정적으로 작동할 수 있다고 하는 바 옳은 선지다.

⑤ (O) 스피논 소자는 양자 컴퓨팅 기술에도 활용될 수 있다.

→ '스피논의 이러한 특성은 미래의 양자 컴퓨팅 기술에서도 중요한 요소로 고려되고 있다.[(7)]'에서 알 수 있는 내용이다. 옳은 선지다.

합격자의 실전 풀이 순서

❶ 선지를 훑으며 대략적 주제를 파악한다.

접근 전략에서 설명했듯이 "부합하지 않는 것은?", "일치하지 않는 것은?" 문제에서 선지는 매우 중요한 힌트가 된다. 정답을 제외한 4개의 선지를 보는 것만으로도 어느 정도 지문의 주제나 내용을 확인할 수 있기 때문이다. 먼저 선지를 훑어 '스피논 소자'가 주요 주제로 나올 것을 예상한다.

❷ 각 선지의 키워드를 설정 후 발췌독해서 일차적으로 답을 판단한다.

선지의 단어 중 가장 생소하거나 특이한 단어를 키워드로 삼아 키워드가 있는 문단을 탐색한다. 특이한 단어의 경우 지문에서 그대로 나오거나 조금의 변형을 거쳐 나오므로 찾기 용이하기 때문이다. 선지 ①은 '트랜지스터', 선지 ②는 '스핀 변경', 선지 ③은 '높은 전류', 선지 ④는 '안전성', 선지 ⑤는 '양자 컴퓨팅 기술'을 키워드로 들 수 있다.

합격자의 시간단축 Tip

Tip ❶ 부합하는 것, 부합하지 않는 것 외에 알 수 없는 것이 나올 가능성을 생각한다.

글의 내용과 부합하지 않는 것을 물었다. 그렇다면 부합하는 것은 답이 아니고, 부합하지 않는 것이 답인 것은 자명하다. 글에서 알 수 없는 것은 답이 될 수 있는가? 그렇다. 알 수 없는 것 역시 글의 내용과 일치하지 않기 때문이다. 선지의 내용이 글에서 알 수 없는 내용임에도 불구하고 무조건 찾으려 들 생각을 버리자. 다른 선지들은 글에서 근거를 찾을 수 있는데, 도저히 글에서 근거를 찾을 수 없는 선지가 정답이 될 수 있다.

Tip ❷ 키워드 뽑는 방법

발췌독하기 위해서는 생소한 키워드를 뽑아야 한다. 일반적인 단어를 키워드로 삼으면 지문에서 자주 등장하기 때문에 효율적인 발췌독을 하기 어렵다. 일반적으로 키워드를 뽑을 때 맨 앞에 있는 주어를 선정하는 경우가 많다. 그러나 이는 상황에 따라 비효율적이다. 모든 선지의 주어가 같은 경우도 있고, 주어보다 서술어나 목적어가 더 생소한 경우가 많기 때문이다. 키워드를 뽑는 목적은 지문을 빠르게 발췌독하기 위함이고, 이를 위해 주어뿐만 아니라 모든 단어에 대해 가능성을 열어 두어야 함을 기억하자.

해당 문제에서 역시 모든 선지에서 '스피논'이 나온다. 그렇다면 '스피논'을 키워드로 삼기보다는 '스피논'이 글의 주요 주제임을 인지한 상태에서 서술어나 목적어를 키워드로 삼아 발췌독하는 것이 효과적이다.

20 정답 ⑤ 난이도 ●●○

논리추론 - 논리적 판단 문제

문제유형 비판적 사고 > 지문에서 추론하기

접근전략 '사례 - 일반론'의 구조가 눈에 띄고, 개념 간 공통점과 차이점을 위주로 서술된 과학 테마 지문이다. 각 선지에서 어떤 표현이 사용되었는지 파악하며 읽자. 비교급, 연관 관계, 사례 적용 등 다른 문제에서 충분히 등장할 수 있는 표현들이다.

다음 글에서 추론할 수 있는 것은?

(1)나균은 1,600개의 제 기능을 하는 정상 유전자와 1,100개의 제 기능을 하지 못하는 화석화된 유전자를 가지고 있다. (2)이에 반해 분류학적으로 나균과 가까운 종인 결핵균은 4,000개의 정상 유전자와 단 6개의 화석화된 유전자를 가지고 있다. (3)이는 화석화된 유전자의 비율이 결핵균보다 나균에서 매우 높다는 것을 보여준다. 왜 이런 차이가 날까?

▶ 1문단

(1)결핵균과 달리 나균은 오로지 숙주세포 안에서만 살 수 있기 때문에 수많은 대사과정을 숙주에 의존한다. (2)숙주세포의 유전자들이 나균의 유전자가 수행해야 하는 온갖 일을 도맡아 해주다 보니, 나균이 가지고 있던 많은 유전자의 기능이 필요 없게 되었다. (3)이에 따라 세포 내에 기생하는 기생충과 병균처럼 나균에서도 유전자 기능의 대량 상실이 일어나게 되었다.

▶ 2문단

(1)유전자의 화석화는 후손의 진화 방향에 중요한 영향을 미친다. (2)기능을 상실하기 시작한 유전자는 복합적인 결함을 일으키기 때문에, 한번 잃은 기능은 돌이킬 수 없게 된다. 즉 유전자 기능의 상실은 일방통행이다. (3)유전자의 화석화와 기능 상실은 특정 계통의 진화 방향에 제약을 가하는 것이다. (4)이는 아주 오랜 시간이 흘러 새로운 환경에 적응하기 위해 화석화된 유전자의 기능이 필요하다고 하더라도 이 유전자의 기능을 잃어버린 종은 그 기능을 다시 회복할 수 없다는 것을 의미한다. ▶3문단

① 결핵균은 과거에 숙주세포 없이는 살 수 없었을 것이다.

→ (×) 지문에서는 결핵균이 과거에 숙주세포 없이 살 수 있었는지 여부는 확인할 수 없다. 오히려 '결핵균과 달리' 나균은 오로지 숙주세포 안에서만 살 수 있다는 부분에서[2문단(1)], 숙주세포와 관계가 있는 것은 결핵균이 아닌 나균임을 알 수 있다.

② 현재의 나균과 달리 기생충에서는 유전자의 화석화가 일어나지 않았을 것이다.

→ (×) 나균에서도 세포 내에 기생하는 기생충과 병균'처럼' 유전자가 제 기능을 상실하는 화석화가 발생했다는 설명을 통해[2문단(3)], 기생충에서도 나균과 마찬가지로 유전자의 화석화가 일어났다는 것을 유추할 수 있다.

③ 숙주세포 유전자의 화석화는 나균 유전자의 소멸과 밀접한 관련이 있을 것이다.

→ (×) 나균의 유전자가 수행해야 할 일을 숙주세포의 유전자가 도맡게 되어 나균의 많은 유전자 기능이 소멸되고[2문단(2)] 나균 유전자의 화석화가 일어났다. 따라서 숙주세포의 유전자가 화석화된 것이 아니라, 나균의 유전자가 화석화된 것이다.

④ 어떤 균의 화석화된 유전자는 이 균이 새로운 환경에 적응하는 데 기능할 것이다.

→ (×) 화석화된 유전자와 그로 인해 상실된 유전자 기능은 원래 상태로 돌이킬 수 없다.[3문단(2)] 이는 아주 오랜 시간이 흘러 새로운 환경에 적응하기 위해 화석화된 유전자의 기능이 필요하다고 하더라도 한 번 잃어버린 기능은 다시 회복할 수 없다는 것을 의미한다.[3문단(4)] 이를 통해 어떤 균의 화석화된 유전자는 이 균이 어떤 새로운 환경에 적응하는 데 아무런 기능도 할 수 없음을 알 수 있다.

⑤ 화석화된 나균 유전자의 대부분은 나균이 숙주세포에 의존하는 대사과정과 관련된 유전자일 것이다.

→ (O) 나균은 수많은 대사과정을 숙주에 의존한다.[2문단(1)] 여기서 숙주세포의 유전자들이 나균의 유전자가 해야 하는 일, 즉 대사과정을 도맡게 되어 나균의 많은 유전자 기능이 상실되었다는 것을 통해[2문단(2)] 화석화된 나균 유전자의 대부분은 대사과정과 관련된 유전자라는 것을 유추할 수 있다.

제시문 분석

1문단 나균과 결핵균의 화석화된 유전자의 비율

	정상 유전자	화석화된 유전자
〈나균〉	1,600개(1)	1,100개(1)
〈결핵균〉	4,000개(2)	6개(2)

↓

화석화된 유전자의 비율이 결핵균보다 나균에서 매우 높게 나타난다.(3)

2문단 나균의 유전자 기능 상실 과정

①		②		③
나균은 오로지 숙주세포 안에서만 살 수 있기 때문에 수많은 대사과정을 숙주에 의존한다.(1)	→	숙주세포의 유전자들이 나균의 유전자가 수행해야 하는 온갖 일을 도맡아 해주다 보니, 나균이 가지고 있던 많은 유전자의 기능이 필요 없게 되었다.(2)	→	유전자 기능의 대량 상실이 일어났다.(3)

3문단 유전자의 화석화

화석화된 유전자의 특징
기능을 상실하기 시작한 유전자는 복합적인 결함을 일으키기 때문에, 한번 잃은 기능은 돌이킬 수 없다.(2)

→

영향	특정 계통의 진화 방향에 제약을 가하는 것이다.(3)

합격자의 실전 풀이 순서

⓿ 유형 식별하기

과학지문의 소재는 크게 3가지로 분류할 수 있다. 인간-생물-무생물이 그것이다. 즉, 일종의 피라미드 구조를 띠고 있는 셈이다. 또한 실험지문과 과학지식

지문으로 나눌 수 있는데, 해당 지문은 생물-지식 지문에 속한다.

이 경우 생물 관련된 전공자들이 유리한 것은 맞다. 다만 그들이 유리한 것은 유전자 기능, 숙주세포의 단어 뜻 등에 있는 것이지 나균이나 결핵균의 비교를 알기 때문이 아니다. 물론 이것도 엄청나게 유리한 것이라 할 수 있으나, 1)독해 지문의 유형은 다양하여 각자의 전공에 맞는 문제가 존재하고 2)기출문제를 열심히 풀어서 얻는 적응력이 훨씬 크므로 절대 전공자를 부러워하지 말자.

❶ 발문 확인하기

본 문제는 '알 수 있는/없는 것은?' 유형에 해당한다. 이때 알 수 '있는' 것인지, '없는' 것인지를 확실히 표시하고 간다.

다음 글에서 추론할 수 있는 것은?

❷ 지문 훑어보기

"지문에 숫자가 등장하면 이것이 중요할까?"라는 의문을 많은 수험생들이 가질 것이다. 숫자는 중요하다. 글과 달리 굉장히 눈에 잘 띠기 때문이다. 이를 중요하지 않다고 해석하는 것은 오히려 독해 시 스트레스만을 준다. 눈에 띄는데 억지로 무시하려 하기 때문이다. 그렇다면 숫자를 중심으로 독해해야 할까? 대부분은 아니라고 할 수 있다. 중요한 것은 숫자의 의미를 파악하는 것이다. 해당 제시문의 경우 1문단 (3)에서 숫자의 의미를 설명하고 있고 그 이후에는 숫자 자체는 다뤄지지 않는다. 즉 숫자는 하나의 예시일 뿐이다. 그렇다면 결국 숫자가 중요하지 않다는 것일까? 아니다. 결국 의미를 해석하고 나면 숫자만 보고도 그것을 떠올릴 수 있게 된다. 즉 1문단의 내용을 1초 만에 파악할 수 있게 된다는 점에서 숫자는 중요하다. 만약 숫자가 없었다 가정하고 1문단을 다시 읽어보자. 밑줄치고 의미를 암기하기 위해서 시간이 더 오래 걸릴 것이다. (맨 처음 읽었을 때가 아니라 이후에 선지를 찾을 때 얘기다.)

또한, 2문단 (1)의 문장은 2문단 전체를 요약하는 중심 문장이다. 이를 사전적으로 파악해야 한다는 뜻이 아니다. 오히려 2문단을 다 읽고 나서야 파악할 수 있어도 무방하다. 다만 주의해야 할 것은, 3문단 (1)이 2문단 내용과 완벽히 분리되는 내용이라는 점을 읽는 중에 바로 알아채서 선을 그을 수 있어야 한다는 것이다.

❸ 함정선지 피해가기

① **결핵균은 과거에 숙주세포 없이는 살 수 없었을 것이다.**

지문만으로는 추론할 수 없는 내용을 묻고 있는 선지다. 결핵균과 숙주세포의 관계는 과거에도, 현재에도 지문에 제시된 바 없다. 따라서 옳지 않다. (단, 주의해야 할 것은 '숙주세포 없이도 살 수 있었을 것이다.'라는 선지여도 틀린 선지라는 것이다.) 선지에서 '없었을 것이다'라는 추측형 어미가 눈에 띄지만, '없다'와 실질적으로 의미는 같다. 이런 어미는 발문 때문에 맞춰서 등장한 것이라 보면 된다.

② **현재의 나균과 달리 기생충에서는 유전자의 화석화가 일어나지 않았을 것이다.**

'~와 달리'라는 비교급 표현이 사용된 선지다. 비교급 표현이 등장하면 반드시 끊어 읽자. 본선지가 옳은 내용이려면 아래의 명제들이 모두 참이어야 한다.

- 현재의 나균에서는 유전자의 화석화가 일어난다.
- 기생충에서는 유전자의 화석화가 일어나지 않는다.

첫째 명제는 옳지만, 둘째 명제는 옳지 않음[2문단(3)]을 알 수 있다.

이때, 기생충이라는 단어를 어떻게 기억할 수 있는지 궁금한 수험생이 있을 것이다. 기생충은 중심 내용도 아닐뿐더러 단 한 번만 등장하기 때문이다. (병균으로 바꿔 읽어도 마찬가지다.) 이를 실전에서 기억해서 푸는 것은 실현 가능성이 작다. 효과적인 해결방법은 모든 선지를 확인해보는 것이다. 이렇게 하면 모든 선지가 다 오답이 되거나(어떤 선지를 잘못 풀었다는 뜻), 정답선지가 두 개가 되거나, 아니면 다시 확인해볼 필요 없이 확실한 정답을 고르는 경우밖에 남지 않는다.

그렇지 않다면 3개 이상의 선지를 잘못 판단했다는 뜻인데, 이런 경우는 거의 없다.

③ **숙주세포 유전자의 화석화는 나균 유전자의 소멸과 밀접한 관련이 있을 것이다.**

'밀접한 관련'이라는 연관 관계가 등장하는 선지다. 선후 순서가 중요한 인과관계와 달리, 연관 관계는 단순한 관련성만 확인하면 된다. 연관 관계의 두 요소를 아래와 같이 시각적으로 표시해두면 파악이 빠르다.

③ (숙주세포 유전자의 화석화)는 (나균 유전자의 소멸)과 밀접한 관련이 있을 것이다.

숙주세포 유전자의 화석화는 제시된 적이 없고 균의 유전자는 화석화된다고 했지 소멸한다고 하지 않았다.

또한, 숙주세포 유전자가 화석화된다는 것은 나균의 생체 활동에 필요한 기능을 제공하지 못할 수 있다는 것이므로, 오히려 나균 유전자가 변화 및 생성되는 것에 기여할 것이므로 명백히 틀린 선지라 할 수 있다.

④ **어떤 균의 화석화된 유전자는 이 균이 새로운 환경에 적응하는 데 기능할 것이다.**

사례를 제안하는 선지다. 여기서 주목해야 할 표현은 '어떤'이다. 즉 '어떤' 뒤에 오는 내용에 해당하는 사례가 단 하나라도 확인된다면, 본선지는 옳은 선지가 된다.

본선지를 이 방식으로 판단해 보자. 화석화된 유전자의 기능은 회복할 수 없으며[3문단(4)], 돌이킬 수도 없다.[3문단(2)] 따라서 본선지의 내용에 해당하는 사례는 단 하나도 찾을 수 없다.

합격자의 시간단축 Tip

Tip ❶ 제시되지 않은 것을 추측해보자.

본 문제의 경우 지문은 나균과 결핵균의 차이를 위주로 진행되면서, 차이가 나타난 원인을 설명하고 있다. 결핵균과 나균이 어떤 차이를 보이는지, 그리고 지문에 드러나지 않은 결핵균의 특징은 무엇일지 추측해가면서 독해한다. 결핵균에 대한 내용은 제시된 바 없지만 발문이 '추론'이기 때문에 나균과 비교하는 식으로 독해하면 가능하다. 단 이 경우 억측은 금물이다. 추론할 수 있는 것과 없는 것을 명확히 구분하자.

Tip ❷ 지문이 부정하는 내용에 주목하자.

지문이 부정하는 내용들은 괄호와 같은 기호로 표시하며 읽자. 3문단에서는 화석화된 유전자의 기능은 회복될 수 없다는 '부정되는 사실'이 제시된다. 이처럼 글쓴이나 학계의 연구를 통해 부정된 사실들은, 그를 뒤집어 '긍정된다'는 내용의 함정 선지로 출제되는 경우가 많다. 해당 사실을 긍정으로 뒤집어 선지화한 것이 바로 ④이다.

Tip ❸ 글의 구조를 파악하자.

일반적으로는 지문의 앞부분에 일반론, 뒷부분에 그에 해당하는 사례 또는 부합내용이 제시되는 데 반해, 본 지문에서는 1문단에 구체적인 사례와 수치가 제시된 뒤 2~3문단에 이를 설명할 일반론이 제시된다.

이런 지문의 경우 1문단만 읽어서 핵심이 파악되지 않는다고 당황하지 말자. 1문단만 보고 무슨 내용인지 잘 파악이 되지 않을 경우, 뒷부분으로 넘어가 독해를 진행한 후 종합적으로 이해를 시도하는 것도 좋은 방법이다.

21 정답 ③ 난이도 ●●○

논리추론 – 논리적 판단 문제

문제유형 내용 일치

접근전략 글의 내용과 부합하는 것을 고르는 유형은 정답인 선지의 경우 글의 내용과 일치 또는 글의 내용으로부터 추론 가능한 내용으로 이루어져 있다. 반면, 오답 선지의 경우 본문 내용과 상충, 추론 근거 없음 또는 본문 내용과 관련 없는 내용으로 이루어져 있다. 독해력에 자신이 있다면 한 문단씩 읽으며 풀어도 좋고, 아니라면 글부터 제대로 읽고 풀도록 한다.

다음 글을 근거로 판단할 때 옳은 것은?

오늘날에는 매우 다양한 모양의 바퀴가 사용되고 있는데, 통나무를 잘라 만든 원판 모양의 나무바퀴는 기원전 5000년경부터 사용된 것으로 추정된다. 이후 나무바퀴는 세 조각의 판자를 맞춘 형태로 진화했다. 현존하는 유물로는 기원전 3500년경에 제작된 것으로 추정되는 메소포타미아의 전차(戰車)용 나무바퀴가 가장 오래된 것이다. ▶ 1문단

바퀴가 처음부터 모든 문명에서 사용된 것은 아니다. 이집트에서는 피라미드를 만들 때 바퀴가 아닌 썰매를 사용했다. 잉카 원주민과 아메리카 원주민은 유럽인이 전파해주기 전까지 바퀴의 존재조차 몰랐다. 유럽인이 바퀴를 전해준 다음에도 아메리카 원주민들은 썰매를 많이 이용했다. 에스키모는 지금도 개가 끄는 썰매를 이용하고 있다. ▶ 2문단

바퀴가 수레에만 사용된 것은 아니다. 도자기를 만드는 데 사용하는 돌림판인 물레는 바퀴의 일종으로 우리나라에서는 4,000년 전부터 사용했다. 메소포타미아에서도 바퀴는 그릇을 빚는 물레로 쓰였다. ▶ 3문단

바퀴의 성능은 전쟁용 수레인 전차가 발달하면서 크게 개선되었다. 기원전 2000년경 히타이트족은 처음으로 바퀴살이 달린 바퀴를 전차에 사용하였다. 그 뒤 산업혁명기에 발명된 고무타이어가 바퀴에 사용되면서 바퀴의 성능은 한층 개선되었다. 1885년 다임러와 벤츠가 최초로 가솔린 자동차를 발명했다. 자동차용 공기압 타이어는 그로부터 10년 후 프랑스의 미쉘린 형제에 의해 처음으로 개발되었다. 1931년 미국 듀퐁사가 개발한 합성고무가 재료로 사용되면서 타이어의 성능은 더욱 발전하고 종류도 다양해졌다. ▶ 4문단

① 바퀴를 처음 만들고 사용한 사람은 기원전 3500년경 메소포타미아인이다.

→ (×) 1문단 둘째 줄에 따르면 통나무를 잘라 만든 원판 모양의 나무바퀴는 기원전 3500년경이 아닌 기원전 5000년경부터 사용된 것으로 추정된다. 기원전 3500년경 메소포타미아의 전차용 나무바퀴는 현존하는 가장 오래된 바퀴이나, 처음 만들어진 바퀴는 아니라고 추정된다.

② 19세기 초반부터 이미 자동차에 공기압 타이어가 사용되었다.

→ (×) 4문단 넷째 줄에 따르면 1885년 다임러와 벤츠가 최초로 가솔린 자동차를 발명했고, 다섯째 줄에 따르면 그로부터 10년 후인 1895년 자동차용 공기압 타이어가 개발되었다. 따라서 19세기 초반이 아닌 19세기 후반부터 자동차에 공기압 타이어가

사용되었다.

③ 전차의 발달과 고무타이어의 발명은 바퀴의 성능 개선에 기여했다.

➜ (O) 4문단 첫째 줄에 따르면 바퀴의 성능은 전쟁용 수레인 전차가 발달하면서 크게 개선되었고, 셋째 줄에 따르면 산업혁명기에 발명된 고무타이어가 바퀴에 사용되면서 바퀴의 성능은 한층 개선되었다. 따라서 전차의 발달과 고무타이어의 발명 모두 바퀴의 성능 개선에 기여했다.

④ 바퀴가 없었던 지역에 바퀴가 전해진 이후 그 지역에서 썰매는 사용되지 않았다.

➜ (×) 2문단 둘째 줄에 따르면 잉카 원주민과 아메리카 원주민은 유럽인이 전파해주기 전까지 바퀴의 존재조차 몰랐고, 셋째 줄에 따르면 유럽인이 바퀴를 전해준 다음에도 아메리카 원주민들은 썰매를 많이 이용했다. 따라서 바퀴가 없었던 아메리카에 바퀴가 전해진 이후에도 그 지역에서 썰매는 많이 사용되었다.

⑤ 바퀴가 수레를 움직이는 것 외에 다른 용도로 사용되기 시작한 것은 산업혁명기 이후였다.

➜ (×) 3문단 첫째 줄에 따르면 도자기를 만드는데 사용하는 돌림판인 물레는 바퀴의 일종으로 우리나라에서는 4,000년 전부터 사용했다. 따라서 바퀴가 수레를 움직이는 것 외에 다른 용도로 사용되기 시작한 것은 산업혁명기 이후가 아닌 적어도 4,000년 전이다.

합격자의 실전 풀이 순서

❶ 문제 유형 파악

항상 발문을 먼저 제대로 읽자. 본 문제는 글을 근거로 판단했을 때 옳은 선지를 고르는 내용일치유형의 문제이다. 이는 예전 언어논리 영역과 현재 추리 영역에 공통적으로 나오는 문제로, 추리 영역에서 본 유형을 풀 때도 언어논리 영역을 풀 때와 같은 방법으로 푼다. 옳은 것을 고르는 내용일치유형은 제시문 내용과 일치하거나 그로부터 추론 가능한 선지가 정답이 되며, 제시문 내용과 상충하거나 그로부터 추론할 수 없는 선지가 오답이 된다. 이 유형에서는 '제시문에 명확한 근거 없음'으로 오답인 선지가 구성되는 경우도 존재하므로 조심해야 한다. 또한, 본 문제가 옳은 것을 고르는 문제라는 것을 인지하기 위해 "옳은"이라는 단어에 밑줄이나 동그라미 등 표시를 한다.

내용일치유형을 푸는 방법으로는 크게 선지를 먼저 읽고 제시문에서 선지의 내용을 찾는 방법과 제시문을 간략히 읽은 후 선지를 판단하는 방법 두 가지로 나뉜다.

첫 번째 방법은 선지로부터 키워드를 찾고, 키워드를 제시문에서 찾아가는 방식이다. 두 번째 방법은 제시문의 구조와 선지에서 나올만한 중요한 내용을 파악하며 1분에서 2분 사이 내에 제시문을 읽은 후 선지를 판단하는 방식이다. 본 문제의 경우 제시문을 먼저 읽는 두 번째 방법으로 풀어보고자 한다.

❷ 제시문 분석

제시문을 독해 시에는 제시문의 구조를 파악하고, 선지에서 물을 만한 내용에 미리 표시해둔다. 본 문제의 경우 문단의 구분이 깔끔하고 어려운 표현도 많지 않으므로 간략히 문단 별 주제만 정리해둔다. 특히 1~4문단은 모두 바퀴라는 공통소재를 다루고 있지만, 세부적으로 다루는 내용은 차이가 있으므로 이를 염두에 두면서 읽는다.

1문단은 바퀴의 유래에 대해 서술하고 있다. 원판 모양의 나무바퀴를 처음 사용한 시기는 기원전 5000년경으로 추정되며, 현존하는 나무바퀴 중에서 가장 오래된 나무바퀴는 기원전 3500년경으로 추정되는 메소포타미아의 나무바퀴로 추정된다고 서술한다. 기원전 5000년경 및 3500년경이라는 숫자를 체크한다.

2문단과 3문단에서는 문명과 지역에 따라 바퀴를 받아들인 시기와 사용목적이 달랐음을 구체적 예를 들어 설명하고 있다. 2문단 첫 번째 문장을 통해 2문단은 바퀴는 처음에 일부 문명에서만 사용되었음을 알 수 있다. 바퀴를 사용하지 않았던 다양한 사례를 언급하고 있으므로 그 주체(이집트, 잉카, 아메리카)를 체크한다. 한편 마지막 문장에서는 지금도 글의 중심 소재인 바퀴를 사용하지 않는 에스키모에 대해 서술하고 있으므로 이를 확인한다.

3문단 첫 번째 문장을 통해 바퀴는 수레 이외에도 다양한 곳에 사용되었음을 알 수 있다. 다양한 곳에 사용했던 여러 사례를 언급하고 있으므로 그 주체(우리나라, 메소포타미아)를 체크한다.

4문단에서는 19세기 이후 본격화된 바퀴의 성능개선과 그 원인에 대해 설명하고 있다. 발달과정에서 다양한 사례가 언급되고 있으므로 그 주체(히타이트족, 다임러와 벤츠, 미쉐린, 듀퐁사)를 체크한다.

❸ 선지 판단

각 선지별로 해당하는 내용을 다루는 문단으로 가서 구체적인 내용을 비교하여 풀이한다. 선지 ①번은 바퀴를 처음 만들고 사용한 사람에 대한 내용이므로 1문단과 비교한다. 선지 ②번은 19세기 초반 타이어에 대한 내용이므로 바퀴의 개선과 관련한 4문단과 비교한다. 선지 ③번은 바퀴의 성능 개선에 대한 내용이므로 4문단과 비교한다.

선지 ③번을 넘어갔다면 선지 ④번은 바퀴가 없었던 지역에 전해진 바퀴에 대한 내용이므로 바퀴가 처음부터 사용되지는 않았다는 2문단과 비교한다. 선지 ⑤번은 바퀴의 다른 용도로의 사용에 대한 내용이므로 3문단과 비교한다.

합격자의 시간단축 Tip

Tip ❶ 제시문의 유형에 따라 전략을 설정

내용일치유형의 제시문은 각 문단이 독립되는 주제 및 내용을 다루고 있는 제시문과 각 문단이 연결되어 있어 종합적으로 정보를 추출해야 하는 제시문의 두 가지 유형으로 분류될 수 있다. 보통 후자의 경우가 난이도가 높다. 설문의 경우 전자에 가까운 유형이므로 각 선지로부터 빠르게 해당 주제를 다루고 있는 문단을 파악하여야 시간을 절약할 수 있다.

Tip ❷ 공통점 및 차이점에 유의

1문단 둘째 줄에는 나무바퀴가 기원전 5000년경부터 사용되었다고 서술하며, 넷째 줄에는 현존하는 가장 오래된 나무바퀴가 기원전 3500년경에 제작되었다고 서술하고 있다. 전자와 후자의 차이는 현재 존재하는지 여부이며, 내용 일치 유형에서 공통점과 차이점은 선지 구성의 가장 기본적인 방법이다. 이미 지문을 읽으면서 선지에 제시될 내용을 예측한 것이다. 나무바퀴를 최초로 사용한 시기가 기원전 3500년이라든가, 현존하는 가장 오래된 나무바퀴가 기원전 5000년이라는 식으로 숫자를 바꾸어 출제될 가능성이 크다.

22 정답 ④ 난이도 ●○○

논리추론 – 논리적 판단 문제

문제유형 사실적 이해 > 정보 확인

접근전략 빈출되는 '문제점 – 해결책' 구조에 문제점에 대한 원인분석이 추가된 '문제점–원인–해결책' 구조의 글이다. 문제점이 무엇이고, 그 원인은 무엇이며, 그에 대한 해결책이 무엇인지를 중심으로 읽도록 한다. 또한 대립되는 대상을 구분하는 문제는 단골 출제 요소다. '공여국'과 '수혜국'이라는 대립/차이를 보이는 대상들을 서로 구분해 표시하여 그들 간의 차이점/공통점을 잘 파악하면서 읽자. 주의할 점은 전공지식 객관식과 달리 공통점에도 반드시 마킹을 해야 한다는 것이다.

다음 글에서 알 수 있는 것은?

(1)1950년대 이후 부국이 빈국에 재정지원을 하는 개발원조계획이 점차 시행되었다. (2)하지만 그 결과는 그다지 좋지 못했다. (3)부국이 개발협력에 배정하는 액수는 수혜국의 필요가 아니라 공여국의 재량에 따라 결정되었고, 개발지원의 효과는 보잘 것 없었다. (4)원조에도 불구하고 빈국은 대부분 더욱 가난해졌다. (5)개발원조를 받았어도 라틴 아메리카와 아프리카의 많은 나라들이 부채에 시달리고 있다. ▶ 1문단

(1)공여국과 수혜국 간에는 문화 차이가 있기 마련이다. (2)공여국은 개인주의적 문화가 강한 반면 수혜국은 집단주의적 문화가 강하다. (3)공여국 쪽에서는 실제 도움이 절실한 개인들에게 우선적으로 혜택이 가기를 원하지만, 수혜국 쪽에서는 자국의 경제 개발에 필요한 부문에 개발원조를 우선 지원하려고 한다. ▶ 2문단

(1)개발협력의 성과는 두 사회 성원의 문화 간 상호 이해 정도에 따라 결정된다는 것이 최근 분명해졌다. (2)자국민 말고는 어느 누구도 그 나라를 효율적으로 개발할 수 없다. (3)그러므로 외국 전문가는 현지 맥락을 고려하여 자신의 기술과 지식을 이전해야 한다. (4)원조 내용도 수혜국에서 느끼는 필요와 우선순위에 부합해야 효과적이다. (5)이 일은 문화 간 이해와 원활한 의사소통을 필요로 한다. ▶ 3문단

① 공여국은 수혜국의 문화 부문에 원조의 혜택이 돌아가기를 원한다.
→ (×) 공여국은 수혜국의 실질적으로 도움이 절실한 개인들에게 우선적으로 원조의 혜택이 돌아가기를 바란다.[2문단(3)] 문화라는 단어는 국가 간 문화 차이를 나타내기 위해 등장할 뿐[2문단(1), 3문단 다수] 원조의 대상인지는 글에 나와 있지 않다.

② 수혜국은 자국의 빈민에게 원조의 혜택이 우선적으로 돌아가기를 원한다.
→ (×) 수혜국은 자국의 빈민과 같이 도움이 필요한 절실한 개인들이 아니라 자국의 경제 개발에 필요한 부문에 개발원조를 우선 지원하려고 한다.[2문단(3)]

③ 수혜국의 집단주의적 경향은 공여국의 개발원조계획 참여를 저조하게 만든다.
→ (×) 공여국의 개인주의적 문화와 수혜국의 집단주의적 문화의 간극이 개발원조계획의 효과를 저조하게 만든다.[1문단(2)] 이러한 문화적 차이가 공여국의 원조계획 참여 자체를 저조하게 만드는지는 지문을 통해 파악할 수 없다. 계획의 효과는 참여 이후의 결과(output)에 해당하기 때문이다.

④ 개발원조에서 공여국과 수혜국이 생각하는 지원의 우선순위는 일치하지 않는다.
→ (○) 공여국은 실제 도움이 절실한 개인에게 혜택이 전달되기를 원하고 수혜국은 자국의 경제 발전에 도움이 되기를 원한다.[2문단(3)] 즉, 둘의 문화적

PART 2 추리

차이로 인해 각자가 생각하는 지원의 우선순위는 일치하지 않는다.

⑤ **라틴 아메리카와 아프리카의 많은 나라들이 시달리고 있는 부채위기는 원조정책에 기인한다.**

→ (×) 지문에서 제시되는 문제점은 원조정책의 효과가 없었다는 점이다.[1문단(3)] 이는 원조정책을 통해 수혜국의 상황을 개선시키지 못했다는 것이지, 원조정책이 수혜국의 상황을 악화시켰다고 보기는 어렵다. 즉, 윗글에서 공여국의 원조에도 불구하고 많은 나라가 부채에 시달리고 있다는 내용은[1문단(5)], 해당정책이 수혜국을 더 좋은 방향으로 이끌지 못했다는 정도의 의미이지 이 때문에 경제 상황이 더 나빠졌다고 판단하기는 어렵다.

제시문 분석

1문단 개발원조계획의 무효성

개발원조계획의 무효성
개발원조계획이 시행되고 있지만 효과가 거의 없었고 빈국은 더욱 가난해지고 있다.(3)

2문단 개발원조계획 무효성의 원인

개발원조계획 무효성의 원인	
공여국과 수혜국 간의 문화 차이(1)	
개발원조 공여국의 특징	개발원조 수혜국의 특징
개인주의적 문화가 강하며 혜택이 실제 도움이 절실한 개인들에게 우선적으로 가기를 원함(2),(3)	집단주의적 문화가 강하며 자국의 경제 개발에 필요한 부문에 개발원조를 우선 지원하려고 함(2),(3)

3문단 개발원조계획 무효성의 해결방안

개발원조계획의 무효성 해결방안
문화 간 이해와 원활한 의사소통(5)
• 외국 전문가의 현지 맥락을 고려한 자신의 기술과 지식 이전 • 수혜국에서 느끼는 필요와 우선순위에 부합하는 원조 내용(3),(4)

합격자의 실전 풀이 순서

[비문학 유형]

❶ 지문 훑어보기

글의 처음에 연도가 등장한다면 그것은 현재의 모습이 아니라 과거의 모습을 설명하는 내용이다. 만약 현재를 묘사한다면 특정 연도가 올 수 없다. 글이 쓰인 연도와 문제에 출제되는 연도가 다르기 때문이다. 따라서 과거의 모습과 현재의 모습을 비교하거나, 과거의 문제점(단점)을 지적하는 내용이 올 가능성이 극도로 크다.

❷ 문제-대안의 구조 파악하기

대안이란 단점을 극복하고 장점을 살리자는 주장이다. 따라서 현재의 단점을 극복할 수 있으면서도 다른 단점을 고려할 수 있는 주장이 대안으로 나온다. 이 글에선 2문단에 문제의 원인이, 3문단에 대안이 제시되어 있다.

사실 1문단을 읽으면서도 2, 3문단의 내용을 추측할 수 있어야 하며, 만일 수험생 본인이 1문단을 읽고 2, 3문단을 가볍게 10초 내로 확인하면서도 그 내용이 등장했다는 것을 파악할 수 있었다면 수험생의 독해 스킬이 좋다는 의미이다.

❸ 함정 피하기

(1) 발문 체크하기

알 수 '있는' 것인지, '없는' 것인지를 확실히 표시하고 간다. 이때 둘의 기호를 다르게 표시하는 습관을 반드시 들여서 기계적으로 표시할 수 있도록 한다.

다음 글에서 알 수 (있는) 것은?

(2) 함정선지 피해가기

② **수혜국은 자국의 빈민에게 원조의 혜택이 우선적으로 돌아가기를 원한다.**

정답을 고르는 데는 어려울 것이 없었을 선지다. 그러나 반드시 도움이 필요한 개인들이 빈민에 해당하는지 불분명하므로 수혜국이라는 단어를 공여국으로 바꿔도 틀린 선지임에 주의한다. 심지어 수혜국 입장에서도 경제개발이 필요한 분야에 우선 돌아가기를 원한다는 내용이 빈민을 버린다는 뜻도 아님에 유의한다.

③ **수혜국의 집단주의적 경향은 공여국의 개발원조계획 참여를 저조하게 만든다.**

인과관계가 제시된 선지다. 선지를 읽고 아래와 같이 인과관계를 명확히 표시하는 것도 좋다.

(수혜국의 집단주의적 경향)은 → (공여국의 개발원조계획 참여를 저조) 하게 만든다.

그러나 지문에서는 수혜국의 집단주의적 경향과 공여국의 참여 간 인과관계를 설명하는 부분을 찾을 수 없으므로, 옳지 않다.

④ **개발원조에서 공여국과 수혜국이 생각하는 지원의 우선순위는 일치하지 않는다.**

공여국	도움이 절실한 개인들

≠

수혜국	경제 개발에 필요한 부문

아마 많은 수험생들이 위의 도식을 가지고 정오를 판단했을 것이다. 그러나 우선순위가 일치하지 않는지는 원래 위 표의 구조를 가지고는 알 수 없다. 불일치의 근거는 1문단 (3)과 2문단 (1)을 통해 확보되어야 함을 다시 올라가서 확인하기 바란다.

⑤ **라틴 아메리카와 아프리카의 많은 나라들이 시달리고 있는 부채위기는 원조정책에 기인한다.**
부채위기 → 개발원조의 효과 부족 ↛ 원조정책역시 인과관계가 제시된 선지다.

> (라틴 아메리카와 아프리카의 많은 나라들이 시달리고 있는 부채위기) 는 (원조정책) 에 기인한다.

그러나 지문에서 원조정책과 부채위기 간 인과관계를 설명하는 부분을 찾을 수 없으므로, 옳지 않다.

합격자의 시간단축 Tip

Tip ❶ 문제-원인-해결 구조에 주목하자.

지문을 읽고 정형화된 구조를 빠르게 파악할수록 독해가 매끄럽고 쉬워진다.

1문단부터 '문제점'이 제시된다. '문제점'이 등장하면 그에 따라 '해결책' 또한 등장할 것이라 예상할 수 있다. 그러나 2문단에서는 '해결책'이 아닌 '원인'이 제시되어 있다. 문제점이 제시되면 그에 따른 해결책이 바로 제시되는 '문제점-해결책' 구조도 많지만, 이처럼 원인을 먼저 짚고 해결책을 제시하는 '문제점-원인분석-해결책'의 구조가 나오는 경우도 많다. 본 지문은 일반적으로 많이 제시되는 '문제점-해결책' 구조에 문제의 원인분석이 추가된 '문제점-원인분석-해결책' 구조이다. 이 경우 해결책은 당연하게도 원인을 고치는 방향으로 제시된다.

예를 들어 본 지문의 경우 '개발원조 계획의 낮은 효과(문제점)-공여국/수혜국 간 문화 차이(원인)-문화 간 상호 이해와 원활한 의사소통의 필요성(해결책)'이라는 뼈대를 파악할 수 있다.

Tip ❷ 대응관계는 선지에 등장한다.

대립 또는 대응관계를 갖는 둘 이상의 개념들은 언어논리 지문에 종종 등장한다. 눈에 띄게 표시를 해두고 차이점과 공통점에 유의하면서 읽도록 한다.

예를 들어 본 지문에서는 '공여국'과 '수혜국'의 문화적 차이점이 각각 '개인주의적 문화'와 '집단주의적 문화'로 나타난다. 선지와 지문의 표시는 물론 통일해야 한다.

> 공여국과 수혜국 간에는 문화 차이가 있기 마련이다. 공여국은 개인주의적 문화가 강한 반면 수혜국은 집단주의적 문화가 강하다. 공여국 쪽에서는 실제 도움이 절실한 개인들에게 우선적으로 혜택이 가기를 원하지만, 수혜국 쪽에서는 자국의 경제 개발에 필요한 부문에 개발원조를 우선 지원하려고 한다.
> (후략)
>
> ≠
>
> ② 수혜국은 자국의 빈민에게 원조의 혜택이 우선적으로 돌아가기를 원한다.

Tip ❸ 키워드는 눈에 띄는 단어로 잡자.

선지 판단 시 각 선지에서 '뚜렷한 구분성을 가지는' 키워드를 중심으로 지문을 읽는다. 예를 들어 '③ 수혜국의 집단주의적 경향은 공여국의 개발원조계획 참여를 저조하게 만든다.'를 돌아가서 판단해야 한다면 글 전반에 걸쳐 등장하는 '공여국'보다는, 특정 부분에 존재하여 구분성이 비교적 뚜렷한 '집단주의적 성향'이 적합하다.

23 정답 ❶

난이도 ●●○

논리추론-주장에 대한 반박 문제

문제유형 논리적 비판 > 논지의 강화와 약화

접근전략 강화·약화 유형에 속하는 문제로, 'A의 논증을 약화할 수 '없는' 주장을 찾아야 한다. 이때, 논증을 약화할 수 없는 것은 논지를 강화하거나, 논지와 상관없는 주장이다. 따라서 A 논증의 전제나 결론과 무관한 서술을 하는 선지 역시 정답의 후보가 될 수 있음을 유의한다.

다음 글에서 B가 A의 논증을 비판하기 위해 사용할 수 있는 주장으로 적절하지 않은 것은?

> (1)두 사람의 과학자가 외계인의 존재에 대해 논쟁하였다. (2)물리학자 A는 이렇게 반문하였다. (3)우주에 우리와 같은 지성을 갖춘 존재들이 넘쳐난다면 그들은 어디에 있는가? (4)A가 생각한 것은 외계 지적 생명체가 지구 바깥에 아주 많이 있다면, 적어도 그들 중 일부는 기술적으로 우리보다 앞서 있을 것이라는 점이다. (5)그들은 우주를 탐사하는 장치를 만들었을 것이고, 우주선으로 우주여행을 할 수 있었을 것이다. (6)그렇다면 우리가 오래 전에 외계 지적 생명체의 증거를 보았어야 하지만, 아직까지 그러한 증거는 발견된 적이 없다. (7)따라서 A는 외계 지적 생명체가 존재하지 않는다고 결론을 내렸다. ▶ 1문단

(1)이에 대해 천문학자 B는 다음과 같이 반박하였다. (2)우리의 태양, 행성, 또는 우리의 물리 화학적 구조에 특별한 것이 없으므로, 그와 비슷한 태양과 행성들도 많이 있을 것이다. (3)그리고 우리와 마찬가지로 탄소에 기반을 두고 진화한 생물이 은하계에 많이 있을 것이다. (4)그렇다면 은하계의 많은 곳에는 우리와 크게 다르지 않은 존재들이 분명히 있을 것이다. (5)따라서 B는 은하계에 지성을 갖춘 인간과 같은 생명체가 많이 있을 것이라 결론을 내렸다.

▶ 2문단

① 생물학의 법칙은 전 우주에서 동일하게 적용된다.

→ (×) 물리학자 A의 핵심 논거는 외계 지적 생명체가 존재한다면 우리는 그 증거를 보았어야 하지만, 아직까지 그러한 증거가 발견되지 않았다는 것이다.[1문단(6)] 이처럼 물리학자 A는 그의 전제나 결론에 생물학의 법칙을 언급한 적이 없으므로, 해당 내용은 물리학자 A의 논증에 대한 비판으로 사용할 수 없다.

② 행성 간의 거리 때문에 외계 생명체와의 상호작용이 일어나기 어렵다.

→ (○) A는 외계 지적 생명체가 존재한다면 우리는 그 증거를 보았어야 하지만, 아직까지 그러한 증거가 발견되지 않았기 때문에 외계 지적 생명체가 없다고 주장한다. 그런데 매우 넓은 우주 공간의 특성상, 같은 은하계일지라도 그들이 움직이는 공간은 우리와 상호작용이 일어나지 않을 정도로 먼 거리에 있을 수 있기에 외계 지적 생명체를 아직 발견하지 못한 것일 수 있다. 즉, 해당 선지의 내용이 참이라면, 외계 지적 생명체가 존재하지만 아직 발견하지 못한 상황이 가능해지는 것이다. 따라서 해당 선지는 A의 논증을 비판한다.

③ 외계 생명체의 증거를 포착할 만큼 우리의 측정기술이 발전하지 못했을 수 있다.

→ (○) 다른 외계 지적 생명체들이 우리보다 앞선 기술로 우주를 탐사하고 그 증거를 남겼다고 해도[1문단(6)], 우리가 그 증거들을 포착할 수 있는 기술을 가지고 있다고 확신할 수 없다. 이는 곧 존재하는 외계 생명체들을 우리의 기술 부족으로 만나지 못한 것이기 때문에, A의 주장을 비판할 수 있다.

④ 외계 지적 생명체는 우주 탐사 장치를 만들 정도로 기술을 발달시키지 못했을 수 있다.

→ (○) 물리학자 A는 우주에 다른 외계 지적 생명체들이 존재한다면 그들 중 일부는 우리보다 반드시 기술이 앞섰을 것이라고 주장한다.[1문단(4)] 그러나 해당 선지의 내용처럼 외계 지적 생명체가 존재하더라도 그들이 우주 탐사 장치를 만들 정도로 기술을 발달시키지 못했을 수 있다. 이 경우 우리는 외계 지적 생명체가 존재하더라도 만날 수 없기 때문에, A의 논증을 약화한다.

⑤ 외계 지적 생명체의 증거가 없다고 해서 외계 지적 생명체가 존재하지 않는다고 단정할 수 없다.

→ (○) 물리학자 A는 외계 지적 생명체들이 존재한다면 그 증거가 반드시 있을 것이라고 주장한다.[1문단(6)] 하지만 그들이 존재한다는 증거가 없다는 것이 곧 존재하지 않는다는 증거가 되는 것은 아니다. 외계 지적 생명체들이 존재하더라도 그 증거를 남기지 않았을 가능성도 충분히 있기 때문이다. 따라서 해당 선지의 내용은 A의 논증을 약화한다.

제시문 분석

1문단 외계인의 존재에 대한 A의 논증

A의 논거 1		A의 논거 2		A의 논거 3
지구 바깥에 외계 지적 생명체가 존재한다면, 적어도 그들 중 일부는 우리보다 기술적으로 앞섰을 것이다.(4)	→	우리보다 앞선 외계인들은 우주를 탐사하는 장치로 우주여행을 할 수 있었을 것이다.(5)	→	우리는 이러한 증거를 보았어야 하지만 아직까지 발견하지 못했다.(6)

→ | A의 결론 | 외계 지적 생명체는 존재하지 않는다.(7) |

2문단 외계인의 존재에 대한 B의 논증

B의 논거 1		B의 논거 2		B의 논거 3
우리의 태양, 행성, 또는 우리의 물리 화학적 구조는 특별하지 않다.(2)	→	또한 우리처럼 탄소에 기반을 두고 진화한 생물이 은하계에 많을 것이다.(3)	→	은하계의 많은 곳에 우리와 크게 다르지 않은 존재들이 분명 있을 것이다.(4)

→ | B의 결론 | 은하계에 지성을 갖춘 인간과 같은 생명체가 많이 있을 것이다.(5) |

합격자의 실전 풀이 순서

❶ 발문 확인 및 문제 유형 판단하기

우선 발문을 제대로 읽자. A의 논증을 비판, 즉 약화하는 주장을 찾아야 하므로 본 문제는 강화약화 유형에 해당함을 알 수 있다. 이러한 강화약화 유형은 조금만 복잡하게 나올 경우, 난이도가 급상승한다. 따라서 강화약화 유형에 대한 자신만의 풀이 기준을 마련해두어야 한다. 먼저 강화약화 유형을 제대로 풀기 위해서는 강화 또는 약화해야 하는 대상이 무엇인지를 정확히 파악해야 한다. 본 문제의 경우 평가의 대상으로 A의 논증을 명시하고 있지만, 단순히 제시문 전체에 대한 평가를 묻고 있다면 구체적인 강화 또는 약화의 대상으로서 주제문을 찾아야 한다. 강화 또는 약화해야 하는 대상을 파악한 후에는 선지의 내용이 대상의 내용과 일치하는지 또는 대상으로부터 추론 가능한지를 판단하며 문제를 해결해 나가야 한다. 또한, 본 문제의 경우 옳지 않은 것을 골라야 하므로 실수를 방지하기 위해 '약화'나 'X' 등 본인만의 기호로 눈에 띄게 표시를 해 둔다.

이러한 강화약화 유형을 식별하는 것은 쉽다. 발문 또는 선지에 직접적으로 강화/약화, 지지/반박 등 표현이 등장할 것이다.

- 발문
  - 다음 논쟁/학설/의견에 대한 평가/설명으로 적절한 것은?
  - 다음 학설/제시문을 강화/약화하는 것으로 적절한 것은?
- 선지 또는 보기
  - 제시된 사례가 강화/약화의 대상에 적용 가능한지, 혹은 상충하는지 등을 물음

또한, 옳지 않은 것을 골라야 하므로 실수를 방지하기 위해 '약화'나 'X' 등 본인만의 기호로 눈에 띄게 표시를 해 둔다.

❷ 강화약화의 대상 파악 및 제시문 독해

강화약화 유형에서는 가장 먼저 강화/약화의 대상이 무엇인지 확인해야 한다. 그리고, 대상의 내용을 정확히 이해해야 한다.

이 방식으로 본 문제를 풀어보자. 대상은 발문을 통해 확인할 수 있으며, 대상의 내용은 제시문을 통해 이해할 수 있다.

(1) 발문 확인

> 다음 글에서 B가 A의 논증을 비판하기 위해 사용할 수 있는 주장으로 적절하지 않은 것은?

평가의 대상이 'A의 논증'임을 알 수 있다. 따라서 곧바로 제시문으로 내려간다.

(2) 제시문에서 대상 확인

본 문제의 제시문은 1문단에서는 A의 주장이, 2문단에서는 이에 대해 반박하는 B의 주장이 언급된다. 평가의 대상이 A의 논증이기 때문에, 이를 다룬 1문단에 주목해야 한다. 따라서 강약을 조절하여 1문단을 주의 깊게 읽고 2문단을 가볍게 읽거나, 아예 1문단만 읽고 선지 판단을 시도해도 좋다.

구체적으로 A는 외계인의 존재 여부에 대해 부정하는 입장이다. 외계 생명체가 존재한다면 그 증거가 있어야 하는데 증거가 발견된 적이 없다는 것이다. 반면 B는 긍정하는 입장이다. B가 약화 대상인 A를 비판하기 위해 사용할 수 있는 주장은 A 논증의 전제나 전제와 결론 사이의 인과관계 등을 부정하는 것이다. 즉, 구체적으로 1문단 (4), (5), (6) 문장을 반박함으로써 A의 논증을 비판할 수 있다. 제시문을 독해하며 A, B의 전제 및 결론을 정리해둔 후 선지를 읽으며 발문에서 요구하는 바를 찾는다.

❸ 선지 판단하기

A의 논증을 약화하기 위해서는 A의 전제가 옳지 않다거나, 전제와 결론 사이의 인과성이 없다거나, 결론이 사실과 다르다는 것을 밝혀야 한다. 따라서 비판하고자 하는 내용이 A의 전제 또는 결론과 관련이 있어야 한다. 이러한 점을 유의하며 선지를 판단한다.

예를 들어, ①번 선지의 경우 A논증과는 관련이 없다. A는 외계 생명체의 증거가 없음을 근거로 그 존재를 부정하고 있으므로 생물학의 법칙이 적용되어도 A의 논증에 따르면 외계 생명체는 존재하지 않을 수 있다. ①번 선지가 B논증을 강화하는지에 대하여 논란의 여지가 있으나, 엄밀히 말하면 B논증은 물리 화학적 구조를 말할 뿐, 생물학의 법칙을 직접 이야기하고 있지 않으므로 무관하다고 평가하는 것이 타당하다. 또한, 본 문제의 목적은 A논증을 반박하는 것이므로 ⑤번 선지가 B논증을 강화한다 해도 B논증의 경쟁 논증으로서 A논증을 곧바로 반박하고 있다고 볼 수 없다는 점을 유의해야 한다.

나머지 선지는 외계 생명체가 존재함에도 증거가 발견되지 않을 수 있음을 주장하므로 A의 논증을 약화하기 위해 사용할 수 있기에 옳다. 이에 대한 자세한 해설은 상기한 내용을 참고한다.

합격자의 시간단축 Tip

Tip ❶ 강화/약화하고자 하는 대상을 파악한다.

강화·약화 문제의 경우 제시문을 먼저 독해하며 강화하거나 약화하고자 하는 대상을 먼저 파악해야 한다. A의 주장을 약화할 수 있는 주장이 무엇인지 판단하기 위해 A와 이에 반박하는 B의 논리 전개를 정리해 둔다. 1문단에서는 A의 견해를, 2문단에서는 B의 견해를 설명하고 있으므로 문단별 전제 및 결론을 다른 기호로 표시해 두면 시간 단축에 유리하다. 다만, B논증을 강화하는 선지가 곧바로 B 논증의 경쟁 논증으로서 A논증을 반박하고 있다고 볼 수 없다. 따라서 B논증을 읽는 것이 더 혼돈을 유발할 것 같다면 A논증을 다룬 1문단만 읽고 선지 판단을 시도해보아도 좋다.

Tip ❷ 제시문을 단순화하여 이해한다.

주장을 약화하려면 반례를 제시하거나, 전제 자체를 부정해야 한다. 전제와 결론을 단순화하여 이해하면 약화 주장을 쉽게 찾을 수 있다. 단순화한다는 것은 A이면 B이다 (A → B)와 같이 명제화하여 이해하는 것이다.

예를 들어, A의 전제와 결론은 다음과 같다.

(전제1) 외계 생명체가 존재하려면 증거가 발견되어야 한다. [A → B]

(전제2) 증거가 발견되지 않았다 [~B]

(결 론) 외계 생명체는 존재하지 않는다. [~A]

이 논리를 약화하려면,

(1) 반례를 제시한다. 반례는 외계 생명체가 존재하지만, 증거는 발견되지 않은 사례이다. [A∧~B]

(2) (전제1)을 부정한다. 외계 생명체가 존재해도, 증거가 발견되지 않을 수 있다고 주장하는 것이다. [A∧~B]

(3) (전제2)를 부정한다. 증거가 발견되었다고 주장하는 것이다. [B]

선지 ②~⑤는 모두 (전제1)을 부정하는 주장으로, 2)에 해당한다.

참고로 사용한 기호는 아래와 같다.

기호	~A=not A	A∧B= A and B	A∨B= A or B
관계	~(A∧B)=~A∨~B		
	~(A∨B)=~A∧~B		
	A이면 B이다=A → B=~B → ~A (대우)=~A∨B		
	A이면 B이다의 반례=~(~A∨B) = A∧~B = A이나 B가 아니다.		

Tip ❸ 강화/약화의 판단 기준을 암기한다.

강화·약화 유형의 경우, 강화 또는 약화의 기준을 암기해두어 선지 판단을 자동화하는 것이 도움이 된다.

A가 강화한다.	A가 본문 내용과 일치 또는 본문 내용으로부터 추론 가능
A가 강화하지 않는다.	A가 추론될 근거 없음 또는 A가 본문 내용과 상충하거나 무관함
A가 약화한다.	A가 본문 내용과 상충
A가 약화하지 않는다.	A가 본문으로부터 추론 가능 또는 일치하거나 무관함

위 표에 덧붙여 어떠한 명제를 약화한다는 것은 그 명제의 반례가 되거나, 명제의 전제 자체를 부정하는 것을 의미한다.

24 정답 ① 난이도 ●●○

논리추론 – 주장에 대한 반박 문제

문제유형 비판적 사고 > 지문에서 추론하기

접근전략 '논증'에 대한 반박+옳지 않은 선지를 찾는다는 점에서 오답을 유도하는 함정에 주의할 필요가 있다. 또한 논증의 구조가 '전제-결론'으로 되어있다는 사실을 염두에 두고 지문에서 '전제'와 '결론'을 각각 정리하며 읽자. 논증이란 것은 톱니바퀴 기계와도 같아서 하나가 어긋나면 전체가 어그러지는 특징이 있다. 따라서 논증의 흐름에 번호를 매겨 어디를 선지가 반박하고 있는지 대입해보는 것이 필요하다.

다음 글에 나타난 논증에 대한 반박으로 적절하지 않은 것은?

(1)쾌락과 관련된 사실에 대해서 충분한 정보를 갖고, 오랜 시간 숙고하여 자신의 선호를 합리적으로 판별할 수 있는 사람을 높은 수준의 합리적 사람이라고 한다. (2)이런 사람은 가치 수준이 다른 두 종류의 쾌락에 대해서 충분히 판단할 만한 위치에 있다. (3)그리하여 높은 수준의 합리적 사람이 선호하는 쾌락은 실제로 더 가치 있는 쾌락이다. (4)예컨대 그가 호떡 한 개를 먹고 느끼는 쾌락보다 수준 높은 시 한 편이 주는 쾌락을 선호한다면 시 한 편이 주는 쾌락이 더 가치 있다. (5)그것이 더 가치가 있는 것은 높은 수준의 합리적 사람이 더 선호하기 때문이다. (6)이런 방법으로 우리는 높은 수준의 합리적 사람이 선호하는 것을 통해서 쾌락의 가치 서열을 정할 수 있다. (7)나아가 우리는 최고 가치에 도달할 수 있다. (8)가령 높은 수준의 합리적 사람이 그 어떤 쾌락보다도 행복을 선호한다면, 이는 행복이 최고 가치라는 것을 뜻한다. (9)따라서 우리는 최고 가치가 무엇인지 알 수 있다.

① 대부분의 사람은 시 한 편과 호떡 한 개 중에서 호떡을 선택한다.

→ (×) 제시문의 내용은 쾌락에 대해 충분한 조건을 갖고, 자신의 선호를 합리적으로 판별할 수 있는 사람을 높은 수준의 합리적 사람이며(1) 해당 선지가 반박하는 말이 되려면 '대부분 사람'이 쾌락에 대해 충분한 정보를 갖고, 자신의 선호를 합리적으로 판별할 수 있는 사람이라는 조건이 제시되어야 하는데 해당 선지에 그러한 내용을 확인할 수 없다. 그러므로 논증에 대한 반박이 될 수 없다.

② 높은 수준의 합리적 개인들 사이에서도 쾌락의 선호가 다를 수 있다.

→ (○) 제시문에서는 높은 수준의 합리적 사람이 선

호하는 것을 토해서 쾌락의 가치 서열을 정할 수 있다고 말했다(7). 하지만 해당 선지의 내용처럼 높은 수준의 합리적 개인들 각각의 쾌락의 선호가 다르다면 최고 가치를 정하는 데에 어려움이 생기므로 이는 적절한 반박이다.

③ **높은 수준의 합리적 사람이 행복을 최고 가치로 여긴다고 해서 행복이 최고 가치인 것은 아니다.**
→ (○) 제시문에서 높은 수준의 합리적 사람이 최고로 선호하는 것이 곧 최고 가치라고 하고 있는데(7) 해당 선지는 이에 대해 부정하고 있으므로 적절한 반박이다.

④ **자신의 선호를 판별할 수 있는 높은 수준의 합리적 능력을 지닌 사람들은 실제로 존재하지 않는다.**
→ (○) 제시문에서 자신의 선호를 판별할 수 있으며 높은 수준의 합리적 능력을 지닌 사람을 통해 최고 가치에 도달할 수 있다고 했다(7). 그런데 이러한 사람의 존재 자체를 부정한다면 최고 가치에 도달할 수 없으므로, 이 선지는 제시문에 대한 적절한 반박이다.

⑤ **충분한 정보를 갖고 있고 오랜 시간 숙고한다 하더라도 질적 가치의 위계를 정할 수 있는 사람은 없다.**
→ (○) 제시문에서 쾌락에 대한 충분한 정보를 갖고, 오랜 시간 숙고하여 자신의 선호를 합리적으로 판별할 수 있는 사람을 통해(1) 최고 가치에 도달할 수 있다고 했다(7). 그런데 선지는 높은 수준의 합리적 사람이라 하더라도 그들이 곧 어떠한 가치를 판단할 수 있는 존재가 되는 것은 아님을 설명하며 제시문의 주장을 반박하고 있다.

제시문 분석

1문단 최고가치 도출 논증

최고가치 도출 논증	
전제①	높은 수준의 합리적 사람은 가치 수준이 다른 두 종류의 쾌락에 대해서 충분히 판단할 만한 위치에 있다.(2)
전제②	높은 수준의 합리적 사람이 선호하는 쾌락이 더 가치있는 쾌락이다.(3)
전제③	높은 수준의 합리적 사람이 선호하는 것을 통해서 쾌락의 가치 서열을 정할 수 있다.(6)
결론	우리는 최고 가치가 무엇인지 알 수 있다.(9)

합격자의 실전 풀이 순서

[논지파악 유형]

⓿ 유형 식별하기
- 발문
  - 다음 글의 논지 / 주장 / 견해 …와 부합하는 / 적합한 것은? (본 문제)
  - 다음 주장 / 논쟁 …에 대한 분석 / 설명 / 추론 …으로 옳은 것은?
- 지문
  - 주관적인 주장이 포함된 글
  - 일반적인 비문학 유형에 비해 정보량이 적은 대신 포괄적인 문장들이 제시

❶ 문제 구조 파악하기
먼저 발문을 확인한다.

> 다음 글에 나타난 논증에 대한 반박으로 적절하지 않은 것은?

본 문제는 발문만으로 구조를 파악할 수 있다. 지문의 논증을 정확히 파악한 뒤, 선지에서 그에 대한 적절하지 않은 반박을 찾는 문제임을 알 수 있다.
본 문제에서는 논증에 대한 반박으로 여러 유형이 존재할 수 있다. 크게 ⅰ) 전제에 대한 반박, ⅱ) 전제에서 결론을 이끌어 내는 논리에 대한 반박으로 나뉜다. 따라서 선지를 볼 때도 해당 선지가 전제와 결론 중 어느 쪽을 반박하고 있는지 주의해야 한다.
이어 지문과 선지까지 확인하면 지문은 1문단으로 비교적 짧고, 선지는 사례의 형태를 띠고 있다. 마지막으로 적절한 것인지, 적절하지 않은 것인지 표시하고 넘어가자.

❷ 지문 이해하기
논지파악 유형에서는 무조건 지문을 먼저 읽고 이해한다. 지문의 논리구조와 문제의식에 집중하여 읽어야 한다. 본 문제는 구체적인 '논증'을 요구하는 만큼, 전제와 결론이 각각 무엇인지 스스로 질문하며 읽자. 이때 지문의 전제를 전부 받아들여서 본인이 지문의 논리를 완벽하게 파악할 필요는 없다. 단지 화살표 관계로 이을 수 있으면 되고, 반박이나 찬성은 선지를 중심으로 이루어져야 한다. 예컨대 (3)의 문장을 보고 "그러면 재벌의 선호만 중요하다는 건가?"라는 의문을 가질 필요가 없다.

❸ 선지 고르기
발문이 '반박으로 적절하지 않은 것'을 묻고 있음을 잊지 말자. 수험생 중 누군가는 '반박하는 것'을 고르거나 '부합하는 것'을 고를 수 있으니 반드시 표시한다. 또한, 반박으로 적절하지 않은 것은 지문 내용과 부합하는 것을 넘어서는 범위임에 유의하자.

논증의 경우 1단계에서 설명한 바와 같이, i) 전제 자체를 부정하거나 ii) 전제에서 결론을 이끌어 낼 수 없다는 선지가 적절한 반박에 해당한다. 실제로 선지 ②, ④는 i), 선지 ③, ⑤는 ii)에 해당한다.

① **대부분의 사람은 시 한 편과 호떡 한 개 중에서 호떡을 선택한다.**
이때, 시와 호떡 사이의 관계는 강화와 약화의 조건이 되지 않음에 유의한다. 예컨대 대부분의 사람이 시를 호떡보다 좋아한다고 해서 그것이 지문 내용을 강화하지도 못한다. 물론 약화하는 것도 아니다.

② **높은 수준의 합리적 개인들 사이에서도 쾌락의 선호가 다를 수 있다.**
이 선지는 전제3을 반박하고 있다.

합격자의 시간단축 Tip

Tip ❶ 반박의 구조를 숙지하자.

본 문제의 발문은 '반박으로 적절하지 않은 것'을 묻고 있다. 선지 중 4개는 '적절한' 반박이라는 것이다. 즉 정답이 아닌 선지 ②, ③, ④, ⑤ 모두 적절한 반박이라고 출제기관에서 제시하고 있는 것으로 볼 수 있다. 유형이라고 생각하고 해당 반박의 구조를 정리하여 학습-암기한다.

Tip ❷ 논증 구조는 주장을 가장 먼저 찾는 게 좋다.

글쓴이가 가정하는 상황이나 세부 논리보다 결론이 우리에게 더 익숙한 경우가 많다. 교육과정을 거치면서 핵심 주장 위주로 배웠기 때문이다. 또한, 온/오프라인의 많은 교육에서 세부적인 내용보다는 가장 강렬한 주장을 먼저 배운다.

예컨대 경제학의 '보이지 않는 손'이라는 말은 아주 유명하다. 그러나 해당 문장 속에 있는 빵집 주인의 이기심 같은 구절은 덜 유명하다. 심지어 몇 페이지 뒤에 있는 나사를 만드는 노동자들의 이야기는 상당수 사람들이 들어본 적도 없을 것이다.

선지에서는 가정(근거)을 반박할 수도 있음에 유의하자. 그러나 이 경우에도 글을 읽을 때는 주장을 먼저 찾는다. 결론적으로 주장과 근거를 구별하면서, 주장 위주로 표시하는 것이 필요하다.

25 정답 ④ 　　난이도 ●○○

논리추론 - 주장에 대한 반박 문제

문제유형 비판적 사고 > 지문에서 추론하기

접근전략 '논증'에 대한 반박으로 가장 타당한 것을 고르는 문제이다. 또한, 논증의 구조가 '전제-결론'으로 되어있다는 사실을 염두에 두고 지문에서 '전제'와 '결론'을 각각 정리하며 읽자. 논증의 흐름을 따라가면서 선지가 1) 전제에서 결론으로의 도출 과정, 2) 결론 중 어디를 반박하고 있는지 대입해 보는 것이 필요하다.

다음 주장에 대한 반박으로 가장 타당한 것을 고르시오.

> (1)많은 사람들은 신체와 정신의 회복에 도움이 된다는 점에서 낮잠을 활용하고 있다. (2)짧게 자고 낮잠을 통해 보충하는 경우도 많은데, 이런 행위가 일상의 효율성엔 어떤 영향을 미칠까? (3)한 연구팀에서 성인 200명을 대상으로 실험을 진행한 결과, 하루에 8시간을 한 번에 자는 사람과 4시간을 자고 30분짜리의 낮잠을 2번 자는 사람 간의 생산성 차이는 나타나지 않았다고 한다. (4)이는 후자의 방식이 더 효율적으로 일상을 보내는 방법이 될 수 있음을 시사한다. (5)짧게 자고 낮잠을 자는 방식이 하루의 생산성에 긍정적인 영향을 미칠 수 있으므로 이를 활용하는 것이 필요하다.

① **짧게 자고 낮잠을 자면 전체 수면시간이 줄어들므로 효율성 측면을 고려해 낮잠을 활용해야 한다.**
→ (×) 해당 선지는 효율성 측면에서 낮잠이 중요하다는 본문의 내용을 지지하는 것으로 본문의 내용을 반박하는 내용으로는 볼 수 없다.

② **효율이 중요해진 사회에서 낮잠의 중요성이 커지는 것은 당연하므로, 낮잠을 편하게 잘 수 있는 환경을 조성해야 한다.**
→ (×) 낮잠을 적극적으로 활용하기 위해 환경 조성이 필요하다는 내용을 담은 선지로, 본문의 주장을 반박하는 것이 아니라 오히려 더 보충하는 역할을 한다.

③ **낮잠은 조는 걸 방지할 수 있다는 측면에서 긴 시간의 수면보다 업무 집중력을 높이는 데 도움이 된다.**
→ (×) 해당 선택지는 본문에서 주장한 낮잠이 일상의 효율성에 미치는 긍정적 영향이 아니라 졸음 방지 측면에서 업무 집중력을 높이는 데 도움이 된다고 주장하고 있다. 이 또한 본문의 내용을 반박한다고 볼 수 없다.

④ 수면의 질, 수면 환경 등 다양한 요소가 생산성에 영향을 미치므로 짧게 자고 낮잠 자는 것을 강요하기보다는 개인에게 맞는 방법을 권장해야 한다.

→ (○) 본문은 짧게 자고 낮잠을 자는 방식이 일상에 긍정적인 영향을 미치므로 이러한 방식으로 수면을 해야 한다고 주장하고 있다.(5) 선택지는 해당 내용을 전면으로 반박하는 것으로 볼 수 있다. 수면의 방식이 여러 가지이고 개인에게 맞는 방식을 권장해야 한다고 주장하기 때문이다.

⑤ 낮잠을 자주 자는 습관이 장기적으로 건강에 어떤 영향을 미치는지에 대한 연구가 필요하다.

→ (×) 낮잠이 장기적으로 건강에 어떠한 영향을 미치는지는 현재 제시문에서 논의하는 부분에 속하지 않는다. 제시문은 낮잠이 일상의 효율성에 미치는 영향을 중점적으로 다루고 있다.

제시문 분석

1문단 낮잠이 일상 효율성에 미치는 영향

낮잠 효율성 논증	
전제	한 연구팀에서 성인 200명을 대상으로 실험을 진행한 결과, 하루에 8시간을 한 번에 자는 사람과 4시간을 자고 30분짜리의 낮잠을 2번 자는 사람 간의 생산성 차이는 나타나지 않았다고 한다.(3) 이는 후자의 방식이 더 효율적으로 일상을 보내는 방법이 될 수 있음을 시사한다.(4)
결론	수면의 경우엔 짧게 자고 낮잠을 자는 방식이 하루의 생산성에 긍정적인 영향을 미칠 수 있으므로 이를 활용하는 것이 필요하다.(5)

합격자의 실전 풀이 순서

[논지파악 유형]

논지파악 유형은 지문을 제시한 후, 지문의 핵심 주장·내용을 선지에서 고르도록 하는 문제들을 말한다. 문제 구조에 따라 곧바로 식별 가능한 문제가 있는 반면, 곧바로 유형을 식별하기 까다로운 경우도 있다. 함께 유형의 특성을 살펴보자.

⓪ 유형 식별하기

- 발문
  - 다음 글의 논지 / 주장 / 견해 …와 부합하는 / 적합한 것은?
  - 다음 주장 / 논쟁 …에 대한 분석 / 설명 / 추론 …으로 옳은 것은?
- 지문
  - 주관적인 주장이 포함된 글
  - 일반적인 비문학 유형에 비해 정보량이 적은 대신 포괄적인 문장들이 제시

❶ 문제 구조 파악하기

먼저 발문을 확인한다.

> 다음 주장에 대한 반박으로 가장 타당한 것을 고르시오.

본 문제는 발문만으로 구조를 파악할 수 있다. 지문의 주장을 정확히 파악한 뒤, 선지에서 그에 대한 유효한 반박을 찾는 문제임을 알 수 있다.

논증에 대한 반박은 여러 유형이 존재할 수 있다. 크게 1) 전제에서 결론을 끌어내는 논리에 대한 반박, 2) 결론에 대한 반박으로 나뉜다. 따라서 선지를 볼 때도 해당 선지가 전제와 결론 중 어느 쪽을 반박하고 있는지 주의해야 한다. 예를 들어 'A이면 B이다.'라고 하였을 때, 1) A에서 B로 이어지는 과정에 대한 반박, 2) A였음에도 B가 나오지 않음에 대한 반박이 있을 수 있다.

문제에서 요구하는 유효한 반박이란 제시문의 주장과 선지의 주장을 둘 다 참이라고 가정했을 때 두 주장이 양립할 수 있음을 의미한다. 예를 들어 제시문은 '짧게 자고 낮잠을 자는 방식이 생산성에 긍정적 영향을 미친다'라고 주장하고 있다. 이때 ①번의 경우 참이라 가정하더라도 기존 주장과 상충하지 않으므로 유효한 반박이 아니다. 하지만 ④번의 경우 참이라 가정한다면 '짧게 자고 낮잠을 자는 방식'이 생산성에 영향을 미치는 것을 부정적으로 바라보고 있으므로 양립할 수 없어 유효한 반박이라 볼 수 없을 것이다.

본 문제에서는 지문이 주장하는 바를 명확히 파악하고 5개의 선지 중에서 유효한 반박을 찾아내야 한다. 이와 같은 유형에서 반박의 대상인 '주장'은 필연적으로 지문의 핵심 논지가 된다. 이 핵심 논지 하나를 찾자는 생각으로 접근하자. 그렇게 지문의 논지만 빨리 파악하게 되면 선지를 판단하는 시간이 줄고 정확도는 올라간다.

❷ 지문 이해하기

논지파악 유형에서는 무조건 지문을 먼저 읽고 이해한다. 지문의 논리구조와 문제의식에 집중하여 읽어야 한다. 본 문제는 구체적인 '논증'을 요구하는 만큼, 전제와 결론이 각각 무엇인지 스스로 질문하며 읽자. 이때 지문의 전제를 전부 받아들여서 본인이 지문의 논리를 완벽하게 파악할 필요는 없다. 단지 화살표 관계로 이을 수 있으면 되고, 반박이나 찬성은 선지를 중심으로 이루어져야 한다.

❸ 선지 고르기

마지막 단계에서는 정답, 즉 지문의 주장에 대해 적절히 반박한 선지를 고른다.

이때 유효한 반박이란 앞서 언급하였듯 양립 불가능한 내용, 상충하는 내용 등을 이야기한다. 이러한 점에 유

의하여 선지를 고르되 선지를 고르는 과정에서 자신의 가치관이나 배경지식을 대입해 고르는 실수를 지양하도록 한다.

합격자의 시간단축 Tip

Tip ❶ 지문의 핵심 논리를 파악하자.

글을 읽을 때 주장을 먼저 찾고, 주장과 근거를 구별하는 것이 필요하다.

해당 지문은 짧게 자고 낮잠을 자는 수면 방식이 생산성에 긍정적인 영향을 미치므로 낮잠을 활용해야 한다고 주장하며, 한 연구팀에서 진행한 실험을 근거로 제시한다. 그렇다면 선지에서의 반박 역시 핵심 주장과 근거에 대해서 이루어져야 한다. 선지에서 낮잠과 효율성을 키워드로 반박하고 있는 것은 ④뿐이다.

Tip ❷ 판단이 어렵다면 두 주장 전부 참이라고 가정해 본다.

바로 정답을 고르기가 어렵다면 제시문의 주장과 선지의 주장이 둘 다 참이라고 가정한다. 이때 모순점이 없다면 해당 선지를 소거할 수 있다. 이때 선지의 경우 반드시 주장과 일치할 필요는 없고 최소한 반박이 아니기만 하면 된다. 반박으로 적절하다는 것은, 글쓴이가 아닌 반대쪽에서만 동의할 법한 내용이란 것에 초점을 두자. 본 문제의 경우 ①, ②, ③ 모두 글쓴이의 주장과 결을 같이 하여 쉽게 소거할 수 있다.

Tip ❸ 판단이 어렵다면 역으로 질문해 보자.

선지를 읽으면서 이 반박이 타당하다면 지문에 어떠한 내용이 있어야 할지 고민해 보는 것이다. 예를 들어 ⑤이 타당하다면 '단기적으로 효과적인 낮잠은 장기적으로도 건강에 긍정적인 영향을 미칠 것이다.' 등의 주장이 있어야 한다. 그러나 그러한 내용은 지문에 없다. 한편 ④는 '짧게 자고 낮잠 자는 방식이 하루의 생산성에 긍정적인 영향을 미칠 수 있으므로 이를 활용할 필요가 있다'는 지문의 주장에 대한 반박이므로 타당하다.

Tip ❹ 제시된 주장이 전부임을 명심하자.

우리는 '제시된 주장'에 대한 반박으로 가장 타당한 것을 골라야 한다. 그러나 문제를 풀다 보면 생각이 많아져 '제시문의 입장에서 동의할 것으로 예측되는 주장'에 대한 반박을 두고 헷갈린다. 제시문 외의 내용에 대해서는 자신의 배경지식을 활용하여 판단하지 않도록 한다.
지문의 주장은 낮잠 자는 것이 생산성에 긍정적인 영향을 줄 수 있다는 것이다. 이때 ⑤을 보고, 낮잠을 자주 자는 습관이 장기적으로 건강에 어떤 영향을 미치는지에 대한 연구가 필요하다는 것이니 "낮잠을 자주 자면 장기적으로 건강에 부정적인 영향을 미칠 연구 결과가 나올 수 있다. 이는 곧 생산성의 저하로 연결될 것이다. 따라서 지문의 반박이 가능하다."라고 추론하여 ⑤을 고를 우려가 있다. 그러나 지문과 선지를 기계적으로 바라보아야 한다. ⑤은 그저 낮잠을 자주 자는 습관이 '건강'에 어떤 영향을 미칠지 연구가 필요하다는 것이지, 지문의 주장인 '생산성' 영향을 미칠지와는 관련이 없다. 지문과 선지를 자의적으로 해석하지 말아야 한다.

Tip ❺ '가장' 타당한 것을 고르자.

여러 선지 중에 헷갈린다면 '가장' 타당한 것을 골라야 한다는 사실을 떠올리자. 선지 간 차이를 중심으로 비교하며, 동의/부합을 물었다면 제시문의 핵심 주장을 뒷받침하는 선지, 반박/상충이라면 반대로 핵심 주장의 논리를 반대하는 선지를 고른다. 예를 들어, 본 문제에서 ④, ⑤을 남겨두고 고민할 수 있다. 양 선지는 '다양한 요소, 강요하지 않기' vs '장기적, 건강에의 영향'의 차이가 있다. 제시문의 핵심 주장에 있어 유효한 반박은 ④일 것이다.

26 정답 ② 난이도 ●○○

논리추론 - 주장에 대한 반박 문제

문제유형 비판적 사고 > 지문에서 추론하기

접근전략 '논증'에 대한 반박으로 가장 타당한 것을 고르는 문제이다. 또한, 논증의 구조가 '전제 - 결론'으로 되어있다는 사실을 염두에 두고 지문에서 '전제'와 '결론'을 각각 정리하며 읽자. 논증의 흐름을 따라가면서 선지가 1) 전제에서 결론으로의 도출 과정, 2) 결론 중 어디를 반박하고 있는지 대입해보는 것이 필요하다.

다음 주장에 대한 반박으로 가장 타당한 것을 고르시오.

(1)직장에서 성공하기 위해선 인간관계가 가장 중요하다는 말이 있을 만큼 직원 간 우호적인 관계유지는 직장에서 성공하기 위한 매우 중요한 요소이다. (2)최근 한 연구에 따르면, 팀워크가 잘 이루어질 때 프로젝트의 성공률이 많이 증가한다고 한다. (3)팀워크는 팀원 간의 협력과 소통을 통해 공동의 목표를 달성하는 데 필수적이기 때문이다. (4)팀원들이 서로의 의견을 존중하고 조화를 이루며 일할 때, 더 나은 결과를 얻을 수 있다. (5)따라서 팀원 간의 신뢰와 협력을 바탕으로 효과적인 협업을 이루는 것이 반드시 필요하다.

① 모든 팀원은 자신에게 잘 어울리는 역할을 맡아 팀워크를 향상할 수 있는 능력을 길러야 한다.
→ (×) 해당 선지는 팀워크를 향상하기 위해 필요한

요건을 제시하고 있다. 팀워크의 장점을 제시하는 본문의 내용을 반박하는 내용으로는 볼 수 없다.

② 팀워크에 지나치게 의존하면 오히려 개인의 창의성과 자율성을 발휘할 기회를 놓칠 수 있다.
→ (○) 제시문에서는 직장에서 성공하기 위해선 팀워크가 제일 중요하다고 주장한다. 그러나 본 선택지는 팀워크에 지나치게 의존할 경우 개인의 창의성과 자율성을 발휘할 기회를 놓친다는 점을 지적한다. 팀워크의 긍정적인 측면을 전면적으로 반박하는 내용으로 주장에 대한 타당한 반박이라고 볼 수 있다.

③ 팀워크를 잘 이루기 전까지는 각자의 역할을 명확히 하고 책임을 다해야 한다.
→ (×) 해당 선지는 ①번 선지와 마찬가지로 팀워크를 효과적으로 활용하기 위한 방법을 제시하고 있다. 주장에 대한 반박으로 타당한 선지라고 볼 수 없다.

④ 팀워크를 통해 다양한 프로젝트 경험을 쌓아 더 나은 성과를 얻을 수 있다.
→ (×) 팀워크의 긍정적인 효과를 언급한다. 프로젝트 성공률을 높일 수 있다는 본문의 연구 결과를 지지하는 내용이다. 적절한 반박이 될 수 없다.

⑤ 팀워크의 중요성을 이해하고 각자의 강점을 최대한 활용하는 것이 우선시되어야 한다.
→ (×) 본문의 결론(5)에서 팀원 간 신뢰와 협업을 구축하는 것이 팀워크를 위해 필요하다고 주장한다. 팀원의 강점을 최대한 활용하는 것이 우선시되어야 한다는 내용이 결론을 반박하는 것으로 생각할 수 있다. 하지만, 결론에서 팀원 간 신뢰와 협업 구축이 우선시되어야 한다고 주장한 것도 아니고, 유일한 방법이라고 하지도 않았으므로 본문의 주장에 대한 적절한 반박이 아니다. 오히려 본문을 지지하는 측면에 가깝다.

제시문 분석

1문단 팀워크의 중요성 논증

팀워크의 중요성 논증	
전제①	최근 연구에 따르면, 팀워크가 잘 이루어질 때 프로젝트의 성공률이 많이 증가한다고 한다.(2)
전제②	팀워크는 팀원 간의 협력과 소통을 통해 공동의 목표를 달성하는 데 필수적이다.(3)
전제③	팀원들이 서로의 의견을 존중하고 조화를 이루며 일할 때, 더 나은 결과를 얻을 수 있다.(4)
결론	팀원 간의 신뢰와 협력을 바탕으로 효과적인 협업을 이루는 것이 반드시 필요하다.(5)

합격자의 실전 풀이 순서

논지파악 유형은 지문을 제시한 후, 지문의 핵심 주장·내용을 선지에서 고르도록 하는 문제들을 말한다. 문제 구조에 따라 곧바로 식별 가능한 문제가 있는 반면, 곧바로 유형을 식별하기 까다로운 경우도 있다. 함께 유형의 특성을 살펴보자.

⓿ 유형 식별하기

- 발문
  - 다음 글의 논지 / 주장 / 견해 …와 부합하는 / 적합한 것은?
  - 다음 주장 / 논쟁 …에 대한 분석 / 설명 / 추론 …으로 옳은 것은?
- 지문
  - 주관적인 주장이 포함된 글
  - 일반적인 비문학 유형에 비해 정보량이 적은 대신 포괄적인 문장들이 제시

❶ 문제 구조 파악하기

먼저 발문을 확인한다.

> 다음 주장에 대한 반박으로 가장 타당한 것을 고르시오.

본 문제는 발문만으로 구조를 파악할 수 있다. 지문의 주장을 정확히 파악한 뒤, 선지에서 그에 대한 유효한 반박을 찾는 문제임을 알 수 있다.
논증에 대한 반박은 여러 유형이 존재할 수 있다. 크게 1) 전제에서 결론을 끌어내는 논리에 대한 반박, 2) 결론에 대한 반박으로 나뉜다. 따라서 선지를 볼 때도 해당 선지가 전제와 결론 중 어느 쪽을 반박하고 있는지 주의해야 한다. 예를 들어 'A이면 B이다'라고 하였을 때, 1) A에서 B로 이어지는 과정에 대한 반박, 2) A였음에도 B가 나오지 않음에 대한 반박이 있을 수 있다.
문제에서 요구하는 유효한 반박이란 제시문의 주장과 선지의 주장을 둘 다 참이라고 가정했을 때 두 주장이 양립할 수 있음을 의미한다. 예를 들어 문제에서 글쓴이의 주장은 '팀원 간의 신뢰와 협력이 팀워크를 잘 이뤄, 프로젝트 성공을 증대시킬 수 있다.'이다. 이때 ①번 선지의 내용은 '자신에게 잘 어울리는 역할을 맡는 것이 팀워크를 향상할 수 있다.'이므로 본 주장과 상충하지 않는다. 둘 다 참이어도 맞는 말이 된다.
본 문제에서는 지문이 주장하는 바를 명확히 파악하고 5개의 선지 중에서 유효한 반박을 찾아내야 한다. 이와 같은 유형에서 반박의 대상인 '주장'은 필연적으로 지문의 핵심 논지가 된다. 이 핵심 논지 하나를 찾자는 생각으로 접근하자. 그렇게 지문의 논지만 빨리 파악하게 되면 선지를 판단하는 시간이 줄고 정확도는 올라간다.

❷ 지문 이해하기

논지파악 유형에서는 무조건 지문을 먼저 읽고 이해한다. 지문의 논리구조와 문제의식에 집중하여 읽어야 한다. 본 문제는 구체적인 '논증'을 요구하는 만큼, 전제와 결론이 각각 무엇인지 스스로 질문하며 읽자. 이때 지문의 전제를 전부 받아들여서 본인이 지문의 논리를 완벽하게 파악할 필요는 없다. 단지 화살표 관계로 이을 수 있으면 되고, 반박이나 찬성은 선지를 중심으로 이루어져야 한다.

이를 본 문제에 적용해 보자. 지문은 (2)~(4)까지 팀워크의 효과를 제시하며 (5)에서 좋은 팀워크를 위해 팀원의 신뢰 및 협력 구축을 주장한다. 글쓴이의 핵심 주장이 (5)의 내용이라고 볼 수 있다. 따라서 타당한 반박은 (2)부터 (4)까지의 근거를 정확하게 반박하거나, 핵심 주장인 (5)을 반박하는 것이다.

❸ 선지 고르기

마지막 단계에서는 정답, 즉 지문의 주장에 대해 적절히 반박한 선지를 고른다.

이때 유효한 반박이란 앞서 언급하였듯 양립 불가능한 내용, 상충하는 내용 등을 이야기한다. 이러한 점에 유의하여 선지를 고르되 선지를 고르는 과정에서 자신의 가치관이나 배경 지식을 대입해 고르는 실수를 지양하도록 한다.

합격자의 시간단축 Tip

Tip ❶ 지문의 핵심을 파악하자.

글을 읽을 때 핵심 주장을 먼저 찾고, 주장과 근거를 구별하는 것이 필요하다. 해당 지문의 핵심 주장은 '팀워크의 장점과 필요성'이며, '최근 진행된 연구'가 근거이다. 그렇다면 선지에서의 반박 역시 핵심 주장과 근거에 대해서 이루어져야 한다.

Tip ❷ 판단이 어렵다면 두 주장 전부 참이라고 가정해 본다.

바로 정답을 고르기가 어렵다면 제시문의 주장과 선지의 주장이 둘 다 참이라고 가정한다. 이때 모순점이 없다면 본 선지를 소거할 수 있다. 이때 선지의 경우 반드시 주장과 일치할 필요는 없고 최소한 반박이 아니기만 하면 된다. 반박으로 적절하다는 것은, 글쓴이가 아닌 반대쪽에서만 동의할 법한 내용이란 것에 초점을 두자. 예를 들어 본 문제에서는 ①에는 글쓴이가 동의할 법하고 ④는 (2)와 같은 내용으로 글쓴이의 주장과 일치한다.

Tip ❸ 판단이 어렵다면 역으로 질문해 보자.

선지를 읽으면서 이 반박이 타당하다면 지문에 어떠한 내용이 있어야 할지 고민해 보는 것이다. 예를 들어 ⑤가 타당하다면 '각자의 강점보다는 공통 지식을 활용하는 것이 우선시되어야 한다.' 등의 주장이 있어야 할 것이다. 그러나 그러한 내용은 지문에 없다.

Tip ❹ 제시된 주장이 전부임을 명심하자.

우리는 '제시된 주장'에 대한 반박으로 가장 타당한 것을 골라야 한다. 그러나 문제를 풀다 보면 생각이 많아져 자신의 가치관이나 배경 지식을 중심으로 "제시문의 입장에서 동의할 것으로 예측되는 주장"에 대한 반박을 정답으로 체크할 수 있다. 하지만 제시문 외의 내용에 관해서는 판단하지 않도록 한다.

Tip ❺ '가장' 타당한 것을 고르자.

여러 선지 중에 헷갈린다면 '가장' 타당한 것을 골라야 한다는 사실을 떠올리자. 선지 간 차이를 중심으로 비교하며, 동의/부합을 물었다면 글쓴이의 핵심 주장을 뒷받침해 주거나 강화시켜 주는 문장, 반박/상충이라면 글쓴이의 핵심 주장과 양립 불가, 상충, 모순적인 문장을 선택한다.

예를 들어, 본 문제에서 ②를 선택하게 될 때, ②번 선지 내용의 핵심 단어인 '개인의 창의성과 자율성'이 제시문에 없으므로 정답을 고민할 수 있다. 하지만 제시문의 핵심 내용이 '팀워크의 장점과 필요성'이라는 점을 고려한다면, 선지에서 팀워크의 단점을 제시하며 넓은 범위에서 반박한다고 볼 수 있다. 만약 '팀워크를 활용하는 경우 팀원 간 의견 교환 및 조율에 비용이 많이 들어 성공 가능성이 작아진다'는 내용의 선지가 있었다면 제시문의 전제를 전면으로 반박하므로 보다 확실하게 정답으로 골랐을 것이다. 그러나 그러한 선지가 없고 나머지 선지들은 ②에 비해 제시문에 대한 반박으로 적절치 않음을 알 수 있다.

27 정답 ①

난이도 ●●●

논리추론 – 논리적 판단 문제

문제유형 비판적 사고 > 지문에서 추론하기

접근전략 '알 수 있는 것'을 찾는 유형의 오답 선지는 본문 내용과 상충하거나 글로부터 유추할 근거가 없는 선지다. 그러므로 선지 판단 시 유추할 근거가 없다면 과감히 넘어가자. 또한, 과학 / 기술 / 경제 지문은 변수들 간의 정비례, 반비례, 인과 등 다양한 관계로 선지가 자주 구성된다. 이를 유의하여 기호로 표시하며 읽어 보자.

다음 글에서 알 수 있는 것은?

> (1)소리를 내는 것, 즉 음원의 위치를 판단하는 일은 복잡한 과정을 거친다. (2)사람의 청각은 '청자의 머리와 두 귀가 소리와 상호작용하는 방식'을 단서로 음원의 위치를 파악한다. 1문단
>
> (1)음원의 위치가 정중앙이 아니라 어느 한쪽으로 치우쳐 있으면, 소리가 두 귀 중에서 어느 한쪽에 먼저 도달한다. (2)왼쪽에서 나는 소리는 왼쪽 귀가 먼저 듣고, 오른쪽에서 나는 소리는 오른쪽 귀가 먼저 듣는다. (3)따라서 소리가 두 귀에 도달하는 데 걸리는 시간차를 이용하면 소리가 오는 방향을 알아낼 수 있다. (4)소리가 두 귀에 도달하는 시간의 차이는 음원이 정중앙에서 한쪽으로 치우칠수록 커진다. 2문단
>
> (1)양 귀를 이용해 음원의 위치를 알 수 있는 또 다른 단서는 두 귀에 도달하는 소리의 크기 차이이다. (2)왼쪽에서 나는 소리는 왼쪽 귀에 더 크게 들리고, 오른쪽에서 나는 소리는 오른쪽 귀에 더 크게 들린다. (3)이런 차이는 머리가 소리 전달을 막는 장애물로 작용하기 때문이다. (4)하지만 이런 차이는 소리에 섞여 있는 여러 음파들 중 고주파에서만 일어나고 저주파에서는 일어나지 않는다. (5)따라서 소리가 저주파로만 구성되어 있는 경우 소리의 크기 차이를 이용한 위치 추적은 효과적이지 않다. 3문단
>
> (1)또 다른 단서는 음색의 차이이다. (2)고막에 도달하기 전에 소리는 머리와 귓바퀴를 지나는데 이때 머리와 귓바퀴의 굴곡은 소리를 변형시키는 필터 역할을 한다. (3)이 때문에 두 고막에 도달하는 소리의 음색 차이가 생겨난다. 이러한 차이를 통해 음원의 위치를 파악할 수 있다. 4문단

① 다른 조건이 같다면 고주파로만 구성된 소리가 저주파로만 구성된 소리보다 음원의 위치를 파악하기 쉽다.

→ (○) 두 귀에 도달하는 소리의 크기 차이를 통해 음원의 위치를 알 수 있다. 그런데 소리가 저주파로만 구성되어 있는 경우 소리의 크기 차이가 발생하지 않기 때문에[3문단(4)] 고주파로만 구성된 소리의 위치가 비교적 파악하기 쉽다고 할 수 있다.

② 두 귀에 도달하는 소리의 시간차가 클수록 청자와 음원의 거리는 멀다.

→ (×) 두 귀에 도달하는 소리의 시간차가 크면 음원이 한쪽으로 치우친 정도가[2문단(4)] 청자와 음원의 거리가 멀어지는 것이 아니므로 적절하지 않은 선지다.

③ 저주파로만 구성된 소리의 경우 그 음원의 위치를 파악할 수 없다.

→ (×) 음원의 위치를 파악할 수 있는 세 가지 단서 중 저주파는 소리의 크기 차이를 이용한 위치 파악만 힘들다.[3문단(5)] 나머지 두 단서인 소리가 두 귀에 도달하는 시간차나 음색의 차이를 통해서는 위치 파악이 가능하므로 이는 틀린 선지다.

④ 머리가 소리를 막지 않는다면 음원의 위치를 파악할 수 없다.

→ (×) 머리가 장애물로 작용하여 음원의 위치를 파악할 수 있는 것은 소리의 크기를 이용한 음원 파악이다.[3문단(3)] 따라서 머리가 소리를 막지 않더라도 두 귀로의 소리 도달 시간 차이나 음색의 차이를 통해 음원의 위치를 파악할 수 있다.

⑤ 두 귀에 도달하는 소리의 음색 차이는 음원에서 기인한다.

→ (×) 음색의 차이는 음원이 고막에 도달하기 전 머리와 귓바퀴의 굴곡에 의해 생기는 것이기 때문에[4문단(2)] 음원 자체에서 기인한다는 말은 틀렸다.

제시문 음원의 위치를 판단하는 과정

음원의 위치 판단 방식
청자의 머리와 두 귀가 소리와 상호작용하는 방식[1문단(2)]

① 도달하는 시간 차이	음원의 위치가 정중앙이 아니라 어느 한쪽으로 치우쳐 있으면, 소리가 두 귀 중에서 어느 한쪽에 먼저 도달한다. 이 때 발생하는 시간차를 통해 소리가 오는 방향을 알아낼 수 있다.[2문단(1),(3)]
② 소리크기 차이	머리가 소리 전달을 막는 장애물로 작용하여 왼쪽에서 나는 소리는 왼쪽 귀에 더 크게 들리고, 오른쪽에서 나는 소리는 오른쪽 귀에 더 크게 들린다.[3문단(2),(3)] 그러나 이 방식은 소리가 저주파로만 구성되어 있는 경우는 위치 추적에 효과적이지 못하다.
③ 음색의 차이	소리는 고막에 도달하기 전 머리와 귓바퀴의 굴곡에 의해 변형이 생기는 음색 차이를 통해 음원의 위치를 파악할 수 있다.[4문단(2),(3)]

⓿ 유형 식별하기

과학 소재의 비문학 문항은 지문 자체도 짧지 않은데 압축적으로 제시되는 정보량이 방대해, 비전공자 입장에서는 체감 난이도가 높은 유형이다. 물론 과학뿐 아니라 다른 분야라도 운 좋게 배경지식을 갖춘 전공 분야가 출제된다면 간단히 문제를 해결할 수 있겠지만, 대부분의 수험생이 처음 들어보는 지식이라는 점에서 비전공자가 크게 불리할 것도 없다. 일단 덤벼보자.

❶ 발문 확인하기

'알 수 있는 / 없는 것은?' 문제다. 알 수 있는 것인지, 없는 것인지 명확히 표시하고 간다.

다음 글에서 알 수 있는 것은?

❷ 지문의 구조 파악하기

이 지문은 문단별로 다른 내용을 설명하고 있다. 이걸 금방 파악할 수 있는 이유는, 1) 문단별 길이가 비교적 짧고 2) 1, 2문단까지 독해한 후 3문단을 읽었을 때 내용전환이 급격하기 때문이다. 머릿속에 일종의 수형도가 그려질 수 있다면 성공이다.

❷ 선지 적용하기

① **다른 조건이 같다면 고주파로만 구성된 소리가 저주파로만 구성된 소리보다 음원의 위치를 파악하기 쉽다.**

고주파 → 소리의 크기 차이○ → 위치 파악 용이

저주파 → 소리의 크기 차이× → 위치 파악 어려움

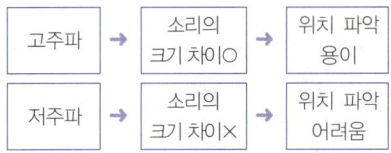

비교급 표현이 들어간 추론형 선지다. '고주파와 저주파'를 키워드로 잡아 올라가면, 고주파의 경우 소리의 크기 차이가 발생하지만 저주파에서는 발생하지 않는다.[3문단(4)] 따라서 고주파로만 구성된 소리가 음원의 위치 파악이 보다 용이할 것임을 추론할 수 있다.

② **두 귀에 도달하는 소리의 시간차가 클수록 청자와 음원의 거리는 멀다.**

'~일수록' 표현이 사용된 추론형 선지다. '소리의 시간차'를 키워드로 올라가면 음원이 한쪽으로 치우친다.[2문단(4)]는 표현으로 이어진다. 그러나 청자와 음원의 거리에 관해서는 알 수 있는 바가 없다. 따라서 옳지 않다.

③ **저주파로만 구성된 소리의 경우 그 음원의 위치를 파악할 수 없다.**

선지 ①을 앞서 해결했다면 어렵지 않게 판단 가능한 선지다. '저주파'를 키워드로 올라가면, 저주파로만 구성된 소리는 위치 파악이 상대적으로 어려울 뿐 불가능하다는 내용은 제시된 바 없다. 따라서 옳지 않다.

④ **머리가 소리를 막지 않는다면 음원의 위치를 파악할 수 없다.**

추론형 선지다. 머리가 소리를 막지 않고도 음원의 위치를 파악 가능한 사례를 1개라도 찾는다면 옳지 않다고 판단할 수 있다. 3문단의 소리의 크기 차이를 이용한 방법 외에, 2문단과 4문단의 방법은 머리가 장애물이 아니더라도 위치를 파악할 수 있으므로 반례에 해당한다. 따라서 옳지 않다.

⑤ **두 귀에 도달하는 소리의 음색 차이는 음원에서 발생한다.**

음색 차이 → 머리와 귓바퀴의 굴곡 ↛ 음원

음색의 의미가 중요한 선지다. 지문을 자세히 보았다면 문단별로 변하는 소리의 요소가 다르다는 것을 파악할 수 있다. 방향/장애물/굴곡이라는 세 가지 변수가 같은 요소에 영향을 줄 것이라고 자의적으로 판단하는 것은 곤란하다.

❹ 알 수 있는 것과 알 수 없는 것의 차이점

필자는 문제를 풀기 전에 알 수 있는 것을 물어보는 문제는 지문부터, 알 수 없는 것을 물어보는 문제는 선지부터 읽는다.

알 수 있는 것을 물어보는 문제는 정답을 제외한 나머지 선지들이 지문에서 알 수 없는 내용이거나, 틀린 내용, 혹은 전혀 엉뚱한 내용으로 구성되기 때문이다. 만약 선지를 보고 지문을 발췌독할 경우 틀린 내용이면 지문을 통해 정오 판별이 가능할 수 있으나, 알 수 없는 내용이거나 엉뚱한 내용인 선지는 지문에서 찾을 수 없어 시간만 낭비하게 된다.

알 수 없는 것을 물어보는 문제는 정답을 제외한 나머지 선지들은 모두 지문의 정보를 통해 알 수 있다. 따라서 선지의 특정 단어를 발췌독하는 것이 문제를 빠르게 푸는 방법일 수 있다.

❶ 과학 / 기술 / 경제 지문 빈출 테마

과학 / 기술 / 경제 지문에서는 정비례, 반비례 관계나 인과관계 같은 변수 간 관계를 파악하며 읽자. 시각적 표시를 붙이며 읽는 것도 좋다. 예를 들어 정비례는 두 요소를 같은 화살표 방향으로 표시할 수 있다. 해당 기법을 활용 가능한 선지는 ②다.

❷ '일수록'에 주의하자.

'a일수록 b다'라는 문장이 있다. 이 문장의 진위를 판별하려면 어떻게 해야 할까? 먼저 가능한 모든 개체의 a 정도를 파악한다. 다음으로 a 정도가 강한 개체일수록 b 정도도 강한지 확인해야 할 것이다.

본 문제의 경우, 선지 ②가 '일수록'을 사용하고 있다. 이 선지를 판단하려면 두 귀에 도달하는 선지의 시간차를 기준으로 소리를 나열했을 때, 음원과 청자의 거리가 시간차와 정비례 관계에 있어야 한다.
이처럼 '일수록'이 내포한 맥락은 생각보다 복잡하다. 비문학 유형의 선지에서 '일수록'이 등장하면 거의 무조건 추론형 선지라 보면 된다. 난이도가 낮은 선지 여러 개를 빠르게 제거하고 싶다면 '일수록'이 나오는 선지는 일단 패스하자. 반면 난이도가 높은 선지 중에 정답이 있을 확률이 높다고 생각한다면, '일수록' 먼저 처리하는 것도 좋은 전략이다.

❸ 문단 간 관계를 본다.

이 지문은 2, 3, 4문단이 1문단에 종속되는 형태로 구성되어 있다. 이런 구조는 2, 3, 4문단이 상호 병렬적으로 구성됨을 뜻한다. 이 경우 선지 판단을 위해 발췌독을 할 때 억지로 다른 문단까지 찾아가지 않을 수 있어 수고를 덜 수 있고 정밀도를 올릴 수 있다.

❹ 모든 지문을 읽지 않으려고 노력한다.

알 수 있는 것을 묻는 문제이므로 지문부터 천천히 읽어나간다. 이때 모든 지문을 읽고 선지를 보는 것보다는, 지문을 절반 정도 읽고 정답의 힌트가 있다면 선지를 보고 그래도 답이 나오지 않는다면 한 문단씩 읽고 답을 구한다.
두 번째 문단까지 읽었을 때 선지가 될 만한 힌트는 "시간차"이다. 음원 위치의 치우침에 따라 소리가 도달하는데 시간차가 있다는 것인데, 이를 통해 볼 선지는 ②이다. 그러나 청자와 음원의 거리로 시간차를 설명하는 것은 아니므로 ②는 답이 아닐 확률이 높다는 것을 인지한다. 다른 선지는 볼 것이 없으므로 다음 문단으로 넘어간다.
3문단을 읽었다면 볼 선지는 ①, ③이다. ①은 소리크기의 차이를 이용한 위치 파악이 고주파가 더 효과적이라는 3문단의 내용에 부합한다. ③은 저주파로 구성된 소리는 음원의 위치 파악이 불가능하다고 하는바, 다소 극단적인 선지다. 3문단은 소리크기 차이를 활용한 위치 파악이 고주파를 이용 시 더 효과적이라고 할 뿐, 소리크기 차이를 활용 시 저주파를 통한 위치 파악이 불가능하다는 것이 아니다. 또한, 소리크기가 아닌 다른 방법을 활용하더라도 저주파를 통한 위치 파악이 불가능하다는 내용이 지문에 나와 있지 않은바, ③은 지문을 통해 알 수 없는 내용이다.
따라서 4문단을 읽을 필요 없이 답은 ①이 된다.

28 정답 ❷ 난이도 ●●○

논리추론 – 〈보기〉에 대한 추론을 하는 문제

문제유형 비판적 사고 > 지문에서 추론하기

접근전략 여러 이론가 또는 집단의 견해가 병렬적으로 제시되는 지문이다. 이들이 '문명'과 '문화'라는 두 개념의 관계를 어떤 관점에서 보는지 견해 간의 공통점/차이점 및 관계를 파악하며 읽자. '다음 글을 바탕으로 아래 〈보기〉를 이해한 것'을 묻는 문제는 '다음 글에서 추론할 수 있는 것', '다음 글에서 알 수 있는 것'을 묻는 문제와 크게 다르지 않다. 즉, 나머지 문단이 〈보기〉로 들어간 것으로 이해하고 풀어도 무방하다. 본 문제의 오답 선지 구성 원리는 다른 문제들과 마찬가지로 제시문과 상충하는 내용이나 추론 근거가 없는 내용으로 구성된다. 그러므로 추론 근거가 없는 선지에 붙잡히지 말고 과감하게 다음 선지로 넘어가는 것이 좋다.

다음 글을 바탕으로 아래 〈보기〉를 이해한 것으로 적절한 것을 고르시오.

(1)원래 '문명'은 진보 사관을 지닌 18세기 프랑스 계몽주의자들이 착안한 개념으로, 무엇보다 야만성이나 미개성에 대비된 것이었다. (2)그러나 독일 낭만주의자들은 '문화'를 민족의 혼이나 정신적 특성으로 규정하면서, 문명을 물질적인 것에 국한하고 비하했다. (3)또한 문화는 상류층의 고상한 취향이나 스타일 혹은 에티켓 등 지식인층의 교양을 뜻하기도 했다. (4)아놀드를 포함해서 빅토리아 시대의 지성인들은 대체로 이런 구분을 받아들였다. (5)그래서 문명이 외적이며 물질적인 것이라면, 문화는 내적이며 정신과 영혼의 차원에 속하는 것이었다. (6)따라서 문명이 곧 문화를 동반하는 것은 아니었다. (7)아놀드는 그 당시 산업혁명이 진행 중인 도시의 하층민과 그들의 저급한 삶을 비판적으로 바라보았다. (8)이를 치유하기 위해 그는 문화라는 해결책을 제시하였다. (9)그에 따르면 문화는 인간다운 능력의 배양에서 비롯되는 것이다. ▶ 1문단

(1)19세기 인문주의자들은 문화라는 어휘를 광범위한 의미에서 동물과 대비하여 인간이 후천적으로 습득한 지식이나 삶의 양식을 총체적으로 지칭하는 데 사용하였다. (2)인류학의 토대를 마련한 타일러도 기본적으로 이를 계승하였다. (3)그는 문화를 "인간이 사회 집단의 구성원으로서 습득한 지식, 믿음, 기술, 도덕, 법, 관습 그리고 그 밖의 능력이나 습관으로 구성된 복합체"라고 정의하였다. (4)그는 독일 낭만주의자들의 문화와 문명에 대한 개념적 구분을 배격하고, 18세기 프랑스 계몽주의자들이 야만성이나

PART 2 추리

미개성과 대비하기 위해 착안한 문명이라는 개념을 받아들였다. (5)즉 문화와 문명이 별개의 것이 아니라, 문명은 단지 문화가 발전된 단계로 본 것이다. (6)이것은 아놀드가 가졌던 문화에 대한 규범적 시각에서 탈피하여 원시적이든 문명적이든 차별을 두지 않고 문화의 보편적 실체를 확립했다는 점에서 의의가 있다.

〈보기〉

① 독일 낭만주의자들의 시각에 따르면 문명은 문화가 발전된 단계이다.

→ (×) 독일 낭만주의자들은 문명을 물질적인 것에 국한하고 비하했다.[1문단(2)] 문명을 문화가 발전된 단계라고 보는 관점은 타일러의 것인데[보기(5)], 그는 독일 낭만주의자들의 문화와 문명에 대한 개념적 구분을 배격하였던 학자이다.[보기(4)] 그러므로 문명은 문화가 발전된 단계라고 주장했던 것은 독일 낭만주의자들이 아니라 타일러이다.

② 타일러의 시각에 따르면 원시적이고 야만적인 사회에서도 문화는 존재한다.

→ (○) 타일러의 견해는 원시적이든 문명적이든 차별을 두지 않고 문화의 보편적 실체를 확립했다는 점에서 의의가 있다.[보기(6)] 이를 통해 타일러는 원시적이고 야만적인 사회에서도 차별 없이 문화가 존재했다고 보았음을 알 수 있다. 왜냐하면 그의 입장에서 문화란 인간이 후천적으로 습득한 지식이나 삶의 양식을 총체적으로 지칭하는 것이기 때문이다.[보기(1),(2)]

③ 프랑스 계몽주의자들의 시각에 따르면 문화와 문명은 본질적으로 다른 것이다.

→ (×) 프랑스 계몽주의자들은 '문명'의 개념을 야만성이나 미개성에 대비된 것이라고 보았다.[1문단(1)] 또한, 타일러는 18세기 계몽주의자들의 개념을 받아들여 문화와 문명은 별개의 것이 아니라, 문명은 단지 문화가 발전된 단계에 해당한다고 보았다.[보기(5)] 문화와 문명이 본질적으로 다르다고 본 것은 프랑스 계몽주의자들이 아니라 독일 낭만주의자들이다.[1문단(2)]

④ 아놀드의 시각에 따르면 문화의 다양성은 집단이 발전해 온 단계가 다른 데서 비롯된다.

→ (×) 아놀드를 포함한 빅토리아 시대의 지성인들은 문화를 상류층의 취향이나 지식인의 교양을 뜻한다고 보았다.[1문단(4)] 또한, 아놀드는 그 당시 산업혁명이 진행 중인 도시의 하층민과 그들의 저급한 삶을 비판적으로 바라보며 이를 해결하려는 방법으로 문화를 제시했는데[1문단(7),(8)], 이것으로는 아놀드가 문화의 다양성은 집단이 발전해 온 단계가 다른 데서 비롯된다고 보았다고 할 수 없다. 게다가 제시문에서 문화의 다양성이 집단이 발전해 온 단계에서 비롯된다고 주장한 주체가 없다.

⑤ 타일러의 시각에 따르면 문명은 고귀한 정신적 측면이 강조된다는 점에서 보편적 실체라고 할 수 없다.

→ (×) 독일 낭만주의자들은 '문화'를 민족의 혼이나 정신적 특성으로 규정하면서, 문명을 물질적인 것에 국한시키고 비하했다.[1문단(2)] 이처럼 고귀한 정신적 측면에 대한 강조는 독일 낭만주의자들의 '문화'에 대한 시각이다. 타일러는 문화와 문명이 별개의 것이 아니라, 문명은 단지 문화가 발전된 단계이며,[보기(5)] 아놀드가 가졌던 문화에 대한 규범적 시각에서 탈피해 문화의 보편적 실체를 확립했다.[보기(6)] 즉, 선지는 문화에 대한 타일러의 주장과 상충한다. 따라서 틀린 선지다.

1문단 독일 낭만주의자들과 아놀드가 생각한 '문화'와 '문명'

18세기 프랑스 계몽주의자들이 생각한 '문명'	
문명	야만성이나 미개성에 대비된 것(1)

↕

독일 낭만주의자들이 생각한 '문화'와 '문명'	
문화	민족의 혼이나 정신적 특성(2)
	상류층의 고상한 취향이나 지식인층의 교양(3)
	내적이며 정신과 영혼의 차원에 속하는 것(5)
문명	외적이며 물질적인 것(5)

↓

아놀드의 견해		
아놀드는 그 당시 산업혁명이 진행 중인 도시의 하층민과 그들의 저급한 삶을 비판적으로 바라보았다.(7)	→	이를 치유하기 위해 그는 문화라는 해결책을 제시하였다.(8) 그에 따르면 문화는 인간다운 능력의 배양에서 비롯되는 것이다.(9)

보기 19세기 인문주의자들과 타일러가 생각한 '문화'와 '문명'

19세기 인문주의자들이 바라본 '문화'
광범위한 의미에서 동물과 대비하여 인간이 후천적으로 습득한 지식이나 삶의 양식을 총체적으로 지칭하는 개념(1)

↓

인류학의 토대를 마련한 타일러도 기본적으로 이를 계승하였다.(2)

타일러의 견해				
문화는 "인간이 사회 집단의 구성원으로서 습득한 지식, 믿음, 기술, 도덕, 법, 관습, 그리고 그 밖의 능력이나 습관으로 구성된 복합체"이다.(3)	⊕	18세기 프랑스 계몽주의자들의 견해 18세기 프랑스 계몽주의자들이 야만성이나 미개성과 대비하기 위해 착안한 문명이라는 개념을 받아들였다.(4)	⊕	문화와 문명이 별개의 것이 아니라, 문명은 단지 문화가 발전된 단계로 본 것이다.(5)

→	의의	아놀드가 가졌던 문화에 대한 규범적 시각에서 탈피하여, 원시적이든 문명적이든 차별을 두지 않고 문화의 보편적 실체를 확립했다.(6)

[비문학 유형]

❶ 발문 확인하기

> 다음 글을 바탕으로 아래 〈보기〉를 이해한 것으로 적절한 것을 고르시오.

항상 발문을 먼저 제대로 읽자. 본 문제는 주어진 글을 바탕으로 〈보기〉를 이해했는지 묻는 문제이다. 하지만, 〈보기〉로 구분된 것만 다를 뿐 추론할 수 있는 것, 알 수 있는 것, 항상 참 또는 거짓인 걸 찾는 문제 등과 글의 구성과 풀이 방식은 거의 동일하다. 따라서 해당 유형은 제시문 내용과 부합하거나 그로부터 추론 가능한 선지가 정답이 되며, 제시문 내용과 상충하거나 그로부터 추론할 수 없는 선지가 오답이 된다. 또한, 추론할 수 있는 것은 제시문 내용과 같은 방향의 선지를 고르는 문제이니 발문에 O 표시를 해두고 풀면 추론할 수 없는 것을 고르는 실수를 크게 줄일 수 있다.

❷ 제시문 파악

제시문의 구조를 먼저 파악한다. 그다음엔 글의 전체적인 핵심 소재 및 키워드를 캐치해나가며 글을 읽는다. 글의 구조 파악이란 특정 소재를 전개하는 방법론적인 접근을 말한다. 예를 들어 비교와 대립, 사례 위주 설명, 시간의 흐름 등을 말한다. 문제의 경우 '특정 사상에 대한 개념과 의의에 대한 설명'이 주가 되고 있다.

구조를 파악한 다음에는 글의 핵심 키워드에 표시하면서 글의 핵심 소재를 파악해 나간다. 예를 들어 문제에서는 제시문을 읽으면서 '문명', '프랑스 계몽주의자', '독일 낭만주의자' 등의 키워드에 밑줄이나 동그라미, 세모 등을 쳐 나간다.

❸ 함정 선지 피해 가기

③ 프랑스 계몽주의자들의 시각에 따르면 문화와 문명은 본질적으로 다른 것이다.

문화와 문명은 본질적으로 다른 것 → 문화와 문명이 별개의 것 → 독일 낭만주의자들의 문화와 문명에 대한 개념적 구분 ↛ 프랑스 계몽주의자들 추론형 선지다. '문화와 문명이 다른 것'을 키워드로 잡아 올라가면, 해당 표현의 재진술인 '문화와 문명이 별개의 것'이라는 언급을 찾을 수 있다(순서대로 보기 (5), (4)). 그리고 이는 독일 낭만주의자들과 아놀드의 견해다.

이처럼 두 문단에 걸쳐서 선지를 해석해야 하는 경우 실수할 확률이 높다. 해결책은 크게 두 가지로 1) 해당 내용이 다른 범주에 속하는지(독일 낭만주의) 보는 것이다. 지문에서 둘의 공통점이 등장하지 않았기 때문에 가능한 방법이다. 2) 혹은 다른 선지를 먼저 해결함으로써 후순위로 미루는 것이다. 모든 선지에서 두 문단에 걸친 것을 물어볼 수도 없거니와, 여러 선지에서 물어볼 경우 그 과정에서 내용이 자연스럽게 암기가 되면서 해결할 수 있게 된다.

④ 아놀드의 시각에 따르면 문화의 다양성은 집단이 발전해 온 단계가 다른 데서 비롯된다.

지문에서 추론할 수 없는 내용을 묻는 선지다. 집단의 발전 단계는 계몽주의의 입장이고 문화의 다양성은 낭만주의의 입장이다. 이 부분을 독자가 통합 이론으로 추론할 수 있다고 자의적으로 판단할 시 오답이 된다. 이처럼 관련 없는 두 내용을 인과관계, 선후관계로 제시하는 것은 전형적인 오답 구성의 원리 중 하나다.

합격자의 시간단축 Tip

Tip ❶ 지문이 병렬적 구조인 경우

글 전반의 구조가 병렬적인 경우, 각 개념어와 내용이 어디에서 어디까지인지 잘 확인해 두고 선지 판단 시 미리 파악해 둔 위치를 근거로 돌아가 근거를 확인해 풀자. 본 지문의 경우, 제시문 분석에서 보았듯 1문단에서는 독일 낭만주의자들과 아놀드, 〈보기〉에서는 19세기 인문주의자들과 타일러의 견해를 소개하고 있다. 이에 더해 프랑스 계몽주의자들의 견해가 1문단 앞부분과 〈보기〉 중간 부분에 등장하여, 1문단과 〈보기〉를 이어주는 가교로 작용한다.

이런 경우 빗금을 쳐서 내용을 구분하거나, 비슷한 내용은 동그라미, 세모 등 기호를 통일해 시각화하는 것도 도움이 된다.

Tip ❷ 함께 등장하는 개념들은 관계를 보자.

지문에는 '문명'과 '문화'라는 두 개념이 등장한다. 1문단에서는 문화가 해결책이며 문명을 물질적인 것에 '국한하고 비하했다.'는 표현이 나온다. 그에 반해 〈보기〉에서는 문명이 오히려 문화가 '발전된 단계'라고 제시된다. 문명-문화간 관계가 일관되게 제시되고 있는 것이 아니다. 따라서 지문의 각 부분에서 둘의 관계를 어떻게 보고 있는지 정확히 파악해야 한다. 이때 기준이 될 수 있는 것이 '이론가들'이다.

이론가들이 이들을 어떤 관계로 파악하는지 정리해 보자. 독일 낭만주의자들과 아놀드의 견해는 두 개념의 차이를 인정했으나, 프랑스 계몽주의자들과 타일러의 견해는 두 개념을 대립하는 관계가 아닌 발전 관계로 보았다. 이처럼, 함께 묶어 등장하는 개념은 차이점과 공통점 등 그들 간 관계를 위주로 독해하자. 특히 본 유형의 경우 〈보기〉에 사례나 비교 대상이 들어가는 경우가 많으므로 이를 주의하는 것이 좋다.

Tip ❸ 기호를 사용하자.

지문에 여러 이론가의 견해가 제시되고 있다. 이 경우 등장하는 인물마다 동그라미와 같은 기호로 표시해 두고 공통점, 차이점 등 견해 간의 관계를 파악하며 읽자. 특히 대립하거나 유사한 관계를 발견했다면 별도의 화살표로 반드시 표기한다.

본 문제처럼 이론가의 견해가 두 갈래로 나누어지는 경우 △, ▽표시로 인물들을 분류하자. [△: 프랑스 계몽주의자들, 19세기 인문주의자들, 타일러], [▽ 독일 낭만주의자들, 아놀드를 포함한 빅토리아 시대의 지성인]으로 표시했다면 맞게 이해한 것이다. 그리고 보통은 견해마다 서술이 분리되어 있으나(1문단) 여러 견해가 혼합되어서 제시된 경우(〈보기〉) 주요 키워드에도 △, ▽ 표시하면 편하다. 예를 들어 보기(5)의 '별개'에는 ▽를, '발전'에는 △으로 표시하면 좋다.

한편, 기호를 표시하고 돌아가서 선지를 판단할 때 주의해야 할 점은, 유사한 이론가들의 내용 또한 확인해 봐야 한다는 것이다. 예를 들어, 타일러와 프랑스 계몽주의자들 의견 간에는 공통성이 크기 때문에, 타일러의 견해에 대한 선지 판단을 해야 할 때는 타일러의 견해뿐 아니라 프랑스 계몽주의자들의 의견으로도 돌아가 봐야 한다는 것이다.

그러나 너무 과한 기호는 오히려 글의 가독성을 떨어뜨리기 때문에 적당히 표기하도록 한다.

Tip ❹ 역사 지문 독해법을 일반화하자.

이 글은 역사가 아니지만 시대 표현과 인물이 등장한다. 따라서 시대에 유의하면서 이해할 수 있다. 역사 지문을 왜 시대순, 인물 중심으로 읽어야 할까? 그것은 사건의 흐름이 시간순으로 일어나고, 사건은 사람의 행동 때문에 일어나기 때문이다. 그렇다면 역사가 아니더라도 '흐름'이 있다면 읽기 방식은 같다. 시간순으로, 누구의 행동인지 맞혀서 읽으면 되는 것이다.

Tip ❺ 근거 없는 선지에 대한 대비

제시문으로부터 추론하는 문제의 오답 선지는 글과 상충하는 내용뿐만 아니라 '근거 없음' 또한 존재한다. 따라서, 없는 근거를 찾느라 시간을 낭비하기보다 근거가 없는 것 같으면 해당 선지에 물음표'?'를 표시하고 근거가 분명한 다른 선지로 과감하게 넘어가자.

이를 위해 '이해가 필요한 문제'를 풀 때, 선지를 먼저 보고 발췌독하기보다는 정공법으로 지문을 읽으면서 선지를 확인하는 것이 더욱 효율적일 것이다.

Tip ❻ 〈보기〉의 중요성을 명심하자.

〈보기〉의 내용은 앞서 말한 것처럼 제시문의 또 다른 문단에 불과하다. 그러나 발문을 보면 '다음 글을 바탕으로 아래 〈보기〉를 이해한 것으로 적절한 것을 고르시오.'로 결국은 〈보기〉를 이해하는 것이 문제의 핵심임을 알 수 있다. 따라서 정답 선지에는 〈보기〉 내용이 들어갈 확률이 높다. 특히, 〈보기〉에서 처음 등장하고 있는 '19세기 인문주의자', '타일러'가 언급되는 선지 ②, ⑤번 중 하나가 정답 선지일 가능성이 크다. 이 선지들을 먼저 확인해도 좋다.

29 정답 ④ 난이도 ●●○

논리추론 - 논리적 판단 문제

문제유형 비판적 사고 > 지문에서 추론하기

접근전략 '알 수 있는 것'을 찾는 유형의 오답 선지는 본문 내용과 상충하거나 글로부터 유추할 근거가 없는 선지다. 그러므로 선지 판단 시 유추할 근거가 없다면 과감히 넘어가자. 제시문에는 천문학에 관련된 두 지식인과 그 당시의 보편적 상황과 각 인물의 견해를 설명하고 있다. 두 지식인의 견해와 동시대의 보편적이었던 인식을 역사 지문에 맞는 기준으로 비교하여 정리한 다음, 정리한 내용을 통해 내용을 유추하여 선지를 풀어 나가야 한다.

다음 글에서 알 수 있는 것은?

(1)남병철이 편찬한 20여 편의 천문역산서(天文曆算書)는 천문학 연구의 대미를 장식하는 것으로 조선 전통 과학의 마지막 성과라는 의미를 지닌다. (2)이것은 18세기 중국에서 확립된 실증주의 천문역산학의

패러다임에서 크게 벗어난 것은 아니었지만, 중화주의적 시각을 그대로 인정한 것도 아니었다. (3)남병철은 천문역산학을 도가적 상수역학과 분리해 인식했고 서양 과학이 중국에서 원류했다는 주장도 인정하지 않았다. (4)서양 과학의 중국 원류설과 상수역학은 19세기 조선 지식인 대부분이 수용한 것이었지만 그의 주장은 그러한 과학 담론에서 벗어나 있었다.

▶ 1문단

(1)최한기는 서양 과학을 적극 수용했지만 그의 과학 이론은 17세기 중국 지식인이 서양 천문학 지식을 전통적 기(氣)의 메커니즘으로 해석했던 것과 크게 다르지 않다. (2)다른 점이 있다면, 중국 지식인이 서양 과학을 혼란스럽고 모순된 지식으로 인식한 반면 최한기는 서양 과학을 활용하여 천문학을 완성하고자 한 점이다. (3)17세기 중국 지식인들은 서양 과학이 현상의 원리를 살피는 데 약한데 자신들이 그러한 원리를 밝혔다며 대단한 자부심을 가졌다. (4)최한기 또한 자신의 기론이 서양 과학이 풀지 못한 원리를 밝혔다고 자부하면서, 영국 천문학자 허셜이 쓴 『담천(談天)』이 우주 현상을 잘 설명하고 있지만 유독 우주 공간의 충만한 신기(神氣)가 운화(運化)하는 깊은 이치를 밝히지 못했다며 서양 과학의 한계를 비판했다.

▶ 2문단

(1)17세기 중국 지식인들의 기론적 자연 이해의 패러다임은 18세기 실증주의 천문역산학이 중국에서 정식화된 이후 역사에서 사라졌다. (2)이에 비해 19세기 중엽 최한기는 전통적 천문역산학을 기론적 과학 담론으로 부활시키는 새로운 시도를 단행했다.

▶ 3문단

① 최한기와 동시대 중국 지식인들은 전통의 기론적 자연 이해 방법을 공유하였다.

➜ (×) 17세기 중국 지식인들의 기론적 자연 이해의 패러다임은 18세기 실증주의 천문역산학이 중국에서 정식화된 이후 역사에서 사라졌다고[3문단(1)] 하였고, 이에 비해 19세기 중엽 최한기는 전통적 천문역산학을 기론적 과학 담론으로 부활시키는 새로운 시도를 단행했다고[3문단(2)] 하였다. 중국 지식인들의 기론적 자연 이해의 패러다임이 역사에서 18세기 이후에 사라졌다고 한 것으로 보아 19세기 중엽의 최한기와 동시대 중국 지식인들은 전통의 기론적 자연 이해 방법을 공유하지 않았을 것으로 유추할 수 있다.

② 최한기는 서양 과학이 자연 현상의 원리를 밝히는 데 있어 중국보다 뛰어나다고 보았다.

➜ (×) 제시문에 최한기는 자신의 기론이 서양 과학이 풀지 못한 원리를 밝혔다는 것에 자부심을 가졌다고[2문단(4)] 언급되어 있다. 이를 뒷받침하여 영국 천문학자 허셜이 쓴 담천(談天)이 우주 현상을 잘 설명하고 있지만 유독 우주 공간의 충만한 신기(神氣)가 운화(運化)하는 깊은 이치를 밝히지 못했다는 것을 예로 들어 설명하고 있다. 최한기는 자신의 기론이 서양 과학이 풀지 못한 원리를 밝혔다고 자부할 뿐, 서양 과학과 중국의 이론 간의 비교를 하고 있지는 않다.

③ 18세기 중국의 실증주의 천문역산학은 서양 과학의 영향으로 중화주의적 시각을 탈피하였다.

➜ (×) 18세기 중국의 실증주의 천문역산학에 관한 실질 내용은 제시문에 등장하지 않는다. 또한, 18세기 중국의 실증주의 천문역산학이 서양 과학의 영향을 받았는지도, 중화주의적 시각을 탈피했는지도 제시문에서 알 수 없다. 서양 과학의 영향을 받은 최한기와 중화주의적 시각을 일부 탈피한 남병철을 자의적인 인과관계로 엮어 구성한 선지다.

④ 남병철은 서양 과학의 중국 원류설과 도가적 상수역학을 따르지 않으면서도 독자적 주장을 남겼다.

➜ (○) 제시문에 따르면 서양 과학의 중국 원류설과 상수역학은 19세기 조선 지식인 대부분이 수용한 것이었지만 그의 주장은 그러한 과학 담론에서 벗어나 있었다고[1문단(4)] 한다. 이를 통해 남병철은 서양 과학의 중국 원류설과 상수역학을 따르지 않고 독자적인 주장을 펼쳤다는 것을 알 수 있다.

⑤ 19세기 대다수의 조선 지식인들은 천문역산 연구를 통해 조선 과학의 중국 의존성을 극복하려 했다.

➜ (×) 서양 과학의 중국 원류설과 상수역학은 19세기 조선 지식인 대부분이 수용한 것이었지만 남병철의 주장은 그러한 과학 담론에서 벗어나 있었다는[1문단(4)] 것을 보아, 남병철처럼 조선 과학의 중국 의존성을 극복하려 한 사람이 많지 않았다는 것을 알 수 있다.

1문단 남병철의 천문학 연구 특징

남병철의 천문역산서
18세기 중국에서 확립된 실증주의 천문역산학의 패러다임에서 크게 벗어난 것은 아니었지만, 중화주의적 시각을 그대로 인정한 것도 아니었다.(2)

➜

의의	천문학 연구의 대미를 장식하는 것으로 조선 전통 과학의 마지막 성과라는 의미를 지닌다.(1)

PART 2 추리

남병철의 인식		19세기 조선 지식인 대부분의 인식
천문역산학을 도가적 상수역학과 분리해 인식하였다.(3) 서양 과학이 중국에서 원류했다는 주장도 인정하지 않았다.(3)	⬌	서양 과학의 중국 원류설과 상수역학을 수용하였다.(4)

2문단 최한기의 천문학 연구 특징

최한기와 17세기 중국 지식인 견해의 유사점
서양 천문학 지식을 전통적 기(氣)의 메커니즘으로 해석했다.(1)

최한기의 견해		17세기 중국 지식인 견해
서양 과학을 적극 수용하였으며 이를 활용하여 천문학을 완성하고자 하였다.(1),(2)		서양 과학을 혼란스럽고 모순된 지식으로 인식하였다.(2)
자신의 기론이 서양 과학이 풀지 못한 원리를 밝혔다고 자부하였다.(4) 예 영국 천문학자 허셜이 쓴 『담천(談天)』이 밝히지 못한 이치를 통해 서양 과학의 한계를 비판했다.(4)	⊕	서양 과학이 현상의 원리를 살피는 데 약한데 자신들이 그러한 원리를 밝혔다며 대단한 자부심을 가졌다.(3)

3문단 전통적 천문역산학을 부활시킨 최한기

17세기 중국 지식인들		최한기
기론적 자연 이해의 패러다임은 18세기 실증주의 천문역산학이 중국에서 정식화된 이후 역사에서 사라졌다.(1)	⊕	19세기 중엽 최한기는 전통적 천문역산학을 기론적 과학 담론으로 부활시키는 새로운 시도를 단행했다.(2)

합격자의 실전 풀이 순서

❶ 발문 확인하기

'알 수 있는/없는 것은?' 문제다. 이때 알 수 '있는' 것인지, '없는' 것인지를 확실히 표시하고 간다. 예를 들어 알 수 있는 것을 묻는다면 '있는' 위에 동그라미(○)를 표시하고, 알 수 없는 것을 묻는다면 '없는' 위에 세모(△)를 표시해 시각적으로 다시 한번 나타낸다. 중요한 것은 서로 다른 기호를 쓰는 것을 체화시키는 것이다. ○와 ×로 표시해도 무방하다.

> 다음 글에서 알 수 있는 것은?

❷ 독해 후 선지 판단 시 주의점

독해는 위에 서술된 구조에 따라 진행 및 정리한다. 특정 선지 판단 시 주의점은 다음과 같다.

① 최한기와 동시대 중국 지식인들은 전통의 기론적 자연 이해 방법을 공유하였다.

> ⚠주의 2문단 (1)의 '다르지 않다'라는 구절 때문에 헷갈릴 수 있다. 그러나 3문단 (2)에서 최한기가 19세기 중엽 인물임을 확인할 수 있다. 3문단 (1)을 통해 17세기 중국 지식인들의 기론적 자연 이해의 패러다임은 18세기 이후 역사에서 사라졌음을 알 수 있다. 최한기와 동시대에 살았던 중국 지식인들은 19세기 중엽을 의미하므로, 이들이 전통의 기론적 자연 이해 방법을 공유하였는지는 알 수 없다.

② 최한기는 서양 과학이 자연 현상의 원리를 밝히는 데 있어 중국보다 뛰어나다고 보았다.

> ⚠주의 지문에서 최한기가 드러내는 것은 서양 과학에 비해 뛰어난 자신의 이론이다. 이처럼 비교하는 내용이 선지화될 경우를 대비해, 혼동하지 않도록 지문을 읽으며 '서양 과학'에 × 표시, '자신의 기론'에 ○ 표시 등으로 표기하는 것도 좋다.

합격자의 시간단축 Tip

Tip ❶ 역사 지문의 경우 인물/시대 중심으로 정리한다.

역사=기록=인물과 사건을 시대순으로 엮으므로 필연적으로 사람 이름과 사건의 발생 연도가 중요하다. 지문이 어떤 식으로 서술되었든 하나의 기준을 잡고 지문을 머릿속에 정리하는 연습이 필요하다.

Tip ❷ 내용 진위가 불확실한 경우 좀 더 확실하게 명시된 선지를 고른다.

기본적으로 제시된 내용 외에는 알 수 없다고 가정하고 선지를 접근해야 한다. 따라서 가장 확실하게 알 수 있고, 가장 단순하게 알 수 있는 선지를 정답으로 골라야 한다. 이 문제의 경우 다른 선지들이 알 수 있는 부분과 알 수 없는 부분이 혼재되어 있고, 또한 다른 사람을 다루는 부분에서 그 알 수 없는 서술이 섞여 있기에 주의해야 한다.

또한 제시문으로부터 추론하는 문제의 오답 선지에는 글과 상충하는 내용뿐만 아니라 '근거 없음' 또한 존재한다. 따라서 제시문 내에 해당 선지의 판단 근거가 없다면 '알 수 없는 것'으로 오답을 판단한 후 다른 선지를 검토해 보는 것이 좋다. 괜히 제시문을 다시 읽으면서 시간을 낭비하거나, 자신의 가치관이나 배경 지식을 토대로 과잉 추론을 하지 않도록 한다.

Tip ❸ 1문단만 읽었는데 답이 도출된 경우

1문단만 보고 내려와도 ④를 답으로 도출할 수 있다. 그러나 지나치게 빨리 답을 도출한 것 같아 답에 확신이 안 설 수 있다. 이때는 다른 선지를 일일이 확인하기보다 정답으로 고른 선지를 다시 검토해 보자. 즉, 정답의 근거인 1문단의 (4)와 비교할 때 과연 ④가 정답이 아닐 수 있을지를 고민해 보면 된다.

Tip ❹ 빈출 되는 선지의 표현을 기억하자.

선지에 사용된 표현은 꼼꼼하게 읽어 정오를 판단해야 한다. 통상적으로 선지는 두 가지 이상의 사실관계를 엮어 출제되기 때문이다. ②, ③, ⑤의 경우를 예를 들어 보자.

②의 경우, '최한기는 서양 과학이 자연 현상의 원리를 밝히는 데 있어 중국'보다' 뛰어나다고 보았다.'가 옳은 선지라면 글에서 최한기가 서양 과학과 중국의 이론 간 비교를 한 내용이 있어야 한다. 그러한 내용은 없으므로, 자세한 내용을 확인할 필요도 없이 알 수 없는 선지이다.

③의 경우, '18세기 중국의 실증주의 천문역산학은 서양 과학의 '영향으로' 중화주의적 시각을 탈피하였다.'가 옳은 선지라면 18세기 중국의 실증주의 천문역산학이 중화주의적 시각을 탈피하였음을 넘어, 그러한 원인이 '서양 과학의 영향'이어야 한다.

⑤의 경우, '19세기 대다수의 조선 지식인은 천문역산 연구를 '통해' 조선 과학의 중국 의존성을 극복하려 했다.'가 옳은 선지라면, 19세기 대다수의 조선 지식인이 조선 과학의 중국 의존성을 극복하려 했음을 넘어, '천문역산 연구를 통해' 이를 달성했어야 한다.

이처럼, 선지에 주어진 관계가 글에 명시적으로 나타나지 않는다면, 자세한 내용을 확인할 필요도 없이 알 수 없는 선지라고 판단하면 된다.

30 정답 ⑤

난이도 ●○○

논리추론 - 논리적 판단 문제

문제유형 사실적 이해 > 정보 확인

접근전략 글에서 추론할 수 있는 것을 묻는 문제는 지문을 먼저 보는 것을 추천한다. 정답을 제외한 나머지가 글의 내용과 부합하지 않거나 글에서 알 수 없는 내용이므로 지문을 편하게 읽거나 정답을 찾는데 큰 도움이 되지 않을 수 있다. 지문을 읽은 후 내용을 상기하며 선지를 보는 것을 추천한다. 다만, 후술되는 방법 2와 같이 선지를 먼저 읽고 문제를 풀이하는 것도 시간단축 및 정확도 향상에 도움이 될 수 있으므로 본인에게 편한 방법을 통해 접근하여야 한다.

다음 글의 내용과 부합하는 것은?

> (1)차세대 반도체 소자에서는 기존 평면 트랜지스터 구조의 한계를 극복하기 위해 다양한 3차원 구조가 개발되고 있다. (2)특히, 핀형 트랜지스터(FinFET, 핀펫)는 기존 평면 소자보다 더 많은 전류를 제어할 수 있는 방식으로, 게이트가 채널을 감싸는 형태를 가진다. (3)이 구조는 전류 누설을 줄이고, 더 높은 집적도를 가능하게 하여 초미세 공정에서의 성능을 크게 향상했다. (4)그러나 핀펫의 경우, 게이트가 채널의 모든 면을 감싸지 못하기 때문에, 고성능이 필요한 최신 반도체에서는 추가적인 개선이 필요하다. (5)이러한 문제를 해결하기 위해 최근에는 전류 흐름을 더욱 세밀하게 제어할 수 있는 GAA(Gate-All-Around) 구조가 도입되었다. (6)GAA는 채널 네 면을 모두 게이트가 감싸는 형태로, 핀펫보다 전류 제어가 더 정밀하다. (7)GAA 구조는 핀펫 대비 전류 누설이 적고, 전력 효율이 높아 차세대 메모리와 저장 장치의 성능을 크게 개선할 것으로 기대된다. (8)특히 GAA 구조는 핀펫의 전력 소모를 절반 이상 줄일 수 있어, 전력 효율성이 중요한 모바일 기기에 적합하다. (9)또한, 이러한 구조는 차세대 인공지능(AI) 칩과 고성능 컴퓨팅(HPC) 시스템에서도 활용될 가능성이 높다. (10)또한, 다른 새로운 방식으로 트랜지스터를 수직으로 배치하여 전류가 위아래로 흐를 수 있도록 설계된 VTFET(Vertical Field Effect Transistor) 기술도 개발되고 있다. (11)VTFET는 트랜지스터가 차지하는 공간을 크게 줄이면서도, 높은 전류 흐름을 유지할 수 있어, 차세대 반도체 소자의 효율을 극대화할 수 있는 기술로 평가받고 있다. (12)특히 VTFET는 전력 소모가 낮고 열 발생이 적어 초미세 공정에서도 뛰어난 성능을 발휘할 수 있는 장점이 있다.

① (×) VTFET는 트랜지스터를 수평으로 배치하여 공간 효율성을 높였다.

→ '또한, 다른 새로운 방식으로 트랜지스터를 수직으로 배치하여 전류가 위아래로 흐를 수 있도록 설계된 VTFET(Vertical Field Effect Transistor) 기술도 개발되고 있다.[(10)]'에서 VTFET는 트랜지스터를 수평이 아닌 수직으로 배치함을 알 수 있다. 옳지 않은 선지다.

② (×) GAA 구조는 전력 절약의 필요성이 낮은 대형 장치에 주로 사용된다.

→ '특히 GAA 구조는 핀펫의 전력 소모를 절반 이상 줄일 수 있어, 전력 효율성이 중요한 모바일 기기에 적합하다.[(8)]'에서 GAA 구조는 모바일 기기에 적합하다는 내용이 있을 뿐 대형 장치에 주로 사

용된다는 내용은 지문에서 찾을 수 없다. 옳지 않은 선지다.

③ (×) FinFET은 전력 소모가 높아 모바일 기기에는 부적합하다.

→ '특히 GAA 구조는 핀펫의 전력 소모를 절반 이상 줄일 수 있어, 전력 효율성이 중요한 모바일 기기에 적합하다.[(8)]'에서 GAA 구조가 핀펫의 전력 소모를 절반 이상 줄일 수 있어 모바일 기기에 적합하다는 내용이 나오긴 하나 FinFET(핀펫)이 모바일 기기에 부적합하다는 내용은 지문에서 찾을 수 없다. 옳지 않은 선지다.

④ (×) 핀펫은 평면 구조로 전류를 제어하여 전류 누설을 줄인다.

→ '차세대 반도체 소자에서는 기존 평면 트랜지스터 구조의 한계를 극복하기 위해 다양한 3차원 구조가 개발되고 있다.[(1)]'에서 기존 평면 구조의 한계를 극복하기 위해 3차원 구조가 개발되고 있음을 제시한다. 이후 '특히, 핀형 트랜지스터(FinFET, 핀펫)는 기존 평면 소자보다 더 많은 전류를 제어할 수 있는 방식으로, 게이트가 채널을 감싸는 형태를 가진다.[(2)]'에서 핀펫이 그중 하나임을 알 수 있다. 따라서 핀펫은 평면구조가 아니므로 옳지 않은 선지다.

⑤ (○) GAA 구조는 핀펫의 전력 소모를 50% 이상 줄일 수 있다.

→ '특히 GAA 구조는 핀펫의 전력 소모를 절반 이상 줄일 수 있어, 전력 효율성이 중요한 모바일 기기에 적합하다.[(8)]'에서 GAA 구조는 핀펫의 전력 소모를 50%(절반) 이상 줄일 수 있음을 알 수 있다. 옳은 선지다.

[방법 1]

❶ 지문부터 읽는다.

'글의 내용과 부합하지 않는 것은?', '글에서 알 수 없는 것은?' 문제와 달리 '글의 내용과 부합하는 것'을 묻는 문제는 선지가 아닌 지문부터 읽는 것이 효과적이다. 접근 전략에서 설명했듯이 정답을 제외한 선지가 지문과 반대되는 내용으로 출제될 수 있으나 지문 내용과 아예 관련 없는 내용으로 출제될 수도 있기 때문이다.

선지부터 읽고 발췌독할 경우 지문 내용과 반대되는 선지는 지문에서 빠르게 찾아 소거할 수 있다. 그러나 지문과 관련 없는 선지의 경우 지문에서 찾을 수 없어 시간을 낭비하게 되고, 지문에서 찾을 수 없는 내용이라고 판단하고 넘어간다 하더라도 혹시나 지문에 없는 내용이 아니라 내가 못 찾은 것은 아닐지 불안함을 가지게 된다. 따라서 '알 수 있는 것'을 묻는 문제는 지문부터 읽는 것이 효과적이다.

❷ 지문 내용에 집중해 답을 고른다.

지문을 다 읽고 선지를 본다. 선지에 내가 읽은 지문과 관계없는 문장이 나올 확률이 있음을 인지하고 방금 읽었던 지문의 내용에 집중하며 정답을 고른다. 이때 오답 선지를 걸러내는 것 보다 정답인 선지를 고르겠다는 생각으로 선지를 확인하는 것이 좋다. 지문을 읽었던 기억이 남아있어 가장 뚜렷한 기억의 선지가 정답일 가능성이 높기 때문이다.

[방법 2]

❶ 발문을 읽고 선지를 빠르게 살펴본다.

발문을 읽고 선지를 먼저 살펴보는 방법도 있다. 선지를 먼저 보는 경우에는 정답 도출에 있어서 필요한 정보를 파악할 수 있다. 본 문항의 경우에는 VTFET, GAA 구조, 핀펫의 특징 등을 확인하여야 한다 특히 선지 ⑤에서 핀펫과 GAA 구조를 비교하고 있음은 각 VTFET, GAA, 핀펫 등의 공통점과 차이점을 파악해야 함을 추론할 수 있다. 선지를 먼저 살펴보는 것은 독해에도 도움이 되며 문항의 난이도 조절을 위해 지엽적인 부분에서 정오 판별을 하도록 출제하는 경우 등을 미리 대비할 수 있다.

❷ 지문을 독해하고 답을 고른다.

선지를 먼저 살펴보는 경우라 할지라도 발췌독을 하는 것은 문항 설계에 따라 문제 풀이 시간의 편차가 크며 오답의 가능성이 클 수 있다. 따라서 앞서 선지를 살펴본 후 문제 해결을 위해 필요한 정보를 우선적으로 파악하는 것을 목적으로 통독한다. 유사한 개념이 나열되는 경우에는 개념간 공통점과 차이점, 관계성을 중심으로 독해하여야 시간을 단축할 수 있다.

합격자의 시간단축 Tip

Tip ❶ 내용을 외우지 않는다.

문단의 전체적인 소재를 파악하고, 각 문단의 핵심 주제를 파악하고자 하는 통독의 형식으로 글을 읽어야 한다. 물론 선택지는 세부적인 내용을 묻지만, 그렇다고 해서 모든 정보를 일일이 기억하며 내려간다면 오히려 시간이 더 오래 걸리는 역효과가 발생할 수 있다. 긴장한 상황에서 모든 정보를 기억하고 내려가기는 어려우며, 세부적인 정보에 집중했다가는 전체적인 내용 파악이 어려워지기 때문이다. 따라서 글을 읽을 때는 세부 내용을 기억하려고 애쓰는 것이 아니라, 전체를 조망하는 방식으로 글을 읽어 내려가는 것이 좋다.

Tip ❷ 너무 많은 표시를 하지 않는다.

통독을 하되, 특징이나 비교 같은 주요 내용에 동그라미와 밑줄 등으로 표기를 하며 읽어 내려가는 것이 일반적이다. 하지만 너무 많은 표기를 한다면 오히려 정답 찾기에 방해가 될 수 있다. 그러므로 최대한 그 문단의 핵심 주요 소재나 단어에만 표시를 하도록 한다.

Tip ❸ 글을 구조화한다.

지문을 읽고 내려와서 선지를 본 후 바로 답을 구하면 좋으나, 선지를 본 후 다시 지문으로 올라가서 읽어야 하는 경우가 상당히 많다. 이를 대비해 처음에 지문을 읽을 때 글을 구조화하면서 읽는 것이 좋다. 구조화하면서 글을 읽었을 경우 선지의 정오를 어느 부분을 통해 확인할지 판단이 빨라지기 때문이다.

해당 문제 역시 처음에 지문을 읽을 때 핀펫의 등장 – GAA구조의 도입 – VTFET의 개발의 구조로 글이 진행된다는 것을 간단하게 파악하면서 읽으면 선지를 보고 다시 지문을 볼 때 도움이 된다.

독끝 PART 3 실전모의고사

실전모의고사 1회

정답 | 수리논리

01	③	응용계산	02	②	응용계산	03	④	자료해석	04	⑤	자료해석	05	①	자료해석
06	①	자료해석	07	④	자료해석	08	④	자료해석	09	④	자료해석	10	②	자료해석
11	⑤	자료해석	12	⑤	자료해석	13	⑤	자료해석	14	②	자료해석	15	④	자료해석
16	④	자료해석	17	②	자료해석	18	④	자료해석	19	③	자료해석	20	②	자료해석

정답 | 추리

01	②	언어추리	02	③	언어추리	03	②	언어추리	04	①	언어추리	05	④	언어추리
06	①	언어추리	07	⑤	언어추리	08	③	언어추리	09	④	언어추리	10	④	언어추리
11	⑤	언어추리	12	①	언어추리	13	③	언어추리	14	②	언어추리	15	⑤	도형추리
16	④	도형추리	17	①	도형추리	18	②	도식추리	19	⑤	도식추리	20	①	도식추리
21	③	도식추리	22	①	문단배열	23	①	문단배열	24	①	논리추론	25	④	논리추론
26	⑤	논리추론	27	④	논리추론	28	②	논리추론	29	④	논리추론	30	④	논리추론

채점표

영역	제한 시간 내에 푼 개수	정답률
수리논리	/ 20	%
추리	/ 30	%
전체	/ 50	%

취약 유형 분석표

유형	맞힌 개수	틀린 문제 번호	풀지 못한 문제 번호
응용계산	/ 2		
자료해석	/ 18		
언어추리	/ 14		
도형추리	/ 3		
도식추리	/ 4		
문단배열	/ 2		
논리추론	/ 7		

영역❶ 수리논리

01 정답 ③ 난이도 ●○○

응용계산 – 방정식 문제

간단풀이 1

- (작년 제품 A 판매량) = x
- (작년 제품 B 판매량) = y
- (올해 제품 A 판매량) = $1.06x$
- (올해 제품 B 판매량) = $0.93y$

$$\begin{cases} x+y=2,000 \\ 1.06x+0.93y=2,003 \end{cases}$$

$\therefore x=1,100,\ y=900$

→ $0.93y=0.93\times900=837$(개)

간단풀이 2

(작년 제품 A 판매량) = x
(작년 제품 B 판매량) = y
(올해 증가한 제품 A 판매량) = $0.06x$
(올해 감소한 제품 B 판매량) = $0.07y$

$$\begin{cases} x+y=2,000 \\ 0.06x-0.07y=3 \end{cases}$$

$\therefore x=1,100,\ y=900$

→ $0.93y=0.93\times900=837$(개)

상세풀이 1

① 문제가 제시하고 있는 정보를 적절하게 정의한다. 문제에서 올해 제품 A 판매량이 작년과 비교하면 6% 증가하였고, 올해 제품 B는 작년과 비교하면 7% 감소하였다고 하였으므로 다음과 같이 나타낼 수 있다.

- (작년 제품 A 판매량) = x
- (작년 제품 B 판매량) = y
- (올해 제품 A 판매량) = $1.06x$
- (올해 제품 B 판매량) = $0.93y$

② 제공된 정보를 바탕으로 세울 수 있는 방정식을 최대한 작성한다. 문제에서는 작년 제품 A와 작년 제품 B의 전체 판매량이 2,000개라고 하였으므로 $x+y=2,000$이라는 식을 얻을 수 있다. 또한, 올해 제품 A와 올해 제품 B의 판매량이 전체적으로 3개 늘었다고 하였으므로 $1.06x+0.93y=2,000+3=2,003$의 식을 얻을 수 있다.

$$\begin{cases} x+y=2,000 \\ 1.06x+0.93y=2,003 \end{cases}$$

③ 첫 번째 식의 양변에 1.06을 곱하여 x를 소거해 연립방정식을 푼다.

$$\begin{cases} 1.06x+1.06y=2,120 \\ 1.06x+0.93y=2,003 \end{cases}$$

→ $0.13y=117$ $\therefore y=900$

→ $x+900=2,000$ $\therefore x=1,100$

④ 구하는 것은 올해 제품 B 판매량이므로 $0.93y=0.93\times900=837$(개)

상세풀이 2

이 유형은 상세풀이1과 같이 전체 값으로 식을 세워도 되지만 변화량만으로 식을 세워도 된다.

① 작년 기준으로 올해 제품 A 판매량이 6% 증가하였고 올해 제품 B는 7% 감소하였다고 하였으므로 다음과 같이 나타낼 수 있다.

- (작년 제품 A 판매량) = x
- (작년 제품 B 판매량) = y
- (올해 증가한 제품 A 판매량) = $0.06x$
- (올해 감소한 제품 B 판매량) = $0.07y$

② 작년 제품 A와 작년 제품 B의 전체 판매량이 2,000개라고 하였으므로 $x+y=2,000$이라는 식을 얻을 수 있다. 또한, 올해 제품 A와 올해 제품 B의 판매량이 전체적으로 3개 늘었다고 하였으므로 $0.06x-0.07y=3$이라는 식을 얻을 수 있다.

$$\begin{cases} x+y=2,000 \\ 0.06x-0.07y=3 \end{cases}$$

③ 두 번째 식의 양변에 100을 곱하고 첫 번째 식의 양변에는 6을 곱하여 연립방정식을 푼다.

$$\begin{cases} 6x+6y=12,000 \\ 6x-7y=300 \end{cases}$$

→ $13y=11,700$ $\therefore y=900$

→ $x+900=2,000$ $\therefore x=1,100$

④ 구하는 것은 올해 제품 B 판매량이므로 $0.93y=0.93\times900=837$(개)

02 정답 ② 난이도 ●○○

응용계산 – 경우의 수·확률 문제

간단풀이

$$\frac{3\times4\times4}{5\times5\times4}=\frac{48}{100}=\frac{12}{25}$$

상세풀이

이 문제와 같이 카드를 배열해서 홀수/짝수를 만드는 유형의 문제를 풀기 전에 알아 두어야 할 것들이 있다. 첫 번째로 홀수/짝수의 조건이다. 홀수/짝수는 오직 일의 자리의 수에 의해서 결정된다는 것이다. 일의 자리 수가 홀수인 수는 홀수, 짝수인 수는 짝수가 된다.
두 번째로 당연한 이야기이지만, 가장 높은 자리의 수에는 0이 올 수 없다는 것이다. 065와 같은 세 자리 정수는 존재하지 않는다.

① (어떤 사건이 일어날 확률) = $\frac{\text{(어떤 사건이 일어나는 경우의 수)}}{\text{(가능한 모든 경우의 수)}}$이므로, 우선 분모에 들어갈 '가능한 모든 경우의 수'를 먼저 구한다. 여기서 생각해야 하는 것은 '세 자리 정수'를 만든다는 조건에서 이미 백의 자리에는 0이 들어갈 수 없다는 점이다.
따라서 백의 자리에는 0을 제외한 5가지, 십의 자리에는 백의 자리에 들어간 수를 제외한 5가지, 일의 자리에는 백의 자리와 십의 자리에 들어간 수를 제외한 4가지를 넣을 수 있다. 따라서 만들 수 있는 세 자리 정수의 개수는 5×5×4=100(가지)

② 이제는 홀수인 세 자리 정수의 개수를 구한다. 먼저, '제한이 걸린' 자릿수를 먼저 해결해야 한다. 여기서는 백의 자리의 수에는 0이 올 수 없다는 조건과 일의 자리의 수에는 1, 3, 5만 와야 한다는 제한이 있다. 십의 자리의 수에는 남는 카드를 사용해도 무방하므로, 가장 마지막에 생각하는 것이 좋다.

③ 우선 일의 자리의 수에 올 카드를 정해보도록 하자. 백의 자리의 수보다 일의 자리의 수를 먼저 정하는 이유는, 백의 자리에 올 카드를 먼저 정하면 백의 자리에 1, 3, 5 중에 하나가 오게 될 때 일의 자리에 올 수 있는 경우의 수는 2가지가 되고, 백의 자리에 2, 4 중에 하나가 오게 될 때 일의 자리에 올 수 있는 경우의 수는 3가지가 되어 각각의 경우를 모두 따져야 하기 때문이다. 반면 일의 자리에 먼저 올 카드를 정하면 일의 자리에 1, 3, 5 중에 무엇이 오든지 간에 백의 자리에 올 수 있는 경우의 수는 4가지로 고정적이다.
앞에서 설명했듯이 일의 자리에는 1, 3, 5 세 장의 카드 중 한 장이 올 수 있으므로 경우의 수는 3가지이다.

④ 두 번째로 백의 자리에 올 카드를 정해보도록 하자. 일의 자리의 수를 정하면서 1, 3, 5 중 한 장은 없어진 상태이다. 그 중 남은 두 장과 나머지 0, 2, 4 이렇게 모두 다섯 장이 남아있는데, 이 다섯 장 중 0은 사용할 수 없기 때문에 백의 자리에 카드를 놓는 경우의 수는 4가지이다.

⑤ 마지막으로 십의 자리에 올 카드를 정한다. 십의 자리에는 남은 카드 4장 중 아무거나 놓아도 된다. 그러므로 경우의 수는 4가지이다.

⑥ 위의 세 가지 일이 동시에 일어나야 하므로, 경우의 수를 모두 곱해주어야 한다.
즉, 3×4×4=48(가지)
따라서 구하는 확률은
$\frac{48}{100}=\frac{12}{25}$

> **주의** 0, 1, 2, 3, 4, 5가 적힌 6장의 카드에서 3장을 뽑아 세 자리 정수를 만드는 것이므로 분모를 ${}_6P_3$으로 두고 푸는 사람도 있을 것이다.
> 그런데 카드를 뽑아 숫자를 만드는 문제에서는 주어진 카드 중 0이 있는지를 항상 먼저 파악해야 한다. 이 문제에서는 만들 수 있는 세 자리 정수를 따질 때 첫째 자리에 '0'이 들어가면 세 자리 정수가 될 수 없다.
> 따라서 가장 첫 번째 자리에 들어갈 수 있는 수의 가짓수는 1, 2, 3, 4, 5의 5가지이고, 두 번째 자리에 들어갈 수 있는 수의 가짓수는 0, 1, 2, 3, 4, 5의 6가지에서 첫째 자리에 들어간 수를 제외한 5가지가 된다. 마지막 자리에 들어갈 수 있는 가짓수는 0~5까지 6가지에서 첫 번째, 두 번째 자리에 들어간 수를 제외한 4가지이다.
> 결과적으로 만들 수 있는 세 자리 정수의 경우의 수는 5×5×4=100(가지)이다.

03 정답 ④ 난이도 ●●●

자료해석 - 자료의 내용과 일치/불일치하는 설명을 고르는 문제

ㄱ. (×) 2017~2019년 동안 매기간 운항편 수가 증가하는 항공사는 ~~1개이다~~.
→ 각 항공사에 대하여 매기간 운항편 수가 증가하는 여부를 판단하면 된다.
A는 2017년 상반기에서 하반기 동안 운항편 수는 112대에서 106대로 감소했다.
B는 2018년 상반기에서 하반기 동안 운항편 수는 21대에서 20대로 감소했다.
C는 2019년 상반기에서 하반기 동안 운항편 수는 137대에서 122대로 감소했다.
D는 2017년 상반기에서 하반기 동안 운항편 수는 543대에서 542대로 감소했다.

E는 2017년 상반기에서 하반기 동안 운항편 수는 2,004대에서 1,963대로 감소했다.
따라서 2017~2019년 동안 매 기간 운항편 수가 증가하는 항공사는 0개이다.

ㄴ. (O) 2018년 상반기에 비해 2018년 하반기에 운항편 수와 이용객 수가 모두 증가한 항공사는 4개이다.
➜ 〈표〉에서 2018년도 내용을 확인하면, B를 제외하고는 A, C, D, E 모두 운항편 수와 이용객 수가 증가하였으므로, 〈보기〉 ㉡ 내용에 해당하는 항공사는 4개이다.

ㄷ. (×) 2019년 하반기 운항편 1대당 이용객 수가 가장 많은 항공사는 ~~B이다~~.
➜ $(\text{운항편 1대당 이용객 수})=\frac{(\text{이용객 수})}{(\text{운항편 수})}$이므로, 이 수식을 이용하여 항공사별 2019년 하반기 운항편 1대당 이용객 수를 계산하면 다음과 같다.

- A: $(\text{1대당 이용객 수})=\frac{372}{104}\fallingdotseq 3.58(\text{백 명})$
- B: $(\text{1대당 이용객 수})=\frac{70}{20}=3.5(\text{백 명})$
- C: $(\text{1대당 이용객 수})=\frac{419}{122}\fallingdotseq 3.43(\text{백 명})$
- D: $(\text{1대당 이용객 수})=\frac{1,039}{584}\fallingdotseq 1.78(\text{백 명})$
- E: $(\text{1대당 이용객 수})=\frac{1,904}{1,767}\fallingdotseq 1.08(\text{백 명})$

따라서 2019년 하반기 운항편 1대당 이용객 수가 가장 많은 항공사는 A이다.

ㄹ. (O) E 항공사의 운항편 수와 이용객 수가 가장 많은 기간은 2019년 상반기다.
➜ 〈표〉에서 2019년 상반기 E의 운항편 수와 이용객 수는 각각 2,188대와 2,379백 명으로 두 항목 모두 나머지 분기랑 비교했을 때 가장 많다. 따라서 E 항공사의 운항편 수와 이용객 수가 가장 많은 기간은 2019년 상반기다.

합격자의 실전 풀이 순서

❶ 〈표〉를 읽고 항공사별 운항편 수와 이용객 수에 대한 표임을 파악한다. 또한 수(대수)와 인원수가 나왔으므로, 운항편 1대당 이용객 수 같은 개념을 물어볼 수 있음을 인지한다.
❷ 〈보기〉 중 하나의 항공사로 해결할 수 있는 보기 ㉣을 먼저 푼다. 옳은 보기이므로 답은 ④, ⑤번 중 하나이다. 이하의 **Tip**을 체화한다면 보기 ㉠이 더욱 쉽고 빠를 수 있다. 본인이 예외를 찾는 것에 특화되었다면 보기 ㉠부터 푸는 것을 추천한다.
❸ 〈보기〉 ㉡과 ㉢ 중에 쉽게 확인할 수 있는 보기 ㉡을 푼다. 보기 ㉡은 옳은 보기이므로 답은 ④번이다.

합격자의 시간단축 Tip

Tip 〈보기〉별 시간단축 Tip

보기 ㄱ. '매분기, 매년, 항상'과 같은 단어가 주어진 선지의 경우 예외 하나만 발견하면 충분하다. 따라서 예외를 발견하면 그 이상 계산할 필요가 없다. 예를 들어 A의 경우 운항편 수가 2017년 상반기 대비 하반기에 운항편 수가 감소한다. 따라서 A의 2018년 상, 하반기, 2019년 상, 하반기의 운항편 수가 몇인지는 답을 구하는데 아무런 필요가 없으므로 곧바로 B는 어떠한지 계산하러 넘어가면 된다. 이때 수험생의 시간을 뺏기 위해서 출제 위원들은 예외를 뒷부분에 숨겨두는 경우가 많으므로, 항상 뒤에서부터 예외를 찾는 습관을 지니는 것이 좋다. 예를 들어 A, B, C, D, E 모두 마지막 부분인 2019년 상반기 → 하반기에 운항편 수가 감소하거나 같은 것을 볼 수 있다.

보기 ㄷ.

[방법 1]
분수 비교를 할 때는 비슷한 수치로 변환하여 더 쉽게 비교할 수 있다. 예를 들어 A: $\frac{372}{104}=\frac{744}{208}\fallingdotseq\frac{74}{21}$ vs B: $\frac{70}{20}$을 비교하면 A가 더 크다는 것을 쉽게 알 수 있다.

[방법 2]
의역을 통하여 선지를 쉽게 만들어 본다. 보기 ㉢을 의역하면 '2019년 하반기 운항편 1대당 이용객 수가 3.5$\left(=\frac{70}{20}\right)$보다 큰 게 없는지 보자.'로 이해할 수 있다.
D와 E는 2도 안 되기 때문에 비교대상이 되지 않는다. C의 경우 분모인 122의 3.5배는 420 이상(120의 3.5배)인데, 분자가 420보다 작으므로 C의 1대당 이용객 수는 3.5 이하로 B보다 작다. A항공사의 경우 해당 값이 $\frac{372}{104}$로 3.5보다 크다. 이를 위한 사고 과정은 다음과 같다. '104의 3배를 372에서 감하면 60인데 그 값은 104의 50%보다 크므로 해당 값이 3.5보다 크다.' 이 정도 간단한 계산은 쓰면서 풀기보다 암산으로 할수록 문제를 푸는 속도가 빨라진다.

보기 ㄹ. 가장 많은 기간이 2019년 상반기인지 확인하는 것이므로 2019년 상반기 E 항공사의 운항편 수와 이용객 수의 수치를 기준으로 하여 빠르게 다른 기간들을 눈으로 확인한다.
이러한 단정적 보기("가장 ~한 것은 A이다.")는 〈표〉에서 운항편 수와 이용객 수가 가장 많은 기간을 구하고, 해당 기간이 2019년 상반기인지를 확인하는 절차가 아니라 2019년 상반기의 수치를 기준으로 삼고 반례가 있으면 틀린 선지, 없으면 옳은 선지로 파악하는 것이 시간 절약에 도움이 된다.
추가로 이 문제에서는 틀린 선지가 아니었으나, 반례는 주로 질문한 값의 주변에 있다. 특히 표의 내용이 많을수록 그런 경향이 강하기에, 주변부부터 확인하는 것이 좋다.

04 정답 ⑤ 난이도 ●●●

자료해석 - 자료의 특정한 값을 추론하는 문제

2000년 소비자 '갑'의 소득이 8,000천 원이므로 제시된 [소비자 '갑'의 전년 대비 소득 증가율] 그래프 수치를 이용해 2001~2006년 '갑'의 소득을 구하면 다음과 같다. (소수점 아래 첫째 자리에서 반올림)

- 2001년: 8,000×(1+0.5)=8,000×1.5 =12,000(천 원)
- 2002년: 12,000×(1+0.333)=12,000+3,996 =15,996(천 원)
- 2003년: 15,996×(1+0.25)=15,996+3,999 =19,995(천 원)
- 2004년: 19,995×(1+0.2)=19,995+3,999 =23,994(천 원)
- 2005년: 23,994×(1+0.167)≒23,994+4,007 =28,001(천 원)
- 2006년: 28,001×(1+0.143)≒28,001+4,004 =32,005(천 원)

합격자의 실전 풀이 순서

❶ 자료를 읽고 전년 대비 소득 증가율을 바탕으로 2006년의 소비자 '갑'의 소득을 구해야 함을 확인한다.
❷ 매년 소득을 차근차근 구한다.

합격자의 시간단축 Tip

Tip ❶ 필수암기분수

기본형태$\left(\frac{1}{n}\right)$만 암기하면 분자에 ×2, ×3 등을 함으로써 쉽게 값을 구할 수 있다. 또한, $\frac{n-1}{n}$은 1에서 $\frac{1}{n}$을 빼서 구하는 것이 더 쉽다. (예를 들어, $\frac{7}{8}$을 구하기 위해 $\frac{1}{8}$=0.125에 ×7을 해주는 것이 아닌, 1−$\frac{1}{8}$=1−0.125를 해서 0.875를 구하는 것이 더 쉽다.)

분모 숫자	분수값			
2	$\frac{1}{2}$=0.5 =50%			
3	$\frac{1}{3}$≒0.33 =33%	$\frac{2}{3}$≒0.66 =66%		
4	$\frac{1}{4}$=0.25 =25%	$\frac{3}{4}$=0.75 =75%		
5	$\frac{1}{5}$=0.2 =20%	$\frac{2}{5}$=0.4 =40%	$\frac{3}{5}$=0.6 =60%	$\frac{4}{5}$=0.8 =80%
6	$\frac{1}{6}$≒0.167 =16.7%	$\frac{5}{6}$≒0.833 =83.3%		
7	$\frac{1}{7}$≒0.143 =14.3%	$\frac{6}{7}$≒0.857 =85.7%		
8	$\frac{1}{8}$=0.125 =12.5%	$\frac{3}{8}$=0.375 =37.5%	$\frac{5}{8}$=0.625 =62.5%	$\frac{7}{8}$=0.875 =87.5%
9	$\frac{1}{9}$≒0.111 =11.1%	$\frac{8}{9}$≒0.889 =88.9%		
그 외	$\frac{1}{10}$=0.1 =10%	$\frac{1}{25}$=0.04 =4%	$\frac{1}{40}$=0.025 =2.5%	$\frac{1}{50}$=0.02 =2%

Tip ❷ 굳이 2001년, 2002년, 2003년, 2004년, 2005년 소득을 다 구할 필요는 없다. 결과적으로 2000년 소비자 '갑'의 소득이 8,000천 원일 때 2006년만 구해도 무방한 것이다. 매해 굳이 소득을 구하는 것은 비효율적이다. 그러므로 소득 증가율 부분만 곱해도 된다.
예를 들어 8,000(천 원)×1.5×1.333×1.25×1.2×1.167×1.143으로 구할 수 있고 이걸 위에서의 분수 변형처럼 바꿔서 근삿값을 적용하면 8,000×$\frac{3}{2}$×

$\frac{4}{3}\times\frac{5}{4}\times\frac{6}{5}\times\frac{7}{6}\times\frac{8}{7}$로 바꿀 수 있다. 이렇게 되면 전부 소거되어 마지막엔 8,000×4만 남아 쉽게 32,000을 구할 수 있다.

Tip ❸ 만일 2001년부터 소비자 '갑'의 소득을 순서대로 구했다면, 2005년에서 2006년으로 넘어갈 때는 굳이 계산하지 않아도 된다. 2005년의 값이 이미 28,000천 원이므로, 2006년의 값은 그보다 더 증가한 ⑤에 해당하는 약 32,000천 원일 것이다.

05 정답 ①

난이도 ●○○

자료해석 – 자료의 내용과 일치/불일치하는 설명을 고르는 문제

ㄱ. (O) 2011년의 비대면거래 건수 비중은 2009년 대비 1.5%p 증가하였다.

→ 주어진 〈표〉를 이용하여 비대면거래 건수 비중을 구해보자. 2009년의 비대면거래 건수 비중은 100%에서 대면거래 건수 비중인 13.7%를 뺀 86.3%이고, 같은 방법으로 2011년의 비대면거래 건수 비중을 구하면 100−12.2=87.8(%)이다. 2011년의 비대면거래 건수 비중은 2009년 대비 87.8−86.3=1.5(%p) 증가한 것이므로 옳은 보기이다.

ㄴ. (×) 2008~2011년 동안 대면거래 건수는 ~~매년 감소하였다~~.

→ 〈표〉를 보면 2008~2011년 동안 대면거래 건수 비중은 2008년 13.8%, 2009년 13.7%, 2010년 13.6%, 2011년 12.2%로 매년 감소하였으나 이것은 건수 비중으로 각각의 거래량을 알 수 없다. 따라서 2008~2011년 동안 대면거래 건수가 매년 감소하였는지 알 수 없다.

ㄷ. (O) 2007~2011년 동안 매년 비대면거래 중 업무처리 건수가 가장 적은 제공방식은 텔레뱅킹이다.

→ 〈표〉를 보면 비대면거래의 종류는 CD/ATM, 텔레뱅킹, 인터넷뱅킹이 있다. 2007~2011년 동안 매년 CD/ATM과 인터넷뱅킹의 비중은 30% 이상이지만 텔레뱅킹의 비중은 10%대이다. 따라서 2007~2011년 동안 매년 비대면거래 중 업무처리 건수가 가장 적은 제공방식은 텔레뱅킹이다.

ㄹ. (×) 2007~2011년 중 대면거래 ~~금액이 가장 많았던 연도는~~ 2008년이다.

→ 주어진 〈표〉만으로는 대면거래 금액을 계산할 수 없다. 따라서 2007~2011년 중 대면거래 금액이 가장 많았던 연도는 알 수 없다.

합격자의 실전 풀이 순서

❶ 〈표〉의 대면거래와 비대면거래의 합이 100임을 파악한다. 그러나 비중에 관한 표이므로 구체적 건수를 연도별로 비교할 수 없음을 파악한다.

❷ 눈으로 확인할 수 있는 보기 ㉠을 확인하면, 옳은 보기이므로 답은 ①, ② 중 하나이다.

❸ 다음으로 보기 ㉡을 확인하면, 대면거래 건수를 연도별로 비교할 수 없으므로 틀린 보기이다. 따라서 답은 ①번이다.

합격자의 시간단축 Tip

Tip ❶ 비중에 대한 표가 주어졌을 때는 같은 연도 내에서는 비중과 구체적 건수의 대소가 비례하므로 비교가 가능하지만, 연도별로는 전체 건수의 값을 주지 않는 한 분모 값이 달라 비교가 불가능하다. 따라서 〈표〉를 통해 알 수 있는 정보와 알 수 없는 정보를 구분할 줄 알아야 한다.
대면거래 건수의 연도별 비교나 금액에 대한 정보가 〈표〉를 통해 알 수 없는 정보임을 안다면, 빠르게 보기 ㉡과 보기 ㉣을 소거하여 답을 구할 수 있을 것이다.

Tip ❷ 〈보기〉별 시간단축 Tip

보기 ㄱ. 반대 해석을 이용한다. 즉 비대면거래 건수 비중이 2009년 대비 2011년에 1.5%p 증가하였다면, 반대로 대면거래 건수 비중은 1.5%p 감소하였을 것이다. 따라서 대면거래 비중의 변화를 확인하면 1.5%p 감소한 것이 맞으므로 옳은 보기이다.

보기 ㄷ. 비교할 수 있는지 여부는 '모수'가 동일한지를 기준으로 한다. 즉 모수가 동일하면 비교 가능하고, 다르면 비교가 불가하다. 특히 '비율, 지수' 문제 유형에서는 자주 출제되는 형태인 만큼 확실히 알고 있어야 한다. 이 문제의 경우, 동일한 연도 내 비교는 분모가 같아 비교 가능하다. 따라서 동일 연도 내 '업무처리 건수'의 비교는 비중의 비교로 치환되므로, 단순히 숫자 크기만 확인하면 된다.

06 정답 ①

난이도 ●○○

자료해석 – 자료의 특정한 값을 추론하는 문제

각주의 변동계수 공식을 적용하여 각 공장의 변동계수를 구하면 다음과 같다.

• A: $\frac{7}{35}\times100=20$

• B: $\frac{4}{16}\times100=25$

• C: $\frac{8}{50}\times100=16$

• D: $\frac{9}{25}\times100=36$

• E: $\frac{6}{20}\times100=30$

따라서 제시된 5개 공장 중 변동계수가 두 번째로 작은 공장은 A공장이다.

합격자의 실전 풀이 순서

[방법 1]

❶ 발문을 읽고, 변동계수의 순위를 찾아야 하는 문제임을 인식한다.

❷ 각 공장의 변동계수를 구한 후 두 번째로 작은 공장을 찾는다.

[방법 2]

❶ 변동계수가 두 번째로 작은 공장을 구해야 하는데, 변동계수는 분수의 형태로 주어진다. 반대해석으로 변동계수의 역수가 두 번째로 큰 공장을 구한다.

❷ 분수로 비교할 때와 달리, 평균(1대당 생산량)이 표준편차의 '몇 배'에 해당하는지 판단하면 되기 때문에 직관적으로 알 수 있다. 따라서, 각 공장에 해당하는 값을 적을 필요도 없이 A부터 훑으면서 두 번째로 큰 공장을 찾는다.

합격자의 시간단축 Tip

Tip ❶ 숫자 구조가 단순하므로 변동계수를 모두 구하는 것도 방법이다.

Tip ❷ 구체적인 변동계수의 값을 구하는 문제가 아닌, A~E의 변동계수 값을 비교하는 문제이다. 따라서 각주의 변동계수 공식에서 A~E에게 공통으로 적용되는 ×100은 생략하고, $\frac{(\text{표준편차})}{(\text{평균})}$만 구해서 비교해도 된다.

Tip ❸ 발문에서 변동계수가 '두 번째로 작은 공장'을 묻고 있다. 따라서 두 번째로 큰 공장, 혹은 가장 작은 공장을 고르지 않도록 주의해야 한다. 이런 경우, 선택지나 주어진 〈표〉 옆에 '2nd min' 또는 '2↓' 정도로 표시해 두면 발문을 잊지 않을 수 있다.

Tip ❹ 분수 비교를 할 때는 분모의 크기와 분자의 크기로 가늠해서 순서를 정할 수도 있다. 지금 같이 단순한 계산문제는 분수 값을 빠르게 전부 다 구해도 상관이 없다. 그러나 복잡한 문제라면 분수 값을 전부 다 구하는 것은 시간 낭비이기에 분모와 분자 크기를 가늠해서 순서를 구하는 방법도 필요하다.
예를 들어 가장 큰 분수를 구한다고 하자. 분수가 커지기 위해선 분모가 작고 분자가 커야 하므로 분자가 크고 분모가 작은 것을 눈여겨본다. 즉, 문제에서는 표준편차는 크고 평균은 낮은 공장을 찾는다.
가장 작은 분수를 구하려면 분자가 작고 분모가 큰 것을 눈여겨본다. 문제에서는 표준편차는 작고 평균은 높은 공장을 찾는다.
문제에서는 두 번째로 작은 공장을 물어봤지만, 어쨌든 작은 것을 중심으로 물어봤으므로 평균 항목에서 큰 숫자인 50, 35 등을 눈여겨보고 표준편차에서는 작은 4 등을 눈여겨볼 수 있다.

Tip ❺ 문제에서 묻는 바를 변형시킬 수 있다.
문제에서 묻고 있는 것은 제시된 5개 공장 중 '변동계수가 두 번째로 작은 공장'에 해당한다. 이는 분수 간의 비교를 필요로 한다. 따라서, 제시된 5개 공장 중 '변동계수의 역수가 두 번째로 큰 공장'을 구한다.

즉, '$\frac{(\text{평균})}{(\text{표준편차})}$이 두 번째로 큰 공장을 구하시오.'로 문제를 변형하여 이해한다. 이때의 해결책은 모든 공장에 대하여 해당 값을 구하기보다는 암산을 통하여 해당 값이 첫 번째로 큰 공장(C공장)을 찾고, 그다음으로 큰 공장(A공장)을 찾는 방식이 효율적이다.

07 정답 ④ 난이도 ●●●

자료해석 - 자료의 내용과 일치/불일치하는 설명을 고르는 문제

ㄱ. (O) 학과당 교원 수는 공립대학이 사립대학보다 많다.
➜ 학과당 교원 수는 〈표〉의 학과와 교원 정보를 통해 $\frac{(\text{교원})}{(\text{학과})}$으로 나타낼 수 있다. 이 식을 활용하여 공립대학과 사립대학의 학과당 교원 수를 구하면 다음과 같다.

• 공립대학: $\frac{354}{40}=8.85$

• 사립대학: $\frac{49,770}{8,353}\fallingdotseq5.958$

따라서 학과당 교원 수는 공립대학이 사립대학보다 많다.

ㄴ. (O) 전체 대학 입학생 수에서 국립대학 입학생 수가 차지하는 비율은 20% 이상이다.
➜ 전체 대학 입학생 수에서 국립대학 입학생 수가

차지하는 비율은 $\frac{(\text{국립대학 입학생 수})}{(\text{입학생 수 전체})}=$

$\frac{78,888}{355,772}$로 나타낼 수 있다. 이는 약 22.17%이므로 ㉡은 옳은 보기이다.

ㄷ. (○) 입학생 수 대비 졸업생 수의 비율은 공립대학이 국립대학보다 높다.

➜ 입학생 수 대비 졸업생 수의 비율은

$\frac{(\text{졸업생 수})}{(\text{입학생 수})}$로 나타낼 수 있다. 이를 이용해 공립대학과 국립대학의 입학생 수 대비 졸업생 수의 비율을 구하면 다음과 같다.

- 공립대학: $\frac{1,941}{1,923} \fallingdotseq 1.009$
- 국립대학: $\frac{66,890}{78,888} \fallingdotseq 0.848$

따라서 공립대학의 입학생 수 대비 졸업생 수의 비율이 국립대학보다 높다.

ㄹ. (×) 각각의 대학유형들 모두 남성 직원 수가 여성 직원 수보다 많다.

➜ 남성 직원 수는 (전체 직원 수)−(여성 직원 수)로 구할 수 있다. 이를 이용해 대학유형별 남성 직원 수를 구하면 다음과 같다.

- 국립대학: 8,987−3,254=5,733(명)
- 공립대학: 205−115=90(명)
- 사립대학: 17,459−5,259=12,200(명)

즉, 국립대학과 사립대학은 남성 직원 수가 여성 직원 수보다 많지만, 공립대학은 여성 직원 수가 남성 직원 수보다 많으므로 모든 대학유형에서 남성 직원 수가 여성 직원 수보다 많다고 할 수 없다.

합격자의 실전 풀이 순서

❶ 〈표〉를 읽으면서 전체가 대학 유형별로 나누어져 있어 분수 간 비교 또는 교원이나 직원의 경우 남성 또는 여성의 비율과 관련된 물음을 예상할 수 있다. 바로 〈보기〉 ㉠을 본다.

❷ 보기 ㉠에서 공립대학의 학과당 교원 수는 $\frac{354}{40}>$ 8인 반면, 사립대학의 학과당 교원 수는 $\frac{49,770}{8,353}<$ 6이다. 따라서 전자가 더 크므로 선지 ③, ⑤가 소거된다.

❸ 보기 ㉡을 확인하면 옳은 선지이다. 따라서 정답은 ④이다.

합격자의 시간단축 Tip

Tip 〈보기〉별 시간단축 Tip

보기 ㄱ. 직접 계산하지 않고, '대입−모순 확인법'을 활용하면 좋다.

공립대학의 학과당 교원 수는 40×9=360 > 354로 9보다 살짝 작다. 이때 사립대학의 학과당 교원 수를 구하지 않고, 공립대학의 학과당 교원 수인 9를 기준값으로 보아 대입한다. 즉 사립대학 학과에 9를 곱하여 교원 수보다 큰지 작은지 확인하면 된다. 어림산으로 8,353을 8,000이라 내림해 계산하면 8,000×9=72,000으로 49,770보다 커 훨씬 옳은 선지라는 것을 구체적 계산 없이 쉽게 알 수 있다.

참고로 사립대학의 학과당 교원 수를 구하는 것이 편하다면 사립대학의 학과당 교원 수를 기준으로 봐도 무방하다. 사립대학의 학과당 교원 수는 6보다 조금 작은 값이므로, 이를 공립대학에 대입하면 40×6=240 < 354로 한참 부족하므로 (공립대학의 학과당 교원 수) > (사립대학의 학과당 교원 수)임을 간단히 알 수 있다.

보기 ㄴ. 20%는 크게 3가지 방법으로 처리한다. 어느 한 방법이 우월하지 않으며, 숫자 구조에 따라 본인이 편한 방법을 취하면 된다. 이하에서는 연습을 위해 각각을 적용해 본다.

[방법 1] 20%×5=100%를 이용하는 방법

국립대학 입학생 수에 5배를 하여 전체보다 큰지 확인한다. 78,888×5 > 355,722이므로 20% 이상이다.

[방법 2] 20%×4=80%를 이용하는 방법

(공립대학 입학생 수)+(사립대학 입학생 수)는 1,923+274,961=약 277,000으로, 국립대학 입학생 수에 4를 곱한 78,888×4=약 78,000×4보다 작으므로 20% 이상이다.

참고 [방법 2]는 보기 ㉡의 풀이에서는 활용하지 않는 것이 좋다. 다른 값과 달리 추가 덧셈이 필요하기 때문이다.

[방법 3] 근삿값에 20%를 직접 곱하는 방법

근삿값을 잘 활용하면, 직접적 계산임에도 [방법 1], [방법 2]만큼이나 빠르게 처리할 수 있다. 355,772를 편의상 360,000으로 대체하면 360,000×20%=72,000으로 78,888은 당연히 20% 이상이다.

보기 ㄷ. 입학생 수 대비 졸업생 수의 비율은 공립대학의 경우 $\frac{1,941}{1,923}$로 1보다 크며, 국립대학의 경우 $\frac{66,890}{78,888}$으로 1보다 작다. 따라서 전자가 더 크므로 옳다. 분수의 값을 직접 구체적으로 도출하기보다 1과 같은 기준

PART 3 실전모의고사

을 활용하여 비교하는 방식이 자료해석 유형의 취지에 더 부합한다.

보기 ㄹ. 공립대학 유형의 경우 남성 직원 수는 205−115=90(명)으로 여성 직원 수인 115명보다 적어 〈보기〉 ㉣의 반례가 된다. 그러나 뺄셈보다는 곱셈을 활용하는 것이 좋다.
전체를 구성하는 것이 남성과 여성처럼 두 가지만 존재하는 경우, A가 B보다 크다는 것은 A가 전체의 50%를 넘게 차지한다는 것을 의미한다. 이는 (여성 직원 수)×2가 전체 직원 수보다 적다면 남성 직원 수가 여성 직원 수보다 많다는 의미와 동일하다. 따라서 115×2=230 > 205와 같은 방식으로 반례를 찾는 것도 좋다. 결론적으로 '각각의 대학유형들 모두 전체 직원 수가 여성 직원 수의 2배보다 많다.'와 같이 의역하여 문제를 해결한다.

08 정답 ④ 난이도 ●●○

자료해석 - 자료의 내용과 일치/불일치하는 설명을 고르는 문제

① (×) 5월과 6월에 모두 데이터 사용량이 있는 앱 중 5월 대비 6월 데이터 사용량의 증가량이 ~~가장 큰 앱은 '뮤직플레이'이다~~.
➜ 물어보는 것이 데이터 사용량의 증가량이므로 6월에 사용한 데이터 사용량에서 5월에 사용한 데이터 사용량을 뺀 뒤 단위를 통일하여 증가량이 가장 큰 앱이 '뮤직플레이'인지 확인하면 된다. 먼저 'G인터넷'부터 계산해 보면 6.7−5.3=1.4이므로 1.4GB 만큼 증가했다고 볼 수 있다.
그런데 1GB는 1,024MB이므로 뮤직플레이의 증가량인 570−94.6=475.4(MB)보다 더 많이 증가했음을 알 수 있다. 따라서 증가량이 가장 큰 앱은 '뮤직플레이'가 아니다.

② (×) 5월과 6월에 모두 데이터 사용량이 있는 앱 중 5월 대비 6월 데이터 사용량이 ~~감소한 앱은 9개이고 증가한 앱은 8개이다~~.
➜ 5월과 6월의 데이터 사용량을 비교해 보면 데이터 사용량이 감소한 앱은 '톡톡', '앱가게', '위튜브', '영화예매', 'NEC뱅크', '알람', '어제뉴스', 'S메일', '카메라', '일정관리' 이렇게 10개다.
한편 데이터 사용량이 증가한 앱은 'G인터넷', 'HS쇼핑', '뮤직플레이', '쉬운지도', 'JJ멤버쉽', '날씨정보', '지상철' 총 7개다.

③ (×) 6월에만 데이터 사용량이 있는 모든 앱의 총 데이터 사용량은 '날씨정보'의 6월 데이터 사용량보다 ~~많다~~.
➜ '날씨정보'의 6월 데이터 사용량은 45.3MB이다. 반면, 6월에만 데이터 사용량이 있는 앱은 '가계부', '17분운동', 'JC카드' 이렇게 3개의 앱인데 총합이 (27.7+14.8+0.7)=43.2(MB)이다.

④ (○) 'G인터넷'과 'HS쇼핑'의 5월 데이터 사용량의 합은 나머지 앱의 5월 데이터 사용량의 합보다 많다.
➜ 'G인터넷'과 'HS쇼핑'의 5월 데이터 사용량의 합은 5.3+1.8=7.1(GB)임을 알 수 있다. 먼저 나머지 앱 중 단위가 GB인 '톡톡'과 '앱가게'의 데이터 사용량의 합을 구하면 2.4+2.0=4.4(GB)이다. 따라서 '톡톡'과 '앱가게'의 앱을 제외한 나머지의 앱들의 합이 7.1−4.4=2.7(GB)를 넘지 않으면 참인 선택지라고 할 수 있다. 2.7GB를 MB로 바꿔보면 2.7×1,024=2,764.8(MB)이므로 '톡톡'과 '앱가게' 앱을 제외한 나머지의 앱들의 합이 2,764.8MB를 넘지 않아야 한다.
나머지 앱들의 데이터 사용량을 모두 합해보면 (94.6+836+321+45.2+77.9+42.8+254+10.6+5+2.7+29.7+0.5+0.3)=1,720.3(MB)이므로, 2,764.8MB를 넘지 않는다. 따라서 옳은 선택지이다.

⑤ (×) 5월과 6월에 모두 데이터 사용량이 있는 앱 중 5월 대비 6월 데이터 사용량 변화율이 가장 ~~큰 앱은 'S메일'이다~~.
➜ 변화율이란 절댓값이란 것에 유의해야 한다. 5월 대비 6월 데이터 사용량의 변화율이라는 것은 5월을 기준으로 해서 5월과 6월에 사용한 데이터량의 차이이므로 $\frac{(\text{5월과 6월의 데이터 차이})}{(\text{5월 데이터 사용량})}$이다.
'S메일'부터 계산해 보면 $\frac{29.7-0.8}{29.7} \fallingdotseq 0.97(=97\%)$이다. 5월과 6월의 데이터 사용량의 차이가 5월의 데이터 사용량과 같기만 해도 1(=100%)이 되므로 5월과 비교하여 6월에 월등히 많이 데이터를 사용한 '뮤직플레이' 앱의 사용량 변화율을 살펴보면 $\frac{570-94.6}{94.6} \fallingdotseq 5.03(=503\%)$로 변화율이 더 크다.

합격자의 실전 풀이 순서

❶ 선지 ⑤부터 ①까지 아래에서 위 순서로 풀이한다. 단, ⑤는 변화율 계산을 요하고, 선지 ④는 덧셈 계산을 요하므로 보다 복잡한 선지 ⑤를 후순위로 미룬다.
❷ 선지 ④는 각주 3)을 통해 GB가 MB보다 훨씬 큰 단위임을 인지했다면 보다 쉽게 해결할 수 있다.

합격자의 시간단축 Tip

Tip 선택지별 시간단축 Tip

선지 ① ('뮤직플레이'의 증가량)=570−94.6 > 570−100=470(MB)이다. GB 단위인 'G인터넷'의 데이터 사용량 증가량은 1.4GB=1.4×1,024MB로 '뮤직플레이'보다 증가량이 더 크다.
참고로 단위는 늘 주의해야 한다. GB 개념의 경우 많은 수험생이 상식선에서 알고 있어 실수할 일이 적을 수 있으나, 익숙하지 않은 단위의 경우 한 단위가 1,024라는 것을 놓치면 바로 함정에 빠지게 된다.

선지 ② 이러한 유형은 나름의 대처 순서를 가지고 있는 것이 좋다. 각주 2)에서 '총 20개의 앱이 있다.'고 하였으므로 감소한 앱 9개와 증가한 앱 8개를 빼면 3개의 예외 앱이 있어야 한다. 따라서 첫 번째로 이 부분을 확인한다. 확인한 후에는 감소 또는 증가 중 하나를 선택해 찾는다. 이와 같이 체계적으로 확인하면, 증가와 감소를 모두 확인하지 않고 어느 하나만 확인하는 것으로 문제가 해결되어 효율적이다.

선지 ④ 'G인터넷'과 'HS쇼핑'의 경우 5.3+1.8=7.1(GB)이다. 이때, 나머지 값들을 대강 더해보면 얼핏 보더라도 7.1 GB를 도저히 넘을 수가 없다. 따라서 옳은 선지이다. 구체적으로 계산할 필요가 전혀 없이 가볍게 확인만 하고 지나가도 무방한 선지이다.

선지 ⑤ 변화율이 가장 큰 앱을 구하는 것보다는 선지에서 준 값을 기준점으로 보고 더 큰 변화율을 가진 값이 있는지 확인하는 것이 좋다. 이때 기준점이 되는 'S메일'의 경우 감소되는 값인데, 감소율이나 음(−)의 변화율에는 중요한 특성이 있다. 0 이하의 값(음의 값)이 존재하는 경우가 아닌 한 감소율 등은 100%의 제한이 있다. 따라서 기준점이 감소된 값이라면, '100%를 넘는 증가율을 가진 값'만 찾으면 된다. 이를 생각하면서 접근하면 더 빠르게 해결할 수 있을 것이다.

09 정답 ④ 난이도 ●○○

자료해석 - 자료의 내용과 일치/불일치하는 설명을 고르는 문제

① (O) 2017년 총지출은 300조 원 이상이다.

→ $(\text{총지출})=\dfrac{(\text{SOC 투자규모})}{(\text{총지출 대비 SOC 투자규모 비중})}$

이다. 총지출 대비 SOC 투자규모 비중은 % 단위이므로 이를 100으로 나누어야 공식에 대입할 수 있다. 이때, 소수점을 나눗셈하는 것은 어렵기에 분수로 바꾼 $\dfrac{6.9}{100}$를 역수로 바꿔서 $\dfrac{100}{6.9}$으로 곱해주는 것이 계산이 편하다. 2017년 총지출이 100%임을 이용하여 값을 구하면 $23.1\div\dfrac{6.9}{100}=23.1\times\dfrac{100}{6.9}$ ≒335(조 원)이므로 2017년 총지출은 300조 원 이상이다.

② (O) 2014년 'SOC 투자규모'의 전년 대비 증가율은 30% 이하이다.
→ 'SOC 투자규모'의 전년 대비 증가율은 전년 대비 증가량을 전년 'SOC 투자규모'로 나누어주면 구할 수 있다. 이때, 2014년의 'SOC 투자규모'의 전년 대비 증가량은 25.4−20.5=4.9(조 원)이고, 2013년의 'SOC 투자규모'는 20.5조 원이다. 4.9÷20.5≒0.239이고 % 단위로 바꿔야 하므로 100을 추가로 곱하면 23.9%가 나온다.
따라서 2014년 'SOC 투자규모'의 전년 대비 증가율은 30% 이하이다.

③ (O) 2014~2017년 동안 'SOC 투자규모'가 전년에 비해 가장 큰 비율로 감소한 해는 2017년이다.
→ 'SOC 투자규모'의 전년 대비 감소율은 전년 대비 감소량을 전년 'SOC 투자규모'로 나누어주면 구할 수 있다. 먼저 2014년은 전년보다 규모가 증가하였기에 제외한다. 나머지 2015~2017년 SOC 투자규모의 전년 대비 감소율을 구하면 다음과 같다.
- 2015년: 0.3÷25.4≒0.012(=1.2%)
- 2016년: 0.7÷25.1≒0.028(=2.8%)
- 2017년: 1.3÷24.4≒0.053(=5.3%)

따라서 2014~2017년 동안 'SOC 투자규모'가 전년에 비해 가장 큰 비율로 감소한 해는 2017년이다.

④ (×) 2014~2017년 동안 'SOC 투자규모'와 '총지출 대비 SOC 투자규모 비중'의 전년 대비 증감방향은 ~~동일하다~~.
→ 'SOC 투자규모'와 '총지출 대비 SOC 투자규모 비중'의 전년 대비 증감방향은 각각의 전년 대비 변화량의 부호를 구하면 알 수 있다.
- 2014년: 'SOC 투자규모'는 전년 대비 +4.9이고, '총지출 대비 SOC 투자규모 비중'은 전년 대비 +0.6이다.
- 2015년: 'SOC 투자규모'는 전년 대비 −0.3이고, '총지출 대비 SOC 투자규모 비중'은 전년 대비 +0.2이다.
- 2016년: 'SOC 투자규모'는 전년 대비 −0.7이고, '총지출 대비 SOC 투자규모 비중'은 전년 대비 −0.7이다.

• 2017년: 'SOC 투자규모'는 전년 대비 −1.3이고, '총지출 대비 SOC 투자규모 비중'은 전년 대비 −1.0이다.

2015년만 전년 대비 변화량의 부호가 다르기에 2014~2017년 동안 'SOC 투자규모'와 '총지출 대비 SOC 투자규모 비중'의 전년 대비 증감방향은 동일하지 않다. 따라서 해당 선택지는 옳지 않다.

⑤ (O) 2018년 'SOC 투자규모'의 전년 대비 감소율이 2017년과 동일하다면, 2018년 'SOC 투자규모'는 20조 원 이상이다.

➜ 2017년 'SOC 투자규모'의 전년 대비 감소율은 $\frac{24.4-23.1}{24.4}\times 100 \fallingdotseq 5.3(\%)$이다.

이와 동일하게 2018년 'SOC 투자규모'가 전년 대비 감소한다면 2018년 'SOC 투자규모'는 23.1×(1−0.053)=21.8757(조 원)으로 20조 원 이상이다.

합격자의 실전 풀이 순서

❶ 〈표〉를 읽으면서 SOC 투자규모를 '총지출 대비 SOC 투자규모 비중'으로 나누면 총지출이 된다는 것을 파악한다.

❷ 간단히 눈으로 확인할 수 있는 ③, ④번 선지를 먼저 판단한다.

❸ ③번은 옳은 선지이고, ④번은 'SOC 투자규모'와 '총지출 대비 SOC 투자규모 비중'이 2015년의 전년 대비 증감 방향이 다르므로 틀린 선지이다. 답은 ④번이다.

합격자의 시간단축 Tip

Tip 선택지별 시간단축 Tip

선지 ① 'SOC 투자규모'를 '총지출 대비 SOC 투자규모 비중'으로 나누어 300조 이상이 되는지 확인하지 않고 선지를 활용하면 간단히 확인할 수 있다. 선지에서 주어진 300조를 맞는 값이라고 가정하고, 6.9% 비중을 7%로 근삿값으로 만들어 도출하면 300×0.07=21로 23.1보다 작다. 따라서 2017년 총지출은 300조 원보다 큰 값임을 알 수 있다.
이처럼 선지에서 주어진 값이 맞다고 가정하고 풀어내는 방식은 정말 많은 경우에 활용할 수 있는 방식이니 정리해 놓는 것이 좋다.

선지 ② 증가율이 30% 이하인지는 근삿값에 30%를 곱한 것을 기준값에 더해 비교하는 것이 효율적이다. 20.5를 20으로 간략화하여 계산하면 20×30%=6으로, 20.5+6=26.5이다. 이는 2014년 25.4보다 큰 값으로 근삿값을 실제보다 작게 잡았음에도 넘어서는 것임을 고려할 때 30% 이하임을 알 수 있다.

선지 ③ 가장 큰 비율로 감소한 해를 도출해야 하므로, 증가한 해를 제외한 연도의 감소분을 도출하면 2015~2017년 동안 각각 0.3, 0.7, 1.3이다. 이 값은 감소율의 '분자'값에 해당한다. 분자는 점점 커지고 있으나, 분모가 되는 전년도 SOC 투자규모는 2014~2016년 동안 25.4, 25.1, 24.4로 점점 작아지고 있다. 따라서 감소율은 점점 커지고 있으므로 2017년이 가장 큰 비율로 감소한 해이다.
특히 연도별 증가, 감소, 변화율 비교는 ③번 선지처럼 분자, 분모 각각이 일정한 경향성을 보이는 경우가 많기에 구체적 값을 도출하기 전에 경향성이 있는지 먼저 확인하는 것이 좋다.

선지 ⑤ 2017년 'SOC 투자규모'의 전년 대비 감소량이 1.3이다.
2018년의 'SOC 투자규모'의 전년 대비 감소율이 2017년과 같아지려면, (2018년의 'SOC 투자규모'가 2017년보다 작아졌을 것이므로) 감소량이 1.3보다 작아야 할 것이다. 즉, 23.1−1.3은 20보다 크므로 옳은 선지이다.

10 정답 ❷ 난이도 ●●○

자료해석 - 자료의 내용과 일치/불일치하는 설명을 고르는 문제

ㄱ. (O) 2012~2018년 재생에너지 생산량은 매년 전년 대비 10% 이상 증가하였다.

➜ 재생에너지 생산량의 전년 대비 증가율은 $\frac{(\text{재생에너지 생산량의 증가량})}{(\text{전년도 재생에너지 생산량})}\times 100$이다. 막대그래프의 전년 대비 증가 폭이 가장 작은 2014년도의 전년 대비 증가율을 구해보면

$$\frac{(\text{2014년 재생에너지 생산량})-(\text{2013년 재생에너지 생산량})}{(\text{2013년 재생에너지 생산량})}\times 100=\frac{31.7(\text{TWh})-28.5(\text{TWh})}{28.5(\text{TWh})}\times 100 \fallingdotseq 11.2(\%)$$

이므로 증가율은 10% 이상이다. 다른 연도의 재생에너지 생산량의 전년 대비 증가율은 모두 2014년보다 크므로, 2012~2018년 재생에너지 생산량은 매년 전년 대비 10% 이상 증가하였다.

ㄴ. (×) 2016~2018년 에너지원별 재생에너지 생산량 비율의 순위는 ~~매년 동일하다~~.

➜ 〈표〉의 가로축이 의미하는 연도 중에서 해당하는

연도의 세로줄을 보면 에너지원마다 재생에너지 생산량 비율이 기재되어 있다. 각 연도마다 생산량 비율이 높은 순으로 나열해 보면 다음과 같다.

- 2016년: 폐기물(61.1%) > 바이오(16.6%) > 태양광(10.9%) > 수력(10.3%) > 풍력(1.1%)
- 2017년: 폐기물(60.4%) > 바이오(17.3%) > 수력(11.3%) > 태양광(9.8%) > 풍력(1.2%)
- 2018년: 폐기물(55.0%) > 바이오(17.5%) > 수력(15.1%) > 태양광(8.8%) > 풍력(3.6%)

즉, 2017년과 2018년은 순위가 동일하지만, 2016년의 경우는 그렇지 않다. 따라서 각 연도의 에너지원별 재생에너지 생산량 비율 순위는 다르다.

ㄷ. (O) 2016~2018년 태양광을 에너지원으로 하는 재생에너지 생산량은 매년 증가하였다.

➜ 연도별 에너지원을 다 합하면 100%가 되기 때문에 태양광을 에너지원으로 하는 재생에너지 생산량은 다음과 같이 구할 수 있다.

(태양광을 에너지원으로 하는 재생에너지 생산량) =(해당 연도의 재생에너지 생산량)×(태양광 에너지 생산량 비율)

위 식을 이용하여 2016~2018년 태양광을 에너지원으로 하는 재생에너지 생산량을 구하면 다음과 같다.

- 2016년:
  45(TWh)×0.109≒45(TWh)×0.11
  =4.95(TWh)
- 2017년: 56(TWh)×0.098≒56(TWh)×0.1
  =5.6(TWh)
- 2018년:
  68(TWh)×0.088≒68(TWh)×0.09
  =6.12(TWh)

따라서 2016~2018년 태양광을 에너지원으로 하는 재생에너지 생산량은 매년 증가하였다.

ㄹ. (×) 수력을 에너지원으로 하는 재생에너지 생산량은 2018년이 2016년의 3배 ~~이상이다~~.

➜ 연도별 에너지원을 다 합하면 100%가 되기 때문에 수력을 에너지원으로 하는 재생에너지의 생산량은 다음과 같이 구할 수 있다.

(수력을 에너지원으로 하는 재생에너지 생산량)=(해당 연도의 재생에너지 생산량)×(수력에너지 생산량 비율)

위 식을 이용하여 2016년, 2018년 수력을 에너지원으로 하는 재생에너지 생산량을 구하면 다음과 같다.

- 2016년: 45(TWh)×0.103≒45(TWh)×0.1
  =4.5(TWh)
- 2018년: 68(TWh)×0.151≒68(TWh)×0.15
  =10.2(TWh)

2016년의 3배는 45(TWh)×3=13.5(TWh)이므로 수력을 에너지원으로 하는 재생에너지 생산량은 2018년이 2016년의 3배 미만이다.

합격자의 실전 풀이 순서

❶ 〈그림〉의 각 축을 확인한다. 〈표〉의 연도 범위를 확인하고 〈그림〉의 2016~2018년과 선으로 연결한다. 그리고 〈표〉가 비율 자료임을 확인하고, 〈표〉 하단의 '계' 자료를 다른 에너지원 자료와 구별하기 쉽게 가로로 구분선을 긋는다.

❷ 〈보기〉의 난이도가 비슷하므로 순서대로 ㉠을 먼저 확인하면, ㉠은 옳은 내용이므로 ④, ⑤번을 소거한다.

❸ ㉡, ㉢, ㉣ 중 보기 ㉠에서 검토한 값을 활용할 수 있는 ㉢을 확인한다. ㉢은 옳은 내용이므로 답은 ②번이다.

합격자의 시간단축 Tip

Tip 〈보기〉별 시간단축 Tip

보기 ㄱ. 〈그림〉은 막대그래프로 수치보다는 '시각적 효과'를 이용하는 것이 좋다. 주어진 값 중 100 이상의 값이 없기 때문에 10%는 항상 10보다는 작다. 즉 〈그림〉에서 한 줄(한 칸)은 10단위로 이루어져 있으므로, 한 줄 이상 증가하였으면 굳이 확인하지 않아도 당연히 10% 이상 증가한 것이다. 따라서 한 칸 이상 증가하지 않은 2014년, 2016년 둘만 확인하면 된다.

보기 ㄴ. 'A일수록 B이다.' 유형은 크게 3가지 원칙을 가지면 좋다.

① <u>역순으로 B일수록 A인지 비교</u>하는 것이 빠르다. 출제위원은 A－B 순으로 선지를 구성하기 때문에, 역순으로 확인 시 빈틈이 쉽게 보일 수 있다.

② 1:1로 비교하지 않고 <u>3~5개 가량을 묶어서 비교</u>하는 것이 좋다. 왜냐하면 하나하나씩 비교할 경우 〈표〉를 여러 번 상하좌우로 번갈아 확인해야 하므로 불필요한 시간이 낭비될 수 있기 때문이다.

③ A와 B의 순위를 둘 다 확인하지 않고 <u>하나의 순위만 확인 후, 그대로 다른 값에 대입하여 모순이 있는지 확인</u>한다. 각 순위를 도출한 후 비교하면 순위를 두 번 도출하므로 시간이 낭비된다. 따라서 순서는 한 번만 구하고 모순이 있는지 확인하는 것이 좋다. 상기의 3가지 원칙을 보기 ㉡에 적용해 보자.

뒤에서부터 3개 단위로 확인할 때, 2018년은 풍력－태양광－수력 순이며, 이를 2016, 2017년에 적

PART 3 실전모의고사

용하면 2016년은 1.1−10.9−10.3 순이므로 '모순'이 발생한다. 따라서 틀린 선지이다.

보기 ㄷ. 〈그림〉의 시각적 특성을 이용하면 더 쉽게 풀 수 있다. 한 줄은 10단위이므로, 재생에너지 생산량 50을 기준으로 한 줄 증가는 20% 증가이다. 따라서 2016~2018년의 재생에너지 생산량은 한 줄 이상 증가하여 최소 20% 이상 증가하고 있는 반면, 태양광의 비율은 10% 수준의 감소율을 보이고 있으므로 태양광 생산량은 매년 증가하고 있다. 따라서 옳은 선지이다.

보기 ㄹ. 3배를 1.5×2배로 나누어 확인하면 직관적으로 해결할 수 있다. 즉, 0.151은 0.103의 약 1.5배이다. 68TWh가 45TWh의 약 2배가 된다면 전체적으로 3배가 될 수 있지만 68은 45의 2배가 되지 않는다. 따라서 틀린 선지이다.

11 정답 ⑤ 난이도 ●●●

자료해석 – 자료의 내용과 일치/불일치하는 설명을 고르는 문제

① (O) 2011년부터 2018년까지 재생에너지 생산량은 매년 증가하였다.

➜ 〈그림〉에 따르면 2011년 7.7, 2012년 18.2, 2013년 28.5, 2014년 31.7, 2015년 40.0, 2016년 45.0, 2017년 56.0, 2018년 68.0으로 2011년부터 2018년까지 재생에너지 생산량은 매년 증가하였다.

② (O) 2016년 대비 2018년 재생에너지 생산량 비율이 가장 큰 폭으로 증가한 에너지원은 수력이다.

➜ 2016년과 2018년 사이 수력의 재생에너지 생산량 비율은 4.8%p 증가하였다. 폐기물, 태양광의 경우는 재생에너지 생산량 비율이 감소하였으므로 논외로 하고, 바이오의 경우 0.9%p, 풍력의 경우 2.5%p 증가하였다.

③ (O) 2016년부터 2018년까지 폐기물의 재생에너지 생산량 비율은 매년 감소하였다.

➜ 〈표〉에 따르면 폐기물의 재생에너지 생산량 비율은 2016년 61.6%, 2017년 60.4%, 2018년 55.0%로 매년 감소하였다.

④ (O) 2018년 풍력의 재생에너지 생산량은 2016년에 비해 3배 이상이다.

➜ 풍력의 재생에너지 생산량은 2018년의 경우 68.0×3.6%=2.448, 2016년의 경우 45.0×1.1%=0.495로 2018년 풍력의 재생에너지 생산량은 2016년의 3배 이상이다.

⑤ (×) 2018년 바이오와 수력의 재생에너지 생산량 비율을 합하면 35%를 초과한다.

➜ 2018년 바이오 재생에너지 생산량 비율은 17.5%이며 수력의 재생에너지 생산량 비율은 15.1%이다. 이들을 합하면 32.6%로 35%를 초과하지 않는다. 따라서 틀린 선지이다.

합격자의 실전 풀이 순서

[방법 1]

❶ 〈그림〉은 재생에너지 '생산량'이고, 〈표〉는 재생에너지 '생산량 비율'이 주어졌음을 구분한다.

❷ 계산이 필요 없는 선지인 ①, ③부터 해결한다. 이후에는 계산이 간단한 선지(덧셈, 뺄셈)인 ②, ⑤를 해결한다.

[방법 2]

❶ 〈표〉에 제시된 연도는 2016~2018년임을 확인하고 〈그림〉의 2016~2018년에 동그라미 표시한다.

❷ 선지를 처음부터 순서대로 풀이하되, 계산이 복잡하게 느껴지는 선지가 있다면 넘어간다.

합격자의 시간단축 Tip

Tip ❶ 〈그림〉에는 2011~2018년 데이터가 주어졌고, 〈표〉에는 2016~2018년 데이터만 주어졌다. 따라서 〈표〉의 '연도' 부분에, 〈그림〉에서 2016~2018년의 값을 표시해 두는 것을 추천한다. 이렇게 미리 값을 표시해 두면, 나중에 계산할 때 〈그림〉과 〈표〉를 번갈아 확인하지 않아도 되어 시간을 단축할 수 있고, 주어진 자료 간의 관계를 미리 파악한 후 문제를 풀 수 있기 때문에 문제 풀이의 정확성도 높일 수 있다.

Tip ❷ 선택지별 시간단축 Tip

선지① 그림의 경향성을 적극적으로 활용한다. 그래프가 우상향하고 있으므로, 구체적인 수치를 확인하지 않아도 재생에너지 생산량은 주어진 기간 동안 매년 증가했음을 알 수 있다.

선지② %p의 증가 폭을 물어보는 선지임을 파악한 후 감소한 항목은 제외하고 증가한 항목만을 비교한다. '생산량 비율'의 증가를 물어봤기 때문에 단순히 생산량 비율이 얼마나 증가했는지를 따져 뺄셈만 하면 되는 문제이다. 하지만 만약 생산량의 증가 자체를 물어본다면 〈그림〉과 〈표〉를 모두 활용한 곱셈을 이용해야 할 것이다. 이러한 차이를 혼동하지 않도록 한다.

선지④ 풍력 재생에너지 생산량 비율은 2016년 1.1%, 2018년 3.6%로 3배 이상이다. 재생에너지 생산량 또

한 2016년에 비해 2018년 증가하였으므로 구체적인 값을 계산하지 않고도 3배 이상임을 알 수 있다.

12 정답 ⑤ 난이도 ●●○

자료해석 - 자료의 내용과 일치/불일치하는 설명을 고르는 문제

ㄱ. (×) 연도별 전체 검사건수 중 '대형버스'의 검사건수가 차지하는 비중이 큰 연도부터 순서대로 나열하면 ~~2021년, 2022년, 2023년, 2024년 순이다~~.

➜ 연도별 전체 검사건수 대비 '대형버스'의 검사건수 비중은 $\frac{(\text{연도별 대형버스의 검사건수})}{(\text{연도별 전체 검사건수})} \times 100(\%)$로 구할 수 있다. 이를 이용하여 연도별 전체 검사건수 중 대형버스의 검사건수가 차지하는 비중을 구하면 다음과 같다.

- 2021년: $\frac{154}{1,306} \times 100 ≒ 12(\%)$
- 2022년: $\frac{97}{1,229} \times 100 ≒ 8(\%)$
- 2023년: $\frac{107}{1,082} \times 100 ≒ 10(\%)$
- 2024년: $\frac{56}{1,723} \times 100 ≒ 3(\%)$

따라서 대형버스의 검사건수가 차지하는 비중이 큰 연도부터 순서대로 나열하면 2021년, 2023년, 2022년, 2024년 순이다.

ㄴ. (○) '이륜차'가 검사받은 유형이 모두 '관능검사'이고, '대형버스'가 검사받은 유형이 모두 ABS검사 또는 전조등검사라면, '승용차'의 검사건수 중 합계 관능검사가 차지하는 비중은 30% 이상이다.

➜ 〈표〉를 보면 전체 검사건수 5,340건이고, 〈그림 2〉를 보면 관능검사 구성비가 45%를 차지하므로 관능검사건수는 5,340×0.45=2,403(건)이다. 이 중에서 '이륜차'의 검사건수가 641건이고, '대형버스'는 관능검사를 하지 않았으므로 '승용차'의 관능검사건수는 2,403−641=1,762(건)이 된다. 따라서 '승용차'가 검사받은 유형 중 관능검사가 차지하는 비중은 $\frac{1,762}{4,285} \times 100 ≒ 41(\%)$이므로 30% 이상이다.

ㄷ. (○) 전체 검사건수가 많은 연도부터 순서대로 나열하면 2024년, 2021년, 2022년, 2023년 순이다.

➜ 〈표〉의 연도별 전체 검사건수를 2024년, 2021년, 2022년, 2023년 순으로 나열해 보면 1,723건(2024년) > 1,306건(2021년) > 1,229건(2022년) > 1,082건(2023년)이므로 옳은 보기이다.

ㄹ. (○) 최소 한 번이라도 검사를 받은 차량의 수는 4,600대 이하이다.

➜ 〈그림 1〉의 검사 횟수별 차량 수를 보면 1회 검사 3,826대, 2회 검사 496대, 3회 검사 174대로 최소 한 번이라도 검사를 받은 차량 수는 3,826+496+174=4,496(대)로 4,600대 이하이다.

합격자의 실전 풀이 순서

❶ 〈표〉와 〈그림 1〉을 빠르게 훑으면서 검사건수 전체의 합인 5,340건이 건수별로 나타내었음을 체크한다. 즉, 3,826+496×2+174×3=5,340이 성립한다. 바로 〈보기〉를 본다.

❷ 보기 ㉠을 먼저 확인하면 옳지 않은 선지이다. 따라서 ①, ③, ④번이 소거되므로 보기 ㉢만 판별하면 된다.

❸ 보기 ㉢을 확인하면 검사건수가 많은 연도순은 2024년(1,723건) > 2021년(1,306건) > 2022년(1,229건) > 2023년(1,082건)으로 옳다. 따라서 정답은 ⑤이다.

합격자의 시간단축 Tip

Tip 〈보기〉별 시간단축 Tip

보기 ㄱ. 순서를 명확히 지정해 주었으므로 반례가 하나라도 있다면 바로 틀린 선지가 된다. 따라서 크게 2단계로 접근하면 좋다.

1단계로 '대소 비교가 곧장 가능한 반례가 있는지' 확인한다. 예를 들어 분수일 경우 분자는 더 크고 분모는 더 작은 값이 있어 바로 비교할 수 있는 분수이거나, 곱셈일 경우 각 구성 값이 모두 큰 곱셈이 있는지 확인하는 것이다.

2단계로 곧장 비교 가능한 값이 없을 경우, 의심스러운 값들 위주로 반례를 확인한다.

보기 ㉠의 경우 1단계에서 마무리되는 유형이다. 2022년과 2023년을 비교하면 $\frac{97}{1,229}$ vs $\frac{107}{1,082}$로 2023년이 분자는 크고 분모는 작아 당연히 더 크다는 것을 알 수 있다. 따라서 곧장 반례를 도출할 수 있으므로, ㉠은 틀린 보기라는 것을 알 수 있다.

보기 ㄴ. '대형버스'가 검사받은 유형이 모두 ABS검사 또는 전조등검사라면, 관능검사는 '승용차' 또는 '이륜차'만 받았을 것이다. 그리고 '이륜차'가 전체 검사건수에서 차지하는 비중은 15% 이하이다. 따라서 45%의 관능검사에서 승용차는 30% 이상을 담당한다. 또한, '승용차'는 전체 검사건수의 약 80%를 담당한다. 결국,

‘승용차’의 검사 유형 중 관능검사의 비중은 약 $\frac{30}{80}$으로 30% 이상이라 옳다.
이때 전체 검사건수 중 45%를 차지하는 관능검사에서 승용차가 30% 이상을 담당한다는 것은 곧 전체에서 30% 이상을 차지한다는 것이므로, 전체의 구성요소 중 하나인 승용차 내부의 비율은 당연히 30%보다는 클 것이다. 따라서 별도 계산 없이 승용차의 관능검사가 전체의 30% 이상임이 확인된 순간 바로 옳은 선지로 본다. (즉, $\frac{30}{80}$ > 30%인지 볼 필요가 없다.)

보기 ㄹ.

[방법 1]
최소 한 번이라도 검사를 받은 차량 수는 〈그림 1〉을 통해 3,826+496+174=4,496임을 알 수 있다. 따라서 4,600대 이하이므로 옳다. 이때, 4,496이라는 수치를 구체적으로 ‘계산’하는 것은 시간을 낭비하는 것이다. 우리는 어림산을 통해 4,600보다 작은지만 ‘확인’하면 된다. 먼저 검사 횟수가 2회, 3회인 차량 수를 올림해서 약 500, 200으로 봐 본다. 다음으로 검사 횟수 1회의 차량 수인 3,823에 500과 200을 더해 전체 검사 받은 차량 수를 구해보면 4,600이 되지 않는다는 것을 쉽게 알 수 있다. 이때, 2회와 3회의 차량 수를 굳이 ‘올림’해서 수를 조작(496 → 500, 175 → 200)한 이유는 물론 실제 값과 가까운 보기 편한 수를 고른 것도 있지만, 해당 선지가 4,600 ‘이하’인지를 묻고 있기 때문이다. 올림을 해서 어림값을 만들면 해당 값은 실제 값보다 크기 때문에, 어림값을 더한 결과값이 4,600보다 작으면 당연히 실제 값을 더한 결과값도 4,600보다 작아진다는 것을 곧바로 알 수 있다. 반면 만약 “~ 이하인가?”를 묻고 있는데 내림 방식으로 어림산을 한다면, 어림산의 값이 4,600 이하일지라도 실제 결과값도 4,600 이하인지는 장담할 수 없다. 따라서 “~ 이하인가?”라고 묻는다면 올림하는 방식으로 어림하고, “~ 이상인가?”라고 묻는다면 내림하는 방식으로 어림하여 계산하는 것이 유용하다.

[방법 2]
〈그림 1〉의 구조가 이해되면 ‘반대 해석’을 이용하여 매우 간단하게 풀 수 있다. 〈표〉의 5,340의 검사건수는 〈그림 1〉에서 (검사횟수별 차량 수)×(검사 횟수)를 더한 값이다.
반대로 생각하면, 전체 검사건수에서 보기 ㉣의 4,600을 뺀 5,340−4,600=740은 모든 차량이 1회만 검사받은 경우를 제외한 값이므로 740이 2, 3회의 검사를 받은 차량들의 검사건수를 합한 값보다 작으면 옳은 선지가 되는 것이다. 즉, 2, 3회 검사받은 차량들의 검사건수 496+174×2를 어림산하여 500+170×2=840으로 보면 740보다 크므로 ㉣은 옳은 선지가 된다.
설명이 길었으나 이는 구조의 이해를 위한 것으로, 실제 풀이는 별다른 계산 없이 한 줄로 처리된다. ‘여러 횟수’가 나오는 문제에서는 많이 활용되는 방법이므로 익혀 두는 것을 추천한다.

13 정답 ⑤ 난이도 ●○○

자료해석 – 자료의 내용과 일치/불일치하는 설명을 고르는 문제

① (O) 2021년 검사건수는 전체 검사건수의 25% 이하이다.
→ 2021년 검사건수는 1,306건으로 전체 검사건수 5,340건의 $\frac{1,306}{5,340}$×100≒24.457(%)이다. 따라서 25% 이하이다.

② (O) 전체 검사건수 중 관능검사의 비중이 가장 높다.
→ 〈그림 2〉에 따르면 전체 검사건수의 유형별 구성비는 관능검사 45%, ABS검사 35%, 전조등검사 20%로 관능검사의 비중이 가장 높다.

③ (O) 승용차의 검사건수가 매 연도별로 가장 많다.
→ 〈표〉에 따르면 승용차의 검사건수는 2021년 1,085건, 2022년 1,020건, 2023년 911건, 2024년 1,269건으로 매 연도별로 가장 많다.

④ (O) 이륜차의 검사건수는 2024년이 2021년의 6배 이하이다.
→ 이륜차의 검사건수는 2024년이 398건, 2021년이 67건으로 2024년은 2021년의 6배인 402건 이하이다.

⑤ (×) 연도별 검사 건수 중 대형버스가 차지하는 비율은 2021년보다 2023년이 높다.
→ 연도별 검사 건수 중 대형버스가 차지하는 비율은 2021년의 경우 $\frac{154}{1,306}$×100≒11.792(%)이며 2023년의 경우 $\frac{107}{1,082}$×100≒9.889(%)이다. 따라서 검사 건수 중 대형버스의 비율은 2021년이 2023년보다 높으므로 옳지 않다.

합격자의 실전 풀이 순서

[방법 1]
❶ 옳지 않은 것을 고르라고 했으므로, 발문이나 선택지 옆에 ‘X’를 표시하거나 ‘않은’에 표시를 해 둔다.
❷ 계산이 필요 없는 쉬운 선택지인 ②, ③부터 해결한다.

[방법 2]

❶ 〈표〉와 〈그림 1〉, 〈그림 2〉의 제목을 확인하고 선지로 내려간다.

❷ ①번 선지부터 차례대로 확인한다. 단, 본인이 생각하기에 계산이 까다롭다 느껴지면 바로 다음 선지로 넘어간다.

합격자의 시간단축 Tip

Tip 선택지별 시간단축 Tip

선지 ① $\frac{(2021년\ 검사건수)}{(전체\ 검사건수)}=\frac{1,306}{5,340}$가 25(%)라는 것은 $\frac{1,306}{5,340}=\frac{1}{4}$임을 의미한다. 따라서 25%가 맞다면, 분자인 2021년 검사건수에 ×4를 한 값이 분모인 전체 검사건수와 동일해져야 한다. 2021년의 전체 검사건수 1,306건에 4배를 하면 5,200을 조금 넘는 5,224이다. 그런데 전체 검사건수는 5,340이므로 2021년의 전체 검사건수는 25% 이하이다. $25\%=\frac{1}{4}$과 같은 수를 적극적으로 활용하면 좋다.

선지 ④ 2021년의 이륜차 검사건수는 67로 60+7로 쪼개어 계산하면 쉽다. 60의 6배는 360이며 67의 6배는 42로 360+42=402라고 쉽게 계산할 수 있다.

선지 ⑤ 연도별 검사 건수 중 대형버스의 비율은 2021년의 경우 10%가 넘는다. 하지만 2023년의 경우 10%가 되지 않는다. 이처럼 '10%'라는 기준을 바탕으로 비교하면 쉽다.

[방법 1]

10%를 한눈에 보는 방법은 전체에서 0.1을 곱해주는 값을 기준으로 하는 것이다. 예를 들어서 대형버스의 검사 비율의 경우 2021년은 154건인데 전체는 1,306건이고 이것의 0.1은 130.6으로 대략 130건이다. 2023년의 경우도 1,723건인데 0.1을 곱하면 172.3이다.

[방법 2]

2021년 대형버스 값에 10을 곱한 값은 전체보다 큰 반면, 2023년 대형버스 값에 10을 곱한 값은 전체보다 작다. 따라서 대형버스의 검사 비율은 2021년의 경우 10% 이상으로 2023년보다 대형버스의 검사 비율이 높음을 알 수 있다.

14 정답 ❷ 난이도 ●●○

자료해석 - 자료의 내용과 일치/불일치하는 설명을 고르는 문제

ㄱ. (○) 기업 D의 전체 디램 매출액 점유율은 2014년이 2010년보다 높다.

➜ 기업 D의 전체 디램 매출액 점유율=

$\frac{기업\ D의\ 국내+국외\ 디램\ 매출액}{전체\ 국내+국외\ 디램\ 매출액}$

• 2010년 기업 D의 전체 디램 매출액 점유율:

$\frac{39}{616}\times100≒6.33(\%)$

• 2014년 기업 D의 전체 디램 매출액 점유율:

$\frac{61}{669}\times100≒9.11(\%)$

따라서 기업 D의 전체 디램 매출액 점유율은 2014년이 2010년보다 높다.

ㄴ. (×) 2010년에 비해 2014년 모든 기업의 전체 디램 매출액은 ~~증가하였다~~.

➜ 2010년에 비해 2014년 기업 C의 전체 디램 매출액은 82억 원에서 38억 원으로 감소하였다. 따라서 모든 기업의 전체 디램 매출액이 증가하였다는 것은 옳지 않다.

ㄷ. (×) 2014년 국외 디램 매출액은 ~~기업 B가 기업 A보다 많다~~.

➜ 기업 A와 B의 2014년 국외 디램 매출액은 (2014년 전체 디램 매출액)−(2014년 국내 디램 매출액)을 통해 구할 수 있다. 이를 계산하면 다음과 같다.

• 기업 A: 252−63=189(억 원)

• 기업 B: 318−166=152(억 원)

따라서 2014년 국외 디램 매출액은 기업 B가 기업 A보다 적다.

ㄹ. (○) 기업 B의 국내 디램 매출액 점유율은 2014년이 2010년보다 낮다.

➜ 2010년과 2014년 기업 B의 국내 디램 매출액 점유율은 다음과 같다.

• 2010년 기업 B의 국내 디램 매출액 점유율:

$\frac{159}{37+159+11+2}=\frac{159}{209}\times100≒76.08(\%)$

• 2014년 기업 B의 국내 디램 매출액 점유율:

$\frac{166}{63+166+4+5}=\frac{166}{238}\times100≒69.75(\%)$

따라서 2014년 기업 B의 국내 디램 매출액 점유율이 2010년 기업 B의 국내 디램 매출액 점유율보다 낮다.

합격자의 실전 풀이 순서

❶ 〈표〉와 〈그림〉의 관계를 파악하고, 각주를 확인한다.

❷ 단순 확인 선지인 보기 ㉡을 먼저 확인하면 틀린 선지이므로 ①, ③, ⑤번을 소거한다.

❸ 보기 ㉢을 보면 틀린 선지이므로 정답은 ②번이다.

합격자의 시간단축 Tip

Tip 〈보기〉별 시간단축 Tip

보기 ㄱ. 분자와 분모 증가율을 비교하는 것이 편하다. 분모의 경우 616 → 669로 약 10% 증가 정도에 불과하지만, 분자의 경우 39 → 61로 2배보다 살짝 작은 값이다. 따라서 분자 증가율이 더 높으므로 디램 매출액 점유율이 증가했음을 쉽게 알 수 있다.

보기 ㄴ. 단순 확인 문제인 만큼, 출제 의도상 뒷부분에 반례가 배치될 가능성이 높으므로 D → A 순으로 확인한다.

보기 ㄷ. 국외 디램 매출액을 구해 비교하지 않고, 구성요소들의 차이값을 통해 처리한다. 전체 디램 매출액의 경우 318−252=66이지만, 국내 디램 매출액은 166−63=103이므로 A > B이다.

보기 ㄹ. '기업별 디램 매출액의 증가율'로 비교하는 것이 좋다. 기업 A는 2배보다 살짝 작게, 기업 D는 2배가 넘는 증가율을 보이는 반면, 기업 B는 거의 비슷한 값으로 증가율이 매우 낮다. 따라서 (기업 B의 증가율) < (전체 국내 매출액의 증가율)이므로 'B의 국내 매출액 점유율'은 감소했다.

15 정답 ④ 　난이도 ●●○

자료해석 - 자료의 내용과 일치/불일치하는 설명을 고르는 문제

① (O) 기업 C의 국내 디램 매출액 점유율은 2014년이 2010년보다 낮다.

→ 기업 C의 국내 디램 매출액 점유율은 2014년의 경우 $\frac{4}{63+166+4+5}\times100=\frac{4}{238}≒1.681(\%)$, 2010년의 경우 $\frac{11}{37+159+11+2}\times100=\frac{11}{209}$ ≒5.263(%)로 2014년이 2010년보다 낮다. 따라서 옳다.

② (O) 2014년 기업 D의 전체 디램 매출액은 2010년에 비해 50% 이상 증가하였다.

→ 〈표〉에 따르면 기업 D의 전체 디램 매출액은 2010년에 39억 원, 2014년에 61억 원이다. 따라서 증가율은 $\frac{61-39}{39}\times100=\frac{22}{39}\times100≒56.41(\%)$로 50% 이상 증가하였다.

③ (O) 2010년 기업 C의 전체 디램 매출액 점유율은 2014년의 2배 이상이다.

→ 2010년 기업 C의 전체 디램 매출액 점유율은 2010년에 $\frac{82}{616}\times100≒13.312(\%)$이며 2014년에 $\frac{38}{669}\times100≒5.68(\%)$이다. 2010년의 수치는 2014년의 2배인 11.36% 이상이므로 옳다.

④ (×) 2010년에 비해 2014년 모든 기업의 국외 디램 매출액은 ~~증가하였다.~~

→ 각주 2)에 따라 각 기업의 국외 디램 매출액은 (전체 디램 매출액)−(국내 디램 매출액)으로 구할 수 있다. 이를 통해 각 기업의 국외 디램 매출액을 구하면 다음과 같다.

기업	2010년	2014년
기업 A	224−37=187	252−63=189
기업 B	271−159=112	318−166=152
기업 C	82−11=71	38−4=34
기업 D	39−2=37	61−5=56

기업 C의 국외 디램 매출액은 감소하였다. 따라서 모든 기업의 국외 디램 매출액이 증가한 것이 아니므로 옳지 않은 선지이다.

⑤ (O) 2010년에 비해 2014년 국외 디램 매출액이 가장 많이 증가한 기업은 B이다.

→ 위에서 구한 각 기업의 국외 디램 매출액에 따르면 기업 A는 2억 원 증가, 기업 B는 40억 원 증가, 기업 C는 37억 원 감소, 기업 D는 19억 원 증가하였다. 따라서 가장 많이 증가한 기업은 B이다.

합격자의 실전 풀이 순서

❶ 〈표〉와 〈그림〉의 관계를 파악하고, 각주를 확인한다. 각주에 인원수 제한이나 공식 등이 적혀 있을 수 있기에 각주가 있다면 꼭 놓치지 않고 파악한다.

❷ 선지 ①부터 차례대로 확인한다. 이때 선지 ⑤는 선지 ④를 해결한 후에 또다시 추가적인 계산이 필요한 선지이므로 풀지 않는다.

합격자의 시간단축 Tip

Tip ❶ 선택지별 시간단축 Tip

선지 ①

[방법 1]

'기업 C의 국내 디램 매출액 점유율'의 분자가 되는 기업 C의 국내 디램 매출액은 2010년에 비해 2014년에 감소하였다. 그러나 분모가 되는 전체 국내 디램 매출액은 기업 C에서만 7억 원 감소하였고 기업 A, B, D에서는 그 이상 증가하였으므로 전체 국내 디램 매출액은 2014년에 오히려 증가하였음을 알 수 있다. 분자는 감소하고, 분모는 증가하였으므로 전체 분수값인 기업 C의 국내 디램 매출액 점유율은 구체적으로 계산하지 않고도 감소하였음을 알 수 있다.

[방법 2]

기업 C는 2014년에 국내 디램 매출액이 2010년 대비 감소했는데, 다른 기업들은 모두 2014년에 국내 디램 매출액이 2010년 대비 증가했다. 따라서 C만 유일하게 국내 디램 매출액이 감소했으니 국내 디램 매출액 점유율도 감소했다고 볼 수 있다.

[방법 3]

이 문제의 선지 ①의 경우 세밀한 판단이 필요 없다. 세밀한 판단이 필요한 선지였다면, 다음과 같이 문제를 의역하여 해결할 수 있다. 2014년 대비 2010년의 기업 C의 국내 디램 매출액 비가 $2.75\left(=\frac{11}{4}\right)$임에 착안하여 '2010년의 국내 디램 매출액이 2014년 해당 값의 2.75배보다 작다.'로 이해한다.

선지 ② 기업 D의 2010년 전체 디램 매출액은 40억 원이 되지 않으나 2014년의 경우 60억 원이 넘는다. $40 \times 1.5 = 60$이라는 수는 문제를 풀다 보면 자주 나오는 익숙한 숫자이므로 쉽게 확인할 수 있다.

선지 ③ 기업 C의 전체 디램 매출액 점유율의 분자가 되는 전체 디램 매출액은 2010년이 2014년의 2배 이상이다. 그런데 분모가 되는 2010년의 값이 2014년의 값보다 작으므로 전체 분수값인 점유율은 계산 비교 없이도 반드시 2배 이상임을 알 수 있다. 문제에 있어서 언제나 전부 계산을 해서 비교할 필요가 없다. 표에서 전체의 값과 해당 비교 값이 시각적으로 인접해 있어 살피기 쉽다면 분모의 증가율이나 분자의 증가율만의 비교로도 문제를 풀 수 있다.

선지 ④

[방법 1]

계산해야 할 것이 많으므로, 최대한 계산을 피해야 한다. 그러려면 최대한 빨리 반례를 찾는 것이 좋다. 이 선지의 반례는 '국외 디램 매출액이 감소'한 기업이다. 일단 주어진 자료는 전체 디램 매출액과 국내 디램 매출액뿐이므로 이 두 자료를 먼저 살펴본다. 〈표〉와 〈그림〉을 확인한 결과, 2014년에 기업 C만 유일하게 전체 디램 매출액과 국내 디램 매출액 모두 감소했으므로 특이하다고 생각해야 한다. 따라서 기업 C가 선지의 반례가 되지 않는지 우선적으로 확인한다.

각주 2)에 따라 (C의 전체 디램 매출액)=(C의 국내 디램 매출액)+(C의 국외 디램 매출액)인데, '감소량'을 같이 표시해 보면 44(C의 전체 디램 매출액 감소량)=7(C의 국내 디램 매출액 감소량)+(C의 국외 디램 매출액 감소량)으로 나타낼 수 있다. 따라서 C의 국외 디램 매출액도 감소해야 전체 디램 매출액의 감소량(44)에 도달할 수 있다.

이는 C의 디램 매출액이 '구체적으로 얼마나 감소했는지'를 구하지 않고, '결국 감소했는지'만 구하는 방법이다.

[방법 2]

대상이 되는 기업은 A, B, C, D로 4개밖에 되지 않는다. 이러한 경우 반례가 되는 기업을 찾으려고 고민하는 시간에 기업 A부터 확인하면서 방향성을 잡는 것이 빠를 수도 있다.

(전체 디램 매출액 변화량)=(국내 디램 매출액 변화량)+(국외 디램 매출액 변화량)이지만, 이러한 식을 세우지 않고도 기업 A를 확인하는 과정에서 2010년에 비해 2014년 기업의 국외 디램 매출액이 증가하려면 어떠한 방향성을 가져야 하는지 알 수 있을 것이다.

Tip ❷ 어떤 요소가 더해져 '전체'가 되는지 살펴본다.

이 문제의 경우 〈그림〉의 연도별 각 기업의 국내 디램 매출액을 더하면 전체 국내 디램 매출액이 되고, 기업별로 〈그림〉의 국내 디램 매출액과 국외 디램 매출액을 더하면 〈표〉의 기업별 디램 매출액이 나온다. 이처럼 표나 전체 값 등이 주어지면 어떤 요소가 더해져 '전체'가 되는지 먼저 살펴보자.

Tip ❸ 의역을 통하여 선지를 쉽게 이해한다.

선지 ④ 국외 디램 매출액의 기업별 변화가 어떤지 확인하고자 〈표〉와 〈그림〉을 왔다갔다 하는 것은 문제를 푸는 데 있어 불편함을 준다. 따라서 이를 쉽게 볼 수 있도록 의역하는 방법을 터득해 보자. 해당 선지의 경우 〈표〉의 '(2014년 수치)−(2010년 수치)'를 X라고 하고 〈그림〉의 '(2014년 수치)−(2010년 수치)'를 Y라고 하면, '모든 기업에서 X가 Y보다 크다.'로 의역할 수 있다. 그러면 기업 C에서 반례가 발생함을 쉽게 눈으로 확인할 수 있다.

그 이유를 보다 자세히 살펴보자. (국외 디램 매출액)=(전체 매출액)−(국내 매출액)이다. 따라서 2010년 대비 2014년 국외 디램 매출액이 증가한다는 것은 다음과 같다.

(2014년 국외 디램 매출액) > (2010년 국외 디램 매출액) → (2014년 전체 디램 매출액)−(2014년 국내 디램 매출액) > (2010년 전체 디램 매출액)−(2010년 국내 디램 매출액) → (2014년 전체 디램 매출액)−(2010년 전체 디램 매출액) > (2014년 국내 디램 매출액)−(2010년 국내 디램 매출액)이 된다.

그러므로 위와 같이 선지를 의역할 수 있는 것이다.

선지 ⑤ 마찬가지로 〈표〉의 '(2014년 수치)−(2010년 수치)'를 X라고 하고 〈그림〉의 '(2014년 수치)−(2010년 수치)'를 Y라고 하면, 'X−Y가 가장 큰 기업은 B이다.'로 의역이 가능하다. B보다 해당 값이 큰 기업은 없으므로 옳은 선지임을 알 수 있다.

16 정답 ④ 난이도 ●○○

자료해석 - 자료의 내용과 일치/불일치하는 설명을 고르는 문제

ㄱ. (O) 여름철 물놀이 사고 사망자는 2019년에 전년 대비 50% 이상 증가하였고, 이후 매년 30명 이상이었다.

➜ 2018년 여름철 물놀이 사고 사망자는 2+6+4+4+4+4=24(명)이고, 2019년 여름철 물놀이 사고 사망자는 2+13+9+2+2+8=36(명)이다. 증가율은 $\frac{36-24}{24}\times100=50(\%)$로 2019년에 전년 대비 50% 이상 증가하였다. 또한 2020년에는 2+9+7+2+4+13=37(명), 2021년에는 0+5+3+5+5+19=37(명)으로 2019년 이후 매년 30명 이상이다.

ㄴ. (O) 여름철 물놀이 사고 사망자 중 4대 주요 원인에 의한 사망자가 차지하는 비율이 가장 높은 해는 2018년이다.

➜ 여름철 물놀이 사고 사망자 중 4대 주요 원인에 의한 사망자가 차지하는 비율을 구하면 다음과 같다.

연도	4대 주요 원인에 의한 사망자 수	여름철 물놀이 사고 사망자 수	여름철 물놀이 사고 사망자 중 4대 주요 원인에 의한 사망자가 차지하는 비율
2018	6+13+3+2=24	24	$\frac{24}{24}\times100$=100(%)
2019	9+14+5+6=34	36	$\frac{34}{36}\times100$≒94.44(%)
2020	8+14+3+8=33	37	$\frac{33}{37}\times100$≒89.19(%)
2021	9+12+6+2=29	37	$\frac{29}{37}\times100$≒78.38(%)

따라서 여름철 물놀이 사고 사망자 중 4대 주요 원인에 의한 사망자가 차지하는 비율이 가장 높은 해는 100%인 2018년이다.

ㄷ. (O) 여름철 물놀이 사고 사망자 중 수영 미숙에 의한 사망자가 매년 30% 이상을 차지해

➜ 여름철 물놀이 사고 사망자 중 수영 미숙에 의한 사망자가 차지하는 비율을 구하면 다음과 같다.

연도	수영 미숙에 의한 사망자 수	여름철 물놀이 사고 사망자 수	여름철 물놀이 사고 사망자 중 수영 미숙에 의한 사망자가 차지하는 비율
2018	13	24	$\frac{13}{24}\times100$≒54.17(%)
2019	14	36	$\frac{14}{36}\times100$≒38.89(%)
2020	14	37	$\frac{14}{37}\times100$≒37.84(%)
2021	12	37	$\frac{12}{37}\times100$≒32.43(%)

따라서 여름철 물놀이 사고 사망자 중 수영 미숙에 의한 사망자가 차지하는 비율은 매년 30% 이상을 차지한다.

ㄹ. (X) 2018년부터 2021년까지 매년 여름철 물놀이 사고 사망자의 ~~60% 이상이~~ 하천에서 발생한 사고로 사망하였다.

➜ 여름철 물놀이 사고 사망자 중 하천에서 발생한 사고로 인한 사망자의 비율을 구하면 다음과 같다.

연도	하천 사고에 의한 사망자 수	여름철 물놀이 사고 사망자 수	여름철 물놀이 사고 사망자 중 하천 사고에 의한 사망자가 차지하는 비율
2018	16	24	$\frac{16}{24}\times100≒66.67(\%)$
2019	23	36	$\frac{23}{36}\times100≒63.89(\%)$
2020	19	37	$\frac{19}{37}\times100≒51.35(\%)$
2021	23	37	$\frac{23}{37}\times100≒62.16(\%)$

2020년에는 여름철 물놀이 사고 사망자 중 하천 사고에 의한 사망자가 차지하는 비율이 60% 미만이므로 옳지 않다.

ㅁ. (O) 2021년 안전 부주의 사망자 중 30대 이상 사망자가 1명 이상이다.

➜ 2021년 안전 부주의 사망자는 9명이고, 2021년 30대 이상 사망자는 5+5+19=29(명)이다. 또한, 2021년 전체 물놀이 사고 사망자 수는 0+5+3+5+5+19=37(명)이다.

2021년의 안전 부주의 사망자 9명이 모두 30대 이상이 아니라고 가정하자. 그러면 2021년의 안전 부주의 사망자 9명이 10세 미만, 10대, 20대 중에 속해야 한다. 그런데 10세 미만, 10대, 20대 안전 부주의 사망자 합은 0+5+3=8(명)이다. 따라서 안전 부주의 사망자 9명 중 8명만 10세 미만, 10대, 20대에 속할 수 있다. 그러므로 남은 안전 부주의 사망자 1명은 반드시 30대, 40대, 50대 이상 중에 속해야 한다.

따라서 2021년 안전부주의 사망자 중 30대 이상 사망자는 1명 이상이므로 옳다.

합격자의 실전 풀이 순서

[방법 1]

❶ 〈표 1〉과 〈표 2〉의 관계를 파악한다. 부수적으로 주석에 적힌 내용도 중요하기 때문에 주석도 확인해 보도록 한다.

❷ 보기 ㉢과 ㉣에 등장하는 '30%', '60%' 등의 표현은 단순한 계산은 아니다. 따라서 이를 제외한 보기 ㉠, ㉡, ㉤부터 확인한다. 물론 30%, 60%의 계산이 편하다면 순서 상관없이 선지를 확인해도 된다.

❸ 보기 ㉠, ㉡은 거의 모든 연도를 확인해야 하므로 시간이 오래 걸리는 선지다. 따라서 2021년 하나만 확인하면 되는 보기 ㉤부터 풀이한다.

[방법 2]

❶ 〈표 1〉과 〈표 2〉를 확인한다. 합계가 주어지지 않았으므로, 합계를 묻는 선지가 있다면 나중에 판단해야겠다고 생각한 뒤, 선지로 이동한다.

❷ 보기 ㉠을 확인한 뒤, 합계를 구해야 하는 선지이므로 넘긴다. 보기 ㉡, ㉢을 확인한 뒤, 전반적으로 합계를 도출해야 풀 수 있는 선지로 문항이 구성되었음을 파악한다. 이후, 〈표 1〉로 넘어가 연도별 합계를 최대한 빠르게 구한다.

❸ ㉠부터 순서대로 풀이한다. 이때, ㉡의 경우 여름철 물놀이 사고 사망자 수 합계 외에 연도별 '4대 주요 원인에 의한 사망자 수'를 구해야 하므로 나중에 푼다.

❹ ㉢, ㉣을 확인하고, 정답이 ㉣이므로 더 풀이하지 않고 다음 문항으로 넘어간다.

합격자의 시간단축 Tip

Tip 〈보기〉별 시간단축 Tip

보기 ㄱ.

[방법 1]

'매년 30명'인지 계산할 때는, 연령대별로 하나하나 더해가며 계산하는 것이 아니라, '연령대 집단'을 만든 후 집단별로 나누어 계산하면 편하다. 예를 들어 2019년은 (2+13)+(9+2)+(2+8)로 나눌 수 있다. 이때 각 집단의 합은 모두 10 이상이다. 총 세 집단이므로 (10 이상)×3(집단)=(30 이상)임을 바로 알 수 있다. 즉, (2+13)+(9+2)+(2+8)=15+11+10=36이라고 계산하지 않고, (10 이상)+(10 이상)+(10 이상)으로 계산하여 30 이상인지 확인하는 방법이다.

[방법 2]

나머지 보기에서 모두 연령대별 여름철 물놀이 사고 사망자 수의 합계를 요구하고 있으므로 보기 ㉠에서 먼저 합계를 구하는 것도 하나의 시간 단축 방법이다. 이때, 정확한 합계를 도출할 때는 연도별로 '보수'를 활용하여 더한다.

2018년의 경우 2+6+4+4+4+4=24와 같이 하나씩 계산하지 말고 (6+4)+2+4+4+4=24 또는 2+6+(4×4)=24와 같이 구한다.

2020년의 경우 2+9+7+2+4+13=37과 같이 하나씩 계산하지 말고 9+(2+7+2)+4+13=9+11+17=37 또는 (7+13)+2+9+2+4=37과 같이 구한다.

[방법 3]

물놀이 사고 사망자의 합을 구할 때 연령대별 수를 나타내는 〈표 1〉로 구할지, 4대 주요 발생장소 및 4대 주요 원인을 나타내는 〈표 2〉로 구할지 선택해야 한다. 〈표

1〉보다 항목의 개수가 적은 〈표 2〉를 선택하는 것이 효율적으로 보이나, 〈표 2〉는 '주요' 항목당 수를 나타낸다. 따라서 전체 합이 아닐 수도 있다는 것을 인지해야 한다. 불안하다면 특정 연도의 〈표 1〉과 〈표 2〉의 일의 자릿수만 더해 비교한 뒤 둘의 값이 같다면 항목의 수가 적은 〈표 2〉를 이용하는 것도 방법이다.

보기 ㄴ. 2018년의 비율을 구하면 100%다. '비율은 100%를 넘을 수 없으므로 2018년이 가장 비율이 높은 해다.'라고 생각하고 넘어가면 안 된다. 다른 연도 역시 100%가 나올 경우 2018년과 그 해가 가장 비율이 높은 해이기 때문이다.

보기 ㄷ.

[방법 1]

이 선지를 정확하게 풀려면, 2018~2021년 각각의 여름철 물놀이 사고 사망자 수를 모두 구해야 한다. 만약 보기 ㉠ 시간단축 Tip처럼 집단별로 사망자 수를 구했다면, 정확한 값은 모르지만 2018년을 제외한 2019~2021년의 사망자 수는 매년 30~40명이라는 것을 알 수 있다. 따라서 선지가 맞다면, 수영 미숙에 의한 사망자는 2019~2021년 동안 매년 30~40명의 30% 이상인 9~12명 이상이어야 한다. 〈표 2〉에서 수영 미숙에 의한 사망자는 2019~2021년 동안 매년 12명 이상이므로 옳다. 2018년의 경우 쉽게 계산이 가능하다.

[방법 2]

여름철 물놀이 사고 중 수영 미숙으로 인한 사망자 비율이 30% 이하이기 위해선 그 분자인 수영 미숙으로 인한 사망자 수가 적어야 할 것이다. 이때 2018년부터 2021년 중 수영 미숙 사망자 수가 가장 적은 값은 2021년으로 12명이다. 이때 12명이 30%가 되기 위한 전체 값은 40명이다. 즉, 분모인 여름철 물놀이 사고 사망자가 40명 이상이어야 수영 미숙으로 인한 사망자 비율이 30% 이하가 될 것이다. 그런데 물놀이 사고 중 사망자 전체 수가 40명 이상인 해는 없다. 심지어 다른 연도는 수영 미숙으로 사망한 수가 12명 이상이기까지 하다. 따라서 해당 선지는 맞다고 판단할 수 있다.

여기서 중요한 것은 무작정 30%가 넘는지 판단하는 게 아니라, 2021년의 수영 미숙 수를 기준으로 비교의 기준이 되는 값 40을 도출하여 '기준을 정하고 비교'를 한다는 것이다. 이때 2021년 수영 미숙으로 인한 사망자 수를 기준으로 정한 이유는 그 수가 '보기 편하고', 위에서 언급했듯이 가장 '반례가 나오기 쉽기 때문'이라는 것을 알아가면 좋다. 만약 이렇게 해서 답이 명확하지 않으면 그다음에 구체적인 계산을 해도 늦지 않다.

보기 ㄹ. 매년 하천 사고에 의한 사망자가 60% 이상인지 확인해야 하므로 계산이 많이 필요하다. 따라서 모든 연도를 대상으로 60%를 계산하기보다는, 60% 미만일 것 같은 연도(=반례)를 찾아내 확인하는 것으로 시간을 절약할 수 있다. 먼저 60%는 절반인 50%를 넘는 숫자이므로 〈표 2〉에서 하천 사고에 의한 사망자 수가 23으로 큰 편인 2019년과 2021년보다는, 2018년과 2020년을 위주로 반례인지 확인하면 좋다. 실제로 반례는 2020년이었으므로, 1~2개의 연도만 확인한 후에 바로 정답을 고를 수 있다. 이렇게 반례로 의심스러운 연도를 추리고 확인하면 문제 풀이 시간을 크게 줄일 수 있다.

보기 ㅁ. 기출에 자주 등장하는 전형적인 '최소 교집합' 유형이므로 관련 공식을 외워두면 좋다.

[방법 1]

주어진 자료는 여름철 물놀이 사고 사망자 수를 '연령대별'과 '장소 및 원인별'이라는 별개의 집단으로 구분한 자료다. 이렇게 구분된 두 집단에 '동시에' 속하는 것의 개수를 찾을 때 '최소 교집합'을 떠올리면 된다. 이 보기는 '연령대별'(A집단)과 '장소 및 원인별'(B집단)에 동시에 속하는 항목의 개수를 찾는 것이다. 이때의 공식은 (A집단에 속하는 개수)+(B집단에 속하는 개수)−(전체에 속하는 개수)=(n(A)+n(B)−n(U))이다. 보기 ㉤에 적용하면, 29(30대 이상)+9(안전 부주의)−37(2021년 전체 물놀이 사고 사망자 수)이다. 이렇게 구한 값이 0보다 크다면, '동시에' 속하는 것이 존재한다는 의미다. 29+9−37=1이므로, 30대 이상과 안전 부주의 집단에 동시에 속하는 사람이 적어도 1명 이상 있다는 뜻이다. 최소 교집합 관련해서 사용할 수 있는 공식들을 정리하면 다음과 같다.

- 전체 합계(n(U))가 주어졌을 때
  : $n(A)+n(B)-n(U)$
- 전체 합계(n(U))가 주어지지 않았을 때
  : $n(A)-n(B^C)$
- 주어진 집단이 3개일 때
  : $n(A)+n(B)+n(C)-2\times n(U)$

[방법 2]

공식을 꼭 활용하지 않아도 이러한 문제는 '극단으로 몰기' 방법을 통해 풀 수 있다. 대체로 'ㅇㅇ이 00명 이상이다.' 문제는 선지와 최대한 반대로 했을 때도 정답이 되는지를 살펴보면 된다. 예를 들어 2021년 안전 부주의 사망자 중 30대 이상 사망자가 1명 이상이라는 것은 2021년 안전 부주의 사망자가 전부 10대 미만, 10대, 20대로 들어간다 하더라도 2021년 안전 부주의 사망자 수가 남음을 의미한다. 즉, 문제에서 2021년 안전부주의 사망자는 9명이었고, 9명이 전부 10세 미만, 10대, 20대에 해당한다고 가정했을 때, 그렇게 해도 9−8=1로 1명이 남는다. 이 1명은 필연적으로 30대나, 40대나, 50대 이상으로 들어갈 수밖에 없어서 ⓜ이 맞는 보기가 되는 것이다. 이렇게 특정 수 이상이나 이하 문제가 나오면 문제에서 극단으로 원하는 항목의 반대 항목 수를 전부 채워 넣는다고 생각하면 문제를 좀 더 빨리 풀 수 있다.

17 정답 ❷

난이도 ●○○

자료해석 – 자료의 특정한 값을 추론하는 문제

4대 주요 발생 장소 및 4대 주요 원인별 여름철 물놀이 사고 사망자 수를 정리하면 다음과 같다.

연도	4대 주요 발생 장소	4대 주요 원인
2018	16+3+2+2=23	6+13+3+2=24
2019	23+3+5+4=35	9+14+5+6=34
2020	19+3+1+12=35	8+14+3+8=33
2021	23+7+2+5=37	9+12+6+2=29

이 중 4대 주요 발생 장소보다 4대 주요 원인이 더 많은 해는 2018년이다. 2018년의 10대의 여름철 물놀이 사고 사망자 수는 6명, 20대의 사망자 수는 4명이다. 따라서 2018년의 10대와 20대 여름철 물놀이 사고 사망자 수의 연령대별 평균은 $\frac{6+4}{2}$ =5(명)이다.

합격자의 실전 풀이 순서

❶ 여름철 물놀이 사고 사망자 수가 4대 주요 발생 장소보다 4대 주요 원인이 더 많은 해를 찾는다.

❷ 10대와 20대의 평균 여름철 물놀이 사고 사망자 수를 구한다.

합격자의 시간단축 Tip

Tip ❶ 이 문제는 연도별로 4대 주요 발생 장소와 4대 주요 원인의 사망자 수를 비교해야 한다. 그러나 장소별, 원인별로 모두 더해서 비교하면 시간이 오래 걸린다. 그러므로 '차이값'을 통해서 계산 속도를 올려야 한다. 차이값이란, 각 집단에서 공통으로 가진 숫자를 제외하고 남아있는 숫자끼리만 '차이'를 계산하는 것이다. 예로 2018년 4대 주요 발생 장소는 16+3+2+2고, 4대 주요 원인은 6+13+3+2다. 여기서 두 집단이 공통으로 가진 3과 2를 제외하면, 4대 주요 발생 장소는 16+2, 4대 주요 원인은 13+6만 남는다. 이렇게 남아있는 숫자끼리의 차이를 확인한다. 숫자끼리의 차이를 확인할 때는, 한쪽 집단의 숫자를 기준으로 하는 게 좋다. 16+2를 기준으로 한다면, 13은 16에서 −3이고, 6은 2에서 +4이므로, 13+6은 −3+4로 바뀐다. 기준이 된 16+2는 계산이 끝났으니 0+0으로 바뀐다. 즉 13+6 쪽에서 차이값이 +1이 되었으므로 16+2보다 13+6이 더 크다고 볼 수 있다. 이런 식으로 더하거나 빼야 할 숫자가 많은 경우, 차이값을 이용해 계산 속도를 높일 수 있다.

Tip ❷ 이 문제에서 요구하는 값은 계산하기 쉬워 해당하지 않지만, 이러한 유형에서 '여름철 물놀이 사고 사망자 수가 4대 주요 발생 장소보다 4대 주요 원인이 더 많은 해'를 구하기에는 시간이 부족할 때, 다음과 같은 방법을 10초 내외로 활용하여 찍어서 맞출 확률을 높일 수 있다.
'10대와 20대의 평균 여름철 물놀이 사고 사망자 수'는 두 값의 산술평균으로 빠르게 구할 수 있다. 이를 선지와 비교하여 제외되는 값(선지 ③: 6)을 제외한 나머지 선지로 찍는다.
그리고 직접 합계를 구하지 않더라도 4대 주요 발생 장소 중 '하천'의 값이 '23'으로 높은 2019년과 2021년은 4대 주요 발생 장소 사망자 수가 4대 주요 원인의 사망자 수보다 훨씬 높음을 알 수 있다. 그렇다면 남은 선지는 ②, ④가 된다.

18 정답 ❹

난이도 ●○○

자료해석 – 자료의 특정한 값을 추론하는 문제

(1) A의 값 구하기

각주를 참고하여 2021년과 2022년의 생산량과 수출액 관계를 표현하면 다음과 같다. (이하 단위 생략)

- 2021년 수출액: $3,200\times A+B^2=29,700$
- 2022년 수출액: $3,900\times A+B^2=36,000$

연립방정식을 풀기 위해 2022년 수출액에서 2021년 수출액을 빼면 다음과 같다.

$700\times A=6,300$

따라서 A의 값은 9이다.

(2) B의 값 구하기

각주와 위에서 구한 A의 값을 이용해 2021년 수출액을 나타내면 $3,200\times 9+B^2=29,700$이다.

이를 정리하면 $28,800+B^2=29,700$이므로 $B^2=900$이다.

$B>0$이므로 B의 값은 30이다.

PART 3 실전모의고사

(3) 위에서 구한 A, B의 값이 맞는지 확인하기 위해 연도별 생산량과 수출액 관계를 각주의 식을 이용해 구하면 다음과 같다.

- 2021년 수출액: $3{,}200\times A+B^2=3{,}200\times 9+30^2=29{,}700$
- 2022년 수출액: $3{,}900\times A+B^2=3{,}900\times 9+30^2=36{,}000$
- 2023년 수출액: $4{,}500\times A+B^2=4{,}500\times 9+30^2=41{,}400$
- 2024년 수출액: $5{,}000\times A+B^2=5{,}000\times 9+30^2=45{,}900$

따라서 정답은 ④ A: 9 / B: 30이다.

합격자의 실전 풀이 순서

[방법 1]

❶ 발문을 읽고 A, B를 도출할 수 있는 단서를 찾는다.

❷ 선지를 활용해서 문제를 해결한다. 이때, 중간 정도 값인 선지 ③을 먼저 대입하고 그 결과에 따라 값을 늘리거나 줄인다.

❸ 선지 ③에 표기된 A, B의 값 8, 40을 2021년 수출액과 생산량의 관계식에 대입해 보자. 이때 각주의 식 (수출액)=(생산량)×A+B^2을 (생산량)=[(수출액)−B^2]÷A로 변형시켜 생각해 보자.
(수출액)−B^2=29,700−1,600=28,100이고, [(수출액)−B^2]÷A=3,512.5이다.
A에 8보다 큰 9를 대입하면 [(수출액)−B^2]÷A=28,100÷9≒3,122.2다.

❹ 이는 2021년의 생산량인 3,200보다 작은 값이다. 즉, 처음에 1,600이 아닌 900을 빼야 함을 알 수 있다. 따라서 정답은 A: 9 / B: 30인 ④이다.

[방법 2]

❶ 선지에 주어진 B의 값을 통해 B^2을 먼저 계산해 보면 1,600 혹은 900이므로, 백의 자리 숫자는 6 또는 9임을 알 수 있다.

❷ 2021년의 생산량 값에 선지로 주어진 A값을 곱하여 백의 자리를 확인한다. 7, 8, 9를 곱했을 때 백의 자리는 각각 4, 6, 8이 된다.

❸ 2021년의 수출액은 29,700이므로 백의 자리 숫자는 7이다. 이는 9+8=17의 경우에만 가능하다. 따라서 정답은 선지 ④이다.

[방법 3]

❶ 명시적으로 법칙[(수출액)=(생산량)×A+B^2]이 제시된 문제이므로 법칙을 이용하여 접근한다.

❷ 법칙이 있으므로 모든 연도가 법칙에 부합해야 한다. 따라서 여러 연도를 보는 것보다는 하나의 연도를 파악하여 법칙에 부합하는지를 판단한다.

❸ 선지에 제시된 B를 보면 30 또는 40의 값을 가진다. 법칙에 따라 제곱하면 B가 수출액에 포함되는 값은 900 또는 1,600이다. 그런데 2021년을 보면 수출액은 29,700의 큰 수로 B의 제곱이 큰 영향을 미치지 않음을 알 수 있다. 따라서 A의 크기에 주목한다.

❹ 2021년의 경우 수출액이 29,700에 근접하려면 A가 9여야 한다. 그렇다면 (생산량)×A=3,200×9=28,800이다.

따라서 B^2은 900이 되어야 하므로 B는 30이고, 정답은 ④이다.

합격자의 시간단축 Tip

Tip ❶ 선지를 적극 활용한다.

선지를 살펴보면 A에 올 수 있는 숫자는 7, 8, 9이며 B에 올 수 있는 숫자는 30, 40임을 알 수 있다. 각주의 관계식을 통해 A, B의 값을 정확히 도출하는 것이 아니라, 선지에 제시된 A, B의 값이 타당한지 확인하는 것이 효율적이다. 또한, B에 올 수 있는 숫자의 개수가 A의 경우보다 적으므로, 30과 40이 B에 올 수 있는지를 먼저 검토하는 것이 좋다. 이 경우에 30이 3개의 선지, 40이 2개의 선지에 분포하고 있다. 따라서 30이 B가 될 수 있는지를 먼저 확인한다.

Tip ❷ 계산하기 편한 연도를 기준으로 A, B를 대입한다.

계산을 간소화할 수 있는 숫자를 찾아 해당 연도를 먼저 검토하면 시간을 단축할 수 있다. 관계식이 곱셈을 포함하고 있기 때문에 생산량 값을 고려했을 때, 2024년의 경우가 계산이 용이하다. 사칙연산의 순서를 고려하여 45,900(2024년의 수출액)에서 $30^2=900$을 뺀 후 5,000으로 나누면 A를 쉽게 도출할 수 있다.

Tip ❸ 숫자들이 9의 약수임을 확인하고 문제를 해결할 수 있다.

① 우선 2021년을 기준으로 보면, 29,700은 9(900)의 약수임을 한눈에 알 수 있다. 즉, 29,700에서 900(30^2)을 빼도 여전히 9의 약수일 것이다.
② 2022년의 36,000은 2021년의 29,700보다 6,300만큼 크다. 마찬가지로 2023년의 41,400은 2022년의 36,000보다 5,400만큼 크고 2024년의 45,900은 2023년의 41,400보다 4,500만큼 크다.
③ 즉, 모든 수 사이의 간격이 9(900)의 배수로 이루어져 있으므로 900(30^2)을 빼도 모두 여전히 9의 약수이다. 이를 통해 선지 ④가 답임을 알 수 있다.

Tip ④ 법칙이 주어졌음을 인지한다.

법칙이 주어졌고 이 법칙을 준수하기 위한 숫자를 고르는 문제다. 그렇다면 각 연도는 법칙에 해당하는 숫자를 찾기 위한 수단일 뿐이다. 법칙을 찾은 후 모든 연도의 숫자가 법칙을 준수하는지 확인하는 시간 낭비를 할 필요가 없다.

19 정답 ③ 난이도 ●●○

자료해석 - 자료의 특정한 값을 추론하는 문제

제시된 제품별 판매량을 통해 2022~2025년 제품별 판매량의 전년 대비 증가분을 구하면 다음과 같다.

구분	2021년	2022년	2023년	2024년	2025년
X제품	680	810	960	1,130	1,320
X제품 증가분	-	130	150	170	190
Y제품	1,360	1,540	1,720	1,900	2,080
Y제품 증가분	-	180	180	180	180

X제품은 2022년 기준 전년 대비 130개 증가했고, 이후 매년 20개씩 추가로 더 증가하는 규칙이 있음을 알 수 있다. 반면 Y제품은 매년 180개씩 일정한 규모로 증가하고 있음을 알 수 있다.
도출한 규칙을 토대로 2031년 두 제품의 판매량을 구하면 다음과 같다.

- X제품: 1,320(2025년 판매량)+210+230+250+270+290+310=2,880(개)
- Y제품: 2,080(2025년 판매량)+180+180+180+180+180+180=3,160(개)

2031년 두 제품 판매량의 합은 2,880+3,160=6,040(개)이다. 따라서 정답은 ③이다.

합격자의 실전 풀이 순서

[방법 1]

❶ 제시된 표에서 각 제품의 판매량 증가 규칙을 파악한다.

❷ 이후 2031년의 X제품과 Y제품의 판매량의 합을 도출한다.

[방법 2]

❶ X제품과 Y제품의 판매량은 각각 일정한 규칙으로 변화한다고 하였다. 2021~2024년 X제품과 Y제품의 판매량의 합을 계산한다.

❷ 2021~2024년 X제품과 Y제품의 판매량 합은 2,040개 → 2,350개 → 2,680개 → 3,030개이므로, 2022~2024년 전년 대비 판매량 합의 증가분은 310개 → 330개 → 350개이다. 즉, 2022년의 전년 대비 증가분은 310개이고 이후 20개씩 추가로 더 증가한다.

❸ 이를 통해, 2031년 X제품과 Y제품의 판매량 합을 구한다. 2025년 이후를 보면 390개→410개→430개→450개→470개→490개만큼 증가하고 있다. 따라서 2031년 X제품과 Y제품 판매량의 합은 2025년의 3,400개에서 880×3=2,640(개)만큼 증가하여 3,400+2,640=6,040(개)임을 알 수 있다.

합격자의 시간단축 Tip

Tip ❶ X제품과 Y제품의 판매량 합이 어떤 규칙으로 증가하는지 파악한다.

X제품과 Y제품의 판매량 증가 규칙을 각각 도출하기보다, 총합의 증가 규칙을 도출하면 시간을 단축할 수 있다. 2021년 X제품과 Y제품의 합은 2,040개, 2022년에는 2,350개, 2023년에는 2,680개로 2022년에는 전년 대비 310개 증가했고, 2023년에는 전년 대비 330개 증가했음을 알 수 있다. 따라서 매년 X제품과 Y제품 판매량 합은 20개씩 증가했음을 알 수 있다.
이후 이미 구한 2021년의 X제품과 Y제품의 판매량 합을 활용하여, 다음과 같이 2031년 X제품과 Y제품의 판매량 합을 비교적 쉽게 도출할 수 있다.

- 2031년 X, Y제품 판매량의 합: 2,040+310×10+20×(9+8+7+6+5+4+3+2+1)=6,040(개)

Tip ❷ 변화량이 일정한 규칙을 가질 때 빠른 계산 방법

변화량이 일정한 규칙을 가질 때 변화량을 하나씩 더하거나 빼는 것보다 변화량의 양 끝을 더한 후 개수를 세는 것이 빠를 수 있다.
해당 문제에서 2025년을 기준으로 2031년의 값을 구할 경우 390, 410, 430, 450, 470, 490을 더해야 한다. 이때 양 끝단의 값인 390과 490의 합은 880이다. 양 끝단에서 중앙으로 한 칸씩 이동한 값은 410, 470으로 역시 그 합은 880이다. 따라서 변화량의 값이 6개이므로 양 끝단 값의 합 880을 3번 더하는 것이 변화량의 총합과 같다. 만약 변화량의 개수가 홀수인 경우, 위와 동일한 방법을 진행한 후 양 끝단 값의 합의 절반을 더하면 된다. 중앙값은 반드시 양 끝단 값의 합의 절반이기 때문이다.
이를 이용하여 변화량 값의 개수가 홀수일 때 중앙값을 찾고 중앙값에 변화량 개수를 곱하면 전체 변화량의 값을 알 수 있다. 변화량 값의 개수에 따라 편한 방법을 사용하면 된다.

20 정답 ②

난이도 ●●●

자료해석 – 제시된 자료를 다른 형태의 자료로 변환하는 문제

제시된 A기업의 SSD 판매 수익 및 비용을 통해 연도별 순이익과 2020~2024년 순이익의 전년 대비 증가분을 구하면 다음과 같다.

구분	2019년	2020년	2021년	2022년	2023년	2024년
수익	170	210	270	250	262	290
비용	70	90	90	106	118	74
순이익	100	120	180	144	144	216
증가분	–	20	60	−36	0	72

위에서 구한 순이익과 순이익의 증가분을 토대로 2020~2024년 SSD 판매 순이익의 전년 대비 증감률을 구하면 다음과 같다.

- 2020년: $\frac{20}{100}\times100=20(\%)$
- 2021년: $\frac{60}{120}\times100=50(\%)$
- 2022년: $\frac{-36}{180}\times100=-20(\%)$
- 2023년: $\frac{0}{144}\times100=0(\%)$
- 2024년: $\frac{72}{144}\times100=50(\%)$

따라서 정답은 ②다.

합격자의 실전 풀이 순서

[방법 1]

❶ 순이익이 표에 제시되어 있는지를 확인하고, 숫자가 복잡하지 않으므로 연도별 순이익을 빠르게 계산한 후 표시한다.

❷ 순이익의 전년 대비 증감률과 선지의 그래프에 제시된 수치가 일치하는지 확인한다.

[방법 2]

❶ 2019년 대비 2020년의 증감률이 정확히 20%인지 확인한다. 숫자가 간단하기 때문에 빠르게 처리할 수 있다. 이 과정을 통해 선지 ③, ④를 소거한다.

❷ 2021년 대비 2022년의 증감률이 정확히 −20%인지 확인한다. 이를 통해 선지 ①을 소거한다.

❸ 2023년 대비 2024년 순이익의 증가·감소 여부만 확인한다. 수익은 증가했고 비용은 감소했으므로 순이익은 증가했다. 따라서 증감률은 양수이므로 정답을 선지 ②로 빠르게 도출할 수 있다.

합격자의 시간단축 Tip

Tip ❶ 시간이 오래 걸릴 것 같은 문항은 넘어가는 것이 좋다.

문항당 배점이 동일하기 때문에 난이도가 높고 시간이 오래 걸리는 문항보다 난이도가 낮고 비교적 시간이 적게 걸리는 문항을 많이 푸는 것이 고득점을 향한 주요 전략이다. 따라서 시간이 오래 걸리는 것으로 예상되는 문항은 신속하게 넘기고 시간이 적게 걸리는 다른 문항을 많이 해결하는 것이 좋다. 해당 문제는 각주에 따라 연도별 순이익을 도출해야 하고, 또한 이를 활용하여 순이익의 전년 대비 증감률을 도출해야 하므로 시간이 오래 걸릴 수 있다. 따라서 증감률을 신속하게 계산할 자신이 없다면 해당 문제는 신속히 넘어가는 것이 전략이다.

Tip ❷ 계산이 쉬운 경우 계산을 하고, 계산이 어려운 경우에는 선지의 정보를 활용한다.

연도별 순이익을 모두 도출한 경우 2020년의 전년 대비 순이익 증감률은 비교적 쉽게 계산할 수 있으나, 2024년의 전년 대비 순이익 증감률은 긴장이 되는 상황에서 도출하기 어려울 수 있다. 이때, 정확한 값을 도출하기보다 소거하고 남은 선지의 결괏값을 활용하여 해당 값이 맞는지 확인하는 것이 시간 단축에 도움이 될 수 있다.

영역❷ 추리

01 정답 ❷ 난이도 ●○○

언어추리 – 명제추리 문제

제시된 명제를 다음과 같이 논리기호로 변형시킨 후 결론이 참이 되게 하는 [전제2]을 찾아보자.

> [전제1] ∃(변리사) ∧ (약학)
> [전제2]
> [결 론] ∃(변리사) ∧ (물리학)

[전제1]과 [결론]의 전건이 동일하므로 [결론]이 참이 되기 위해서는 [전제2]에는 (약학)과 (물리학) 사이에 연결 논리가 필요하다는 것을 확인할 수 있다. 즉, '∃(변리사) ∧ (물리학)'이라는 논리가 참이 되려면 (약학) → (물리학)이 필요하다. 따라서 [전제2]에 들어갈 명제는 '약학대학을 졸업한 모든 사람은 물리학 과목을 이수했다.'이다.

합격자의 시간단축 Tip

Tip ❶ 삼단논법 유형에서 비어 있는 전제 또는 결론을 보다 쉽게 도출하는 공식이 존재한다.

(1) 본 문제를 통해 설명하면, [전제1]에는 나와 있으나 [결론]에는 나와 있지 않은 조건은 '약학대학 졸업'이다. 이러한 조건은 중간에 매개체로 사용되는 조건으로, 두 개의 전제에서 한 번은 후건으로, 한 번은 전건으로 주어지게 되며 두 개의 전제가 만나면서 소거된다.

(2) 다음으로, 전제에는 나와 있지 않지만 [결론]에는 나와 있는 조건은 '물리학 과목 이수'로, 이러한 조건의 경우 두 전제 중 하나의 전제에서 등장하게 되며 후건으로 등장해야 한다.

(3) 이를 종합해 보면 [전제2]에는 '약학대학 졸업'이 전건으로, '물리학 과목 이수'가 후건으로 나와야 삼단논법이 성립한다.

> * 논리학과 관련된 지식이 없더라도 쉽게 풀 수 있는 문제다. 다만 이 문제를 풀었음에 만족하지 말고 이러한 문제를 푸는 체계 자체를 익히는 것을 목표로 하자. 가장 좋은 방법은 선지를 보기 전에 미리 예측해 보는 방법이다. 어떤 변리사가 약학대학을 졸업하였는데, 어떤 변리사가 물리학을 이수했다는 결론이 나오기 위해서는 반드시 약학대학과 물리학의 관계에 대한 전제가 필요하다. 이때 가능한 전제를 미리 예측해 보면 보다 어려운 난이도의 문제를 만났을 때에도 정답을 맞힐 확률을 높일 것이다.

Tip ❷ 삼단논법을 구성하는 3개의 명제가 모두 '어떤'으로 제한된 특칭명제인 경우 삼단논법이 성립하지 않는다. '모든'을 사용하는 전칭명제가 두 전제 중 최소한 1개 이상 있어야 한다. 이것을 집합관계로 설명해 보겠다. '모든'은 포함관계이고, '어떤'은 교집합이 존재하는 관계이다.

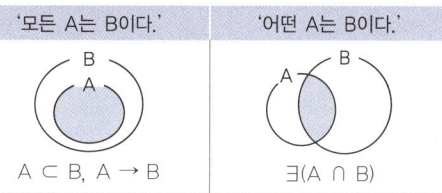

'모든 A는 B이다.'	'어떤 A는 B이다.'
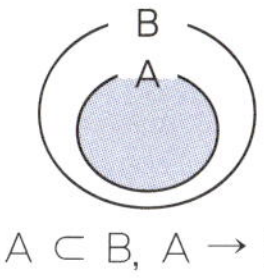 A ⊂ B, A → B	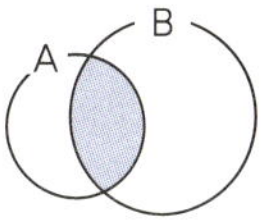 ∃(A ∩ B)

어떤 명제 'A는 B이다.'가 참이 되려면 전건 A를 만족하는 모든 x가 후건 B를 만족해야 하므로 집합관계 A ⊂ B가 성립해야 한다. 따라서 삼단논법에서 [결론]이 참이 되려면 [전제1] 또는 [전제2] 중에 하나는 이 포함관계가 성립해야 하므로 '모든'이 두 전제 중 하나에는 있어야 한다. 문제의 조건을 집합관계로 나타내면 [전제1]과 [결론]은 다음과 같다.

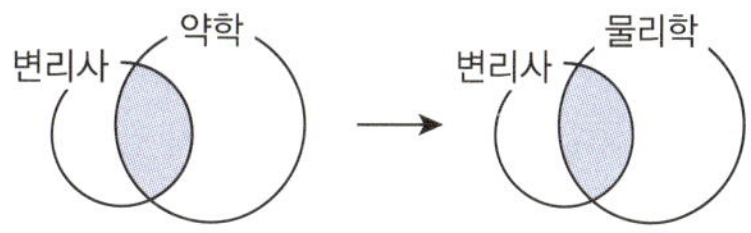

[전제1] [결론]

이때, 만약 [전제2]가 '약학대학을 졸업한 어떤 사람은 물리학 과목을 이수했다.'라면 (변리사)와 (물리학)의 논리관계가 성립되기가 어렵다. (아래 그림과 같은 반례가 존재) 따라서 ⑤는 틀린 선지이다.

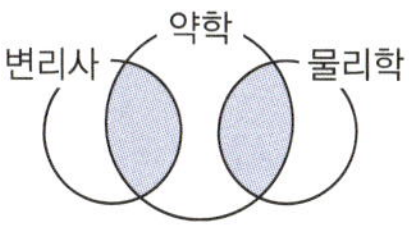

참이 되어야 하는 [결론]은 '어떤 변리사는 물리학 과목을 이수했다.'이므로 (변리사)와 (물리학)의 교집합이 존재하도록 하는 (약학)과 (물리학)의 관계는 포함관계, 즉 (약학대학) ⊂ (물리학)의 전제가 필요하다.

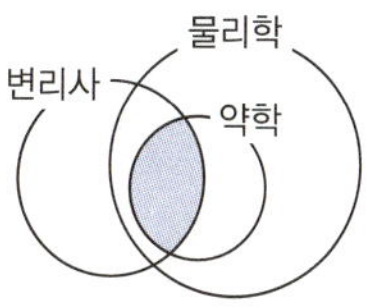

Tip ③

(1) [전제2]에서 '모든'이 들어가야 하는 이유를 다음과 같이 설명할 수도 있다. '어떤'이 들어가는 명제는 '해당 특징을 가진 누군가가 존재한다.'를 뜻한다. [전제1]은 어떤 변리사가 하나 있는데, 그 변리사가 약학대학을 졸업했다는 것을 의미한다. 따라서 [전제1]은 '변리사 A는 약학대학을 졸업했다.'로 볼 수 있다.
마찬가지로 [결론]의 '어떤 변리사는 물리학 과목을 이수했다.'는 어떤 변리사가 하나 있는데, 그 변리사는 물리학 과목을 이수했다는 것을 의미한다. 이 변리사가 [전제1]의 변리사와 동일인인지는 알 수 없다. 따라서 [결론]이 참이 되려면 결론의 '어떤 변리사'는 변리사 A가 되어야 한다.

(2) 변리사 A는 약학대학은 졸업했으나 물리학 과목을 이수했는지 여부는 알 수 없다. 따라서 이 둘의 연결고리가 필요하다. 만약 '어떤 약학대학을 졸업한 사람은 물리학 과목을 이수했다.'라는 명제가 추가될 경우 어떤 약학대학을 졸업한 사람은 물리학 과목을 이수하지 않았고, 동시에 변리사 A가 약학대학을 졸업하고도 물리학 과목을 이수하지 않을 수 있다.
반면 '모든 약학대학을 졸업한 사람은 물리학 과목을 이수했다.'라는 명제가 추가될 경우 변리사 A는 약학대학을 졸업했기 때문에 반드시 물리학 과목을 이수했다.

(3) 한편, 선지 ③번과 ④번의 경우 결론의 후건이 [전제2]의 전건으로 나오게 되는데 이것으로 바로 오답임을 알 수 있어야 한다. 왜냐하면 삼단논법에서는 전제의 마지막 부분이 결론의 후건으로 나와야 하기 때문이다. 해당 문제의 경우 [전제2]가 전제의 마지막 부분이므로 [전제2]의 후건이 결론의 후건이 되어야 한다.
선지 ③의 '물리학 과목을 이수한 모든 사람은 약학대학을 졸업했다.'는 (물리학) → (약학대학)이다. 이는 [전제1]의 어떤 것과도 연결할 수 없다. [전제1]의 후건이 [전제2]의 전건과 연결되는 것이 필요하기 때문이다.

02 정답 ③ 난이도 ●●●

언어추리 - 명제추리 문제

문제의 조건을 집합관계로 나타내면 [전제1]과 [전제2]는 다음과 같으므로 [결론]은 다음과 같다.

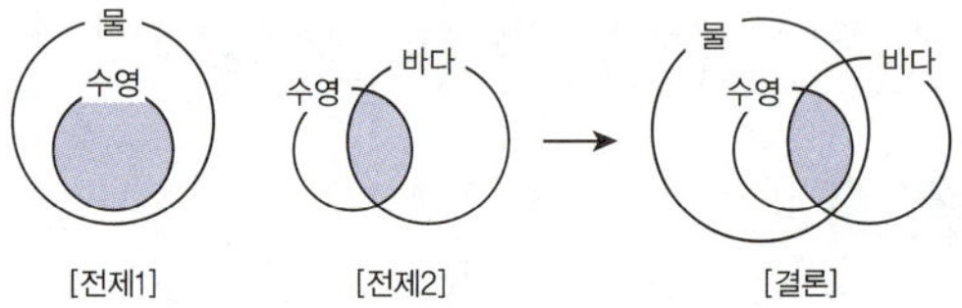

따라서 두 전제를 통해 도출되는 결론은 {(수영) ∩ (바다)} ⊂ (물)이므로 이 상황에 부합하는 선지를 고르면 다음과 같다.

① (×) 수영을 좋아하는 모든 사람은 바다를 좋아한다.
→ 논리기호로 변형하면 (수영) → (바다)이므로 집합관계로 나타내면 (수영) ⊂ (바다)이다. 따라서 [결론]의 상황에 부합하지 않는다.

② (×) 바다와 수영을 좋아하는 어떤 사람은 물을 좋아하지 않는다.
→ 논리기호로 변형하면 ∃(바다) ∧ (수영) ∧ ~(물)이므로 집합관계로 나타내면 (바다) ∩ (수영) ∩ (물)^{C}이고 이것이 ϕ이므로 [결론]에 부합하지 않는다.

③ (○) 수영을 좋아하는 어떤 사람은 물과 바다를 좋아한다.
→ 논리기호로 변형하면 ∃(수영) ∧ (물) ∧ (바다)이므로 집합관계로 나타내면 (수영) ∩ (물) ∩ (바다)가 존재하므로 [결론]의 상황에 부합한다.

④ (×) 물과 바다를 좋아하는 모든 사람은 수영을 좋아한다.
→ 논리기호로 변형하면 (물) ∧ (바다) → (수영)이므로 집합관계로 나타내면 {(물) ∩ (바다)} ⊂ (수영)이다. 따라서 [결론]의 상황에 부합하지 않는다.

⑤ (×) 바다를 좋아하는 모든 사람은 물을 좋아한다.
→ 논리기호로 변형하면 (바다) → (물)이므로 집합관계로 나타내면 (바다) ⊂ (물)이다. 따라서 [결론]의 상황에 부합하지 않는다.

합격자의 시간단축 Tip

Tip ① '어떤'의 개념을 '존재한다'의 개념으로 이해할 경우 문제 풀이가 보다 수월할 것이다. [전제2]에 의하면 수영을 좋아하지만 바다를 좋아하지 않는 사람도 존재한다. 반면, [전제1]에 의하면 수영을 좋아하지만 물을 좋아하지 않는 사람은 존재하지 않는다.
따라서 수영을 좋아하고 바다도 좋아하는 어떤 사람은 물도 좋아한다. 수영을 좋아하는 사람 중 바다를 좋아하는 사람이 존재하고, 수영을 좋아하는 사람 모두 물을 좋아하기 때문이다. 즉, 수영을 좋아하는 어떤 사람은 물과 바다를 좋아한다.

* 가능한 결론을 미리 예측해 보는 것이 의미가 있다. 다만 전제를 예측하는 것보다는 그 의미가 덜하다. 왜냐하면 같은 전제를 통해서도 수많은 결론이 도출 가능하기 때문이다. 따라서 전제 간의 관계를 통해 유력해 보이는 결론을 예측하는 선에서 예측을 멈추고 선지를 점검하는 것이 타당하다.

Tip ❷ 모든 문제를 논리기호를 사용해 풀 필요는 없다. 본 문제의 경우 명제 그대로의 의미로 파악하는 것이 더 효과적이며, 해설처럼 논리기호를 사용할 경우 더 복잡해진다. 많은 논리 문제를 풀어보며 효과적으로 논리기호를 사용할 수 있는 방법을 체득해 보자.

Tip ❸ 사실 정확한 결론은 '물을 좋아하는 어떤 사람은 바다를 좋아한다.'이다. [전제1]에 의해 [전제2]의 전건인 '수영을 좋아하는'이 '물을 좋아하는'으로 바뀌게 되기 때문이다. 그러나 선지에 이와 같은 문장이 없으므로 의미상 가장 유사한 ③이 답이 된다. 나머지 선지들은 모두 전제 자체와 어긋난다.

03 정답 ❷

난이도 ●●●

언어추리 – 명제추리 문제

(1) [전제2]와 [결론]의 구성을 살펴보면, 각각의 전건에서 '여행을 좋아하는 모든 사람은'이라는 표현을 동일하게 사용한다는 것을 파악할 수 있다. [결론]의 '모험심이 있다.'가 어떻게 도출될 수 있을지를 알아본다.

(2) [결론]을 도출하기 위해선 [전제1]과 [전제2]가 연결되어야 한다. 논증 구조를 살펴보면 '사진 찍기를 좋아한다.'와 '모험심이 있다.'의 연결이 필요함을 알 수 있다.

(3) 이를 구하기 위해선 삼단논법의 형식을 참고해야 한다. 일반적인 삼단논법의 경우 p → q, q → r, p → r의 형식이지만, 본문제의 경우 q → r, p → q, p → r의 순서이다. 따라서 [전제2]의 후건인 '사진 찍기를 좋아한다.'가 [전제1]의 전건, [결론]의 후건인 '모험심이 있다.'가 [전제1]의 후건이 되어야 한다.

(4) 따라서 [전제1]은 '사진 찍기를 좋아하는 모든 사람은 모험심이 있다.' 또는 대우 관계인 '모험심이 없는 모든 사람은 사진 찍기를 좋아하지 않는다.'가 된다. '여행을 좋아하는 사람' → '사진 찍기 좋아하는 사람' → '모험심이 있는 사람'의 구조임을 확인할 수 있다.

합격자의 시간단축 Tip

Tip ❶ 논리기호를 사용해도 빠르게 풀 수 있다.
지문의 명제를 다음과 같이 논리기호로 변형시킨 후 [결론]을 항상 참으로 하는 [전제1]을 도출해 보자.

[전제1] [전제2] (여행) → (사진) [결 론] (여행) → (모험심)

따라서 참인 결론이 나오려면 [전제1]의 전건과 [전제2]의 후건이 연결되어야 함을 확인할 수 있다. (사진)과 (모험심)의 연결이 필요하므로 [전제1]은 (사진) → (모험심) 또는 그 대우명제인 ~(모험심) → ~(사진)이 답이 되는 상황이다. 논리는 (여행) → (사진) → (모험심)이다.

Tip ❷ 결론은 [전제1]과 [전제2]에서 공통된 사항을 매개로 도출된다. 본 문제에서는 '사진 찍기를 좋아한다.'가 [전제1], [전제2]의 공통점이다.

Tip ❸ 참고로 본 문제의 모든 선지를 기호화하면 다음과 같다.

- 1번 선지: ~(모험심) → (사진)
- 2번 선지: (사진) → (모험심)
- 3번 선지: (모험심)m ∩ ~(사진)m
- 4번 선지: (사진) → ~(모험심)
- 5번 선지: (모험심)n ∩ (사진)n

Tip ❹ '모든'과 '어떤'은 각각 전칭과 특칭에 해당하고, '모든'의 경우 p → q 형태의 조건문으로 표현될 수 있다. 이때 주의할 점은 전칭만으로는 특칭을 이끌어낼 수 없고, 특칭만으로는 전칭을 이끌어낼 수 없다는 점이다. 먼저, 특칭만으로는 전칭을 이끌어낼 수 없다. '어떤'에 관련한 서술은 '모두'를 이끌어낼 수 없다. 개인에 대한 특성을 집단에 대한 특성으로 환원할 수 없는 것과 마찬가지다. 다음으로, 전칭만으로는 특칭을 이끌어낼 수 없다.

[전제1] 모든 학생은 책 읽기를 좋아한다. [전제2] 모든 학생은 책을 가지고 있다. [결 론] 책 읽기를 좋아하는 어떤 학생은 책을 가지고 있다.

[전제1]과 [전제2]라는 전칭으로 [결론]이라는 특칭은 도출되지 않는다. 왜냐하면, 학생인 사람이 '0명'일 경우에 [전제1]과 [전제2]가 모두 '공허한 참'에 해당하며, 이때는 책 읽기를 좋아하는 어떤 학생이 존재하지 않게 되기 때문이다.

따라서, 특칭과 특칭의 결합으로는 전칭이 도출될 수 없고, 전칭과 전칭의 결합으로는 특칭이 도출될 수 없다. 이 점을 활용하면 본 문제에서 선지 ③, ⑤는 바로 소거할 수 있다.

04 정답 ① 난이도 ●●●

언어추리 – 조건추리 문제

ㄱ. (○) '사과와 배 상자'에서 과일 하나를 꺼내어 확인한 결과 사과라면, '사과 상자'에는 배만 들어 있다.
➜ '사과와 배 상자'에서 과일 하나를 꺼내어 확인한 결과 사과라면, '사과 상자'에는 배만 들어 있다. 이름표대로 내용물이 들어 있는 상자는 없으므로, '사과와 배 상자'에서 과일 하나를 꺼내어 확인한 결과 사과라면 '사과와 배 상자'에는 사과만 들어 있다. 남은 상자는 '사과+배'와 '배' 상자이다. 이때, '배 상자' 이름표에는 배만 들어 있는 상자가 있으면 안 되므로 '배 상자'에는 사과와 배가 들어 있다. 따라서 남은 '사과 상자'에는 배만 들어 있다.

ㄴ. (×) '배 상자'에서 과일 하나를 꺼내어 확인한 결과 배라면, '사과 상자'에는 사과와 배가 들어 있다.
➜ '배 상자'에서 과일 하나를 꺼내어 확인한 결과 배라면, '사과 상자'에는 배만 들어 있다. 이름표대로 내용물이 들어 있는 상자는 없으므로, '배 상자'에서 과일 하나를 꺼내어 확인한 결과 배라면 '배 상자'에는 사과와 배가 들어 있다. 이때, '사과' 상자에는 사과만 들어 있지 않으므로 '사과 상자'에는 배만 들어 있다.

ㄷ. (×) '사과 상자'에서 과일 하나를 꺼내어 확인한 결과 배라면, '배 상자'에는 사과만 들어 있다.
➜ '사과 상자'에서 과일 하나를 꺼내어 확인한 결과 배라면, '사과 상자'에는 배만 들어 있을 수도 있고 사과와 배가 들어 있을 수도 있다. 만일 '사과 상자'에 사과와 배가 들어 있다면, 이름표대로 내용물이 들어 있는 상자는 없으므로 '배 상자'에는 사과만 들어 있다. 만일 '사과 상자'에 배만 들어 있다면, 이름표대로 내용물이 들어 있는 상자는 없으므로 '사과와 배 상자'에는 사과만 들어 있다. 이때, '배 상자'에는 사과와 배가 들어 있다. 따라서 '배 상자'에는 사과만 들어 있을 수도 있고, 사과와 배가 들어 있을 수도 있다.

합격자의 시간단축 Tip

Tip ① 가장 함정을 만들기 쉬운 것이 사과와 배가 담긴 상자이다. 사과를 꺼내도 배를 꺼내도 사과와 배가 담겨 있을 상자일 가능성이 있기 때문에 이를 고려해 문제에 접근해야 할 것이다. 특히 보기 ㄷ의 경우 '사과 상자'에서 과일 하나를 꺼내어 확인한 결과가 '배'라면의 문장에서 자칫하면 '배 상자'로 착각할 수 있다. 이때, '사과와 배'와 '오직 배' 이렇게 두 가지 경우가 있음을 인지하고 함정에 빠지지 말아야 할 것이다.
반면 ㄱ의 경우는 판단하기가 쉬운데 그 이유는 '사과와 배 상자'에는 사과와 배가 없을 것이므로 사과가 들어 있다면 오직 사과만 들어있을 것이기 때문이다.

Tip ② 경우의 수를 다음과 같이 표로 그려 접근한다면 한 눈에 알아보기 쉬워 헷갈리지 않을 수 있다. 이때 바로 경우1과 경우2를 통째로 구하려 하기보다, 문제에서 주어진 네 번째 조건을 토대로 열별로 표를 채워 나가는 것이 보다 쉬운 접근 방법이다. 예를 들면, 사과 상자의 가능한 경우인 '배'와 '사과와 배'를 먼저 세로로 적어 두고 나머지 경우를 확인해 나가는 식이다.

구분	사과 상자	배 상자	사과와 배 상자
경우1	배	사과와 배	사과
경우2	사과와 배	사과	배

이 방법은 상자가 총 3종류이므로 경우의 수는 총 6가지인데 심지어 이름표대로 들어 있는 상자는 없다는 제약까지 있어서 경우의 수가 총 2가지밖에 존재하지 않는다. 따라서 접근하기도 까다롭지 않고 가짓수도 적어서 가장 추천하는 방법이다.

Tip ③ 정리해 가며 푸는 방법도 있다. '사과와 배', '사과', '배'를 시각화해 실수하지 않고 풀기 용이하다.

보기 ㄱ. '사과와 배 상자'에서 사과가 나오기 위해선 '사과' 상자가 필요하며, 이름표와 같게 배치되면 안되므로 남은 상자 두 개는 자연스럽게 정해진다.

사과	배	사과+배
배	사+배	사과

보기 ㄴ. '배 상자'에서 배가 나왔다면, '사과와 배' 상자만 가능하다.

사과	배	사과+배
배	사+배	사

보기 ㄷ. '사과 상자'에서 배가 나오는 경우는 '사과+배' 또는 '배' 2가지이다.

사과	배	사과+배
사+배	사	배
배	사+배	배

05 정답 ④ 난이도 ●●○

언어추리 - 조건추리 문제

〈조건〉에 따라 5명이 각각 배정받은 방의 위치를 구하면 다음과 같다.

(1) 〈조건〉 ㉢에 따라 안치홍이 배정받은 방은 계단실과 가장 가까운 가장 오른쪽 방이며, 〈조건〉 ㉡에 따라 하선빈이 배정받은 방은 안치홍의 왼쪽 방이 된다. 이때, 〈조건〉 ㉣에 따라 추민하가 배정받은 방은 장겨울이 배정받은 방과 용석민이 배정받은 방 사이에 있으므로 추민하가 배정받은 방은 남은 3개의 방 중 가운데에 위치한 방, 즉 왼쪽에서 두 번째 방이다.

엘리베이터		추민하		하선빈	안치홍	계단실

(2) 한편, 〈조건〉 ㉠과 ㉦에 의하면 용석민은 학기 성적이 두 번째로 높은 학생이므로 엘리베이터와 가장 가까운 방에 배정받지 않았다. 따라서 엘리베이터와 가장 가까운 방에 배정받은 학생은 장겨울이며, 용석민이 배정받은 방은 왼쪽에서 세 번째 방이다.

엘리베이터	장겨울	추민하	용석민	하선빈	안치홍	계단실

(3) 〈조건〉 ㉥에 의하면 계단실에 가장 가까운 방을 배정받은 안치홍은 학기 성적이 세 번째로 높으며, 〈조건〉 ㉦에 의하면 엘리베이터에 가장 가까운 방을 배정받은 장겨울은 학기 성적이 네 번째로 높다. 그런데 〈조건〉 ㉤에 의하면 학기 성적이 가장 낮은 학생이 배정받은 방은 학기 성적이 두 번째로 높은 용석민이 배정받은 방과 두 번째로 낮은 장겨울이 배정받은 방 옆에 위치하므로 학기 성적이 다섯 번째로 높은 학생은 추민하이다. 따라서 학기 성적이 가장 높은 학생은 하선빈이며, 〈조건〉 ㉠에 따라 하선빈의 전공은 마취통증의학과이다.

(4) 이를 정리하면 다음과 같다.

엘리베이터	장겨울	추민하	용석민	하선빈	안치홍	계단실
학기 성적	4등	5등	2등	1등	3등	
전공	-	-	-	마취통증의학과	-	

① (O) 학기 성적이 가장 높은 학생은 하선빈이다.
→ 하선빈의 전공은 마취통증의학과이며, 5명 중에서 학기 성적이 가장 높은 학생이다.

② (O) 학기 성적이 가장 낮은 학생은 추민하이다.
→ 추민하는 엘리베이터에 두 번째로 가까운 방에 배정된 학생이며, 5명 중 학기 성적이 가장 낮은 학생이다.

③ (O) 추민하가 배정받은 방은 하선빈이 배정받은 방보다 엘리베이터에 더 가깝다.
→ 추민하가 배정받은 방은 엘리베이터에서 두 번째로 가까운 방이며, 하선빈이 배정받은 방은 엘리베이터에서 네 번째로 가까운 방이다.

④ (×) 엘리베이터에 두 번째로 가까운 방에 배정된 학생은 용석민이다.
→ 엘리베이터에 두 번째로 가까운 방에 배정된 학생은 추민하이다.

⑤ (O) 계단실에 두 번째로 가까운 방에 배정된 학생은 마취통증의학과이다.
→ 계단실에 두 번째로 가까운 방에 배정된 학생은 하선빈이며, 하선빈의 전공은 마취통증의학과이다.

합격자의 시간단축 Tip

Tip ① 확정적인 정보를 주는 조건부터 우선 적용한다. 해당 문제의 경우 방 배정에 관해서는 〈조건〉 ㉢이 가장 확정적인 정보를 주고 있으므로, 이부터 시작해 빈칸을 채워가도록 한다. 해설이 〈조건〉 ㉢과 ㉡ 순으로 풀이를 한 이유도 그 때문이다. ㉢ 다음으로 가장 확정적인 정보를 주는 조건이 안치홍과 관련된 ㉦이다. 성적에 관하여는 ㉥, ㉦이 ㉤보다 확정적인 정보이므로 우선 적용한다.

Tip ② 본 문제는 전공(신경외과~재활의학과) - 성적(1등~5등) - 방(맨 왼쪽~맨 오른쪽)의 3개 그룹이 각각 일대일 대응관계를 이루는 대응관계 유형의 문항이다. 이 중 성적에 대한 정보가 많이 주어져 있기 때문에 이를 활용해도 좋으나, 문제에서 이미 시각적으로 방의 배치를 보여주고 있으며, 〈조건〉 ㉢과 같이 방 배정에 대한 확정적인 정보가 나와 있기 때문에 이를 적용하는 것이 훨씬 직관적일 것이다. 직관적인 정보를 우선적으로 활용해야 하는 이유는 문제를 보다 빠르게 풀어나갈 수 있기 때문이기도 하나, 실수를 줄이는 방법 중 하나라는 이유도 있다.

Tip ❸ 굳이 모든 자리 배정 및 성적을 파악한 다음 선지를 볼 필요는 없다. 정보가 어느 정도만 확정되더라도 선지를 읽고 소거할 수 있는 선지는 소거하고, 혹시 정답이 빠르게 도출된다면 정답을 도출하고 넘어가는 것이 효율적이다. 설문의 경우, 해설의 첫 번째 문단까지만 풀이하여도 정답이 ④임을 확인할 수 있다.

Tip ❹ 본 문제의 경우 발문에 전공 정보가 주어져, 전공과 사람까지 일치시켜야 한다는 생각을 가질 수 있다. 하지만 〈조건〉과 선지를 읽어보면 방의 위치와 인물의 매칭이 중심이며 전공 정보는 거의 활용되지 않는다는 것을 알 수 있다. 문항에서 묻는 정보 외에도 모든 그룹을 매치시키는 것은 연습하는 과정에서 시도해 볼만 하지만, 실전에서는 절대 피해야 할 행동이다. 이와 같이 실전에서는 정보의 필요성 여부를 잘 구별해 문제를 풀어나가는 것이 중요하다.

Tip ❺ 〈조건〉이 많기 때문에 해결한 정보들은 줄로 그어 실수를 줄이도록 하자. **Tip ❹**에서 언급했듯이 조건이 많아 보여도 본 문제처럼 비교적 간단하게 풀리는 경우가 많다. 문제 외형만 보고 넘어가지 말고, 조건을 한 번 훑거나, 확정적인 정보는 찾아본 후에 해당 문제를 계속 풀지, 시간이 남으면 풀지를 결정하는 걸 추천한다.

Tip ❻ 이 문제를 풀 때에는 크게 상관이 없었으나, 다른 문제를 풀 때 유의미하게 쓰일 수 있으므로 추가로 적어 둔다. ㉡의 경우 [하선빈][안치홍] 순서일 수도 있고, [안치홍][하선빈] 순서일 수도 있다. 그리고 ㉤의 경우 [2등][5등][4등] 순서일 수도 있고, [4등][5등][2등] 순서일 수도 있다. 다른 문제를 풀 때 답이 안 나온다면 이러한 경우를 놓친 것은 아닌지 기억해두면 좋을 것이다.

06 정답 ①

난이도 ●●○

언어추리 - 조건추리 문제

(1) 병수와 정한은 병수의 합격 여부에 대해 모순되게 이야기한다. 병수와 정한 중 한 명은 진실을 말했고 한 명은 거짓을 말했다. 합격한 3명은 진실을 말했고 불합격한 2명은 거짓을 말했기 때문에 만약 병수의 진술이 진실이라면 병수는 합격하였고 정한은 불합격하였다.
① 정한이 불합격하였으므로 을동의 진술은 거짓이고 을동은 불합격하였다.
② 을동이 불합격하였으므로 무진의 진술은 진실이고 무진은 합격하였다.
③ 무진이 합격하였으므로 갑순의 진술은 거짓이고 갑순은 불합격하였다.
그러나 이 경우 갑순, 을동, 정한의 3명이 불합격했으므로 2명이 불합격했다는 사실에 배치된다. 따라서 병수의 진술은 거짓이다.

(2) 병수의 진술이 거짓이므로 병수는 불합격하였고 정한은 합격하였다.
① 정한이 합격하였으므로 을동의 진술은 진실이고 을동은 합격하였다.
② 을동이 합격하였으므로 무진의 진술은 거짓이고 무진은 불합격하였다.
③ 무진이 불합격하였으므로 갑순의 진술은 진실이고 갑순은 합격하였다.

(3) 따라서 합격한 3명은 갑순, 을동, 정한이다.

합격자의 시간단축 Tip

Tip ❶ 이 문제의 경우 누구의 진술로부터 출발해도 문제의 체감 난이도가 크게 달라지지는 않으나 일종의 기준을 세우고 싶다면 병수와 같이 자신에 대해 진술하는 사람을 기준으로 삼는 것도 좋다. 문제에 따라 그러한 진술이 가장 큰 실마리가 되는 경우가 종종 있기 때문이다. 또한, 갑순의 진술이 참인 경우를 가정해서 갑순, 을동, 정한이 합격했다는 사실을 알아낸 경우, 갑순의 진술이 거짓인 경우는 검토하지 않고 곧바로 답을 선지 ①로 고른다.
반대로, 만일 갑순의 진술이 거짓인 경우를 먼저 가정해 모순이 발생함을 알아냈다면 갑순의 진술은 참일 것이므로 선지 ①과 ② 중 답이 나올 거라는 걸 알 수 있다. 이런 경우 다시 갑순이 참인 경우에서 차근차근 추리하여 문제를 푸는 대신, 두 선지 중 하나를 정해 대입한 다음 모순이 생기는지 확인하는 순서로 문제를 풀도록 한다.

* 어떠한 순서로 진술을 검토해도 무방하므로, 해설과는 달리 갑순의 진술부터 검토하는 풀이를 소개한다.

(1) 갑순의 진술이 참인 경우

갑순의 진술이 참인 경우 갑순은 합격했을 것이며, 무진은 탈락했을 것이므로 거짓을 말했을 것이다. 무진은 을동이 면접에 불합격했다고 진술했으므로 을동은 면접에 합격했을 것이며, 그의 진술은 참일 것이다. 그에 따라 정한 역시 면접에 합격했을 것이며, 정한의 진술은 참이므로 병수는 면접에 불합격했을 것이다. 병수는 자신이 면접에 합격했다고 하였으므로 이는 거짓이며, 탈락한 자는 거짓을 말한다는 문제의 조건과 일치한다.

이상에서 탈락한 두 명은 무진과 병수이며, 합격한 세 명은 갑순, 을동, 정한이다.

(2) 갑순의 진술이 거짓인 경우

갑순의 진술이 거짓인 경우 갑순은 불합격했을 것이며 무진은 면접에 합격했을 것이다. 이에 따라 무진의 진술은 참이므로, 을동은 면접에 불합격했을 것이며 그의 진술은 거짓이다. 을동은 정한이 면접에 합격했다고 진술하고 있으므로 정한 역시 면접에 불합격했을 것이다. 이상에서 이미 면접에 탈락한 자가 갑순, 을동, 정한 세 명으로 탈락한 사람이 2명이라는 문제의 조건에 어긋난다. 갑순의 진술은 거짓일 수 없다.

따라서 갑순의 진술은 참이며, 합격한 3명은 갑순, 을동, 정한으로 답은 ①이다.

Tip ❷

(1) 쉬운 문제의 경우 **Tip ❶**과 같이 누구의 진술을 출발점으로 삼아도 괜찮으나, 하나의 기준만을 활용하고 싶다면 해설과 같이 '모순되는 진술'부터 시작하는 것을 추천한다. 모순되는 진술의 하나는 참이고 나머지 하나는 거짓이기 때문이다.

(2) 문제의 경우 병수의 합격 여부에 대해 모순되는 진술을 하는 병수와 정한의 진술을 출발점으로 삼을 수 있다. 참고로 병수와 정한이 모두 합격한 것으로 표시되는 ③, ⑤는 바로 소거할 수 있다.

(3) 남은 선택지 중 병수가 거짓&불합격인 경우가 더 많으므로(①, ④) 병수가 거짓&불합격, 정한이 참&합격이라고 가정한다면, 을동이 참&합격이 되고 무진이 거짓&불합격이 된다. 또한 갑순이 참&합격이 된다. 따라서 갑순, 을동, 정한의 ①이 답이다.

Tip ❸ 이 문항의 경우, 각각의 진술에 모두 대립되는 진술이 존재하므로 그를 통해 3명 vs 2명의 구도를 파악한다면 쉽게 답을 도출할 수 있다. 'A가 합격했다.'는 진술은 곧 'A의 진술이 참이다.'라는 의미이고, 'A가 불합격했다.'는 진술은 곧 'A의 진술이 거짓이다.'라는 의미가 되기 때문이다.

대립되는 진술일 경우, 두 사람의 합격/불합격 여부는 다르며 지지하는 진술일 경우 두 사람의 합격/불합격 여부는 같을 것이다. 정리하자면,

① 갑순: 무진은 면접에 불합격했다. = 무진과 대립

② 을동: 정한은 면접에 합격했다. = 정한 지지

③ 병수: 나는 면접에 합격했다. = 정한과 대립

④ 정한: 병수는 면접에 불합격했다. = 병수와 대립

⑤ 무진: 을동은 면접에 불합격했다. = 을동과 대립 (→ 정한과 대립 → 병수와 같은 입장)

이므로, '갑순 vs 무진'의 구도를 기준으로 대립 구도를 파악한다면, 갑순, 을동, 정한 vs 병수, 무진의 구도로 진술이 대립됨을 파악 가능하다.

따라서 누구의 진술이 참인지 여부를 파악하지 않더라도, 3명이 진실이고 2명이 거짓이라고 했으므로 주어진 구도만을 토대로 ①이 답임을 빠르게 파악 가능하다.

Tip ❹ 시각화를 활용해 푸는 방법을 소개한다. 편의를 위해 각 참가자의 이름 앞 글자만 적었다. 합격자는 참을, 불합격자는 거짓을 말한다는 점에 유의해야 한다. 불합격자는 앞에 '~'표시를 했다. 이름 앞에 '~' 표시가 있는 사람은 불합격자임과 동시에 거짓을 진술한 사람이다.

		병	~병
갑	~무	⑤ 모순	⑤ 참, 갑
을	정	③ 거, ~을	③ 참, 을
병	병	① 참, 병	② 거, ~병
정	~병	② 거, ~정	① 참, 정
무	~을	④ 참, 무	④ 거, ~무

Tip ❺ 선지를 적극적으로 활용하여 다음과 같이 풀 수도 있다. 선지를 대입해두고, 이것이 조건에 어긋나면 답이 아닌 것이고, 조건과 부합하면 답이 된다는 점을 기억해야 한다. 해당 문제는 답이 ①이기 때문에 한 번만으로 답이 나오지만, 해설을 위해 다른 경우에 표시해 놓았다. 실전에서는 답이 도출되면 바로 넘어가야 한다. 그리고 선지를 판단할 때 앞에서 답이 아닌 것을 알았다면 이후는 진행하지 않아야 한다. 예를 들어 아래 표에서 ③의 갑순에서 답이 아님을 알았다면 정한까지 판단하지 않고 그냥 넘어가는 것이다.

보기 옆에 바로 선을 그어 표를 그리는 것을 추천한다. 주어진 조건과 내가 작성한 것과의 물리적 거리를 줄여 실수의 여지를 줄일 수 있기 때문이다. 그리고 답이 아니면 헷갈리지 않도록 세로선을 그어 지워버린다.

	①	②	③	④	⑤
갑순: 무진은 면접에 불합격했다.	T	~~T~~	~~F~~	~~F~~	~~F~~
을동: 정한은 면접에 합격했다.	T	F	T	T	~~F~~
병수: 나는 면접에 합격했다.	F	T	T	F	T
정한: 병수는 면접에 불합격했다.	T	F	~~T~~	T	~~T~~
무진: 을동은 면접에 불합격했다.	F	T	F	~~T~~	T

07 정답 ⑤

난이도 ●●○

언어추리 - 조건추리 문제

〈조건〉들을 본 후 확정적인 정보를 먼저 구해간다. 가장 확정적인 정보는 다섯 번째 〈조건〉이다. 이에 따라 D는 인디언핑크 색상의 식기세척기를 구매하였고 사은품으로 에어프라이어를 선택하였다. 또한, 여섯 번째 〈조건〉과 열 번째 〈조건〉에 따라 E는 블랙 색상의 식기세척기를 구매하였고 사은품으로 청소기를 선택하였다. 이때, 〈조건〉을 바탕으로 각 구매자가 구매한 식기세척기의 색상과 선택한 사은품을 표로 정리하면 다음과 같다. (단, × 표시된 칸은 해당 색상의 식기세척기와 사은품을 선택할 수 없음을 의미한다.)

사은품 / 색상	커피머신	청소기	안마기	에어프라이어	그릇세트
화이트		×		×	×
블랙	×	E	×	×	×
메탈		×		×	
인디언핑크	×	×	×	D	×
스카이블루		×	×	×	

① (×) A는 화이트 색상의 식기세척기를 구매하였다.
→ A는 화이트 색상의 식기세척기를 구매할 수 있다. 〈조건〉 일곱 번째에 따라 A는 메탈 색상의 식기세척기를 구입하지 않았다. 따라서 A는 화이트 색상 또는 스카이블루 색상의 식기세척기를 구매하였다.

② (×) 메탈 색상의 식기세척기를 구매한 사람은 사은품으로 안마기를 선택하지 않았다.
→ 메탈 색상의 식기세척기를 구매한 사람은 사은품으로 안마기를 선택할 수 있다. 메탈 색상의 식기세척기를 구매한 사람은 사은품으로 커피머신, 안마기, 그릇세트 중 하나를 선택했다.

③ (×) 스카이블루 색상의 식기세척기를 구매한 사람이 사은품으로 그릇세트를 선택하면 블랙 색상의 식기세척기를 구매한 사람은 사은품으로 커피머신을 선택한다.
→ 스카이블루 색상의 식기세척기를 구매한 사람이 사은품으로 그릇세트를 선택하는 것과 상관없이 블랙 색상의 식기세척기를 구매한 사람은 사은품으로 청소기를 선택한다. 블랙 색상의 식기세척기를 구매한 E는 사은품으로 청소기를 선택했다.

④ (×) E가 사은품으로 청소기를 선택하면 C는 사은품으로 커피머신을 선택한다.
→ E가 사은품으로 청소기를 선택하면 C는 사은품으로 커피머신을 선택할 수 있다. 블랙 색상의 식기세척기를 구매한 E는 사은품으로 청소기를 선택했다. 이때, C는 사은품으로 커피머신, 안마기, 그릇세트 중 하나를 선택했다.

⑤ (○) 화이트 색상의 식기세척기를 구매한 사람이 사은품으로 커피머신을 선택하면 스카이블루 색상의 식기세척기를 구매한 사람은 사은품으로 그릇세트를 선택한다.
→ 〈조건〉 아홉 번째에 따라 스카이블루 색상의 식기세척기를 구매한 사람은 사은품으로 안마기를 선택하지 않았다. 따라서 화이트 색상의 식기세척기를 구매한 사람이 사은품으로 커피머신을 선택하면, 스카이블루 색상의 식기세척기를 구매한 사람이 사은품으로 선택할 수 있는 것은 그릇세트 뿐이다.

합격자의 시간단축 Tip

Tip ❶ 실제 시험장에서 이 문제를 만났다면 우월전략은 넘기는 것이라고 판단된다. 또한 평소 자신만의 기준을 마련해두는 것이 좋다. 예를 들어 지문의 〈조건〉이 7개 이상이라면 일단 넘어가고, 시간이 남는 경우 돌아오는 등이다.
그러나 연습을 위해 이 문제를 푼다면 우선 최대한 간단한 표를 작성하여 빠르게 답에 대한 힌트를 찾는 연습을 해 두는 것이 좋다. 이보다 간단하지만 같은 유형의 문제가 나온다면 확실하게 풀어서 점수를 얻을 수 있어야 하기 때문이다.

Tip ❷ 확정적인 정보들을 먼저 구한 후, 〈조건〉들을 한눈에 보기 쉽게 정리한다. 본 문제의 경우 〈조건〉들을 적용해도 확정되는 것이 별로 없으므로 선지로 바로 간다. 또한 '항상' 옳은 것을 고르는 문제이기 때문에 다른 경우의 수 없이 유일한 것을 골라야 한다는 점을 주의해야 한다. 편의에 따라 〈조건〉 위에서부터 차례대로 1부터 10까지 부르기로 하자.

(1) 〈조건〉 5, 6, 10에 따라 D는 인디언핑크, 에어프라이어 E는 블랙, 청소기에 해당한다. 또한 〈조건〉 7에 따라 A는 메탈 색상을 선택하지 않는다. 해당 내용을 정리하면 다음의 표와 같다.

화이트, ~~블랙~~, 메탈, ~~인디언핑크~~, 스카이블루
커피머신, ~~청소기~~, 안마기, ~~에어프라이어~~, 그릇

	A	B	C	D	E
색상	메X			인	블
사은품				에	청

(2) 정해지지 않은 조건들을 정리해서 적는다.
〈조건〉 3과 8은 조건문이므로 화이트 옆에 화살표를 표시해둔다. 또한 〈조건〉 4에 따라 화이트를 선택하면 그릇을 선택하지 않는다. 따라서 '화 → ~그'를 기록해두고, 추가로 화이트를 선택하게 될 경우 옆에 (그X)라고 표시해둔다. 〈조건〉 9에 따라 '스 → (~안)'이므로, 이 또한 정리해둔다.

	A	B	C	D	E	
색상	메X			인	블	화→~그
사은품				에	청	스→~안
조건3	화 (그X) →		메			
조건8		스 (안X)	←화 (그X)			

(3) 위의 조건들만 갖고 정해지는 건 선지 ⑤밖에 없다. 풀이 방식의 경우 해설과 동일하다.

Tip ③ 표는 다음과 같이 그려도 된다. 이러한 문제는 확정적인 정보는 검정색 펜으로, 경우의 수가 나뉘는 정보는 확정적인 정보를 모두 표시한 후, 파란색이나 빨간색, 샤프 등 구분이 되는 펜으로 작성해두는 것이 좋다. 여기에는 확정정보에는 음영처리를 해 두었고, 경우의 수가 나뉘는 경우 색을 구분하여 적어 둘 수 없어 표를 2개를 그려두었다. 실전에서는 꼭 색깔을 이용해보기를 바란다.

먼저 확정정보로만 구성된 표는 아래와 같다. 조건 7과 조건 8을 통해 C가 화이트가 아니라는 점을 알 수 있으므로 이 또한 확정정보로 해둔다. 조건 8에서 C가 화이트 색상을 구매할 경우 B는 스카이블루 색상을 구매한다고 하였는데, 그러면 A는 메탈을 구매해야 하고 이는 조건 7과 모순이기 때문이다.

				에	청
	A	B	C	D	E
화이트			×	×	×
블랙	×	×	×	×	○
메탈	×			×	×
인디언핑크	×	×	×	○	×
스카이블루				×	×

일단 확정 정보만으로 ③의 후건이 거짓이므로 ③은 답이 아닌 것을 확인할 수 있다. 이때 가능한 경우는 다음과 같다.

(ⅰ) A가 화이트 색상을 구매하는 경우

	커/안	커/그	커/안/그	에	청
	A	B	C	D	E
화이트	○	×	×	×	×
블랙	×	×	×	×	○
메탈	×	×	○	×	×
인디언핑크	×	×	×	○	×
스카이블루	×	○	×	×	×

(ⅱ) A가 스카이블루 색상을 선택하는 경우
조건 3의 경우 전건이 부정되면 후건의 참/거짓에 상관없이 조건 3 자체는 참인 문장이 된다.

	커/그	커/안	커/안/그	에	청
	A	B	C	D	E
화이트	×	○	×	×	×
블랙	×	×	×	×	○
메탈	×	×	○	×	×
인디언핑크	×	×	×	○	×
스카이블루	○	×	×	×	×

이렇게 그려 놓으면 해설대로 판단이 가능하다.

08 정답 ③ 난이도 ●○○

언어추리 - 조건추리 문제

〈비밀번호 설정 조건〉에 따라 가능한 비밀번호를 찾아내면 다음과 같다.

(1) 〈조건〉 ㉠에 따라 비밀번호를 구성하고 있는 각 자리의 어떤 숫자도 소수가 아니어야 하므로 2, 3, 5, 7이 제외되고, 비밀번호로 가능한 숫자는 0, 1, 4, 6, 8, 9이다.
또한, 〈조건〉 ㉢과 ㉣에 따르면 비밀번호는 큰 수부터 차례로 나열된 형태로 만들어야 하는데 짝수로 시작하므로 9는 비밀번호에 포함될 수 없다.

(2) 이때, 〈조건〉 ㉡에 의해 6과 8 중에 하나의 숫자만 비밀번호에 포함되어야 하므로, 남은 숫자인 0, 1, 4는 반드시 네 자리 숫자의 비밀번호에 포함된다.

(3) 따라서 비밀번호로 가능한 것은 6410, 8410의 두 가지로 항상 짝수이다.

① (O) 비밀번호는 짝수이다.
→ 가능한 비밀번호는 6410 또는 8410이므로 짝수이다.

② (O) 비밀번호의 앞에서 두 번째 숫자는 4이다.
→ 가능한 비밀번호의 앞에서 두 번째 숫자는 모두 4이다.

③ (×) 〈비밀번호 설정 조건〉을 모두 만족하는 비밀번호는 모두 세 개가 있다.
→ 〈비밀번호 설정 조건〉을 모두 만족하는 비밀번호는 6410, 8410으로 두 개가 있다.

④ (O) 〈비밀번호 설정 조건〉을 모두 만족하는 비밀번호 중 가장 작은 수는 6410이다.
→ 비밀번호로 가능한 수는 6410과 8410이며, 이 중 가장 작은 수는 6410이다.

⑤ (O) 비밀번호를 구성하는 네 개의 숫자 중 홀수는 한 개다.
→ 6410과 8410 모두 네 개의 숫자 중 홀수는 1로 한 개다.

합격자의 시간단축 Tip

Tip ❶ 소수는 1과 자기 자신만을 약수로 갖는 수를 의미하므로, 0과 1은 소수에 해당하지 않는다는 것을 유념해야 한다. 이를 염두에 둔다면 나머지 단계는 해설과 같이 진행할 수 있을 것이다.

Tip ❷ 비교적 쉬운 문제다.
선지 ③을 보면 주어진 조건을 모두 만족하는 경우가 하나로 떨어지지 않음을 예측해볼 수 있다. 그러므로 비밀번호에 포함될 수 있는 숫자들을 모두 나열한 후 여러 가지 조합을 구성해볼 필요가 있다.
이때, 0~9부터 숫자를 일렬로 작성한 다음 주어진 조건에 따라 부합하지 않는 숫자를 빠르게 지워 나가면 쉽다. 이런 문제에서 시간을 절약해 다른 문제를 풀 시간을 버는 것이 중요하므로 정답을 맞히는 것에 집중하기보다는 쉬운 문제를 최대한 빠르게 푸는 연습도 하는 것이 좋다.

Tip ❸ 비밀번호 관련 문제가 나올 때 문제에서 구성 숫자에 대한 이야기가 없다면, 0도 들어간다는 점을 유의해야 한다.

Tip ❹ 이 문제는 난도가 낮은 편에 속하기 때문에 조건만으로 구해야 하는 값을 먼저 도출할 수 있었다. 그러나 문제의 난도가 상승할 경우 조건만으로 구해야 하는 값을 바로 도출해내기 어려운 경우도 있을 것이다. 그럴 땐 이러한 발문은 선지 5개 중 4개는 옳은 것이므로, 선지 또한 조건으로 활용해볼 수 있음을 기억하고 있으면 좋다. 선지 5개 모두 참으로 가정하고 구해야 하는 값을 도출해보려고 하면, 모순을 나타내는 선지가 정답이 될 것이다.

09 정답 ❹ 난이도 ●●○

언어추리 - 조건추리 문제

주어진 〈조건〉 중 확정적인 정보부터 표를 채워보자.

(1) 가장 확정적인 정보는 〈조건〉 ㉢이다. 표를 구성해 해당 내용을 적는다. 을순이와 갑순이 단 둘만 하나의 공학 계열에 합격했다고 하였으므로, 공학계열 중 한 곳은 을순이와 갑순이만 합격하였고, 병돌이와 정돌이, 무돌이는 합격하지 못했다는 뜻이 된다. 따라서 공학계열 중 임의로 한 곳에 갑순이와 을순이엔 합격하였다는 의미의 ○ 표시, 나머지엔 불합격하였다는 의미의 × 표시를 한다. 또한, 을순이는 한 개를 제외한 나머지 학과는 모두 불합격했다는 걸 × 표시로 적어 둔다.
편의상 자연과학계열 2개는 자1, 자2, 공학계열 2개는 공1, 공2로 표기하도록 하겠다. 또한 '갑순~무돌'도 '갑~무'로 표시한다. 표의 구성은 본인의 편의에 따라 구성하면 된다. 여러 문제들을 풀어보며 본인에게 적합한 구성을 찾아가도록 하자. (1)의 내용을 정리하면 다음과 같다.

	자1	자2	공1	공2
갑				○
을	×	×	×	○
병				×
정				×
무				×

(2) 〈조건〉 ㉢에 따라 갑이 4개 학과 모두에 합격한 학생회장임을 알 수 있다. 모든 학과의 갑 자리에 ○ 표시를 한다. 필자는 갑 이름 옆에 (학)이라고 적어 실수를 줄이고자 했다.
그다음으로 확정적인 정보는 〈조건〉 ㉤이다. 이에 따르면 병돌이와 정돌이는 자연과학계열 중 하나를 합격했다. 또한 〈조건〉 ㉡에 의해 병돌이와 정돌이

는 2개 이상의 학과에 합격했으므로, 둘은 나머지 자연과학계열, 공학계열에 각각 따로 합격했다. 누가 어떤 학과에 합격했는지는 정해지지 않는다. 자연과학계열 중 임의의 한 학과에 병, 정의 합격을 표시한다. 나머지엔 ○/×로 가능성을 적는다.
〈조건〉 ㉠에 따라 한 학과별 합격 인원은 2명 혹은 3명이고, 병돌이와 정돌이가 합격한 자연과학계열 학과엔 갑순이도 합격을 했으므로, 자연스레 무돌이는 해당 학과에 불합격했다.
무돌이의 다른 학과 합격 여부는 〈조건〉 ㉡을 통해 정해진다. 해당 조건을 보면 1개 학과에만 합격한 학생은 1명(을)이고, 나머지 4명은 2개 이상의 학과에 합격했다. 무돌이의 학과 합격 여부가 나오지 않은 과는 2개이므로, 이 2개 모두 합격했음을 추론할 수 있다.
위의 과정들을 통해 갑순이부터 무돌이까지의 학과 합격 여부가 정해진다. 해당 내용을 표로 정리하면 다음과 같다.

	자1	자2	공1	공2
갑(학)	○	○	○	○
을	×	×	×	○
병	○	○/×	×/○	×
정	○	×/○	○/×	×
무	×	○	○	×

① (○) 갑순이는 학생회장을 했었다.
→ 〈조건〉 ㉡과 ㉣에 의하면 1개 학과에만 합격한 1명은 을순이다. 그런데 〈조건〉 ㉣에 따라 을순이와 갑순이가 합격한 하나의 공학계열 학과에 병돌이, 정돌이, 무돌이는 불합격했으며 을순이는 4개의 학과 모두에 합격하지 않았다. 따라서 〈조건〉 ㉢에 따라 4개의 학과 모두에 합격한 사람은 갑순이이며 따라서 갑순이는 학생회장을 했다.

② (○) 2명이 합격한 학과는 1개이다.
→ 공학계열2 학과에만 2명이 합격하였으며, 나머지 세 개의 학과에는 3명이 합격하였다.

③ (○) 병돌이가 합격한 학과 중에 갑순이와 무돌이도 함께 합격한 학과가 있다.
→ 병돌이가 자연과학계열2 학과에 합격한 경우 갑순이와 무돌이도 함께 합격했다. 반면 병돌이가 자연과학계열2 학과에 불합격한 경우 공학계열1 학과에 합격했으며, 이 경우에도 갑순이와 무돌이는 병돌이와 함께 합격했다.

④ (×) 정돌이는 3개의 학과에 합격하였다.
→ 정돌이가 자연과학계열2 학과에 합격한 경우 공학계열1 학과에 불합격했으며 이 경우 정돌이는 자연과학계열1, 자연과학계열2의 2개의 학과에 합격했다. 반면 정돌이가 자연과학계열2 학과에 불합격한 경우 공학계열1 학과에 합격했으며, 이 경우에도 정돌이는 자연과학계열1, 공학계열1의 2개의 학과에 합격했다.

⑤ (○) 무돌이가 합격한 학과 중에 정돌이와 함께 합격한 학과가 있다.
→ 무돌이는 자연과학계열2 학과와 공학계열1 학과에 합격했다. 그런데 정돌이는 자연과학계열1 학과, 그리고 자연과학계열2 학과와 공학계열1 학과 중 하나의 학과에 합격했다. 정돌이가 자연과학계열2 학과에 합격한 경우 무돌이와 정돌이는 자연과학계열 2 학과에 함께 합격했으며, 정돌이가 공학계열1 학과에 합격한 경우 무돌이와 정돌이는 공학계열1 학과에 함께 합격했다.

합격자의 시간단축 Tip

Tip ❶ 문제의 핵심이 되는 병돌과 정돌에 대해 여러 조건이 적용되어야 하는 문제이다. 따라서 조건을 차근차근 적용하여 실수하지 않도록 하는 것이 중요하다.

Tip ❷ 조건 ㉠ 같은 경우, 반대해석을 자유자재로 할 수 있어야 한다. 각 학과별 합격 인원은 2명 혹은 3명이므로, 3명의 합격 인원을 구한 경우 다른 2명은 그 학과에 무조건 불합격임을 생각할 수 있어야 한다.

Tip ❸

(1) 조건 ㉣에서 을순이는 갑순이와 단 둘만 합격한 공학계열 학과(공1이라고 가정) 외에 다른 학과는 불합격했으므로 ㉡에서 말하는 1개 학과에만 합격한 한 명의 학생은 을순이이다.
또한, 공1에는 갑순이와 을순이 단 둘만 합격했으므로 병돌이, 정돌이, 무돌이는 모두 공1에 불합격했다. ㉤에서 병돌이와 정돌이가 함께 합격한 학과는 자연과학계열 1개 학과뿐이므로(자1이라고 가정) 이를 표에 표시하면 다음과 같다.

	갑순이	을순이	병돌이	정돌이	무돌이
자1		×	○	○	
자2		×			
공1	○	○	×	×	×
공2		×			

PART 3 실전모의고사

(2) ⓒ에서 학생회장을 했던 한 명은 4개의 학과에 모두 합격하였는데, 앞서 살펴보았듯 병돌이, 정돌이, 무돌이는 최소 한 개 이상의 학과에서 불합격하였다. 따라서 갑순이가 유일하게 4개의 학과에 모두 합격한 사람임을 알 수 있다.

	갑순이 (학생회장)	을순이	병돌이	정돌이	무돌이
자1	○	×	○	○	
자2	○	×			
공1	○	○	×	×	×
공2	○	×			

(3) ㉠에서 각 학과별 합격 인원은 두 명 또는 세 명이라고 했으므로, 이미 합격생이 세 명인 자1에 무돌이는 불합격했음을 알 수 있다. 또한, ㉡에서 을순이를 제외한 나머지 학생들은 최소 두 곳 이상에 합격했는데, 무돌이는 이미 자1과 공1에서 불합격했으므로 남은 자2와 공2에는 모두 합격했을 것이다.

	갑순이 (학생회장)	을순이	병돌이	정돌이	무돌이
자1	○	×	○	○	×
자2	○	×			○
공1	○	○	×	×	×
공2	○	×			○

(4) 마지막으로 ㉥에서 자연과학계열 학과 2곳에 모두 합격한 학생은 두 명이라고 했으므로, 갑순을 제외하고 병돌이와 정돌이 중 한 명은 자연과학계열 학과 2곳에 모두 합격했을 것이며 다른 한 명은 그렇지 않을 것이다. 또한, ㉥에서 병돌이와 정돌이는 자1을 제외하고 다른 학과에 동시에 합격하지 않았으므로, 만일 병돌이 공2에 합격했다면 정돌이는 합격하지 않았을 것이다. 거꾸로도 성립 가능하다. 다만, 이때 ㉡에 모순이 발생하지 않기 위해서는 병돌이와 정돌이 중 자2에 합격하지 않은 학생이 공2에 합격할 것이다.

	갑순이 (학생회장)	을순이	병돌이	정돌이	무돌이
자1	○	×	○	○	×
자2	○	×	○/×	×/○	○
공1	○	○	×	×	×
공2	○	×	×/○	○/×	○

(5) 해설과 같이 모든 표를 채우지 않고 **Tip ❸**의 (3)까지만 표를 채웠어도 선지 ④번과 같이 정돌이가 3개의 학과에 합격하였을 경우(표의 자2, 공2가 모두 0인 경우)에는, 조건 ㉡과 ㉤을 동시에 만족시키지는 못함을 알 수 있다. 이처럼 표를 채워 나가는 과정에서 선택지를 확인함으로써, 문제풀이에 소요되는 시간을 절약할 수 있다.

* 두 개의 변수 매칭 문제는 자주 나오는 문제이다. 이런 경우에는 위 해설처럼 표를 그려서 문제를 푸는 것이 좋으므로 문제를 풀면서 최대한 표를 그려 시각화하는 연습이 필요하다.
이때, 해당 문제의 경우 어떤 학과인지 구체적으로 제시되어 있지 않고, 단지 자연과학계열, 공학계열으로만 나왔으므로 표를 만들 때 해설이나 Tip처럼 자1, 자2, 공1, 공2 등으로 나눠야겠다는 판단 능력이 필요하다. 이외에도 자연과학계열은 자와 연, 공학계열은 공과 학 등으로 얼마든지 다르게 표현할 수 있다.

Tip ❹ 보조사에 유의한다. 조건 ㉣과 관련하여 '을순이는 갑순이와 단둘만 합격'하였다고 했는데, 만약 '을순이와 갑순이가 합격'하였다고만 적혀 있었다면 확정할 수 있는 정보도 적어지고 아주 다른 방법으로 풀어야 하기 때문이다.

10 정답 ❹ 난이도 ●●●

언어추리 – 조건추리 문제

(1) 네 번째 〈조건〉과 여섯 번째 〈조건〉은 다음과 같다.
- 네 번째 조건: A 입장에서 왼편에 앉은 사람은 파랑 모자를 쓰고 있다.

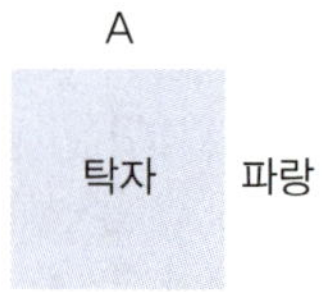

- 여섯 번째 조건: C 맞은편에 앉은 사람은 빨강 모자를 쓰고 있다.

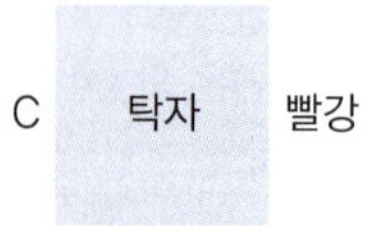

(2) 네 번째 조건과 여섯 번째 조건을 종합하면 C는 A의 오른쪽에 앉지 않았으므로 (i) A 왼편에 앉은 사람이 C이거나 (ii) A 맞은편에 앉은 사람이 C이다.

(ⅰ) A 왼편에 앉은 사람이 C일 경우

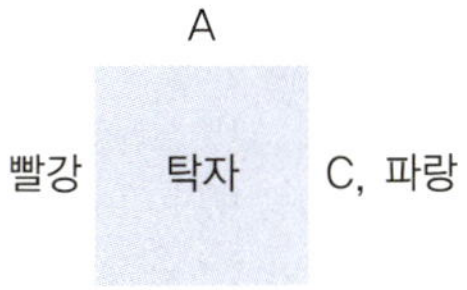

① B가 빨간 모자를 쓴 경우: D는 A의 맞은편에 앉아 있고, D의 맞은편에 앉은 사람은 노란 모자를 쓰지 않았다(일곱 번째 조건)고 하였으므로 D가 노란 모자를 쓰고 있다. 따라서 A가 초록 모자를 쓰고 있다.

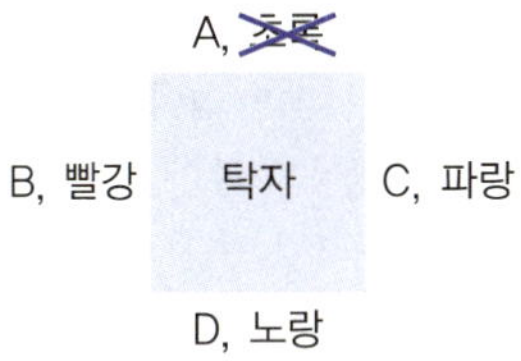

이때, 다섯 번째 조건인 B 입장에서 왼편에 앉은 사람은 초록 모자를 쓰고 있지 않다고 하였으므로 이 경우는 모순이 된다.

② D가 빨간 모자를 쓴 경우: B가 A의 맞은편에 앉아 있고, A와 B가 노란 모자 또는 초록 모자를 쓰게 되는데, 이것은 세 번째 조건인 A와 B가 모두 여자인 조건에 의해서 여덟 번째 조건인 노란 모자를 쓴 사람과 초록 모자를 쓴 사람 중 한 명은 남자이고 한 명은 여자인 조건을 만족시키지 못하므로 이 경우 또한 모순이 된다. 따라서 A 왼편에 앉은 사람은 C가 아니다.

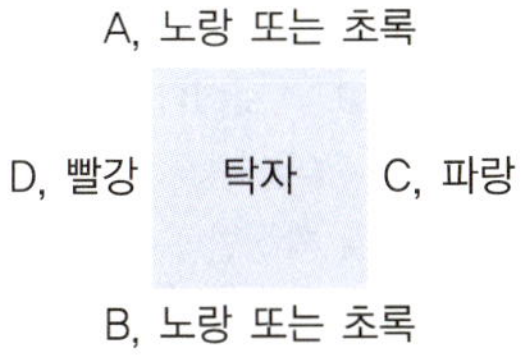

(ⅱ) A 맞은편에 앉은 사람이 C일 경우

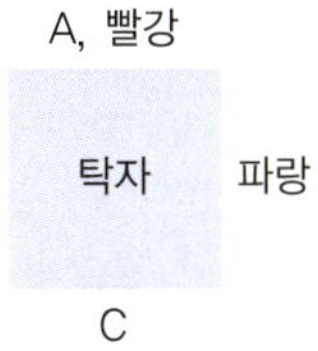

① B가 파란 모자를 쓴 경우: 세 번째 조건에 의하여 A와 B는 모두 여자인데, 여덟 번째 조건에 의하여 빨간 모자를 쓴 사람과 파란 모자를 쓴 사람 중 한 명은 남자이고 한 명은 여자여야 하므로 이 경우는 모순이 된다.

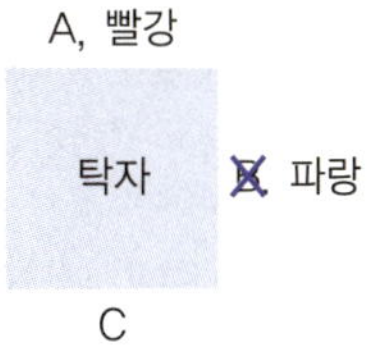

② D가 파란 모자를 쓴 경우: 일곱 번째 조건에 따라 D 맞은편에 앉은 사람은 노란 모자를 쓰고 있지 않으므로 D 맞은편에 앉은 사람은 초록 모자를 쓰고 있고, 그 사람은 바로 B이다. 이 경우 C는 노란 모자를 쓰고 있다.
이상을 정리하면 다음과 같으며, 이는 모든 조건을 충족시킨다. 따라서 구하는 초록 모자를 쓰고 있는 사람은 B이며, A 입장에서 왼편에 앉은 사람은 D이다.

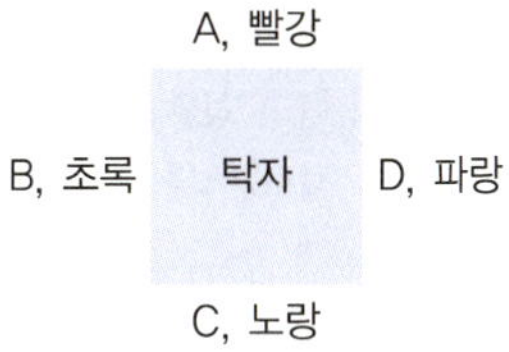

합격자의 시간단축 Tip

Tip ① '왼편, 맞은편' 등의 표현이 있다면 아래의 '조건 정리'처럼 그림 퍼즐의 형태로 기억하는 것도 좋다. 보다 직관적으로 처리할 수 있기 때문이다. 또한, 탁자는 굳이 그리지 않고 A, B, C, D의 위치만 적어서 구해도 된다.
경우의 수를 따지는 문제의 경우에는 '레고 블럭 쌓는 것' 또는 '테트리스'처럼 끼워 맞추는 느낌으로 푸는 것이 주어진 조건들을 더 빠르게 확인할 수 있는 좋은 방법이다.

* 조건 시각화 (단, ~A는 A가 아님을 의미한다.)

• 4번째 조건

A	
탁자	파랑

• 5번째 조건

	~초록
B	탁자

• 6번째 조건

C
탁자
빨강

• 7번째 조건

D
탁자
~노랑

PART 3 실전모의고사

Tip ❷ 해당 유형은 실제로 몇 번 시도를 해봐야 풀 수 있고, 다양한 경우의 수를 고려해야 할 가능성도 높으므로 가급적 첫 번째 바퀴에는 풀지 않는 것이 좋다.
따라서 실전에서 이와 같은 문제를 만난다면, 가장 먼저 해야 할 일은 풀지 않고 넘어가는 것이다. 본인이 이런 유형의 문제를 좋아한다거나 잘 푼다고 해도 우선은 넘어가는 것이 옳다고 본다. 왜냐하면 이런 문제를 풀기 위해 시간을 쏟는 것보다는 재미없어도 잘 풀리는 문제를 풀어야만 점수 획득에 유리하기 때문이다.

Tip ❸ 경우의 수를 가급적 줄이기 위해 선지를 활용하는 것이 좋다. (귀류법)
이 문제의 경우 초록 모자를 쓰고 있는 사람을 A, B, C로 주고 있고, 이 중 C는 선지가 하나 밖에 없으므로 사실상 정답이 아닐 가능성이 높다는 것을 고려하여 ① A인 경우와 ② B인 경우를 확인한다.
결국 우리는 정답만 구하면 되기 때문에 선지에서 힌트를 주고 있다면 최대한 선지의 정보들을 활용하는 것이 중요하다. 초록 모자를 A나 B로 확정시킨 다음 A나 B에 관련된 조건 먼저 순차적으로 해결하다 보면 정답이 도출된다. 정답이 아닌 경우 조건과 조건끼리 모순되는 상황이 발생하게 될 것이다.

11 정답 ⑤ 난이도 ●●○

언어추리 – 조건추리 문제

(1) B의 진술이 거짓이라면 C는 남자이고 B도 남자이다. 남자는 거짓말을 하였으므로 C의 진술도 거짓이고, C의 진술에 따라 A와 C는 다른 학년이다. 이때, A의 진술이 참일 경우 D는 남자이며 A는 여자이고, 그에 따라 B, C, D는 남자이며 A, E, F는 여자이다.
E와 F의 진술은 참이므로 B와 C는 2학년이어야 한다. 그런데 한 학년은 여자 1명과 남자 1명으로 구성되어 있으므로 이는 모순이며, A의 진술은 참이 아니다.

(2) 만약 A의 진술이 거짓일 경우 D는 여자이며 A는 남자이고, 그에 따라 A, B, C는 남자이며 D, E, F는 여자이다. 이때 E와 F의 진술은 참이므로 B와 C는 2학년이어야 한다. 그런데 한 학년은 여자 1명과 남자 1명으로 구성되어 있으므로 이는 모순이고, A의 진술은 거짓이 아니다. 따라서 B의 진술은 거짓이 아닌 참이다.

(3) B의 진술이 참이므로 C는 여자이고 B도 여자이다. 여자는 참말을 하였으므로 C의 진술도 참이고, C의 진술에 따라 A와 C는 같은 학년이다. 그런데 한 학년은 여자 1명과 남자 1명으로 구성되어 있으므로 A는 남자다. 남자는 거짓말을 하였으므로 A의 진술도 거짓이고, A의 진술에 따라 D는 여자이다. 이 경우 B, C, D는 여자이며 A, E, F는 남자이다. 그런데 D의 진술이 참이므로 B와 F는 같은 학년이고, 나머지 D와 E는 같은 학년이다. 이때, E와 F의 진술은 거짓이므로 B와 C는 2학년이 아니다.

(4) 따라서 2학년 여자 학생은 D이며, D와 E가 같은 학년이므로 2학년 남자 학생은 E이다.

합격자의 시간단축 Tip

Tip ❶ 실전에서는 B를 참이라고 가정하고 문제를 풀었을 때 모순이 발생하지 않는다면, 다른 경우를 검토하지 않고 바로 답을 고르면 된다. B가 참이면 C도 참을 이야기하게 되기 때문에 확정적인 정보를 구하기 편하다. 가장 먼저 참으로 가정할 것을 고를 때 해당 진술로 다른 것도 쉽게 파악할 수 있는 진술을 고르는 것이 좋다.
발문에서 '항상 참인 것'을 물어본다면 경우가 다를 수도 있겠으나, '항상 참인 것'을 물어봤다 해도 답이 될 수 있는 경우가 여러 개 나오는 것이 아닌 이상 곧바로 답을 골라도 무방하다.

Tip ❷

(1) 어떤 조건부터 검토해도 무방하나, 만일 A부터 검토했을 경우 조금 더 많은 경우를 가정해야 했을 수도 있다. 만약 A가 참이라고 가정할 경우 A는 여자, D는 남자이다. 이는 D가 거짓말임을 의미하므로 F와 B는 학년이 다를 것이다.

(2) 그러나 이 이상으로 나아가기 위해서는 추가적인 가정들이 필요할 것이다. 따라서 해당 문제에서는 검토하는 경우의 수를 최소화하기 위해선 성별과 관련된 내용을 확정할 수 있는 가정을 먼저 하는 것이 좋다. 앞서 해설에서 살펴보았듯이 B를 참이라고 가정할 경우, B, C, A의 성별까지 한 번에 확정할 수 있기 때문에 검토해야 할 경우의 수를 줄일 수 있다.

(3) 그러나 실전에서 이와 같은 정보를 한 번에 파악하기는 어려울 수 있다. 실제로 각 진술을 확인해 보면 거의 같은 의미의 진술이기 때문이다. 따라서 A의 진술을 참으로 가정하고 문제를 푸는 과정 역시 복잡하더라도 연습해 보는 것이 좋다. 이때 그 과정에서 지나치게 복잡한 경우 다음 사람의 진술을 참으로 가정하는 것으로 넘어가는 방법 역시 연습을 통해 체득하는 것이 필요하다.

Tip ❸ 하나의 가정을 통해서 최대한 많은 변수가 결정되는 것이 문제 해결에 있어서 유리하다. 이 문제의 경우, 해설의 B 이외에도 C가 그러한 역할을 한다.
C가 여자이며 참말을 한다고 가정할 경우, 같은 학년인 A는 자동적으로 남자이고 거짓말을 하게 되며, 그에 따라 D가 여자이고 참말을 하게 됨이 확정되기 때문이다. 따라서 C가 참일 경우를 가정하며 문제를 풀면 다음과 같다.

(1) C가 참일 경우, A와 C는 같은 학년이며 서로 성별이 다를 것이다. (C가 여자, A가 남자) 또한 A가 남자일 경우, 거짓말을 하므로 D가 여자일 것이다.

(2) D가 여자일 경우, 참말을 하므로 B와 F가 같은 학년이며 서로 성별이 다를 것이다. 이때, B가 남자이고 거짓말을 할 경우, C가 남자가 되어 거짓말을 하므로 C가 참이라는 가정에 모순된다. (즉, C가 여자라는 가정이 성립하기 위해서는 B도 여자이며 참말을 해야 한다.)
따라서 B는 여자이고 참말을 한다. 따라서 F는 남자이고 거짓말을 한다.

(3) 현재까지 구한 결과를 나타내면, (C여자&A남자), (B여자&F남자), (D여자&E남자)이다. E와 F가 모두 거짓말을 하므로, (D&E)가 2학년임을 알 수 있다.

Tip ❹

(1) 대립되는 진술이 있는지 먼저 살펴보는 것이 중요하다. 이 문항의 경우 C가 '나는 A와 같은 학년이다.'라고 진술했으므로, C가 참이라면 C가 여자가 되고, 한 학년에 남자 1명, 여자 1명이 존재하므로 같은 학년의 A는 자연히 남자가 되어 A가 거짓을 말한 것이 된다.
즉, B(C가 참이라고 진술함)와 C가 참이라면 A가 거짓이 되어 B와 C의 진술과 A의 진술이 대립되는 것이다. 따라서 경우의 수를 A가 참이고 B와 C가 거짓인 경우와 B와 C가 참이고 A가 거짓인 경우로 나누어 살피면 쉽게 답이 도출된다.

(2) 보통 대립되는 진술은 직관적으로 파악이 가능하도록 주어지기도 하지만, 이 문항과 같이 우회적으로 주어지기도 하므로 대립되는 진술을 먼저 파악 가능하다면 이를 토대로 문제에 접근할 수 있어야 한다. 다만, 대립되는 진술 파악이 어려운 수험생이라면 그냥 바로 대입해 푸는 것이 오히려 시간 절약에 효과적일 수도 있다.

Tip ❺ 위 문제와 같이 단순히 진술의 참/거짓을 구분하는 것이 아니라, 역할마다 참/거짓이 존재하는 경우가 있다. 문제에서는 여자와 남자가 참/거짓 발화 인물로 나뉘어져 있는데, 이때 상대방의 성별에 대해 설명하는 사람을 기준으로 잡는 것이 편하다. 위 문제의 경우에는 A와 B의 진술이 그에 해당된다.

12 정답 ①　　난이도 ●●○

언어추리 – 조건추리 문제

(1) 확정적인 정보부터 정리한다. 발문에 따라 지현과 재혁은 B자동차에 탑승한다. 〈조건〉 ㉢에 따라 주한은 C자동차에 탑승하고, 〈조건〉 ㉣에 따라 준성은 A자동차에 탑승하게 된다. 이때, B자동차에 지현과 재혁이 탑승할 경우, 이를 표로 나타내면 다음과 같다. 〈조건〉 파악을 쉽게 하기 위해 이름 옆에 (성별)을 표시한다.

A 자동차	B 자동차	C 자동차
준성(남)	지현(여)	주한(남)
	재혁(남)	

(2) 각 차량에는 세 명씩 탑승하는데, 〈조건〉 ㉡에 따라 수현은 반드시 두 명의 남자 회원과 같은 자동차에 탑승해야 하므로 한 명의 남자 회원과 한 명의 여자 회원이 탑승하는 B자동차에 탑승할 수 없다. 또한, 〈조건〉 ㉤에 따라 수현은 주한과 같은 차량에 탑승하지 않으므로 C자동차에도 탑승할 수 없다. 따라서 수현은 A자동차에 탑승한다. 이를 표로 나타내면 다음과 같다.

A 자동차	B 자동차	C 자동차
준성(남)	지현(여)	주한(남)
수현(여)	재혁(남)	

(3) 〈조건〉 ㉤에 따라 혜인과 형식도 주한과 같은 차량에 탑승하지 않으므로 이들은 C자동차에 탑승하지 않는다. 그런데 수현이 탑승한 A자동차에는 남자 회원이 두 명 있어야 하므로 여자 회원인 혜인은 B자동차에 탑승하게 되고, 따라서 남자 회원인 형식이 A자동차에 탑승한다. 아라와 승인은 자동적으로 남은 자리인 C자동차에 탑승하게 된다. 이를 표로 정리하면 다음과 같다.

A 자동차	B 자동차	C 자동차
준성(남)	지현(여)	주한(남)
수현(여)	재혁(남)	아라(여)
형식(남)	혜인(여)	승인(남)

합격자의 시간단축 Tip

Tip ❶ 선지를 적절히 대입하면 보다 빠르게 문제를 풀 수 있다. 조건 ㉡과 ㉤에 따라 수현이 A자동차에 타야 한다는 것을 알았다면, 답이 될 수 있는 선지는 ①, ② 두 개이다. 따라서 두 개를 차례대로 대입해서 모순이 생기지 않는지 확인해 보는 것도 방법이다.
정답인 ①번 선지의 경우 앞서 확인한 바 있으므로, 해설 두 번째 표의 상황에서 ②번 선지의 모순점을 확인해 보면 A자동차에 수현, 준성, 승인이 타게 됐을 때 남는 사람은 아라, 혜인, 형식인데 그 중 아라와 형식은 ㉤에 따라 주한과 같은 차를 타지 않는다.
따라서 C자동차에 탈 수 있는 사람은 혜인뿐이라는 모순이 발생하며, ①번 선지를 대입해 보지 않아도 옳은 선지인 것을 알 수 있다.

* 확실하게 채울 수 있는 경우를 먼저 해결해야만 문제에 더 쉽게 접근할 수 있다. 이 문제의 경우 해설과 같이 발문과 〈조건〉 ㉢, ㉣에 따라 자동차 A와 C의 운전자, B에 탑승하는 두 명의 사람을 먼저 채우고 나서 문제를 풀어야만 보다 빠른 문제 해결이 가능하다.

Tip ❷ 자동차나 숙소 등에 여러 명의 사람을 조건에 맞게 채우는 문제 유형은 종종 출제된다. 이 경우 확인해야 하는 것은 자동차 A, B, C가 구별되는지 아닌지 여부이다. 이 문제의 경우 각 자동차는 구별된다. 즉, 각 자동차가 A, B, C로 라벨링이 되었을 뿐 아니라 발문에서 'A자동차에 탑승할 회원'을 묻고 있다.
이와 달리 동일한 조건에서 각 자동차가 구별되지 않는 경우, 발문은 '같은 자동차에 탑승할 회원'을 묻는 등 자동차들 간의 차이를 주지 않을 것이다. 문제를 풀 때 항상 이 부분을 의식하고 푸는 습관을 갖도록 하자.

Tip ❸ 해설 (2)에서 다른 순서로 푸는 방법을 소개하고자 한다.
〈조건〉 ㉡보다 ㉤을 먼저 적용해도 가능하다. 실전에서는 〈조건〉 순서대로 푸는 것이 실수를 줄일 수 있는 방법 중 하나이기 때문에 이런 접근 방법도 적용해 보자.
(2) 해결된 회원의 이름은 줄로 그어 표시한다. 해설 (1)까지 정해진 회원들을 표시하면 다음과 같다. 이때, 〈조건〉 ㉤에 따라 수현, 혜인, 형식 모두 주한과 같은 차량인 C에 탑승하지 않으므로 이를 적는다.

수현, 아라, ~~지현~~, 혜인
~~재혁~~, 주한, 형식, ~~준성~~, 승인

A 자동차	B 자동차	C 자동차
준성(남)	지현(여)	주한(남)
	재혁(남)	
		~~수현, 혜인, 형식~~

〈조건〉 ㉠에 의해 각 자동차에는 적어도 한 명의 여자 회원이 포함되어야 하므로, 여자 중 수현과 혜인을 제외한 아라가 C자동차에 타게 된다. 남자도 형식을 제외하고 승인만 남으므로 승인이 C자동차에 탑승한다.
남은 수현, 혜인, 형식은 〈조건〉 ㉡을 통해 정할 수 있다. 해당 조건에 의하면 수현은 두 명의 남자 회원과 같은 자동차에 탑승해야 하고, B자동차에는 여자인 지현이 이미 있으므로 수현은 A자동차에 탄다. 또한 동일한 논리로 혜인과 수현은 같은 차에 탈 수 없으므로 형식이 A자동차에 탑승한다.
최종적으로 다음과 같이 정리할 수 있다.

A 자동차	B 자동차	C 자동차
준성(남)	지현(여)	주한(남)
수현(여)	재혁(남)	아라(여)
형식(남)	혜인(여)	승인(남)
		~~수현, 혜인, 형식~~

13 정답 ❸ 난이도 ●●○

언어추리 – 조건추리 문제

문제의 조건에 따라 표를 채워가면 다음과 같다. 문제의 〈조건〉을 구분하기 위해, 위에서부터 순서대로 조건 ㉠~㉥이라 하자.

(1) 조건들을 보고 확정적인 것을 확인한다. 조건 ㉢, ㉣에 따라 정해지는 순서는 다음과 같다.

1	2	3	4	5	6
	지훈x		예진		

(2) '예진'은 개발팀이기 때문에 조건 ㉡의 '마케팅팀 3명은 서로 인접하여 줄을 서지 않는다.'는 조건을 추가로 활용할 수 있다. 마케팅팀이 줄 설 수 있는 위치는 다음과 같다.

1	2	3	4	5	6
	지훈×		예진		
마케팅		마케팅		마케팅	
마케팅		마케팅			마케팅

(3) 조건 ⓜ에 따라 민수와 유진은 인접해서 줄을 서고, 민수는 개발팀, 유진은 마케팅팀인 것을 확인할 수 있다. (2)에서 파악한 대로 2번 순서엔 개발팀만 들어갈 수 있는데, 개발팀인 지훈이 두 번째로 줄을 서지 않고, 예진 또한 네 번째로 줄을 서기로 결정되었다. 따라서 남은 개발팀원인 민수가 두 번째 순서에 줄을 선다. 유진은 마케팅팀이므로 민수의 옆인 첫 번째 또는 세 번째 순서에 자리를 잡을 수 있다. 이를 정리하면 다음과 같다.

1	2	3	4	5	6
	지훈×		예진		
유진	민수	마케팅	예진	마케팅	
유진	민수	마케팅	예진		마케팅
마케팅	민수	유진	예진	마케팅	
마케팅	민수	유진	예진		마케팅

(4) 조건 ⓑ에 따라 남은 마케팅 팀원 위치 중 앞쪽은 태민, 뒤쪽은 서준의 자리가 된다. 따라서 지훈은 남은 곳에 줄을 서게 된다. 이를 다시 정리해 보면 다음과 같다.

1	2	3	4	5	6
	지훈×		예진		
유진	민수	태민	예진	서준	지훈
유진	민수	태민	예진	지훈	서준
태민	민수	유진	예진	서준	지훈
태민	민수	유진	예진	지훈	서준

① (○) 민수와 지훈 사이에 줄을 서는 사람은 2명이다.
➜ 민수와 지훈 사이에 태민과 예진 또는 유진과 예진이 서있는 경우가 있다.

② (○) 유진과 태민 사이에 줄을 서는 사람은 1명이다.
➜ 유진과 태민 사이에 민수 1명이 서있는 경우가 있다.

③ (×) 태민이 첫 번째로 줄을 설 때, 서준은 세 번째로 줄을 선다.
➜ 태민이 첫 번째로 줄을 설 때, 유진이 세 번째로 줄을 선다. 이때 서준은 다섯 번째 혹은 여섯 번째로 줄을 선다.

④ (○) 서준이 다섯 번째로 줄을 설 때, 맨 앞에 유진이 줄을 선다.
➜ 유진이 첫 번째로 줄을 서는 경우가 존재한다.

⑤ (○) 예진 바로 뒤에 지훈이 줄을 설 때, 맨 뒤에 서준이 줄을 선다.
➜ 다섯 번째, 여섯 번째 순서는 서준과 지훈만이 올 수 있다. 네 번째 순서인 예진 바로 뒤가 지훈일 경우, 맨 뒤 순서는 서준이 된다.

합격자의 시간단축 Tip

(Tip) 기호를 활용해 실수를 줄이도록 하자. 마케팅 팀원은 서로 인접하여 줄을 서지 않는다는 조건이 존재한다. 마케팅 팀원의 이름에는 'ㅇ' 등의 표시를 해 실수를 줄이도록 하는 것이 좋다. 또한, 태민이 서준보다 항상 앞에 위치하므로 '태민 〉 서준' 등의 표현을 시험지에 적어두는 방법을 활용할 수도 있다. 이러한 표시는 참고일 뿐이므로 본인이 편하게 사용하고 쉽게 기억할 수 있는 방법을 찾는 것을 추천한다.

14 정답 ②

난이도 ●●○

언어추리 - 조건추리 문제

〈조건〉 ⓛ과 ⓑ에 따라 수박은 포도와 오렌지 이전에 주어야 한다. 그런데 〈조건〉 ⓞ에 따라 사과는 포도를 준 바로 다음 날 주어야 하므로 포도 이후에 주어야 한다. 이를 정리하면 네 개의 과일 가운데 수박을 가장 빨리 주어야 하므로 월요일에 수박을 주고, 화~목요일에는 '오렌지 – 포도 – 사과' 또는 '포도 – 사과 – 오렌지' 순서의 두 가지 방법으로 줄 수 있다.

요일	월	화	수	목
경우1	수박	오렌지	포도	사과
경우2	수박	포도	사과	오렌지

(1) 간식으로 오렌지와 초콜릿맛 우유를 같은 날 줄 수 없을 경우 간식의 순서를 도출하면 다음과 같다.
① [경우1] '수박 – 오렌지 – 포도 – 사과' 순서로 과일을 줄 경우
초콜릿맛 우유는 〈조건〉 ⓢ에 의하면 빨라야 화요일에 줄 수 있으며 〈조건〉 ⓒ에 따라 수요일에 줄 수 없다. 이때, 오렌지를 주는 화요일에도 초콜릿맛 우유를 줄 수 없으므로 초콜릿맛 우유는 목요일에 주어야 한다. 그런데 〈조건〉 ⓜ에 따라 일반 우유는 딸기맛 우유와 바나나맛 우유 이후에 주어야 하므로 일반 우유를 포도와 함께 수요일에 주게 된다. 그러나 이는 포도와 일반 우유를 같이 줄 수 없다는 〈조건〉 ⓔ에 위배된다.
② [경우2] '수박 – 포도 – 사과 – 오렌지' 순서로 과일을 줄 경우
초콜릿맛 우유는 〈조건〉 ⓒ, ⓢ에 의하여 월요일과 수요일에는 줄 수 없고, 오렌지를 주는 목요일에도 줄 수 없으므로 초콜릿맛 우유는 화요

일에 주어야 한다. 이 경우 〈조건〉 ㉤에 따라 일반 우유는 딸기맛 우유와 바나나맛 우유 이후에 주어야 하므로 일반 우유를 오렌지와 함께 목요일에 주게 된다. 이를 표로 정리하면 다음과 같다.

요일	월	화	수	목
과일	수박	포도	사과	오렌지
우유	딸기	초콜릿	바나나	일반

따라서 간식으로 오렌지와 초콜릿맛 우유를 같은 날 줄 수 없을 경우, 목요일에는 일반 우유와 오렌지를 주게 되므로 답은 ②이다.

(2) 만일 간식으로 오렌지를 포도보다 앞서 주어야 할 경우, 과일을 주는 순서는 경우 1인 '수박 – 오렌지 – 포도 – 사과'이다. 일반 우유는 〈조건〉 ㉤에 의하면 빨라야 수요일에 줄 수 있으며 〈조건〉 ㉣에 따라 포도를 주는 수요일에 줄 수 없다. 따라서 일반 우유는 목요일에 주어야 한다. 이때, 〈조건〉 ㉢에 따라 초콜릿맛 우유는 수요일에 줄 수 없으므로 초콜릿맛 우유는 월요일 또는 화요일에 주어야 하며, 〈조건〉 ㉦에 따라 딸기맛 우유를 초콜릿맛 우유보다 빨리 주어야 하므로 초콜릿맛 우유는 화요일에 주어야 한다. 이에 따라 딸기맛 우유는 월요일에, 바나나맛 우유는 수요일에 주게 된다. 이를 표로 정리하면 다음과 같다.

요일	월	화	수	목
과일	수박	오렌지	포도	사과
우유	딸기	초콜릿	바나나	일반

따라서 간식으로 오렌지를 포도보다 앞서 주어야 할 경우 수요일에는 바나나맛 우유와 포도를 주게 된다. 이는 오렌지와 초콜릿맛 우유를 같은 날 줄 수 없다는 문제와 위배되어 정답이 될 수 없다.

합격자의 시간단축 Tip

Tip ❶ 만일 문제에서 주어진 오렌지와 초콜릿맛 우유는 같은 날 주지 않는다는 조건을 적용하지 않는다면 [경우2]일 때 과일 간식으로 '바나나맛 우유 – 딸기맛 우유 – 일반 우유 – 초콜릿맛 우유'를 먹는 경우도 생각해볼 수 있다.
그러나 문제에 조건이 주어진 경우 이를 최대한 빨리 적용하여 문제에 접근하는 것이 효율적이므로, 굳이 다른 경우를 생각해내기 보다는 문제의 조건을 대입했을 때 모순이 생기지 않는지 여부를 먼저 파악하는 것이 좋다.

* 설문의 경우 가능한 과일의 순서가 단 2가지밖에 존재하지 않는다. 따라서 경우의 수가 적을 것으로 예상했으나, 막상 문제에 주어진 조건을 적용하지 않을 경우 많은 경우의 수가 발생한다. 이와 같이 문제에서 특정 조건이 추가로 주어질 경우 반드시 이를 적용하고 시작하자. 이미 문제에서 전제를 한 조건이기 때문에 꼬일 여지도 없다.

Tip ❷

(1) 여집합의 개념을 적극적으로 활용할 수 있으면 좋다. 이 문제에서는 남는 자리에 포커스를 두면 보다 해석이 편하다. 가령 '일반우유는 딸기맛 우유와 바나나맛 우유 이후에 주어야 한다.'는 조건 ㉤은, 일반우유가 가능한 남는 자리는 수요일 또는 목요일밖에 없다는 것을 의미한다.
일반우유 앞에 적어도 2개 이상의 자리(요일)가 확보되어야 하기 때문이다. 이러한 해석이 좋은 이유는 방향성을 찾기 좋다는 점이다. 즉 이후 조건들을 볼 때 '수요일, 목요일' 위주의 조건에 포커스를 두며 푸는 것이다. 그러면 보다 조건들이 체계적으로 정리되어 경우의 수가 중구난방으로 나오지 않는다.

(2) 과일의 경우 더 쉽다. 조건 ㉡, ㉥에 따라 수박은 포도와 오렌지 이전이며, 조건 ㉧에 따라 사과는 포도 다음날이므로, 수박은 사과 이전일 것이다. 즉, 수박 이후에는 3개의 과일이 와야 할 것이며, 수박에게 남은 자리는 4자리 중 1자리 밖에 없다. 수박은 월요일이 될 수밖에 없다는 것을 빠르게 도출할 수 있어야 할 것이다.

Tip ❸

(1) 과일이 우유보다 가능성을 확정 짓기가 쉽다. 이처럼 문제를 풀 때 변수가 2개라면 조건들을 통해 확정 짓기 쉬운 변수를 먼저 기준점으로 설정해 놓고 그다음 변수를 조건에 맞게 넣으면 문제의 답을 찾기가 더 쉬워진다.

(2) 해설과 같이 대응표를 그려 각 요일에 해당하는 우유와 과일을 한 번에 적어내는 것은 쉽지 않을 수 있다. 그러므로 이러한 경우 표를 여러 개 그리는 것에 거부감을 갖기 보다는 차라리 표를 두 개 그려서 가로축에는 동일하게 월~목요일을 적어주고, 첫 번째 표의 세로축에는 과일의 종류를, 두 번째 표의 세로축에는 우유의 종류를 적어서 두 개의 표를 차근차근 채워나가는 것이 오히려 편할 수 있다.

(3) 문제에서 주어진 조건을 표로 옮기면 다음과 같다.

〈표 1-과일〉

	월	화	수	목
사과	×	×		
포도	×			×
오렌지	×			
수박	○	×	×	×

〈표 2-우유〉

	월	화	수	목
일반	×	×		
초콜릿	×		×	
딸기			×	×
바나나				×

15 정답 ⑤ 난이도 ●●○

도형추리 - 박스형 문제

제시된 도형의 모양을 보면 한 행에 있는 세 도형의 틀이 같으므로 가로 방향으로 규칙이 적용되는 것을 확인할 수 있다.
각 행의 1열을 기준으로 도형의 색상 변화를 살펴보면 1열에서 2열, 2열에서 3열 사이에 색상 반전 규칙이 적용됨을 유추할 수 있으나, 내부에 있는 도형의 색상은 변하지 않았음을 주의해야 한다. 1행의 도형을 다음과 같이 외부 도형, 내부 도형으로 나누어 규칙을 추리해 보자.

(i) 외부 도형

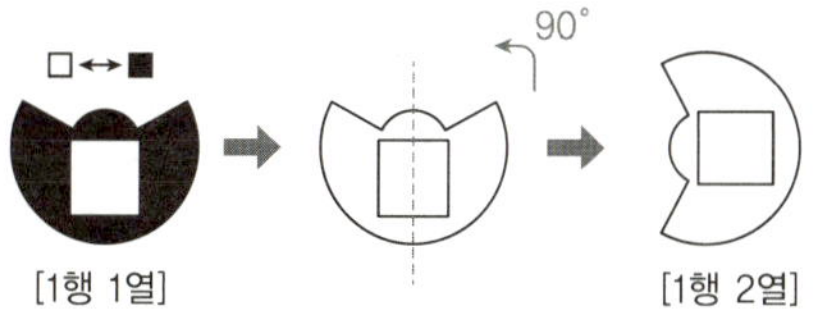

1행 2열의 도형은 1행 1열의 도형을 색상 반전한 후 시계 반대 방향으로 90도 회전한 형태이다.

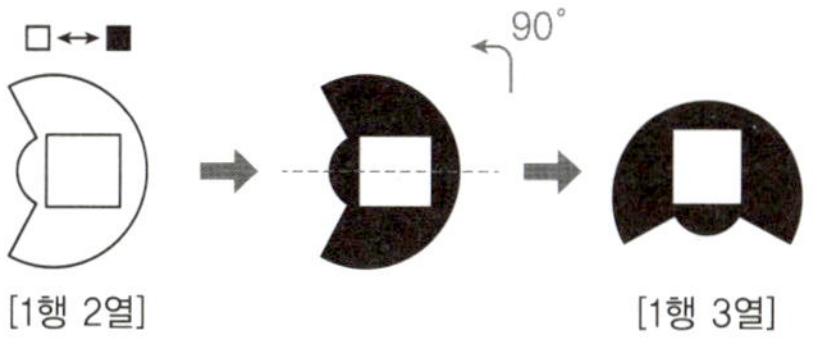

1행 3열의 도형은 1행 2열의 도형을 색상 반전한 후 시계 반대 방향으로 90도 회전한 형태이다.
즉, 다음 열에 있는 도형은 이전 열에 있는 도형을 색상 반전한 후 시계 반대 방향으로 90도 회전한 형태이다.

(ii) 내부 도형

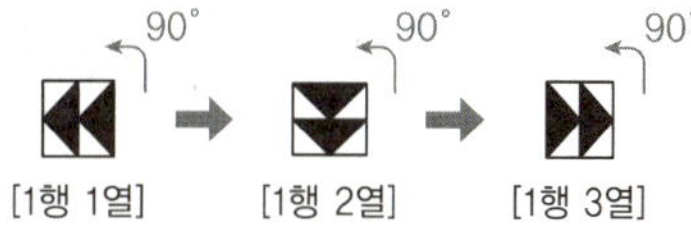

내부 도형의 경우 다음 열에 있는 도형은 이전 열에 있는 도형을 시계 반대 방향으로 90도 회전한 형태이다.
위에서 구한 규칙을 3행의 도형에서 확인해 보면 규칙이 성립함을 알 수 있다.

〈외부 도형〉

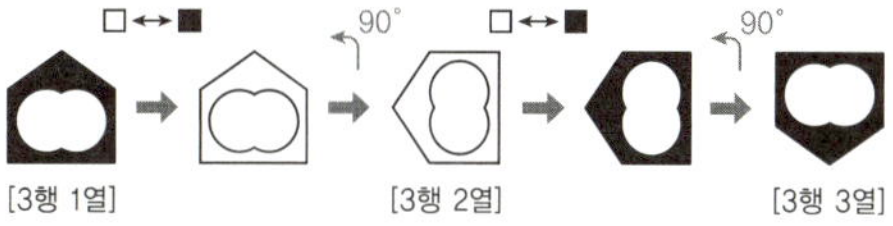

〈내부 도형〉

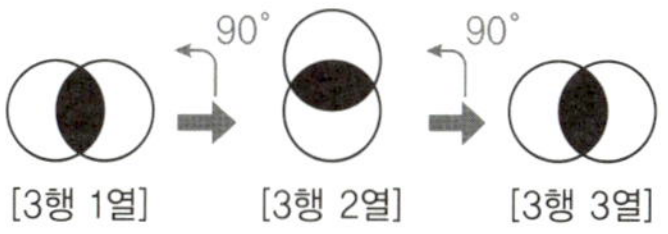

2행 1열과 2행 2열의 도형을 이용해 ?에 들어갈 도형을 추리해 보자.

〈외부 도형〉

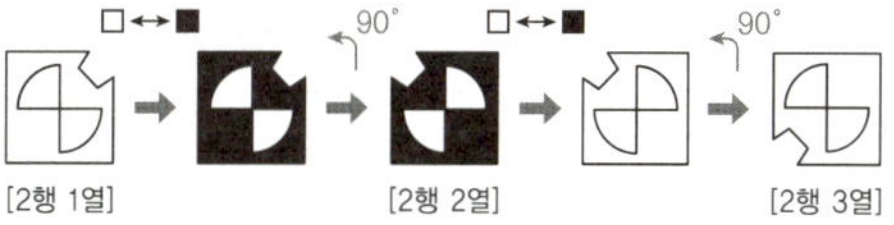

〈내부 도형〉

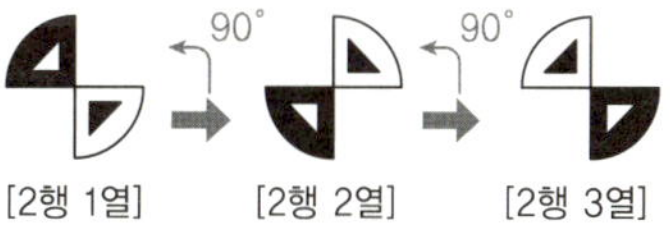

따라서 ?에 들어갈 도형으로 알맞은 것은 ⑤이다.

합격자의 시간단축 Tip

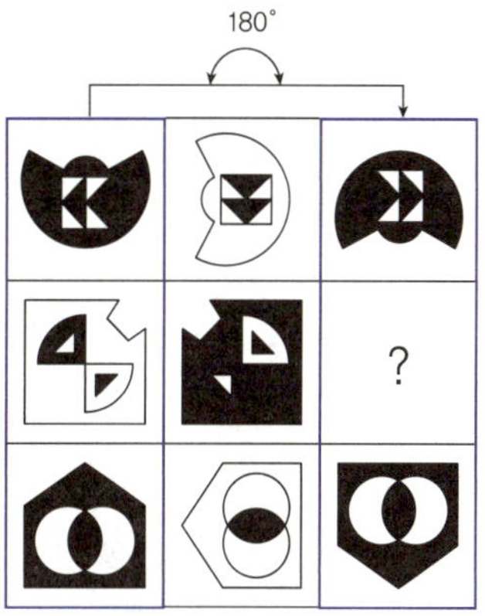

1행 1열과 1행 3열, 3행 1열과 3행 3열의 도형을 비교해 보면, 3열의 도형은 1열의 도형을 180도 회전한 형태임을 확인할 수 있다. 따라서 2행 3열의 도형은 2행 1열의 도형을 180도 회전한 형태임을 추리할 수 있다.

16 정답 ④ 난이도 ●●○

도형추리 – 박스형 문제

제시된 도형에는 9개의 사각형 내부에 여러 도형이 나열되어 있다. 이때 나열된 도형의 종류를 살펴보면 한 열에 있는 세 도형의 내부에 포함된 도형들의 종류가 같으므로 세로 방향으로 규칙이 적용됨을 확인할 수 있다. 그리고 내부 도형의 색상 변화를 통해 1행과 2행, 2행과 3행 사이에 색상 반전 규칙이 적용되었음을 유추할 수 있다.

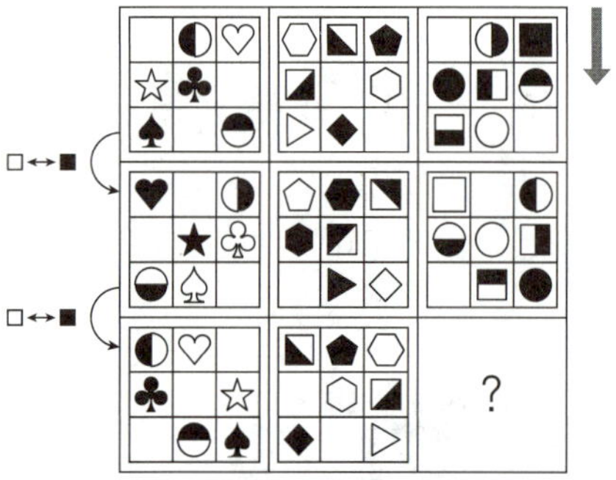

우선 1행 1열의 도형을 색상 반전한 후 2행 1열의 도형과 비교하여 도형의 이동 규칙을 파악해 보자.

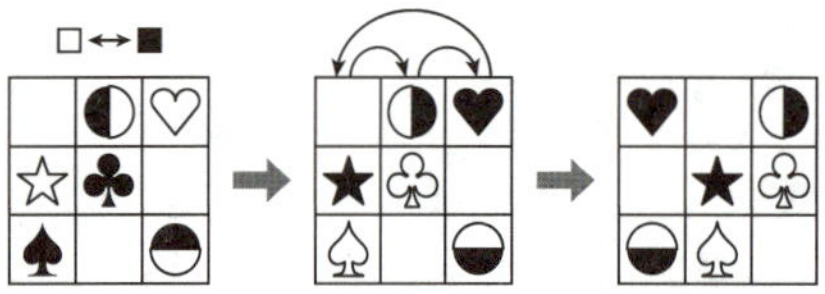

[1행 1열] [2행 1열]

2행 1열의 도형은 1행 1열의 내부 도형들을 색상 반전 후 오른쪽으로 한 칸씩 이동한 형태이다. (가장 오른쪽에 있는 도형은 가장 왼쪽으로 이동한다.)

같은 방법으로 2행 1열의 도형을 색상 반전한 후 3행 1열의 도형과 비교하여 도형의 이동 규칙을 파악해 보자.

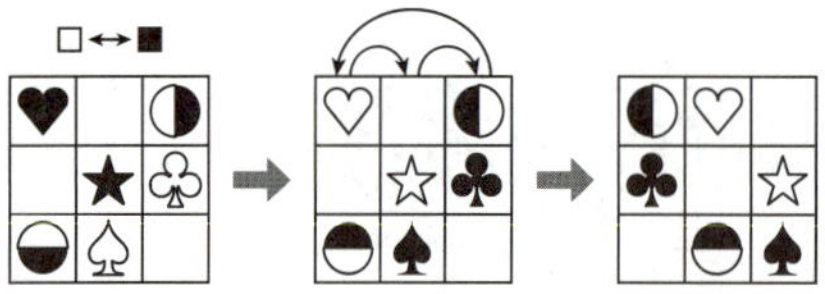

[2행 1열] [3행 1열]

3행 1열의 도형은 2행 1열의 내부 도형들을 색상 반전 후 오른쪽으로 한 칸씩 이동한 형태이다.

즉, 다음 행의 도형은 이전 행의 도형을 색상 반전한 후 내부에 포함된 도형들을 오른쪽으로 한 칸씩 이동한 형태이다.

위에서 구한 규칙을 2열의 도형에서 확인해 보면 규칙이 성립함을 알 수 있다.

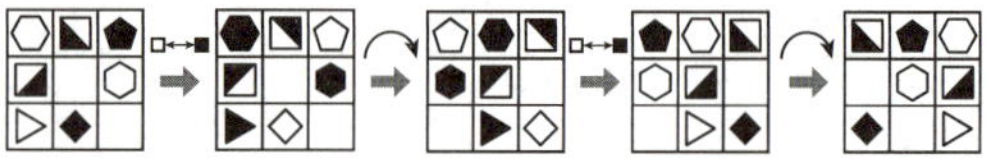

[1행 2열] [2행 2열] [3행 2열]

1행 3열과 2행 3열의 도형을 이용해 ?에 들어갈 도형을 추리해 보자.

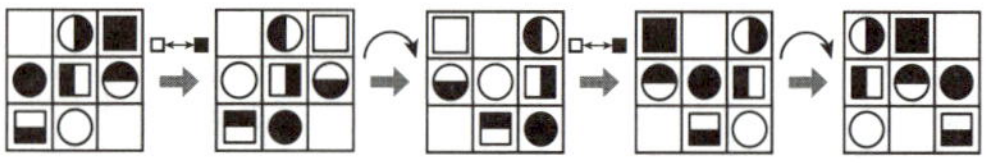

[1행 3열] [2행 3열] [3행 3열]

따라서 ?에 들어갈 도형으로 알맞은 것은 ④이다.

합격자의 시간단축 Tip

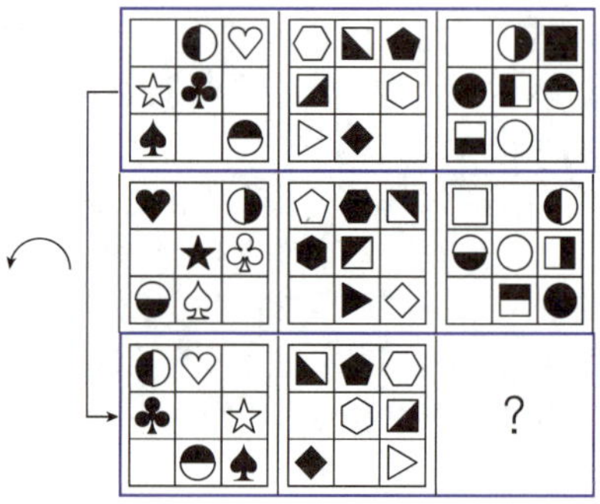

1행 1열과 3행 1열, 1행 2열과 3행 2열의 도형을 비교해 보면, 3행의 도형은 1행의 내부 도형들을 왼쪽으로 한 칸씩 이동한 형태임을 확인할 수 있다. 따라서 3행 3열의 도형은 1행 3열의 내부 도형들을 왼쪽으로 한 칸씩 이동한 형태임을 추리할 수 있다.

17 정답 ① 난이도 ●●○

도형추리 – 박스형 문제

제시된 도형의 가운데에 있는 원의 분할 방향을 살펴보면 가로 방향으로 규칙이 적용됨을 확인할 수 있다. 그리고 색 테두리로 표시한 3열의 도형에 색칠된 음영은 1, 2열의 도형에 색칠된 음영의 수보다 많음을 쉽게 확인할 수 있다. 따라서 각 행의 1, 2열에 있는 두 도형의 합을 염두에 두고 규칙을 파악해 보자.

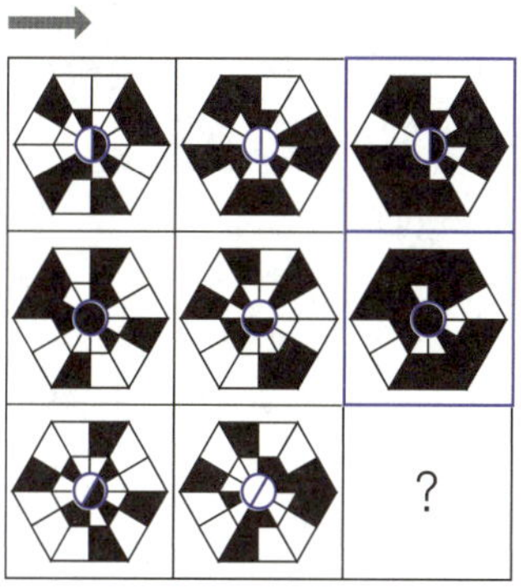

우선 1행 1열의 도형과 1행 2열의 도형을 합친 후 1행 3열의 도형과 비교해 보자.

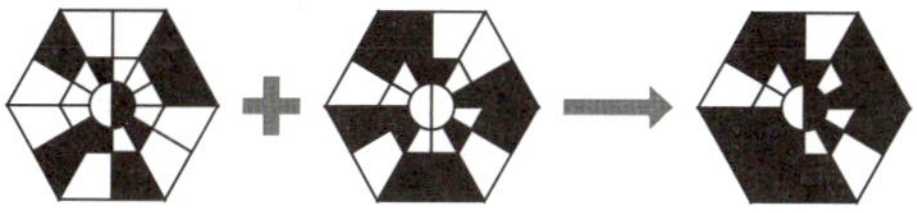

[1행 1열] [1행 2열] [1행 3열]

즉, 3열의 도형은 1열의 도형과 2열의 도형을 합친 형태이다.
위에서 구한 규칙을 2행의 도형에서 확인해 보면 규칙이 성립함을 알 수 있다.

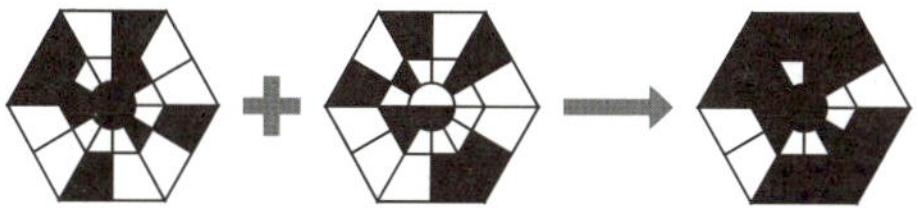

[2행 1열] [2행 2열] [2행 3열]

3행 1열의 도형과 3행 2열의 도형을 합해 ?에 들어갈 도형을 추리해 보자.

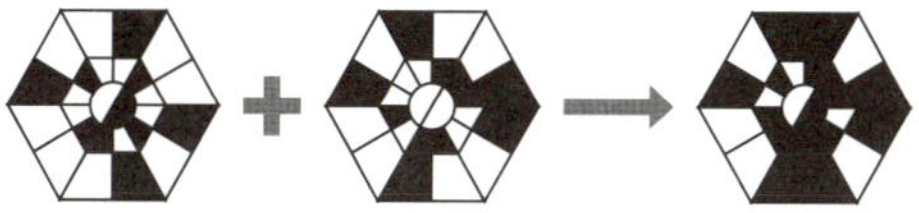

[3행 1열] [3행 2열] [3행 3열]

따라서 ?에 들어갈 도형으로 알맞은 것은 ①이다.

[18~21]

규칙 파악 TIP

(1) 제시된 도식 중 한 종류의 기호가 적용된 문자, 숫자 배열을 살펴본 후 자리 이동 규칙이 적용되었는지, 연산 규칙이 적용되었는지 파악한다.

> ◈ 기호 적용 후 문자와 숫자가 바뀌었으므로 연산 규칙이 적용되었음을 유추할 수 있다.
>
> R 7 3 U → ◈ → Q 5 2 S
> 18 7 3 21 17 5 2 19
> -1 -2 -1 -2
>
> → ◈: (−1, −2, −1, −2)

(2) 제시된 도식 중 두 종류의 기호가 적용된 문자, 숫자 배열에서 먼저 구한 기호의 규칙을 이용해 나머지 기호의 규칙을 파악한다.

> DJX5 → ◈ → (A) → ◑ → HC3W

(i) DJX5에 연산 규칙 ◈을 적용해 (A)에 들어갈 문자·숫자 배열을 구하고, ◑의 규칙을 파악해 보자.

(−1, −2, −1, −2)
D J X 5 → ◈ → C H W 3
4 10 24 5 3 8 23 3
→ (A): CHW3

(ii) CHW3과 HC3W를 비교하면 문자·숫자의 종류는 변하지 않았으므로 ◑는 자리 이동 규칙임을 유추할 수 있다.

C H W 3 → ◑ → H C 3 W
1 2 3 4 2 1 4 3
→ ◑: (2143)

> Q3T4 → ◉ → (B) → ◈ → P2S1

(i) P2S1에 연산 규칙 ◈을 역방향으로 적용해 (B)에 들어갈 문자·숫자 배열을 구하고, ◉의 규칙을 파악한다.

P 2 S 1 → (+1, +2, +1, +2) → Q 4 T 3
16 2 19 1 ◈(역) 17 4 20 3
→ (B): Q4T3

(ii) Q3T4와 Q4T3을 비교하면 문자·숫자의 종류는 변하지 않았으므로 ◉는 자리 이동 규칙임을 유추할 수 있다.

Q 3 T 4 → ◉ → Q 4 T 3
1 2 3 4 1 4 3 2
→ ◉: (1432)

> R73U → ▣ → (C) → ◑ → 6SS5

(ⅰ) 6SS5에 자리 이동 규칙 ◑을 역방향으로 적용해 (B)에 들어갈 문자·숫자 배열을 구하고, ▣의 규칙을 파악한다.

6	S	S	5	→ (2143) → (1234) →		S	6	5	S
2	1	4	3	◑(역)		1	2	3	4

→ (C): S65S

(ⅱ) R73U와 S65S를 비교하면 문자·숫자가 바뀌었으므로 ▣는 연산 규칙임을 유추할 수 있다. 기호 ▣의 규칙을 파악하기 위해 문자에 숫자를 매겨 비교해 보자.

R	7	3	U	→ ▣ →		S	6	5	S
18	7	3	21			19	6	5	19
						+1	−1	+2	−2

→ ▣: (+1, −1, +2, −2)

* 자리 이동 규칙을 역방향으로 적용할 때 순서를 바꾸거나 두 자리를 뒤바꾸는 부분을 생각하면 쉽다. 예를 들어 ◑ 규칙은 첫 번째와 두 번째 자리를 서로 바꾸고, 세 번째와 네 번째 자리를 서로 바꾸는 규칙이고, 이를 역방향으로 적용해도 동일하게 바뀜을 알 수 있다. 이 외에도 많이 나오는 규칙으로 문자와 숫자를 역순으로 배열하는 (4321)이 있는데, 이를 역방향으로 규칙을 적용해도 역순으로 배열된다.

[규칙]

- ◉: 두 번째, 네 번째 문자(숫자)의 자리를 서로 바꾼다.
  예 abcd (1234) → adcb (1432)
  참고 각 숫자는 배열에서 해당 문자(숫자)의 위치를 의미한다.
- ◈: 문자와 숫자 순서에 따라 첫 번째, 세 번째 문자(숫자)를 바로 이전 순서에 오는 문자(숫자)로, 두 번째, 네 번째 문자(숫자)를 이전 두 번째 순서에 오는 문자(숫자)로 변경한다.
  예 abcd → zzbb (a−1, b−2, c−1, d−2)
  참고 −1은 1만큼 앞에 있는 문자(숫자)를 의미한다.
- ▣: 문자와 숫자 순서에 따라 첫 번째 문자(숫자)를 바로 다음 순서에 오는 문자(숫자)로, 두 번째 문자(숫자)를 바로 이전 순서에 오는 문자(숫자)로, 세 번째 문자(숫자)를 다음 두 번째 오는 순서에 오는 문자(숫자)로, 네 번째 문자(숫자)를 이전 두 번째 오는 순서에 오는 문자(숫자)로 변경한다.
  예 abcd → baeb (a+1, b−1, c+2, d−2)
  참고 +1은 1만큼 뒤에 있는 문자(숫자)를 의미한다.
- ◑: 첫 번째, 두 번째 문자(숫자)의 자리를 서로 바꾸고, 세 번째, 네 번째 문자(숫자)의 자리를 서로 바꾼다.
  예 abcd (1234) → badc (2143)
  참고 각 숫자는 배열에서 해당 문자(숫자)의 위치를 의미한다.

18 정답 ② 난이도 ●●●

도식추리 - 특정 기호의 규칙을 적용했을 때 나오는 문자나 숫자를 고르는 문제

각 기호의 규칙을 차례로 적용하여 답을 구한다.

- ◉: 자리 이동 규칙 (1234) → (1432)
- ▣: 연산 규칙 (+1, −1, +2, −2)

(1432) (+1, −1, +2, −2)

I5EP → ◉ → IPE5 → ▣ → JOG3

따라서 정답은 ②다.

합격자의 시간단축 Tip

Tip ① 선택지를 보면 숫자는 두 번째 또는 네 번째 순서에 있다. I5EP에서 두 번째 순서에 있는 숫자 5는 자리 이동 규칙 ◉를 적용하면 네 번째 순서로 자리가 바뀐다.

				(1432)				
□	5	□	□	→ ◉ →	□	□	□	5
1	2	3	4		1	4	3	2

즉, 선택지 중 네 번째 순서에 문자가 있는 ①, ④는 제외한다. 그리고 자리 이동 규칙 ◉는 첫 번째, 세 번째 순서에 영향을 주지 않는다. 그러므로 첫 번째, 세 번째 문자에 연산 규칙 ▣을 적용해 답을 고른다.

				(+1, −1, +2, −2)				
I	□	E	□	→ ▣ →	J	□	G	□
9		5			10		7	

따라서 정답은 네 번째 순서에 숫자가 있고 첫 번째, 세 번째 순서의 문자가 J, G인 ②다.

Tip ② 선택지를 보면 숫자는 두 번째 또는 네 번째 순서에 있고, 순서와 값이 모두 각각 다르다. I5EP에서 두 번째 순서에 있는 숫자 5는 자리 이동 규칙 ◉를 적용하면 네 번째 순서로 자리가 바뀐다.

				(1432)				
□	5	□	□	→ ◉ →	□	□	□	5
1	2	3	4		1	4	3	2

즉, 선택지 중 네 번째 순서에 문자가 있는 ①, ④는 제외한다. 그리고 남은 선택지인 ②, ③, ⑤의 네 번째 순서에 있는 숫자는 모두 다르므로, 숫자에 연산 규칙을 적용하여 답을 고른다.

(+1, −1, +2, −2)
□ □ □ 5 → ▣ → □ □ □ 3

따라서 정답은 네 번째 순서에 숫자 3이 있는 ②다.

19 정답 ⑤ 난이도 ●●●

도식추리 – 특정 기호의 규칙을 적용했을 때 나오는 문자나 숫자를 고르는 문제

각 기호의 규칙을 차례로 적용하여 답을 구한다.

- ◑: 자리 이동 규칙 (1234) → (2143)
- ▣: 연산 규칙 (+1, −1, +2, −2)
- ◈: 연산 규칙 (−1, −2, −1, −2)

(2143) (+1, −1, +2, −2) (−1, −2, −1, −2)
51SE → ◑ → 15ES → ▣ → 24GQ → ◈ → 12FO

따라서 정답은 ⑤이다.

합격자의 시간단축 Tip

Tip 문제에 제시된 규칙 적용 전 문자·숫자 배열을 살펴보면 (숫자, 숫자, 문자, 문자)로 구성되어 있다. 자리 이동 규칙 ◑을 적용하면 숫자끼리 자리가 바뀌고, 문자끼리 자리가 바뀌므로 (숫자, 숫자, 문자, 문자)의 순서는 변하지 않는다. (숫자, 숫자, 문자, 문자)와 순서가 다른 ②, ③은 제외한다. 이때 남은 선택지인 ①, ④, ⑤ 중 첫 번째 순서와 두 번째 순서에 있는 숫자가 모두 다르므로, 숫자만 확인하여 답을 고를 수 있다. 연산 규칙인 ▣: (+1, −1, +2, −2), ◈: (−1, −2, −1, −2)를 한 번에 적용하면 ▣◈: (0, −3, +1, −4)이다. 즉, 연산 규칙을 적용해도 첫 번째 자리에 영향을 주지 않으므로 자리 이동 규칙 ◑을 적용한 후 나오는 첫 번째 순서에 있는 숫자를 확인해 답을 고른다.

(2143)
5 1 □ □ → ◑ → 1 5 □ □
1 2 3 4 　　　 2 1 4 3

따라서 ①, ④, ⑤ 중 첫 번째 순서에 있는 숫자가 1인 ⑤가 정답이다.

* 연산 규칙이 연달아 있을 때만 한 번에 계산할 수 있다. 연산 규칙 사이에 자리 이동 규칙이 있다면 연산 규칙을 합쳐서 사용할 수 없다는 점에 주의한다.

20 정답 ① 난이도 ●●●

도식추리 – 특정 기호의 규칙을 적용했을 때 나오는 문자나 숫자를 고르는 문제

각 기호의 규칙을 차례로 적용하여 답을 구한다.

- ◑: 자리 이동 규칙 (1234) → (2143)
- ◉: 자리 이동 규칙 (1234) → (1432)

해당 문제에서 구해야 하는 것은 두 가지 규칙을 적용하기 전의 문자·숫자 배열이다.

(2143) (1432)
? → ◑ → → ◉ → QJNW

즉, 두 가지 규칙을 적용 후 도출된 QJNW에 규칙을 역방향으로 적용해 풀어야 한다.

(1432) → (1234) (2143) → (1234)
QJNW → ◉(역) → QWNJ → ◑(역) → WQJN

따라서 정답은 ①이다.

합격자의 시간단축 Tip

자리 이동 규칙 ◉은 첫 번째 순서와 세 번째 순서에는 영향을 주지 않으므로, 첫 번째 순서와 세 번째 순서의 문자에만 자리 이동 규칙 ◑을 역방향으로 적용하여 답을 찾는다.

Q □ N □ → (2143) → (1234) → □ Q □ N
2 1 4 3 　 ◑(역) 　 1 2 3 4

따라서 정답은 두 번째, 네 번째 순서의 문자가 각각 Q, N인 ①이다.

21 정답 ③ 난이도 ●●●

도식추리 – 특정 기호의 규칙을 적용했을 때 나오는 문자나 숫자를 고르는 문제

각 기호의 규칙을 차례로 적용하여 답을 구한다.

- ◈: 연산 규칙(−1, −2, −1, −2)
- ▣: 연산 규칙 (+1, −1, +2, −2)
- ◉: 자리 이동 규칙 (1234) → (1432)

해당 문제에서 구해야 하는 것은 세 가지 규칙을 적용하기 전의 문자·숫자 배열이다.

(−1, −2, −1, −2) (+1, −1, +2, −2) (1432)
? → ◈ → → ▣ → → ◉ → U2MA

PART 3 실전모의고사

즉, 세 가지 규칙을 적용 후 도출된 U2MA에 규칙을 역방향으로 적용해 풀어야 한다.

(1432) → (1234) (−1, +1, −2, +2) (+1, +2, +1, +2)

U2MA → ◉(역) → UAM2 → ◙(역) → TBK4 → ◈(역) → UDL6

따라서 정답은 ③이다.

참고 자리 이동 규칙을 역으로 적용할 때 헷갈릴 수 있다. 이때 자리를 서로 바꾸는 경우와 바꾸지 않는 경우, 순서가 뒤집히는 경우 등을 확인하면 쉽게 구할 수 있다.
예를 들어 ◉의 경우 첫 번째 자리와 세 번째 자리는 이동이 없으므로 역으로 적용하더라도 변하지 않는다. 또한 두 번째 자리와 네 번째 자리는 서로 자리를 바꾸는데 이는 역으로 적용하더라도 똑같이 서로 자리를 바꾼다. 즉, ◉을 역으로 적용하는 규칙도 두 번째 자리와 네 번째 자리를 바꾸는 규칙이다.
가장 많이 나오는 자리 이동 규칙 중 (4321)의 경우 전체 문자를 역순으로 배열하는 규칙이 된다. 이는 역으로 적용하여도 역순으로 배열하는 규칙 그대로임을 알 수 있다.

합격자의 시간단축 Tip

Tip ❶ 다섯 개의 선택지에서 첫 번째 순서에 있는 문자의 종류는 모두 다르므로, 첫 번째 문자만 고려해도 답을 찾을 수 있다.
U2MA에서 ◉을 역방향으로 적용해도 첫 번째 순서에 있는 U에 영향을 주지 않는다. 그리고 연산 규칙 ◙, ◈을 한 번에 적용하면 ◙◈: (0, −3, +1, −4)이고 역방향으로 적용하면 (0, +3, −1, +4)이다. 즉, 첫 번째 순서에 있는 U는 제시된 세 가지 규칙을 역방향으로 적용해도 변하지 않음을 유추할 수 있다.
따라서 정답은 첫 번째 순서의 문자가 U인 ③이다.

Tip ❸ 다섯 개의 선택지에서 네 번째 순서에 있는 문자의 종류는 모두 다르므로, 네 번째 문자만 고려해도 답을 찾을 수 있다. 우선 U2MA에서 ◉을 역방향으로 적용해 보자.

(1432) → (1234)
U2MA → ◉(역) → UAM2

그리고 연산 규칙 ◙, ◈을 한 번에 적용하면 ◙◈: (0, −3, +1, −4)이고 역방향으로 적용하면 (0, +3, −1, +4)이다. 이를 네 번째 값에만 적용하면 된다.

(0, +3, −1, +4)
□□□2 → ◙◈(역) → □□□6

따라서 정답은 네 번째 순서의 값이 6인 ③이다.

22 정답 ❶ 난이도 ●●●

문단배열 – 제시된 문단을 논리적 흐름에 따라 배열하는 문제

문제유형 비판적 사고 > 논리적 결론의 전제 · 원인 찾기
접근전략 문단 배열 순서의 문제는 주로 문단별 첫 문장과 마지막 문장을 결정적 근거로 삼아 풀 수 있다. 이때, 1) 첫 문단은 넓은 범위의 이야기에서 좁은 범위로 좁혀간다는 점 2) 접속사, 대명사를 유의해야 한다는 점 3) 앞 문단의 후반부 내용과 다음 문단의 첫 문장의 연관성 등을 이용해 각 순서를 판단할 수 있다. 또한, 다음에 올 문단을 선택할 때마다 선지로 돌아가 당장 정답을 선택할 수 있는지 확인하면 시간을 크게 단축할 수 있다.

다음 문단을 논리적 순서대로 알맞게 배열한 것을 고르시오.

(가) (1)현대 사회에서 스트레스를 해소하는 방법의 하나로 명상이 주목받고 있다. (2)명상은 몸과 마음을 편안하게 하여 스트레스를 줄이는 데 큰 도움을 준다.
(나) (1)우리는 일상생활에서 다양한 스트레스 요인에 노출되어 있다. (2)일, 인간관계, 학업 등 다양한 이유로 우리는 스트레스를 받으며, 이를 효과적으로 관리하는 것이 중요하다.
(다) (1)명상을 통해 스트레스를 줄이는 방법은 매우 다양하다. (2)호흡에 집중하는 간단한 명상법부터 마음속 상상을 통해 몸을 이완시키는 시각화 명상법까지 다양한 기법이 존재한다.
(라) (1)또한, 자연의 소리를 듣거나 음악을 들으며 하기도 한다. (2)이러한 방법들은 마음을 차분하게 하고, 명상의 효과를 더욱 높여준다.

① (나) − (가) − (다) − (라) ➜ (O)

(1) (가)~(라)의 중심 내용을 정리하면, (가)는 스트레스 해소 방안으로서의 명상, (나)는 스트레스 요인 및 스트레스 관리의 중요성, (다)는 명상법 소개, (라)는 명상법 추가 소개 및 효과라고 볼 수 있다. (가)~(라)를 글의 흐름에 적절하게 배열하면 다음과 같다.

(2) (나)에서는 스트레스의 다양한 요인과 효과적인 스트레스 관리의 중요성을 제시하고 있다. 즉, 명상법이 등장하게 된 배경을 설명하는 것으로, (나) 문단이 글의 맨 앞에 오는 것이 적절하다.

(3) (가)에서 스트레스 해소 방법의 하나로 주목받는 명상법이 제시된다. (가)에서 명상법이 처음으로

제시되었고, 나머지 문단은 명상법에 대한 구체적이고 추가적인 설명에 해당하므로 (가)가 (다), (라)보다 먼저 오는 것이 자연스럽다.

(4) (다)와 (라)는 명상법을 소개하는데, (라)는 소리를 활용한 명상법을 소개하면서 '이러한 방법들은' 마음을 차분하게 하고, 명상의 효과를 더욱 높여준다고 언급한다. 따라서, (라) 이전에 다양한 명상법을 소개하는 (다)가 먼저 와야 한다.
따라서 (나) – (가) – (다) – (라) 순이 적절하다.

② (나) – (다) – (라) – (가) → (×)
③ (나) – (라) – (다) – (가) → (×)
④ (다) – (가) – (나) – (라) → (×)
⑤ (다) – (라) – (나) – (가) → (×)

제시문 분석

제시문 (나)–스트레스 요인 및 관리의 중요성

스트레스 요인
일, 인간관계, 학업 등 다양한 이유로 우리는 스트레스를 받는다.(2)

→

결론	이를 효과적으로 관리하는 것이 중요하다.(2)

제시문 (가)–스트레스 해소 방법으로서의 명상

스트레스 해소 방법으로서의 명상
현대 사회에서 스트레스를 해소하는 방법 중 하나로 명상이 주목받고 있다.(1)

→

효과	명상은 몸과 마음을 편안하게 하여 스트레스를 줄이는 데 큰 도움을 준다.(2)

제시문 (다)–명상법 소개 1

여러 종류의 명상법 1
명상을 통해 스트레스를 줄이는 방법은 매우 다양하다.(1) 예 호흡에 집중하는 간단한 명상법, 마음속 상상을 통해 몸을 이완시키는 시각화 명상법(2)

제시문 (라)–명상법 소개 2

여러 종류의 명상법 2
자연의 소리를 듣거나 음악을 들으며 하기도 한다.(1)

→

효과	마음을 차분하게 하고, 명상의 효과를 더욱 높여준다.(2)

합격자의 실전 풀이 순서

❶ **발문 제대로 읽기 및 문제 유형 파악**
항상 발문을 먼저 제대로 읽자. 문단의 순서를 정하는 문제 유형이다. 문단의 순서를 알 수 있는 가장 결정적인 단서는 문단의 맨 첫 문장과 마지막 문장이다. 우선 각 문단 첫 문장을 읽어보며 처음에 올 만한 문단을 찾아본다. 그리고 순서를 하나씩 확정할 때마다 선지로 내려가 정답이 있는지를 확인하면 좋다.
해당 유형은 선지를 활용하여 처음에 올 문단을 예상하는 방식으로 시간을 단축할 수도 있다. 이후의 순서를 정할 때도 선지에서 제시하고 있는 순서를 검토하여 이를 선지 판단에 참고할 수 있다.

❷ **제시문 독해 및 선지 판단**
(1) 우선 각 문단의 첫 문장을 읽어보는데 (라) 문단은 '또한'이라는 표현으로 시작하므로 첫 문단으로는 될 수 없다. 그리고, 선지 구성을 살펴봤을 때, (나)와 (다)로만 시작한다. 따라서 (나) 또는 (다)가 첫 문단이라는 걸 알 수 있다.
(2) (나)와 (다)를 살펴봤을 때, (나)는 스트레스 관리의 중요성을 설명하는 것과 달리, (다)는 명상을 통해 스트레스를 줄이는 방법을 언급하고 있다. 보통 넓은 범위에서 좁은 범위로 좁혀가 말하고자 하는 바를 제시하는 것이 일반적이다. '스트레스 관리'라는 더 넓은 범위의 이야기에서 '명상'이라는 좁은 범위로 글을 전개할 것이라 예상할 수 있다.
(3) 선지 구성을 살펴보면 (나) 다음에 올 수 있는 걸 추릴 수가 없다. 각각의 내용을 바탕으로 파악해야 한다. (가)에서 스트레스 해소 방법으로 명상이 처음으로 제시되고 있으므로 (가)가 (나) 다음으로 오는 것이 자연스럽다. (다) 문단은 (가)에서 소개된 명상법을 구체적으로 소개하는 문단이다.
(4) (라) 문단은 명상의 종류를 추가로 설명하고, 명상법의 효과를 소개하며 마무리한다. (가) 다음에 (라)가 오기엔 (라) 문단이 '또한'으로 시작하고, '어떤 것'을 자연의 소리를 듣거나 음악을 들으며 하기도 하는지 알 수 없어 문장이 자연스럽게 연결되지 않는다. 더불어, '이러한 방법들은 마음을 차분하게 하고, 명상의 효과를 더욱 높여준다.'라고 하여 앞서 여러 방법이 제시되어야 함을 알 수 있다. 따라서 (라) 문단은 (다) 다음으로 와야 한다.
결론적으로, 정답의 순서는 (나) – (가) – (다) – (라)임을 알 수 있다.

합격자의 시간단축 Tip

Tip ❶ 문단 순서 판단 문제의 결정적 근거 확보

문단의 순서를 판단하는 문제는 우선 첫 문장과 마지막 문장이 주요 근거가 되며 이들 안에 순서를 판단할 수 있는 결정적 요소들이 몇 개 있다. 이들을 대표적으로 몇 개 나열하면 다음과 같다.

(1) 첫 문단은 일반적으로 '넓은 범위'의 이야기에서 시작해서 '좁은 범위'의 이야기로 좁혀간다. 예를 들어, 제시문에서는 '스트레스 요인'으로 시작해서 상대적으로 좁은 범위인 '스트레스 해소 방법의 하나인 명상법'으로 좁혀감을 알 수 있다. 이를 통해 첫 문단을 결정할 때 첫 문장의 내용이 비교적 넓은 범위를 가진 것을 선택하면 정답일 확률이 매우 높다.

(2) 접속사에 주의하자. 접속사는 앞 문장과 뒤 문장 사이에 들어가 이들의 연결을 매끄럽게 해주는 역할을 하므로 이들을 통해 앞과 뒤 문장에 어떤 내용이 들어갈지 잘 파악할 수 있다. 예를 들어, '그러나'라는 접속사가 있다면 앞의 내용을 뒤집어 주는 접속사이기 때문에 이 접속사 앞과 뒤의 문장은 정반대여야 함을 알 수 있다. 접속사를 살펴보면 글의 구조를 빠르게 파악할 수 있으므로, 접속사를 적극적으로 활용하면 풀이 시간을 줄일 수 있다.
본 문제의 (라)에서는 '또한, 자연의 소리를 듣거나 음악을 들으며 하기도 한다.'라고 하는데, 어떤 것을 자연의 소리를 듣거나 음악을 들으며 하는지 앞서 제시되어야 함을 알 수 있다.

(3) 대명사에 주의하자. 해당 문제에는 결정적 근거로 등장하지 않지만, 기본적으로 대명사는 앞에 이미 나온 것을 다시 한번 가리키는 것이므로 첫 문장에 이러한 대명사가 있다면 바로 앞 내용에 이에 대응하는 말이 분명히 있을 것이므로 이를 통해 순서 판단이 가능하다.

(4) 앞 문단의 후반부 내용과 연관성 정도를 통해 다음 문단을 판단할 수 있다. 제시문을 예로 들어 말하자면, 앞 문단 후반부가 '명상의 방법'에 관해 이야기했다면 다음 문단의 시작은 이와 밀접한 이야기로 시작할 가능성이 매우 크다.

(5) 사례에 주의하자. 보통 실생활 적용 사례, 해결 사례 등은 그 전에 '일반적인 내용'에 대한 설명이 있어야 나올 수 있다. 사례가 제시된 문단이 있다면 그 사례가 어떤 것에 관한 내용인지 설명해 줄 문단이 앞에 있을 가능성이 매우 크다.

(6) 제시문의 내용을 확인하자. 레시피나 매뉴얼을 다루는 경우 논리적인 순서가 있을 수밖에 없다. 해당 문제는 스트레스 관리의 중요성, 스트레스 해소 방법으로서의 명상, 명상법 1, 명상법 2가 제시되고 있다. 제시문의 구조를 도식화하면 다음과 같다.

글의 구조

(나) 스트레스 관리의 필요성
→ (가) 스트레스 해소 방법으로서의 명상
└ (다) 명상법 1 + (라) 명상법 2

Tip ❷ 선지의 적극적 활용

문단의 순서를 정하는 문제는 선지에서 이미 주어진 문단의 순서 중 타당한 것을 골라야 한다. 본 문제의 경우 그리 어렵지 않은 문제에 해당하지만, 난도가 높은 순서 결정 유형의 경우 선지에서 주어진 문단의 순서를 참고하는 것이 효과적이다. 예컨대 선지에서 첫 번째 순서로 나올 수 있는 문단으로 (나)와 (다)만을 제시하고 있는 경우 해당 두 문단만을 비교하여 빠르게 선지 소거가 가능하다. 또한, 뒤에 올 문단 판단이 끝날 때마다 선지로 내려가 보자. 혹시, 답을 선택하고도 불안한 느낌이 든다면 **Tip ❶**에 있는 기준을 통해 선택한 정답 순서대로 빠르게 훑어서 맞는지 확인하자.

23 정답 ①　　난이도 ●●●

문단배열 – 제시된 문단을 논리적 흐름에 따라 배열하는 문제

문제유형 비판적 사고 > 논리적 결론의 전제·원인 찾기

접근전략 문단 배열 순서의 문제는 주로 문단별 첫 문장과 마지막 문장을 결정적 근거로 삼아 풀 수 있다. 이때, 1) 첫 문단은 넓은 범위의 이야기에서 좁은 범위로 좁혀간다는 점 2) 접속사, 대명사를 유의해야 한다는 점 3) 앞 문단의 후반부 내용과 다음 문단의 첫 문장의 연관성 등을 이용해 각 순서를 판단할 수 있다. 또한, 다음에 올 문단을 선택할 때마다 선지로 돌아가 당장 정답을 선택할 수 있는지 확인하면 시간을 크게 단축할 수 있다.

다음 문단을 논리적 순서대로 알맞게 배열한 것을 고르시오.

(가) (1)영화는 19세기 말에 발명된 이후로, 현대의 주요한 대중 예술 형태로 자리 잡았다. (2)영화는 여러 장소에서 촬영할 수 있으며, 다양한 각도와 특수 효과를 활용해 더 풍부한 시각적 경험을 제

공한다. (3)또한, 영화는 편집 과정을 통해 감독의 의도를 더 명확히 전달할 수 있으며, 연극과 달리 여러 번의 촬영과 편집을 거쳐 완성된다.

(나) (1)먼저, 고대 그리스 시대부터 시작된 연극은 주로 무대 위에서 배우들이 실시간으로 연기하는 형태로 진행된다. (2)연극에서는 실시간으로 이루어지는 연기와 관객과의 상호작용이 중요한 요소로 작용한다. (3)또한, 연극은 관객의 즉각적인 반응을 반영할 수 있는 독특한 장점을 지닌다.

(다) (1)연극과 영화는 이야기와 감정을 전달하는 예술 형식이라는 점에서 유사하다고 생각하기 쉽다. (2)실제로 음악, 조명, 의상 등을 사용해 분위기를 조성하며, 강력한 시각적 및 청각적 경험을 제공한다는 것이 연극과 영화의 공통점으로 손꼽힌다. (3)하지만 몇 가지 중요한 차이점이 있다. (4)연극은 무대 위에서 실시간으로 연기되며, 영화는 사전 촬영 후 편집을 통해 완성된다.

(라) (1)또한, 영화감독은 촬영과 편집 과정에서 배우와 장면을 여러 번 수정할 수 있어 다양한 기술적 요소를 활용해 장면을 연출한다. (2)연극감독이 배우들의 즉흥성과 무대 장치를 활용하는 것과는 달리 영화감독은 특수 효과와 음악으로 관객에게 더욱 몰입감 있는 경험을 제공해 연극과는 다른 차별성을 부여한다.

① (다) – (나) – (가) – (라) ➜ (○)

(1) (가)~(라)의 중심 내용을 정리하면, (가)는 영화의 기원과 주요 특징, (나)는 연극의 기원과 주요 특징, (다)는 연극과 영화의 유사점과 차이점, (라)는 영화감독과 연극감독의 차이로 볼 수 있다. (가)~(라)를 글의 흐름에 적절하게 배열하면 다음과 같다.

(2) (다)에서는 연극과 영화가 유사하지만, 차이가 존재한다고 언급한다. 즉, (다) 이후에 연극과 영화의 차이를 바탕으로 글이 전개될 것을 예측할 수 있다. 문단 (다)는 서론에 해당하므로 글의 맨 앞에 오는 것이 자연스럽다.

(3) (나) 문단은 연극과 영화 중 연극의 특징을 소개한다. 그 후 (가) 문단에서 이와 상반되는 영화의 특징이 제시된다. 둘은 대칭적인 문단으로 내용만으로는 순서가 무방하지만 (나)가 '먼저'로 시작하므로 (나)가 (가) 앞에 위치함을 알 수 있다. 마지막으로 감독의 역할 측면에서 연극과 영화가 비교된다. (나)와 (가)에서 각각 연극과 영화의 기원 및 특징을 설명했다. (라) 문단에서는 '또한 영화감독은 촬영과 편집 과정에서 배우와 장면을 여러 번 수정할 수 있어 다양한 기술적 요소를 활용해 장면을 연출한다.'라고 언급한다. 이는 (가) 문단 마지막에 제시된 '연극과 달리 여러 번의 촬영과 편집을 거쳐 완성된다.'에 이어지는 문장으로 (가) 이후에 (라)가 제시되어야 한다.

따라서 (다) – (나) – (가) – (라) 순이 적절하다.

② (다) – (나) – (라) – (가) ➜ (×)

③ (다) – (라) – (나) – (가) ➜ (×)

④ (라) – (나) – (가) – (다) ➜ (×)

⑤ (라) – (다) – (나) – (가) ➜ (×)

제시문 분석

제시문 (다)–연극과 영화의 유사점과 차이점

유사점
이야기와 감정을 전달하는 예술 형식(1) 음악, 조명, 의상 등을 사용해 분위기를 조성하며, 강력한 시각적 및 청각적 경험을 제공한다.(2)

연극	↔	영화
무대 위에서 실시간으로 연기(4)	↔	사전 촬영 후 편집을 통해 완성(4)

제시문 (나)–연극의 기원 및 특징

기원
고대 그리스 시대부터 시작(1)

특징
실시간으로 이루어지는 연기와 관객과의 상호작용이 중요한 요소로 작용한다.(2) 관객의 즉각적인 반응을 반영할 수 있는 독특한 장점을 지닌다.(3)

제시문 (가)–영화의 기원 및 특징

기원
19세기 말에 발명(1)

특징
현대의 주요한 대중 예술 형태로 자리 잡았다.(1) 여러 장소에서 촬영할 수 있으며, 다양한 각도와 특수 효과를 활용해 더 풍부한 시각적 경험을 제공한다.(2) 편집 과정을 통해 감독의 의도를 더 명확히 전달할 수 있다.(3) 연극과 달리 여러 번의 촬영과 편집을 거쳐 완성된다.(3)

제시문 (라)－연극감독과 영화감독의 차이

연극감독		영화감독
배우들의 즉흥성과 무대 장치를 활용한다.(2)	↔	촬영과 편집 과정에서 배우와 장면을 여러 번 수정할 수 있어 다양한 기술적 요소를 활용해 장면을 연출한다.(1) 특수 효과와 음악으로 관객에게 더욱 몰입감 있는 경험을 제공해 연극과는 다른 차별성을 부여한다.(2)

합격자의 실전 풀이 순서

❶ 발문 제대로 읽기 및 문제 유형 파악

항상 발문을 먼저 제대로 읽자. 문단의 순서를 정하는 문제 유형이다. 문단의 순서를 알 수 있는 가장 결정적인 단서는 문단의 맨 첫 문장과 마지막 문장이다. 우선 각 문단 첫 문장을 읽어보며 처음에 올 만한 문단을 찾아본다. 그리고 순서를 하나씩 확정할 때마다 선지로 내려가 정답이 있는지를 확인하면 좋다.

해당 유형은 선지를 활용하여 처음에 올 문단을 예상하는 방식으로 시간을 단축할 수도 있다. 이후의 순서를 정할 때도 선지에서 제시하고 있는 순서를 검토하여 이를 선지 판단에 참고할 수 있다. 이 문제에서는 모든 선지가 (다) 또는 (라)로 시작하고 있으므로, 처음에 올 문단 역시 (다) 또는 (라)임을 가정하고 문제를 풀어나가면 된다.

❷ 제시문 독해 및 선지 판단

(1) 우선 선지를 살펴보면 (다) 문단 또는 (라) 문단이 처음으로 올 수 있다. (다) 문단과 (라) 문단의 첫 문장을 먼저 살펴본다. (라)는 '또한'으로 시작하기 때문에 처음으로 올 수 없으므로, (다) 문단이 처음으로 온다. (다) 문단을 전체적으로 읽어보면, 연극과 영화의 차이를 주제로 글이 전개될 것을 예상할 수 있다.

(2) (다)의 다음으로 오는 문단은 선지 구성에 따라 (나) 또는 (라)이다. (나)는 연극의 주요 특징들을 설명하고 (라)는 영화감독과 연극감독을 비교한다. (라)는 '또한'으로 시작하여 영화감독의 특징을 설명한다. 이는 (라)에 앞서 영화의 특징이 먼저 제시되어야 함을 의미하므로, (라)는 연극과 영화의 유사점과 차이점을 설명하는 (다)의 바로 다음으로는 올 수 없다. 더불어, (나) 문단의 경우 '먼저'라고 시작하며 연극을 소개하기 때문에, 연극과 영화 중 연극을 먼저 소개한다는 걸 눈치챌 수 있다. 따라서 (다) 다음으로 (나)가 온다.

(3) (나) 문단에선 연극만 설명됐으므로, 그다음엔 영화에 대한 설명이 나와야 한다. (가)에서 영화의 발명 시기와 주요 특징이 소개되기 때문에 (나) 문단과 대칭을 이루는 (가) 문단이 (나) 문단 다음으로 오는 것이 적절하다. 또한, (라)에서는 '또한, 영화감독은 촬영과 편집 과정에서 배우와 장면을 여러 번 수정할 수 있다.'라고 언급한다. 이는 (가)의 마지막에서 '연극과 달리 여러 번의 촬영과 편집을 거쳐 완성된다.'라고 한 내용과 이어지는 부분이다. 따라서, (가)가 (라)보다 먼저 와야 한다. 전체적인 큰 특징을 비교한 후에 감독의 역할이라는 더 좁은 범위에서 비교하는 것으로 글이 구성된다.

결론적으로, 정답의 순서는 (다) – (나) – (가) – (라)임을 알 수 있다.

합격자의 시간단축 Tip

Tip ❶ 문단 순서 판단 문제의 결정적 근거 확보

문단의 순서를 판단하는 문제는 우선 첫 문장과 마지막 문장이 주요 근거가 되며 이들 안에 순서를 판단할 수 있는 결정적 요소들이 몇 개 있다. 이들을 대표적으로 몇 개 나열하면 다음과 같다.

(1) 첫 문단은 일반적으로 '넓은 범위'의 이야기에서 시작해서 '좁은 범위'의 이야기로 좁혀간다. 예를 들어, 제시문에서는 '연극과 영화의 차이점'을 언급하는 것으로 시작하여 구체적으로 그 차이를 다루고 있음을 알 수 있다. 이를 통해 첫 문단을 결정할 때 첫 문장의 내용이 비교적 넓은 범위를 가진 것을 선택하면 정답일 확률이 매우 높다.

(2) 접속사에 주의하자. 접속사는 앞 문장과 뒤 문장 사이에 들어가 이들의 연결을 매끄럽게 해주는 역할을 하므로 이들을 통해 앞과 뒤 문장에 어떤 내용이 들어갈지 잘 파악할 수 있다. 예를 들어, '그러나'라는 접속사가 있다면 앞의 내용을 뒤집어 주는 접속사이기 때문에 이 접속사 앞과 뒤의 문장은 정반대여야 함을 알 수 있다. 접속사를 살펴보면 글의 구조를 빠르게 파악할 수 있으므로, 접속사를 적극적으로 활용하면 풀이 시간을 줄일 수 있다.
특히, 본 문제에서는 접속사가 매우 중요하게 사용된다. 제시문을 가볍게 살펴보면 (가): 영화 얘기 / (나): 연극 얘기 / (다): 연극과 영화의 차이점 제시(서론) / (라): 영화와 연극의 구체적 차이점임을 알 수 있다. (라)는 '또한'으로 시작하여 가장 먼저 올 수 있는 문단으로 적절하지 않고, 그다음 문단으로 올 수 있는 (나)와 (라) 중에는 (나)는 '먼저'로 시작하므로 (다) – (나)임을 파악할 수 있다. 이후 (라)의 '또한'과 (가)와 (라)의 중심 내용을 파악하여 (다) – (나) – (가) – (라) 순서임을 파악할 수 있다.

(3) 대명사에 주의하자. 해당 문제에는 결정적 근거로 등장하지 않지만, 기본적으로 대명사는 앞에 이미 나온 것을 다시 한번 가리키는 것이므로 첫 문장에 이러한 대명사가 있다면 바로 앞 내용에 이에 대응하는 말이 분명히 있을 것이므로 이를 통해 순서 판단이 가능하다.

(4) 앞 문단의 후반부 내용과 연관성 정도를 통해 다음 문단을 판단할 수 있다. 제시문을 예로 들어 말하자면, (다)와 같이 앞 문단 후반부가 '연극과 영화의 중요한 차이점'에 관해 이야기했다면 다음 문단의 시작은 (나)와 같이 이와 밀접한 이야기로 시작할 가능성이 매우 크다.

(5) 사례에 주의하자. 보통 실생활 적용 사례, 해결 사례 등은 그 전에 '일반적인 내용'에 대한 설명이 있어야 나올 수 있다. 사례가 제시된 문단이 있다면 그 사례가 어떤 것에 관한 내용인지 설명해 줄 문단이 앞에 있을 가능성이 매우 크다.

(6) 제시문의 내용을 확인하자. 레시피나 매뉴얼을 다루는 경우 논리적인 순서가 있을 수밖에 없다. 해당 문제는 연극과 영화의 차이점, 연극의 특징, 영화의 특징, 감독의 차이를 다루고 있다. 제시문의 구조를 도식화하면 다음과 같다.

글의 구조

(다) 연극과 영화의 차이
　특징 측면: (나)+(가)
　감독 측면: (라)

Tip ❷ 선지의 적극적 활용

문단의 순서를 정하는 문제는 선지에서 이미 주어진 문단의 순서 중 타당한 것을 골라야 한다. 본 문제의 경우 그리 어렵지 않은 문제에 해당하지만, 난도가 높은 순서 결정 유형의 경우 선지에서 주어진 문단의 순서를 참고하는 것이 효과적이다. 예컨대 선지에서 첫 번째 순서로 나올 수 있는 문단으로 (다)와 (라)만을 제시하고 있는 경우 해당 두 문단만을 비교하여 빠르게 선지 소거가 가능하다. 또한, 뒤에 올 문단 판단이 끝날 때마다 선지로 내려가 보자. 혹시, 답을 선택하고도 불안한 느낌이 든다면 **Tip ❶**에 있는 기준을 통해 선택한 정답 순서대로 빠르게 훑어서 맞는지 확인하자.

24 정답 ①

난이도 ●●●

논리추론 – 논리적 판단 문제

문제유형 제시문형 > 정보 확인

접근전략 글을 근거로 판단할 때 옳은 것을 고르는 유형은 정답인 선지의 경우 글의 내용과 일치 또는 글의 내용으로부터 추론 가능한 내용으로 이루어져 있다. 반면, 오답 선지의 경우 본문 내용과 상충, 추론 근거 없음 또는 본문 내용과 관련 없는 내용으로 이루어져 있다. 독해력에 자신이 있다면 한 문단씩 읽으며 풀어도 좋고, 아니라면 글부터 제대로 읽고 풀도록 한다.

다음 글을 근거로 판단할 때 옳은 것은?

(1)소나무재선충은 매개충의 몸 안에 서식하다가 새순을 갉아 먹을 때 상처부위를 통하여 나무에 침입한다. (2)침입한 재선충은 빠르게 증식하여 수분과 양분의 이동통로를 막아 나무를 죽게 한다. (3)소나무재선충병에 걸린 나무는 치료약이 없어 잎이 붉은색으로 변하면서 100 % 고사한다. (4)주로 감염되는 수종은 소나무, 해송 및 잣나무 등이다. ▶1문단

(1)소나무재선충병은 1988년 부산 금정산에서 처음 발생한 이후 계속 피해가 증가하여 총 67개의 시·군·구에서 발생하였다. (2)그러나 「소나무재선충병 방제특별법」이 시행된 2007년부터 피해가 급격히 감소하고 있는 추세이다. (3)피해면적은 2000년 1,677 ha에서 2006년 최대 7,871 ha로 급증하였는데 정부의 방역대책으로 2010년에는 3,547 ha로 감소하였다. (4)감염목의 수도 2000년에 2만 8천 그루에서 2005년 최대 51만 그루로 급증하였지만 2010년에는 1만 6천 그루로 감소하였다. (5)정부는 2009년에 산림병해충 예찰·방제단을 조직하여 능동적 예찰·방제체계를 구축하였고, 2013년 완전방제를 목표로 선제적 완전방제 대책을 추진하고 있다. ▶2문단

(1)소나무재선충병을 예방하기 위해서는 외관상 건강한 소나무에 아바멕틴 나무주사를 2년에 1회 실시한다. (2)소나무 잎의 상태를 육안으로 관찰하여 이상 징후가 있는 나무는 대상목에서 제외한다. (3)나무주사 방법 외에도 지상과 항공에서 약제를 살포하는 방법을 통해 방제를 할 수 있는데, 5월에서 8월 사이에 3~5회 정도 실시해야 한다. ▶3문단

① 소나무재선충병에 대처하기 위해서는 무엇보다도 사전예방이 중요하다.

→ (O) 1문단 셋째 줄에 따르면 소나무재선충병에 걸린 나무는 치료약이 없어 잎이 붉은색으로 변하면서 100% 고사한다. 즉 소나무재선충병은 치료가

불가능하다. 따라서 소나무재선충병에 대처하기 위해서는 예방이 중요하다.

② 소나무재선충은 2005년에 가장 넓은 지역에서 가장 많은 수목을 감염시켰다.

→ (×) 2문단 여섯째 줄에 따르면 소나무재선충병 감염목의 수는 2005년 최대 51만 그루로 급증하였으므로, 소나무재선충은 2005년 가장 많은 수목을 감염시켰다. 그러나 넷째 줄에 따르면 소나무재선충병 피해면적은 2006년 최대 7,871ha로 급증하였으므로, 소나무재선충은 2005년이 아닌 2006년 가장 넓은 지역에서 감염시켰다.

③ 소나무재선충병은 소나무에서만 발생하기 때문에 이 수종에 대한 관리가 매우 중요하다.

→ (×) 1문단 마지막 문장에 따르면 소나무재선충병에 주로 감염되는 수종은 소나무, 해송 및 잣나무 등이다. 따라서 소나무재선충병이 소나무에서만 발생하는 것은 아니다.

④ 나무주사를 놓기 직전에 소나무의 상태를 파악하기 위한 별도의 화학실험을 해야 한다.

→ (×) 3문단 둘째 줄에 따르면 나무주사를 놓을 때 소나무 잎의 상태를 육안으로 관찰하여 이상 징후가 있는 나무는 나무주사의 대상목에서 제외한다. 따라서 소나무의 상태를 파악하기 위해 별도의 화학실험을 하는 것은 아니다.

⑤ 소나무재선충으로 인해 잎이 붉은 색으로 변색된 소나무도 나무주사를 통해서 소생시킬 수가 있다.

→ (×) 3문단 둘째 줄에 따르면 소나무 잎의 상태를 육안으로 관찰하여 이상 징후가 있는 나무는 대상목에서 제외한다. 따라서 잎이 붉은색으로 변색된 소나무는 이상 징후가 있으므로 나무주사를 하지 않는다. 한편 1문단 셋째 줄에 따르면 소나무재선충병에 걸린 나무는 치료약이 없어 잎이 붉은색으로 변하면서 100% 고사한다. 따라서 잎이 붉은색으로 변한 소나무는 현재로서는 소생시킬 수 없다.

합격자의 실전 풀이 순서

❶ 발문 읽기 및 문제 유형 파악

항상 발문을 먼저 제대로 읽자. 본 문제는 글의 내용과 부합하는 것을 고르는 유형의 문제이다. 이는 예전 언어논리 영역과 현재 추리 영역에 공통적으로 나오는 문제로, 추리 영역에서 본 유형을 풀 때도 언어논리 영역을 풀 때와 같은 방법으로 푼다. 부합하는 것을 고르는 문제는 알 수 있는 것을 고르는 문제와 같다. 해당 유형은 제시문 내용과 일치하거나 그로부터 추론가능한 선지가 정답이 되며, 제시문 내용과 상충하거나 그로부터 추론할 수 없는 선지가 오답이 된다. 이 유형에서는 '제시문에 명확한 근거 없음'으로 오답인 선지가 구성되는 경우도 존재하므로 조심해야 한다.

정보 확인 유형을 푸는 방법 중 선지의 내용을 참고하여 미리 제시문의 내용을 예측한 후 제시문을 독해하는 방법이 있다. 그러나 본 문제의 경우 알 수 '있는' 것, 즉 지문과 같은 방향의 내용을 묻고 있다. 따라서 선지 5개 중 1개만이 옳은 내용을 담고 있으므로 본 문제의 경우 해당 방법을 활용하는 것을 추천하지 않는다. 다만 발문에 O 표시를 해놓고 문제를 풀면 부합하는 것을 골라야 하는 문제에서 부합하지 않은 것을 고르는 실수가 줄어들므로 해당 방법은 활용하는 것이 좋다.

정보 확인 유형을 푸는 방법으로는 크게 선지를 먼저 읽고 제시문에서 선지의 내용을 찾는 방법과 제시문을 간략히 읽은 후 선지를 판단하는 방법 두 가지로 나뉜다. 첫 번째 방법은 선지로부터 키워드를 찾고, 키워드를 제시문에서 찾아가는 방식이다. 두 번째 방법은 제시문의 구조와 선지에서 나올만한 중요한 내용을 파악하며 1분에서 2분 사이 내에 제시문을 읽은 후 선지를 판단하는 방식이다. 본 문제의 경우 제시문을 먼저 읽는 두 번째 방법으로 풀어보고자 한다.

❷ 제시문 독해

제시문을 독해 시에는 제시문의 구조를 파악하고, 선지에서 물을 만한 내용에 미리 표시해둔다. 1문단은 소나무재선충이 나무를 고사시키는 과정을 서술한다. 1문단 (1) 문장은 소나무재선충이 나무에 침입하는 과정하고, (2) 문장은 침입한 재선충이 나무를 죽게 하는 과정을 서술한다. (3) 문장은 소나무재선충병에 걸린 나무는 100% 죽는다고 설명하며, 마지막 문장은 소나무재선충병에 주로 감염되는 수종을 서술한다.

2문단은 소나무재선충병의 현황에 대하여 설명한다. 특히 시간의 흐름에 따른 변화가 2문단 (3) 문장과 (4) 문장에 나와 있으므로 이에 유의하여 읽는다. (1) 문장에서는 처음 발생한 지역을 서술하며, (2) 문장에서는 법률 제정 이후 피해가 감소하고 있음을 설명한다. (3) 문장은 피해면적을 서술하고, (4) 문장은 피해를 입은 나무의 수에 대하여 서술한다. 마지막 문장은 정부의 대책을 설명한다.

3문단은 소나무재선충병의 예방에 대하여 설명한다. (1) 문장에서는 주사에 대하여, (3) 문장에서는 약제 살포에 대하여 각각 서술한다. 문단별 제재가 명확하고 선지에 나올만한 표현도 많지 않아 어렵지 않은 제시문에 해당하였다.

❸ 선지 판단

제시문 독해를 바탕으로 선지를 검토한다. ①번 선지는 소나무재선충병의 대처에 대한 내용인데, 선지의 내용을 통해 1문단과 3문단에서 선지의 판단 근거를 찾을 수 있을 것을 예측할 수 있다. 실제로 1문단 (3) 문장에서 선지의 판단 근거를 찾을 수 있다. 또는 ①번 선지를 해결하는 데 당황하거나 너무 많은 시간이 걸린다면 일단 선지 판단을 유보해도 좋다.
②번 선지는 피해면적과 감염목의 수에 대한 내용이므로 2문단 (3), (4) 문장과 비교한다. 이처럼 시간의 흐름에 따른 변화는 선지에서 자주 나오는 내용임을 유의해둔다. ③번 선지는 소나무재선충병에 감염되는 수종에 대한 내용이므로 1문단과 비교한다. ④번 선지와 ⑤번 선지는 나무 주사에 대한 내용이므로 예방과 관련된 3문단과 비교한다.

합격자의 시간단축 Tip

Tip ❶ 추론형 선지에 대응

선지 ①번은 단순확인형은 아니고 약간의 추론을 요구한다. 지문에는 소나무재선충병은 치료가 불가능하다는 것과 예방하는 방법은 제시되어 있으나 사전예방이 중요하다는 것은 확인할 수 없다. 따라서 치료가 불가능하므로 예방이 중요하다는 것을 추론하여야 한다. 이것이 '논리추론'의 출제 목적이다. 자신의 추론을 확신할 수 없을 때는 비교적 단순한 다른 선지부터 확인하는 것도 좋은 방법이다.

Tip ❷ 선지를 나누어 꼼꼼히 선지를 판단

최근 정보 확인 문제에서 선지 판단을 위해 여러 정보가 필요하고, 선지 내용 중 일부분만 틀린 문제가 늘고 있다. 이러한 함정에 넘어가지 않기 위해서는 선지를 빗금으로 여러 부분으로 나누어 각각이 옳은 설명에 해당하는지 검토할 필요가 있다. 예컨대 본 문제의 ②번 선지는 '소나무재선충은 / 2005년에 / 가장 넓은 지역에서 / 가장 많은 수목을 / 감염시켰다.'라고 구분할 수 있고, '가장 넓은 지역에서' 부분이 틀린 내용임을 알 수 있다. 특히 선지의 앞부분이 틀린 설명이고 뒷부분이 옳은 설명인 경우, 이를 옳은 선지로 오인하는 경우가 많다. 따라서 선지의 내용을 여러 부분으로 나누고 하나하나 검토하는 습관을 반드시 들여야 한다.

25 정답 ④ 난이도 ●●○

논리추론 – 논리적 판단 문제

문제유형 이해 > 개념의 파악

접근전략 1문단에서는 계속해서 강화 학습 시스템의 목적과 그것에 유연성이 필요한 이유에 대해 언급하고 있다. 다음 문단에서는 강화 학습 시스템에 제기됐던 의문을 밝히고, 이에 대해 반박하며 학습 시스템이 가질 수밖에 없는 특성을 사례를 들어 제시하고 있다. 따라서 강화 학습 시스템의 목적을 정확하게 이해하고 생물계 사례를 잘 해석한다면 어렵지 않게 정답을 찾을 수 있다.

다음 글에 제시된 '강화 학습 시스템'에 대한 설명으로 적절하지 않은 것은?

(1)강화 학습 시스템은 현실의 다양한 문제를 자기주도적으로 해결하는 프로그램을 실현하고자 한다. (2)대부분의 현실 문제는 매우 복잡하므로 정형화된 규칙에 한정되지 않는 방식으로 대처하는 매우 큰 유연성을 필요로 한다. (3)그런 유연성이 없는 프로그램은 결국 특정한 목적에만 사용된다. (4)강화 학습 시스템의 목적은 궁극적으로 자신의 목표를 유연하고도 창의적으로 성취할 수 있는, 다시 말해 자가 프로그래밍적인 시스템에 도달하는 것이다. ▶ 1문단

(1)1980년대까지 강화 학습 시스템은 실제 세계의 문제를 해결하기에 너무 느렸고 이로 인해 이 시스템에 대한 연구를 지속할 필요가 있는지 의문이 제기되었다. (2)하지만 이 평가는 적절하지 않다. (3)그 어떤 학습 시스템도 아무런 가정 없이 학습을 시작할 수는 없는 법이다. (4)자신이 어떤 문제에 부딪히게 될지, 그 문제로부터 어떻게 학습할 수 있을지 등의 가정도 없는 시스템이라면 그 시스템은 결국 아무 것도 배울 수 없다. (5)생물계는 그런 가정을 가진 학습 시스템을 가장 잘 보여주는 사례이다. (6)생명체 모두는 각자의 DNA에 암호화된 생물학적 정보를 가지고 학습을 시작한다. (7)강화 학습 시스템이 가정을 거의 갖지 않은 상태로 문제를 해결하려고 할 경우, 그 시스템은 매우 느리게 학습하고 아주 간단한 문제조차 풀지 못하게 된다. (8)이는 생물학적 유기체인 경우에도 마찬가지다. (9)쥐의 경우 물 밑에 있는 조개를 어떻게 사냥해야 할지에 관해서는 아는 바가 거의 없지만, 어둡고 특히 공간적으로 복잡한 장소에서 먹이를 구하는 데 있어서는 행동에 관한 엄청난 정보를 지니고 있다. (10)따라서 쥐는 생존에 필수적인 문제들에 대해 풍부한 내적 모형을 사전에 갖고 있다고 봐야 한다. (11)이를 통해 볼 때 강화 학습 시스템에 대한 연구가 진행되어야 할 이유는 분명하다. ▶ 2문단

① 강화 학습 시스템의 유연성은 임기응변 능력과 관련이 있다.

→ (○) 강화 학습 시스템은 현실의 다양한 문제를 해결하는 프로그램이며[1문단(1)], 현실의 다양한 문제는 매우 복잡해 유연성이 필요하다.[1문단(2)] 따라서 강화 학습 시스템의 유연성은 '처한 상황에 알맞게 일을 대처하는 것'을 의미하는 임기응변 능력

과 관련이 있다.

② 강화 학습 시스템의 목적은 자율적인 시스템을 만드는 데에 있다.

→ (○) 강화 학습 시스템의 목적은 자가 프로그래밍적인 시스템에 도달하는 것이다.[1문단(4)] 이는 곧 자신의 목표를 유연하고도 창의적으로 성취할 수 있다는 것을 의미하므로[1문단(4)], 강화 학습 시스템의 목적은 자율적인 시스템을 만드는 데에 있다고 볼 수 있다.

③ 강화 학습 시스템이 무에서 유를 생성할 것으로 기대하기는 어렵다.

→ (○) 그 어떤 학습 시스템이라도 자신이 어떤 문제에 부딪히게 될지, 그 문제로부터 어떻게 학습할 수 있을지 등의 가정이 없다면 아무것도 스스로 학습할 수 없다.[2문단(3),(4)] 마찬가지로 강화 학습 시스템이 이러한 가정을 가지지 않은 상태로 문제를 해결하고자 한다면, 그 시스템은 매우 느리게 학습하고 아주 간단한 문제조차 풀지 못하게 된다.[2문단(7)] 따라서 강화 학습 시스템은 가정이 없는 '무'의 상태에서는 '유'를 생성해내기 어렵다고 보아야 한다.

④ 강화 학습 시스템은 생명체의 분자 구조에 관한 정보를 가질 때 빠르게 문제를 생성할 수 있다.

→ (×) 강화 학습 시스템은 문제를 '생성'하는 것이 아니라 '해결'하는 프로그램이다.[1문단(1), 2문단(1)] 또한, 강화 학습 시스템은 현실의 다양한 문제 해결에 관한 것이지만[1문단(1)], 생명체의 분자 구조에 관한 정보는 생물계에 관한 가정이라 할 수 있다.[2문단(5),(6)] 따라서 해당 선지는 옳지 않다.

⑤ 강화 학습 시스템이 현실에서 부딪히는 문제를 효율적으로 해결하기 위해서는 그 문제에 관한 배경 정보가 필요하다.

→ (○) 강화 학습 시스템은 가정을 거의 갖지 않은 상태로는 문제를 효율적으로 풀 수 없다.[2문단(7)] 제시문 속 예시에 따르면 쥐는 물 밑의 조개를 사냥할 때와는 달리, 어둡고 공간적으로 복잡한 장소에서 먹이를 구하는 데에는 많은 배경 정보를 지니고 있기 때문에 해당 공간에서 먹이를 사냥하는 문제를 효율적으로 해결할 수 있다.[2문단(9)] 따라서 강화 학습 시스템은 풍부한 내적 모형[2문단(10)]과 같은 배경 정보가 사전에 있을 때, 비로소 문제를 효율적으로 해결할 수 있다.

제시문 분석

1문단 강화 학습 시스템의 소개

강화 학습 시스템의 특징
강화 학습 시스템은 현실의 다양한 문제를 자기 주도적으로 해결하는 프로그램을 실현하고자 한다.(1)

유연성을 필요로 하는 이유		강화 학습 시스템의 목적
대부분의 현실 문제는 매우 복잡하므로 정형화된 규칙에 한정되지 않는 방식으로 대처하는 매우 큰 유연성을 필요로 한다.(2)	⊕	강화 학습 시스템의 목적은 자신의 목표를 유연하고도 창의적으로 성취할 수 있는 자가 프로그래밍적인 시스템에 도달하는 것이다.(4)

2문단 강화 학습 시스템 연구의 필요성

과거의 평가		반박		가정의 필요성
1980년대까지 강화 학습 시스템은 실제 세계의 문제를 해결하기에 너무 느렸기 때문에 이 시스템에 대한 연구를 지속할 필요가 있는지 의문이 제기되었다.(1)	→	하지만 이 평가는 적절하지 않다.(2)	→	자신이 어떤 문제에 부딪히게 될지, 그 문제로부터 어떻게 학습할 수 있을지 등의 가정도 없는 시스템이라면 그 시스템은 결국 아무것도 배울 수 없다.(4)

강화 학습 시스템의 사례-생물계
생물계는 그런 가정을 가진 학습 시스템을 가장 잘 보여주는 사례이다. 생명체 모두는 각자의 DNA에 암호화된 생물학적 정보를 가지고 학습을 시작한다.(5),(6)

생물계-쥐의 사례		사례 해석
쥐의 경우 물 밑의 조개를 사냥하는 법은 잘 모르지만, 어둡고 공간적으로 복잡한 장소에서 사냥하는 법에 대해서는 엄청난 정보를 지니고 있다.(9)	⊕	쥐는 생존에 필수적인 문제들에 대해 풍부한 내적 모형을 사전에 갖고 있다고 봐야 한다.(10)

→ **결론**: 따라서 강화 학습 시스템에 대한 연구가 진행되어야 할 이유는 분명하다.(11)

합격자의 실전 풀이 순서

❶ 발문 확인 및 문제 유형 판단하기

글에 제시된 개념에 대한 설명으로 적절하지 않은 것을 묻고 있는 정보 확인 유형이다. 해당 문제에서는 글에 제시된 '강화 학습 시스템'에 대한 정보를 요구하고 있다. 따라서 선지에 제시된 '강화 학습 시스템' 관련 정보에 유의하며 제시문을 읽는다. 해당 유형은 대상에 대한 제시문 내용과 일치하거나 그로부터 추론 가능한 선지가 오답이 되며, 제시문 내용과 상충하거나 그로부터 추론할 수 없는 선지가 정답이 된다. 또한, 옳지 않은 것을 고르는 것이므로 실수를 방지하기 위해 발문이나 선지 옆에 '×' 표시를 해두면 좋다. 정보 확인 유형을 푸는 방법으로는 크게 선지를 먼저 읽고 제시문에서 선지의 내용을 찾는 방법과 제시문을 읽은 후 선지를 판단하는 방법 두 가지로 나뉜다. 첫 번째 방법은 선지로부터 키워드를 찾고, 키워드를 제시문에서 찾아가는 방식이다. 두 번째 방법은 제시문의 구조와 선지에서 나올만한 중요한 내용을 파악하며 1분에서 2분 사이 내에 제시문을 읽은 후 선지를 판단하는 방식이다. 본 문제의 경우 구조가 특징적이지 않으며, 선지에 나올만한 중요한 표현이 많이 나오지 않으므로 첫 번째 방식으로 해당 문제를 풀어보겠다.

❷ 선지 읽기 및 키워드 도출

선지를 먼저 읽고 어떤 키워드를 중심으로 글을 읽어야 하는지 파악한다. 키워드의 예시는 다음과 같다.

① 유연성, 임기응변 능력
② 강화 학습 시스템의 목적, 자율적인 시스템
③ 무에서 유
④ 생명체의 분자 구조, 문제 생성
⑤ 문제 효율적 해결, 배경 정보 필요

문제에서 요구하는 정보를 제시문에서 찾는 방식으로 독해한다.

❸ 제시문 독해 및 선지 판단하기

제시문은 '강화 학습 시스템'에 대해 설명하고 있다. 제시된 내용에는 강화 학습 시스템의 목적, 연구 필요성에 대한 의문, 의문에 대한 반박 등이 있다. 결론적으로, 곧, 글쓴이는 강화 학습 시스템에 대한 연구가 진행되어야 한다고 주장하고 있다. 이처럼 글의 대략적인 구조만을 파악하고, 선지에서 고른 키워드를 바탕으로 필요한 내용 위주로 읽는다.

①번 선지의 키워드인 '유연성'은 1문단 (2), (3), (4) 문장에 있다. 특히 1문단 (4) 문장을 보면 '자신의 목표를 유연하고도 창의적으로 성취한다.'라는 표현이 있으므로, 유연성이 임기응변 능력과 관련이 있다는 ①번 선지는 옳다. ②번 선지의 키워드는 '강화 학습 시스템의 목적'인데, 해당 키워드를 1문단 (4)에서 찾아 선지 판단을 할 수 있다. ③번 선지와 ⑤번 선지의 경우 선지의 키워드가 그대로 제시문에 나와 있지 않은 선지에 해당한다. 선지 ③번의 '무에서 유'라는 키워드는 2문단 (3)의 '아무런 가정 없이 학습을 시작할 수 없다.'로 대응되고, 선지 ⑤번의 '배경 정보'는 2문단 (3)의 '가정' 또는 2문단 (10)의 '내적 모형'과 상통한다. 이처럼 선지의 키워드를 그대로 제시문에서 찾지 못할 수 있다는 점에 유의하여 선지를 판단해야 한다. 한편 ④에 관한 근거는 제시문에서 찾을 수 없으며, 강화학습시스템의 목적은 문제를 해결하는 것이므로 이와 상반된 내용인 ④를 정답으로 고를 수 있다. 더불어 선지의 근거가 어떤 문장에서 주로 나오는지 파악한다면 이후의 정보 확인 유형 문제를 더욱 효율적으로 풀 수 있다. ②번 선지의 근거가 되는 1문단 (4) 문장은 '다시 말해'라는 표현을 통해 해당 내용을 두 번 강조하고 있다. 또한 ③번과 ⑤번 선지의 근거가 되는 2문단 (3), (4) 문장은 '하지만'으로 시작하는 2문단 (2) 문장의 부연설명에 해당한다. 이처럼 '하지만', '그런데', '그러나'와 같이 전환을 의미하는 접속어 뒤에 중요 문장이 자주 나온다는 점을 유의할 필요가 있다. 그 이유는 일반적인 견해를 먼저 제시하고, 그를 반박하며 제시문의 주제문을 제시하는 경우가 많기 때문이다.

합격자의 시간단축 Tip

Tip ❶ 선지의 키워드를 중심으로 읽자.

문제에서 요구하는 것은 '강화 학습 시스템'에 대한 정보로, 선지 역시 모두 '강화 학습 시스템'으로 문장이 시작된다. 이는 곧 정보 확인 문제의 확장이므로 선지를 먼저 읽는 방법을 선택할 수 있다. 즉, 선지에서 눈에 띄는 키워드를 먼저 고른 후, 이를 중심으로 제시문을 독해한다. 다만 본 문제와 같이 키워드가 직접적으로 지문에 제시되어 있지 않을 경우, 키워드 찾기 방식의 효용이 떨어지므로, 제시문을 먼저 읽는 방식도 연습해두고 자신에게 더 알맞은 방식을 사용하는 것이 좋다.

Tip ❷ 제시문을 읽는 중간에 선지의 정오를 파악하자.

제시문에 대한 전체적인 이해보다, 해당 선지가 제시문과 일치하는지 여부를 파악하는 것이 중요한 문제이다. 제시문을 전부 읽고 나서 다시 선지를 읽는다면, 선지와 관련된 내용을 다시 찾으며 시간을 추가로 사용하게 된다. 선지를 먼저 읽고, 제시문을 읽던 도중 선지와 관련된 내용이 나오면 곧바로 일치 여부를 판단하는 것이 시간 단축에 도움이 된다.

Tip ❸ 선지에 나올 만한 내용에 주목

제시문을 읽는 실력이 향상된다면, 제시문의 내용을 단지 수용하는 단계에서 나아가 선지에 나올 만한 내용을 적극적으로 모색하는 단계로 나아갈 수 있다. 주로 선지에서 자주 나오는 내용으로는, 두 대상의 공통점과 차이점, 인과 관계, 두 대상의 성능 및 효과 비교, 접속어로 시작하는 문장의 주요 내용, '반드시', '필수적'과 같은 표현으로 강조되는 내용 등이 있다. 본 문제의 경우 1문단 (4)의 '다시 말해'라는 표현과 2문단 (2)의 접속어 '하지만'에 주목할 수 있다. 다양한 정보 확인 문제를 통해 선지에서 주로 묻는 내용이 무엇인지 정리한 뒤, 제시문에서 선지에 나올만한 내용을 미리 파악하며 읽는 습관을 들이자.

26 정답 ⑤

난이도 ●○○

논리추론 – 논리적 판단 문제

문제유형 사실적 이해 > 정보 확인

접근전략 일치하지 않는 것을 묻는 문제는 선지를 먼저 보는 것을 추천한다. 정답을 제외한 나머지가 글의 내용과 일치하므로 선지의 키워드를 인지하며 지문을 읽는다면 빠른 독해가 가능하기 때문이다. 선지를 훑어 '패키징', '반도체' 등의 키워드를 설정한 뒤 지문을 읽어 나간다.

다음 글의 내용과 부합하지 않는 것은?

(1)최근에는 반도체 칩이 점점 더 미세화되고 있으며, 그로 인해 외부 충격, 열, 습기에 대한 저항력 요구도 더욱 높아지고 있다. (2)특히 반도체 제조 후 패키징 단계에서 외부 환경에 대한 반도체 칩의 보호가 중요해졌다. (3)패키징 방식이란 반도체 칩을 외부 환경으로부터 보호하고 성능을 최적화하기 위해 칩을 감싸는 재료와 구조를 설계하는 방법이다. (4)대표적으로 '열전도성 패키징'과 '방습성 패키징' 방식이 있다. (5)열전도성 패키징은 반도체 작동 시 발생하는 열을 효율적으로 방출하여 과열을 방지하며, 방습성 패키징은 습기에 의한 반도체 소자의 손상을 방지하는 역할을 한다. (6)미세화된 반도체 소자는 열 축적의 위험이 커져, 열관리를 위한 패키징 재료의 열전도율이 성능에 중대한 영향을 미치게 된다. (7)패키징 방식의 선택은 반도체 소자의 내구성과 수명에 영향을 미칠 수 있으나, 특정 방식이 모든 반도체 소자에 적합한 것은 아니다. (8)또한, 패키징 방식은 신호 전송 경로의 저항에 영향을 줄 수 있어, 설계 시 전기적 특성과 열적 특성을 동시에 고려해야 한다. (9)한편, 이러한 패키징 방식은 각각의 재료 특성과 설계 조건에 따라 비용이 상승할 수 있으며, 기술적인 한계로 인해 모든 반도체 제품에 적용되기는 어렵다. (10)따라서 비용 절감과 성능 확보를 동시에 추구하는 패키징 방식의 개발이 계속해서 이루어지고 있다.

① (O) 패키징 재료의 열전도율은 반도체 성능에 큰 영향을 줄 수 있다.

→ "미세화된 반도체 소자는 열 축적의 위험이 커져, 열관리를 위한 패키징 재료의 열전도율이 성능에 중대한 영향을 미치게 된다.[(6)]"에서 알 수 있는 내용이다. 옳은 선지다.

② (O) 패키징 방식의 선택은 반도체의 전기적 특성과 관련이 있다.

→ "또한, 패키징 방식은 신호 전송 경로의 저항에 영향을 줄 수 있어, 설계 시 전기적 특성과 열적 특성을 동시에 고려해야 한다.[(8)]"에서 알 수 있는 내용이다. 옳은 선지다.

③ (O) 미세화된 반도체 소자는 열 축적의 위험이 높아질 수 있다.

→ "미세화된 반도체 소자는 열 축적의 위험이 커져, 열관리를 위한 패키징 재료의 열전도율이 성능에 중대한 영향을 미치게 된다.[(6)]"에서 알 수 있는 내용이다. 옳은 선지다.

④ (O) 방습성 패키징은 습기 노출로부터 반도체를 보호한다.

→ "방습성 패키징은 습기에 의한 반도체 소자의 손상을 방지하는 역할을 한다.[(5)]"에서 알 수 있는 내용이다. 옳은 선지다.

⑤ (×) 열전도성 패키징 방식을 적용하면 비용을 절감할 수 있다.

→ "한편, 이러한 패키징 방식은 각각의 재료 특성과 설계 조건에 따라 비용이 상승할 수 있으며, 기술적인 한계로 인해 모든 반도체 제품에 적용되기는 어렵다.[(9)]"에서 패키징 방식은 각각의 특성에 따라 비용이 상승할 수 있다고 언급은 되었으나 열전도성 패키징 방식을 적용하면 비용이 줄어드는지는 지문의 내용에서 찾을 수 없다. 따라서 옳지 않은 선지다.

합격자의 실전 풀이 순서

[방법 1]

❶ **선지를 훑으며 대략적 주제를 파악한다.**

접근 전략에서 설명했듯이 "부합하지 않는 것은?", "일치하지 않는 것은?"을 묻는 문제에서 선지는 매우 중요한 힌트가 된다. 정답을 제외한 4개의 선지를 보는 것만으로도 어느 정도 지문의 주제나 내용을 확인할 수 있기 때문이다. 먼저 선지를 훑어 '패키징'이 주요 주제로 나올 것을 예상한다.

❷ **각 선지의 키워드를 설정 후 발췌독해서 일차적으로 답을 판단한다.**

선지의 단어 중 가장 생소하거나 특이한 단어를 키워

드로 삼아 키워드가 있는 문단을 탐색한다. 특이한 단어의 경우 지문에서 그대로 나오거나 조금의 변형을 거쳐 나오므로 찾기 용이하기 때문이다. 선지 ①은 '열전도율', 선지 ②는 '전기적 특성', 선지 ③은 '열 축적의 위험', 선지 ④는 '습기 노출', 선지 ⑤는 '비용 절감'을 키워드로 들 수 있다.

[방법 2]

❶ **발문을 먼저 읽고 정확히 표시한다.**
문제에서 물어보는 것이 "부합하지 않는 것은?"인지, "일치하는 것은?"인지 먼저 정확히 파악하고 눈에 띄는 곳에 표시한다. 문제의 길이가 짧을수록 이런 부분에서 실수가 발생하기 쉽다.

❷ **지문의 길이가 짧을 때는 테마별로 처리한다.**
지문의 길이가 짧은 경우 지문을 전체적으로 읽어 나가면서 테마별로 표시하여 구분한다. 이후 곧장 선지로 내려가서 해당 부분을 설명하고 있는 선지의 정오를 판단한다.
이 문제의 경우
[(3)] 패키징 방식에 대한 소개
[(6)] 패키징 방식 선택 시 고려해야 하는 열적 특성
[(8)] 패키징 방식 선택 시 고려해야 하는 전기적 특성
[(10)] 패키징 방식이 비용에 미치는 영향
을 기준으로 구분할 수 있다.

합격자의 시간단축 Tip

Tip ❶ 부합하는 것, 부합하지 않는 것 외에 알 수 없는 것이 나올 가능성을 생각한다.
글의 내용과 부합하지 않는 것을 물었다. 그렇다면 부합하는 것은 답이 아니고, 부합하지 않는 것이 답인 것은 자명하다. 글에서 알 수 없는 것은 답이 될 수 있는가? 그렇다. 알 수 없는 것 역시 글의 내용과 부합하지 않기 때문이다. 선지의 내용이 글에서 알 수 없는 내용임에도 불구하고 무조건 찾으려 들 생각을 버리자. 다른 선지들은 글에서 근거를 찾을 수 있는데, 도저히 글에서 근거를 찾을 수 없는 선지가 정답이 될 수 있다.

Tip ❷ 생소한 키워드를 뽑는다.
발췌독하기 위해서는 생소한 키워드를 뽑아야 한다. 일반적인 단어를 키워드로 삼으면 지문에서 자주 등장하기 때문에 효율적인 발췌독을 하기 어렵다. 일반적으로 키워드를 뽑을 때 맨 앞에 있는 주어를 선정하는 경우가 많다. 그러나 이는 상황에 따라 비효율적이다. 모든 선지의 주어가 같은 경우도 있고, 주어보다 서술어나 목적어가 더 생소한 경우가 많기 때문이다. 키워드를 뽑는 목적은 지문을 빠르게 발췌독하기 위함이고, 이를 위해 주어뿐만 아니라 모든 단어에 대한 가능성을 열어 두어야 함을 기억하자.

Tip ❸ 선지를 통해 글의 주제 확인하기
선지를 빠르게 훑어 글의 주제를 확인한다. 주어진 선지에서는 반도체와 패키징 방식에 대해 언급하고 있다. 따라서 이를 중심으로 글의 구조를 파악한다.
[(1)]~[(3)] 패키징 방식에 대한 소개
[(4)]~[(8)] 패키징 방식의 종류 및 선택 시 고려해야 하는 열적, 전기적 특성
[(9)]~[(10)] 패키징 방식이 비용에 미치는 영향
으로 구분할 수 있다.

27 정답 ④ 난이도 ●●●

논리추론 – 논리적 판단 문제

문제유형 사실적 이해 > 정보 확인

접근전략 다음 글에서 알 수 있는 것을 물어보는, 일치·불일치 유형의 기본 중의 기본이다. 본 유형 같은 경우에는 글에 제시되어 있지 않은 내용을 선지로 제시함으로써 혼란을 일으키는 매력적인 오답이 숨어 있을 수 있다. 따라서 무엇이 글의 내용이고 무엇이 자신의 추론인지 구분할 수 있도록 글을 꼼꼼히 읽어야 한다. 특정 대상이 시공간에 따라 달라지는 지문은 다양한 정보가 복잡하게 나열되므로 간단히 표나 그림, 도식 등으로 알아보기 쉽게 정리해가며 지문을 읽는 것이 좋다.

다음 글에서 알 수 있는 것은?

(1)유럽 국가들은 대부분 가장 먼저 철도를 개통한 영국의 규격을 채택하여 철로의 간격을 1.435 m로 하였다. (2)이러한 이유로 영국의 철로는 '표준궤'로 불렸다. (3)하지만 일부 국가들은 전시에 주변 국가들이 철도를 이용해 침입할 것을 우려하여 궤간을 다르게 하였다. (4)또한 열차 속력과 운송량, 건설 비용 등을 고려하여 궤간을 조정하였다. ▶ 1문단

(1)일본은 첫 해외 식민지였던 타이완에서는 자국의 철도와 같이 협궤(狹軌)를 설치하였으나 조선의 철도는 대륙 철도와의 연결을 고려하여 표준궤로 하고자 하였다. (2)청일전쟁 이후 러시아의 영향력이 강해져 조선의 철도 궤간으로 광궤(廣軌)를 채택할 것인지 아니면 표준궤를 채택할 것인지를 두고 러시아와 대립하기도 했지만 결국 일본은 표준궤를 강행하였다. ▶ 2문단

(1)서구 열강이 중국에 건설한 철도는 기본적으로 표준궤였다. (2)하지만 만주 지역에 건설된 철도 중 러시아가 건설한 구간은 1.524 m의 광궤였다. (3)러일전쟁 과정에서 일본은 자국의 열차를 그대로 사용하기 위해 러시아가 건설한 그 철도 구간을 협궤로

PART 3 실전모의고사

개조하는 작업을 시작했다. (4)그러다가 러일전쟁 이후 포츠머스조약으로 일본이 러시아로부터 그 구간의 철도를 얻게 되자 표준궤로 개편하였다. ▶ 3문단

(1)1911년 압록강 철교가 준공되자 표준궤를 채택한 조선 철도는 만주의 철도와 바로 연결이 가능해졌다. (2)1912년 일본 신바시에서 출발해 시모노세키—부산 항로를 건너 조선의 경부선과 경의선을 따라 압록강 대교를 통과해 만주까지 이어지는 철도 수송 체계가 구축되었다. ▶ 4문단

① 러일전쟁 당시 일본 국내의 철도는 표준궤였다.
→ (×) 일본 자국의 철도는 '표준궤'가 아니라 '협궤(狹軌)'이다. 러일전쟁의 과정에서 일본이 '자국의 열차를 그대로' 사용하기 위해 만주 지역의 광궤로 건설된 철도를 협궤로 개조하는 작업을 시작했다는 것을 통해서 확인할 수 있다.[3문단(3)]

② 부산에서 만주까지를 잇는 철도는 광궤로 구축되었다.
→ (×) 일본은 식민지였던 조선의 철도를 대륙 철도와의 연결을 꾀하고자 러시아와의 대립에도 불구하고 '표준궤'로 건설을 강행하였다.[2문단(2)] 만주 영역의 경우, 러일전쟁 이후 포츠머스조약으로 일본이 그 구간의 철도권을 갖게 되었다. 그 후 일본은 기존에 러시아가 건설했던 광궤에서 러일전쟁 과정에서 협궤로 개조하던 것을 다시 표준궤로 개편하였다.[3문단(4)] 따라서, 조선부터 압록강 대교를 통과해 만주까지 이어지는 철도 수송 체계[4문단(2)]는 광궤가 아니라 표준궤로 구축되었다.

③ 러일전쟁 이전 만주 지역의 철도는 모두 광궤로 건설되었다.
→ (×) 서구 열강은 기본적으로 중국에 표준궤를 건설하였다. 하지만 만주 지역에서 건설된 철도 중에서 러시아가 건설한 부분은 광궤로 건설되었다.[3문단(2)] 따라서 러시아가 관장한 만주 지역의 일부만 광궤로 건설된 것이지, 만주 지역의 철로 전부가 광궤로 건설된 것은 아니다.

④ 청일전쟁 이후 러시아는 조선의 철도를 광궤로 할 것을 주장하였다.
→ (○) 청일 전쟁 이후 러시아와 일본은 조선의 철도를 광궤로 할 것인가 표준궤로 할 것인가로 대립하였는데 결국 일본이 철도 규격을 강행한 결과 표준궤가 지어졌다.[2문단(2)] 이를 통해 러시아가 주장했던 철도 규격은 광궤임을 알 수 있다.

⑤ 영국의 표준궤는 유럽 국가들이 철도를 건설하는 데 경제적 부담을 줄여 주었다.
→ (×) 유럽 국가들은 가장 먼저 철도를 개통한 영국의 규격을 채택해 철로의 간격을 1.435m로 하였다.[1문단(1)] 이 외에 유럽 국가들이 표준궤를 건설하는 데 경제적 부담을 겪었다는 서술은 지문에서 찾아볼 수 없다. 따라서 본 선지는 다음 글을 통해서 알 수 없는 내용에 해당한다.

제시문 분석

제시문 과거 여러 국가의 철도 규격

〈영국〉 가장 먼저 철도를 개통
표준궤(1.435m)[1문단(1)]

일본		조선		만주 지역
협궤 [2문단(1)]	⊕	표준궤 (일본이 대륙 철도와의 연결을 고려해 강행) [2문단 (1),(2)]	⊕	표준궤+광궤 (1.524m)(러일전쟁 전: 일부 광궤 러일전쟁 중: 협궤로 개조 시작 러일전쟁 후: 표준궤로 개편)[3문단 (1),(2)]

대륙으로의 철도 수송 체계
• (1911) 압록강 철교 준공 → 조선 철도 – 만주 철도 연결 가능 • (1912) 일본부터 만주까지 이어지는 철도 수송 체계 구축[4문단(1),(2)]

합격자의 실전 풀이 순서

❶ 발문을 확인해 유형을 파악한다.

> 다음 글에서 알 수 있는 것은?

지문을 통해 알 수 있는 내용을 선지에서 고르는 문제다. 글에서 제시하고 있는 정보를 꼼꼼하게 파악하며 읽도록 한다.

이때, '유럽 국가들'이라는 부분을 봤다면, 다른 문단에 '동아시아' 혹은 '미국'이 등장하는지 살펴보면 좋다. 혹은 구체적인 국가 이름이라면 상관없다. 이때 문단의 모든 부분을 볼 필요는 없고 문단의 첫 부분만 봐서 있는지 없는지 확인하면 된다. 만약 위에 언급한 세 가지 중 하나라도 등장했다면 국가별 비교가 주가 됨을 알 수 있다. 소재가 무엇인지 몰라도 지문의 전개 유형은 알 수 있는 것이다. 이는 의외로 굉장한 무기가 된다.

❷ 지문을 읽는다.

1문단에서 다양한 국가가 채택한 철도 규격, 즉 궤간에 대한 정보가 제시되고 있다. '글에서 알 수 있는 것'을 묻는 유형의 특성상 (2), (3) 문장을 읽는다면 이들(궤간들)을 비교하거나 확인하는 문제가 나올 것을 짐작할 수 있다. 따라서 글을 읽으면서 간단하게 국가별로 어떤 궤간을 사용했고 시간이 흐름에 따라 변화는 없었는지 정리해두며 지문을 읽는다.

- 표준궤: 영국, 유럽 국가들, 조선, 중국 대부분
- 협궤: 일본, 타이완
- 광궤: 러시아가 만주에 건설한 구간(→ 포츠머스조약 후 표준궤로)

또는 지문을 읽는 과정에서 표준궤를 채택하거나 주장한 국가는 □, 협궤를 채택한 국가는 △, 광궤를 채택한 국가는 ○ 치면서 글을 읽는다. 이를 통해 글의 이해도를 높이고, 한눈에 국가별 궤간을 파악할 수 있도록 한다.

이때, 러시아가 만주에 건설한 구간이라는 것이 만주의 일부분인지, 즉, 어떻게 만주와 러시아의 교집합만 해당하는 서술인지를 한 눈에 파악하는 것이 매우 중요하다. 역사적 배경지식으로 원래 러시아는 연해주 위주로 점령을 시도했다는 점을 알면 쉽지만 그렇지 못할 경우 문장 구조를 꼼꼼히 봄으로써 해결해야 한다. 항상 부분집합의 관계를 생각하자.

❸ 선지를 판단한다.

'다음 글에서 알 수 있는 것'을 고르는 문제임을 다시 한번 상기한다. 선지 중 지문에서 제시되지 않은 것이 있다거나, 과도한 추론이 요구되는 선지가 있다면 그것은 지문에 제시됐다고 보기 어려운 것이다. 특히 ⑤번 선지의 경우 표준궤를 통해서 경제적 부담이 줄어들었다는 구절은 언뜻 보면 그럴싸하게 들린다. 그러나 이때 반문해 보자. "부담이 늘어날 수도 있는 것 아닌가?" "부담이 줄어들었다면 그 판단 근거는 무엇인가?" "최소한 근거라도 글에 제시되어 있을까?"와 같은 다양한 의문을 가지도록 해야 한다. 즉, 어떤 추론판단을 할 때는 항상 양면적인 생각을 하면서 접근해야 한다.

합격자의 시간단축 Tip

Tip ❶ 세부적인 정보를 신경 쓰며 꼼꼼히 읽자.

글을 꼼꼼히 읽는 것이 가장 중요하다. 단순 일치, 불일치 수준으로 쉬운 문제의 경우 발문을 읽고, 지문을 읽고, 곧바로 선지를 판단하는 순서로 빠르게 넘어가야 한다. 즉, 선지를 읽다가 헷갈리는 부분이 있어 지문을 다시 들여다보는 일이 없어야 한다는 것이다. 이를 위해서는 지문을 읽을 때 정확하면서도 빠르게 읽는 연습이 필요하다.

Tip ❷ 소재가 시·공간에 따라 다른 경우

해당 제시문의 경우 궤라는 특정 대상이 시(연도)·공간(국가)에 따라 달라지는 것을 확인할 수 있다. 이 경우 어떤 국가에서 어떤 궤를 썼으며 시간이 흐름에 따라 어떤 궤로 변화됐는지 잘 확인하며 읽어야 한다.

이때 '시간에 따른 변화'라는 것은 이후 문단들을 읽었기 때문에 나오는 사고가 아님에 유의한다. 어떤 제도라는 것은 시간에 따른 변화를 반드시 겪는다. 예컨대 한국어 발음도 그렇고 미터법의 사용도 그렇다. 수도(Capital)라든가 무역항이라든가 신소재라든가 시간의 흐름이 적용되는 대상은 대단히 많다.

그러나 실제로 통시적 변화가 없는 지문들도 많다. 그렇다면 시간에 따른 변화가 등장하는 것을 어떻게 예측할 수 있는가? 그들과의 차이점은 간단하다.

(1) 제도 설계자의 의도가 등장한다.
(2) 최초 적용 시 '특수성이 반영'된다.
(3) 비교적 과거에 도입되었다.

이 세 가지 경우에 제도의 변화를 예측할 수 있다. 물론 지문을 읽는 중에 어떤 사건이 벌어지는 것은 가장 중요한 지표이나 이는 제도 변화와 바로 연결된 문장에 등장하기 때문에 제외하였다.

이런 기준들로 판단해 볼 때 이 지문은 (1), (2)조건을 충족함을 알 수 있다. (3)조건을 충족하지 못한 이유는 이때 과거라는 것은 오늘날의 관점에서 바라볼 게 아니라 최초로 등장한 시간대에서 바라봐야 하기 때문이다. 영국의 표준궤 설정 이후의 사건들만 다루므로 동아시아의 궤는 과거의 사건이 나오지 않는다.

Tip ❸ 소재가 분류체계가 명확한 경우

여기서 분류체계라는 것은 단순 병렬관계뿐 아니라 수직적 관계, 선후관계도 포함한다. 이렇게 체계가 명확할 경우 지문을 읽으면서 시험지 여백란에 간단한 메모나 도식을 그려 넣어 추후 문제풀이에 용이하게 써먹을 수 있도록 해야 한다. 왜냐하면, 도식은 명확한데 지문은 명확하지 않다면 괜히 글 속의 좌표를 찾는데 시간이 낭비되기 때문이다.

다만 메모나 도식을 그리는 것도 시간이 소요되는 과정이니, 최대한 간결하게 해야 함을 명심하자.

Tip ❹ 알 수 없는 사실에 대해 어설픈 추론은 삼가자.

이 문제의 경우 ⑤번 선지가 그에 해당한다. 이렇게 글에 나오지 않은 영역을 추론할 때는 추론을 확실히 해야 한다. 안 그러면 억측이 될 뿐이다. 모든 가능성을 동원해서 판단한다. 예컨대 "영국의 표준궤를 따르면 어떤 점에서 장단점이 있을까?"에서 시작하는 것이다. 추론하기로 맘먹은 이상 어설프게 하는 것은 독이다. 그리고 그렇게 추론이 다양하게 들어갈수록 지문에서 요구되는 정보도 많아지고, 결국 '판단할 수 없다.'라는 결론으로 근접하게 된다. 지문에 명시되지 않은 내용을 생각해야 할 경우 명심하자. 어설프게 추론하지 말고 모든 가능성을 열어두고 추론해야 한다.

28 정답 ②　　난이도 ●●●

논리추론 - 주장에 대한 반박 문제

문제유형 비판적 사고 > 지문에서 추론하기

접근전략 다음 '주장'에 대한 반박으로 가장 타당한 것을 고르는 문제로, 논증에 대한 비판과 유사하다. 또한 논증의 구조가 '전제-결론'으로 되어있다는 사실을 염두에 두고 지문에서 '전제'와 '결론'을 각각 정리하며 읽자. 이에 논증의 흐름에 번호를 매겨 어디를 선지가 반박하고 있는지 대입해 보는 것이 필요하다.

다음 주장에 대한 반박으로 가장 타당한 것을 고르시오.

(1)환경 보호에 관한 관심이 증가하고 있지만, 재활용을 촉진하기 위한 제도적 장치는 여전히 부족하다. (2)가장 효과적인 대안은 재활용 참여자에게 금전적 인센티브를 제공하는 것이다. (3)비용 증가를 우려하여 이에 반대하는 목소리가 있으나, 만약 재활용 인센티브를 줄인다면 재활용률이 급격히 떨어질 것이다. (4)그리고 그로 인한 환경 피해는 고스란히 미래 세대에게 돌아가게 된다는 점을 간과해서는 안 된다.

① 재활용 인센티브를 줄이면 재활용 참여율이 낮아질 것이라는 우려가 있다.

→ (×) 해당 선지는 재활용 시 인센티브를 제공해야 한다는 주어진 본문의 주장을 보충하는 것으로, 반박하는 내용이라고 볼 수 없다.

② 실제 사람들이 재활용하는 주된 목적이 금전적 보상만은 아님을 고려해야 한다.

→ (O) 본문에서는 재활용을 촉진하기 위해 금전적 인센티브를 제공하는 것이 가장 효과적이고, 이를 줄인다면 재활용률은 떨어질 것이라고 주장한다. 해당 선지에서는 사람들이 금전적 인센티브로 인해 재활용하는 건 아니라는 점을 지적한다. 따라서 금전적 인센티브를 줄이더라도 재활용률이 떨어지진 않을 것이라 반박할 수 있다. 그러므로 해당 선지는 주장에 대한 가장 타당한 반박이라고 볼 수 있다.

③ 재활용은 환경 보호를 위한 선택적 행동이라는 점에서 금전적인 보상이 필요하다.

→ (×) 해당 선지는 본문의 주장에 대한 추가적인 근거이다. 본문에서 금전적인 보상이 필요하다고 주장하는데, 이에 대한 근거를 또 하나 제시한 것으로 타당한 반박이라고는 볼 수 없다.

④ 비용 절감을 위한 수단이라도 그것이 재활용 문화를 위축시킨다면 재고해야 한다.

→ (×) 선지는 제시문 (3)의 내용을 다시 적은 것으로도 볼 수 있다. 제시문 (3)에서 비용 증가를 우려해 재활용 인센티브를 반대하는 사람들이 있지만, 그렇게 된다면 재활용률이 떨어진다고 하고 있기 때문이다. 재활용률을 낮춘다면 비용이 적더라도 무용하다는 내용을 담은 선지로 주장에 대한 반박이 될 수 없다.

⑤ 재활용에 대한 인센티브는 자발적 참여자를 위한 최소한의 보상으로 봐야 한다.

→ (×) 제시문에선 재활용 인센티브가 재활용 참여자를 끌어올리기 위해 가장 효과적인 방법이라고 주장하는데, 해당 선지에선 자발적 참여자를 위한 최소한의 보상으로 본다고 한다. 제시문과 약간의 결은 다르지만, 큰 틀에서 재활용에 대한 인센티브가 필요하다고 주장하는 것이므로, 반박하는 선지로 볼 수 없다.

제시문 분석

1문단 재활용 참여자에 대한 금전적 인센티브 부여 논증

재활용 참여자에 대한 금전적 인센티브 부여 논증	
전제①	환경 보호에 대한 관심이 증가하고 있지만, 재활용을 촉진하기 위한 제도적 장치는 여전히 부족하다.(1)
전제②	재활용 인센티브를 줄인다면 재활용률이 급격히 떨어질 것이다.(3)
전제③	그로 인한 환경 피해는 고스란히 미래 세대에게 돌아가게 된다는 점을 간과해서는 안 된다.(4)
결론	재활용을 촉진하기 위한 가장 효과적인 대안은 재활용 참여자에게 금전적 인센티브를 제공하는 것이다.(2)

합격자의 실전 풀이 순서

논지파악 유형은 지문을 제시한 후, 지문의 핵심 주장·내용을 선지에서 고르도록 하는 문제들을 말한다. 문제 구조에 따라 곧바로 식별 가능한 문제가 있는 반면, 곧바로 유형을 식별하기 까다로운 경우도 있다. 함께 유형의 특징을 살펴보자.

⓪ 유형 식별하기

- 발문
  - 다음 글의 논지 / 주장 / 견해 …과 부합하는 / 적합한 것은?
  - 다음 주장 / 논쟁 …에 대한 분석 / 설명 / 추론 …으로 옳은 것은?
- 지문
  - 주관적인 주장이 포함된 글
  - 일반적인 비문학 유형에 비해 정보량이 적은 대신 포괄적인 문장들이 제시

❶ 문제 구조 파악하기

먼저 발문을 확인한다.

다음 주장에 대한 반박으로 <u>가장</u> 타당한 것을 고르시오.

본 문제는 발문만으로 구조를 파악할 수 있다. 지문의 주장을 정확히 파악한 뒤, 선지에서 그에 대한 유효한 반박을 찾는 문제임을 알 수 있다.

논증에 대한 반박은 여러 유형이 존재할 수 있다. 크게 1) 전제에서 결론을 끌어내는 논리에 대한 반박, 2) 결론에 대한 반박으로 나뉜다. 따라서 선지를 볼 때도 해당 선지가 전제와 결론 중 어느 쪽을 반박하고 있는지 주의해야 한다.

글의 주장과는 상충하면서도 글의 논리적 흐름은 그대로 이어받는다면 유효한 반박이다. 예를 들어 'A한다면 B할 것이다.'라는 주장에 있어 1) A를 하면 B가 되는 과정 자체의 반박이나, 2) 'A를 했는데도 B가 나오지 않았다.'의 반박이 나오는 것이다.

본 문제에서도 '재활용 참여자에게 금전적 인센티브를 제공한다면 재활용 참여율이 낮아질 것이다.'라는 문장이 있는데 이때 1) 재활용 참여자에게 금전적 인센티브를 제공하는 제도 자체에 대한 반박이나 2) 재활용 참여자에게 금전적 인센티브를 제공했더니 재활용률이 떨어지지 않았다는 내용이 있어야 할 것이다.

❷ 지문 이해하기

논지파악 유형에서는 무조건 지문을 먼저 읽고 이해한다. 이때, 지문의 논리구조와 문제의식에 집중하여 읽어야 한다. 본 문제는 구체적인 '논증'을 요구하는 만큼, 전제와 결론이 각각 무엇인지 스스로 질문하며 읽자.

이때 지문의 전제를 전부 받아들여서 본인이 지문의 논리를 완벽하게 파악할 필요는 없다. 단지 화살표 관계로 이을 수 있으면 되고, 반박이나 찬성은 선지를 중심으로 참고하고 확인하는 것으로 충분하다.

이를 본 문제에 적용해 보자. 지문은 (1), (3), (4)에서 재활용 참여율을 올리기 위한 제도로 인센티브의 중요성을 언급한다. 그리고 (2)에서 재활용을 촉진하기 위한 가장 효과적인 대안은 재활용 참여자에게 금전적 인센티브를 제공하는 것이라고 주장한다. 전제가 순서대로 제시되진 않았지만, 글의 내용 파악을 통해 핵심 주장이 (2)임을 알 수 있다. 따라서 가장 타당한 반박은 (1), (3), (4)의 근거를 정확하게 반박하거나, 핵심 주장인 (2)를 반박하는 것이다.

❸ 선지 고르기

마지막 단계에서는 정답, 즉 지문의 주장에 대해 적절히 반박한 선지를 고른다.

적절한 반박이란 양립 불가능한 내용, 상충하는 내용, 지문에서 제시한 원칙에 대한 반례 등을 들 수 있겠다. 이때 양립 불가능, 상충하는 내용이라고 해서 적절성이 보장되는 것은 아니다. 적절하다 함은 논리성을 갖춘 내용이어야 한다. 이 논리성은 주로 지문의 논리를 빌린 선지에서 드러난다. 그러므로 논점을 일탈한 선지는 정답이 되지 않는다. 예로, 이 문제에서 논점은 '재활용 인센티브와 재활용률 간의 상관관계'이다. 따라서 이 논점에서 벗어난 내용, 예컨대 '재활용은 환경보호에 도움이 되지 않는다.', '재활용 인센티브는 현물로 제공해야 한다.' 등은 반박으로 타당하지 않다.

합격자의 시간단축 Tip

Tip ❶ 지문의 핵심을 파악하자.

글을 읽을 때 핵심 주장을 먼저 찾고, 주장과 근거를 구별하는 것이 필요하다. 해당 지문은 재활용률 증진을 위해 재활용 참여자에게 금전적 인센티브를 제공하자는 것이 핵심 주장이다. 그렇다면 선지에서의 반박 역시 핵심 주장과 근거에 대해서 이루어져야 한다.

Tip ❷ 판단이 어렵다면 글쓴이가 동의할 법한 선지부터 소거한다.

반드시 주장과 일치할 필요는 없고 최소한 반박이 아니기만 하면 된다. 이런 선지는 쉽게 판단할 수 있다.
또한, 파생 원칙으로, 예상되는 반박 의견과 글쓴이의 주장 양쪽에서 반박할 법한 선지가 있다. 이 경우 빠르게 소거할 수 있다. 반박으로 적절하다는 것은, 반대쪽에서는 동의할 법한 내용이란 것에 초점을 두자. 본 문제의 경우 ①, ③, ④, ⑤는 모두 글쓴이가 동의할 법한 내용으로 쉽게 정답을 고를 수 있다.

Tip ❸ 판단이 어렵다면 역으로 질문해 보자.

선지를 읽으면서 이 반박이 타당하다면 지문에 어떠한 내용이 있어야 할지 고민해 보는 것이다. 예를 들어 ⑤가 타당해지려면 재활용을 촉진하기 위해 금전적 보상이 필요하다는 내용이 지문에 있어야 할 것이다.

Tip ④ 제시된 주장이 전부임을 명심하자.

'제시된 주장'에 대해서만 반박을 해야 한다. 문제를 푸는 중 개인의 가치관이나 배경 지식 등을 활용해 정오를 판단하지 않도록 한다. 예를 들어 '문제에서도 재활용 인센티브가 재활용 문화를 위축시킬 수 있다.'라는 자신의 배경지식을 가지고 있을 때, 제시문 주장에서는 그런 말이 없었는데도 불구하고 해당 선지를 답으로 고르는 일을 피하도록 한다.

Tip ⑤ '가장' 타당한 것을 고르자.

선지의 주장 중에 가장 타당한 것을 고르도록 한다. 이에 제시문의 주장을 가장 핵심적으로 뒷받침하거나 반박하는 것을 골라야 한다.

Tip ⑥ 주장과는 '관계없는' 선지도 제시될 수 있음을 주의하자.

주장에 대한 반박을 고르는 유형에서 (1) 주장과는 무관한 선지 (2) 주장과 그 반박 모두를 보충할 수 있는 예시가 제시된 선지 (3) 주장을 뒷받침하는 선지 등이 제시될 수 있다. 이때 특히 (1)과 (2)와 같은 선지가 주장에 대한 논리적이거나 적절한 반박이 아님을 유의해야 한다. (3) 또한 마찬가지이다.

예를 들어 문제에서는 '주장에 대한 반박'을 물어보았다. 주장에 대한 반박은 제시문의 주장과 정답이 양립할 수 있는지로 판단한다. 두 개의 문장이 동시에 참이라고 가정했을 때 두 문장이 모순되거나 상충한다면 이는 반박이라 볼 수 있다.

29 정답 ④ 난이도 ●●●

논리추론－논리적 판단 문제

문제유형 사실적 이해 > 정보 확인

접근전략 글을 바탕으로 보기를 이해하는 문제는 단순히 양자의 공통점과 차이점을 비교하는 문제로 출제되거나, 글에 과학적 실험이나 논리가 나오고 보기에서 이를 이해했는지 묻는 형태로 출제되는 경우가 많다. 발문을 읽고 선지와 지문을 훑으며 어느 유형인지 파악한 후 후술하는 실전 풀이 순서에 따라 문제를 푼다.

다음 글을 바탕으로 아래 〈보기〉를 이해한 것으로 적절한 것을 고르시오.

(1)리튬 폴리머 전지는 다양한 전자기기에 사용되는 이차 전지로, 리튬 이온을 주요 소재로 하고 고분자 전해질을 사용한다. (2)이 전지는 고체 또는 젤 형태의 전해질을 사용하여 누액의 위험이 적고, 가벼운 무게와 유연한 형태로 제작할 수 있어 다양한 전자기기 설계에 유리하다. (3)하지만 고온 환경에서는 성능이 저하될 수 있으며, 외부 충격에 민감하여 특정 온도 이상에서는 폭발이나 화재의 위험이 존재한다. (4)반면, 낮은 온도에서는 안정적이지만, 사용하지 않는 동안 성능이 서서히 저하될 수 있다. ▶1문단

(1)니켈－수소 전지는 니켈과 수소를 이용해 전기를 저장하는 방식의 이차 전지이다. (2)이 전지는 에너지 밀도가 리튬 폴리머 전지에 비해 낮아 부피가 크고 무게가 상대적으로 무겁지만, 외부 충격에 강하고 온도 변화에 잘 견디기 때문에 고온 환경에서도 안정적으로 작동한다. (3)또한, 완충과 완방을 반복해도 성능 저하가 적어, 주로 대용량 배터리팩이 필요한 전기 자동차와 같은 환경에서 많이 사용된다. (4)니켈－수소 전지는 환경친화적인 특성도 있어, 배터리 폐기 시 유해 물질 배출이 적은 편이다. ▶〈보기〉

① (×) 리튬 폴리머 전지는 니켈－수소 전지에 비해 고온에서 더 안정적이다.

➜ "이 전지는 에너지 밀도가 리튬 폴리머 전지에 비해 낮아 부피가 크고 무게가 상대적으로 무겁지만, 외부 충격에 강하고 온도 변화에 잘 견디기 때문에 고온 환경에서도 안정적으로 작동한다.[〈보기〉 (2)]"에서 니켈－수소 전지는 고온 환경에서 안정적임을 알 수 있다. 반면, "하지만 고온 환경에서는 성능이 저하될 수 있으며, 외부 충격에 민감하여 특정 온도 이상에서는 폭발이나 화재의 위험이 존재한다.[1문단 (3)]"에서 리튬 폴리머 전지는 고온 환경에서 위험이 존재하는 바 리튬 폴리머 전지가 니켈－수소 전지에 비해 고온에서 안정적이라고 할 수 없다. 옳지 않은 선지다.

② (×) 리튬 폴리머 전지는 외부 충격에 강하여 전기 자동차에 주로 사용된다.

➜ "하지만 고온 환경에서는 성능이 저하될 수 있으며, 외부 충격에 민감하여 특정 온도 이상에서는 폭발이나 화재의 위험이 존재한다.[1문단 (3)]"에서 리튬 폴리머 전지는 외부 충격에 강한 것이 아니라 민감함을 알 수 있다. "또한 리튬 폴리머 전지는 다양한 전자기기에 사용되는 이차 전지로, 리튬 이온을 주요 소재로 하고 고분자 전해질을 사용한다.[1문단 (1)]"에서 리튬 폴리머 전지가 다양한 전자기기에 사용된다고 언급했을 뿐이고 [〈보기〉 (3)]에서 니켈－수소전지가 전기 자동차와 같은 환경에서 많이 사용된다고 서술하고 있다. 따라서 리튬 폴리머 전지가 전기 자동차에 주로 사용되는지는 알 수 없다. 따라서 옳지 않은 선지다.

③ (×) 니켈-수소 전지는 완전 방전 상태에서도 성능이 유지된다.

→ "또한, 완충과 완방을 반복해도 성능 저하가 적어, 주로 대용량 배터리팩이 필요한 전기 자동차와 같은 환경에서 많이 사용된다.[〈보기〉 (3)]"에서 니켈-수소 전지는 완충과 완방을 반복해도 성능 저하가 적다고 언급했을 뿐 완전 방전 상태에서도 성능이 유지되는지는 지문 내용에서 알 수 없다. 따라서 옳지 않은 선지다.

④ (○) 니켈-수소 전지는 리튬 폴리머 전지에 비해 에너지 밀도가 낮아 부피가 크다.

→ "이 전지는 에너지 밀도가 리튬 폴리머 전지에 비해 낮아 부피가 크고 무게가 상대적으로 무겁지만, 외부 충격에 강하고 온도 변화에 잘 견디기 때문에 고온 및 저온 환경에서도 안정적으로 작동한다.[〈보기〉 (2)]"에서 알 수 있는 내용이다. 옳은 선지다.

⑤ (×) 리튬 폴리머 전지는 고분자 전해질로 인해 누액의 위험이 적으나, 니켈-수소 전지는 누액 가능성이 높다.

→ "리튬 폴리머 전지는 다양한 전자기기에 사용되는 이차 전지로, 리튬 이온을 주요 소재로 하고 고분자 전해질을 사용한다.[1문단 (1)]"에서 리튬 폴리머 전지는 고분자 전해질을 사용함을 알 수 있다. 그러나 "이 전지는 고체 또는 젤 형태의 전해질을 사용하여 누액의 위험이 적고, 가벼운 무게와 유연한 형태로 제작할 수 있어 다양한 전자기기 설계에 유리하다.[1문단 (2)]"에서 고체 또는 젤 형태의 전해질을 사용함에 따라 누액의 위험이 적다고 서술하고 있다. 고분자 전해질 중에서 특히 고체 또는 젤 형태의 전해질을 사용하여 누액의 위험성이 적을 가능성이 있으므로, 단순히 리튬 폴리머 전지가 고분자 전해질로 인해 누액의 위험성이 적다고 보기 어렵다. 또한, 고분자 전해질이 모두 고체 또는 젤 형태임을 알 수 있는 지문의 내용도 없으므로 옳지 않은 선지다. 한편, 〈보기〉에서 니켈-수소 전지의 누액 가능성을 언급한 내용도 없으므로 역시 옳지 않다.

합격자의 실전 풀이 순서

[방법 1]

❶ 선지와 지문을 훑어 문제의 유형을 판단한다.

글을 바탕으로 보기를 이해하는 문제는 주어진 대상의 공통점과 차이점을 비교하는 문제로 출제되거나, 글에 과학적 실험이나 논리가 나오고 보기에서 이를 이해했는지 묻는 형태로 출제되는 경우가 많다. 글에서 다루고자 하는 대상을 확인하는 쉬운 방법은 선지를 먼저 훑는 것이다. 주어진 대상을 비교하는 문제는 선지가대상을 언급하며 비교하는 형태로 출제되어 눈에 쉽게 띄기 때문이다. 선지가 이런 형태로 출제됨을 확인했다면 지문의 형태가 비교 대상으로 분화되었는지를 확인하여 간단히 문제 유형을 판단할 수 있다. 해당 문제의 경우 선지를 보면 리튬 폴리머 전지와 니켈-수소 전지 양자를 비교하거나 각각의 특성을 확인하는 내용으로 출제되었다. [1문단]은 리튬 폴리머 전지에 대한 설명, 〈보기〉는 니켈-수소 전지에 대한 설명이다. 그렇다면 양자를 비교하는 문제임을 인지하고 문제를 푼다.

❷ 각 선지의 키워드를 설정 후 발췌독해서 일차적으로 선지의 정오를 판단한다.

양자를 단순히 비교하는 문제는 선지에서 지문에 있는 내용을 그대로 제시하거나 페러프레이징을 한 후 출제하는 경우가 많다. 따라서 선지의 단어 중 키워드를 뽑아 발췌독하는 것이 효과적이다. 선지의 단어 중 가장 생소하거나 특이한 단어를 키워드로 삼아 키워드가 있는 문단을 탐색한다. 선지 ①은 '고온에서 안정적', 선지 ②는 '외부 충격에 강하다.', 선지 ③은 '완전 방전 상태', 선지 ④는 '에너지 밀도', 선지 ⑤는 '누액 가능성'을 키워드로 들 수 있다.

[방법 2]

❶ 본문 구성을 파악하고 문제 풀이 순서를 결정한다.

주어진 문제와 같이 대상의 개념을 비교하고 있는 문제의 경우 문단별로 설명하고 있는 대상이 무엇인지 체크하고 교차 설명이 있는지, 비교할 수 있는 특성이 있는지 먼저 간단히 확인한다.

❷ 선지에서 묻는 내용이 본문과 일치하는지 확인한다.

앞서 어디에서 어떤 개념을 설명하고 있는지 확인해 두었으므로 선지를 보고 해당 문단을 확인한다. 선지가 둘 이상의 개념을 비교하고 있는 경우에는 문장을 나누어 각각 확인하면 된다. [1문단]에서 먼저 리튬 폴리머 전지에 대해 설명하고 있으므로 선지에서 리튬 폴리머 전지와 관련된 내용이 일치하는지 선지 ②, ⑤를 차례로 확인한다. 선지 ⑤에서 리튬 폴리머 전지에 대한 설명이 옳지 않다. 이때 [〈보기〉]까지 확인하여 니켈-수소 전지에 대한 내용도 확인하고 정답을 선택한다.

합격자의 시간단축 Tip

Tip ❶ 알 수 없는 것이 나올 가능성을 생각한다.

글을 바탕으로 〈보기〉의 내용을 이해한 것으로 적절한 것을 물었다. 그렇다면 글과 보기의 내용과 부합하지 않는 것은 답이 아니고, 글과 보기의 내용과 부합하는 것이 답인 것은 자명하다. 글과 〈보기〉에서 알 수 없는 것은 답이 될 수 있는가? 그렇지 않다. 글과 〈보기〉에서 알 수 없는 것은 글의 내용을 이해하지 못한 것이기 때문이다. 선지의 내용이 글에서 알 수 없는 내용임에도 불구하고 무조건 찾으려 들 생각을 버리자. 일부러 글에서 찾을 수 없는 내용으로 오답인 선지를 만들고 시간을 낭비하게 하는 것을 목적으로 출제할 수 있기 때문이다.

Tip ❷ 생소한 키워드를 뽑는다.
발췌독하기 위해서는 생소한 키워드를 뽑아야 한다. 일반적인 단어를 키워드로 삼으면 지문에서 자주 등장하기 때문에 효율적인 발췌독을 하기 어렵다. 보통 키워드를 뽑을 때 맨 앞에 있는 주어를 선정하는 경우가 많다. 그러나 이는 상황에 따라 비효율적이다. 모든 선지의 주어가 같은 경우도 있고, 주어보다 서술어나 목적어가 더 생소한 경우가 많기 때문이다. 키워드를 뽑는 목적은 지문을 빠르게 발췌독하기 위함이고, 이를 위해 주어뿐만 아니라 모든 단어에 대한 가능성을 열어 두어야 함을 기억하자.
해당 문제의 경우 리튬 폴리머 전지와 니켈-수소전지가 대립하는 형식으로 지문이 구성되어 선지에도 리튬 폴리머 전지와 니켈-수소전지가 많이 등장한다. 그렇다면 이 둘을 키워드로 선정해서는 안 된다. 어떤 전지가 어떤 문단에 있는지를 확인한 후 해당 문단을 파악하면 되고, 오히려 서술어나 목적어를 키워드로 선정해 발췌독하는 것이 효과적이다. 타 선지와 겹치지 않으면서 완전히 다른 단어로 대체하기 어려운 단어들을 키워드로 뽑아야 빠르게 발췌독할 수 있다.

Tip ❸ 먼저 확인할 선지 고르는 방법
이 문제와 같이 둘 이상의 개념을 제시하고 그 특성을 비교하는 문제의 경우 출제자는 이들의 개념을 혼합하여 선지를 구성하거나 단일 대상의 개념에 관해서만 설명하는 선지를 출제한다. 문제의 경우 선지 ①, ④, ⑤가 전자에 해당하고 선지 ②, ③이 후자에 해당한다. 이 경우 전자에 해당하는 선지의 정오를 먼저 파악하는 것이 시간 단축에 유리하다. 출제자는 이렇게 보다 복잡한 선지를 답으로 구성하는 경우가 많기 때문이다.

Tip ❹ 비교하는 선지의 경우 명확한 근거를 확인한다.
"리튬 폴리머 전지는 니켈-수소 전지에 비해 고온에서 더 안정적이다.[①번 선지]"의 경우, 지문에 고온에서 리튬 폴리머 전지의 안정성과 니켈-수소 전지의 안정성을 비교하는 내용이 없다면 알 수 없는 선지이다. 따라서 글을 정확히 이해할 필요 없이 양자를 비교하는 내용이 있는지만 확인하면 된다.

Tip ❺ 교차 선지에 주의한다.
본 문제는 [1문단]에서는 리튬 폴리머 전지에 대해 설명하고 있고, [보기]에서는 니켈-수소 전지에 대해 설명하고 있다. 이러한 경우, 양자의 특성을 교차하여 오답 선지를 구성할 가능성이 존재한다. 예를 들어, "리튬 폴리머 전지는 외부 충격에 강하여 전기 자동차에 주로 사용된다.[②번 선지]"는 "이 전지는 고체 또는 젤 형태의 전해질을 사용하여 누액의 위험이 적고, 가벼운 무게와 유연한 형태로 제작할 수 있어 다양한 전자기기 설계에 유리하다.[1문단 (2)]"와 "또한, 완충과 완방을 반복해도 성능 저하가 적어, 주로 대용량 배터리팩이 필요한 전기 자동차와 같은 환경에서 많이 사용된다.[〈보기〉(3)]"를 혼합하였음을 알 수 있다.

Tip ❻ 선지에 주어진 인과관계에 주목한다.
"선지의 정오를 판단할 때는 주어진 인과관계도 확인해야 함을 명시한다. 예를 들어, 리튬 폴리머 전지는 고분자 전해질로 인해 누액의 위험이 적으나, 니켈-수소 전지는 누액 가능성이 높다.[⑤번 선지]"의 경우엔 리튬 폴리머 전지가 누액의 위험이 적은지 확인할 뿐만 아니라, 그 이유가 '고분자 전해질'로 인한 것인지 확인해야 한다.

Tip ❼ 선지 구성을 통해 풀이 전략을 세운다.
①, ④번 선지는 리튬 폴리머 전지와 니켈-수소 전지를 비교하고 있다. 반면, ②, ③, ⑤번 선지의 경우 리튬 폴리머 전지와 니켈-수소 전지 각각의 특성을 확인함으로써 정오를 판단할 수 있다. 따라서, 각 문단을 읽고 ②, ③, ⑤번 선지의 정오를 먼저 판단하는 것도 좋은 전략이 된다.

30 정답 ④ 난이도 ●●●

논리추론 – 논리적 판단 문제

문제유형 이해 > 내용 파악

접근전략 해당 지문은 예술작품을 감상할 때 취해야 할 관점 두 개를 서로 비교하고 있다. 구체적으로 고전주의적 입장과 낭만주의적 입장에 대해 서술한 후, 화자와 청자 간의 관계를 중심으로 두 관점의 차이를 제시하고 있다. 문제에서 요구하는 것은 두 관점을 비교하는 것이므로, 지문을 읽을 때 구분되는 기호를 사용하여 비교할 대상에 표시해두자.

다음 글을 바탕으로 아래 〈보기〉를 이해한 것으로 적절한 것을 고르시오.

(1)예술 작품을 감상할 때에는 어떠한 관점을 취해야 할까? (2)예술 작품을 감상한다는 것은 예술가를 화자로 보고, 감상자를 청자로 설정하는 의사소통 형식으로 가정할 수 있다. ▶ 1문단

(1)고전주의적 관점은 보편적 규칙에 따라 고전적 이상에 일치시켜 대상을 재현한 작품에 높은 가치를 부여한다. (2)고전주의적 관점에서는 재현 내용과 형식이 정해지기 때문에 화자인 예술가가 중심이 된 의사소통 행위가 아니라 청자가 중심이 된 의사소통 행위라 할 수 있다. (3)즉, 예술 작품 감상에 있어서 청자인 감상자는 보편적 규칙과 정형적 재현 방식을 통해 쉽게 예술 작품을 수용하고 이해할 수 있게 된다.
▶ 2문단

(1)스포츠 경기를 볼 때 주변 사람과 관련 없이 자기 혼자서 탄식하고 환호하기도 한다. (2)또한 독백과 같이 특정한 청자를 설정하지 않는 발화 행위도 존재한다. (3)낭만주의적 관점에서 예술 작품을 이해하고 감상하는 것도 이와 유사하다. (4)낭만주의적 관점은 예술가 자신의 감정이나 가치관, 문제의식 등을 자유로운 방식으로 표현한 것에 가치를 부여한다. (5)낭만주의적 관점에서는, 예술 작품을 예술가가 감상자를 고려하지 않은 채 자신의 생각이나 느낌을 자유롭게 표현한 것으로 보아야만 작품의 본질을 오히려 잘 포착할 수 있다고 본다. ▶ 〈보기〉 1문단

(1)낭만주의적 관점에서 올바른 작품 감상을 위해서는 예술가의 창작 의도나 창작관에 대한 이해가 필요하다. (2)비록 관람과 감상을 전제하고 만들어진 작품이라 하더라도 그 가치는 작품이 보여주는 색채나 구도 등에 대한 감상자의 경험을 통해서만 파악되는 것이 아니다. (3)현대 추상회화 창시자의 한 명으로 손꼽히는 몬드리안의 예술 작품을 보자. (4)구상적 형상 없이 선과 색으로 구성된 몬드리안의 작품들은, 그가 자신의 예술을 발전시켜 나가는 데 있어서 관심을 쏟았던 것이 무엇인지를 알지 못하면 이해하기 어렵다. ▶ 〈보기〉 2문단

① **고전주의적 관점과 낭만주의적 관점의 공통점은 예술 작품의 재현 방식이다.**
→ (×) 고전주의적 관점에서는 보편적 규칙에 따라 고전적 이상에 일치시켜 대상을 재현한 작품에 높은 가치를 부여한다.[2문단(1)] 반면 낭만주의적 관점에서는 예술가 자신의 감정이나 가치관, 문제의식 등을 자유로운 방식으로 표현한 것에 가치를 부여한다.[보기 1문단(4)] 따라서 고전주의적 관점과 낭만주의적 관점은 예술 작품의 재현 방식이 다르다.

② **고전주의적 관점에서 볼 때, 예술 작품을 감상하는 것은 독백을 듣는 것과 유사하다.**
→ (×) 독백과 같이 특정한 청자를 설정하지 않는 발화 행위도 존재하며 낭만주의적 관점에서 예술 작품을 이해하고 감상하는 것도 이와 유사하다.[보기 1문단(2),(3)] 따라서 예술 작품을 감상하는 것이 독백을 듣는 것과 유사하다고 본 관점은 낭만주의적 관점이다. 또한, 고전주의적 관점에서는 화자인 예술가가 중심이 된 의사소통 행위가 아니라 청자가 중심이 된 의사소통 행위라고 했으므로[2문단(2)] '독백을 듣는 것'과는 거리가 먼 설명이라고도 볼 수 있다.

③ **낭만주의적 관점에서 볼 때, 예술 작품 창작의 목적은 감상자 위주의 의사소통에 있다.**
→ (×) 낭만주의적 관점에서는 예술 작품을 예술가가 감상자를 고려하지 않은 채 자기 생각이나 느낌을 자유롭게 표현한 것으로 보아야만 작품의 본질을 오히려 잘 포착할 수 있다고 본다.[보기 1문단(5)] 반면에 고전주의적 관점에서는 화자인 예술가가 중심이 된 의사소통 행위가 아니라 청자가 중심이 된 의사소통 행위라 할 수 있다.[2문단(2)] 따라서 예술 작품의 창작 목적이 감상자 위주의 의사소통에 있다고 보는 입장은 고전주의적 관점이다.

④ **낭만주의적 관점에서 볼 때, 예술 작품의 창작의도에 대한 충분한 이해는 작품 감상을 위해 중요하다.**
→ (○) 낭만주의적 관점에서 올바른 작품 감상을 위해서는 예술가의 창작 의도나 창작관에 대한 이해가 필요하다.[보기 2문단(1)] 즉, 예술가의 창작 의도에 대한 충분한 이해는 작품 감상을 위해 중요하다는 것을 알 수 있다.

⑤ **고전주의적 관점에 따르면 예술 작품의 본질은 예술가가 자신의 생각이나 느낌을 창의적으로 표현하는 데 있다.**
→ (×) 고전주의적 관점에 의하면 예술 작품의 가치는 보편적 규칙에 따라 고전적 이상에 일치시켜 대상을 재현하는 것에 있다.[2문단(1)] 예술가가 자기 생각이나 느낌을 창의적으로 표현하는 데 있다는 관점은 낭만주의적 관점이다.[보기 1문단(4)]

제시문 분석

1문단 예술 작품을 감상할 때 취해야 하는 관점

관점
예술작품을 감상한다는 것은 예술가를 화자로 보고, 감상자를 청자로 설정하는 의사소통 형식으로 가정할 수 있다.(2)

2문단, 보기 1, 2문단 예술 작품 감상 시 두 관점의 차이

고전주의적 관점	낭만주의적 관점
고전주의적 관점에서는 보편적 규칙에 따라 고전적 이상에 일치시켜 대상을 재현한 작품에 높은 가치를 부여한다.[2문단(1)]	낭만주의적 관점에서는 예술가 자신의 감정이나 가치관, 문제의식 등을 자유로운 방식으로 표현한 것에 가치를 부여한다.[보기 1문단(4)]

고전주의 작품 감상		청자를 설정하지 않은 경우		낭만주의 작품 감상
고전주의적 관점에서는 재현 내용과 형식이 정해지기 때문에 청자가 중심이 된 의사소통 행위라 할 수 있다.[2문단(2)]	↔	의사소통 상황에서 청자를 설정하지 않는 경우도 흔히 발견된다.[보기 1문단(2)]	→	낭만주의적 관점에서 올바른 작품 감상을 위해서는 예술가의 창작의도나 창작관에 대한 이해가 필요하다.[보기 2문단(1)]

합격자의 실전 풀이 순서

[비문학 유형]

❶ 발문 확인하기

> 다음 글을 바탕으로 아래 〈보기〉를 이해한 것으로 적절한 것을 고르시오.

항상 발문을 먼저 제대로 읽자. 본 문제는 주어진 글을 바탕으로 〈보기〉를 이해했는지 묻는 문제이다. 하지만, 〈보기〉로 구분된 것만 다를 뿐 추론할 수 있는 것, 알 수 있는 것, 항상 참 또는 거짓인 걸 찾는 문제 등과 글의 구성과 풀이 방식은 거의 동일하다. 따라서 해당 유형은 제시문 내용과 부합하거나 그로부터 추론 가능한 선지가 정답이 되며, 제시문 내용과 상충하거나 그로부터 추론할 수 없는 선지가 오답이 된다. 오답 선지 구성 원리는 다른 문제들과 마찬가지로 제시문과 상충하는 내용이나 추론 근거가 없는 내용으로 구성된다. 추론 근거가 없는 선지에 붙잡히지 말고 과감하게 다음 선지로 넘어가는 것이 좋다. 또한, 추론할 수 있는 것은 제시문 내용과 같은 방향의 선지를 고르는 문제이니 발문에 'O' 표시를 해두고 풀면 추론할 수 없는 것을 고르는 실수를 크게 줄일 수 있다.

❷ 지문 훑어보기

이 단계에서는 30초보다 짧은 시간 안에 지문의 주제와 키워드를 대략 파악한다. 눈에 띄는 부분이 있는지 체크한다.

예를 들어 본 문제의 지문은 '예술 작품을 올바르게 감상하는 법'에 대한 글이다. 아래에서 고전주의적 관점과 낭만주의적 관점이 있는 것으로 보아 사상에 대한 개념이나 각각의 비교가 나올 수 있음을 알 수 있다. 본 문제처럼 여러 입장을 다루고 있는 지문에선 필자의 입장을 의식적으로 파악하며 읽는 것도 도움이 된다. 하나의 관점을 주장하는지, 여러 관점을 단순히 소개하는 것인지 등을 확인하는 것이다.

❸ 지문 이해하기

2개의 주장이 대립하는 경우 주장별 핵심 내용과 비교가 선지에 나올 수 있다. 이때 그 주장이 무엇인지, 이를 뒷받침하는 근거가 무엇인지 스스로 정렬할 수 있어야 한다. 또한, 글에서 갑자기 다른 주장 B가 제시되었을 때 그것을 다르게 정리할 수 있어야 한다. 이를 실전에서 두 가지 방법으로 재구조화(표기)할 수 있다.

1) 한 주장에 대해서만 기억하면서 한 주장은 무시하면서 읽거나
2) 주장별로 서로 다른 기호를 써가면서 마치 서로 다른 상자에 넣듯이 글을 서로 다른 기호를 이용하여 구분하여 읽는 방법이 있다.

아래는 이러한 독해의 예시이다.

① 고전주의적 관점과 낭만주의적 관점의 공통점은 예술작품의 재현 방식이다.

예술 작품의 재현 방식				
예술 작품의 재현 방식	→	고전 주의적 관점	→	정형적 재현 방식
	→	낭만주의적 관점	→	자신의 생각이나 느낌을 자유롭게 표현

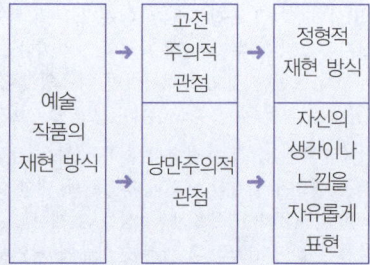

추론형 선지다. 고전주의적 관점의 재현 방식은 '정형적'(2문단(1))이라고 직접 제시되지만, 낭만주의적 관점의 재현 방식은 구체적으로 제시되지 않는다. 그러나 〈보기〉의 전체적인 맥락으로부터 낭만주의적 관점의 초점은 고전주의의 정형성에 구애받지 않는 것임을 추론할 수 있다.

합격자의 시간단축 Tip

Tip ❶ 지문이 병렬적 구조인 경우

글 전반의 구조가 병렬적인 경우, 각 개념어와 내용이 어디에서 어디까지인지 잘 확인해 두고 선지 판단 시 미리 파악해 둔 위치를 근거로 돌아가 근거를 확인해 풀자. 본 지문의 경우, 제시문 분석에서 보았듯 2문단에서는 고전주의적 관점을, 보기에서는 낭만주의적 관점을 소개하고 있다. 이처럼 양 견해가 명확하게 분리되어 있어 여러 견해가 수시로 뒤섞여 언급되는 문제에 비해 매우 쉬운 문제다.

즉, 〈보기〉 이전에는 고전주의적 관점을, 〈보기〉에서는 낭만주의적 관점에 대해 언급하고 있다. 따라서, 〈보기〉 이전을 읽은 뒤, 고전주의적 관점과 관련된 선지의 정오를 판단하고 〈보기〉 부분을 마저 읽는 전략을 취할 수 있다.

Tip ❷ 근거 없는 선지에 대한 대비

제시문으로부터 추론하는 문제의 오답 선지는 글과 상충하는 내용뿐만 아니라 '근거 없음' 또한 존재한다. 따라서, 없는 근거를 찾느라 시간을 낭비하기보다 근거가 없거나 지문의 내용으로는 알 수 없는 것 같으면 해당 선지에 물음표'?'를 표시하고 근거가 분명한 다른 선지로 과감하게 넘어가자.

Tip ❸ 〈보기〉의 중요성을 명심하자.

〈보기〉의 내용은 앞서 말한 것처럼 제시문의 또 다른 문단에 불과하다. 그러나 발문을 보면 '다음 글을 바탕으로 아래 〈보기〉를 이해한 것으로 적절한 것을 고르시오.'로 결국은 〈보기〉를 이해하는 것이 문제의 핵심임을 알 수 있다. 따라서 정답 선지에는 〈보기〉 내용이 들어갈 확률이 높다. 특히, 〈보기〉에서 처음으로 언급되는 핵심 개념인 '낭만주의적 관점'이 들어가는 선지 ①, ③, ④번 중 하나가 정답 선지일 가능성이 크다. 이 선지들을 먼저 확인해도 좋다.

고전적 관점만으로 해결되지 않는 부분이 무엇인지, 낭만주의적 관점이 초점을 맞춘 부분은 어떤 상황인지 등을 생각하며 읽는 것이 좋다. 특히, 이들은 상반되는 소재이므로 두 관점의 차이점이 무엇인가 생각하며 읽는 것을 추천한다.

Tip ❹ 제시문에 한정해서 이해하기

제시문을 이해하고 부합하는 내용을 고르는 유형은 자신의 배경지식을 활용하지 않도록 유의해야 한다. 자신의 배경지식을 통해 제시문이나 선지 정오를 판단하거나 억측하지 않는다

예를 들어 문제에서도 자신이 알고 있는 '고전주의적 관점', '낭만주의적 관점'에 기반해 선지 정오를 판단하는 실수를 범하지 않도록 한다..

Tip ❺ 첫 문단을 주의 깊게 읽는다.

일반적으로 첫 문단이 글의 소재와 더불어 앞으로의 글의 전개 방향성을 나타내는 경우가 대부분이다. 따라서 글을 읽을 땐 첫 문단을 정독하면서 글의 전체적인 소재가 무엇일지, 소재에 따른 앞으로의 글의 전개 과정은 어떻게 될지 추측해 보는 것도 글 읽기에 도움이 된다. 또한, 급한 상황에서 글을 짧은 시간 내에 간략히 파악해야 할 때 첫 문단에라도 집중하여 읽으면 간략하게라도 글 전반의 핵심을 파악할 수 있어 더욱 효과적이다. 해당 문제 또한 첫 문단에서 고전주의적 관점과 낭만주의적 관점이 제시됨으로써 본 글의 전체적인 소재를 추측할 수 있으며, 혹여 '앞으로 두 관점에 대한 비교나 공통점이 나오지 않을까?'라는 추측을 할 수 있다.

실전모의고사 2회

정답 수리논리

01	②	응용계산	02	④	응용계산	03	④	자료해석	04	⑤	자료해석	05	①	자료해석
06	⑤	자료해석	07	③	자료해석	08	④	자료해석	09	⑤	자료해석	10	④	자료해석
11	③	자료해석	12	②	자료해석	13	③	자료해석	14	①	자료해석	15	④	자료해석
16	①	자료해석	17	①	자료해석	18	⑤	자료해석	19	⑤	자료해석	20	①	자료해석

정답 추리

01	①	언어추리	02	④	언어추리	03	⑤	언어추리	04	②	언어추리	05	⑤	언어추리
06	①	언어추리	07	⑤	언어추리	08	①	언어추리	09	④	언어추리	10	④	언어추리
11	②	언어추리	12	②	언어추리	13	①	언어추리	14	④	언어추리	15	③	도형추리
16	②	도형추리	17	④	도형추리	18	②	도식추리	19	③	도식추리	20	④	도식추리
21	④	도식추리	22	②	문단배열	23	②	문단배열	24	②	논리추론	25	③	논리추론
26	⑤	논리추론	27	④	논리추론	28	②	논리추론	29	②	논리추론	30	④	논리추론

채점표

영역	제한 시간 내에 푼 개수	정답률
수리논리	/ 20	%
추리	/ 30	%
전체	/ 50	%

취약 유형 분석표

유형	맞힌 개수	틀린 문제 번호	풀지 못한 문제 번호
응용계산	/ 2		
자료해석	/ 18		
언어추리	/ 14		
도형추리	/ 3		
도식추리	/ 4		
문단배열	/ 2		
논리추론	/ 7		

영역❶ 수리논리

01 정답 ❷ 난이도 ●●●

응용계산 - 방정식 문제

간단풀이

$(x+0.3x)\times\left(1-\frac{10}{100}\right)-x \geq 5{,}100$

$\rightarrow 1.3x\times0.9-x \geq 5{,}100$

$\rightarrow 1.17x-x \geq 5{,}100$

$\rightarrow 0.17x \geq 5{,}100$

$\rightarrow 17x \geq 510{,}000$

$\therefore x \geq 30{,}000$

상세풀이

먼저, '(이익)=(판매가격)−(원가)'인 것을 알고 식을 세워야 한다. 원재료의 가격인 원가에서 이익을 가산한 가격을 정가라고 하고, 판매가격은 이 정가에서 할인율을 적용하여 실제로 판매하는 가격을 말한다.

즉, $(\text{판매가격})=(\text{정가})\times\left(1-\frac{(\text{할인율})}{100}\right)$

① 원가를 x로 두면 정가는 30% 이익을 붙인다고 하였으므로
$(\text{정가})=x\times(1+0.3)=1.3x$
정가에서 10% 할인한 가격이 판매가격이므로
$(\text{판매가격})=1.3x\times(1-0.1)=1.3x\times0.9=1.17x$

② (이익)=(판매가격)−(원가)이므로
$(\text{이익})=1.17x-x=0.17x$

③ (이익)≥5,100이므로
$0.17x \geq 5{,}100$
$\rightarrow 17x \geq 510{,}000$
$\therefore x \geq 30{,}000$

따라서 원가의 최솟값은 30,000원이다.

02 정답 ❹ 난이도 ●●●

응용계산 - 경우의 수·확률 문제

간단풀이

$\frac{3}{7}\times\frac{2}{5}+\frac{4}{7}\times\frac{3}{4}=\frac{6}{35}+\frac{3}{7}=\frac{6}{35}+\frac{15}{35}=\frac{21}{35}=\frac{3}{5}$

상세풀이

문제의 조건에 따라 네 가지 상황이 만들어진다.

① 비가 오고 초청 가수가 오거나
② 비가 오지 않고 초청 가수가 오거나
③ 비가 오고 초청 가수가 오지 않거나
④ 비가 오지 않고 초청 가수도 오지 않거나

네 가지 상황 중 초청 가수가 오는 상황은 ①과 ②다.

① 비가 오고 초청 가수가 올 확률
비가 오는 사건과 초청 가수가 오는 사건이 동시에 발생하므로, 두 확률을 곱해준다.
비가 올 확률은 $\frac{3}{7}$이고, 비가 올 때 초청 가수가 올 확률은 $\frac{2}{5}$이므로
$\frac{3}{7}\times\frac{2}{5}=\frac{6}{35}$

② 비가 오지 않고 초청 가수가 올 확률
이번에도 역시 비가 오지 않는 사건과 초청 가수가 오는 사건이 동시에 발생하므로, 두 확률을 곱해준다.
비가 오지 않을 확률을 구하면 $1-\frac{3}{7}=\frac{4}{7}$이고, 비가 오지 않을 때 초청 가수가 올 확률은 $\frac{3}{4}$이므로
$\frac{4}{7}\times\frac{3}{4}=\frac{3}{7}$

③ 마지막으로 비가 오고 초청 가수가 오거나, 비가 오지 않고 초청 가수가 오는 사건은 함께 발생할 수 없으므로 ①, ②에서 구한 두 사건이 일어날 확률을 더해준다.
$\frac{6}{35}+\frac{3}{7}=\frac{6}{35}+\frac{15}{35}=\frac{21}{35}=\frac{3}{5}$

03 정답 ❹ 난이도 ●●●

자료해석 - 자료의 내용과 일치/불일치하는 설명을 고르는 문제

ㄱ. (O) 스마트농업의 연구과제당 연구비가 가장 많은 해는 2016년이다.
➜ 〈그림〉을 참고해 연도별 스마트농업의 연구과제당 연구비를 구하면 다음과 같다.

- 2016년: $\frac{34{,}463}{214}\fallingdotseq161.04$
- 2017년: $\frac{34{,}098}{301}\fallingdotseq113.28$
- 2018년: $\frac{46{,}221}{321}\fallingdotseq143.99$

- 2019년: $\frac{63,493}{608}$ ≒104.42
- 2020년: $\frac{61,455}{632}$ ≒97.23
- 2021년: $\frac{72,138}{713}$ ≒101.17
- 2022년: $\frac{90,332}{792}$ ≒114.05

따라서 2016년의 스마트농업 연구과제당 연구비가 약 161.04로 가장 많다.

ㄴ. (○) 전체 연구비가 가장 많은 스마트농업 분야는 '자동화설비기기'이다.

→ 〈표〉에서 이미 수치가 제시된 데이터기반구축 분야를 제외하고, 자동화설비기기와 융합연구 분야의 전체 연구비를 구하면 다음과 같다.

- 자동화설비기기: 27,082+19,975+23,046+25,377+22,949+24,330+31,383=174,142
- 융합연구: 3,861+9,540+15,154+27,513+26,829+31,227+40,723=154,847

따라서 전체 연구비가 가장 많은 스마트농업 분야는 자동화설비기기 분야가 맞다.

ㄷ. (×) 스마트농업 연구비의 전년 대비 증가율이 가장 높은 해는 ~~2022년이다~~.

→ 연도별 스마트농업 연구비의 전년 대비 증가율을 구하면 다음과 같다.

- 2017년: $\frac{34,098-34,463}{34,463}\times100$≒−1.05(%)
- 2018년: $\frac{46,221-34,098}{34,098}\times100$≒35.55(%)
- 2019년: $\frac{63,493-46,221}{46,221}\times100$≒37.36(%)
- 2020년: $\frac{61,455-63,493}{63,493}\times100$≒−3.2(%)
- 2021년: $\frac{72,138-61,455}{61,455}\times100$≒17.38(%)
- 2022년: $\frac{90,332-72,138}{72,138}\times100$≒25.22(%)

따라서 스마트농업 연구비의 전년 대비 증가율이 가장 높은 해는 2019년이다.

ㄹ. (○) 2019년 대비 2022년 연구비 증가율이 가장 높은 스마트농업 분야는 '데이터기반구축'이다.

→ 2019년 대비 2022년 연구비 증가율을 분야별로 계산하면 다음과 같다.

- 데이터 기반 구축: $\frac{18,226-10,603}{10,603}\times100$≒71.89(%)
- 자동화 설비기기: $\frac{31,383-25,377}{25,377}\times100$≒23.66(%)
- 융합연구: $\frac{40,723-27,513}{27,513}$≒48.01(%)

따라서 2019년 대비 2022년 연구비 증가율이 가장 높은 분야는 '데이터 기반 구축'이다.

합격자의 실전 풀이 순서

[방법 1]

❶ 〈그림〉과 〈표〉를 확인한다. 〈그림〉에 제시된 '연구비' 수치를 〈표〉에서 더 구체적으로 분류해놓은 자료임을 확인한다.

❷ 각주에서 스마트농업은 데이터 기반 구축, 자동화 설비기기, 융합연구 분야로만 구성된다고 했으므로, 〈표〉의 세 분야의 합(=전체)은 〈그림〉의 연구비 수치와 동일하다는 것을 확인한다.

❸ 보기 ㉠을 풀어 선지 ③, ⑤를 소거한다. 이후 계산이 간단한 보기 ㉡을 풀어 선지 ②를 소거한다. 마지막으로 보기 ㉣을 풀어 정답을 확정한다.

[방법 2]

❶ 보기 ㉠을 풀기 위해선 많은 계산이 필요하므로 다른 보기부터 확인해본다.

❷ 계산이 가장 많은 보기 ㉠을 제외하고 나머지 선지들만으로 답을 고를 수 있다.

[방법 3]

❶ 선지 구성을 보았을 때 ㉠을 포함하는 선지가 3개이고, ㉡을 포함하는 선지가 3개이며, ㉠과 ㉡을 모두 포함하는 선지가 2개이다. 이 부분에서 드는 생각은 '㉠은 맞고 ㉢은 틀릴 확률이 높겠구나.'이다.

❷ 따라서 ㉢을 우선 판단하길 권한다. ㉢을 우선 판단함에 따른 결과는 다음과 같다.
- 보기 ㉢이 맞을 경우: 2번이 정답이 될 확률이 높아진다.
- 보기 ㉢이 틀릴 경우: 선지 3개가 지워져 2개의 보기를 풀어도 답을 도출할 수 있다.

❸ 이 문제에서도 2개의 보기를 확인함으로써 정답을 구할 수 있었으며, 위의 방법을 추천하는 이유는 단 한 가지이다. '보기 2개만 봐도 정답을 구할 수 있는 확률이 가장 높은 방법이기 때문.'

합격자의 시간단축 Tip

Tip ❶ 〈보기〉별 시간단축 Tip

보기 ㄱ. 2016년이 연구비가 가장 많은 해인지 물어봤으니, 2016년의 값을 먼저 계산한다. 2016년 스마트농업의 연구과제당 연구비는 $\frac{34,463}{214}$ 인데, 계산을 쉽게 하기 위해 자릿수를 조정하여 $\frac{344}{21}$ 정도로 계산한다. 이때의 계산 결과는 약 1.5 이상이므로, 나머지 연도 중 연구과제당 연구비가 1.5 이상을 넘는 연도가 있는지 확인한다. 먼저 2017년, 2019년, 2020년, 2021년은 분자와 분모의 앞자리가 크게 차이 나지 않으므로 1.5를 넘기 힘들다는 것을 바로 알 수 있다. 따라서 2018년과 2022년만 구체적으로 확인한다. 2018년의 자릿수를 조정하면 $\frac{462}{32}$ 정도고, 2022년은 $\frac{903}{80}$ 정도다. 계산해 보면 둘 다 1.5 미만이므로 2016년의 값이 가장 크다는 것을 알 수 있다.
한편, 이때 분수가 1.5 이상이라는 것은 분자 > 분모+분모×0.5임을 의미한다.

보기 ㄴ. 먼저 자동화설비기기와 데이터기반구축의 연구비를 비교해본다. 데이터기반구축의 연구비(73,211)는 이미 도출되어 있고, 자동화설비기기는 얼핏 보더라도 73,000은 훨씬 넘으므로 양자를 비교할 필요는 없다.
다음으로는 자동화설비기기와 융합연구 연구비를 비교한다. 이때, 연도별 연구비를 전부 더해서 계산하지 말고, 연도별로 두 분야의 차이값만 확인한다. 문제에서 물어보는 분야가 '자동화 설비기기'이므로 자동화설비기기를 기준으로 차이값을 확인한다. 자동화설비기기와 융합연구의 연도별 연구비 차이값을 구하면 다음과 같다. (자동화설비기기 기준)
- 2016년: 약 +24,000
- 2017년: 약 +10,000
- 2018년: 약 +8,000
- 2019년: 약 −2,000
- 2020년: 약 −4,000
- 2021년: 약 −7,000
- 2022년: 약 −9,000

차이값의 총합은 24,000+10,000+8,000−2,000−4,000−7,000−9,000=20,000이다. 이는 자동화 설비기기의 전체 연구비가 융합연구 분야보다 약 20,000 정도 많다는 것을 의미한다. 따라서 자동화 설비기기의 전체 연구비가 세 분야 중 가장 크다. 이렇듯, 여러 개의 덧셈 혹은 뺄셈을 할 때는 반드시 '차이값'을 활용해야 계산 시간을 단축할 수 있다.

보기 ㄷ. 전년 대비 증가율 공식은 $\frac{T_2 - T_1}{T_1} \times 100$이다. 그러나 보기 ㉢은 각 연도의 전년 대비 증가율을 구체적으로 구하는 것이 아니라 서로 비교만 하면 되는 것이므로, 공통으로 들어가는 ×100은 생략해도 된다. 또한 $\frac{T_2 - T_1}{T_1}$도 분자 분모를 각각 T_1으로 나누어주면 그 값이 $\frac{T_2}{T_1}$에 정비례한다. 따라서 계산을 최대한 줄이기 위해 각 연도별 연구비의 전년 대비 증가율을 $\frac{T_2}{T_1}$으로 비교한다.
전년 대비 증가율이 가장 높은 해가 2022년이냐고 묻고 있으니, 2022년 연구비의 전년 대비 증가율을 먼저 구한다. 2022년의 전년 대비 증가율은 $\frac{90,332}{72,138}$이고, 계산을 쉽게 하기 위해 자릿수를 조정하면 $\frac{903}{721}$이다.
이제 2022년보다 전년 대비 증가율이 높은 연도가 있는지 찾아야 한다. 연구비가 〈그림〉으로 주어졌으므로, 그림의 경향을 적극적으로 활용한다. 연구비 막대그래프가 가파르게 증가하는 구간은 2018년, 2019년이다. 따라서 2018년과 2019년의 전년 대비 증가율을 2022년의 전년 대비 증가율과 비교한다. 2018년의 전년 대비 증가율은 $\frac{462}{340}$이고, 2019년의 전년 대비 증가율은 $\frac{635}{462}$이다. 먼저 2019년과 2022년을 비교한다. 2019년은 거의 1.4에 해당하지만, 2022년은 1.3에 못 미친다. 따라서 전년 대비 증가율이 가장 높은 것은 2022년이 아니다.
이런 식으로 전년 대비 증가율이 가장 높은 연도를 구할 때는, 모든 연도의 전년 대비 증가율을 계산하는 것이 아니라 '가장 높을 가능성이 큰' 연도들만 추려서 계산한다면 계산 시간을 크게 줄일 수 있다.

보기 ㄹ. 보기 ㉢과 마찬가지로, 증가율만 비교할 때는 $\frac{T_2}{T_1}$로 계산하는 것이 편하다. 증가율이 가장 높은 분야가 데이터기반구축인지 묻고 있으므로, 데이터기반구축 분야의 증가율 먼저 확인한다. 데이터기반구축 분야의 증가율은 $\frac{18,226}{10,604}$으로, 계산을 편하게 하기 위해 자릿수를 조정하면 $\frac{182}{106}$이다. 이는 약 1.8 정도에 해당한다. 이제 데이터기반구축 분야보다 증가율이 높은 분야가 있는지 확인한다. 자동화설비기기의 증가율은 $\frac{313}{253}$

으로 1.8에 한참 못 미친다. 융합연구의 증가율은 $\frac{407}{275}$로, 1.5 미만이다. 따라서 증가율이 가장 높은 분야는 데이터 기반 구축이 맞다.

Tip ❷ 여러 가지 수의 덧셈 비교는 소거법을 활용한다.

보기 ㄴ. 소거법의 과정을 아래 제시하였다. 같은 색으로 표시한 숫자끼리 소거하였다. 소거법을 적용한 후 남은 숫자는 '자동화설비기기'의 경우 23,046, 25,377, 22,949이고, '융합연구'의 경우 9,540, 15,154, 26,829로 진하게 표시하였다. 이 정도 소거하면 대소 비교가 한쪽으로 기우는 것이 한눈에 들어온다. 소거법을 활용할 때의 포인트는 '차이가 느껴질 때까지 비슷한 것끼리 빠르게 소거하는 것'이다. 너무 세밀할 필요 없다. 소거법을 하였을 때 차이가 느껴지지 않는다면 그때 세밀한 계산을 수행하면 되지만 그렇게 세밀한 계산이 요구되는 경우는 거의 없다.

구분	2016	2017	2018	2019	2020	2021	2022
자동화설비기기	27,082	19,975	23,046	25,377	22,949	24,330	31,383
융합연구	3,861	9,540	15,154	27,513	26,829	31,227	40,723

Tip ❸ 증가율 비교는 분수 비교와 같으며 눈으로 판단하는 힘을 기른다.

보기 ㄷ. 유효숫자 2자리를 활용한다. 2022년의 경우 스마트농업 연구비의 전년 대비 증가율을 분수로 나타내면 $\frac{18}{72}\left(≒\frac{90,332-72,138}{72,138}\right)$이다. 이보다 큰 값을 찾으면 2018년 $\frac{12}{34}$와 2019년 $\frac{17}{46}$의 값이 눈에 띈다. 반례가 빨리 눈에 띄기 위해서는 분수 비교에 대한 훈련이 도움이 된다.

보기 ㄹ. 유효숫자 3자리를 활용한다. 데이터 기반 구축의 경우 2019년 대비 2022년 연구비 증가율을 분수로 나타내면 $\frac{76}{106}$이다. 자동화설비기기의 해당 값은 $\frac{60}{253}$, 융합연구의 해당 값은 $\frac{132}{275}$로 데이터 기반 구축의 해당 값에 현저히 미치지 못한다.

04 정답 ⑤ 난이도 ●○○

자료해석 – 자료의 특정한 값을 추론하는 문제

〈표〉에 제시된 전산장비 가격 대비 연간유지비 비율은 다음의 식으로 계산해 구한 것이다.

(전산장비 가격 대비 연간유지비 비율) = $\frac{\text{(연간 유지비)}}{\text{(전산장비 가격)}}\times100$

즉, 전산장비 가격은 (전산장비 가격) $=\frac{\text{(연간 유지비)}}{\text{(전산장비 가격 대비 연간유지비 비율)}}\times100$을 이용해 구할 수 있다.

이에 따라 A~F의 가격을 구해보면 다음과 같다. (소수점 아래 둘째 자리에서 반올림)

- A: $\frac{322}{8.0}\times100=4,025$(만 원)
- B: $\frac{450}{7.5}\times100=6,000$(만 원)
- C: $\frac{281}{7.0}\times100≒4,014.3$(만 원)
- D: $\frac{255}{5.0}\times100=5,100$(만 원)
- E: $\frac{208}{4.0}\times100=5,200$(만 원)
- F: $\frac{100}{3.0}\times100≒3,333.3$(만 원)

따라서 가격이 가장 높은 전산장비는 B로 가격은 6,000만 원이다.

합격자의 실전 풀이 순서

〈그림〉과 〈표〉의 정보를 통해 전산장비 가격을 구할 수 있음을 파악한다. 즉, (전산장비 가격) $=\frac{\text{(연간 유지비)}}{\text{(전산장비 가격 대비 연간유지비 비율)}}\times100$임을 파악한다.

합격자의 시간단축 Tip

Tip ❶ (전산장비 가격) = $\frac{\text{(연간 유지비)}}{\text{(전산장비 가격 대비 연간유지비 비율)}}\times100$이므로, 가격이 가장 높아지려면 분자인 연간유지비가 압도적으로 높거나, 분모인 전산장비 가격 대비 연간유지비 비율이 압도적으로 낮을수록 유리하다. 분자인 연간유지비가 압도적으로 높은 것은 B이고, 분모인 전산장비 가격 대비 연간유지비 비율이 압도적으로 낮은 것은 F이다. 따라서 B와 F 먼저 가격을 구체적으로 구해본다. B의 가격을 구하면 6,000만 원이 나온다. 그런데 선지 ①~⑤ 중 가격이 가장 높은 선지는 ⑤ 6,000만 원이다. 즉 6,000만 원을 초과하는 다른 가격은 나올 수 없다는 뜻이다. 따라서 다른 전산장비의 가격을 구할 필요 없이 B의 가격이 6,000만 원으로 가장 높다는 것을 알 수 있다.
이렇게 분수를 비교할 때, 해설에서는 전부 다 분수를 구해서 비교를 하지만 실전에서는 비효율적이고 가급적 지양하는 것이 좋다. 가장 큰 분수를 구하는 경우는 분자가 크고, 분모가 작은 것을 중심으로 살피고 가장 작은 분수를 구하는 경우 분자가 작고, 분모가 큰 것을 중심으로 살핀다.

Tip ❷ 선지를 활용한다.
각 전산장비의 가격을 분수로 나타내면, 아래와 같다.

- A: $\frac{322}{8.0}\times100$
- B: $\frac{450}{7.5}\times100$
- C: $\frac{281}{7.0}\times100$
- D: $\frac{255}{5.0}\times100$
- E: $\frac{208}{4.0}\times100$
- F: $\frac{100}{3.0}\times100$

선지를 보면 가장 큰 값이 6,000만 원이다. 만약 A~F 중 6,000만 원이 있다면 나머지는 구할 필요가 없다. 6,000만 원보다 작은 값이기 때문이다. 따라서 분모가 되는 '전산장비 가격 대비 연간유지비 비율'에 60을 곱해 〈그림〉의 전산장비 연간유지비 값의 맨 앞자리 수가 나오는 전산장비가 있는지 확인한다. A는 480으로 〈그림〉의 322로는 턱없이 부족하다. B는 450으로 〈그림〉의 450과 일치한다. 그렇다면 나머지는 확인할 필요가 없다. B의 전산장비 가격은 6,000만 원이고 가장 높은 가격이다.
해당 문제에서는 6,000만 원이 정답이었기 때문에 60을 곱했다. 그러나 6,000만 원이 정답이 아닐 경우 다음으로 큰 5,200만 원을 기준으로 위와 같이 다시 52를 곱하면 된다. 그러나 52라는 숫자가 곱하기 복잡할 경우 52를 곱하기보다 〈표〉의 값에 52를 곱한다면 나올 숫자가 있는지 살펴본다. E를 보면 〈그림〉값의 일의 자릿수가 8이어서 4의 2배임을 알 수 있다. 208에서 8을 뺀 200 역시 4의 50배여서 빠르게 208이 4의 52배임을 알 수 있다.

Tip ❸ 소거법을 활용한다.
이 문제의 경우에는 너무 쉽게 답이 도출되지만, 충분히 어렵게 출제될 수 있는 유형이다. 그 경우의 해결책에 대해 제시하였다. 고난도 문제에 대비하기 위한 방법은 두 가지가 있다. 아래의 [방법 1]과 [방법 2]를 섞어서 사용하면 문제가 어떻게 나와도 해결할 수 있을 것이다.

[방법 1]
분수의 크기를 유효숫자 2자리 정도는 구할 수 있는 계산능력이 요구된다. 각 전산장비의 가격을 분수로 나타낸 후 그 값들을 유효숫자 2자리까지만 구해보자. A는 40, B는 60, C는 40, D는 51, E는 52, F는 33이다. 다소 투박한 방법이지만 계산능력을 기른다면 세밀한 판단도 빠르게 가능하다.

[방법 2]
값이 가장 클 수 없는 것을 하나씩 소거하는 방법으로, 분모와 분자의 증가율을 빠르게 비교할 수 있는 계산능력이 요구된다. A는 B보다 분자가 작으나 분모는 크기에 소거한다. C는 B와 분모는 거의 비슷하지만 분자가 많이 차이 나기 때문에 소거한다. D는 B 대비 분모가 $\frac{2}{3}$ 크기지만, 분자는 $\frac{2}{3}$보다 작으므로 소거한다. E는 B 대비 분모가 $\frac{1}{2}$보다 크지만 분자는 $\frac{1}{2}$ 보다 작으므로 소거한다. F는 E 대비 분모가 $\frac{1}{2}$보다 크지만 분자는 $\frac{1}{2}$보다 작으므로 소거한다.

05 정답 ① 난이도 ●○○

자료해석 - 자료의 내용과 일치/불일치하는 설명을 고르는 문제

ㄱ. (O) 1993년 폭-수심비 최댓값은 500보다 크다.
➜ 폭-수심비 최댓값은 〈그림〉에서 해당 연도에서 가장 높게 찍혀있는 점의 값이다. 주어진 〈그림〉에서 1993년에 해당하는 실선 그래프를 보면 측정 지점이 5.5km일 때 가장 높게 관찰되는 것을 알 수 있다. 측정 지점이 5.5km일 때 폭-수심비가 약 550이므로 1993년 폭-수심비 최댓값은 500보다 크다는 것을 알 수 있다.

ㄴ. (×) 1983년과 1993년의 폭-수심비 차이가 가장 큰 측정 지점은 ~~6.5km 지점이다~~.
➜ 폭-수심비가 차이가 가장 큰 지점은 같은 측정 지점에서 두 연도의 폭-수심비의 값이 차이가 가장 많이 나는 지점이다. 측정 지점 5.5km에서 1983년과 1993년의 폭-수심비가 가장 많이 차이 나는 것을 알 수 있다. 따라서 1983년과 1993년의 폭-수심비 차이가 가장 큰 측정지점은 5.5km 지점이다.

ㄷ. (×) 1983년 폭-수심비 최댓값과 최솟값의 차이는 300보다 크다.

→ 〈그림〉에서 1983년에 해당하는 점선의 그래프를 보면 가장 높게 찍혀있는 점이 폭-수심비의 최댓값이고 가장 낮게 찍혀있는 점이 폭-수심비의 최솟값이다. 측정지점 9km에서 최댓값을 가지며 그 값은 약 290임을 알 수 있다. 그리고 측정지점 4km에서 최솟값을 가지며 그 값은 약 90임을 알 수 있다. 따라서 최댓값과 최솟값의 차이는 약 200이므로 300보다 작음을 알 수 있다.

합격자의 실전 풀이 순서

❶ 〈그림〉의 x축과 y축을 확인하고, 1993년과 1983년이 각각 어떤 모양인지 확인한다.

❷ 보기들이 모두 눈으로 확인할 수 있는 것이므로 보기 ⓒ부터 확인한다. 보기 ⓒ은 틀린 보기이므로 답은 ①, ②번 중 하나이다.

❸ 다음으로 보기 ㉠을 확인하면, 옳은 보기이므로 답은 ①번이다.

합격자의 시간단축 Tip

Tip 〈보기〉별 시간단축 Tip

보기 ㄱ. 최댓값이 500보다 큰지 물었으므로, 폭-수심비 500에서 가상의 수평선을 생각하고 그 위에 값이 있는지 확인한다. 측정 지점 등을 전혀 확인할 필요 없으니 불필요한 시간을 소모하지 않아야 한다.

보기 ㄴ. 〈그림〉이 꺾은선 그래프인 만큼 시각적 효과를 적극 이용하는 것이 좋다. 두 연도 간 폭-수심비 차이는 두 그래프의 점 간 거리와 같다. 따라서 한눈에 보아도 5.5km 지점에서 두 꺾은선 간 거리가 적어도 6.5km보다는 멀다는 것을 알 수 있다. 따라서 6.5km는 가장 큰 지점이 아니다.

보기 ㄷ. 1983년 폭-수심비 최댓값이 300 미만이므로 최댓값과 최솟값의 차이는 당연히 300보다 작다.

06 정답 ⑤ 난이도 ●○○

자료해석 - 자료의 특정한 값을 추론하는 문제

현장검증 신기술 연간건수 1건당 연간비용을 구하면 다음과 같다.

- 2018년: $\frac{824}{576}$ ≒1.431(천만 원)
- 2019년: $\frac{1,074}{650}$ ≒1.652(천만 원)
- 2020년: $\frac{1,091}{630}$ ≒1.732(천만 원)
- 2021년: $\frac{1,704}{691}$ ≒2.466(천만 원)
- 2022년: $\frac{2,546}{852}$ ≒2.988(천만 원)
- 2023년: $\frac{1,609}{760}$ ≒2.117(천만 원)

따라서 제시된 기간 중 현장검증 신기술 연간건수 1건당 연간비용이 가장 큰 해는 2022년이다.

2022년 서류검증 1건당 연간비용은 $\frac{102}{725}$ ≒0.14069로 이를 소수점 아래 셋째 자리에서 반올림한 값은 0.14이다. 주어진 단위(천만 원)를 고려하면 0.14천만 원이므로, 이는 140만 원과 동일하다.

합격자의 실전 풀이 순서

[방법 1]

❶ 현장검증 신기술 연간건수 1건당 연간비용이 가장 큰 해를 구한다.

❷ 현장검증 신기술 연간건수 1건당 연간비용이 가장 큰 2022년의 서류검증 1건당 연간비용을 구한다. 이때 구체적인 값을 도출하려 하기보다는 선지를 기준으로 확인한다.

[방법 2]

❶ '현장검증 신기술 연간건수 1건당 연간비용이 가장 큰 해'를 묻고 있으나, 주어진 〈표〉에 따르면 현장검증 연간건수가 상단에, 현장검증 연간비용이 하단에 위치해 있다. 따라서 '현장검증 신기술 연간비용당 연간건수가 가장 작은 해'를 찾는다.

❷ 현장검증 신기술 연간비용 천만 원당 연간건수가 가장 작은 2022년의 서류검증 1건당 연간비용을 구한다.

합격자의 시간단축 Tip

Tip ❶ 현장검증 신기술 연간건수 1건당 연간비용이 가장 큰 해를 구할 때 2018~2020년의 경우 그 값의 맨 앞자리 수가 1보다 크고 2보다 작은 반면, 2021~2023년은 맨 앞자리 수가 2보다 크다. 따라서 2021~2023년만을 비교한다.

Tip ❷ $\frac{102}{725}$는 $\frac{1}{7}$보다 약간 작지만 비슷한 숫자이다. $\frac{1}{7}$은 약 14%에 해당하므로, $\frac{102}{725}$ 역시 14%와 근접한 숫자이다. 따라서 주어진 선지 중, 단위(천만 원)를

고려했을 때 14%와 관계있는 선지인 ⑤ 140만 원을 고른다. 선지를 활용할 수 있다면 최대한 적극적으로 선지를 활용해서 바로 답을 구하도록 한다. 주관식 문제가 아니기 때문에 시간 단축을 위해 객관식 숫자를 활용한다.

Tip ❸ 구해야 하는 값은 제시된 〈표〉를 통해 보기 쉬운 형태로 변형한다.

문제에서 '현장검증 신기술 연간건수 1건당 연간비용이 가장 큰 해'를 묻고 있다. 하지만 제시된 〈표〉에는 '현장검증 신기술 연간건수'가 상단에, '현장검증 신기술 연간비용'이 하단에 위치하여 구하고자 하는 값보다 그 값의 '역수'를 파악하기 쉬운 형태로 주어져 있다.

따라서 구하는 것을 '현장검증 신기술 연간비용 천만 원당 연간건수가 가장 작은 해'를 구하는 것으로 변형한다.

Tip ❹ 단위를 고려하지 않는다.

단위의 자릿수에 따라 함정을 배치하는 문항도 존재하지만, 해당 문제의 경우 주어진 선지의 값이 70만 원, 80만 원, 90만 원, 100만 원, 140만 원으로 수의 배율이 다른 것을 알 수 있다. 이러한 경우, 단위는 전혀 고려하지 않아도 된다.

Tip ❺ 수의 구조를 볼 때 실수에 유의한다.

2022년의 서류검증 연간건수의 값은 725이고, 서류검증 연간비용의 값은 102이다.

이때, 수의 구조상으로 1 : 7의 배율을 가진다. 따라서, 70만 원이 정답이라고 생각하는 실수를 할 수 있다. 하지만 구하고자 하는 값은 $\frac{1}{7}$이므로 140만 원이 정답이 된다.

Tip ❻ 객관식임을 이용하자.

2022년의 서류검증 건수당 비용은 $\frac{102}{725}$이다. 그런데 $\frac{72.5}{725}$가 100만 원이므로 $\frac{102}{725}$는 100만 원 이상임을 쉽게 알 수 있다. 선지에 100만 원 이상인 값은 ⑤밖에 없다. 따라서 답은 ⑤이다.

Tip ❼ 문제를 최대한 단순화하고 판단은 어림산을 활용한다.

이 문제는 '현장검증 $\frac{\text{연간비용}}{\text{연간건수}}$이 가장 큰 해를 구하고, 그 해의 서류검증 $\frac{\text{연간비용}}{\text{연간건수}}$과 가장 가까운 선지를 고르시오.'와 같이 이해할 수 있다.

우선 현장검증 $\frac{\text{연간비용}}{\text{연간건수}}$이 가장 큰 해를 구하기 위해 어림산을 활용하면, 2022년은 3에 거의 근접하는 반면 다른 해는 3에 한참 모자란다.

다음으로 2022년의 서류검증 $\frac{\text{연간비용}}{\text{연간건수}}$은 $\frac{\text{102천만 원}}{\text{725건}}$인데 유효숫자만 보았을 때 $7\times14=98$임에 착안하여 ⑤번 선지가 그 수치에 가장 가까울 것임을 알 수 있다.

07 정답 ❸ 난이도 ●●○

자료해석 – 자료의 특정한 값을 추론하는 문제

17~21대 전체 당선자 중 정치인의 비중을 구하면 다음과 같다.

- 17대: $\frac{192}{192+30+34+43}=\frac{192}{299}\times100≒64.214(\%)$
- 18대: $\frac{215}{215+26+16+42}=\frac{215}{299}\times100≒71.906(\%)$
- 19대: $\frac{207}{207+20+24+49}=\frac{207}{300}\times100=69(\%)$
- 20대: $\frac{220}{220+16+18+46}=\frac{220}{300}\times100≒73.333(\%)$
- 21대: $\frac{217}{217+20+16+47}=\frac{217}{300}\times100≒72.333(\%)$

전체 당선자 중 정치인의 비중이 두 번째로 작은 시기는 19대 국회이다. 따라서 19대 국회에 전체 당선자 중 교수가 차지하는 비중은 $\frac{24}{300}\times100=8(\%)$이다.

합격자의 실전 풀이 순서

[방법 1]

❶ 전체 당선자 중 정치인의 비중이 두 번째로 작은 시기를 구한다.

❷ 19대 국회에 정치인의 비중이 두 번째로 작으므로, 19대 전체 당선자 중 교수가 차지하는 비중을 구한다.

[방법 2]

❶ 전체 당선자 중 정치인의 비중이 두 번째로 작은 때를 구한다. 이때 시기별로 전체 당선자를 구할 필요 없이 (변호사)+(교수)+(기타)의 합계만 구한 뒤, 상호 비를 통해 전체 당선자 중 정치인의 비중을 비교한다.

❷ 19대 국회에 정치인의 비중이 두 번째로 작으므로, 이때 전체 당선자 중 교수가 차지하는 비중을 구한다. 값을 도출하지 않고, 선지에 주어진 값을 기준으로 하여 확인한다.

합격자의 시간단축 Tip

Tip ❶ 전체 당선자 중 정치인의 비중은

$\frac{(\text{정치인})}{(\text{정치인})+(\text{변호사})+(\text{교수})+(\text{기타})}\times 100$이다.

17~21대의 전체 당선자 중 정치인의 비중을 단지 '비교'만 할 것이므로, 공통적으로 포함되는 ×100은 생략한다. 또한, 이렇게 $\frac{A}{A+B}$ 구조를 '비교'할 때 분모, 분자를 A로 나누어 주면 그 크기는 $\frac{A}{B}$의 크기와 정비례함으로 이를 $\frac{A}{B}$로 바꿔서 비교할 수 있다. ($\frac{A+B}{A}$ 구조 역시 $\frac{B}{A}$로 바꿔서 비교할 수 있다.) 이렇게 비교하면 기존 식의 분모에 해당하는 A+B를 구할 필요 없이 바로 $\frac{A}{B}$만 확인하면 되므로 시간을 단축할 수 있다. 따라서 $\frac{(\text{정치인})}{(\text{정치인})+(\text{변호사})+(\text{교수})+(\text{기타})}$ 역시 $\frac{(\text{정치인})}{(\text{변호사})+(\text{교수})+(\text{기타})}$의 상호 비로 비교한다.

Tip ❷ 분수가 작기 위해선 분자가 작거나 분모가 커야 한다. 위에서 언급했다시피 전체 당선자 중 정치인의 비중이 두 번째로 작을 때는 상호 비를 이용해 비교할 수 있다. 분자인 정치인이 가장 적은 시기는 17대 국회의원 선거이며, 이때 분모인 (변호사)+(교수)+(기타) 또한 전체 시기 중 가장 크다는 것을 알 수 있다. 다음으로 분자인 정치인이 가장 적은 시기는 19대 국회의원 선거이고, 이때 분모인 (변호사)+(교수)+(기타)의 크기가 18, 20, 21대보다 크다는 것을 쉽게 알 수 있다. 따라서 두 번째로 전체 당선자 중 정치인의 비중이 두 번째로 작은 시기가 19대 국회의원 선거라는 것을 쉽게 알 수 있다.

Tip ❸ 계산을 최대한 적게 하면 좋겠지만, 만약 문제를 보고 위와 같은 계산을 줄이는 방법을 찾기 어렵다면 아이디어를 얻기 위해 계속해서 고민하기보다 위에서부터 차근차근 계산을 해보는 것이 더 유용할 수 있다. 예를 들어 문제에서 전체 당선자를 구할 때 정치인, 변호사, 교수, 기타를 더해야 하는데, 숫자들이 많이 차이가 나지 않는다는 것을 인지하고는 있지만 긴가민가할 땐 오히려 전부를 빠르게 다 더하는 것이 심적으로 편할 수 있다.

Tip ❹ 여러 가지 두 자리 수의 덧셈 방법

앞자리부터 한 자리씩 암산하는 방법도 연습해 보자. 예를 들어 18대의 경우 26+16+42의 값을 구한다면, 십의 자리인 2+1+4=7을 우선 머릿속으로 기억한다. 다음으로 일의 자리인 6+6+2=14를 추가하여 84라는 합계를 얻는다. 다른 방법으로, 20대의 경우 16+18+46의 값을 구하기 위해 보수를 활용하여 34+46=80임을 쉽게 얻을 수 있지만, 상황에 따라 적합한 여러 가지 방법을 혼용하여 사용하는 것이 시간 단축에 도움된다.

08 정답 ④ 난이도 ●●○

자료의 내용과 일치/불일치하는 설명을 고르는 문제

① (×) 지원과제당 지원 금액은 2019년이 2017년보다 적다.

→ 2019년의 지원과제당 지원 금액은 $\frac{4,886}{53}$≒92.18이고, 2017년의 지원과제당 지원 금액은 $\frac{3,368}{39}$≒86.35다. 따라서 2019년이 2017년보다 많다.

② (×) 배양육 분야 지원 금액에서 응용연구 지원 금액이 차지하는 비중은 2018년이 2019년보다 크다.

→ 2018년 배양육 분야 지원 금액에서 응용연구 지원 금액이 차지하는 비중은 $\frac{67}{282}\times 100$≒23.75(%)이다. 〈그림〉에서 2019년 배양육 분야 지원 금액은 570백만 원이다. 이를 이용해 2019년 배양육 분야의 응용연구 지원 금액을 구하면 (전체 배양육 분야 지원 금액)−(기초연구 지원 금액)−(개발연구 지원 금액)−(기타 금액)=570−8−383−40=139(백만 원)이다. 따라서 2019년 배양육 분야 지원 금액에서 응용연구 지원 금액이 차지하는 비중은 $\frac{139}{570}\times 100$≒24.38(%)이다. 즉 2018년이 2019년보

다 작다.

③ (×) 대체육 전체 지원 금액에서 식물성고기 분야 지원 금액이 차지하는 비중은 2017년이 2018년보다 ~~크다~~.

➜ 2017년 대체육 전체 지원 금액에서 식물성고기 분야 지원 금액이 차지하는 비중은 $\frac{319}{3,368}\times100≒$ 9.47(%)이다. 2018년 대체육 전체 지원 금액에서 식물성고기 분야 지원 금액이 차지하는 비중은 $\frac{450}{4,368}\times100≒10.3(\%)$이다. 따라서 2017년이 2018년보다 작다.

④ (○) 식용곤충 분야 기초연구 지원 금액은 2018년이 2016년의 5배 이상이다.

➜ 〈그림〉에서 2016년의 식용곤충 분야 지원 금액은 1,280(백만 원)이다. 즉, 〈표〉에서 2016년의 식용곤충 분야 지원 금액은 1,280(식용곤충 분야 지원 금액)=(기초연구 지원 금액)+250(응용연구 지원 금액)+836(개발연구 지원 금액)+127(기타)이므로 기초연구 지원 금액은 67(백만 원)이다. 한편 〈그림〉에서 2018년의 식용곤충 분야 지원 금액은 3,636(백만 원)이다. 즉, 〈표〉에서 2018년의 식용곤충 분야 지원 금액은 3,636(식용곤충 분야 지원 금액)=(기초연구 지원 금액)+1,306(응용연구 지원 금액)+1,864(개발연구 지원 금액)+127(기타)이므로, 기초연구 지원 금액은 339이다. 따라서 2018년(339)은 2016년의 5배(67×5=335) 이상이다.

⑤ (×) 모든 분야에서 개발연구 지원 금액은 지원이 시작된 이후 ~~매년 증가하였다~~.

➜ 배양육 분야의 2020년도 개발연구 지원 금액을 구하면 1,532−972=560(백만 원)이다. 따라서 배양육 분야의 개발연구 지원 금액은 215백만 원 → 383백만 원 → 560백만 원으로 매년 증가하였다. 식물성 고기 분야 역시 개발연구 지원 금액이 241백만 원 → 320백만 원 → 553백만 원 → 577백만 원으로 매년 증가하였다.
식용곤충 분야의 2020년도 개발연구 지원 금액을 구하면 2,292−385−89−37=1,781(백만 원)이다. 식용곤충 분야의 개발연구 지원 금액은 2020년에 감소했다. 따라서 모든 분야에서 개발연구 지원 금액이 매년 증가한 것은 아니다.

합격자의 실전 풀이 순서

[방법 1]

❶ 〈그림〉과 〈표〉를 확인한다. 〈표〉는 〈그림〉의 배양육, 식물성고기, 식용곤충 분야별 정부 R&D 지원 규모를 연구유형별로 더욱 세부적으로 구분한 자료임을 확인한다.

❷ 〈표〉에 제시된 각주에서 대체육 분야는 배양육, 식물성고기, 식용곤충으로만 구분된다고 했으므로, 〈표〉에 (배양육)+(식물성고기)+(식용곤충)의 정부 R&D 지원 금액의 합은 대체육 분야의 정부 R&D 지원 금액의 합과 동일함을 확인한다.

❸ 선지 ⑤만 '모든 분야'를 살펴봐야 하므로, ⑤는 제외하고 나머지 선지 위주로 푼다.

[방법 2]

❶ 〈그림〉과 〈표〉를 확인한 뒤, 양자 간의 관계를 파악한다. 〈표〉에 주어진 전체 값은 〈그림〉에 주어진 막대그래프의 합계이다.

❷ ①~③까지 순서대로 확인한다. 다음으로, ④를 확인하려고 보니 빈칸을 채우는 것과 더불어 2018년이 2016년의 5배 이상인지에 관한 판단까지 추가로 묻고 있다. 따라서 ⑤를 확인한다.

합격자의 시간단축 Tip

Tip ❶ 처음 문제를 풀 때는 〈표〉나 〈그림〉이 얼마나 있는지, 구성요소가 어떻게 되는지를 살펴보는 것이 중요하다. 구성 요소가 무엇인지를 파악하게 되면 보기에서 해당 요소를 찾을 때도 시간을 절약할 수 있고, 무분별한 계산을 피할 수도 있다. 예를 들어 바로 문제로만 갔다면 〈그림〉에서 배양육, 식물성고기, 식용곤충의 수치를 전부 다 더해서 전체를 구하려고 했을 수 있다. 하지만 〈표〉까지 보고 문제를 풀었었더라면 더하지 않아도 전체 수치가 이미 나와 있는 것을 알 수 있었다.

Tip ❷ 선지별 시간단축 Tip

선지 ①

[방법 1]
분모에 100을 곱하여 비교해 보자.

2019년의 지원과제당 지원 금액은 $\frac{4,886}{5,300}$이고, 2017년의 지원과제당 지원 금액은 $\frac{3,368}{3,900}$이다. 4,886의 경우 5,300에서 약 10% 정도 모자란 값이다. 반면, 3,368의 경우 3,900에서 약 15% 정도 모자란 값이다. 따라서 2019년의 지원과제당 지원 금액이 2017년보다 크다.

[방법 2]
분수 비교는 반대해석을 머릿속으로 하는 힘을 기르면 속도가 빨라진다.
2017년과 2019년의 지원과제당 지원 금액에서 분모에 100을 곱한 값인 $\frac{3,368}{3,900}$과 $\frac{4,886}{5,300}$을 비교하는 방법을 설명하고자 한다. 아래에서 설명하는 과정은 모두 머릿속에서 이루어져야 한다.

(1) 분자가 분모 대비 얼마나 모자라는지 떠올린다.
즉, $\frac{500 \text{ 정도}}{3,900} > \frac{400 \text{ 정도}}{5,300}$임을 판단한다.

(2) 반대 해석하여 대소 비교를 끝낸다.
즉, $\frac{3,368}{3,900} < \frac{4,886}{5,300}$임을 판단한다.

* 분자와 분모 증가율의 관계
• (분자 증가율) > (분모 증가율): 분수 값은 커진다.
• (분자 증가율) < (분모 증가율): 분수 값은 작아진다.

선지 ②

[방법 1]
이 선지는 2018년과 2019년의 비중을 '비교'하는 선지다.
이렇게 전체에서 특정 항목이 차지하는 비중 구조 즉, $\frac{A}{A+B}$ 구조를 '비교'할 때 분모, 분자를 A로 나누어 주면 그 크기는 $\frac{A}{B}$의 크기와 정비례함으로 이를 $\frac{A}{B}$로 바꿔서 비교할 수 있다. ($\frac{A+B}{A}$ 구조 역시 $\frac{B}{A}$로 바꿔서 비교할 수 있다.) 이렇게 비교하면 기존 식의 분모에 해당하는 A+B를 구할 필요 없이 바로 $\frac{A}{B}$만 확인하면 되므로 계산 시간을 단축할 수 있다.
따라서 $\frac{(\text{응용연구})}{(\text{기초연구})+(\text{응용연구})+(\text{개발연구})+(\text{기타})}$ 역시 $\frac{(\text{응용연구})}{(\text{기초연구})+(\text{개발연구})+(\text{기타})}$로 비교한다. 이에 따라 2018년의 비중은 $\frac{67}{215}$, 2019년의 비중은 $\frac{139}{431}$이다. (비중 비교 시 공통으로 사용되는 ×100은 생략 가능하다.) 2018년의 분자 67이 2019년의 분자 139가 되려면 2배 이상 증가해야 한다. 그런데 2018년의 분모 215가 2019년의 분모 431이 되기 위해서는 거의 2배만큼만 증가하면 된다. 즉, 2019년의 비중은 2018년보다 분자는 더 많이 증가하고 분모는 그보다 적게 증가한 값이다. 분자의 증가율이 분모의 증가율보다 큰 형태이므로, 2019년이 2018년보다 크다.

[방법 2]
〈그림〉과 〈표〉에 합계가 주어져 있으므로, 2019년의 빈칸을 채우는 것이 빠를 수 있다. $\frac{67}{282}$과 $\frac{139}{570}$를 비교한다. 각각 분자에서 분모의 20%를 뺀 $\frac{11}{282}$과 $\frac{25}{570}$를 비교한다. 분자의 경우 25는 11의 2배보다 조금 크지만, 570은 282의 2배에 미치지 못한다. 따라서 2019년이 2018년보다 크다.

[방법 3]
세밀한 분수 비교라도 머릿속으로 하는 힘을 기르면 속도가 빨라진다. 2018년과 2019년의 배양육 분야 지원 금액에서 응용연구 지원 금액이 차지하는 비중인 $\frac{67}{282}$과 $\frac{139}{570}$를 비교하는 방법을 설명하고자 한다. 아래에서 설명하는 과정은 모두 머릿속에서 이루어져야 한다.

(1) 두 값을 가장 비슷한 스케일로 맞춘다. 즉, $\frac{134}{564}$와 $\frac{139}{570}$를 비교한다. 이때, 스케일이 비슷할수록 (2)의 과정에서 대소 비교가 더 쉬워진다.
(2) 용병법을 떠올린다. 분모와 분자의 차이를 구하면 $\frac{139-134}{570-564} = \frac{5}{6}$이다. $\frac{134}{564} < \frac{5}{6}$이므로 2019년의 해당 값이 더 크다.

선지 ③ 〈그림〉과 〈표〉에 합계가 주어져 있으므로, 이를 활용한다.

[방법 1]
대체육 전체 지원 금액에서 식물성고기 분야 지원 금액이 차지하는 비중은 다음과 같다.

• 2017년: $\frac{319}{3,368}$
• 2018년: $\frac{450}{4,368}$

위에서 구한 2017년과 2018년 비중의 분자에 각각 10을 곱해 3,190과 4,500으로 만든 후 분자와 분모의 대략적인 증감을 비교하자.
분모의 값은 3,368에서 4,368으로 1,000만큼 증가한 반면, 분자의 값은 3,190에서 4,500으로 1,000보다 훨씬 더 크게 증가하였다. 분모의 증가량보다 분자의 증가량이 더 크므로 당연히 분수의 값은 증가하였다. 따라서 2018년이 2017년보다 크다.

[방법 2]

기준을 잡고 비교한다. 2017년의 비중 $\frac{319}{3,368}$ 는 0.1보다 작다. 반면 2018년의 비중 $\frac{450}{4,368}$ 은 0.1보다 크다. 따라서 2018년이 2017년보다 크다.

선지④ 2016년 식용곤충 분야의 기초연구 지원 금액을 구하면 67(백만 원)이다. 67×5=335이므로, 2018년 식용 곤충분야 기초연구 지원 금액에 335를 넣었을 때 모순이 없는지 확인한다. 67×5는 (60+7)×5로 쪼개서 (60×5)+(7×5)=300+35로 생각하면 계산이 편하다.

> * 67×5를 쉽게 구하는 다른 방법도 있다. 임의의 값 ㉠이 있을 때, ㉠×5는 ㉠÷2×10으로 보면 좀 더 쉽다. 예를 들어 67×5는 67의 $\frac{1}{2}$인 33.5에 ×10을 한 335가 된다.

선지⑤

[방법 1]

〈그림〉에서 살펴보면 모든 분야의 지원 금액이 대체로 상승했으나, 2020년에 식용곤충의 지원 금액만 상대적으로 크게 하락했다. 즉, 2020년도 식용곤충의 지원 금액이 전년 대비 크게 감소했으므로, 식용곤충 분야의 개발연구 지원 금액도 감소했을 가능성이 크다. 따라서 식용곤충 분야부터 구체적으로 계산하여 반례가 될 수 있는지 확인한다.

[방법 2]

〈표〉를 확인하면, 빈칸 외에 모든 분야에서 개발연구 지원 금액은 지원이 시작된 이후 매년 증가하였다. 이때, 빈칸은 2개밖에 되지 않으므로, 배양육의 2020년 값과 식용곤충의 2020년 값이 각각 2019년에 비해 증가하였는지 비교하면 된다. 이처럼 구해야 하는 항목의 개수가 적거나, 항목을 구하는 것이 어렵지 않을 경우에는 반례를 찾고자 탐색하는 것보다 일단 구하는 것이 빠를 수 있다.

Tip ❷ **여러 가지 수의 덧셈은 큰 자릿수부터 수행한다.**

선지④ 이 선지를 해결하는 과정에서 2016년 식용곤충 분야 기초연구 지원 금액의 빈칸이 67임을 확인할 수 있으므로 '2018년 식용곤충 분야 기초연구 지원 금액은 335 이상이다.'로 의역할 수 있다. 따라서 335+1,306+1,864+127 〈 3,636인지 확인하는 것이 관건이다. 이 역시 암산으로 하기 위해서는 큰 자릿수부터 덧셈을 수행한다. 천의 자리와 백의 자리를 계산하면 3+13+18+1=35이며, 십의 자리를 계산하면 3+0+6+2=11이므로 둘을 합치면 3,610까지 구한 것이다. 보통은 이 정도 계산에서 선지가 해결될 때가 많으나 이 선지의 경우는 다소 세밀한 선지였다. 따라서 일의 자리를 계산하면 5+6+4+7=22로 총 결과값이 3,632이다. 따라서 옳은 선지이다. 큰 자릿수부터 계산을 수행하는 장점은 하고자 하는 계산의 난이도에 따라 세밀도를 결정할 수 있다는 점이다. 때로는 천의 자리와 백의 자리만으로도 대소 비교를 쉽게 할 수 있고, 드물게 이 문항처럼 일의 자리까지 계산해 주어야 하는데 이 방법은 두 가지 경우 모두에 대비할 수 있다.

선지⑤ 선지 ④와 동일한 과정을 적용해 보자. '2020년의 식용곤충 분야 개발연구 지원 금액이 1,915보다 큰지 보자.'로 이해한다. 따라서 385+89+1,915+37 〈 2,292인지 확인하는 것이 관건이다. 이 역시 암산으로 하기 위해서는 큰 자릿수부터 덧셈을 수행한다. 천의 자리와 백의 자리를 계산하면 3+0+19+0=22이며 십의 자리를 계산하면 8+8+1+3=20이므로, 둘을 합치면 2,400까지 구한 것이다. 따라서 일의 자리에 대한 판단 없이 옳지 않은 선지임을 알 수 있다.

09 정답 ⑤ 난이도 ●●○

자료해석 - 자료의 내용과 일치/불일치하는 설명을 고르는 문제

① (O) 2017~2019년 동안 '종자'의 누적 자원 수는 매년 증가한다.
→ '종자'의 누적 자원 수는 2017년 160(만 점) → 2018년 162(만 점) → 2019년 228(만 점)으로 매년 증가했다.

② (O) 2020년 바이오 소재의 누적 자원 수 대비 분양 가능 자원 수의 비율이 두 번째로 높은 유형은 '뇌'이다.
→ 2020년 바이오 소재의 누적 자원 수 대비 분양 가능 자원 수의 비율을 유형별로 살펴보면 다음과 같다. (소수점 아래 셋째 자리에서 반올림)

- 모델동물: $\frac{8}{277}\times100≒2.89(\%)$
- 뇌: $\frac{25}{108}\times100≒23.15(\%)$
- 미생물: $\frac{2}{69}\times100≒2.9(\%)$
- 천연물: $\frac{8}{128}\times100=6.25(\%)$

• 종자: $\frac{79}{203} \times 100 \fallingdotseq 38.92(\%)$

따라서 2020년 바이오 소재의 누적 자원 수 대비 분양 가능 자원 수의 비율이 두 번째로 높은 유형은 '뇌'이다.

③ (○) 바이오 소재의 누적 자원 수는 매년 '모델동물'이 '뇌'의 2배 이상이다.

➜ 2017~2021년의 뇌의 누적 자원 수에 2배를 해 모델동물의 누적 자원 수와 비교해 보면 다음과 같다.

구분	모델동물 누적 자원 수	(뇌 누적 자원 수)×2
2017	258	65×2=130
2018	250	46×2=92
2019	244	110×2=220
2020	277	108×2=216
2021	246	96×2=192

따라서 바이오 소재의 누적 자원 수는 매년 '모델동물'이 '뇌'의 2배 이상이다.

④ (○) 2017~2021년 동안의 바이오 소재의 분양 가능 자원 수의 합은 '미생물'이 '종자'의 50% 이하이다.

➜ 2017~2021년 동안 '미생물'의 분양 가능 자원 수의 합은 25+1+0+2+3=31(만 점)이고, '종자'의 분양 가능 자원 수의 합은 60+52+52+79+76=319(만 점)이다.

종자의 분양 가능 자원 수의 합의 50%는 319×50%=159.5(만 점)이므로 미생물의 분양 가능 자원 수의 합(31만 점)은 종자의 분양 가능 자원 수의 합의 50% 이하이다.

⑤ (×) 2020년과 2021년의 바이오 소재의 분양 가능 자원 수의 차이가 가장 큰 유형은 ~~'종자'이다~~.

➜ 2020년과 2021년의 바이오 소재의 분양 가능 자원 수의 차이를 유형별로 살펴보면 다음과 같다. 2020년과 2021년의 값 중 큰 수에서 작은 수를 빼 계산했다.

• 모델동물: 9−8=1
• 뇌: 27−25=2
• 미생물: 3−2=1
• 천연물: 8−3=5
• 종자: 79−76=3

따라서 분양 가능 자원 수의 차이가 가장 큰 유형은 '종자'가 아니라 '천연물'이다.

합격자의 실전 풀이 순서

[방법 1]

❶ 〈표 1〉과 〈표 2〉의 제목을 확인한 후, 각각 '누적 자원'과 '분양 가능 자원'에 표시한다.

❷ 계산이 필요 없는 선지 ①부터 확인한다. 이후 비교적 계산이 간단한 선지 ⑤를 확인한 후 정답을 결정한다. 비율, 50%, ×2 계산 등 상대적으로 계산이 복잡한 선지 ②, ③, ④는 풀지 않는다.

[방법 2]

❶ 〈표 1〉과 〈표 2〉를 확인하고, 〈표〉 간의 관계성을 파악한다. 〈표 1〉은 누적 자원에 관한 것이고, 〈표 2〉는 분양 가능 자원에 관한 것이다.

❷ ①~⑤까지 차례대로 풀이하되, 자신에게 있어 계산하기 어려운 유형이 있다면 다른 선지를 먼저 확인한다.

합격자의 시간단축 Tip

Tip ❶ 선지별 시간단축 Tip

선지 ① 연도의 범위가 정해진 경우 표기한다.

해당 선지는 2017~2019년의 범위를 정하고 있다. 이를 인지하지 못해 2017~2021년 동안 '종자'의 누적 자원 수가 매년 증가했는지 확인하면 2020년이 전년보다 감소하여 틀린 선지라고 오해할 수 있다. 이런 실수를 방지하기 위해 연도의 범위가 정해진 경우 주어진 자료에 표기한다.

선지 ②

[방법 1]

2020년 바이오 소재의 누적 자원 수 대비 분양 가능 자원 수의 비율이 높은 축에 속하는 유형을 골라낸다. 모델동물, 미생물, 천연물 유형의 경우 분모에 비해 분자가 매우 작기 때문에 비율이 낮다. 따라서 뇌와 종자 유형이 비율이 높은 1위, 2위에 해당한다. 그러므로 뇌와 종자 유형끼리만 구체적인 비율 비교를 통해 정답을 도출한다.

뇌의 경우 $\frac{25}{108}$로 25% 정도이다. 반면, 종자의 경우 $\frac{79}{203}$로 25%를 훨씬 상회한다. 따라서 2020년 바이오 소재의 누적 자원 수 대비 분양 가능 자원 수의 비율이 두 번째로 높은 유형은 '뇌'이다.

[방법 2]

풀어야 할까? 이 문제에서 가장 어려운 선지이다. 이 선지를 보기보다 다른 선지를 보자.

선지 ③ 모델동물의 연도별 누적 자원 수는 매년 200 이상이다. 만약 뇌가 100을 넘는 해가 있다면, 뇌에 2배를 했을 때 모델동물의 누적 자원 수를 넘는 반례가 생길 수 있다. 그러므로 뇌의 누적 자원 수가 100을 넘는 2019년과 2020년 위주로 확인한다.

선지 ④

[방법 1]
〈표 2〉에서 '종자의 50%'와 '미생물'을 비교해야 한다. 연도별 종자의 분양 가능 자원 수를 모두 더한 후에 50%를 적용하면 숫자가 너무 커지므로, 각 연도의 분양 가능 자원 수에 미리 50%를 해준 뒤 한꺼번에 더하는 방향으로 푼다. 즉 '종자의 50%'는 2017년부터 순서대로 30+26+26+(약 40)+38을 한 것이 된다. 이렇게 나온 30+26+26+(약 40)+38 역시 바로 계산하지 않고, '미생물'과의 차이값을 구해서 '비교'한다. 매년 '종자의 50%'가 '미생물'보다 큰 값을 가지므로, 그 합 역시 '종자의 50%'가 '미생물'보다 크다. 그러므로 '미생물'은 2017~2021년 동안 분양 가능 자원 수의 합이 '종자의 50%' 이하라고 할 수 있다.

[방법 2]
문제의 경우 종자의 분양 가능 자원 수의 합계를 구하는 것은 다소 계산을 필요로 하나, 미생물의 합계를 구하는 것은 복잡하지 않다. 따라서 미생물의 합계를 구한 후 종자의 50% 이하인지 비교한다.
만약 미생물이 종자와 비슷하게 합계를 구하기가 복잡하다면, 미생물의 분양 가능 자원 수에 2배를 한 뒤 연도마다 종자와의 차이값을 비교한다.

[방법 3]
미생물이 종자의 50% 이하인지 확인하는 것보다 미생물의 2배가 종자보다 작은지 확인하는 것이 더 간단하다. 미생물의 합을 구해 2배 하면 62다. 2020년과 2021년의 종자의 분양 가능 자원 수는 각각 79, 76이므로 종자의 합을 구할 필요 없이 선지의 정오 판단이 가능하다.

Tip ❷ 반대 해석을 통해 판단을 쉽게 만든다.

선지 ② 반대 해석을 적용하여 "2020년 바이오 소재의 분양 가능 자원 수 대비 누적 자원 수의 비율이 두 번째로 낮은 유형은 '뇌'이다."로 이해한다. 즉, "2020년 바이오 소재의 분양 가능 자원 수 대비 누적 자원 수의 비율이 '뇌'보다 낮은 유형은 1개뿐이다."로 이해한다. '뇌'의 경우 해당 비율$\left(\frac{108}{25}\right)$이 4 정도이다. 해당 비율보다 작은 유형은 '종자' $\left(\frac{203}{79}\right)$ 1개뿐임을 눈으로 확인할 수 있다. 따라서 옳은 선지이다.

10 정답 ④ 난이도 ●●○

자료해석 - 자료의 내용과 일치/불일치하는 설명을 고르는 문제

ㄱ. (O) 논 가뭄 피해면적이 가장 큰 지역은 밭 가뭄 피해면적도 가장 크다.
➜ 〈표 1〉을 보면 논 가뭄 피해면적이 가장 큰 지역은 전남으로 그 면적은 59,953ha다. 〈표 2〉를 보면 밭 가뭄 피해면적이 가장 큰 지역은 전남으로 그 면적은 33,787ha다. 즉, 논 가뭄 피해면적이 가장 큰 지역인 전남이 밭 가뭄 피해면적도 가장 큰 지역임을 알 수 있으므로 옳은 보기이다.

ㄴ. (×) 논 가뭄 피해 발생기간이 가장 긴 지역과 밭 가뭄 피해 발생기간이 가장 긴 지역은 ~~같다~~.
➜ 〈표 1〉을 보면 논 가뭄 피해 발생기간이 가장 긴 지역은 전남이 7.11~8.9(31일)로[양 끝 포함] 가장 긴 지역이다. 〈표 2〉를 보면 밭 가뭄 피해 발생기간이 가장 긴 지역은 경남이 7.12~7.31(21일)로[양 끝 포함] 가장 긴 지역이다.
즉, 논 가뭄 피해 발생기간이 가장 긴 지역과 밭 가뭄 피해 발생기간이 가장 긴 지역은 다르므로 틀린 보기이다.

ㄷ. (O) 전체 논 재배면적 대비 전체 논 가뭄 피해면적 비율은 15% 이하이다.
➜ 전체 논 재배면적 대비 전체 논 가뭄 피해면적의 비율은 $\frac{(\text{전체 논 가뭄 피해면적})}{(\text{전체 논 재배면적})} \times 100$을 통해 구할 수 있다. 〈표 1〉을 보면 전체 논 재배면적은 1,145,095ha이고, 전체 논 가뭄 피해면적은 147,890ha임을 알 수 있다.
따라서 전체 논 재배면적 대비 전체 논 가뭄 피해면적의 비율은 $\frac{147{,}890(\text{ha})}{1{,}145{,}095(\text{ha})} \times 100 \fallingdotseq 12.9(\%)$이므로 15% 이하이다.

ㄹ. (O) 밭 재배면적 대비 밭 가뭄 피해면적 비율은 경북이 경남보다 크다.
➜ 밭 재배면적 대비 밭 가뭄 피해면적의 비율은 $\frac{(\text{밭 가뭄 피해면적})}{(\text{밭 재배면적})} \times 100$을 통해 구할 수 있다.
식을 활용하여 경북과 경남의 밭 재배면적 대비 밭 가뭄 피해면적의 비율을 구하면 다음과 같다.
- 경북: $\frac{16{,}702(\text{ha})}{152{,}137(\text{ha})} \times 100 \fallingdotseq 10.98(\%)$

• 경남: $\frac{6,756(ha)}{72,686(ha)} \times 100 ≒ 9.29(\%)$

따라서 밭 재배면적 대비 밭 가뭄 피해면적 비율은 경북이 경남보다 크다.

합격자의 실전 풀이 순서

❶ 〈표 1〉, 〈표 2〉가 각각 논, 밭의 가뭄 피해 현황에 대한 자료라는 것과 논과 밭의 지역 순서가 같지 않음을 파악하고 빠르게 넘어간다.

❷ 〈표 2〉만 활용되는 보기 ㉣ 먼저 확인한다. 옳은 보기이므로 ①, ②번을 소거한다.

❸ 다음으로 보기 ㉠을 확인하면, 옳은 보기이므로 답은 ④번이다.

합격자의 시간단축 Tip

Tip 〈보기〉별 시간단축 Tip

보기 ㄱ. 논 가뭄 피해면적이 가장 큰 지역이나 밭 가뭄 피해면적이 가장 큰 지역을 먼저 찾고, 그 지역이 다른 가뭄 피해면적도 가장 큰지를 빠르게 눈으로 확인한다. 이 문제에서는 답이 아닌 선지였기에 논, 밭 중 무엇을 먼저 봐도 큰 차이가 없으나, 만약 틀린 선지로 출제되었다면 출제 의도 상 체감 난도를 높이기 위해 앞부분은 빠르게 확인하기 어렵게 주는 경우가 많으므로 뒤에서부터 보는 것이 더 빠르다. 따라서 뒷부분부터 먼저 확인하는 것을 추천한다.

보기 ㄴ. 전체 가뭄 피해 발생 기간과 같은 피해 발생 기간이 있다면 그 지역이 피해 발생 기간이 가장 긴 지역일 것이므로 이를 활용하면, 빠르게 〈표 1〉에서는 전남이, 〈표 2〉에서는 경남이 가장 긴 지역임을 알 수 있다.

보기 ㄷ.

[방법 1] 해당 문제 추천 방법

15%를 계산할 필요가 전혀 없다. 편의상 전체 재배면적을 1,145,095ha가 아닌 1,000,000ha로 어림해 15%를 취하면 150,000ha임을 쉽게 알 수 있다. 전체 값을 작게 설정하였음에도 더 작으므로 15% 이하이다.

[방법 2] 일반적인 처리 방법

15%를 계산할 때는 150%의 10%로 보는 방법, 즉 그 숫자(100%)에 절반을 더한 숫자의 10%를 구하면 빠르게 구할 수 있다. 전체 논 재배면적을 약 1,145로 놓고, 그것의 절반인 572를 더하면 1,727이므로 15%는 172.7이다.

보기 ㄹ.

[방법 1]

경북의 밭 재배면적 대비 밭 가뭄 피해면적 비율은 10% 이상이지만 경남은 10% 미만이므로 옳은 보기이다.

[방법 2]

재배면적은 경북이 경남의 2배보다 살짝 크지만, 피해면적은 3배보다 살짝 작으므로 옳은 보기이다.

11 정답 ③ 난이도 ●●○

자료해석 - 자료의 내용과 일치/불일치하는 설명을 고르는 문제

① (O) 기타를 제외하고 밭 가뭄 피해 발생기간이 가장 짧은 지역은 대구이다.

➜ 〈표 2〉에 따르면 각 지역의 밭 가뭄 피해 발생기간은 전북, 전남, 경북의 경우 7.19~7.31, 경남의 경우 7.12~7.31, 제주의 경우 7.20~7.31, 광주의 경우 7.24~7.31, 대구의 경우 7.25~7.26으로 그 기간이 가장 짧은 지역은 대구이다.

② (O) 기타를 제외하고 밭 재배면적이 가장 넓은 지역은 밭 가뭄 피해면적 또한 가장 넓다.

➜ 〈표 2〉에 따르면 기타를 제외하고 밭 재배면적이 가장 큰 지역은 162,924ha인 전남이며 피해면적이 가장 큰 지역은 33,787ha인 전남이다. 따라서 밭 재배면적이 가장 큰 지역은 밭 가뭄 피해면적 또한 가장 크다.

③ (×) 기타를 제외하고 논 재배면적이 넓을수록 피해면적도 ~~넓다~~.

➜ 〈표 1〉에 따르면 기타를 제외하고 논 재배면적은 전남 > 충남 > 전북 > 경북 > 경남 > 충북 > 광주 > 대구 순으로 넓으나 피해면적의 경우 전남 > 전북 > 경남 > 경북 > 광주 > 충북 > 충남 = 대구 순으로 넓다.

따라서 논 재배면적이 넓을수록 피해면적도 넓은 것은 아니다.

④ (O) 전체 논 재배면적 대비 전체 논 가뭄 피해면적 비율은 전체 밭 재배면적 대비 전체 밭 피해면적 비율보다 높다.

➜ 전체 논 재배면적 대비 전체 논 가뭄 피해면적 비율은 $\frac{147,890}{1,145,095} \times 100 ≒ 12.915(\%)$이며, 전체 밭 재배면적 대비 전체 밭 피해면적 비율은 $\frac{72,227}{874,935} \times 100 ≒ 8.255(\%)$이다.

따라서 전체 논 재배면적 대비 전체 논 가뭄 피해면적 비율은 전체 밭 재배면적 대비 전체 밭 피해면적 비율보다 높다.

⑤ (O) 경남의 경우 논 가뭄 재배면적 대비 논 피해면적의 비율은 밭 재배면적 대비 밭 가뭄 피해면적 비율의 2배 이상이다.

➜ 경남의 경우 논 가뭄 재배면적 대비 논 피해면적 비율은 $\frac{25,235}{130,007}\times100≒19.41(\%)$이며, 밭 재배면적 대비 밭 가뭄 피해면적 비율은 $\frac{6,756}{72,686}\times100$ ≒9.295(%)이다. 따라서 경남의 경우 논 가뭄 재배면적 대비 논 피해면적 비율은 밭 재배면적 대비 밭 가뭄 피해면적 비율 9.295%의 2배인 18.59% 이상이다.

합격자의 시간단축 Tip

Tip 선지별 시간단축 Tip

선지 ③ 논 피해면적의 경우 충남과 대구가 106으로 동일하다. 그런데 재배면적은 같지 않다. 따라서 하나하나 순서대로 확인하지 않고도 틀린 선지임을 알 수 있다.

선지 ④ 논의 경우 10%를 넘으나 밭의 경우 10%를 넘지 않는다. 이처럼 10%라는 기준 등으로 비교하면 쉽게 비교할 수 있는 경우가 많다.

12 정답 ❷ 난이도 ●●●

자료해석 – 자료의 내용과 일치/불일치하는 설명을 고르는 문제

① (O) 경상소득은 2009년부터 2012년까지 매년 증가한다.

➜ 〈표〉의 각주 2)를 통해 경상소득은 (임업소득)+(임업외소득)+(이전소득)으로 계산됨을 확인할 수 있다. 위 식을 통해 2009~2012년의 경상소득을 모두 구해보면 다음과 같다.

- 2009년: 7,655+11,876+4,348=23,879(천 원)
- 2010년: 7,699+12,424+4,903=25,026(천 원)
- 2011년: 8,055+12,317+5,431=25,803(천 원)
- 2012년: 8,487+13,185+5,226=26,898(천 원)

따라서 경상소득은 2009년부터 2012년까지 매년 증가하므로 옳은 선지이다.

② (×) 경상소득이 높을수록 ~~임가소득이 높다~~.

➜ 〈표〉에 따르면 경상소득은 2012년 〉 2011년 〉 2010년 〉 2008년 〉 2009년 순으로 높으나 임가소득은 2012년 〉 2011년 〉 2010년 〉 2009년 〉 2008년 순으로 높다. 따라서 경상소득이 높을수록 임가소득이 높은 것은 아니므로 옳지 않다.

③ (O) 비경상소득의 전년 대비 증가율이 가장 높은 연도는 2009년이다.

➜ 2009~2012년 비경상소득의 전년 대비 증가율을 구하면 다음과 같다.

- 2009년: $\frac{3,512-2,852}{2,852}\times100$ $=\frac{660}{2,852}\times100≒23.142(\%)$
- 2010년: $\frac{2,652-3,512}{3,512}\times100$ $=-\frac{860}{3,512}\times100≒-24.487(\%)$
- 2011년: $\frac{2,668-2,652}{2,652}\times100$ $=\frac{16}{2,652}\times100≒0.603(\%)$
- 2012년: $\frac{2,771-2,668}{2,668}\times100$ $=\frac{43}{2,668}\times100≒1.612(\%)$

따라서 비경상소득의 전년 대비 증가율이 가장 높은 연도는 2009년이다.

④ (O) 2008년부터 2010년까지 이전소득이 경상소득에서 차지하는 비율은 20% 이하이다.

➜ 2008년부터 2010년까지 이전소득이 경상소득에서 차지하는 비율을 구하면 다음과 같다.

- 2008년: $\frac{4,447}{24,436}\times100≒18.199(\%)$
- 2009년: $\frac{4,348}{23,879}\times100≒18.208(\%)$
- 2010년: $\frac{4,903}{25,026}\times100≒19.592(\%)$

따라서 2008년부터 2010년까지 이전소득이 경상소득에서 차지하는 비율은 20% 이하로 옳다.

⑤ (O) 2010년부터 2012년까지 임가소득에서 비경상소득이 차지하는 비율은 10% 이하이다.

➜ 2010년부터 2012년까지 임가소득에서 비경상소득이 차지하는 비율을 구하면 다음과 같다.

- 2010년: $\frac{2,652}{27,678}\times100≒9.582(\%)$
- 2011년: $\frac{2,668}{28,471}\times100≒9.371(\%)$

• 2012년: $\frac{2,711}{29,609} \times 100 \fallingdotseq 9.156(\%)$

따라서 2010년부터 2012년까지 임가소득에서 비경상소득이 차지하는 비율은 10% 이하로 옳다.

합격자의 시간단축 Tip

Tip 선지별 시간단축 Tip

선지 ① 합을 구해 경상소득을 비교하지 않고, 구성요소인 임업소득, 임업외소득, 이전소득 각각의 차이값을 비교하는 것이 좋다.
2011년에는 전년에 비해 임업소득은 증가하고, 임업외소득은 약 100 감소하는 반면, 이전소득이 약 500 증가하므로 전년 대비 경상소득이 증가한다.
2010년에는 전년에 비해 임업소득, 임업외소득, 이전소득 모두 증가하므로 전년 대비 경상소득이 증가한다.

선지 ② 임가소득은 빈칸이 없는 반면 경상소득은 2009년과 2010년이 빈칸으로 되어있다. 따라서 임가소득을 먼저 확인하면 2012년 > 2011년 > 2010년 > 2009년 > 2008년 순으로 높으므로 경상소득도 이 순서로 많은지 확인한다.

13 정답 ③ 난이도 ●●●

자료해석 - 자료의 내용과 일치/불일치하는 설명을 고르는 문제

ㄱ. (○) 임업소득률이 50% 이상인 연도는 2008년뿐이다.

➜ 〈그림〉에서 임업소득률은 꺾은선 그래프로 표현돼 있다. 이때 2008년의 경우 임업소득률이 50% 이상이란 것은 한눈에 파악이 가능하지만, 다른 연도에 대해서는 판단이 어렵기 때문에 직접 계산으로 확인해 봐야 한다.

〈그림〉의 각주 2)를 통해 임업소득률은 $\frac{(\text{임업소득})}{(\text{임업총수입})} \times 100 = \frac{(\text{임업소득})}{(\text{임업소득})+(\text{임업경영비})} \times 100$으로 계산됨을 확인할 수 있다. 즉, 임업소득이 임업경영비보다 크면 임업소득률이 50% 이상이고, 임업소득이 임업경영비보다 작으면 50% 미만이다. 2008~2012년 중 2008년에만 임업소득이 임업경영비보다 크므로 임업소득률이 50% 이상인 연도는 2008년뿐이다. 실제로 값을 구해보면 다음과 같다.

• 2008년: $\frac{8,203}{7,498+8,203} \times 100 \fallingdotseq 52.2(\%)$

• 2009년: $\frac{7,655}{8,170+7,655} \times 100 \fallingdotseq 48.4(\%)$

• 2010년: $\frac{7,699}{8,442+7,699} \times 100 \fallingdotseq 47.5(\%)$

• 2011년: $\frac{8,055}{8,573+8,055} \times 100 \fallingdotseq 48.4(\%)$

• 2012년: $\frac{8,487}{9,123+8,487} \times 100 \fallingdotseq 48.2(\%)$

따라서 임업소득률이 50% 이상인 연도는 2008년뿐이다.

ㄴ. (○) 임업의존도는 2008년부터 2010년까지 매년 감소하다가 이후 매년 증가한다.

➜ 2008~2010년 임업의존도는 〈표〉에 주어져 있으므로 점점 감소하고 있음을 알 수 있다. 반면 2011년과 2012년의 임업의존도가 주어져 있지 않기 때문에 계산을 통해 직접 확인해야 한다. 2011년과 2012년의 임업의존도를 구하면 다음과 같다.

• 2011년: $\frac{8,055}{28,471} \times 100 \fallingdotseq 28.3(\%)$

• 2012년: $\frac{8,487}{29,609} \times 100 \fallingdotseq 28.7(\%)$

2010년 임업의존도는 27.8%이므로 2011년 임업의존도는 2010년보다 증가했으며, 2012년 임업의존도 또한 전년보다 증가했다. 따라서 임업의존도는 2010년까지 감소하다가 이후 증가한다.

ㄷ. (×) 2012년 임업총수입의 전년 대비 증가율은 5% ~~이하이다~~.

➜ 〈그림〉과 각주 1)을 통해 임업총수입은 (임업소득)+(임업경영비)임을 알 수 있다. 2011년과 2012년 임업총수입을 구하면 다음과 같다.

• 2011년: 8,573+8,055=16,628(천 원)
• 2012년: 9,123+8,487=17,610(천 원)

이를 활용하여 2012년 임업총수입 증가율을 구해보면 다음과 같다.

$$\frac{(\text{2012년 임업총수입})-(\text{2011년 임업총수입})}{(\text{2011년 임업총수입})} \times 100 = \frac{17,610-16,628}{16,628} \times 100$$

$$= \frac{982}{16,628} \times 100 \fallingdotseq 5.9(\%)$$

따라서 2012년 임업총수입의 전년 대비 증가율은 5% 이상이다.

합격자의 실전 풀이 순서

❶ 〈표〉의 단위를 확인하고, 각주를 통해 〈표〉의 구조 [(임가)={(임업)+(임업외)+(이전)}+(비경상)]를 파악한다. 〈표〉의 하단에 있는 임업의존도는 비율자

료이므로 나머지 자료와 구별하기 쉽게 가로로 구분선을 표시한다.
〈그림〉의 각 축을 확인하고, 각주를 통해 (임업총수입) = (임업소득) + (임업경영비)임을 확인한다.

❷ 확인이 쉬운 보기 ㉠ 먼저 해결한다.

❸ ㉠이 옳으므로 선지 ①, ③, ⑤가 남는다.

합격자의 시간단축 Tip

Tip 〈보기〉별 시간단축 Tip

보기 ㄱ. 〈그림〉의 꺾은선으로는 50%를 확인하기 어렵다. 따라서 각주에 따라 (임업소득) ≥ (임업경영비)인 연도가 2008년뿐인지 확인한다.

보기 ㄴ.

[방법 1]
값을 일일이 계산할 필요 없이 어림산을 통해 분수 비교만 하면 된다.

- 2010년 vs 2011년: $\frac{7,699}{27,678}$ vs $\frac{8,055}{28,471}$ → $\frac{769}{276}$ vs $\frac{805}{284}$ → $\frac{769}{276}$ vs $\frac{769+36}{276+8}$ → $\frac{769}{276} < \frac{36}{8}$
- 2011년 vs 2012년: $\frac{8,055}{28,471}$ vs $\frac{8,487}{29,609}$ → $\frac{805}{284}$ vs $\frac{848}{296}$ → $\frac{805}{284}$ vs $\frac{805+43}{284+12}$ → $\frac{805}{284} < \frac{43}{12}$

따라서, 임업의존도가 2010~2012년까지 증가하는 것을 알 수 있다.

[방법 2]
2011년에는 전년에 비해 임가소득은 27,678에서 약 800(3% 미만) 증가하고, 임업소득은 7,699에서 약 350(약 5%) 증가하므로, 임업의존도가 증가한다.
2012년에는 전년에 비해 임가소득은 28,471에서 약 1,100(5% 미만) 증가하고, 임업소득은 8,055에서 약 430(5% 초과) 증가하므로, 임업의존도가 증가한다.

[방법 3]
같은 값을 다른 형태로 비교할 수도 있다. 분자, 분모 각각의 증가율을 비교하는 방법이다. 예를 들어 2011년의 경우 '증가분'은 350 → 800으로 2배가 조금 넘는 반면, 임가소득과 임업소득은 7,699 → 27,678로 4배가 조금 안 된다.
따라서 (분모의 증가율) < (분자의 증가율)이므로 임업의존도는 증가한다.

보기 ㄷ.

[방법 1]
$\frac{982}{16,628}$를 $\frac{10}{166}$으로 어림산한다.

[방법 2]
임업소득과 임업경영비 각각의 증가율을 구해 답을 찾는다. 2011년 임업총수입은 8,573(임업소득) + 8,055(임업경영비), 2012년 임업총수입은 9,123(임업소득) + 8,487(임업경영비)이다. 임업소득과 임업경영비 각각의 증가율을 어림해 구해보면 2012년 임업소득은 전년 대비 5% 이상 증가하였고, 임업경영비 역시 전년 대비 5% 이상 증가하였으므로 전체적으로 5% 증가하였음을 빠르게 파악할 수 있다.

[방법 3]
5%가 가능한 값과 비교하는 방법도 있다.
2011년 대비 2012년 임업소득의 증가분 9,123−8,573을 약 500이라 하고, 2011년 대비 2012년 임업경영비의 증가분 8,487−8,055를 약 400이라고 하자. 2011년 대비 2012년 임업총수입의 증가분은 약 900이라고 할 수 있다. 900이 2011년 임업총수입의 5%가 되려면 임업총수입은 18,000이 되어야 한다. 2011년 임업총수입 8,573+8,055는 18,000보다 작다. 즉, $0.05 = \frac{900}{18,000} < \frac{900}{8,573+8,055}$이므로 5% 이상이다.

14 정답 ❶ 난이도 ●●○

자료해석 - 자료의 내용과 일치/불일치하는 설명을 고르는 문제

① 건설업 재해자 수는 매년 증가한다.
→ (O) 〈표〉에서 2016년, 2018년을 제외한 나머지 연도별 건설업 재해자 수는 매년 증가하는 것을 알 수 있다. 〈그림 1〉의 각주에 제시된 재해율 식을 통해 건설업 재해자 수는 (건설업 근로자 수) × (건설업 재해율(%)) × $\frac{1}{100}$로 구할 수 있다. 〈표〉에 제시된 건설업 근로자 수와 〈그림 1〉에 제시된 건설업 재해율을 이용해 2016년과 2018년 건설업 재해자 수를 각각 구하면 다음과 같다.
- 2016년 건설업 재해자 수:
$2,586,832 \times 0.91 \times \frac{1}{100} ≒ 259 \times 91$
$= 23,569$(명)

PART 3 실전모의고사

• 2018년 건설업 재해자 수:

$3,358,813 \times 0.75 \times \frac{1}{100} ≒ 336 \times 75$

$= 25,200$(명)

따라서 건설업 재해자 수는 매년 증가한다.

② (×) 전체 산업 재해율과 건설업 재해율의 차이가 가장 큰 해는 ~~2016년이다~~.

➜ 전체 산업 재해율과 건설업 재해율의 차이는 〈그림 1〉에서 두 그래프의 간격과 같다.

2016년과 2019년에 그래프 간격이 가장 크다는 것을 알 수 있는데, 이 두 해의 재해율 차이를 구해보면 2016년에는 0.91%−0.59%=0.32(%p)이고 2019년에는 0.84%−0.49%=0.35(%p)이다.

따라서 전체 산업 재해율과 건설업 재해율의 차이가 가장 큰 해는 2019년이다.

③ (×) 2020년 건설업 재해자 수가 전년 대비 10% 증가한다면, 건설업 재해율은 전년 대비 ~~0.1%p 증가할 것이다~~.

➜ (2020년 건설업 재해율)= $\frac{(2020년\ 건설업\ 재해자\ 수)}{(2020년\ 근로자\ 수))}$인데, 2020년 건설업 재해율은 해당 연도의 '근로자 수'가 주어지지 않았기 때문에 정확히 구할 수 없다.

근로자 수가 전년도와 같고 재해자 수만 10% 증가한다고 가정하자. 2020년 건설업 재해자 수는 26,484+26,484×0.1=29,132(명)이고, 2020년 건설업 재해율은 $\frac{29,132}{3,152,859} \times 100 ≒ \frac{29}{3,152} \times 100 ≒ 0.92$(%)이므로 전년 대비 0.08%p 증가하는 것이다. 따라서 선지의 내용은 옳지 않다.

④ (×) 2013년 건설업 근로자 수가 전체 산업 근로자 수의 20%라면, 전체 산업 재해자 수는 건설업 재해자 수의 ~~4배이다~~.

➜ 2013년 '건설업 근로자 수'가 전체 산업 근로자 수의 20%이면 '전체 근로자 수'는 건설업 근로자 수의 5배이다. 또한 2013년의 전체 산업 '재해자 수'를 구하지 않더라도 아래와 같이 비교할 수 있다.

(건설업 재해자 수) vs (전체 산업 재해자 수)

→ (건설업 근로자 수)×(건설업 재해율) vs (전체 근로자 수)×(전체 산업 재해율)

→ (건설업 근로자 수)×(건설업 재해율) vs (건설업 근로자 수)×5×(전체 산업 재해율)

→ (건설업 재해율) vs 5×(전체 산업 재해율) → 0.7 vs 5×0.7

따라서 전체 산업 재해자 수는 건설업 재해자 수의 4배가 아닌 5배이다.

⑤ (×) 건설업 사망자 수가 가장 많은 해는 건설업 환산강도율도 ~~가장 높다~~.

➜ 〈표〉에서 건설업 사망자 수가 가장 많은 해는 2016년이다. 〈그림 2〉를 보면 건설업 환산강도율이 가장 높은 해는 2014년이다. 따라서 서로 다르다.

합격자의 실전 풀이 순서

❶ 〈표〉, 〈그림 1〉, 〈그림 2〉의 구조, 내용, 단위를 확인한 후 표와 그림 간 연결될 수 있는 부분이 있는지 확인한다. 이를 통해 〈표〉의 근로자 수와 재해자 수의 수치와 〈그림 1〉의 건설업 재해율이 관련되어 있음을 인지한다.

❷ ①~⑤번 중 하나를 고르는 5지선다형의 경우 자료해석 문제 분석을 통해 주로 답이 되는 선지유형을 분석해 보고 풀 순서를 정해 놓는 것이 좋다. 따로 정하지 않았을 때 또는 복수의 표 관계가 복잡하여 선지의 의미 파악이 어려울 것 같은 경우에는 ①번부터 푸는 것이 좋다.
특히 이러한 문제의 경우, 선지 ①번은 문제의 이해를 돕기 위한 선지로써 주어지는 경우가 많으므로, 문제를 이해하고자 더 시간을 소모하지 않고 즉각 선지로 넘어가서 이해를 도모하는 것 역시 좋은 전략이다.

❸ ①번의 경우 〈표〉와 〈그림 1〉의 관계를 통해 빈칸의 수치를 대략 구할 수 있고 이를 통해 증가 여부를 판단한다. 2018년도의 경우 근로자 수와 건설업 재해율이 모두 증가하여 재해자 수가 증가하는 것이 확실하므로 2016년도만 대략적으로 계산하면 된다. 2016년도 재해자 수는 2,586,832×0.91%이므로 2015년도 재해자 수인 23,323보다 크다. 따라서 답이 ①번이므로 다른 선지는 확인하지 않고 넘어간다. (5지선다형의 경우 답이 확실하면 바로 넘어가야 시간 내에 풀 수 있다.)

합격자의 시간단축 Tip

Tip 선지별 시간단축 Tip

선지 ① 곱셈 과정이 다소 복잡하기 때문에 어림산을 하는 것이 좋다.

예 2,586,832명×0.0091≒260×91≒23,660(명)
위 예시처럼 각각 두 자리 정도를 남겨서 계산하는 것이 좋다. 앞 수는 올림을 했으므로 실제보다는 조금 큰 값이 나올 것이다. 하지만 정답에 영향을 미칠 정도로 오차가 크지는 않으니 너무 압박감을 받지 않아도 좋다. 또한 90% 이상의 자료해석 문제는 이처럼 어림산으로 충분히 비교할 수 있게 나온다는 것도 명심하자.
이때 두 분수의 비교는 여러 분수 비교 방법 중 '통분'

방법이 가장 적절하다. 예를 들어 분모를 통분하여 최대한 비슷하게 만들면 $\frac{17}{260}$ vs $\frac{7}{84}=\frac{7\times3}{84\times3}=\frac{21}{252}$로 우측이 분모는 더 작은 반면 분자는 더 크므로 당연히 $\frac{17}{260}<\frac{7}{84}$임을 알 수 있다. 이처럼 '통분' 방법을 적절히 활용할 경우 대부분의 분수 비교 방법보다 훨씬 빠르고 간단하다. 숫자 구조가 보인다면 반드시 활용하자. 또한, 2018년은 근로자 수도 증가하였고 건설업 재해율도 증가하였기 때문에 재해자 수는 근로자 수와 건설업 재해율을 곱해 구하지 않아도 증가했다는 것을 알 수 있다.

선지 ④ 2013년은 전체 산업재해율과 건설업 재해율이 같으므로 재해율의 분모에 해당하는 건설업 근로자 수가 전체 산업 근로자 수의 20%라는 것은 전체 산업 근로자 수가 건설업 근로자 수의 5배임을 의미한다. 따라서 재해율이 같기 위해서는 분자에 해당하는 재해자 수 역시 전체 산업 재해자 수가 건설업 재해자 수의 5배여야 한다.

15 정답 ④ 난이도 ●●○

자료해석 - 자료의 특정한 값을 추론하는 문제

재해 건수와 재해손실일수는 〈그림 2〉의 각주에 제시된 환산도수율과 환산강도율을 구하는 식에 각각 포함되어 있다.
재해 건당 재해손실일수는

$$\frac{(\text{환산강도율})}{(\text{환산도수율})}=\frac{\frac{(\text{재해손실일수})}{(\text{총근로시간})}}{\frac{(\text{재해건수})}{(\text{재해손실일수})}}\text{이므로}$$

결국 $\frac{(\text{환산강도율})}{(\text{환산도수율})}$로 나타낼 수 있다. $\frac{(\text{환산강도율})}{(\text{환산도수율})}$의 값은 〈그림 2〉에서 원점과 해당연도의 좌표를 이은 기울기와 같다.
이때, 〈그림 2〉는 가로축의 일부가 생략되어 있으므로 이 점을 주의해야 한다. 따라서 직접 계산하거나 생략된 만큼 평행이동 해서 기울기를 예측해야 한다. 가로축 세 칸이 생략되어 있으므로 오른쪽으로 세 칸을 이동시킨 후 기울기를 그려보면, 평행이동을 해도 최대인 경우는 2014년, 최소인 경우는 2016년이다.

합격자의 실전 풀이 순서

❶ 건설업의 재해 건수와 재해손실일수가 나오는 부분을 〈표〉와 〈그림〉에서 찾아보고, 〈그림 2〉의 각주를 통해 재해 건당 재해손실일수는 $\frac{(\text{환산강도율})}{(\text{환산도수율})}$이라는 것을 파악한다.

❷ $\frac{(\text{환산강도율})}{(\text{환산도수율})}$은 〈그림 2〉 그래프의 $\frac{y\text{값}}{x\text{값}}$이므로, 값이 크기 위해서는 x값이 작고 y값이 큰 연도를 찾아야 한다. 이를 활용하여 2013년, 2014년, 2016년을 비교해 보면 2014년이 가장 크다는 것을 알 수 있다.

❸ 가장 작은 연도를 찾기 위해서는 위와 반대로 x값이 크고 y값이 작아야 할 것이다. ③, ④번의 2013년과 2016년을 비교하면 y값은 비슷하지만 x값이 2016년이 더 크므로 2016년의 재해 건당 재해손실일수가 더 작은 것을 알 수 있다. 따라서 답은 ④번이다.

합격자의 시간단축 Tip

Tip ❶ $\frac{(\text{환산강도율})}{(\text{환산도수율})}$ 값은 환산도수율이 작을수록, 환산강도율이 클수록 그 값이 커지게 되므로 그래프를 십자로 4등분했을 때 좌상향 할수록 커지고 반대로 우하향 할수록 작아진다는 것을 알 수 있다. 4등분에서 좌측 상단에 들어가는 점은 2014년, 2017년, 2018년이므로 이 중에서 2014년만 선택지에 해당한다는 것을 바로 파악할 수 있고, 같은 방법으로 우측 하단을 보면 2016년도 값이 가장 작다는 것도 쉽게 확인된다.

그래프의 기울기 개념을 아는 경우라면 $\frac{(\text{환산강도율})}{(\text{환산도수율})}$ 값이 '원점에서 해당 점을 이은 직선의 기울기'를 나타내는 것이므로 각 점에 직선을 그어서 기울기가 가장 높은 것과 낮은 것을 찾으면 더 쉽게 해결된다. 단, 〈그림 2〉는 가로축의 일부가 생략된 자료이므로 이 점을 유의하고 직접 계산하거나 아니면 생략된 만큼 평행이동 해서 기울기를 예측하는 것이 좋다.

예 가로축 세 칸이 생략되어 있으므로 오른쪽으로 세 칸씩 이동시킨 후 기울기를 그려본다.

Tip ❷ 이와 같은 그래프 문제를 푸는 경우 습관적으로 '기준선'을 찾아 긋는 것이 도움이 된다. 가령 '~보다 큰 경우'와 같은 기준이 나오는 경우 이를 표시하는 점들을 모은 선을 긋거나, 기울기가 1인 선(혹은 그래프의 절반을 지나는 우상향 곡선)을 표시할 경우 비교에 도움이 된다.

다만 주의해야 할 점은 〈그림 2〉의 x축과 같이 생략된 부분이 있을 경우 '선을 그어 푸는 방법'에 왜곡이 생길 수 있다. 그나마 한 축만 생략된 경우 왜곡의 정도가 적어 그대로 풀어도 큰 문제 없으나, x와 y축 모두 생략된 부분이 있는 경우 그림을 통해 푸는 방법은 지양하는 것이 좋다.

16 정답 ① 난이도 ●●●

자료해석 – 자료의 내용과 일치/불일치하는 설명을 고르는 문제

① (○) 외국 기업 국내 투자건수는 2010년이 2009년보다 적다.

→ 외국 기업 국내 투자건수는 〈그림 1〉의 국내 투자건수의 서비스업 비율과 〈그림 2〉의 국내 서비스업 투자건수를 통해 알 수 있다.

즉, (외국 기업의 국내 서비스업 비율)

$=\frac{(\text{외국 기업의 국내 서비스업 투자건수})}{(\text{외국 기업의 국내 투자건수})}\times 100$

이므로 외국 기업의 국내 투자건수는

$\frac{(\text{외국 기업의 국내 서비스업 투자건수})}{(\text{외국 기업의 국내 서비스업 비율})}\times 100$

으로 구할 수 있다.

2009년과 2010년 외국 기업의 국내 투자건수를 각각 구하면 다음과 같다.

- 2009년: $\frac{680}{65.9}\times 100 \fallingdotseq 1{,}032$(건)
- 2010년: $\frac{687}{68.7}\times 100 = 1{,}000$(건)

따라서 국내 투자건수는 2010년이 2009년보다 적다.

② (×) 2008년 외국 기업의 국내 농·축·수산·광업에 대한 투자건수는 ~~60건 이상이다~~.

→ 2008년 외국 기업의 국내 서비스업 투자건수는 572건이며 이는 전체 비율의 67.8%에 해당한다.

따라서 국내 전체 투자건수는 $\frac{572}{67.8}\times 100 \fallingdotseq 844$(건)이다.

그 중 농·축·수산·광업에 대한 투자 비율은 5.9%이므로 투자건수는 $844\times 0.059 \fallingdotseq 50$(건)이다.

③ (×) 외국 기업 국내 투자건수 중 제조업이 차지하는 비율은 ~~매년 증가하였다~~.

→ 제조업이 차지하는 비율은 2010년에 감소하였다. 따라서 틀린 선지이다.

④ (×) 외국 기업 국내 투자건수 중 각 산업이 차지하는 비율의 순위는 ~~매년 동일하다~~.

→ 매년 각 산업이 차지하는 비율은 〈그림 1〉에서 확인할 수 있다.

2008년, 2010년, 2011년은 서비스업 > 제조업 > 전기·가스·수도·건설업 > 농·축·수산·광업 순으로 동일하지만, 2009년은 서비스업 > 제조업 > 농·축·수산·광업 > 전기·가스·수도·건설업 순이다.

⑤ (×) 외국 기업의 국내 서비스업 투자 건당 투자 금액은 ~~매년 증가하였다~~.

→ 국내 서비스업 투자 건당 투자 금액은 $\frac{(\text{총 투자금액})}{(\text{투자건수})}$으로 구할 수 있다. 연도별 국내 서비스업 투자건당 투자 금액을 구하면 다음과 같다.

- 2008년: $\frac{823}{572}\fallingdotseq 1.44$(백만 달러)
- 2009년: $\frac{1{,}448}{680}\fallingdotseq 2.13$(백만 달러)
- 2010년: $\frac{1{,}264}{687}\fallingdotseq 1.84$(백만 달러)
- 2011년: $\frac{2{,}766}{553}\fallingdotseq 5$(백만 달러)

따라서 외국 기업의 국내 서비스업 투자 건당 투자 금액은 증가 → 감소 → 증가하였다.

합격자의 실전 풀이 순서

❶ 〈그림 1〉은 외국 기업의 국내 투자건수의 산업별 비율을, 〈그림 2〉는 〈그림 1〉의 산업 중 서비스업에 관한 투자건수와 투자 금액을 나타낸 것임을 파악한다. 〈그림 2〉에 구체적인 서비스업 투자건수가 나와 있으므로 〈그림 1〉의 다른 산업의 투자건수의 수치도 구할 수 있음을 인지한다.

❷ 눈으로 확인할 수 있는 ③, ④번을 빠르게 확인하면 틀린 선지이므로 소거한다.

❸ 다음으로 〈그림 1〉과 〈그림 2〉를 모두 활용하는 투자건수에 관한 선지인 ①, ②번은 답이 될 가능성이 크므로 먼저 확인한다. ①번을 확인하면, 옳은 선지이므로 답을 표시하고 넘어간다.

합격자의 시간단축 Tip

Tip 선택지별 시간단축 Tip

선지 ①

[방법 1]

외국 기업의 국내 투자건수의 산업별 비율은 $\frac{(\text{외국 기업의 산업별 국내 투자건수})}{(\text{외국 기업의 국내 투자건수})}$이므로 외국 기

업의 국내 투자건수는

$\frac{(\text{외국 기업의 산업별 국내 투자건수})}{(\text{외국 기업의 국내 투자건수의 산업별 비율})}$이다.

따라서 서비스업으로 외국 기업의 국내 투자건수를 구하면 2009년은 $\frac{680}{65.9}$이고, 2010년은 $\frac{687}{68.7}$이다. 분모의 증가율이 분자의 증가율보다 크므로 2009년의 국내 투자건수가 2010년보다 크다. 즉, 2010년이 2009년보다 외국 기업 국내 투자건수가 적다.

[방법 2]

2010년 외국 기업의 국내 서비스업 투자건수는 687건으로 그 비율도 68.7%이다. 따라서 전체 투자건수는 당연히 1,000건이다.

2009년도 2010년과 마찬가지로 전체 값이 1,000건임을 가정할 때 65.9%(659)는 2009년의 서비스업 투자건수인 680보다 작으므로, 2009년의 전체 값은 이보다 크다는 것을 쉽게 알 수 있다. 따라서 옳은 선지이다.

* 문제에서 주어진 값이 687 → 68.7%와 같이 계산하기 쉬운 수치가 주어졌으면 이를 활용하자.

선지 ②

[방법 1]

2008년 국내 투자건수 중 서비스업 비율은 67.8%이며, 투자건수는 572건이다. 한편, 2008년 농·축·수산·광업 비율은 5.9%이므로 서비스업의 10%보다 작다. 따라서 농·축·수산·광업의 투자건수는 57건보다 적을 것이므로 60건보다 무조건 적다. 따라서 틀린 선지이다.

[방법 2]

주어진 선지가 맞다고 가정할 때, 농·축·수산·광업은 60건 이상으로 5.9%를 차지해야 한다. 5.9%를 6%로 어림해 생각해 보자. 60건이 6%가 되려면 전체 값은 1,000건이 되어야 한다. 서비스업 투자비율은 67.8%이므로 서비스업 투자건수는 678건이 되어야 하나, 실제 투자건수는 572건으로 한참 작다. 따라서 틀린 선지라는 것을 쉽게 알 수 있다.

* 문제에서 주어진 값이 60 → 5.9%와 같이 계산하기 쉬운 수치가 주어졌으면 이를 활용하자.

선지 ③ 선지 ④ 〈그림 1〉의 연도 순서가 역순(아래에서 위로 커지는 방식)으로 되어있음을 주의한다.

선지 ⑤ 외국 기업의 국내 서비스업 투자 건당 투자 금액은 $\frac{(\text{총 투자금액})}{(\text{투자건수})}$으로 구할 수 있다.

전년 대비 2010년 투자건수는 약 1% 증가했지만 투자금액은 10% 이상 감소했다. 즉, 분자는 감소하고 분모는 증가하였으므로 투자 건당 투자금액은 전년 대비 감소하였다. 따라서 틀린 선지이다.

분수 비교는 경향만 잘 본다면 굳이 계산하지 않아도 비교할 수 있다. 2010년의 경우 분모인 투자건수는 2009년보다 증가했으나, 분자인 투자금액은 감소하였다. 따라서 얼마나 증가, 감소하였는지 계산하지 않아도 감소했음을 알 수 있다.

17 정답 ❶ 난이도 ●●●

자료해석 – 자료의 내용과 일치/불일치하는 설명을 고르는 문제

ㄱ. (×) 2009년 외국 기업 국내 서비스업 투자건수의 전년 대비 증가율은 ~~20% 이상이다~~.

→ 2009년 외국 기업 국내 서비스업 투자건수의 전년 대비 증가율은 $\frac{680-572}{572}\times100=\frac{108}{572}\times100$ ≒18.881(%)로 20%보다 작다.

ㄴ. (×) 2008년부터 2011년까지 외국 기업의 국내 전기·가스·수도·건설업에 대한 투자건수는 ~~매년 증가한다~~.

→ 2008부터 2011년까지 외국 기업의 국내 전기·가스·수도·건설업에 대한 투자건수는 〈그림 2〉의 외국 기업의 국내 서비스업 투자건수와 〈그림 1〉의 외국 기업의 국내 서비스업 투자건수 비율을 통해 외국 기업의 전체 국내 투자건수를 구한 후 전기·가스·수도·건설업 비율을 곱하여 구할 수 있다. 이를 바탕으로 2008년부터 2011년까지 외국 기업의 국내 전기·가스·수도·건설업에 대한 투자건수를 구하면 다음과 같다.

구분	전체 국내 투자건수	전기·가스·수도·건설업에 대한 투자건수
2008	$\frac{572}{0.678}$≒843.66	843.66×0.107≒90.272
2009	$\frac{680}{0.659}$≒1,031.87	1,031.87×0.074≒76.358
2010	$\frac{687}{0.687}$=1,000	1,000×0.107=107
2011	$\frac{553}{0.595}$≒929.41	929.41×0.119≒110.6

2009년의 경우 외국 기업의 국내 전기·가스·수도·건설업에 대한 투자건수는 감소함을 알 수 있다. 따라서 옳지 않은 선지이다.

ㄷ. (○) 외국기업의 국내 농·축·수산·광업에 대한 투자건수는 2011년이 2010년보다 많다.

→ 보기 ㉡에서 구한 전체 투자건수를 바탕으로 2010년과 2011년 외국기업의 농·축·수산·광업에 대한 투자건수를 구하면 다음과 같다.

- 2010년: $1,000 \times 0.07 = 70$(건)
- 2011년: $929.41 \times 0.086 ≒ 79.929$(건)

따라서 외국기업의 농·축·수산·광업에 대한 투자건수는 2011년이 2010년보다 많으므로 옳은 선지이다.

ㄹ. (○) 외국 기업의 국내 투자건수 중 국내 서비스업 투자건수가 매년 가장 많다.

→ 외국 기업의 산업별 투자건수는 (외국 기업 국내 투자건수)×(외국 기업 국내 투자건수의 산업별 비율)로 구할 수 있다. 2008~2011년 외국 기업 국내 투자건수를 각각 A, B, C, D라 하자. 〈그림 1〉에 제시된 외국 기업 국내 투자건수의 산업별 비율을 이용해 외국 기업의 산업별 투자건수를 구하면 다음과 같다.

구분	농·축·수산·광업	제조업	서비스업	전기·가스·수도·건설업
2008	A×5.9%	A×15.6%	A×67.8%	A×10.7%
2009	B×9.6%	B×17.1%	B×65.9%	B×7.4%
2010	C×7.0%	C×13.6%	C×68.7%	C×10.7%
2011	D×8.6%	D×20.0%	D×59.5%	D×11.9%

A~D의 값을 정확하게 도출하지 않아도 매년 서비스업의 투자건수 비율이 가장 높으므로 서비스업의 투자건수도 가장 높다. 따라서 매년 외국 기업의 국내 서비스업 투자건수가 가장 많으므로 옳은 선지이다. 요약하자면, 모수가 '외국 기업의 국내 투자건수'로 같은 상황에서 '산업별 비율'이 높다면 해당 산업의 경우 외국 기업의 국내 투자건수가 가장 많은 산업일 것이다. 따라서, 매년 외국 기업의 국내 서비스업 투자비율이 가장 높은 서비스업이 매년 외국 기업의 국내 서비스업 투자건수가 가장 많은 산업이 된다.

합격자의 실전 풀이 순서

[방법 1]

❶ 〈그림 1〉과 〈그림 2〉를 확인한다. 〈그림 1〉의 외국 기업 국내 투자건수의 서비스업 비율을 〈그림 2〉에서 구체적인 수치로 제시했음을 확인한다.

❷ 〈그림 1〉의 시계열은 아래에서 위 방향으로 제시됐음을 확인 후 주어진 연도 옆에 화살표로 시계열 방향(↑)을 표시한다.

❸ 〈그림 1〉에서 바로 확인 가능한 보기 ㉣을 먼저 풀어 선지 ②, ③, ④를 소거한다. 이후 보기 ㉢을 풀어 정답 선지를 확정한다.

[방법 2]

❶ 〈그림 1〉과 〈그림 2〉의 관계를 파악한다. 〈그림 2〉에 주어진 값은 서비스업에 관한 것으로 〈보기〉 중에서 서비스업에 관한 〈보기〉를 먼저 해결해야겠다고 생각한다.

❷ 보기 ㉠을 풀이한 뒤, ③, ④를 소거한다. 이후, 보기 ㉣을 풀이한 뒤, ②를 소거한다.

❸ 마지막으로 ㉢을 풀어 정답 선지를 확정한다.

[방법 3]

선지 구성을 보았을 때 ㉠을 포함하는 선지가 3개이고, ㉡을 포함하는 선지가 3개이며, ㉠과 ㉡을 모두 포함하는 선지가 2개이다. 이 부분에서 드는 생각은 '㉠과 ㉡은 맞고 ㉣은 틀릴 확률이 높겠구나.'이다. 따라서 ㉣을 우선 판단하길 권한다. ㉣을 우선 판단함에 따른 결과는 다음과 같다.

- 보기 ㉣이 맞을 경우: ①이 정답이 될 확률이 높아진다.
- 보기 ㉣이 틀릴 경우: 선지 3개가 지워져 2개의 보기를 풀어도 답을 도출할 수 있다.

이 문제에서도 2개의 보기를 확인함으로써 정답을 구할 수 있었으며, 위의 방법을 추천하는 이유는 단 한 가지이다. '보기 2개만 봐도 정답을 구할 수 있는 확률이 가장 높은 방법이기 때문'

합격자의 시간단축 Tip

Tip ❶ 〈보기〉별 시간단축 Tip

보기 ㄱ.

[방법 1]

〈그림 2〉의 범례를 확인하여 투자건수와 총투자금액을 정확히 구분한다. 2009년과 2008년의 국내 서비스업 투자건수의 편차는 108이다. 572의 20%는 114이다. 이 값은 108을 넘으므로 전년 대비 증가율은 20% 이상이 되지 않음을 쉽게 확인할 수 있다.

[방법 2]

20%는 모수의 $\frac{1}{5}$이다. 따라서, 572에서 5를 나누고 572에 이 값을 더해서 680보다 큰지 작은지를 확인할 수 있다.

보기 ㄴ. 외국 기업의 국내 전기·가스·수도·건설업에 대한 투자건수는

$\frac{(외국\ 기업의\ 국내\ 서비스업\ 투자건수)}{(외국\ 기업\ 국내\ 투자건수의\ 서비스업\ 비율)} \times$

(외국 기업의 국내 전기·가스·수도·건설업 비율)로 구할 수 있다. 이때 〈그림 1〉에서 전기·가스·수도·건설업 비율은 2009년에 가장 작음을 알 수 있다. 따라서 2009년이 반례일 가능성이 크므로 2008년과 2009년만 계산한다.
앞선 보기 ㉠에서 구한 바와 같이, 모수에 해당하는 서비스업 투자건수의 증가율은 (572 → 680)으로 20%가 되지 않는다. 이때, 분모에 해당하는 서비스업 비율은 (67.8 → 65.9)로 비슷한데, 분자에 해당하는 국내 전기·가스·수도·건설업에 대한 투자건수의 산업별 비율은 (10.7 → 7.4)로 감소율이 20%를 훨씬 넘는다. 따라서 2009년 외국 기업의 국내 전기·가스·수도·건설업에 대한 투자건수는 2008년보다 감소하였음을 알 수 있다.

보기 ㄷ. 외국 기업의 국내 농·축·수산·광업에 대한 투자건수는 2010년은 $\frac{687}{0.687}\times0.07$이고, 2011년은 $\frac{553}{0.595}\times0.086$이다. 두 식을 보기 쉽게 ×기호 앞 분수에는 $\frac{1}{1,000}$을 곱하고 ×기호 뒤에 있는 수에는 1,000을 곱해서 정리하면 2010년은 $\frac{687}{687}\times70$이 되고 2011년은 $\frac{553}{595}\times86$이 된다. 여기서 우리는 출제자의 의도를 느낄 수 있다. 계산이 지나치게 복잡해지는 것을 막기 위해 2011년 서비스업 투자건수를 687로, 서비스업 투자비율을 68.7%로 준 것이다. 그러면 문제는 좀 더 간단해진다. 농·축·수산·광업 비율은 2010년에 비해 2011년에 20% 이상 증가하였다. (70 → 86) 따라서 전체 투자건수가 2010년이 2011년에 1.2배 이상이어야 외국 기업의 국내 농·축·수산·광업에 대한 투자건수가 2011년보다 클 수 있다. 2011년 외국 기업의 전체 투자건수는 $\frac{553}{595}$으로 90% 이상이기 때문에 그 1.2배는 1 이상이다. 따라서 외국 기업의 전체 투자건수는 2010년이 2011년의 1.2배가 되지 않는다. 따라서 2011년이 더 크다. 해당 선지는 옳다.

보기 ㄹ. 앞선 보기 ㉡, ㉢와 같이 그림과 표를 조합해서 보는 것이 아니라 〈그림 1〉의 비율이 서비스업이 가장 높은지만 확인하면 된다. 외국 기업의 산업별 투자건수는 (외국 기업 국내 투자건수)×(외국 기업 국내 투자건수의 산업별 비율)로 구할 수 있는데, 연도별로 '외국 기업 국내 투자건수'는 공통부분이라 생략 가능하기 때문이다. 따라서 '외국 기업 국내 투자건수의 산업별 비율'만 확인하여 '외국 기업의 산업별 투자건수'를 도출할 수 있다. 즉, 매년 서비스업의 비율이 가장 높으므로, 매년 국내 서비스업 투자건수도 가장 많다.

Tip ❷ 세 가지 수치의 연산은 두 가지 수치의 연산으로 어림하여 비교한다.

보기 ㄴ. (전기·가스·수도·건설업 투자건수)
$=\frac{(\text{전기·가스·수도·건설업 비율})}{(\text{서비스업 비율})}\times(\text{서비스업 투자건수})$이므로 해당 값이 2008년부터 2011년까지 매년 증가하는지 확인한다. 이러한 세 가지 수치에 대한 연산은 두 가지 수치에 대한 연산으로 바꿔주는 것이 핵심이다. 2008년부터 2010년까지는 서비스업 비율이 거의 일정하므로 같다고 두고 풀어주어도 무방하다. 다만, 2011년의 서비스업 비율은 비교적 낮으므로 이를 적당히 조정해 주는 과정을 표를 활용하여 소개하겠다.

구분	1단계	2단계	3단계
2008	$572\times\frac{10.7}{67.8}$		572×10.7
2009	$680\times\frac{7.4}{65.9}$		680×7.4
2010	$687\times\frac{10.7}{68.7}$		687×10.7
2011	$553\times\frac{11.9}{59.5}$	$\fallingdotseq553\times\frac{13.2}{66}$	553×13.2

결론적으로 '서비스업 비율'을 거의 일정한 값으로 맞추어 주었기 때문에 3단계의 곱셈 비교를 통해 보기를 해결할 수 있다. 2008년의 수치가 2009년의 수치보다 크기 때문에 옳지 않은 보기이다. 만약 이렇게 바꾸었을 때 차이가 너무 미세하다면 추가적인 미세조정을 해주어야 한다. 그 과정은 2단계에서 보인 과정과 유사하며 깊이 다루진 않겠다.

보기 ㄷ. (농·축·수산·광업 투자건수)
$=\frac{(\text{농·축·수산·광업 비율})}{(\text{서비스업 비율})}\times(\text{서비스업 투자건수})$
이므로 2011년의 해당 값이 2010년의 해당 값보다 큰지 확인한다. 보기 ㉡과 같은 과정을 통하여 옳은 선지임을 알 수 있다.

구분	1단계	2단계	3단계
2010	$687\times\frac{7.0}{68.7}$		687×7.0
2011	$553\times\frac{8.6}{59.5}$	$\fallingdotseq553\times\frac{10.4}{66}$	553×10.4

18 정답 ⑤ 난이도 ●○○

자료해석 - 자료의 특정한 값을 추론하는 문제

(1) B의 값 구하기

각주를 참고하여 보험설계사가 10명일 때와 40명일 때 월간 보험 신규 가입 건수를 A와 B로 나타내면 다음과 같다.

- 보험설계사 수가 10명일 때:

$$80=\frac{1,600}{A}+(10\times B^2)$$

- 보험설계사 수가 40명일 때:

$$560=\frac{1,600}{A}+(40\times B^2)$$

연립방정식을 풀기 위해 보험설계사 수가 40명일 때 월간 보험 신규 가입 건수에서 10명일 때 월간 보험 신규 가입 건수를 빼주면 다음과 같다.

$480=30\times B^2$

$B^2=16$이고 $B>0$이므로, $B=4$이다.

(2) A의 값 구하기

보험설계사 수가 10명일 때 월간 보험 신규 가입 건수 $80=\frac{1,600}{A}+(10\times B^2)$에 위에서 구한 B의 값을 대입하면 $80=\frac{1,600}{A}+160$이다.

$\frac{1,600}{A}=-80$이므로 $A=-20$이다.

따라서 정답은 ⑤ A: −20 / B: 4이다.

합격자의 실전 풀이 순서

[방법 1]

❶ 발문을 읽고 A, B를 도출할 수 있는 단서를 찾는다.

❷ 각주의 관계식을 활용하여, 선지에 제시된 값을 관계식에 대입하여 보험설계사 수와 월간 보험 신규 가입 건수와의 관계를 도출한다.

❸ 선지에 제시된 값을 대입할 때 선지 ③에 제시된 값을 먼저 대입한 후 결괏값에 따라 다른 선지를 대입하는 것이 좋다. 선지 ③에 중간 정도의 값을 주는 경우가 많아서 그보다 수를 늘릴지 줄일지 조정할 수 있기 때문이다.
보험설계사 수가 10명이고 월간 보험 신규가입 건수가 80건일 때, A가 −20인 경우 $80=\frac{1,600}{-20}+(10\times B^2)$이므로 B가 4임을 빠르게 도출할 수 있다. 정확도를 높이기 위해서 보험설계사 수가 40명이고 월간 보험 신규가입 건수가 560명인 경우에 선지 ⑤를 대입해 보아도 식이 성립함을 알 수 있다.

[방법 2]

❶ 명시적으로 법칙(월간 보험 신규가입 건수) = $\frac{1,600}{A}$ + [(보험설계사 수)×B^2]이 제시된 문제이므로 법칙을 이용하여 접근한다.

❷ 법칙이 있으므로 모든 조건이 법칙에 부합해야 한다. 따라서 여러 조건을 보는 것보다는 하나의 조건을 파악하여 법칙에 부합한지를 판단한다.

❸ 선지에 제시된 A의 값은 −10 또는 −20이다. 따라서 $\frac{1,600}{A}$은 −160 또는 −80이다. 보험설계사 수가 10명일 때 월간 보험 신규가입 건수 $80=\frac{1,600}{A}+(10\times B^2)$은 $80=-160+(10\times B^2)$ 또는 $80=-80+(10\times B^2)$이므로 $10\times B^2=240$ or 160이다.

❹ 선지에 제시된 B의 값은 2, 3, 4이다. $10\times B^2=240$ or 160이므로 이를 충족하는 B는 4뿐이다.

❺ B가 4이므로 $\frac{1,600}{A}$은 −80이 되어야 한다. 따라서 A는 −20이다.

합격자의 시간단축 Tip

Tip ❶ 선지를 적극 활용한다.

선지를 살펴보면 A에 올 수 있는 숫자는 −10, −20이며 B에 올 수 있는 숫자는 2, 3, 4임을 알 수 있다. 각주의 관계식을 통해 A, B의 값을 정확히 도출하는 것이 아니라 선지에 제시된 A, B의 값이 타당한지 확인하는 것이 효율적이다. 또한, A에 올 수 있는 숫자의 개수가 B의 경우보다 적으므로, −20과 −10이 A에 올 수 있는지를 먼저 검토하는 것이 좋다. −20이 3개의 선지, −10이 2개의 선지에 분포하므로 −20이 A가 될 수 있는지를 먼저 확인한다.

Tip ❷ 계산하기 편한 경우를 기준으로 A, B를 대입한다.

계산을 간소화할 수 있는 숫자를 찾아 해당 경우를 먼저 검토하면 시간을 단축할 수 있다. 관계식이 곱셈을 포함하고 있기 때문에 다른 경우보다 보험설계사 수가 10명인 경우가 계산이 용이하다.

Tip ❸ 문제풀이에 필요하지 않은 빈칸을 채울 필요가 없다.

문제를 푸는 목적은 답을 구하기 위함이다. 답을 구하는데 필요하지 않은 조건을 찾아서 채울 필요가 없다. 해당 문제에서 보험설계사 수가 20명인 경우와 월간 보험 신규가입 건수가 400건인 경우는 문제풀이에서 전혀 사용되지 않는다. 발문을 잘 읽고 문제 구조를 파악해서 이 부분을 채우거나 알아낼 필요가 없다는 것을 눈치채고 시간을 할애하지 않아야 한다.

19 정답 ⑤ 난이도 ●●○

자료해석 – 자료의 특정한 값을 추론하는 문제

제시된 자료를 이용해 2022~2025년 입사자 수와 퇴사자 수의 전년 대비 증가분을 구하면 다음과 같다.

	2021년	2022년	2023년	2024년	2025년
입사자	365	380	405	440	485
입사자 증가분	–	15	25	35	45
퇴사자	83	95	107	119	131
퇴사자 증가분	–	12	12	12	12

입사자는 2022년 기준으로 전년 대비 15명 증가하였고, 이후 매년 10명씩 추가로 더 증가하는 규칙이 있음을 알 수 있다. 반면 퇴사자는 매년 12명씩 일정한 규모로 증가하고 있음을 알 수 있다.
도출한 규칙을 토대로 2032년 입사자 수와 퇴사자 수를 구하면 다음과 같다.

- 2032년 입사자 수: 485(2025년 입사자 수)+55+65+75+85+95+105+115=1,080(명)
- 2032년 퇴사자 수: 131(2025년 퇴사자 수)+12+12+12+12+12+12+12=215(명)

2032년 입사자 수와 퇴사자 수의 합은 1,080+215=1,295(명)이다. 따라서 정답은 ⑤이다.

합격자의 실전 풀이 순서

[방법 1]

❶ 제시된 표에서 입사자 수와 퇴사자 수의 증가 규칙을 파악한다.

❷ 이후 2032년의 입사자 수와 퇴사자 수의 합을 도출한다.

[방법 2]

❶ 입사자 수와 퇴사자의 수는 각각 일정한 규칙으로 변화한다고 하였다. 2021~2024년 입사자 수와 퇴사자 수의 합을 계산한다.

❷ 2021~2024년 입사자 수와 퇴사자 수의 합은 448명 → 475명 → 512명 → 559명이므로, 2022~2024년 전년 대비 증가분은 27명 → 37명 → 47명이다. 즉, 2022년의 전년 대비 증가분은 27명이고 이후 10명씩 추가로 더 증가한다.

❸ 이를 통해 2032년 입사자 수와 퇴사자 수의 합을 구한다.

합격자의 시간단축 Tip

Tip ❶ 입사자 수와 퇴사자 수의 합이 어떤 규칙으로 증가하는지 파악한다.

입사자 수와 퇴사자 수 각각의 규칙을 도출하기보다, 총합의 증가 규칙을 도출하면 시간을 단축할 수 있다. 2021년 입사자 수와 퇴사자 수의 총합은 448명, 2022년에는 475명으로 총 27명 증가했음을 알 수 있다. 또한, 2023년에는 전년 대비 37명 증가했음을 알 수 있다. 따라서 매년 10명씩 추가로 증가함을 알 수 있다. 이후 이미 구한 2021년의 입사자 수와 퇴사자 수의 합을 활용하여, 다음과 같이 2032년의 입사자 수와 퇴사자 수의 합을 비교적 쉽게 도출할 수 있다.

- 2032년 입사자 수와 퇴사자 수의 합: 448+27×11+10×(10+9+8+7+6+5+4+3+2+1)=1,295명

Tip ❷ 변화량이 일정한 규칙을 가질 때 빠른 계산 방법

변화량이 일정한 규칙을 가질 때 변화량을 하나씩 더하거나 빼는 것보다 변화량의 양 끝을 더한 후 개수를 세는 것이 빠를 수 있다.
해당 문제의 경우 2025년을 기준으로 2032년의 값을 계산하면 67, 77, 87, 97, 107, 117, 127을 더해야 한다. 이때 양 끝단의 값인 67과 127의 합은 194이다. 양 끝단에서 중앙으로 한 칸씩 이동한 값은 77, 117로 역시 그 합은 194이다. 따라서 변화량의 값이 7개이므로 양 끝단의 값의 합인 194를 3번 더하고 그 절반인 97을 더하는 것이 변화량의 총합과 같다. 만약 변화량의 개수가 짝수일 때 위에서 양 끝단의 값의 합의 절반을 더하는 과정을 생략하면 된다.

20 정답 ❶ 난이도 ●○○

자료해석 – 제시된 자료를 다른 형태의 자료로 변환하는 문제

분기별 반도체 판매액 비중을 도출하기 위해서는 H기업의 2024년 전체 반도체 판매액과 분기별 반도체 판매액을 알아야 한다. 주어진 자료를 참고해 H기업의 분기별 반도체 판매액을 도출하면 다음과 같다.

구분	1분기	2분기	3분기	4분기
디램	357	912	1,291	565
낸드플래시	603	888	809	575
분기별 반도체 판매액	960	1,800	2,100	1,140

2024년 H기업의 전체 반도체 판매액은 960+1,800+2,100+1,140=6,000(천만 원)이다. 이를 토대로 전체 반도체 판매액에서 각 분기의 판매액이 차지하는

비중을 구하면 다음과 같다. (이하 단위 생략)

- 1분기: $\frac{960}{6,000} \times 100 = 16(\%)$
- 2분기: $\frac{1,800}{6,000} \times 100 = 30(\%)$
- 3분기: $\frac{2,100}{6,000} \times 100 = 35(\%)$
- 4분기: $\frac{1,140}{6,000} \times 100 = 19(\%)$

따라서 정답은 ①이다.

합격자의 실전 풀이 순서

[방법 1]

❶ 발문을 읽고, H기업의 분기별 판매액의 합과 2024년 전체 판매액을 도출한다.

❷ 도출한 판매액을 토대로 분기별 비중을 확인한다.

[방법 2]

❶ 비중과 관련된 문제이므로, 정확한 판매액 값을 도출하지 않고 비교를 통해 확인한다.

❷ 수치를 간략화하여 일의 자리를 삭제하면, 1분기 판매액의 경우 96, 2분기 판매액의 경우 180이 된다. 2분기 판매액은 1분기 판매액의 2배보다 조금 작다. 따라서 ③, ⑤번 선지를 소거한다.

❸ 4분기 판매액의 경우 110 정도이다. 이는 1분기 판매액보다 10% 정도 큰 값이다. 따라서 ②, ④번 선지를 소거한다.

❹ 따라서 정답은 ①번 선지이다.

[방법 3]

❶ 1분기와 2분기를 비교하면 1분기의 합은 950 정도인데 2분기는 디램과 낸드플래시가 각각 950에 조금 못 미치는 수치를 가진다. 그렇다면 1분기의 합은 2분기 합의 절반보다 조금 크다는 것을 유추할 수 있다. 따라서 선지 ③, ⑤를 소거한다.

❷ 1분기와 2분기를 비교하여 선지를 판단했으므로 더 많은 정보를 얻기 위해 3분기와 4분기를 비교한다. 3분기의 합은 대략 2,000이고 4분기의 합은 대략 1,100을 넘는다. 2배에 조금 못 미치는 차이인데 선지 ②는 3분기의 합이 4분기 합의 1.5배에 그치므로 소거한다.

❸ 남은 선지 ①, ④를 비교한다. 비슷한 숫자들로 구성되어 있으나 1분기와 4분기를 비교할 경우 선지 ①은 1분기에서 4분기 사이에 2% 정도의 증가율을 가지나, 선지 ④는 1%에 못 미치는 증가율을 가지고 있다. 표에서 1분기의 판매액의 합은 960, 4분기 판매액의 합이 1,140임을 구하면 증가율이 1%는 확실히 넘는 것을 알 수 있어 선지 ④를 소거할 수 있다.

❹ 따라서 정답은 ①번 선지이다.

합격자의 시간단축 Tip

Tip ❶ 선지에 나타난 판매액 비중을 활용하여 선지를 소거한다.

2024년 전체 판매액이 6,000임을 파악하였다면, 이후 분기별 비중은 계산하기 편한 것부터 해결하여 시간을 단축한다. 총판매액이 6,000, 2분기의 총합이 1,800인 점을 파악하여 2분기에 30%로 표기되지 않은 선지를 빠르게 소거한다. 혹은 선지 ①, ②의 2분기가 30%로 표기되어 있음을 토대로, 2분기의 판매액 합이 1,800인지를 확인한다.

이후 2분기를 30%로 표기하지 않은 선지를 소거하면, 선지 ①, ②만이 남는다. 1분기의 판매액 비중은 16%로 동일하니 남은 3분기와 4분기 중 하나만 확인하면 문제를 해결할 수 있다. 이 경우에도 시간을 단축하기 위해서는 계산하기 편한 20%를 기준으로 4분기의 판매액 합이 20%보다 작은지, 큰지 확인하는 것이 좋다.

Tip ❷ 선지의 구성이 비슷한 경우를 먼저 확인한다.

선지 ①과 선지 ⑤의 구성이 거의 비슷하다. 특히 1분기, 4분기 값이 완전히 같게 주어졌으므로 이 둘 선지를 먼저 비교해서 정답이 되는 선지가 있는지 확인하면 시간을 크게 단축할 수 있다. 두 선지 모두 1분기와 4분기 판매액 비중의 합이 35%이고 선지 ①에서는 3분기 판매액 비중이 35%, 선지 ⑤에서는 2분기 판매액 비중이 35%로 주어졌다.

(1분기 판매액)+(4분기 판매액)=(3분기 판매액) or (2분기 판매액)인지 확인하고, 남은 분기의 판매액 비중이 30%인지 검토하면 정답을 ①로 도출할 수 있다.

영역❷ 추리

01 정답 ① 난이도 ●●●

언어추리 - 명제추리 문제

(1) [전제1]과 [결론]의 구성을 살펴보면, 각각의 전건에서 '독서를 하는 모든 사람은'이라는 표현을 동일하게 사용한다는 것을 파악할 수 있다. [결론]의 '독서대를 사용한다.'가 어떻게 도출될 수 있을지를 알아본다.

(2) [전제1]의 전건과 [결론]의 전건이 동일하므로 [결론]이 참이 되기 위해서는 [전제2]의 후건과 [결론]의 후건이 동일해야 한다. 그렇게 되어야 [전제2]와 [전제1]을 연결하여 [결론]이 도출되기 때문이다.

(3) [전제1]의 후건 '안경을 착용한다.'가 [전제2]의 전건, [결론]의 후건 '독서대를 사용한다.'가 [전제2]의 후건이 되어야 삼단논법이 완성된다. 따라서 [전제2]에 들어갈 명제는 '안경을 착용하는 모든 사람은 독서대를 사용한다.' 또는 대우 관계인 '독서대를 사용하지 않는 모든 사람은 안경을 착용하지 않는다.'가 된다.

합격자의 시간단축 Tip

Tip ❶ 지문의 명제를 다음과 같이 논리기호로 변형시킨 후 결론이 참이 되게 하는 [전제2]를 찾아보자. 편의를 위해 '독서를 하는 사람'은 '독서'로, '안경을 착용한다.'는 '안경'으로, '독서대를 사용한다.'는 '독서대로 표현한다. 본인의 빠른 풀이에 도움이 되는 표현을 사용하면 된다.

> [전제1] (독서) → (안경)
> [전제2]
> [결 론] (독서) → (독서대)

따라서 참인 결론이 나오려면 [전제2]에는 (안경)과 (독서대) 사이의 연결 논리가 필요하다는 것을 확인할 수 있다. 즉, (독서) → (안경) → (독서대)라는 논리가 참이 되려면 (안경) → (독서대), 또는 ~(독서대) → ~(안경)이 필요하다.

Tip ❷ 논리기호가 아니어도 직관적으로 접근할 수 있다. 또한 빈칸을 채울 답을 주관식으로 생각해서 오지선다를 고르기보다는 어떤 내용이 들어갈지만 대략 생각한 다음에 오지선다를 보고 답을 구하는 방식으로 문제를 풀어도 된다. 예를 들면 [전제1]에서는 '독서를 하는 모든 사람'과 '안경을 착용한 사람'이 있고 결론에는 '독서를 하는 모든 사람', '독서대를 사용하는 사람'이 있는데 이때 [전제2]에는 '안경을 착용하는 사람', '독서대를 사용하는 사람'이 들어가 있어야 한다는 것을 알 수 있다. 이러한 내용을 가지고 오지선다를 확인해서 정답을 찾을 수도 있다.

Tip ❸ 2번 문항에서 '모든'과 '어떤'을 헷갈릴 수도 있다. 이해의 측면에 있어서 '모두'가 보다 까다로운 경우라고 생각하면 된다. 예를 들어서 '모두'의 경우 예외 없이 전부 다 해당되어야 하지만 '어떤'의 경우 하나만 해당되어도 그 문장이 맞는 것이 된다. 본 문제에서는 [결론]이 '모두'로 제시되고 있으므로 [전제]에서도 '모두'에 관련한 서술이 있어야 한다. '어떤'에 관련한 서술은 '모두'를 이끌어낼 수 없다. 상식적으로 개인에 대한 특성은 집단에 대한 특성으로 환원할 수 없는 것과 마찬가지다.

Tip ❹ 참고로 본 문제에서 모든 선지를 기호화하면 다음과 같다.

- 1번 선지: (안경) → (독서대)
- 2번 선지: (안경)m ∩ (독서대)m
- 3번 선지: (독서대) → (안경)
- 4번 선지: ~(안경)n ∩ (독서대)n
- 5번 선지: (독서대)p ∩ (안경)p

02 정답 ④ 난이도 ●●●

언어추리 - 명제추리 문제

(1) 주어진 [전제1]과 [전제2]는 동일한 표현이 없기 때문에 참인 [결론]을 도출하기 위해선 [전제1] 또는 [전제2]의 표현을 바꿔야 한다. [전제1]은 특칭 문장, [전제2]는 전칭 문장이므로, [전제2]의 표현을 바꾼다.

(2) [전제2]를 대우 관계를 활용해 표현을 바꾸면 '여행을 좋아하는 모든 사람은 영화를 좋아한다.'가 된다. [전제2]의 전건이 [전제1]의 뒷부분 '여행을 좋아한다.'와 동일해진다. [전제2]를 [전제1]과 연결한다.

(3) 따라서 [결론]은 '친구를 좋아하는 어떤 사람은 영화를 좋아한다.'가 된다. (친구를 좋아하는 어떤 사람)은 '(여행을 좋아한다) → (영화를 좋아한다)'로 연결되는 것이다. 친구를 좋아하는 '모든' 사람이 아니라 '어떤' 사람으로 문장이 구성되는 것을 주의해야 한다.

합격자의 시간단축 Tip

Tip ❶ [전제1]과 [전제2]는 순서를 바꿔서 분석해도 상관없다. 특칭 문장이 먼저 나와 당황스럽다면, 전칭 문장을 먼저 분석한 후, 특칭 문장에 적용해 보자. 전제 분석의 순서만 바꾸어 생각해도 실수가 크게 줄어들 것이다. 이때, 습관적으로 각 전제들을 기호화 해 놓는다면 보다 편하게 적용이 가능하다.

Tip ❷ 참고로 본 문제에서 모든 선지를 기호화하면 다음과 같다.

- 1번 선지: (친구를 좋아한다) → (영화를 좋아한다)
- 2번 선지: (친구를 좋아한다)m ∩ ~(영화를 좋아한다)m
- 3번 선지: (영화를 좋아한다) → (친구를 좋아한다)
- 4번 선지: (친구를 좋아한다)n ∩ (영화를 좋아한다)n
- 5번 선지: ~(친구를 좋아한다) → (영화를 좋아한다)

03 정답 ⑤ 　　난이도 ●●○

언어추리 – 명제추리 문제

(1) [전제1]과 [전제2]의 구성을 살펴보면, [전제1]의 전건과 [전제2]의 후건이 동일하다. 이를 연결하여 [결론]을 도출할 수 있다.

(2) [전제1]의 전건 '코딩을 좋아한다.'를 이와 동일한 [전제2]의 후건 '코딩을 좋아한다.'와 연결시킨다. '퍼즐 풀기를 좋아한다.' → '코딩을 좋아한다.' → '문제 해결을 좋아한다.'가 된다.

(3) 따라서 결론은 '퍼즐 풀기를 좋아하는 모든 사람은 문제 해결을 좋아한다.' 또는 이와 대우 관계인 '문제 해결을 좋아하지 않는 모든 사람은 퍼즐 풀기를 좋아하지 않는다.'가 된다. 일반적인 삼단 논법의 경우 p → q, q → r, p → r의 형식이지만, 본 문제의 경우 q → r, p → q, p → r의 순서이다. 일반적인 [전제1]과 [전제2]의 순서가 바뀐 것이지만, 풀이 방식은 동일하다.

합격자의 시간단축 Tip

Tip ❶ 논리 기호를 사용해도 빠르게 풀 수 있다.
지문의 명제를 다음과 같이 논리기호로 변형시킨 후 항상 참이 되는 [결론]을 도출해 보자.
편의를 위해 '코딩을 좋아한다.'는 '코딩', '문제 해결을 좋아한다.'는 '문제', '퍼즐 풀기를 좋아한다.'는 '퍼즐'로 표현한다. 본인이 빨리 풀 수 있는 방식으로 표현하면 된다.

> [전제1] (코딩) → (문제)
> [전제2] (퍼즐) → (코딩)
> [결 론]

따라서 참인 결론이 나오려면 [전제1]의 전건과 [전제2]의 후건이 연결되어야 함을 확인할 수 있다. (퍼즐) → (코딩) → (문제)의 논리를 통해 [결론]의 전건이 (퍼즐), 후건이 (문제)가 된다. 결론은 (퍼즐) → (문제)이며, 그 대우명제인 ~(문제) → ~(퍼즐)이다.

Tip ❷ 급하게 풀지 않도록 주의해야 한다. 특히, 이번 문제에서 ②번 선지를 끝까지 읽지 않아 틀린 경우, 단순히 실수했다고 넘어가지 말고, 다음에 같은 실수를 반복하지 않도록 주의해야 한다.

Tip ❸ 참고로 본 문제에서 모든 선지를 기호화하면 다음과 같다.

- 1번 선지: ~(퍼즐)m ∩ (문제)m
- 2번 선지: (퍼즐) → ~(문제)
- 3번 선지: (문제) → (퍼즐)
- 4번 선지: ~(문제) → (퍼즐)
- 5번 선지: ~(문제) → ~(퍼즐)

04 정답 ② 　　난이도 ●●○

언어추리 – 조건추리 문제

문제의 조건에 따라 표를 채워가면 다음과 같다. 문제의 〈조건〉을 구분하기 위해, 위에서부터 순서대로 조건 ㄱ~ㅁ이라 하자.

(1) 조건들을 보고 확정적인 것을 확인한다. 조건 ㄴ에 따라 정해지는 숫자는 다음과 같다.

1	2	3	4	5

(2) 조건 ㄹ에 따라 첫 번째 카드와 두 번째 카드로 가능한 숫자의 경우의 수는 2가지이다. 합이 5이어야 하므로 (1, 4), (2, 3)이 가능하다. 따라서 조건 ㄹ에 따라 첫 번째 카드가 두 번째 카드보다 크므로, 첫 번째 카드가 4일 때, 3일 때의 경우를 나눠서 구해본다.

(3-1) 첫 번째 카드가 4인 경우

1	2	3	4	5
4	1			7

(3-2) 조건 ㄷ, ㅁ에 따라 세 번째 카드는 첫 번째 카드와의 합이 10 미만, 네 번째 카드와 첫 번째 카드의 합과 같아야 한다. 따라서 세 번째 카드의 숫자는 첫 번째 카드보다 큰 숫자이고, 첫 번째 카드와의 합이 10 미만이어야 한다. 첫 번째 카드에 네 번째 카드를 더한 값이 세 번째 카드이기 때문이다. 또한 이미 정해진 카드와 다른 숫자여야 한다. 그래서 이 경우 세 번째 숫자 카드로 될 수 있는 수는 5밖에 없다. 9, 8, 6은 첫 번째 카드와의 합이 10 이상이 되고, 7, 4, 1은 이미 카드에 있으며, 3, 2는 첫 번째 카드보다 작기 때문이다. 5의 경우 조건 ㄷ, ㄹ은 충족할 수 있지만, 조건 ㅁ에 따라 네 번째 카드 숫자는 1이 되는데, (세 번째 카드 숫자(5)=첫 번째 카드 숫자(4)+네 번째 카드 숫자(1)) 그렇게 되면 각 카드의 숫자는 모두 달라야 한다는 조건 ㄱ을 위배하게 된다. 따라서 이 경우는 답이 될 수 없다.

(4-1) 첫 번째 카드가 3인 경우

1	2	3	4	5
3	2			7

(4-2) 위와 마찬가지로 조건 ㄷ, ㅁ에 따라 세 번째 카드는 첫 번째 카드와의 합이 10 미만, 네 번째 카드와 첫 번째 카드의 합과 같아야 한다. 따라서 세 번째 카드의 숫자는 첫 번째 카드보다 큰 숫자이고, 첫 번째 카드와의 합이 10 미만이어야 한다. 첫 번째 카드에 네 번째 카드를 더한 값이 세 번째 카드이기 때문이다. 또한 이미 정해진 카드와 다른 숫자여야 한다.
그래서 이 경우 세 번째 숫자 카드로 될 수 있는 수는 6, 5, 4이다. 각각의 경우를 살펴보자.

(i) 세 번째 숫자 카드가 6인 경우, 조건 ㅁ에 따라 네 번째 카드의 숫자는 3이 된다. (6-3=3) 하지만 이는 첫 번째 숫자 3과 동일해 조건 ㄱ에 위배되므로 6은 불가하다.

(ii) 세 번째 숫자 카드가 5인 경우, 조건 ㅁ에 따라 네 번째는 2가 된다. 하지만 이는 두 번째 카드의 2와 동일하므로 조건 ㄱ에 위배되어 불가하다.

(iii) 마지막으로 세 번째 숫자 카드가 4인 경우, 네 번째 숫자 카드는 1이 된다. 이는 모든 조건을 충족시킬 수 있다. 따라서 정해진 다섯 카드의 숫자는 순서대로 3, 2, 4, 1, 7이다. 다섯 숫자의 합은 3+2+4+1+7=17이다. 이때 숫자 순서대로 더하는 것보다, 숫자 구성을 살펴보았을 때 3과 7이 있으므로 둘의 합(10)을 먼저 계산하고, 나머지 숫자들을 더하면 더 빨리 구할 수 있다.

합격자의 시간단축 Tip

Tip ❶ 자리마다 알파벳 등 기호를 두고, 방정식으로 풀어가는 것도 방법이다.
다음과 같이 메모해둔 후 판단하는 것이다.

1	2	3	4	5
a	b	c	d	7

ㄱ: $a+c<10$
ㄴ: $a+b=5$
ㄷ: $a>b$
ㄹ: $c=a+d$

그러면 ㄴ과 ㄷ에 의해 다음과 같은 2가지 경우의 수를 찾을 수 있고, c도 ㄹ을 고려하여 치환할 수 있다. 이러한 문제는 미지수를 줄일 수 있는 만큼 줄여가는 것이 좋다.

(1) a=4, b=1인 경우

1	2	3	4	5
4	1	4+d	d	7

조건 ㄱ에 의해 $8+d<10$이어야 한다. 그러면 $d<2$가 되어 d가 될 수 있는 수는 1뿐이다. 그런데 1은 이미 사용하였으므로, 문제의 각 카드의 숫자는 모두 다르다는 조건을 충족하지 못하게 된다. 따라서 조건에 부합하지 않는 경우임을 알 수 있다.

(2) a=3, b=2인 경우

1	2	3	4	5
3	2	3+d	d	7

조건 ㄱ에 의해 $6+d<10$, $d<4$임을 알 수 있다. 그런데 3과 2는 이미 사용하였으므로 $d=1$임을 알 수 있다. 따라서 모든 카드의 숫자를 구할 수 있고, 정해진 다섯 카드 숫자의 합은 17임을 알 수 있다.

Tip ❷ 시간을 단축시키기 위해서는 문제의 조건을 최대한 시각화하는 것이 중요하다. 위의 해설처럼 선으로 그어서 표를 긋지는 않아도 1, 2, 3, 4, 5로 순서를 표시해서 아래에 숫자를 쓸 수도 있고, _ _ _ _ _ 로 표시해서 위의 숫자로 적을 수도 있다. 이때 확정적인 사항, 예로 들어 '다섯 번째 카드는 7이다.'와 같은 사항은 기록하고 가능한 숫자들을 밑줄이나 빈칸 아래에 적은 뒤, 경우의 수로 구분선을 긋는 식으로 시각화할 수 있을 것이다.

Tip ❸ 문제를 풀다가 막히거나, 지나치게 조건이 복잡한 경우 반대로 선지를 대입하여 빠르게 풀어갈 수도 있다. 특히, 여러 숫자 간 합이 제시된 경우 홀수/짝수를 판단하는 방법을 유심히 살펴보자.

(1) 정답 후보 추리기: 홀수/짝수

(4-1) 첫 번째 카드가 3인 경우

1	2	3	4	5
3	2			7

여기까지 위에서 제시한 풀이대로 왔다고 치자. 그럼 다섯 카드 숫자의 합은 12+(세 번째 카드)+(네 번째 카드)이다. 조건 ㅁ을 활용하면 다시 12+3(첫 번째 카드)+2×(네 번째 카드)=15+2×(네 번째 카드)임을 알 수 있다. 따라서 다섯 카드 숫자의 합은 반드시 홀수이다. 선지 ②, ④가 정답 후보가 된다.

(2) 정답 후보 검증하기

②: 15+2×(네 번째 카드)=17인 경우, (네 번째 카드)=1이다. 이때 모든 조건이 성립한다. 반면 ④: 15+2×(네 번째 카드)=19인 경우 (네 번째 카드)=2가 되어 조건 ㄱ에 위배됨을 알 수 있다.

05 정답 ⑤ 난이도 ●●●

언어추리 - 조건추리 문제

A부터 D까지의 진술을 각각 정리하며 정보를 얻어간다.

- A: A 〉 B (편의를 위해 A가 B보다 개인 순위가 높음을 이렇게 표시한다.)
- B: 4명이 2명씩 팀을 이루고, 팀의 점수는 팀원 두 사람의 개인 순위의 합으로 정해짐을 발문을 통해 확인할 수 있다. B의 진술에 따라 각 팀의 점수가 같기 위해선 1위와 4위가 한 팀이고, 2위와 3위가 한 팀이다.
- C: A 〉 C
- D: D는 파트너보다 점수가 낮다. B의 진술에 의해 팀은 1위, 4위/2위, 3위로 구분됨을 확인했으므로, D는 3위 또는 4위이다.

위의 진술을 종합하면 A보다 B, C, D 모두의 순위가 낮다. 따라서 A가 1위임을 확정 지을 수 있다. 나머지 팀원들의 순위는 어느 것도 알아낼 수 없다.

합격자의 시간단축 Tip

(1) 반드시 참인 것을 찾는 문제이므로, A~D의 진술을 모두 만족하는 여러 경우의 수가 존재할 수 있다. 따라서 선지 중 거짓이라면 A~D의 진술에 모순이 생기는 선지를 찾는 방식으로 접근하면 좋다.

(2) 반드시 참인 것을 찾는 문제는 위에서 설명한대로 어떤 경우에는 참이 되나, 다른 경우에는 거짓이 되는 진술들이 선지에 구성되어 있을 확률이 높다. 그러므로 해설과 같이 확실한 한 가지의 정답을 찾기 어려운 경우라면 가능한 경우를 최대한 많이 추려 내어 선지를 소거해 나가는 식으로 접근하는 것이 좋다. 이를 본 문제에 적용해 보자. A~D의 진술로부터 밝혀진 정보를 대응표로 정리하면 아래와 같다. (단, 1위와 4위, 2위와 3위가 각각 한 팀이다.)

	1위	2위	3위	4위
A	○	×	×	×
B	×			
C	×			
D	×	×		

(3) 문제에서 주는 정보로는 A의 순위만 확정할 수 있을 뿐이다. 즉, (1등, 2등, 3등, 4등) 순으로 정리할 때, (A, B, C, D), (A, B, D, C,), (A, C, D, B) 등 가능한 경우의 수가 많다. 그러나 이 중 어느 경우라도 만족하는 유일한 공통점은 A가 1위라는 것이다.
즉, 선지 ①~④는 어떤 경우에는 참이지만 어떤 경우에는 거짓이 되는 반면, 선지 ⑤ "A는 1위를 했다."는 가능한 어떤 경우에 적용해도 참이 된다.

(4) 실전에서는 본 문제보다 정보량이 많거나, 복잡한 선지들이 등장할 확률이 높지만, 방금 학습한 '가능한 경우의 수 추리기 → 공통점 담은 선지 찾기'의 원리가 적용된다는 점은 같다.
(본 문제는 선지가 단순하여 이러한 접근법을 적용하기가 적합하지 않으나, 연습 차원에서 익혀 두길 바란다.)

06 정답 ① 난이도 ●●●

언어추리 - 조건추리 문제

(1) 〈조건〉 ㉣, ㉤에 의하면 A가 신청하지 않은 교양은 C도 신청하지 않으므로 C는 기초중국어를 신청하지 않았다. 이는 조건문의 대우 관계를 활용해 도출한 결과이다. 〈조건〉 ㉤의 내용을 논리기호로 표현해 보면 'C → A'이다. 위의 문장은 '~A → ~C'을 의미한다.
그런데 〈조건〉 ㉢에 따라 기초중국어를 신청한 사람은 2명이므로 B와 D는 기초중국어를 신청했다.

한편, 〈조건〉 ㉤에 따라 기초중국어를 신청한 사람은 문학과 철학도 신청했으므로 B와 D는 문학과 철학을 신청했다.

(2) 〈조건〉 ㉢에 따라 문학과 철학을 신청한 사람은 3명이므로, 나머지 한 명을 구해야 한다. 이때, 〈조건〉 ㉤에 의해 C가 신청한 교양은 A도 신청하는데 만약 C가 문학과 철학을 신청했다면 A도 문학과 철학을 신청하므로, 문학과 철학을 신청한 사람이 3명이라는 〈조건〉 ㉢에 위배된다. 따라서 C는 문학과 철학을 신청하지 않았으며, A가 문학과 철학을 신청했다.

(3) 또한, 〈조건〉 ㉡에 따라 4명은 모두 두 개 또는 세 개의 교양을 신청했으므로 C는 테니스, 패션과 미디어 두 개의 교양을 신청하였으며 〈조건〉 ㉤에 따라 A도 테니스, 패션과 미디어 두 개의 교양을 신청하였다.

(4) 이상의 결과를 표로 나타내면 다음과 같다.

	문학과 철학	기초 중국어	테니스	패션과 미디어
A	○	×	○	○
B	○	○		
C	×	×	○	○
D	○	○		

① (○) 신청한 교양강좌의 수는 A가 C보다 많다.
➜ A는 문학과 철학, 테니스, 패션과 미디어의 총 세 개의 교양을 신청하였으며 C는 테니스, 패션과 미디어의 총 두 개의 교양을 신청하였다. C가 신청한 교양은 A도 신청을 하는데, 둘 중 A만이 문학과 철학을 신청했다. 무조건 A가 C보다 많이 신청했을 수밖에 없다.

② (×) 신청한 교양강좌의 수는 B가 C보다 많다.
➜ 신청한 교양의 수는 B가 C보다 많을 수 있다. B가 테니스, 패션과 미디어 두 개의 교양을 각각 신청하였는지 여부는 알 수 없으며, 〈조건〉 ㉡에 따라 B는 총 두 개 또는 세 개의 교양을 신청하였다. 한편, C는 테니스, 패션과 미디어 총 두 개의 교양을 신청하였다. 따라서 신청한 교양의 수는 B가 C보다 많을 수도 있고, B와 C이 동일할 수도 있다.

③ (×) A는 테니스를 신청하지 않았다.
➜ A는 테니스를 신청하였다. 〈조건〉 ㉢, ㉣, ㉤에 따라 C는 기초중국어와 문학과 철학을 신청하지 않아, 테니스와 패션과 미디어를 신청하였다. 따라서 〈조건〉 ㉤에 따라 A도 테니스를 신청하였다.

④ (×) B는 기초중국어를 신청하지 않았다.
➜ B는 기초중국어를 신청하였다. 〈조건〉 ㉣, ㉤에 따라 A와 C는 기초중국어를 신청하지 않았다. 이때, 〈조건〉 ㉢에 따라 기초중국어를 신청한 사람은 2명이므로, B와 D는 기초중국어를 신청하였다.

⑤ (×) D는 테니스를 신청하지 않았다.
➜ D가 테니스를 신청하였는지 여부는 알 수 없다.

합격자의 시간단축 Tip

Tip ❶ 만일 문학과 철학 수업을 C는 듣지 않고 A가 들어야 한다는 사실을 알아냈다면, 더 이상 문제를 풀 필요 없이 답은 ①임을 알 수 있다. 실전에서는 해설 (2) 단계까지만 구하고 선지로 가야 한다.
C와 A의 관계에서 C는 충분조건, A는 필요조건이기 때문에 C가 듣고 있다면 A는 무조건 그 수업을 들을 것이지만 반대는 성립하지 않는다.
따라서 A는 C와 듣는 수업의 개수가 같거나 그보다는 많을 수밖에 없으며, 문학과 철학을 A만 듣는다는 말은 곧 기타의 신청 여부와 무관하게 A가 항상 C보다 많은 수업을 들을 것이라는 의미이다.

Tip ❷ 'C가 신청한 교양과목은 A도 신청했다.'와 같은 조건은 이러한 유형의 문제에서 흔히 나오는 조건이다. 이로부터 C가 신청한 과목의 수보다 A가 신청한 과목의 수가 더 많으며, A가 신청하지 않은 교양과목은 C도 신청하지 않았다는 의미까지 도출할 수 있다.
또한, 이러한 조건은 문제풀이의 핵심이 되는 경우가 많으므로, 이 조건이 나오면 이를 기준으로 푸는 것이 좋다.

07 정답 ⑤

난이도 ●●○

언어추리 – 조건추리 문제

숫자판

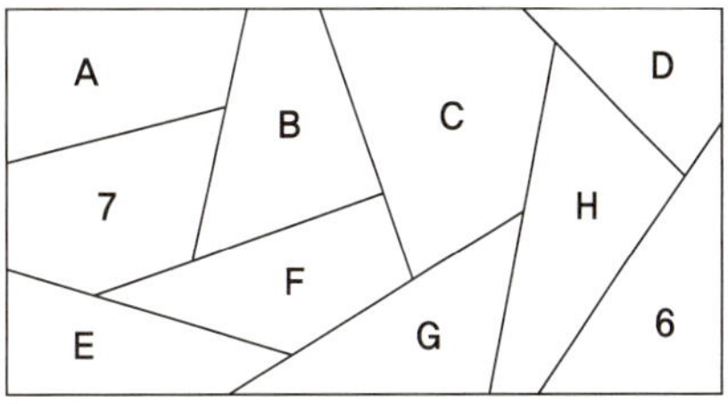

'의심스러운 부분'을 기준으로 빠르게 확인하는 것이 좋다.

(1) 문제에 주어진 〈조건〉 중 가장 의심스러운 부분은 세 번째 〈조건〉의 '2는 모든 홀수와 인접한다.'는 부분이다.

1~10 중 홀수는 1, 3, 5, 7, 9 총 5개로 이 모두에 인접할 수 있는 곳은 하나만 있을 수밖에 없기 때문이다. 즉 이 조건은 '확정 정보를 주는 조건'이 되며 2는 F 자리에 위치하게 된다. 이처럼 불확실한 조건이 많이 주어진 경우 확정적인 경우를 먼저 채우는 것이 문제 풀이의 핵심이다.

(2) 네 번째 〈조건〉에 따라 5의 위치는 무조건 C일 수밖에 없다. 왜냐하면 홀수는 B, C, E, G에 위치해야 하고, 나머지 위치는 모두 짝수인 상황에서 B, C, E, G 외의 칸과 가장 많이 인접하는 곳은 C이기 때문이다. 따라서 B+D+F+G+H를 구해야 하는 상황이다.

(3) 여기서 핵심은 B+D+F+G+H가 각각 무엇인지 알 필요가 없다는 점이다. A와 E만 도출한 후, 1~10 중 남은 수들의 합을 답으로 처리하면 된다. 이때, '1은 소수와만 인접한다.'를 이용하면 1이 소수인 2, 3, 5, 7에만 둘러쌓이기 위해선 홀수가 갈 수 있는 칸 중 유일하게 소수와 인접한 E에 위치해야 한다. 따라서 1은 E이다.

(4) 마지막으로 '10은 어느 짝수와도 인접하지 않는다.' 라고 하였으므로 A이다. 그 외에는 모두 짝수와 인접하기 때문이다. 따라서 2+3+4+8+9=26으로 ⑤가 정답이다.

* 최악의 풀이는 모든 칸을 도출하는 것이다. 우리는 '합'이 중요한 것이므로 각 칸을 정확히 도출하지 않고 단순히 해당 칸들에 배치될 수 있는 값들의 집합만 확인하면 된다. 또한 홀수가 위치해야 하는 칸인 경우 동그라미를 치는 등 홀수와 짝수를 시각적으로 구분해주면 문제에 더 쉽게 접근할 수 있다.

〈숫자판〉을 채우면 다음과 같다.

숫자판

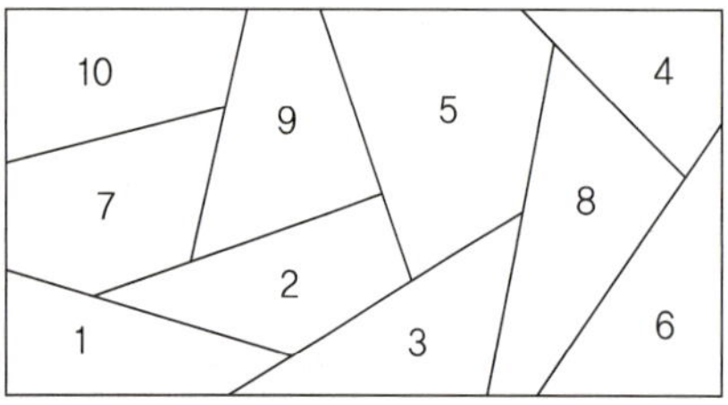

합격자의 시간단축 Tip

(Tip) 세 번째 〈조건〉을 가장 먼저 해결해야 한다는 점을 파악하면 나머지는 상대적으로 빠르게 해결할 수 있다. 소수의 개념이 활용되는 문제가 많으므로 소수에 대해선 알아두도록 하자. 1~10까지 해결한 건 줄로 그어 표시해가며 실수를 줄일 수 있도록 하는 것도 좋다.

08 정답 ① 난이도 ●●○

언어추리 - 조건추리 문제

(1) 주혁의 진술이 참이라면 자신보다 점수가 낮은 사람에 대한 진술이 참이므로 정현은 주혁보다 점수가 낮고, 주혁의 진술에 따라 정현은 4명 중 점수가 가장 높거나 두 번째로 높다.
이 경우 정현은 4명 중 점수가 두 번째로 높으며 주혁은 가장 높다.

(2) 한편, 정현의 진술은 거짓이므로 재훈은 정현보다 점수가 높고, 정현의 진술에 따라 재훈은 4명 중 점수가 두 번째로 높거나 가장 낮다. 그러나 점수가 두 번째로 높은 사람은 정현이므로 재훈은 점수가 가장 낮은데, 이는 재훈이 정현보다 점수가 높다는 사실에 모순된다.

(3) 주혁의 진술은 거짓이므로 정현은 주혁보다 점수가 높고, 주혁의 진술에 따라 정현은 4명 중 점수가 세 번째로 높거나 가장 낮다. 이 경우 정현은 4명 중 점수가 세 번째로 높으며 주혁은 가장 낮다. 주혁의 점수가 4명 중 가장 낮으므로 소민의 진술이 참이 되며 재훈의 진술은 거짓이다.

(4) 재훈의 진술은 거짓이므로 소민은 재훈보다 점수가 높고, 재훈의 진술에 따라 소민은 4명 중 점수가 가장 높거나 가장 낮다. 그런데 점수가 가장 낮은 사람은 주혁이므로 소민은 점수가 가장 높으며 재훈은 두 번째로 높다.

(5) 따라서 4명의 시험 점수는 '소민 - 재훈 - 정현 - 주혁'의 순으로 높다.

합격자의 시간단축 Tip

(Tip ①) 가장 빠르게 문제를 해결할 수 있는 조건을 찾아야 한다.

(1) 해당 문제의 경우 주혁의 진술이 그에 해당한다. 문제에 따르면 각 학생은 자신보다 점수가 높은 사람에 대해서는 거짓말을 하며, 자신보다 점수가 낮은 사람에 대해서는 진실을 말한다.
주혁의 말이 참인 경우는 주혁이 1등, 정현이 2등인 경우가 유일하기 때문에, 참임을 가정하고 접근한다면, 모순이 생기는지를 검토하기 편하다.

(2) 반면, 다른 학생들의 발언은 다양한 경우를 가정해야 한다. 가령 소민의 진술이 참인 경우를 검토하고자 한다면
① 소민이 1등, 주혁이 2등인 경우,
② 소민이 1등, 주혁이 4등인 경우,

③ 소민이 2등, 주혁이 4등인 경우,
④ 소민이 3등, 주혁이 4등인 경우
를 모두 검토해야 한다. 이는 매우 비효율적이기 때문에 해당 조건을 먼저 검토하는 것은 좋은 방법이 아닐 것이다.

* 가장 극단적인 경우를 가정하는 진술을 기준으로 삼는다는 원칙을 갖는 것도 좋다. 이 문제 역시 1등과 2등을 말하고 있는 주혁의 진술이 그러한 진술이 될 것이다.

Tip ❷

(1) 자신보다 점수가 낮은 사람에 대한 진술은 참이지만, 자신보다 점수가 높은 사람에 대한 진술은 거짓이고, 4명 중 1명의 진술만이 참이기 위해서는 점수가 가장 높은 사람의 진술만이 참이다. 1등은 어떤 사람에 대해 진술하든 자신보다 점수가 낮은 사람에 대한 진술이 되어 항상 참일 수밖에 없기 때문이다.

(2) 만약 소민이 1등이고, 소민의 진술만이 참이라고 가정한다면 정현, 주혁, 재훈의 진술은 모두 거짓이다. 진술에서 4등을 언급한다면 4등보다 높은 등수일 확률이 상대적으로 높다고도 추리할 수 있다. 소민이 첫 번째 순서이기도 하지만, 다른 사람들과 다르게 4등을 진술했으므로 소민의 참 거짓을 먼저 알아보는 것도 유리한 전략일 수 있다.
소민의 진술이 참이므로 주혁은 2등 또는 4등이다. 정현의 진술이 거짓이므로 재훈은 2등 또는 4등이다. 주혁의 진술이 거짓이므로 정현은 3등 또는 4등이다. 따라서 정현이 3등이다.
만약 주혁이 2등이라고 가정한다면, 주혁은 정현에 대해서 참인 진술을 하게 되는데 이는 '4명 중 1명의 진술만이 참'이라는 조건에 모순된다. 따라서 주혁이 4등이다.

* 주혁을 4등이라고 가정한다면, 주혁이 정현에 대해서 거짓인 진술을 하므로 조건에 모순되지 않는다. 재훈도 2등이지만 1등인 소민에 대해서 거짓인 진술을 하므로 조건에 모순되지 않는다.

Tip ❸ 선지를 적극적으로 활용하여 풀 수도 있다. **Tip ❷**에서 1등만이 참인 진술을 한다는 결론을 참고하여, 선지에 따라 소민 또는 주혁을 우선 1등으로 두는 것이다. 선지 ①, ②와 같이 소민이 1등이라면 소민이의 진술만 참이고 나머지는 거짓이다. 이 조건을 만족하는 경우는 '소민 〉 재훈 〉 정현 〉 주혁'의 순서이다. 이를 구한 후, 정현, 주혁, 재훈의 진술들이 각각 자신보다 점수가 높은 사람에 대한 진술인지 확인하면 모순되지 않음을 알 수 있다. 따라서 답은 ①이다.

09 정답 ④ 난이도 ●●○

언어추리 – 조건추리 문제

(1) 〈조건〉을 구분하기 위해, 위에서부터 순서대로 조건 ㄱ~ㅂ이라 하자.
강당은 오전 11시부터 오후 5시까지 사용이 가능하고, 총 6개의 동아리가 1시간 단위로 사용한다. 강당 내에서만 방송이 나오고, 오후 3시부터 4시까지는 방송이 진행되지 않는다. 문제, 조건 ㄱ과 ㄴ을 고려했을 때 우리가 구해야 할 건 강당 이용 순서이다. 그리고 오후 3시부터 4시에 해당하는 다섯 번째 순서에 강당을 이용하는 동아리가 방송을 들을 수 없다. 조건 ㄷ의 30분에 방송이 시작된다는 조건은 동아리의 강당 이용시간이 모두 1시간으로 동일하므로 고려하지 않아도 된다.

(2) 조건 ㅁ~ㅂ을 살펴보고 확정할 수 있는 조건을 먼저 사용해 푼다. 조건 ㅂ을 통해 과학 동아리는 첫 번째 순서(오전)와 마지막 순서에 해당하지 않는다는 것을 확인할 수 있다. 관련 내용을 표로 정리하면 다음과 같다.

1	2	3	4	5	6
과학×					과학×

(3) 조건 ㄹ에 따라 음악 동아리와 체육 동아리는 바로 앞뒤 순서이다. 조건 ㅁ에 따라 미술 – ( ) – 토론의 순서가 된다. 하지만, 조건 ㅂ에 따라 미술 동아리는 과학보다 나중에 강당을 사용해야 하므로, 미술은 첫 번째 순서가 될 수 없다. 과학도 첫 번째 순서가 될 수 없으므로, 첫 번째 순서는 음악 또는 체육 또는 문학 동아리이다.

(4) 경우의 수를 다음과 같이 나눌 수 있다.
(4–1) 음악이 첫 번째 순서인 경우

1	2	3	4	5	6
음악	체육	과학	미술	문학	토론

조건 ㄹ에 따라 음악과 체육은 인접한 시간에 강당을 사용하므로 첫 번째 순서가 음악이면 체육이 두 번째 순서가 된다. 조건 ㅁ과 ㅂ에 따라 과학 〉 미술이고, 미술 – ( ) – 토론이 되어야 하므로, 세 번째 순서는 과학으로 확정되고, 네 번째 순서는 미술, 여섯 번째 순서는 토론이 된다. 이에 따라 문학이 다섯 번째 동아리로 확정된다.

(4 - 2) 체육이 첫 번째 순서인 경우

1	2	3	4	5	6
체육	음악	과학	미술	문학	토론

조건 ㄹ에 따라 음악과 체육은 인접한 시간에 강당을 사용하므로 첫 번째 순서가 체육이면 음악이 두 번째 순서가 된다. 조건 ㅁ과 ㅂ에 따라 과학 > 미술이고, 미술 - ( ) - 토론이 되어야 하므로, 세 번째 순서는 과학으로 확정되고, 네 번째 순서는 미술, 여섯 번째 순서는 토론이 된다. 이에 따라 문학이 다섯 번째 동아리로 확정된다.

(4 - 3) 문학이 첫 번째 순서인 경우

1	2	3	4	5	6
문학					과학×

조건 ㅁ과 ㅂ에 따라 과학 > 미술이고, 미술 - ( ) - 토론이 되어야 한다. 이를 배치하면 과학은 두 번째 순서나 세 번째 순서가 되어야만 한다.
조건 ㄹ이 적용 가능한지도 살펴보자. 만약 아래와 같이 과학이 두 번째 순서라면, 음악과 체육이 서로 인접할 수 없다. 따라서 과학은 조건 ㄹ을 충족시키지 못해 두 번째 순서가 될 수 없다.

1	2	3	4	5	6
문학	과학				과학×

만약 아래와 같이 과학이 세 번째 순서라면, 역시 음악과 체육이 서로 인접할 수가 없다. 따라서 과학은 조건 ㄹ을 충족시키지 못해 세 번째 순서도 될 수 없다.

1	2	3	4	5	6
문학		과학			과학×

따라서 문학은 첫 번째 순서로 성립할 수 없으므로, 문학은 늘 다섯 번째 순서로 확정된다.

합격자의 시간단축 Tip

Tip ❶ 조건을 차례대로 적용하여 풀기가 어려운 문제이다. 다른 것들을 결정지을 수 있는 가장 강력한 조건이 무엇인지 파악하는 것이 필요하다. 본 문제의 경우 조건 ㅂ(과학 동아리는 오후에 강당을 사용하며, 미술 동아리보다 강당을 먼저 사용한다.)이 가장 강력한 조건이라고 볼 수 있다. 음악과 체육, 토론과 미술의 순서를 생각하다 보면 위의 조건을 놓칠 수 있으므로 시험지에 꼭 중요 조건들을 표시하면서 풀도록 하자.

Tip ❷ 순서 문제도 조건들을 시각적으로 표현하면 더 쉽게 풀 수 있다. 오전 11시부터 오후 5시까지 1시간씩 사용하면 6시간이고 동아리도 6개이므로 빈 시간 없이 모두 1시간씩 강당을 사용함을 추측할 수 있다. 이때는 1, 2, 3, 4, 5, 6 이렇게 순서를 정해서 아래에 조건을 적어도 되고, _ _ _ _ _ _ 이렇게 표시해서 위에다가 동아리를 기재해도 된다. 혹은 표를 만들어서 활용도 가능하다.

	1	2	3	4	5	6
과학	×			×	×	×
미술	×	×			×	×
음악						
체육						
문학						
토론	×	×	×	×		

이렇게 가능한 조건들을 표시해서 순서를 추측할 수 있다. 이때 '음악과 체육 동아리는 인접한 시간에 강당을 사용한다.', '토론 동아리는 미술 동아리 강당 사용이 끝나고 1시간 이후 강당을 사용한다.' 등의 문제에서 '음악(체육) - 체육(음악)', '미술 - ( ) - 토론' 등의 덩어리로 생각할 수 있다. 이렇게 해서 가능하지 않은 경우를 위에서 × 표시해서 지워 나간 다음 제일 확정이 쉬운 동아리를 기준으로 해서 경우의 수를 구해 순서를 추측해 볼 수 있다.

Tip ❸ **Tip ❷**에 이어, 순서 문제에서는 큰 덩어리를 기준으로 경우의 수를 나누면 편하게 풀 수 있다. 본 문제에서 조건을 통해 알 수 있는 가장 큰 덩어리는 '미술 - ( ) - 토론'임을 알 수 있다. 게다가 해당 덩어리는 조건 ㅂ에 따라 '과학 〉 미술 - ( ) - 토론'에 활용할 수 있는 부가적인 정보도 존재한다. 이를 기준으로 경우의 수를 나눠보면 다음과 같다.

(4 - 1) 미술 - ( ) - 토론이 4~6에 위치하는 경우

1	2	3	4	5	6
			미술	( )	토론

음악(체육) - 체육(음악)이 성립하고, 과학이 첫 번째 순서가 될 수 없기에 음악(체육) - 체육(음악) - 과학 - 미술 - 문학 - 토론 순서가 된다.

(4 - 2) 미술 - ( ) - 토론이 3~5에 위치하는 경우

1	2	3	4	5	6
		미술	( )	토론	

조건 ㅂ에 따라 과학이 미술보다 강당을 먼저 사용해야 하나, 그러면 음악(체육) - 체육(음악)이 성립할 수 없어 조건 ㄹ에 위배된다.

(4-3) 미술 - ( ) - 토론이 2~4에 위치하는 경우

1	2	3	4	5	6
	미술	( )	토론		

조건 ㅂ에 따라 과학이 미술보다 강당을 먼저 사용해야 하나, 그러면 오전에 강당을 사용하게 되어 모순이 생긴다. 따라서, 가능한 경우는 (4-1)밖에 없음을 알 수 있다.

Tip ❹ 조건 ㅁ에 따르면, 미술 - ( ) - 토론의 덩어리가 생긴다. 이때 ( )에 들어갈 수 있는 동아리는 '문학 동아리'밖에 없다. 따라서, 과학, (음악, 체육), (미술 - 문학 - 토론)의 세 가지 집합을 어떻게 배치할 수 있는지만 고민하면 된다. 미술 - 문학 - 토론의 집합이 맨 뒤에 배치되어야 함을 쉽게 알 수 있다.
미술과 문학 사이에 한 가지 과목만 들어가야 하고, (음악, 체육)의 경우에는 순서와 관계없이 두 과목이 인접해 있어야 하므로 불가능하다. 또한, 과학의 경우 미술보다 앞에 배치되어야 하므로 가능한 경우는 (미술, 문학, 토론)뿐이다. 3가지 과목이 한 덩어리를 이루므로 나머지 항목들을 조건에 맞춰서 배치하기만 하면 된다.

10 정답 ④

난이도 ●○○

언어추리 - 조건추리 문제

(1) 발문을 확인하면 '이용할 수 있는 경우'를 요구하고 있다. 따라서 경우의 수를 제한하는 변수를 확인하면 숙박 호텔, 항공기 출발 시각, 출발지, 목적지로 총 4가지이다.

(2) 두 번째 단락은 숙박 호텔에 관한 것으로, ○○호텔은 투숙객 외에도 이용할 수 있다고 주어져 있다. 따라서 ◇◇호텔도 가능하다. 경우의 수를 제한하지 않기에 숙박 호텔은 고려 대상에서 제외한다.

(3) 세 번째 단락은 나머지 3가지 변수에 관한 것으로, 먼저 '항공기 출발 시각'의 경우 13:00~24:00에 한정된다. 다음으로 '출발지'는 인천공항에 한정되며, '목적지'의 경우 국내선과 괌, 사이판이 제외된다.

(4) 위 상황에 따라 선지를 하나씩 살펴보면 다음과 같다.
①은 출발지가 김포공항이고 도착지가 국내이기에 틀린 선지이다.
②는 출발지가 김포공항이기 때문에 틀린 선지이다.
③은 목적지가 사이판이기에 틀린 선지이다.
④는 모든 변수가 해당되므로 옳은 선지이다.
⑤는 항공기 출발 시각이 13:00 이전이어서 틀린 선지이다.

	숙박호텔	항공기 출발 시각	출발지	도착지
①	○○호텔	15:30	김포공항	제주
②	◇◇호텔	14:00	김포공항	베이징
③	○○호텔	15:30	인천공항	사이판
④	◇◇호텔	21:00	인천공항	홍콩
⑤	○○호텔	10:00	인천공항	베이징

위 표는 조건에 반하는 내용을 색깔로 표시한 것으로 ①, ②, ③, ⑤번은 조건에 반하여 정답이 될 수 없음을 알 수 있다. 따라서 정답은 ④번이다.

합격자의 시간단축 Tip

Tip ❶

(1) 가능한 경우를 고르도록 하는 문제의 경우, 그것이 반드시 정답이 되는 조합이 단 하나의 경우만 있다는 것을 의미하지는 않는다. 다시 말해 선지 5개 중에서는 가능한 경우가 단 하나이지만 그것이 지문에 주어진 상황 전체에서 유일한 경우는 아니라는 뜻이다. 예를 들어, [○○호텔, 15:00, 인천공항, 베이징] 조합의 경우 A서비스를 이용할 수 있으나 선지에 포함되어 있지는 않다.
따라서 문제에서 가능한 경우를 찾으라고 한다면 당연히 주어진 '모든' 변수가 맞는지 확인해야 옳은 선지라는 것을 알 수 있다. 즉, 가능한 경우를 찾으려고 접근하는 것은 매우 비효율적일 수밖에 없다. 반대로 옳지 않은 경우의 수를 하나하나 소거하는 것이 가장 효율적인 풀이가 된다.

(2) 그럼 어떤 변수부터 제거해 나갈 것인지를 고려해 보자. 이 순서는 상황에 따라 나뉘기도 하고, 수험생의 특성에 따라 다르기도 하다. 일반적으로는 다음과 같은 방법이 있다.
(i) 순서대로 변수를 소거하는 방법
(ii) 역순으로 뒤에서부터 변수를 소거하는 방법
(iii) 확인하기 쉬운 변수부터 소거하는 방법
위 방법은 어느 하나가 절대적으로 우월하지 않으니 본인이 편한 방법을 활용하면 된다.
이 문제에서는 방법 (iii)으로 문제를 풀어보면 다음과 같다.

(3) 가장 먼저 눈에 들어오는 것은 어떤 변수인가? 사람마다 다를 수 있으나 다음 두 가지를 먼저 체크하는 것이 좋다.
첫째, ○○호텔처럼 기호가 들어가거나, 영어 단어가 들어가는 등 가시성이 좋은 변수를 먼저 확인한다. 가시성이 좋을수록 '어떤 변수를 찾을지 고민하는 시간'이 짧아져서 시간 낭비가 적기 때문이다.

확인해 보면 투숙객이 아니어도 이용할 수 있기 때문에 이 변수는 무시해도 된다.
둘째, '단'과 같은 단서를 확인한다. 주로 단서는 마지막에 배치되어 있어 찾기도 쉽고, 보고서에서는 잘 쓰이지 않는 컴마(,)가 있어 가시성이 좋으며, 주로 놓치기 쉬운 함정에 해당하기 때문에 먼저 확인하면 여러모로 장점이 많다. 출제자도 단서가 문제에 제시되어 있는 경우 반드시 해당 단서와 관련된 선지를 하나 이상 제시하는 것이 일반적이다. 가장 뒷부분에 있는 단서를 보면 괌과 사이판이 제외된다고 하였으니 ③번을 제외한다.

(4) 그다음으로는 시간에 비해 확인하기 편한 출발지를 확인하는 것이 좋다. 왜냐하면 출발지가 비교적 가시성이 높기 때문이다. 따라서 출발지를 확인하면 '인천공항'이라는 단어만 확인되므로 김포공항이 출발지인 ①, ②번은 소거된다.

(5) 마지막으로 남은 ④, ⑤번은 출발 시간에서 결정되는 것이므로 둘 중 하나만 확인하면 된다. 어느 하나가 옳다면 다른 하나는 틀릴 것이기 때문이다. 예를 들어, ④번의 21:00를 기억하고 글을 확인해 보면 13:00~24:00 안에 들어가는 값이므로 ⑤번을 보지 않아도 ④번이 정답임을 알 수 있다.

(6) 추리 영역에 있어 대체적으로 주어진 조건은 전부 사용된다는 것을 염두해 두고 문제를 접근해야 한다. 보통 모든 조건은 오지선다를 감별하는 데 있어 최소 한 번씩 사용된다. 이때 조건을 사용하는 순서는 자신이 정할 수 있는데, 자신이 가장 편하고 직관적으로 판단할 수 있는 조건이 주로 무엇인지를 알고 문제가 나올 시 그 순서에 따라 본능적으로 접근하는 것이 좋다.

Tip ❷ **Tip ❶**의 (ⅰ) 순서대로 변수를 소거하는 방법으로 풀이하고자 한다. 필자의 경우 주로 주어진 순서대로 푸는데, 그래야 실수 없이 풀 가능성이 높기 때문이다. 가장 먼저 나오는 조건은 '인천공항'이다.

(1) 인천공항 이외의 출발지 소거
마지막 문단의 두 번째 문장이 조건들의 시작이라고 볼 수 있는데, 제일 먼저 나오는 말은 '인천공항'이다. 인천공항이 아닌 것부터 제거해 선지 ①과 ②가 지워진다.

	숙박호텔	항공기 출발 시각	출발지	도착지
~~①~~	~~○○호텔~~	~~15:30~~	~~김포공항~~	~~제주~~
~~②~~	~~◇◇호텔~~	~~14:00~~	~~김포공항~~	~~베이징~~
③	○○호텔	15:30	인천공항	사이판
④	◇◇호텔	21:00	인천공항	홍콩
⑤	○○호텔	10:00	인천공항	베이징

(2) 시간 조건 소거
인천공항 다음으로 나오는 조건은 '13:00~24:00에 출발'이다. 해당하지 않는 선지는 10:00에 출발하는 ⑤이다.

	숙박호텔	항공기 출발 시각	출발지	도착지
~~①~~	~~○○호텔~~	~~15:30~~	~~김포공항~~	~~제주~~
~~②~~	~~◇◇호텔~~	~~14:00~~	~~김포공항~~	~~베이징~~
③	○○호텔	15:30	인천공항	사이판
④	◇◇호텔	21:00	인천공항	홍콩
~~⑤~~	~~○○호텔~~	~~10:00~~	~~인천공항~~	~~베이징~~

(3) 국제선 조건 소거
그다음엔 '국제선 이용 승객'이다. 하지만 남은 선지 모두 국제선이므로 소거할 수 없다.

(4) 미주노선(괌, 사이판 포함) 조건 활용
마지막으로 남은 조건은 미주노선(괌, 사이판 포함)은 제외된다는 것이다. 선지 ③의 도착지는 사이판이므로 이를 소거한다. 따라서 정답은 선지 ④이다.

	숙박호텔	항공기 출발 시각	출발지	도착지
~~①~~	~~○○호텔~~	~~15:30~~	~~김포공항~~	~~제주~~
~~②~~	~~◇◇호텔~~	~~14:00~~	~~김포공항~~	~~베이징~~
~~③~~	~~○○호텔~~	~~15:30~~	~~인천공항~~	~~사이판~~
④	◇◇호텔	21:00	인천공항	홍콩
~~⑤~~	~~○○호텔~~	~~10:00~~	~~인천공항~~	~~베이징~~

11 정답 ②

난이도 ●●○

언어추리 – 조건추리 문제

(1) 지혜와 정호의 진술은 서로 모순되므로 둘 중 한 명이 거짓을 말했다면 다른 한 명은 진실을 말했다. 이 경우 수현, 호연, 서윤은 거짓을 말했다. 따라서 수현, 호연, 서윤의 진술에 따라 호연은 임용고시에 합격했으며 수현과 정호는 불합격했다.

(2) 만일 지혜가 진실을 말했다면 지혜는 임용고시에 불합격했다. 이 경우 임용고시에 확실하게 합격한 사람은 호연이다. 반면 정호가 진실을 말했다면 지혜는 임용고시에 합격했다.
이때 임용고시에 확실하게 합격한 사람은 호연과 지혜이다. 지혜와 정호 중 누가 진실을 말했는지는 알 수 없으므로, 합격이 확실한 사람은 호연이다.

(3) 서윤이 임용고시에 합격했는지 여부는 언급된 바 없으므로, 합격이 확실하지 않다.

(4) 따라서 합격이 확실한 사람은 호연뿐이며, 정답은 ②이다.

합격자의 시간단축 Tip

Tip ❶ 문제에서 충족해야 할 조건들을 짧게 정리해두면 좋다. 예를 들어, 1명 이상 합격한 것과 1명의 진실, 4명의 거짓 조건을 충족해야 하므로 1↑ / 1T 4F 로 정리해 놓고, 상자 안에 진술들 역시 수현 / ~지혜 / ~호연 / 정호 / 지혜로 정리해두면 헷갈리는 일을 줄일 수 있다.

Tip ❷ 참 거짓의 문제를 풀 땐, 참 거짓 중 그 수가 적은 쪽을 이용하는 것이 좋다. 문제의 경우는 해설처럼 1명만 진실을 말하기 때문에 지혜와 정호의 진술을 활용하였다. 특히 본 문제의 경우는 1명이 진실이면 나머지가 자동으로 거짓이기 때문에 이점을 확실히 활용하도록 한다.

Tip ❸ 상충하는 진술들을 활용한 풀이

(1) 참 거짓 문제를 풀 때 가장 큰 단서가 되는 것은 외견상 상충되는 진술이다. 맨 처음 서로 부딪치는 내용을 담은 둘 이상의 진술이 있는지 찾는다. 찾았다면, 진술들이 모순 관계에 있는지 반대 관계에 있는지 구별하는 것이 다음이다.
본 문제에는 지혜의 합격 여부에 대한 지혜의 진술과 정호의 진술이 외견상 상충된다. 또한, 지혜는 합격하거나 불합격하거나 둘 중 하나이므로 지혜와 정호의 진술이 동시에 거짓이 될 수는 없다. 따라서 지혜와 정호의 진술은 모순 관계에 해당한다.

(2) 다만 모순되는 진술인지가 명확하지 않은 문제 역시 존재한다. 이 문제에서도 지혜와 정호의 진술이 모순된다는 점을 문제 푸는 과정에서 파악하지 못한 수험생도 여럿 있을 것이다. 그런 경우에는 당황하지 말고 주어진 조건에 따라 우선 수현의 말이 참이라고 가정하고 문제에 접근하자. 수현의 말이 참이라고 가정하는 경우 지혜와 정호의 진술이 모두 거짓일 수는 없음을 쉽게 파악하게 되어 모순되는 진술을 찾을 수 있다.

(3) 모순되는 진술이 있으면, 참 거짓이 확정되기 때문에 효율적으로 문제를 풀 수 있다. 해당 문제에서는 지혜와 정호의 진술이 서로 모순된다. 이때 둘 중 하나는 참이며, 그 외의 사람은 모두 거짓이기 때문에 수현, 호연, 서윤은 어떠한 경우에도 거짓말을 했을 것이 확실하다.
이에 따라 우선 세 명의 진술을 확인해 보면, 호연이 합격하지 못했다는 진술은 언제나 거짓이므로 호연의 합격은 확실하다는 것을 알 수 있다. 따라서 선지 ②, ⑤ 중 하나가 답임을 알 수 있다. 다음으로 고려해보아야 할 것은 지혜의 합격 여부인데, 이는 지혜의 진술이 참일 때와 거짓일 때 결론이 달라지므로 확신할 수 없다. 따라서 답은 ②임을 알 수 있다.

* 합격이 '확실한' 사람을 고르는 문제에서는 지혜와 같이 상황에 따라 합격 여부가 달라지는 경우, 그 결과를 정확하게 확인하지 않고 틀렸음을 파악하면 된다. 예컨대 지혜의 진술이 참이라고 가정했을 경우 임용고시에 확실히 합격한 사람은 호연뿐이다.
이 경우 다른 사람들은 합격이 확실하지 않다는 것을 의미하므로 바로 정답이 ②로 도출된다. 정호의 진술이 참인 경우 지혜도 합격했다고 할 수 있으나, 그의 합격 여부는 확실하지 않으므로 정답에 지혜도 포함되는지 고민하는 데에 시간을 많이 소모하지 말자.

Tip ❹ 경우의 수 모두 찾기 풀이

Tip ❸의 상충하는 진술을 활용한 풀이가 어렵다면, 가능한 경우의 수를 모두 찾는 방법을 사용할 수 있다. 이는 본 문제에서 진실을 말한 사람이 단 1명이기에, 가능한 경우의 수가 비교적 적으므로 활용 가능한 방법이다. 이때 아래와 같이 표를 활용하면 보다 쉽게 문제를 풀 수 있다. (빈칸은 모순되어 더 이상 문제해결이 불가한 경우를 의미한다.)

합격 여부 / 진실	수현	지혜	호연	서윤	정호
1) 수현	○	○	○		×
2) 지혜	×	×	○	○ / ×	×
3) 호연	×	○	×		×
4) 서윤	×	○	○		○
5) 정호	×	○	○	○ / ×	×

1) 수현부터 5) 정호의 순서대로 한 명씩 진실을 말하고 있다고 가정하고, 각각의 진술을 순서대로 검토하면서 표를 채운다. 먼저 수현의 진술이 진실이라면 정호의 진

술은 거짓으로, 지혜의 합격 여부와 관련해 다른 진술들과 모순된다. 이는 호연, 서윤의 진술이 진실이라 가정하는 경우에도 마찬가지다.
반면 지혜의 진술이 진실이라 가정하는 경우, 모든 진술은 양립 가능하다. 정호의 경우에도 동일하다. 따라서 지혜, 정호의 진술이 진실이라 가정한 경우 모두에서 합격이 확실한 사람은 호연임을 쉽게 파악할 수 있다. 다만 이 방법은 문제에서 진실을 말한 사람이 2명 이상인 경우 활용하기 어려울 것이다. 경우의 수가 너무 많아지기 때문이다.

Tip ❺

(1) 수현~정호의 진술은 학생들의 합격 여부에 대해 이야기하고 있는 것이다. 이름을 활용해 간단하게 정리할 수 있다. 합격자는 이름을 그대로 적고, 불합격자는 이름 앞에 '~' 표시를 한다. 논리 문제에서 부정은 '~'로 표시하기 때문에 해당 기호를 사용했다. 본인이 이해하기 쉬운 다른 기호가 있다면 그걸 사용해도 된다.

수현	수현
지혜	~지혜
호연	~호연
서윤	정호
정호	지혜

(2) 지혜와 정호가 지혜의 합격 여부를 두고 상충되는 진술을 한다. 본 문제의 경우 합격, 불합격 두 가지뿐이기 때문에 지혜와 정호는 모순 관계에 있다. 둘 중 한 명은 무조건 진실을 말하는 것이다. 또한 문제에서 1명만 진실을 말한다고 했으므로 수현, 호연, 서윤은 무조건 거짓을 말한다. 이는 다시 생각해 보면 세 명의 진술의 반대로 나오는 결과는 확실하다는 것이다.

(3) 세 명의 진술의 반대를 구하면 다음과 같다.

수현	수현	~수현
지혜	~지혜	
호연	~호연	호연
서윤	정호	~정호
정호	지혜	

따라서 호연의 합격만 확실하다.

12 정답 ② 난이도 ●●○

언어추리 – 조건추리 문제

ㄱ. (O) 사무관3이 배정받는 내선번호는 그의 성별에 따라서 달라지지 않는다.

➜ 번호 배정규칙에 따라 동 직급 내에서는 성별 → 나이 → 소속 팀명 순으로 배정된다.

① 사무관 3이 남성인 경우
사무관 1, 2는 여성으로 우선되며, 나이에 따라 사무관 1이 1번을, 사무관 2가 2번을 배정받는다. 따라서 사무관 3은 3번을 배정받는다.

② 사무관 3이 여성인 경우
모두 여성이므로, 나이 순으로 배정 시 사무관 1이 1번을 배정받는다. 이때, 사무관 2와 3은 나이가 동일하므로 소속 팀명 순으로 배정하면, 사무관 2가 2번, 사무관 3이 3번을 배정받는다. 따라서 성별과 무관하게 3번을 배정받으므로 옳은 선지이다.

ㄴ. (X) 여성이 총 5명이라면, 배정되는 내선번호가 확정되는 사람은 4명뿐이다.

➜ 여성이 총 5명이라면, 배정되는 내선번호가 확정되는 사람은 6명이다.
현재 여성임을 명시적으로 알 수 있는 사람은 과장, 사무관 1, 2와 주무관 1, 4로 총 5명이므로 성별이 확정되지 않는 사무관 3과 주무관 3이 모두 남성인 경우를 말한다. 이때, 내선번호가 확정되는 사람이 5명 이상인지 여부만 확인하면 된다. 우선 여성의 경우를 확인한다.

① 과장: 과장은 성별과 무관하게 0번을 배정받으므로 확정된다.

② 사무관 1, 2, 3: 사무관 1, 2는 여성으로 우선 배정권을 가지며, 나이가 48세, 45세로 서로 달라 1, 2번으로 확정된다. 이에 따라 사무관 3은 3번으로 확정된다.

③ 주무관 1, 4: 여성으로 우선 배정권을 가지며, 나이가 58세, 27세로 서로 달라 4, 5번으로 확정된다.

* 사무관 3의 경우 사무관 1과 2가 각각 1, 2번을 배정받아 자동으로 3번을 배정받으므로 사무관 3은 3번으로 확정된다. 사무관에겐 1~3번 중 한 번호가 배정되기 때문이다. 이는 보기 ㄱ에서 확인한 정보로, 앞선 보기에서의 풀이를 적극 활용할 수 있어야 한다. 이를 먼저 확인했다면 굳이 주무관 4를 확정하지 않고 주무관 1을 확정한 것만으로 5명이 확정되므로 해당 선지가 틀렸음을 알 수 있다. 따라서 총 6명이 확정되므로 틀린 선지이다.

ㄷ. (O) 주무관3이 남성이고 31세 이상 39세 이하인 경우, 모든 과원의 내선번호를 확정할 수 있다.

➜ 과장은 0번으로 확정이며, 보기 ㄱ에서 보듯이

사무관은 모두 내선번호가 확정된다. 따라서 주무관의 번호만 확인하면 된다.

① 주무관 1, 4: 여성으로 우선 배정되며, 나이가 58세, 27세로 서로 달라 각각 4, 5번으로 확정된다.

② 주무관 2, 3, 5, 6: 나이를 순서대로 나열해보면, 주무관 5(44) > 주무관 2(39) ≥ 주무관 3(39~31) ≥ 주무관 6(31)

따라서 주무관 5는 6번으로 확정되며, 주무관 2, 3, 6의 경우 주무관 3의 나이에 따라 나이가 같을 수도 있지만, 그렇다 하더라도 소속 팀명이 가 → 나 → 다 순이므로 주무관 2는 7번, 주무관 3은 8번, 주무관 6은 9번으로 확정된다. 따라서 모든 과원의 내선번호를 확정할 수 있다.

ㄹ. (×) 사무관3의 성별과 주무관3의 나이와 성별을 알게 된다면, 현재의 배정규칙으로 모든 과원의 내선번호를 확정할 수 있다.

➜ 사무관 3의 성별과 주무관 3의 나이와 성별을 알게 된다면, 현재의 배정규칙으로 모든 과원의 내선번호를 확정할 수 없다. 보기 ㄱ에서 보듯이 사무관 3은 성별과 무관하게 내선 번호가 확정된다.
이때, 주무관 3의 경우 보기 ㄷ에서 보듯 남성이라면 나이가 겹치는 경우에도 소속팀 배치상 내선번호가 확정된다. 그러나 주무관 3이 여성이고 27세라면 주무관 4와 성별, 나이, 소속팀이 모두 동일하여 현재의 규칙으로는 내선번호를 확정할 수 없다. 따라서 틀린 선지이다.

합격자의 시간단축 Tip

Tip '원리'를 이용해 접근하면 매우 간단한 문제이다. 문제를 푸는 원리가 무엇인지 알아보기 위해 사용할 수 있는 가장 좋은 방법은 '반대로 질문'하는 것이다.
예를 들어, 이 문제의 모든 선지는 결국 '확정되는가?'를 묻고 있으므로 역으로 '언제 확정이 되지 않는가?'를 생각해 보자. 최종적으로 확정되지 않으려면, 주어진 기준에 모두 해당하지 않아야 하므로 ① 동일 직급 → ② 동일 성별 내에서 → ③ 동갑이며 → ④ 소속 팀이 같은 경우밖에 없다. 즉, 위 4가지 기준이 다 같은 것이 아니라면 항상 확정된다는 의미이다.
이를 통해 문제를 풀면 다음과 같다.

(1) **보기 ㄴ.** 현재 여성으로 표기된 5명을 확인할 때, 직급별로 소속팀이 모두 다르다. 따라서 일일이 확인하지 않더라도 5명 모두 확정됨을 알 수 있다.
이때, 다섯 명 이상의 사람이 확정되는지만을 확인하면 되므로, 다섯 명의 사람을 확정 지었다면 더 볼 것 없이 보기가 틀렸다고 체크하고 넘어가면 된다.

(2) **보기 ㄷ.** 모든 여성은 직급별로 팀이 모두 다르고, 주무관 5와 6을 제외한 모든 남성은 직급별로 팀이 다르며, 주무관 5와 6 역시 나이가 다르므로 모든 과원의 번호가 확정됨을 알 수 있다.
쉽게 생각해서, 주무관 3에 대해 주어진 정보로 성별을 확정 지을 수 있으며, 나이 역시 범위로 주어져 순서를 정할 수 있게 되기 때문에 어떠한 순서로 번호가 배정되는지는 고려할 필요 없이 확정할 수 있음을 알 수 있다. 이때, 나이의 범위를 31세 이상 39세 이하를 준 이유를 생각해 볼 수 있다. 검토 시 가장 극단적인 상황인 주무관 3의 나이를 31세 또는 39세인 경우로 가정이 가능하므로, 이렇게 가정하여도 팀이 다르기 때문에 결국은 순서가 확정된다. 이외의 31~39세 사이의 나이는 넣어볼 필요가 없다. 주무관 남성의 나이는 31세, 39세, 44세만 주어져 있기 때문이다.

(3) **보기 ㄹ.** 만약 주무관 3의 나이와 성별이 주무관 4와 동일하게 되면, 직급 - 성별 - 나이 - 소속팀이 모두 동일하므로 확정될 수 없다. 따라서 틀린 선지이다.
특별히 나이나 성별을 정해주지 않고 '알게 된다면'과 같은 가정 사항을 줄 경우 스스로 가정에 제한이 없다는 의미이므로 가장 극단적인 상황을 가정하는 것이 좋다. 주무관 3과 주무관 4가 같은 팀에 있으므로 나이와 성별까지 모든 것이 같은 경우로 가정할 수 있다. 이처럼 풀 경우, 가볍게 확인하는 것으로 충분하기 때문에 매우 빠르게 처리할 수 있다. 따라서 '반대로 질문'하는 습관을 지니는 것이 좋다.

* 이 문제뿐만 아니라, 보기 ㄱ부터 ㄹ까지 점검해야 하는 경우에는 앞에 검토한 보기를 이후에도 활용해야 하는 경우가 많다. 이 문제 역시 ㄱ에서 사무관 3의 성별은 내선번호에 영향을 주지 않는다는 사실은 ㄴ에서 활용된다.
또한, ㄹ에서는 '사무관 3의 성별을 알게 된다면'이라고 쓰여 있지만 이는 아무 의미가 없음을 이미 파악했으니 주무관 3의 나이와 성별에만 초점을 맞추면 된다. 이처럼 각 보기를 확인하는 과정에서, 앞에서 파악한 정보를 활용할 수 있어야 한다.

13 정답 ①

난이도 ●●○

언어추리 - 조건추리 문제

(1) 단편적인 정보들이 산재된 형태의 문제이므로, 주어진 조건을 순서대로 검토하기보다는 확정적인 정보를 주는 조건이 무엇인지 파악해야 한다. 본 문제의 경우 조건 ㉡, ㉢, ㉥를 활용하여 표를 우선 채

워 넣은 후 다른 조건들을 확인하도록 한다. 구체적인 풀이는 다음과 같다.

조건 ㉠과 ㉡, ㉢, ㉥에 따라 전국일주 코스를 표로 그려보면 다음과 같이 나타낼 수 있다.

	A	B	C	D	E
강원권	강릉 경포대				
충청권		공주 무령왕릉			태안 안면도
전라권	담양 죽농원		전주 한옥마을		
경상권		안동 하회마을			
제주권		우도			

(2) 조건 ㉢에서 단양8경을 가는 코스에는 임실 치즈마을이 들어 있으므로, 단양8경이 속한 충청권과 임실 치즈마을이 속한 전라권이 모두 비어 있는 D에 포함된다.

	A	B	C	D	E
강원권	강릉 경포대				
충청권		공주 무령왕릉		단양8경	태안 안면도
전라권	담양 죽농원		전주 한옥마을	임실 치즈마을	
경상권		안동 하회마을			
제주권		우도			

(3) 조건 ㉣에 따라 강원권에 속하는 춘천 남이섬과 충청권에 속하는 보령 머드축제는 같은 추천코스에 포함된다. 따라서 강원권과 충청권이 비어 있는 C코스에 포함된다. 또한, 조건 ㉤에서 충청권인 충주호와 제주권인 성산일출봉은 같은 코스에 포함되어야 하므로, 충청권 관광지가 비어 있는 A코스에 두 가지 모두 포함될 것이다.

	A	B	C	D	E
강원권	강릉 경포대		춘천 남이섬		
충청권	충주호	공주 무령왕릉	보령 머드축제	단양8경	태안 안면도
전라권	담양 죽농원		전주 한옥마을	임실 치즈마을	
경상권		안동 하회마을			
제주권	성산 일출봉	우도			

해당 풀이가 지나치게 복잡해 보일 수 있다. 그러나 실제로 표를 간략하게라도 그린 뒤에 설명을 따라가보면 그리 복잡하지 않다는 것을 쉽게 알 수 있다. 중요한 것은 시험장에서 이 과정을 빠르고 정확하게 수행할 수 있어야 한다는 점이다.

① (O) 춘천 남이섬은 전주 한옥마을과 같은 코스에 있다.
→ 춘천 남이섬과 전주 한옥마을은 모두 전국일주 추천코스 C코스에 있다.

② (×) 성산일출봉은 보성 녹차밭과 같은 코스에 있다.
→ 성산일출봉은 전국일주 추천코스 A코스에 있으며, 보성 녹차밭은 전국일주 추천코스 B코스 또는 E코스에 있다.

③ (×) 공주 무령왕릉은 비자림·사려니숲길과 같은 코스에 있다.
→ 공주 무령왕릉은 전국일주 추천코스 B코스에 있으며, 제주권인 비자림·사려니숲길은 전국일주 추천코스 C코스, D코스 또는 E코스에 있다.

④ (×) 담양 죽농원은 안동 하회마을과 같은 코스에 있다.
→ 담양 죽농원은 전국일주 추천코스 A코스에 있으며, 안동 하회마을은 전국일주 추천코스 B코스에 있다.

⑤ (×) 우도는 단양8경과 같은 코스에 있다.
→ 우도는 전국일주 추천코스 B코스에 있으며, 단양8경은 전국일주 추천코스 D코스에 있다.

합격자의 시간단축 Tip

Tip 강원권, 충청권 등을 모두 적지 않고 '강' '충' 등으로 적거나 '1' 등으로 바꿔 적어도 된다. 중요한 점은 빠른 시간안에 효율적으로 문제를 풀어내야 한다는 점이다.

14 정답 ④ 난이도 ●●○

언어추리 – 조건추리 문제

(1) 〈조건〉 ㉣의 대우와 ㉤에 의하면 주란이가 전공하는 학문은 미영, 혁수, 예라가 전공하지 않는다. 그런데 〈조건〉 ㉡에 따라 경영학 이외의 나머지 학문을 전공하는 사람이 2명 이상이기 때문에 주란이는 정치외교학, 심리학, 언론정보학을 전공하지 않는다. 따라서 주란이는 경영학만을 전공하며 미영, 혁수, 예라는 모두 언론정보학을 전공한다.

	경영학 (1명)	정치외교학 (2명)	심리학 (2명)	언론정보학 (3명)
미영	×			○
예라	×			○
주란	○	×	×	×
혁수	×			○

(2) 한편, 〈조건〉 ㉢에 따라 미영과 주란 중 1명은 심리학을 전공하는데 주란은 심리학을 전공하지 않으므로 미영이 심리학을 전공한다. 이때, 〈조건〉 ㉥에 따라 예라도 심리학을 전공한다.

(3) 정치외교학의 경우 〈조건〉 ㉡에 따라 2명이 전공하는데, 만약 미영이 정치외교학을 전공할 경우 〈조건〉 ㉥에 따라 예라도 정치외교학을 전공하며, 미영이 정치외교학을 전공하지 않을 경우 예라와 혁수가 정치외교학을 전공한다. 따라서 예라는 반드시 정치외교학을 전공한다.

(4) 이를 종합하여 4명의 전공 여부를 표로 나타내면 다음과 같다.

전공 / 이름	경영학	정치 외교학	심리학	언론 정보학
미영	×	○ / ×	○	○
예라	×	○	○	○
주란	○	×	×	×
혁수	×	× / ○	×	○

① (×) 혁수는 ~~2개의 학문을 전공한다~~.
➜ 혁수는 언론정보학 1개 또는 언론정보학, 정치외교학 2개의 학문을 전공한다.

② (×) 주란은 ~~2개의 학문을 전공한다~~.
➜ 주란은 경영학 1개의 학문을 전공한다.

③ (×) 혁수는 심리학, 언론정보학을 전공한다.
➜ 혁수는 언론정보학 1개 또는 언론정보학, 정치외교학 2개의 학문을 전공한다.

④ (○) 예라는 정치외교학, 심리학, 언론정보학을 전공한다.
➜ 예라는 정치외교학, 심리학, 언론정보학을 전공한다.

⑤ (×) 미영은 ~~경영학, 정치외교학, 심리학을 전공한다~~.
➜ 미영은 심리학, 언론정보학 2개 또는 정치외교학, 심리학, 언론정보학 3개의 학문을 전공한다.

합격자의 시간단축 Tip

Tip ❶ 확정할 수 있는 정보를 출발점으로 삼는 것이 좋다. 이 문제의 경우 주란이 전공하는 과목은 나머지 세 명이 전공할 수 없으며, 한 명만 전공하는 과목은 경영학이 유일하다는 것이 그 정보이다.

Tip ❷ 해설과 같이 표를 그려 문제를 풀 수도 있으나, 논리기호를 사용한 방법도 소개한다. 주어진 〈조건〉 중 가능한 것들을 논리기호로 나타내면 다음과 같다.

㉢ (미영 심리학) ∨ (주란 심리학)
㉣ (미영) ∨ (혁수) → ~(주란)
㉤ (주란) → ~(예라)
㉥ (미영) → (예라)
㉦ (예라) ∧ (미영) ∧ ~(혁수)를 만족하는 학문 있음

(1) 이를 분석해 보면, ㉣의 부정은 (주란) → ~(미영) ∧ ~(혁수)이므로 주란이 전공하는 과목은 미영, 혁수, 예라(㉤) 중 그 누구도 전공하지 않는다는 것을 알 수 있다. 따라서 주란은 경영을 전공하며, 다른 과목은 전공하지 않는다. 또한, 언론정보학은 세 명이 전공하고 있으므로(㉡) 주란이를 제외한 미영, 예라, 혁수가 전공하고 있음을 알 수 있다.

(2) 남은 전공은 정치외교학과 심리학인데, ㉢에서 미영과 주란 중 한 명은 심리학을 전공해야 한다. 주란은 심리학을 전공할 수 없으므로 미영이 심리학을 전공할 것이며 ㉥에 따라 미영이 전공하는 과목은 예라도 전공하므로 심리학을 전공하는 두 명은 미영과 예라다. 또한, 이 경우 혁수 역시 심리학을 전공하지 않게 되므로 ㉦도 만족하게 된다.

(3) 정치외교학의 경우 미영, 예라, 혁수 중 두 명이 전공을 하게 된다. 만일 미영이 정치외교학을 전공한다면 ㉥에 따라 예라 역시 정치외교학을 전공할 것이고, 정치외교학을 전공하는 사람은 2명이므로 혁수는 정치외교학을 전공하지 않을 것이다. 그러나 미영이 정치외교학을 전공하지 않는다면 예라와 혁수가 정치외교학을 전공할 것이고, 이 경우 위배되는 조건은 없다.

Tip ❸ 해설과 **Tip ❶**을 한 표에 담는 방법도 있다. 〈조건〉들을 표에 정리하면 직관적으로 적용하기 용이하다. 대우 관계까지 적는 것을 추천한다. 실제 시험장에선 출발점 이름은 하나만 적고 화살표만 그리면 된다.

이름 \ 전공	경영학	정치외교학	심리학	언론정보학
미영 → ~주란 미영 → 예라	×	○ / ×	○	○
예라 → ~주란	×	○	○	○
주란 → ~예라 주란 → ~미영 주란 → ~혁수	○	×	×	×
혁수 → ~ 주란	×	× / ○	×	○

예라 ∧ 미영 ∧ ~혁수

15 정답 ③ 난이도 ●●●

도형추리 - 박스형 문제

제시된 도형에서 가로 방향(→)이나 세로 방향(↓)으로 도형의 변화를 살펴봤을 때 유사한 패턴이 보이지 않으므로 회전이나 대칭 규칙이 적용되지 않음을 유추할 수 있다. 음영에 관한 규칙을 염두에 두고 규칙이 적용되는 방향을 찾아보자.

규칙이 가로 방향으로 적용된다고 가정하고 조건에 따른 음영 변화를 생각해 보자. 1행의 색 테두리, 2행의 색 테두리 부분을 각각 비교해 보자.

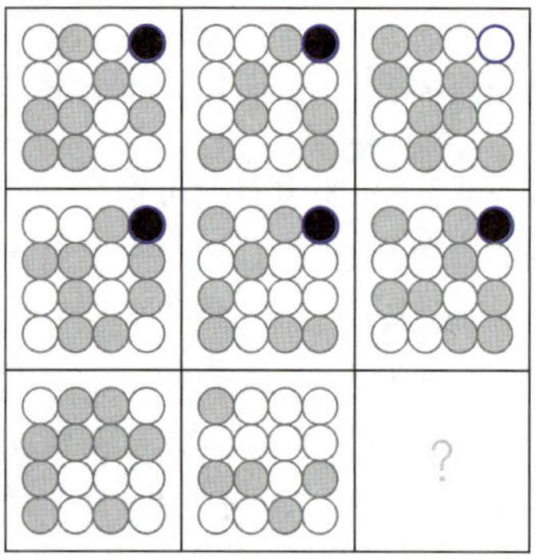

1행의 색 테두리 부분을 살펴보면, 1열 2열 모두 동일한 위치에 검정색이 칠해져 있으며 3열에는 검정색이 칠해져 있지 않다. 하지만 2행의 색 테두리 부분을 살펴보면, 1, 2열은 모두 동일한 위치에 검정색이 색칠되어 있으나 1행과 달리 3열에도 검정색이 칠해져 있다. 즉, 같은 조건이 주어졌을 때 다른 결과가 도출되었다. 일관성 있는 규칙이 발견되지 않으므로 가로 방향으로 규칙이 적용되지 않는다.

가로 방향으로는 규칙이 발견되지 않았으므로 세로 방향으로 도형의 음영에 관한 규칙을 파악해 보자.

각 열의 조건에 따른 음영 변화를 1열의 도형을 이용해 파악해 보자.

(ⅰ) 1행, 2행에 모두 음영이 없을 경우(흰색)

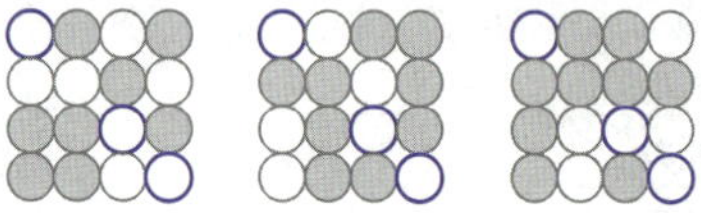

[1행 1열] [2행 1열] [3행 1열]

1행, 2행의 도형에 모두 음영이 없는(흰색) 칸을 색 테두리로 표시한 후 3행의 도형에서 같은 부분을 보면 음영이 없음(흰색)을 확인할 수 있다. 즉, 1행, 2행에 모두 음영이 없을 경우(흰색) 3행에도 음영을 표시하지 않는다.(흰색)

(ⅱ) 1행, 2행에 모두 음영이 있을 경우(검정색)

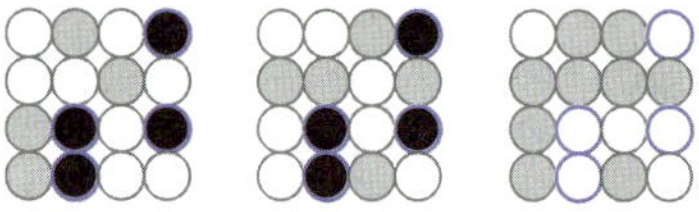

[1행 1열] [2행 1열] [3행 1열]

1행, 2행의 도형에 모두 음영이 있는(검정색) 칸을 빨간색 테두리로 표시한 후 3행의 도형에서 같은 부분을 보면 음영이 없음(흰색)을 확인할 수 있다. 즉, 1행, 2행에 모두 음영이 있을 경우(검정색) 3행에는 음영을 표시하지 않는다.(흰색)

(ⅲ) 1행에는 음영이 없고(흰색) 2행에는 음영이 있을 경우(검정색)

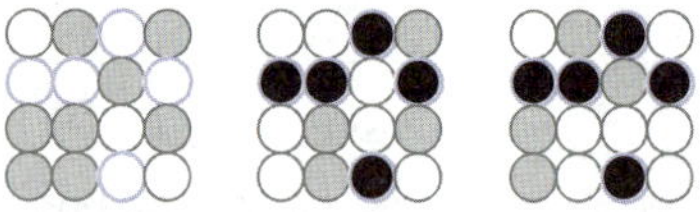

[1행 1열] [2행 1열] [3행 1열]

1행에는 음영이 없고(흰색) 2행에는 음영이 있는(검정색) 칸을 색 테두리로 표시한 후 3행의 도형에서 같은 부분을 보면 음영이 있음(검정색)을 확인할 수 있다. 즉, 1행에는 음영이 없고(흰색) 2행에는 음영이 있을 경우(검정색) 3행에는 음영을 표시한다.(검정색)

(ⅳ) 1행에는 음영이 있고(검정색) 2행에는 음영이 없을 경우(흰색)

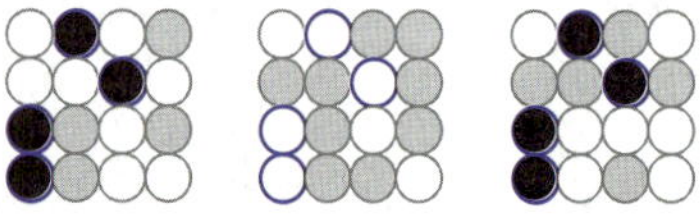

[1행 1열] [2행 1열] [3행 1열]

1행에는 음영이 있고(검정색) 2행에는 음영이 없는(흰색) 칸을 색 테두리로 표시한 후 3행의 도형에서 같은 부분을 보면 음영이 있음(검정색)을 확인할 수 있다. 즉, 1행에는 음영이 있고(검정색) 2행에는 음영이 없을 경우(흰색) 3행에는 음영을 표시한다.(검정색)
따라서 (ⅰ)~(ⅳ)를 통해 1행과 2행의 음영이 같으면 3행에는 음영을 표시하지 않고(흰색), 1행과 2행의 음영이 다르면 3행에는 음영을 표시하는(검정색) 규칙을 파악할 수 있다.
위에서 구한 규칙을 2열의 도형에서 확인해 보면 규칙이 성립함을 알 수 있다.

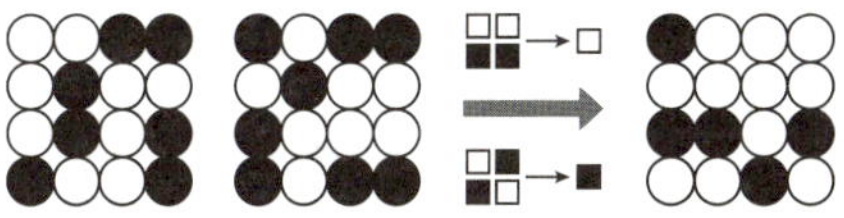
[1행 2열] [2행 2열] [3행 2열]

1행 3열과 2행 3열의 도형을 이용해 ?에 들어갈 도형을 추리해 보자.

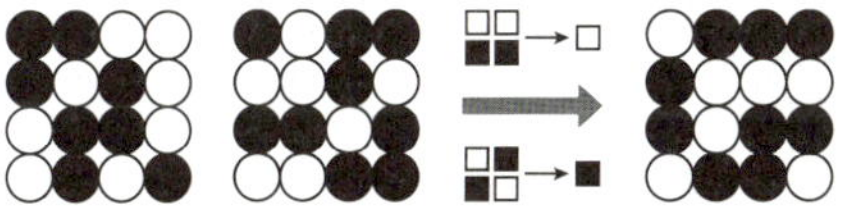
[1행 3열] [2행 3열] [3행 3열]

따라서 ?에 들어갈 도형으로 알맞은 것은 ③이다.

16 정답 ② 난이도 ●○○

도형추리－박스형 문제

제시된 도형의 모양을 보았을 때 각 열에 있는 도형의 형태가 유사하므로 세로 방향으로 규칙이 적용됨을 알 수 있다. 2열의 도형을 이용해 제시된 도형의 규칙을 추리해 보자.
우선 1행 2열과 2행 2열의 도형을 비교해 보자.

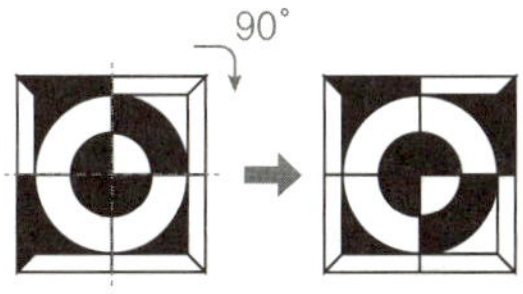

[1행 2열] [2행 2열]

2행 2열의 도형은 1행 2열의 도형을 시계 방향으로 90도 회전한 형태가 된다.
2행 2열과 3행 2열의 도형을 비교해 보자. 우선 음영을 비교해 보면, 검정색으로 색칠된 부분의 개수와 흰색으로 색칠된 부분의 개수가 2행에서 3행으로 넘어가며 반대가 되었으므로 색상 반전 규칙을 생각할 수 있어야 한다.
2행 2열의 도형을 색상 반전한 후 3행 2열의 도형과 비교해 보자.

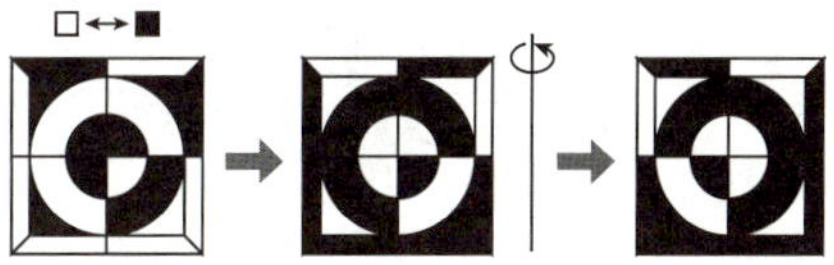
[2행 2열] [3행 2열]

3행 2열의 도형은 2행 2열의 도형을 색상 반전한 후 좌우 대칭한 형태이다.
즉, 각 열에서 2행에 제시된 도형은 1행에 제시된 도형을 시계 방향으로 90도 회전한 형태이고, 3행에 제시된 도형은 2행에 제시된 도형을 색상 반전한 후 좌우 대칭한 형태이다.
위에서 구한 규칙을 1열의 도형에서 확인해 보면 규칙이 성립함을 알 수 있다.

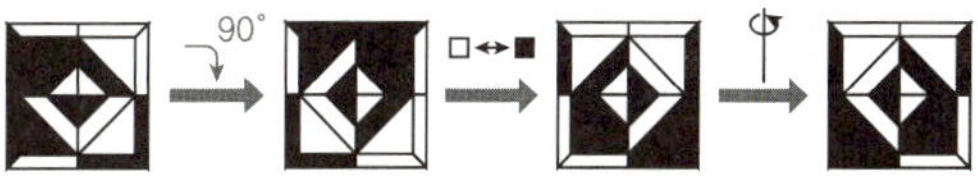

[1행 1열] [2행 1열] [3행 1열]

1행 3열과 2행 3열의 도형을 이용해 ?에 들어갈 도형을 추리해 보자.

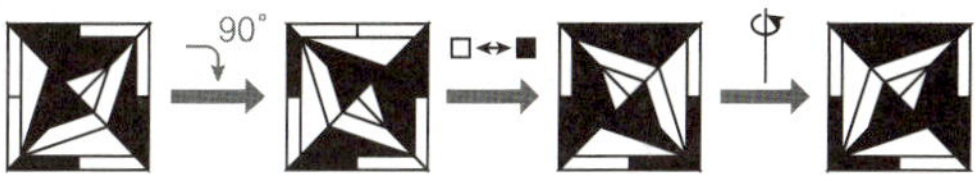

[1행 3열] [2행 3열] [3행 3열]

따라서 ?에 들어갈 도형으로 알맞은 것은 ②이다.

17 정답 ④ 난이도 ●○○

도형추리－박스형 문제

제시된 도형을 보면 같은 열에 있는 도형들의 모양이 유사하기 때문에 세로 방향으로 규칙이 적용되는 것을 쉽게 확인할 수 있다.
3열에 제시된 도형을 통해 규칙을 파악해 보자.
1행 3열, 2행 3열의 상, 하, 좌, 우에 있는 도형을 유사한 모양끼리 같은 색으로 표시해 보자. 이때, 회전 규칙이나 대칭 규칙이 적용되었는지 확인하기 위해 모양이 바뀌는 도형과 모양이 바뀌지 않는 도형을 각각 다른 색과 모양으로 표시하면 규칙을 파악하기 용이하다.

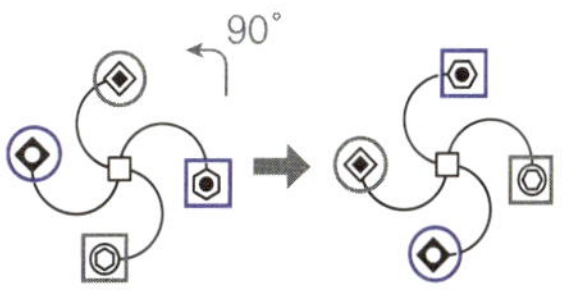

[1행 3열] [2행 3열]

1행 3열과 2행 3열의 상, 하, 좌, 우에 있는 도형의 위치 이동과 회색, 색 사각형으로 표시한 도형의 모양 변화를 통해 2행 3열의 도형은 1행 3열의 도형을 시계 반대 방향으로 90도 회전한 형태임을 알 수 있다.
2행 3열과 3행 3열 사이에 적용된 규칙도 위의 방법과 같이 색과 모양을 이용해 파악해 보자.

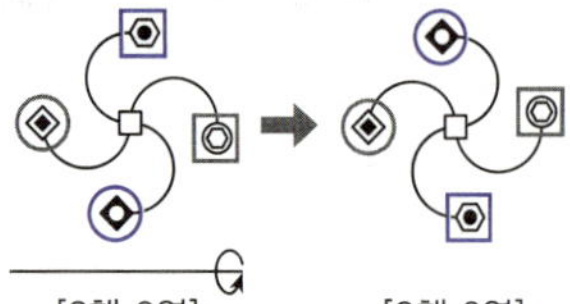

[2행 3열] [3행 3열]

좌, 우에 있는 도형의 위치는 그대로이며 위, 아래에 있는 도형의 위치는 서로 바뀌었다. 또한 중심에 있는 도형은 그대로이다. 그리고 상, 하, 좌, 우에 있는 도형을 연결하는 곡선의 모양이 바뀐 것을 확인할 수 있고 이를 바탕으로 3행 3열의 도형은 2행 3열의 도형을 상하 대칭한 형태임을 알 수 있다.
즉, 각 열에서 2행에 제시된 도형은 1행에 제시된 도형을 시계 반대 방향으로 90도 회전한 형태이고, 3행에 제시된 도형은 2행에 제시된 도형을 상하 대칭한 형태이다.

위에서 구한 규칙을 1열의 도형에서 확인해 보면 규칙이 성립함을 알 수 있다.

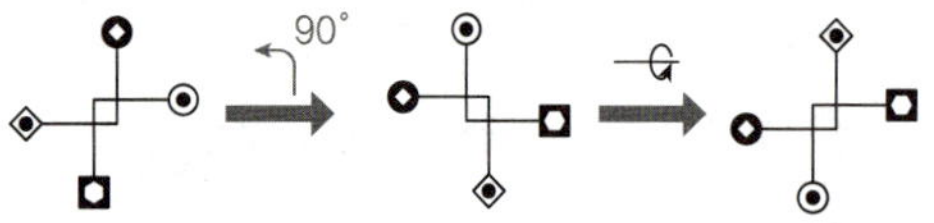

[1행 1열] [2행 1열] [3행 1열]

1행 2열과 2행 2열의 도형을 이용해 ?에 들어갈 도형을 추리해 보자.

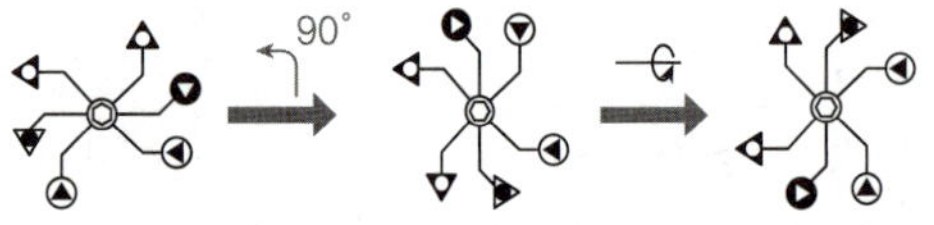

[1행 2열] [2행 2열] [3행 2열]

따라서 ?에 들어갈 도형으로 알맞은 것은 ④이다.

[18~21]

규칙 파악 TIP

(1) 제시된 도식 중 한 종류의 기호가 적용된 문자, 숫자 배열을 살펴본 후 자리 이동 규칙이 적용되었는지, 연산 규칙이 적용되었는지 파악한다. 이때 규칙 적용 전·후의 문자·숫자는 변함이 없고 순서의 변화만 있다면 자리 이동 규칙이 적용됨을 유추할 수 있고, 규칙 적용 전·후의 문자·숫자가 바뀌었다면 연산 규칙이 적용됨을 유추할 수 있다.

(1) 자리 이동 규칙

6	R	7	D	→	♥	→	7	D	6	R
1	2	3	4				3	4	1	2

→ ♥: (3412)

(2) 연산 규칙

3	U	T	X	→	◀	→	1	S	R	V
3	21	20	24				1	19	18	22
							−2	−2	−2	−2

→ ◀: (−2, −2, −2, −2)

(2) 제시된 도식 중 두 종류의 기호가 적용된 문자, 숫자 배열에서 먼저 구한 기호의 규칙을 이용해 나머지 기호의 규칙을 파악한다.

SAWG → ♥ → (A) → ♣ → AGWS

(i) SAWG에 자리 이동 규칙 ♥를 적용해 (A)에 들어갈 문자열을 구하고 ♣의 규칙을 파악한다.

(3412)

S	A	W	G	→	♥	→	W	G	S	A
1	2	3	4				3	4	1	2

→ (A): WGSA

(ii) WGSA와 AGWS를 비교하면 문자·숫자의 종류는 변하지 않았으므로 ♣는 자리 이동 규칙임을 유추할 수 있다.

W	G	S	A	→	♣	→	A	G	W	S
1	2	3	4				4	2	1	3

→ ♣: (4213)

(3) 제시된 도식 중 세 종류의 기호가 적용된 문자, 숫자 배열에서 먼저 구한 기호의 규칙을 이용해 나머지 기호의 규칙을 파악한다.

COF5 → ◀ → (B) → ♠ → (C) → ♣ → 7OBG

(i) COF5에 연산 규칙 ◀을 적용해 (B)에 들어갈 문자·숫자 배열을 구하고, 7OBG에 자리 이동 규칙 ♣를 역방향으로 적용해 (C)에 들어갈 문자·숫자 배열을 구한다.

(−2, −2, −2, −2)

C	O	F	5	→	◀	→	A	M	D	3
3	15	6	5				1	13	4	3

→ (B): AMD3

7 O B G →(4213) → (1234) → B O G 7
4 2 1 3 ♣(역) 1 2 3 4

→ (C): BOG7

(ii) 구한 (B)와 (C)를 이용해 ♠의 규칙을 파악해 보자. AMD3과 BOG7을 비교하면 문자·숫자가 바뀌었으므로 ♠는 연산 규칙임을 유추할 수 있다.

A M D 3 → ♠ → B O G 7
1 13 4 3 2 15 7 7
+1 +2 +3 +4

→ ♠: (+1, +2, +3, +4)

[규칙]

- ♥: 첫 번째, 세 번째 문자(숫자)의 자리를 서로 바꾸고, 두 번째, 네 번째 문자(숫자)의 자리를 서로 바꾼다.
  예 abcd (1234) → cdab (3412)
  참고 각 숫자는 배열에서 해당 문자(숫자)의 위치를 의미한다.
- ◀: 문자와 숫자 순서에 따라 각 자리의 문자(숫자)를 이전 두 번째 순서에 오는 문자(숫자)로 변경한다.
  예 abcd → yzab (a−2, b−2, c−2, d−2)
  참고 −2는 2만큼 전에 있는 문자(숫자)를 의미한다.
- ♠: 문자와 숫자 순서에 따라 첫 번째 문자(숫자)를 바로 다음 순서에 오는 문자(숫자)로, 두 번째 문자(숫자)를 다음 두 번째 순서에 오는 문자(숫자)로, 세 번째 문자(숫자)를 다음 세 번째 순서에 오는 문자(숫자)로, 네 번째 문자(숫자)를 다음 네 번째 순서에 오는 문자(숫자)로 변경한다.
  예 abcd → bdfh (a+1, b+2, c+3, d+4)
  참고 +1은 1만큼 뒤에 있는 문자(숫자)를 의미한다.
- ♣: 첫 번째 문자(숫자)를 세 번째 자리로, 세 번째 문자(숫자)를 네 번째 자리로, 네 번째 문자(숫자)를 첫 번째 자리로 이동한다.
  예 abcd (1234) → dbac (4213)
  참고 각 숫자는 배열에서 해당 문자(숫자)의 위치를 의미한다.

18 정답 ② 난이도 ●●●

도식추리 - 특정 기호의 규칙을 적용했을 때 나오는 문자나 숫자를 고르는 문제

각 기호의 규칙을 차례로 적용하여 답을 구한다.

- ♠: 연산 규칙 (+1, +2, +3, +4)
- ♥: 자리 이동 규칙 (1234) → (3412)

(+1, +2, +3, +4) (3412)
ANCJ → ♠ → BPFN → ♥ → FNBP

따라서 정답은 ②다.

합격자의 시간단축 Tip

Tip ❶ 선지에 제시된 문자열을 (첫 번째, 두 번째)/(세 번째, 네 번째)로 묶어 살펴보면 묶음의 문자열은 다르다. 문제에 제시된 자리 이동 규칙 ♥를 적용해도 (세 번째, 네 번째)/(첫 번째, 두 번째)로 묶음의 위치는 바뀌지만 묶음 내부의 위치는 바뀌지 않는다. 즉, 첫 번째, 두 번째 또는 세 번째, 네 번째 순서의 문자에만 규칙을 적용해도 답을 찾을 수 있다.

(1) 첫 번째, 두 번째 순서에 계산하는 경우

(+1, +2, +3, +4)
A N □ □ → ♠ → B P □ □
1 14 2 16

(3412)
B P □ □ → ♥ → □ □ B P

따라서 정답은 세 번째, 네 번째 순서의 문자가 B, P인 ②다.

(2) 세 번째, 네 번째 순서에 계산하는 경우

(+1, +2, +3, +4)
□ □ C J → ♠ → □ □ F N
3 10 6 14

(3412)
□ □ F N → ♥ → F N □ □

따라서 정답은 첫 번째, 두 번째 순서의 문자가 F, N인 ②다.

Tip ❷ 선지에 제시된 문자열의 네 번째 순서의 문자는 모두 다르다. 자리 이동 규칙 ♥을 적용했을 때, 적용 이후의 문자열의 네 번째 순서의 문자는 적용 이전의 문자열의 두 번째 순서의 문자와 같다. 따라서 두 번째 순서의 문자에만 연산 규칙 ♠를 적용하여 답을 찾을 수 있다.

(+1, +2, +3, +4)
□ N □ □ → ♠ → □ P □ □
14 16

PART 3 실전모의고사

(3412)
□P□□ → ♥ → □□□P

따라서 정답은 네 번째 순서의 문자가 P인 ②다.

19 정답 ③ 난이도 ●●●

도식추리 - 특정 기호의 규칙을 적용했을 때 나오는 문자나 숫자를 고르는 문제

- ♣: 자리 이동 규칙 (1234) → (4213)
- ◀: 연산 규칙 (−2, −2, −2, −2)
- ♠: 연산 규칙 (+1, +2, +3, +4)

(4213) (−2, −2, −2, −2) (+1, +2, +3, +4)
NG5K → ♣ → KGN5 → ◀ → IEL3 → ♠ → JGO7

따라서 정답은 ③이다.

합격자의 시간단축 Tip

문제에 제시된 자리 이동 규칙 ♣는 두 번째 순서에 영향을 주지 않는다. 그리고 연산 규칙인 ◀: (−2, −2, −2, −2), ♠: (+1, +2, +3, +4)를 한 번에 적용하면 ◀♠: (−1, 0, +1, +2)이다. 즉, 두 번째 순서는 연산 규칙에도 영향을 받지 않는다. 따라서 선지 중 두 번째 순서가 G인 ②, ③ 중 하나가 정답임을 유추할 수 있다.
선지 ②, ③에 제시된 숫자는 다르므로 계산이 비교적 쉬운 숫자만 자리 이동 규칙을 적용한 후 연산 규칙을 한 번에 적용해 답을 찾는다.

(4213) (−2, 0, +1, +2)
□G5□ → ♣ → □G□5 → ◀♠ → □G□7

따라서 정답은 ②, ③ 중 7이 있는 ③이다.

20 정답 ④ 난이도 ●●●

도식추리 - 특정 기호의 규칙을 적용했을 때 나오는 문자나 숫자를 고르는 문제

각 기호의 규칙을 차례로 적용하여 답을 구한다.
- ◀: 연산 규칙 (−2, −2, −2, −2)
- ♥: 자리 이동 규칙 (1234) → (3412)

해당 문제에서 구해야 하는 것은 두 가지 규칙을 적용하기 전의 문자·숫자 배열이다.

(−2, −2, −2, −2) (3412)
? → ◀ → → ♥ → 2653

즉, 두 가지 규칙을 적용 후 도출된 2653에 규칙을 역방향으로 적용해 풀어야 한다.

(3412) → (1234) (+2, +2, +2, +2)
2653 → ♥(역) → 5326 → ◀(역) → 7548

따라서 정답은 ④이다.

합격자의 시간단축 Tip

Tip ① 선지에 제시된 숫자를 살펴보면 네 개의 숫자가 모두 겹치지 않는다. 문제에 제시된 연산 규칙은 각 자리에서 같은 수를 빼므로, 숫자 순서에 영향을 받지 않는다. 따라서 2653에 연산 규칙 ◀만 역방향으로 적용한 뒤 숫자를 확인해도 답을 찾을 수 있다.

(+2, +2, +2, +2)
2653 → ◀(역) → 4875

따라서 정답은 4, 8, 7, 5가 모두 있는 ④이다.

Tip ② 다섯 개의 선지의 두 번째 순서에 있는 숫자는 모두 다르다.
① 7346 ② 7846 ③ 5684 ④ 7548
⑤ 8427
네 번째 순서에 있는 숫자에 자리 이동 규칙 ♥을 역방향으로 적용하면 그 숫자는 두 번째 순서로 이동하므로 2653 중 네 번째 순서인 3에 ♥을 역방향으로 적용한 후 연산 규칙 ◀을 역방향으로 적용한다.

(3412) → (1234)
□□□3 → ♥(역) → □3□□

(+2, +2, +2, +2)
□3□□ → ◀(역) → □5□□

따라서 정답은 두 번째 숫자가 5인 ④이다.

21 정답 ④ 난이도 ●●●

도식추리 - 특정 기호의 규칙을 적용했을 때 나오는 문자나 숫자를 고르는 문제

각 기호의 규칙을 차례로 적용하여 답을 구한다.
- ♥: 자리 이동 규칙 (1234) → (3412)
- ♠: 연산 규칙 (+1, +2, +3, +4)
- ♣: 자리 이동 규칙 (1234) → (4213)

해당 문제에서 구해야 하는 것은 세 가지 규칙을 적용하기 전의 문자·숫자 배열이다.

(3412) (+1, +2, +3, +4) (4213)
? → ♥ → → ♠ → → ♣ → JN96

즉, 세 가지 규칙을 적용 후 도출된 JN96에 규칙을 역방향으로 적용해 풀어야 한다.

(4213)→(1234)　(−1, −2, −3, −4)　(3412)→(1234)

JN96 → ♣(역) → 9N6J → ♠(역) → 8L3F → ♥(역) → 3F8L

따라서 정답은 ④이다.

합격자의 시간단축 Tip

Tip 선지에 제시된 숫자의 위치와 종류 살펴보면, 동일한 선지가 존재하지 않는다.
① 4H7L ② L81P ③ 8L1P ④ 3F8L ⑤ F83L

따라서 계산이 비교적 쉬운 숫자만 규칙을 역방향으로 적용하여 답을 찾을 수 있다.

□	□	9	6	→ (4213) → (1234)	→	9	□	6	□
		1	3	♣(역)		1		3	
9	□	6	□	→ (−1, −2, −3, −4)	→	8	□	3	□
				♠(역)					
8	□	3	□	→ (3412) → (1234)	→	3	□	8	□
3		1		♥(역)		1		3	

따라서 정답은 첫 번째 순서와 세 번째 순서의 숫자가 각각 3, 8인 ④이다.

22 정답 ②

난이도 ●●●

문단배열 - 제시된 문단을 논리적 흐름에 따라 배열하는 문제

문제유형 비판적 사고 > 논리적 결론의 전제·원인 찾기

접근전략 문단 배열 순서의 문제는 주로 문단별 첫 문장과 마지막 문장을 결정적 근거로 삼아 풀 수 있다. 이때, 1) 첫 문단은 넓은 범위의 이야기에서 좁은 범위로 좁혀간다는 점 2) 접속사, 대명사를 유의해야 한다는 점 3) 앞 문단의 후반부 내용과 다음 문단의 첫 문장의 연관성 등을 이용해 각 순서를 판단할 수 있다. 또한, 다음에 올 문단을 선택할 때마다 선지로 돌아가 당장 정답을 선택할 수 있는지 확인하면 시간을 크게 단축할 수 있다.

다음 문단을 논리적 순서대로 알맞게 배열한 것을 고르시오.

(가) (1)스마트폰의 대중화를 가능하게 한 것은 바로 터치스크린 기술이다. (2)터치스크린 기술이란 손가락이나 스타일러스 펜을 이용해 화면을 직접 터치하여 기기를 제어할 수 있는 입력 방식이다.

(나) (1)반면 정전식 방식은 전자의 흐름을 이용한 방식으로, 가벼운 접촉만으로도 반응하며 멀티터치를 지원한다. (2)정전식 방식은 스마트폰의 보급과 함께 빠르게 대중화되었으며, 높은 내구성과 빠른 반응 속도로 인해 현재 대부분의 스마트폰에 사용되고 있다.

(다) (1)이러한 두 가지 터치스크린 기술은 현재 다양한 기기에 적용되고 있으며, 자동차 내비게이션, 태블릿, 스마트 워치 등 다양한 디지털 기기에서 중요한 인터페이스로 자리 잡고 있다. (2)앞으로도 터치스크린 기술은 더욱 발전하여, 사용자와 기기의 상호작용을 한층 더 편리하게 만들 것으로 기대된다.

(라) (1)터치스크린 기술은 두 가지 방식으로 나뉜다. (2)저항막 방식과 정전식 방식이다. (3)저항막 방식은 초창기 기술로, 두 개의 전도성 층이 압력에 의해 접촉하는 원리로 작동되었다. (4)이 방식은 정밀한 입력이 가능하지만, 내구성이 낮고 손가락을 이용한 멀티터치가 불가능하다는 단점이 있었다.

① (가) − (다) − (라) − (나) ➜ (×)
② (가) − (라) − (나) − (다) ➜ (○)

(1) (가)~(라)의 중심 내용을 정리하면, (가)는 터치스크린 기술 소개, (나)는 정전식 방식의 특징, (다)는 터치스크린의 활용 영역 및 기대효과, (라)는 터치스크린 기술의 방식 소개 및 저항막 방식의 특징으로 볼 수 있다. (가)~(라)를 글의 흐름에 적절하게 배열하면 다음과 같다.

(2) (가)에서는 스마트폰 대중화를 가능하게 한 터치스크린 기술을 소개한다. 제시문 전체적으로 터치스크린 기술을 설명하므로 해당 기술을 처음 소개하는 (가) 문단이 제일 먼저 오는 것이 적절하다.

(3) (라)에서 터치스크린 기술이 두 가지로 구분된다고 제시하며 그중 하나인 저항막 방식을 소개한다. 터치스크린 기술의 개념을 제시하는 (가) 문단 다음으로 그 종류를 소개하는 (라) 문단이 오는 것이 자연스럽다.

(4) (나) 문단은 나머지 방식인 정전식 스크린을 소개하므로 (라) 다음으로 와야 한다. 마지막으로 (다) 문단은 터치스크린의 현재 모습과 미래의 모습을

제시하므로 글의 마무리에 위치한다.
따라서 (가) – (라) – (나) – (다) 순이 적절하다.

③ (가) – (라) – (다) – (나) ➔ (×)
④ (라) – (가) – (나) – (다) ➔ (×)
⑤ (라) – (나) – (가) – (다) ➔ (×)

제시문 분석

제시문 (가)–터치스크린 기술 소개

터치스크린 기술
터치스크린 기술이란 손가락이나 스타일러스 펜을 이용해 화면을 직접 터치하여 기기를 제어할 수 있는 입력 방식이다.(2) 스마트폰의 대중화를 가능하게 했다.(1)

제시문 (라), (나)–터치스크린 기술의 방식

저항막 방식	⇔	정전식 방식
초창기 기술로, 두 개의 전도성 층이 압력에 의해 접촉하는 원리로 작동되었다.(3) 정밀한 입력이 가능하지만, 내구성이 낮고 손가락을 이용한 멀티터치가 불가능하다는 단점이 있었다.(4)		전자의 흐름을 이용한 방식으로, 가벼운 접촉만으로도 반응하며 멀티터치를 지원한다.(1) 스마트폰의 보급과 함께 빠르게 대중화되었으며, 높은 내구성과 빠른 반응 속도로 인해 현재 대부분의 스마트폰에 사용되고 있다.(2)

제시문 (다)–터치스크린 기술의 활용과 기대효과

현재	➔	미래
터치스크린 기술은 현재 다양한 기기에 적용되고 있으며, 자동차 내비게이션, 태블릿, 스마트 워치 등 다양한 디지털 기기에서 중요한 인터페이스로 자리 잡고 있다.(1)		앞으로도 터치스크린 기술은 더욱 발전하여, 사용자와 기기의 상호 작용을 한층 더 편리하게 만들 것으로 기대된다.(2)

합격자의 실전 풀이 순서

❶ 발문 제대로 읽기 및 문제 유형 파악
항상 발문을 먼저 제대로 읽자. 문단의 순서를 정하는 문제 유형이다. 문단의 순서를 알 수 있는 가장 결정적인 단서는 문단의 맨 첫 문장과 마지막 문장이다. 우선 각 문단 첫 문장을 읽어보며 처음에 올 만한 문단을 찾아본다. 그리고 순서를 하나씩 확정할 때마다 선지로 내려가 정답이 있는지를 확인하면 좋다.
해당 유형은 선지를 활용하여 처음에 올 문단을 예상하는 방식으로 시간을 단축할 수도 있다. 이후의 순서를 정할 때도 선지에서 제시하고 있는 순서를 검토하여 이를 선지 판단에 참고할 수 있다.

❷ 제시문 독해 및 선지 판단
(1) 우선 각 문단의 첫 문장을 읽어보는데 (나) 문단은 '반면', (다) 문단은 '이러한'이라는 표현으로 시작하므로 첫 문단으로는 될 수 없다. 또한, 선지 구성을 살펴봤을 때, (가)와 (라)로만 시작한다. (가) 또는 (라)가 첫 문단이라는 걸 알 수 있다.
(2) (가)와 (라)를 살펴봤을 때, (가)는 터치스크린 기술을 소개하고, (라)는 터치스크린 기술의 두 가지 방식을 제시한다. 보통 넓은 범위에서 좁은 범위로 좁혀가 말하고자 하는 바를 제시하는 것이 일반적이다. '터치스크린 기술'이라는 더 넓은 범위의 이야기에서 '터치스크린 기술의 종류'라는 좁은 범위로 글을 전개할 것으로 판단할 수 있다.
(3) 선지 구성을 살펴보면 (가) 다음에 (다) 또는 (라)가 온다. (다) 문단은 두 가지 기술에 관해 이야기하고 있으며, 특히, '이러한 두 가지 터치스크린 기술은'이라고 시작하는데, 이는 (다) 문단이 제시되기에 앞서 터치스크린 기술의 방식이 제시되어야 함을 의미한다. 따라서, (다)는 (가)의 바로 다음에 올 수는 없다.
(4) 한편, (나) 문단은 저항막 방식, 정전기 방식 중 정전식 방식을 소개한다. (라)에서 두 방식 중 하나인 저항막 방식을 설명했으므로 (나) 문단이 (라) 다음으로 와야 한다.
결론적으로, 정답의 순서는 (가) – (라) – (나) – (다)임을 알 수 있다.

합격자의 시간단축 Tip

Tip ❶ 문단 순서 판단 문제의 결정적 근거 확보
문단의 순서를 판단하는 문제는 우선 첫 문장과 마지막 문장이 주요 근거가 되며 이들 안에 순서를 판단할 수 있는 결정적 요소들이 몇 개 있다. 이들을 대표적으로 몇 개 나열하면 다음과 같다.

(1) 첫 문단은 일반적으로 '넓은 범위'의 이야기에서 시작해서 '좁은 범위'의 이야기로 좁혀간다. 이를 통해 첫 문단 결정 시 첫 문장의 내용이 비교적 넓은 범위를 가진 것을 선택하면 정답일 확률이 매우 높다.

(2) 접속사에 주의하자. 접속사는 앞 문장과 뒤 문장 사이에 들어가 이들의 연결을 매끄럽게 해주는 역할을 하므로 이들을 통해 앞과 뒤 문장에 어떤 내용이 들어갈지 잘 파악할 수 있다. 예를 들어, '그러나'라는 접속사가 있다면 앞의 내용을 뒤집어 주는 접속사이기 때문에 이 접속사 앞과 뒤의 문장은 정반대

여야 함을 알 수 있다. 접속사를 살펴보면 글의 구조를 빠르게 파악할 수 있으므로, 접속사를 적극적으로 활용하면 풀이 시간을 줄일 수 있다.

해당 문제의 문단 (나)에는 '반면'이라는 접속사가 있어 앞의 내용과 반대되거나 대비되는 내용이 뒤에 옴을 알 수 있다.

(3) 대명사에 주의하자. 기본적으로 대명사는 앞에 이미 나온 것을 다시 한번 가리키는 것이므로 첫 문장에 이러한 대명사가 있다면 바로 앞 내용에 이에 대응하는 말이 분명히 있을 것이므로 이를 통해 순서 판단이 가능하다.

예를 들어 (다)에서 '이러한 두 가지 터치스크린 기술'과 같은 문장을 보면 앞에 어떤 지칭하는 기술이 존재함을 알 수 있다. 이에 (다) 앞에는 2가지 방식이 나올 것임을 알 수 있다.

(4) 앞 문단의 후반부 내용과 연관성 정도를 통해 다음 문단을 판단할 수 있다. 제시문을 예로 들어 말하자면, 앞 문단 후반부가 '터치스크린 기술의 방식1'에 관해 이야기했다면 다음 문단의 시작은 이와 밀접한 이야기로 시작할 가능성이 매우 크다.

(5) 사례에 주의하자. 보통 실생활 적용 사례, 해결 사례 등은 그 전에 '일반적인 내용'에 대한 설명이 있어야 나올 수 있다. 사례가 제시된 문단이 있다면 그 사례가 어떤 것에 관한 내용인지 설명해 줄 문단이 앞에 있을 가능성이 매우 크다.

(6) 제시문의 내용을 확인하자. 레시피나 매뉴얼을 다루는 경우 논리적인 순서가 있을 수밖에 없다. 해당 문제는 개념, 종류, 적용 사례 및 기대효과가 제시되고 있어 반드시 특정한 논리적 순서가 존재한다고 할 수는 없다. 다만, 일반적인 글쓰기라면 개념－종류－적용 사례 및 기대효과 순으로 제시될 것이다.

Tip ❷ 선지의 적극적 활용

문단의 순서를 정하는 문제는 선지에서 이미 주어진 문단의 순서 중 타당한 것을 골라야 한다. 예컨대 선지에서 첫 번째 순서로 나올 수 있는 문단으로 (가)와 (라)만을 제시하고 있는 경우 해당 두 문단만을 비교하여 빠르게 선지 소거가 가능하다. 또한, 뒤에 올 문단 판단이 끝날 때마다 선지로 내려가 보자. 혹시, 답을 선택하고도 불안한 느낌이 든다면 **Tip ❶**에 있는 기준을 통해 선택한 정답 순서대로 빠르게 훑어서 맞는지 확인하자.

23 정답 ②

난이도 ●●●

문단배열－제시된 문단을 논리적 흐름에 따라 배열하는 문제

문제유형 비판적 사고 > 논리적 결론의 전제·원인 찾기

접근전략 문단 배열 순서의 문제는 주로 문단별 첫 문장과 마지막 문장을 결정적 근거로 삼아 풀 수 있다. 이때, 1) 첫 문단은 넓은 범위의 이야기에서 좁은 범위로 좁혀간다는 점 2) 접속사, 대명사를 유의해야 한다는 점 3) 앞 문단의 후반부 내용과 다음 문단의 첫 문장의 연관성 등을 이용해 각 순서를 판단할 수 있다. 또한, 다음에 올 문단을 선택할 때마다 선지로 돌아가 당장 정답을 선택할 수 있는지 확인하면 시간을 크게 단축할 수 있다.

다음 문단을 논리적 순서대로 알맞게 배열한 것을 고르시오.

(가) (1)그 결과, 김 박사는 장 교수의 연구를 바탕으로 상용화에 성공하여 실제 농업 현장에 적용될 수 있는 작물을 개발하였다. (2)이 발견은 농업 생산성을 높이고, 농약 사용을 줄이는 데 크게 기여할 수 있는 중요한 발전으로 평가받고 있다. (3)장 교수와 김 박사의 연구는 현대 농업에 큰 영향을 미친 중요한 과학적 성과로 인정받고 있다.

(나) (1)2000년대 초반, 기후 변화와 인구 증가로 인해 식량 문제 해결을 위한 연구가 활발히 이루어졌다. (2)당시 여러 과학자가 다양한 방법으로 식량 문제 해결에 도전하고 있었다. (3)그중 하나가 유전자 편집 기술을 이용한 작물 개발이었다. (4)장 교수와 그의 연구팀은 식량 문제를 해결하기 위해 유전자 편집 기술을 연구하기 시작했다.

(다) (1)하지만 당시 이 기술은 초기 단계였기 때문에 상용화에 많은 어려움이 있었다. (2)이후 김 박사가 이를 이어받아 연구를 계속했다.

(라) (1)장 교수와 그의 연구팀이 개발한 작물은 기존의 작물보다 수확량이 증가했고, 환경 변화에 대한 적응력이 뛰어났다. (2)그의 연구는 유전자 편집 기술의 가능성을 보여주었으며, 이는 작물의 다양한 특성을 조절할 수 있는 방법으로 주목받게 되었다.

① (나) － (가) － (라) － (다) ➔ (×)
② (나) － (라) － (다) － (가) ➔ (○)

(1) (가)~(라)의 중심 내용을 정리하면, (가)는 김 박사의 연구 성과, 장 교수와 김 박사 연구의 의의, (나)는 유전자 편집 기술 연구 배경, (다)는 장 교수 연구의 어려움, (라)는 장 교수의 연구 성과로 볼 수

PART 3 실전모의고사

있다. (가)~(라)를 글의 흐름에 적절하게 배열하면 다음과 같다.

(2) (나)에서는 2000년대 초 식량 문제 해결을 위해 시작된 유전자 편집 기술 연구를 소개한다. 제시문에서 설명하는 유전자 편집 기술의 배경이 되는 문단으로 처음으로 오는 것이 적절하다.

(3) (라)에서 장 교수의 연구팀이 개발한 기술의 성과를 소개한다. (나)의 마지막에 예시로 장 교수와 연구팀의 연구를 언급했으므로, 해당 내용으로 이어지는 것이 자연스럽다.

(4) (다) 문단은 장 교수의 연구팀이 겪은 어려움과 이를 해결하기 위해 연구를 이어받은 김 박사의 내용이 제시되므로 (라) 뒤에 오는 것이 적절하다. 그 다음으로 (가) 문단에서는 (다)에서 등장한 김 박사의 연구 성과, 장 교수와 김 박사 연구의 의의를 언급하므로 (가) 문단이 (다) 문단 다음으로 오는 것이 적합하다.
따라서 (나) – (라) – (다) – (가) 순이 적절하다.

③ (라) – (가) – (나) – (다) ➜ (×)
④ (라) – (나) – (가) – (다) ➜ (×)
⑤ (라) – (나) – (다) – (가) ➜ (×)

제시문 분석

제시문 (나)–유전자 편집 기술의 등장배경

식량 문제		문제 해결 도전		장 교수와 연구팀
2000년대 초반, 기후 변화와 인구 증가로 인해 식량 문제 해결을 위한 연구가 활발히 이루어졌다.(1)	➜	당시 여러 과학자들이 다양한 방법으로 식량 문제 해결에 도전하고 있었다.(2) 그중 하나가 유전자 편집 기술을 이용한 작물 개발이었다.(3)	➜	장 교수와 그의 연구팀은 식량 문제를 해결하기 위해 유전자 편집 기술을 연구하기 시작했다.(4)

제시문 (라)–장 교수와 그의 연구팀 연구의 특징 및 성과

성과
장 교수와 그의 연구팀이 개발한 작물은 기존의 작물보다 수확량이 높고, 환경 변화에 대한 적응력이 뛰어났다.(1) 그의 연구는 유전자 편집 기술의 가능성을 보여주었으며, 이는 작물의 다양한 특성을 조절할 수 있는 방법으로 주목받게 되었다.(2)

제시문 (다)–장 교수 연구팀이 겪은 어려움 및 김 박사의 등장

어려움		등장
당시 이 기술은 초기 단계였기 때문에 상용화에 많은 어려움이 있었다.(1)	➜	이후 김 박사가 이를 이어받아 연구를 계속했다.(2)

제시문 (가)–김 박사의 연구 성과 및 장 교수와 김 박사 연구의 의의

성과
그 결과, 김 박사는 장 교수의 연구를 바탕으로 상용화에 성공하여 실제 농업 현장에 적용될 수 있는 작물을 개발하였다.(1) 이 발견은 농업 생산성을 높이고, 농약 사용을 줄이는 데 크게 기여할 수 있는 중요한 발전으로 평가받고 있다.(2)

의의
장 교수와 김 박사의 연구는 현대 농업에 큰 영향을 미친 중요한 과학적 성과로 인정받고 있다.(3)

합격자의 실전 풀이 순서

❶ 발문 제대로 읽기 및 문제 유형 파악
항상 발문을 먼저 제대로 읽자. 문단의 순서를 정하는 문제 유형이다. 문단의 순서를 알 수 있는 가장 결정적인 단서는 문단의 맨 첫 문장과 마지막 문장이다. 우선 각 문단 첫 문장을 읽어보며 처음에 올 만한 문단을 찾아본다. 그리고 순서를 하나씩 확정할 때마다 선지로 내려가 정답이 있는지를 확인하면 좋다.
해당 유형은 선지를 활용하여 처음에 올 문단을 예상하는 방식으로 시간을 단축할 수도 있다. 이후의 순서를 정할 때도 선지에서 제시하고 있는 순서를 검토하여 이를 선지 판단에 참고할 수 있다.

❷ 제시문 독해 및 선지 판단
(1) 우선 각 문단의 첫 문장을 읽어보면 (가) 문단과 (다) 문단은 각각 '그 결과', '하지만'으로 시작해 처음으로 올 수 없음을 알 수 있다. 또한, 선지 구성을 살펴봤을 때, (나) 또는 (라)로만 시작한다. (나) 또는 (라)가 첫 문단이라는 걸 파악할 수 있다.
(2) (나)와 (라)를 살펴봤을 때, (나)에서 유전자 편집 기술이 처음 등장하고, (라) 문단 첫 문장에는 (나) 문단 마지막에서 언급된 '장 교수와 그의 연구팀'에 관한 내용이 제시된다. (라)의 정확한 순서는 예측할 수 없지만, (나)가 (라)보다 먼저 오는 것이 자연스러움은 알 수 있다. 또한, (나)가 유전자 편집 기술의 배경이 되는 문단이 되기 때문에 처음으로 와야 한다.

(3) 선지 구성을 살펴보면 (나) 다음에 (가) 또는 (라)가 온다. (가) 문단에선 (나)에서 언급되지도 않은 김 박사가 장 교수의 연구를 바탕으로 상용화에 성공했다는 내용과 장 교수와 김 박사의 연구가 미친 영향이 나온다. (가)가 (나) 다음에 오기엔 어색하므로 (라) 문단이 (나) 문단 다음으로 와야 한다.

(4) (나)-(라)로 시작하는 선지가 하나뿐이므로 결론적으로, 정답의 순서는 (나) - (라) - (다) - (가)이다. 실제로 순서를 따라 나머지 제시문을 읽어보면 (나) - (라) 이후 장 교수의 연구가 상용화에 어려움을 겪었고, 후에 이를 바탕으로 김 박사가 성공했다는 내용이 자연스럽게 이어진다.

합격자의 시간단축 Tip

Tip ❶ 문단 순서 판단 문제의 접근법

문단의 순서를 판단하는 문제는 우선 첫 문장과 마지막 문장이 주요 근거가 되며 이들 안에 순서를 판단할 수 있는 결정적 요소들이 몇 개 있다. 이들을 대표적으로 몇 개 나열하면 다음과 같다.

(1) 첫 문단은 일반적으로 '넓은 범위'의 이야기에서 시작해서 '좁은 범위'의 이야기로 좁혀간다. 이를 통해 첫 문단 결정 시 첫 문장의 내용이 비교적 넓은 범위를 가진 것을 선택하면 정답일 확률이 매우 높다.

(2) 접속사에 주의하자. 접속사는 앞 문장과 뒤 문장 사이에 들어가 이들의 연결을 매끄럽게 해주는 역할을 하므로 이들을 통해 앞과 뒤 문장에 어떤 내용이 들어갈지 잘 파악할 수 있다. 예를 들어, '그러나'라는 접속사가 있다면 앞의 내용을 뒤집어 주는 접속사이기 때문에 이 접속사 앞과 뒤의 문장은 정반대여야 함을 알 수 있다. 접속사를 살펴보면 글의 구조를 빠르게 파악할 수 있으므로, 접속사를 적극적으로 활용하면 풀이 시간을 줄일 수 있다.

(3) 대명사에 주의하자. 해당 문제에는 결정적 근거로 등장하지 않지만, 기본적으로 대명사는 앞에 이미 나온 것을 다시 한번 가리키는 것이므로 첫 문장에 이러한 대명사가 있다면 바로 앞 내용에 이에 대응하는 말이 분명히 있을 것이므로 이를 통해 순서 판단이 가능하다.
예를 들면, 문제에서도 '그 결과'와 같이 '그'가 존재하는데, 이에 앞에 어떤 내용이 있고 (가)는 이를 뒷받침 해줌을 추측할 수 있다. 또한, 제시문 (다) 문단에서 '이 기술'이 가리키는 것은 (라) 문단에서 제시된 '유전자 편집 기술'이라 할 수 있다.

(4) 앞 문단의 후반부 내용과 연관성 정도를 통해 다음 문단을 판단할 수 있다. 제시문을 예로 들어 말하자면, (나)와 같이 앞 문단 후반부가 '장 교수의 연구'에 관해 이야기했다면 다음 문단의 시작은 (라)와 같이 이와 밀접한 이야기로 시작할 가능성이 매우 크다.

(5) 사례에 주의하자. 보통 실생활 적용 사례, 해결 사례 등은 그 전에 '일반적인 내용'에 대한 설명이 있어야 나올 수 있다. 사례가 제시된 문단이 있다면 그 사례가 어떤 것에 관한 내용인지 설명해 줄 문단이 있을 가능성이 매우 크다.

(6) 제시문의 내용을 확인하자. 레시피나 매뉴얼을 다루는 경우 논리적인 순서가 있을 수밖에 없다. 해당 문제는 장 교수 연구 – 장 교수 → 김 박사 – 김 박사 연구로 시간적 순서가 존재하는 경우다. 따라서 비교적 쉽게 순서 판단이 가능하다.

Tip ❷ 선지의 적극적 활용

문단의 순서를 정하는 문제는 선지에서 이미 주어진 문단의 순서 중 타당한 것을 골라야 한다. 본 문제의 경우 그리 어렵지 않은 문제에 해당하지만, 난이도가 높은 순서 결정 유형의 경우 선지에서 주어진 문단의 순서를 참고하는 것이 효과적이다. 예컨대 선지에서 첫 번째 순서로 나올 수 있는 문단으로 (나)와 (라)만을 제시하고 있는 경우 해당 두 문단만을 비교하여 빠르게 선지 소거가 가능하다. 또한, 해당 문제처럼 두 번째 순서까지조차 겹치지 않는 경우 두 개의 문단만 보고도 답을 빠르게 내릴 수 있으니, 뒤에 올 문단 판단이 끝날 때마다 선지로 내려가 보자. 혹시, 답을 선택하고도 불안한 느낌이 든다면 **Tip ❶**에 있는 기준을 통해 선택한 정답 순서대로 빠르게 훑어서 맞는지 확인하자.
본 문제의 경우 (라)-(나) 구성의 선지가 3개나 된다. 이에 임의로 (라)-(나)를 정답으로 정할 수 있다. 하지만 정답은 (나)-(라)이다. 이런 경우도 종종 존재하므로 문제 중간중간 선지를 보면서 푸는 것도 연습하는 게 필요하다.

24 정답 ② 난이도 ●●●

논리추론 – 논리적 판단 문제

문제유형 사실적 이해 > 정보 확인

접근전략 글의 내용과 부합하지 않는 것을 묻는 문제는 선지를 먼저 보는 것을 추천한다. 정답을 제외한 나머지가 글의 내용과 일치하므로 선지의 키워드를 인지하며 지문을 읽는다면 빠른 독해가 가능하기 때문이다. 선지를 훑어 '초고해상도', '화면', '해상도', '명암비' 등의 키워드를 생각하며 지문을 읽어 나간다.

다음 글의 내용과 부합하지 않는 것은?

(1)모니터 디스플레이의 화질을 평가하는 주요 지표 중 하나로 해상도(Resolution)가 있다. (2)해상도는 화면에 표시할 수 있는 픽셀 수를 나타내며, 일반적으로 가로와 세로 픽셀 수로 표시된다. (3)해상도가 높을수록 화면에 더 많은 세부 정보를 표시할 수 있어, 영상의 선명도와 디테일이 향상된다. (4)특히 4K와 8K와 같은 초고해상도는 큰 화면에서 작은 세부 사항을 뚜렷하게 볼 수 있게 하며, 게임과 영화에서 현실감을 높이는 데 중요한 역할을 한다. (5)또한, 높은 해상도는 작업 화면을 넓게 사용할 수 있게 하여, 그래픽 디자인이나 영상 편집과 같은 전문 작업에도 유리하다. (6)또 다른 지표로 명암비(Contrast Ratio)가 있다. (7)명암비는 디스플레이가 표현할 수 있는 가장 밝은 흰색과 가장 어두운 검은색의 비율을 나타내며, 명암비가 높을수록 깊이 있는 색 표현이 가능해진다. (8)특히 HDR 기술과 결합하면 밝은 부분과 어두운 부분을 더 극명하게 표현할 수 있어, 영상의 사실감이 증가한다. (9)그러나 일부 디스플레이는 높은 해상도와 명암비를 동시에 구현하기 어려워, 영상의 종류에 따라 최적의 설정이 다를 수 있다.

① (○) 4K와 8K 초고해상도는 큰 화면에서 작은 세부 사항을 뚜렷하게 볼 수 있게 한다.

➜ "특히 4K와 8K와 같은 초고해상도는 큰 화면에서 작은 세부 사항을 뚜렷하게 볼 수 있게 하며, 게임과 영화에서 현실감을 높이는 데 중요한 역할을 한다.[(4)]"를 통해 알 수 있는 내용이다. 옳은 선지다.

② (×) 초고해상도는 작은 화면에서도 현실감을 극대화한다.

➜ "특히 4K와 8K와 같은 초고해상도는 큰 화면에서 작은 세부 사항을 뚜렷하게 볼 수 있게 하며, 게임과 영화에서 현실감을 높이는 데 중요한 역할을 한다.[(4)]"에서 초고해상도는 큰 화면에서 작은 세부사항을 뚜렷하게 볼 수 있게 하여 현실감을 높인다고 하나, 작은 화면에서도 현실감을 극대화 하는지는 알 수 없다. 따라서 옳지 않은 선지다.

③ (○) 명암비는 디스플레이가 표현할 수 있는 가장 밝은 흰색과 가장 어두운 검은색의 비율이다.

➜ "명암비는 디스플레이가 표현할 수 있는 가장 밝은 흰색과 가장 어두운 검은색의 비율을 나타내며, 명암비가 높을수록 깊이 있는 색 표현이 가능해진다.[(7)]"에서 알 수 있는 내용이다. 옳은 선지다.

④ (○) 해상도와 명암비는 디스플레이의 화질을 평가하는 주요 지표이다.

➜ "모니터 디스플레이의 화질을 평가하는 주요 지표 중 하나로 해상도(Resolution)가 있다.[(1)]"에서 해상도가 디스플레이의 화질을 평가하는 주요 지표임을 알 수 있다. 그리고 "또 다른 지표로 명암비(Contrast Ratio)가 있다.[(6)]"에서 명암비 역시 디스플레이의 화질을 평가하는 주요 지표임을 알 수 있는 바 옳은 선지다.

⑤ (○) 해상도는 화면에 표시할 수 있는 픽셀 수를 의미하며, 가로와 세로 픽셀 수로 표시된다.

➜ "해상도는 화면에 표시할 수 있는 픽셀 수를 나타내며, 일반적으로 가로와 세로 픽셀 수로 표시된다.[(2)]"에서 알 수 있는 내용이다. 옳은 선지다.

합격자의 실전 풀이 순서

[방법 1]

❶ 선지를 훑으며 대략적 주제를 파악한다.

접근 전략에서 설명했듯이 "부합하지 않는 것은?", "일치하지 않는 것은?"을 묻는 문제에서 선지는 매우 중요한 힌트가 된다. 정답을 제외한 4개의 선지를 보는 것만으로도 어느 정도 지문의 주제나 내용을 확인할 수 있기 때문이다. 먼저 선지를 훑어 '초고해상도', '화면', '해상도', '명암비'가 주요 주제로 나올 것을 예상한다.

❷ 각 선지의 키워드를 설정 후 발췌독해서 일차적으로 답을 판단한다.

선지의 단어 중 가장 생소하거나 특이한 단어를 키워드로 삼아 키워드가 있는 문단을 탐색한다. 특이한 단어의 경우 지문에서 그대로 나오거나 조금의 변형을 거쳐 나오므로 찾기 용이하기 때문이다. 선지 ①은 '4K와 8K', 선지 ②는 '초고해상도', 선지 ③은 '가장 밝은 흰색', 선지 ④는 '주요 지표', 선지 ⑤는 '픽셀 수'를 키워드로 들 수 있다.

[방법 2]

❶ 본문을 읽으면서 대략적인 전개를 파악한다.

본문을 빠르게 훑으면서 글이 어떻게 구성되고 있는지 확인한다. 본문의 경우 **해상도 → 명암비** 순으로 글이 전개됨을 알 수 있다.

❷ 본문 순서대로 선지를 판단한다.

먼저, '해상도'에 대해 설명하고 있는 선지의 정오를 판단한다. 만약 판단이 어려운 경우라면 다른 선지로 넘어가도 좋다. 설문의 경우 선지 ①, ②, ⑤, ③, ④순서로 판단하면 좋다.

합격자의 시간단축 Tip

Tip ❶ 부합하는 것, 부합하지 않는 것 외에 알 수 없는 것이 나올 가능성을 생각한다.

글의 내용과 부합하지 않는 것을 물었다. 그렇다면 부합하는 것은 답이 아니고, 부합하지 않는 것이 답인 것은 자명하다. 글에서 알 수 없는 것은 답이 될 수 있는가? 그렇다. 알 수 없는 것 역시 글의 내용과 부합하지 않기 때문이다. 선지의 내용이 글에서 알 수 없는 내용임에도 불구하고 무조건 찾으려 들 생각을 버리자. 다른 선지들은 글에서 근거를 찾을 수 있는데, 도저히 글에서 근거를 찾을 수 없는 선지가 정답이 될 수 있다.

Tip ❷ 눈에 띄는 표현에 주목한다.

눈에 띄는 표현이 나온 경우 활용할 수 있다. 일치하지 않는 것을 찾는 문제는 선지에서 생소한 단어를 키워드로 삼아 지문을 발췌독하는 것이 효과적이다. 이때 선지에 영어가 나온 경우 지문에 그 영어 단어가 그대로 나오는 경우가 상당히 많기 때문에 발췌독하기에 용이하다. 해당 문제에서 역시 선지 ①에서 나온 '4K'를 찾으면 눈에 바로 들어와 발췌독하기에 용이하다.

Tip ❸ 괄호에 주목한다.

괄호는 생소한 단어 중 처음 등장하는 단어를 부연 설명하거나 인명을 소개할 때 영어명을 표기해 줄 때 많이 사용된다. 생소한 단어를 키워드로 삼아 발췌독할 때 괄호를 찾고 이후의 내용을 읽는 것이 효과적이다. 괄호 처리된 경우 해당 단어가 처음 등장하므로 이전 지문에는 괄호 처리된 단어에 대한 내용이 없는 경우가 많기 때문이다.

해당 문제에서 역시 선지에 해상도와 명암비가 주로 나와 지문의 주요 내용임을 알 수 있는데, 해상도와 명암비가 괄호로 영어명이 표기되어 있다. 그렇다면 선지에서 명암비를 보고 지문에서 찾을 때 명암비(Contrast Ratio)이전의 내용에서 찾을 필요가 없다. 괄호 이후에서 명암비의 개념과 특징을 설명하기 때문이다.

Tip ❹ 키워드 뽑는 방법

발췌독하기 위해서는 생소한 키워드를 뽑아야 한다. 일반적인 단어를 키워드로 삼으면 지문에서 자주 등장하기 때문에 효율적인 발췌독을 하기 어렵다. 보통 키워드를 뽑을 때 맨 앞에 있는 주어를 선정하는 경우가 많다. 그러나 이는 상황에 따라 비효율적이다. 모든 선지의 주어가 같은 경우도 있고, 주어보다 서술어나 목적어가 더 생소한 경우가 많기 때문이다. 키워드를 뽑는 목적은 지문을 빠르게 발췌독하기 위함이고, 이를 위해 주어뿐만 아니라 모든 단어에 대한 가능성을 열어 두어야 함을 기억하자.

Tip ❺ 지문에 제시되지 않은 내용은 추측하지 않는다.

지문에 제시되지 않은 내용은 섣불리 추측하지 않는다. 예를 들어, "초고해상도는 작은 화면에서도 현실감을 극대화한다.[②번 선지]"의 경우를 보자. 지문에 따르면, "특히 4K와 8K와 같은 초고해상도는 큰 화면에서 작은 세부 사항을 뚜렷하게 볼 수 있게 하며, 게임과 영화에서 현실감을 높이는 데 중요한 역할을 한다.[(4)]"에서 초고해상도는 큰 화면에서 현실감을 높인다고 하나, 작은 화면에서도 현실감을 극대화하는지는 제시되지 않았으므로 알 수 없다.

25 정답 ③ 난이도 ●●○

논리추론 – 논리적 판단 문제

문제유형 사실적 이해 > 정보 확인

접근전략 글의 내용과 부합하지 않는 것을 묻는 문제는 선지를 먼저 보는 것을 추천한다. 정답을 제외한 나머지가 글의 내용과 일치하므로 선지의 키워드를 인지하며 지문을 읽는다면 빠른 독해가 가능하기 때문이다. 선지를 훑어 '자기포식작용', '유비퀴틴 – 프로테아좀 시스템', '더 높은 농도', '선택적으로 분해', '영구적' 등의 키워드를 생각하며 지문을 읽어 나간다.

다음 글의 내용과 부합하지 않는 것은?

(1)표적 단백질 분해 기술(Targeted Protein Degradation, TPD)은 기존의 표적 치료제와는 차별화된 방식으로, 질병을 유발하는 특정 단백질을 체내에서 직접 분해하여 제거하는 혁신적 치료 기술이다. (2)기존의 표적 치료제는 단백질 기능을 일시적으로 억제하는 데 비해, TPD는 단백질 자체를 분해함으로써 보다 근본적인 치료 효과를 기대할 수 있다. (3)이 기술은 체내의 유비퀴틴 – 프로테아좀 시스템과 리소좀을 이용한 자기포식작용을 통해 표적 단백질을 선택적으로 분해한다. (4)유비퀴틴 – 프로테아좀 시스템은 문제 단백질에 유비퀴틴을 결합해 세포가 이를 분해 대상으로 인식하게 하고, 리소좀은 오래되거나 손상된 세포 내 물질을 소화하여 세포 환경을 정리하는 역할을 한다. (5)TPD는 특정 단백질을 리소좀으로 유도해 분해하도록 한다. (6)또한, TPD는 기존 치료제보다 낮은 농도로도 효과가 발휘되어 체내 부작용을 최소화할 수 있으며, 단백질을 근본적으로 제거함으로써 재발 우려를 줄일 수 있다는 장점이 있다. (7)하지만 이러한 영구적 단백질 제거 특성으로 인해 약물이 표적 부위에 작용하는 도중 돌연변이나 변이가 생길 경우, 치료 효과가 감소하거나 사라질 위험도 있다. (8)현재 TPD 기술은 생명공학 및 의약 분야에서 큰 주목을 받고 있으며, 다양한 질병에 대한 새로운 치료법으로 적용하기 위한 연구와 개발이 활발히 진행되고 있다.

① (O) 자기포식작용은 리소좀을 이용해 체내에서 불필요한 물질을 분해하고 청소하는 과정이다.

➜ "표적 단백질 분해 기술(Targeted Protein Degradation, TPD)은 기존의 표적 치료제와는 차별화된 방식으로, 질병을 유발하는 특정 단백질을 체내에서 직접 분해하여 제거하는 혁신적 치료 기술이다.[(1)]"에서 TPD는 불필요한 물질을 분해하는 기술임을 알 수 있다. "이 기술은 체내의 유비퀴틴-프로테아좀 시스템과 리소좀을 이용한 자기포식작용을 통해 표적 단백질을 선택적으로 분해한다.[(3)]"에서 자기포식작용이 리소좀을 이용함을 알 수 있고, "리소좀은 오래되거나 손상된 세포 내 물질을 소화하여 세포 환경을 정리하는 역할을 한다.[(4)]"에서 자기포식작용이 리소좀을 이용해 체내를 청소하는 것을 알 수 있는 바, 옳은 선지다.

② (O) 유비퀴틴-프로테아좀 시스템은 특정 단백질에 유비퀴틴을 결합하는 과정이 있어 표적 단백질을 선택적으로 분해하는데 기여한다.

➜ "유비퀴틴-프로테아좀 시스템은 문제 단백질에 유비퀴틴을 결합해 세포가 이를 분해 대상으로 인식하게 하고, 리소좀은 오래되거나 손상된 세포 내 물질을 소화하여 세포 환경을 정리하는 역할을 한다.[(4)]"에서 유비퀴틴-프로테아좀 시스템은 특정 단백질에 유비퀴틴을 결합해 세포가 이를 분해 대상으로 인식하게 하여 표적 단백질을 선택적으로 분해하는데 기여함을 알 수 있다. 따라서 옳은 선지다.

③ (×) TPD는 기존 치료제보다 더 높은 농도로 투여해야 효과적이다.

➜ "또한, TPD는 기존 치료제보다 낮은 농도로도 효과가 발휘되어 체내 부작용을 최소화할 수 있으며, 단백질을 근본적으로 제거함으로써 재발 우려를 줄일 수 있다는 장점이 있다.[(6)]"에서 TPD는 기존 치료제보다 낮은 농도로도 효과가 발휘된다는 것이 오히려 장점으로 제시된 바 옳지 않은 선지다.

④ (O) TPD 기술은 리소좀을 통해 특정 단백질을 분해한다.

➜ "이 기술은 체내의 유비퀴틴-프로테아좀 시스템과 리소좀을 이용한 자기포식작용을 통해 표적 단백질을 선택적으로 분해한다.[(3)]", "TPD는 특정 단백질을 리소좀으로 유도해 분해하도록 한다.[(5)]"를 통해 알 수 있다. 옳은 선지다.

⑤ (O) TPD를 통해 문제 단백질을 영구적으로 제거할 수 있어 치료 효과가 지속적이다.

➜ "또한, TPD는 기존 치료제보다 낮은 농도로도 효과가 발휘되어 체내 부작용을 최소화할 수 있으며, 단백질을 근본적으로 제거함으로써 재발 우려를 줄일 수 있다는 장점이 있다.[(6)]"에서 TPD를 통해 문제 단백질을 영구적으로 제거할 수 있으며 재발 우려를 줄여 치료 효과가 지속적임을 알 수 있다. 옳은 선지다.

합격자의 실전 풀이 순서

❶ 선지를 훑으며 대략적 주제를 파악한다.

접근 전략에서 설명했듯이 "부합하지 않는 것은?", "일치하지 않는 것은?"을 묻는 문제에서 선지는 매우 중요한 힌트가 된다. 정답을 제외한 4개의 선지를 보는 것만으로도 어느 정도 지문의 주제나 내용을 확인할 수 있기 때문이다. 먼저 선지를 훑어 'TPD기술'이 주요 주제로 나올 것을 예상한다.

❷ 각 선지의 키워드를 설정 후 발췌독해서 일차적으로 답을 판단한다.

선지의 단어 중 가장 생소하거나 특이한 단어를 키워드로 삼아 키워드가 있는 문단을 탐색한다. 특이한 단어의 경우 지문에서 그대로 나오거나 조금의 변형을 거쳐 나오므로 찾기 용이하기 때문이다. 선지 ①은 '자기포식작용', 선지 ②는 '유비퀴틴-프로테아좀 시스템', 선지 ③은 '더 높은 농도', 선지 ④는 '특정 단백질 분해', 선지 ⑤는 '영구적 제거'를 키워드로 들 수 있다.

합격자의 시간단축 Tip

Tip ❶ 부합하는 것, 부합하지 않는 것 외에 알 수 없는 것이 나올 가능성을 생각한다.

글의 내용과 부합하지 않는 것을 물었다. 그렇다면 부합하는 것은 답이 아니고, 부합하지 않는 것이 답인 것은 자명하다. 글에서 알 수 없는 것은 답이 될 수 있는가? 그렇다. 알 수 없는 것 역시 글의 내용과 부합하지 않기 때문이다. 선지의 내용이 글에서 알 수 없는 내용임에도 불구하고 무조건 찾으려 들 생각을 버리자. 다른 선지들은 글에서 근거를 찾을 수 있는데, 도저히 글에서 근거를 찾을 수 없는 선지가 정답이 될 수 있다.

Tip ❷ 키워드 뽑는 방법

발췌독하기 위해서는 생소한 키워드를 뽑아야 한다. 일반적인 단어를 키워드로 삼으면 지문에서 자주 등장하기 때문에 효율적인 발췌독을 하기 어렵다. 일반적으로 키워드를 뽑을 때 맨 앞에 있는 주어를 선정하는 경우가 많다. 그러나 이는 상황에 따라 비효율적이다. 모든 선지의 주어가 같은 경우도 있고, 주어보다 서술어나 목적어가 더 생소한 경우가 많기 때문이다. 키워드를 뽑는 목적은 지문을 빠르게 발췌독하기 위함이고, 이를 위해 주어뿐만 아니라 모든 단어에 대한 가능성을 열어 두어야 함을 기억하자.

Tip ❸ 생명과학 지문 풀이방법

생명과학을 주제로 하는 지문의 경우, 등장하는 소재 간 관계가 존재할 가능성이 높다. 예를 들어, “이 기술은 체내의 유비퀴틴-프로테아좀 시스템과 리소좀을 이용한 자기포식작용을 통해 표적 단백질을 선택적으로 분해한다.[(3)]”, “유비퀴틴-프로테아좀 시스템은 문제 단백질에 유비퀴틴을 결합해 세포가 이를 분해 대상으로 인식하게 하고, 리소좀은 오래되거나 손상된 세포 내 물질을 소화하여 세포 환경을 정리하는 역할을 한다.[(4)]”, “TPD는 특정 단백질을 리소좀으로 유도해 분해하도록 한다.[(5)]”에 따라 자기포식작용을 통해 특정 단백질을 분해하는 것은 리소좀의 역할이고, TPD는 이러한 리소좀을 활용하는 기술임을 알 수 있다. 이처럼 주어진 소재 간의 관계를 명확하게 파악하는 것이 글을 이해하는 데 중요하다.

26 정답 ❺

난이도 ●○○

논리추론 - 논리적 판단 문제

문제유형 사실적 이해 > 정보 확인

접근전략 알 수 있는 것을 묻는 문제는 지문을 먼저 보는 것을 추천한다. 정답을 제외한 나머지가 글에서 알 수 없는 내용이므로 지문을 편하게 읽거나 정답을 찾는 데 도움을 전혀 주지 못하기 때문이다. 지문을 읽은 후 내용을 상기하며 선지를 보는 것을 추천한다.

다음 글에서 알 수 있는 것은?

> (1)EUV(Extreme Ultraviolet) 리소그래피는 13.5nm의 짧은 파장을 가진 극자외선을 사용하여 고해상도 회로 패턴을 형성하는 최신 반도체 공정 기술이다. (2)기존의 DUV(Deep Ultraviolet) 공정보다 짧은 파장을 사용하기 때문에, EUV는 더 정밀한 패턴을 구현할 수 있어 반도체 칩의 집적도를 높이고 전력 효율을 개선할 수 있다. (3)특히, 7nm 이하의 초미세 공정에서는 높은 해상도를 요구하기 때문에 EUV 리소그래피의 도입이 필수적이다. (4)EUV 공정에서는 빛을 투과하지 않고 반사하는 반사형 마스크가 사용된다. (5)이 마스크는 여러 층의 반사층을 적층하여 설계되며, 빛을 정밀하게 반사하여 회로 패턴을 형성하는 데 중요한 역할을 한다. (6)또한, 펠리클이라는 얇은 보호막이 포토마스크의 표면을 덮어 오염 물질로부터 마스크를 보호한다. (7)펠리클은 마스크와의 일정한 간격을 두고 설치되며, 공기 중의 미세 먼지나 이물질이 마스크에 직접 붙지 않도록 하여 패턴 왜곡을 방지한다. (8)펠리클은 높은 투과율을 유지해야 빛의 손실을 최소화할 수 있다. (9)EUV 리소그래피는 진공 상태에서 진행되어야 하며, 고가의 레이저 장비와 복잡한 설비가 필요하다. (10)이에 따라 생산 비용이 많이 들고 장비 유지 보수에도 큰 비용이 소요되지만, 반도체 미세 공정의 발전과 집적도 향상을 위해 필수적인 기술로 자리 잡았다. (11)현재 반도체 제조사들은 EUV 장비의 효율성을 높이고, 펠리클과 마스크의 내구성을 강화하는 연구에 박차를 가하고 있다.

① (×) EUV 리소그래피의 펠리클은 낮은 내구성으로 인해 자주 교체해야 한다.

→ 펠리클의 내구성에 대해서는, “현재 반도체 제조사들은 EUV 장비의 효율성을 높이고, 펠리클과 마스크의 내구성을 강화하는 연구에 박차를 가하고 있다.[(11)]”는 부분에만 나타난다. 하지만 이 부분을 통해 EUV 리소그래피의 펠리클의 낮은 내구성으로 인한 잦은 교체시기를 추론할 수는 없다. 따라서 옳지 않은 선지다.

② (×) EUV 리소그래피는 기존 공정보다 더 낮은 집적도의 반도체 칩을 제조하는 데 유리하다.

→ “기존의 DUV(Deep Ultraviolet) 공정보다 짧은 파장을 사용하기 때문에, EUV는 더 정밀한 패턴을 구현할 수 있어 반도체 칩의 집적도를 높이고 전력 효율을 개선할 수 있다.[(2)]”에서 EUV가 기존의 EUV에 비해 반도체 칩의 집적도를 높일 수 있다고 언급하고, “이에 따라 생산 비용이 많이 들고 장비 유지 보수에도 큰 비용이 소요되지만, 반도체 미세 공정의 발전과 집적도 향상을 위해 필수적인 기술로 자리 잡았다.[(10)]”에서 EUV가 집적도 향상을 위한 필수적인 기술이라고 언급하나 더 낮은 집적도의 반도체 칩을 제조하는데 유리한지는 지문의 내용으로 알 수 없다. 옳지 않은 선지다.

③ (×) EUV 리소그래피는 13.5nm보다 더 긴 파장의 자외선을 주로 사용한다.

→ “EUV(Extreme Ultraviolet) 리소그래피는 13.5nm의 짧은 파장을 가진 극자외선을 사용하여 고해상도 회로 패턴을 형성하는 반도체 공정 기술이다.[(1)]”에서 EUV 리소그래피는 13.5nm보다 더 긴 파장의 자외선이 아닌 13.5nm의 자외선을 사용함을 알 수 있다. 따라서 옳지 않은 선지다.

④ (×) EUV 공정은 펠리클의 투과율이 낮을수록 효율이 높아진다.

→ "펠리클은 높은 투과율을 유지해야 빛의 손실을 최소화할 수 있다.[(8)]"에서 펠리클은 높은 투과율을 유지해야 빛의 손실을 최소화하여 효율을 높일 수 있는 바, 옳지 않은 선지다.

⑤ (○) EUV 리소그래피는 빛의 투과형 마스크 대신 반사형 마스크를 사용한다.

→ "EUV 공정에서는 빛을 투과하지 않고 반사하는 반사형 마스크가 사용된다.[(4)]"에서 알 수 있는 내용이다. 옳은 선지다.

합격자의 실전 풀이 순서

[방법 1]

❶ 지문부터 읽는다.

'글의 내용과 일치하지 않는 것은?', '글에서 알 수 없는 것은?'을 묻는 문제와 달리 '알 수 있는 것은?'을 묻는 문제는 선지가 아닌 지문부터 읽는 것이 효과적이다. 접근 전략에서 설명했듯이 정답을 제외한 선지가 지문과 반대되는 내용으로 출제될 수 있으나 지문 내용과 아예 관련 없는 내용으로 출제될 수도 있기 때문이다. 선지부터 읽고 발췌독할 경우 지문 내용과 반대되는 선지는 지문에서 빠르게 찾아 소거할 수 있다. 그러나 지문과 관련 없는 선지의 경우 지문에서 찾을 수 없어 시간을 낭비하게 되고, 지문에서 찾을 수 없는 내용이라고 판단하고 넘어간다고 하더라도 혹시나 지문에 없는 내용이 아니라 내가 못 찾은 것은 아닐지 불안함을 가지게 된다. 따라서 '알 수 있는 것은?'을 묻는 문제는 지문부터 읽는 것이 효과적이다.

❷ 지문에 집중해 답을 고른다.

지문을 다 읽고 선지를 본다. 선지에 내가 읽은 지문과 관계없는 문장이 나올 확률이 있음을 인지하고 방금 읽었던 지문의 내용에 집중하며 정답을 고른다. 이때 오답 선지를 걸러내는 것보다 정답인 선지를 고르겠다는 생각으로 선지를 확인하는 것이 좋다. 지문을 읽었던 기억이 남아있어 가장 뚜렷한 기억의 선지가 정답일 가능성이 높기 때문이다.

[방법 2]

❶ 선지를 통해 키워드만 간략하게 확인한다.

'글의 내용과 일치하지 않는 것은?', '글에서 알 수 없는 것은?'을 묻는 문제와 달리 '알 수 있는 것은?'을 묻는 문제는 선지를 통해 얻을 수 있는 정보가 많지 않다. 따라서, 선지를 통해 글의 주제와 키워드만 간략하게 확인하는 것이 좋다. ①번 선지의 경우 '펠리클은 낮은 내구성', ②번 선지의 경우 '더 낮은 집적도', ③번 선지의 경우 '13.5nm보다 긴 파장', ④번 선지의 경우 '펠리클의 투과율', ⑤번 선지의 경우 '마스크'를 키워드로 잡았다.

❷ 지문을 읽으며 정오를 판단한다.

앞서 확인했던 키워드에 기반하여, 지문에서 이를 확인했다면 선지의 정오를 판단할 수 있는지 실시간으로 확인한다. 만약 이 단계에서 문제의 정답을 판단하지 못했다면, 키워드를 중심으로 본문의 내용을 발췌독하며 정오를 다시 한번 확인한다.

합격자의 시간단축 Tip

Tip ❶ 내용을 외우지 않는다.

문단의 전체적인 소재를 파악하고, 각 문단의 핵심 주제를 파악하고자 하는 통독의 형식으로 글을 읽어야 한다. 물론 선지는 세부적인 내용을 묻지만, 그렇다고 해서 모든 정보를 일일이 기억하며 내려간다면 오히려 시간이 더 오래 걸리는 역효과가 발생할 수 있다. 긴장한 상황에서 모든 정보를 기억하고 내려가기는 어려우며, 세부적인 정보에 집중했다가는 전체적인 내용 파악이 어려워지기 때문이다. 따라서 글을 읽을 때는 세부 내용을 기억하려고 애쓰는 것이 아니라, 전체를 조망하는 방식으로 글을 읽어 내려가는 것이 좋다.

Tip ❷ 너무 많은 표시를 하지 않는다.

통독하되, 특징이나 비교 같은 주요 내용에 동그라미와 밑줄 등으로 표기를 하며 읽어 내려가는 것이 일반적이다. 하지만 너무 많은 표기를 한다면 오히려 정답 찾기에 방해가 될 수 있다. 그러므로 최대한 그 문단의 핵심 주요 소재나 단어에만 표시하도록 한다.

Tip ❸ 글을 구조화한다.

지문을 읽고 내려와서 선지를 본 후 바로 답을 구하면 좋으나, 선지를 본 후 다시 지문으로 올라가서 읽어야 하는 경우가 상당히 많다. 이를 대비해 처음에 지문을 읽을 때 글을 구조화하면서 읽는 것이 좋다. 구조화하면서 글을 읽었을 경우 선지의 정오를 어느 부분을 통해 확인할지 판단이 빨라지기 때문이다.

해당 문제 역시 처음에 지문을 읽을 때 EUV의 개념 – DUV와의 비교 – 사용하는 마스크 – 펠리클의 소개 – 현황의 구조로 글이 진행된다는 것을 간단하게 파악하면서 읽으면 선지를 보고 다시 지문을 볼 때 도움이 된다.

Tip ❹ 먼저 확인할 선지 고르는 방법

보다 복잡한 선지를 먼저 확인한다. 출제자가 복잡하게 구성된 선지를 답으로 구성할 가능성이 높기 때문이다. 예컨대 'A보다 B하다.', 'A할수록 B하다.' 와 같이 비교하는 내용을 담은 것이 이러한 복잡한 선지에 해당한다. 설문의 경우 선지 ②, ⑤에 대한 정오를 먼저 판단하면 빠르게 답을 도출할 수 있다. 반대로 문제가 어렵고 개념이 생소한 경우라면 간단한 선지에 대한 정오를 먼저 판단하는 것도 하나의 방법이 될 수 있을 것이다.

27 정답 ④ 난이도 ●○○

논리추론 - 논리적 판단 문제

문제유형 사실적 이해 > 정보 확인

접근전략 정보 확인 문제 중 과학 원리를 소재로 한 지문은 이론에 대한 깊은 이해를 요구하지 않기 때문에 내용의 인과 관계를 꼼꼼히 정리하고 파악한다. 이처럼 글에서 알 수 없는 것을 고르는 문제의 정답 선지는 제시문 내용과 상충하거나 그로부터 추론할 수 없는 내용, 오답 선지는 제시문 내용과 일치하거나 그로부터 추론 가능한 내용이 된다. 제시문을 처음부터 끝까지 읽으며 잘 이해하고 선지로 자주 나오는 정보를 미리 파악하여 표시해 두면서 읽으며 빠르게 선지들을 파악하자. 특정 구조에서 선지로 자주 구성되는 내용은 항상 있기 마련이다.

다음 글에서 알 수 없는 것은?

(1)고대에는 별이 뜨고 지는 것을 통해 방위를 파악했다. (2)최근까지 서태평양 캐롤라인 제도의 주민은 현대식 항해 장치 없이도 방위를 파악하여 카누 하나만으로 드넓은 열대 바다를 항해하였다. (3)인류학자들에 따르면, 그들은 별을 나침반처럼 이용하여 여러 섬을 찾아다녔고 이때의 방위는 북쪽의 북극성, 남쪽의 남십자성, 그 밖에 특별히 선정한 별이 뜨고 지는 것에 따라 정해졌다. ▶1문단

(1)캐롤라인 제도는 적도의 북쪽에 있어서 그 주민들은 북쪽 수평선의 바로 위쪽에서 북극성을 볼 수 있다. (2)북극성은 천구의 북극점으로부터 매우 가까운 거리에서 작은 원을 그리며 공전한다. (3)천구의 북극점은 지구 자전축의 북쪽 연장선상에 있기 때문에 천구의 북극점에 있는 별은 공전을 하지 않고 정지된 것처럼 보인다. (4)이처럼 천구의 북극점에 있는 별을 제외하고 북극성을 포함한 별이 천구의 북극점을 중심으로 공전하는 것처럼 보이는 것은 지구가 자전하기 때문이다. ▶2문단

(1)캐롤라인 제도의 주민이 북쪽을 찾기 위해 이용했던 북극성은 자기(磁氣) 나침반보다 더 정확하게 천구의 북극점을 가리킨다. (2)이는 나침반의 바늘이 지구의 자전축으로부터 거리가 멀리 떨어져 있는 지구자기의 북극점을 향하기 때문이다. (3)또한, 천구의 남극점 근처에서 쉽게 관측할 수 있는 고정된 별은 없으므로 캐롤라인 제도의 주민은 남극점 자체를 볼 수 없다. (4)그러나 남십자성이 천구의 남극점 주위를 돌고 있으므로 남쪽을 파악하는 데는 큰 어려움이 없다. ▶3문단

① 고대에 사용되었던 방위 파악 방법 중에는 최근까지 이용된 것도 있다.
→ (○) 고대에는 별이 뜨고 지는 것을 통해 방위를 파악했고[1문단(1)], 최근까지 캐롤라인 제도의 주민 또한 별을 나침반처럼 이용하여 여러 섬을 찾아다녔다.[1문단(3)] 이를 통해 고대에 사용되었던 별을 통한 방위 파악 방법이 최근까지도 이용되었음을 알 수 있다.

② 캐롤라인 제도의 주민은 밤하늘에 있는 남십자성을 이용하여 남쪽을 알아낼 수 있었다.
→ (○) 캐롤라인 제도의 주민은 남극점 자체는 볼 수 없지만[3문단(3)], 남십자성이 남극점 주위를 돌고 있으므로 남쪽을 파악하는 데는 큰 어려움이 없다.[3문단(4)] 이를 통해 캐롤라인 제도의 주민은 남십자성을 이용하여 남쪽을 파악함을 알 수 있다.

③ 지구 자전축의 연장선상에 별이 있다면, 밤하늘을 보았을 때 그 별은 정지된 것처럼 보인다.
→ (○) 천구의 북극점은 지구 자전축의 북쪽 연장선상에 있기 때문에 천구의 북극점에 있는 별은 공전하지 않고 정지된 것처럼 보인다.[2문단(3)] 이를 통해 지구 자전축의 연장선상에 있는 별은 정지된 것처럼 보인다는 것을 알 수 있다.

④ 자기 나침반을 이용하면 북극성을 이용할 때보다 더 정확히 천구의 북극점을 찾을 수 있다.
→ (×) 북극성은 자기 나침반보다 더 정확하게 천구의 북극점을 가리킨다.[3문단(1)] 따라서 선지와는 반대로 북극성을 이용하면 자기 나침반을 이용할 때보다 더 정확히 천구의 북극점을 찾을 수 있다.

⑤ 캐롤라인 제도의 주민이 관찰한 별이 천구의 북극점을 중심으로 공전하는 것처럼 보이는 이유는 지구가 자전하기 때문이다.
→ (○) 북극성을 포함한 별이 천구의 북극점을 중심으로 공전하는 것처럼 보이는 것은 지구가 자전하기 때문이다.[2문단(4)]

제시문 분석

1문단 별을 이용한 방위 파악

고대		최근
고대에는 별이 뜨고 지는 것을 통해 방위를 파악하였다.(1)	→	최근까지 서태평양 캐롤라인 제도의 주민은 별을 나침반처럼 이용하여 드넓은 열대 바다를 항해하였다.(2),(3)

2문단 북극성과 북극점에 있는 별

캐롤라인 제도의 지리적 특성
캐롤라인 제도는 적도의 북쪽에 있어서 그 주민들은 북쪽 수평선의 바로 위쪽에서 북극성을 볼 수 있다.(1)

북극성	북극성은 천구의 북극점으로부터 매우 가까운 거리에서 작은 원을 그리며 공전한다.(2)
북극점에 있는 별	천구의 북극점은 지구 자전축의 북쪽 연장선상에 있기 때문에 천구의 북극점에 있는 별은 공전을 하지 않고 정지된 것처럼 보인다.(3)

↓

이유
천구의 북극성에 있는 별을 제외하고, 북극성을 포함한 별이 천구의 북극점을 중심으로 공전하는 것처럼 보이는 것은 지구가 자전하기 때문이다.(4)

3문단 별을 이용한 방위 파악의 장점

북극성을 이용한 방위 파악의 장점
캐롤라인 제도의 주민이 이용했던 북극성은 자기 나침반보다 더 정확하게 천구의 북극점을 가리킨다.(1)

→ 이유	나침반의 바늘이 지구의 자전축으로부터 거리가 멀리 떨어져 있는 지구자기의 북극점을 향하기 때문이다.(2)

캐롤라인 제도 주민의 남쪽 파악 방법
천구의 남극점 근처에서 쉽게 볼 수 있는 고정된 별은 없으므로 캐롤라인 제도의 주민은 남극점 자체를 볼 수는 없지만, 남십자성이 남극점 주위를 돌고 있으므로 남쪽을 파악할 수 있다.(3),(4)

합격자의 실전 풀이 순서

❶ 발문 제대로 읽기 및 문제 유형 파악

항상 발문을 먼저 제대로 읽자. 본 문제는 글에서 알 수 없는 것을 고르는 일치부합·내용추론 유형의 문제이다. 알 수 없는 것을 고르는 문제는 추론할 수 없는 것을 고르는 문제와 같다. 해당 유형은 제시문 내용과 부합하지 않거나 그로부터 추론 불가능한 선지가 정답이 되며, 제시문 내용과 일치거나 그로부터 추론할 수 있는 선지가 오답이 된다. 긴장되는 시험장에서 알 수 '없는' 것을 고르는 문제에서 알 수 '있는' 것을 고르는 문제로 잘못 보아 처음 검토한 선지를 고르는 실수를 할 수 있다는 사실을 명심해야 한다. 따라서 알 수 '없는' 것을 묻는 문제가 나오면 발문에 크게 × 표시를 하여 실수를 하지 않도록 유의해야 한다.

본 문제와 같은 정보 확인 유형을 푸는 방법으로는 두 가지가 있다.

(1) 제시문 먼저 읽기

첫 번째로는 처음부터 제시문을 꼼꼼히 읽어 선지 확인을 위해 제시문을 다시 읽는 시간을 단축하는 방법이다. 이 방법의 경우 제시문을 읽는 과정에서 선지에 나올 만한 내용을 주의 깊게 읽고, 복잡한 제시문의 내용을 어느 정도 이해한 후 선지를 읽어야 한다. 이 방법을 사용하면서 시간을 단축하고 싶다면, 문단별로 나누어 한 문단을 꼼꼼히 읽고 그 문단에 상응하는 선지부터 판단하는 방법을 응용할 수 있다. 다만, 첫 번째 방법의 경우 제시문의 내용을 잊어버리면 다시 제시문을 읽게 되어 시간이 낭비되기 때문에 매우 긴 제시문이 있는 문제에는 적합하지 않다. 또한, 문단별로 선지를 확인하는 방식은 문단 간의 정보를 결합해야 하는 선지에는 취약하다는 한계가 있다.

(2) 제시문 구조 파악 후 선지 먼저 읽기

두 번째로는 제시문의 구조와 키워드만 빠르게 파악한 후, 선지를 읽고 선지에서 필요한 내용을 다시 제시문에서 꼼꼼히 찾아가는 방법이 있다. 두 번째 방법은 제시문이 매우 긴 경우 또는 제시문의 구조가 깔끔할 때 효과적이다. 그러나 두 번째 방법은 능숙하지 않은 사람이 시험장에서 시도한다면 성공률이 낮다는 한계가 있다. 두 번째 방식을 익숙하게 하기 위해서는 다양한 제시문을 첫 번째 방법처럼 꼼꼼히 분석하는 과정이 필요하다. 다양한 제시문을 접하고 글의 구조를 이해하게 되면 두 번째 방식을 효과적으로 활용할 수 있다.

❷ 제시문 독해

본 문제의 경우 제시문의 길이가 길지 않고 구조도 복잡한 편이 아니므로 정보 확인 문제를 푸는 두 가지 방법 중 첫 번째 방법을 활용할 수 있다. 즉, 제시문을 처음 읽을 때부터 선지에 나올만한 부분에 표시하고 제시문의 내용을 이해해야 한다. 또한, 앞서 언급하였듯이 문단별로 해당 문단에 해당하는 선지를 판단하며 읽으면 시간을 단축할 수 있다. 제시문을 읽으며 표시를 해두어야 하는 내용으로는 다음과 같다.

첫째, 두 대상의 공통점과 차이점이 제시되는 경우 이를 묻는 선지가 많으므로 제시문에 해당 내용에 대해 눈에 띄도록 표시해야 한다. 예를 들어, 1문단에서 '고대'와 '캐롤라인 제도 주민' 간 내용 간 공통점이 제시된다.

둘째, 인과 관계를 설명하는 문장이 나온다면 어떠한 원인이 어떠한 결과를 유발하는지 정확히 파악해야 한다. 2문단의 (3), (4) 문장에는 두 가지 인과 관계가 나오는데, 이를 표로 정리하면 다음과 같다.

	원인	결과
(3)문장	천구의 북극점은 지구 자전축의 북쪽 연장선상에 있기 때문에	천구의 북극점에 있는 별은 공전을 하지 않고 정지된 것처럼 보인다.
(4)문장	지구가 자전하기 때문에	천구의 북극점에 있는 별을 제외하고 북극성을 포함한 별이 천구의 북극점을 중심으로 공전하는 것처럼 보인다.

실전에서 위 표와 같이 자세히 정리하기는 어렵지만, 적어도 제시문의 위에 조그맣게 원인, 결과라고 적어둘 필요가 있다. 또는 '←'와 '→' 같은 기호를 표시함으로써 어떠한 원인이 어떠한 결과를 유발하는지 한눈에 보이도록 표시할 수 있다.

셋째, 두 대상을 비교하며 'A가 B보다 낫다.'라는 표현이 등장한다면 이 역시 제시문에 표시를 해두어야 한다. 시각적인 효과를 위해서는 '〉'와 '〈'의 기호를 사용해 한눈에 파악할 수 있다.

넷째, 접속어로 시작되는 문장에 주의해야 한다. 특히 내용의 전환을 의미하는 '그러나', '그런데', '반면'과 같은 접속어가 등장하면 그 뒤의 내용에 괄호와 같은 표시를 해두어야 한다.

한편, 제시문의 2문단부터 과학에 관한 내용이 시작되는데, 과학 지문을 읽을 시 몇 가지 유의점을 고려해야 한다. 첫째, 머릿속에 단순화하며 그리며 읽자. 2문단 (3)의 경우 지구의 자전축을 그리고 그것을 북쪽으로 연장해 그 위에 '북극점'이라는 하나의 점을 상상한다. 기술/과학 지문의 경우 이런 식의 연습을 많이 하면, 해당 제재에 마주했을 때 독해가 더 수월해진다. 둘째, 어려울수록 '개념어'의 구분에 유의하자. '북극성'과 '북극점'은 서로 다른 개념인데, 급하게 읽다 보면 같은 말로 착각하기 쉽고, 그렇게 되면 독해에 큰 혼란이 오게 된다. 셋째, 완벽한 이해가 힘들 경우, '논리 관계' 자체에만 치중해서 읽도록 하자. 예를 들어 2문단 (3)을 보고 '왜 지구 자전축의 북쪽 연장선상에 있으면 별이 정지된 것처럼 보이지?'와 같은 이해를 하려 하기보다는, "아, 그냥 지구 자전축의 북쪽 연장선상에 있다는 〈원인〉 때문에, 정지된 것처럼 보이는 〈결과〉가 일어나는구나." 정도의 인식과 이해가 필요하다.

❸ 선지 판단

①번 선지는 두 대상간 공통점을 이용해 선지를 구성했다. ②번 선지는 내용의 전환을 의미하는 접속사인 '그러나'로 시작되는 3문단 (4) 문장에서 판단의 근거를 찾을 수 있다. ③, ⑤번 선지는 인과 관계를 보여주는 2문단 (3), (4) 문장에서, ④번 선지는 북극성과 나침반을 비교하는 3문단 (1) 문장에서 판단 근거를 찾을 수 있다. 이처럼 선지에 자주 나오는 표현들을 외워두고, 제시문에 이를 크게 표시하면서 읽는다면 빠른 선지 판단이 가능하다.

더불어 ③, ⑤번 선지를 통해 우리가 알 수 있는 사실은, 과학 지문이 깊은 이해 그 자체를 요구하지는 않는다는 것이다. 두 선지 모두 이해하기 다소 어려웠던 2문단에서 출제되었는데 깊은 이해를 통해 판단할 수 있던 선지가 아니었다. 2문단 (3), (4) 문장의 인과 관계 설명에 대해 "이러한 원인이 왜 결과를 일으키지?"와 같은 깊은 이해를 시도하기보다 "이러한 원인은 이러한 결과를 만드는구나." 정도의 인식이 중요하다는 것이다. 실제로 선지 또한 이 정도 인식을 통해 판단할 수 있게끔 출제되었다.

❹ 선지 읽기(선지를 먼저 읽는 풀이의 경우)

선지의 키워드를 확인하며 읽는다.

① 고대, 방위 파악 방법, 최근까지
② 캐롤라인 제도, 남십자성, 남쪽
③ 지구 자전축의 연장선상에 별, 정지된 것처럼 보인다.
④ 자기 나침반, 북극성, 더 정확히, 천구의 북극점
⑤ 캐롤라인 제도, 천구의 북극점을 중심으로 공전, 이유, 자전

천문학 주제의 지문으로 보이며, 남십자성, 북극성, 자기 나침반 등을 이용한 방위 파악 방법이 무엇인지 찾으며 읽을 필요가 있음을 알 수 있다. ①, ②, ④는 방위 파악 방법을 묻고 있고, 자기 나침반과 북극성을 활용한 방위 파악 방법의 비교가 눈에 띈다. ③, ⑤는 천체관측 시 관찰되는 것을 묻고 있다. 제시문 독해 시 이를 참고한다.

❺ 제시문 독해 및 선지 판단

1문단에서 캐롤라인 제도, 북극성, 남십자성 등의 키워드를 찾을 수 있다. (2), (3)에서 최근까지 별을 통한 방위 파악 방법이 쓰이고 있음을 알 수 있으므로 ①은 옳다. (3)의 '이때의 방위는 ~남쪽의 남십자성'을 통해 ②도 옳음을 알 수 있다.

2문단에서 정지된 것처럼 보인다, 공전, 자전 등의 키워드를 찾을 수 있다. (3)을 통해 ③이 옳음을, (4)를 통해 ⑤가 옳음을 알 수 있다.

3문단의 첫 문장에서 ④가 옳지 않음을 알 수 있다. 정답은 ④이다.

합격자의 시간단축 Tip

Tip ❶ 선지에 나올 만한 내용에 주목

제시문을 읽는 실력이 향상된다면, 제시문의 내용을 단지 수용하는 단계에서 나아가 선지에 나올 만한 내용을 적극적으로 모색하는 단계로 나아갈 수 있다. 본 문제에

서 파악할 수 있는 선지에서 자주 나오는 내용으로는, 두 대상의 공통점과 차이점, 인과 관계, 두 대상의 성능 및 효과 비교, 접속어로 시작하는 문장의 주요 내용이 있다. 다양한 정보 확인 문제를 통해 선지에서 주로 묻는 내용이 무엇인지 정리한 뒤, 제시문에서 선지에 나올 만한 내용을 미리 파악하며 읽는 습관을 들이자.

Tip ❷ 과학/기술 제재 지문의 이해

과학/기술 부분은 많은 사람이 이해에 어려움을 겪는 경우가 많은데 이 경우 제대로 이해하려고 하면 시간만 뺏기고 제대로 된 이해는 하지 못한 채로 선지와 마주할 수 있다. 이 경우에는 깊은 이해를 하려 하기보다는 '논리 관계' 정도만 체크하며 읽자. 즉, A 때문에 B가 된다고 하면, 왜 A가 B를 일으키는지를 이해하려 하기보다는 A라는 원인 때문에 B라는 결과가 일어난다는 정도의 인식만 하자는 것이다. 이때 관찰된 사실이 이해가 되지 않는다면 어절을 통째로 선지와 비교해도 된다. 선지 ③, ⑤를 2문단의 (3), (4)와 어절 단위로 비교하는 것이다. 그것이 일치한다면 본문을 이해하지 못했더라도 옳은 선지임은 파악할 수 있다.

28 정답 ②

난이도 ●●●

논리추론 – 주장에 대한 반박 문제

문제유형 비판적 사고 > 지문에서 추론하기

접근전략 다음 '주장'에 대한 반박으로 가장 타당한 것을 고르는 문제로, 논증에 대한 비판과 유사하다. 또한, 논증의 구조가 '전제–결론'으로 되어있다는 사실을 염두에 두고 지문에서 '전제'와 '결론'을 각각 정리하며 읽자. 이에 논증의 흐름에 번호를 매겨 어디를 선지가 반박하고 있는지 대입해 보는 것이 필요하다.

다음 주장에 대한 반박으로 가장 타당한 것을 고르시오.

(1)현대 사회에서 자동차는 필수품이 되었다. (2)하지만 자동차 사용이 환경에 미치는 부정적인 영향은 매우 크다. (3)자동차 배기가스는 대기 오염의 주요 원인 중 하나이며, 이는 인간의 건강에 심각한 위협이 될 수 있다. (4)또한, 자동차 제조와 폐기 과정에서 발생하는 환경 오염도 무시할 수 없다. (5)더불어, 교통 혼잡과 소음 공해 역시 자동차 사용의 부정적인 결과로 지적된다. (6)따라서 자동차 사용을 줄여야 한다.

① 최근 20대의 자동차 구매율이 증가했다.
→ (×) 해당 선지는 (1)의 현대 사회에서 자동차가 필수품이 된다는 내용과는 연관성이 있다고 볼 수 있지만, 제시문의 전체적인 주장과는 연관이 없는 내용을 담고 있다.

② 자동차 사용이 환경에 미치는 부정적 영향은 과장되어 있다.
→ (○) 본문에서는 자동차의 사용이 환경에 미치는 부정적인 영향이 매우 크기 때문에 자동차 사용을 줄여야 한다고 주장한다. 제시문의 전제를 본격적으로 부정하는 것으로 주장에 대한 가장 타당한 반박이라고 볼 수 있다.

③ 대중교통 이용을 장려하기 위해 정부 차원의 지원과 인프라 확충이 필요하다.
→ (×) 본문에서는 대중교통 자체를 언급하지도 않았으며, 대안에 관해 이야기하지도 않았다. 그러므로 해당 주장과 양립할 수 있는 문장이며 반박과 무관한 선지라고 볼 수 있다. 즉, 주장에 대한 타당한 반박이라고는 볼 수 없다.

④ 친환경 연료의 사용은 대기 오염 감소에 효과적이다.
→ (×) 친환경 연료의 사용은 대기 오염 감소에 효과적이라는 언급만 했을 뿐, 자동차 사용을 줄이지 않아도 된다거나 자동차 배기가스가 환경 오염의 주요 원인이 아니라는 등의 주장은 하지 않았다. 따라서 무관한 내용이므로 주장에 대한 반박이 될 수 없다.

⑤ 자동차 주정차 시에도 상당한 환경 오염이 발생한다.
→ (×) 제시문에선 자동차의 배기가스, 자동차 제조와 폐기 과정, 교통 혼잡, 자동차의 소음 공해 등으로 인해 환경 오염이 발생한다고 한다. 해당 선지는 이러한 근거 중 하나가 추가된 것으로 볼 수 있다. 오히려 주장을 지지하는 선지이므로 반박하는 선지는 아니다.

제시문 분석

1문단 환경 오염으로 인한 자동차 사용 감소의 필요성 논증

〈자동차 사용 감소 논증〉	
대전제	자동차 사용이 환경에 미치는 부정적인 영향은 매우 크다.(2)
전제①	자동차 배기가스는 대기 오염의 주요 원인 중 하나이며, 이는 인간의 건강에 심각한 위협이 될 수 있다.(3)
전제②	자동차 제조와 폐기 과정에서 발생하는 환경 오염, 교통 혼잡과 소음 공해는 자동차 사용의 부정적인 결과로 지적된다.(4), (5)
결론	자동차 사용을 줄여야 한다.(6)

합격자의 실전 풀이 순서

[논지파악 유형]

논지파악 유형은 지문을 제시한 후, 지문의 핵심 주장·내용을 선지에서 고르도록 하는 문제들을 말한다. 문제 구조에 따라 곧바로 식별 가능한 문제가 있는 반면, 곧바로 유형을 식별하기 까다로운 경우도 있다. 함께 유형의 특징을 살펴보자.

⓪ 유형 식별하기

- 발문
  - 다음 글의 논지 / 주장 / 견해 …과 부합하는 / 적합한 것은?
  - 다음 주장 / 논쟁 …에 대한 분석 / 설명 / 추론 …으로 옳은 것은?
- 지문
  - 주관적인 주장이 포함된 글
  - 일반적인 비문학 유형에 비해 정보량이 적은 대신 포괄적인 문장들이 제시

❶ 문제 구조 파악하기

먼저 발문을 확인한다.

다음 주장에 대한 반박으로 가장 타당한 것을 고르시오.

본 문제는 발문만으로 구조를 파악할 수 있다. 지문의 주장을 정확히 파악한 뒤, 선지에서 그에 대한 유효한 반박을 찾는 문제임을 알 수 있다.

논증에 대한 반박은 여러 유형이 존재할 수 있다. 크게 1) 전제에서 결론을 끌어내는 논리에 대한 반박, 2) 결론에 대한 반박으로 나뉜다. 따라서 선지를 볼 때도 해당 선지가 전제와 결론 중 어느 쪽을 반박하고 있는지 주의해야 한다.

글의 주장과는 상충하면서도 글의 논리적 흐름은 그대로 이어받은 내용이라면 유효한 반박이다. 예를 들어 'A이면 B이다.'라는 주장이 있을 때, 유효한 반박이란 'A였는데 B가 나오지 않았다.'의 주장이거나 'A에서 B로 나오는 과정의 근거들이 틀리거나 오류가 있다.' 등을 말한다.

본 문제에서는 지문이 주장하는 바를 명확히 파악하고 5개의 선지 중에서 유효한 반박을 찾아내야 한다. 이와 같은 유형에서 반박의 대상인 '주장'은 필연적으로 지문의 핵심 논지가 된다. 이 핵심 논지 하나를 찾자는 생각으로 접근하자. 그렇게 지문의 논지만 빨리 파악하게 되면 선지를 판단하는 시간이 줄고 정확도는 올라간다.

❷ 지문 이해하기

논지파악 유형에서는 무조건 지문을 먼저 읽고 이해한다. 지문의 논리구조와 문제의식에 집중하여 읽어야 한다. 본 문제는 구체적인 '논증'을 요구하는 만큼, 전제와 결론이 각각 무엇인지 스스로 질문하며 읽자. 이때 지문의 전제를 전부 받아들여서 본인이 지문의 논리를 완벽하게 파악할 필요는 없다. 단지 화살표 관계로 이을 수 있으면 되고, 반박이나 찬성은 선지를 중심으로 참고하고 확인하는 것으로 충분하다.

이를 본 문제에 적용해 보자. 지문은 (1)부터 (5)까지 자동차 사용의 부정적 영향을 언급한다. 그리고 (6)에서 자동차 사용을 줄여야 한다고 주장한다. 따라서 가장 타당한 반박은 (1)부터 (5)까지의 근거를 정확하게 반박하거나 핵심 주장인 (6)을 반박하거나 근거와 주장 간의 논리적 연관성을 반박하는 것이다.

❸ 선지 고르기

마지막 단계에서는 정답, 즉 지문의 주장에 대해 적절히 반박한 선지를 고른다.

적절한 반박이란 양립 불가능한 내용, 상충하는 내용, 지문에서 제시한 원칙에 대한 반례 등을 들 수 있겠다. 이때 양립 불가능, 상충하는 내용이라고 해서 적절성이 보장되는 것은 아니다. 적절하다 함은 논리성을 갖춘 내용이어야 한다. 이러한 논리성은 지문에 기반하여 이뤄지며, 이에 지문 주장의 논점을 일탈한 선지는 정답이 되지 않는다. 예로, 이 문제에서 논점은 '자동차 사용과 환경 오염의 상관관계'이다. 따라서 이 논점에서 벗어난 내용, 예컨대 선지 ①, ④처럼 상관관계를 지적하는 것과 무관한 주장은 적절한 반박이 될 수 없다.

합격자의 시간단축 Tip

Tip ❶ 지문의 핵심을 파악하자.

글을 읽을 때 핵심 주장을 먼저 찾고, 주장과 근거를 구별하는 것이 필요하다. 해당 지문은 환경 오염을 근거로 하여 자동차 사용을 줄이자는 것이 핵심 주장이다. 그렇다면 선지에서의 반박 역시 핵심 주장과 근거에 대해서 이루어져야 한다.

Tip ❷ 판단이 어렵다면 글쓴이가 동의할 법한 선지부터 소거한다.

반드시 주장과 일치할 필요는 없고 최소한 반박이 아니기만 하면 된다. 즉, 두 문장을 같이 두었을 때 두 주장이 모순되거나 양립되지 않으면 된다. 이런 선지는 쉽게 판단할 수 있다. 반박으로 적절하다는 것은, 반대쪽에서는 동의할 법한 내용이란 것에 초점을 두자.

본 문제에서는 ③, ⑤에 글쓴이가 동의할 법하다.

Tip ❸ 판단이 어렵다면 역으로 질문해 보자.

선지를 읽으면서 이 반박이 타당하다면 지문에 어떠한 내용이 있어야 할지 고민해 보는 것이다. 예를 들어 ①이 타당한 반박이라면 지문에 '최근 20대의 자동차 구매율이 감소했다.'라는 주장이 있어야 할 것이다. 그러나 그러한 내용은 지문에 없다. '자동차 사용을 줄이자.'라는 주장만 있을 뿐이다. 즉, ①은 선지와 무관한 사실이다.

Tip ④ 제시된 주장이 전부임을 명심하자.

우리는 '제시된 주장'에 대한 반박으로 가장 타당한 것을 골라야 한다. 제시문 외의 내용에 관해서는 판단하지 않도록 한다.

예를 들어 글쓴이로서는 친환경 연료의 사용이 큰 효과가 없으므로 그냥 자동차 사용 자체를 줄여야 한다고 주장할 수 있다. 그러나 글쓴이는 '친환경 연료'에 관련된 이야기를 일절 꺼내지 않았음을 명심하자. 따라서 ④의 경우 '제시된 주장'에 대한 반박이 될 수 없다.

Tip ⑤ '가장' 타당한 것을 고르자.

여러 선지 중에 헷갈린다면 '가장' 타당한 것을 골라야 한다는 사실을 떠올리자. 이에 해당 지문의 핵심 주장과 메인 근거를 뒷받침하는, 혹은 정면으로 부인하는 주장을 선택하면 된다. 선지 간 차이를 중심으로 비교하며, 동의/부합을 물었다면 '어떤 주장을 글쓴이가 가장 반가워할지', 반박/상충이라면 '어떤 주장에 글쓴이가 가장 타격을 받을지' 생각해 본다. 예를 들어, 본 문제에서 어떤 주장에 글쓴이가 가장 타격을 받을지를 생각해 본다면 당연히 지문 전체를 부정하는 ②일 것이다.

Tip ⑥ 주장과는 '관계없는' 선지도 제시될 수 있음을 주의하자.

주장에 대한 반박을 고르는 유형에서 (1) 주장과는 무관한 선지 (2) 주장과 그 반박 모두를 보충할 수 있는 예시가 제시된 선지 (3) 주장을 뒷받침하는 선지 등이 제시될 수 있다. 이때 특히 (1)과 (2)와 같은 선지가 주장에 대한 논리적이거나 적절한 반박이 아님을 유의해야 한다. (3) 또한 마찬가지다.

예를 들어 ①번 선지 '최근 20대의 자동차 구매율이 증가했다.'의 경우 본 주장과는 무관한 선지이다. 참이든 거짓이든 해당 주장에 아무런 영향을 미치지 않는다. 이와 같은 관계없는 선지는 오답으로 볼 수 있다.

29 정답 ②

난이도 ●●●

논리추론 – 논리적 판단 문제

문제유형 사실적 이해 > 정보 확인

접근전략 '다음 글을 바탕으로 아래 〈보기〉를 이해한 것'을 묻는 문제는 '다음 글에서 추론할 수 있는 것', '다음 글에서 알 수 있는 것'을 묻는 문제와 크게 다르지 않다. 나머지 문단이 〈보기〉로 들어간 것으로 이해하고 풀어도 무방하다. 오답 선지 구성 원리는 다른 문제들과 마찬가지로 제시문과 상충하는 내용이나 추론 근거가 없는 내용으로 구성된다. 추론 근거가 없는 선지에 붙잡히지 말고 과감하게 다음 선지로 넘어가는 것이 좋다.

다음 글을 바탕으로 아래 〈보기〉를 이해한 것으로 적절한 것을 고르시오.

> (1)우리는 음악을 일반적으로 감정의 예술로 이해한다. (2)아름다운 선율과 화음은 듣는 사람들의 마음속으로 파고든다. (3)그래서인지 음악을 수(數) 또는 수학(數學)과 연결하기 어렵다고 생각하는 경우가 많다. (4)하지만 음악 작품은 다양한 화성과 리듬으로 구성되고, 이들은 3도 음정, 1도 화음, 3/4 박자, 8분음표처럼 수와 관련되어 나타난다. (5)음악을 구성하는 원리로 수학의 원칙과 질서 등이 활용되는 것이다. ▶ 1문단
>
> (1)중세 시대의 『아이소리듬 모테트』와 르네상스 시대 오케겜의 『36성부 카논』은 서양 전통 음악 장르에서 사용되는 작곡 기법도 수의 비율 관계로 설명할 수 있다는 것을 보여준다. (2)음정과 음계는 수학적 질서를 통해 음악의 예술적 특성과 음악의 미적 가치를 효과적으로 전달했다. (3)20세기에 들어와 음악과 수, 음악과 수학의 관계는 더욱 밀접해졌다. (4)피보나치 수열을 작품의 중심 모티브로 연결한 바르톡, 건축가 르 코르뷔지에와의 공동 작업으로 건축적 비례를 음악에 연결시킨 제나키스의 현대 음악 작품들은 좋은 사례이다. (5)12음 기법과 총렬음악, 분석 이론의 일종인 집합론을 활용한 현대 음악 이론에서도 음악과 수, 음악과 수학의 밀접한 관계는 잘 드러난다. ▶ 〈보기〉

① 수학을 통해 음악을 설명하려는 경향은 현대에 생겨났다.

→ (×) 제시문에서 중세 시대에 수의 비율 관계를 활용해 작곡하는 사례 등 현대 이전부터 수학을 통해 음악을 설명하는 경향이 존재함을 알 수 있다.[보기(1)] 따라서 수학을 통해 음악을 설명하려는 경향이 현대에 생겨났다는 것은 틀린 설명이다.

② 음악의 미적 가치는 수학적 질서를 통해 드러날 수 있다.

→ (○) '음정과 음계는 수학적 질서를 통해 음악의 예술적 특성과 음악의 미적 가치를 효과적으로 전달했다.'[보기(2)]라는 내용을 통해, 음악의 미적 가치가 수학적 질서를 통해 드러날 수 있음을 알 수 있다.

③ 건축학 이론은 현대 음악의 특성을 건축설계에 반영한다.

→ (×) 제나키스가 현대 음악 작품에서 건축적 비례를 음악에 연결했다는 사실은 제시되어 있지만[보기(4)], 반대로 건축학 이론이 현대 음악의 특성을 건축설계에 반영한다는 내용은 제시되어 있지 않다. 즉, 현대 음악은 건축학 이론을 음악에 반영하기도 하지만, 반대로 건축학 이론이 현대 음악의 특성을 건축설계에 반영하는지는 알 수 없다.

④ 음악은 감정의 예술이 아니라 감각의 예술로 이해해야 한다.

→ (×) 제시문은 우리가 일반적으로 음악을 감정의 예술로 이해하기 때문에[1문단(1)] 음악을 수학과 연결하기 어렵다고 생각하지만[1문단(3)], 사실은 그렇지 않다는 내용을 담고 있다.[1문단(4)] 한편, 음악을 수학과 연결하는 것이 감각의 예술로 이해하는 것인지는 제시문을 통해 확인할 수 없다. 따라서 음악을 감각의 예술로 이해해야 한다는 것은 틀린 설명이다.

⑤ 수의 상징적 의미는 음악의 수학적 질서를 통해 구체화된다.

→ (×) 음악의 수학적 질서를 통해 구체화되는 것은, 음악의 예술적 특성과 음악의 미적 가치이다. [보기(2)] 수의 상징적 의미가 음악의 수학적 질서를 통해 구체화되는지 여부는 확인할 수 없다. 따라서 오답인 선지이다.

제시문 분석

1문단 음악에 관한 사실

음악에 관한 일반적 생각		이로 인한 오해
우리는 음악을 일반적으로 감정의 예술로 이해한다.(1)	→	음악을 수(數) 또는 수학(數學)과 연결하기 어렵다고 생각하는 경우가 많다.(3)

〈주제문: 음악에 관한 사실〉
음악을 구성하는 원리로 수학의 원칙과 질서 등이 활용된다.(5)

보기 음악과 수의 관계

음악과 수의 관계 - 시간순으로 나열	
중세	중세 시대의 『아이소리듬 모테트』와 르네상스 시대 오케겜의 『36성부 카논』은 서양 전통 음악 장르에서 사용되는 작곡 기법도 수의 비율 관계로 설명할 수 있다는 것을 보여준다.(1)
20세기	20세기에 들어와 음악과 수, 음악과 수학의 관계는 더욱 밀접해졌다.(3)
현대	12음 기법과 총렬음악, 분석 이론의 일종인 집합론을 활용한 현대 음악 이론에서도 음악과 수, 음악과 수학의 밀접한 관계는 잘 드러난다.(5)

결론
수학적 질서를 통해 음악의 예술적 특성과 음악의 미적 가치를 효과적으로 전달했다.(2)

합격자의 실전 풀이 순서

[비문학 유형]

❶ 발문 읽기 및 문제 유형 파악

본 유형은 주어진 글을 바탕으로 〈보기〉를 이해했는지 묻는 문제이다. 하지만, 〈보기〉로 구분된 것만 다를 뿐 추론할 수 있는 것, 알 수 있는 것, 항상 참 또는 거짓인 걸 찾는 문제 등과 글의 구성과 풀이 방식은 거의 동일하다.

이때 알 수 '있는' 것인지, '없는' 것인지를 확실히 표시하고 간다. 예를 들어 알 수 있는 것을 묻는다면 '있는' 위에 동그라미를 치고, 알 수 없는 것을 묻는다면 '없는' 위에 세모를 쳐 시각적으로 다시 한번 나타낸다.

중요한 것은 서로 다른 기호를 쓰는 것을 체화시키는 것이다. ○와 ×로 표시해도 무방하다.

❷ 제시문 독해

제시문 독해 시, 제시문을 어느 정도로 꼼꼼히 읽을 것인지는 각자의 풀이법에 따라 달라진다. 독해 실력이 일반적인 사람들 대다수에게는 제시문의 전체적인 구조 및 핵심 주제와 선지에서 나올만한 중요한 내용을 파악하며 1분에서 2분 사이 내에 제시문을 읽는 것을 추천한다. 이때 선지에서 나올 만한 내용으로는, 두 대상의 공통점과 차이점, 인과관계, 두 대상의 성능 및 효과 비교, 접속어로 시작하는 문장의 주요 내용, '반드시', '필수적'과 같은 표현으로 강조되는 내용 등이 있다. 다양한 정보 확인 문제를 통해 선지에서 주로 묻는 내용이 무엇인지 정리한 뒤, 제시문에서 선지에 나올만한 내용을 미리 파악하며 읽는 습관을 들이자.

1문단에서 주의 깊게 읽을만한 내용으로는 '하지만'으로 시작하는 (4)문장이 있다. '하지만', '그런데', '반면'과 같이 전환의 접속어 뒤에 중요한 문장이 주로 나오는 경우가 많다. 이는 사회적인 통념, 또는 글쓴이가 반대하는 주장을 먼저 제시한 후 이를 반박함으로써 글쓴이의 주장을 효과적으로 강조하는 글이 많기 때문이다. 〈보기〉에서는 과거부터 현대까지 음악과 수학의 관계를 소개하고 있다. 이처럼 시간의 흐름이 나오는 경우 '중세', '20세기', '현대'와 같이 시대를 나타내는 표현에 ○과 □같은 기호를 기계적으로 표시하는 것이 유용할 수 있다.

본 문제의 제시문은 짧으므로 처음부터 끝까지 한 번에 읽고 선지를 판단할 것을 추천한다. 그러나 제시문이 길어지는 경우 제시문의 2/3 정도를 읽고 해당 내용으로 풀 수 있는 선지를 먼저 푸는 방법을 시도해 보아도 좋다. 이 방법은 제시문을 모두 읽지 않고도 답을 빠르게 구할 수 있다는 장점이 있다.

❸ 선지 적용하기

이 단계에서는 각 선지의 키워드를 확인한 후, 바로 지문으로 올라가 키워드의 위치를 찾는다. 선지는 크게 두 유형으로 나뉜다. 키워드의 앞뒤 2~3문장 내 정답이 그대로 또는 말만 바꾸어 제시되어 있거나(단순비교형), 해당 문장들을 통해 추론할 수 있는 유형이다(추론형). 만약 둘 중 하나에 해당하지 않으면 일단 패스하고 다음 선지로 넘어갈 것을 추천한다.
앞서 해설에서 자세한 풀이를 하였으므로, 여기에서는 선지마다 시선과 펜이 이동한 경로를 소개한다. ⇒ 기호는 단순한 순서를 나타내는 것으로, 인과관계 및 논리 관계와는 아무 관련이 없다.

① **수학을 통해 음악을 설명하려는 경향은 현대에 생겨났다.**
음악을 설명 → 중세에도 중요한 사고의 틀로 작동 ↛ 현대에 생겨남
간단한 단순비교형 선지다. '음악을 설명'을 키워드로 지문을 확인하면 현대에 생겨난 것과는 거리가 먼 것을 확인할 수 있다. 따라서 지문과 부합하지 않는다.

② **음악의 미적 가치는 수학적 질서를 통해 드러날 수 있다.**
음악의 미적 가치 → 수학적 질서를 통해 효과적으로 전달
역시 단순비교형 선지다. '음악의 미적 가치'를 키워드로 지문을 보면 음정과 음계의 사례[보기(2)]에서 수학적 질서가 음악의 미적 가치를 효과적으로 전달함을 알 수 있다. '효과적으로 전달'은 선지의 '드러나게 함'과 사실상 같은 의미, 즉 재진술이다. 따라서 지문과 부합한다.

③ **건축학 이론은 현대 음악의 특성을 건축설계에 반영한다.**
지문의 내용만으로는 알 수 없는 것을 묻는 선지다. '건축설계'를 키워드로 지문을 확인하면 건축가 르 코르뷔지에[보기(4)]의 사례를 찾을 수 있다. 그러나, 이 사례는 건축적 비례를 연결한 음악작품에 해당한다. 즉 건축학 이론이 현대 음악에 반영된 것에 가깝다. 현대 음악의 특성이 반영된 건축설계의 사례는 지문에서 찾을 수 없다. 따라서 지문과 부합하지 않는다.
대충 비슷한 표현들이 등장하니 옳다고 속단할 위험이 있는 선지다. 선지 판단 시 유의해야 한다.

④ **음악은 감정의 예술이 아니라 감각의 예술로 이해해야 한다.**
지문의 내용만으로는 알 수 없는 것을 묻는 선지다. 본 선지는 '감정의 예술'이 속하는 전단과 '감각의 예술'이 속하는 후단으로 나누어 각각 판단해야 한다.
'감정의 예술'을 키워드로 지문을 확인하면, 일반적인 이해 관점이라는 부분[1문단 (1)]을 찾을 수 있다. 그러나 그 외에 '감정의 예술'에 대한 글쓴이의 가치 판단은 찾을 수 없다. 즉, 선지의 전단인 '감정의 예술이 아니라'에서 이미 지문과 부합하지 않는다.
따라서 후단인 '감각의 예술로 이해해야 한다.'는 사실 검토할 필요가 없다. 하지만 전단에서 가치 판단 부분을 놓친 수험생이라면, '감각의 예술'이 지문 어디에도 제시된 바가 없으므로 후단이 지문과 부합하지 않는다고 판단 내리자.

⑤ **수의 상징적 의미는 음악의 수학적 질서를 통해 구체화된다.**
음악의 수학적 질서 → 예술적 특성과 미적 가치 전달 ↛ 수의 상징적 의미
역시 지문만으로 알 수 없는 것을 묻는 선지다. '음악의 수학적 질서'를 키워드로 지문을 확인하면, '수의 상징적 의미'와는 아무 관련이 없다. '수의 상징적 의미'가 지문에 아예 등장하지 않으며, 추론할 만한 근거도 없기 때문이다. 따라서 지문과 부합하지 않는다.

합격자의 시간단축 Tip

Tip ❶ 선지를 살짝 훑는 방법을 활용한다.

선지를 먼저 훑어보는 방법은 1) 제시문을 먼저 읽는 방법과 2) 선지를 먼저 읽는 방법 모두에 활용할 수 있다. 다만, 정보 확인 유형을 푸는 자신의 전략이 무엇이냐에 따라 선지를 얼마나 자세히 훑어볼 것인지는 달라진다. 제시문을 먼저 읽는 방법을 사용할 때는 제시문의 주제를 파악하는 정도로 가볍게 선지를 읽는다. 선지를 먼저 읽는 방법을 선택했을 때는 제시문에서 선지의 내용을 찾아가기 위한 선지의 키워드를 도출한다. 이하에서는 선지에서 키워드를 도출하는 법을 소개하겠다.
선지를 훑어보는 과정이 효과적인 이유는 정보 확인 문제의 경우, 선지가 지문의 내용을 담고 있는 경우가 많기 때문이다. 아직 어떤 선지가 맞고 그른지는 알 수 없으니, 선지의 키워드를 도출하고 제시문의 소재를 파악한다. 이를 통해 긴장도 풀어지고, 이미 핵심 소재를 파악함으로써 시간도 단축된다.

예 ①번 '수학', '음악'
②번 '음악의 미적 가치', '수학적 질서'
③번 '현대 음악'
④번 '음악', '예술'
⑤번 '수', '음악', '수학적 질서'

이렇게 보면 공통된 키워드로 음악, 수학이 있음을 알 수 있고, 이 지문은 음악과 수학에 관한 지문임을 5초 이내로 파악할 수 있다. 선지에 반복되는 키워드가 있으면 해당 키워드의 지문을 읽고 선지 두 개를 같이 해결한다.
②번: 음악의 미적 가치는 수학적 질서를 통해 드러날 수 있다.

⑤번: 수의 상징적 의미는 음악의 수학적 질서를 통해 구체화된다.

위 선지들에는 '수학적 질서'라는 키워드가 반복되며, 심지어는 수학적 질서를 통해 드러나는 것이 선지에 따라 다르다. 이러한 선지들은 제시문에서 해당 키워드가 있는 부분으로 동시에 해결할 가능성이 크다. 따라서 제시문에서 '수학적 질서'를 다룬 부분을 읽고 선지 두 개를 모두 검토한다. 실제로도 근거 지문이 보기(2)로 동일했다.

다만 발문의 내용에 따라 선지를 훑을 때 선지를 자세히 읽는 강도가 미세하게 달라진다. 위 문제처럼 발문에서 옳은 것을 물어서 선지 중 옳은 내용인 것이 하나이면, 나머지 4개 선지는 다 틀린 내용이다. 따라서 선지의 내용에 집중하지 말고, 키워드만 도출한다. 이와 반대로 틀린 것만 하나 고르는 문제라면 정답이 아닌 나머지 4개 선지는 옳은 내용이므로, 좀 더 내용을 읽으며 글에서 다루는 소재와 흐름을 파악한다.

Tip ❷ 1문단 외의 문단에서 초반을 유심히 읽는다.

이 지문처럼 〈보기〉에 시간에 관련된 키워드가 나열되어 있으면 문단이 시간순으로 되어있다는 것을 파악하고 빠르게 읽을 수 있다. 또한, 핵심 키워드들이 문단 초반에 제시되어 있으므로, 다른 문단의 초반과 비교해 본다면 해당 문단의 핵심 키워드를 짐작하기 쉬워진다. 문단의 초반은 대체로 글의 전체적인 소재나 앞으로 글의 방향성을 제시해주는 수단으로 사용된다. 그러므로 문단의 초반을 주의 깊게 읽으면 향후 글을 읽음에 있어 이해도나 속도가 더 높아질 수 있다.

Tip ❸ '하지만', '그러나' 등의 접속사에 주목하자.

시간이 많이 없으면 '하지만', '그러나' 등의 역접의 접속사 앞의 문장은 날려도 된다. 진짜 하고 싶은 얘기는 '하지만' 뒤에 있는 경우가 많다. 역접의 접속사 뒤에 중요한 문장이 자주 나오는 이유는 사회적 관념 또는 글쓴이가 반대하는 주장을 먼저 제시한 후, 그것을 반박하는 식으로 주제문을 강조하는 글이 많기 때문이다.

예 [1문단(3)], [1문단(4)]'하지만 음악 작품은 다양한 화성과 리듬으로 구성되고, 이들은 3도 음정, 1도 화음, 3/4 박자, 8분음표처럼 수와 관련되어 나타난다. 음악을 구성하는 원리로 수학의 원칙과 질서 등이 활용되는 것이다.'

Tip ❹ 잘 모르겠으면 세모를 쳐라.

한 문항을 오랫동안 푸는 것이 능사가 아니다. 오히려 풀 수 있는 문제만 정확히 푸는 게 중요하다. 그리고 스스로도 한 선지에서 오래 걸린다는 생각이 들면 긴장이 되기 시작해 지문을 읽는 게 어려워진다. 따라서 애매하면 선지 옆에 세모를 쳐라. 일단 넘어가고, 확실히 ○/×를 파악할 수 있는 것부터 파악한다.

(1) 이때 확실한 답이 나오면 세모는 가벼운 마음으로 다시 확인할 수 있고, 시간이 없으면 세모는 그냥 넘어갈 수도 있다.

(2) 확실한 답이 없고 세모가 두 개 이상 나온다면 세모 문항들만 집중적으로 다시 확인한다. 어떠한 경우든 한 선지만 붙들고 있는 것보단 낫다.

Tip ❺ 관계의 방향에 주의하자.

인과관계, 선후관계 등 두 대상 간 관계가 제시되면 그 방향에 유의한다. 출제자가 종종 방향을 반대로 바꿔 함정을 만들기 때문이다. 이 문제의 선지 ③번은 〈보기〉(4)의 '건축 → 음악'을 '음악 → 건축'으로 뒤집은 것이다. 얼핏 보기엔 근거 지문과 핵심 키워드들이 전부 겹쳐 정답처럼 보일 수 있기에 각별한 주의가 요구된다.

Tip ❻ '~할 수 있다'와 같은 유한 표현에 주목하자.

이 문제의 선지 ②번의 '드러날 수 있다'와 같은 표현은 큰 힌트가 된다. 예시가 하나라도 있으면 옳은 선지가 되므로 정답일 가능성이 크다. 이와 같이 '~하는 경우가 있다.', '관련성이 인정된다.', '하기도 하였다.' 등은 굉장히 유한 표현으로 출제자가 이의제기 가능성을 탈피하기 위한 노력이다. 이러한 표현이 나오는 경우 주의 깊게 살펴보도록 하자.

Tip ❼ 〈보기〉의 중요성을 명심하자.

〈보기〉의 내용은 앞서 말한 것처럼 제시문의 또 다른 문단에 불과하다. 그러나 발문을 보면 '다음 글을 바탕으로 아래 〈보기〉를 이해한 것으로 적절한 것을 고르시오.'로 결국은 〈보기〉를 이해하는 것이 문제의 핵심임을 알 수 있다. 따라서 정답 선지에는 〈보기〉 내용이 들어 있을 확률이 높다. 실제로 정답 선지 ②번은 〈보기〉 (2)의 재진술에 불과하다.

30 정답 ④ 난이도 ●●●

논리추론 - 논리적 판단 문제

문제유형 사실적 이해 > 정보 확인

접근전략 글을 바탕으로 보기를 이해하는 문제는 단순히 양자의 공통점과 차이점을 비교하는 문제로 출제되거나, 글에 과학적 실험이나 논리가 나오고 보기에서 이를 이해했는지 묻는 형태로 출제되는 경우가 많다. 발문을 읽고 선지와 지문을 훑으며 어느 유형인지 파악한 후 후술하는 실전 풀이 순서에 따라 문제를 푼다.

다음 글을 바탕으로 아래 〈보기〉를 이해한 것으로 적절한 것을 고르시오.

(1)반도체 제조 공정에서 정전기(ESD, Electro static Discharge)는 매우 민감하게 관리해야 하는 요소로, 소자의 손상과 신뢰성 저하의 주된 원인 중 하나로 알려져 있다. (2)정전기는 물체 간의 마찰, 접촉, 분리 등에 의해 발생하며, 이 과정에서 물체 표면에 전하가 축적된다. (3)특히 반도체 소자 내의 회로는 매우 미세한 크기로 설계되기 때문에 고전압이 순간적으로 방전될 경우, 내부 회로가 손상되거나 기능을 상실할 위험이 크다. (4)예를 들어, 반도체 웨이퍼를 다룰 때 발생하는 정전기 방전은 회로의 전자 부품을 파손시킬 수 있으며, 완제품이 출하되기 전 품질 불량으로 이어질 수 있다. (5)정전기는 눈에 보이지 않는 작은 전하의 이동으로 시작되지만, 그 영향은 반도체 소자의 전반적인 기능에 치명적일 수 있다. (6)따라서 반도체 산업에서는 정전기 발생을 방지하는 다양한 관리 방안이 필수적이다. ▶1문단

(1)반도체 제조 공정에서는 제전기라는 장비를 사용하여 정전기를 제거하고 소자를 보호한다. (2)제전기는 이온화를 통해 공기 중에 플러스와 마이너스 이온을 방출함으로써 반도체 표면에 축적된 정전기를 중화시키는 장치다. (3)예를 들어, 반도체 소자의 표면에 플러스 전하가 과도하게 축적된 경우, 제전기는 마이너스 이온을 방출해 이를 중화시키고, 반대로 마이너스 전하가 축적된 경우에는 플러스 이온을 방출해 전하를 균형 상태로 복귀시킨다. (4)제전기는 공정 내 작업자나 장비에 축적될 수 있는 전하까지도 효과적으로 제거하여 작업 환경을 안정화하는 역할을 한다. (5)반도체 제조 환경에서는 정전기 발생을 최소화하기 위해 온도와 습도를 조절하고, 제전기를 지속적으로 가동해 남아 있는 전하를 제거한다. (6)이러한 제전 과정은 반도체 소자의 안정성과 신뢰성을 유지하는 중요한 역할을 하며, 정전기로 인한 불량률을 감소시키는 데 핵심적인 기여를 한다. ▶〈보기〉

① (×) 정전기는 이온 방출을 통해 소자 표면에 축적된 전하를 중화시킨다.

→ "정전기는 물체 간의 마찰, 접촉, 분리 등에 의해 발생하며, 이 과정에서 물체 표면에 전하가 축적된다.[1문단 (2)]"에서 정전기는 소자 표면에 축적된 전하를 중화시키는 것이 아니라 전하를 축적함을 알 수 있다. 또한 "제전기는 이온화를 통해 공기 중에 플러스와 마이너스 이온을 방출함으로써 반도체 표면에 축적된 정전기를 중화시키는 장치이다.[〈보기〉 (2)]"에서 이온을 방출하는 것은 제전기로, 전하가 아닌 정전기를 중화시킴을 알 수 있다. 따라서 옳지 않은 선지다.

② (×) 제전기는 정전기 발생을 방지하는 장치로, 정전기가 소자에 축적되지 않도록 차단한다.

→ "제전기는 이온화를 통해 공기 중에 플러스와 마이너스 이온을 방출함으로써 반도체 표면에 축적된 정전기를 중화시키는 장치다.[〈보기〉 (2)]"에서 제전기는 정전기가 소자에 축적되지 않도록 차단하는 것이 아니라 이미 반도체 표면에 축적된 정전기를 중화시키는 장치로 정전기 발생을 방지하는 장치가 아닌 정전기를 제거하는 장치임을 알 수 있다. 따라서 옳지 않은 선지다.

③ (×) 제전기는 정전기 발생을 유도하여 반도체 소자에 전하를 축적시킨다.

→ "…반도체 소자의 표면에 플러스 전하가 과도하게 축적된 경우, 제전기는 마이너스 이온을 방출해 이를 중화시키고…[〈보기 (3)〉]"에서 제전기는 반도체 소자에 전하를 축적시키는 것이 아니라 축적된 전하를 중화시키는 장치임을 알 수 있다. 또한 지문에서 제전기가 정전기 발생을 유도한다는 내용도 찾을 수 없다. 따라서 옳지 않은 선지다.

④ (○) 정전기 방전은 소자의 품질을 저하시킬 수 있는 잠재적 위험 요소이다.

→ "특히 반도체 소자 내의 회로는 매우 미세한 크기로 설계되기 때문에 고전압이 순간적으로 방전될 경우, 내부 회로가 손상되거나 기능을 상실할 위험이 크다. 예를 들어, 반도체 웨이퍼를 다룰 때 발생하는 정전기 방전은 회로의 전자 부품을 파손시킬 수 있으며, 완제품이 출하되기 전 품질 불량으로 이어질 수 있다.[1문단 (3),(4)]"에서 정전기가 방전되면 소자 내의 회로가 손상될 수 있고, 이는 소자의 품질을 저하시킬 위험이 있다. 따라서 옳은 선지다.

⑤ (×) 반도체 소자는 내구성이 뛰어나 정전기로 인한 피해가 적다.

→ "특히 반도체 소자 내의 회로는 매우 미세한 크기로 설계되기 때문에 고전압이 순간적으로 방전될 경우, 내부 회로가 손상되거나 기능을 상실할 위험이 크다.[1문단 (3)]"에서 반도체 소자 내의 회로의 손상 가능성을 언급하고 있을 뿐 반도체 소자의 내구성이 뛰어나다는 내용은 지문에서 찾을 수 없다. 따라서 옳지 않은 선지다.

합격자의 실전 풀이 순서

❶ 선지와 지문을 훑어 문제의 유형을 판단한다.

글을 바탕으로 보기를 이해하는 문제는 주어진 대상의 공통점과 차이점을 비교하는 문제로 출제되거나, 글에 과학적 실험이나 논리가 나오고 보기에서 이를 이해했는지 묻는 형태로 출제되는 경우가 많다. 이를

구분하는 쉬운 방법은 먼저 선지를 훑는 것이다. 주어진 대상을 비교하는 문제는 선지가 대상을 언급하며 비교하는 형태로 출제되어 눈에 쉽게 띄기 때문이다. 선지가 이런 형태로 출제됨을 확인했다면 지문의 형태가 비교하는 대상에 따라 분화되었는지를 확인하여 간단히 문제 유형을 판단할 수 있다. 이런 형태가 아니라면 주어진 대상이 대립하는 내용이 아닌 하나의 글을 바탕으로 다른 글을 이해했는지 확인하는 문제라는 것을 인지한다.
해당 문제의 경우 선지를 보면 "정전기－제전기라는 대립적인 요소인가?"라고 착각할 수도 있으나 정전기에 대한 내용을 1문단에서 설명하고 정전기를 제거하기 위한 제전기의 내용을 〈보기〉에서 설명한다. 따라서 단순 비교가 아닌 글 전반의 이해를 묻고 있으므로 선지가 아닌 지문부터 본다.

❷ 지문에 집중해 답을 고른다.
지문을 다 읽고 선지를 읽는다. 선지에 내가 읽은 지문과 관계없는 문장이 나올 확률이 있음을 인지하고 방금 읽었던 지문의 내용에 집중하며 정답을 고른다. 이때 오답 선지를 걸러내는 것보다 정답인 선지를 고르겠다는 생각으로 선지를 확인하는 것이 좋다. 지문을 읽었던 기억이 남아있어 가장 뚜렷한 기억의 선지가 정답일 가능성이 높기 때문이다.

합격자의 시간단축 Tip

Tip ❶ 내용을 외우지 않는다.

문단의 전체적인 소재를 파악하고, 각 문단의 핵심 주제를 파악하고자 하는 통독의 형식으로 글을 읽어야 한다. 물론 선지는 세부적인 내용을 묻지만, 그렇다고 해서 모든 정보를 일일이 기억하며 내려간다면 오히려 시간이 더 오래 걸리는 역효과가 발생할 수 있다. 긴장한 상황에서 모든 정보를 기억하고 내려가기는 어려우며, 세부적인 정보에 집중했다가는 전체적인 내용 파악이 어려워지기 때문이다. 따라서 글을 읽을 때는 세부 내용을 기억하려고 애쓰는 것이 아니라, 전체를 조망하는 방식으로 글을 읽어 내려가는 것이 좋다.

Tip ❷ 너무 많은 표시를 하지 않는다.

통독하되, 특징이나 비교 같은 주요 내용에 동그라미와 밑줄 등으로 표기를 하며 읽어 내려가는 것이 일반적이다. 하지만 너무 많은 표기를 한다면 오히려 정답 찾기에 방해가 될 수 있다. 그러므로 최대한 그 문단의 핵심 주요 소재나 단어에만 표시하도록 한다.

Tip ❸ 글을 구조화한다.

지문을 읽고 내려와서 선지를 본 후 바로 답을 구하면 좋으나, 선지를 본 후 다시 지문으로 올라가서 읽어야 하는 경우가 상당히 많다. 이를 대비해 처음에 지문을 읽을 때 글을 구조화하면서 읽는 것이 좋다. 구조화하면서 글을 읽었을 경우 선지의 정오를 어느 부분을 통해 확인할지 판단이 빨라지기 때문이다.
해당 문제 역시 처음에 지문을 읽을 때 1문단은 '정전기의 개념과 위험성', 〈보기〉는 '제전기의 개념과 구조'로 글이 진행된다는 것을 간단하게 파악하면서 읽으면 선지를 보고 다시 지문을 볼 때 도움이 된다.

MEMO

MEMO

MEMO

MEMO

독끝 삼성직무적성검사 GSAT

통합 기본서 수리·추리

최신기출유형 + 예상문제 + 모의고사

* 정오표 확인은 애드투(www.addto.co.kr) 사이트 내 [교재]메뉴에서 확인 가능합니다.

초판 발행 : 2025년 3월 31일
발행인 : 박경식
저자 : 길잡이연구소, 애드투북스 공저
편집자 : 심재훈, 한단비, 유민지
발행처 : (주)애드투
등록번호 : 제 2022-000008호
이메일 : books@addto.co.kr
교재정오표 : addto.co.kr

저자와의
협의하에
인지를 생략함

ISBN 979-11-93369-12-8
정가 24,000원